Voyages de pèlerins allemands
à la terre sainte.
Publiés avec éclaircissements
par Reinhold Röhricht et Henri Meisner

DEUTSCHE PILGERREISEN

NACH DEM

HEILIGEN LANDE

HERAUSGEGEBEN UND ERLÄUTERT

VON

REINHOLD RÖHRICHT und HEINRICH MEISNER.

BERLIN.

WEIDMANNSCHE BUCHHANDLUNG.

1880.

Vorwort.

Nachdem der eine der beiden Herausgeber dieses Werkes es versucht hatte, durch die Darstellung des Anteils, welchen die deutsche Nation an den grossen Kämpfen zwischen Kreuz und Halbmond im Mittelalter genommen, die Grundlagen für eine wissenschaftliche Kenntnis der Beziehungen zwischen Deutschland und der Levante überhaupt zu schaffen, musste es als eine ebenso dankbare Aufgabe erscheinen, die Arbeit bis zum Beginn des siebenzehnten Jahrhunderts, wo der Durchbruch eines neuen Zeitalters sich deutlich entschieden hat, fortzusetzen und jenen frommen Fahrten weiter zu folgen, zu denen auch nach dem Verluste des heiligen Landes immer wieder Tausende aus Deutschland sich rüsteten. Diese halb vergessenen Pilgerreisen verdienen auch in der That eine eingehendere Betrachtung, nicht blos deshalb, weil sie die Fortsetzung der Kreuzzüge bilden, in denen die gewaltige Expansivkraft und der Glaubenseifer eines grossen Volkes zu Tage tritt, sondern weil sie ein so ganz eigentümliches Stück Culturleben in einer Fülle interessanter Details vor uns entfalten, welche die Erkenntnis der inneren Geschichte Deutschlands, in deren Dienste so viele fleissige und kundige Hände sich regen, nach verschiedenen Richtungen hin erweitern und beleben. Allerdings hat der treffliche Titus Tobler, welcher in seinen Schriften die Palästinographie zu einer der griechischen und römischen Altertumskunde gleichberechtigten Disciplin auszubilden und zu erheben suchte, sehr viele mittelalterlichen Pilgerfahrten benutzt, aber er richtete doch sein Hauptaugenmerk auf die Geschichte und Kritik der mit den heiligen Stätten verknüpften Traditionen, auf die Erörterung der bezüglichen topographischen Fragen, und wo er die culturgeschichtlichen Gesichtspunkte in's Auge fasste (Denkblätter aus Jerusalem 469—578), lag es ihm fern, sich auf die Geschichte eines bestimmten Volkes, einer bestimmten Zeit zu beschränken und diese annähernd zu erschöpfen, während uns die Aufgabe vorschwebte, aus der Fülle jener Pilgerreisen nur ein Bild **deutscher Fahrten**, aber mit möglichster Ausnutzung des gesammten gedruckten und ungedruckten Materials, herauszuarbeiten und die so gewonnene Erkenntnis für die Geschichte unseres Volkes fruchtbar zu machen. Wir glauben diesem Ziele redlich nachgestrebt zu haben, aber noch ist die Aufgabe nicht gelöst. Noch heute verkündigen die palästinensischen Namen einzelner Städte, Ortschaften, Stiftungen, Klöster, die heiligen Gräber und Skalen, die Passionswege und Stationen, Reliquien und Reliquienkästchen, Prunkgewänder und Baldachine, die heiligen Tücher und Teppiche, gnostische Zeichen und Grabinschriften, Wappen und Helmziere und endlich die Geschichte mancher Hospitäler, die Sagen vieler Rittergeschlechter, ja die ganze mittelalterliche Literatur den Einfluss des Orients auf die Entwicklung unserer Kultur, aber alle jene Spuren und Zeugnisse sind so weit zerstreut und so ausserordentlich zahlreich, dass nur eine vereinte planmässige Arbeit sie aufspüren, finden und der Wissenschaft nutzbar machen kann. Dies ist eine Aufgabe der Zukunft, auf deren vollständige Erfüllung wir verzichten mussten, gleichwohl glauben wir ihr nach Kräften vorgearbeitet zu haben, da wir im Ganzen dreissig Handschriften ausgenutzt haben und dreiundzwanzig, fast ausschliesslich unedirte, oft sogar dem Namen nach unbekannte, Reisebeschreibungen hier der Forschung zum ersten Mal zugänglich machen. Ebenso wird es als förderlich erscheinen, dass wir die von Titus Tobler in seiner Bibliographia geographica Palaestinae (Leipzig 1867) gelassenen Lücken bis zum Jahre 1877, wo der regelmässige Jahresbericht des Herrn Professors Socin in der Zeitschrift des deutschen Palästina-Vereins (Leipzig 1878, S. 24 ff.) beginnt, zu ergänzen und Bausteine zu einer zweiten verbesserten Auflage jenes unschätzbaren Werkes zu liefern suchen. Wir waren hier durchaus auf uns selbst angewiesen; das Handexemplar Toblers, worin er manche Nachträge bemerkt haben soll, haben wir nicht benutzt. Dass wir viele Pilgerschriften nur auszugsweise mitgeteilt haben, bedarf wohl keiner besonderen Rechtfertigung; denn Wiederholungen und Gleichgültiges finden sich in den Pilgerschriften ausserordentlich oft, doch haben wir sonst allgemein interessante Nachrichten, die sich in den Pilgerschriften fanden, obgleich sie sich nicht direct auf das heilige Land bezogen, wie z. B. die Erzählungen von Festlichkeiten in Venedig, von Reisen nach Santiago, Loretto und Rom, durch Klein-Asien und Aegypten, absichtlich nicht ausgelassen und glauben darin der Zustimmung unserer Leser sicher zu sein. Hingegen haben wir, wo traditionelle Fragen vorlagen, einfach auf Toblers Schriften verwiesen, dafür aber eine ganz besondere Aufmerksamkeit der Bibliographie zugewandt. Wir beabsichtigten anfangs, nur wirkliche Reisebeschreibungen hier aufzunehmen und alle kleineren Aufsätze und Bemerkungen, die sich in Zeitschriften finden, sowie allgemeinere Schriften, welche das heilige Land betreffen, auszuscheiden, doch schien eine strenge Durchführung dieses Planes nicht geraten.

Wir haben keine Mühe gescheut, um aus Tausenden von Sammelwerken und Catalogen aller Art, durch Aufrufe, Anfragen und Bitten, die sich leider sehr oft als nutzlos erwiesen, das bibliographische Material zusammenzubringen, freilich ohne es wirklich vollständig zu erschöpfen; Nachträge dazu werden wir gelegentlich in der Zeitschrift des deutschen Palästina-Vereins geben. Am vollständigsten dürfte die jüdische und russische Palästinaliteratur verzeichnet sein; dass wir die letztere in Uebersetzungen vorführen, wird man berechtigt finden.

Unsere Arbeit zerfällt demnach in eine historische und palästinographische Abteilung. Die erstere enthält die historische Einleitung, welche dazu bestimmt ist, einerseits zur Erläuterung der folgenden Texte zu dienen, andererseits das überhaupt vorhandene und benutzte Material in einem übersichtlichen Bilde zu zeigen. Wir haben uns hierbei der möglichsten Genauigkeit befleissigt und durch reichliche Nachweise, selbst wo nur entlegenere Beziehungen vorlagen, namentlich über Geldverhältnisse, venetianische Rheder, den Orden des heil. Grabes u. s. w., das erreichbare Material, das für eigene Untersuchungen von Wert sein muss, zusammengebracht; es wäre sicher uns nicht schwer geworden, den Umfang des Textes zu verdoppeln und zu verdreifachen, aber wir glauben in knapper Form die Quellen möglichst ausgenutzt zu haben; als Ergänzung mag man Toblers Ausführungen über das Pilgerwesen (Denkblätter 469—578) betrachten. Eine Entlastung des Notenapparats war uns ermöglicht durch den Pilgercatalog, worin die wichtigeren Pilger genannt werden, welche von 1300—1600 sicher oder wahrscheinlich das heilige Land besucht haben; wir konnten an vielen Stellen der Einleitung einfach darauf verweisen und in jenem Verzeichnisse zugleich die wichtigsten Daten über die Reise selbst vorführen, so dass das Ganze auch eine Uebersicht über die Gesammtbeteiligung der deutschen Nation an den Pilgerfahrten giebt.

Wir hatten ursprünglich nur die Namen der in den Pilgerschriften selbst genannten Deutschen im Auge, allein da uns noch aus einigen anderen Quellen solche bekannt wurden, so schien es angebracht, sie nicht auszulassen, trotzdem aus Staats- und Familien-Archiven, sowie aus sonstigen gedruckten Quellen die Zahl von ca. 1400 Namen, die unser Catalog aufzählt, noch erheblich wird vermehrt werden können; doch hielten wir es für geraten, die Namen der Pilger, wo wir sie nicht ganz sicher mit modernen Namen identificieren konnten, genau im Wortlaut der Quelle wiederzugeben, da z. B. die Entscheidung, ob in einem vorliegenden Fall Schaunberg, Schaumberg, Schauenberg, Schauenburg, Schaumburg, ob Schwarzberg, Schwarzenberg, Schwarzburg oder Schwarzenburg zu schreiben sei, ausserordentlich schwierig zu entscheiden ist. Der Wert einer solchen, hier zum ersten Male gegebenen, Zusammenstellung für die Geschichte einzelner deutscher Länder, Städte und Geschlechter leuchtet von selbst ein; unsere darin verflochtenen kurzen Routenangaben von Deutschland nach Italien werden einer Geschichte der Alpenstrassen, wie sie neuerdings versucht worden ist, manches Neue bieten. Ausserdem haben wir uns bemüht, durch Hinzufügung seltener oder ungedruckter Briefe, Urkunden und Notizen den Wert des Verzeichnisses zu erhöhen, so sind z. B. die berühmten Commemoriali des Marino Sanudo in Venedig für unsere Zwecke vollständig ausgenutzt worden.

Der zweite, palästinographische Teil enthält die Texte der Pilgerschriften in chronologischer Ordnung, zum Teil mit eigenen Einleitungen, und die bibliographischen Ergänzungen zu Toblers Werke; den Schluss bilden ein Register und ein Glossar, für welches letztere uns Herr Professor Dr. Fedor Bech dankenswerte Dienste leistete.

Es gebührt dem Oberbibliothekar der hiesigen königl. Bibliothek, dem Herrn Geh. Regierungsrath Prof. Dr. R. Lepsius, unser ergebenster Dank dafür, dass er mit steter Bereitwilligkeit die Zusendung von Handschriften gütigst vermitttelte, nicht minder auch den Vorständen der grossen Bibliotheken, welche uns die Handschriften zur Benutzung überliessen, endlich auch allen denjenigen Herren Gelehrten, die, wie wir an den betreffenden Stellen hervorgehoben haben, durch Nachweise und Beiträge ihr Interesse an unserer Arbeit freundlichst bekundeten.

Möge sie der Geschichte des deutschen Volkes wie des heiligen Landes einen tüchtigen Dienst leisten, möge sie eine gerechte und billige Beurteilung finden!

Berlin, 15. Juli 1880.

Die Herausgeber.

Inhalt.

	Seite
A. Historische Einleitung	1— 42
B. Pilgerschriften	42—461
1) Jacob von Bern (1346—1347)	43— 64
2) Georg Pfinzing (1436)	65— 96
3) Girnand von Schwalbach (1440)	97— 99
4) Anonymus von Donaueschingen (1441)	100—101
5) Ulrich Leman (1472—1480)	102—110
6) Sebald Rieter (1479)	111—114
7) Georg von Gumppenberg (1483)	115—119
8) Reiseinstruction des Bernhard von Breitenbach (1483)	120—145
9) Conrad Grünemberg (1486)	146—161
10) Dietrich von Schachten (1491)	162—245
11) Peter Fassbender (1492)	246—277
12) Felix Fabri, Geistl. Pilgerfahrt (1492)	278—296
13) Hans Schneider (1493)	297—307
14) Wolf von Zülnhart (1495)	308—314
15) Peter Rindfleisch (1496)	315—348
16) Otto Heinrich, Pfalzgraf bei Rhein (1521)	349—401
17) Gabriel von Rattenberg (1527)	402—407
18) Friedrich Rehlinger (1550)	408—413
19) Sigmund Thunger (1551)	414—423
20) Alexander von Pappenheim (1563—64)	424—429
21) Ludwig von Rauter (1567—1571)	430—445
22) Johann von Hirnheim (1569)	446—454
23) Ernst von Buseeck (1587—1588)	455—461
C. Pilgerverzeichniss (1300—1600)	463—546
D. Bibliographie	547—648
Glossar	649—655
Register	656—711
Berichtigungen und Zusätze	711—712

A.
Historische Einleitung.

Nachdem das heilige Land 1291 durch die Eroberung 'Akkâs und der noch übrigen christlichen Besitzungen wieder in die Hände der Muselmänner gefallen war[1]), schien eine Wallfahrt nach den heiligen Stätten[2]) fortan fast unmöglich; die Kirche begann auf dieses Jahrhunderte lang erprobte Zuchtmittel zu verzichten[3]), ja

---

[1]) Vgl. Die Eroberung 'Akkâs durch die Muslimen 1291 von R. Röhricht in den Forsch. z. deutsch. Gesch. 1880, 94—126. Ueber die allmähliche Entstehung der an die heiligen Stätten sich knüpfenden Traditionen vgl. Tobler, Denkblätter aus Jerusalem 474 ff. (über die Geschichte des damit verbundenen Ablasses ibid. 498 ff.), Geisheim, Die Hohenzollern am heil. Grabe, Berlin 1858. S. 35 ff.

[2]) Ihr Lob wird in allen Pilgerschriften besungen; vgl. Röhricht, Die Pilgerfahrten vor den Kreuzzügen in v. Raumers Histor. Taschenbuche, herausgegeben von Riehl, 1875, S. 327 ff.; Robinson, Palästina (deutsche Ausgabe) II, 207 ff.; Felix Fabri, Evagator. ed. Hassler I, 20—24; Zuallart in Roth. Reyssbuch des heil. Landes 1609, S. 249 f. Die katholische Auffassung des Wallfahrtswesens siehe in Acta concil. Trident. sessio XXV; Bellarmin, De cultu Sanctorum II, col. 888 c. 8, 9; Jacob Gretser, De sacris et religiosis peregrinationibus, Ingolst. 1606; vgl. Zöckler, Krit. Gesch. d. Askese 1863. S. 278 ff., 284.

[3]) St. Genois, Les voyageurs Belges, Bruxelles 1846 I, 15. Viele Pilger hofften sogar, z. B. 1065, (Röhricht im Taschenb. 1875 S. 345 f.) in Jerusalem den jüngsten Tag zu erleben, da dort im Thale Josaphat nach einer etymologischen Mythe das Weltgericht stattfinden solle (Tobler, Jerusalem II, 26 ff.; Sepp, Das heil. Land I, 275). Uebrigens gab es besondere Wallbrüderschaften z. B. die confrérie des pélerins de Saint Jacque (Société de l'hist. de Paris I, 186 ff.; II, 330 ff.). Zur Geschichte der Rompilger siehe Frénoy, Condition des pérégrins à Rome en droit Romain, Paris 1879.

Contraste insuffisant

NF Z 43-120-14

sie verbot sogar über Cypern hinaus jede Wallfahrt und jeden Handelsverkehr mit den Muselmännern[1]). Aber schon zu Anfang des vierzehnten Jahrhunderts treffen wir im Osten wieder christliche Pilger an, obgleich das heilige Land als der Sammelpunkt des Auswurfs der Menschheit schon längst verrufen war[2]), und es an Spöttern über die Reisewut der Pilger und deren Schiffernachrichten daheim nicht fehlte[3]), während hie und da im Abendlande ein neuer Kreuzzugseifer wieder aufflammte[4]).

Die Veranlassung und die Beweggründe zu einer „Fahrt über's Meer" waren begreiflicher Weise nicht immer rein geistlich; in den Pilgerschriften begegnen wir offenen Geständnissen, dass man nur die Ritterwürde des heiligen Grabes gesucht, und dass die Erzählungen heimkehrender Pilger und Kaufleute die Wanderlust nach dem wunderbaren Osten geweckt; wir treffen ferner diplomatische Agenten und militärische Berichterstatter im Orient, welche im Auftrage des Königs Philipp II von Frankreich und Heinrich V von England, des Herzogs Philipp II von Burgund die politischen und militärischen Verhältnisse des Orients ausspähen, um ihre Beobachtungen für einen neuen Kreuzzugsplan nutzbar zu machen[5]). Seit dem Zeitalter der Reformation, welche den Eifer der Pilger erheb-

---

[1]) Revue nobiliaire 1870, S. 54 f.; W. Heyd, Gesch. des Levantehandels im Mittelalter II, 8, 24 ff.; Programm des Gymnasiums von Zittau 1880. Ueber den Waffenhandel im Mittelalter nach der Levante vgl. De Mas Latrie, Hist. de l'ìle de Chypre II, 125 ff.

[2]) Röhricht, Pilgerfahrten S. 328, Beiträge II, 202; Fabri, Evagat. 1, 15 f.; Mencius, Hodoeporicon Henrici Saxoniae ducis (in dessen: Itinera sex a diversis Saxon. ducibus etc. Witeberg. 1612), S. 90—91; sonst vgl. auch Tobler, Denkblätter S. 288 ff.

[3]) Ludolf von Suchem (oder Sudheim) ed. Deycks 1851, S. 2.

[4]) Röhricht, Die Belagerung 'Akkâs 1291, S. 115 ff. (vgl. auch für das vierzehnte Jahrhundert De Mas Latrie, Hist. de l'ìle de Chypre II, 118—132, 217—219; III, 725 f.) Eine merkwürdige Prophezeiung auf den deutschen Kaiser, der das heilige Land wiedergewinnen solle, enthält Grünembergs Wappenbuch (herausgegeben von Graf Stillfried-Alcantara), Platte 2b, dass dieser nämlich die Farben des Adlers mit denen des Feldes im Reichsschilde vertauschen werde.

[5]) Die Belagerung 'Akkâs S. 98 u. 118.

lich abkühlte¹), beginnen auch die rein wissenschaftlichen Interessen in den Vordergrund zu treten; Belon und Rauchwolf treiben im Orient naturwissenschaftliche Studien, Justus Tenellus²) und Wilhelm Postel³) bereisen ihn im Auftrage des Königs Franz I. um Handschriften von Klassikern für die Pariser Bibliothek zu erwerben. Trotzdem trieb die bei weitem grösste Zahl das Verlangen, in dem Lande, „wo Seine Füsse gestanden", angesichts der heiligen Stätten, das Gelübde reuiger Einkehr und Umkehr abzulegen⁴): aber die Erfüllung dieses Wunsches war an vielfache Bedingungen geknüpft.

Zunächst bedurfte jeder Einzelne dazu geistlicher Erlaubniss und zwar gewöhnlich vom Papste⁵), doch konnte man auch von eigens dazu beauftragten Prälaten⁶) sie erhalten. Wer aber

---

¹) Zuallart 257; Gabriel von Rattenberg „wegen der luttrischen weys." Vgl. Tobler, Denkblätter 491 f.
²) Belon (in Paulus, Sammlung der merkwürdigsten Reisen) II. 262.
³) Serapeum 1853, No. 1, S. 49 ff.; Tobler, Bibliogr. S. 71; über die Reisen des Alterthumsforschers Ciriaco Pizzicolle siehe Heyd II. 292, sonst auch Fr. Blume, Iter Italicum, Berlin 1824, S. 28—29, 45—47, 126—127.
⁴) Fabri I, 9 ff.; Brocard-Mielot in Reiffenberg „Le chevalier au cygne I, 241—247. In Thomas Wright, Reliq. ant. I, 134—136 ist ein Gespräch zwischen Heinrich von Lacy und Walter Biblesworth aus dem Anfange des vierzehnten Jahrhunderts veröffentlicht, worin über die Gründe für und wider eine Betfahrt disputirt wird.
⁵) Stephan von Gumppenberg in Feyrabends Reyssbuch 1584. S. 235a. Bernhard von Hirschfelds Reise in: Mittheil. der Deutsch. Gesellsch. zu Leipzig, 1856, S. 38; Zuallart 256; Radzivill, Peregrinatio Hierosol. ed. Thomas Treter, Antwerp. 1614, S. 13; Zimm. Chronik ed. Barack 1. 479; Fabri, Geistliche Pilgerfahrt. Einen päpstlichen Erlaubnissschein siehe in Revue nobiliaire 1870, S. 58.
⁶) Z. B. in Venedig im Dominikanerkloster (B. von Eptingen in. Schweiz. Geschichtsforscher, Bern 1828, VII. S. 313) oder beim Grosspönitentiar in Bologna (Porner in: Zeitschr. des histor. Vereins von Niedersachsen. 1875, S. 13), oder beim päpstlichen Legaten (Zülnhart), oder auch in Padua (Kantzow S. 230). In einer Urkunde von 1395 (bei Guden III, 606) lesen wir: „Auch sin wir uberkomen: wer eine Bedefart wil leisten zu den Heiligen, der sol komen zu syme Pherner oder Capellan und bichta und orloub bidden sine bedefart zu leista, und des Pherners oder Capellans Brieff nennen; und der Brieff steen sal, uff welche tag er ist gegeben, und uss welcher stad, sloss, dorff oder hoffe er sey und zu welchen Heiligen der Pilgerin wolle wandern; so sal der Pilgerin zur stund oder binnen dreien tagen — —

ohne eine solche Erlaubniss, besonders im Reformationszeitalter ohne irgend einen schriftlichen Ausweis seines Pfarrers[1]) die Pilgerfahrt antrat, ward excommunicirt[2]) und konnte Absolution erst vom Guardian im heiligen Lande erlangen. Frauen waren schon durch Bonifaz, später durch den päpstlichen Legaten Thomas, vom Besuche Jerusalems abgemahnt worden[3]), erschienen aber trotzdem nicht bloss auf den Kreuzzügen, sondern auch später in Begleitung ihrer Männer auf der Pilgerfahrt[4]), oft sogar in Mannskleidern[5]), bis endlich allen Frauen die Pilgerfahrt nach dem heiligen Lande positiv verboten wurde[6]).

Ausser der Erlaubniss brauchten aber die Pilger natürlich auch Geld, und obgleich sie den Befehl des Herrn an seine Jünger, ohne Beutel und ohne Tasche in die Welt zu gehen, auf sich bezogen, auch auf freundliche Hospize und die Mildthätigkeit guter Christen rechnen konnten, so hielten es ärmere doch für gerathen, sich schon daheim oder in Venedig als Capläne oder Diener an hohe,

---

ussryden oder geen sine bedefart zu leisten; und wers, daz der Pherner — sinem Pharrmann die brieff umb Gots willen nicht wolde geben, daz er doch bilche tede, so sal man yme nit me geben dann ein halben Groschen."

[1]) Kiechel 293 f.; ein solcher Pilger galt als „lutherischer Ketzer" und ward durch den Guardian vom Besuch der heiligen Stätten ausgeschlossen.

[2]) Fabri I, 9; Radzivill 12; vgl. Fabri, Geistl. Pilgerfahrt, Blatt 4. Ludolf von Sudheim 3 erwähnt zwei Ausnahmefälle.

[3]) Epistolae Bonifac. 405; Röhricht, Beiträge II, 277. Es scheint daher, dass Frauen, namentlich Nonnen, durch „geistliche Pilgerfahrten", wie F. Fabri eine solche schildert, ihrem Drange nach den heiligen Stätten Genüge schafften; vgl. unten die Schrift des letzteren. Dass übrigens auch schon in der ältesten Zeit „bussfertige" Buh. rinen nach Jerusalem zogen, siehe in Act. Sanctt. Jan. I, S. 616; A. v. Löwenstein, Pilgerfahrt bei Hormayr, Taschenb. f. d. vaterl. Gesch. 1835, S. 17.

[4]) Fabri I, 317, 383; Albrecht von Löwensteins Reise im Reyssbuch von Feyrabend (1584) 189; vgl. Tobler, Denkblätter 572, wo auf Quaresmio I, 757 hingewiesen wird. Dass die frommen Pilger oft durch Liebesabenteuer ihre Andacht verloren, ist aus unserm Pilgercatalog s. voce Artus und Raininger (1483) deutlich; auch deutsche Sprichwörter (Wanders Sprichwörterlexicon s. v. Wallfahrten) weisen darauf sehr nachdrücklich hin. Nach F. Fabri, Evagat. I, 322 hatten die weiblichen Pilger eine besondere Herberge in Jerusalem.

[5]) Hoffmann, Script. rerum Lusat. I, 372, 379.

[6]) Radzivill 58.

reiche Herren anzuschliessen, während natürlich letztere es für eine Ehrensache hielten, so lange sie nicht im heiligen Lande zum strengsten Incognito gezwungen waren, möglichst glänzend aufzutreten. Georg Wilhelm der Tapfere von Thüringen[1]) verbrauchte auf seiner Wallfahrt 200,000 Mark, d. h. nach jetzigem Verhältniss ungefähr die dreifache Summe.

Gewöhnlich nahmen die Pilger wenig baares Geld mit auf die Reise, oder versteckten es zwischen die Vorräte von Schweinefleisch, um es vor den Händen der Muselmänner in Jaffa zu bergen[2]); dafür besorgten sie sich in der Regel Wechsel auf Nürnberg, Venedig[3]) durch Kaufleute aus Erfurt, Nürnberg[4]) oder Leipzig, oder auf Ancona, wo die Ulsteter und Fugger ihre Comtoire[5]) hatten; von da zog man wieder Wechsel auf Alexandria[6]), Aleppo[7]) und Constantinopel. Am bequemsten hatte es der Reisende natürlich, wenn er, wie Herzog Wilhelm und Albrecht von Sachsen, einfach kurz

---

[1]) Seine Pilgerfahrt gab 1868 Kohl heraus; vgl. S. 157. Dort findet sich auch ein interessantes Register der Ausgaben Wilhelms für: Trinkgelder an den Patron, den Guardian, an die Schiffsmannschaft (S. 142), für den Kauf von Gold- und Silberwaaren, für Ringe, Heftlein, Borten, Glas, Sammet. Pelzwerk, Hüte (S. 149), Affen, Vögel, Wölfe, Meerkatzen. Hunde (S. 145 bis 147); Nomper de Caumont, Voyage d'oultremer en Jhérusalem (ed. de la Grange, Paris 1858), S. 136 f. führt in seinem Register auf: seidene Streifen von der Länge des heil. Grabes (138), Rosen von Jericho, Rosenkränze, Jordanwasser; Mariano de Siena (Firenze 1822) S. 129—132 rechnet als Gesammtausgabe für die Reise 280 Ducaten; vgl. Claude Mirabel (in St. Genois, Les voyageurs Belges I, 35 f.). Ueber die Kosten siehe sonst auch Tobler, Denkblätter 541 f. 557.
[2]) Baumg. a Breitenbach ed. Christoph Donaverus Norimb. 1594, S. 32.
[3]) Kohl 140; Gumppenberg 235a; Baumgarten a Br. 32; vgl. Rindfleisch unten. Kurfürst Friedrich (siehe unsern Pilgercatalog ad ann. 1493) deponirte 10,000 Ducaten bei den Garzonis in Venedig und erhielt vom Dogen eine Staatsgalee für seine Fahrt.
[4]) Kohl 139.
[5]) Wormbser in Reyssbuch S. 208a, 253a.
[6]) Harff (Reise ed. von Groote) 59; Tucher im Reyssbuch 369a.
[7]) Fürer von Haimendorf (Itinerar. Aegypti, Arab., Palaest., Nürnb. 1646) S. 253; Kiechel 462.

vor der Abreise seine Agenten nach Venedig vorausschicken konnte, die alle nötigen Vorbereitungen trafen¹).

Die nötigen Anweisungen für die äussere Einrichtung einer Pilgerfahrt erhielt der Einzelne entweder durch den Mund heimgekehrter Pilger, wie Felix Fabri durch den Grafen Eberhard von Würtemberg²), Füessli durch L. Tschudi³), Scheidt⁴) durch Salomo Schweigger, Stephan von Gumppenberg⁵) durch einen alten Jerusalemfahrer, der Graf von Hanau-Lichtenberg durch Bernhard von Breitenbach⁶), Sebald Rieter durch seinen Vater, oder auch aus Reisebeschreibungen, unter denen Burchard besonders zu nennen ist⁷), und eigenen Pilgerbüchlein⁸), in denen alle heiligen Stätten der Reihe nach kurz aufgeführt sind, die man jedoch gewöhnlich erst in Venedig, z. B.

---

¹) Kohl 139. Auch Dietrich von Schachten (siehe dessen Reisebeschreibung unten) reist voraus.

²) Fabri I, 26; vgl. auch Grünemberg fol. 2.

³) Im Anhange zu Heinr. Mirikes Reise nach Constantinopel, Augsb. 1789, S. 210.

⁴) Kurtze und warhafftige Beschreib. der Reise von Erfurdt — nach dem gewesenen gelobten Lande — ed. Hieron. Scheidt. Erf. 1617, S. 3.

⁵) S. 235a.

⁶) Vgl. unten: Reiseinstruction.

⁷) Er wird von allen Reisebeschreibungen stark ausgeschrieben; Fabri (I, 3, 5, 62, 424, 426) benutzt auch Ludolf von Suchem, Ordoricus und Tucher (I, 327 f.); Hirschfeld bezieht sich auch auf Tucher, Tschudi wieder auf Fabri. Eine kritische Erörterung des literarischen Verhältnisses der einzelnen Pilgerbeschreibungen wäre sehr zu wünschen; jedenfalls wird die von der Société pour l'histoire de l'Orient latin in Paris geplante Herausgabe aller Pilgerschriften bis 1500 dazu beitragen.

⁸) Solche Anweisungen geben z. B. Ludolf S. 9, Walter von Waltersweil S. 6—61; Zuallart 245, 252—256; Bräuning von Buochenbach 3 f.; Cotovicus Itinerar. Antwerp. 1596 in der praefatio, Gilbert de Lannoy in: Archaeologia, London 1827, S. 408, Note 1; Albrecht im Reyssb. 211—212a; Hertel von Hebenstein. Pilgerbüchlein von Leupolt ed. Josef Haupt, Wien 1872, S. 9—32; auch das Manuale ad usum ecclesiae Sarisberiensis, Rothomagi 1543, S. 58—63, wo ein: ordo ad servitium peregrinorum faciendum steht. Bräuning S. 2 hat offenbar solch ein Pilgerbüchlein im Auge. Rehlinger erwähnt auch Pilgerführer, erklärt aber, dass sie von einander erheblich abgewichen seien in ihren Angaben. Sonst vgl. unten: Reiseinstruction und Tobler, Denkblätter 510 ff. In Thomas Wright, Reliquiae antiq. I, 237 ist auch ein kurzes Itinerar von Venedig nach Jaffa enthalten.

im Franziskanerkloster della Vigne. kaufte¹) und dann mit Landkarten und Plänen während der Reise durchmusterte²). Ausserdem rüstete der Pilger sich daheim zu seiner Fahrt, indem er den Habitus eines Pilgers förmlich anlegte. Er liess den Bart wachsen³), steckte auf seine Kutte ein rotes Kreuz, ein anderes über die Stirn auf den Hut und nahm einen Sack mit Lebensmitteln in die Hand; im sechszehnten Jahrhundert befestigte man das fünffache Kreuz von Jerusalem auf der linken Brust⁴). Bekannte, Freunde und Verwandte gaben dem Pilger Ringe, Steine zu Paternostern, auch Paternoster selbst mit, um sie an allen Orten, wo sich Reliquien befanden, und das Schiff anlegte, durch Berührung mit denselben zu weihen und wertvoller zu machen⁵); der Pilger selbst bereitete sich durch den Genuss des heiligen Abendmahls⁶) zu seiner Reise vor, oder

¹) Zuallart 257.
²) Zuallart 258 Rindfleisch.
³) Der freilich nach der Heimkehr wieder dem Scheermesser zum Opfer fiel (Fabri I, 65; vgl. III, 467).
⁴) L. von Wedel (Johanniterblatt der Ordensballey Brandenburg 1862) S. 65. Jacob Bräuning (Strassb. 1612) S. 215 erzählt: „Diejenigen aber, so pilgramsweiss alher Walfahrten, die tragen zwar uff breitte Schwartze Filtzhüte, Haben an Grave Lange Tüchene Röcke mit weiten Ermelen, Welche Röcke um den Weichen mit einer breiten Gürtel gegürttet. Ueber solche Grave Röcke haben sie oben kurtze Schwarze Lederne Mäntel, so bloss die Schulteren bedecken, Und darauff das Fünffache Jerosolymitanische Creutz, in der einen Hand ein Pater Noster. Und in der andern einen Pilger-Stab." Der Kurfürst Friedrich erschien 1493 in Venedig in grauem Pilgerhabit (vgl. unseren Catalog ad 1493). Abbildungen von Pilgerflasche und Stock siehe in Pistorius, Amoenitat. jur. histor. VI, 1657 auch in: Commission des antiquités du départ. de la Côte d'or VIII Mém. S. 261 ff. Ueber die pera und das baculum der früheren Pilger vgl. Gretser lib. IV, c. 11, 3. 474 ff.; Du Cange, Glossarium, Dissert. XVIII; Petitot, Collection complète des mém. rélat. à l'hist. de France, Paris 1819 III, p. 288—295. Nach Tobler Denkblätter 507 hatte im siebenzehnten Jahrhundert die Pilgeruniform sich schon überlebt.
⁵) Fabri I, 94; vgl. auch Fassbender.
⁶) Gumppenberg 235a; Melch. Lussy, Reissbuch gen Jerusalem, Freyburg 1590, S. 2; Stockar von Schaffhausen S. 70. Solche Abschiedsscenen beschreiben unten auch Hirnheim und Buseck. Gewöhnlich las man den Abziehenden die missa de peregrinantibus (Zülnhart, Hirnheim); vgl. Missale peregrinantium, Colon. 1503, 12°, Sanctificiale itinerantium, Oppenheim 1521, 8°. Nach Grünemberg fol. 3 nehmen die Pilger sonst auch zu Venedig in dem

empfing, wenn er ein Mönch war, noch den feierlichen Segen des Abtes und seiner Mitbrüder[1]). Man gab ihm das Geleit unter Thränen und Glückwünschen, auch den Johannissegen mit auf den Weg[2]), und manchem mochte, wie dem Felix Fabri, nach dem Abschiede zu Mute sein, dass er vielleicht umgekehrt wäre, wenn er sich nicht geschämt hätte.

Das nächste Ziel des Pilgerweges war Venedig. Die Routen von der Heimath bis dahin sind in sehr vielen Reisebeschreibungen mit Sorgfalt verzeichnet; bei weitem die meisten führten durch das Ampezzothal zunächst nach Treviso, wo man gewöhnlich die Pferde an wälsche Händler verkaufte[3]). Waren nicht schon vorher durch vorausgeschickte Boten Quartiere bestellt, so fanden die Reisenden kurz vor der Lagunenstadt eine Menge Agenten, welche mit zudringlicher Geschwätzigkeit die von ihnen vertretenen Gasthäuser

---

St. Helena-Kloster das Abendmahl. Herzog Heinrich von Sachsen liess sich den Tag seiner Abreise astrologisch bestimmen; vgl. unsern Catalog ad ann. 1498.

[1]) Fabri I, 67.

[2]) Vgl. unten Dietrich v. Schachten, Zülnhart, Pfinzing. Sonst trank man sich Johannisminne in grosser Gefahr (Schürpff 196) auch in Venedig bei der Abfahrt zu (Kurf. Friedrichs Pilgerfahrt in Spalatins Hist. Nachlass S. 76; Fabri I, 148; Schürpff im: Geschichtsfreund, Einsiedeln 1858, S. 167; Geisheim, Die Hohenzollern am heil. Grabe, S. 184, 250 ff.). Ueber Johannisminne vgl. insbesondere Sitzungsberichte der Wiener Acad. (phil.-histor. Klasse) 1840, Bd. 40, S. 177; Panzer, Bayrische Sagen II, 231, 239; Zeitschr. für deutsches Alterthum 1878, S. 242 ff. Oft schlossen sich die Pilger den nach Venedig gehenden Postboten an. (Buseck.)

[3]) Fabri I, 81; Fabri, Gereimtes Pilgerbüchlein ed. Birlinger S. 5; vgl. Fassbender und Thunger. Der Landgraf Wilhelm von Hessen schickte seine Pferde mit Knechten nach Hause, wie Dietrich von Schachten erzählt. Ueber Pilgerstrassen durch die Schweiz siehe das Archiv für Schweizer. Geschichte 1874, S. 235 ff. und Jahrbuch für Schweizerische Gesch. 1878, III, S. 169 bis 289; 1879, S. 165—317 (für die letztere sorgfältige Arbeit bieten unsere Routenangaben hinten im Pilgercatalog einige Nachträge); über die Alpenstrassen zur Römerzeit siehe Corp. inscr. latin. V, 933 ff. — Ueber den von Juden gewöhnlich gewählten Landweg siehe unten unsere Auszüge aus Sebald Rieter und Heyd, Gesch. des Levantehandels I, 87. Jacob von Bern, der unterwegs viel mit Juden disputirte, ging über Otranto, Pfinzing über Triest nach dem heiligen Lande.

anpriesen[1]). Reiche Pilger wohnten meist bei dem Rheder, mit dem sie wegen der Ueberfahrt abgeschlossen hatten[2]), arme Kleriker im **Philippuskloster** hinter der Marcuskirche[3]), oder im **Dominikanerkloster**[4]), Ritter und Kaufleute logirten im **Spiegel**[5]), im **weissen Löwen**[6]), im **schwarzen Adler**[7]), gewöhnlich aber im **deutschen Hause**[8]), das sonst St. Georg, zur **Flöten**[9]) oder **Pollten**, auch zur **Trinität** genannt wird[10]). Hier in diesem Hause, als dessen Wirte **Peter Ugelheimer aus Frankfurt**[11]), **Meister Johannes**, später **Nicolaus Frigg**[12]) und **Pancratius Hochgesang**[13]) genannt werden, waren Wirt, Wirtin, Knechte und Mägde deutschen Ursprunges; kein fremdes Wort wurde in dieser Herberge gesprochen, und wie erzählt wird, selbst der vierbeinige Wächter des Hauses, ein stämmiger Hund, schnüffelte nichtdeutsche Reisende, Bettler und Hunde sehr bald heraus und hielt sie alle von der Schwelle zurück[14]).

---

[1]) Fabri I, 82 f.
[2]) Kohl 138; Herzog Friedrich's Pilgerfahrt in der Zeitschr. d. deutschen Palästinavereins I, S. 111. Stockar 54 wohnte in Venedig bei Peter Schneider aus Bern. Schwalbach empfiehlt, überhaupt nur deutsche Herbergen zu besuchen.
[3]) Porner 132.
[4]) Fabri I, 86.
[5]) Gumppenberg 236.
[6]) Albrecht 190; Scheidt 9; P. Villinger 13; vgl. Buseck, A. von Pappenheim, H. von Hirnheim unten. Herzog Bogislaus von Pommern logirte 1497 bei dem deutschen Wirthe Pender; vgl. Julius Müller in: Baltische Studien 1879, Separatabdruck S. 126 f. und Zülnhart.
[7]) Gumppenberg 236a; Tucher 349a; Harff 81. Buseck nennt den Wirth Lienhard Egger.
[8]) Schweigger (im Reyssbuch von Roth) 132; Breitenbach (bei Feyrabend) 50a; Katzenellenbogen (ed. Arnoldi in: Die Vorzeit 1826) S. 52.
[9]) Hirschfeld 35; Thunger nennt den Herrn des Gasthauses: „Asimus den schreienden Wirth", ausserdem noch „die Rose", welche dem Ambrosius von Köln gehörte.
[10]) Kohl, Die Pilgerfahrt des Landgrafen Wilhelm S. 138.
[11]) Breitenbach 50a; Zimmersche Chron. I, 474.
[12]) Fabri I, 83, 100, 107; III, 388.
[13]) Kiechel 152, 160, 240.
[14]) Fabri I, 84. Von diesem deutschen Hause ist zu unterscheiden das

Die Gelegenheit zur Ueberfahrt von Venedig nach der syrischen Küste fanden die Pilger durch Vermittlung ihrer Wirte oder durch Agenten sehr bald, welche die auf dem Marcusplatze aufgesteckten Banner ihrer Herrn umstanden und die Pilger einluden, mit ihrem Herrn den Schiffscontract zu schliessen, und der Rheder selbst suchte sie durch freundliche Einladung und splendide Bewirtung auf seinem Schiffe für sich zu gewinnen[1]). In dem Contracte[2]), den nun die Pilger entweder durch vorausgeschickte

---

deutsche Kaufmannshaus (Harff 41; Fabri III, 431 f.; Anton Tucher's Haushaltungsbuch ed. Loose im Stuttg. lit. Verein 1877, S. 154), dessen Capitolare Thomas 1876 veröffentlichte (das Register dazu in: Abhandl. der bayr. Acad. Bd. XIV Abtheil. 1, 1878). Sonst vgl. über den fondaco Teutonico Heyd, Gesch. des Levantehandels im Mittelalter II, 720. Nach Villinger gab der fondaco wöchentlich 100 Kronen Steuer.

[1]) Fabri I, 86, 88; vgl. Thunger. Einige der wichtigsten Patrone sind folgende: Jac. Augustinus (Zuall. 264) Ludovico Baroo (Alexand. 34a; Zülnhart, Rindfleisch), Conaro (Albrecht 190; A. v. Pappenheim), Andreas Contarini (Leeman, Mergenthal), Antonio Contarini (Anon. August. 34a ad 1444), Augustino Contarini (Alex. 34a; Breitenbach 50a — 51a; Tucher 349; Fassbender, Zedlitz, Grünemberg), Sebastian und Bernhard Contarini (Fabri III, 171 ff.), Andreas Curmelissi (Thunger), Ludovico Delphino (Tschudi 12; Stockar 67), Peter Foscolo (vgl. den Pilgercatalog ad 1493), Benedictus Gabrielis (Porner 132), Genero (Bräuning 3 u. 210), Augustino de Jacobis (Lussy 69), Petrus de Jacobis (Fürer 1), Petrus de Lando (Fabri I, 86, 88, Grünemberg), Alessandro Lanscin (Bräuning 210), Bertrand de Latore mercorum (Herzog Friedrich S. 114), Andreas Lauredano (Harff 60), Petrus de Losine (Seydlitz 250a), Jacobus Michaelis (St. Genois, Les voyageurs Belges I, 200), Andreas Morosini (Brunner 190), Nicolaus Paulus (Lorenz von Egen 917), Priuli (Thunger), Lucas de Segna (Meggen 27), Nicolaus de Stella (Anon. August. 321), Antonius de Stephanis (Ketzel 34), Baptista Tagierus (Cotovicus 2), Hieronymus Terrile (Joh. von Hirnheim), Tomassius (Ketzel 52), Peter Veneuri (Thunger), Vivianus (Wormbser 215; Albrecht 190), Hansen Waschall (Hirschfeld 40), Alois Zorzi (Klempin 542; Jul. Müller in: Balt. Stud. 1879, 124 ff., siehe auch unsern Pilgercatalog ad 1498).

[2]) Dergleichen Contracte (Naula) sind uns erhalten z. B. von Albrecht 190—191a, Baumgarten 181 ff., Breitenbach 50—51a, Fabri I, 89 ff., Hirnheim, Hirschfeld 40—45, Klempin 542—545, Jod. von Meggen 27—36 (wo viele niederländische Pilger genannt sind), Mergenthal, Thunger, Tschudi 13 bis 22, Wormbser 215—216a; sie stimmen oft wörtlich überein. Herzog Albrecht von Sachsen zahlte 4000 Ducaten Fahrlohn, verlangte aber, dass

Agenten[1]) bereits geschlossen hatten, oder selbst abschlossen, wurden, wie Fabri mittheilt, folgende Bestimmungen vereinbart:

1) Der Patron soll die Pilger von Venedig nach Jaffa hin- und zurückbringen und in wenig Tagen segelfertig sein. 2) Die Galee soll mit den nöthigen Waffen und Mannschaften ausreichend gerüstet sein. 3) Der Patron darf mit seinem Schiff nur an den gewöhnlichen Hafenplätzen anlegen, in einem Hafen Cyperns wegen der schlechten Luft höchstens drei Tage bleiben: während dieser Zeit werde es den Pilgern möglich sein, welche Ritter des heiligen Grabes geworden sind, auf der Heimkehr durch den König von Cypern die Insignien seines Ordens zu empfangen. 4) Jeder Pilger erhält täglich zweimal zu essen und zu trinken, 5) und zwar von guter Kost: an einzelnen Häfen muss der Patron still halten, um den Pilgern die Ergänzung ihres Mundvorrates zu ermöglichen, auch Vornehmen gestatten, ihren eigenen Koch halten zu dürfen. 6) Ausserdem soll jeder Pilger vor der Mahlzeit ein Glas Malvesier erhalten 7) und aus einem triftigen Grunde das Schiff unterwegs verlassen dürfen: 8) für den Fall, dass ein Pilger in einem Hafen nicht den gewünschten Proviant kaufen kann, muss ihn der Patron damit unterstützen; 9) der Patron hat ferner die Pilger in jeder Weise zu schützen, 10) im heiligen Lande, auch an den Jordan, persönlich umherzuführen 11) und die nötigen Abgaben und Tribute dafür zu zahlen, 12) wofür er den bedungenen Schiffslohn, gewöhnlich halb in Venedig, halb in Jaffa erhält[2]). 13) Stirbt ein Pilger auf der

---

kein fremder Pilger mitfahre; Herzog Bogislaus (Klempin 544) machte sich aus, dass kein Jude auf seinem Schiffe sein dürfe (wahrscheinlich weil sie oft Verräterei übten). Vgl. auch Tobler, De. '-hlätter 517—520.

[1]) Z. B. David Otto (Albrecht 191a), hans Brun und Matthias Forberg (Mergenthal; vgl. Kohl 138).

[2]) Nach Gabriel von Rattenberg hätten Franziskaner gewöhnlich nur den halben Preis zu zahlen gehabt, doch hielt sich der Patron, zumal wenn sich wenig Pilger zur Ueberfahrt gemeldet hatten, nicht an diese Sitte. Die Höhe des Fahrgeldes schwankt auch sehr oft; man zahlte entweder monatlich (Buseck) oder im Ganzen und zwar inclusive Verpflegung auf der Galee (auf der Galeazze war nach Porner 133 der Preis um ein Drittel billiger, nach Schwalbach: 40 Ducaten, ohne Verpflegung): 60 (Klempin 546; Albrecht 190;

Fahrt, so darf der Patron die Hinterlassenschaft nicht an sich reissen und 14) muss die Hälfte des Schiffslohnes wieder herausgeben. 15) darf auch den gestorbenen Pilger nicht in's Meer werfen lassen, sondern muss seine Leiche bis an den nächsten Landungsplatz mitnehmen; 16) wollen einige Pilger nach dem Sinai ziehen, so muss der Patron 8—10 Ducaten vom Schiffslohn zurückzahlen, 17) mit dem Dragoman abschliessen und für die Sicherheit der Pilger Sorge tragen. 18) Endlich soll jeder Pilger den nöthigen Platz auf der Galee erhalten zur Unterbringung von (10—12) Hühnern und für die eigene Küche; 19) auch soll jedem Kranken eine bessere Räumlichkeit im Schiffe angewiesen werden. 20) Zum Schluss entsagen Patron und Pilger allen Ausflüchten und Verdrehungen, die durch die Auslassung oder den unklaren Ausdruck eines Paragraphen begründet sein könnten.

Dieser Contract wurde von dem Patron und den Pilgern unterschrieben und in der Dogenkanzlei von den Protonotarien ratificirt[1]):

Villinger 14), 58 resp. 42 (Herzog Friedrich 115), 50 (Klempin 544; Tucher 349a; Alexander 34a; Ehrenberg 237a; Schürpff 187; Pierre de Smet bei St. Genois I, 200; vgl. Fassbender, Zülnhart, Zedlitz), 48 (Gumppenberg 236; Porner 133; Anon. August. 302; Rindfleisch), 46 (Stockar 67), 45 (Gabriel von Rattenberg), 44 (Dietrich von Schachten), 43 (Tschudi 21), 42 (Fabri I, 89; Breitenbach 51) Ducaten resp. 46—50 Kronen (Thunger, Rehlinger); Grünemberg zahlte für alles sogar nur 38 Ducaten. Ohne Verpflegung zahlte man 40 (A. von Pappenheim), oder 36 (Kohl 141) Ducaten, oder 34 (Ketzel 34), 33 (Porner 133), 32 (B. v. Eptingen 314), 22 (ibid.), 20 (Brunner 190; Holzwirth), oder 16 (L. von Wedel) Kronen. Als Commissare des Dogen zum Schutze der Pilger wurden jedem Schiffe noch zwei venetianische Nobili mitgegeben (Fabri I, 86; Fürer 2); auch wurde das Schiff auf seine Seetüchtigkeit hin vorher untersucht (Thunger). Häufig zahlten reiche Pilger für arme das Fahrgeld (Redwitz 8), oder der Patron nahm sie umsonst mit (vgl. Rehlinger). Die stärkste Forderung, 80 Ducaten, stellte Alois Zorzi 1498 (vgl. ad annum hinten in unserm Catalog). Schwalbach empfiehlt den deutschen Pilgern die Selbstbeköstigung, da sie sonst nicht satt würden.

[1]) Fabri I, 92: „Qui (protonotarii) audientes causam nostrae praesentationis singulorum nomina, status et conditiones inscripserunt in quendam grandem librum, cui et prius inscriptus fueram in prima mea peregrinatione; et ita ratificatus fuit contractus et conventio nostra". Dieser: liber grandis wäre für die Geschichte der Pilgerfahrten von der allergrössten Wichtigkeit, aber wie

alles dieses hinderte jedoch nicht, dass die Patrone mit wenigen Ausnahmen sich Verletzungen zu Schulden kommen liessen, dass sie z. B. das Schiff nicht gehörig armirten, wie dies der Patron des Herzogs Bogislaus 1497 versäumte, schlechte Nahrungsmittel lieferten, oder zu lange an den einzelnen Hafenplätzen anhielten. Die wirkliche Abfahrt erfolgte gewöhnlich 14 Tage nach dem Abschluss des Contractes; manchmal mussten die Pilger auch 6—8 Wochen warten, und diese Zeit benutzten sie, um die Lagunenstadt sich genauer anzusehen.

Alle Berichte[1]) sind voll Bewunderung der Macht und des Reichtums, welcher in dem Mastenwalde des Hafens, dem reich gefüllten Arsenale, in einer Reihe glänzender Paläste, Schauläden und Kirchen vor dem trunkenen Auge der Beschauer sich entfalteten: die meiste Anziehungskraft jedoch übten auf den Pilger die grossen Reliquienschätze[3]) und die prunkvollen Feste, wie die Vermählung des Dogen mit dem Meere[4]), die Prozession am Frohnleichnamstage[5]).

Herr Prof. Thomas und Herr Camillo Soranzo in Venedig gütigst mitteilten, ist die Kanzlei des hier gemeinten „magistrato al cattaver" (so nennt auch Joh. von Hirnheim diese Behörde) noch nicht aufzufinden gewesen. Trotzdem waren die Klagen über mangelhafte Beobachtung des Contractes ziemlich allgemein; der darin stehende Paragraph, dass der Patron niemals das Eigentum eines auf dem Schiffe gestorbenen Pilgers antasten dürfe, scheint sich gegen einen venetianischen Seegebrauch zu richten, den schon andere Reisende erwähnen, z. B. Ibn Djubair in: Goergens-Röhricht, Arabische Quellenbeiträge, Berlin 1879, I, S. 281.

[1]) Z. B. Alex. 32a ff.; Breitenbach 50 ff.; Fabri III, 399—436; Harff 41—51, 56 f.; Kiechel 153—163; Kohl 80 f.; Tschudi 30—52. Eine Beschreibung venetianischer Trachten siehe bei Dietrich von Schachten. Schilderungen venetianischen Lebens aus der Feder deutscher Reisender siehe auch bei Vulpius, Curiositäten II, 252; X, 531 ff.

[2]) Harff 53; Fabri I, 95—107; Tucher 350; Schürpff 185 ff.; Alex. 33—34; Hirschfeld 47 ff.; vgl. sonst auch die Schilderung Venedigs aus jener Zeit bei Romanin, Storia di Venezia VI, 436—465.

[3]) Am Himmelfahrtsfest; vgl. Alex. 34a; Fabri I, 98; Harff 47; Seydlitz 250; Tschudi 40 f.

[4]) Alexander 35; Herzog Friedrich 115; Villinger 13; Gab. v. Rattenberg; Zedlitz.

[5]) Graf Albrecht (190) liess sich in Venedig die Nativität stellen. Ein Gefährte Tschudi's (S. 26), der die Waffen, wie daheim, öffentlich trug, wurde verhaftet und erst nach Weiterungen wieder frei.

Sonst war wohl jeder mit seiner Zurüstung zur Seefahrt vollauf beschäftigt; man warb Dolmetscher[1], kaufte Lebensmittel und Küchengerät, Kleider und Schuhzeug, Arzeneien[2]) und besorgte sich Wechsel und kleinere gangbare Geldsorten[3]) für das Land der Bakschische.

Sehr wichtig und vorteilhaft war es, wenn Pilger Empfehlungsbriefe an den Dogen und Senat, oder an die Gesandtschaft

---

[1]) Ein solcher Dolmetscher erhielt im Ganzen gewöhnlich 30 Kronen (Thunger), oder monatlich 3½—4 Ducaten und ein Kleid (Tucher 349a; Harff 57; Herzog Friedrich 201; Albrecht 189a; Gumppenberg 236; Stockar 47). Der Dolmetscher, den Holzwirth mitnahm (1546), stellte in Jaffa die Pilger aus Deutschland, Frankreich und den Niederlanden dem Sandjak als Franken, die Spanier und Welschen als Venetianer vor.

[2]) Vgl. unten Reiseinstruction.

[3]) Der venetianische Ducaten oder die Zechine (nach Schwalbach = 28 Groschen, à 4 Schillinge, nach Hirnheim = 27 Batzen, nach Buseck = 21 Floren und 5 Batzen) galt gegen Ende des fünfzehnten und Anfang des sechszehnten Jahrhunderts im Orient 25 (Fabri I, 387; III, 101; Baumgarten 57; Tucher 368), oder 25½ (Tucher 362a) resp. 26 (Harff 78; vgl. Reiseinstruction) Maidine, später 40 (Fürer 39, 206) und 44 (Helffrich 378a; die Krone 32 oder 34), der Marchetto ungefähr ½ Weisspfennig (Dietrich von Schachten). Der Maidin, sagt Fürer 206, war = 4 venetianischen Schillingen = ½ Mocenigo (nach Villinger 18 und Albrecht 195a war ein Mocenigo = 4 Constanzer Batzen oder ½ Maidin); Albrecht 197 rechnet den Maidin = ⅛ Batzen. Seydlitz 252 = 16 Heller, Kiechel 331 (in Syrien) = $\frac{1}{60}$, (in Cypern) = $\frac{1}{50}$ Thaler (d. h. Joachimsthaler, die nach Rauchwolff 281 im Orient häufig waren), oder wie Rindfleisch sagt = ½ Marcello (der Marcello hatte 10 Solidi und den Wert von 60 centesimi jetziger Rechnung nach Thausing, Dürer's Briefe S. 189; vgl. Tucher, Haushaltungsbuch 154). Kiechel 285 rechnet den Maidin genau auf 1½—2 Kreuzer (Tobler, Siloah 163), Schweigger 106 auf 3, Baumgarten 97 auf 4 Kreuzer, während der Asperer 1 (Wild 28) oder 2 (Schweigger 106) Kreuzer galt. Bräuning 18 berichtet, die Zechine hätte in Epirus 60 Asperer, die Krone 50, der Thaler 40 (S. 98), der Maidin 1½ Asperer gegolten. Cotovicus handelt (ebenso Walter von Waltersweil S. 61 f.) ganz genau über die Geldverhältnisse aus der Zeit von 1590 (S. 479); er sagt: die Zechine hätte 90 Maidine, 12 Asperer hätten 10 gazettas oder 20 marchettas, d. h. venetianische Schillinge gegolten, ein Maidin = 1½ Asperer = 1 Stüber; 5 Maidine oder 8 Asperer wären = 1 Saiat, 40 Saiat = 20 Stüber, 8 Saiat oder 40 Maidin = 1 türk. Ducaten. Von christlichem im Orient gebräuchlichen Gelde nennt er venetianische Silberducaten, holländische Thaler (= 10 Saiat), spanische Regalen, die alle 65 Maidine gälten; von Erzmünzen nennt er: Zibit, Mangur, Dirhem, (Nuccaras: 6 Nucc. = 1 Maidin, 6 Mang. = 1 Asperer, 1 Nucc. = 2 Dirhem, 2 Zibit = 1 Dirhem). Die Maidine von Kairo

ihres Landes nach Venedig mitbrachten¹); sie erhielten dann gewöhnlich Empfehlungsbriefe an den venetianischen Admiral²) und die Consuln der Levante. Manchmal brachte der Reisende solche Empfehlungsschreiben direct von Hause mit³).

Wenn dann endlich der Tag der Abfahrt gekommen war, wurde die Pilgerfahne, weiss mit rotem Kreuz, die Fahne des Heiligen Marcus, das päpstliche Banner und das des Patrons aufgehisst⁴); man trank Johannisminne und sang fromme Weisen, wenn das Schiff in See ging, und dann sank die ganze Mannschaft auf die Knie; eine feierliche Messe ward gelesen und der Nochiere flehte Gott im Namen der Reisenden um glückliche Fahrt an, worauf jeder mit dem Amen schloss⁵). Eine Seefahrt von 6—8 Wochen gab dem

galten das Doppelte der syrischen; in Damascus hatte eine Zechine 116 Maidine, in Jerusalem 45, in Aleppo 120; der Thaler galt in Damascus 65, in Aleppo 68, in Jerusalem nur 30 Maidine. Sonst vergl. Tobler, Denkblätter 277 f. und El-Calcaschandi in Gött. acad. Abhandl. 1879. 142 ff.

¹) Gumppenberg 236; Fabri I, 95; vgl. Tschudi 7. Bräuning 2 erhielt Empfehlungsbriefe von Venedig aus durch den dortigen Factor der Rechlinger von Augsburg, Johannes Neuss, nach Constantinopel.

²) Harff 59; Fabri I, 95. In einem solchen Geleitsbrief waren die Namen der Pilger verzeichnet.

³) Zuallart 256; Zülnhart; ein offenes Empfehlungsschreiben für einen Pilger nach Santiago siehe in den Mecklenb. Jahrbb. 1878, S. 193 und im Ilsenburger Urkundenbuche No. 452; einen Reisepass von 1503 in d. Zeitschr. für d. Gesch. des Oberrheins 1864, XVI, 490; vgl. oben S. 5, Note 6.

⁴) Fabri I, 150; Breitenbach 53a; Meggen 44. Grünemberg (fol. 11, 12) giebt in seinem Reiseberichte ein sehr genaues Bild einer eben absegelnden Galeere, das wir leider hier nicht einfügen können. Derselbe berichtet auch, dass jeder Pilger einen Platz auf dem Schiffe durch Anschreiben seines Namens zu belegen pflegte.

⁵) Kraft (ed. Cohn) 27. Dass die Pilger schon in den ältesten Zeiten Lieder sangen, ist erwiesen (Röhricht, Pilgerfahrten S. 356; vgl. Fabri, Geistl. Pilgerfahrt). Die klassische Stelle für die 1147 bei deutschen Kreuzfahrern gebräuchlichen Lieder ist die Bemerkung des Gerhoh, welcher in seinem Psalmencommentar (ed. Pez 794) sagt: In ore Christo militantium laicorum laus Dei crebrescit, quia non est in toto regno Christiano, qui turpes cantilenas cantare in publico audeat, sed tota terra jubilat in Christi laudibus etiam per cantilenas linguae vulgaris, maxime in Teutonicis, quorum lingua magis apta est concinnis canticis. Stephan von Bourbon, Anecdotes historiques, légendes et apologues ed. Lecoy de la Marche, Paris 1877, 168, rühmt (in der Mitte des

Pilger Gelegenheit, über das Schiff¹), die Mannschaft²), wie Polizei geübt³), wie gespeist und Gottesdienst gehalten wurde⁴), Beobachtungen anzustellen; viele verkürzten sich die Zeit mit Kartenspiel⁵), oder mit der Jagd auf Delphine, und die Galeoten, ein höchst diebisches Volk⁶), wussten sie mit der Erzählung von allerlei fabelhaften Geschichten, von meilenlangen Fischen⁷) u. s. w. zu unterhalten. So vergingen oft Tage ohne nennenswerte Ereignisse, bis dann plötzlich ein Sturm sich erhob, und abergläubische Furcht alles in Entsetzen brachte. Hatte man vergeblich versucht, durch Schüsse das Wetter zu zerstreuen, dann hiess es, ein Gebannter müsse im Schiffe sein⁸), oder eine Reliquie, z. B. ein agnus Dei⁹), Jordanwasser¹⁰), oder aber eine Leiche¹¹), und so wurden denn oft auf der Heimfahrt jene wertvollen Reminiscenzen an das heilige Grab, und.

---

dreizehnten Jahrhunderts) besonders deswegen die Deutschen und empfiehlt den Pilgern: „ut de Deo cantent, ut faciunt Theutonici, non de aliis vanitatibus et turpibus." Tobler, Denkblätter 529, erwähnt aus Briemles Reisebeschreibung den Pilgerreim: „Jerusalem, du seelig Stadt, So ihren schönen Namen hat Vom Angesicht des Friedens." Siehe auch Hagenmeyer, Ekkeh. 303.

¹) Ueber die Arten der Schiffe siehe ausser der bekannten Stelle im Itin. Ricardi ed. Stubbs 89: Ludolf 16; Harff 60; Stockar 68 f.; Tschudi 47—50; Bräuning 4—5; Fabri I, 117; Schweigger 54; Gabr. von Rattenberg und Jul. Müller 97 ff. Ueber die Signale der Venetianischen Hafenbehörde giebt Grünemberg fol. 12 interessante Détails.

²) Tschudi 104; Stockar 67; Bräuning 6; Kohl 125; Schweigger 94; Kraft 23 f.

³) Fabri I, 122—127.

⁴) Fabri I, 136 f.; Bräuning 6—8. Besonders werden die Niederländer als leidenschaftliche Spieler getadelt; siehe auch den Pilgercatalog ad 1482 u. 1484.

⁵) Fabri I, 166; vgl. 134 f.; Kohl 86.

⁶) Fabri I, 143; Stockar 24; Mergentl. ai. Auch fromme Pilger stahlen (Tschudi 89); Spitzbuben mussten sonst Spiessruten laufen.

⁷) Ludolf 12; Herzog Friedrich 119.

⁸) Fürer 318; vgl. Jona 1, 7.

⁹) Lussy 72 f.

¹⁰) Fabri II, 36; Fäesslin 220 f. Oft rissen die Schiffsleute den Pilgern die in Jerusalem gekauften Rosenkränze vom Leibe (Villinger 104); Gabriel von Rattenberg erzählt, dass der Patron alle Pilger schwören liess, dass sie kein Jordanwasser mit sich hätten; vgl. Tobler Denkblätter 540.

¹¹) Bräuning 293; Radzivill 228 f.

dem Contracte zuwider, der Leichnam eines gestorbenen Pilgers ohne Weiteres in's Meer geworfen. Die Truhe, die er in Venedig gekauft hatte zur Bergung seiner Habseligkeiten, zum Bette auf dem Schiffe, ward sein Sarg; man schnitt zum Zeichen, dass er auf der Pilgerfahrt gestorben, fünf Kreuze darauf[1]), legte zwei Ducaten als Begräbnissgeld für den Finder hinein und senkte ihn unter drei Schüssen in die feuchte Gruft[2]); trotzdem gelang es mitunter Pilgern, ihre verstorbenen Gefährten mit ihrer Truhe im Kielwasser des Schiffes bis zum nächsten Lande zu schaffen und sie dort zu begraben[3]). Raste der Sturm trotzdem weiter, dann that jeder Gelübde und suchte dadurch den Zorn der Elemente zu beschwichtigen, oder die Mannschaft bot ihm mit einer gewissen Berserkerwut Trotz[4]); hingegen ward das St. Elmsfeuer mit innigster Freude von den Pilgern begrüsst und betrachtet[5]).

Ausserdem ward den Pilgern die Seefahrt durch schlechte Verpflegung, Seekrankheit und Dyssenterie verleidet, dazu kamen, namentlich wenn Franzosen und Deutsche, oder Niederländer beisammen waren, öfters Reibereien[6]) und die Unbehaglichkeiten, welche

---

[1]) Stockar 38—41.
[2]) Albrecht 189.
[3]) Stockar 41.
[4]) Stockar 49 berichtet: „Do sprach und schrieg unser Battron, der Thelffin, man sett al segel aiulon und settin das Banner Jerusalehem uffstecken, das Bilgerbanner und den Marckon und des Herren Banner, und müssten wier do sterben, so weltend wier ritterlich sterben und mit uffrechten fliegenden Segelen, und welt die Schand nit han ain im undan an den Sinengen, filleicht hülff uns Gott davon." (Gewöhnlich war die Folge der furchtbaren Lebensgefahr (Hagenmeyer, Peter der Eremite 282 f.), dass man eine neue Pilgerfahrt nach Loretto (weshalb auch so viele Pilger auf der Heimkehr dorthin ziehen), nach Santiago, oder einem anderen Gnadenorte wie z. B. Trebnitz (Rindfleisch) gelobte; andere wie Friedrich Greifenclau (ad 1454) wurden so erschüttert, dass sie auf der Heimkehr direct in's Kloster gingen. Bräuning 263 erzählt von der Verwirrung inmitten eines Sturmes und sagt, er habe den Beichtvater von sich gewiesen, da er keinen solchen Vermittler für seine Seele brauche; er tröste sich allein seines Heilandes.
[5]) Fabri I, 54; Kohl 129; Ecklin (im Reyssbuch 400); Lussy 71, Znallart 332.
[6]) Fabri I, 38. Namentlich werden einstimmig die Niederländer als rohe Gesellen schwer getadelt.

massenhaftes Ungeziefer, erdrückende Schwüle, Betrunkene und die auf dem Verdeck stampfenden Pferde und Maultiere den Schläfern bereiteten[1]). Endlich schwebten die Pilger in fortwährender Angst vor Seeräubern in Folge der beunruhigenden Nachrichten, welche unterwegs begegnende Schiffe brachten[2]), oder die Pilger in den Landungsplätzen erhielten. Viele kehrten in Folge dessen um, und nur die Mutigsten bestanden auf der Weiterfahrt[3]), ja 1476 ward der Besuch der heiligen Stätten direct widerraten, weil ein Colonna für die Vermögensbeschädigung durch einen Muselmann sich selbst Recht geschafft hatte, und dafür nun die Muselmänner den Christen zur See wieder allerhand Schaden zufügten[4]). Zum Glück jedoch erwies sich die Nachricht, dass Seeräuber in Sicht seien, meist als

---

[1]) Fabri I, 138 ff. (vgl. auch Buseck) spricht über die Beschwerden des Schiffslebens in derber und breiter Art; Mergenthal berichtet: „In der Galeen ist gar mancherlei Unruh, Ungemach, Ungeziefer und grosse Ueberlast; auch sind grosse Ratzen drinnen, die einem des Nachts über die Mäuler laufen. Ist es Zeit zu schlafen, so reden die andern und singen und schreien und machen's nach ihrem Gefallen, damit andern der Schlaf gebrochen wird. Begann das Meer zu wüthen, so mussten wir pumpen (vgl. Rehlinger), dass der Schwindel uns in die Köpfe kam und wir taumelten wie die vollen Bauern. Das Essen war gar schlecht und unlustig, das Brot steinhart und Würmer darin, das Wasser faul, der Wein warm, dass er vor Wärme rauchte, und ganz unschmackhaft. Da wir des Gestankes wegen nicht unten liegen wollten, lag mein gnädiger Herr selbst unter dem Mastbaum, aber wenn es regnete, wurden wir tapfer nass. Liefen die Galioten, gingen sie einem auf den Schienbeinen herum; in Summa wir hatten wenig Ruh, und ich weiss nichts besseres auf dem Schiffe denn die liebe patientia." Grünemberg, welcher im Wesentlichen dasselbe berichtet, erzählt noch, dass jeder Pilger nicht mehr Raum besass, als drei Spannen breit und acht Schuh lang.

[2]) Helffrich 375a. Im Jahre 1617 ward Graf Albrecht von Erbach auf einer Reise nach Italien von Corsaren gefangen und erst gegen schweres Lösegeld freigelassen (Arch. für hessische Gesch. 1851, S. 413—418).

[3]) Fabri I, 39. Uebrigens wurden 1470 (vgl. unsern Pilgerkatalog ad ann.) die Pilger von den Venetianern als Entsatztruppen im Kampfe um Negroponte verwandt.

[4]) Ketzel 38—41; im Jahre 1587 war der Guardian durch die Türken aus Jerusalem vertrieben worden, wie Buseck fol. 184 berichtet, so dass die Pilger von Cypern nicht nach Jaffa zu segeln wagten, sondern nach Tripolis fuhren. Im Jahre 1550 war der Strand bei Jaffa von türkischen Wachen besetzt (Rehlinger).

blinder Lärm[1]), und waren sie wirklich in der Nähe, so zogen sie sich bei dem Anblick des wohlgerüsteten Pilgerschiffes gewöhnlich sehr bald zurück[2]); zu einem wirklichen blutigen Zusammenstosse kam es nur 1497 einmal und zwar zwischen einer Piratenflotille und einem Pilgerschiffe; doch entgingen die Pilger nach einem blutigen Gefecht wunderbarer Weise der Gefangenschaft[3]).

Die Route, welche die Schiffe nach der syrischen Küste einschlugen[4]), ging an der istrischen, dalmatischen, türkischen und griechischen Küste entlang und berührte Parenzo[5]), Rovigno, Pola[6]), Zara, Curzuola, Ragusa[7]), Zante[8]), Modon[9]), Cerigo[10])

---

[1]) Stockar 22, 31, 37; Herzog Friedrich 118 f.; Ketzel 37.
[2]) Kohl 98.
[3]) Das Nähere siehe hinten im Pilgercatalog ad ann. 1497. Ueber die Art des Salutirens der Schiffe, die damals der Patron Alois Zorzi nicht beobachtet haben sollte, siehe Tschudi 88 (demzufolge musste nämlich das kleinere und schwächere Schiff die Segel niederlassen).
[4]) Breitenbach 114a—115; Cotovicus 4—116.
[5]) Dort sollte die Helena geraubt worden sein (Breitenbach 83a; Fabri I, 33). Ueber die geographischen Legenden des Mittelalters im Allgemeinen vgl. die allerdings wenig erschöpfenden Nouveaux récits de voyages par Xavier Marmier, Paris 1879, S. 1—54.
[6]) Dessen Römerbauten erwähnt werden (Herzog Friedr. 116; Tschudi 56; Cotovicus 6—8); der Sage nach hätte hier Simson die Säulen des Philistertempels niedergerissen (Kurfürst Friedrich 77); nach Schürpff 188; Pierre de Smet in: St. Genois, Les voyageurs Belges I, 201, Zuallart 265 hätte hier Kaiser Karl den Roland (Harff 62 nennt Dietrich von Bern) einst als Hauptmann zurückgelassen.
[7]) Vgl. Schürpff 191 f.
[8]) Hier zeigte man das Grabmal Ciceros (Cotovicus 50—53, wo auch eine Abbildung zu finden ist; Seydlitz 251; Geisheim 212; Hakluyt II, 103; Rehlinger; vgl. Drumann, Gesch. der röm. Republik VI, S. 380 f., Note 99) und des berühmten Anatomen Vesalius († 10. Octob. 1564; vgl. Fürer 8; St. Genois, Les voyageurs Belges II, 51).
[9]) Wo der heil. Leo begraben lag (darüber ausführlich Ketzel 36); ein Deutscher hielt hier 1483 ein Hurenhaus (Fabri I, 39); Harff 66 traf einen deutschen Büchsenmeister daselbst. Nach allgemeiner Uebereinstimmung der Pilgerschriften sollten hier in der Nähe der Stadt die Zigeuner ihre Heimath haben.
[10]) Wo nach allen Pilgerschriften, wohl auf die Autorität John de Maundevilles hin, der Raub der Helena erfolgt sein soll.

und Candia¹). Auf dieser Insel, wo Saturnus' und Jupiter's Grab gezeigt ward²), das goldene Vliess und Helena geraubt worden sein sollte, fanden deutsche Pilger manchmal die Wappen deutscher Adligen³). Von da ging die Fahrt über Rhodus⁴) nach Cypern⁵).

¹) Alex. 37; Seydlitz 251; Geisheim 212; Nomper de Caumont 41 f.
²) Ludolf v. Sudheim 27. Derselbe Gewährsmann, mit dessen Schrift der Bericht eines Niederrheinischen Pilgers (in Benfeys Orient 1862, I, S. 449–480, 627–646) vielfach übereinstimmt, findet Colossae, an dessen christliche Einwohner Paulus schrieb, hier auf Candia (andere auf Rhodus; vgl. Ludolf 96; Fabri I, 188, 254; Grünemberg fol. 31 f.), wie die Galater in der Vorstadt Constantinopels Galata (S. 13); Malta indentificirt er mit Corsica (S. 17).
³) Vgl. unten unsern Pilgercatalog ad 1561.
⁴) Ueber Rhodus (zu dessen Eroberung durch die Johanniter 1310 siehe De Mas Latrie III, 682 f.), wo nach dem Anon. Augustan. Noah nach der Sintflut gelebt haben soll; vgl. Ludolf 28; Harff 70 ff.; Herzog Friedrich 121—123; Fabri III, 248—269; Grünemberg fol. 31 f.; Tschudi 81—87; Bräuning 110 ff.; Kiechel 398 ff. (eine hübsche Karte giebt Grünemberg und Cotovicus); Johanniterblatt der Ordensballey Brandenburg 1861, No. 2 ff.; 1870, No. 7, 21; 1872, No. 34 ff.; 1875, S. 89 ff.; 1876, S. 270—276; 1877, No. 14—16; 1880, No. 1. Neben den zahlreichen Reliquien werden in den Pilgerschriften besonders die starken Befestigungen (die 1464 erbaute Turris Burgundiae; darüber siehe v. Ghistelle bei St. Genois I, 185; Harff 70, oder S. Nicolai bei Pierre de Smet 203; Alex. 37a; Cotovicus 88—94, das castellum S. Petri, das Martin von Schlegelholz (über ihn besonders Herquet, Juan Fernandez de Heredia, Excurs) erbaute, worüber Fabri III, 261; Johanniterblatt 1876, No. 48) und der Tierpark mit seinen schlauen Hunden (Tschudi 86 f.; Baumgarten 144; Breitenbach 56; Kurf. Friedr. 81; vgl. Berg, Die Insel Rhodus S. 109) gerühmt; man lobte die Ritter wegen der 1480 bewiesenen Tapferkeit (Breitenb. 118 ff.; vgl. Malepiero, Annali Veneti im Archivio storico ital. Firenze 1843. VII A, S. 123 ff.; Revue de l'orient 1849, S. 249 ff.), tadelte aber ihre verderbten Sitten (Anon. August. 303; Tschudi 83 f.). Auf Rhodus fanden sehr viele deutsche Pilger ihr Grab, wie wir im Pilgercatalog ausführlich nachweisen. Ueber die Eroberung von Rhodus durch Soliman vgl. ausser Caorsin, Fontanus, De bello Rhodio, Romae 1524; Jacque Bastard de Bourbon, La grand et merveilleuse oppugnation de Rh. Paris 1524; Hakluyt II, 72 ff.; Romanin V, 375 ff., 518 f., sonst siehe über die Insel und Stadt in neuester Zeit Newton, Travels and discoveries in the Levant, London 1865, I, 177 ff.; Alb. Berg, Die Insel Rhodus 1862, 2 Bde.
⁵) Ueber Cypern vgl. Ludolf 33 ff.; Fabri III, 217—242; Herzog Friedrich 189 ff.; Gumppenberg 244; Seydlitz 251a; Fürer 308; Piloti (in Reiffenberg Le chevalier au cygne) S. 386, 394 ff., 408, 412; Cotovicus 99; Hakluyt

bis endlich dann die syrische Küste vor den Augen der Pilger aufstieg und mit Lobgesängen begrüsst wurde[1]).

Ein Schuss aus einem der beiden Warttürme Jaffa's und ein ausgestecktes Banner signalisirten die Ankunft des Pilgerschiffes[2]), das jedoch so lange vor Anker liegen musste, bis auf die Botschaft des Patrons nach Jerusalem der Sandjak[3]) und der Guardian oder

---

117 ff.; besonders siehe Heyd II, 1—24. 406—426. Bisher (selbst De Mas Latrie) unbekannt gebliebene Inschriften aus der Kathedrale teilt wörtlich mit Helffrich 377, Tschudi 96, Fürer 300, 302 f., andere erwähnt Joh. von Meggen 76; vgl. v. Cesnola, Cypern, übersetzt von L. Stern, Jena 1879, 40 u. 298. Man besuchte besonders den Kreuzberg (über ihn am genauesten Lussy 66 ff.; Fabri I, 43; Breitenbach 56a; vgl. Ludolf 31) und das Grab des (man weiss nicht, wann? hier begrabenen; vgl. Acta Sanct. Mai V, S. 270 f.) Grafen Johannes von Montfort (Fabri III, 235; vgl. Artus ad 1483 in unserem Pilgercataloge). B. von Hirschfeld 87 fand in Famagusta einen guten Wirt an dem Bürgermeister Antonius aus Freiburg im Breisgau, in dessen Fremdenbuche viel Pilger eingeschrieben waren; Helffrich 376a traf ebenda einen deutschen Büchsenmeister und einen österreichischen Edelmann. Pilger, welche in Jerusalem Ritter des heiligen Grabes geworden waren, empfingen auf Cypern den Ritterschlag eines andern Ordens, der sie speciell zur Teilnahme an einem künftigen Kreuzzuge verpflichtete (Gumppenberg 244). Ueber die Eroberung Cyperns (1571) durch die Türken siehe Romanin VI, 292 ff.; Neumayr, De bello Cyprio, Leipzig 1621; Sereno, Commentarii della guerra di Cipro, Monte Cassino 1845. Sebastian Schach durfte 1604 in Cypern ebensowenig wie in Jerusalem ein deutsches Wort hören lassen (S. 8 f.); der Reisende giebt jedoch den Grund dafür leider nicht an.

[1]) Als solche kennen wir „Salve Regina", „Te Deum laudamus" und: „In Gottes Namen fahren wir" (Fabri I, 184; Tucher 352; Breitenb. 56a); darüber vgl. besonders die genauen Nachweise in Franz Böhme, Altdeutsches Liederbuch 1877, No. 568, S. 677—681; ein anderes Lied muss gewesen sein: Sei uns gegrüsst Du Gottesland, wo unser Christ sein Leiden fand! (Vgl. unten: Fabris Geistliche Pilgerfahrt und oben S. 17, Note 5). Hezemans, Reisverhaal van den kruisvaarder, uit de XIII eeuw in: De Dietsche Waranda ed. Alberdingk Thijm, Amsterd. 1875, S. 351 erwähnt als ein von Raillard (wo?) herausgegebenes Kreuzfahrerlied: „Jerusalem mirabilis Urbs beatior aliis, Quam permanens obtabilis Gaudentibus te angelis. Illuc debemus pergere, Nostros honores vendere, Templum dei acquirere, Sarracenos destruere."

[2]) B. von Eptingen 344; Tschudi 98.

[3]) Saniaco (Helffrich 378, ebenso Albrecht 204; Rauchwolff 28 Jacob von Bern: Japhzon; Seydlitz 253; Janiaco), auch Vochardin (Füll. VI, 113, 178; vgl. 337, Tschudi 230) oder Fakardin (Reiseinstruction) genannt,

dessen Stellvertreter, ferner die Statthalter von Ramlah[1]) und Jazûr[2]) mit ihren Mannschaften in Jaffa eingetroffen waren, um das Geleit zu übernehmen; während dieser Zeit standen die Pilger häufig genug in Gefahr, von muslimischen Corsaren überfallen und gefangen zu werden[3]). Gewöhnlich erst nach 6—8 Tagen[4]) erschienen die muslimischen Beamten mit ihren Schreibern und ihrem Gefolge, auch

---

neben dem Naydon (Fabri II, 113), oder dem Nâib, d. h. dem Stellvertreter des Gouverneurs. Der Name Vochardin ist offenbar verdreht aus Fachr ed-din; aber der Gouverneur von Jerusalem hiess 1484 Nasir ed-din Muhammed (Mudjir ad-din ed. Sauvaire 280); Bertrandon de la Brocquière (1432) nennt ihn Nanchardin, Pfinzing und Schwalbach: Nasserdin (vgl. Geisheim 116 f., 248 f.) und Fabri II, 143 nennt wieder den muslimischen Dolmetscher aus Kairo: Tamquardin (der Anon. August.: Weenpack). Neben dem Sandjak wird genannt der Elemin (Rauchwolff 325; Helffrich 378, 384: „Das ist der Richter"; Scheidt 28) und der Calinus major (Fabri II, 107; Helffrich 380: cadinus) oder Dolmetscher des Sultans (Tucher 352, 363; Tschudi 91, 230; bei Alexander 38 heisst er Abraham Grasso, bei Tucher 352: Gazello, sonst auch Sabathytanco; vgl. Fabri I, 451; II, 28, 193, 340); er war auch der Vorsteher des St. Johanneshospital und wurde gewöhnlich mit der Führung der Pilger nach dem Sinai beauftragt (Tucher 358a). Von diesem Calinus major wird unterschieden der Calinus minor, der Stellvertreter desselben (Fabri II, 361), der zu Fabris Zeit (II, 107) Elphahallus hiess und des Deutschen einigermassen mächtig war, da er mit einem deutschen Adligen einst an den Hof Friedrichs III. gekommen war und einige Zeit daselbst sich aufgehalten hatte (Fabri II, 108 f.). Wie Herr Professor Fleischer in Leipzig den Herausgebern gütigst mitteilt, ist das Wort Kalinus eine Verdrehung des türkischen Wortes Kulaguz „Wegführer".

[1]) Tucher 353; Ketzel 49; Breitenbach 57 und die Reiseinstruction nennen ihn Balikader (von Tobler, Jerusalem II, 817 mit Supascha identificirt; ob vielleicht Wali al-khazindâr „Schatzmeister"?), Alexander 38a chassym de Rama; vgl. Fabri I, 187, 191, 193; Helffrich 378a; Hirschfeld 58. Der Emir von Ramla suchte zuweilen an den Pilgern Erpressung zu üben, wie z. B. Gabriel von Rattenberg erzählt.

[2]) Die Pilgerschriften sagen: von Gaza, gemeint ist aber das eine halbe Stunde östlich auf der Route nach Jerusalem gelegene Jazûr (Gazer), dessen Namen in den bekannteren: Gaza verdreht wurde (vgl. Tobler, Jerusalem II, 639—642).

[3]) Alexander 43. Häufig wurden Pilger auch im heiligen Lande gefangen genommen, wie z. B. in unserem Pilgerkatalog ad ann. 1404, 1479, 1556, 1561a u. b, 1565c, 1573a näher ausgeführt ist. Ueber die Leidensgeschichte einzelner Pilger vgl. auch Tobler, Denkblätter 557 ff.

[4]) Herzog Friedrich 201 (nach 14 Tagen); Alexander 38.

muslimische Kaufleute, welche von den Christen Tuche, hölzerne Schüsseln, Geschirr, Metall und Glaswaaren eintauschten[1]). Der Patron beschenkte die muslimischen Herrn auf's Reichlichste[2]), und nachdem man die Waffen abgelegt[3]), die Galeoten mit Trinkgeldern zufrieden gestellt[4]), wurden die Pilger an's Land gesetzt. Jetzt that man allen Pomp und Staat ab; hatten Herzöge und Grafen sich schon in Venedig in dem Schiffscontract als blosse Brüder Wilhelmus, Boguslaus u. s. w. bezeichnen lassen, so mieden sie vollends hier jedes verräterische Zeichen ihrer Würde[5]), um der furchtbar starken Schatzung zu entgehen;[6] denn jeder Herzog oder Graf, dessen Incognito nicht streng gewahrt wurde, kam in die grösste Gefahr[7]). Die Pilger wurden in einem elenden, stinkenden Chan, unter dem Namen cellaria S. Petri[8]) bekannt, eingesperrt und mussten hier so lange warten, bis der Patron mit der türkischen Behörde über die Höhe des Zolles einig geworden[9]). Alsbald erschienen Kaufleute und boten den Pilgern Decken, Rosenwasser, Balsam, ächte, oder nachgemachte Edelsteine[10]), oder Eier, Brot, Fleisch, Wasser, Paternoster zum Verkauf[11]), während allerlei Gesindel an den Pilgern Mutwillen übte und Erpressungen versuchte,

---

[1]) Stockar 2, 69; Bränning 4. Wie Zuallart 255, Villinger 39, Gabriel von Rattenberg und J. von Hirnheim erzählen, waren die Türken auf rote Nesteln wie besessen; dagegen durften die Christen keine Lederwaaren einführen (Rehlinger).
[2]) Tschudi 200; Villinger 33; Rehlinger.
[3]) Fabri I, 193.
[4]) Ketzel 53.
[5]) Fabri I, 184. Auf einen „Königssohn" vigilirten die Türken, als Rehlinger nach Palästina kam.
[6]) Zuallart 263.
[7]) Vgl. unten Gabriel von Rattenberg sowie unsern Pilgerkatalog ad 1468, 1495, 1497, 1507 und 1565. Als Verräter werden Juden und Eseltreiber besonders genannt.
[8]) Fabri I, 195; Tucher 352a; Kurf. Friedr. 83; Tobler, Jer. II, 600 f.
[9]) Oft hatte er 500—600 Ducaten zu zahlen (Ketzel 49) und suchte sich daher von der Verpflichtung persönlicher Führung thunlichst los zu machen (Fabri I, 200).
[10]) Fabri I, 197.
[11]) Tucher 352; B. von Eptingen 320, 345 f.

auch deutsche Juden sie mit Fragen über die Verhältnisse in der Heimat bestürmten¹). Der Guardian, welcher entweder bereits auf dem Schiffe, oder hier²) Anweisungen über das Verhalten der Pilger im heiligen Lande gegeben, oder dies in Ramlah zu thun versprochen³), war gegen alle diese Belästigungen und Schereien völlig waffenlos. Schliesslich waren der Patron und die Türken einig, und nun erfolgte eine strenge Controle der einzelnen Pilger; jeder musste den Namen und Stand auch von seinen Eltern angeben⁴), und ihre Gesammtzahl wurde aufgeschrieben; jeder erhielt dann einen Passirschein⁵). Endlich war man damit zu Ende, und nun begann man wegen der Geleits- und Eselgelder für den Transport nach Jerusalem zu feilschen⁶); um dem zu entgehen, nahmen die Pilger manchmal hier sofort einen Führer für die Zeit ihrer Anwesenheit im heiligen Lande⁷), der ihnen zugleich als Dolmetscher diente. Nach mannigfachen Beschwerden mit den diebischen und zudringlichen Eseltreibern⁸) erreichte die Caravane Ramlah, wo die Pilger in einer durch den Herzog Phi-

---

¹) Fabri I, 197; Grünemberg; vgl. Joh. von Hirnheim.
²) Tschudi 100—103; Hirschfeld 57; Rehlinger.
³) Fabri I, 193.
⁴) Fabri I, 194; Tucher 352a, Herzog Friedrich 83; B. v. Eptingen 345 f.; Jod. von Meggen 90; Mergenthal; Seydlitz 252. — Porner 134, Jakob von Bern und Gumppenberg 237a wissen noch nichts von allen den Schereien, die allerdings in Alexandria schon 1183 bestanden haben müssen (Ibn Djubair in Defrémerys Ausgabe des Ibn Batoutah 1, préface XXXVII, Note 3); gegen Ende des sechzehnten Jahrhunderts schien eine mildere Praxis sich wieder Bahn zu brechen (Bräuning 217; vgl. Tobler, Denkblätter 527 f.).
⁵) Ueber Passirscheine vgl. unten unsere bezügliche Bemerkung zu Grünemberg.
⁶) Rauchwolff 324; Passerhammer 321; Kohl 100; Seydlitz 252 f.; Ketzel 52; Brunner 191; Helffrich 378. Genaue Angaben von Taxen für Trinkgelder siehe besonders bei Redwitz 9; Ketzel 58; Zuallart 263 f.; Villinger 33. Nach Rehlinger erhielt jeder, der sich einen Eseltreiber ausgesucht hatte, von diesem als Zeichen der Bestätigung einen Ring.
⁷) Stockar 1, Tschudi 99, 108 nennen einen solchen Gamelin (offenbar ist dies so viel als Gamoulin, d. h. ein Bastard aus der Ehe eines Türken mit einer lateinischen Mutter oder umgekehrt; vgl. Brocard-Mielot 298).
⁸) Fabri I, 203. Nach Gabriel von Rattenberg wurde jeder Pilger, der eigenmächtig seinen Esel mit einem anderen vertauschte, von den Eseltreibern heruntergerissen.

lipp von Burgund erbauten Herberge (casa di Franchi)[1] Unterkommen fanden und von Gürtelchristen Lebensmittel kaufen konnten[2]. Hier mussten aber die Pilger von Neuem warten, bis der Emir von Ramlah die geforderten Bakschische durch den Patron erhalten[3]; sie benutzten in der Regel diese Zeit, um die berühmten Schwitzbäder dieses Ortes zu besehen[4].

Der Guardian oder sein Stellvertreter teilte hier italienisch und lateinisch den Pilgern eine Reihe von Verhaltungsmassregeln mit, welche sie sich dann wieder durch einzelne Mitpilger in ihre Landessprache verdolmetschen liessen[5]. Demnach: 1. sind alle, welche ohne Erlaubniss des Papstes ihre Pilgerfahrt angetreten haben, excommunicirt, können aber hier Absolution empfangen; 2. streng verboten ist den Pilgern, ohne türkischen Führer umherzugehen, 3. sich für Unbilden zu rächen, 4. über türkische Gräber hinwegzulaufen, 5. Stücke vom heiligen Grabe abzuschlagen, 6. Mauern und Wände durch Anschreiben von Namen, oder Anmalen von Wappen zu beschmutzen, 7. ohne Ordnung in der Prozession zu gehen. 8. Die Pilger sollen ferner nicht lachen, oder Freude laut werden lassen, 9. Türken nicht anreden, anlachen, oder mit ihnen scherzen, 10. namentlich kein Weib ansehen, 11. keinem Weibe auf ihren Wink folgen, 12. keinem Türken Wein geben. 13. Ausserdem soll jeder seinen Eselstreiber behalten, 14. sich und andere nicht in Bezug auf Abkunft und Würde verraten, 15. nicht weisse Tücher um den Kopf schlagen, oder weiss sich kleiden, 16. keine Waffen bei sich tragen, 17. keinem Türken trauen, 18. jede Trennung von den übrigen Pilgern meiden.

---

[1] Fabri 1, 212; Meggen 91; Tobler, Jerusalem II, 806 f., 816 f., 821; Sepp, Das heilige Land 1, 33 ff. Schürpff 207 sagt, Ramlah sei so gross wie Zürich. Eine sorgfältige Karte des Weges von Jaffa nach Jerusalem siehe in Petermanns Mittheilungen 1867 (von Schick).
[2] Tobler II, 822.
[3] Ketzel 60.
[4] Fabri I, 218; Deutsche Pilgerwappen, welche man hier in Ramlah fand, siehe hinten erwähnt im Pilgercatalog ad 1547, 1561, 1569, 1587.
[5] Diese Artikel giebt Fabri I, 213 ff. am vollständigsten, im Auszuge auch Ketzel 56—58; Tucher 352a; B. von Eptingen 350; Herzog Friedrich 127; Rauchwolff 324a.

19. nicht offen Wein trinken, 20. mit keinem Türken handeln, 21. niemals aber mit ihnen zanken, 22. in keine Moschee gehen, 23. keinen Türken verspotten, 24. den Guardian für Verzögerungen nicht verantwortlich machen, 25. hingegen alle Steuern und Abgaben ruhig zahlen, 26. dem Hospital eine kleine Summe für den Baufond zu spenden, 27. ebenso dem Convent der Franziskaner vom Berge Zion.

Endlich nach mannigfachen Beschwerden und Belästigungen durch das den Zug umschwärmende Gesindel[1]) lag das ersehnte Ziel — Jerusalem vor den Augen der Pilger[2]); es gehört wenig Phantasie dazu, ihre Gefühle zu begreifen und zu verstehen.

Nachdem am Thore eine Untersuchung des Gepäcks durch den Sandjak und die übrigen höheren Beamten Jerusalems erfolgt, und diese durch neue Geschenke gewonnen waren[3]), wurden die Pilger an verschiedenen Orten untergebracht, teils bei italienischen Consuln[4]), oder im Johanniterhospital[5]), wo man beim Eintritt zwei Marchettos zahlte und, so lange man wollte, wohnen konnte, teils im Hause des zweiten Dolmetschers), teils auf dem Zion, wo man beim

---

[1]) Fabri I, 211, 220; B. von Eptingen 355. Im sechszehnten Jahrhundert überfielen bei Latrun oft Räuber die Pilger (Buseck; Tobler, Jerusal. II, 756), doch waren überhaupt in Syrien Ueberfälle und Gewaltthätigkeiten schon 1436, wie Pfinzing klagt, gewöhnlich.

[2]) Der Grösse nach verglich man es mit Speier (Wormbser 232), Nürnberg (Gumppenberg 247a; ibid. 240, 240a, 243a ähnliche Parallelen).

[3]) Helffrich 379a; Tucher 358a; Buseck.

[4]) Geisheim 219; Ketzel 55; Kohl 101. (Eine Liste der venetianischen Consuln in Syrien von 1384—1797 siehe in Berchet, Relazioni dei consoli Veneti nella Siria, Torino 1866, S. 55—57). Die Pilger wurden beim Eintritt in der Stadt von Neuem gezählt (Villing. 41; Rehlinger); im sechszehnten Jahrhundert wurden ihnen dann in der Herberge die Füsse gewaschen (Tobler, Denkblätter, S. 530).

[5]) Fabri I, 240 f., 321; vgl. Tschudi 118. Grünemberg wohnte bei einem Gürtelchristen.

[6]) Fabri I, 240; Tucher 352a; Tobler, Jerusalem I, 405 f. Thunger erwähnt als Herberge auch das armenische Kloster im Hause des Kaiphas (worüber Tobler, Jerusal. II, 169; sonst vgl. Denkblätter 536). Es mag verstattet sein, hier auf eine fast ganz unbekannt gebliebene Ansicht über den Ursprung des Johannes-Hospitals in Jerusalem hinzuweisen, wonach Pantaleon, ein Patricier aus Amalfi, dessen Begründer war, worüber vgl. Zeitschrift für

Abschiede gewöhnlich pro Kopf 5 Ducaten dem Guardian zu entrichten hatte, dafür aber von ihm allerlei Reliquien, Kerzen, Agnus Dei, Erde und Steine von heiligen Orten, Paternoster aus Oelbaumholz, Kreuzlein aus Cedernholz u. s. w. empfing[1]), teils endlich bei einzelnen Bürgern, von denen besonders Juden genannt werden[2]). Lebensmittel konnten die Pilger auch hier wieder von Gürtelchristen kaufen[3]).

Hatten diese sich von den Strapazen ausgeruht, so versammelten sie sich auf dem Zion mit Wachskerzen[4]) zum Antritt der Prozession. Der Guardian hielt ihnen eine Rede, worin er die Heiligkeit der Stätten pries, welche man jetzt besuchen wollte[5]), und nun begann die Prozession zu allen den Punkten, welche durch die Tradition in Beziehung zur heiligen Geschichte gebracht worden sind, die wir aufzuzählen hier unterlassen dürfen. Doch konnte der Pilger nicht alle Stätten in Jerusalem sehen; das Haus St. Anna's[6])

---

christl. Archäologie und Kunst, herausgegeben von Quast u. Otte, 2. Band, Leipzig 1858, S. 109, 118 ff.

[1]) Tschudi 326; Fürer 260. Ueber dergleichen Andenken siehe auch Tobler, Denkbl. 233 ff. Dass die Pilger sich oft sehr wenig dankbar dabei bewiesen, bezeugt Thunger; Rehlinger tadelt besonders die Niederländer deshalb.

[2]) Fassbender wohnte bei einem Juden Namens Karel, Wilhelm von Boldensele 270 (vgl. Grünemberg) wurde in Jerusalem von einem deutschen Juden herumgeführt, Ludolf von Sudheim 97 wohnte in Safed bei einer jüdischen Familie aus Westfalen. Ludwig Rauter reiste mit einer meist aus Juden bestehenden Caravane durch Palästina und wurde von ihnen verraten.

[3]) Tschudi 118; Helffrich 379a.

[4]) Tobler, Denkblätter 538 f.; Fabri I, 285: ducentes eos secum ad patriam et eorum mulieribus in partu laborantibus accensos tenere faciebant, ut sine periclitatione parerent. Demselben Zweck sollten Streifen von der Länge des heiligen Grabes dienen (Rindfleisch). Sonst nahm man auch die Länge des Steins der Salbung mit und machte aus dem damit gemessenen Zeug das Sterbekleid (Tobler, Golgatha 351).

[5]) Diese Rede ward natürlich von einem der Mitpilger wieder verdolmetscht (Fabri I, 241; Tschudi 165; Ketzel 77—78). Grünemberg berichtet sonst, dass die Erklärung der heiligen Stätten lateinisch, französisch, italienisch und deutsch gegeben worden sei.

[6]) Harff 182; Tschudi 231; Pfinzing.

und des Pilatus[1]) wurden durch Renegaten, oder Muselmänner nur in Folge starker Trinkgelder, oder anderer Geschenke zugänglich. Die geweihteste Stelle Jerusalems war natürlich das heilige Grab[2]), dessen Eintritt jedoch nur zweimal im Jahre frei war[3]), sonst mit 5—9 Ducaten erkauft werden musste[4]). Ehe die Procession dort einzog, gab der Guardian den Pilgern von Neuem einige Anweisungen[5]). Er befahl 1., dass jeder Pilger sich mit Wachskerzen versehen solle, 2. stets im Zuge bleiben und 3. eine Nacht mit Busse und Fasten Gott weihen solle, 4. ferner dürfe er nicht mit den in der Kirche feil haltenden Kaufleuten Zeit verlieren, 5. ebenso sollten sich die Priester um das Messenlesen nicht zanken, für die 6. im Ganzen vier Altäre bestimmt seien. 7. Jeder Pilger müsste Beichte und Abendmahl feiern. 8. jeder Priester habe Erlaubniss Beichte zu hören und zu absolviren; 9. aber keiner dürfe für sich allein das Abendmal austeilen. 10. Endlich sollten die Pilger nicht ihre Sachen in der Kirche herumliegen lassen. 11. keine Almosen erbetteln. 12. die heiligen Stätten nicht durch Abschlagen und Bemalen verunglimpfen, sondern 13. mit Ehrfurcht und Andacht

---

[1]) Tschudi 222. Auch das templum Domini, dem sonst kein Pilger sich nahen durfte (Kohl 120), ward durch Renegaten geöffnet (Harff 178 ff.; Wild 133 f.; Philippus de Aversa 210—215, im Anfange zu Herzog Friedrichs Pilgerfahrt in d. Zeitschr. des deutschen Palästina-Vereins 1878, I); Grünemberg (fol. 59) ward durch den grossen Calin bis dicht in die Nähe desselben geführt.

[2]) Ludolf von Suchheim 98 vergleicht die Kirche mit der Kathedrale von Münster, Tucher 354 mit der Sebalduskirche in Nürnberg. Der Herzog von Burgund sowie Maximilian I. hatten dem heiligen Grabe reiche Geschenke zugewandt (Fabri I, 348; Tucher 353a; Tschudi 161); auch Radzivill 68—70 ehrte es durch glänzende Gaben.

[3]) Fabri I, 346.

[4]) 5 (Tucher 354; Fabri I, 345), 7 (Hirschfeld 65), 9 (Zuallart 204; Walt. v. Waltersweil 33; Villinger 68; Radzivill 107 f.; Helffrich 380; Rauter) Ducaten; vgl. sonst auch Baumgarten 81; Tobler, Golgatha 409—413. Arme Pilger, die nicht zahlen konnten, wurden einfach abgewiesen (Rehlinger). Pfinzing (1436) erwähnt noch keine Abgabe; Rauter und Hirnheim erzählen, dass jedesmal die Pforte beim Einlass entsiegelt werden musste.

[5]) Diese Artikel giebt genau Fabri I, 284 f., im Auszuge Tschudi 162 f. Nach Stockar 4 erhielten die Christen beim Eintritt einen Backenstreich.

betrachten. Alle diese Anweisungen waren notwendig, da der Aufenthalt im heiligen Grabe, wie die Pilgerschriften ausdrücklich erwähnen, allmählich eine Reihe von Unsitten und Ungebührlichkeiten im Gefolge hatte, und zwar besonders in der Charwoche, und wenn die **Pilger** sich in starken Schaaren darin eingefunden hatten. An die **Schritte** der prozessionirenden Pilger hefteten sich Krämer und Kaufleute, drangen mit ihnen, freilich gegen einen höheren Eintrittspreis, hinein und stellten kostbare Stoffe und Gewebe, Ketten, Ringe, Rosenkränze, Kreuze mit Reliquien von heiligen Stätten, Bänder und Zeugstreifen von der Länge des heiligen Grabes, später sogar Grünzeug, Getreide und Esswaaren zum Verkauf. So füllte sich der Tempel des Herrn, der einst die Tische der Wechsler und Krämer umgestürzt und sie in heiligem Zorn hinausgepeitscht hatte, mit dem **Tumult** eines geschäftigen Jahrmarktes; während die einen feilschten und handelten, schliefen, oder hockten die andern zusammen, indem sie aus ihrem Ranzen kräftig assen und tranken[1]), über Politik und Prozesse sich erzählten, oder prahlten und zankten. Das Gotteshaus ward eine Stätte des Unflats und des Gestankes, zuweilen sogar zu einem Bordell herabgewürdigt, da nach einem alten Aberglauben in der Kirche gezeugte Kinder Glückskinder seien[2]). Nicht minder tadelnswert war die Unsitte, von den heiligen Stätten in der Kirche Stücke abzuschlagen[3]): die Edelleute beschrieben die Wände, schlugen Nägel ein und hängten ihre Wappen daran, um

---

[1]) **Fabri** I, 313; II, 92; Tschudi 306; Tucher 354.

[2]) Tobler, Golgatha 427, Bethlehem 138 f. Dass überhaupt die Pilger in Jerusalem viel Roheiten sich zu Schulden kommen liessen, weist Tobler, Denkblätter 566 ff. noch ausführlich nach; viele der Pilger waren ja für die Sünden Anderer auf die Wallfahrt gegangen!

[3]) **Fabri** II, 97; **Harff** 181 (Ludolf 80 sagt: Nam si sepulcrum Christi per grana et arenas posset deportari, jam ultra longa tempora, etiamsi maximus mons esset, fuisset deportatum, ita ut vix ibidem una arena permansisset); vgl. auch die interessanten Verse an König Balduin (Manuscr. Bodlej. 2394; Bodl. 603, die Webb in: Archaeologia, London 1827, 416 Note citirt). Auch von der „Mariensäule" und dem „Tische Christi" in Nazareth wurden Stücke für gebärende Frauen (vgl. S. 29, Note 4) losgeschlagen (Tobler, Nazareth 146. 235). Jacob von Bern durfte sich noch einzelne Stücke zum Andenken mitnehmen, ebenso Ludolf von Sudheim.

ihrem Namen eine gewisse Unsterblichkeit zu sichern[1]), der freilich der Sultan im letzten Viertel des fünfzehnten Jahrhunderts bald ein Ende bereitete[2]). Die Priester selbst gingen allen diesen Unordnungen durch ihr Beispiel voran: denn sie schlugen und rauften sich um die Alba, und sobald einer die Messe gelesen hatte, stürzten 5 oder 6 auf ihn ein unter gegenseitigen Schmähreden, da einer dem andern die Ehre, in der Grabeskirche eine Messe celebrirt zu haben. nicht gönnen mochte[3]).

Gegen Mitte und Ende des sechszehnten Jahrhunders kamen auch lutherische Christen nach Jerusalem und widersetzten sich der Forderung, das Abendmahl unter Einerlei Gestalt zu empfangen, doch gab der Guardian in Folge einer Notlüge[4]) oder einiger Ducaten[5]) ohne Weiteres gewöhnlich nach.

Der feierlichste Act in der heiligen Grabeskirche war der Ritterschlag zum Ritter des heiligen Grabes, um dessenwillen allein oft viele, namentlich Niederländer, die gefährliche Fahrt nach Jerusalem unternahmen, und dessen Zeichen selbst Protestanten später, obwohl sie wussten und bekannten, jeder Christenmensch sei und müsse ein „miles Christi"[6]) sein, annahmer Die Ceremonie[7]) ward

---

[1]) Fabri II, 92 ff.: Soli nostri teutonici nobiles hac vanitate utuntur, ac si mundus non haberet nisi ipsos. Ein solches Wappen von einer Säule der Bethlehemskirche ist bei Sepp, Das heil. Land I. 557 abgebildet.

[2]) Tobler, Golgatha 430.

[3]) Fabri I, 312 ff.

[4]) Schweigger 115 ff.; Bräuning 222 f.

[5]) Wormbser 218a, Rauchwolff 328—328a giebt eine Betrachtung der heiligen Stätten aus protestantischer Empfindung heraus.

[6]) Schweiger 119—121; Bräuning 241.

[7]) Sie ist uns mehrfach überliefert z. B. von Rauchwolff 342—342a; Jodocus von Meggen 136—148; Wormbser 234—235; Albrecht 194a—195a; Hirschfeld 70—73; Schach 9—13; Tschudi 308—310; Radzivill 303—308; Lussy 45 ff.; Zuallart 299—301; Cotovicus 104—109; Wankel E 3; vgl. Quaresmio I, 652; Tobler, Golgatha 239—249; Geisheim 162 ff.; Johanniterblatt 1862, No. 45—48; 1875, No. 19; Hist. des ordres militaires, Amsterd. 1721. I, S. 71 ff.; Mennens, Deliciae equestrium sive militarium ordinum Colon. Agripp. 1613, S. 214; Vulpius, Curiositäten, Weimar 1816, V, S. 145—155 (dort gute Nachweise!); Annales de l'académie d'archéol. de Belgique 1847: Hody, Description des tombeaux de Godefroy de Bouillon 1855, I, 187—225;

gewöhnlich in der Nacht vollzogen; der Guardian schlug einen aus
der Zahl der Pilger zum Ritter, und dieser gab einem dritten, dieser
wieder einem vierten und so fort durch den Schlag die neue Ritterwürde.
Die Pilger besuchten natürlich auch die Jerusalem umliegenden Ortschaften, am liebsten den Jordan, dessen Bad nach alter
Pilgertradition[1]) wie die Palme von Jericho den Schluss der Pilgerfahrt bilden sollte. Der Besuch des Jordans ward jedoch den Pilgern

---

Publications de la société historique de Limbourg 1869, VII, S. 291 ff., endlich Hermens, Der Orden vom heil. Grabe, Köln 1870; O'Kelly de Galway, Mémoire sur l'ordre de St. Sepulchre, Bruxelles 1875 (wo S. 47—144 die Namen niederländischer Ritter des heil. Grabes zusammengestellt sind; als Ergänzung dazu vgl. Cotovicus 220). Die Ritter führten ausser dem fünffachen Kreuz von Jerusalem auch ein ganzes Rad mit einem durch die Nabe gesteckten Schwerte, wenn sie auch das St. Catharinenkloster auf dem Sinai besucht hatten (Bräuning 241), dagegen nur das halbe Rad, wenn sie nur im St. Catharinenkloster zu Bethlehem gewesen waren (Bräuning 259; vgl. Tobler, Bethlehem 203, Note 9). Ueber die oft erteilte Ritterwürde (Wilhelm von Boldensele 267 schlug nur 2 zu Rittern) wurden Bescheinigungen erteilt (Hirschfeld 73; Radzivill 66—68; Schweizer Geschichtsfreund 1852, 216—217; Lussy 50—53; Hoffmann, Scriptt. rerum Lusat. I, 372 geben solche); man zahlte gewöhnlich dafür 5—10 Ducaten (Tobler 242), die nach Leeman unter die Barfüsser und die türkischen Behörden gleich verteilt wurden. Anfangs schlug man nur Adlige von mindestens 4 Ahnen zu Rittern, später auch Kaufleute, was viele bewog, auf diese Ritterwürde ganz zu verzichten (Tobler, Golgatha 249, Note 7; Schach S. 12; vgl. Alex. von Pappenheim), doch betrachteten die meisten Ritter, namentlich aus den Niederlanden, es als eine heilige Pflicht, in diesen Orden sich aufnehmen zu lassen. Buseck berichtet uns einen Fall, dass man einem Unwürdigen bald nach der Erteilung die Ritterwürde wieder nahm. In Cairo in der St. Michaeliskirche wurde der Orden des St. Georg erteilt (auch in dem St. Catharinenkloster auf dem Sinai nach Ph. v. Katzenellenbogen, S. 60), wie Fabri III, 51 erzählt, und in Cypern empfingen die Grabesritter gewöhnlich noch durch den König daselbst von Neuem den Ritterschlag (Fabri I, 42). Auch Protestanten verschmähten diesen Ritterschlag nicht. Ueber deren Zeugniss für den Wert der Pilgerfahrten durch ihren Besuch der heiligen Stätten siehe Gretser I, cap. 9 (ibid. c. VI, VII, VIII sind auch Pilgercataloge für die Zeit von 330—1095, — 1291, — 1600 zu finden).

[1]) Röhricht, Pilgerfahrten S. 363; Anton. Mart. ed. Tobler (Itinera latina I), S. 27, 123 f.; Philippus ed. Neumann in: Oesterr. kathol. Vierteljahrschrift 1872, S. 64; Tobler, Jerusalem II, 696 ff.

gewöhnlich ausgeredet, weil der Patron, der doch zu persönlicher
Führung des Zuges verpflichtet war, oft durch umherschwärmende
Beduinen geschatzt wurde[1]; wesshalb nicht wenige Pilger, ohne den
Jordan gesehen zu haben, von Jerusalem heimkehrten[2].

Da der Fluss sehr reissend ist und in seinem Grunde viel
Baumwurzeln und Gestrüpp hat, so war das Hinüberschwimmen an
das andere Ufer streng untersagt[3], auch kam es vor, dass Pilger,
die zu sehr erhitzt, nüchtern, oder zu lange gebadet, krank wurden,
oder starben. Daher wurden sie durch Trommelschlag von den Begleitungsmannschaften daran gemahnt, zu rechter Zeit das Wasser
zu verlassen, widrigenfalls sie durch Peitschenhiebe herausgetrieben
wurden[4].

An das Wasser des Jordans knüpfte sich allerlei Aberglaube.
Es galt Edelleuten als unumgänglich notwendig für die Taufe ihrer
Kinder[5], es ward als unverderblich von den Pilgern geschöpft und
aufbewahrt[6] trotz des Verbotes der Päpste[7], welche dem Aberglauben damit entgegen wirken wollten, und trotz des Widerstrebens
der Schiffsleute, Jordanwasser im Schiffe zu dulden[8]. Wer darin
gebadet, hatte vollkommen Erlass der Sünden[9], und es war alte

---

[1] Fabri II, 30; Kohl 120. Auch auf dem Heimwege von Jerusalem
nach Jaffa wurden die Pilger oft noch unverschämt geschatzt, wie Rindfleisch, Buseck und Rehlinger ausführlich erzählen; Redwitz 15 berichtet
sogar von einer Forderung von 400 Ducaten in Jerusalem selbst. Im Jahre
1444 fürchteten die Pilger in Jerusalem, als Gefangene nach Aegypten transportirt zu werden (Anon. August.); Grünemberg erzählt ausführlich, wie er
während des Badens bestohlen wurde.
[2] Geisheim 246. Rehlinger erzählt sogar, dass der Patron den Guardian bestochen habe, damit er den Pilgern den Besuch des Jordans widerriete.
[3] Fabri II, 36.
[4] Tobler, Jerusalem II, 701.
[5] Tobler 703; Sepp I, 769 ff.
[6] Badzivill 96 ff.
[7] Fabri II, 41—43; Tobler, Jerusal. II, 674.
[8] Tobler 705; vgl. oben S. 18 f.
[9] Kohl 121; über den Gebrauch des Wassers zu Wunderkuren siehe
Tobler 707.

Pilgersitte, in einem Hemde, das später das Sterbekleid sein sollte, im Jordan zu baden¹). Man taufte sich gegenseitig im Jordan²), um einen andern Namen führen zu können³), sowie auch Glöcklein, die, soweit sie hörbar sind, Schutz vor bösen Geistern und Blitzgefahr gewähren sollten⁴).

Gewöhnlich nach vierzehntägigem Aufenthalte verliessen die Pilger die heilige Stadt⁵), um entweder das nördliche Palästina, Damascus und Aleppo zu besuchen, oder um nach dem Sinai, Cairo und Alexandria zu gehen; doch suchten sie Reminiscenzen, Andenken und am liebsten Reliquien⁶) mit nach Hause zu nehmen. Man schnitt Dornen aus der Umgegend von Jerusalem ab⁷), schlug Stücke von heiligen Stätten los, kaufte Abdrücke von Christi Fussspur⁸), kleine Steine vom Zion, Josaphat oder Oelberg⁹), vom Hakeldama und Damascenererde¹⁰), Stücke aus der Geburtshöhle Mariä für ge-

---

¹) Fabri II, 36.
²) Tschudi 295.
³) v. Hody, Tombeaux I, 171.
⁴) Tschudi 295 f.; Fabri II, 37. Uebrigens entwickelte sich am Jordan zwischen den Männern und Frauen häufig genug ein unzüchtiges Treiben (Tobler 705 f.).
⁵) Man liess sich zuweilen Bescheinigungen über den Besuch der heiligen Stätten in Jerusalem durch den Guardian geben (vgl. z. B. Albrecht 209 a —210; Ecklin 404; Schweigger 125; Scheidt 85—87; Flüsslin 223; Bräuning 263; Hakluyt II, 107; Tobler, Denkblätter 503 f.).
⁶) Beispiele siehe im Fürstenberg. Urkundenbuche III, 381, No. 521, im Walkenrieder Urkundenbuche, No. 921. Fabri I, 451 berichtet, der Sultan habe oft abortirte Kinderleichen als Leichen „der unschuldigen Kindlein" von Bethlehem an die Christen verkauft. Früher brachte man nur Palmzweige als Andenken heim; Tobler, Denkbl. 506; Du Cange s. v. Palmarii. Manche Adlige nahmen als Andenken, wie z. B. die Herren von Eyb (bei Onolzbach), die Pilgermuschel in ihr Wappen auf (W. Oetter, Histor. Beschreib. d. Wappens d. Herren v. Eib, Augsb. 1784, 28). Die Heraldik könnte gewiss noch viele Nachweise von ähnlichen Fällen geben; es mag genügen, hier darauf aufmerksam gemacht zu haben.
⁷) Fabri I, 292.
⁸) Tobler, Siloah 105—114.
⁹) Fabri II, 195.
¹⁰) Tobler, Jerusalem II, 272 f., 386; Fabri II, 345.

bärende Frauen[1]), Frauenmilch aus Bethlehem[2]), Marienerde[3]), Rosenkränze aus Bethlehem und Gethsemane[4]), Nägel aus den Kirchen Jerusalems[5]), Stücke von der Hebroneiche[6]), Streifen Leinwand von der Länge des heiligen Grabes[7]), Rosen von Jericho[8]), dann aber auch Juwelierarbeiten, baumwollene und seidene Zeuge, Hemden, Schuhe[9]). Zu Hause ätzte man sich zum Andenken an die fromme Fahrt eine gewisse Form am Leibe ein, z. B. das heilige Grab, den Namen Jesus Christus[10]) und ahmte den Bau des heiligen Grabes sehr oft im Kleinen oder in natürlicher Grösse nach[11]).

Wollten die Pilger dagegen noch den Sinai und Aegypten besuchen, um die Erinnerungen aus der heiligen Geschichte an den Stätten selbst in sich zu befestigen, so machten sie mit dem officiellen Dolmetscher von Jerusalem einen Contract folgenden Inhalts[12]):

1. Der Dolmetscher verspricht den Pilgern freies Geleit 2. und bezahlt alle Tribute und Zölle bis Gaza, 3. stellt ferner für jeden Pilger einen Esel mit einem christlichen Treiber, 4. besorgt, den Wein ausgenommen, alle Lebensmittel bis Gaza, 5. in Gaza für den weiteren Transport die Kamele, 6. und einen Stellvertreter für die Reise von da nach Cairo; 7. jeder Pilger darf sich einen Wasser-

---

[1]) Tucher 359; vgl. oben S. 29.
[2]) Tobler, Bethlehem 232 ff.
[3]) ibid. 236 ff.; Stockar 13, 17.
[4]) ibid. 60—62; Tobler, Siloah 200.
[5]) Tobler, Jerusalem I, 177 f.; II, 188.
[6]) Innominatus VI, 406; Philippus (ed. Neumann) 61; Anshelm 781. Am Sinai schnitt man sich Ruten ab (Tucher 366a).
[7]) Fürer 260; vgl. oben S. 7 u. 29.
[8]) Tobler, Jerusalem II, 647 ff.
[9]) Stockar 13, 74 f.; Ketzel 80. Stammbuchverse von der Pilgerfahrt siehe bei Schweigger 134 ff.; Bräuning 77, 263—264.
[10]) Paulus, Sammlung von Palästinareisen I, 95; vgl. 323.
[11]) Tobler, Golgatha 249 f.; Hoffmann, Scriptt. rerum Lusat. III, 372 ff. (vgl. hinten unsern Pilgercatalog ad ann. 1465); Zeitschr. für die Gesch. des Bodensees 1872. III, 124—126; Gaillard, Recherches sur l'église de Jérusalem à Bruges 1845; vgl. auch Röhricht, Pilgerfahrten S. 366; Sepp, Das heil. Land I, 449—452, 503 ff. Ein Modell von Holz befindet sich in Weimar (Rosenmüller, Ansichten aus Palästina I. No. 3 u. 6).
[12]) Fabri II, 100 f.; Breitenbach 100.

schlauch kaufen 8. und Wein; alle zusammen 9. haben Anspruch auf drei Zelte. 10. Dafür zahlen die Pilger, jeder einzeln, 23 Ducaten, und zwar die Hälfte in Jerusalem, die andere in Gaza. 11. Dieser Contract wird durch den Gouverneur und den Ober-Dragoman bestätigt; 12. bis zur definitiven Abreise ist aber jedem Einzelnen noch gestattet, in Jerusalem frei umherzugehen.

Nach diesen Vorbereitungen und Zurüstungen setzte sich der Zug in Bewegung, überall vom Gesindel belästigt, oft auch unterwegs geschatzt[1]); über Bethlehem, Ramla und Hebron kam man endlich nach Gaza, dessen Badestuben von den Pilgern mit Vergnügen besucht wurden[2]), von da in langsamem, beschwerlichen Marsche[3]) nach dem Sinai[4]), wo sie freundliche Aufnahme fanden. Sie suchten und fanden auch hier Namen von deutschen Pilgern[5]) und zogen gewöhnlich nach einem 5—7 tägigen Aufenthalt, nachdem sie alle Stätten treulich besucht und darüber eine Bescheinigung erhalten[6]), über Matharia[7]) wo der ägyptische Dragoman sie erwartete und empfing, nach Cairo[8]).

---

[1]) Fabri II, 332; Albrecht 196. Besonders gierig waren die Türken auf den Wein, um ihn selbst zu trinken, oder auslaufen zu lassen (Birlinger, Gereimtes Pilgerbüchlein, S. 12; Al. von Pappenheim).

[2]) Fabri II, 304 ff.; Fürer 171; Baumgarten 75; Harff 155—160.

[3]) Fürer 103 ff.; Tucher 362a; Fabri II, 410 ff. Die von dem Letzteren genannten Stationen lassen sich nicht mit heutigen Namen bis jetzt identificiren (Robinson, Palästina I, 441). Eine Beschreibung der Wüste siehe bei Wilhelm v. Boldensele 257; Ludolf v. Sudheim 69; Fabri II, 386 ff., 424 ff.

[4]) Helffrich 387a; Fürer 111—120; Tucher 364a ff.; Fabri II, 441—545; Schiltberger § 38. Zur Route von Syrien nach dem Sinai vgl. Wilhelm von Boldensele 244 ff.; Ludolf von Sudheim 63; Heiffrich 386a—387a; Albrecht 196—197a; Belon 243—260; Bräuning 180—188; Symeon Symeonis (ed. Nasmith) S. 19—64.

[5]) Vgl. hinten unsern Pilgercatalog ad 1561.

[6]) Bräuning 200; Albrecht 210; Kiechel 467 f.

[7]) Ueber Matharia und den Balsamgarten siehe La Division bei Charles Hopf, Chron. gréco-rom. S. 37; Chron. Salimbene 142; Ludolf v. Sudheim 37, 52; Fabri IV, 13 ff.; Harff 109; Sepp, Das heil. Land II, 778 ff.; Heyd, Gesch. des Levantehandels II, 566 ff.; auch Jacut IV, 564 u. Al-Calcaschandi 13.

[8]) Ueber Cairo vgl. Ludolf v. Sudh. 51; Tucher 368—370; Fabri III, 78 ff.; Harff 85—108; Helffrich 389a—395; Fürer 36—60; Baumgarten 43—

Die Pilger empfingen hier eine Fülle von neuen Eindrücken, und ihre Beschreibungen Aegyptens[1]) sind daher äusserst breit und ausführlich. Sie erstaunten über die wunderbaren Tiergestalten wie Elephanten, Giraffen, Affen, Leoparden, Papageien, Strausse, Löwen[2]), über die Brutöfen[3]), den Pomp des Sultans und seines Hofes[4]), das Treiben der muslimischen Mönche und Heiligen[5]). Der Dragoman[6]), bei dem die Pilger in der Regel ihre Wohnung fanden, führte sie sogar in sein Harem, liess sie mit einem Janitschar in und ausserhalb der Stadt nach Belieben herumführen[7]), z. B. nach den Pyramiden[8]). Einige Pilger wurden sogar vom Sultan selbst empfangen und mit Besorgniss über Politik der abendländischen

---

145; Wild 5 f. 179—208; Lannoy (in Archaeologia) 372—382; Meggen 172—188; Piloti 362; Bräuning 199 ff.; Kiechel 370 ff.; endlich Al-Calcaschandi 66 ff.

[1]) Die „terra Gesen et campus Taneos, in quibus fecit Deus mirabilia" ward schon früh von Pilgern besucht (Hieronymus, Peregrin. St. Paulae in: Itin. latina I, 30; Anton. Mart. ibid. 116 f.; vgl. Philippus 71). Ueber Land und Leute vgl. Wilhelm v. Boldensele 248 ff.; Fabri III, 179—197; Radzivill 142—192; Schweigger 106; Lannoy 382—399; Bräuning 117—119.

[2]) Ludolf 248; Albrecht 197a; Helffrich 384; Fabri III, 26 ff.

[3]) Aristoteles, Historia anim. VI, 2; vgl. Wilhelm v. Boldensele 249; Ludolf von Sudh. 51, 249; Baumgarten 72 f.; Harff 92; Fabri III, 58; Radzivill 144; Albrecht 198; Piloti 352; Helffrich 392; Kiechel 372. Abgebildet sind die Brütöfen (Mamal), von denen unter den Pilgerschriftstellern wohl zuerst Jacobus de Vitriaco und Oliverius gemeldet haben, bei Fürer 78, besser in Description de l'Egypte, Planche I, Fig. 11, 12, 13 de la Collect. des arts et d. métiers (E. M. II), Planche II, Fig. 1, 2, 3.

[4]) Baumgarten 46—49.

[5]) Baumgarten 73.

[6]) Tongobardinus oder Tamquardinus genannt (vgl. oben Seite 24) schickte von Matharia nach Cairo ein Verzeichniss der von ihm geführten Pilger voraus; zur Zeit Fabris (III, 18 f.) war es ein spanischer Renegat, der pro Kopf 5 Ducaten für Logis erhielt (Tucher 368; Baumg. 42 f., 66); einige Pilger wurden durch den venetianischen Consul anderweitig untergebracht (Albrecht 197).

[7]) Baumgarten 457.

[8]) Harff 109; Helffrich 395a f.; Albrecht 197a. Wilhelm von Boldensele 251 will auf den Pyramiden einige Hexameter gelesen haben, die ihm Ludolf 55 und daraus Fabri III, 52 nachschreibt; sie sind auch im Corpus inscriptionum Latinarum, III A, S. 8, No. 21 angeführt.

Mächte ausgefragt[1]). Nicht selten trafen die Pilger auf deutsche Renegaten, z. B. begegnete Harff einem gewissen Conrad aus Basel und einem Danziger, die ihm Pässe verschafften und mit ihm heimlich Wein tranken[2]), später Franz Kassau aus Brasberg in Steiermark; Graf Albrecht traf einen Mamluken Paul Reuter aus Feldkirch[3]), Felix Fabri[4]) einen Deutschen aus Basel, dessen Eltern er genau kannte, sowie viele ungarische Renegaten. Kiechel[5]) den Renegaten Michael Müller aus Strassburg, einen Goldschmied; ein anderer Goldschmied aus Mecheln führte den Felix Fabri in Cairo umher[6]). Ebenso waren die Pilger nicht wenig erstaunt, hier mitten im Orient deutsches Geld, besonders Nürnberger Prägung, zu finden[7]).

Vom Dolmetsch mit Geleitsbrief und Pässen versehen und gewöhnlich[8]) betrogen, segelten die Pilger den Nil abwärts über Rosette[9]) nach Alexandria[10]), dessen Reliquien[11]) ja eigentlich die Hauptanziehungs-

[1]) Harff 85 f.; vgl. Joh. Ghistelle bei St. Genois I, 165 f Dass man überhaupt im Morgenlande neue Kreuzzüge der Christen befürchtete, bestätigt Jacob von Bern.

[2]) S. 85—86, 205. Gregor. Gemnic. 543 und Martin v. Baumgarten 86 erwähnen, zu ihrer Zeit (1507) sei auch ein Franziskaner Namens Philippus Mameluk geworden; ist dies etwa der Minorit Philippus de Aversa, dessen Descriptio templi Domini die Herausgeber in d. Zeitschr. d. deutsch. Palästinavereins 1878, S. 210 ff. veröffentlichten? Ist diese Vermuthung richtig, dann wäre die dort ungelöste Frage, wer der Mameluk Hobia (Ejjûb?) gewesen sei, erledigt; leider nennt Gregor u. Martin den vollen Namen nicht.

[3]) Albrecht 197.

[4]) III, 34—36; Sebastian Schach traf 1604 in Cairo einen Baseler Mamluken.

[5]) S. 273. Wild 87 traf am roten Meere einen Strassburger Hans Hey, Sohn eines Küfers.

[6]) III, 18 f.; vgl. Joh. Ghistelle I, 165.

[7]) Fürer 69 ff.; Symeon Symeonis ed. Nasmith, Cantabrig. 1778, p. 19.

[8]) Fabri III, 106—113.

[9]) Die Route siehe bei Tucher 369 u. Harff 80—85.

[10]) Ueber Alexandria vgl. Paulae peregrinatio in: Itin. latina ed. Tobler I, 39; Arculf ibid. 187—190; Fabri III, 158 ff.; Tucher 370 f.; Harff 76 ff.; Schweigger 98—105; Helffrich 396a ff.; Kiechel 334 ff.; Meggen 164—170; Schiltberger § 43; Radzivill 154 ff.; Fürer 11—30; Lannoy 349—369; Piloti 358—360, 378, 386 (Cairo u. Alexandria müssen von den Christen auf dem nächsten Kreuzzuge erobert werden!); Hakluyt II, 198 ff.; endlich Heyd II, 429—434.

[11]) Tucher 370a.

kraft bildeten. Nach einem Eingangszoll[1]) und erfolgter Passrevision wurden sie eingelassen und fanden bei italienischen Consuln gewöhnlich Unterkommen[2]), in Gefahren an ihnen Unterstützung. Sie staunten über den mächtigen Nilstrom[3]), mit seinen furchtbaren Krokodilen[4]), denen verwegene Taucher im Wasser trotzten[5]); ebenso wunderten sie sich über die ihnen bisher ganz unbekannte Taubenpost[6]). Von Alexandrien, an dessen commercielle Wichtigkeit nur noch Damiette heranreichte[7]), segelten die Pilger heim, oder sie gingen, wenn sie von Venedig aus in Alexandrien gelandet waren, den von uns besprochenen Weg über Cairo und den Sinai nach Syrien.

Das nördliche Syrien mit Damascus[8]) war schon in frühester Zeit ein bekanntes Pilgerziel[9]); man wohnte gewöhnlich dort bei den

---

[1]) Tobler, Descriptiones 87; Harff 77; Fabri III, 145.

[2]) Har.: 77; Helffrich 396a. Radzivill 143 trifft einen Janitscharen, der aus der Schweiz stammte.

[3]) Nach Radzivill 147 so gross wie die Donau bei Linz, nach Fürer 60 ff., wie bei Wien, nach La Division 35 grösser als der Rhein, nach Harff 80 so breit wie der Rhein bei Cöln. Ueber den Nil siehe besonders Fabri III, 119—133.

[4]) Die Panzer der Krokodile wurden im Abendlande als Häute erlegter Lindwürmer verkauft (Harff 81; vgl. sonst Fabri III, 133 f.)!

[5]) Ludolf 59; Radzivill 146, 169; auch in der Geschichte des fünften Kreuzzuges spielten diese Taucher eine hervorragende Rolle (Röhricht, Scriptores quinti belli sacri minores, Genevae 1879 I, praef. XXII).

[6]) Ludolf 60 f.; Fabri III, 59; Harff 76; Tucher 370; darüber siehe besonders Quatremère, Hist. des Sultans Maml. II B p. 115 ff.

[7]) Script. quint. belli sacri I, XXI, XLVIII; Ludolf 62; Lannoy 309—404; Wild 164 f.; Fürer 158 f. Der Sandjak von Damiette hatte, als Fürer (S. 161) in Aegypten war, in seiner Umgebung einen Polen und einen Deutschen.

[8]) Gumppenberg 242 a—243; Bertrandon de la Brocquière 488 ff.; Belon I, 266; II, 3 ff.; Rauter; Seydlitz 263; Lannoy 346 f., 438—442; Baumgarten 110 (nach ihm wäre der Florentiner Löwe in der Stadtmauer zu sehen gewesen); vgl. sonst da Poggibonsi, Damasco e le sue adiacenze del secolo XIV, Imola, 1878; Heyd II, 456—494 und über Nordsyrien überhaupt die wenig bekannten Travels of Macarius, patriarch of Antioch, translated by Belfour, London 1836, S. 419—482.

[9]) Röhricht, Pilgerfahrten 364 f.; Willibald 62 (in Descript. T. Sanctae ed. Tobler); Arculf 185 f.; Wilhelm von Bold. 282 f.; Ludolf 97—102; Philippus 169—172.

italienischen Consuln. Ausserdem besuchten die Pilger Akkâ[1] Aleppo[2], Tripolis[3], Beirut[4], den Libanon[5], einige kamen sogar, sei es in Begleitung diplomatischer Agenten[6], sei es unfreiwillig, als Gefangene, nach Constantinopel[7], einige, wie Ludolf von Sudheim, besuchten Athen und Troja, ja Harff will nicht nur wie Emmanuel Oertel Mekka besucht haben, sondern sogar in Afrika und Indien gewesen sein[8]).

Auf der Heimkehr hatten die Piiger wieder neue Gefahren zu bestehen, aber auch zuweilen freudige Ueberraschungen: so musste Fassbender bei einem Taufen auf einer griechischen Insel Pate stehen. Gewöhnlich wählte man die bekannte Route zurück nach Venedig, doch gingen auch einzelne Pilger an der apulischen Küste an's Land, um entweder Loretto, oder den Hof des Königs von Neapel zu besuchen; einige hohe Herren begaben sich auch nach Rom, wo sie vom Papste durch ehrenvollen Empfang und kostbare

---

[1]) Lannoy 338—340 (über Tyrus ibid. 340—342. 427—432); vgl. über 'Akkâ ausser den in den Forsch. zur d. Geschichte 1880. S. 101 gegebenen Nachweisen noch die inzwischen erschienene tüchtige Etude sur la topographie de la ville d'Acre au XIII siècle von G. Rey, Paris 1879 (Mém. de la soc. des antiquaires de France, Tome 39).
[2]) Krafft 134 ff.; Belon II, 16; Rauchwolff 290—295; Baumg. 131; Cotovicus 405; Macarius 4 ff.
[3]) Rauchwolff 279—287; Bräuning 272—279; Krafft 87—108; vgl. auch Buseck. Ueber die dort gefundenen türkischen und altrömischen Münzen siehe Baumgarten 130 f. (auch Stickel in d. Zeitschr. der D. Morg. Gesellschaft VI, 521 ff.) und Radzivill 25.
[4]) Ludolf 38; Baumgarten 225.
[5]) Ueber die Drusen im Libanon vgl. Wilhelm v. Boldensele 286; Lussy 58 ff.; Cotovicus 395; Rauchwolff 320 a ff.; Bräuning 279 ff.
[6]) Vgl. unsern Pilgercatalog ad. ann. 1542, 1563b. 1567. 1581. 1586a.
[7]) Arculf 191—201; Wilhelm v. Boldensele 238 f.; Ludolf 4—5; Bertrandon 559—568; Seydlitz 269 ff.; Bräuning 46—98; Schweigger 21—62; Kiechel 408 ff.; Villinger 159—168. auch Jos. von Hammer, Narrative of travels in Europe, Asia and Africa by Evliya Efendi, London 1834, S. 5—85 (ibid. 23 ff. über die Geschichte der Belagerungen jener Stadt); Macarius 13—37; Garcin de Tassy, Allégories, récits poétiques et chants populaires, Paris 1876, II ed., S. 610 ff.
[8]) Harff 133 f. u. Mocenigo (Em. Oerttel) sind wohl die einzigen Pilger, die Mekka besucht haben.

Geschenke geehrt wurden. Endlich erreichte der Pilger glücklich die ersehnte Heimat, wo ihn die Seinen unter Thränen der Freude wieder empfingen, und er Gott an geweihter Stätte, sowie durch fromme Stiftungen von Kirchen, Kapellen und Klöstern seinem Danke noch besonderen Ausdruck zu geben suchte, zuweilen auch das Andenken an die fromme Fahrt für seine Nachkommen durch Aufzeichnungen befestigte.

So spielt sich in diesen frommen Fahrten nach dem Lande der Verheissung ein eigentümliches Stück deutschen Culturlebens ab, zu dessen Kenntniss diese Zeilen Einiges beitragen sollen, ohne alle Beziehungen zu erschöpfen, doch wird der aufmerksame Leser eine Menge interessanter Züge, hoffentlich auch ein übersichtliches Bild jener halbvergessenen Reiser gewonnen haben. Dass für eine vollständige Geschichte der Beziehungen Deutschlands zum Oriente noch viel zu thun übrig ist, wird Niemand bezweifeln, namentlich müssen die Wechselwirkungen in commercieller, künstlerischer und literarischer Hinsicht noch genauer erforscht werden, doch sind dafür noch sehr umfassende Vorstudien nötig. Mögen diese Ziele auch andere Forscher auf das weite grosse Arbeitsfeld locken, wo Arbeit sehr nötig, aber auch erspriesslich ist!

B.
Pilgerschriften.

I.

Jacob von Bern.
1346—1347.

Jacobs von Bern Pilgerfahrt, welche uns in einem Münchener Codex (Ms. germ. 235 fol.) aufbewahrt ist, beginnt mit einer kurzen Aufzählung der heiligen Stätten in Jerusalem und dem übrigen Palästina nach Art bekannter Pilgeranweisungen (fol. 1—13). Die Handschrift, welche wir benutzten, ist nicht das Original, sondern eine Copie, woraus sich Auslassungen von Zeichnungen, ferner Missverständnisse bei der Schreibung von Namen, endlich auch einige falsche Daten erklären lassen. Zunächst nämlich ist das in der Handschrift gegebene Jahr 1435 oder 1437 falsch, und zwar ist wohl dieser Irrtum durch Versetzung der betreffenden Ziffern für 1345 oder 1347 entstanden; denn obwohl die Indiction XIII auf 1345 hinweist, so stimmen die Daten mit den Wochentagen nur zu den Jahren 1346 und 1347. Ganz ohne Zweifel gehört unsere Pilgerfahrt nicht in das fünfzehnte, sondern in das vierzehnte Jahrhundert, da der Verfasser Jaffa und Ramlah als erst vor ungefähr 75 Jahren von den Muselmännern erobert erwähnt, und auch eine Reihe von anderen Städten und Castellen nennt, deren Einnahme vor ungefähr 100 Jahren erst erfolgt sein soll. Dazu kommt, dass noch ganz die Fülle von heiligen Traditionen fehlt, welche im fünfzehnten Jahrhundert die Pilger aufzählen, dass diese in Jaffa auch noch keine scharfe Controle zu bestehen haben und sich Stücke von den heiligen Orten und Reliquien

mitnehmen dürfen. Endlich entscheidend ist die Erwähnung der
Belagerung von Lajazzo durch den Sultan von Aegypten, die von
1346—1347 dauerte und mit dem Fall der Stadt endigte.

Der Verfasser ging wahrscheinlich im Auftrage irgend eines
Souveräns in der wenig verräterischen Gestalt eines Pilgers, um Kundschaft über die Verhältnisse des Orients einzuziehen; denn auffallend
ist, dass er überall, wohin er kommt, ohne Weiteres predigt, dass
er 20 Tage in Cypern bleibt und vom König Hugo IV. von Cypern
selbst empfangen wird, ferner, dass er unter Hinweis auf alle diese
von den Muselmännern den Christen zugefügten Verluste einen Ton
der Erzählung anschlägt, der zu einem Kreuzzuge mahnt. Somit
werden wir in unserem Texte eine Art von Gesandtschaftsbericht vor
uns haben, dessen Wichtigkeit neben Wilhelm von Boldensele und
Ludolf von Sudheim man auf den ersten Blick erkennen kann; denn
er bietet eine Fülle von Details, z. B. über die Belagerung von Lajazzo, über sein Zusammentreffen mit armenischen Gesandten in
Damascus, über die Verschüttung der syrischen und ägyptischen
Häfen, endlich über das Innere der heiligen Grabeskirche, dass man
sich wundert, warum man nicht schon früher ihn in's Auge gefasst
hatte, nachdem Docen, freilich zum falschen Jahre 1435, darauf aufmerksam gemacht hatte (Aretins Beiträge IX, 1273 ff.).

1346.
Das erst tail der merfart.

Nach Christi unsers herren gepurd XIIII hundert und in dem
XXXVII jar[1]) in der dreizehenden (fol. 15) Indicion an suntag dem

---

[1]) Zu vergleichen hiermit ist die Angabe in der Vorrrede (fol. 1 der Hs.):
„... hab ich Bruder Jacob von Bern, lesmaister der brueder der Ainsidel
Sannd Augustins ordens churtzlich beschriben unnd vermerckht, was ich der
gesechen, berurt, warlich ervarn unnd andächticlich haim gesucht hab zu lob
und eer unnsers herren Hiesu Christi nach seyner gepurdt vierzehen hundert
unnd in dem funf unnd dreissigsten jar in der dreizehenden indicion und nach
der chriechischen zal von der schöpffung der wellt sechs tausendt sechs hundert und in dem vier und dreissigsten jar, von dem tag, dar an got die
gantzen wellt beschaffen hat, alls dy juden, dy umb den perkch Synai wonent,
in irer zal geschrifft begreiffent.

sibenden tag des mayen (7. Mai) mit anrueffung des namen gottes pin ich geschiden von der stat Pern und pin chomen gen Vicenntz. Padua und Venedig am mit wochen des zehenden tags mayen (10. Mai) und lag da selbs piss an den dreissigisten tag desselben monats, wartent eines scheffs oder galein, darauf man das hoch mer gefarn möcht, und da der lest tag des monets (31. Mai) cham mit anndern pilgrein und chaufleuten, gieng wir in dy galein und furen aus Sand Niclas porten, wartent eins wints, da mit wir unnser vart volbringen möchten, wann dy galein was nit verbart mit ruedern. aber da der abent cham, wollt unns got ettwie vil haim suchen. wann der wint urbaring erzurnt wart und das mer ward wüetent und schlug solich turmen, das wir all schefbruch varchten und wurffen in das mer all ancker und rüfften got an mit andacht und beliben allso di gantzen nacht in grossem trübsal. Aber da der tag erschain, sanndt uns got sein gnad, wann das mer ward still und wir gingen all von der galein huntz Sannd Niclas an der gstad und sagten im dannkch, das wir von sollichem unglükch erledigt warn. und was da desselben tags ein gross festt und chamen vil Venediger da zu einannder und an demselben tag zu vesper zeit schickt unns got einen gluckhafften winnd und schieden allso aus der porten mit anrüeffung gottes namen, Jhesu Christi, der Junckfrawen Marie und aller heiligen und heiliginn und ich bevallch mich besunnder den heiligen zwelffpoten, dem merern und mynnern Sand Jacob, wann ich Jacob haiss, darumb hab ich besunder hoffnung zu in. Alls palld wir in das hoch mer chomen, do umb für wir mit glukchhafftem wind Istriam, das lannd Slavoniam, Albaniam, Romandiolam. dy march zu Ankeniton[1]), das ertrich Abrusin und den perkch des heiligen enngls und zu der stat Adulceratum[2]) an dem ennd Pulln lands lendt wir zu siben hundert meyl von Venedy am mitwoch dem sibenden tag des monats Jnny (7. Juni). Darnach an dem nachsten Suntag. was der acht des pfingstags und das fesst der dreivalltichait und Sand Barnabe des zwelffpoten (11. Juni), do tet ich ain predig und an dem nachsten pfintztag was das gross fesst unsers herrn Jhesu

---

[1]) Ancona. [2]) Loretto.

Christi Fronleichnam (16. Juni). Desselben morgens und auch nach der non predigt ich, da pey was ein grosse menig Juden, wann si in der stat pey den Christen wont, und disputiert mit in offt und tet in vil artickeln ein bemigen mit gottes hilff, wann unnser ee ist ain grundfest der warhait. In derselben stat Alltranti¹) sach ich an allen frawen, das si heten gedurchelte oren und trugen vingerlin in den oren, die armen ains, die reichen oder merern zway oder drew, und desgleichen silbreine chetel in den oren und sollich gewanhait ist da in allem lannd in Slavoni, Albani und Romaney. In der benanten stat Altranti fund wir zeitigen traid, den man täglich schnaid. In der selben stat in dem ertzbischtumb in der merern chirchen vor dem maisten altar da ist ain cherczen stal von speiz sechzehen daum ellen hoch und der fuss hat sechs und hot spiegel und²) siben lucern, alles von speis gemacht nach der form. dy (fol. 16) got Moysi gepot, das er ain chertzen stal sollt machen in dem tabernackel des glubs. Und dy Juden desselben lannds choment offt da hin, dasselb chertzstal zu beschawen, wan es gar chostpar schön und gross ist. Von derselben stat Altranti schied wir am suntag am achzehenden tag Juny (18. Juni) und mit gluckhafftigem wind für wir fur die innsel Corsum, Clarensam, Cephaloniam und mer stet des fürsten Amorree³), durchfuren wir auch Modin und Coron in dem land Romania und sind unnder den Venedigern. Wir chomen auch in die insel Ceritum⁴) und Gaeritum⁵) und lagen da zwen tag, wann wir heten nit winds, da selbs sind mitten in dem mör zway stör oder zwen stain, dye erscheinent ob dem mer XXX arm und haisst ainer Doa, der ander As, da pey verderbent vil schef des nachts, so man in nit gesechen mag⁶). Item uber XX meil ist aber ain sollich stain, der haisst Porrum⁷), XL daum ellen ob dem mör, da auch vil schef verderbent, und sind von dem gstad hundert meil. Wir furen aber hin zu, das wir villeicht ein halbe meil dar zu heten, es was aber pey dem tag. Item da wir da mit gutem wind von disen innseln schieden, mitten auf dem mer do entgegnet

---

¹) Otranto. ²) Lücke. ³) Morea. ⁴) Cerigo. ⁵) Cerigotto. ⁶) Nautilus-Felsen? ⁷) Pori.

uns ain gross schef, das ging von Cippern gegen Venedi und was beraubt worden von einem Koken von Cathelonia, das schickt unns got zu warnumb und hiess das schef von Dolphyn. Mit demselben wurden wir zu rat unnd liessen den weg, den wir gefaren wolten sein zwischen Tredo unnd Barbaria, denselben strich verliessen wir und furen zwischen Crete und Romania unnd mittes gottes hilff an der simbent nacht chamen wir in die porten der stat Candia des lannds oder provintz Creti, die ist ain schöne lustige stat und ist unnder den Venedigern mit sambt Cania[1]), Orthemo[2]) und Gethia[3]), auch steten des lannds Creti. Die insel Creti hat an dem umb schwaiff siben hundert meil, von Crete aber oder von Candia piss gen Venedy sindt tausendt und funfftzig meil. Item in der selben innsel Crete ist gar ein hocher pergkch, den man verr sicht auf dem mer, da Sand Pauls sich selber ledigt von der schlanngen oder vipper nater, alls geschriben ist in dem puch der werch der zwelff poten in dem achten capitel[4]). Man sagt auch da selb, es hab Sannd Pauls seinem wirt die gnad geben und allem seinem geschlächt, das sie die schlanngen nit beschedigen mugen, der perkch haisst Sannd Pauls perkch, den sicht man viertzig meil auf dem mer. Item an Sannd Johanns tag an dem abent ging wir in die galein und mit glukhafftem winnd durch fueren wir die innsel Crete und befulchen unns got unnd Marie der junkchfrawen und umbfueren die innsel Scorpati[5]) und do wir chamen zu der chullfen zu Satellia,[6]) mitten in den zwaihundert meil von dem sucht unns got haim, wann der selb chulfus macht sollich guss und tunnen sleg ainen ganntzen tag und ein nacht, das wir uber hundert malen scheffbruchung besorgten, wann dy tunnen die gantzen galein verdekchten von ainem haubt auf das annder (fol. 17) unnd all schefleut wurden benetzt. Ich stund aber mit grossen vorchten in versparter galein und pat got von ganntzen hertzen, das er unns von dem grossen ungelukch erlediget und sprach mit andacht das gepet[7]). Darnach auf stillen mer und mit glukchhafftem winde durchfur wir die innsel Rodes.

---

[1]) Canea. [2]) Retimo. [3]) Gonia? [4]) vgl. oben S. 22. [5]) Karpatho. [6]) Attalia. [7]) Das Gebet selbst, welches in der Hs. folgt, ist ausgelassen.

die da ist der Johanniten, und chamen mit grossen vorchten in die
insel Cippern, wann ein wuester mer rauber Bartlme Malleo-
pulus von Genua was uns gar nachent, doch mit gottes hilff ent-
pfueren wir im und chamen zu der stat. Bassa[1]) genant, darnach
uunderwegen lassen dy stat Cyppern, kchamen wir an die lennd
Famogost[2]) des lannds Cippern an donrstag des lessten tags juny
des monats (30. Juni) unnd am nachsten tag d.. nach, der was der
ersst tag des monats july (1. Juli), all chauffleutt, pilgrein, schiff-
leutt und morner gingen in dy chriphen unnser frawen zu Luarna[3]).
dy ist ausserhalb Famagost zwen pogen schuzz, da lass ich mir
andacht mess und opfferten ein grosse wachs kertzen der Junkch-
frawen Marie, dy uuns von sölchen ungelukch erledigt het, wann wir
hetten das also gelobt auf dem mör. Dy selb chirch ist andächtic-
lich und offt haim zu suechen und ist ein höl, dar ein man abwertz
get sechs und dreissig staffel tieff, und ist wol liecht und wol ge-
zirt mit gemäl, aber enng unnd all dye von mer choment, dy gent
zu stund darein. Da sind drey choplän, dy täglich mess habent von
des zuelauffs wegen des volks, wann des abents, so man auf dem
mer sinnget „Salve regina" zu stund darnach rüfft ainer an die hei-
ligen umb hilff, von erstt des heiligen crewtz von dem chalperg, dar-
nach unnser frawen von Latana und antwurtt denn das volkch nach
langer gewonhait „Got erhör uns"[4]). In derselben innsel Cippern
belaib ich XX tag und fur in dy stat Nicoria, die ist ein chunck-
liche stat, und sucht haim herren Haugen (IV) chunig zu Cippern.
einen tugenthäfftigen genädigen und andächtigen herren, der all
suntag unnd heilig tag in seiner Cappellen hört dy predig von geist-
lichen lewten, und ich hab auch vor im gepredigt und er hat zehen
capplän gaistlich und layscher briester, dy all tag vor im mess hal-
tent, dy selb stat Nicoria hat vil lusticher gärtten und vil edel lewt
und ligt von Famogost ain tag waid. Aber von Candia der stat
des lannds Crete bis gen Famogost sind acht hundert meil, von

---

[1]) Baffa. [2]) Famagusta. [3]) Nostra donna della sara, worüber Helffrich 377.
[4]) Es folgt in der Hs. ein Gebet zu unser Frauen in Famagost; dasselbe wird
hier ausgelassen.

Candia gen Venedy tausendt funfhundert meil, von Venedy gen Famogost sind zway tausent drew hundert meil.

Dy newumb der stat Famogost.

In der selben stat Famogost und in der innsel Cippern hab ich solich newumb gesechen, alls hernach geschriben ist. Von erst an dem lessten tag juny (30. Juni), so ich cham in die porten, da chamen auch vil grosser schef und galein aus dem lannd Armenia von der stat Lagaze[1]) galaden mit allten, jungen frawen. chinnden, witiben und waisen, mer dann XV hundert mennschen, dy fluchen von Armenia, wann der Solldan het da hin geschickt vil starkcher und streitper menig seins volkchs, dy selben stat zu stören, dy hetten da selb dy eben alle verprennt und gevangen mer, dann XII tausend person, an die, die si mit dem schwertt erschlagen hetten, und heten an gehaben dy stat zu prechen an dem heiligen auffartag an dem XXV tag des mayen (25. Mai), als mir die chaufleut die Venediger sagten, dy da gewesen waren[2]). O herre got, wir ain gross trawren was, da man solliche menig sach wainent und chlagent, die allten graben man vor hunger machtlos, dy dy chindel auf der strassen zu Famogost den müetern an den prusten hangent, das sullen horen dy christen und zu vödrist dy fürsten dy edlen und dy reichen, dy in iren schlossen und stetten müessig ligent. essent und trinckent und sich selb in allen glüsten ersattent, die da nit achtent noch trachtent das heilig lannd zu gewinnen und wider zu christlichein glauben zu bringen. In der selben stat Famogost, als ich da was, starb ain reicher burger, zu des grebnuss waren all geistlich person gepeten, da mit ich auch gienng, und do wir vor des totten hausstur warn, da hort ich frawen süesslich singen. Do wir hin auf in das hauss chamen zu dem totten, do sassen zwo frawen zu den haubten und zwo zu den füessen des totten mit lautter stymm gar süesslich chlagen und

---

[1]) Lajazzo, über dessen Handel mit Cypern Heyd, Levantehandel II, 8.
[2]) Die Eroberung erfolgte erst 1347 nach Rec. armén. 708 f.; Petermann. Armenisch. Kreuzzugsquellen S. 183 f.; Heyd, Levantehandel II, 94.

singen in chriechischer sprach, das (fol. 19) ich ir nit vernemen
chund, wann in allem lannd Cippern redt man chriechischen, si kunnen
aber wol Sarracenischen und Frantzoischen, dann ich fragt, was
si sungen, do ward mir gesagt, si lobten den totten umb schön, umb
weishait, umb sterkch, umb millt und annder tugendt. Item in der
selben stat Famogost an einem suntag sach ich ain praut pringen
in ires prewtigams hauss, vor der trüg man XXIIII wächsein kertzen
prinnent und nach ir auch so vil und si enmitten auf einen pfärd
und si was gemallt an den augprauen, an dem hirn, nach den chertzen
chamen mer dann viertzig gar erberg frawen bechlaidet mit schwartzen
mänteln von der schaitel piss auf die füess, in solcher wat gend all
Ciprisch erber frawen ausserhalb irer hewser, das man in nichts
sicht, dann die augen, und tragent allso schwartz, sider die christen
verloren habent die stat Akon oder Ptholomaida. In der selben stat
ist meniger gelaub und sechkt, der yetweder habent ir aigen ambt
und chirchen. Von erstt sind da recht war christen, darnach die
Chriechen, die consecriern nit in semlein, sunder in urhabigem prot
und habent gottes leichnam nit auf und glaubent nit, das der heilig
geist procedir vom vater und vom sun; darnach sind Jacobiner,
die halltent die beschneidum und auch die tauff, alls di Chriechen,
und halltent auch ir ambt; darnach Armeni, dy halltent ir ambt
alls di rechten christen, dann das si es lesent in ir aigner sprach.
Item es sind die Jörger[1]) und Maroniten, die zwo seckt habent
tauff, alls die christen, aber das ambt nach chriechischem siten. Item
Nestoriani, von dem pösen chetzer Nestor genant, die sprechent, das
Christus ein lautter mennsch und nit got sey, und habent ir aigen
ambt, aber in chriecbischer zungen. Item in Cypern ist solliche hitz,
das sich die lewt in dem sumer kchaum enthallden mugent bey
leben und nyemandt kchumbt aus seinem hauss, denn bey nacht und
des morgens biss auf die dritten stund und von vesper piss nacht.
Item in der innsel und lannd Cypern wechst wein, der haist Maraa,
wer des ungemengt trunkch, dem wurd verprennt all sein ingwaid
von hitz des weins; wer den trinkchen wil, der nem vier mass was-

[1]) Georgiten.

sers und ain mass weins, dennoch ist er starkch genug[1]. Die innsel Cypern hat an irem umbschwaif sechshundert meil. Item in derselben innsel Cypern ist gar ein hocher pergkch, den sicht man verr auf dem mer und dar auf ein erberg closter des heiligen chrewtz schwartzer munich, und in der chirchen zwischen zwayer pfeiler hangt das chreutz des heiligen schachers, zu dem Christus sprach „Heint wirst du pey mir sein in dem paradeiss". Darzu ist gross zu vart des volkchs mit grosser andacht und haisst des crewtzs perkch und ist von dem mer XV meil, von Famogost ain gutte tag waid. Zu dem selben chloster cham ich von Nicoria und sach und berurt mit grosser andacht dasselb holtz. Auch die auf dem mer varnt und in sorgen sint, rüffent an das heilig chreutz von Cyppern.

An dem pfintztag[2] Sannd Maria (22. Juli) Magdalena abent spat gieng wir in ain schef und wolten varn von Famogost gegen dem heiligen lannd unnd an Sannd Jacobs tag (25. Juli) chamen wir gen Amisso[3] des lanndes Cyppern und wollten des selben abents uber einen arm des meres varn und so wir nahent zu dem heiligen lannd chamen (fol. 20), do entgegnet unns ein starker wind und furt unns gen Cesaram[4], da waren wir nachent schefbruchig worden, dann wir bevochen unns unnserm herren Jhesu Christo und stunden da selben pey aynem wasser nit verr von dem lannd pey ainer vessten, die haisst von allter Antipatrida nach Antipater hero des vatter, aber nun haisst si Asuff[5] unnd ligt auf dem mer, aber si ist zerbrochen und ist ain spital gewesen der Johanniten und nach seinem wolgevallen am suntag an ainem des lessten tags des monadts july (30. Juli) sandt unns got sein genad und mit glukchhafften wind chamen wir in die porten Gaphe und stunden die gantzen nacht ausserhalb der porten und frue an dem montag gienng wir auf das hailig lannd und wirdig ertreich mit urlaub der Sarracenen, da selb viel ich auf das ertreich, mit zächernden augen chusst

---

[1] Kiechel 329; Fabri III, 220; Breitenbach 56a. [2] Weder 1346 noch 1347 traf der Maria Magdalenentag auf Donnerstag; hier liegt also wieder ein Irrtum, wol des Gedächtnisses, vor. [3] Limissol. [4] Caesarea. [5] Arsuf; vgl. Robinson, Pal. III, 258.

ich das erdtreich mer dann zu zwaintzig maln, des geleichen all annder pillgrein. Von Gapha piss gen Famogast sind drew hundert und funftzig meil, das Gaffa hat ett wann Joppen gehaissen und ligt in einem winkchel des meres und auf der ain scitten ist die vestt Asuff da von acht meil und auf der anndernn scitten XXV meil auf dem mer ligt ain vesst Bernardi genant²). Dy vorgenant Joppe ist ettwann gewesen die edlist stat. gelegen auf einem puchel mit grossen mauren und pawen gezieret, aber nun von den Sarracenen gantz zerstört und die zimer in das mör geworffen und wont nyemandt mer da, dann sechs Sarracenen hüetten der portten. In der selben saligen stat habendt gewont launge zeit die heiligen zwelffpoten unnd Sannd Peter hat da erkukcht von dem tod Thabitam, alls geschriben ist in dem puch der werch der zwelff potten in dem neunten capitel. Da selb hat auch Sannd Peter gewont in dem hauss Symonis des ledrer, da selb auf dem gstad des mörs nit verr da von ist ain prunn, da pey dy zwelff poten offt zu samen chomen. Ich hab nye pesser wasser getrunkchen und pillich, wann es die zwelffpoten gesegent habent. Da hab ich gehört von christen unnd haiden, das die selb stat vor LXXV jarn zerstört worden ist³) und ist von Jherusalem XL meil, da selb zu eren der heiligen zwelffpotten sprach ich das gepet³). In die selben stat Joppe gieng Jonas der weissag in ain scheff, do er von got floch und wollt varn gen Tharsum, da ward er in das mer geworffen und von dem grossen visch Cete verschlunden, dar inn er was drey tag und nacht, und ward von dem visch auss geworffen an das lannd Joppen, alls geschriben was in Jonas puech. In der selben andächtigen stat gieng Sannd Peter aufwertz in ain chlaine cappellen auf dem perkch, das er petrit, da sach er den himel offen und ein tuch alls ein leylach her ab chomen, dar inn was allerlay vierfüesse tier unnd hort ain stymm von himel sprechent „Stannd auf, Petre, tött unnd

---

¹) Das Castellum Beroardi, 2 Meilen von Ascalon, ist gemeint, das Albert Aquensis X, 15 nennt. ²) Jaffa fiel 1268 am 7. März (L'estoire 457), dann wäre das Jahr dieser Pilgerfahrt 1343, was zu 1346 doch ungefähr passt. ³) Das in der Hs. folgende Gebet ist ausgelassen.

is', alls geschriben ist in dem puech der werch der zwelffpotten in
dem neunten capitel, da selb ist erlaubt worden den christen, da-
allerlay speiss mugen essen.

An dem pfintztag des dritten tags des augsten (3. August) cham
Japhson des Solldans haussmon¹) und vertigt unns all pilgrein, allso
das wir danne schieden und zugen gegen Rama, die haidnisch haisst
Ramalech, unnd von Joppe drey meil pey dem weg ligt ain zer-
brochen vestt genant Weydan und von Weydan vier meil chamen
wir gen Rama zu complet zeit, da hort ich rueffen auf einem turn
drey haiden mit grossem geschray die verfluchten und schedlichen
gesetz Machmetz und der selb turn ist das glockhauss der maysten
chirchen und die selb maist chirch ist nun der Sarracen chirchen.
Die selb stat Rama ist gewunnen worden vor LXXXV²) jarn unnd
ist ain schöne reiche stat, si ist aber nit vestt und ligt auf einer
eben. Von der selben stat Rama oder Ramalech was purtig Samuel
der prophet und hiess zu der selben zeit Ramatha-Sophim. Er ligt
auch da begraben in einer chirchen, die ist nun der Sarracenen tem-
pel. Sie ist auch genennet Arimathia, da von Joseph purtig was,
der Joseph, der unsern herren Jhesum Christum in seinem newen
grab totten mit seinen hennden begrub. Von Rama zwo weil auf
die rechten seitten ligt Liuda oder Lidda, ettwan ein sälige stat,
wann Sannd Peter dar inn gewont ist, alls geschriben stet in der
zwelffpoten puech in dem neunten capitel, und hat Eneam ainen acht
järigen petrisen gesunt gemacht. Da ist auch Sannd Jörgen chirchen,
da er enthaupt ist worden, sust ist die stat alle zerstört unnd die
Sarracenen halltent Sannd Jörgen in grossen eren und in grosser
andacht und nennent in nach irer sprach Alli, das ist gross pey got.

Am sambstag am funfften tag des augsten (5. Aug.) zugen wir
von Rama gegen der heiligen stat Jherusalem und ich rait auf einem
esel, wann die christen turrent chain pfärdt gereitten uunder den
Sarracenen, welcherlay leut schallt sein, und ich cham zu einer zer-
störtten vestt, die haisst zu Sand Michel, von allter hat si ge-

---

¹) vgl. oben S. 23 f. ²) Wohl verschrieben für LXXV, da Ramlah eben-
falls 1268 wie Jaffa fiel (L'estoire 457).

haissen **Rama**, da gingen die chind von Israhel zu rat unnd was
gottes arch lang da zeit da¹). Ich gienng in die selben vestt, wann
der merer tail noch stet, unnd ist starckh und der pergkch hoher,
dann annder neben perkch, und ist von Jerusalem VI meil. Die
juden haimsuchent die stat vil, wann sie sprechent, (fol. 22) es sey
Samuel da begraben und nit zu Ramalech, und sint der richter von
Israhel vil da begraben. Ich zoch dannen von Rama durch einen
grunnd oder tall, da rint ain pach, darnach ist ain hochs gestaig
piss zu der gesegenten stat Jherusalem und alls ich die sach, trat
ich ab dem esel und gestrakcht auf das ertreich chusst ich das ertreich, das der gesegent Christus auf seinen füezzen durch ganngen
hat. Ich lobt meinen got, der geruoht hat, sein genad zu geben mir
sunder seine wunder zu chawen und zu berürn. Und allso was ich
eingent die heiligen stat Jerusalem an sambstag den funfften tag des
augsten (5. Aug.). Lob sey got und allen seinen heiligen, Amen.

Dem zweiten Teile der Hs., welcher die Beschreibung des heiligen Grabes enthält, ging ein Plan desselben voraus, der in unserer Abschrift durch
eine leergelassene Seite (fol. 22 verso) gekennzeichnet ist. Die Beschreibung
von Golgatha bringt nichts Neues; von Belang ist die Notiz auf fol. 25, wonach Jacob von Bern von den Steinen des heil. Grabes Stücke wegnehmen
durfte:

„In derselben chirchen stend allzeit drey munich allt chrieisch
brüeder tag und nacht und darumb, wenn ich der heiligen stain
ettwas nemen wollt, so furten si mein gesellen ettwa anders wa in
der chirchen, die weil nam ich, was ich macht.²)"

Ebenso nimmt unser Pilger ein Stück von dem Steine, der bei dem Tode
des Herrn zerbarst, ferner „ein gut tail" von dem Steine, auf welchem Helena
sass, als sie nach dem heiligen Kreuze graben liess, von der Stätte der Kreuzfindung, aus dem Kerker und von den Fusstapfen Christi, er sammelt Steine
aus dem Jordan und füllt zwei Gefässe voll von dem Wasser, welches die
beiden Säulen seit dem Tode Christi ausschwitzen; endlich noch nimmt er
einen Nagel aus dem goldnen Thore mit. Dagegen gelingt es ihm nicht,
von der Säule der Geisselung in Caiphas und vor Pilatus Haus wegen der
Härte derselben ein Stück abzubrechen. — Von den christlichen Sekten,
welche in der Grabeskirche ihre Capellen haben, giebt Jacob v. Bern über die
Thomaschristen aus St. Johannisland Bemerkenswertes an. Sie singen den

---

¹) Gemeint ist Er-Ram, St. Samuel (Robinson, Pal. II, 360 f.; Tobler,
Topogr. II, 884), das häufig mit Siloh identificirt wird. ²) Vgl. oben S. 31.

ganzen Tag und sprechen in einer Messe wol mehr, denn hundert Mal, Halleluja; sie besitzen grosse Freiheiten, dürfen allezeit Kreuze in ihren Händen tragen und haben keinen Zins zu geben, so oft sie in das heilige Grab eingehn wollen. Der Grund dafür ist, dass, wenn sie in ihrem Lande Nubien das Nilwasser aufhalten wollten, ganz Aegypten veröden würde (fol. 29 und 52). Dreierlei Taufe haben diese Nubier, die Beschneidung, die Taufe des Feuers, welche in der Einbrennung eines Kreuzes auf der Stirn besteht, und die Wassertaufe. — Die Kleidung der Georgiten ist der der Sarracenen gleich, nur dass diese weisse, jene schwarze Kopftücher tragen.

Wie andere Pilger, so misst auch Jacob von Bern das heilige Grab aus und gelangt dabei zu folgenden Resultaten:

(fol. 30) Dye chirch des heiligen grabs hat inwendig vier hundert arm leng, der drey spann ainen machent nach venedigischen sitten, meiner schritt hundert [und meiner] und meiner wolgerekchten chlafftern zwo und funftzig. Das gerunt gewelb der chirchen hat hundert arm lenng, meiner schrit XXXIX. Aber das heilig grab hat umb und umb XXXV arm leng, das hab ich alles gemessen an einer langen schnur. Von dem heiligen grab piss zu dem loch, da das heilig chreutz gestanden ist auf dem chalperg, sind LXII arm lenng, aber meiner schrit XXV. Dy lenng der chirchen des heiligen grabs von dem haupp, da das heilig grab stet, piss in den chor der golgathanischen chirchen sind XLVIII arm lenng und von dem haupt desselben chors piss an das ennd der chirchen sind LVII funftzig armlenng und allso hat die chirchen alle hundert und funff armlenng, nach der weit LXIIII arm lenng, von dem anfang des abganngs der hol biss an die stat, da das heilig chreutz funden worden ist, sind LV armlenng. Der chalperg ist oben auf dem plan eben und gepflastert piss an ein chlains tail pey dem loch, dar inn das heilig chreutz gestannden ist, villeicht auf vier arm lenng, und die weit des chalpergs hat auf yedem ennd XVI arm lenng. Das heilig grab auf der seiten, da es geviert ist gegen der cappellen, da Christus Marie Magdalene erschain, hat es VII arm leng und ain spann.

Der fromme Pilger besucht hierauf auch die einzelnen heiligen Stellen in und um Jerusalem, er badet im Jordan und wäscht seine Hände im toten Meere, an dessen Strande das Asphaltum judaicum, der Judenleim, sich findet, der so fest ist, „das man in mit nichten gewaikchen mag, denn mit der frawen monad blumen" (fol. 50 verso). In Bethlehem, wo ihm einer der

Juden als Führer dient, die er überhaupt als zuverlässig empfiehlt, kommen über 5000 Christen zusammen, darunter über 100 Franken.

Seine Absicht, zu einem neuen Kreuzzuge anzuspornen, geht deutlich aus dem nachfolgend mitgeteilten Abschnitte hervor, in welchem er die festen Plätze aufzählt, die man gewinnen müsse.

(fol. 58) Nun wil ich schreiben von den starchen vessten unnd weren schlossen und steten, die der Solldan hat in Egipten lannd, in Palestiner lannd, in dem heiligen lannd, in Assiria, die man gewinnen müestt, wann ain gemaine merfart wurd zu gewinnen das heilig grab und lannd.

Darumb ist ze merkchen, das in den lannden jenhalb meres sind gewesen vil stet und werlich vesstt, die dy christen gepawt haben, dy all oder nachent all zerbrochen sind, alls dy stet Gazara, Ascalon, Gaffa, Rama, Cesarea, Akon, Caypha, Sur, Zageti oder Sydon, Baruth, Gybeleth, Borrum, Tripolis, Balanie, Tortost, Licie[1], Antiochia, Jherusalem, Bethlehem. Dy stet all sind noch in hundert jaren oder nächner starkch und vestt gewesen unnd vil vesster, die dy christen inne gehabt habent und laider nun von unnser sunnden wegen verloren sind, dy doch leicht zu gewynnen wären. In allen Egipten lannd sind allain die schloss, von erst Alexandria dy stat auf dem mer wol gemaurt und mit turn und torren gewart. In Kayrn gar ain schöne starkche vestt, da wont der Solldan. In allem land Arabia ist kchain sloss noch wer, dann allain auf dem totten mer ist ain unsturmmässige vestt, Chrat genent, von dem chunigberg, unnd hat ettwann gehaissen der vellss der wüest, da hat der Solldan sein schatz[2]). In dem lannd Palestina ist allain die stat Ascalon, dy hat auch chlain maur und wer. In dem heiligen lannd war ain vestt zu Jherusalem und dannoch nit gar werlich und ligt zwischen dem perg Syon und Gyon[3]). Enhalb des Jordan ain gutte starkche vesst genant Hewlon oder Haylon[4]) auf ainem perg, dy haisst auch Macerontha[5]), da Sant

---

[1]) Laodicea; vgl. einen ähnlichen Städtecatalog bei Ptol. Lucc. bei Muratori XI, 1196 f. [2]) Fol. 49 vers. wird bereits die Veste Chrat genannt, dort hat sie den Beinamen „de Mo real" (Mons regalis). Es ist das jetzige Schöbek, welches Balduin gründete, wo zur Zeit unseres Reisenden ein Sohn des Sultans selbst Befehlshaber war. [3]) Tobler, Topogr. II, 7. [4]) Aenon (Sepp I. 627 ff.). [5]) Machaerus (Robinson, Pal. III A, 368 f.).

Johanns der tauffer enthaupt ist worden. Auf dem mer Galilee ein unsturmmässige vestt auf einem perg genant Saphet. In dem lannd Assiria ist dy stat Damask und da neben in der eben Solldans vestt ain starkchs schloss, zwo vestt auf dem perg Tripolis, ein starkche vestt auf dem mer auf ainem perg Mergunt genant. In dem reich Douman[1]) (fol. 59) Adaleph[2]) sind ettlich starkch stet und vestt, wann si ligent an den ennden Armeni und Tartary.

Es folgt von fol. 59 an die Erzählung von der Pilgerfahrt nach St. Katharina Berg. Am 23. Aug. verlässt Jacob von Bern Jerusalem, über Ascalon und Gaza geht die Reise südlich; er trifft Saracenen, welche aus Mekka zurückkehrten, mehr denn 12,000 Menschen mit 6000 Kamelen, und in grosser Ordnung, nicht wie die Christen gewöhnlich zum heiligen Grabe ziehn, ihren Weg verfolgten. Am 10. des Herbstmonats kommt er im St. Katharinenkloster an, welches von 100 griechischen Mönchen bewohnt wird. Das Kloster selbst ist im Viereck gebaut und hat drei eiserne niedrige Thore; die Klosterkirche wird von zwölf Pfeilern getragen; drinnen brennen 300 Lampen, ein marmorner Sarg enthält das Haupt und drei Gebeine der heiligen Katharina, das andere Gebein ruht ebendaselbst in einem andern Sarge, den man für gewöhnlich nicht zeigt. Viele andere prächtige mit Gemälden, Lampen, Kreuzen geschmückte Kapellen enthält das Kloster. daneben aber auch eine Moschee. Der Sohn eines christlichen Königs von Jerusalem. Suanus,[3]) welcher auch die Kirche zu Bethlehem baute und in der Grabeskirche beigesetzt ist, war der Gründer von St. Katharinenkloster. — Unter der Führerschaft eines Mönchs wird der Weg nach dem Sinai angetreten. von welch letzterem in dem Original der Hs. eine „gemalte Figur" sich befand, die aber in unserer Abschrift (fol. 67 verso) fehlt. Vom Sinai wandert Jacob zum roten Meere, nach Helym und zurück nach St. Katharina; von dort bis Gazara, Kairo und Krath sind je 12 Tagreisen, bis Mekka deren 25, bis zum roten Meere 2. Am letzten September kommt er in Kairo an, „der Frau" über ganz Aegypten, Arabien, Palästina und Assyrien, der sogar der christliche König von Armenien als Tribut jährlich 200,000 Gulden und ebensoviel Hufeisen geben muss. Nur flüchtig besucht er Heliopolis und Alexandria; denn der Sultan rüstet gegen einen vermeintlich bevorstehenden Kreuzzug, und unser Reisende kommt in den Verdacht eines Spähers, dem er sich durch seine schleunige Abreise nach Gaza entzieht. Wir teilen hier seinen Bericht über die Machtverhältnisse des ägyptischen Sultans mit.

---

[1]) De Amano, also am Amanus. [2]) Aleppo. [3]) Der Name ist wohl aus Theonas verdreht oder aus Justinianus; zur Baugeschichte des Klosters siehe Robinson, Pal. 1, 204—206.

Von der macht des Solldans.

Nun well wir sagen von der newumb enhalb meres und von der vorcht, den der Solldan und die Sarracen habent, und von der macht des Solldans, was ich da von gehört und mit fleis gemerkcht hab. Von erstt ist zu wissen, das der Solldan müe hat in seinem gewallt das gannz Egipten lannd, Arabiam, Palestinam, das heilig lannd, Assiriam; die ort und ennde seiner lannde gen von von Alexandria uber Nylum das wasser auf wertz piss an der morn land XV tagwaid. Aber auf dem gstad des grossen meres gen osten wertz get sein lannd piss gen Antiochia, dy stosst an das lannd Armeniam und zwischen Alexandria und Antiochia ligent dy stet auf dem mer, von erstt Alexandria, darnach Tapnis, Gazara, Ascalonia, Jaffa oder Joppe, Cesarea, in Palestina Acei oder Accon oder Ptholomayda, Tyrus und Sydon, Barach, Zybeleth oder Biblium, Bethoron, Tripolis, (fol. 77) Anderadum oder Tortosa, Valanea, Licea, Antiochia. Es sind auch mer schloss und lanndes auf dem mer, die der Solldan inne hat und dy Sarracenen. Es ist auch Alexandria von Antochia XXV tagwaid, aber von Alexandria aufwertz gen Kayrn und Babilon ist zway hundert meil. von Kayrn chumbt man aufwertz durch Arabiam bis gen Lamech, da der pöss Machmet begraben ist; dy selb stat Lamech ligt nachent dem chunigreich Indie und ist von Kairn und Babilon mer dann XXX tagwaid, aber von Antiochia, dy da ligt an den ennden des chunigreichs Armenie chumbt man aber aufwertz durch das chunigreich Deaman oder Aleph biss an die Tartarn XII tagwaid und der chunig Deaman oder Aleph ist der chunig ayner in Assiria unnd ist unter dem Solldan. In den ennden ist Damasck, das heilig land, dy gross Arabisch wüest Moab und Amon Palestin und ist alles unnder des Solldans gewallt.

Wie der Solldan seine lannd unnderschaid.

Aber von der taylung unnd unnderschied seiner lannd und provinz ist zu wissen, dass er si allso tailt und unnderschaidt, wann

der Solldan selb regirt und besitzt das ganntz Egipten lannd. War
ist das, das er zu Alexandria hat ainen Admiraten, des gleichen zu
Damiatha, zu Kayrn und zu Babilon, dy selben Admiraten und regirer verwanndellt er nach seinem willen zu yedem jar, zu yedem
moneydt, wie sein gevallen ist.

In Palestina hat er einen chung Admiraten, der haisst Milech
Admiraten, Milech in irer sprach haist chunig, Palestin haist des
lanndes Philistin, der sitzt zu Gazara unnd herscht da selb und zu
Ascalon, Jaffet, Jherusalem, Ebron piss gen Cesarea in Palestin
lannd. Allso setzt er Admiraten in allen grossen steten und tut si
wider ab, wann und wie er wil und wie es im gevellt. In dem
lannd Arabia hat er ainen Milech Admiraten uber die selben ganntzen
provintz. Es ist auch zu wissen, das Arabia ist ain provintz, dar
inn wonent mer, dann hundert tausent mennschen, dy chain stat.
schloss, dorf noch haws habendt, dann si wonent in den wüesten mit
tier hewten gechlaidet, yetzo dortt, yetzo da unnd essent äscher prot,
das si in täglich selb machent. Wann si choment gen Gazara oder
Kayrn und in annder nachent stet und verkauffent da chämel lember chitz und chauffent mel, das furent si mit in dann auf den chämeln und wann si essen wellen, so mischen si das mel unnd wazzer
und prennent holz auf der erden, das dy erd haiss wirt, dar auf
pachen si dann ir prot in dem haissen aschen und allso furent si gar
ein ärmkleich leben, si trinkchent allzeit wasser und essent selten
annder chost, es sey dann, das sie stechen ain lamb, ain kitz oder
in chämel. Die lewt hab ich allso gesehen in der wüest gen Sant
Kathrein, doch gebent die selben Arabes dem Solldan järlich vil
kämel zu zins, wann er ir chunig ist, das bringt gar grossen nutz.
wann man all notturfft bringt in Egipten lannd auf den kämeln.

An den ennden Arabie auf dem Indischen mer ligt dy stat
Lamech[1]), da wont der Gross Cadi oder Califf, das ist ir öbrister
briester. Auch die Arabisch wüest ist dy wüest, dar inn die chind
von (fol. 78) Israhel wonumb gehabt habent XL jar und fleusst in
der selben wüest noch prunn, dann auf ettlichen planen grabent si

---

[1]) Mekka.

grüeb, dar inn sambt sich das wasser von den pergen, da von si und
ir viech trinkchent.

Der Solldan hat in Assiria vier Admiraten chunig, von erstt
ainen zu Saphet. Saphet ist ain stat und ein unsturmässigs schlos.
gelegen auf dem mer Galilee. Der selb chunig Admirat hat unnder
im Nazareth, Capharnaum, Chana, Galilee, Tiberiadis, Acci oder
Acon, Sur oder Tyrum. dy stat Cayphas, Caymoth, Neapolim oder
Sichem und der stat yegliche hat einen Admiraten. Item in Assi-
ria zu Damasck hat er ainen chunig Admiraten, der haisst Damghi-
chunig Admirat zu Damasck, das lawt so vil alls der gross chunig
zu Damasck. der hat unnder im Sydon oder Sayeto, Beruth, dy perg
Seyr und alles lannd enhalb des Jordan biss gen Jericho und ist gar
ein mächtig chunig an gellt und an ritterschafft und in aller uber-
flüssichait des guets. Der selb chunig setzt ander Admiraten in
seinen schlossern, doch in der vestt zu Damasck hat er chainen ge-
wallt. wann der Solldan hat da sein aigen hüetter und ist allzeit
verspert. Item in Assiria zu Tripolis hat er ainen chunig Admi-
raten, der hat under im Zibelech oder Biblium, Bethoron, die unsturm-
mässige vestt Morgad, Tortosa, Valanea und andren lannd, da hin
er sein Admiraten setzt. In Assiria hat er aynen chunig Admiraten,
der thut dem chunig von Armenia vil ungemachs. wann er hat vil
schloss und stet under im und ist genant Deaman oder Aleph, wann
si ligen mit iren ennden gar nahen, doch muss er den chunig von
Tartarn furchten, so verr das er den Solldan offt an rüeffen muss
umb hilff, unnd der selb chunig Deaman oder Aleph ist ain natur-
licher chunig und erbt auf seine chind, die anndern chunig alle zu
Arabia, Palestin, Saphet, Damasck, Tripolis sind nit chunig, dann
nach willen des Solldans, er verchert si offt. wann er ist gar ain
lauftiger aufsätzer man, in furchten auch dy Sarracen, wann er
haisst offt die magnaten tötten mit gifft oder mit dem schwert.
Das hab ich alles geschriben, alls ich das mit fleiss erfaren hab von
christen und Sarracen, dy da selb wonent, und vil hab ich des selb
gesechen.

Von dem geraisigen zeug des Solldans.

Von dem geraisigen zeug des Solldans ist zu merkchen, das der Solldan, do er vernam es wollten dy christen ain merfart anschlachen, da schickt er den chunig von Damasck und den chunig Deaman uber das chunigreich zu Armenia und vieng und erschlug vil volkchs und verprannt auch vil dörffer. Er pot auch den von Assiria, das si all monat Armeniam sollten uberziehen. Er sambt und vodert zu im vil Admiraten und edel lewt mit nam Pastechan[1]) und Chayson[2]), dy Admiraten von Kayrn und den chunig von Damasck und ervannd durch rat, das er dy porten Damiathe, dy porten (fol. 79) Jaffet und Accon und Sur liess verwerffen mit grossen stainen in iren eingenngen, das dy schef auf dem mer nit zu gelenden möchten. Ich sach auch zu Damiatha und Jaffa vil sollicher arbaiter, die dy porten verwurffen, und ich und mein gesell waren in grosser wagnuss, ich danckh unnserm herrn Jhesu Christo, das er unns von iren handen erledigt.

Von der ritterschafft des Solldans.

Von der ritterschafft des Solldans hab ich gehört von christen und Sarracen, das er ainen anschlag getan hat in seinen lannden auf LXX tausent schützen zu ross, da mit er maint den christen entgegen, wenn si uber faren, und darumb das si claine pfärdt habent und wenig harnach, wurden si leicht von einer chlainen ritterschafft der christen gar schnell bestritten und nider gelegt. Von dem fuss volkch redt man nichtz, wann dy Sarracen zu fussen gar chlain oder gar nichts wert sind, darumb wurd das heilig lannd mit gottes hilff in churtz gar leicht gewunnen.

Von Gaza aus unternimmt Jacob von Bern die Reise nach Hebron. Die Stadt steht bei den Saracenen in grosser Achtung, weil ihre Stammmutter Sarah dort begraben liegt; denn von ihr leiten sie ihren Namen ab, obgleich

---

[1]) Pascha? [2]) Cadi? Oben S. 23 f. ward er Japhson genannt.

sie eigentlich „Agareni" heissen sollten. Die Beschreibung des Landes bis nach Jerusalem ist kurz gehalten, einen längeren Excurs enthält fol. 86 bis 90 über die Lehre Muhameds. — Der letzte Teil des Werkes umfasst (fol. 90—105) die Schilderung des Weges von Jerusalem über Nazareth nach Damascus. Die einzelnen Ortschaften, welche der Reisende berührt, sind kurz aufgezählt und an jede die betreffende biblische Erinnerung geknüpft. In Damascus trifft Jacob von Bern Gesandte des Königs von Armenien, welche den Sultan um Frieden bitten wollen[1] und sich über die Christen beklagen, dass sie Armenien so ganz sich überliessen. Von Damascus geht er nach Zardanal[2], woselbst ein griechisches Kloster mit einem Marienbilde in einem Glasfenster ist, aus welchem wunderwirkendes Oel fliesst; dann über den Libanon nach Beirut, Accon, Tyrus, Sydon. Mit dieser sehr kurz erzählten Reise endet die Beschreibung der Pilgerfahrt Jacobs von Bern.

[1] wol Ende 1347. [2] Sardenai.

11.
Georg Pfintzing.
1436 und 1440.

Die Reisebeschreibung des bekannten Nürnberger Patriciers Georg Pfintzing hat bereits Tobler in seiner Bibliogr. geogr. Pal. 47 als wertvoll bezeichnet und deren Druck empfohlen, und in der That findet der Palästinograph wie der Historiker eine Reihe neuer Détails darin, auf die wir an den betreffenden Stellen einfach hinweisen. Jedoch sind in der uns vorliegenden Handschrift offenbar zwei verschiedene Reisen G. Pfintzings, und zwar aus den Jahren 1437 und 1440, zusammengezogen.

Die erste Reise trat Pfintzing am 25. August 1436 an; er kam am 28. November nach Jerusalem und erreichte am 24. Januar 1437 wieder Venedig. Auf dieser Reise besuchte er auch Akkâ, Nazareth Tyrus und Sidon. An den Bericht von dieser Reise schliesst sich eine Beschreibung der heiligen Stätten zu Jerusalem, Bethlehem, Bethanien, welche aber offenbar nicht aus der Zeit seiner ersten Reise stammen kann, da er dort am 31. Mai, einem Mittwoch, seine Wanderungen zu den heiligen Stätten antritt und am Sonnabend den 13. August nach Venedig zurückkehrt, wie dort erzählt wird; wer aber jener „Herr" gewesen sein mag, der in Jerusalem drei Mitpilger zu Rittern schlug und dann auf Cypern (9. Juni) vom dortigen Könige ehrenvoll aufgenommen ward, ist ganz unsicher. Ausser-

dem haben wir noch ein directes Zeugniss dafür, dass Pfintzing 1440
von einer Pilgerfahrt heimkehrte, in der Nürnberger Chronik (IV.
S. 159), wo als seine Begleiter **Peter Rieter, Gabriel Tetzel,
Bertholdt Deyssler** und **Gabriel Futterer** genannt werden.
Dass diese zweite Pilgerfahrt Georgs in dem unserer Handschrift
angehängten Verzeichniss Nürnberger Jerusalemfahrer fehlt, ist kein
Gegenbeweis, da dieses Verzeichniss selbst nicht ohne Fehler ist; so
ist z. B. 1435 **Sebald Pfintzing** nicht genannt, obgleich wir sicher
wissen, dass dieser mit den Markgrafen von Brandenburg nach dem
heiligen Lande ging. Dass endlich Georg Pfintzing die Hinreise
1440 nicht genau beschrieben, ist nicht zu verwundern, da er ja
auch bei der Erzählung der Rückkehr auf die zu 1437 bereits mit-
geteilte Route einfach verweist, zumal er, wie es scheint, eine
grosse Uebung im Pilgern gehabt haben mag; denn er spricht noch
von einer Pilgerfahrt nach Santiago und Wilsnack mit wenig
Worten.

Die Hs., welche Pfintzings Reisebeschreibung enthält, befindet
sich auf der Nürnberger Stadtbibliothek, ist auf Pergament geschrieben
und umfasst 75 Bll. in 8°. Auf der Innenseite des vorderen Deckels
befinden sich die Wappen von Pf.'s Ururahnen, Urahnen und Ahnen
von väterlicher Seite und das Wappen des Geschlechtes seiner Frau.
Gegenüber Blatt 1 trägt ein zur Hälfte geteiltes Wappenschild in
Gold und Schwarz, welches wahrscheinlich Pf. selbst angehört. Die
Rückseite von Bl. 1, ferner Bl. 2 und die Vorderseite von Bl. 3
schmücken vier sauber colorirte Bilder, welche Christus sein Kreuz
tragend, seine Annagelung an dasselbe, die Klage seiner Mutter und
des Johannes über seinen Tod am Kreuz, endlich seine Grab-
legung darstellen. Bl. 4 ist leer; auf Bl. 5 beginnt Pf.'s wahrschein-
lich eigenhändig niedergeschriebener Bericht; wenigstens besagt eine
Notiz auf der Innenseite des hinteren Deckels:

„Item das puchlein yst des Jörg Pfinczings und ist ge-
schrieben worden ynn dem fünf und vierczigsten jare" etc.

Die auf Bl. 60—64 mitgeteilten Notizen, betreffend die Ueber-
führung von Reliquien nach Nürnberg durch Pfintzing und Stromer
im Jahre 1424, schrieb ein Nachkomme unseres Reisenden im Jahre

1626; 1640 fügte ein anderer Georg Pfintzing eine Anmerkung darüber hinzu. Von demselben geschrieben ist das Verzeichniss der Pilger auf Bl. 65 unserer Hs.; Bl. 66—75 sind leer. Uebrigens hat unsere Handschrift auch dem Herausgeber der Nürnberger Stadtchronik vorgelegen, welcher die auf Blatt 60—64 erzählte Ueberführung der Reichskleinodien (1424) von Ofen nach Nürnberg (Bd. IV, S. 42—45) bereits veröffentlicht und erläutert hat, so dass wir diesen Abschnitt einfach auslassen konnten.

(fol. 5) Es ist zu wissen, das ich Jorg Pfintzing pin ausgeczogen ober mer gen dem heyligen grab am nechsten tag noch Sant Bartholmes tag (25. Aug.), und was aussen uncz an herrn fassnacht und die hernoch geschriben person zugen mit mir und warn mein walpruder. Item von ersten: Maister Hanns Part, prior von den predigern, und maister Pertholt Deychssler, ein priester, Gabrihel Teczel, Peter Riter, Peter Harstorffer, Gabrihel Füterer und Sebolt Grinlach, der was unser knecht, und Marco, ein knecht zu Venedig, der kant haidnisch und was unser tulmescht, das geschach Anno domini M° CCCC° und ym sechss und dreissigsten jar.

(fol. 6) Anno domini tausent vierhundert und im sechs und dreissigsten Jare. Am nechsten tag nach Bartholomei (25. Aug.) zuhen wir aus uns und komen gen Stoppfenheim[1]), do beliben wir uber nacht und den nechsten tag dornach, wenn es was Suntag (26. Aug.). Am montag (27. Aug.) komen wir gen Swewischen werd[2]. Am eritag (28. Aug.) gen Augspurg. Am mitwochen (29. Aug.) gen Weydenheim[3]) in Payren. Am pfincztag (30. Aug.) gen Mittenwald[4]). Am freytag (31. Aug.) komen wir zu einer kirchen mit namen Gefelt[5]), do ein grosses mirakel ist geschehen in dem sacrament, und den selben tag komen wir gen Inspruck. Am samstag (1. Sept.) gen Sterczingen[6]), do beliben wir auch

---

[1]) Stopfenheim. [2]) Donauwörth. [3]) Weilheim. [4]) Mittenwald. [5]) Vgl. Dietrich von Schachten fol. 2. [6]) Sterzing.

den sunt; (2. Sept.). Am montag (3. Sept.) gen Prauneck[1]) in die stat. Am eritag (4. Sept.) gen Heyden[2]) in welische lant, dornach gen Lungeron[3]) und dornach gen Spervall[4]). An unser frawen obent komen wir gen Terviss[5]), do beliben wir ein gancze wochen, do sahen wir ein schon spital, dornach kerten wir wider umb und komen gen Kungelon[6]) und gen Spervall. Do piten wir ein weyl piss an den nehsten Suntag vor Michahelis (23. Sept.), dornach am montag (24. Sept.) komen wir in ein castell gen Motta[7]), dornach am eritag (25. Sept.) in die stat Portugmeran[8]), do belyben wir piss an den sechsten tag. An Sant Jeronimus tag (30. Sept.) stig wir in ein schiff oder parcom und komen in die stat Kapfarlach[9]) an das mere, do beliben wir drey tag von des windes wegen, der wider uns was (fol. 7). Am mitwoch (3. Octob.) zu nacht do beliben wir in einem eynigen hauss pey dem Altisona[10]). Am andern tag (4. Octob.) stigen wir auff den kulpfen des meres, do was die fortun gross in dem mere, und komen den selben tag in die stat Pyron[11]) in Histrion, do truncken wir reinfal und hetten gut weynber, wenn do selbst und zu Tryest,[12]), das do pey ligen ist, do wechst der reynval. Dornach komen wir in ein stat Pumagium[13]). Am samstag (6. Octob.) komen wir in die stat Parenciam[14]) und do selbst am Suntag noch Francissi (7. Octob.) stigen wir in die Galeyn und den selben tag komen wir in die stat Polen[15]), do beliben wir zwen gantz tag und do sahen wir den palast Rolandi. Parencz ist von Venedig C meyl, Polen von Parencz XXXVI meyl. Am mitwoch (10. Octob.) furen wir von Polen und komen am freytag (12. Octob.) in ein Inseln, die heisset Lesna[16]), so ist ein closter prediger ordens. Dornach am montag (15. Octob.) komen wir in die stat Ragusium[17]), das ist eine gute und hubsche stat und gehort an das kunckreich gen Ungern, do pliben wir pis an den vierden tag. Am vierden tag, das ist am pfincztag (18. Octob.), fur wir gen

---

[1]) Brunneck. [2]) Ampezzo-Thal. [3]) Longarone. [4]) Seravalle. [5]) Treviso. [6]) Conegliano. [7]) Motta. [8]) Portogruaro. [9]) Laguna Coarle mit der Hafenstadt Coarle? [10]) Offenbar anziano, d. h. der Vorsteher. [11]) Pirano. [12]) Triest. [13]) Umago. [14]) Parenzo. [15]) Pola. [16]) Lussin. [17]) Ragusa.

Korffon¹) in Krichen, do beliben wir einen ganczen tag. Dornach sahen wir zwu festen in den pergen gar hubsch und wol gelegen, und das Castel ist von Venedig VIIIᶜ meyl, von Polen VIIᶜ, von Ragusio CCC. Dornach (fol. 8) 'uren wir aus am mitwoch und am freytag (24. und 26. Octob.) komen wir gen Modon²) und beliben wir auch den andern tag am obent Symonis und Jude (27. Octob.) zu Modon; do sein Lateynisch und Krichen und ist von Korfon CCC meil und do wechst der Rumenier. Dornach am suntag an der zwelffpoten tag (28. Octob.) furen wir durch einen weyten und schönen culphum und der wint was fur uns und komen gen Rodis³) an allerheyligen tag (1. Nov.), do bliben wir IIII tag von des wintess wegen; do sahen wir in einer kirchen aus der stat einen prunnen, do sol man gefunden haben das haubt Sant Johannes des tauffers und wasser sol do wunderlichen entsprungen sein. Dornoch von Rodis am montag nach aller heyligen tag (5. Nov.) komen wir zu einer inseln des reichs von Cyper. Am pfincztag (8. Nov.) komen wir gen Waffo⁴), das ist von Rodis CCC meil, und an Sant Merteins obent (10. Nov.) komen wir zu einer porten des reichs von Cyper, Salina⁵) genant, do von riten wir auff eseln und komen in ein stat Nicosia⁶) und ist ein tagreiss von dem porten und do ist das krewcz, an dem der schacher zu der rechten hant gehangen ist, und do sahen wir einen lebentigen Straussen an Sant Mertes tag (11. Nov.). Dornach am montag (12. Nov.) zuhen wir von dannen und am eritag (13. Nov.) komen wir gen Baruthy⁷) der saracen die heyden, do heten wir gut weynper und fisch waren wolfel. Do weysset (fol. 9) man die stat, do Sant Gorg den trachen erstochen het, do beliben wir VII tag. Dornach an Sant Elsspeten tag (19. Nov.) hetten wir den wint wider uns, also das wir am vierden tag mit grosser erbeit komen gen Jaffa zu, und von da des wintes wegen konten wir nit hin ein kumen und musten wider gen Acri⁸) und do komen wir hin an Sant Cecilia tag (22. Nov.) und pey der stat Akri ist der perck Carmeli⁹) weyt und preyt und do schiffet wir

---

¹) Corfu. ²) Modon. ³) Rhodus. ⁴) Baffa. ⁵) Salines (Constantia).
⁶) Nicosia. ⁷) Beirut. ⁸) St. Jean d'Acre ('Akkâ). ⁹) Carmel.

ein ganczen tag, piss wir wider komen gen Jaffa von der vortun
wegen. Pey dem perg Carmely ist ein castell und heysset das castel
der pilgerein¹). Dornach do wir furen von Jaffa, do sahen wir pey
dem mer die stat Cesaream Palestine²), die was erbrochen. An
Sanct Clemens tag (23. Nov.) do komen grosse donerslege und
pliczen. Dornoch an Sant Kathrein tag (25. Nov.) do stigen wir aus
der galein zu Akri und sassen auff esel und ritten gen Jerusalem
zu der heyligen stat und die ersten nacht beliben wir vier nacht von
Nasareth auff dem veld und ruten ein wenig und dornach am
montag frü (26. Nov.), do die sun was auff gangen, do komen wir gen
Nasareth ab zu steygen von der höhe des perges gen Nasareth uber, wen
Nasareth leit neben an dem andern perg gegen dem auff gang der sunnen,
und do gingen wir ein in die kirchen unser lieben frawen, do sie
Christum innen enpfangen (fol. 10) hot, do weyset man die stat, do
der engel ir erschynnen ist und wu Maria gesessen ist zwischen
zweyen sewlen³). An dem selben tag komen wir gen Genie⁴) in ein
gemaurte herwar und do was vil wassers und ist gewest das castel,
pey welchem Christus die X sundersichen gereyniget hat, und dor
umb Helena hot ein kirchen do hin gepawet, die nun erprochen ist,
und do ist der anfang des galileischen landes gegen Samaria oder
Jerusalem zu nemen. Am eritage (27. Nov.) wurden wir beraubet
des weins von den Saracen nit verr von dem prunnen der heyd-
nischen frawen und beliben uber nacht in einem dorff auff einem
acker. Am mitwoch fru (28. Nov.) komen wir in das castel Al-
biram⁵), do unser fraw zum ersten erkant, das sie Jhesum, do er
XII jar alt was, verloren het, do ist gepaut ein kirchen, do trenckten
wir die pferd und ritten ein zu mittem tag in die heyligen stat Je-
rusalem und am andern tag an Sant Andres obent (29. Nov.) do
besuchten wir die heyligen stet in der stat Jerusalem und in dem
tal Josaphat, auff dem olperg, in dem tal Syloe, auf dem acker

---

¹) Athlith. ²) Caesarea (Kaisarija). ³) Vgl. Tobler, Nazareth 139 ff.
⁴) Djinnîn; über die auch hier berührte Legende siehe Sepp, Jerusalem II, 77.
Eine Kirche der Helena wird sonst dort nicht erwähnt. ⁵) Bîrah; unser Be-
richt bietet für die Legende das älteste Zeugniss (Tobler, Topogr. II, 497).

Acheldemach. Am andern tag dornach (30. Nov.) auff dem perg Syon und an dem tag noch vesper do gingen wir ein in den heyligen tempel des grabes unsers herren, do bliben wir die gancze nacht. Am samstag frü (1. Dec.) gingen wir aus dem tempel und noch (fol. 11) mittemtag zuhen wir gen Betlehem und unter wegen besuchten wir die heyligen stet und die selben nacht beliben wir in der kirchen zu Betlehem und sahen die stet der gepurt, der beschneydung und die krippen des herren. Am suntag (2. Dec.), der der erst was des heyligen Adventes, do wir mess hetten gehört, komen wir in ein tal gegen dem nidergang der sunnen gen Jerusalem zu, do sahen wir das hauss Zacharie des Sant Johannes des tauffers vater und die stat der gepurd Sant Johannes und ein closter des heyligen krewcz und am mitten tag komen wir wider gen Jerusalem und die selben nacht gengen wir zum andern mal in den heyligen tempel und do pliben wir die selben nacht. Am montag fru (3. Dec.) zu der dritten or des tag gingen wir wider aus dem tempel und etlich von uns gingen zum andern mal und besuchten die heyligen stet in der stat Jerusalem und auf dem ölperg. Am eritag (4. Dec.) an Sant Barbara tag frü vor tags riten wir zu dem Jordan, do pey nohent sahen wir die wüsteney, do Christus XL tag und XL nacht gefast hot: do ist vor zeiten ein kirch gepaut gewest hohe auff dem velss und do sol Christus von dem teüffel versucht worden sein, do sahen wir den fluss des wassers, das Heliseus süsse gemacht hot. do sahen wir das tot mere und die stat Jericho, die erprochen ist, und do bliben wir über nacht (fol. 12). Am andern tag, am mitwochen an Sant Niclas obent (5. Dec.), komen wir gen Jerusalem durch Bethaniam und zu Bethania sahen wir vil heyliger stet etc. und an dem tag, an Sant Niclas obent, am obent gingen wir wider in den tempel und zu morgens frü noch dem, als wir die heyligen stet andechticlichen besucht hetten, do gingen wir her aus und noch dem, als wir geessen hetten, do sassen wir auff die esel und riten gen Akri zu der galeyen und die ersten nacht peliben wir pey dem erprochen castel Abieram, do unser fraw Christum verlorn het. und zu morgens fru an unser frawen obent concepcionis (7. Dec.) riten wir und komen zu dem prunnen, do die heydenisch fraw von

Christo gelert wart, und do komen wir in die stat Neapolis[1]) und do meinen etlich, es sey gewesen Sycher, und do ist gar ein fruchper tal und wurden wir wol verspot und geslahen und gescheczt umb gelt. Zu morgens frü liss man uns aus dem stall, in dem wir gelegen worden, und do ritten wir gen Nasareth zu und komen in die stat Sebasten, die erprochen ist, und dieselben nacht bliben wir pey der gemawrten herberg, do Christus die X sundersichen gemacht hat gesunt, do schliffen wir piss zu mitternacht und ritten furpas und am andern Suntag des adventes (9. Dec.) komen wir frü mit dem aufgang (fol. 13) der sunnen gen Nasareth, do gingen etlich von uns zu dem andern mal in die capeln unser lieben frawen. Dornach komen wir zu einer stat, etlich meinten, es wer Samaria, do wurden wir aber übel gehandelt und erczogen, und an dem selben tag zu vesper zeit komen wir gen Akri, do teten uns die Saraceni die heyden vil zu leit. Am montag (10. Dec.) komen wir mit angst und not von Akri und zuhen gen Beruth zu, do die galeyn stund, und die selben nacht beliben wir nit ver von Akri in den holern pey dem mere, do vor czeiten ein castell ist gestanden[2]). Am eritag (11. Dec.) zuhen wir durch ein stat Sür oder Tyrus pey dem mere und über nacht beliben wir in der stat Sagetta[3]) oder Allegetta, do wurden wir gefurt in das frawen hawss und am morgen do schaczt man uns wol und den selben tag komen wir gen Weruth und an Sant Lucien tag (13. Dec.) stigen wir in unser galeyn und furen zu unserm vater land und am dritten suntag in dem advent (16. Dec.) komen wir zu einer Inseln genant Apri[4]) und von ungestümikeit wegen des wintes komen wir gen Rodis am eritag (18. Dec.); do waren wir in grossen nötten ein zu kumen in den porten, wenn der wint het uber hant genumen und styess die galeyn an einem velss pey einem newen turn[5]). Zu Rodis bliben wir ein gancze wochen piss an Criss obent und (fol. 14) an dem selben tag komen wir zu einer porten, genant Caput Insule[6]), do bliben

---

[1]) Nâblus. [2]) Wohl die Cavea de Tyro (Robinson, Pal. III, 688; Goergens-Röhricht, Arab. Quellenbeitr. I, S. 292; Sepp, Jerusalem II, 598). [3]) Sidon. [4]) Früher Aperrhae an der lycischen Küste. [5]) St. Nicolausturm? [6]) auf Charki?

wir die crissnacht (24. Dec.) und am morgen frü furen wir fürpas und hetten den wint wider uns, dor ümb musten wir zu einer andern pforten faren, genant Episcopeia¹), und an Sant Steffans tag (26. Dec.) und in der selben nacht und an Sant Johanns tag (27. Dec.) hetten wir gross forthun in dem culphen zwischen Rodis und Modon und in grosser besorgnüss, das wir all nohent verczagt worn umb unser leben, doch mit der hilff gotes komen wir an dem kindlein tag (28. Dec.) gen Modon, do bliben wir acht tag, wenn die galeyn must man machen, und am oberstag (6. Januar 1437) waren wir aber in grossen nöten auff dem mere pey den pergen und dor umb musten wir hinter uns schipffen zu einer ungewonlichen pforten und in der selben pforten pliben wir zwu nacht und einen tag. Dornoch am pfincztag noch dem oberstag (11. Jan.) komen wir gen Korpfon²), do was unser haubt man von Korfon, treib uns der wint nohent zu Napuliam³) und kerten wir umb mit dem schiff und den selgel und der wint fürt uns zu Raguss am montag noch dem achten tag des oberstag (14. Jan.) und den andern tag (15. Jan.) pliben wir zu Raguss in der porten von des wintes wegen, der wider uns was. Am mitwochen (16. Jan.) do komen wir zu Gadram Almacie⁴) und am samstag (20. Jan.) und dornoch am nechsten eritag (23. Jan.) (fol. 15) komen wir nohent zu der stat Ruma⁵) und am mitwochen (24. Jan.) nohent wir zu Venedig mit gutem wint, der uns füret, und mit hilff gotes, der uns het beschirmet, des namen ewicleich gelobet sey. Amen.

Item do hernach sten geschriben all die heyligen stet, die ich Jorg Pfinczing hab gesehen, und was aplas an yder stat ist.

Item zu Jerusalem ging wir ab die gassen vor dem tempel, die selben gassen wart unser herr gefürt mit dem galgen des heyligen kreütz von Pylatus haus zu seiner pittern marter. An der selbigen stat sach wir des reichen mans haus, der Lasaro versaget die pro-

---

¹) Episcopi (Tilo). ²) Corfu. ³) Apulien. ⁴) Entstanden aus Jadera Dalmacie, also Zara. ⁵) Offenbar ein Schreibfehler für Fiuma.

senlein von seinem tisch. Und nicht verren do von sach wir das hauss Varonica. Item dornach kom wir an die stat, die man heysset Trivium, das ist als vil, als ein drivach weg an einem eck. Do lieff das volk als fast zu, das yder man das wunder sehen wolt, das (fol. 16) unser herr do gedrungen wart, das er das heylig krewcz do von im legt, und do ward genumen Symeon Sereneus, das er unsern herren das krewcz solt helffen tragen. Und das gemein volk, das unserm herren wol wolt, die beweinten do sein pitter leiden und sein schemlichen ganck, do kert sich unser lieber herr umb und sprach „Nolite flere super me, sed super vos" etc. Nicht weint über mich, weint über euch und über ewr kinder. In der selben stat ist aplas VII jar und XL tag und gab das antlücz Sant Voronica an der selben stat. Item darnach über ein clein weglein do weint unser liebe fraw den schemlichen ganck und pein irs liben kindes, do man in füreth von Pilatus hauss mit dem heyligen krewcz und zwischen zweyen schechern, an der selben stat ist aplas VII jar und XL tag. Item dornach ist ein hoher swypogen, dor auff ligen zwen weiss stein; die selben stein lagen in Pylatus hauss vorn auff einem gang und do Pylatus unsern herren het lassen geyseln, do liess er in furen auff die selben stein und czeigt in den juden und sprach „Ecco homo" schawt, ob ich den menschen gestraft hab, und meint, er wolt in pey dem leben lassen und behalten. Die selben zwen stein[1]) sein aus Pylatus haus gefürt worden auff den swibogen. Item unter dem (fol. 17) swibogen ist unser lieben frawen schul, do sie latein lernet, do ist aplas VII jar und XL tag. Item darnach ist Pilatus haus, do ist die pfort vermauert, do man unsern lieben herren aus und ein fürt, und vor dem hauss an der gassen ist die stat, do Pylatus das urteil gab uber unsern lieben herrn und wusch sein hend und sprach, er wolt unschuldig sein an dem gerechten plut, an der selben stat ist applas von schuld und von pein. Item dar nach pey einem swypogen zu der lincken hant in einer gassen ist das haus Symonis des ausssetzigen, do unser lieber herr yn vergab Marie Magdalene ir sünd, do mag man nit hin gen vor den heyden, do ist aplas VII jar

---

[1]) Vgl. Tobler, Topogr. I, 246 f.

und XL tag. Item dar nach Herodes haus, do unser herr ein ward
gefūrd und Herodes gesent ward; do ward im ein purpur gewant an
gelegt und im ward ein ror in sein heilig hant geben zu spótt.
Item darnach ist Probatica Piscina, do unser lieber herr den sunder-
sichen gesunt macht und sprach ‚Heb auff dein pett und gee in das
wasser und wasch dich, so wirstu gesunt'. Do tar man auch nicht
hin ein in das wasser gen vor den heyden, aber man sicht es eygent-
lich. Item darnach zu der rehten seytten ist Salomons tempel, der
ist auch geheissen in der geschrift der tempel unsers lieben herren.
(fol. 18) wann er vil wunderwerck und zeichen dar ynn tet; dor ein
ward unser liebe fraw und ward do Joseph dem gerehten gemehelt
und auch unser lieber herr dar ein gefūrt und geoppfert wart zu
liechtmess und auch hernach am dritten tag von seiner lieben muter
do in erfunden ward predigen unter den lerern. Item der selb tem-
pel ist zwivach, der alt, do Christus in ist gewesen, den sicht man
an der ein seytten gar wol, dor ynn ist aplas aller sünd zu vergeben.
Item dar nach zu der lincken hant pey Sant Steffans pfort ist das
haus und kirch der lieben frawen Sant Annen, dar ynn unser liebe
fraw geporn ward, do mag man nicht wol hin ein gen, wann es haben
die heyden yn, doch was ich und sust wol X dar inn heymlich und
stille[1]), do ist aplas von schuld und von pein. Item dor nach ist
die pfort, do man den lieben Sant Steffan durch aus fürt, do man in
versteynen wolt, do ist applas VII jar und XL tag. Item zu der
rechten hant an der mawer sach wir die guldein pforten, do unser
lieber herr durch ein reit am palmtag in den tempel; do get auch
kein mensch hin ein noch dar durch, wann sie halb ist vermawert
uber die ort, man sicht sie aber gar bereit. Item dar nach sah wir
das tal Josafat, ist das wonen und die stat, do der lieb herr Sant
Stephan versteint (fol. 19) ward, do ist applas VII jar und XL tag.
Item nicht verr do von sah wir einen stein, do Sant Pauls hūt der
cleyder. Item dar nach sah wir der pach Zedron, als man list in
dem ewangelio Johannes ‚Egressus Jhesus'. Es ist Jhesus aus-
gangen uber den pach Cedron, und dor uber lag das holcz des hey-

---

[1]) Vgl. oben S. 29 f.

ligen krewez ein lang zeit zu einem steg. Item dornach gingen wir
in unser lieben frawen kirchen, do ging wir unter die erden XLVIII
staffeln¹), dar von sah wir ein kleins kapellen und unser lieben
frawen grab in dem cappellein, dor ein gen zway türlein; wer do hin
kumpt mit warer rew und andacht und get durch die czwey türlein,
der ist ledig aller seiner sünd. Item darnach sah wir die stat des
Ölpergs. Item darnach ist die stat unter ein felss tieff in ein gross
loch, do hat unser lieber herr drey stund gepet an sein hymelischen
vater und hat da geswiczt plutigen sweys²), do ist applas von schuld
und von pein. Item do ob im er kint hat sicht man einen eckenten
clein stein her auss aus dem felss gen, gelaubt man dem engel dar-
auff sei gesessen Christi stereken. Item darnach sah wir den garten,
do Judas hin kam zu unserm herren und do sich hinter sich vielen
und in kust felschlichen (fol. 20) an seinen heyligen munt und in die
juden do vingen und in bunden; umb die selben stat ist ein cleins
mewerlein, do ist applas VII jar XL tag. Item do neben ist die
stat pey einer steinen prucken, do Sant Peter dem juden Malcho das
or abslug³). Item darnach ging wir den perck auff, do sah wir die
stat auff einem felss, do unser lieber herr die drey junger hin füreth,
Petrum, Jacobum und Johannem, und sprach „Siczt hie und wacht
mit mir"⁴), do ist applas VII jar und XL tag. Item darnach sah
wir die stat, das man heist Gethsemani, do liess unser herr die acht
ander jungern pis auf die zeit seiner gefencknüss, Judas was die weyl
pey den und treyb die verretinschaft, do ist applas VII jar und XL
tag. Item dar nach sah wir die stat auf einem stein, do unser liebe
fraw zu hymel fur und liess fallen iren gürtel dem lieben Sant Tho-
mas und er in do enpfing von ir, do ist aplas VII jar und XL tag.
Item dar nach sah wir die stat und den velss, do unser lieber herr
weynet über Jherusalem am palmtag, dar umb das er wol west, das
es zu stört solt werden, das ein stein pey dem andern niht belieb,
und das es dar zu kem, das die muter ihr eygen kint must essen
und das sie wurden verkauft die Juden ye XXX (fol. 21) umb ein

¹) Vgl. Tobler, Siloahquelle. S. 150 ff., 156 ff.   ²) a. a. O. 212 ff.   ³) a
a. O. 227.   ⁴) a. a. O. 228.

pfennyng. Recht hernach musten die Juden verkauft werden XXX umb ein pfennyng, dor ümb weint unser herr über Jherusalem, das er wol west, das es also must ergen, do ist applas VII jar und XL tag. Item dar nach ging wir den perck auff, do sah wir die stat, do der engel den palm prach unser frawen und ir sagt, an welchem tag sie solt enpfangen werden in den hymel, do ist aplas VII jar und XL tag. Item darnach sah wir den perck Galilee, do erschein unser lieber herr den XL jungern am osterlichen tag, do Jherusalem in krieg stund. Do was gelegt auf den selbigen perck aller der aplas, der zu Jherusalem in der stat oder ausshalben der stat an allen heyligen steten ist des heyligen ertrichs, und man mocht niht zihen gen Jherusalem vor krieg der heyden. So kumen sie auf den perck Galilee, do was der aplas aller mit einander, zu gedechtnuss des selben ist nach do applass VII jar und XL tag. Item do ging wir herwider umb und komen in ein kirchen, die haben die heyden ynn. Do ging wir auf etlich staffeln, dar yn sah wir ein cleins capellein und in dem capellein ist ein weiss merwelstein, dar ynn ist der fuss trit unsers lieben (fol. 22) herren, den tet er, do er gen hymel fur an dem heyligen auffertag, auff dem selben ist aplas von schuld und von pein und aus dem selben fuss trit wir trancken[1]). Item dar nach sah wir die kirchen Sant Pelagie und ir grab, do ist aplas VII jar und XL tag. Item darnach sah wir die kirchen Sant Marcks des evangelistens, dar ynnen machten die lieben zwelfpoten den glauben, do ist aplas VII jar und XL tag. Item dar nach sah wir den stein, do unser lieber herr auf gesessen hat und gemacht hat das ewangelium „Selig sein die armen des gaistes, wann ir ist das reich der hymel", do ist aplas VII jar und XL tag. Item darnach sah wir die kirchen, do leit ein grosser stein in einer mawer, do hat unser herr an geleynet und hat sein jungern lernen peten und sprach das pater noster[2]), do ist aplas VII jar und XL tag. Item darnach sah wir die stat und felss, do unser liebe fraw XIIII jar alle tag gepet hat noch ires lieben kindes auffart, wann sie altag ging auf den ölperg an die stet, do ir liebes kint gegangen het und gewest was,

---

[1]) Tobler, Siloahquelle, S. 105 ff. [2]) a. a. O. S. 241.

wann der ölperg hoch ist, und wann sie kom an die stat, so ruet sie vor mudikeit, do ist aplas VII jar und XL tag. (fol. 23) Item darnach sah wir die kirchen Sant Philippi und Jacobi, dar ynn ist ein loch, do der lieb Jacob der cleiner ynnen tag verporgen piss an den dritten tag ungeessen und ungetruncken vor vorchten der juden und unser lieber herr erschein im an dem osterlichen tag und sprach ‚Stand auf und siehe, des menschen kint ist erstanden von dem tod‘ und dar ynn ward er hernach begraben und auch sah wir in derselben kirchen das grab Zacharias des profeten, do ist aplas VII jar und XL tag. Item ym tal Syloe sah wir ein prunnen, do ging wir vil staffeln ab unter die erden, do hat unser liebe fraw irem kind gewaschen sein windeln, do sie es in den tempel wolt tragen zu lichtmess, do ist aplas VII jar und XL tag. Item darnach über ein guten weg ist das natatorium Siloe, do ist ein schone kirch gewest, die ist nun zu prochen und ist noch die mawr dor ümb, do ist still wasser, das get aus einem felss, do macht unser lieber herr den plinden gesehend, do ist aplas VII jar und XL tag. Item do pey sah wir die stat, do die juden Ysaiam enczwey segten mit einer hülczen segen, und nohend do pey ist sein grab, do ist aplas VII jar und XL tag. Item do pey nit verr do von sah wir den pawm, do (fol. 24) sich Judas an erhing, der tregt labe. Item darnach ging wir auff gegen dem perg, do ist der gotes acker, den man heist Alchadimach, der do kauft ward umb XXX pfennyng, die Judas den juden wider hin warff, umb die selben XXX pfennyng ward unser lieber herr verkauft; der selbig acker ist umb mawert und ist hoch und gen oben locher, dor ein do legt man ein die cristen von der gürteln und wenn man eins hin ein legt, so legt mans hin ab hin das gemewer[1]), do ist aplas VII jar und XL tag. Item dar nach sah wir Latibula apostolorum, das ist ein gross perg und ist ein eytel stein und felss, dor ein gen grosse locher und holer, dar ynnen lagen da lieben jungern verporgen die czeit, als unser lieber herr ym grab lag, do ist aplas VII jar und XL tag. Item darnach uber ein guten weck sah wir die stat, do die juden unser lieben

---

[1]) Tobler, Topogr. II, 271.

frawen bar an fielen und sie der nider wolten zerren, do sie verschieden was und sie die lieben jungern tragen wolten in das tal Josaphat und sie begraben wolten; zu einem verdechtniss der versmehnuss, die dy juden unser lieben frawen do teten, ist aplas an der selben stat VII jar uad XL tag. Item darnach sah wir Caiphas hauss, do ist nun ein kirch und heist die kirch (fol. 25) des heylantes, do ward unser herr hin gefürt und ward do verspott, gespeit, geslagen, und do verlaugent Petrus sein, do sicht man noch die stat, do der han sas und kreet. In der selbigen kirchen auf dem hohen altar im kor leit der stein, der vor dem heyligen grab leynet, do die drey Marien sprachen ‚Quis revolvet nobis lapidem' etc., das spricht zu dem teutschen also ‚Wer ist, der uns den stein legt von der tur des grabs'. In dem selbigen kor zu der rechten hant ist der kerker unsers herren, da er die ganczen nacht ynnen lag und aus und ein gefürt ward die selben nacht; in dem selben kerker do waren wir, do ynn ist aplas VII jar und XL tag. Item dar nach sah wir Annas hauss, do ist nun ein kirch der heyligen engel, do ward unser lieber herr zu ersten ein gefürt von den juden zu Anna, als sie in hetten gefangen, und do selbst ward er geslagen an sein heylig wang, an der selben stat · ist ein altar zu gedechtnuss der versmehung und des slags, dem man userm herren do thet, do ist aplas VII jar und XL tag. Item darnach sah wir Sant Jacobs kirchen, ein schöne grosse kirchen dar ynn ist ein capell ein loch, do ward dem grossen Sant Jacob sein heyliges haubt (fol. 26) abgeslagen, do ist aplas VII jar und XL tag. Item darnach komen wir in ein gassen gen Monte Syon über, do sah wir die stat, do unser lieber herr erschein den dreyen Marien und sprach ‚Avete, Got gruss eüch', do ist aplas VII jar und XL tag. Item darnach kom wir auf den perck Syon, sah wir zu dem ersten die stet, do Sant Johanns ewangelista sein erste mess lass unser lieben frawen, do ist ein stein unter eim clein mewerlein[1]) do ist aplas VII jar und XL tag. Item dar nach über fünff schrit do sahen wir die stat, do unser liebe fraw verschide, do ist ein mewerlein zu samen gelegt[2]), do get onten in die mawren ein cleins löchlein, das man wol

---

[1]) Tobler, Topogr. II, 131 f. [2]) a. a. O. 127 f.

ein hant dor ein stect, do ist aplas von pein und schuld. Item dar nach pey vier schriten sah wir die stat, do das gluck viel auff Mathiam, do er erwelt wurde zu einem apostel von den jungern und andern zwelfpoten, do ist ein cleins mewerlein zu samen gelegt[1]), do ist aplas VII jar und XL tag. Item darnach sah wir pey der kirchen aus nit fast verr die stat, do unser lieber herr gestanden het und seinen lieben jungern gepredigt het, an der selbigen stat stet ein stein, do ist aplas VII jar und XL tag. Item do pey zu hant pey eym (fol. 27) oder czwen schrit ist die stat, do unser liebe fraw gewesen hat und der predig irs lieben kindes zugehort hat[2]), an der selben stat ist aplas VII jar und XL tag. Item neben der tür auf der linken hant waren wir an der stat, do unser liebe fraw XIIII jar noch unsers herren auffart gewant hat, und ist ein michel mewerlein etwas zusprochen dar umb gelegt[3]), do ist aplas VII jar und XL tag. Item dor nach hinter dem kor hauss wendige sah wir die stat, do das osterlemlein gepraten ward, das unser lieber herr ass am antlas tag mit sein lieben jungern, und do ward auch gewermt das wasser, do mit er sein jungern wusch die fuss; do ist ein cleins mewerlein, do hat man aplas VII jar und XL tag. Item dornach sah wir unter einer tür die stat, do der gerecht Sant Symeon begraben ward[4]), do leit ein grosser stein, do ist aplas VII jar und XL tag. Item darnach sah wir unter einer mawern die stat, do der lieb Sant Stephan starb und zu dem ersten begraben ward[5]), und do leit ein grosser stein, do ist aplas VII jar und XL tag. Item ynner halb der thür sah wir ein gepew, in dem gepew ist das grab Salomonis und David der zweyen künig. Item dar nach ging wir in die kirchen des selben pergs Syon, den die (fol. 28) parfusen yczunt ynnen haben, do sahen wir unter dem hohen altar die stat, [wo] unser lieber herr hat geessen das osterlemlein mit seinen jungern und auf geseczt hat das wirdig sacrament, do ist aplas von pein und schuld und auf dem selben altar hort wir des selben mals ein loblich gesungen mess mit mynstrirt de ascensione und sust vil mess in der selben kirchen.

---

[1]) Tobler S. 133. [2]) Tobler S. 132. [3]) Tobler S. 127. [4]) Tobler, Siloahquelle 189, 301; Topogr. II, 135. [5]) Tobler, Topogr. II, 185 ff.

Item do pey zu der rechten hant des hohen altars do ist ein cleyner sauher altar und unter dem selben ist die stat, do unser herr seinen jungern ir füss wusch; do ist aplas VII jar und XL tag. Auff dem selbigen altar und den andern altaren der selbigen heyligen löblichen kirchen hort wir vil gesprochner schöner mess, die man unter der gesungen mess zu der selbigen zeit lass. Item darnach als die mess ein end hetten, do wir zu der kirchen aus gingen durch ein turlein zu der lincken hant, ging wir etlich staffeln auff auf ein schöns estrich oben auf der kirchen des pergs Syon, do sah wir die stat, do unser herr sant seinen jungern den heyligen geist am heyligen pfingstag in fewern zungen weiss, und auf dem selben estrich ist ein cleins capellein und dar ynnen ein clein altar, do ist aplas von schuld und von pein[1]). Item dar nach ging wir her ab (fol. 29) und gingen unten; als wir dy stygen her ab waren gangen, do ging wir zu der lincken hant durch ein turlein ein stig ab in das kloster in den krewczgang; dar ynn sah wir gar ein schöns capellein Sant Thome, dar ynn sah wir die stat, do unser herr erschein sein jungern mit beslossner tür, und do selbst greiff Sant Thomas unserm liben herren in sein heilige seyten[2]); do ist aplas VII jar und XL tag.

Item als wir dysem umb gang, als vor geschriben ist, vollbracht hetten, do was volkumener mittag, do lud uns der gardian des selben closters zu einer collaczen und fürt uns zu der rechten hant pey einem prunnen hinter hin in einen garten und gab uns ein gut colaczen; darnach liess er uns in unser spital, do unser herberg was, sein prüder beleiten. Item als wir von dem perg Syon heym gingen, zu der rechten hant nit verr von dem perg sah wir ein sloss, in dem selbigen eyneten sich die juden uber Cristi tot[3]) und do weyssagt Annas „Expetit ut unus homo" etc., das zu dem teutschen laut also ‚Est ist pesser, das ein mensch sterb, dann das das gancz volk verderb.' Item an dem selben eritag (31. Mai) umb vesperczeit pey zweyen oren vor nachtes waren gesamment der Nasardin[4]) und (fol. 30) die öbersten der stat zu Jerusalem auf dem placz vor dem

---

[1]) Tobler, Topogr. II, 122. [2]) Tobler, Topogr. II, 125. [3]) Tobler, Topogr. I, 364. [4]) Ueber diesen Namen vgl. oben S. 24.

tempel und die gaben die slüssel her fur des tempels und belaten uns all in tempel, aber vor ee wir in tempel komen, besah wir die heyligen stet in tempel, als hernach geschriben stet. Item vor dem tempel mitten auf dem placz sahen wir ein roten merbelstein, der ist viereckig, do ist unser herr nider unter dem krewcz gesuncken und ruet auf dem stein, do ist aplas VII jar und XL tag. Item darnach sah wir IIII capellen aussen an dem tempel, die erst ist gepawt zu der rechten hant in der ere unser frawen und Sant Johannes, do sie gestanden haben unter dem krewcz und geweynt pitterlich den tot Christi, do ist aplas VII jar und XL tag. Item darnach sah wir die andern capellen in der ere aller engel gepawt, do ist aplas VII jar und XL tag. Item darnach sah wir die dritten capellen, die ist gepawt in der ere Sant Johans Baptisten, dar ynn ist aplas VII jar und XL tag. Item darnach sah wir die vierden capellen, die ist gepawt in der ere Marie Magdalene, do ist aplas VII jar und XL tag. Item darnach von stund, als wir besahen, do beslossen uns die heyden in dem tempel, do ging wir in einer herlichen (fol. 31) processen des gardians und seiner prüder mit gesang der letaney und gesang von den heyligen steten iclicher stat besunderlichen und sahen sie, als hernach geschriben stet. Item do ging wir in unser lieben frawen capellen, dar ynn sah wir ein schewlichen stein, der was preit und in unsers herren leng, do selbest erschein unser lieber herr seiner lieben muter in dem ersten an dem osterlichen tag nach seiner urstend; auf den selbigen stein wurden gelegt die drew krewcz und man west nicht, welchs das rechte krewcz was, do procht man do hin ein toten menschen und legt in auf die krewcz alle drew, zu dem ersten legt man den toten menschen auf des lincken schachers krewcz, do lag der tot mensch still und regt sich nyndert, zu dem andern mal legt man den toten menschen auf des rechten schachers krewcz, do regt sich der mensch, zu dem dritten legt man den toten menschen auf das krewcz, do unser lieber herr an laid die pittern marter und den tot, do stund der tot mensch auf und ward lebentig, do erkant man, welchs das recht krewcz was, do unser herr an starb; auf dem selben stein ist aplas VII jar und (fol. 32) XL tag. Item gen dem stein über sah wir unser lieben

frawen altar, do ist aplas VII jar und XL tag. Item do neben in
der mawren zu der lincken hant sah wir die seül, do unser lieber
herr an gepunden ward und dor an gegeyselt ward und geslagen in
Pylatus haus, do vor sah wir ein hülczen gattern. Die selben seul
furet Sant Helena aus Pylatus haus an die stat, do sie yczunt ist.
do ist aplas VII jar und XL tag. Item zu der rechten hant sah
wir des heyligen krewcz ein gancz gross stück unter dem altar. Item
do ging wir auss unser lieben frawen capellen und gingen zwu oder
drey staffeln ab, do sah wir ein scheublichen stein, dar yn was ein
cleins löchlein, do selbest erschein unser herr Marie Magdalene am
osterlichen tag in eins gertners weyse, do ist aplas VII jar und
XL tag. Item gegen dem stein uber sah wir ein altar unter einem
velss, do was Maria Magdalena, die weyl unser herr im grab lag,
do ging unser liebe fraw und Maria Magdalena albegen herfur gegen
dem grab und warten, ob sie unsern herren icht fünden oder sehen;
pey dem selben altar ist aplas VII (fol. 33) jar und XL tag. Item
des selben mals waren die heyligen stet, die yczunt in dem tempel
sein, alle vor der stat und do iczunt unser lieben frawen capell und
do Maria Magdalena was, die weyl unser herr im grab lag, das was
aussen an der stet mawer in einem winckel. Item dar nach, nu
die stat zustört was, haben sie die stat als weit umb fangen, das
der tempel nahet mitten in der stat ist, und forchten der cristen.
Item dar nach ging wir ein guten weck in den tempel und komen
in den kerker, do unser lieber herr in was als lang, uncz man das
heylig krewtz geporeth und zu samen genegelt ward vor vorchten
der gemein, wann die gemein wolt unserm herren wol, aber die
schreyber und die gleissner das waren die, dy unsern lieben herren
totten wollent; do ging wir etliche staffeln ab unter ein velss, do sah
wir ein cleins altarlein, do ist aplas VII jar und XL tag. Item dor
nach sah wir die stat, do ist ein altar, do die Juden das loss wurffen
umb unsers herren rock, do ist aplas VII jar und XL tag. Item
dar nach ging wir aber unter die erden XXIX staffeln in die kruft,
do sah wir Sant Helena capell der keyserin und ein altar in ir
geweiht, do ist aplas VII jar und XL tag. Item neben dem altar
do sah (fol. 34) wir ein stul, der was steinen, do sie selber um ge-

sessen hat¹). Item do ging wir fürpas unter die erden XI staffeln ab, do sah wir ein eyteln velss, do ist die stat, do die lieb fraw Sant Helena das heilig krewcz vand und do die andern zwey krewcz und die kron und die heyligen drey negel und das eysen, do mit Langinus unsern herren sein heylige seyten auf stach. Do ist aplas von schuld und von pein. Item do ging wir herwider und komen in ein capellen an die stat, do sah wir ein altar, dor unter die seül, do unser herr auf gesoczt ward und gepunden ward, do man im die dornen kron in sein heyligs haupt druckt in Pylatus hauss, die dann yczunt ist im tempel, dor ein sie Sant Helena pracht, do ist aplas VII jar und XL tag. Item wir gingen aber her ümb pas und gingen auf ein hülczen stig auf den perck Calvarie, do sah wir die stat, do gewesen ist das leben und der tot und do dez hymelisch vater sun geliden hat ein schemlichen pittern tod; do sah wir ein grossen velss, dor ein get ein sinwelss loch, dar ynn ist gestanden das heylig krewcz und ist noch offen und ist noch als weyt, das man ein faust dor ein stöst²), und ist ein halben arms tieff und ist auch der selb velss auf gerissen von der (fol. 35) pittern marter und pein, die unser lieber herr do leid. Der selbig velss ist aller über legt und umb seczt mit merwelstein, do ist aplas von pein und von schuld. Item dar unter sah wir ein capellen, dor ynn ist funden worden Adams haupt und ist gerad unter dem velss, der sich hat zurissen, dor auff sich unser lieber herr Jehsus Christus gekrewzigt ist worden, also das das plut hat berürth etc. Item do neben sah wir die stat, do ist ein altar, do Abraham seinem sun das haupt wolt haben abgeslagen und wolt in got geopffert haben und do got sein willen sah, do sant er seinen engel, das er im das swert auff hilt, und do opfert er ein lemlein, do meint man, das do selbst das erst opfer geschee, das got ye geben ward. Das bezeichet uns, das do sich unser lieber herr do selber opfern wolt seinem hymelischen vater für alles menschlich gesleht. Item do ging wir her wider ab und komen zu dem stein, do unser lieber herr auff gelegt ward, do er von dem heyligen krewcz genumen ward und do

---

¹) Tobler, Golgatha 301. ²) Tobler, Golgatha 282 f.

er gesalbet und ein gepunden ward und zu dem heyligen grab
(fol. 36) getragen ward: das ist ein langer swerer mermelstein, do
ist aplas von pein und von schuld. Item do ging wir fürpas in dem
heyligen grab und gingen durch zwu tür ein und so wir zu der ersten
ein gen, so sah wir ein hohen stein vor der ynnern tür, do erschein
der engel den dreyen frawen am ostertag, do sie unsern lieben herren
sůchten in dem grab und sprachen „Venite et videte locum ubi po-
situs" etc., das zu dem teutsch laut also „kumpt und seht die stat,
do der herr gelegen hat. Alleluja!" Item do ging wir in ein ca-
pellen, do das heylig grab ist, do unser lieber herr ein geleget ward
mit seinem heyligen gotlichen leib, do ist aplas von pein und von
schuld. Item in dem sah wir einen pflaster stein, dor ynn ist ein
vierecket loch, do stund unser lieber herr und sprach „Hic est me-
dium mundi. Hic ist es mitten in der werlt"[1]. Item in der selben
nacht des selben Eritags nach mitternacht slug mein herr III ritter
und das weret nahet III stund, dar nach und dor vor peiteth me-
nigclich u. schickent sich zu enpfahen das sacrament und also pey
czweyen horen ver tag sang der gardian mess in loco Calvarie von
der (fol. 37) auffart unsers lieben herren und berichtet uns all mit
dem löblichen sacrament und do hört wir süst auch gar vil wirdiger
mess gelesen im tempel im heyligen grab und in loco Calvarie und
namen do selbst mit sampt unserm herren das sacrament, dar nach
ging yder man ümb und beschawet und besuchet die heyligen ste‘
nach sein begir, das weret pis auf die andern ore auff den tag der
mitwochen. An dem ersten tag Junii in der III stund auff dem tag
waren aber gesammet die heyden die obersten vor dem tempel und
die sperreten den tempel wider auf und liessen uns aus.

Item an der selben mitwochen primi Junii ein wenig vor vesper
czeit rayt wir zu Jerusalem aus gen Wetlehem und ee wir dar
komen, sah wir unter wegen die stat, do dy heyligen III künig den
stern wider funden hetten, czwen oder drey armprust schüs von Beth-
leem, und komen gen Wethleem vil leicht ein or vor nacht und do
suchten wir die heyligen stet zu Bethleem mit loblichem gesang von

---

[1] Tobler, Golgatha 329.

den selben (fol. 38) heyligen steten. als hernach geschriben stet. Item darnach sah wir die stat, do der engel verkundet den herren die gepurt unsers lieben herren Jehsu Christi, ein kirchen, do da gemacht ynnen ward das gloria in excelsis etc. Item darnach kom wir in Bethleem, in krewcz gang ging wir ab XVIIII staffeln unter die erden, do sah wir Sant Jeronimus capellen, do ist er ein münch gewest LVI jar, do hat er die wibel von ebrahes gemacht in lateyn und starb er; in der capellen ist ein altar, do ist VII jar aplas und XL tag. Item do ging wir hinter sich durch ein cleins türlein unter dem velss, do sah wir sein grab, do er zu dem ersten begraben wart; auff dem selben grab wurden erquickt drey toten, do ward sein leichnam erhaben und ward güreth gen Rom, auf dem selben grab ist aplas VII jar und XL tag. Item do ging wir aber hinter uns tieffer durch ein kleins türlein unter dem velss in ein capellen, do wurden die liben kindlein ein geworfen und begraben, die Herodes liess töten; do ist aplas VII (fol. 39) jar und XL tag. Item do ging wir her wider aus und komen in den tempel, do sah wir ein altar zu der rechten hant, do ward unser lieber herr beschniten am achten tag nach der alten ee und vergoss do selbst sein erst plut, do ist aplas von pein und schuld. Item dar nach ging wir durch den kor zu der lincken han, do sahen wir ein altar der heyligen drey künig, do sie unserm herren das opffer zu bereyten und in der stern vorging, uncz do sie komen an die selben stat, do verswant der stern und ging in ein brunn, der selb prunn ist neben dem altar, do erkannten sie das, das der herr aller welt do wer, do bereiten sie do ir opfer; do ist VII jar aplas und auch XL tag. Item do ging wir ab unter die erden unter ein velss XVI staffeln, der sein sechs rot mermelstein und synwel und sein X weiss merwelstein ein und lang[1]), do sahen wir die stat, do unser liber herr geporn ward unterm altar, die verczichet was mit einem schön stern[2]), und was do selbst, do ym die heyligen drey künig das opfer prachten und in do selbst an peten, do betten in die hirten vor auch angepet; do ist aplas von schuld und von pein. Item do pey über ein schritt ging wir ab drey staf-

---

[1]) Tobler, Bethlehem 131. [2]) ibid. 141.

feln¹), do sah wir die krippen, do unser lieber (fol. 40) herr ein gelegt wart und do der ochs und das eselein ob im stunden und in wermten mit irem atem, do ist aplas von schuld und von pein. Item zu hinterst in der capellen in einem winckel sahen wir die stat, do unser liebe fraw vor scham hin floh, do die heyligen drey künig komen, und do enpfing unser herr Jehsus das opfer. Item darnach ging wir auff zu der andern seyten gegen dem altar, do unser herr besniten ward, XIII staffeln, der sein VII weiss merbelstein und lang und VI rot merbelsten und sinbel²). Item die selben nacht der mitwochen primi junii beleib wir zu Bethleem ym closter und lagen ym krewczgang und stunden auff nach mitternach und horten ein lobliche gesungene mess an der stat, do unser herr geporn ward. unter dem selben altar ein schön stern ist grün und rot merbelstein³), do Christus geporn ist, und süst löblicher gelessner mess hört wir vil an der stat, do Christus kripp ist, die steinen ist, dar ob auch ein altar ist.

Item an dem donerstag frü II. Junii zoch wir weg von Bethleem und suchten die heyligen stet des pirgs (fol. 41) Judee, als hernach geschriben stet. Item zu dem ersten sah wir das pirg, do unser fraw durch ging, do sie süchet Elisabeth. Item zu dem ersten auf dem perg Judee do sahen wir ein brunn, do kom unser liebe fraw hin gangen zu Sant Elysabeth und grüst sie und sprach „Magnificat anima mea dominum" und pey dem selben prunnen⁴) ward gemacht der salm; do ist aplas VII jar und XL tag und der selb prunn ensprang zu dem selben mal. Item do ging wir ein clein weg furpas den perg auf und komen in Zacharias hauss, do ist nun ein kirch, dor ynn sahen wir ein altar, do ward der lieb herr Sand Johanns Baptista beschniten und ward auch do gemacht der salm Benedictus dominus deus' etc. Do ist aplas VII jar und XL tag. Item in derselben kirchen zu der rechten hant sahen wir ein loch in ein velss, dor ein was verporgen der lieb Sant Johans vor vorchten Herodis, do er die kindlein liess toten, do ist aplas VII jar und XL tag und der selb velss tet sich selber (fol. 42) auf. Item do

---

¹) ibid. 160. ²) ibid. 92—94. ³) ibid. 142. ⁴) Tobler, Topogr. II, 352, 356 f.

ging wir herwider umb und komen in Sant Johans Baptisten
kirchen, do er geporn ward, do sah wir die stat, do unser liebe
fraw wartet Sant Elsspeten XL tag im kinpet, do ist aplas VII jar
XL tag. Item darnach über das gepirg ein verren weg kom wir in
die kirchen zu dem heyligen krewcz, do sah wir ein altar im kor
und hinten unter dem altar ist ein teyl gewasen des heyligen krewcz,
do ist aplas VII jar und XL tag. Item dar noch kom wir gen
Bethania, do komen wir zu dem ersten gen Bethfage, do sahen
wir ein kirchen, die was zuprochen, do ist nun ein pühelein, do
sass unser lieb herr auf das eselein am palmptag; do neben sah wir
ein stein, do meinten etlich, unser herr ses auf das eselein auf dem
selben stein, das ist nicht gross unterscheid, wo das gewest ist, do
selbest umb ist aplas VJI jar und XL tag. Item so ging wir fürpas
und liessen Betania zu der rechten hant und gingen zu Maria Mag-
dalena hauss[1]), do sahen wir ein zuprochne kirchen, do selbst hat
sie gewaut, do ist aplas VII jar und XL tag. Item do gingen wir
von Sant Maria Magdalena hauss fürpas ein guten weg und komen
unter ein (fol. 43) velss, do Marta gewont het, und do macht sie die
wirtschaft unserm herren und sein jungern und unser lieber herr
macht und predigt das ewangelium „Martha, Martha solicita
es" etc.[2]); do ist aplas VII jar und XL tag. Item do ging wir wider
her auss und komen auf den perck, do sah wir die stat, do Martha
sprach „Domine, si fuisses hic" etc., do leit ein stein, do ist unser
lieber herr auf gesessen und hat gemacht und gepredigt das selb
ewangelium, do ist aplas VII jar und XL tag. Item do gingen wir
her wider umb gen Bethania, do sah wir ein kirchen, dor ynn ist
Lasarus grab, do ist aplas VII jar und XL tag. Item do ging wir
hinter uns in ein loch[3]), do sah wir einen stein sam ein altar, do
stund unser lieber herr auf, do er Lasarum erquickt von dem tot
und sprach „Lasare veni foras", do ist aplas VII jar und XL tag.
Item do kom wir wider gen Jherusalem und komen, als man den
perck ab get gen dem tal Syloe, do sah wir Judas haus des verre-
ters. Item also kom wir umb grosse tisch zeit vormittag ein wenig

---

[1]) Tobler, Topogr. II, 437—440. [2]) ibid. 441. [3]) ibid. 147 f.

an dem selben donerstag an dem andern tag Junii wider gen Jherusalem.

Item den (fol. 44) selben ob geschriben donerstag am andern tag Junii ruet wir und in der nacht ruet wir uncz, gen mitternacht stund wir auff und rayten zu dem Jordan und besahen die stet do czwischen, als her noch geschriben stet. Item zu dem ersten sah wir das münster Joachims[1]) unser lieben frawen vater, do er gewont hat, do ist aplas VII jar und XL tag. Item dornach kom wir zu dem roten toumm, do ein grosser weyter hoff ist, dor ynn die pilgerein unter weylen uber nacht beleyben, die zu dem Jordan zyhen[2]). Item dar nach sah wir das wasser, das pitter und gesalczen was, das Sant Heliseus[3]) verkert von der pitterkeit in süssigkeit, dar ein er salcz warff; das selb wasser ist ein cleins fliessend pechlein, do pey wir lagen und assen und beharreten die grossen hicz des mittags. Item dar nach sah wir den perck, do unser lieber herr auf gefast hat XL tag und XL nacht, der selb perg von dem nechsten geschriben pechlein Esysey ist kom pey zweyen armprust schüs[4]). Auf dem selben perck sein czwu capellen, ein oben nahent zu oberst auf dem perg, do der (fol. 45) teüffel unsern herren versücht hat, und ein nider ein wenig unter der obern capellen, do hat unser herr gelert dy jungern das pater noster. Auf dem selben perg ist aplas von schuld und von pein, der selb perck so hoch ist, das aus uns pilgeren allen kom X vor hicz und hoh hin auff gingen. Item dar nach sah wir das tot mer, dor ynn von sünden wegen versuncken Sedoma und Gomorta, die fünff stet etc.; pey dem selben mer und dar ob nider nech wonhaftigclich kein tyer noch lebentig ding mag beleyben. Das selb mer auf würft pöss swarcz pech, als wir es haben gesehen. Item dar nach kom wir zu Sant Johanns des tauffers kirch, einem munster[5]), do selbest Sant Johans geczaigt hat auf unsern herren got gegenwürticlich mit seinem vinger ‚Ecce agnus dey' etc. Dis ist ‚Nempt war das lemlein gotes, das do tregt die sund der welt' etc.; do ist aplas VII jar und XL tag. Item darnach kom

---

[1]) Tobler, Top. II, 976. [2]) Chan Hadhur? [3]) Tobler, Topogr. II, 558 ff.
[4]) Tobler, Denkblätter aus Jerusalem 709 f. [5]) Tobler, Topographie II, 710 f.

wir an den Jordan, dar ynn Sant Johanns Baptista in getauft unsern
lieben herren, und ist ein weyss milchvarb wasser, dar ümb vil büsch
sein, in dem selben wasser wir uns tauften und dor unter duncktem.
An dem selben vorgeschriben freytag, an dem III tag Junii, (fol. 46)
sam untter wol guter vesperczeit dar ümb es was, als wir dar ein
komen. Wer sich dar ynn pat oder tauft mit einer guten meynung
oder andaht, der wirt ledig und loss aller seiner sünd mit aplas von
schuld und pein. Von dem selbigen Jordan wir müsten ser vast und
pald eylend zyhen ümb besorgung willen der Araben, die do wonen
zu hant genset des Jordans und sein in czwitracht und veintschaft
mit den heyden, die sich dann selbs vor in müssen besorgen. Item
des selben abentes an dem selben freytag dem dritten tag Junii als
wir eylend von dem Jordan zugen, do sah wir zu dem ersten die
stat, do unser herr den plinden gesehent macht pey Jericho. Item
darnach do sahen wir die stat des pawmes pey Jericho, do Zacheus
auff steyg, der fürst publicanorum, do zu Christus sprach, er solt
eylend her ab steygen. ‚Wann, Zachee, ich will in deinem hauss
beleyben. Das gelück ist deinem hauss getan.‘ An der selben stat
noch ein pawn ist des selben gewechs, den man heiss arboren ziccomore etc., der do tregt sacuam ficum, milchig veygen. Item dor
nach an dem selben obent, dem freytag dem III tag Junii, kom wir
spet in die stat Jericho, (fol. 47) die wir besahen, in der selben
stat unser herr beherwert was in dem hauss Zachee, do aplas ist
VII jar und XL tag, in der selben stat wir beliben die selben nacht.
Item nach mitter nacht zu haut stund wir auff und zugen gen Jerusalem umb guten mittentag in dem spital in unser herberg, dar
ynnen wir ruten und nach der müdikeit. Item darnach ümb vesperczeit an dem selben abent ging wir auf den perck Syon an die stat,
do der heylig geist kom in die jungern auf das estreich, das gar
kostenleich und loblich mit gülden gemolten tüchern, tebichen und
czelten und mit andern köstlich zirheyten zubereit was, die dy künig
von Engelant, Franckreich und andern herrn dor zu geben und geschickt haben etc. An der selbigen stat des heyligen geistes hört wir
lobliche vesper und complet von den selben vesten, die do sungen, die do
parfusen an der selben stat mit grosser zyrung und loblikeit zyre und

herlikeit zu dem ersten, darnach sangen die andern zeit der christen da
ye ein nach der andern nach yrem syten. Item nach der vesperczeit
zu hant an dem selben abent gesament der Nazardin und die obersten von der stat zu Jherusalem vor dem tempel und sperreten den
tempel auff und liessen den (fol. 48) gardian sein pruder und uns
pilgram dar ein, urlaub zu nemen von dem heyligen grab und von
den heyligen steten des tempels. Also von stunden an dem abent
suchten wir die heyligen stet des tempels mit gesang der letanien
und collecter von den steten und nach der mitternacht hörten wir
mess lesen auf dem heyligen grab ‚de sepulcro sacro' und ein selmess
auf dem perg Calvarie für die pruderschaft und für alle unser vorfordern sele und alle glaubig sel und süst auf dem perg Calvarie vil
loblicher gesprochner mess. Darnach ging yder man und nam urlaub
von den heyligen steten und beval sich got etc. und pey horen auf
den tag warn gesamment vor dem tempel der Nasardin und die
obersten von Jerusalem und spereten den tempel auff und liessen
uns her aus. Item also nechst am suntag als pald, als wir aus dem
tempel wurden gelassen, ging wir alsampt in einer processen auf den
perck Syon und hörten do die loblichen hoch gesungen tag mess und
kostlicher zirlichkeit gesungen ward des selben mals on der hochwirdigen stat, do got den heyligen geist het geschickt den jungern,
und do selbst hört wir auch vil loblicher gesprochner mess noch
pillikeit des heyligen tags oder hochwirdigen festes, do selbst do
der heylig geist in die jungern kom. Item dar nach als (fol. 49) die
mess ein end hetten, ging wir in das closter des selben pergs Syon
und assen alle mit dem Gardian und den Parfusen, die uns hetten
geladen, und hetten do ein löbliche wirtschaft an dem tag auff dem
selben heiligen perg Syon, dar auff dann Christus hett sein leczte
wirtschaft an dem heyligen antlas tag, auff dem selben perg ich nach
tisch slieff noch tisch uncz pis vesper czeit. Item dar nach ging
wir in unser spital und herberg, dor in wir beliben. Item am tag
stund wir frü auff und gingen noch eins an die heyligen stet
auff den ölperg, in das tal Josaphat, zu unser frawen grab und zu
den andern heyligen steten zu Jherusalem und komen wider umb
mitten tag auff den perck Syon und horten mess auff dem selben

perg Syon an der stat des heyligen geistes und als die ein end hetten, do ging wir her ab zu der stat, do got das wirdig sacrament hat auf geseczt und die füss der junger gewaschen, und auff der selben stat hort wir auch mess und liessen Sant Johanns mynne segen und truncken die do aus dem kelch und gingen dar nach heym in unser spital oder herberg.

Item des selben abentes des tags umb vesperczeit zoch wir aus zu Jherusalem und (fol. 50) reyten in ein dorff, heist Beta nova,[1]) und do war wir die selben nacht. Item am dinstag (7. Juni) do kom wir gen Romain[2]) frü ein or auf den tag und do beleib wir den selben tag, wann die galein noch nicht herwider kumen was. Item am mitwoch (8. Juni) kom wir zu der galein und bereytten uns zu und an der selben mitwoch nacht des vierden tags sties wir von land und furen von dann und komen gen Limisse[3]) in ein stetlein zu einem schloss des künigreichs zu Zypern. Item am samstag (11. Juni) do selbst man unsern herren und uns allen vil ere erpot, haupt leut des selben sloss und stat von des küniges von Zypern wegen. Item darnach fur wir her wider heymwartes den weg, als vor geschriben stet, den wir hinwartes vor gefaren waren, und komen gen Venedig zu der pforten Sant Nyclas am glit des mers pey Venedig am samstag umb mitten tag ein wenig do vor, das wir do selbst zu Sant Niclaws dennoch mess horten vor rechter tisch zeit, wann man den selben samstag (13. Aug.) vastest unser frawen, der tag was am montag, do selbst wir beliben den selben samstag, suntag und (fol. 51) den montag unser lieben frawen tag (15. Aug.) mit grosser frewden. Amen.

(fol. 52.) Item in dem tempel zu Jherusalem helt man altag newnnerley mess. Item die ersten das sind die Ynndier, die Sant Thomas gelauben halten. Dy andern heissen Grecy. Dy dritten Jacobwitten. Dy vierden Latyni. Dy fünften Saraceni.[4]) Dy sechsten Armonia. Dy sybenden Kurgy.[5]) Dy achten Nostere.[6]) Dy newnten Maroni.[7])

---

[1]) Beit Annoba. [2]) Wohl verschrieben für Ramla. [3]) Limissol. [4]) Suriani, Syrier. [5]) Georgiten. [6]) Nestorianer. [7]) Maroniten. Sonst nennen die Pilgerschriften immer nur sieben Secten.

Wann Jherusalem ein benant stat ist in aller werlt und heylig geheissen von cristen und von heyden und von juden, dar ümb ym zu lob, der die stat geheyligt hat und zu gedechtnüss etlich stete, sünderlich das rathaus, dar ynn er hertticlich durch unsern willen geslagen wart und dymiiticlich da geantwort hat dem richter Pylato: an der selben stat im hauss ist noch eine schone capell, ein alter mit einem vergattertem venster gein mittag wercz.[1]) Die seül seiner gaislung stet noch verspert in dem tempel des heyligen grabs, sy ist tunckel prawn mermel und funftthalb span dick gerunt mit nach dem circkel, do vor prünt alle czeit ein lamp.[2]) Czwen weysse pflasterstein lies die selig Elena (fol. 53) aus dem flecze prechen, dar auf Cristus gestanden ist, do er der anclag antwort und des richters frog. Die selben stayn ligen noch auf einem hohen swipogen, der da strebt uber die gasse, dy man nent Licostratus.[3]) Das rathaus hat drey tür gen mittag wercz, die erste get in ein marstal, sy ist einer klofter weit mit einem nydern swypogen; die ander ist vierecket hoch und weid, do durch ist unser herr geurteilt mit dem krewcz gegangen, die selb tür ist zu gemawrt; zu der dritten tür get man syben staffel auf, sy ist fünff span hoch und also weid, als oben gemalt ist.[4]) Es ist zu mercken: von der zu gemaurten tür ist unser herr Jhesus Cristus mit dem krewcz abercz in der gassen durch den swipogen gen tal gegangen gein untergang der sunnen hundert und LXXII schrit,[5]) da sein trawrige muter unser fraw mit andern frawen gestanden ist auf einem pol zu der lincken hant ze schawen iren lieben sun unsern herren, den sy schemlich gehandelt sach und betrubt mit seinem plut und viel do selb nider in ammachten. Do selbst ward hin nach ein capell gepawt in iren eren und hiess nach krichischer sprach zu Sant Maria der anmachtigen. Von der selben (fol. 54) stat vier und LXXX schrit hin ab pas

---

[1]) Diese Capelle wird sonst nur selten erwähnt (Tobler, Top. I, 223 f.).
[2]) Tobler, Golgatha 342. [3]) Tobler, Topogr. I, 246. [4]) ibid. 227 f.; diese Détails sind neu. [5]) Vgl. die sonst von den Pilgerschriften gegebenen Distanzen bei Tobler, Topogr. I, 240—242; die Angaben unseres Pilgers differiren alle und stimmen mit keiner der uns bekannten.

nider ein gasse ist die stat verczeichent an einem eck, da die drey
gassen in ein ander gen, da Christus nider sanck under dem sweren
krewcz nicht verr von dem yndern purgtor, von dann der Symon
kom, der im betwunglich halff das krewcz tragen. Er gegen uber
die gassen stet ein altes weytes gemawrtes tor,[1]) dar under die wey-
nenden frawen stunden, zu den er sprach ‚Ir töchter von Jherusa-
lem, nicht weint uber mich, waynt uber euch selber und uber ewer
sün'. Von dem eck auff die linck hant gen des reichen monss
hause wercz newnczig schrit hebt sich an ein gestaffelte gassen, CXX
schrit auff wercz gein untergang der sunnen, die er swerlich ge-
stigen ist mit dem krewcz. Dar nach sind CCXC schrit gerichtes
durch die leng über welbte gasse gen mittag wercz piss zu dem
ynnern swarczen purgtor; von dem selben tor hin aus pis pol Gol-
gata, dar auff Christus gekrewzigt ward, sind CLII schrit, also hat
er das krewcz getragen IX hundert gemein schrit,[2]) die ich mit
fleiss magnigvalt gemessen han. Auf dem selben pol get ein stein
stig (fol. 55), die hat XVIII staffeln. Das loch in dem velsse, dar
in das krewcz gestecket hat, is dritt halber spannen tieff,[3]) do selbst
hengt ein leuchter mit XXXIX lampen. Von dem selben loch syben
spann unter den lincken arm, als Christus am krewcz hing, ist ein
weite lange krünsse sich legt ein man dor ein, die sich gespalten
hat aberz durch den velss zu der zeit des herten sterbens Christi;
seyn trawrige muter und Sant Johanns mit andern seligen frawen
sind unter dem pol hin dan gestanden zu der lincken hant Christi,
an der selben stat haben die swaren cristen von India ein capell in
eren unser frawen und Sant Johanns, als oben verczeichent ist under
dem crucifix.[4]) Zu non zeit ist unserm herren Christo die sun ge-
schyn schreins auf sein halbs angesicht auf die linck seyten, also
das er den gerechten schächer mit seynem schaden bedeckt hat vor
der sunnen. Sein heiligs angesicht hat er abkert von der stat Jhe-
rusalem und ist gegangen gein unter gang' der sunnen gegen uns

---

[1]) Tobler, Topogr. I, 258. [2]) Tobler, Topogr. I, 235 giebt genau dieselbe
Zahl für den Schmerzensweg im fünfzehnten Jahrhundert. [3]) Tobler, Gol-
gatha 282 f. [4]) Tobler, Golgatha 295—297.

der romischen hayden schofft. Zu der selben zeit was der (fol. 56) pol Calvarie ausswendig der stat nicht verr von dem purgtor, als vor geschriben ist, der nu in der stat ist. Darümb ist Jherusalem nicht an ein andre stat gepawt wurden, als etlich sprechen, wann sie nicht hoher noch nider gepawt mocht werden, als auch denn wissenlich ist, die sie rechte gesehen han. Die cristen haben ein gross tail zu oberst in der stat hin zu gepawt piss zu dem aussern purgtor gein untergang der sunnen zu eren dem heyligen grab und perg Calvarie, die paid in einem tempel verslossen sind. Der tempel inwendig hat nach dem langwerg CX schrit, nach der prait LXVII,[1]) nicht verr do von gein mittag wercz sten noch die czwey grosse spital, dor ynn czwen orden mit krewczten iren anfang gehabt han, des sint die spitler zu Prewssen und zu Rodis, als oben verczeichent ist. Das alles mit sampt der langen obern gassen, do der patriarch wont, ist nun umb griffen mit der rinckmawr, aber gen mittag wercz am end der stat, do Cayphas und Annas gewont hat piss her ab zu dem köstlichen paw Salomonis ist die stat mit sampt der mawr nider gelegt und zu worffen, das das velt da (fol. 57) selbst gra varb ist von dem mörter der zerstrewten mawr Salamonis . . . .

Es folgen in lateinischer Sprache kurze der heil. Schrift entnommene Notizen, die Baugeschichte Jerusalems betreffend.

Item ich zoch gen dem fern Sant Jobs[2]) und was aussen VII wochen, als man zelt tausent vier hundert und ym XXXVI jar.

Item ich Jorg Pfinczing zoch gen dem heyligen plut gen Welssenach[3]) und was aussen drey wochen Anno ym fünff und vierczigsten jar.

fol. 65. Verzaichnus[4]) aller derjenigen Nurmberger Geschlecht, welche zu Jerusalem bey dem heilig Grab gewesen und mehrer theils daselbst zu Ritter geschlagen worden sein.

---

[1]) Andere Maasse bei Tobler, Golgatha 41 f. [2]) Santiago. [3]) Wilsnack.
[4]) Vgl. dazu Hormayr, Taschenbuch f. d. vaterl. Gesch. 1832, S. 115.

Anno 1389. Erstlich ward Hainrich Kötzell.
1436. Conradt, Erhardt und Paulus die Haller Gevettern.
1439. Peter Rietter, Gabriel Tetzell, Peter Haarssdörffer, Georg Pfintzing, der diesses büchlein geschrieben, Bertholdt Deichsler und Gabriel Fütterer.
1453. Georg Kötzell, der hat nachmals Anno 1459 die Capell zu Nürmberg, das heilige Grab genandt, in dem Neuen Spitall, wie mein Abriess zu erkennen gibt, machen lassen.
1462. Ulrich Kötzell.
1464. Sigmundt und Alexius die Haller Gevettern und Sebaldt Rietter der Elter.
1467. Niclaus Muffel der Elter, wie auch seine zween Söhn Niclaus und Gabriel genant.
1468. Martin Kötzell.
1479. Sebaldt Rietter der Junger, neben Eustachio Rietter, Hans Tucher, Sebald Pfintzing und Martin Löffelholtz.
1493. Wolff und Sebald die Kötzell.
1498. Stephan Paumgärtner, Thomas und Christoff die Löffelholtz gebrüder, Georg Kötzell, Ulrich Schütz unnd Martin Kreess.
1503. Michell Kötzell.
1566. Christoff Füerer.
1585. Martin Schweicker.
1586. Carl Nützell.[1])
1609. Hannibal unnd Joachim die Rietter gevettern.
1611. Lucas Friderich Böhaim.
1612. Benedix Cöller.[2])

---

[1]) Stützel(?). [2]) Hormayr a. a. O. giebt noch 1622 Jakob Fetzer an.

III.
Girnand von Schwalbach.
1440.

Die Beschreibung der Reise des Girnand von Schwalbach nach dem heiligen Grabe vom Jahre 1440 ist in einer Giessener Handschrift (No. 162, saec. XV, 4°) enthalten, welche Conrad Pendel aus dem eigenhändigen Berichte eines Teilnehmers (der Name ist in der Handschrift nicht zu lesen) zu Kleberg 1462 (oder 1463, da die vierte Ziffer verwischt ist) abschrieb. Aus dem Inhalt der Beschreibung heben wir nur Folgendes hervor.

Am 12. März 1440 verliess G. von Schwalbach Kleberg (südwestlich von Giessen) und gelangte über Mainz, Speier, Basel, Zürich, Innsbruck nach Venedig. Interessant sind einige Verhaltungsmassregeln und Winke, welche er den deutschen Pilgern für die Zeit ihres Aufenthalts in der Marcusstadt giebt. Zunächst bemerkt er, dass man nur in deutschen Herbergen, welche eben Niemand anders als deutsche Pilger aufnehmen dürfen, Unterkunft suchen solle (fol. 2). Bei der Ueberfahrt nach dem h. Lande, fährt er weiter fort, sind die Galeen stets den Galeazzen vorzuziehn; freilich ist der Preis für einen Platz auf ersteren bedeutend höher, als auf den Galeazzen, auf welchen man nicht mehr als 10 Ducaten zahlt, aber für Speise und Trank selbst zu sorgen hat. Diese Selbstbeköstigung empfiehlt sich auch bei der Fahrt auf einer Galee, weil ein Deutscher von der Zehrung, die der Patron „nach welscher Weise" giebt, nicht satt wird. Mehr als 70 oder 80 Pilger dürfen auf solchem Schiffe nicht sein; auch hat der Patron die Pflicht, keine Kaufmannsgüter als Fracht einzunehmen. Was ein Pilger alles auf das Schiff mitzunehmen hat, wird ausführlich aufgezählt;[1]) einen Hühnerkorb mit 10 bis 12 Hühnern soll keiner vergessen. Ausführlicher als jeder andere Pilger handelt der unsrige über die Trinkgelder,[2]) die man auf der Fahrt und im h. Lande geben müsse (fol. 5):

„Item zum ersten, wan man von dem schiffe schicket umb geleyde abe zudreden von dem schyffe, menlich eyn kleyn grossen. Item dem komitter II grossin, der daz schyff regert. Item II grossin dem schriber. Item I grossin dem baron. Item I grossin dem scherer. Item IIII grossen dem ober unnd under kelnner unnd ober unnd under kach iglicher pilger. Item I grossin den schutzen unnd knechten, die dem kommitter unnd baron das schyff helffen regeren. Item I grossin den knechten, die uns zu lande fuerten. Item VII dokaten unnd XVII grossen zu Jaffa dem herren von Gassara,[3]) da gibt man iglichem eyn balet. Item I grossin, als mir geyn Rama komen, von dem esel zu kortesy.[4]) Item I grossin zu Ledya zu zolle. Item I grossin von dem esel, als mir von Lydea komen. Item I docaten unnd XVII grossin zu Rama von dem esel zu rechtem lone. Item II grossin zu Rama dem hern unnd schriber vor ir recht. Item III grossin dem patronen vor syne esel unnd kost auch zu Rama. Item II grossin zu Emaus eyn zu zolle unnd I zu kortesy von dem esel. Item V grossin zu Jherusalem dem Nasserdin[5]) unnd dem konssal[6]) vor ir recht. Item III schilling in dem dail zu Josophat von unss lieben frauwen grab zu zolle. Item III schilling uff dem berge Oliveti vor der kirchen zu zoll. Item II grossin, als mir des ersten in den tempel gingen, dem Nasserdyn zu zolle. Item eyn grossin zu Bethlehem, als mir in die kirchen gingen, zu zolle. Item I grossin zu Bethlehem von dem esel kortesy. Item I grossin, da Sent Johans geborn wart, zu zoll. Item I gross, als mir widder geyn Jherusalem komen, von dem esel zu kortesy. Item IIII grossin dem Nasserdin, als mir daz ander male in dem tempel warn, zu zoll. Item XII grossin dem Nasserdin zu geleyden zu

---

[1]) Vgl. die darauf bezüglichen Angaben unten in der Reiseinstruction.
[2]) Ueber Trinkgelder siehe sonst oben S. 26.   [3]) Vgl. oben S. 23 f.   [4]) courtoisie, Trinkgeld.   [5]) Vgl. oben S. 24.   [6]) Dieser Name (Consul) für einen muslimischen Beamten ist sonst nicht nachzuweisen.

dem Jordan. Item I grossin zu Jericho von dem esel zu kortesy. Item I schilling an dem berge, da unss lieber herre die XL dage fast. Item I grossin, als mir widder geyn Jherusalem komen, von dem esel zu kortesy. Item II grossin uund II schilling dem Nasserdin, als mir daz dritte male in dem tempel warn, zu zolle. Item I docaten dem Nasserdin uund dem Sanssere¹) unnd Drutzelman unnd II grossin zu kortesy. Item XVII grossin unnd II schilling an der w(urbe?) von dem esel zu lone. Item II grossin zu Bethlehem zu zolle. Item I grossin zu Rama, als mir widder dar quamen, von dem esel zu kortesy. Item V s(chilling) zu Rama zu huss zinss. Item II grossin zu Jaffa, als mir widder dar quemen, von dem esel zu kortesi. Item dyt obgeschriben muss eyn iglich person geben unnd ist venediger montz unnd gilden XXVIII grossin eyn docaten unnd IIII schilling eyn grossen."²)

Was Schwalbach weiter über die Reise nach dem h. Lande und den Aufenthalt daselbst berichtet, ist nur eine trockene Aufzählung der Städte, welche er berührt, und der heiligen Stellen, welche er in üblicher Weise besichtigt.

---

¹) Gemeint ist wohl der Sandjak. ²) Ueber die Geldverhältnisse siehe oben S. 16 f.

IV.
Anonymus von Donaueschingen.
1441.

Eine Hs. der Fürstenbergischen Bibliothek in Donaueschingen (No. 484 des Kataloges von Barack, 23 Bl. 4º) aus dem 15. Jahrhundert enthält die Beschreibung der Reise, welche ein Anonymus im Herbst 1441 von Venedig aus mit seinem Bruder in das heilige Land unternahm.

Dieselbe bietet nur in geringen Einzelheiten ein Interesse. Ueber Rhodus wird berichtet:

„Item dar nach furen wyr CCCCC welscher myln zu eyner insel genant Rodiss und ist underthan den Johanneser heren und ist eyn port und eyn ortt der kristenheit und ist eyn gutte feste stad und hat fornen am mere eyn starcken festen eck dorn[1]) und uff der ander sytten XII synwel dorn und wan sie ir nit bedurffen zu der were, so sint oben wint molen dar uff gericht und malen ir mel dar uff.[2]) Und der raczmeister von Rodus hat syn sloss am mere by dem grossen dorn und dar nach haben die andern ritter und heren ir sunder sloss umb müert und umb graben und von iglichen zungen und sprachen der selben ritter heren haben ir besunder huss und wonung in dem selben geschloss. Und in dem selben schloss ist

---

[1]) **Es** ist wohl der St. Nicolausthurm gemeint. [2]) Spätere Quellen nennen 13 oder 14 Windmühlen.

eyn kostlich spytal und hat gross friheit und (fol. 2) genad; welcher here oder bylgerein kranck wirt und begert dar in zu komen und stirbet er dar inne, so hat er abloss und genad von pin und schulden aller syner synde. Und darnach lit die stad Rodis versorget mit yren dornen und mit yren bolwercken, mauern und graben und sint zu Rodis wol by CCCCC ritter heren und si haben gar eyn herlichen garten ligen vor der stad, den nenet man das paradysse, der ist gar lustig und gar schon von mancherley baumen und stend dar in eyn dorn, dar uff stend wint molen und synt kolt brunnen by den dornen und ist zu gericht, das die wint molen das wasser her uff ziehent und gisset sich uss in die rynnen und die selben rynnen synt zu den betten im garten gericht."[1])

Die Pilger landen in 'Akkâ und müssen für das Geleit nach Jerusalem 820 Ducaten geben. Ueber Cana, Sichem, Capernaum, Nazareth, Nain, Nablus, Sebaste erreichen sie Jerusalem, wo sie alle heiligen Stellen in üblicher Weise besichtigen. Zu dem Tempel des h. Grabes haben die Heiden den Schlüssel und, während diese selbst zu jeder Zeit hineingehen dürfen, gestatten sie den Christen den Eintritt nur drei Mal[2]), wofür die Barfüsser jährlich hundert Ducaten zahlen müssen. Vier Mönche aus vier verschiedenen Ländern sind alle Zeit in dem Tempel ihr ganzes Leben hindurch.

Die Rückfahrt von Palästina wird nur kurz berührt und schliesst mit einer Beschreibung des Grabes St. Simeons in Zara.

---

[1]) Diese Angaben sind neu. [2]) Fabri I, 346 (vgl. Tobler, Golgatha 407) berichtet, dass den Christen der Tempel nur zweimal im Jahre unentgeltlich geöffnet war; sonst war es Sitte, dass jeder, welcher das Eintrittsgeld einmal bezahlt hatte, dreimal im Ganzen das heilige Grab besuchen durfte.

V.

Ulrich Leman.
1472—1480.

Sechs Jahre lang hat sich Ulrich Leman aus St. Gallen in Gesellschaft von Rittern und Kaufleuten in den Ländern aufgehalten, von denen er uns in seinem Reisewerk Kunde giebt. Dasselbe ist in einer Münchener Hs. (Cgm. 692) aufbewahrt, welche 96 Bl. in klein Fol. umfasst. Das erste Bl. trägt das Wappen L.'s, dessen in der Mitte geteilter Schild auf der einen Seite einen halben schwarzen Adler in gelbem Grunde, auf der andern ein rot und weiss gestreiftes Feld zeigt. In der Einleitung zu seinem Reisebericht (fol. 2—8) spricht L. von der dereinstigen Wiedereroberung des h. Landes, in welchem durch göttliche Gnade die Hauptkirchen unzerstört erhalten geblieben sind, obwohl es den Christen verboten war, sie auszubauen. Nach alter Sage, die L. selbst von einem Heiden in Jerusalem hörte, würden die Türken ihren Glauben vernichten, wofern sie die Kirche des heiligen Grabes zerstörten;[1] deshalb warteten sie, bis jene von selbst, zumal sie schon bedeutende Spuren des Verfalls zeige, einstürzte. In Bethlehem schützte ein göttliches Wunderzeichen die Kirche der Geburt Christi vor den Heiden; denn als diese sie abbrechen wollten und mit der Capelle der h. drei Könige begannen, so erschreckte sie eine grosse Schlange dermassen, dass sie alle sofort hinwegliefen.[2] Unter den Anweisungen, welche L. für Pilger giebt, befindet sich auch der Rat, nie die Hand mit ausgestrecktem Daumen zu erheben, denn wer dies thue,[3] müsse, ebenso wie derjenige,

---

[1] Prophezeiungen auf den Untergang des Islams siehe bei Röhricht, Scriptores quinti belli sacri minores, Genevae 1879, I, S. XLIII. [2] Zu dieser Sage vgl. Tobler, Bethlehem 87—89. [3] Dies wird uns sonst nicht erzählt.

welcher eine Moschee oder das Grab eines Türken betritt, seinen christlichen Glauben abschwören, — oder sterben. Von den Wegen nach dem h. Lande nennt L. den Landweg durch Ungarn über Constantinopel, ferner zur See von Neapel, von Genua und von Venedig aus. In ersterem Orte findet man wenig Gelegenheit zur Ueberfahrt, mehr in Genua, obgleich dort vorwiegend Segelschiffe ohne Ruder zu finden sind, so dass bei ungünstigem Winde die Reise sich sehr verzögern kann. Von Venedig aus gehn jedes Jahr acht Tage vor Himmelfahrt ein oder zwei Pilgerschiffe ab, auch wenn nur wenig Pilger zur Mitfahrt da sind.

Der Bericht über die Reise nach Palästina, welche Leman 1472 von Venedig aus auf einer Galee des Andreas Contarini zugleich mit 53 andern Pilgern unternahm, beginnt in unserer Handschrift auf fol. 8.

Am Freitag nach St. Johannestag (26. Juni) verlässt das Schiff den Hafen und gelangt am Sonntag nach St. Jacobstag (26. Juli) nach Rhodus, über welches L. sich ausführlicher verbreitet, da er dort längere Zeit gelebt und ein eignes Haus gehabt hat. Er berichtet zunächst, dass die Genuesen, als sie einst an einem stillen Sonnabend die Stadt hätten überfallen wollen, gefangen und zum Bau des Hafens gezwungen worden seien;[1]) ausserdem erwähnt er noch, dass der Herzog Philipp von Burgund für 50,000 Gulden den St. Nicolausturm (1464) hätte bauen lassen.[2])

Am Mittwoch nach St. Jacobi (29. Juli) verlässt L. wieder Rhodus und passirt den Golf von Adalia, an welchen sich die Sage von den Sirenen knüpft,[3]) gelangt nach Salinis auf Cypern und landet zehn Tage später bei Jaffa. Der Hinaufzug nach Jerusalem bietet nichts Bemerkenswertes. L. findet die Mauer der Stadt an vielen Stellen, besonders nach den Bergen hin, zerstört, so dass man „ebenen fusses" hineingehen kann, drinnen ungefähr 2000 niedrige Häuser, die Strassen verödet, ohne Gewerbthätigkeit und Handel. Mit den Pilgern besucht er alle heiligen Stellen in der Stadt, in Bethlehem und nach dem Jordan zu, deren Aufzählung (fol. 17—43) unterlassen bleiben kann, weil sie absolut nichts Neues bietet. Der Ritterschlag am h. Grabe, welchen sich übrigens L. nicht erteilen lässt, kostet 8 Ducaten, von denen der Sultan vier, die andern die Barfüsser bekommen.[4]) Die letzteren, von denen einige dreissig Jahre lang, ohne herauszukommen, in der Grabeskirche sich aufhalten, erhalten aus dem Kloster Zion ein Mal täglich ihre Speise. Im Kloster zu Bethlehem befinden sich deren 24;[5]) sie besonders haben von den Heiden viel zu leiden, denen sie, sobald jene es verlangen, Speise geben

---

[1]) Dasselbe berichtet Fabri, Evagat. III, 257; Tucher 361a. [2]) Vgl. Berg, Die Insel Rhodus I, 124. Die übrigen interessanten Nachrichten über Rhodus haben wir bereits im Wochenblatt der Johanniterballey Brandenburg 1880, No. 1, veröffentlicht. [3]) Von den übrigen Pilgerschriften sonst nicht erwähnt. [4]) Tobler, Golgatha S. 242; von einer Verteilung dieser Summe wird sonst nichts berichtet. [5]) Diese Zahl ist neu (Tobler, Bethlehem 215).

müssen. Um ihren Mishandlungen zu entgehn,¹) verlässt der Klosterpförtner mit unsern Pilgern den Ort und schifft sich später mit ihnen ein, zugleich mit einem andern Mönche, welcher in Rhodus Heilung von den Wunden sucht, die er in Bethlehem von den Heiden empfangen hat. Bei der Rückkehr aus dem h. Lande besucht L. Cypern, sieht dessen König Karl,²) einen schönen dreissigjährigen Mann in Nicosia, nach dessen binnen Jahresfrist erfolgtem Tode unser Reisender bei der Beisetzung in der St. Nicolauskirche zu Famagusta gegenwärtig ist. Nach Nicosia ist ein Teil der Erde übergeführt worden, welche um die dreissig Pfennige des Judas angekauft ward, der andere Teil kam nach Rom in den Campo Santo; in diesem Boden verwest ein Körper innerhalb dreier Tage.³) In einem Kloster der Stadt an der Ringmauer liegt der unversehrte Leichnam des deutschen Grafen Johann von Montfort, welcher heilig gesprochen wurde und noch nach seinem Tode grosse Wunderzeichen that. Ueber Limissol kehrt L. nach Rhodus zurück, wo er den Winter hindurch bis zum 20. Mai 1473 bleibt.

An diesem Tage (fol. 44) verlässt L. auf einem ganz aus Cypressenholz gebauten Schiffe des Miser Johan Lando aus Candia die Insel, und begiebt sich zunächst nach Famagusta, dessen Handel jetzt sehr zurückgegangen ist, weil die christlichen Kaufleute es vorziehn, mit ihren Waaren in die Länder der Heiden direct zu fahren, während diese früher selbst nach Famagusta kamen.⁴) Am 5. Juni schickt sich L. zur Reise nach Tripolis an, von wo er nach drei Tagen nach Beirut reitet und zwar immer nur des Nachts, während er sich den Tag über aus Furcht vor den Heiden verborgen hält. Ebenso wie Tripolis ist Beirut zu einem Dorf herabgesunken,⁵) doch ist sein Handel, besonders mit Edelsteinen und Spezereien, welche über Damascus aus „St. Johanns Land" kommt, noch bedeutend. Am Flusse vor der Stadt befindet sich eine St. Georgs-Capelle,⁶) an welche sich die Sage von der Drachentötung knüpft. In der Stadt selbst ist die St. Salvatorskirche mit einem von 6 Barfüssern bewohnten Kloster. Nach fünf Tagen verlässt L. Beirut auf dem grössten Schiffe damaliger Zeit. Dasselbe gehörte dem Genuesen Francesco Giustiniani und fuhr mit 260 Christen und 900 Heiden, welche die Mekkawallfahrt antraten, gen Alexandria. Von dort will unser Reisender mit zwei Edelleuten, von denen der eine ein „Graf von Napols, Herr von Mongolium" war, die Reise durch die Wüste nach dem Sinai antreten, muss aber wegen der Feindseligkeit der Araber davon abstehn und begnügt sich damit, eine kurze Beschreibung des St. Katharinen-Klosters und des Sinai (fol. 53—55) in seinen Bericht aufzunehmen. Am 12. Juli verlässt er Alexandria und kommt am 24. wieder nach Rhodus, wo er bis Anfang September bleibt.

---

¹) Vgl. Tobler, Bethlehem 216. ²) Der König Jacob II (nicht Karl) von Cypern (1460—1473), starb in der Nacht vom 6.—7. Juli 1473. ³) Vgl. Tobler, Topographie II, 272 f. ⁴) Vgl. Heyd, Gesch. des Levantehandels im Mittelalter II, 456, welcher unsere Stelle bereits benutzt hat. ⁵) Heyd II, 460 ff. ⁶) Gumppenberg 243a, Tucher 360a.

„Item uff V. setember fur Ich aber im namen gotz uss von Rodas gen Barut und Damascus und Chipre zu, aber uff ainem klainen schiff, ist genamt grüperea, und kam gen Barut uff IX setember, sind sechshundart und funfzig mil; wir hattent aber vast gut wind. aber so Ich vor von Berut gesait hain, so lon Ich es jetz ain ston. Ich belaib ze Barut funff tag, dar nach fur Ich von Barut gen Domascus zu, das ist zwo tagraisen, und uff dem weg nit ferr von Domascus bi zwo mill haist das tail von Boerssi,[1] in dem selben taill ward die arch gemachat durch Noe, als unser herr die wält verdarpt durch wasser, als Noe sin husfrowan und kind dar in tätt und ain par von aim jetlichen tier, als denn die geschrift usswist, und nebet dem tail do ist ain berg und dar uff ain closter, haist der berg Sordonay, von dem Ich da sagen wil.

Item zwuschat Barut und Domascus ain tagrais am henuff ritten ist der berg Sordonay genampt, uff dem selben berg zogt got Abraham die stat, do er sinen sun Ysaac opfran solt, und do Abraham sinen sun opfran und töden wolt, do der engel im daz schwertt oder messer enpfieng, wie denn die geschrift uss wist, und uff dem selben berg ist ain schöns closter in der er Sant Mary gemachat und ist uff ainem felsan an ainer werlichen stat erbuwen, dar inn sind kriechisch munch und ist die fest der selben kilchen uff unser frowen tag im setember (8. Sept.). In disem closter an dem end, da Abraham sinen sun Ysaac geopfrat wolt haben, ist ain hupschi kilch,[2] in der selben kilchen hinder dem altar in ainer mur ist unser frowen bildnuss gemalat in ainem halben schwibogen und ain aner hultziner taffel gemalat, wie sy ir kind sogt, ob der gurtal hinuff, (fol. 56) hat och Sant Luc gemalat und ist mit isninen gätrin versorgat und ist so altfäntsch geschaffen, daz man kum das gemäld von dem bildnuss unser frowan mag sechen, aber vor zitten schwitzte alwäg uss der brust unser lieben frowen bild öll tröpfly, aber jetz

---

[1] Es ist das Thal des Nahr Bardany bei Zahleh gemeint (Ritter, Asien XVII, 195; vgl. Wilbrand 169; Stephan von Gumppenberg 243). [2] Ueber St. Maria von Seidnaja vgl. Thietmar 14, 17; Pococke II, 194—196 und die Détails bei Ritter XVII, 255—266.

so schwitzt noch hut bi tag an ir fest ain unser frowen tag im september den selben tag von ainer vesper zu der andren öl tröpfli, die uss der brust gond unser frowen bild, und denn so kont alle die cristen dar den aplas ze gewunnen, die in den selben landen sind. Ich bin do gesin, do die fest was, und mon, daz ob funfzig tusit cristen do ze mal do werint, es sind aber iren ain tail und daz mertail bös cristen, die vil abergloben hand, die grad ain wesen fürent, wie die haiden, die der bapst fur ketzer git, dar von Ich vor gesait han, und daz selb öl fassat man und hatz in grosser reverentz, daz ist hail sam für all presten und siechtagen und schwint daz öll numer, sait man, wie wenig ains sin hab und wie lutzel ains sin brucht, so wurkt es grad, als wen sin fil; daz wirt gefürt in alle land.

Item dar nach am henin ritten der stat Domascus do koment wir zu aim hochen berg,[1]) lit grad an der stat uff der lingen sitten, der ist tür, daz numer nuntz dar uff grunat noch wachst, der selbs berg ist verflucht durch Kayms sund, wan uff dem selben berg do erschlug Kaim sinen brudar Abell, die bed Adams die ersten sun warent. Uff dem selben berg ze obrast da ist a klains gmur von ainem klainen husly, daz was das erst hus, das je in der welt gemacht ward, dar inn wonate fil Adam mit sinen sunen, so si by irem fäch warent.[2]) Item dar nach koment wir uff den andren sitten der statt Domascus, nit gar ain halbi tutschi mil von der stat do ist ain kilch under der erd verborgen, daz es die haiden nit wissent, wan man dar uber hinain gat, wenn man von Jerusalem gen Domascus wil, aber uff der kilchen da ist ain kilch hoff, dar inn man die cristen koflut vergrabt, die ze Domascus sterbent, deren Ich ain da hain gehulffen begraben; die selb kilch haist Sant Pauls kilch,[3]) wan si in Sant Pauls er gewicht ward...

Es folgt die Bekehrungsgeschichte des Paulus.

---

[1]) Dschebel Kasiun. [2]) Diese arabischen Sagen siehe im Détail bei Ritter XVII, 1299; vgl. auch Stephan v. Gumppenberg 242a. [3]) Im Merdschas-suffar, wie die meisten Pilgerschriften berichten (vgl. Pococke II, 174); das Haus, wo Paulus in Damascus einkehrte „in der graden Strasse" (Tarik el-Mastakim) wird heute noch gezeigt (Ritter, Asien XVII, 1376).

(fol. 57) Item Domascus die ist ain fast ain alti stat, die ist jetz geschätzt als gross, daz dar inn achtzig tusit huser sond sin, die ist das erste maul gebuwt worden von Abrahams diener, der do hiess Domastus;[1]) daz ist ain schöni edli stat und von aller kofmanschatz fast rich, dar inn vast fil träffelicher richer koflut sind, haiden und cristen. Do Ich dar inn waz, do starb ain haidnischer kofman, den schätzt man rich fur dru mal hundart tusit ducaten, deren richer fil dar inn ist. Sy ist och foll aller spetzery edelgestain von allen sorten uber träffelich fil, die uss Yndia heruss kond. und da fint man koflut uss allen orten der welt von allen nacion der cristenhait, uss India, Tratyo, Egipte, Syria, Turgy, Judan, haiden, cristen, Turgan, Tattan und dryerlay juden und achterlay cristen und ist die stat vast lustig mit bomgarten gantz umb gen mit fil flussender wasser bächen und bronnen in wendig und usswendig und dar inn unsäglich fil folks und dar inn soptil costlich werk lut und hat ain jetlichs antwerch sin sondregi gassen und stelt ain jetlicher sin arbait oder krom fur sin hus und wie fil folks inn die stat ist, so sind die bottig der mertail tag und nacht offen, aber ze nacht schier vor ans jetlichen gewelb oder bottig brunt ain oder dry ampalen und schlauffent fil lut ze nacht da selbs umb die bänk von der küli wegen und fint man umadum ain den märten die spis gekochatt von allerlay, von wes man geleben sol, und nit allain ze Domascus, aber suss och umadum in allen stätten der haidenschaft, wan si in iren huser sälten kochent und kochant uss der maussen suber vor jederman an der gassen, aber sy essent fast wüst und unsuber[2]). Und inn der stat Domascus hat der Soldan ain fast ain schöns und starks schloss, dar inn der her von Domascus inn wonatt, es sind och in der statt fil cristen und kätzer kilchen, es ist och ain schön schöni kilch in unser frowen[3]) er erbuwen, daz ist pfarrkilch der Kriechen, die haiden band aber daz tach herab ge-

---

[1]) John v. Maundeville 416 schreibt: Damasius, die Bibel nennt ihn Elieser. [2]) Ueber den Markt von Damascus vgl. die höchst interessante Studie von Wetzstein in der Zeitschrift d. Deutsch. Morgenl. Gesellschaft XI, S. 475—525. [3]) Keniset es-Sittah; vgl. Ritter XVII, 1413.

worffen, den cristen zu schand, die ist unbedekt, das es dar in regnen mag uff die alter und umadum hin, die wend die haiden nit bedeken lon, dar in volbringent die cristen ir amt all sonnatag und suss al tag, dar inn, vernim Ich, lig libhaftig der namhaftig Johannes Domascenii. Die statt ist also lustig von guttem geschmakt von mengerlay wasser, roswasser, bomarantzen und bisem wasser und suss von mengerlay gutter röch, als bisem, zibeto, algalya¹) und pulffer von Chipre benyvy von astorax²), wan sich die haiden dar mit sich vast sprengent und rochant von des gutten geschmaks wegen, sind all bottigen fol und ze ring umb die stat sind vil bomgarten, die winter und somar grass, rosen und blumen tragent, die vol singiter fogel sind, die mer (fol. 58) den winter singent, denn den somar; es ist akain winter aber nit do. Dise bomgarten gond zwo mil in rings wis umb die stat und sind die besten frucht von allerlay, die Ich je versucht hain, und deren als fil, daz das gantz land dar von lebet; man fint vil der wingartten, daz die truben winter und somer ain den reben stond, die als grossi ber hand, als ain clainer tum und grad goldfarw und akain kernan dar inn oder stain, als süss, als ain hung, die lond sie ston an den reben, daz si winter und somer frisch truben hand, sy hand och vil uff den truben und uff aller frucht, wan sie nun wasser trinkent. Es ist das aidelichest und lustigasts und faistast land, daz Ich je gesechen hain, uber ölli lender, uber das gelopt land und Jerusalem und Alcayre und Egipten land und von der sunnen nider gang bis der sunnen uff gang, wo Ich gewandlat hain, waiss Ich ir gelich nit. Ich bin zwa mal dar inn gesin und hain lang dar inn gewonat; si von ir selb ist nit dar nach also lustig und so coschlich erbuwen, aber die frucht des ertrichs ist so gut und die fasti, das Ich des glich nit waiss uss diser stat, wie Ich vor gesait han. Da hain Ich gesechen uss gon uff ain tag funfzehan tusit cämel tier geloden mit kofmanschatz, die in India furent. Von Domascus mag man ritten rüweklich in IV tagen gen Jerusalem, daz sag Ich dar umb, das Ich wider

---

¹) Wal Galangawurzel; vgl. Heyd II, 591. ²) Storax benzoin, also Benzoë; vgl. Heyd II, 575 f.

umb uff min materi kom, aber dar zwuschett fint man fil halger stet, dar von Ich sagen wil, aber for hin so wil Ich vuch sagen gar von der gelegenhait des lands Domascus.

Item vor der statt Domascus bi zway armbrost schutzen da ist ain kilch hoff, da die kriechen sich lond begraben, und ain mitten im kilch hoff da ist ain loch uff der erd, ain dem selben ort sass Sant Jörg uff sin pfärt, do er die junkfrowen wolt erlösen von dem traken, und rait in aim stund von Domascus bis gen Barut, do der trak was; dar ain hat Ich zwen tag ze ritten, wan es zwo tagraisen sind, und da selbs, da Sant Jörg uff sin pfärt sass in dem selbigen kilch hoff[1]), da genist jederman an dem koltan we, wer da wachat, cristen und haiden, daz jederman in IX tagen ledig wirt. Do Ich da was, do lagent bi VII menschan do, die krank warent und wartatant des zit der nun tagen, daz sie genesent. Her nauch wil Ich vuch sagen von dem tail Ebron und tal Mambre, die gen Jerusalem zu ligent, und Nasaret, die halgen stett."

Die nun folgende flüchtige Beschreibung von Hebron und Aufzählung der um Jerusalem liegenden heiligen Stätten bietet durchaus nichts Neues; dann fährt der Autor fort:

„Item als ir nun gehört hand die halgen stett zu gutter mauss. als Ich gesechen und geschriben hain des halgen lands, so lon Ich es jetz hin fur ain ston, wie wol Ich dar nach von Domascus uss uff XVII des ersten winter monatz mit dem vor genamten schiff, dar mit Ich gen Barut und Domascus kam, wider umb gen Rodes fur und dar nach wider umb gen Barut und Domascus und Alexandria und die selbigen land durch wandlet und durch faren bin vom zwa und sibetzgisten jar bis uff das acht und sibetzgistest jar, daz wil Ich jetz nun ain laussen ston von der kürtzi wegen, das Ich nutz me dar von schriben wil, und wil ain end machen und zum letztan, do Ich von dem selbigen land von Rodes haim wertz fur, do sass Ich uff ain grosse gale, die was ains von Perpenya[2]), der was ain Catalo, hiess Fransi Bene, das was uff VII abrellen im acht und sibetzgisten jar und furent gen der ynsel Sisilia zu . . . ."

---

[1]) Vgl. Gumppenberg 242a. [2]) Perpignan.

L. giebt weiterhin Nachricht von den Inseln, die er auf dem Wege nach Sicilien besucht. Am 1. Mai gelangt er nach Messina, wo er zwei Jahre wohnt. Von einer späteren Reise von Malorca nach Rhodus, die er auf dem Schiffe des Johan Bertran aus Catalas[1]) (fol. 62) mitmacht, erzählt L. gelegentlich. Er verlässt 1478 die Insel und geht über Neapel nach Rom, wo er eine Anzahl Kirchen besucht, welche er alle mit ihrem Ablasse (fol. 68—73) aufzählt. Ein Anhang (fol. 74—96) schildert seine späteren Reisen, die er 1480 wiederum nach Sicilien, von da nach Florenz, Pisa, Marseille und zurück nach St. Gallen unternimmt; Historisches über Muhamed und einzelne Angaben über Schiffswesen schliessen unsere Handschrift.

---

[1]) Catalonien.

VI.
Sebald Rieter.
1479.

Die Handschrift der Reise Sebald Rieters von Nürnberg,[1]) welche wir benutzten, befindet sich auf der königl. Bibliothek zu München (Cod. germ. No. 378) und umfasst 138 Blätter in 4°; sie ist nicht das Original, sondern eine Abschrift des fünfzehnten Jahrhunderts.[2]) Der Bericht, welcher für die Kritik der Tucher'schen Reisebeschreibung von Wichtigkeit ist und für die Geschichte der mittelalterlichen Handelswege nach dem Orient interessante Erläuterungen und Beiträge bietet, besteht aus 5 Teilen.

Der erste Teil (fol. 1—29) enthält die Reise nach Palästina, welche Rieter in Gemeinschaft mit Hans Tucher dem Aelteren, dem Doctor Otto Spiegel, „der durchleuchtigenn furstenn Herrn Ernsts kurfurstenn und Hern Albrechtz gebrudern hertzogen in Sachssenn Cantzler", und dessen Diener Peter Pyres 1479 . trat. Im Ganzen sind die Ergänzungen Rieters zu der Beschreibung, welche Tucher von dieser Reise gegeben hat, nicht von grossem Belang, doch lassen sich über die Quelle von Tucher und seine Benutzung derselben einige Aufklärungen geben. Die Reise nach Venedig wird von Rieter nur kurz geschildert. Von Nürnberg aus schlossen

---

[1]) Ein Geschlechtsbuch der Stadt Nürnberg, früher im Besitz der Familie Rieter (Mscr. im Brit. Museum No. 12468; vgl. N. Archiv für ältere deutsche Geschichtskunde 1879, IV, 349) giebt vielleicht noch weitere Aufschlüsse über die Reise S. Rieters. [2]) Eine andere Handschrift des XVI. oder XVII. Jahrhunderts in 4° befindet sich in der Bibl. Egerton (No. 1900) zu London, welche aber die Jahre 1474 und 1479 angiebt, in denen S. Rieter gepilgert sei (vgl. N. Archiv 1879, IV, 377).

sich den Pilgern an der Lesemeister vom Frauen-Bruder-Kloster daselbst mit seinem Knechte, welche über Venedig nach Rom reiten wollten, und ein junger Gesell aus Breslau, Valentin Scheurl, welcher auch nach Jerusalem zog. In Venedig lagen sie im deutschen Hause zur Herberge, „Hanns Tucher in seiner kammer und Ich Sebolt Rietter in Peter Im Hoff kammer, die ettwe der niendel gewest ist"(¹). Auf Anraten Hanns Knewsels und Peter Schneyders wird Polo Muffo als Knecht angenommen, welcher in Damascus bei Kaufleuten in Dienst gestanden hatte und die arabische Sprache verstand. Der bei Tucher auch erwähnte Patron Miser Augustin Contarini, welchen sie zur Ueberfahrt dingen, ist derselbe, der Sebald Rieters Vater vor 15 Jahren bereits nach Jerusalem geführt hatte. Der Bericht über die Fahrt nach dem h. Lande und über den Besuch der h. Stätten ist ebenfalls kurz gefasst, wofür er als Grund Folgendes angiebt:

„Item wass nun heilig Stette auff dem perg Syon genannt, da ytzo dass Parfusser Closter ist, auch im Tempel des heyligenn Grabs und an andern Ennden allenthalben im heyligen landt sind, wie dy nach ordnung von denn pylgramen besucht werden, was auch aplas an dennen sunderlich ist und was gepet an den heyligenn stetten auch sunderlich gesungen und gesprochenn werden, ist alles in einem lateinischem puchlein, das ich auch hab in einem Teutschen puchlein, das mein, Sebolt Rietters, Vatter seliger da von verzeichnet hat, gar ordennlich begriffenn, dar umb Ich das alles nit beschribenn harn ann diesem Ennde."

Der zweite Teil (fol. 29a—31) enthält eine kurze Mitteilung über die gebräuchlichste Reiseroute (der Kaufleute) von Nürnberg nach Syrien zu Lande, wie Sebald Rieter sie von einem Juden in Jerusalem erfahren hat.¹)

„Item hernach ist beschriben der weg uber landt von Nurmberg oder andern anstossenden gegnetten genn Jerusalem, als mir Sebolten Rietter den ein Jude zu Jerusalem angetzeygt hat, der den newlich dar vor gezogenn hat, und berichtet mich, man mocht den weg gar sicher ziehen und der merer tayl Judenn, dy auss teutschenn landen gen Jerusalem kumenn, dy ziehen den weg uber landt.

Item erstlich von Nurmberg genn Bossna²) in Bolan, ist pey LXX teutscher meylln. Item von Bossna gen Loblin³) auch in Bolan, ist pey XL teutsch meyln. Item von Loblin gen der

---

¹) Vgl. oben S. 10; den folgenden Abschnitt hat Tucher 362 abgeschrieben.
²) Posen. ³) Lublin.

Lemburg¹) ist pey XXX teutsch meyln. (fol. 30) Item von der Lemburg durch dy Walachey gen der Schotz²) ist pey XXX meyln. Item von der Schotz gen der Weyssenburg³) am Mere, ist eine Stat am ende der Walachey, ist pey XXX teutsch meyln. die bede stet sindt des Steffann Bofada aliter Weyda, der ein herr der Walachey ist und ein krist, und fridlich durch sein landt zu ziehenn ist. Item von der Weyssenburg uber ein Golff des Meres bey V oder VI tagreyss gen Zschomschonn,⁴) ist ein Stat in der Turkey. Item von Zschomschonn auch pey VI oder VII tagreys gen Tockat,⁵) ist auch ein kostlich Stat in der Thurckey. Item vonn Tockat pey XV tagreyssenn durch dy Turkey genn Halapp alitter Aleppo, ist ein stat dem Soldonn vonn Kayro zu gehorig, dar in auch dy Venediger kauffleut vil handels treybn und unntter wegen pyss Aleppo sindt vil dorffer, auch kleine stetlein, do man wol nacht zil nemenn mag. Item von Aleppo genn Damasco auch pey sybenn tagreyssenn, ist ein Statt des Soldonns, dar inn auch dy Venediger grossen hanndel treybenn. Item vonn Damasco bey VI tagreyss gen Jerusalem zu dem heyligen grabe.

Item durch dy Wallachey nympt man geley nit gar sicher zu reyttn ist. Item durch dy Turckey bedarff man keinss (fol. 31) geleits und man vindt gemainlichen auff dem weg pyss genn Alleppo stettiglichen gevertten von den Turckischen kauffleutten, mit denenn gar sicher zu reytten ist. Item von Aleppo furter in das Soldons landt muss man sich mit glayt und Trutzelmannenn gar wol versehenn."

Der dritte Teil der Handschrift enthält (fol. 31—71) das Pilgerbuch des Vaters von Sebald Rieter, von welchem bereits oben die Rede war. Nach der mitgeteilten Stelle scheint dasselbe von dem älteren Rieter nach einer lateinischen Vorlage gearbeitet gewesen zu sein; der Sohn vervollständigte es durch Hinzufügung einiger Einzelheiten. Seine Bedeutung erhebt sich nicht über die der bekannten Pilgerschriften aus dem

---

¹) Lemberg (vgl. Heyd, Levantehandel II, 719). ²) Chotin. ³) Akjerman; über dessen Bedeutung siehe Heyd, Levantehandel I, 385; II, 347, 398. ⁴) Samsun, östlich von Sinope; über dessen Wichtigkeit Heyd II, 359; 371—372, 386. ⁵) Tokat, nordwestlich von Siwâs.

15. Jahrhundert hinaus, ist aber deshalb erwähnenswert, weil es auch für Tucher die Quelle war, die er oft fast wörtlich in seine Reisebeschreibung aufnahm.

Im vierten Teile giebt Rieter einen Auszug aus der Historia regum Terrae Sanctae, welche bei Eccard, Corpus histor. medii aevi II unter dem Namen Olivers sich findet.

Auch in dem fünften Teile, welcher die Beschreibung der Reise nach dem Sinai, nach Kairo, Alexandria und zurück nach Nürnberg enthält, ist die Uebereinstimmung zwischen Rieter und Tucher so gross, dass eine gemeinsame Grundlage oder gegenseitige Benutzung und Ausschreibung der Reisetagebücher gar nicht zu verkennen ist.

VII.
Georg von Gumppenberg.
1483.

Der Bericht des Ritters Georg von Gumppenberg, auf den Hundt (Stammbuch des bayr. Adels II, 297) und L. von Gumppenberg (Gesch. der Freih. v. G. Würzburg 1856, S. 219 f.; vgl. auch hinten unsern Pilgercatalog ad 1483) bereits aufmerksam gemacht hatten, ist in einer späteren Abschrift aus dem 16ten Jahrhundert (1512) im Freih. Gumppenberg'schen Archive zu Pöttmes erhalten, dessen Besitzer, Herr Freiherr Georg v. G., uns in liebenswürdigster Weise eine Copie besorgen liess.

Obgleich der Inhalt dem des Fabrischen Berichts vielfach ähnlich ist, liefert er dennoch trotz seiner Kürze manches Eigenartige und Wertvolle und ergänzt ihn an einzelnen Punkten. Ein kleiner Anhang giebt einen Ueberblick über die Geschichte der Kreuzzüge, der allerdings nichts Neues bietet, aber immerhin doch literarisch interessant ist; offenbar giebt das auf S. 119 aufgeführte Register uns Namen von Pilgern die 1421 und 1483 das heilige Grab besuchten.

Ich Georg von Gumppenberg, Erbmarschalkh in Ober-Beyern, Ritter, bin zu Pettmess an dem heiligen Charfreitag A. D. 1483 (28. März) ausgezogen undt darnach zu Venedig am nächsten Freitag nach Unssers Herren Fronleichnamstag auf die Galleen (30. Mai) mitsambt meinen mitbrüdern, so hierunden mit ihren vappen gemalt sein, zum heiligen grab undt Jordan gefahren undt dise heilige Stätt hernach beschriben alle gesehen undt also abgemessen undt an U. Lienhardtstag (6. Nov.) mit gesuntem leib vider gen Pettmess komen; Gott sey Lob undt Dankh gesagt in ewigkeit zu allerzeit! Amen.

Das ist die andechtig Procession, die die Römischen Bilgram thain zu Jerusalem in dem tempel des heiligen Grabs mit versperrter Thür, undt seint merckhlich zehen Stett inwendig dess Tempels; zu jeder statt singt man ein sonderlich lobgesang undt spricht da knieent einen Psalm von dem leiden Christi und ain collectn. So alle bilgram gesambt sein in dem Chor des Tempels in Zween und zween mit brennenden kertzen, als onden gemahlet stehet, so gehen sie zum ersten in ain kappel, die haben zween paarfüsser brieder, daselbst erschien unser Heer unsser frawen am Ostertag, undt ist 26 schritt vom heiligen Grab, in der abseit gegen miternacht verts, in derselben Cappel, alss man hineingehet von der Thür 3 Schritt zun der rechten handt in der maur in einem finstern vergötterten fenster die Säule stehet, daran unser lieber Herr geschlagen vardt in dem Haus Pilati; sie hat 3½ Spann in der Dickhen undt ist hat braunmerbel darvor; brennet allzeit ein ampel.[1]) Mitten in derselben Cappel ist die statt verzaichnet, wo die heilige kaysserin Helena die 3 kreutz verzuehrt (?), welches dass creutz Christi wär. Darunder ein Todter mensch wider auferstanden. Under derselben Cappel bey meinen Zeiten, als man zelt von der geburt Christi 1421 jahr, hingen 5 königliche pannier undt 32 wappenröckh undt vil ritterliche vappen angeheftt[2]). Von der Cappel 47 schritt nach der abseiten gegen den aufgang der sonnen gehet man in ain ander Cappel[3]), under derselben wenden ist ein fenster mit zwey thüren undt ein altar darinnen, die nent man unssers Herrn kürchen, darin er versperrt war zur Zeit seines leidens, bis die Juden das loch in den felssen geschnitten, darin sie dass creutz steckhten. Darnach hinder dem Chor der kürche ist ein Cappel mit drey vermaurten fenstern, da die ritter gelöst haben umb unsers Herren klaider; darbei

---

[1]) Tobler, Golgatha 363—369. [2]) vgl. oben S. 32. [3]) Golgatha 332 ff.

zunegst gehet man abwerts 29 staffel in St. Helena Cappel,¹) die hat wohl 6 Pfeiler undt altär, daselbst stehet ein grosser wol geformierter stuel von stain, darauf die ehegenannt Kaysserin gesessen zur Zeit, da die arbeitter bezwunglich das Creutz suechten. Die Cappel hat 6 vermaurte fenster; nur dass ain gegen aufgang der sonnen ist ein wenig offen, hinab biss 11 stafl under den tiefsten umpfigen stain wenden, da die ampel leichten, da war das heilig creutz Christi, negel, cron gefunden nach seinem leiden 1307 jahr.

Darnach steigt man wider hinauf in die runde des tempels undt kombt in ein Cappel, die hat ein vermaurt fenster, da stehet ein Simpel stain, von einer marmelstainern saul, 4 Spannen hoch, darauf Christus gesessen ist, da man ihm die dörnen Cron durch sein hl. haubt zwang.²) Darnach 18 schrit kombt man zu ainer stianernen stiegen, die hat 18 staffel auf den Berg Calvaris, darauf vnsser Herr Jesus Christus gestorben ist umb unssers willen. Undt da ist ein schön gezierte Cappel mit 3 altären; sie hat in der mitten einen vierreckhten Pfeiler, ihre wänndt seint gemalt mit den figuren des alten Testaments, die sich dem leiden Christi zungemessen. Es brennen da 39 ampel auf einem leichter,³) dan die stät ist heilig. Das loch in den felsen, darin dass Creutz Christi gesteckht, ist 2½ Spannen tief;⁴) von demselben loch 7 Spannen under dem denkchen arm, da Christus an dem Creutz hing, ist eine lange weitte Clufft, sich legt ein man darein, die sich abwerts den Felsen gespalten hat, Zur Zeit des harten sterben Christi⁵). Unsser Frau und Joannes mit anderen seeligen frawen seint von dannen under dem weeg gestanden zu der denckhen handt Christi, da er an dem creutz hieng. An derselben statt haben die schwartz Christen von India ein Cappel gebaut in den ehen unsser frauen vndt St. Johannes; darnach alss man wider hinabkombt 18 schrit von der understen staffel gegen den undergang der sonnen, ist die statt vermerkht recht als mit einem grabstein ebenschlecht mit dem Pflaster, da die heilig draurig muetter gesessen ist mit dem Todten leichnamb ihres lieben sohnes, als man ihn von dem Creutz genommen hat undt wardt daselbst gesalbet undt beraitt zu seiner

---

¹) Golgatha 300 ff. ²) ibid. 341—343. ³) ibid. 178. ⁴) ibid. 282. ⁵) ibid. 286.

begräbnuss[1]). Die 7 geschlecht der Christen, die in dem tempel verschlossen seint, haben die statt in grossen Ehren, sonderlich die von Armenia. Daryber leichten 8 ampel mit armen leichtern; von derselben andechtigen statt 34 schritt mitten in dem tempel stehet das hl. Grab in einem gewelbten gemach ohne fenster, darvor ist gebaut ein viereckhete Cappel, ein altar, alss ein Cammer wol verspert gegen dem Chor der kürchen und hat 10 schuech biss zu der klainen innern thür nur 3½ Spannen weit undt 5 hoch[2]). Davor stehet ein viereckhter stain, 3 Spannen hoch von der erdten. Das hl. Grab hat nach der lenge 1 klaffter 1 Spanne 2 glid meines mitlern Fingers. also lang und also hoch ist auch das Capellein, dan dass Grab das stehet an 3 wänden undt ist bedeckht mit weissem merbel 3½ Span hoch von der Erden, aber der stain, damit das hl. Grab zaichnet und gespert war, ist ein grober schwerer rauher veldtstain, 2 Spannen dickh unbehaut, ligt auf einem altar in Cayphas Haus. Darvon nach dem hl. Grab 24 schritt gegen mitternacht ligt ein weisser glatter merbel, eben glatt mit dem Pflaster, scheibicht als wie ein mühlstain. undt hat ein klain loch in der mitten; an diessem orth erschien Christus Mariä Magdalena nach seiner urstandt in eines gärtners gestalt.[3]) Darnach singen die parfüesser brüeder Vesper undt complet vor dem Grab von der urstandt vnsers herren. Darnach beichten die bilgram, bis es finster wirdt. Dieweil gehen die Haiden aus dem Tempel, undt sperren aussen gar wol mit rigeln undt mit schlössern; darnach beraitten sich die, die ritterliche wirdigkeit empfangen wollen ob dem hl. Grab.

Von dem Tempel. Der Tempel des heiligen grabs hat inwendig nach der läng 110 schritt vndt nach der braitten 60, all seine fenster seint zugemauert, dan ob dem hl. grab wol 50 Ellen hoch durch das köstliche bleytach gehet ein langehtes weittes scheiblachtes loch, darvon der tempel sein tagliecht hat, auch ist ein klein fenster ob der thür gegen mittag in der Cappel; vnder dem berg Calvaria ligt König Waldewin begraben auf der denckhen handt im eingang vndt herzog Gottfrid von Bullion. Zu der rechten handt, der das hl. Landt gewan undt lebt darnach 11 monat; vor derselben

---

[1]) Golgatha 346 ff. [2]) ibid. 170 ff. [3]) ibid. 860.

Cappel neben des Chors ligen andere 7 künig begraben in hochen wolgezierten gräbern, die das gesegnet landt ingehabt haben 88 Jahr undt 19 tåg nach einander vndt war kläglich verlohren durch den letzten könig Guido nach Christi Geburt 1187 an dem vierten tag des Monats Julii. Darnach ÿber 3 Jahr, als man zelt 1190, kam Kaysser Friedrich der erst in das hl. landt mit König Philipp von Frankhreich undt König Richardt von Engelandt, undt gewannen Jaffa, Cäsarea, Accon, Cigispa(²) undt Baruthi, die seint alle zerstört, ausser von Baruthi stehet noch ein thail. Von dem äusseren Burgthor 580 schritt zeigt man die statt, da St. Geörg den Wurm getödt hat. Baruthi ist anderthalb Tagereis von Damasco. Da man zehlt nach Christi geburt 1217, kam ein könig von Vngarn und Herzog von Oesterreich in das hl. Landt undt schuffen nichts. Darnach als man zelt 1219 samlet sich das Christliche Volckh, gewannen die mächtige Stadt Ramnat vnfern Cairo undt behielten sie ein jahr; in selbem Jahr Ebeadim, des Sultans Sohn, zerbrach die ringemauer der Statt Jerusalem vndt zerwarf vil Thurm darinnen. Darnach alss man zelt 1229, erwarb Kayser Friedrich mit weissem rath von dem Sultan, das er die Christen bleiben liess zu Jerusalem und zu Nazaret, so behielten sie die zwei Stätt 15 jahr. Da man zelt 1244, kamen die Sarazenen mit grosser macht vndt gewannen die hl. Statt Jerusalem vndt erschlugen 5000 Christen und zerbrachen alle kürchen, darnach als man zält 1248, kam zulezt könig Ludwig von Frankhreich undt gewan die ehegenante Statt Ramnat. Darnach in dem negsten jahr hernach wardt er gefangen, vndt schmachlich geschäzt vndt gab die Statt wider in den gewalt des Sultans. Darnach ist eine Christliche ritterschaft in das hl. landt kommen, dan wür die ihre papierne wappen in die winckhel hefften.

1512. Ist dise Tafel beschrieben worden zu Aichstett.

Namen der nun folgenden Wappen:

Gumppenberg, Czumbern, Praitenstain, Rossel, Nothafft, Trugsäss, Rechberg, Freyberg, Schaumberg, 3 von Ahaimb-Egloffstain, Seiboldtstorf, Haslang, Prantenstain, Schenckhen, Nussdorf, Nothafft, Mosspach, Münchaw, Riederer, Helrit, Puchler, Sunler, Zeller.

VIII.
Die Reiseinstruction
des
Bernhard von Breitenbach.
1483.

Wir haben oben S. 8 bemerkt, dass der Pilger gewisser praktischer Winke für die äussere Einrichtung seiner Reise bedurfte und auch einige darauf bezügliche Nachweise gegeben;[1]) hier tritt uns eine von dem Palästinapilger B. von Breitenbach[2]) für den jungen Grafen von Hanau-Lichtenberg entworfene Reiseinstruction vor Augen, welche Herr Dr. Löwenfeld hierselbst mit dankenswerter Freundlichkeit aus dem Darmstädter Archive uns copirt hat. Schon Märker[3]) hatte auf unser Manuscript hingewiesen und Dr. Bauer[4]) einige Auszüge daraus veröffentlicht, jedenfalls aber kann die vollständige Mitteilung nur erwünscht sein, obgleich der Verfasser aus seiner eigenen Reisebeschreibung und aus der Tucherschen Instruction[5])

---

[1]) Arabische Lexicologi siehe bei Breitenbach (bei Feyrab.) 115—115a; (daraus wohl Grünemberg) Harff 111; Stockar 15; Schweigger 105, 201; Walter v. Walterswyl S. 62—69. [2]) Ueber das alte in Meissen und Thüringen begüterte Geschlecht der Breitenbach siehe Knetschke, Adelslexicon s. voce u. Knothe. Gesch. des Oberlausitzer Adels, S. 141. [3]) Anzeiger d. germ. Mus. 1862, S. 79 ff. [4]) Darmstädter Zeitung 1875, No. 112—114. [5]) im Reyssbuch 373a—374a; sie ward 1461 (vgl. S. 374b) für den Landgrafen Wilhelm den Tapfern entworfen. Ausser Breitenbach hat sie auch B. von Hirschfeld 103—106 stark benutzt; ausserdem geben, wenn auch weniger umfängliche,

manches herüber genommen hat; dem aufmerksamen Leser wird jedoch nicht entgehen, dass manche interessante Details nur hier zu finden sind.

Die eigentliche Ausrüstung für des Leibes Nahrung und Notdurft erfolgte erst in Venedig, und wenn auch nicht jede Reisegesellschaft die Mittel besass, um sich mit der Gründlichkeit auszurüsten, wie Mergenthal von Herzog Albrecht[1]) erzählt, so bedurfte doch der bescheidenste Pilger einer Menge kleiner Utensilien und Reiseeffekten, selbst wenn er mit dem Patron auf vollständige — für einen deutschen Magen meist nicht ausreichende — Verpflegung abgeschlossen hatte, und wir begegnen fast in allen Pilgerbüchern darauf bezüglichen Mitteilungen. Eine besondere Aufmerksamkeit verwandte man auch auf die medicinische Ausrüstung, und die meisten Pilger kauften sich in Venedig einzelne Arzeneien, wie sie ja auch in unserer Instruction empfohlen werden, oder brachten schon von Hause von bewährten Aerzten empfohlene Pillen, Pulver und Mixturen mit.[2])

---

so doch recht wertvolle, Anweisungen: Porner 147 f.; B. von Eptingen 316—318; Schürpff 187; Harff 57; Stockar 70 f.; Tschudi 23—26; Passerhammer (im Anzeig. d. german. Mus. 1863), S. 319—322; Grünemberg, Schwalbach (siehe unsere Excerpte). Fabri I, 143 ff. giebt nur ganz allgemeine Winke. Sonst vgl. auch Tobler, Denkblätter 520—524.

[1]) Dieser kaufte nämlich 35 Centner Schweinefleisch, 2 Centner und 15 Pfund Wurst, 21 Centner gesalzenes Rindfleisch, 1 Centner und 41 Pfund Ochsenzunge, 2 Centner Hühner, Meerforen, 3 Fuster Störe, 22 Centner gesalzene Hechte, 2 Centner Stockfische, 60 Centner Halbfische, 35 Centner Butter, 9000 Eier, 1½ Centner Aale, 3 Daum Aepfel, 3½ Centner Honig, 20 Centner Käse, 3 Fass Essig, 2½ Satir Erbeis, 2 Satir Hirse, 1 Satir Weizenmehl, 1 Satir Hafermehl, für 1½ Ducaten Gries und Gerste, 1 Centner Mandeln, 1 Centner grosse Rosinen, ½ Centner kleine Rosinen, 25 Fuder Wein, 30 Legel Malvasier, für 190 Ducaten Betten, für 10 Ducaten bezuckerte Pisiaten, 70 Pfund Candiszucker, für 4½ Ducaten Confect, 1 Centner grünen Ingwer, Muscat, Muscatblume, Lrageth, Violwurzel, 2 Pfund Safran, 21 Pfund Ingwer, für 4 Ducaten langen Pfeffer, 2 Krüge mit eingemachten Nüssen, Galgant, Kalmus, Zitwer und allerlei Gerät, endlich 40 Centner Pulver u. s. w. u. s. w. [2]) Tucher 362 (aus ihm Hirschfeld 105; vgl. Rindfleisch) teilt uns zwei solcher Recepte mit: 1. Recipe Cinamoni electissimi ʒi gario. ʒij mac. nucis muscatae ann. V. ʒ albi ad pondus omnium, incidantur omnia grosse et non pulverisentur et cum zuccaro Taberrat et aqua Rosarum et

Ausserdem war es für den Pilger wichtig, eine genaue Route mit Angabe der einzelnen empfehlenswerten Herbergen und Sehenswürdigkeiten zu besitzen, und daher finden wir ziemlich häufig in Pilgerschriften dergleichen Angaben, die für die Geschichte der Alpenpassagen und überhaupt der nach Italien führenden Verkehrswege sowie der einzelnen berührten Orte von grosser Bedeutung sind, trotzdem noch Niemand sie nach dieser Richtung hin verfolgt hat. Auch unsere Instruction enthält solche und bietet daher zu der von Breitenbach und Fabri gegebenen Reisebeschreibung wünschenswerte Ergänzungen, obgleich die Handschrift am Anfang einige Lücken zeigt. —

(fol. 1) Woilgeborner eteller lieber here. Myn gar willigenn din — — — — Burchart vonn Breidenbach Thumherre und Cammerer — — — uwernn gnadenn allezijt zuvor ayne bereitt Gnediger here nwer — — — — und getruwe Fridderich vonn Dorffeldenn ist inn kotze vergang[ener zijt] — — ur zu Mentz gewest und wonn uwer gnadenn wegenn eyn — — gehalteun, wie uwer gnadenn inn meinunge sy, mit der holff gott[es] — — mher zu farenn und mich vonn uwer gnadenn wegen gebeittenn [eyn ver]zeicheness zu machenn, wess do noit syne werdde, sich uff dem [mere zu] gebruchenn etc. Gnediger her, zu solicher reyssenn zu thune, geb [uch gott] wissliche und woilbedaichter raitgeber, dess ich inn mir nit findern — — befelenn ich denn wisssenn aiber ymants, dass zu raittenn aiber auch da — vonn zu kerenn, und wolt woill, dass uwer gnadenn, so ir dess willens weret — zu thune eynenn machtent ubberkommenn, der vormaills auch ubber mere were gewest, dann

---

ling. f. confectio mobilis. quantum delicatior fieri poterit. 2. Recipe flor. viol. falso. ros. rub. bene redolentium Bo. ar. an. ʒI camph. ʒV. sem. acetose. Coriand. ppnati an. ʒIII gario. martan. ʒIII pulverisentur omnia subtiliter, ex cujus medietate cum aqua rosarum muscatis n. laudani purissimi, quantum sufficit. fiat porum unum aut duo ad odorandum. Reliqua vero pars pulv. sive laudani cum aqua ros. pro alio usu serva.

soliche reyssenn inn schrifftenn kortzlichenn zu begriffenn, ist nit woill
mogelichenn, aingeshene zufelle sich degelichenn uff solicher ferlichenn
reyssenn unvershens entspringenn, auch gnediger herre, so bin ich
kortze angesprengt wordenn, dass ich — — nit haibe mogenn
ham, uwernn gnadenn etwas fr — lichs do vonn zu schribenn,
wie woill ich geneygkt bynn, uwernn gnadenn inn allenn vermoig-
lichenn dingenn zu wille farenn, und uff dass ich nit gantz drege
aber undanckbar erkant werde, so ham ich myne meynunge und gut-
duncke — uwernn gnadenn etlicher maiss uff dass kötzest uff ge-
zeichent inn d[er mey-] nunge, dass es eynenn innganck mache der
fragenn, von dene d — — — solicher reyssenn, wytter und bass
verstunt, (?) dann ich uwernn [gnaidenn] entdeckenn kann, so
aiber uwer gnaidenn verhorrenn wurdde biss zu dem — ander jare
und aine shene gelegenheyt allenthalbenn im lande, — — so wolt
ich mit der holff gottes, soliche reyssenn, und wie mann — — und
vonn dannenn haltenn solle, mit erklerunge ussdruckenn, v — — inn
der zuversicht, uwer gnadenn eynn gefallenn dar aibe — — — und
uwer gnadenn wolle dysse myn verzeichnisse, inn güttenn [uffnemenn]
dann die tzyt der lengerunge mir zu kortze ist und auch [itzunt]
— unmoiglichenn bynn, anderss ich wolt mich basss geflieskenn —
— — so nuwe uwer gnade inn meynunge und willens ist, umb ge
— — — uwer sele sellikeyt, und umb keyness romess, noch fur-
witzess [willenn die] heilligenn stedt zu suchenn, und besunder
die erde, do Jh[esus Cristus] unsser sellickmacher, inn siner
heylligenn menchssheyt, syne — — — wessenn gehaipt, gewandert,
gotliche wonderwerck erzey[get hait umb] unserss heylss willenn,
sine manigkfelligess bitterss lydenn, mar[tter] — — geliettenn und
syne erliche lypliche begrepnisse erwelt, und [gefunden] hait, be-
sunder syne heylligess graipp zu Jherusalem und fu — — serm]
liebenn heylligenn rastunge zu besuchenn, so ist is noit d[ass mann
sich vershee mit getruwer bruderschafft, die sich zu san (fol. 2)
— — ende hendenn, sich als getruwe frome bruder by eynander zu
— — keyne gezengk aiber uffrüre zu machenn, dann so dass uit
— omenn würde, so würde eyn iglicher syne groisse mhue und ar-
beyt — ebenss und umbsust thune und solichs zuverkomenn namenn

— unther unss zwene, unsser bruder, dene gaiben wir gantzenn follenn — alzo aibe sich etwass irringe under unss entstunde, zuchssenn eynem — mher, wie die zwene bruder die selbenn darumb entrichtenn, do — uste eym iglichenn daz gehellenn und laizenn verlybenn und unser —; er gap dene zwene gekorrenn syne truwe also zu haltenn, dann is gheet gar seltenn aibe sich machet etwass schymps.

Uwer gnade sail sich nit ubberlaidenn mit kleydernn, dann laizet uch machenn eyn lidernn wamss mit barchenn gefuddert mit eym brostduch mit jungenn wolffenn fellenn gefoddert, dass ist fast gesunt und nit last uch mit wullem duch fuddern, is ist heyss und ist alless voll sweyss und der boyssenn worme.

Auch laist uch machenn eyn lyprock mit kortzenn ermelyne, eyner firtell elenn lanck, der forn zweyfache ubber eynander ghee, oibenn mit eym selbenn wachssendenn koller, dass uch der halss nit bloyss sy, dann die heydenn, die mogent nit lydenn, dass eyner bloyss mit dem halss vor yne erschynet, und dass wamess und das lyprocklyne, sail gudt bockenn ledder syne, do maigk keynn wint nit dorch ghene und mann maigk dene lyprocke auch wachssenn zu tzyttenn und der saill nit gefoddert syne, bereyttenn uch gantz, alss wolle uwer gnade uff die jacht ryttenn, [nemet] keynenn langenn, zwifachenn mantell mit uch, is wurt uch vast [geruwe]n, wollent ir eynenn nemenn, so sy er nit gefoddert. Es ist sere — ir uff dene wegk koment, und alles ye mher hitze.

— noit uwer gnadenn ame zerunge zu gemainenn, dann war — enn lipp hyne waiget, so vertzey auch eyner uff gnugsame zierung — bekompt auch villerley zu handenn, do eyner itzunt wynigk — uckt, uwer gnade saill by sich nemenn C guldeu alleynn — kompt etwas wilde, dass eyner vonn dem andernn gedrungen — r syne gesellenn verlust, so were is swere zu betteln inn fremde — wer gnadenn bedengk dass zum bestenn.

(fol. 3) Were zu Worms zu will ryttenn, der lige zuo herberge z........ nym geleyde zu Mentz. Item zu Spier zur Kannen by Wendell gut herberge. Item von Spier kompt mann ame den Rine, do fert mann ..... und heyst Hussenn,¹) da nympt mann geleyde ame zalhuse .... und gipt igliche persome XX pennige vor pherdt und ma[rn] biss geyn Brotzell²) III myle. Item von Brotzel biss geyn Smerre,³) ist des aptes von Mulbronn, sall eyner nemen eynen knecht zuo Heydelssheym,⁴) dass lit by Brotzell, der geleyt ist biss geyn Bretten,⁵) do bezalt mann dass selbe geleyde und ist gudt herberge zum lobenn und zwo myle von Brotzell biss gen Bretten und ist dess paltzgrawen. Item darnach kompt mann geynn Fayngen⁶) und sint drye myle vonn Brotzell, do gilt wirtenberger gelt byms und anders, do nympt mann geleyde biss geyn Kanstaidt. Item vonn Kaynstaidt geyne Esslingenn II myle zum staybe zu Kaynstaidt nympt mann eyn sunder geleyde biss geyne Gyppingenn III myle z.... lobenn ubber.⁷) Item zu Gyppingen eyn sonder geleyde biss geynn Sussenn⁸) ist der v[onn] Ulmemenn und stait nyement vor schadenn eyn myle. Item vonn Sussenn biss geyn Geysslingen aber eyn geleyde II myle der v[onn] Ulmen. Item zu Geysslingen nympt mann der knecht eynen, der von Ulmen [uch] geleydt biss geyn Ulmenn III myle allenthalbenn gut herberge. Item vonn Ulmenn uff eyn kleyn myle heyst Gerlehoffen⁹) ist her-[berge by] Jorgen und ist noch ame........ der vonn Ulmenn und eyn i...... geleydt erstandenn um zweynenn .... nenn und ist nit zuo verach[ten viller]ley ursachenn halber und der geleydt biss geynn Memmingenn .... VI myle zum bocke. Item zü Memmingenn nympt einen staitknecht, der ryt mit [uch] geyne Kemptenn¹⁰) und sint III myle und lit ame wasser heyst d....... Zum Bernn aber zur kronenn jhenssit der brucken. Darnach kompt mann geyn Nesselwangenn¹¹) und lyt drye my[le vonn] Kempten und doselbest

---

¹) Hausen. ²) Bruchsal. ³) Höchst wahrscheinlich verschrieben für Serres, welches 3½ Stunde südöstlich von Maulbronn liegt (bei Iptingen) und in dieser Richtung die äusserste Grenze des früheren Klostergebiets bildete (Beschreibung von Maulbronn, herausgeg. vom stat. Comité, Stuttg. 1870, S. 287). ⁴) Heidelsheim. ⁵) Bretten. ⁶) Vaihingen. ⁷) Cannstadt, Esslingen, Göppingen bei Stuttgart. ⁸) Süssen zwischen Göppingen und Geisslingen. ⁹) Gerlenhofen bei Neu-Ulm. ¹⁰) Memmingen und Kempten in der bayrischen Provinz Schwaben. ¹¹) Nesselwang südöstlich von Kempten.

stoist das hochgeburge ame und zu [. . . . . . gait hirtzock Sigissmunts[1]) geleyde ame das sich nyemans besorgen [kann]. [Ma]nn kompt zwo myle von Nesselwangenn ame eyn brucken [ubber eyn] bache heysst Rutte,[2]) do gypt mann zolle vonn IIII pherdenn I crutzer. Darnach kompt mann inn eyn steytleine heyst Velchs[3]), auch gudt herbergen. Dar nach kompt mann geynn Bochelbach[4]) V myle, heydsset dem Berner[5]) und ubber dene Verner gudt herberge zu Nazariit.[6]) Darnach von Nazariit biss geyn Frunhussen[7]), gut herberge zum kanolt. Doselbest gaynt die Kroppichtenn[8]) und ayne ryne wasser heyst der Trynne.[9]) Darnach zum Zirlme[10]) und kompt ane eyn wasser, dass heyst der Frotze[11]), und sint drye myle von Fronhüssen, IIII myle vonn Nazariit. Darnach kompt mann geyn Isbrücke[12]) allerthalben gudt herbergenn. Dar nack kompt mann geyn Matre[13]) II myle, gudt herberge. Dar nach geyn Steynauche[14]) I myle, vast gudt herberge.

(fol. 4) Dar nach geynn Stertzingenn[15]) und liit IIII myle vonn Steynache, das liit ayne . . . . . . wasser heyst der Isack,[16]) gudt herbergenn. Dar nach geynn Meylbach,[17]) IIII myle von Stertzingenn, gudt herbergenn. Dar nach geynn Brüneck,[18]) III vonn Meilbach, das ist des bischoffs vonn Brixenn;[19]) do floist eyn wasser, heyst der Rintze,[20]) gudt herberge, do lass ichlicher syne pherdt beschlagenn, dann mann findt inbass keynenn smydt mherer. Dar nach geynn Niderdorff,[21]) III myle vonn Bruneck, gudt herberge. Dar nach vonn Niderdorff zum Heydenn[22]) in der Venediger lant, III myle. Dar nach II myle geynn Maynet,[23]) gut herberge. Dar nach von Meynet zum Spittale,[24]) IIII myle. Dar nach vonn Spittale zum heylligen Crutze,[25]) IIII myle, gudt herberge. Dar nach vonn dem heylligen

---

[1]) Herzog Sigismund von Tyrol, Bruder des Kaisers Friedrichs III. [2]) Damit ist wol die faule Ache gemeint. [3]) Vils. [4]) Büchelbach. [5]) Auf dem Fern. [6]) Nassereit. [7]) Frohnhausen. [8]) Ob der Stödl Bach? [9]) Der Inn. [10]) Zirl. [11]) Vielleicht die Mellach. [12]) Innsbruck. [13]) Matrei. [14]) Steinach. [15]) Sterzing. [16]) Der Eisack. [17]) Mühlbach. [18]) Bruneck. [19]) Brixen. [20]) Rienz. [21]) Niederndorf. [22]) Haiden hiess früher die Gemeinde Ampezzo, deren Hauptort Cortina ist (Staffler, Tirol u. Vorarlberg, Innsbr. 1847, II, 525). [23]) Wahrscheinlich heut Venas. [24]) Ospedale hinter Perarollo. [25]) Santa Croce.

Crutze II myle biss geyn Spirfaile¹). Dar nach vonn Spirfule zu Kengelayne²) II myle. Dar nach vonn Kengelayne geynn Terfis³) III myle, do müss mann ... ubber eyn wasser, heyst das Blait,⁴) und ist vast sorglichen mit dene [pher]den dar ubber zu kommenn. [Dar] nach vonn Terfis geynn Meysters⁵) II myle. [Dar] nach geynn Margere, vonn Margere⁶) I myle bis geynn Venedigen [uff] deme caynale. Zu Venedigenn gut herberge zur fleytten, aber by madonna Margaretha, so is sust keyne herberge, do selbst eyner hatte dann sunder kentzschafft. Im kauffhusse aiber by Peter Igelnheimer vonn Franckfort⁷). Und solche herbergenn zu Venedigenn zu habenn muss mann eynenn for heyne⁸) vonn Terfis aber Meysters geynn Venedigenn schickenn, soliche heyrberge zu bestellenn, und zu Terfis plecht mann die pherde zu verkauffen, dann sy kosten groysse gelt do selbest zu halten. Wann mann zu Venedigenn ist, plecht mann sich am zu dungenn mit dem patromenn der gaylleyenn inn massen und forme, als her nach staidt, und ist noit, dass mann sich versorge mit borgschafft und anders, dann die patroney haltenn doch, was sy wollent, wie woill unsers patroney her Augustinus Conterenj hielt unss alles, wass er unss zugesegt hatt, aber Petrus Landawe⁹) der hylt synenn pilgerannen eyns aber keyns nye und warent froe, dass sy mit dem lebenn dar vonn kament, do frage mann die Beyer und Swabenn umber die mit dem selbenn Petro fürent a⁰ LXXXIII. Als wir ubber fürent anno etc. ec.

Zum erstenn sind wir mit ime verdragenn, dass Augustinus Conterine¹⁰) lyesse unss sechsse pilgerann aichte stedt in der galleyenn II clafftternn hynter dem mastbaüme geygenn dem groissenn loch ubber, daz ist vast inn der mitte der galleyenn, besunder weme dass farenn wee thudt und die fortuna nit woill erlydenn maige und auch uff der selbenn sytenn ubber, woe zwene herrenn werenn,

---

¹) Wahrscheinlich Serravalle. ²) Conegliano. ³) Treviso. ⁴) Die Boita, ein Nebenfluss d. Piave. ⁵) Mestre. ⁶) Malghera. ⁷) Vgl. oben S. 11. ⁸) So liest die Handschrift; wahrscheinlich ist von Heyden zu lesen. ⁹) Ueber Petrus Landau und dessen Incoulanz gegen die Pilger berichtet Breydenbach in seiner Reise (bei Feyrabend) S. 57. ¹⁰) Vgl. oben S. .

lege iglicher mit syner gesellschafft geygen dem anderenn ubber und heyttenn gemeynn koystenn (fol. ɔ) und nyemant machte sy do selbest irren ann irenn willen und gabenn dem patronenn iglicher persome XLII ducaten vor alle dinge, als her nach folget naich lude eyner verschribunge dar ubber saigende. Item sull der patrome die pilgerann fürenn mit syner eigenen persom vonn Venedigenn bys zu Jherusalem zu dem heylligenn lande und wiedder umb geynn Venedigenn und bait sich auch verplicht, usss züfarenn uff denn daige N. by eyner pene dussent ducatenn. Auch sollent die pilgerann zwene unther ine ordenn und erwelenn, dass sye ame iglicher portenn beshene aiber der patrome syne geschutze und harnochs haibe vor die bruder, aibe is noit syne werde sich yrer fynde uff zu haltenn. Auch sull der patrome ame stedt und portenn farenn, do mann gewonliche hyne plegent zu farenn, und saill ame keyne stadt lenger haltenn, dann II aber drye dage, is were dann grosser wint und fortuna inn deme mere, und inn Cyppernn saill er so lange verlibenn, bisse die bruder geynn Nicosya moigent komenn, und dass nach der bruder gefallenn, aber inn der wiederfart mage der patrome inn iglicher portenn blibenn lygenn III dage ungeverlichs do selbest kauffmanschatz zu laidenn und auch nit lenger dann III dage. Auch sull der patrome den pilgeram ire verlangenn staidt nit besweren mit eyncberley kauffmanschatz, auch nit verdringenn laissenn udrch die synenn aiber ymants anders ungewerlich. Auch saill der patrome synenn pilgerann allenn dage zu essenn und drinckenn gebenn zwye maill, als irbarrn ludenn zu staidt, und were is sache, dass eyn pilgeram aiber mher zu dess patronenn dichss morgens aiber aibents nit gelegenn were zu komenn und der pilgeram vor sich aiber ander sine essenn und drincken vor sich alleyne aiber gemeynlichenn syne gesellenn habenn woillenn, sull inne der patrome eyme aiber mher das ame vertzegenn und alle wiedderredde sendenn, wie mann das andernn brudernn pleget zu gebenn ame geverde.

Auch saill der patrone guttenn wine gebenn und gudt broidt biss zum heilligenn lande und her widder umb besunder, wann der patrone inn der portenn helt, weys mann will, wie mann dass pleget zu haltenn. Auch sull der patrome den pilgeram alle mor-

genn, were des begerende ist, eyn collationn gebenn mit broidt und
malwasir ungeverlich. Auch wann die bruder gerne fris wasser
hettenn, aiber sust ande profande inn dene portenn zu hoylenn, saill
der patrome denn pilgeram dass kleyne schifflyne leneun, dass do
heyst der pattele, und dar zu syne knecht, die da komenn farenn
zu iglicher ziit, wann sy des begerende sint ungeverlichs. Auch
sull der patrome verfügenn, dass keynn pilgerann inn syne galleyenn
und wer er mithtigk ist, beleidigkt werde, mit wortenn aiber mit
werckenn durch sich die synenn aiber ymantzs anders und gebe
etwas vonn ime aiber denn synenn ubberfarenn werdde, dass nit
syne saill, so sa'll der patrome schuldigk und verbundenn syne
karunge und wandel.

(fol. 6). Auch saill der patrome die pilgerann zu rechter ziit
in dem heilligenn lande wandelnn laissenn und sie eygentlichen
wartenn und mit der galleyenn verharrenn und inn eygener persone
mit dene brudern ryttenn widder und fore ame alle hevlligenn stedt
und besunder ame denn Jordane und wiedder umb bysame die
galleyenn und sich getruwelichs und auch erbarlichs by dene brudern
halten, sy zu verdedungenn und zum besten versorgenn, dass sy nit
durch die heydenn aiber amelauffer beschediget aber geletzet werdenn.
Auch aibe eincher pilgeram aber mher von dodes wegenn aioginge
inn der galleyenn aiber untherwegenn, so saill sich der patrone sich
umb das gelazende pilgerams gudt nit amenemenn, besunder by
denn bruddernn laizenn, die mit denn selbenn uff die ziit do sint
und der verschedenn empholenn hait vugenlich. Auch aibe eincher
aibe mher storbenn, eher sy zu dem heilligenn lande kemenn, und
inn dem dar farenn storbenn, so saill der patrome das halpdeyll
geldes, aibe is anders gantz gegebenn were, widder umb gebenn
synenn mitbruddernn aiber testamentarienn. Aibe eincher pilgeram
zu Sant Katherinenn wolten, saill der patrome iglichem, der soliches
begerende ist, X ducaten wiedder umb gebenn aiber laissenn aibe-
ghene am der gantzen sommenn und solichs sollen die pilgeram zu
Jherusalem dem patrome zu verstame gebenn, uf daz der patrome
nit uff sy moige warten mit der galleyenn. Und der patrome saill
den selbenn auch getruwelichen beholffenn syne, dass sy mit geleyde

versorget mechenn werdden nach synem besten synnenn und vernufftenn. Aibe etliche pilgeram eynenn dolmetzenn zu Venedigenn innemenn würden, so saill der patrome dem selbenn die kost gebenn biss zu dem heilligen laudde und wiedder umb biss zu Venedigenn. Auch keynenn schifflonn nit vonn dem nemenn und so die galleyenn mit dene pilgeram geynn Jaffa kompt, was dann forter der dolmetz vertzert, mit eselgelt und kortazyenn, sollent die pilgeram, die denn dolmetzenn also bestalt bann, vor ine ussrahtenn und betzalenn ame schadenn dess patronenn. Auch saill der patrome alle zolle, schatzunge, eselgelt, geleytsgelt, fresserii, kortaziien, wie die nameun haibenn, nichtess usgescheydenn, wass dann eym pilgeram gebort us zurichtenn in dem heilligenn lande, dass saill der patrome ussrichtenn, und bezalenn ame der pilgeram kostenn und schaidenn, und mann saill dem patrone dass gelt halp gebenn zu Venedigen und dass ander halpdeyll zu Jaffa, wie mann dann mit ime ubberkompt. Und ist die rechte zaill inn eyner galleyenn ubber zu farenn LXX person und wass dar ubber ist, dass ist zu fyll und muss auch eyner dester mher ungemachs ham und der patrone saill auch keyn kauffmannschatz nit fürenn, wie woill sy dass nit lassenn und ladenn heymelichs darinn; und mann gipt gemeylich XLII aiber XLIII ducatenn vor alle dingk und ist eym iglichenn zu raitten, dass er sich (fol. 7) amdinge alzo der patrone allenn zolle und tribudt usrichtenn, und wer eyner dass nit dehede, so magk eyner nummer vonn denn heyden komenn, dann is ist so mancherley, das eyner mit XV aiber XVI ducatenn nit ussgerichtenn kann, dar umb sy eyn iglicher gewarnt, dass solichs auch clerlichenn inn gevuckt sy und inn der verschribungenn ussgedruckt. Auch aibe etwas inn der galleyenn verblebenn, will die pilgeram zu Jherusalem und inn dem heilligenn lande werrent, saill der patrome bestellen durch die synenn, dass solichs woill verhudt und bewart werde und denn brudern dwyll keyne schade zugefuget werde, und abe etwas her ubber denn brudernn zu gefuget würde, eyme aber mher saill der patrome dem schadenn geltenn ungeverde. Und aibe etwas mher noit were inn dysser verschribunge zu setzenn, dass eynenn patronenn zu stundt, is were vonn rechte aber gewonheyt, da saill auch sich der patrome her inn verschribenn und verplichtenn ham, nichtes ussgenomenn und soliche pünct und artikell sollenn stedt und veste gehaltenn und verborget vonn etlichenn borgern zu Venedigenn, aibe yme nit gehaltenn wurde, dass eyner wuste, woe eyner dess synenn und vermesssen schades erhabenn mochte, sust magk eyner keynn zu recht bekommenn zu Venedigenn. Ich raittenn keyme nit, dass er syell kleyder mit yme usser dutzenn lanndenn biss geyn Venedigenn fure, zu Venedigenn kaufft ire gutenn kauff linenn duch, do lazent uch machenn zum mynstenn IV hemde, do hapt ir genugk mit zu Jherusalem und vidder umb. Item iglichem zweye par lilachenn laiss auch zu Venedigenn machenn und die galiottenn aiber die schiffknecht die weschenn solich gewant, wann is noit dut umb eynn zymlichs. Item kaufft zu Venedigenn eynn stromatzenn und eynn polster mit zweyenn kossen, dass eynn saill synn eyn güdt lendenn kissenn zu iglichem zwoe ziechenn umb dess wechssens willenn. Item eyn deckenn mit bauwollenn gefollet dich mit zu deckenn. Item eyn kastenn, do mann uff liget mit listenn, alss mann die pleget zu machenn. Item kaufft zu Venedigenn groiss und kleynn fatzillet (wuschtüchtter od sweisducher)[1]), dann is ist vast warm inn der galleyenn und uff der erdenn inn heylligenn landenn. Item kaufft zu Venedigenn zweye par lynem hoyssenn, dann du macht keyne wollen hoyssenn nit gelidenn umb der hitz wollenn, dann liddernn hoyssenn sint mit güdt. Item kaufft zu Venedigenn grauwe aiber swartz duch zu eynem langenn rock mit eyner capprutzenn ungefoddert, ist fast güdt in schiff und inn dem heylligenn lande, wann is ist nachtes gar kule und dauwet alle nacht, dass eyner sere nass wirt, wo eyner ni unther dach ist.

(fol. 8) Item laize dir machenn eyn hoche par schuwe zu Venedigenn mit doppel süllenn vonn dem russen ledder, die dir gaint bisse an dine knye, haistu genugk biss geyn Rodis, do findestu schumache und fast güdt ledder, do selbest magestu eyn par aibez zwey laizem machenn noch dinem willenn. Item iglicher pilgeram saill haibenn eyn flachssgenn, do eyn maiss in gehet, die er selber furenn saill

---

[1]) Von späterer Hand darüber geschrieben: siehe oben S. 16.

will anders er im heylligen lande nit dorst lydenn, und kauff keynn glessenn flechssen, sy zurbrechenn aller, dann is kompt dick und fill, dass eyner eyn dagk vonn esell geworffenn wirt aiber felt mit dem essell, so zurbrechenn die flechssen. Item wo eyn geselschafft by eynander ist und sich zu hauff thudt, die kauffent zu Venedigenn etliche groisse zenenn flechssenn eyn vonn IIII maissenn, die sind gudt, wann anne die portenn fyrt, wasser dar inn zuo hoillenn, und inn dem heiligenn lande, do mann benachtet, so muss man profande mit furenn, sy lydent anders groissen mangell. Item iglicher pilgeram layss eynenn sack machenn, alss die menche dragent, dene mann nennet eyn gardiane, do fürdt eyner syne klysse, fleyss und broidt inn, vonn Jaffa biss zu Jherusalem, das turt er darinn, biss wieder inn die galleyenn. Kauff keinn schamolet zu Venedigenn, er werdent bedrogenn und sint nit gudt da. Item du must habenn eynenn zoiber aiber eynenn kobbell, der ist oibenn zu gedeckt, alss mann soliche woill weiss zu machenn zu Venedigenn, so is windicht ist uff deme mere und die galleyenn sich inn dem mere erheypt, so wirt eym fast wunderlichenn umb syne hertz, dess sich eyner nit enthebenn magk, er muss sich vonn stundt begebenn, so ist dann noit, dass eyner dene kobbel by ym hait, und ist auch gudt, dass mann allerley dar inn thudt als hirssen, erbeyssenn, rysse, wickenn, denn hünernn, die ire auch kauffenn sollent zu Venedigenn, iglicher II par hüner, dar zu liget uch der patrome eyner hüner korpp und eynenn fleckenn hindenn ann der galleyenn, dar inn ir uwer hüner mogent behaltenn, und wollent solichs inn sunderheyt nit vergeyssenn mit deme hüner korpp. Item zu Venedigenn bestell botternn, keysse, gesaltzenn zungenn und etliche schincken, lemonenn, pomerantzaenn, olivenn, schusselnn, VI aiber aicht zenenn becher, dann dass glaisswergk das bricht gar gerne, eynn koppernn haiffenn, mit eyme deckell, dar inn mann III aiber IV hüner gesedenn magk, und in dem deckell macht mann eyer soppenn und waiss mann bedorffende ist, zur spise IV ysene leffell und sust holtzenn leffell, iglichem eynenn und iglichem eyn schussell, do er synn gemüsse inn neme und dass auch verware, (fol. 9) dann nyemant dess entberenn magk im heylligenn lande, so fint mann dess auch nit fyll, dass bedenckent gar ebenn.

Item iglicher müss haibenn eyn urinall, dass ist eyn harmglayss, ist strohenn gehuse, das fint man auch feyll zu Venedigenn und kann dess nit entberrenn. Item kauff auch lichte, die müss mann nachtess inn der galleyenn und im heylligenn lande hann, dann is begipt sich allerley, dass mann synn noitdurfftick ist, VIII aiber X punt. Item laist uch machenn bistoittenn, das ist zwee gebackenn broidt, dass do wiss und schone ist, dann der patrome der gipt uch nit gnugk, dann der patrome gipt uch nach dem welschenn syttenn zu essenn und wann mann inn eyn portenn kompt, so gipt der patrome auch keyne spise, dar umb nemet dester mher. Item vonn Venedigenn kompt mann geyn Parentz[1]), do maicht der schome Paris syne schiffunge, do er Helenam vonn Troye mit name. Und liit in Hystria, do lygent liphafftigk Sant Maurus und Eleuterius. Item dar nach C welssche mylle von Parentz zu eyner staidt, die heyst Zara inn windeschenn landenn gelegenn, do liget liphaiffigk der groysse Sant Symeonis corper unverwesen und der prophett Joheliss und ligent aicht stade do selbest. Item dar nach XV myle vonn Parentz eyn staydt, heyst Rubigna[2]), do liit liphafftigk Sancta Eüfemia eyn jungfrauwenn. Dar nach XXV myle ligt eyn staydt Polmedore[3]), do endet sich dass lant Istria, so kompt mann ubber dene galff, Coruera genannt[4]), der ist XXX milen langk. Item geygenn Zora ubber ist eyn bergk, heyst Sant Michelss bergk, und das liit in Dalmatia. Item gegenn alt Zora ubber liget eyn barfusser cloister unser liebenn frauwenn, die koment und heyssent die almissenn in der galleyenn[5]). Item dar nach kompt mann zu eynenn stetlyne, heyst Lyzma[6]), do vor staydt eyn cloister, heysset unser frauwenn gnaidenn, und ist hundert myle von Zara, geygenn Lynnzo ubber lyget eyn inssel, die heyst Luza[7]). Item dar nach kompt mann geyn Rogūsa[8]), die staidt ligt inn Slavania, dess konigess von Croatienn, und ein konigh vonn Ungernn hait sy inn bescherins wysse, dem gebeut sy tribut, aiber sy gebeut dem Türckenn auch tributt und rechent V^c myle vom Venedigenn. Item

---

[1]) Parenzo.   [2]) Rovigno.   [3]) Promontore.   [4]) Quarnero.   [5]) Vgl. Geisheim, Die Hohenzollern am heiligen Grabe, S. 67—73.   [6]) Lussin.   [7]) Lissa.
[8]) Ragusa.

dar nach kompt man geyn Korfuna¹), dass ist III^c myle von Rogusa, do hept Grecia ann; untherwegenn dryssigk myle von Rogusa liit eyn staidt und portenn Kathedra genant, do by zunest auch eyn staidt Bydna²) genannt, da endet sich Slavania und hept am Albania das landt, fast eyn ungetruwe folck.

(fol. 10.) Es flust auch do selbest von Schuterije³) eyn susse wasser inn dass mere, dass heyst Büyona⁴), ist dem turckenn inn gebenn vonn dene Venedigern und ist eyn staidt. Item dar nach kompt mann zu eyner altenn zursturtenn staidt, heyst Duratzo⁵), hait vertzyttenn gebuwenn keysser Constantinus und wollt Constantinopell do gemacht hann; etliche myle vonn Duratzo liget eyn staidt. Lanelona⁶) genant, II^c myle von Roguza inn Turckya gelegenn, und LX myle zwerge ubber mere kompt mann geyn Püllenn⁷), do die Pulssenn hengst und pferde her komenn, dess konigess vonn Neaples.

Item untherwegenn, ee mann geyn Corfune kompt, XVIII myle, ist eyn zurbruchenn stetlyne, dar inn nichtess ist, dann eyn schone kirchenn, dar inn unser liebe frauwenu gnedicklichs rastet und vill zeychenn thudt und dass heyssent die Turckenn Cassopoli⁸), und zu der rechtenn hant des meress ist eyn inssell im mere, die heysset Stoy⁹), do etwann eyn grosser drache ist gewest und mann dene mit eyme thoidtenn menchssen, der vol gifftess wart gestosssen und dar bracht, do vonn der drache starpp, dann er thede groissenn schadenn. Item dar nach kompt mann geyn Corfurne, eyn kriechsse staidt der Venediger und vast woill verwart, zwey gutt slos, und die inssell Corfune hait CLXXXV myle umb sich, alles in krichsser spraichenn. Hundert myle vonn Corfune auff die linckte hant liit eyn insssell Sant Maffra¹⁰) genannt, eyne Lymlea¹¹) und Slavania¹²) die hait hundert myle umb sich, eyne insssell Azanto¹³) aller inn Krichenn gelegenn.

---

¹) Corfu. ²) Budua. ³) Scutari. ⁴) Bojana. ⁵) Durazzo. ⁶) Avelona.
⁷) Apulien. ⁸) St. Maria de Cassapoli auf Corfu selbst; vgl. Geisheim 77 u. 211. ⁹) Issa. ¹⁰) Santa Maura. ¹¹) Thiaki? ¹²) Cephallonia. ¹³) Zante.

Dar nach kompt mann geyn Modon¹), das ist gar eyn veste staidt, inn Morea gelegenn, der Venediger, und ist III^c myle vonn Corfuna und ist auch kriechsse sprach und Sant Paulus gleybenn und ussvennick der selbenn staidt do woynenn die gippenn, die mann nent die zoiguner, itell verretter und dibe und sprechenn, sy koment usser Egipptenn landt, wann sy inn dutze lant komenn, und ist alless erlogenn, alss er (ir) selber woill vernemenn werdent. Und Morea ist vast eyn gudt lant gewesenn und das mere gheet gerinncks umb, dar umb und uff der eynenn syttenn dess ertrichs zu der Turckyenn hait es nit wassers eyner dutzenn myle breyt und der Turcke hait das lant alles verwust und yngenomenn biss ame Modoyn und ame etliche slosser, die noch der Venediger sint, eynss heyst Zonte, ist ubber die maisse starck, der Venediger. Zu Modon inn der thumkirchenn liigt Sant Leo und Sant Anastasius heupt. Zu Modoyn wechst der rechte romanie und in der welt niergent mer.

Item ... myle vonn Modonn uff die linck hant inn der insseln liit eyn sloss, heyst Rogusa²), ist der Venediger, und sy habenn dass dem Turckenn inn gebenn.

Item uff die linck hant hundert myle vonn Modoin kompt mann am eyn staidt, Zirigo³) genannt, die auch der Venediger ist; die inssel hait LX myle umb sich, inn (fol. 11) der selbenn insellenn hait Paris die schone Helenam genomenn inn eynem sloss, heyst Bellyo⁴) und dass gemuwer dess sloss staydt noch do und vonn derselbenn Helenenn wegenn wart Troya die veste stadt vonn dene Krichenn zurbrochenn, alss dass historia troyana clerlichenn usswisset. Item Modoin liigt III^c welchsse myle von Candyanie⁵) und es ist ey gross insssel mher dann IV^c welchsse myle umb sich und hündert gemuwertenn stedt gehapt und ist alzo eyn frochbar inssell, als sy inn der wernt syn magk und der malwasier der wost auch inn der wernt nyegens anders, dann do selbest, und ist der Venediger. Item vonn Candia geyn Rodis sint III^c welchsser mylenn und ee mann geynn Rodiss kompt, by hundert mylenn nhae, do lygent (IX inselnn)

---

¹) Modon. ²) Neocastro? ³) Cerigo. ⁴) Dieser Name wird sonst nirgends erwähnt. ⁵) Candia.

herrenn untherworffenn sint, ame der selbenn inselnn und by dem sloss Mandrackij¹) hept sich ame der Rodisser canayle der ist sechzigk mylenn langk. Item VI myle vonn Rodis ist eyn sloss, heyst Villa Nova, und ist dess hohe meysters vonn Rodis, oibenn uff dem selbenn bergk eyn kirche, die heyst Maria Vilerma²), ist verzitten eyn staidt gewest und durch dene Turckenn verwust, unser lieben frauwe ist fast gnedick do.

(fol. 12.) Rodis das ist eyn woillerbuwete staidt, gemuwer, und vonn thornenn zu der were geschickt, und sint vor der staidt zwölff thornenn, wintmoile, die haibent die Janüesser laizenn machenn zu eynem zeichenn, dass sie die staidt Roidiss uff eyn ziit woilltenn ingenomenn habenn, und solichs uff die ziit vorkomenn wart, und etliche nidder laigenn und geschatzet wordenn die XII moilenn zu buwenn. Ussser der staidt Roidiss ist die eddel staidt Troya, zum erstenn gewonnenn worden und die ertbiebunge hait inn zweyenn jarenn groissenn verdirplichenn schaddenn gethann, als ir woill sheenn werddent, und die inssell Roidis ist koistlichenn vonn allerley, dass mann bedarff und ist nhae by der Thurckye gelegenn uff eyn myle wegess, und liit eyn starck sloss uff dess Thurckenn lant, genant Castrum de Sancto Petro³), dar durch vill cristenn usser der Thurckye komenn vom gelude eyner gelockenn und sint auch etliche hunde inn dem selbenn sloss, die hant eyn sonderlich art, als uch die herrenn woill sagenn sollenn, und ist vill holtumss zu Roidis, dass mann uch aller zeyget, das zu lanck zu schribenn were. Item Roidis hat verzeyttenn geheyssenn Colsess und die heydenn heyssent is noch also und Pauluss hait siner epistelnn eynss deyls dar geschrebenn und hait is geheyssenn ad Colicensis⁴) und liget VIIIᶜ myle vom Constantinoppel uff dem mere zu farenn. Vonn Roidiss bys geynn Cyppernn IIIᶜ myle; ame der selbenn innsellnn

---

¹) Die in Klammern stehenden Worte sind von späterer Hand am Rande hinzugefügt; Tucher 352, nennt neben dem Schloss Mandracky (Alexander 38: Monaly) auch noch Nikia; beide liegen auf der Insel Nisyro. ²) Auch vom Herzog Alexander 38 genannt; vgl. Kohl 97. ³) Vgl. oben S. 22. ⁴) Der Verfasser verwechselt, dem John von Maundeville (S. 408a) folgend, wie Tucher, Rhodus mit Colossae in Phrygia pacatina. Vgl. Breydenbach 56; Wilhelm der Tapfere 96.

Cyppernn liget eyn staidt, die heyst Baffa[1]), do ist gar eyn bosser
lofft und soliche staidt hait zurstert eyn konigk vonn Engelland
umb syner swester willenn, die eyn konigk in der selbenn staidt
genoitzuchtiget hait, die zu dem heilligenn lande farenn wolte[2]),
und zu Baffa ist der kercker, do hait Sant Pauluss lange zit ge-
fangenn gelegenn, und ist eyn schone kirchen do selbest gestandenn
ubber dem kercker Sant Franciscuss ordenn und in der selbenn zur-
stortenn staidt steidt eyn ander kirche, do staint VII zellenn unther
der erdenn, do haint die VII sleiffer geslaiffenn, und eyn bronnenn
do by, denn drunckenn die lude, so sy krancke sint und dass febress
haibent und thut nyemans wee, ich ham syne vill gedrunckenn und
ist swuss wasser; Phylips vonn Hochensteynn der lyget auch do
vergrabenn, vor der rechtenn kirchenn. Nicht ferre vonn Lymizo[3])
lyget eyn kleynn refirre, die ist so foll unrys gewormmess, dass
nyemans do gewonnenn mocht, dann eyn cloister, dass ist do, do
haibent die menche vill katzenn, die degelichenn in dass felt lauffenn,
und fyll gewormss erdoittenn, also haibent sy inn dem selbenn
closter glockenn, wann mann die ludet, so koment soliche katzenn
und nement irre spise und lauffet dann widder umb zu felde.

(fol. 13.) Item by Lymizo sint groissse wellde mit ytell baumenn,
die Sant Johanness broidt dragenn. Item inn Cyppernn ist alless
schaiffleys ungesunt und die schaiff haibent do swentz spannenn
broidt. Dar nach so mann halbenn wint hait, so fert mann inn
eym dage und nacht, daz mann daz heillige lant amsichtik wirt,
do ist freude und lobgesanck, mit dem gesange Te deum laudamus.
Und mann rechent vonn Zyppern biss zu dem heilligenn lande zu
Jaffa III^c myle, do wurfft mann ancker zu verlybenn. So kompt
am die portenn, die heyst Jaffa, denn namenn hait die staidt [von]
Noes soin herre Jaffat und nante die staidt Joppenn und ist die
aichte staidt, die ye inn der wernt gemacht und gebuwenn wart

---

[1]) Baffa. [2]) Der Verfasser spielt auf die Eroberung Cyperus durch König
Richard Löwenherz an (Röhricht, Die Rüstungen des Abendlandes zum
dritten grossen Kreuzzuge in Sybels Histor. Zeitschr. XXXIV, S. 59 ff.).
[3]) Limissol.

vor dass groiss wassser, daz by Noes zytenn wass, und mann sicht noich do selbest am eynenn groissenn wilchssenn die ringe stain. dar am mann die schiff hafftet, und auch eyn groisse kettenn, dar am verzittenn eyn rysse gefangenn ist gelegenn, der heyss Adromadiss, dess selbenn rissenn rippenn ist eyn XLI schuwe langk gewest.[1])

Zu Jaffa so schickt der patrone etliche geyn Jherusalem und Rama, die die heydenschsenn sprach konne, umb geleyde zu erwerbenn; so dass alzo erlanckt wurt, so komt der fackardyne[2]), der groiss kaylive, und der kleynn kaylive vonn Jherusalem und der beblibardher vonn Rama und der gardyane und brudder pilgeram von Jherusalem zu uch in die galleyenn und brengent eyn verschrebenn geleyde, dass wert III aiber IV dage und die heydenn slagenn ir gezelt uff vor Jaffa und ubberkoment mit dem patronenn umb dene tributt und andere schatzunge, dass wert auch etliche zit; wann das geshene ist, so bescheydenn sy essel und muller zu brengenn, dar uff die pilgeram ryttenn mussenn, do sicht mann manchen wildenn wappener, so yedermann gerust wurt zu rydenn, were hye were do, so mussent ire haibenn zwene holtzne styckreyff, kauffet ir inn der galleyenn umb dene colustine[3]). dass ist der schyffmacher, do gebent ir umb III marcketenn, so zucht mann uch seyll dar inn, so siit ir gerusst: nement keyne andere styckreyff, sy laizent sy uch nit, und niement uch, wass ir hubchssess hait, und slagent uch dar zu, ir ryttent uff keynenn saittell nit, dar umb nement uwer kolter mit usser der galleyenn, ir rydent anders vast ubbell, und kaufft eyn gortenn, dass ir ubber kolternn moget behaltenn, er verliezent sy anderss nit uff und abbe sitzenn und nit laissent uch aibedringenn, so ir eyn juddenn esell bekoment, so ist is allendagk zu thune, umb eyn martzellenn[4]), zu dene wissent dene heydenn und fraget nach synem nameun, wann (fol. 14) mann ryttenn will, so ist is alless umb II ducatenn zu thune und wart alle ziit uff uch mit synem esell, dass er dess gewiss siit, anders ir mussent hyene und here lauffen.

---

[1]) Vgl. Winer, Bibl. Realwörterb. s. v. Joppe. [2]) Vgl. oben S. 23. [3]) Der Schiffszimmermann heisst bei Kiechel 395 calvat, d. i. calfattore; unser Wort hängt wohl mit coless zusammen. [4]) Vgl. oben S. 16.

und aibe uch woill eyn heyde eyn andernn essell gebe, dass hilfft alless nit, er saill uch so dick ir uff kommet (koment) widder umb do vonn werffenn, und gebent im nichtess, er koment dann widder umb heyme, uff dene aibent und daz laizet uch uwernn patronenn zu Jaffa usssrichtenn, aiber uwernn dolmetzenn; so ir dass nit dunt, ir werdent mhue und arbeyt haibenn und werdent wonderliche dinge shene vonn dene, die nit dene heydenn woillent cortasyenn aiber geschencke gebenn, wie woill is hart vonn dene patronenn verbottenn wurt, wer will ydermann syne amfechtenn klaigenn, gedenckt auch allewegenn forenn uff der bayne zu syne, die do hindenn nach zugenn, musssenn mit deme lybe versetzenn, do hert mann groiss geschreye, dass laist uch nit bekommernn, halt uch by uwernn zugethainenn. Als nuwe alle dingk beslossenn ist mit dene heydenn und dem patronenn, schick yedermann sich mit synem geredt, wass er dann mit yme will furenn, mit wine, mit brode, keyss, tresenyenn, mit synem sack, flesschenn, schusselnn und leffell, mit syner kolternn. stygkreyff und farenn am dass landt zu Jaffa, do sitzent die ubberstenn vonn Jherusalem und vonn Rama und schribent igliche namenn ame synem gedaufftenn namenn und syness vatter namenn.

Wann dass gescheenn ist, so furent uch etliche heydenn inn eyn gewelbe und gebenn die knaibenn eym eyn wenick hauwess, dass kostet eyn marketenn, dar uff setzet er sich so lange, bisse uwer ander bruder auch by uch kommenn in dass selbe loche, dar nach komenn die heydenn und brengent eyer, broit und wasser feyll, der selbe boram staidt vor dem loch und ist nit fast kalt, alzo dass er noch nit ane die zene kellet, do mussent ir vor eynem krugk voll gebenn eyn marcketenn, dass nennent die heydenn ein seladyne[1]), und geltenn eyn martzellenn, in dem selben loch pleget mann etwas zwene dage zu lygenn und die cristiam und heydenn brengent allerley dar feyll, uff dass sy die pilgeram umb dass ire brengent. do secht mann manchenn wildenn knecht und kauffmann. Dwill ir inn dem loche zu Jaffa syt, so ir dann uss wollent ghayne, zu uwer noitdorfft, bestellent, dass ymantzss by uwerm gerede verlibe,

---

[1]) Also ungefähr 0,40—0,50 R.-Mark.

anderss er entphanent schaidenn. Ir moigent auch woill nachtess, dwill ir zu Jaffa benachtent, wiedder umb in die galleyenn farenn zu slaiffenn umb ufflauffs willenn, der sich begebenn mocht, die heydenn suchent vill ursachenn, do mit sy den cristenn moichtenn aibrechenn.

So nuwe die esell komenn sint, so sprecht uwernn patrom aiber dolmelzzenn am umb eynenn guttenn esell zu bestellenn, dann yedermann hait ayne dem ende (fol. 15) aicht uff sich selber umb esell zu bestellenn, und laist uch uwernn esell vor das loch bestellenn, uff dass er nit hynfure unther die heydenn lauffenn darff, dann wir wordenn zu Jaffa vast hart und sere geslagenn, ydermann lieff und woltenn eynenn essell nemenn, dass kame uuss zu eynenn groisssenn unstaidenn, solichs zu verhüttenn warnn ich uch dar vor, danu ander (lude) schadenn saill uch vor deme, zufalle uch verhüttenn. Als nuwe ydermann gerust ist zu ryttenn, so ist eyn groisser staupp, dar nach mussent ir uch richtenn mit deme winae, aibe er uch unther augen ghee aiber naich, dann drie stundenn lanck wurt is, biss dass ir koment by Rama, und uff eyn ackerlenge mussent ir aibesitzenn und zu Fusss geyn Rama ghene, dann die heydenn laizent keynenn inn die staidt ghene und wann ir in die staidt koment, so furt mann uch inn eyn oydess husse, do zalett mann uch hyn inne, dass selbe huss hait vill gewelbe und eynenn guttenn bornn, soliche huss hait gekaufft hertzoigk Philips vonn Borgunde und allenn pilgeram zu gudt gebauwet und hait dass dene bruddernn von Jherusalem Montem Syonn befcllenn zu behaltenn[1]). Zu Jaffa ist Jonas der prophet in dass schiff gangenn und gewichenn vonn gottess annegeschiecht und walt in Tarsiam und ander wondertzeyche mann uch sagen wurt. Vonn Jaffa biss geyn Rama geschicht dene pilgeram groissse smacheytt und ungemach vonn dene heiden und yrenn kindenn, die inn dene dorffenn sitzent, dar umb ist gudt, dass sich eyner fornn uff denn wegk mache by dy heydenn, dann ich hayn is auch versucht.

---

[1]) Tobler, Jerusalem II, 816; Ritter, Asien XVI, 581; über den Kreuzzugseifer des Herzogs Philipp von Burgund siehe Röhricht, Die Eroberung von 'Akkâ 1291 in d. Forsch, zur Deutsch. Gesch. 1880, S. 61.

Zu Rama lest mann uch alle morgenn messe lezenn und thudt uch predigenn, wie ir uch haltenn sollent im heylligenn lande und absolvirt uch und ander, die nit urlaup haibenn wann dem baibst zu Rome. Und wann die heydenn wollent, so musse mann uff syne uff dene wegk zu Jherusalem zu, aiber sy fürent uch vor zu Sant Jorgenn, die selbe staidt heyst Lydya, do er entheupt wordenn ist, do secht mann wonder, er die brudder zu iren esellnn komenn, dar umb behaltent uwers manness namenn, der uch dene esell zu Jaffa geluwenn hait, biss zu Rama, so brenget er uch uwernn esell, so gebent ime cortasyenn. Zu Rama brengt mann uch gudte versottenn huner, eyer, drubenn[1]), prume, gudt broidt und wass ir haibenn wollent, und ist boisse lufft do selbest, verwart uch dess nachtess vor der lufft, do selbest is ist fast eyn schone baitstoibenn zu Rama und gipt eyner nit mher dann eynem maydyne, der geltenn XXVI eyn ducaten[1]).

(fol. 16.) Vonn Rama kompt ir zu Emaus und da vonn Jherusalem, das sint XXX welsche myle, die nit kleyne sint; is lygent vill fleckenn uff der sittenn, ich umb der lengenn willenn wollenn irenn namenn nit schribenn, mir zwiffelt nicht, ir haibent auch bocher do vonn sagende.

Zu Jherusalem vor der staidt do staint die pilgeram vonn dene eselnn und ghent hyn innenn, dann sy laizent keyn cristenn ryttenn inn ire staidt und zum erstenn ghent die pilgeram alle vor denn temppel dess heylligenn graibess und laissenn do selbest dene ablaiss, dar nach gene sy in eynenn groiss huss, dass mann nennet dene spittaill, dar inn alle pilgeram plegenn zu lygenn, ir sollent aiber zu Jaffa laizent riddenn mit dem kleynenn calyve, der auch do wurt syne, dass er uch syne huss zu Jherusalem wolle lygenn, do haibent ire gutt wasser und uwernn gemach und kost uch nit II ducatenn, dann is ist alzo eyn groiss geruff und geschreye inn dem spittaill, dass ir is nit glaubent, alss ir selber woill sheenn werdent, und do selbest inn spittaill koment allerley spyse hyne und kauffmanschatz, alles dann inn der gantzenn geygent ist, das kompt

---

[1]) Vgl. oben S. 16.

alless uff die tzyt geyn Jherusalem, die bruder zu beschauwenn, solichs sint ir alless verdragenn in dess kaylivss huss und ist nit ferre vonn deme heylligenn graibe.

(fol. 17) Dye bruder, dye zu den heilligenn lande wollent farenn, die plegent fyrguller[1]) wine zu kauffenn, dass sint roit wine, und by sich in die galleyenn zu nemenn, alss wir auch daittenn, aiber mann muss groiss mhuwe und airbeyt haibenn und wann findet nach allem fortell wine inn der galleyenn feyll umb eynenn zimlichenn pennigk. so ist mann aller airbit verdragenn, wie woill is eyn wenigk mher kostet, dess aichte ich nit. Mann moychtet aiber eyn gudt fessleynn mit malmasir aiber mostadeller mit nemenn morges zur collatioenn und gudt frunde do mit zu vereren, wir kaufftenn wine zu Venedigenn, der da gudt wass, dass wir hattenn zu Sant Katherinenn, wir hettenn woll gewoltenn, is verhaltenn were wordenn, ir findet umberrenn gutte wine allenhalbenn, und zu Jherusalem unther dene Cristianenn, do selbest denn bestenn, der uff erdenn ist, umb zymlichs, dess saill uch eyner gnugk bestellenn, eyn judde zu Jherusalem heyst Mardocheus, darum ich uch schrifft gebenn will, und wollent soliches nit verachtenn, sy werdenn uch grossse truwe thune, mher dann ymant anders in der gantzenn heydennschafft.

Item yr werdent ame allenn portenn eyer, huner und broidt bekommenn, wie woill ich vernym, is itzunt fast duwer wirt syne, und huttent uch insunderheyt vor heymelfleyss inn Cyppernn und in Candia, auch zu Jherusalem, dann ir moiget is nit ubberkemenn, uch koment kranckheyt aiber febress und das rode ame, nit verachtent myne gute meynungk. Ir findet hüner gnugk feyll, so haipt ir gut ryss, gut erbeyss, frisse eyer, hutent uch vor dess patronenn spise, iss ist alless ungekocht, als ir selber woill sheenn werdent, ir mogent uch mit syner spise in keynenn wegk benugenn laissenn. die Wallenn[2]) gebenn uch gutte wort und ist nichtess mher dar hynder.

Item mochtent ir haibbenn melle und stockfiss geyn Venedigenn schickenn, als dass woll zu thune ist, dass were fast bequeym, dann

---

[1]) d. i. Friauler Wein (vgl. Tucher 373a). Passerhammer 320 empfiehlt Passauer oder Treviser Wein, Grünemberg den „raynval". [2]) Wälschen.

ir mogent keynenn fiss uff dem mheer aiber zu Jherusalem ubber
kommenn und mussent groissenn hunger littenn uff die dage, so
mann keyn fleyss eyst, ich hann inn gantzenn Egipptenn, in Judea,
Grecia, Salvania, Dalmacia, Cyppernn, Candia, Gallea, Arabya, Affrica,
Morea, Histria und in andernn landenn nie keyne lebendige fichs
gesheen, die etwas wert syn, und wollent eyn kleyness nit ame sheenn,
ir gebent vonn eym punt 1 album¹) zu furenn biss geyn Venedigenn
und behaltent uwer gesuntheyt do mit, dann der lipp ist der heupt-
schatze. Item were gernn gesaltzenn botternn essse, moicht er X
aiber XII ℔ auch (fol. 18) mit dar schickenn, dann der hunger ist
fast eyn gudt koche und ist auch gesunt vor alle boiss lüfft, ich
hann mir woll bedacht inn myner kranckheyt, ich heyt zwene du-
catenn umb eynenn punt gegebenn, mann weyss nichtess in dem
lande da vonn zu sagenn und beheylt dene menschenn in synem
libe uffrichtigk und firtigk, dass eyne keynenn keyner artzenye men
im lybe bedorffende ist, und were mir lieber, dann eyuche pillulass
aiber dyriackels.²) Item zum mynstenn nemenn IV barillenn³) was-
sers mit uch inn die galleyenn. Woillent ir eynenn dolmetzenn mit
nemenn, so verwar ich do mit, dass er frome sy und keynenn
kauffmannschatze mit dribe, dann nement ir eynenn, der do mit umb
will gaynn, so mach er uwer nit geplegenn und würt uch kommer-
lichenn gayn; mochtent ir eynen fyndenn under dene galleytenn,
dass sint die knecht in der galleyenn, der die heydensse sprach
kont, alss die gar dick werdent findenn; es was eyner in der galleyen,
der heyss Thomass, der was auch zu Sant Katerinenn⁴) gewest, der

---

¹) Album (alus) d. i. Feldlattich (Lastuca birosa) wurde auch sonst als
Magenmittel geschätzt. ²) Teriak (Τυριακὸν φάρμακον); vgl. Stockar 71 und
Porner 147 f., der noch Trisanet, Rhabarber, Sennesblätter, Ingwer, Tarbit,
Kanneel oder Zimmetcassia, Zittwerwurzeln und Latwerge empfiehlt; Schürpff
(vgl. auch 316—318) nennt folgende Arzneimittel S. 320: Zimmet, Fortis,
Delectio, Bibtile Vitae und Aurii; Tschudi 25 empfiehlt gegen Läuse Queck-
silberöl, Aristolochia longa, Cartaphilagus und Borago, gegen Flöhe Persi-
caria. — Wir müssen die kritische Controle dieser Namen den Herren Me-
dizinern überlassen. ³) Eine Barille hält nach Tucher 362a: 1½ Quart, nach
Harff 58: 30—40 Quart, augenblicklich in Venedig genau 64,39 Liter. ⁴) Auf
der Halbinsel Sinai.

dint unss getruwelichenn in der galleyenn und were gernn mit unss geynn Jherusalem komenn, hettenn wir yme dass geleydtss gelt ussgericht, dass draget sich uff XIV ducatenn, und fast fromme und was eyn dutzermann und wass vonnhaifftigk zu Venedigenn, do laist nach fragenn, der patrome weiss woill Augustin Conterine. Hye nach folget, wass do noit dorfftick ist zu bestellenn zu Venedigenn, do sich eyner mit uff heltet, aibe er kranck wurde unther wegenn. Eynn iglicher muss eyn uff shene habenn uff sich selber und inn sunderheit, dass eyner nit verstopt werde im libe, dann do koment groiss groisse kranckheit vonn. Allenn morgenn [shoe] ir eyner ussser der galleyenn inn die lofft wil ghene, so thu er vor collation mit win und broidt, aiber wass ime dann werdenn magk, dann is ist gar bosser lufft uff deme mere. Auch laist uch manchenn eyn gudt trisanij[1]), die solt ir alle so lazenn machenn. Mann macht zu Venedigenn eyn laxatium, das heyst lunatium[2]), wann ir bestopt syt, so nemet solichs als groisse, als eyn welchsse nüss, eynn ubber nachmittage vonn dem essenn, dass ist fast gudt zu essenn und brongkt uch guttenn stullgangk. Bestellent uch auch boitternn, laitwergenn zu Venedigenn, heyst mann dyacit tom tonn[3]), der esssent auch zu zittenn ist fast gesunt.

(fol. 19.) Auch bestellent allerley syrop, die do kulent, und eyn trugk mit essigk, rosennwasser, nachtscheydennwasser[4]), conserva rosarum[5]), borragennwassers[6]), und sust ander confectioness,

---

[1]) Trisanij, bei Tucher 374 trisanet, d. i. tresenette (französ. dragée, neulat. tragea); so nannte man jeden mit Zucker überzogenen Arzneikörper (Hänselmann in d. Zeitschrift des histor. Vereins von Niedersachsen 1876, S. 248). [2]) Offenbar verschrieben für Lunarium (Mondraute), welches Tabernaemontanus Kräuterbuch (1687), S. 413, gegen Blutspeien, Ruhr, Dysenterie und Blutfluss sowie für die Heilung von Wunden empfiehlt. [3]) Diacydonium, d. i. cydonia (Quitte) mit Zucker, worüber vgl. Zwelffer, Animadversiones in Pharmacop. August. S. 100. [4]) Wahrscheinlich verschrieben für Nachtschatten-Wasser, das z. B. in dem grossen Kräuterbuche, Frankf. a. M. 1564, S. CLIIIb als Medicament gerühmt wird. [5]) Rosenzucker, gegen schwachen Magen und Fieber empfohlen. [6]) Borragen-Wasser (Borrago officinalis — Gurkenkraut) wurde gegen Ohnmacht, Fieber, Husten und Verstopfung angewandt (Tabernaemont. S. 801: „Die Blumen in Wein gelegt und davon getrunken, erfreuen Herz und Gemüht.").

manus Christi[1]), grünnenn ingwer, coriander und dess glichenn, vor die kranckenn und uwernn mitbrudernn ere do mit zu thune. Nement auch kolbe gerstenn[2]) mit uch, gerstenn wasser do mit zu machenn. Wann uwer gnade geyn Venedigenn kompt, so schafft, so inst ir moigent, dass uch Venediger ducatenn werddenn, de zocka[3]) genant, dass sint nuwe gemacht ducatenn, die geltenn gernn inn der heydenschafft und gebent ungewerlichenn I^c XXXV rinss guldenn vor hundert ducatenn und geltenn allerley rinsse gultenn zu Venedigenn, dar vor mann ducatenn gipt. Auch saill uwer gnad uch laizenn bestellenn vor IV ducatenn marcketenn und die laizent wisse seydenn mit winsteynn, alss das die goltsmidde woill wissenn zu thune, die selbenn marckettenn sint gudt denn heydenn karthazienn do mit uss zurichtenn, dann eyner gar komerlichenn gelt vor eyn ducatenn bekomen magk inn der heydenschafft. eyner wolt dann nemenn eyn muntz, die nennet mann modyne, der gipt mann XXVI vor eyn ducatenn und funffzeigk und zwene asperer[4]) vor eyn ducatenn, der selbenn eyner ist zu fyll zur kartazienn zu gebenn, dann sy komment gar digk zu eyme umb geschenck zu gebenn. Auch moichte uwer gnaid senffmele mit nemenn, dann mann findet keynes inn der gantzenn heydenschafft, und ist fast gesunt zum heupt. Auch gnediger Herre bitt ich uwer gnaidenn, dyssre geschrifft und kleyne vertzeichniss alleynn vor uch behaltenn und nymants fremdes zu handenn laizenn kommenn, will ich gneygt syne mit willigenn dinstenn zu verdienenn uwer gnadenn mir allotzyt gepiettenn. Gott gebe uwernn gnaidenn, wesse ir gernn haibent.
Myne Eigene Hantgeschriff Breydenbach.

---

[1]) Offenbar identisch mit palma Christi (Ricinus). [2]) Gerstenwasser wird auch von Tucher 362 und 374 empfohlen. [3]) Die Zechine (der Name ist vom arab. Sikka abgeleitet) hat den Wert von 9 Mark 50 Pfennige, der rheinische Goldgulden von 7 Mark; sonst vgl. über die Geldwerte oben S. 16. [4]) Der Asperer galt 15—20 Pfennige; über Geldwerte sowie über die Seeroute und das Schiffswesen jener Zeit vgl. besonders noch die wertvollen Angaben des Elias von Pesaro (1563) im Jahrb. für d. Gesch. des Judenthums, Leipzig 1861, II. 1—38, (besser) in der Revue de géogr. ed. Lud. Drapeyron, Paris 1879 (Sept.) S. 206—228. (Gütige Mitteilung des Herrn Grafen Paul Riant.)

IX.
Conrad Grünemberg.
1486.

Auf die Reisebeschreibung des Ritters Conrad Grünemberg aus Constanz hat zuerst Geisheim, Die Hohenzollern am heiligen Grabe, S. 7 u. 55, dann Tobler in seiner Bibliographia geogr. Palaestinae S. 59 aufmerksam gemacht, und sie verdient es jedenfalls, einmal vollständig mit allen Bildern herausgegeben zu werden, da diese letzteren besonders für die Topographie des heiligen Landes, sowie der von den Pilgern gewöhnlich berührten Seestädte von Bedeutung sind. Wir mussten auf die Mitteilung jener schönen Handzeichnungen verzichten und uns auf die Hervorhebung der culturgeschichtlichen Abschnitte beschränken, aber, wie Tobler bereits richtig geurteilt hat, der Text bietet, abgesehen von den lehrreichen Bildern, für die Palästinographie so gut wie Nichts; interessant ist nur die Beschreibung einer Badeanstalt in Jerusalem, die wir vollständig mitteilen. Es dürfte nach unserer Meinung genügen, wenn neben unseren Auszügen später nur jene Bilder einmal veröffentlicht würden.

Ueber die Person unsers Reisenden hat bereits Graf Stillfried im Wappenbuch des Conrad Grünemberg, Vorrede S. V. f. ausführlich[1]) gehandelt.

---

[1]) Ueber die Familie vgl. noch: Zeitschrift für Gesch. des Oberrheins 1864. S. 101. 247; 1874. S. 368; 1877. S. 173 und 219.

Die eine Hs. (G), 103 Bll. in Fol., von denen Bl. 2–97 beschrieben sind, ist im Besitz der Herzoglichen Bibliothek in Gotha. Die Initialen sind gross, in blauer und roter Farbe ausgeführt, die Bilder in frischen Farben grossenteils sehr sauber gemalt. Am Schluss deutet der Name: Georg Hofman Löhner, Coburg 1597 auf einen früheren Besitzer hin. Die Hs. in Carlsruhe (C) ist bereits vom Grafen Stillfried a. a. O. beschrieben. Vorn steht in ihr: Emit Reverend. ac Ampliss. D. D. Philippus Jacobus S. Petri in nigra Silva Abbas Anno 1764. Von beiden Handschriften, welche übrigens ein gleiches Wasserzeichen des Papieres und oft ganz übereinstimmende Initialen haben, scheint C die ältere, während der Text in G an vielen Stellen ausführlicher ist; nach der letzteren sind deshalb die nachstehenden Auszüge gemacht.

Conrad Grünemberg reitet in Begleitung von Caspar Gaisperg am 22. April 1486 von Constanz aus und gelangt über Trient, Feltre, Treviso, Mestre und Marghero nach Venedig.

„Zu Venedig schickt man sich von stund an zu der hailgen fart und zaichnet ainer gewonlich sin bedürffen, wie er sich des vor erfaren[1]) von andern hat, so solich fart wissen, in ainen gedenk zedel, damit er sich ordenlich verseche und by zit zu rüst, wann fert underwillen e oder spätter, denn man went, und wie Ich das gelebt hon, och ander sechen haben, von allen dingen darzu notturftig, wil Ich ain wenig zaichnen uff das kurtzest.

Item wär sich versechen wil nach got und sinem lib uff das mer ze raisen, ist der best anfang am besten ze bichten und das hailig wirdig Sakrament ze empfachen, wer dazu geschikt sin mag[2]), geschicht gewonlich zu Sant Hellenna (fol. 3).[3])

Kouff ain bet, fier linlachen, ain golter, zway kussy und darzu zwo ubrig ziechen. Me ain ledrin kussin, ainen Teppich, ligt ainer im tag gar kül und suber uff und wirt ainem daz bet im tag gerubt truken, denn es schwitzt ainer tag und nacht. Och nim ettlich gros gluffen, linlachen und daz gulterlin zu heften, denn der battron

---

[1]) Vgl. oben S. 8. [2]) Vgl. oben S. 9. [3]) Dies Kloster erwähnen alle Reisebeschreibungen, berichten aber nicht, dass man dort zu communiciren pflegte.

git dir nit mer witte, denn drig spann wit und acht schuch lang und wenn sich denn ainer zu nacht umkert, so mag mintz uff im beliben, es sig dann fürsichtklich gehefft, und ist der mer lufft gar schad, wa er ainen anblast, besunder welcher nit die brust versäche, die koment gewonlich an Sentteriam, das ist die rot Rur, oder mengerlay febres und geschwulchsten. Item wa din stanczyen wär, miten im schiff wär es am besten, denn zun ortten wiget das schiff gar vil mer, doch lig nit grad underm loch, der sind gewonlich fünfe, nempt man porten, denn weller grad dar under lit, der het kain ruh vor den bilgrin, so tag und nacht hinuff an den laitren stigend und sich irs gemachs beraitend, och ist der lufft etwin scharff, besunder am herwiderfarn, darzu regen und tow wirt ainer benetzt von oder ist es dür stobig, welcher sich aber ze wit vonn porten let, der litt grossen ungeschmak.

Bewar dich ze haben ain gross trucken, die manss leuge sig wol geschikt und berait, das man daruff wol müg ligen, für die lüs und flöch, des an massen vil wirt, denn da ligent die bilgrin, die nit truken habend, inn des schiffs boden zu nächst an ain andern und habend der mer tail ire claider an, welcher aber ligt uff siner truken, der ligt subrer und wirt also vil uff inn nit geworffen, es kalt och ainer sin gerät dar in. Item koft ainn gutten win zu Vennedig, den du gern trinkest, denn du kain ainder findst, denn malfasig in ainer insel, denn zu Sara und Ragussa da vint man gutten win ze koffen. Och schenkt man alweg an dryen oder me orten win uff der galleen. Item lägellen haist man dört barillen, dero bestel mit wasser zur notturfft, wann es ist gar offt mangel und gebrest an wasser, und grab denn die barillen mit win und wasser under dich inn das sand, da du ligst, und wa man lent oder in die porten kunt, versich dich um frisch wasser, ob man es da fint, und trink och kainen win ungemischt.

Für dich und din rot versiche dich wol mit biscoten, das ist zwir oder dri stund gebachen brot und werdirbt nit, des glichen schmaltz, käs und aiger und laus dir zu Venedig machen ain hüner huss oder gross keffy, darinn du habest hüner alt und jung, vinstu in allen insullen wider dar in ze koffen, och etwin brot und aiger und ettlich frucht, usgenommen schmaltz und musmel noch gersten findstu nit mer. Item koff ze Venedig schwiny schulteren und gedert zungen und dür hecht und saltz. Der battron gibt zu mal übel ze esen, nun des tags zway maul, aber du magst an siner cost nit haben umb kain sach. Ein spisen ist, so er flaisch gibt, schauff flaisch, das nimbt man nit ab, es syg denn rutzig und halben hunger storben, das wirt so unlustig, welcher es sicht, der mag sin nit esen; sin brot ist alter verlegner biscot den mertail, der ist hert, wie ain gebachen (fol. 4) stain voller nis spinnen und rotter wirmlin. Am frittag und samstag gibt er fisch, haissent gschginael mit öl und büllen und ain ärwss; sin win ist badwarm und schmeckt gar saeltsam, er gibt och zwüschend den maulen weder zu essen noch zu trinken. Item versich dich mit tuggaten de zeka, das sind nüw tuggaten, des glichen mit nüwen martzelen und margetten. das nement die Kriechen und die haiden gar gern, ainer kan inn sust niemer wärschafft tun und verwerfent fast al ander gelt, daz hindret ain gar värlich.

Mer kouff ain tisch tuch und ain hand zwächel und ain löffel, zwo zün schalen, uss ainer zu essen, uss der andern zu trinken, och iss och am morgen für den mer lufft, iss man gewonlich ainer ain schniten us malfosig mit einem träsit übersät, so im von artzoten geordnet wirt, och nement ir vil schilt fürn magen mund, denn es kombt etwinn, daz das gebrechen nit nach laufen wil, dar durch denn ainer todtlich krank wirt, so ist es denn ain grosser trost, das laus dir als ainen artzat zu Venedig zu rüsten, die wisend gar aigenlich des mers und lantz gewonnhait nach gestalt diner nattur. Item bewar dich zu kouffen ainen langen rok mit ainer kapbutzen, nempt man dört ainen gaban, und ain lang hemd und fier wamass hemder, denn ainer gar vast schwitzt tag und nacht, und zway hütlin und fier fatzület, daran ainer sich wüsch den schwaiss ab, dann es ist tempfig und gar haiss im schiff. Item mer koufft zway liny bar hossen und darzu stifel bis an das knieg von ungeschmiertem leder, ist gar kuel, och versich dich mit gutten schuchen, denn etwen lent man in den porten, so lofft denn ainer ze bitten, so sich ze laut tun wend, und gat man etwin uff berg, die land zu besechen, geschicht

gar vil am widerfarn, denn ist das wetter gar unstät und wirfft das
schiff an meng end gar wit hinder sich, des der Pattron sich nie
versechen hett, und darumb mus ainer den Patron bitten, so licht
er im die grossen barken, hat sechzechen ruder, doch mus er kurt-
tesig geben etlich martzel. Etwinn fart ainer mit den gallyotten, das
ist den schifknechten, wenn sy holtzen wennd, so darff denn ainer
gar starker schuch inn den schroffen.

Me kouff ze Venedig gewürtz und besunnder grünen imber
und zuckerkandit und zucker rossat, ist och gar gut fürn durst.
Etlich machen vyol siruppen, doch nim wenig zukers und was
von latwergen, dar by honig wär, verdirbt als von der grossen
hitz und werdent schwartz keffer druf. Item bestel dir die
guldin latwergen und dryax und gutten roch, der git etwin ainem
gar gut krafft. Etlich nement öpfel von amprem oder von bissem[1])
gemacht (das riet Ich kainem), dann so bald der gut schmak uff
hört und ainer den apfel von im tut, so ist im der ful bös schmak
numen dester nüwer und hartter, denn es ist ain sollicher grundloser
bösser gestank, das des wunder ist ze sagen mit worten, on erfarung
nit gelobtlich. Es ist unden im schiff vol flügen, würm und käffer,
maden, müss und katzen, kumbt als von erfulung fisch und flaischs
und mael und gewonlich von alen aessigen dingen. Es wärdent och
glich die bilgram krank, besunnder an der sinttergen, die habent
denn (fol. 5) kain pflaeg und laussent ir notturff under sich gan inn
den sand, och wenn vortun ist und das schiff hart gnabet, so er-
bricht sich der mertail, für solichen gestank ist gar nütz essich inn
die nassen gestrichen. Item was stül macht und och went und hüt
dich vor truben und allem obs und halt dich in sunder warm umb
den magen, da machent etlich scharlote librök. Me kouff ain lichten
braiten hut für die Sunnen, mer kouff ain fläschen und ainen sak an
den hals zu henken, wenn man gon mus und ainen die haiden nit
me ritten wellend lausen, so hat ainer sinen sak by im und dar inn
kaes und brot und win und hertgesottne aiger wärend gar gut, denn

---

[1]) Auch Tucher 361a nennt Pomeranzen und Bisamäpfel, empfiehlt aber
beides.

es sind kain wirtz huser am hailgen land. Versich dich mit hültzinn stegraiff und zûch sail dar in, denn weller isin stegraiff nem, so nementz ainem glich die Saracenen oder haiden.

Aber me versorg dich aines fürzügs, darzu klain und grosse wächsiny liechter, och koff ain beschlütz zainen zu brot und kaesse, koff ainen zangöl, das ist ain beschlützter bundner kiebel mit aim loch, ist gar gut, ob ainer krank wurd, etwinn erbricht sich ainer dar in, denn das schiff gar unstät waget tag und nacht. Me zway glessin harn geschier, vasd man in stro. Och koff zwen geschmeltz krüg, ainen zum win, den andern zum wasser, och kouff ain gross spis fläschen".

Grünemberg wählt mit seiner Reisegesellschaft den Herrn Augustin Contarini zum Patron, welchem er uneingeschränktes Lob zu Teil werden lässt. Für Ueberfahrt, Essen, Zoll und Geleit zahlt jeder Pilger 38 Ducaten,[1] zur Hälfte in Venedig, zur Hälfte in Jaffa, und nachdem jeder seinen Namen an der Stelle des Schiffes, wo er liegen will, mit Kreide angeschrieben hat, wird der Contract vor der Behörde festgestellt. Den Sehenswürdigkeiten und Heiligtümern von Venedig widmet unser Reisender (fol. 6—9) eine ausführliche Beschreibung und hebt besonders in überschwänglicher Weise die Schönheit der Frauen hervor, welche er bei der St. Marcusprocession zu bewundern Gelegenheit hatte.[2]

Am 31. Mai gehn die Pilger auf das Schiff; die Reisegesellschaft besteht aus folgenden Herren (fol. 10): „Johans, hertzog zu Bairn etc., tod. Wilhelm, grauf zu Werdenberg mit ainem knecht. Dietpolt von Haspberg, Riter, tod. Ludwig von Rechberg.[3] Conrat Grünemberg, Ritter, mit ainem knecht. Caspar Gaissberger. Ambrosius Gugelberg, hattend ainen koch und purs. Jerg von Rottendon. Jann von Milsan, erbmarschalk ze Stettin. Jann Seiden von Würgen. Jann Fries, doctor. Jann von Liden, doctor. Gido von Bloss, tod. Michel von Leigen. Joss Etter von Zug."[4]

Frandzossen: Her von Kastelbrigant,[5] her zum Löwen, mit fünf person, 1 tod. Alan, her von Hallowiler[6] mit aim knecht. Gido von Pushart,[7] her ze Mursse. Gido von Durentess,[8] hat och ainen knecht, 1 tod. Franciscus Dormoino,[9] hat och ain knecht. Pettrus de Wilbremen, her zu Millobrig."[10]

---

[1] Vgl. oben S. 13. [2] Die Beschreibung des Festes und der Frauen ist in C. viel kürzer als in G. [3] Vgl. Albrecht 199. [4] Codex C. nennt noch: Jann Rerendrecht und Damieret, beide von Leyden. [5] Später auch Schettibrigant und in C. Schattibryant genannt, offenbar gleich Chateaubriand. [6] Halloville bei Nancy. [7] Pussery oder Poussereau bei Mercy? [8] C. schreibt: Durettenss, = Tarantaise? [9] C.: Dormiomino, = Dormans bei Epernay? [10] Millebrughe, Dép. Nord.

hat'ain knecht. Jann Lamadro, her zu Salet,¹) hat och zwen priester, ainen knecht, 1 tod. Her Andre, ain Unger, des küngs kämerling, (mit) ainen Priester. Her Jan Pranborken, ain lautzher ze Bomern, tod. Hainrich von Bless."²)

Die Beschreibung des Schiffes (fol. 11 und 12) wird durch die Abbildung desselben vorzüglich illustrirt.³) Eine Meile vor Venedig liegen gleichsam als Abschluss des Hafens zwei Castelle, zwischen denen man hindurch fahren muss. Daselbst ist auf einem hohen Turm] eine schwarze Kugel an einer langen Stange befestigt;⁴)

„wenn die kugel ze obrest stat, so zögt er damit, das Rütter schiff gefarlich da halten und doch des kain ursach haben, also das sy vor wind nit witter mugen komen, des wirt denn glich zu Venedig war genomen und sind die schiff gros oder vil, so farend die Venediger noch sterker heruf gerust und fordrent bescheid und wa der nit rechte form oder gut gestalt het, so wurdentz gefangen oder sy müstend sich ir erwerren. Item so, die kugel an mitten der stang stat, so erzögt er allen schiffen, so das sechen mugen, das das mer nit abgeloffen sig. Item stat aber die schwartz kugel ze nidrest glich uf des turns tach, so zögt der im schlos mit der genanten kugel, das das mer abgeloffen sig, und das ist den maraniern gar not, denn wenn das mer abgeloffen ist, so sucht ain yeder in sinem faren die kannāl, das sind tüffinen, die och von holtz sunderlich gezaichnet stond, und wo das aso nit wär, so lies menger mit alen segeln loffen und rurte ertrich oder stain, so bächt das schiff im tünnen wasser."

Von Städteansichten der Route: Venedig-Cypern bringt Grünemberg folgende: Fol. 7. 8. Venedig, nach der Abbildung Rewichs bei Breitenbach, nur an beiden Seiten verkürzt.⁵) Fol. 12. 13. Die oben erwähnten bei-

---

¹) Salette, Dép. Haute Loire? C. schreibt Leomadro. ²) Pless? ³) Die Abbildung in C. (fol. 5 und 6) ist besser. Auf beiden Seiten des Schiffes befinden sich 53 Ruder, in der Mitte der Mastbaum, oben ein Korb (ohne durchgehende Spitze), in ihm ein Galeot und von da herabhängend ein Banner, darauf die Jungfrau Maria, der Marcuslöwe und im Zickzack gehendes Blau und Gelb (die Farben des Patrons); vorn am Galion sieht man das fünffache Kreuz von Jerusalem, ebenso auch auf dem Vordersegel und auf einem kleinen Segel rechts neben dem Hintersegel; dann dicht neben diesem auch das Wappen des Patrons. Auf der Raa des Mittelsegels sitzt ein Affe, um den Mastbaum herum Horn blasende Galeoten. ⁴) In C. (fol. 8) viel kürzer. ⁵) C. giebt dafür fol. 5 eine Ansicht der Marcuskirche.

den Castelle vor Venedig.¹) Fol. 14. 15. Parentz, nach Rewich.²) Fol. 16. 17. Zara, in der Mitte des Vordergrundes der St. Michaelsberg, die Zufluchtsstätte der Einwohner vor den Türken; dahinter der durchbrochen gebaute Turm der St. Simeonskirche, die Säule mit dem Greiffen etc.³) Fol. 18. 19. Siebeneck (Sebenica), die Hauptstadt Dalmatiens, welche Grünemberg mit vier Gefährten besucht. Vorn sieht man zwei auf Felsen gebaute Castelle, in der Mitte der Stadt das zu Grünembergs Zeit erst neu erbaute Münster aus weissem Marmor und das Haus des venetianischen Podesta, links oben das Wappen der Stadt, ein Arm, einen Dolch haltend, auf rotem Grunde.⁴) Fol. 19. 20. Lesina, von dem König von Ungarn gebaut, jetzt den Venetianern gehörig, mit zwei Klöstern und einer Abtei. Im Vordergrunde rechts vor der Stadtmauer der Markt für die Schiffsleute.⁵) Fol. 20. 21. Cursula (Curzuola), eine wohlbewehrte Stadt mit einem Schlosse auf hohem Felsen, 1484 von dem König von Neapel vergebens belagert, jetzt ebenfalls zu Venedig gehörend.⁶) Fol. 21. 22. Ragusa, Hauptstadt Croatiens, befestigt durch starke Basteien und durch zwei ausgemauerte Gräben geschützt, mit einem mächtigen Dom aus buntem Marmor, einem kunstvoll gearbeiteten Brunnen und dem Schlosse, welches die Venetianer daselbst erbauten.⁷) Daran schliesst sich (fol. 23) eine Abbildung türkischer Trachten. Fol. 24. 25. Corfu, nach Rewich;⁸) die Pilgerherberge ist gewöhnlich in der Vorstadt oder im Barfüsserkloster. Der Hafen ist eine Flottenstation für 40 venetianische Galeen. Fol. 26. 27. Modon, die Hauptstadt von Morea, zu Venedig gehörig, im Vordergrunde auf einem Felsen „Unser Frowen Kilch", links der Hafendamm, rechts hinten das Zigeunerlager, etwa dreihundert Häuser aus Rohr.⁹) In Modon, wo die Pilger vom 1.—3. Juli bleiben, liegt Grünemberg in dem deutschen Hause zu Herberge und trifft den Deutschordensritter Johant von Hussen. Damals kam auch ein neuer Befehlshaber aus Venedig an und hielt in der Stadt unter Glockengeläut und dem Ruf der Menge „Al viffa Santo Marco" seinen Einzug. Fol. 28. 29. Kandia, nach Rewich.¹⁰) Hier besucht Grünemberg mit dem Herzog Hans von Baiern

---

¹) In C. (fol. 8) sind die Häuser grösser und ohne rote Dächer. ²) In C. (fol. 8. 9) ganz andere Ansicht der Stadt. ³) In C. (fol. 9. 10) fehlt der St. Michaels-Berg, hingegen sieht man den Hintergrund der Stadt, eine Burg und das Meer. Auf fol. 11 ist eine Ansicht von Zara vechia, welche in G. fehlt. ⁴) In C. (fol. 11) ist die Abbildung unvollständig und auf eine Seite zusammengedrängt. ⁵) In C. (fol. 12) ist die Abbildung kleiner; es fehlt links das Meer, rechts der Markt. ⁶) In C. (fol. 13) kleiner. ⁷) In C. (fol. 13. 14) weniger sorgfältige Abbildung, auch fehlt der Hintergrund zum Teil. ⁸) C. giebt (fol. 15. 16) die Burg rechts und die dahinterliegenden Landschaften, auch die Mole im Hafen ist getreuer; hingegen ist das Bild der innern Stadt weniger scharf. ⁹) C. (fol. 17. 18) zeigt die Stadt von einer anderen Seite, rechts ein Meeresarm, der die eigentliche Stadt von der Vorstadt trennt. ¹⁰) Die Abbildung in C. (fol. 19. 20) zeigt Abweichungen, in

eine griechische Kirche, von deren Innerem, wo eben eine Messe celebrirt wird (fol. 30), er eine Abbildung giebt. Die Frau des Priesters vertritt die Stelle eines Sakristans, neben ihr machen ihre drei Töchter das Zeichen des Kreuzes. Seitwärts stehn vier alte Männer auf Stäbe gestützt, welche so wunderlich singen, dass sich der Herzog wie sein Begleiter des Lachens nicht erwehren kann. Eine seltsame achteckige Mühle in der Nähe der Stadt ist ebenfalls abgebildet (fol. 30). Fol. 31. 32. Rhodus,[1]) mit einer siebenzehn Schuh dicken, durch doppelte Gräben geschützten Ringmauer, deren hohe Türme grade damals der Hochmeister abbrechen liess, weil sie bei Belagerungen für die feindlichen Geschosse gute Zielscheiben waren und, wenn sie eingeschossen wurden, mit ihren Trümmern die Gräben ausfüllten. Auf der Abbildung sind links und in der Mitte zwei grosse Molen, deren erstere dreizehn, letztere zwei Windmühlen trägt, welche von Genuesen erbaut wurden.[2])

Unter den Heiligtümern wird ein Pfennig von denen aufbewahrt, um welche Christus verraten wurde; davon lässt sich Grünemberg durch einen niederländischen Goldschmidt einen Abguss machen. In dem Hafen von Rhodus hat früher ein grosses Bild, Coles genannt, gestanden, von dem die ganze Insel auch Collossensium genannt ward; dasselbe wurde vom Sultan Sardinachier zerstört.[3]) Zwei Seeräuberschiffe, berichtet Grünemberg weiterhin, lagen damals vor Rhodus, welche eine grosse „Nave" soeben gekapert hatten und Fracht und Schiff verkaufen wollten. In der Stadt nämlich hat jeder Freiheit, zu kaufen und zu verkaufen, was er will. Ehe die Capitaine jedoch ihren Raub los wurden, ward das Schiff ihnen durch einen Sturm entführt und zerschellte an den Klippen, worauf die Trümmer von den Bewoh-

---

dem Zeughaus und Werft deutlicher ist. Die Mühle, welche G. (fol. 30 a) abbildet, steht hier rechts im Hintergrunde.
[1]) Vgl. oben S. 22. [2]) C. giebt (fol. 20. 21) die Enceinte genauer, mit Hervorhebung der einzelnen Bastionen. Im Vordergrunde von links nach rechts: Der Gries turn, St. Kattrin turn, beide die dreizehn Windmühlen einschliessend, welche hier also links quer im Vordergrunde sich befinden, während sie G. links in der Mitte des Bildes zeigt. In C. nach rechts hin neben „St. Kattrin St. Andres turn, St. Nicolaus turn", dahinter Kloster St. Authoni. Im Hintergrunde ebenfalls von links nach rechts: „Der Bair turn, Fronczosen turn, Lamparter turn und endlich in der Nähe des Schlosses der Hochmeister St. Johans turn". Hinter dem Griesturm befindet sich ein Platz mit der Aufschrift: „Hie her in kam der gros türk mit aim sturm und erschlug gar vil guter lut uf dem blacz, es haist och hie an Juden gassen." Von da nach rechts hin in den Hintergrund zieht sich „der gros blacz, so enmiten inn der stat, da hat man och ale ding fail." Auf demselben Platze sind unterirdische Korngewölbe. Von dem innern Hafen bis zum Schlosse der Hochmeister zieht sich parallel dem grossen Platze „der Ritter brüder gassn."
[3]) Moawijah verkaufte 672 die Trümmer des Colosses (Guérin, Voyage dans l'ile de Rhodes, Paris 1856, S. 102 f.).

nern als gute Beute aufgefischt wurden. Ein anderes Schiff, welches das Banner des Königs von Spanien führt, liess der Hochmeister fest halten und den Patron gefangen setzen. Von den wunderbaren Tieren auf der Insel giebt Grünemberg (fol. 34. 35) eine Abbildung, welche mit der bei Rewich übereinstimmt.

Zwischen Rhodus und Cypern kommen zwei Seeräuberschiffe in Sicht, und der Patron giebt sofort durch ein am oberen Mast aufgehisstes kleines Segel einem in der Nähe befindlichen anderen Pilgerschiffe, welches unter der Führung von Piro Lando stand, ein Zeichen; zu ihnen gesellt sich ein kleines Schiff eines venetianischen Kaufmanns, welches mit Pfeffer beladen von Beirut kam. Diese drei anzugreifen wagen die Räuber nicht und segeln weiter. Am 19. Juli langen die Pilger in Limissol auf Cypern an, fahren aber nach kurzem Aufenthalt nach Jaffa weiter. Grünemberg flicht jedoch schon hier die Begebenheiten und Sehenswürdigkeiten auf Cypern ein, welche er erst auf der Rückreise erlebte, resp. in Augenschein nahm. Von den Städten der Insel bildet er ab:

Fol. 36. 37: Liniso (Limissol); vorn und links zeigt sich das Meer, auf einer vorspringenden Landzunge die Burg des venetianischen Hauptmanns.[1]
Fol. 38. 39. Sallina; vorn dem Meere zunächst sieht man ein Kaufhaus, daneben nach rechts eine Moschee mit einem zerstörten Turme; im Hintergrunde Salzwerke mit einem Teich, welcher sich bei anhaltender Hitze mit einer Salzkruste überzieht.[2] Fol. 39. 40. Costus; ein zerstörtes Schloss.[3]
Fol. 41. 42. Famagusta; in der Mitte der Stadt steht St. Nicolai-Kirche mit zwei schlanken durchbrochenen Türmen, rechts die Burg.[4]

Ein Sturm treibt auf der Rückreise die Pilger nach Salina, von wo aus einige von ihnen, nämlich „Sigmund Grauffe ze Lubfen (Lüpfen), Ditz, Truchsäs zu Wetzhussen, Gotschalk von Sternberg, Cuntz vonn Helmstat, Vollaig von Rischach, Fridrich Holup von Stokaw und Conrad Grünemberg," den Ausflug nach Costus und Famagusta unternehmen. In ersterem Orte, wo St. Katharina geboren sein soll, zeichnet jeder Reisende ein halbes Rad an.[5] In Famagusta finden sie hundert deutsche Söldner mit ihrem Hauptmann Conrad Bader, welcher sie gut bewirtet, wofür sie freilich zwei Ducaten als ‚Kurtesig‘ zahlen.

Vor Jaffa muss das Pilgerschiff sechszehn Tage vor Anker bleiben, ehe die Erlaubniss zum Landen erteilt wird. Am 6. Aug. kommt der Befehlshaber von Jerusalem mit seinem Sohne, dem Kalin[6] und dem „Trütschelman" an und besichtigt das Schiff, wobei die Niederländer mit den Türken wegen

---

[1] In C. (fol. 23) nur das vordere Castell, das „bistum", Moscheen und einige Häuser. [2] In C. (fol. 24) fehlt links das Meer und der Hintergrund mit dem Salzsee. [3] C. fol. 25. [4] In C. (fol. 26. 27) fehlt der Hintergrund.
[5] Ueber die Bedeutung dieses halben Rades vgl. oben S. 33; über die Wappen von Lüpfen und Fürstenberg auf Cypern siehe hinten unsern Catalog ad ann. 1561 s. voce Albrecht. [6] Vgl. oben S. 24.

gestohlenen Essens in Streit geraten. Unterdessen war auch das andere Pilgerschiff unter Piro Laudo angekommen, auf welchem sich u. a. der Graf **Heinrich von Fürstenberg**, der **Graf Sigmund von Lüpfen**, **Lamprecht von Säggendorff (Seckendorf)**, **Krisstofel Marschalk von Ostheim, Dietz, Truchsaes zu Wetzhausen, Gotschalk von Sternberg, Moritz von Schawnburg, Contz von Helmstat, Fridrich von Stokaw, genannt Hollup, Sixt Trausun von Brechenstain, Bolaig von Rischach, Ritter Jann Lopbrak, Sigmund List** befinden;[1]) und nachdem die Patrone nochmals die Reisenden auf die Gefahren, denen sie entgegengehn, aufmerksam gemacht haben, betreten sie am 8. August das heilige Land.

Den Hinweg bis nach Jerusalem erläutern folgende Abbildungen: Fol. 44. 45. **Yapha**; im Vordergrunde das Meer, am Ufer der türkische Befehlshaber mit seinen Begleitern auf einem roten Teppich sitzend, rechts und links von ihm stehn Mamluken, vor ihm die Pilger; weiter zurück die beiden Felslöcher, in welchen die Christen übernachten müssen, darüber das Zeltlager der Heiden und die beiden Türme mit Mauerüberresten.[2]) Fol. 47. Ein heidnischer Tempel mit dreizehn Gewölben; daneben Gräber.[3]) Fol. 48. 49. **Rama**, mit zwei Türmen.[4]) Fol. 51. **Lidia**; links die Ruinen eines Tempels mit zwei Altaren und dem Stein, auf welchem St. Georg enthauptet ward; rechts eine Moschee mit hohem Turm.[5]) Fol. 52. 53. Ein Sarazenen-Tempel und Bad.[6]) Fol. 53. 54. Ein arabisches Zeltlager.[7]) Fol. 55. **Emaus**; mit dem Grabe des Cleophas. Fol. 56. **Castella Samuelis**;[8]) unterhalb Ramatha. Fol. 56. 57. **Jerusalem**, nach Rewich.[9])

Der Weg zu der h. Stadt wird den Pilgern durch die Saracenen und Araber sehr erschwert. In den Felsenlöchern in Jaffa mit Koth und Steinen geworfen, so dass sogar ein Ritter ihrer Gesellschaft davon stirbt, durch Trinkgelder stark in Anspruch genommen, machen sie sich auf den Weg, nachdem ein jeder einen Pass mit arabischen Buchstaben empfangen hat.[10])

---

[1]) Späterhin wird noch ein Niederländer Nicola genannt. [2]) In C. (fol. 28. 29) fehlen vorn die Schiffe und die Pilger vor dem Türken; die drei Löcher sind genauer, das Zeltlager grösser und nach links hin sich dehnend; der Hintergrund fehlt. [3]) In C. fol. 30. [4]) Die Abbildung in C. (fol. 31. 32) ist grösser, links Bäder, rechts das Pilgerhospital; der landschaftliche Hintergrund fehlt. [5]) In C. fol. 33. [6]) In C. (fol. 33. 34) besser, mit einem landschaftlichen Hintergrund. [7]) Fehlt in C. [8]) Fehlt in C. [9]) In C. (fol. 35. 36) übersichtlicher; im Vordergrunde zahlreiche Bezeichnungen heiliger Stellen. [10]) Nach der uns gütigst durch Herrn Generalconsul Dr. Wetzstein gegebenen Analyse stand auf dem Scheine: Muchibb al-barr Abd el-Hai Hindi („der seinen Herrn liebende Abd el-Hai Hindi"); dieser enthielt also nicht den Namen des Passanten, sondern des controlirenden Beamten. Das dem Namen vorausgehende Attribut ist bei den Arabern gewöhnlich, da diese niemals ihren blossen Namen unterschreiben, sondern ihm stets einen auf ihr Verhältniss zu Gott und dem Glauben bezüglichen Zusatz geben.

In Ramla stirbt Jann Branhork und Diepolt von Haspberg, zwei andere, ein mächtiger Abt aus Frankreich und sein Priester, werden krank bis nach Jerusalem mitgeführt, wo auch sie der Tod ereilt. Grünembergs Eseltreiber, Jachja mit Namen, hat seine Frau, die „gar ain süsen angesichts" war, mit auf der Reise; durch reichliche Trinkgelder an beide weiss G. ihre Gunst sich zu erhalten.

In Jerusalem am 14. Aug. angekommen, erhält Grünemberg durch einen Juden[1]) bei einem Gürtelchristen, Namens Elias, eine Herberge nachgewiesen, wofür er täglich einen Maidin zahlt. Als die Pilger darauf in Begleitung des Kalins, der Patrone und zweier Franciskaner die heiligen Stellen besehn, wird ihnen die Erklärung dazu in lateinischer, französischer, italienischer und deutscher Sprache zugleich gegeben. Von dem Besuch bei dem Tempel Salomonis erzählt G. (fol. 59) Folgendes:

„Darnach die selbigen gassen hinab zu der rechten hand ist der tempel Salomonis[2]). der hat ainen grossen getierten hoff und ligt der tempel miten dar inn. Der tempel ist von glaten grosen qwadern stainen von acht egken gar zierlich gebuwen und ist das dach och von acht egken von blig gemacht, unden am bliginn tach stond fier vergult kuglen, so gar schen glentzen, ze obrest des tachs stat uff dem spicz ain mon, baid spicz über sich kerend, umb den tempel ze nächst uff dem estrich ligen fier clain muskea oder cappellin, dar inn och stätz etlich ampelen prinen, och stat ze nächst dem tempel ain wäsch hus gar hübsch von gebüw, dar inn wäschen sich die haiden und beraitend sich, e und sy inn tempel gaugen. Item her Conrat von Helmstat und Ich liesen bitten den grosen kalin, das er mit uns gieng dem tempel so nachen, as under die vordrorten bort, das tet er gar mit guttem willen und giengend wier im nach bis hin zu und gesachend da uff dem estrich ob den füntzig haiden ligend uff iren angesichten und betotend den mittentag, sy hatend all an wis schuben und gross hüllen um ir höbter und so wier aso den grosen lustigen grawen estrich besechen mit vil andern gebüwen, so werdent unser die haiden gewar und stundent etlich uff und sachent gar zornlich wider uns. Der kalin gieng mit uns ylends von dannen und liess uns sagen, wa wier uns lenger da gesumpt heten, so wären uns straich worden von unserm zu sechen, denn es wär in vil ziten kain cristen dem tempel so nachent komen, als

---

[1]) Vgl. oben S. 29. [2]) Vgl. Tobler, Topogr. I, 521 ff. und oben S. 30.

wier, und ward uns gesagt, weler gieng in ain haidnisch muskea, haist dort ein kilch, der müst glich verlognen oder sy huwend inn in der mit von ain ander, und wer also ansicht den tempel Salomonis mit andacht und darvor battet drü Pater noster und drü Ave Maria, der het ablass †."

Von dem Thal Josaphat befindet sich in G. (fol. 63. 64) eine Abbildung. Links ist der Gottesacker Acheldemach mit dem von St. Helena gebauten Gewölbe, in welches durch acht Löcher die Leichname der Pilger hinabgesenkt werden; daneben und dahinter nach rechts zu das Natatorium Siloe, der Ort, wo sich die Apostel verbargen, und der Ort, an welchem Jesaias zersägt wurde; im Vordergrunde das Grab Absalons, der Stein, auf welchem Maria geruht, die Stellen, in welchen das Pater Noster und das Credo gemacht wurden, dahinter der Ort der Himmelfahrt. Die rechte Seite der Abbildung zeigt die Stellen, wo Christus gefangen ward, wo die Jünger schliefen, ferner das Grab Mariae, den Ort, wo das Holz des h. Kreuzes gelegen, dahinter den Oelberg, auf welchem Christus betete und über Jerusalem weinte, endlich wo Maria ihren Gürtel bei ihrer Himmelfahrt zurückliess. Den Hintergrund nimmt der Berg-Galilea, die Anhöhe, auf welcher man einen Anblick auf das tote Meer hat, und der Ort, wo der Engel Gabriel Maria ihr Ende verkündete, ein.

Der Mons Syon mit Umgebung ist auf fol. 66. 67 abgebildet.[2]) Folgende Inschriften bezeichnen die h. Stellen: „Hie ward Mathyas erwelt ze ainem XII botten. Hie hat Maria geendet in gegenwertigkait der XII poten. Hie hatt Sanct Johannes unser frown mess. Hie erlameten die Juden an unser frawn bäre. Sand Stephan erste begrebnuss. Hie äss man daz oster lamm ... greber Salomonis und David etc. Hie daz nachtmal Christi. Uf disen stock ward am pfinstag der hailig gaist gesant. Auf der rechten Seite: Hospitale. Daz hus des Rats. Josefs turn."

Darauf folgt (fol. 69) die Abbildung des Grabestempels nach der Rewich'schen Zeichnung[3]) und die der Grabeskapelle selbst (fol. 71), rechts der Eingang, links die Kapelle der Jacobiten.[4]) — Die Procession und Besichtigung der h. Stellen geht nach der bekannten Weise vor sich; als sie vorüber ist, benutzt G. die Zeit, um den Gottesdienst der andern christlichen Secten im Tempel sich anzusehn. Von diesen giebt er (fol. 72—80) eine ausführliche Beschreibung nebst Abbildungen ihrer Tracht und ihres Alphabetes nach Breitenbach.[5])

Der Ausflug nach Bethlehem bringt zugleich eine Abbildung dieser

---

[1]) Dieselbe fehlt in C.   [2]) In C. fehlt diese Abbildung.   [3]) In C. (fol. 44) rechts vorn die Maria Magdalenen- und die St. Johannes-Kapelle, welche in G. fehlen.   [4]) In C. auf fol. 45.   [5]) In C. ist diese Beschreibung kürzer; die Alphabete fehlen.

Stadt (fol. 82. 83)[1]), im Vordergrund das Grab Rahels und der Ort, wo die
Engel den Hirten die Geburt Christi verkündeten, im Hintergrunde Thecua,[2])
Ziph[3]) und Asyan[4]) Santtamar[5]), ferner Ansichten von dem Hause Zachariae
und den dahinter liegenden Ruinen einer Kirche[6]) (fol. 84), endlich von dem
Kloster Sanctae Crucis, welches griechische Mönche bewohnten (fol. 85).

Den Ritterschlag im h. Grabe, welchen übrigens Grünemberg nicht empfängt, erteilt der Bruder Hans aus Preussen, welcher früher daselbst
Ritter geworden war. Interessant ist die Schilderung des Besuches in einem
Bade,[7]) welche G. (fol. 86 ff.) giebt:

„Item darnach sagt zu mir min gnadiger grauff Sigmund von
Lupffen, ob Ich mit im wölt ze Jerusallem inn das bad gon. Ich
sagt ja und giengen also mit ain andren, nomen mit uns ain Jungen
Juden, der baide tütsch und haidnische sprach wol kund, und nomend kain glaidt und, so wier hin zum bad komen, stundent da gar
herlich und gross gemurt gefiert stŏk und in yetlicher fierung stund
ain uszug ains gewelbs, usnen solicher form an ze sechen (folgt die
Abbildung des Bades)[8]). Und so wier hin in komen, so sitzt neben
der tür uff ainem gestůl etlicher sprotzen hoch ain haiden mit ainer
grossen hullen und langen schuben wis; der Jud furt uns inn der
gewelb ainss, was bedekt mit ainer stromatzen, daruff lag ain schönner teppich, wir sasend daruff und zugend uns ab und gesachend
eben das lustig und herlich wessen und sachend im obresten gewelb
ain gross loch sinbel, das tag gab dissem sal, und grad dar under
stund inn mit ains schŏnnen estrichs gar ain zierlicher brunnen trog
von vil geferwtem marmolstain, inn dem stund ain herlich staini sul,
die zwai maul ob ain andren lustig rören hat, die mit fräfflem clingiodem strum luffend; die wend im sal warend umschriben mit vil
haidnischer geschrifften und Ich fragt den Juden, wass solicher ir
geschrifft mainung wär, sait er, es wärend die lob gotz. Der Jud
sass uff unsre claider, der ze hütten, also giengent wier nakend gar

---

[1]) In C. (fol. 47) fehlt die Umgebung und der Vordergrund. [2]) Thekoa;
vgl. Robinson II, 408 ff. [3]) Siph bei Thekoa; vgl. Robinson II, 417 ff.
[4]) Ob aus Beth Haccerem (Herodium, Frankenberg) verstümmelt? [5]) Bet
Tamr; worüber vgl. Tobler, Topogr. II, 420; Robinson, Pal. II, 399 ff. [6]) In
C. auf fol. 47. [7]) Ob das Hammâm asch-schefa gemeint ist? Vgl. Robinson
II, 159 f. [8]) Dieselbe fehlt in C.

ainen krumen weg inn das bad. Und do wier also hin in komen, besachen wier daran den lust der gewelben und was och in mit des grosen mittlen gewelbtz ain loch, das was uberzogen mit ainem clainen gewelblin, das was durch brochen von sinnwellen clainen löchern, dar in warent gesetzt glessin schiben aller farwen, das trug und gab vil tags inn das bad, also das man wol dar von gesach. Da warend och fier gewelblin, in zwayen stundent zwen zini kessel, dar in mocht ainer lasen us zwayen messin henen wasser warm und us dem andern kalt und aim andern gewelblin stunden och zwen solicher kessel, in dem ainen was warme log, in dem andern kalte, darbi stundent zway geschier vol bruner und wisser saiffen und sust mengerlai vonn bekenn; dise geschier warend alle durch graben mit haidnischen geschrifften und lustig glissend, also ob sy nüw wären, der estrich der wass besetzt mit aller farwen von marmolstainen blaten (fol. 87) gar lustig gefecht und gefäldiert von sternen, uff dem estrich lagend dünne britter, warend von zederbom und zippres holtz, uff dennen gieng man kül, den wo ainer der briter schondt und uff dem estrich gieng, mocht kainer von hitz geliden, denn das bad ward unnen uff gehaitzt, das die hitz durch den estrich uff trang. Dem bad zu gehörig warend dar inn zwen haiden, die pflagend ünser gar schon: des ersten nomend sy in ain geschier aiger clar und teten darunder hanff und schlugend das wol in aim bekin und legten uns ann rugen und riben uns hert die brust mit dem schum, darnach nomen sy saiffen und erstrichen uns gantzen lib damit und liessen uns ain clainss ligen, dem nach legten si an wullin hentschuch voller knöpf ruch gemacht und riben und ergurten uns die rugen gar wol. darnach wuschen si üns unsre höbter und gantzen lib. Sollich ir bad pfläg macht an inn vil sältsamer bossen und gebärden, also das min her und Ich dik musten ir lachen, min gnädiger her sagt, wier weren wol ze huss und nomend unsre hemder und wuschend, denn sy uns von schwertz und gefisser fast unrubtend. In dem gond ins bad mit kurtzem uff stosen die tür drig haiden, hatend ir fünst gemacht über üns, stend grim sechend und zornlich sprechende ‚Undar, undar, marfus roch roch', das ret so vil inn haidnischer sprach .Ir schnötsten böstenn mentschen, heben üch oder üch sind berait gut straich.' Wier hubend uns uff und giengen bald hin uss und fundent den Juden sitzen uff unserm gewand, der waindt und hattend im die haiden sin har us gerissen und darzu geschlagen, das im mund und nas blut, und hatend im genumen zwen martzel, hatend wier im ze behalten gen, damit woltend wier das badgelt bezalt haben; och hatend si dem Juden ünsere claider genomen und die ersucht, ob yendert gelt dar inn läg, aber wier hatend unser ze gehaltend geben unsern knechten und den befolchen by den bilgrin ze beliben. Der Jud sagt och, das im der badmaister das gelt genumen het, und fragt darnach den haidnischen bader, ob er condent wär der martzel, so er im genomen het, darzu er sagt Ja in siner sprach. Also giengen wier ylentz gen dem huss, dar inn ünser brüder lagend, die haidnischen buben luffent üns nach und wurffend mit stainen."

Der Ritt nach dem Jordan und nach Jericho ist von Grünemberg (fol. 88) sehr kurz geschildert, auch sind keine Abbildungen beigefügt, so dass man annehmen kann, er sei überhaupt nicht mit dort gewesen. Von einem Juden, welcher Deutsch verstand, hören die Pilger, dass grade damals im Tempel Salomonis ein Mann aufgetreten sei, welcher, seines Verstandes nicht mächtig, nur immer: ‚Walla, Walla, Walla la Killa la Machamet de Rossorola ausrufe und deshalb als ein Heiliger verehrt würde. Weiterhin ergeht sich unser Reisender (fol. 90—94) über Sitten und Religion der Türken, bringt auch zwei Abbildungen ihrer Tracht,[1]) ist aber so wenig originell darin, dass dieser Abschnitt hier übergangen werden kann. Die Schilderung des Rückweges von Jerusalem nach Jaffa und von da nach Venedig (fol. 94 und 95) ist, mit Ausnahme der vorweg erzählten Erlebnisse auf Cypern, sehr kurz gehalten. Am 27. August verlassen die Pilger die h. Stadt, am 30. August das h. Land und langen nach 13 Wochen am St. Otmars Tag (16. Nov.) wieder in Venedig an.

Am Schluss der Handschrift befindet sich (fol. 96) ein grösseres Wappen,[2]) vielleicht das von Grünemberg selbst, darüber sechs kleinere mit den fünf Ueberschriften: Jerussallem, Nappoltz, Zippern, Colditz, Costus; ferner noch (fol. 96. 97) ein türkisches Glossar.[3])

---

[1]) Dieselben fehlen in C., wo hingegen (fol. 50) ein ziemlich gutes Bild einer muslimischen Galee sich findet. [2]) In C. auf fol. 50. [3]) Dasselbe fehlt in C.

X.
Dietrich von Schachten.
1491.

Nachdem bereits der Landgraf Ludwig der Friedsame von Hessen im Jahre 1429 eine Pilgerfahrt nach dem heiligen Lande unternommen hatte (Rommel, Gesch. von Hessen II, 202, 282), folgte auch Landgraf Wilhelm der Aeltere 1491 diesem Beispiele und reiste am 10. April über Frankfurt, Heidelberg, Stuttgart nach Innsbruck, von da über Botzen, Treviso nach Venedig. Am 13. Juni segelte er von da ab und erreichte am 25. Juli Jaffa; am 22. August empfing er den Ritterschlag des heiligen Grabes und trat alsbald wieder seine Rückkehr an. Von Rhodus mietete er ein neues Schiff und segelte (20. October) nach Otranto; von hier begab er sich nach Neapel, wo er durch den König Ferdinand ehrenvoll aufgenommen und mit dem Orden der heil. Stola decorirt wurde[1]). In Rom wurde

---

[1]) Wir geben unten den Text der Verleihungsurkunde nach dem im Marburger Archiv erhaltenen Originale, deren Mitteilung wir der Güte des Herrn Geh. Archivrats Prof. Dr. Julius Friedländer hierselbst verdanken und verweisen im Uebrigen auf die zu der betreffenden Stelle der Reisebeschreibung gemachte Note. Herr Prof. F. teilt uns zugleich mit, dass vielleicht der Name „Stolkändlein" (ein schwarzer Talar mit weisser Stola, welche über die rechte Achsel herabfällt mit einem roten Kreuz und einem weissen Kännchen, aus dem drei Blumen hervorwachsen) mit Stola candida

er vom Papste ebenfalls glänzend empfangen und durch das Geschenk eines prachtvollen Schwertes geehrt[1]). Von hier pilgerte er in Folge eines Gelübdes (31. October), das er auf einer stürmischen Fahrt abgelegt hatte, nach Loretto, wo er am 9. Januar 1492 eintraf. Am 23. Januar wurde er in Venedig vom Dogen und Senat feierlich empfangen und ging nach Innsbruck, wo er am Hofe Maximilians die Herzöge Hans von Sachsen, Emil von Braunschweig, den Landgrafen Wilhelm den jüngeren, sowie die Grafen von Anhalt und Salm antraf und höchst vergnügte Tage verlebte; gegen Mitte oder Ende Februar wird er in Cassel angekommen sein, wo er bald darauf, wie man zu erzählen wusste, in Folge eines in Venedig empfangenen Liebestranks wahnsinnig ward (Schminke. Mon. Hassiae II, 574) und am 8. Februar 1515 starb.

Die Handschrift, welche unsere zum Theil schon veröffentlichte Reisebeschreibung[2]) enthält, befindet sich in der k. Bibliothek zu Cassel (Ms. Hass. 32 fol.) und ist eine Abschrift, die Johann von Hundeshausen zu Hasselbach nach dem 1613 von Frau Olcke, Jobsten von Eschweges sel. Wittwe, geb. von Steinberg geliehenen Original angefertigt; zwei Briefe der Verleiherin an Joh. v. H. sind derselben beigefügt. Diese Handschrift enthält 47 Blätter fol., vor und hinter derselben ist eine Anzahl unbeschriebener Blätter; auf dem ersteren steht von jüngerer Hand bemerkt: „Landgrafen Wilhelmi sen. In Hessen Reise ins Gelobte Land nach dem Heiligen Grabe 1483" wozu eine moderne Hand „ist de 1491" mit Recht corrigirend hinzufügte. Mit dieser Handschrift wurde eine sorgfältige Abschrift

---

(oder mit Stolkännchen?) zusammenhängt; vgl. Mitteilungen des k. k. Centralcomités zur Erforschung und Erhaltung der Baudenkmäler, Wien 1870, XV, S. CXV.

[1]) Die Beschreibung desselben siehe in der Note zur betreffenden Stelle des Textes. [2]) Justi publicirte in: Hessische Denkwürdigkeiten von Lederhose III, 381—393; IV, 330—369 die Ausfahrt, ein Programm (Achtzehnte Fortsetzung der Nachrichten des evang.-lutherischen Waisenhauses, Marburg 1806) die Heimkehr; vgl. auch die Auszüge, welche im Johanniterblatt der Ordensballey Brandenburg 1862, Nr. 9, S. 37 f. gegeben sind, sowie Rommel III A, S. 100—103, 55, Note 57 — S. 58. Tobler, Bibliographie S. 57 gab ein falsches Datum (1483).

(Bibl. Cass. ms. Hass. 4⁰ 65, — eine dritte 4⁰ 65ᵇ ist ganz jungen
Datums) verglichen, welche „Johann Christoph Kalckhoff, genannt
Daum, juris utriusque consultus und fürstl. Rheinfelssisch. Cantzley
Rath" zu Rotenburg an der Fulda 1726 anfertigte.

Unsere Reisebeschreibung, deren vollständige Veröffentlichung
schon Rommel (III B, S. 483) dringend wünschte, enthält eine Menge
neuer Angaben, welche in anderen Pilgerschriften nicht enthalten
sind, z. B. über die Trachten und Volkssitten in Venedig, über die
Verwaltung des Hospitals in Rhodus, über das Erdbeben in Cypern
(1491), über die heiligen Stätten in Jerusalem, worin sein Bericht natürlich denen Kapfmanns sehr ähnlich ist, endlich über die Reise
durch Italien und den Aufenthalt in Neapel, Rom und Venedig.

Urkunde.

Ferdinandus Dei gratia Rex Sicilie Hierusalem etc. Ill. Principi Gulielmo seniori Laticlavio Hassie: comiti Tzienhain et Nidda etc.
tanquam filio nostro carissimo salutem et cordialis benivolentie
affectum.

Quia in reditu vestro a sancta domo hierosolimitana et a pia
peregrinatione sancti sepulcri venistis ad Nos Neapolim ac familiariter visitastis. Recognoscentes nos in vobis plurimas virtutes dignas
persona vestra ac domo et gente unde originem ducitis: Accepimus
vos in verum et cordialem Amicum nostrum et tanquam filium nostrumque domesticum et fidissimum consiliarum. Insuper ad majorem
animi nostri declarationem ornamentumque virtutis vestre, obtulimus
vobis insignia et ordinem stole deferende diebus et festis in ipso
ordine statutis. Que quidem omnia ut majus testimonium sortiantur,
presenti cum privilegio declaramus notum facimus et testamur Rogantes et strictius requirentes Sermones quoscunque Reges, Principes,
Duces ac Dominos alios ac similiter potentatus communitates quorumcunque statuum et alios universos et singulos ad quos aliquando spectaverit et spectare poterit, ut vos vestraque negotia, jura, causas ac
res quascunque ultra respectum dominatus, dignitatis et persone
vestre, ob respectum etiam Amicitie nostre, velint honorificantes ac
magnifice prosequi, amplecti, tueri, defendere ac fovere. Et quantum

in ipsis fuerit persone negotiis, Juribus causis et rebus ejus amicissimi tanquam si filius noster esset, assistere ac prodesse: pro quo eisdem et cuilibet eorum obligabimus ad gratias immortales. Preterea ut benevolentia nostra erga vos major appareat, est vestri honorandi studium evidentius innotescat, conferimus vobis eidem Ill. Guilielmo seniori predicto et vestro Item filio seu filiis post vite vestre decursum, Quod possitis et illi liberi possint et valeant conferre eandem dignitatem et ordinem stole vobis a Nobis traditum In honorem Beate virginis Marie ejusque gloriosissimi nominis In nomine et pro parte nostra quibusvis hominibus et personis dignis et vobis benevisis quod quidem Iudicio et prudentie vestre committimus. Rogamus autem propterea vos et alios vestros familiares et Amicos qui a nobis dictum ordinem habetis et habent, quique a vobis vestrisque filiis nomine nostro habebunt, velitis et ipsi velint servare pie et reverenter omnia que in dicto ordine constituta et ordinata sunt, de qua observatione vestram et illorum conscientiam requirimus et hoc hortamur offerentes ubique nos ac facultates quascunque nostras in honorem, commodum et dignitatem vestram vestrorumque filiorum ac domus tocius vestre ita tanquam erga filium ac filios nostros proprios. In quorum omnium testimonium et fidem presens privilegium fieri fecimus magno nostro sigillo impendenti munitum. Dat. in castello Novo civitatis Nostre Neapolis Die X Mensis Decembris MCCCCLXXXXI. Regnorum nostrorum anno XXX quarto.

Ferdinandus.

(Diderici von Schachten Beschreibung der Reise ins heilige landt, welche Herr landgraff Wilhelm, der ältere, anno 1483 (1491) Sontags nach Ostern vorgenommen.)[1])

Ihnn dem Nameun des Almechtigenn Gottes undt der reinenn Jungfrawenn Marienn, die eine Vorbietterin ist aller Sünder, so hebe Ich au zu schreibenn vonn der löblichenn Reise, so mein gnediger herr, der durchleuchtige hochgeborne Fürst, herr Wilhelm, landt-

---

[1]) Diese Ueberschrift befindet sich nur in der Abschrift von 1726; vgl. oben S. 164.

graff zu Hessenn der Eltter, vor hatt iinn hoffnunge zu volnn-
bringenn mit seiner Gnadenn dienerenn, als hernach geschriebenn
stehett, und nicht das Ich solches ihnn hoffartt oder mir zu rhumb
schriebe, sondern mir zu einer gedechtnis undt kurtzweil, will Ich
sagenn vonn einer stadt zu der andernn.

So ist Erstlichenn mein Gnediger herr landgraf Wilhelm zu
Hessen der Eltter ihnn Anno 1491 auff Sontag nach Osternn
(10. April) ausgeriettenn mit sampt S. Gnaden hoffgesiendte, nemb-
lichenn dem hoffmeister herr Wolff von Netra, Küchenmeisternn
Elgernn vonn Dalwig undt Rabenn vonn Herda, der auch S.
Gnaden Rath und Diener ist, Cantzlernn, Schultheissenn und andernn
allenn seinenn dienernn, so mitt Namenn zu schreiben gar zu viel
wehrenn, wilche alle mitt S. G. förder weges geriettenn undt das
gleidt gegeben habenn. Darnach als S. G. was ihnn Meinunge
zu scheiden, gesegnett dieselbe einenn Jedenn ihnn sonderheitt mit
frölichem muede, das mich doch wunder nahm, dieweil Ich Ihrer
viel under I. G. Räthenn sahe weinenn, auch was der Rath vonn
Cassel mitt der gantzenn Gemeine, Mann undt frawen, herauss vor
das thor gangen undt schanckttenn S. G. undt deroselbenn dienernn
Sanct Johannis segenn undt sungenn das liedt „Ihnn Gottes Namenn
fahren wir"[1]), das mancher, wie dann ann Ihm selbstenn biellich
wahr, gar betruebtt und leidig was.

Mein gnediger herr reitt dennselbenn tag mitt hernach ge-
schriebenenn Personenn, Diederichenn vonn Schachtenn, Her-
mann vonn Werttenschlehenn, Cerstenn vonn Hanstein
undt andernn S. G. dienernn bies gegenn Borckenn[2]), das ist
deroselbenn Vetternn undt wahr die Küche daselbsten gar wol be-
stallt vonn dem Amptmanne Philipsen von Wieldungenn, der dann
des andernn tages S. G. bies nach Marpurg[3]) begleittet. Alss
nun M. G. H. nahe bey Marpurgk kame, endtpfienng I. G. Vetter,
landgraff Wilhelm zu Hessenn der Mittler, dieselbige gar ehrlichenn
undt hieltt Ihnenn drei oder vier tage uff. Ich verstundt auch woll,
das der genandte S. G. Vetter keinenn gefallen daran hätte, das

---

[1]) Vgl. oben S. 17. [2]) Borken. [3]) Marburg.

M. G. H. eine solche schwäre und gefärliche Reise nach dem heiligenn landte zu volnnbrinngenn auff sich genohmmenn hatte, hettens auch gerne wiederrathenn, als wilcher solches, wie Ich vermercktte, gantz leidt was, als Er aber sahe und hörette, das M. G. H. sich gantz mitt willenn darienn hatte gegeben und Ihme nicht davohnn zu rathenn was, muste Er auch darmitt zufriedenn sein.

Nun ann dem vierdten tage wardt M. G. H. sienns, förder zu reisenn. Wie nun solches I. G. Vetter sahe, das diesses nichtt anders gesein mochtte, gab S. F. G. meinem G. H. auf zwei meil mitt allem seinem hoffgesiendte das gleidte, da batt M. G. F. und H. I. F. G. Vetternn umbzukerenn, wilches dann S. G. gethann, gesegnettenn die beide herren ein ander mitt traurigem hertzenn, dann sie sich, wie Ich nichtt anders merckenn kundte, gantz lieb haben, undt liess I. F. G. das mehrer theil ihres hoffgesiendts mitt M. G. F. undt H. bies gegenn Butzbach[1]), so auch deroselbenn Vettern ist, reittenn, lag M. G. H. eine nacht undt wahr die Küche daselbst wolbestallt (fol. 2).

Des andern tages reitt S. G. bis nach Frankfurtt[2]), wardt S. G. auch gleidett vonn deroselbenn Vetternn Dienernn und blieb die nachtt daselbstenn. Darnach reitt S. G. des andernn tages bies nach Benssheim[3]) undt wardt dieselbige gleichfals begleittet, darnach vonn dannenn ab nach Heidelbergk[4]) undt wurdenn I. G. vonn zweienn Rietternn, dero einer Hanss von Sickingenn hiess und Meines Gnedigen herren des pfaltzgraffenn Rath undt diener wahr, begleittet und weil der pfaltzgraffe nichtt einheimisch wahr, bliebenn I. G. allein zwo nachtt daselbstenn, da hochgedachtter pfaltzgraffe daselbstenn wehre gewessenn, wurde M. G. H. lenger sein auffgehalttenn wordenn, doch wurdenn deroselbenn vonn dem Stadthalternn Wein und Wielttprätt ihn die herberge geschickt. Darnach zog M. G. H. vonn Heidelbergk nach Maulbrunn[5]), wilches vonn gebawe ein wunderschönn Kloster undt alles, was zur währe gehörett, als auff einem wolbestalttenn schlosse, zu fiendtenn ist, gehörett dem pfaltzgraffenn undt wurdenn I. G. daselbsthienn be-

---

[1]) Butzbach. [2]) Frankfurt. [3]) Bensheim. [4]) Heidelberg. [5]) Maulbronn.

gleittet, auch köstlichenn endtpfangen. Von Maulbrun reitt S. G. bies nach Stuckgartt¹), ist Graff Eberharts ronn Wierttenbergks des Elttern undt wahr derselbige oder sein Gemahel nichtt einheimisch, sondern zu Nürmbergk²) undt wardt M. G. F. undt H. vom hausshoffmeistern ehrlichenn endtpfangenn, lag daselbstenn drei nachtt undt geschach I. G. gar güttlichenn. Darnach zog I. G. vonn Stuckgartt gehen Urach³), ist ein wunderschön vestes schloss undt Stadt undt gehöret auch dem obgenandtenn Graffenn Eberharttenn vonn Wierttembergk. Vonn Urach zog S. G. nach Ulm undt wardt daselbstenn hienn vonn vorgedachttenn hausshoffmeisternn begleittet. Zu Ulm lag I. G. zwo nachtt undt wurdenn dero selbenn vonn dem Rathe ein halb fuder weins undt fuder haffers verehrett. Vonn Ulm nach Augspurgk⁴), lag S. G. auch zwo nacht, wardt gleichfals vom Rathe viel Wein undt fische geschenckt. Vonn Augspurgk nach Ledernn⁵), ist ein dorff, liegtt vor dem gebierge undt bleib M. G. H. daselbstenn uber nachtt. Vonn Ledern nach Amergk⁶), liegtt ann dem gebierge, darnach gegen Mittenwaltt⁷), vonn Mittenwaltt gegenn Ynsspurgk⁸) und auff der strassenn. ehir wir nach Ynspurgk kamen, sahen wir eine kirrchenn zu halbenn wege auff einem Berge, darinnen ist folgendes wunder geschehenn, ihnnmassenn M. G. H. warhafftig berichtet worden und auch I. G. selbstenn gesehenn habenn. Es ist bey derselbigenn kirchenn hartt ein Schloss gelegenn, da ein Amptmann vor zeittenn auffgewessenn ist, so sehr hofferttig wahr; diesser hatt auff das Osterliche fest denn pfarhernn ihnn gedachtter Kierchenn geheissenn und befohlen, das Er Ihme sölte ihnn Endt pfahunge des Sacraments eine grossere Ostienn, als einem anderenn gemeinenn Manne gebenn. wilches der pfarherr, furcht halber thuen muste. Als Er nun das heilige Sacrament endtpfangenn woltte und Ihme der pfarherr reichette, da dauchtte es denselbigen Amptmann, wie Er solchs ihnn denn mundt nam, so schweer sein, das Er mit seinenn hendtenn auff denn steinern alttar greiff, als wenn es ein dreck wehre; undt auff denn stein, da Er mitt denenn fuessenn

---

¹) Stuttgart. ²) Nürnberg. ³) Urach. ⁴) Augsburg. ⁵) Leeder. ⁶) Ammergau. ⁷) Mittenwald. ⁸) Innsbruck.

stundt, ist Er durch denn stein niedergesunckenn bies ann die knie, also das Ihme der Prister das Sacrament wieder aus dem Mundte nahm, und mustenn Sie Ihnenn von dannenn tragenn biess ihn das schloss.¹) Nun wardt ein gross zulauffenn zu demselbigen wunder zu besehenn, das dann seine frawenn sehr verdross, schemett sich der geschichtt undt hiess einenn Staudtenn darumb setzenn, das loch, das er gedrettenn hatte, zu verdeckenn; alss nun dieses geschehenn was, die andere nachtt wahr eine Rose auff dem Staudtenn gewachssenn. (fol. 3.) Da solches die fraw erfuhr, erschracke sie noch viel sehrer, hiess einenn knechtt solche auch abbrechenn vonn dem Stamme; wie solches geschach, wardt die fraw sobaldt ohnesiennig undt starb. Als solches Ihr herr, der Amptmann, sahe, gab Er alle sein guet zu Gottes Ehrenn undt namb ann sich ein göttliches lebenn. Das heilig wirdig Sacrament ist noch ihnn einer Monnstrantz, das mann solches siehett, und thutt noch grosse zeichenn.

Nun zu Innspurgk lag S. G. achtt tage, wardt vonn hertzogk Sigismundo endtpfangenn undt zu gast gebettenn, auch thatt Er sonstenn S. G. kurtzweil mitt jagenn, gieng auch M. G. F. und H. mitt hertzog Sigismundi gemahliennen ihnn denn lustgarttenn hiender das schloss, die dann eine wunderschöne Fürstienne ist, auch ohngeferlichenn bey zwantzig schöner jungfrawenn hatt; hertzogk Sigismundus schenckt auch M. G. F. undt H. eine hubsche seidene schaubenn, ihnngleichenn fische und wielttprett ihnn die herberge: hernach namb M. G. F. und H. urlaub vonn hochgedachttenn hertzogenn undt desselbenn Gemahliennen, wurdenn nach genohmennen urlaub vonn des hertzogenn hoffgesiendte nach Matrann²) begleittet; vonn Matrann kamenn wir gegenn Stertziengeun³) nach Potzenn⁴), nach Trient, daselbstenn M. G. H. das ohnnschuldige Kiendtlein, wilches vonn denenn schendtlichenn Judenn gemartert ist worden, besehenn. Von Trient kam I. G. ihnn die Borg Faloana⁵), daselbstenn sie so lange lagenn, biess das Diedtrich vonn Schachttenn, einenn gleidtsbrieffe zu erlangenn, erstenn nach Venedig geschickett

---

¹) Vgl. über das Hostienwunder B. von Hirschfeld. S. 33. ²) Matrey. ³) Sterzing. ⁴) Botzen. ⁵) Borgo Faloano.

und dannen wieder zurückkam. da dann I. G. folgenden tages nach
Diedterichs vonn Schachtens zurückkunfft nach Seelcers¹), dannen
ab nach Tornis²) und Venedig reisettenn undt kamenn. Darnach
kam S. G. nach Venedig. Zu Tornis liess S. G. Ihre pferde stehenn
undt wollte sie nichtt verkauffenn. Wie S. G. ihnn die Galeenn
gieng, schickte Er solche wieder zurück anheimb mitt hernach be-
schriebenenn I. G. dienernn, Carlo vonn Krumbssdorff, Bastiann
dem harnischmeisternn, Eberharttenn dem fürstlichenn Märschalck.
auch bestalte I. G. etliche pferdte zu Tornis undt reitt bies nach
Mestris³), sass folgendts ihnn ein schiefflein undt fhur vonn Mestris
uff dem Meer hienn bies nach Venedig, ist eine deutsche Meil weges,
mit alle seinenn dienernn und befal dem wiertte zu Tornis seine
daselbsten gelassene pferdte, liess das seine dienere dieselbigen
heimbzufuerenn wiederkemen. Alss nun M. G. F. undt H. nach
Venedig kam, wardt S. F. G. zu einer gutten herberge gewiesenn.
wahr auffm pfingstabendt (22. Mai); hart darbey ihnn einem anderenn
hausse lag der Edel wolgeborne herr Philips, Graffe zu Hanaw.

Alss nun derselbige Graffe hörette und erfhur, das M. G. F.
undt H. kommenn wass undt sich aussgezogenn hatte, kam Er zu
S. F. G. herberge, endtpfieng dieselbige, wahr Ihme gar lieb, weil
uff deroselbenn Ankunfft Er lange gewarttet hatte undt viel andere
Bielgerienne, so auss frembttenn landtenn sich daselbstenn versamblett
hattenn, I. G. gewartet, dahero auch uber dero Ankunfft hoch er-
frawett, woltten alle sich zu keinem Patronn biess uff I. F. G. an-
kunfft verdiengenn und wustenn woll, das I. F. G. auff dem wege wahr.

Nun will Ich das Schreibenn eine weile lassenn ruhenn und
schreibenn vonn der grossenn undt schönenn Stadt Venedig, da dann
woll viel vonn zu schreibenn wehre, das Ich mich doch nichtt under-
wiendtenn will, dann allein auff das allerkurtzeste, was Ich da-
selbstenn gesehenn habe (fol. 4).⁴)

Venedig liegtt ihnn dem Meer undt ist weder berg oder landt.
da solches auffgebawett ist, sondernn allein auff höltzern pfeilernn.
wilches doch ohnnglaublichenn ist, wer solches nichtt gesehen hatt,

---

¹) Feltre. ²) Treviso. ³) Mestre. ⁴) Vgl. oben S. 15 f.

zu hörenn. Man kan auch ihnn der Stadt nichtt vonn einem hausse zu dem andernn zu fuesse an vielenn Oertternn gehenn, sondern färett mann ihnn allenn gassenn vonn einem hausse zum andernn. Nun will Ich schreibenn vonn dem Mann und frawenn, wie die gekleidt gehenn[1]), so magk Ich woll undt alle, die solches gesehenn habenn, sprechenn, das mann ihnn keiner stadt fiendett, da die bürgere gekleidett gehenn mitt Ihrenn köstlichenn düchern undt alles lange kleider mitt Ihrem köstlichenn futter. Ich binn auch berichtett, das dieselbigenn gutten Röcke als viel kostenn, als ein sammettenn Rock. Nun lasse Ich dasselbige stehenn undt will sagenn von denenn Frawenn, wie dieselbigenn gekleidett gehenn ihnn köstlichenn Sammett undt seidenenn Röckenn mit Ihrenn köstlichenn güldenn brust undt Ermelnn gestickett und belegett mit Perlenn undt andernn Edelgestein, als dann da siett ist, je köstlicher eine, alss die andere. Auch auff dem kopff kein[2]) geschmückett, dann das haar, je schöner sie das überkommen mögenn, je lieber sie das habenn undt fiendett mann selttenn eine, die Ihr haar natürlichenn schönen undt lang habe, sie tragen als gemachtte und dodten haare, das machenn sie schönn gelb undt krauss und biendten es auff dem kopff zu hauff, wie mann ihnn deutschenn landtenn einem pferdte denn Schwantz auffbiendet, und das krausse haar lassenn uber die ohrenn abhangenn, wie die Männer anzusehenn. Vorne siendt die haar schöne, hienden zu ist Ihr haar am Nackenn kolschwartz: auch über denn kopffe tragenn sie uber das haar ihre hübsche vonn allerley farbenn seidene ducher, schwartz, gelb, weiss, die steckenn sie under die guerttel undt ziehenn sie dann über die köpffe; scheinett, wann mann sie ansiehett, wie alhier ihn Deutschlandt die Nonnen. Auch mag Ich sagenn, das Ich zwar an weibern keine schendlichere kleidunge gesehen habe ausgeschniettenn, das man hiendenn bies auff halbenn Rückenn hienab, desgleichen forne bies under die brust, darüber sie auff das allersubtileste, als sie ihmmer fiendtenn könnenn, duchlein tragen, sehen kann, darumb als ehrlichenn die Männer ihnn Kleidunge

---

[1]) Eine Beschreibung der venetianischen Trachten giebt sonst keine Pilgerschrift. [2]) fein (?).

da gehenn, so schendtlichenn siendt die weiber wiederumb, tragen darzu höltzerne schue, nennett mann ihnn etlichenn landtenn Zockel, die siendt hoch, etliche einer spannenn hoch, etliche zweier spann, das sie nichtt darauff gehenn könnenn, siendt mitt Sammett oder scharlachenn duch, wie es Ihnenn gefellig, uberzogenn; hatt jedere Ihre magtt, darann sie sich halttenn, bey Ihr gehenn, wehre sonstenn nichtt möglichenn, das sie darauff gehenn köndtenn, undt wilches die höchstenn habenn mag, die dünckett sich am bestenn. Auch siendt sie ann Ihrenn hendtenn woll gezierett mitt köstlichenn Riengenn undt gestein, als köstlichenn sie es ihmmer habenn könnenn; lasse jetzundt ihnn der feddernn, was sie sonstenn vor viel guttenn kurtzweil können, ist nichtt alles zu schreibenn. Auch ist Ihro artt, das sie sich allewege annstreichenn undt ihre angesichtte mahlenn, wilches doch wieder die weisliche natur ist, doch siendt sie viel lieblichere, davon ich nichtt ferner sagenn oder schreibenn will (fol. 5).

Nun will ich des schatzes undt kleinott, so die herschafft von Venedig Meinem Gnedigenn herrenn undt allenn Bielgernn ihmsonderheitt, so dasmal da wahrenn gegennwerttiglichenn, gezeigtt habenn und so woll andere, als Ich dergleichenn hübschere Sachenn nichtt geschenn habe, ihnn deme sahenn wir zwelff brust, siendt gantz guldene, jegliche eine Spanne lang undt breidt, der Igliches Edelgestein, die mann Carbenn nentt, als eine halbe bohnen nuss, ihnn sich hatt, siendt so köstlich, das mann die, als viel Ihr siendt, umb kein gutt schetzenn kann. Desgleichen sahe Ich ein hertzoges hawenn, so dann ein hertzog von Venedig aufftregtt, ist als mann ihnn unssernn landtenn derenn Judenn malett, hiendenn mitt einem Gubel, die doch so köstlich was mitt Edelgestein, als nichtt zu sagenu ist. Dessgleichenn ein gantz eingefast Einhornn[1]), ist köstlich undt lieblichenn zu sehenn, hangett ihnn güldenenn Kettenn; auch des anndernn guldenn undt sielbernen Stuckwercks alles, als vonn Kurtzstuck eines Mannes hoch, auch Rauchfass, Kelch, Creutz, ander viel

---

[1]) Ein aus dem Horn des Tieres oder in dessen Form gemachter goldener Becher.

dienges, das Reichthumbss halber nicht zu schatzenn ist, auch eine taffel auff dem hohenn Altar, so mann die aufthuett, ist alles feinn ihnn S. Marxenn Kierchenn befiendtliche Sielber Arbeitt.

Nun will Ich vonn derselbigen Kierchenn zu S. Marxen, so viel Ich davohn behalttenn, ein wenig schreibenn. Sie ist warlichenn ausswendig sehr köstlichenn mitt arbeitt ausgehawenn mit allerley bieldung auff Marmolstein, so sehr schöne anzusehenn, auch über der grossenn thuer, als mann hinein gehett, stehenn vier schöner Menschener ross überguett, sagtt mann, es seye zu einem zeichenn: Alss auff eine zeitt Keiser Barbarossa die Venediger starck bedreiggette undt meinette aus S. Marxenn Kierchenn ein Rossstal zu machenn, wilches doch wegenn wiederstandts undt Gottes verliehener hüelffe nichtt geschah, so wolttenn die Venetianer, weil Keiser Barbarossa solches geschworenn, seinem gethanenn Eidte undt willenn einenn genuegenn thuenn undt satztenn jetzgedachtte pferdte zu ewiger gedechttnis auff die Kierchenn, doch ihnn demselbenn machtenn sie guette einigunge undt friedenn mitt einander[1]). Nun ist die Kirche ihnn Venedig zu S. Marxenn nach alttenn siettenn undt der alttenn Ehre nach heist mann es deroselbenn Arbeitt ihnn welscher Sprache Musaica, so hübsch gewelbett undt gebieldett, oben ihnn dem gewelbe, die alle vonn Adams zeitt bies auff die zeit nach Christi geburt, ihnn Igliches bieltt gemachtt undt eingesetztt vonn kleinenn vier Eckttenn Steinlein der grosse als ein gliedt vonn einem fienger und kleiner, Igliches ihnn seiner farb, als mann dann die bieldern undt Historia machtt, deroselbigenn zeitt, so köstlichenn, das es keiner, wie arttlich und schönn solches ist, schreibenn kann. Nunn vonn derselbigenn Kierchenn ist der platz, wilchenn mann S. Marxplatz nennt, huebsch lang undt weitt gepflastertt mit buchstabenn, dergleichenn mann nichtt viel fiendt. Nun ist an derselbigenn platz undt Kierchenn des hertzogenn Pallast, so fast hübsch, hoch undt vonn Marmelstein gross ist mit gengenn, mit Salenn, mitt andernn gemachenn, so alles sehr schöen zu sehenn ist. Ihnn demselbenn

---

[1]) Vgl. Fabri, Evagat. III, 422; bekanntlich kamen die vier Rosse 1206 aus Constantinopel nach Venedig.

Pallast ist ein saal wunder huebsch, der zu dero zeitt, wie Ich daselbsten wahr, nichtt gar ausgemahlett was, dariennenn sie den krieg, so sie gefuehrett mitt vorgemelttenn keiser Barbarossa, mahlenn lassenn, auch alle die hertzogenn, so die Venetianer vonn anfang biss auff diessenn tag gehabtt hattenn, auch was under Ihnenn beschriebenn ist, auch wie lange jeder ihnn ihrem herzogthumb gelebet hatt. (fol. 6.) Ihnn demselbigenn Pallast ist ein huebscher gang, da die Edlenn herrenn Pielger, Teutsche, Frantzosen, Ungernn, Lamparttenn ihre wappen auffhengenn. Da siendt zwei rode Marmolseulen[1], zwischenn wilche sie Ihre Gentilhomo, ist uff unssere sprache Ihre Edelleutte, so sie es verdienenn, auffhengenn. Dessgleichenn so mann vonn dem Pallast aussenn hienngehett auff der liencken handt, hart an der Kierchenn, stehenn zwei Marmol wolgearbeitte seulenn, solches ist des hertzogenn galgenn, so deroselbenn einer wieder seinenn Standt undt der Venediger thutt, thuenn sie Ihme daselbstenn seinn verdienttes Rechtt, als dann einem oder zweienn vor zeittenn geschehenn ist. Ebener massenn siendt zwo huebsche hohe seulenn auff dem platze gegenn dem Meer: auff einer ist S. Marcus, auff der anderen S. Theodorus mitt einem Tuercken, so Er getödett hatt, denn mann noch auff diessenn tag ihnn der höhe gegenn derselbenn Seule zu siehett[2]. Zwischenn denselbigenn Seulenn wirdt Justitia, als henckenn, kopff abschlagenn, brennenn. viertheilenn, wie das einer verschuldett, exequiret.

Nun will Ich schreibenn vonn dem stadtlichenn umbgauge, so järlichs zu Venedig ann usserenn herrenn fronnleichnambsstage gehalttenn wirdt, undt gehett der hertzog daselbstenn ihnn seinem guldenenn Rocke undt haubenn under einem guldenenn hiemel, wie gewonheitt ist, nebenn dem Patriarchenn von Venedig undt trägtt mann Ihnn auff einer seitenn einen uberguldenenn Stuell, auff der andernn seittenn ein köstlich gearbeittet guldenes Creutz; demselbenn folgenn die Venedische Edelleutte ihnn grosser Menge, das nichtt zuschreibenn ist, nach. Da namenn sie Meinenn G. F. undt H. Landtgraffenn Wilhelmenn denn Eltternn zu Hessenn mitt Ihnenn ihnn die procession undt thätten S. F. G. grosse Ehre ann,

[1] Fabri, Evagat. III. 406. [2] ibid. 417.

auch andernn Bielgernn, so mitt uns da wahrenn, das nichtt gnugsamb vonn dieser procession zuschreibenn, sönderlichenn wie viel geistlichenn undt bruderschafftenn ihnn underschiedtlichenn Orndtenn da wahrenn, da mann ihnn einer 1500 bies ann 2000 Mann fiendt, undt siendt ihnn deroselbenn bruderschafftenn viel, die da alle mitt grossenn hubschenn kertzenn, als einer mitt gruenenn, der ander hauffenn mitt schwartzenn, rohtenn, blawen, weissenn, allerlei farbe darzu jeglicher ihr angelegtt undt wolgezierett Engel, so mann ihnn Deutschlandt auch trägtt, die trugenn ihre sielber beckenn, darienenn Rosenn undt andere wolgeschmack dieng, als mann zu deroselben zeitt fiendt, undt kertzenn trugenn, gemachtt, als briennen darauss wasser floss, dessgleichenn der Geistlichkeit halbenn, so ihnn Venedig ist, ist nicht zusagenn, die alle auff denselbenn tag umbgahnn ihnn solcher process ihnn kurtzenn Chor Cappenn undt Messgewandt auff das aller köstlichste, allerley seidenn Stuck, guldenn, Sammett, das doch huebsch was, undt viel davohn zuschreibenn wehre, wie doch die so orndenttlichenn giengenn, je iglicher ihnn seinem standte. Nun lagenn die frawenn undt Jungfrawenn dero zeitt, wie diesser umbgang geschach, obenn ihnn denenn heussernn auff S. Marcus Platz ihnn denenn fensternn mitt ihrenn köstlichenn Kleidernn wolgezierett undt wehre viel zuschreibenn von dem heiltthumb, so daselbstenn ihnn allenn Kierchenn, so ist ihnnsonderheitt ein huebsch Kloster Baarfuesser Orndens zu Venedig, genandt zu S. Helena, so daselbst liegtt leibhafftig, ihnn dem Meer, als weitt, als eine welsche Meil, auch viel ander heilthumbs (fol. 7).

Nun will Ich ein wenig schreibenn, wilchermassenn M. G. F. undt H., wie auch alle andern mitt I. F. G. reisendte Bilger, einen Contract mit dem Patronn auff der Galeenn geschlossenn undt wilchergestaltt sich der Patron gegenn sie undt also einer mitt dem andernn verpflichtet habenn; undt söllenn die Bilger gebenn ihnn das gelobte landt nach Jerusalem undt andere darumb liegendte lender, sie hienn undt wieder zu fuerenn, darzu für Essenn undt drienckenn gebenn vier undt viertzig Ducattenn,[1]) das ist bey Sechtzig

---

[1]) Vgl. oben S. 14.

Remischenn fl. ohngeferlichenn, je nachdem sich einer verdiengett undt mitt Ihme einig wordenn, halb zu Venedig sobaldt ihm abfahrenn undt halb zu Japho, zuvor sie ann das landt kommenn; der vorgeschriebenenn undt denenn Bielgernn zugesagttenn sachenn hielttenn er keine. Er verschreib sich auch zu Venedig ausszufahrenn denn nechstenn freittag nach unssers herrenu fronnleichnambstag (3. Juni), wilches Er nichtt thatt, sonnernn hieltt uns viertzehenn tage lenger auff, ob mehr Bielger hernach kämen; darzu verschreib er sich, wo Er hienn ihnn eine stadt kommen wurde, nichtt lenger, als zwo oder drei tage zu bleibenn, solches hieltt Er nichtt, sondern lag vier oder fünff tage, wilches denenn Bilgernn doch eine sehr grosse beschwärung ist, dann so sie am landte siendt, muessenn sie kostenn undt zerunge für Ihr geltt thuenn, dessgleichenn viel andere stücke, so Er verschriebenn hatt, derenn er doch, wie mann hernach fiendtenn wirdt, nichtt eines gehalttenn.

Nun will Ich Voriges lassenn beruhenn undt beschreibenn die löbliche farth, so wir vonn einer Stadt zu der andernn gethann habenn undt wie weitt eine stadt vonn der andernn gelegenn und was solches vor Städte siendt. Nun setze Ich zum erstenn vom Aussreittenn, wilches M. G. F. undt H. thätt, bies gegenn Venedig anderhalb hundert deutsche meil weges ohngefehrlich, undt eher S. F. G. ihnn das schieff fhur, schicktt S. F. G. die vor zum eingang benandte dienere mit denenn pferdtenn wieder heimb und fhur S. F. G. auff S. Veits abendt (13. Juni) mitt nachgeschriebenenn deroselbenn dienernn Diedtrichenn von Schachttenn (wilcher gegennwerttiges also mitt der zeitt auff notiret), Hermann von Werthschlewenn, Arentt von Steinen; auch s... kett unnsser Gnedigster herr, der Römische König, einenn Rietter mitt namen herr Leonhartt Wetter, batt S. Könn. Maytt. ihnn Schriefftenn, das M. G. F. und H. Ihme dennselbenn Rietter wollte lassenn befolenn sein, hatt sonstenn derselbige Rietter vonn M. G. F. und H. brudernn, Landtgraffenn Wilhelmenn dem Jüngernn, auch vonn Graff Eberharttenn zu Wirttenbergk, dem Elttern, dergleichen brieffe undt förderunge, das dann M. G. F. undt H. umb solcher leutte vorschriefftenn willen willig undt gerne thätt, Ihme

aile gnade erzeigtte ihnnn S. F. G. Geselschafft. Darzu hatten S. F.
G. einenn eigenenn Koch, der zuvor dreimal zum heiligenn grabe
gewessenn wahr, undt einenn andernn diener, wilcher die Italianische
oder welsche sprache kundte, darzu einenn Caplann und fuhre S. F.
G. ihnn Gottes Namenn mitt deroselben Geselschafft auff die Galea,
so auff dem Meer fur Venedig, so weit als vier Meil weges, lag I.
F. G. daselbstenn die folgendte nachtt undt auff morgendenn tag
hatten wir guttenn wiendt, fuhrenn (den 13. Junii)[1]) mitt auffge-
reckttenn siegel davohnn undt auff folgendten tag (14. Juni) ka-
men wir ihnn eine stadt, heissett Parentz,[2]) ist ein Bisthumb undt
gehörett der Venediger, ligtt vonn Venedig hundertt welsche meil
weges, ist ein klein Stedtlein, erbawett mitt harttenn Steinenn, ist
nicht huebsch, aber wolfeil zerenn daselbst und gutte zerunge; la-
genn da zwo nachtt (fol. 8).

Nun als wir auff der Galeen wahrenn, hattenn wir einenn ortt
undt kammern, liess M. G. F. undt H. zurichttenn mitt kleinenn
und niedern umbhengenn, das sich der mensch kaum auffrichtenn
mochtte; darzu das läger, da einer schleffet, ist ein Truhenn, wilche
zweier spannenn breitt; will einer woll liegenn, muss ers ihme lassen
zurichtten auff dieselbige Truhenn, sonstenn hatt keiner keinenn
andern ortt.

Nun an dem 16. tage desselben Monats fuhrenn wir fünff stundte
nachmittags von Parentz mitt guttem wiendte zwischenn zweienn
landtenn, wahr auff der Rechtenn handt Isena,[3]) auff der lieckenn
Dalmatia, fast ein lustig landt zu sehenn. Am 17. tage des Monats
vor tage kamenn wir ihnn Wienndisch landt ihnn eine Stadt, heisset
Zara, ist ein Ertzbisthumb undt ist der Venediger, fast starck mitt
hohen Maurenn und Thörnenn undt gehett das Meer geriengst umb
die stadt, da sahenn wir denn heiligenn hiemelfuerstenn S. Simon.
der Gott denn herrenn opfertt ihnn dem Tempel, der ist gantz ohn-
versehrett. Item in einer andernn kierchenn liegtt der liebe herr
S. Donatus ihnn einer Maurenn nebenn dem Altthar, dieselbige

---

[1]) Die eingeklammerten Worte stehen am Rande der Abschrift von
1726. [2]) Vgl. oben S. 21. [3]) Lussin.

kierchenn hatt Er selbst mitt seinenn hendtenn gebawett. Auch
liegett da die liebe fraw S. Anastasia. Zara liegtt vonn Parentz
bey 200 Meil wegs. Am 18. tage des Monats fünff stundte nachmittage fhurenn wir mitt guttenn wiendte, denn andernn tag darnach
kamenn wir fur ein Stedtlein, heissett Lesena[1]), gehörett der Venediger undt ist ein Bisthumb, liegtt ann einem hubschenn Berge
ihnn Wiendischenn landte, obenn ann der Stadt liegtt ein hubsch
Schloss, gehenn die Mauren obenn vom Schloss herab an der Stadtmaur, hatt auch eine starcke pforttenn des Meers. Ist dieselbige
stadt vonn Zara 120 Meil weges.

Darnach am zwantzigstenn tage des Monats fuhrenn wir vonn
Lesena mitt guttenn wiendte undt kamenn fur ein Stedtlein, heisett
Gurtzola[2]), liegett sechtzig meil vonn Lesena; ist klein, aber vonn
gemaur starck, ist ein Bisthumb undt gehörett der Venediger. Darnach am 21. tage des Monats kamenn wir ihnn eine stadt, heisett
Ragusa, eine wunderstarcke Stadt undt woll erbawett, ist eine Stadt
vor sich selber, noch dennoch so erkennen sie denn König vonn
Ungernn vor ihrenn herrenn; dessgleichenn gebenn Sie dem Turckenn
alle Jahr 20000 Ducattenn, das er mitt Ihnenn Friedenn heltt, denen
Venedigern habenn sie voriger zeitt auch gegebenn, aber jetzundt
nichtt mehr. Dieselbige stadt liegtt von Gurtzola sechzig Meil
weges, daselbstenn lagenn wir ihnn einem Kloster Barfuesser Ornderns,
so fast schöne erbawett, auch hatt dasselbige Kloster huebsche
Garttenn undt wollust, das alles sehr lieblichenn zusehenn ist. Ist
huebsch gepflantzett mitt Palmenn, Oel Baumen undt gleich einhalb
der Stadt uff zwo welsche meil weges ist des Tuerckenn land, derer
viel darkommenn, doch muessenn sie ihr pferdte vor dem thore
lassenn.

Item da liess mann uns sehenn das heiligthumb, so daselbstenn
ist, undt sahenn das duch, darienn S. Simon Gott denn Almechttigenn
ihnn dem Tempel opfertte, das ist zusammengelegt, wie eine handt
zwell, undt ist vonn fast grobenn Tuche undt viel anders heilthumb.

---

[1]) Lesina. [2]) Curzola.

Ragusa ist ein Ertzbisthumb, item daselbstenn tragenn die armenn leutte das holtz auff dem Rücken feill.

Nun am 22. tage des Monats fuhrenn wir auff die Galea undt lagenn die nachtt darauff, darnach denn andern tag, was S. Johannis abendt, fuhrenn wir mitt guttem Wiendte (fol. 9) undt machttenn gross fest mitt lichtternn, mitt Trummettenn, mitt siengenn, mitt betenn, zu lobe dem liebenn herrn S. Johannis. Nun ihnn der nachtt kam ein Sturmwiendt undt warff uns hiender sich bey dreyssig Meil weges, da sahenn wir vor uns ein kleines Städtlein, heist Endua,[1]) ist der Venediger, daselbstenn lagenn wir S. Johannstag. Nun auff S. Peter undt Pauel abendt (29. Juni) kamenn wir nach Corsun,[2]) ist eine Jnsel, gehörett der Venediger, eine starcke Stadt, hatt zwei hübsche Schloss ob der Stadt auff einem Berge, eines stehett eines worffs weitt vonn dem andernn, hatt auch viel Judenn, die ihnn der stadt sicherheitt halbenn sietzenn.

Nun zwischenn der Stadt undt der Vorstadt habenn die Venediger fast einenn hubschenn weittenn grabenn lassenn machenn, ist nicht gar volnnbrachtt, das sie das Meer zu riengst umb die Stadt richttenn mögenn. Corsun ist ein Ertzbisthumb undt lieget vonn Ragus 300 Meil weges. Item der Thumb zu Corsun ist eine schlechtte Kierchenn, da zeigett mann uns ein sielbernes Creutzlein, darienn bloss ist ein stücklein vonn dem heiligenn Creutze. Auch ihnn einer Griechischenn Kierchenn ihnn der Vorstadt liegenn zwene heiligenn gantz ohnversertt, dessgleichenn S. Theodora, wilche das Königreich Neapolis zum christlichenn Glaubenn brachtt hatt. Nun auff S. Petri undt Pauli tag (30. Juni) woltten wir hienweg fahrenn, hattenn wenig wiendt undt grosse hietze undt auff dem erstenn tag Julii fhurenn wir ann ein Innsel, ist jetzmals des Turckenn, wahr vor zwelff Jahrenn zweier brüderr, Griechischer herrenn, die sich frömlichenn zu der Christenheitt hielttenn undt dem Turckenn viel wiederwillens thättenn. Nun habenn die Venediger ihr landt darann nahe stossenn undt suchttenn ursach wieder die herrenn, das sie dieselbe vertriebenn, undt namenn das landt ein. Ein bruder der flohe, der

---

[1]) Budua. [2]) Corfu.

ander wardt erstochenn, dann er sterbenn woltt umb sein vätterlich
Erbe, also steckttenn die Venediger S. Marcum nicht auff undt kam
der Türcke dafur undt gewahnn es denen Venedigern wieder abe.
Den andern tag des Monats fuhrenn wir ann ein landt hieun. heisset
Safflonia¹), ist eine Insel fast lustig. Nun auff denn driettenn
tag des Monats kamenn wir ihnn eine Stadt, heisset Modan²), ist
der Venediger, heisset dasselbige landt Morea. Nun ist Modan eine
altte Stadt, nichtt huebsch, aber starck gegenn dem landte, denn
gleich vor dem thore ist darnach des Türckenn landt, darumb die
Stadt wolbewahrett ist mitt Thürnenn undt zwischenn denenn grabenn
hatts auch viel gutter buchssenn, der es auch woll darff. Item zu
Modan fur der Stadt am Berge zurück ann der Riengmaur, da hatt
es viel kleiner elender häusslein nieder, da wohnenn Ziegienner
ihnnen, die maun nennt also ihnn deutschenn landtenn, fast arm
Volk undt gewönnlichenn alle schmiett, sietzenn nieder auff der
Erdenn ann ihrer Arbeitt undt habenn eine grubenn ihnn die Erdenn
gemachtt, da sie das feur halttenn, undt hatt der Mann oder die
fraw ein pfar blaassbelge ihnn der handt, siendt gantze heude undt
endtpfähntt also die lufft in die blaassbelge, das elendeste undt
armbste dieng, das nichtt darvon zuschreibenn ist, undt machenn
fast viel nagel undt gutte Arbeitt. (fol. 10.) Item vor Modan über
ist eine Insel, heissett Sapientia³), da ist ein hoher berg, darauff
mann wachenn thutt, undt was vonn Schieffenn auff dem Meer
fahrenn, die sie erkennen, so gebenn dieselbigenn ihr zeichenn, das
die ihnn der Stadt erkennenn. Auff denn vierttenn tag des Monats
(4. Juli) fuhrenn wir vonn Modann aus mitt guttenn wiendte;
Modann liegt von Cursun 300 Meil. Nun auff denn fünfftenn tag
des Monats fuhrenn wir mitt grossem wiendte zwene tage undt zwo
nachtt, das viel Bielger, wielche des Meers artt nichtt gewohnett
wahrenn, kranck wordenn; da fuhrenn wir ann ein Innsel hieun,
heissett Cengo⁴), da liegett ein kleines Städtlein fast auff einem
lustigenn berge, daselbstenn hatt gewohnett Menelaus, der mechttige

---

¹) Cephalonia.   ²) Modon; vgl. oben S. 21.   ³) Sapienza.   ⁴) Cerigo;
vgl. oben S. 21.

herr, dem sein weib Helena, die schöne fraw, endtfueret wardt vonn Paris, König Priami Sohn, vonn wilcher wegenn die schöne mechtige Stadt Troja zerstörett wardt; fuhrenn wir darnach gleich ann einer andern Insel hienn, heissett Cerigo, undt auff der rechtenn handt zu vor ann derselbigenn Innsell ist ein ander schone Insell, heissett Pori¹). Item am achttenn tage des Monats kamen wir ihnn die Insel, heissett Candia, das doch eine hubsche grosse Insel ist bey 700 Meil weges breitt, ist der Venediger, ist vor langenn Jahrenn ein Königreich gewessenn, machenn undt setzenn die Venediger noch heuttigen tages S. Marco eine kronn auff seinenn kopff undt habenn dem landte zu Ehrenn einenn hertzogenn da sitzenn, einenn Edelmann vonn Venedig, ihnn deroselbenn Stadt Candia, des amptt alle zwei Jahr auss ist.

Candia²) ist vonn Modon 300 Meil weges undt ist ein Ertzbisthumb da. Candia ist eine schöne Stadt ann dem Meer, ist woll erbawett, aber seltzam annzusehenn ihnn der Stadt der hausser halbenn dem, der es nie mehr gesehenn hatt, ursach: dann die häusser nichtt dächer habenn, als ihnn Unsserm landte, doch hubsche grosse hohe hausser, sie siendt gantz ebenn gepflasterett, wie die Estreich seindt ihnn unsserm landte. Die Venediger habenn gegenn dem landte zu die Stadt fast starck lassenn machenn undt noch starck daran bawenn, hatt einenn fast hubschenn grossenn Stadtgrabenn gegenn der Vorstadt. Candia ist auch ein fast fruchttbar Innsull mitt allerlei, so dem Menschenn zu lebenn nöttig ist, undt des fast gnug, Wein uberfluessig gnug nndt gutt, die mann heissett Malmasia undt Muschtell, undt andere starcke Wein, die nichtt zu drienckenn siendt ohne Wasser; darzu hatt es kornn gnug undt viel viehe undt ander viel gutter fruchtt. Ihnn der Stadt Candia siendt fast viel Judenn, anders ist nichtt zuschreibenn von Candia seltzames dienges, dann ihnn andern stedtenn. Die Menner gehenn ehrbarlichenn gekleidett fast auff Venedisch, dessgleichenn die weiber, doch fast schöne weiber undt naturlichenn. Am elfftenn tage des Monats fuhrenn wir aus zu Candia mit guttem Wiendte. Denn andern tag

---

¹) Pori. ²) Vgl. oben S. 22.

(12. Juli) darnach sahen wir eine schöne Insul, heist Lango,[1] ist der S. Johannessen herrenn, liegtt auff der lienckenn seittenn. An der selbigenn Insell liegtt ein ander Insell, heist Piscopia,[2] ist eine hubsche grosse Insell auch der S. Johannesser, hiender derselbenn Insell hienein ist das schlos S. Peters, auch S. Johannesser herren, das doch ein starck mechttig dieng ist, undt liegtt auff des Tuerckenn landte (fol. 11): darnach am dienstage kamenn wir ihm denn Canal zu Rodiss, liegtt auff der rechttenn handt die Insul Rodiss, auff der andernn seittenn das Tuerckenn landt, muss mann zwischenn bienn fahrenn und dieselbige nachtt auff drei stundte ihm der nachtt kamenn wir gegenn Rodis, ist Rodiss vonn Candia 300 Meil weges.

Rodis[3] ist fast ein wunderstarcke stadt undt wirdt, weil an solche noch täglichenn befestigett, viel stärcker. Der Grossmeister vonn Rodis hatt Turckenn und heiden bie 7 oder 800, die da mitt gewaltt arbeittenn müssenn, dann sie alle erkaufft sindt, die hatt derselbige Grossmeister ihnn einer gefangnis liegenn, Türckenn ob 300, die mann alle tage undt morgenn frue ann die Arbeitt ausstreibett, wie mann ihnn Deudtschlandt das Viehe ann die Arbeitt austreibett, undt zu nachtt, wann sie feirabendt habenn, treibett mann sie wieder ihnn ihr gefengnis, darienne liegenn sie auff einander, wie die schweine, das thutt mann durch das gantze Jahr, alle tage, es seyn gleich Apostell oder ander heilige tage, sonder Unsser frawenn tag ihm Augstmondt undt Osternn, Pfiengstenn undt Weinachttenn, so ruehenn sie undt die andern verkaufftenn heidenn undt Morenn hatt der Grossmeister ausgetheilett, iglichem Burger ihnn Rodiss einenn oder zween derselbenn verkaufftenn, nachdem Ihr vermögenn ist, doch siendt sie verpflichtet alle tage ann ihre Arbeitt zu gehenn, wie die andern; auch habenn sie denn vortheil, das sie nichtt so harttiglich gefangenn liegenn, wie die Türckenn, undt giebett mann ann Ihrer Arbeitt zu Essenn, wasser undt brott undt uberbliebene hoffspeise. Auch ist es lieblichenn zu sehenn, so die arbeittenn, als viel Ihr ist, und die grossenn Arbeitt, die sie volbriengenn, undt siendt nun

---

[1] Lango. [2] Piscopia. [3] Vgl. oben S. 22.

Sechtzehenn Jahre, das Ihrer ann dem grossenn bawe niemals weniger ist gewessenn, dann 6 oder 700 undt zu zeittenn mehr: magk einer bey Ihme gedenckenn, was arbeitt täglichenn da volnnbrachtt wirdt.

Ihnn dem Jahre, als mann zaltte nach Christi geburtt 1480,[1]) da lag der Türcke mitt grosser machtt vor der stadt Rodis, beschoss dieselbige herttiglichenn, das die ihnn der Stadt nichtt vermeinttenn, ohne die hülffe Gottes undt die liebhabern S. Johannis, das muglichenn wehre, die stadt auffzuhalttenn, noch dennoch thättenn sie allezeitt, was Christlichenn herrenn zuhörette, wilches dann Ihrer Ehrenn, guttes undt liebes notturfft also auch zum euserstenn erfordertt. Nun beschoss der Turcke die stadt ann dem ortt, da sie am allerschwächstenn was, hatte sie Sechtzehenn schue dicke die Maure, da die Judenn sietzenn, gantz auff dem grundte abgeschossenn, da kamenn die Turckenn, etwan viel hundertt über ein zweifachttenn grabenn auff denn Steinenn, von der Maur bies auff die Riengmaur, da die Maur zerschossenn was, undt steckttenn des Turckenn Panier auff; also kam der grossmeister selber mit gewappnetter handt undt rufft das volck ann umb hülffe und besterckett sie mitt guttem hertzenn, nichtt zu verzweiffelnn, Gott gebe Ihnenn hülffe undt Victoria, undt gieng auff die Maurenn, da die Turckenn hienein stiegenn, derer etliche hundertt ihnn der Stadt wahrenn. Da kam ein Baarfusser Munch mitt einer Fahnenn, darann das Crucifix wahr, auff die Maur undt eine frawe kam undt reiss deme, wilcher das Panier hatte, auss der handt, so auff der Maurenn was, undt steckett das Crucifix ann die Stadt. Nun hatten die von Rodis kein Pulver mehr zuschiessen, doch des zeugs, da mann Pulver ausmachtt, lag Ihnn einer grubenn, da war ein Deutscher, der zweiffelte, es wehre keine hoffnunge da zu retten, warff Er feur (fol. 12) ihnn die gruben, da viel zeug lag, undt alle Turckenn, die ihnn der Stadt kommenn wahrenn, wurdenn vonn dem zeuge alle verbrandt, also das die ihnn der Stadt uberhandt gewohnenn undt etwann viel auff

---

[1]) Vgl. über die Belagerung von Rhodus 1480 Fabri, Evagator. III, 258; Breitenbach 118—121a; Alexander 37a, Fassbender und oben S. 22.

der Maurenn erstochenn, dessgleichenn fiengenn sie bey 600 Turckenn, so auff der Maurenn wahrenn undt keine fluchtt mochttenn habenn, dieselbenn mustenn alle sterbenn, so lag der Stadtgrabenn voll dodtenn Cörper, das mann vor gestanck nichtt hette lebenn könnenn, die sie alle ihnn dem Grabenn mitt list verbrandtenn, damitt der gestanck nichtt zu gross wurde. Der Türcke hatte auch die Statt Rodiss so hartt beschossenn, das nichtt davohnn zusagenn oder zuschreibenn ist, hörett Ich von einem Johannitter Rietter, der zu derselben zeitt da was, das mann dreymal hundertt tausentt haubtt Buchssenstein ihnn Rodiss gefundtenn hatt, die der Türke hineingeschossenn hatte, das mann einenn iglichen Schuss, so geschehenn, auff achttzehnn Ducattenn geschatzett: die steine siendt alle Marmelstein, die mann ihnn die Stadt Maur zu einem gedechtniss etwann viel eingemauret hatt, die andern liegen ihnn der Stadt ann manchem ortte hienn undt hero. die Ich gesehenn habe. Item da die Stadt also beschossenn wardt, hatt der Grossmeister eine hübsche Kierchenn undt Closter lassenn machenn Baarfusser Orndtens zu lob undt Ehrenn des löblichenn Triumph undt überwiendtens, so geschach; ist noch nichtt gar volnnbrachtt, aber fast hubsch, darinn ein grab ist, dergleichenn nach dem heiligenn grabe zu Jerusalem. Auch als der Turcke nun abzog undt nichtts ann Rhodiss erlangenn mochtte, woltte Er mitt dem Grossmeister ein Thättieng derer ihnn die Stadt geschossener Buchssenstein halber treffenn undt etliche viel tausentt guldenn gebenn, mann woltte es Ihme aber nichtt vergönnenn; dessgleichen der andernn schösse, so er thätt, ist nichtt zusagenn noch zuschreibenn, dann die zaal deroselbigenn ohnnglaublichenn ist, darzu die stadt, da sie also herttiglichenn beschossenn wardt, ist jetzundt am allersterckestenn, was damals am schwechestenn, noch mochttn die herren einer nebenn dem andernn reittenn mitt gutter ruhe. Es ist auch M. G. F. undt H. mitt drei anderenn Rietternn auff die Maur gieriettenn, alle vier neben einander, das keiner des andern pferdt beruerett. So hatt die Stadt die stärckste Thuerne undt Iglichenn mitt seinem starckenn Bolwerck, das doch fast löblichenn zuschreibenn ist, undt der viel. Item Rodis hatt eine hubsche pförttenn da mann einfuerenn mag mitt allenn Schief-

jenn, klein undt gross, undt wol bewartt; hatt auff einer seittenn
13 wiendtmölenn undt einenn starkenn Thurnn darbei zu der wehr
mit seinenn Bolwerckenn; auff der andernn seittenn einenn andernn
starckenn Thurnn an der Fiengmaurenn undt gleich darvor der Stadt
hatts einenn andernn mechttigenn thurnn mitt seinenn starckenn
mechttigenn Bolwerckenn auss der massenn starck, die dem Turckenn
viel zu leide gethann hatt zu derselbigenn zeitt. Auch hatte ihnn
der Türcke gantz abgeschossenn, mochtte Ihnenn aber nicht gewien-
nen undt heissett S. Nicolai thurn.[1] sindt vor demselbigenn thurnn
drei wiendtmuelenn auff einer hubschenn strasse, als mann ihnn die
stadt gehett; es hatt auch Rodiss sonst viel andere wiendtmolen ihnn
der stadt undt vor der stadt. Rodiss hatt einenn hubschenn löb-
lichenn Spittal, stadtlichenn undt köstlichenn erbawett, auch woll
gezierett, der da alle Jahre habenn muss zehenn tausentt Ducattenn
kostunge, so mann denn armenn leuttenn auswartt. Ihnn demselbi-
genn Spital ist Orndtnunge, das ein Iglich kranck mensch, er sey
arm oder reich, frembtt oder ihnheimisch, der das begertt, sein
eigenn bette hatt mitt seinem köstlichenn Umbhang, wie ein gezeltt,
mitt seiner guttenn deckenn undt reinenn leinlachenn undt sien it
vier Artztte ihnn demselbigenn Spittal geschworenn, die ihrenn
bestenn lohnn habenu mitt denn andern ausswartteun, so ihm Spittal
siendt, die muessenn alle tage zweier ihm Spittal zu rieng umb-
gehenn vonn einem zu dem andern undt besehenn, wo dann not-
turfftig ist, zwene leibartztte undt zwene wundtartzte, undt ver-
orndtnen, was mann Ibnenn zu essenn gebenn soll; desgleichenn zu
essens zeitt ist ein S. Johannsser herr, der muss vor dem essenn,
das mann einem Iglichen bringtt, (fol. 13) mit seinem steckenn
gehenn undt es einem Iglichenn Kranckenn selbstenn gebenn, eben
als mann ihnn der grossen fürstenn hoff thutt, wann mann dem
fürstenn sein Essenn briengtt, undt ihrenn köstlichenn tranck habenn
sie vonn zuckerwasser undt wein, auch anderm tranck, nachdeme
undt das die Artztte orndtnenn. Dess gleichenn nachmittage so
kommenn die Artztte wieder undt besehenn aber einenn nach dem

---

[1] Vgl. oben S. 22.

andern, wie oben geschriebenn, undt umb vesper zeitt giebtt mann einem Iglichenn gruenenn Ingwer zu essenn oder lattwergenn oder sonstenn, als mann ihnn Deutschlandt Gumpost heist, nach dem undt mann hatt, undt sein tranck mitt Zuckara Rosato, das giebtt dem Menschenn gutte krafft. Dessgleichenn thutt mann das nach dem nachdischenn, wie obgeschrieben ist, zu dem Imbess-Essenn undt zu dem schlafftrunck habenn sie abermal Ihre lattwergen, wie zu der Maltzeitt, das doch fast ein sehr löblich geistlich dieng ist. Und bey denen siendt vier knechtte, die da wachtt muessenn thuenn, wo es nott ist, einem kranckenn Menschenn sein betthe machenn, auffhebenn undt umbfueren, als dann der Kranckenn artt undt gewonheitt ist, die viel undt mancherley Annfechttunge undt ohnruhe habenn, undt ob kein ander gutt werck ihnn Rodiss geschehe, dann dieses, so verdienttenn sie dennoch allein danck gegenn Gott denn Almechttigenn. Item so hatt mann einem Iglichenn Kranckenn sein sielbergeschierr, darauss mann Ihme zu essen giebtt, als schuessel, leffel, dessgleichenn seine sielberne schalenn, das doch huebsch ist, auch ann denn vier hohenn festenn, so hatt mann ein hübsch gross sielbern beckenn undt Kandel, da giebtt mann denn Kranckenn das wasser zu Essenszeittenn auff die hendte, sonndern die andernn tage habenn sie ein schlechtt Messiengs. Nun wahrenn Ich undt anderr meine mittbruedere bey dem Spittalmeister undt einem andernn S. Johannis-Ritter, da zeigtt Er uns das sielber geschierr, das dem Spittal zugehörett, wilches auff Sechtzehenn tausendt Ducattenn geschatzett wirdt. Mein G. F. undt H. Landgraff Wilhelm zu Hessen der Eltter, wie auch graff Philips vonn Hannaw lagenn darienenn zur herberge undt es siendt ihnn Rodiss bey drei hundertt oder vier etwan mehr Rietter brudere, Edele, der andernn pfaffenn undt schlechtte bruder auch ein gutt theil, habenn auch ein ander starck schloss vonn Rodiss 100 meil weges, heissett S. Peters schloss, fast woll erbawett, siendt auch zu aller zeitt 300 S. Johannesbruder Rietter.

Nun auff Freittag nach S. Margrethenn tag (15. Juli) fuhrenn wir auss vonn Rodiss gehnn Cipri zu undt kamenn ann denn Annfang der Innsel Apri,[1]) liegtt vonn Rodiss 300 Meil weges, da ist

---

[1]) Offenbar verschrieben für Cipri; über die Insel vgl. oben S. 22f.

ann demselbenn ortte vor zeittenn eine stadt gewessenn, heisset Papho, siendt noch heuttiges tages zwene Thuerm da ann dem Meer, ist aber der eine gefallenn vonn demselbigenn Erdtbebenn, der dann ihnn derselbigenn Insul ist gewessenn vor zweienn Monattenn, ehir wir dahien kommenn, als Ihr dann hernach hörenn werdett, und ist Papho ein Bisthumb. Wir kamenn nichtt daselbstenn ann das landt, sondernn fhurenn furbas undt kamenn nach Limison, ist auch ein Bisthumb, ist voriger zeitt eine hubsche grosse stadt gewessenn, ist aber jetzundt wie ein dorff, hatt woll ein starck schloss, liegtt nahe am meer, hatt auch das Erdtbebenn am Schloss ein theil eingefellet undt das Erdtreich gar zurspaltenn, darzu auch etliche häusser undt viel Altar undt Kierchenn daselbstenn niedergefellt, auch des Bischoffs hoff gantz nieder auff denn grundt. Da lagen wir auch am demselbigenn ortte vier tage, ludenn wir wein, wasser, brodt undt was uns nöttig was; liegt Limisonn vonn Papho 60 Meil wegs. Nun auff S. Mariae Magdalenae tag (22. Juli) fuhrenn wir auss vonn Limisonn undt fuhrenn nach Jaffo, ist ann dem Meer auff dem heiligenn landte, ist der heidenn, undt kamen dar ann S. Jacobs abendt ihnn der nachtt (25. Juli). Ligtt Jaffo vonn Limisonn 300 Meil weges. Nun ehir dann wir gehnn Jaffo kamenn, wahrenn wir vorauss gefahrenn, ursach, das unsser volck vonn der Galea das landt nichtt erkandte, undt sahenn wol das landt (fol. 14) undt fuhrenn vorauss nach Alexandria zu, als viel, als 200 Meil weges. Als aber das Volck das landt erkandte, fuhrenn wir wieder zurücke undt kamenn nach Jaffo undt worffenn Ancker vom landte als zwei welsche meil weges. Da schickett der Patron denn schreiber von der Galea ann das landt umb geleidt, das wir da ihan sicherheitt sein mochttenn, da fandt er denn herrenn vonn Gatzaria ann dem landte,[1] das wir nicht wustenn, kam der schreiber wieder ihnn die Galea undt thätt solches dem Patrono kundt, wurdenn wir alle fro undt gedachttenn Unsere sache soltte richtig sein, da schickett der Patron denn schreiber mitt dem herren vonn Gatzaria, der ein geborner herr ist undt Rietter, gehnn Rama, ist eine stadt, da wardt

---

[1] Vgl. oben S. 23 f.

der schreiber gefangenn vonn dem herrenn, ursach, dann der herr vonn Jerusalem vermeintt das geleidt zugebenn denenn Pielgernn, der dann des grossen Soldans Amptmann ist. Dessgleichen der vonn Gatzaria vermeintt das gleidt zugebenn. Da nun Iglicher der meinunge was, mochttenn sie sich nichtt vereinigenn undt schriebenn gehnn Alkar, da der grosse Soldann sietzett, das verzog sich woll viertzehnn tage, ehir sie der sachenn zufriedenn wordenn. Nunn dieweil die Bottschafft aus was, wahr denenn Bielgernn die weile sehr lang auff der Galea, dann sie nichtt sicher ann das landt vor erlangttenn gleidt durfftenn fahrenn, wiewoll ettliche darann fuhrenn undt kaufftenn speisse, was Ihnenn dann nott was, doch ihnn grossenn sorgenn. Es wahr auch unsagliche grosse hietze, darvonn dann der Bielger viel kranck undt schwach wordenn, auch nicht allein von hietze, sondern auch viele vonn bösem geschmacke undt gestancke, so auff der Galeen was, das ein Iglicher sein eigenn gemach stuel hatte ihnn seiner stancia, dessgleichenn auch die Galiottenn, das siendt die schieffknechtte, die gewönlichenn nichtts anders als zwiebelnn undt knoblauch essenn, das uns dann unngewohnett was, dessgleichenn auch Schaff und Viehe, so auff der Galeen was, undt das die Bielger essenn mustenn, wahrenn sie dessenn, so ihnenn ubelschmackette, nichtt gewohnett undt das dadurch mancher ihnn kranckheitt kam, undt auch das brott essen, das da hartt undt voller wurme ist, welches mann Biscottenn heissett, schwartz schimmerlich undt woll ohnngesaltzenn, das mann ihnn unsserm landte kaum schweinenn undt hundtenn zu essenn gebe, das wol zu verwundern wahr, dann der leider doch gnug wahrenn; da starb uns ihnn der Galea am erstenn ein Junger Barfusser Münch, denn mann heimlich bey der nachtt, als dann nöttig wahr, ann das landt fuerette undt Ihnenn ihnn denn sandt am Meer begrubenn, darmitt solches die heidenn nichtt ihnenn wurdenn. Dessgleichenn zwey andere Edelleutte undt sonstenn ein reicher Mann starbenn denn anderm tag darnach, die befolen, mann sollte sie auch ann das landt ihnn denn Sandt begrabenn, aber die Galiotten sorge halbenn der heidenn begrubenn sie, etliche andere worffenn sie ihnn das wasser, wiewoll sie Ihr geltt endtpfangenn undt bestallt wahr; darzu starb auch ein

Galiott, Ihnngleichenn ein Mönch, ein gelartter Mann, Barfüsser Orndens, wilcher uns vorigen tages eine schöne Predigtt undt lehre gethann, friesch undt gesundt wahr, wardt ihnn das Meer gefuerett mit steinen, gedencke Ich woll, sie habenn Ihnenn versenckett; darzu ehir wir zu Venedig ausfuhrenn, starb ein reicher Bielger, so ein Niederlender wahr, darnach zu Modann, als wir aussfuhrenn zu nachtt mitt guttem wiendte, hatt sich ein Galioth auff einenn Wolnnsack gelegett, bei denenn Rudernn übersahe sich ihm Schlaffe, fiel uber auss undt mochtte mann Ihme, weil es fienster undt der wiendt zu starck wahr, nichtt zu hülffe kommenn. Diesse dienge wöllen wir also Gott befolenn sein lassenn.

Nun ihnn der driettenn wochenn vermeintt der Patron, der Koste würde Ihme zu schwäer, denn Er denenn Bielgernn zu thuenn schuldig wahr, undt woltte wieder hiender sich nach Cypernn fahrenn, solches wolttenn die Bielger, weil es Ihnenn der zeitt halbenn schadenn brachtt hette, nichtt verwilligenn; Ihnn demselbigenn kam die Bottschafft vonn Alkayr wieder denenn herrenn, das sie denenn Bilgernn solttenn das gleidt gebenn, beides der von Gatzaria undt der vonn Jerusalem, da liessenn sie denn Schreiber wieder aus der gefengnis undt schickttenn Ihnn (fol. 15) undt kam auch der Guardian vonn Jerusalem mitt Ihme auff die Galeen zu dem Patron undt Bielgernn, das sie sicherlich an das landt zu kommenn geleidt hattenn, undt kamen die heidenn geriettenn, ehe denn die Bielger an das landt kamenn, vorhienn ehe dann die herrenn gehnn Jaffo kamen, undt schlugenn die gezeltt auff, ein Iglicher ohngeferlichenn viertzig oder funfftzig ihnn das feltt, darnach des andern tages kamen die herrenn vonn Gatzaria undt auch der vonn Jerusalem, der ein Mammaluck undt verleugentter Christ ist, mitt ihrenn dienernn ann der zaal bey 1000 Mann zu ross undt zu fuess undt die zu ross alle hubsch gekleidett nach ihrer siett ihnn lange weisse Kleider mitt ihrenn hüedtenn auff heidenisch umbwickeltt mitt weissenn duchernn, das solches eine lust zusehenn ist, undt trägtt mancher viertzig oder 50 Ellen duch umb seinen hudt gewickeltt auff dem hauptte, ihnmassenn die Turckenn auch diesse manier habenn undt tragenn, darzu habenn sie ihre köstliche behendte pferdte undt die woll ge-

zierett auff ihre artt, ihngleichenn ihre schöne spiesse undt Schieltt
an denenn Sattelbogenn hangenn, ihnnmassenn dann ihre gewonheitt
ist. Alss nun dieselbigenn dar kamenn, lagenn sie drei tage ann
dem landte, ehir wir an das landt aus der Galea kamen, hatten ihre
Trommetter, pfeiffer, darzu ihre heerpauckenn nach allenn Ehrenn,
doch was es uns seltzamb; dessgleichenn zu nachtt, wann sie stille
lagenn, hattenn sie Bäume, die vor ihrenn zelttenn wahrenn gantz
mitt Lucernenn umbhenckt, das doch lieblichenn zu sehenn ist.
Dessgleichenn so sie reitten, habenn sie ihre Lucernen fur Ihnenn,
dann der grossenn hietze halbenn, so ann tage ist, muessenn sie des
nachtts reittenn undt solche Lucernen alssdann des tages gebrauchenn.
Nun sassenn wir ihnn das kleine schieff undt fuhrenn ann das landt
alle Bielger gehnn Jaffo, wahr ann S. Laurentii tag (10. Aug.).
zaltt mann uns alle einenn nach dem andernn undt uns Idernn bey
seinenn Namenn undt legttenn uns ihnn zwei löcher, da sie mit
ihrenn pferdtenn ihnnenn hielttenn undt wahrenn unsser 200 Bielger.
Da hatten wir kein ander lager, dann auff der Erdenn, da brachttenn
uns die heidenische Bubenn Busche, allerlei diestelnn undt dörner
under einander, Iglichenn Bielger eins, da must einer Ihnenn ein
Markitt umb gebenn, ist ihnn unsserm landte so viel, als ein halb
weispfening¹), dessgleichenn umb einenn krug wasser dasselbenn.
dann unsser keiner auss dem loche gehenn dorffte, nichtt das wir
verschlossenn wahrenn, aber wol verwarett vor denenn heidenn, die
dann da wahrenn. Nun hattenn die heidenn alle nachtt ihrenn
Triumph mitt Posaunen, mitt Buchssennschiessenn undt Siengenn.
das solches eine freude zuhörenn wahr, wie woll wir andere Sachenn
gedachttenn ihnn unsserm hertzenn undt Sienne, auch ehir wir ann
das landt kamenn, fuhrenn unsserer etliche auff ein stein, lag vonn
uns so weitt, als zwo welsche meil weges, da S. Peter gefischett
undt sein gebett gethann ihnn einer Klufft, dem unsser lieber herr
Gott ann demselbenn ortte erschiennenn ist, da kam unsser lieber
herr zu S. Petro auff eine zeitt, da Er einenn gantzenn tag undt

---

¹) Vgl. oben S. 16 f; der Weisspfennig hatte ungefähr den Wert von
0,07 R.-Mark

nachtt gefischett hatte, fragtte unsser herre Gott, was er gefangen
hette, sprach Er ‚Nichts, herre', hiess Er Ihnenn sein Netze wieder
einwerffenn, fieng Er so viel fische, das Er vermeinett, das schieff
werde undergehenn, also gieng Er mitt trockenenn fuessenn hienauss
undt fiel unsserm herrenn Gott zu denen fuessenn undt erkandte
Ihnenn vor seinem herrenn undt Meister; daselbstenn hörettenn wir
auff dem Steine Meess. Nun verwharttenn uns die Mammaluckenn,
die unssere gleidesleutte wahrenn, ihnn dem loche, das uns die
andern heidenn nichts thuen solttenn, dann so ferne uns die heidenn
etwas thättenn, schlagenn sie die Mammaluckenn, wie die hundte.
Mammalucke ist ein verleugtter Christ, die da hochgehalttenn undt
herren siendt ihnn der beidenschafft des Soldans undt Ampttleutte
siendt des landes. Es magk auch kein grosser Soldan werdenn, es
seye dann ein verkaufter undt verleugtter Christ, undt tragenn alle
ihre huedte, siendt rott mitt langenn zottenn eines fiengers lang,
undt ihre ducher darumb gewickeltt, das doch schönn zusehenn ist.
Es darff auch kein heide einenn solchenn rodenn huedt tragenn, er
seye dann ein Mammaluck, darzu (fol. 16) sietzenn sie alle auff der
Erdenn auff ihrenn teppich ihnn einem Rieng, als ihnn etlichenn
landtenn die frawenn thuenn, sie siendt herrenn oder dienere, doch
mitt underscheidt; darzu ist Ihr gesetze, das sie keinenn wein solttenn
drienckenn, wie woll dasselbige etliche nichtt halttenn, doch thuenn
sie es heimblichenn, dann sie hartt, so mann es ihnenn wirdt,
darumb gestrafft werdenn. Die frawenn habenn auch ihre Rienge
ihnn der Nasenn hengenn undt ihnn denenn Ohrenn, wie dann ihnn
der heidennschafft gebrauchlichenn ist; darzu vor ihrenn Angesichttenn
habenn sie schwartze haarenn ducher hangenn, das mann sie nichtt
erkennenn soll; gehenn gemeinglich alle Barfuss, frawenn undt Mann.
Unsser Patron, als Er mitt denen Bilgernn ann das landt fhur,
schancktte Er dem herrenn viel hubscher Kleinott undt Scharlachenn
ducherr undt andere seidene ducherr, auch andere Kleinott.

Nun lagenn die Bielgere ihnn denenn löchernn drei tage undt
drei nachtt, darnach kamenn die beidenn undt brachtenn Iglichem
seinenn Esel undt riettenn vonn Jaffo nach Rama[1]), ist eine stadt

---
[1]) Vgl. oben S. 26f.

zwo deutsche Meil weges vonn Jaffo, und riettenn die vorgeschriebene
herrenn nebenn uns ihm geleidt, je zwene nebenn ein ander, hubsch
ihnn der Orndtnunge, undt hattenn Ihre Camelthiere mitt Ihnenn,
geladenn mitt ihrenn zelttenn, Teppichenn, was sie dann fuerttenn,
darzwischenn kamenn wir. Ihnn zwei oder drei dörffere mustenn
die Mammalucken vorhienn reittenn, darmitt uns die heidenische
weiber undt kiender nichtt schadenn zufuegttenn undt mitt steinenn
warffen. Jaffo ist ein klein dieng, hatt nichtts, dann zwene Thuerme,
da die heiden ihre wartt auff habenn; ist vor zeittenn eine hubsche
grosse stadt gewessenn, wilche Titus Vespasianus nach der zeitt, als
unsser herr Jhesus Christus gemarttertt wardt, verstörett hatt. Es
haben auch die heidenn zu Jaffo anders nichtts zu schaffenn, dann
das sie die Wartte habenn. Jaffo hatt eine schlechtte Portt am
Wasser. Item Jaffo liegtt vonn Venedig 1400 welscher Meil weges.
Rama ist eine grosse stadt vonn wohnunge, aber mitt maurenn undt
Thuernenn ubel erbawett. So wir dahien kamen, legtt mann uns
alle ihnn ein Spiettal, die woll erbawett ist mitt Kammernn undt
läger, wilchen Spiettal ein hertzog vonn Beyernn[1]) zu Ehrenn undt
nutz dero dahien reisendtenn Bielgernn hatt bawenn lassenn undt
gestiefftet undt hiess derselbige hertzog Philips, da Er nun nach
Jerusalem zog undt die Bielger so elendiglichenn liegenn sahe,
stiefftet Er denselbenn Spiettal. Eine deutsche meil weges vonn
Rama liegtt ein städtlein, heist Lidia, daselbstenn der liebe Rietter
S. George gemarttertt undt erhawenn ist worden; giengenn ge-
meiniglichenn alle Bielger dar ohne gleidts leutte; wie woll wir gutt
geleidt hattenn, fundenn wir auff halbenn wege viel heidenn mitt
ihrenn handtbogenn, besorgttenn wir uns fast, doch liessenn sie unss
unssernn weg gehenn undt thättenn uns nichtts, dann sie erkandtenn
woll, das wir Bilger wahrenn. Nun ist in dem stedtlein eine
hüpsche grosse Kierchenn, hatt S. Helena lassenn bawenn S. Georgen
zu Ehrenn undt ihnn einer anndernn Kierchenn darnebenn sahenn
wir denn ortt, da S George erhawenn ist wordenn, derselbe Stein

---

[1]) Verschrieben für Burgund; dass Herzog Philipp nicht im heiligen
Lande gewesen ist, ist bekannt.

ist noch da, da Er auff gekniett hatt. Da wir alle dienge besahenn, zogenn wir wieder gehnn Rama, da lagenn wir drei tage undt drei nachtt; wir lebteun zwar mitt Essenn undt drienckenn ubel, dann wir anders nichts, als so wir mittgebrachtt, habenn kondtenn, darzu ann keinem ortte, da wir gewessenn, grösser hietze, als zu Rama, geliettenn habenn. Nun an unsser liebenn frawenn wurtzweihungstage (15. Aug.) zogenn wir mittags vonn Rama ihnn grosser hietze undt auff eine deutsche meil weges kamenn wir zu einem brunnenn, da dann die Bielger der hietze halber fast begierlichenn trunckenn, also hartt bey demselbigenn Brunnenn wardt uns ein altter ehrbar Mann kranck, so vonn Campenn wahr, denselbenn fuerett mann dennoch auff seinem Esell nebenn uns hero auff ein vierttel einer stundte, das doch erbarmlichenn zusehenn was, mochtte sich des lebens nichtt lenger auffhalttenn (fol. 17) undt starb also auff dem Esell; ehir dann es seine mittgesellenn, die andernn Bielger desselbenn ihnenn worden, das er gestorbenn was, hatten Ihme die heidenn, die mitt Ihme giengenn, sein geltt genohmmen, ass viel Er bei Ihme hatte. Nun bey vorgemelttenn Brunnenn lagenn die heidenn, wie mann ihnn unsserm landte ein heer machett, undt heissenn dieselbenn Arabi, ist arm elendt undt bloss volck, ubel bekleidett undt reittenn Barfuss, tragenn nichtts anders auff denenn köpffenn, dann altte ohnegeschaffene ducher, undt fuerenn ihre sporenn an blosser versenn, ihre lantzenn das siendt Rohre, darann sie ihr Eisenn habenn, darzu bösse handtbogenn mitt Ibenn holtz, schwartz undt ubelgestaltt, wie mann einenn wieldenn Mann malett mitt ihrenn Rückenn barttenn, die Ihnn uber das Maul gehett, liegenn auch alle auff einem hauffenn, treibenn ihre heimlichkeit under einander undt schemet sich keiner vor dem andernn nichtts, da dann nichtt vonn zuschreibenn ist, hatt auch einer zwei oder drei weiber. Ist auch ihrer Narunge halber ein grob Volck, essen rohe ungesottenn Fleisch, wie das Viehe, undt weiss niemandt, was ihr glaub ist, habenn kein gesetze undt gebenn nichtss auff ihrenn herrenn, dann ihrer als viel ist, das da sie schonn an einem ortte vertriebenn wordenn, so halttenn sie sich am andernn auff, dann es also weitt ist, undt wie arm undt elendt sie siendt, also verzweiffeltt siendt sie undt böeser artt, schonen keines Menschenn, boeser dann Tuerckenn, dann sie keinenn Christenn nichtt erkenenn, durffenn auch ihnn keine stadt noch dorff kommen, dann was sie mitt grosser gewaltt thuenn, darff ihnenn niemandt offenbarlichenn verkauffenn harnisch oder andere dienge, so zur wehre nöttig siendt, dann sich kein mann vor Ihnenn bewahrenn möchte. Sinngenn ihre weiber undt kiendter, auch etliche ihre Männere zwar einenn elendtenn gesang, als wie ihnn unsserm landte die wolffe heulen, die Frawen gehenn auch nackentt ihnn ihrenn zuriessenn hembden, davohn viel zuschreiben wehre. Nun wahrenn deroselbenn Arabi bey ein zweitausentt ann zwene Oertter, das wir gleich zwischenn Ihnenn hienn mustenn reittenn. Alss sie nun unsser gewahr wordenn, machtenn sie sich alle ann einenn hauffenn, das die Bielger fast sehre erschrackenn. Doch hatten wir unssere Mammalucken, die sie underrichtettenn, das wir sicher fortt mochttenn reittenn, habenn auch dieselbenn Arabi kleine magere ohngestaltte Ross, aber behendt zu berge auff undt ab, das Ich mich verwunderttte. Nun bliebenn dieselbenn Arabi bey dem brunnenn undt befole mann Ihnenn denn dodtenn Bielger zu begrabenn, darumb sie woll bezaiett wurdenn. undt wahrenn der verstorbenenn Bielgers zwene gesellenn, die da sahenn, wie elendiglichenn mitt Ihnenn umbgangenn wardt, wahrenn auch desselbenn landes, hattenn sich auch fast erhietz mitt Ihme undt sturbenn auch näher, dann ihnn einer stundte, wilches doch erbarmlichenn was, wurdenn auch denselbenn Arabis befolenn zu begrabenn vom Patron. Ihnn demselbenn riettenn wir vorauss undt Ihrer bey Siebenn oder Achttenn under einem baume lagenn, doch da die grosse hietze abgieng, das sie wieder zu sich selbstenn kamenn, wehre die kuele lufft nichtt des abendts kommen, wehrenn sie auch gestorbenn, doch Gott schickett es zum bestenn. Uber eine kleine weile darnach auff die nachtt kamenn wir under etliche Oelbaume, wardt es fienster, lagenn wir da, bies das der Mondt auffgieng; Ihnn dero zeitt hattenn die heidenn die Esell an dem grass geschlagenn. Da wir nun hiennweg solttenn reittenn undt mann die Tromettenn auffbliess, rufft ein Iglicher Bielger seinem heiden bey seinem Namenn, dass Er Ihme denn Esell brächtte.

Etliche aber, die des heidenn Namenn vergessenn hattenn, mustenn zu fuesse gehenn bies ann denn tag; dessgleichenn als offt einer auff oder absass, muste einer geltt gebenn, funff oder sechss Margkette, das ist so viel, als zwei oder drei weisspfeninge[1]). Sie thättenn uns sonstenn viel buberei, (fol. 18) etlichenn Bilgernn stolenn sie pflaschenn, secke, was sie fundenn, darzu die andernn Mammaluckenn, dieweil wir stiell lagenn, hengttenn sie ihrenn pferdenn secke ann denn halss undt liessenn sie also essenn, als ihre gewonheitt undt artt ist, darzu am tage riettenn sie zu zeittenn vor uns hienn eine welsche meil weges undt warttenn unsser, bies das wir kamenn mitt unssernn Eselnn, hattenn sie under dessenn ihrenn pferdtenn zu essenn gegebenn, dann wir hernach riettenn mitt denenn abgeriettenn Eselnn sonder einigem zaum, sattel, nichtt anders, dann auff einem sacke mit stroe. Es fiel auch mancher Bielger ihnn der nachtt uber seinenn Esell, dann es hohe berge da siendt undt steinichtt; des morgens kamenn wir zu mittage, das wir Jerusalem vor uns sahenn auff eine welsche meil weges, sahe Ich dero Bielger viel absietzenn, niederfallenn auff ihre knie, die vonn grossenn freudenn weinettenn, das Ihnenn Gott die gnade verliehen hatte, das sie Jerusalem sahen.

Alss wir nun nach Jerusalem ihnn die stadt kamenn, hattenn die Barfusser Münche denen Bilgernn gemeiniglichenn Ihre herbergenn alle bey denen heidenn bestaltt, sie herbergttenn auch etliche, so da kranck wahrenn, ihnn ihrenn Klösternn[2]). Ihnn dem hausse, da M. G. F. undt H., Landtgraff Wilhelm zu Hessenn der Eltter ihnnen lag, gab Ihme der wierdt ein gewelbe auff der Erdenn, da musten J. F. G. mitt Ihrer geselschafft ihnnen bleibenn, da was weder bette oder stroe, anderst dann blosse Erdenn, also die andernn alle, die ihnn selbigenn hausse lagenn, der vonn Hanaw undt gemeiniglichenn alle Deutschenn. Der wirdt hatte auch keinerlei Speisse, weder wein noch brott, mustenn die Bielger selbst holtz kauffenn undt tragenn, was sie fundtenn, huener, Eyer, fleisch undt auff denn abendt schickett der Gwardiann auss dem Kloster M. G. F. undt H. dessgleichenn allenn andernn Bielgernn Teppich undt andere duchere, das sie

---

[1]) Vgl. oben S. 190. [2]) Vgl. oben S. 28.

darauff mochttenn liegenn, darmitt sie nichtt auff blosser Erdenn oder blossenn Steinenn lagenn, dann es fast ungesundt ist, ursach der gar grossen hietzenn, so dar ist, undt der Mensch begierig ist zu suchenn die kuele, die dann dem Menschenn grosse schwäre kranckheitt zufuegtt. Die Barfuesser verbottenn uns auch, das unsser keiner auss dem hausse gehenn sollte, das uns keine schmache vonn denenn heidenn geschehe, sie wehrenn dann mitt uns; wann sie einenn fundenn auff der gassenn oder ann andernn örtternn, thättenn Ihme die heidenn eine schmache ann, darzu die weiber undt kiender seiner sehre spottetten. Auff dienstag nach unsser liebenn frawenn tag (16. Aug.) kamenn die herrenn vonn denn Barfuesser Closter undt fuerttenn uns an nachgeschriebene örtter.

Am Erstenn fuerttenn sie uns zu einem Stein, da unsser lieber herr denenn dreienn Marienn erschein, da sie Ihnenn suchenn wolttenn ihm heiligenn grabe, sass unsser lieber herr auff demselbenn Steine; vonn demselbenn Steine fuerttenn sie uns ann einen ortt, da unser liebe frawe viertzehenn Jahre gewohnett hatte nach unssers liebenn herrenn Ihres Sohns Martter; da ist eine Capelle gewessenn, habenn die heiden abgebrochenn das vorige Jahr, da ist vergebunge aller suende. Hartt darbei stehett ein Stein, da S. Marcus zu einem Apostel erwehlett wardt. Item hart darbei vor dem Kloster ist der ortt, da unssere liebe frawe ihr ernstliches gebett gethan hatte zu allenn zeittenn, da ist vergebunge aller suendtenn. Vonn demselbigenn ortte gehett mann eine stiegenn auff ihnn das Kloster, das da liegtt auff dem berge Sion; Ihnn derselbenn Kierchenn ist der ortt, da unsser lieber herr das Osterlamb gessenn hatt mitt seinenn liebenn zwelff Jungernn,[1]) undt under dem hohenn Altar ist der Schuesselnn eine, da unsser herr auss ass das Osterlamb, ist eine erdene Schuessel verglasuerett. Nebenn demselbenn Altar ist der ortt, da Gott der Almechttige seinenn Jüngernn die fuesse gewaschenn hatt undt ihnn demselbenn Kloster hiender der Kierchenn (fol. 19) ist ein ortt, da die zwelff Aposteln verborgenn sassenn, wie unsser herr

---

[1]) Tobler, Jerulem II, 111 ff.; eine noch vorhandene Schüssel wird nirgends erwähnt.

Jhesus gemarttertt wardt, undt wahrenn ihnn grosser betruebnis; dessgleichenn als unsser herr nach hiemel fuhr, kam der Almechttige Gott undt sandte sie da, dann sie nichtt wustenn, was sie thuenn solttenn, da sandte Er Ihnenn den heiligenn geist undt sprach zu Ihnenn: ‚Ite in orbem universum', das ist ‚gehett ihnn alle landt undt verkündigett das wortt Gottes, wer getaufft wirdt und glaubett, der wirdt seelig undt soll besietzenn das Reich meines Vatters.' Undt undenn ann dem Kloster ihnn dem Creutzgange ist eine Capelle, die mann nennett S. Antonii Capell, dariennen Gott der Almechttige S. Thomas liess greiffenn ihnn die heilige wundenn mitt seinenn fiengernn undt sprach zu ihm: ‚Seelig siendt die Menschenn, die da glaubenn undt nichtt sehenn.' Es kam unsser herre Gott zu S. Thomae durch eine verschlossene thuer ihnn derselbenn Capell, in derselbenn Capell sass die mutter Gottes, da sich Gott Ihr offenbarett; ihnn derselbenn Capell ist vergebung aller suenden. Item ihnn deroselbigenn Capell, da unssere liebe frawe gewohnett hatt nach der Martter Ihres Kiendes viertzehenn Jahr, da ist sie auch gestorben, habenn aber die heidenn zurbrochenn, wie vorgeschriebenn ist, da kamenn die zwelff Apostelnn vor Ihrem Endte, so sie begehrett hatt. Item ein Steinwurff vonn dem berge Sion ist ein ortt, da die zwelff Apostelnn unnsser liebenn frawenn, nachdem undt alss sie verscheiden was, zu grabe wolttenn tragenn, kamenn die andernn undt legttenn handt ann sie undt wolttenn denn leichnamb mitt gewaltt nehmenn, da fielenn sie alle nieder undt wurdenn bliendt undt ohnnsiennig, das sie nichtt wustenn, was sie thättenn. Nun hiender dem Kloster giengenn wir einenn bergk auff undt nieder bey zwo welsche meil vonn dem Closter auss der Stadt, da liegtt der Acker, denn mann nennett denn Gottes Acker, wilcher vor die dreissig Sielberlienge, da Gottes Sohnn unsser herr Christus fur verkaufft wardt, gekaufft ist wordenn, daselbstenn begrebett mann hienn die Bielger undt andere Christenn, so zu Jerusalem wohnenn undt daselbstenn sterbenn.

Item hartt under Jetzgedachttem Acker ist ein berg, da siendt Ihnnenn die fünff löcher,[1]) da die Apostell ihnn krochenn, wie Christus

---

[1]) Die Zahl ist neu; vgl. Tobler, Jerusalem II, 245 f.

sein unschuldig blutt vergoss umb unssert willenn, da sassenn sie aus forchtt der Martter bis ann denn driettenn tag ihnnenn, darnach giengenn sie auff denn berg Sion, da erschein ihnenn unsser herre Christus undt kuessett sie, da ist vergebung aller suende. Item nebenn dem Kloster Sion wardt S. Stephan begrabenn. Item Caiphas hauss ist auff dem berge Sion woll ein steinworff vonn dem Kloster, daselbstenn stehett nun eine Grichische Kirche, da ist der ortt, da das feur war, da sich S. Petrus wermett, wie unser herre Gott gefanngenn wardt; ist auch die seule da, auff wilcher der haane sass undt krähett zweimal, als S. Petrus zum drietten mal verleugnette. Ihnn derselbigenn Kierche ist der Stein, der vor dem grabe lag, wie die drei Marien das grab zu besehen kamen, ob unsser herre Christus erstandten where, sprachenn sie: „Wer hebett uns denn stein auff vonn dem grabe", sahenn sie zwei Engel, wilche sprachenn: „Denn Ihr sehett, ist nichtt hier" etc. Ihnn derselbenn Kierchenn ist auch ein loch, darienn unsser lieber herr gesatzt wardt undt Ihnenn zum todte verklagttenn. Auff demselbenn berge siendt zwene steine, gleich auff dem einenn hatt unsser herr gepredigtt, auff dem andern sass seine liebste Mutter undt hörette die Predigtte ibres kiendes. Darnach kamenn wir ann eine andere Kierchenn, dariennenn S. Jacobo dem grossenn sein hauptt abgeschlagenn wardt, wardt der leichnamb ihnn das Meer geworffenn undt kam ann dem ortt, wilchenn mann nennett zu dem fernenn S. Jacob in Galitzca. Item ann derselben stadt ist ein Altar, da S. Johannes seine erste Mess gesungen hatt. Item bey Cayphae hausse ist auch ein loch, da unssernn liebenn herrenn so schendtlichenn verspottette. Es siendt auch viel andere stette, da unsser herr mitt seiner liebstenn Mutter undt seinenn andern zwelff bottenn gewohnett hatt, da an einem jedenn ortte vergebunge undt ablass der sündtenn ist, das doch alles lang zu sagenn undt zu schreibenn wehre (fol. 20).

    Nun vonn dem Berge Sion gienngen wir undt kamenn ihnn das thal Josaphat, da fundenn wir denn Feigennbaum, da liegtt Zacharias begrabenn[1]) undt ist das Thall, da unsser lieber herr das Jüngste

---

[1]) Vgl. Tobler, Siloah 263.

Gerichtte halttenn soll undt jedenn menschenn nach seinem verdienst verurtheilenn, die guttenn ihnn das Ewige lebenn, die boesenn aber ihnn die ewige Verdamnis. Nun giengenn wir furbass, fundenn wir eine klufft, da ist ein borne, da unssere liebe frawe ihre wiendel gewaschenn hatt. Item hartt darbei ist ein vorgewelbtt wasser, dariennen unsser herr die bliendten sehendt undt die kranckenn, wilche sich darauss wuschenn, vonn stundt ann gesundt gemachtt. Item auff der rechttenn handt ihnn dem thaal Josaphat ist der Oelebergk. da hatt Judas gewohnett, und ist daselbstenn auch der ortt, da Er sich erhengkett hatt nuss verzweiffelunge undt mittenn am berge stehett sein gewessenes hauss. Nun zwischenn dem Berge undt Judae hauss stehett ein gross Stein, darauff hatt die Mutter Gottes alle zeitt ihr gebett gethann undt darauff geruhett. da sie denn ortt suchette, an wilchenn Ihr Sohnn Jhesus Christus wahr nach hiemmel gefahrenn, wilcher obenn ann dem Oeleberge liegtt. Folgendts giengenn wir obenn auff denn Oeleberg, ist ein hubscher tempel vor zeitten gewessenn, ist aber fast zerfallenn; under dem Tempel ist eine kierche, da pflegenn die heidenn ihr gebett ihnnenn zu sprechenn undt darff kein Christ hienein gehenn undt bekeme keinem woll, da solches geschehe undt die heidenn dasselbige gewahr wurdenn, darnach giengenn wir Sechtzehenn Staffel hoch fur denn tempel, da Gott der Almechtige nach hiemmel ist gefahrenn; da zaltten die heidenn die Bielger alle ihnn denn tempel je einenn nach dem andernn; dessgleichenn wieder herauss. Ihnn demselbigenn tempel stehett eine schöne kleine kierchenn mittenn auff der stadt, da Gott ist zu hiemmel gefahrenn, da hatt Er mit einem seinem heiligenn fuesse eingedredtenn, das mann noch auff diesse zeitt scheinbarlichenn siehett. Nun als wir ihnn denn Tempel kamenn, machttenn die Baarfuesser brudere eine schöne löbliche Process undt giengenn dreimal umb die Capellenn, die Ihnn dem tempel stehett, undt lobtenn Gott denn Almechttigenn undt battenn Ihnenn umb seine gnade undt brachttenn alle Pielgernn unssere Opffer, so da wahrenn ihnn derselbenn Capellenn. Alss solches alles geschehenn wahr, zaltte mann uns wiederumb auss dem tempel, giengenn wir hienn auff denn berg nach Gallelea, wilcher vonn dem tempel zwei welsche Meil

weges liegtt, da kamenn wir auff ein ortt mittenn auff dem wege
des Oeleberges undt des landes Galilea, da ist ein stein. da der
Engel Gabriel das Palmenn Reiss unsser liebenn frawenn brachtte
auss dem hiemmel, darbei sie erkennen soltte, ann dem drietten tage
darnach sich zurichtten zu dem dodte. Dasselbe Palmenn Reiss nam
sie ihnn ihre handt, dann sie solches vor wuste, sich darnach zu
richttenn, alss sie thätt, wie sie heim kam ihnn ihr hauss Gallilea,
liegtt vonn demselbenn ortte woll eine halbe welsche Meil weges
newe ihnn denen Weingarttenn gebawett vonn einem heidenn, da
kamenn wir nicht hienn, wir sahenn es aber. Folgendts giengenn
wir denn Oeleberg abe, zu mittenn wege ist im platze ein stein, da
Gott sprach undt weinett uber die Stadt undt das Volck Jerusalem
undt sprach: „Jerusalem, du weist nichtt, was du thust.' Er wuste
denn unschuldigenn dodt, wilchenn Er umb der sünde des Menschenn
ohnschuldig leidenn muste. Darnach kamenn wir wieder ihnn das
thaal Josophat, so vorgeschriebenn ist, undt ihnn denn Garttenn.
wie die Juden kamenn undt Ihnenn sein Junger Judas verrieth. ihnn
dem Er sein gebett volnnbrachtte mitt seinenn drei Jungern Petro,
Johanne undt Jacobo, undt da Er sie schlaffendt fandt, ann derselbigenn stadt ist eine kleine Maure, daselbstenn sprach Er zu Ihnenn:
„Non potestis etc. mochtt ihr nichtt eine stundte mitt mir wachenn'.
Zu dem lestenn fandt Er sie aber schlaffendt, da es nunn ann der
(fol. 21) zeitt was, das die schaar der Judenn kommenn soltte, gieng
Er wieder zu denen Jungernn undt fandt sie noch schlaffendt, sprach:
‚Vigilate et orate', das ist ‚Wachett undt bettet, das Ihr nichtt ihnn
versuchunge des bösenn kommett.' Da wir nun auss dem garttenn
giengenn, giengenn wir nach der guldenenn pforttenn, wilche ihnn
der Maurenn zu Jerusalem stehett, da Gott pflegtte durchzugehenn,
wann Er sein gebett ihnn dem garttenn volbriengenn woltte, undt
giengenn darnach wieder von dannenn, alle Bielgere sprachenn aber
erstenn daselbstenn ihr gebett. Darnach kamenn wir ihnn einen
zerbrochenenn Tempel, da S. Jacob sein gebett pflegtte zu thuenn,
da liegtt noch ein heilig Mann ihnn einem stein begrabenn, nichtt
weitt darvonn ann einem andernn ortt kamenn wir, da die heilignn
Engel denn zwelff bottenn denn heiligen Cörper unssere liebenn

frawenn nahmenn, als ihnn die Aposteln ihnn das grab tragenn wolttenn undt fuerttenn die Engel dieselbe mitt leib undt seel nach hiemmel, da behielttenn die zwelff bottenn nichtt anders vonn Ihr dann denn guerttel daselbstenn, dann ihm garttenn undt ihnn der guldenn pforttenn ist Vergebunge aller sundte.

Darnach kamenn wir auff einenn andern ortt, ist ein steinernn bergck, da ist ein stein under einem grossen loch. Ihnn demselbenn loch batt unsser herr Jhesus Christus seinenn hiemlischenn Vatter, als Er leidenn soltte denn bietternn dodt, undt sprach ‚Ist es möglichenn, so wendte diessenn Kelch vonn mir, aber nichtt, wie Ich will, sondern dein will geschehe'.¹) Ihnn demselbigenn loche ist einn altar undt auff dem altare hatt der Engel Gott erschienenn, als er denn Kelch brachtte, da ist vergebunge aller sundte; hartt darbei stehett eine Kirche under der Erdenn gewelbett, ist viertzig staffel dieff undt heissett zu unsser liebenn frawenn, darienn sie die zwelff bottenn legenn wolttenn, da ist vergebunge aller suende. Gleich vor der Kierchenn ist eine steinernn brueckenn, ist vor zeittenn, ehir Gott gemarttert wardt, das holtz gelegenn zu einem stege, darauss mann das heilige Creutze gemachtt hatt, daruber Sibilla²) nichtt hatt wöllenn gehenn, dann sie wahr die Prophetica warlichenn, wuste, das Gottes sohnn umb dero Menschenn sundte willenn soltte gecreutzigett werdenn ann demselbigenn holtze. Darnach kamenn wir ann denn ortt obenn ann denn Bergk, ann wilchem S. Stephanus gemarttertt undt gesteinigt ist wordenn. Folgens giengenn wir vonn dem berge nach Jerusalem zu ihnn die stadt, kamenn wir vor das hauss, da Veronica ihnn gewohnett hatt, wielche das duch brachtte, da Gott sein heilig angesichtte an getrockenett hatt, da Er zu seiner Martter gieng; solch duch ist auff diessenn tag noch zu Rohma undt vor deme ist der ortt, da Gott gerastet mit dem Creutze, wie Simon Ihme zu hülffe kommenn muste undt da die weiber weinettenn undt Gott sprach ‚Nichtt weinett uber mich, sondernn weinett uber Euch undt euere Kiendere.' Darnach sahenn wir denn ortt, ist ein altt zerbrochenn dieng, da mann unssernn Seeligmacher gebuendtenn

---

¹) Vgl. Tobler, Siloahquelle, S. 207 f.   ²) Tobler, Jerusalem II, 37.

undt gefangenn fuerette zu Herodis hausse, was mitternachtt. Darnach kamenn wir vor Pilati hauss, da Er seine händte gewaschenn hatt undt sich nichtt annehmenn woltte des ohnnschuldigenn bluttes. Des freittags nach unsser liebenn frawenn tage ihm Augstmonatt, (10. Aug.) da bracht mann uns ihnn denn Tempel undt zaltt uns alle hinein, so einenn nach dem andernn undt beschloss unns, ihnn dem zeigett mann uns alle heilige stedte, so dariennenn wahrenn. da lagenn wir bies ann denn morgenn, da sahenn wir am erstenn eine schöne Capelle, ist ann der linckenn seittenn des heiligenn grabes, ihnn derselbigenn Capell richttenn die Münche einenn schönenn Process mitt Creutzenn undt lichtternn undt ein Iglicher Bielger mitt seiner brennendten kertzenn ihnn seiner handt. Ihnn deroselbenn Capell weisett mann uns ein stück vonn dem holtze des heiligenn Creutzes undt sungenn da das ‚Salve Regina.' (fol. 22.) Darnach weisett mann uns die Seule, da unsser herr Jhesus Christus ihnn Pilati hausse ist ann gegeisseltt wordenn, stehett ihnn einer Maurenn ihnn einem loche undt stehett auch auff der lienckenn seittenn. Ihnn derselbenn Capellenn siendt zwei örtter, mittenn darienn liegenn breidte schiebliengsteine mancherlei farbe. Ann demselbigenn Ortte ist gelegenn das heilige Creutze undt darbenebenn dero zweier Schecher Creutze; als sie gefundtenn wordenn, da kundte mann nichtt erkennen, wilcher Gottes Creutze wehre. Da namb die heilige Fraw S. Helena einenn dodtenn leichnamb undt legtte denselbenn auff das Creutze, da Gott denn bietternn dodt ann geliettenn hatte, undt der dodte leichnamb wardt wieder lebendig, darbei erkandtenn sie, das solches das rechtte Creutze wahr.

Item alss mann wieder auss derselbenn Capellenn gehett, für der thuerr anhero siendt aber zwene zierckel[1]), wie ihnn der Capellenn gemachtt, ein schriett vonn dem andernn, dariennenn Gott S. Mariae Magdalenae erschain ihnn Gerttners weisse undt sprach ‚Nichtt beruere mich, dann Ich noch nichtt auffgestiegenn bien zu meinem vatter.' Item darnach kamenn wir zu dem kercker undt gefengnis, da unsser Seeligmacher Ihnnenn gelegenn ist, sungenn wir die Li-

---

[1]) Ueber diese Ringe siehe Tobler, Golgatha 360.

taniam, da gehett mann drei driette ab vonn der kierchenn, siendt drei thuerenn nebenn einander, ist die eine jetzundt vermaurett, da stehenn zwo seulenn ihnnenn undt siend drei bogenn nebeneinander am altar da fornenn, der da ist bey drei undt zwantzig schue lang undt bey neuntzehenn schue breitt[1]). Item sahenn wir denn ortt, da Gott seine Kleider verspielett wordenn, ist jetzundt ein Altar daselbstenn. Item darnech giengenn wir ein undt viertzig Stoffelnn ab ihnn eine Capell durch S. Helenae Capell, da die heiligenn Creutze fundtenn siendt undt die Crone undt Nägeln undt alles zeug, das mann gebrauchtt hatt zu der Martter, das hatt S. Helena alles fundtenn. Also gehett mann dreissig Staffel ihnn S. Helenae Capell, die fast schöne undt hoch ist mitt 4 schönenn seulenn, wielche achtzehenn schuc vonn einander stehenn undt drei gewelbe tragenn. Die Capell des heiligenn Creutzes hatt ann der breitte zwei undt dreissig schue undt ist under einem felssenn, der die Capelle beynahe gantz deckett, da das Creutze gefundenn wordenn ist, ist der felssenn daselbstenn eines Mannes hoch undt funfftzehenn schue lang. Nun vonn der Steigenn bies ann die Maurenn hiender denn Altar hatt sie völliglichenn dreissig schue lang undt ist bey funff mann hoch, dessgleichenn ohngeferlichenn ist das loch oder die grube, die mann kuesset, da das heilige Creutze ist gelegenn undt das genandte gezeug seiner Martter. Nun zwischenn dem felssenn undt einem Maurlein, ist eines halbenn Mans hoch, acht schue lang undt sechss Schue breitt, da ist ein bodenn gemachtt, ein zerbrochener weisser gleser scherb, da ist ein Creutzlein ihnn gemachtt mitt einer Kronenn, das kuessett mann undt streichetts ann, da hengenn sechss brennendte ab derselbenn grube, da ist vergebunge aller suendte[2]). Item darnach als mann herauss kömptt, auff der lienckenn seittenn nahe bey dem steige ist ein altar, ist ein scheplich Stein eines halbenn Manns hoch, darauff Christus gesessenn, als mann Ihnenn krönette, Ihme ein Rohr ihnn seine handt gab undt verspottett wardt, ist einn hölzernn gegietter dafur[3]). Darnach kömptt mann ad montem Cal-

---

[1]) Tobler, Golgatha 394. [2]) Ueber die Helenacapelle vgl. Tobler, Golgatha 296 ff. [3]) Tobler, Golgatha 341.

variam, ist ihnn der Kierchenn undt gehett mann zwo steinernn Steigenn auff, die Erste hatt achtt Staffelnn, die andere zohenn. Darnach kömptt mann ihnn eine schöne lustige Capellen undt ist fein besatztt mitt Marmelstein mitt mancherlei farbenn. Dieselbige Capell ist ein undt viertzig Schue breitt undt lang bies ann denn platz, da die drei Creutze gestandtenn siendt, Sechtzehenn Schue. Es siendt auch auffm selbigenn platze zwo seulenn, da die zwene Schecher hiengenn, nichtt hoch noch gross, ist die auff der lienckenn seittenn viereckett, die ander schieblich[1]). Item das loch, da das heilige Creutze gestandenn, ist ihnn der Mitte des platzes, der lautter vonn feinenn Marmolstein ist, undt ist derselbige stein des lochs zwo spannenn breitt undt zehenn spannenn lang undt ist das loch schieblich undt mitt kupffer beschlagenn[2]). (fol. 23.) Item auff der lienckenn seittenn desselbigenn lochs ist zu dem Spaltt, da sich der Felss vonn einander speltt, da Gott seinenn Geist auffgab, weniger mehr dann sechss Spann, denn Spannenn kann mann nichtt woll messenn, dann Er ohnngleich ist, doch ist er weitter dann eine Spann. Auch vonn dem Spaltt bies ann des verdampttenn Schechers Seule ist auch eine Spann undt hiender dem loch hangett ein rodt duch, da ist ein Crucifix angemalett.

Item ihnn derselbigenn Capell stehett eine Seule, die trägtt vier gewelbe, undt siendt vier Altar nebenn einander undt zwischenn denn erstenn zweienn ist das Creutze gestandtenn. Item under diesser Capell ist eine andere Capell auch gewelbett, also da ist hiender dem Altar ein alter Spaltt, komptt vonn dem obernn Spaltt, dann es wunder grausslicht ist, da hatt mann Adams hauptt gefundtenn[3]). Item als mann ihnn die under Capellenn gehett, hie forne auff der lienckenn handt, da liegtt Judas Maccabeus[4]). Item auff der rechtenn seittenn da liegtt Gottfridus vonn Birlion, hertzog vonn Lottriengenn, der das heilige grab undt das landt zum ersten gewahnn. Item ihnn derselbenn Capellenn ist der ortt, da Gott

---

[1]) Tobler, Golgatha 264. [2]) ibid. 282—284. [3]) ibid. 293 f. [4]) Dietrich meint die Grabstätte des König Balduin, der in der Inschrift seines Grabes Alter Machabaeus genannt wird (Tobler, Golgatha 148, Beilage A).

sprach zu seiner Mutter „Weib, niemb wahr dein Sohn" undt zu
S. Johannes „Niemb wahr deiner Mutter." Darnach kömptt mann
wieder auss der Capellen undt gleich fur der thuer der Capellen
auff der Erdenn ist die stadt, da Gott vonn dem Creutze genohmmenn
ist undt gesalbett wardt[1]); plenaria ibidem peccatorum remissio;
undt ist derselbige ortt beseett mitt weissem undt rotem Marmol-
stein undt ist der herr Jhesus der Jungfrawenn Marienn ihnn ihrenn
Arm gewordenn, daselbstenn hangenn achtt Ampelln undt ist der
Ortt, da der herr Jhesus neun spannenn lang gelegtt wardt, ann
der breitte ist Er aber mehr dann zwo Spannenn[2]). Item auff denn
22. Augusti da liess mann uns wieder ihnn denn tempel gehenn
nach dem Nachtmal undt bliebenn die nacht dariennenn. Item auff
denn 22. Augusti frue giengenn wir zu einenn gewelbe durch eine
thuer zu dem heiligenn Grabe, da ist gerade gegenn der erstenn
thuer uber die thuer des heiligenn grabes, dieselbe ist steinernn.
Nun das loch, da mann ihnn gehett zu dem heiligenn Grabe, ist
ann der weitte mehr dann zwo Spannen breitt undt vor der thuer ist der
Stein, da die Engell auffstundtenn ihnn weissenn kleidernn undt sprachenn
zu denenn Marien „Wen suchett Ihr" etc. Item das gewelbe des heiligen
grabes ist achtt spannenn lang undt etwas mehr undt also lang
ist der Stein, der auff dem grabe liegtt, undt ist ein schonn weisser
Marmolstein undt langett vonn einer Maurenn zu der andern. Item
dennselbenn tag wieder am morgenn liess mann uns aus dem tempell
undt fuerett uns ein Barfusser Mönche ann nachbeschriebene Oertter.
Item am Erstenn vor der thuere ann der Gassenn, da der Stein ist,
da Gott ein wenig aussruhette, da Er sein heiliges Creutze trug undt
es kaum achtt schriette siendt von dem Berge Calvariae, darnach
das hauss Veronicae. Item das hauss des Reichen Mannes, wilcher
dem armenn Lazaro die Brosamen brottes versagenn thätt undt die
hundtte ann Ihme leckttenn. Item denn ortt, da die Judenn Simo-
nem vonn Cyrenen, wilcher auss dem dorffe kam, bezwungen, das
Er das Creutze tragenn musste, undt daselbst als unsser herr Jhesus
das Creutze vonn Ihme thätt, kerett Er sich umb zu denenn wei-

---

[1]) Vgl. Tobler, Golgatha 345. [2]) ibid. 349 f.

bern, die da weinettenn undt sprach: ‚Ihr Kiender Jerusalem, nichtt weinett uber mich, sondernn uber euch selbst undt uber euere Kiender.' Item der Ortt, da Maria ihnn Ohmachtt fiel, da sie ihrenn liebenn Sohnn das Creutze tragenn sahe. Item zweene Steine, darauff unsser herre Gott gestandten hatte, da Er zum dodte verurtheillt wardt, undt die Steine siendt jetz auff einer Archa (fol. 24). Item die schuele, da unssere liebe frawe zur Schule gangenn ist, als sie jung was. Darnach kamenn wir zu Pilati hauss, darienn Gott gebundtenn gefuertt wardt, geschlagenn, verrathenn undt zum dodte verurtheillt und wilcher darienn gieng, muste ein Madin gebenn, das ist drei Creutzer, undt ist fast ein gross hauss. Item gleich bey Pilati hauss sahenn wir bey dreissig ubelthätter, alle gebundtenn ann einer Kettenn undt stundtenn also vor dem Richtter. Item nahe bey Pilati hauss auff der lienckenn seittenn ist des Königs Herodis hauss, darienn Gott gefuertt undt Ihme weisse Kleider wurdenn angethann, das ist ein hauss, wie ein schloss, darienn mann auff vielenn Staffelnn gehett. Item gleich darbei ist das wasser, das da heissett Pist(c)ina, da Gott viel menschenn gesundt gemachtt hatt. Item sahenn wir denn tempel Salomonis, da Gott viel zeichenn gethann hatt, das doch ein wunderschöner tempel ist. Wir wahrenn nicht dariennen, dann die heidenn niemandts, es sey gleich Christ oder Turcke, darienn vonn frembttenn lassenn gehenn.

Item denn 22. tag Augusti[1]) da sassen wir Bielger aber auff Esell undt riettenn nach Bethlehem undt riettenn über das thaal Silor(e) undt alss wir auff denn Bergk kamenn, da sahenn wir auff der rechttenn seittenn das hauss Abacuc des Prophetenn, dem der Engel bey dem Schopff namb undt fuertte Ihnn gehnn Babilonia zu Daniel dem Prophetenn, undt auff der lienckenn handt stehett das hauss Eliae, ist ein schönn hauss, stehenn die zwei haussere auff Buehel undt ist das landt fast Bergig, gehett die Strasse zwischenn denen häussernn. Hartt darbei ist der ortt, da Gott denenn heiligenn drei Königenn denn Sternn liess auffgehenn, der Ihnenn leuchtett nach Bethlehem. Am selbenn ortte ist eine Cistern, nahe bey

---

[1]) In der Hs. steht Junii.

demselbenn Brunnenn auff die rechtte handt, da ist gestandtenn das
hauss des Prophetenn Jacobss[1]) undt gleich darbei ein Armbrust-
schuss ist das grab Rachael seines weibes; ist gar ein schönn hoch
grab undt stehett ihm weittenn felde. Item als wir nun nach Beth-
lehem kamenn, da siendt die schönenn pforttenn alle vermaurett
undt ist jetzo ein loch ihnn das Kloster gemachtt, da wahrenn aber
die heidenn alle dar undt zaltten Je Einenn nach dem Andernn
hienein. Also kamenn wir ihnn unsserer lieben frawenn Kierchenn,
ist eine schöne köstliche Kierchenn undt Creutzweisse gebawett undt
hatt achtt undt viertzig schöne Marmelseulenn, die alle vonn gantzenn
Stückenn siendt, siendt jetzundt nichtt mehr, dann drei altar, einer
Ihm Cohre, der ander, da Gott beschniettenn wardt, der dritte, da
die heilige drei Könige Ihr opffer brachttenn. Dieselbige Kierche
ist hubsch besatzt undt gepflastertt mitt Marmolstein undt hatt
solche S. Helena erbawett.[2]) Item darnach giengenn wir mitt der
Process ihnn S. Hieronymi Kierchenn, dieselbige ist under der Er-
denn; daselbstenn hatt Er die Biblia auss hebraischer Sprachenn ihnn
latein transferirt undt ist auch sein grab dariennenn, liegenn auch
viel der Uhnnschuldigenn gedödtenn Kiendtlein dariennen undt weil
mann nichtt Jedermann hienab lesset gehen, so zeigett mann sol-
ches vonn der höhe ab einem.[3]) Darnach kamenn wir wieder ihnn
unsser liebenn frawenn Kierchenn undt sungenn das Salve regina,
kerttenn wir darnach wieder umb undt giengenn umb das Chor, da
ist ein altar auff der lienckenn seittenn, alss die heilige drei Könige
ihr opffer brachttenn. Nun vor demselbenn altar gehett man fuuff-
zig Staffel abhienn ihnn eine glufft under dem Cohre undt gleich
auff der lienckenn handt, so mann abhienn kömptt, ist ein altar hoch
ihnn der stadt, da Gott geboren ist, da schlufft mann under dem
altar hienn undt kuesset denn ortt. Item vor demselbenn auff der
rechttenn handt under einem felssenn ist die krieppe, darienn Gottes
Sohnn gelegtt wardt ihnn Mitte zwischenn das Riendt undt Esell,
dieselbige krieppe hatt S. Helena ihnn lautter weiss Marmolstein

---

[1]) Vgl. Tobler, Jerusalem II, 637 ff.   [2]) Ueber die Marienkirche siehe
sonst Tobler, Bethlehem 83 ff.   [3]) ibid. 184 f.

gefassett undt ist drei Spannenn lang, da ist ihun einem Steine die krieppe, auff der Rechttenn seittenn S. Hieronymi miraculosi sein Bieltnis angewesen, da ist vergebunge der sundtenn.¹) Der Stein ist weiss, das Bieltnis aber graw (fol. 25). Zu Bethlehem siendt vier Brueder, die da wohnenn und siendt underthann denn Munchenn zu Jerusalem undt daselbst lagen wir ubernachtt. Nun alss wir vonn Bethlehem auff Jerusalem zu zogenn, fundenn wir auff dem wege drei Kirchenn, die Erste ist unsser liebenn frawenn undt Elisabeth, da sie ihre wohnunge gehabtt habenn mitteinander; die ander ist ann dem ortte, da S. Johannes geborenn ist; die driette ist, da Adams hauptt gefundtenn ist wordenn under einem hohenn baume, darauss das heilige Creutze ist gemachtt worden, ist jetzundt der hohe altar daselbstenn.²)

Nun als wir wieder nach Jerusalem kamenn, giengenn wir abermal ihnn denn Tempel undt wahrenn darien ubernachtt. Da ist zu Jerusalem ein freyherr, hatt denn Ordenn ann Ihme undt derselbenn bruder Hans³) hatt auch die gewaltt vonn dem Pabste undt dem Keyser, allen brudernn Bielgernn so dar ziehenn um Gottes willen undt die die Rietterschafft begehren, das Er Ihnenn die gebenn soll Also schlug Er denn hochgebornenn herrenn Wilhelmenn denn Elttern, landtgraffenn zu Hessenn zu Rietter, darnach gab derselbige bruder Hanss dem hochgemelttenn durchleuchtigenn Furstenn, die Rietterschafft zu gebenn allenn denenn, die da wahrenn. Also schlug S. F. G. denn wolgebornenn herren Philipssen Graffenn zu Hanaw zu Rietter, darnach sein hoffvolck undt alle andern Bielger, Deutsche undt Frantzosenn, so da wahrenn. Also lagenn wir zu Jerusalem die nachtt.

Als wir nun hiennweg zogenn vonn Jerusalem (23. Aug.), lagenn wir des Nachts auff dem Felde undt thättenn uns die heidenn alle buberey, so Ihnenn nur müglichenn zu thuenn was, undt namenn uns unssere Röcke, Bareth, flaschenn, was Ihnenn werdenn mochtte; wann dann ein Bielger schrei, das es die Mammalucken hörettenn,

---

¹) Bethlehem 166—171. ²) Tobler, Jerusalem II, 361—363. ³) Ueber ihn Tobler, Golgatha 241.

kamenn sie Ihnenn zu hulffe, die Morenn aber thätten eins, wann sie etwas nemenn wolttenn, hattenn sie ein geschrei under einander, das niemandt gehörenn mochtte, undt schlugenn Ihnenn darzu; also geschahe mir, Diedtrich vonn Schachttenn. Ich hatte eine flaschen mitt guttenn wein, die wardt mir genohmmenn undt darzu uber denn halss geschlagenn. Da kamenn wir denn andern tag nach Rama, also lagenn wir drei tage daselbstenn (24.—26. Aug.). Nunn hattenn wir auff der hiennreise einenn bruder des ortts gelassenn, als wir darkamenn, wahr Er gestorbenn, hattenn Ihnnen die heidenn ihnn das heimliche gemach geworffenn. Darnach zogenn wir vonn Rama gehnn Jaffo, was umb Mittag; da wir solttenn ihnn die Galea fahrenn, wahrenn die heidenn da undt begerttenn vonn einem Iglichenn Bielger zwene Madienn,¹) das ist so viel als 3 kreutzer, undt wilcher Ihnenn die nicht gebenn wolte, wardt sehr geschlagenn. Doch wahrenn viel Bielger, die nicht gebenn wolttenn umb deswillenn, das sie keine newe gewonheitt auffbrachttenn undt sich also schlagenn liessenn, also wilcher der Erste zu dem schieffe sein möchtte, der thätt es, dann sie auff der gantzenn Reise niergendt so ubel, als darselbst, geschlagenn wordenn. Nun alss wir ausfuhrenn zu Jaffo, wahrenn wir auff dem wasser vier tage (26.—29. Aug.), ehe wir zu Cipri annkamenn; also sahenn wir eine stadt, heisset Samagusta;²) da das die Bielger ihnuenn wurdenn, da hielttenn sie Rath under einander undt wolttenn nichtt, das der Patron darzu solte fahrenn. Alss nun der Patron hörette, wie es wieder die Bielger wehre, da gab Er Ihnenn zu verstehenn undt muste des Artzes halber darzu fahrenn undt wardt des eins undtt batt M. G. F. undt H. Landtgraff Wilhelm zu Hessenn denn Elttern undt Graff Philipssenn vonn Hannaw, das sie die Sache uber sich nehmenn solttenn undt redtenn mitt allenn andernn Pielgernn, dann Er nichtt lenger da wolt liegenn, dann zwo oder drei nachtt; worde Er gesundt, woltte Er fahrenn, wurde es aber nichtt besser, wölte Er Ihnenn einenn andernn Patron zugebenn bies nach Venedig, undt das mann sehenn solte, das Er kranck wehre, liess Er Ihme auff

---

¹) Vgl. oben S. 16. ²) Famagusta.

einenn freittag ein huenn abthuenn undt dasselbige kochenn. Also
vergundte M. G. F. undt H. undt alle andere Bielgere so ferne auff
die Rede, wie Er Ihnenn zugesagtt hette, undt kamenn denselbigenn
freittag gehnn Samagusta (2. September). Nun als wir drei oder
vier tage da lagenn, begerttenn die Bielger hienweg zu ziehenn.
(fol. 26) da liess sie der Patron halttenn mitt rechtt undt suchtte Ur-
sach wieder sie mitt rechtt, doch mitt der falscheitt, als Er umb-
gieng. halff Ihnenn nichtts, also das Rechtt auffgezogenn wardt gehnn
Venedig undt verzog sich, das wir zu Samagusta wahrenn, zwelff
tage. Item auff denn dienstag vor des heiligenn Creutzes tage
(12. September) riettenn wir auss mitt meinem G. F. undt H. undt
riettenn zu S. Catharinen, da die liebe Jungfrawe geborenn wordenn
ist undt auch ihnn die schule gangenn ist, daselbstenn ist noch eine
kleine kierche, hörettenn wir messe, da ist voriger zeitt eine stadt
gewessenn, aber jetzundt zerstörett, doch siehett mann noch die
Maurenn undt Pallast Ihres Vatters. Als wir aber mess gehörett
hattenn, riettenn wir wieder nach Samagusta, solches ist ein Bis-
thumb undt stehett denenn Venedigern zu, ist ubel erbawett, hatt
des mehrernn theils Söldener dariennenn, darzu hatt dieselbige stadt
eine schöne kierchenn, woll erbawett, doch hatt das Erdtbiedenn ein
gutt theil zerbrochenn, die bleinenn auff der kierchenn wahrenn, die
kierche ist aber noch gantz. Darzu ist zu Samagusta eine hubsche
Griechische kierchenn, ist auch ein Bisthumb, aber Grichisch, dann
Cipri Grichenlandt, ist auch der Venediger, habenn die Stadt woll
bewahrett undt besetztt mitt volcke undt mitt Buchssenn, dann es
besorglichenn des Turckenn halbenn ist, der zu nechst daran stossett.
wan es gar ein fruchttbar landt ist mitt wein, korn, zucker, oel-
baum, wollenn, fleisch undt was sich der Mensch behelffenn undt
ernehrenn soll, undt solches alles umb eine ziemliche bezalunge,
darzu habenn sie einenn grabenn undt ein Bolwerck angefangenn
undt das volnnbrachtt, ein gutt theil gegenn dem landte zu, das
fast ein starck dieng ist, so es volbracht wirdt. Es hatt eine hubsche
grosse pforttenn des Meers undt alle wege uber Jahr drei Galleen
ihnn der pforttenn, die das landt undt Stadt verwahrenn.

Item ihnn Cipernn, wie wir da dar kamenn, denn nechstenn

tag nach S. Georgenn tag (24. April)¹) kam gegenn der nachtt ein Erdtbiebunge fast greuschlichenn, das doch sehr ein erschreckeliches dieng was undt fast grossenn schadenn ihnn der gantzenn Innsell Cipri gethan hatt undt sönderlichenn ihnn der haupstadt, heissett Nicisia, ist fast eine grosse stadt, doch nichtt woll erbawett undt ist ein Ertzbisthumb, da hatt das Erdtbiebenn die haubttkierchenn, das eine schöne veste kierchenn gewessenn ist, dieselbe nachtt ein gutt theil niedergeworffenn, heissett zu S. Sophia, da ist zumal ein gross zeichenn geschehenn nachfolgender massenn. Als das Erdtbiebenn kam undt denn Cohr niederwarff, wahr gleich hiender dem Cohre das Sacramenthauss, darienne hengett eine brennendte Ampel, zerbrach das hausslein undt das heilige Sacrament bleib gantz undt die Ampel fandt mann under denenn steinenn, die vonn dem Cohre gefallenn wahrenn, gantz ohnnzerbrochenn, wilches ein gross Miraculum gewessenn. Darzu fandt mann ein Grab eines Königes undt brieffe ihm Grabe, das doch niemals kundt was; derselbige Königk was gantz frisch, als ob Er vor einenn halbenn Jahre begrabenn wehre, ihnn seinem guldenenn Rock mitt stieffel undt sporenn, mitt seinem schwerde, das mitt golde beschlagenn was, darzu hatt Er auff seinem haubtte seine guldene Krone hubsch undt ihnn seiner rechttenn handt einenn guldenenn Apffel mitt dem Creutze, wie dann ein König ihnn seiner Maytt. sietzenn soll, undt ihnn dem brieffe wardt fundtenn, wie es zwei hundertt undt etliche Jahre währenn, das Er dodt was, undt alssballt Er auss dem Grabe kam ann die lufft, zerfiell Er vonn einander, denn habe ich, Diedtrich von Schachttenn, auch gesehenn.²) Also habenn die Venediger denn schatz vonn golde ihnn ihre gewaltt genohmmenn, doch ihnn nutz undt Ehre der kierchenn. Auch viel andere Kierchenn undt hausser zu demselbigenn mal niedergeworffenn wordenn, die zaal mann setztt bey vier tausennt allein ihnn derselbenn stadt, die niedergefallenn undt zerbrochenn siendt auff dem landte, als Ich hernach setzen will.

Nun des Erstenn tages Maji, ann S. Philippi et Jacobi tag am

---

¹) Im Jahre 1491; über dies Erdbeben vgl. auch kurz Alexander 38. Unser Bericht ist durchaus neu. ²) Hugo II, der 1267 gestorben war?

morgenn frue, was achtt tage nach dem Erstenn, kam aber ein greusslichenn gross Erdtbieben, mochtte so lange wehrenn, das einer drei Pater noster sprechenn möchtte, das auch grossenn Schadenn thätt ihnn der stadt Nicosia, auch ihnn vorgenandter Kierchenn, wilche dazumal noch grösser einfiell, undt andere viel haussere. (fol. 27) Nun ein stundt auff dennselbenn tag kam aber eine undt noch grössere, dann die vorige, sie währett aber nichtt so lange, thätt aber grossen schadenn. Uber zwei stundte doch desselbigenn tages kam abermal eine Erdtbebenn, darüber das gantze volck sehr erschrack, wiewoll sie nichtt so gross wahr, auch nichtt so lange währette, als die andernn, dann die drei zwei stundte auff einander kamenn, desswegenn auch jung undt altt anfiengenn, Gott und die Königienn Marien annzuruffenn, das sie uns gnedig sein wolttenn, undt alle Pristerschafft, pfaffenn undt Münche, darzu an der Schuell, ihnn schöner Orndtnung ihre Process mitt lobgesange, das doch erbarmlichenn zu hörenn was, dann jedermann weinett undt traurette, was da lebette, ursach, dann gesagtt wardt, das laudt soltt under sein gangenn, das doch nichtt wahr wardt.

Die zeitt, als wir zu Samagusta ihnn zweispaltt undt grosser differentz mitt dem Patron lagenn, gieng M. G. F. undt H., auch Graff Filips vonn Hanaw zu denenn Capitanienn der Stadt undt clagett I. F. G. mitt vorzeigunge der brieffe,[1]) so der Patron geschriebenn undt sich gegenn I. F. G. undt alle Bielgernn verpflichtet undt versprochenn hatte, auff dem Wasser, da sie erst Samagusta sahenn, thätt der Capitain sein vermögenn dennoch M. G. F. undt H. undt allenn andernn Bielgernn, dann sie darumb ihre gutte herschafft brieffe hattenn vonn der gantzenn herschafft Venedig, undt gieng zu dem Patron ihnn das hauss undt erzaltte Ihme alle Articul, wilche die Bielger wieder Ihnnenn clagttenn, das Er wieder seine eigene Schriefft undt verschreibunge thätt, also das Er bewegtt wardt, das Er zurichtten liess, hiennwegk zu fahrenn. Nun wahr der Patron ihnn grossenn sorgenn, nachdem Er mitt denen Bielgernn gehandelt hatte undt ihnsonderheitt mitt denen Frantzosenn ihnn

---

[1]) Contracte mit Rhedern siehe oben S. 13f.

dem heiligenn landte, uber die Er eiserne kettenn tragenn undt
fuerenn liess ihnenn zu schandte vor ihre hausere, das sie Ihme
keine schandte anthättenn zu Rodies, also richttete Er sich mitt
allenn Bielgernn ihnn guttem undt sie Ihnenn mitt Rechtt nichtt
anzusprechenn, als dann beschach. Nun ann S. Matthäi abendt
(21. Sept.), als die Gallea hienwegk fahrenn woltte, reitt M. G. F.
undt H. mitt I. F. G. dienernn vonn Famagosta bey der nachtt
gehun Nicosia ihnn die grosse haubstadt, dann mann wegenn ohnn-
träglicher hietze des tages nichtt reittenn mag. Als wir dahienn
kamenn, sahe Ich folgendte sachenn: die Kierchenn, denn König,
auch viel zerbrochener hauser, alss lagenn wir einenn tag undt nachtt
daselbstenn. Denn andernn tag gegenn abendt rietten wir auss vonn
Nicosia undt wolttenn reittenn nach Limoson,[1]) da die Gallea
unsserer warttete, da verihrrttenn wir uns undt verlohrenn denn weg,
dann es bey nachtt was, bies gegenn tage, so fragttenn wir, wie
uns der rechtte weg gezeigett wardt, da wir nun nach Limoson
kamenn, was der Sambstag nach S. Matthaei tag frue (24. Sept.),
hörett M. G. F. undt H. erst mess undt nach Essenn machttenn
wir denn segell mitt schlechtenn wiendte undt fuhrenn nach Rodiss
zu; denselbenn morgenn starb ein Niederlender, ein fast schöner
Mann.

Limison ist vorzeittenn eine fast hubsche stadt gewessenn, als
mann noch heuttiges tages siehett, ist aber jetzo wie ein dorff. Es
hatt auch ein starck veste schloss, dasselbige hatt das Erdtbiebenn
ein gutt theil eingeworffenn, darzu viel altter Kierchenn undt hau-
ser, dessgleichenn des Bischoffs hauss gantz nieder auff denn grundt.
Es liegt Limison nach dem Berge, darumb hatt es guttenn wein,
auch gutte fisch, kornn undt zucker undt alles dasjenige, was zu
des Menschenn lebenn notturftig ist. Es siendt auch ihm Schloss
Söldener, dessgleichenn an dem Meer die stadtreutter, die hienn
undt hero reittenn, ob das nott währe, das das Meer bewahret
wurde. Ihnngleichenn siendt Limison, Papho, Saline, Castantza,
da S. Catharina gebohrenn ist, undt andere hubsche Städte, die ihnn

---

[1]) Limissol.

der Ihnnsell wahrenn, zerstörett vonn des Königes wegenn, der dazumal regierett zu Saline, zu der zeitt sieben Könige ihnn Cipernn wahrenn, die alle durch eines Königes willenn, als Ihr hörenn werdett, vertribenn wurdenn. (fol. 28) Es begab sich, das ein könig vonn Engellandt seine dochtter schickenn thätt zum heiligenn grabe. Als sie nun ihnn Cipernn kamenn wiendes halben nach Saline, was damals eine hubsche grosse stadt, da fuhrenn sie an das landt, wilches da solches der könig ihnnenn wardt, liess Er desselbenn königes dochtter nach hoffe beruffenn undt Ihr zuchtt undt Ehre bezeigenn, wilches dann biellich was. Nun der könig dero Schalckheitt voll wahr, bezwang Er sie undt namb Ihr ihre Jungfrawschafft mitt gewaltt,[1]) also das sie ihre vorgenohmmene reise nach dem heiligenn grabe, weil Sie nach Jerusalem ihnn Jungfrawschafft zu kommenn verheissenn hatte, nichtt volonbriengenn woltt, undt zog derhalbenn mitt ihrem Schieffe wieder hiender sich gantz ihnn schwartzenn kleidernn undt Segell, das doch claglichenn zu sehenn wahr. Da sie nun heimb kam ihnn Enngelandt undt mann das schwartze segel sahe, erschrack jedermann. Als aber der könig verstundt, wie die sachenn gangenn wahrenn undt Ihme seine dochter geschendett währe, hatte Er ein gross betrubniss. Also begab es sich folgendts, das derselbige könig oberster hauptmann erwelett wardt der Christennheitt wieder die heidenn, das heilige grab zu gewinnen; alss dann beschach. Nun ihnn der wiederfartt ihnn Enngelandt zu ziehenn, kam derselbige könig ihnn Ciprenn[2]) sahe Er, das solches ein wolerbawett lustig landt wass; also fragtte Er, wie die Innsell hiess, wardt Ihme gesagtt, Ciprenn; also gedachtte Er auff Rache seiner dochtter halber, damitt die Schandte undt Schmähe, so Ihr mitt gewaltt vom könige desselbigenn landes begegnett wahre, der gebuer geiffertt wurde, undt fieng ann zu kriegenn auff das landt undt zubrach undt zerstörette eine stadt nach der andernn. Als aber das

---

[1]) Michael Heberer erzählt, dass zum Andenken an diese That ein Hafenplatz den Namen führte „la fontaine amoureuse". Vgl. Hormayr, Taschenb. f. d. vaterl. Gesch. 1849, S. 264. [2]) Es ist die vorübergehende Eroberung Cyperns durch König Richard Löwenherz gemeint (Alexander 38; Fabri III, 225; Seydlitz 251a).

landt denn grossenn uberdrang sahe undt erfuhrenn, das solches geschahe wegen des königes zu Saline, das ist ann dem ortte, da das saltz wechsset, namb das landt sich solches ann, fiengenn denselbenn könig, brachttenn Ihnn dem könig vonn Engelandt, auff das Cipren nichtt gar zerstörett wurde, dann es besser wahr, ein verwegener bubischer landtsherr, dann das gantze landt liedte schadenn. Also namb Ihnenn der könig undt uberandtwortet Ihnenn seiner dochtter ihnn ihre gewaltt, das sie Ihm nach Ihrem gefallenn thuen sollte; also gedachtte sie denenn Ehrenn nach undt begehrett Ihnenn zu ihrem Ehelichenn Mann, das thätt Ihr der Vatter vergönnenn; als sie nun mitt Ihme vermählett undt zu Ehrenn diesses werck brachtt was, liess sie Ihme denn kopff abschlagenn, also das ihre zugefugtte schandte wieder zu Ehrenn kam undt ihres ubels gerochenn wardt, undt zog der könig, nachdem Er allenn seinenn willenn volnnbrachtt undt grosse Ehre erlangt hatte, mitt fröligkeitt heimb wieder ihnn Engelandt.

Am Sambstage nach S. Matthaei (24. Sept.) fuhrenn wir zu Limison nichtt mitt fast starckenn wiendte auss nach Rodiss zu, zwischen Limison undt Jaffo[1]) begegnetteun uns drei grosse Galea, die alle Jahre, umb Specerey zu holenn, ihnn die heidenschafft fahrenn, die uns, wielches lustig zu sehenn was, umbgabenn, also fuhrenn wir vor Jaffo, das wir nichtt darselbst ann landt kamenn. Item Jaffo ist ein Bisthumb undt ist vor zeittenn eine sehr hubsche Stadt gewessenn, ist jetzundt wie ein dorff, doch hatt es zwei starcke feste thurne ihnn dem Meer stehenn, denn einenn hatt das Erdtbiebenn gar nahe niedergeworffenn. Als wir fur Jaffo hienauss kamenn auff das Meer, kamen wir auff denn Kalfo de Siti[2]), das doch ein ohnnstettig undt wuettig meer ist undt besorglichenn, sahenn auch viel der fische, die mann Meerschweine heissett, fuhrenn also bies ann denn driettenn tag, da sahenn wir etliche grosse berge ihnn der Turckenn landt, fuhrenn wir gleich daran hienn; des andernn tages kamenn wir zu andernn bergenn, darann wir hiennfuhrenn, liegtt eine stadt, heissett Sicilia,[3]) vonn der dasselbige Meer denn namenn

---

[1]) Verschrieben für Baffa.   [2]) Golfo de Settalia.   [3]) Cilicia.

hatt, die wir nichtt sahenn. (fol. 29.) Dennselbenn abendt kamenn
wir zu einer hubschenn grossenn pforttenn, fuhrenn wir unsserun
weg vorauss, da ist voriger zeitt eine grosse Stadt, so Cacado¹)
geheissenn, gewessenn, ist ersunckenn undt undergangenn, niemandt
weiss, auss wessenn ursachenn, vonn wilcher mann noch hausser,
maurenn, thuerme under dem wasser siehett. Ich Diedtrich vonn
Schachttenn habe es nichtt gesehenn, dann wir nichtt da wahrenn.
Aber viel der unssernn auff der Gallea habenn solches zuvor ge-
sehenn. Alss wir vor ausfuhrenn, sahenn wir etliche Kursari, das
siendt Meer-Räuber, auff dem Meer hienn undt her, doch sie thättenn
unss nichtt, aber ein ander Venediger Schieff begrieffenn sie am
S. Matthaei tag (21. Sept.), dem namenn sie wein undt brott. Dar-
nach kam dasselbige Schieff undt schickett ihr Schiefflein zu uns
umb wein undt brott, dann es still auff dem wasser wahr. Noch
dennoch hattenn sie eine gutte deutsche meil zu uns zu fahrenn.
Nunn ann S. Francisci tag (4. Octob.) was viertzehenn tage, dem-
nach wir zu Famagusta ausfuhrenn, kamenn wir nach Rodiss, das
ist bey vier hundertt meil weges; lag die Gallae zu Rodiss drei tage.

Zu Rhodiss namb M. G. F. undt H. ein hauss auff undt lagenn
I. F. G. daselbstenn Siebentzehenn tage, dann sie mitt dem Patron
eines pferdes wegen ihnn ohnneinigkeitt kommenn wahrenn: wahr
I. F. G. vom Grossmeister zu Rodis ein pferdt geschencktt, solches
woltt Er auff der Galea nichtt fueren, also liess M. G. F. undt H.
das jenige, was Ihme undt deroselbenn dienern zustundt vonn gutte,
abladen. Da nun der Patron M. G. F. undt H. Ernst sahe, schickett
Er zu I. F. G., Er woltte fahrenn undt ladenn, was dann ziemlichenn
währe, also woltte es M. G. F. undt H. auch nichtt thuenn, dann
umb das, so der Patron einmal bewilligett hatte. Am Freittage frue,
am S. Francisci tag (4. Octob.), fuhr die Galea hienweg undt bliebenn
wir zu Rodis, da lag uns ihnn derselbigenn zeitt kranck herr Her-
mann Werttenschlehn, der des nechstenn Sontags darnach
(9. Octob.) drei stundte ihnn der nachtt vom dem lebenn zu dem

---

¹) Cacoba (vgl. Kiechel 398), in der Pilgerfahrt des Herzogs Friedrich
von Liegnitz 123 Gaggobus genannt, aber dort falsch erklärt.

dodte scheidt, uber dem sich Gott undt seine Mutter Maria wölle
erbarmenn, wardt denn Montag folgendts (10. Octob.) zu S. Annthoni
begrabenn mitt grosser gedechtnis, wie mann daselbsthienn alle
Riettersbruder legett undt lest der Grossmeister eine hubsche
Kierchenn daselbstenn machenn, dann die vorige Kierchenn, wie der
Tuerck vor der stadt gelegenn, abgebrochenn wahr wordenn.

Sontags nach S. Calixt tage (16. Octob.) reitt M. G. F. undt
H. mitt Graff Ulrichenn vonn Monttfortt undt andern Rietters-
brudernn gehnn unsser Liebenn Fruwenn de Silermo, liegett hoch
auff einem berge vonn Rodiss eine deutsche Meil weges etwann, ist
ein schloss nebenn der Kierchenn, das lessett der grossmeister hubsch
bawenn, dieselbe unsser liebe Fruwe fast gnedig ist undt grosse
zeichenn thutt, alss dann die zeichenn dafur hangenn. Auff dem-
selbenn berge ist vorzeittenn eine grosse stad gelegenn, die hiess
Silermo, davonn sie denn Namenn hatt, siehett mann noch Etliche
hauser undt thuerme, dieselbige stadt habenn S. Johannis Rietter
verstörett ihnn nach folgendter gestaltt. Es begab sich, als der
gantze Ordenn auff eine zeitt vonn Turckenn vertriebenn wardt zum
erstennmal, hattenn sie nichtt mehr, da sie sich auffhaltenn mochttenn,
dann drei oder vier Galleenn, undt mustenn also zu allerzeitt auff
dem Meere fahrenn, da kam der Rietter Orden undt batt den Keiser
vonn Connstantinopel umb einenn Ortt, darmitt sich der Ordenn
wieder die ohngleubigenn auffhaltenn undt beschiermenn möchttenn.
Nun was zur selbigenn zeitt ein König ihnn der Insel Rodiss, der
woltte dem Keiser nichtt gehorsamb sein, da gab Er denn glaubenn,
so sie denselbenn König vertriebenn möchttenn vonn dem Landte,
das Es dann des Orndtens vonn S. Johannis wehre; also kreigtte
der Orndtenn gegen denn König sieben Jahre[1]) undt lagen vor der
stadt, also das des Ornuens Rietter mitt list ihnn die stadt kamenn;
da das der König erhörette, namb (fol. 30) Er seine dochtter hiender
sich auff ein Pferdt undt sprang uber den berg ab undt brachtte
sich undt die dochtter umb das lebenn; da namenn darnach die
Riettersbruder die Ihnsell ihnn undt zerbrochenn die stadt undt

---

[1]) Aehnlich Fabri III, 257.

fiengenn darnach ann zu bawenn die starcke stadt Rodiss, die zur selbigenn zeitt nichtt was undt bies auff diessenn tag je stärcker gebawett wirdt.

Item M. G. F. undt H. namb ein eigen schieff vor sich undt I. F. G. diener auff undt bezalette davohnn hundertt undt siebentzig ducattenn undt hatte der Patron Niemandt ferner auff das schieff zu nehmenn, dann M. G. F. undt H. mitt I. F. G. bey sich habendtem gesiendte bies ann denn ortt, da dieselbe absietzenn woltte, das wahr vonn Rodiss tausentt Meil weges. Nun am donnerstage nach S. Lucae tag (20. Octob.) sassenn I. F. G. mitt deroselbenn dienernn auff das schieff undt machttenn ihm Namenn Gottes mitt guttem wiendte segel, fuhrenn vonn Rodiss nach Modan; also am Montage zu nachtt (24. Octob.) hattenn wir eine ohngesteume nachtt vonn grossem wiendte undt regenn undt wahr sehr fienster, da sagtten uns die schieffleutte, wie sie gesehenn hattenn auff dem mastbaume denn Lieben herrenn S. Helmuss[1]) mitt einer barmiten Kierchenn (sic!), undt wann die schieffleutte dasselbige sehenn, so siendt sie auss aller Nott, das sie nichtt besorgenn schadenn zu endtpfahnn. Ann dem Sontage zu nachtt (23. Octob.) hattenn wir aber eine besorgliche nachtt mitt wiendt undt Regenn, das die schieffleutte aber das zeichenn sahenn, das auch Etliche der unssernn das sahenn; Ich, Diedtrich vonn Schachttenn, habe es aber nichtt gesehenn. Am Montage darnach (23. Octob.) sahenn wir eine Insell, dariennenn zwei hubsche stedtlein siendt mitt Ihrem schloss, heisset Eines Nicosia, das Ander Paris, heisset dasselbige Landt Arapelago;[2]) derselbige herr hatt viel derselbigenn Inselnn, die wir sahnn, undt ist under denenn Venedigernn, dann Er sich vor dem Turckenn, dessenn Landt darann stosset, besorgett. Zeigttenn uns die schieffleutte Eine Andere Insell, liegett Ein stedtlein dariennenn, heisett Milo,[3]) ist auch desselbigen herrenn. Die andere nachtt darnach sahenn wir vonn denn schieffenn zu uns fahrenn, als wie schiefflein, liessenn sie uns auffweckenn, dann sie besorgttenn, es wehrenn die

---

[1]) Ueber das Elmsfeuer vgl. oben S. 19. [2]) Offenbar sind die Inseln Naxos und Paros im Archipelagus gemeint. [3]) Melos.

schloss Kursari. Als wir nun alle auffwachttenn undt uns zur wehre stellettenn, sahenn wir das Venediger schieff fahrenn undt Ihrer Kauffmanschafft nach denckenn undt diesses geschahe zwischen der Insell Currigo undt Milo. Am diennstage darnach (25. Octob.) kamenn wir wiendes halbenn ihnn eine Pforttenn, heissett Cassel de Campana,¹) da ist vor zeittenn eine stadt auch gestandtenn. undt ein schönn schloss auff einem hubschenn Felssenn, fuhrenn wir wieder auss der Pforttenn gehnn Nidann,²) also kam uns aber ein wiendt, der uns wieder hiender sich treib. Nun ann S. Simonis undt Judae Abendt (28. Octob.) assenn wir fleisch desselbigenn tages, dann wir nichtt wustenn, das es ein Apostels Abendt wahr. Nun ann dem Sambstage (29. Octob.), als wir weitt ihm Meer fuhrenn nach Modan zu, kam aber wieder wiendt, das wir hiender sich fahrenn mustenn ihnn dieselbige Pforttenn; am Sontags (30. Octob.) nachtt gegenn dem tage da hattenn wir guttenn wiendt hienweg zu fahrenn; als wir kamenn auff das weitte meer, kamenn zu uns des Montags frue (31. Octob.) etliche schieffe, die sich wiendes halber besorgttenn, undt fuhrenn dahienn, da wir gewessenn wahrenn, also keretten wir auch umb undt fuhrenn mitt Ihnenn, damitt wir nichtt auff das grosse Meer kemenn undt. ihnn gefahr gelangttenn; desselbenn Abendts aber kam uns also ein starcker ohngesteumer wiendt ann, das wir nichtt gedachttenn davohnn zu kommenn, dann die schieffleutte auch gar erschrecktt wahrenn, mag Einer gedenckenn, wann das schieffvolck erschrickett, wie es eine gestaltt habe, ursach, dann wir wahrenn zwischenn zweienn bergenn undt es wahr fiennster, darzu hattenn wir grossenn ohnnstettenn wiendt undt gross ohnngesteume Meer. (fol. 31) Als wir so ihnn grosser Nott wahrenn, batt der Patron, S. F. G. söltte sich zu unsser liebenn Frawenn gehnn Loretto verheissenn mitt deroselbenn dienernn zu reisenn, das dann I. F. G. thätt, also baldt stundt uns ein gutt wiendt auff, das wir aller sorgenn frei wahrenn, undt ann Aller heiligenn Abendt (1. Nov.) kamenn wir wieder hiender sich ihnn dieselbigenn Pforttenn, das wir ihnn achtt tagenn dreimal auss undt einfuhrenn, heist das-

---

¹) Ob Castell Chamilo auf Cap Matapan (Breitenbach 55)? ²) lies Modon.

selbige Landt Mora, das volck ist der Venediger, aber das Landt ist des Turckenn. Ann Aller heiligenn Abendt wahrenn unsser Newe schieffe ihnn der Pforttenn undt fuhrenn Alle mitt glugsamenn wiendte auss der Pforttenn nach Modan zu undt an Aller seelen tag (2. Nov.) umb Mitternachtt kamenn wir gehnn Modan, also das wir am dienstage (1. Nov.) ihnn die stadt fuhrenn, undt was denselbenn dienstag viertzehenn tage; ist Modan vonn Rodiss funff hundertt Meil weges undt lagenn zu Modan bies ann denn Montag (7. Nov.) nach Essenn, fuhrenn wir mitt guttem wiendte vonn Modan, zaltt Ich achtzehen schieffe, die mitt uns hienweg fuhrenn. Ann Mittwochenn [vor] S. Martini tag (9. Nov.) kamenn wir zwischenn zwo Insel, heissett die Eine Safflonia undt siendt beidte des Turcken, ist auch ann derselbenn eine stadt gelegenn, habenn die Turckenn zerstörett, die mann noch siehett. Also hattenn wir dieselbige Nachtt so grossen Regenn bey Monnschein, das Ich nichtt viel grösser gehörett habe, unsser glugk aber wahr, das wir nichtt wiendt hattenn undt es auch nichtt fienster was, da machttenn wir denselbenn abendt S. Martini abendt; folgendtem tages Martini (11. Nov.) fuhren nach Cursin[1]) zu, wahr hundertt Meil weges, da zogenn wir ann einen Insell hienn, heissett S. Masia,[3]) undt am Sambstage darnach (12. Nov.) ihnn der nachtt kamenn wir mitt guttem wiendt nach Cursin ihnn die Pfortt. Sontags frue (13. Nov.) hörett M. G. F. undt H. Meess, dessgleichenn die Andernn tage bies ann Mittwochenn umb Essens zeitt machttenn wir seegel undt fuhrenn hienwegk; da was des Königes vonn Portugal schieffe Eins, hatte vier wochenn zu Cursin gelegenn, ursach eines Cursati, so auff dasselbige schieff wartette, also da dasselbige schieff vernam, das wir weg woltenn ziehenn, zog dasselbige mitt uns, alsso weitt als vier undt zwantzig Meil umb sicherheitt willenn, darnach kam es zu unsserm schieffe undt sagett danck M. G. F. undt H. umb des gleidts undt sicherheitt willenn undt furenn also hienweg gegenn Cicilia zu undt wie denn anndernn tag gehnn Puglia zu fast mitt starckem wiendte, das wahr am donnerstag (17. Nov.); am Freittage

---

[1]) Cefalonia. [2]) Corfu. [3]) S. Maura.

(18. Nov.) desselbigenn gleichenn hattenn wir starckenn wiendt, doch wahr Er nichtt gantz mitt uns undt am Sambstage frue (19. Nov.), wahr S. Elisabethen tag, sahenn wir die stadt Ottrentt¹) undt wahrenn darbei auff drei welsche Meil weges, mochttenn wir vor starckem wiendte nichtt dar kommen undt mustenn dennselbenn tag mitt gewaltt des wiendes vorbas fahrenn, also sahenn wir achtzehenn Meil weges vonn Ottrent ein kleines starck stedtlein, heissett Rocka,²) fuhrenn wir gleich darann hienn, da kamen wir denselbenn abendt am Sambstag ihnn eine grosse stadt, heissett Brundiss,³) heltt Mann vor die hubschte, die sein soll auff dem Meer, ist, ehe mann hinein kömptt, ein starck schloss, da kein schieff hiennweg mag, es gebe denn sein zeichen. Lagen wir dieselbige Nachtt ihm schieffe, dann es spatt was, dieselbige Pfortte ist, da S. Christophorus Christum uber das wasser getragen hatt, so ist Brundis vonn Ottrent sechtzig Meil weges. Nun am sonntage frue (20. Nov.) kamenn wir ihnn die stadt, da mustenn wir aber durch zwene Thuerme hiennfahrenn auff dem wasser, so lag M. G. F. undt H. daselbstenn vom Sontage bies auff denn Mittwochen (23. Nov.), da zeigtte Mann S. F. G. das grab L. Ludtwigs zu Hessenn, wielcher S. Elisabethen zur Ehe gehabtt,⁴) ihnngleichenn einenn Arm von S. Georgen undt einenn Krugk, auss dem Gott vonn wasser wein machette. (fol. 32) Item Brundiss ist ein Ertzbisthumb undt eine grosse stadt, aber fast ubel mitt volck besessenn undt ist vast viel frembtt volck dariennenn wonnhafftig, das thutt der König Neapolis, der sie zolfrei heltt undt ihme nichtts verpflichtt sein zu bezalenn; darzu siendt ihnn derselbigenn stadt viel Judenn, also das Mann denn driettenn theil der stadt Judenn schetzett, dieselbenn kauffenn undt verkauffenn undt tragenn dieselbenn Judenn kein zeichenn nichtt, darumb Mann kein underscheidt heltt under denn Judenn undt Christenn.

Item kauffte M. G. F. undt H. daselbstenn vor S. F. G. dienere Pferdte, riettenn folgendtenn Mittwochen ann S. Clementis tage (23. Nov.) zu Brundiss auss undt kamenn selbigenn tages gegenn

---

¹) Otranto.   ²) Lecce.   ³) Brindisi.   ⁴) Der Landgraf Ludwig starb an der Pest in Brindisi am 11. September 1227 (Röhricht, Beiträge I, 19; II, 381).

Abendt ihnn eine stadt, heist Stone,¹) liegtt auff einem berge vier undt zwantzig Meil von Brundiss. Donnerstags ann S. Catharinen abendt (24. Nov.) kamenn wir ihnn eine stadt, heist Monopoli,²) die der König fast stark lessett bawenn undt liegtt am Meer vier undt zwantzig Meil vonn Stone. Freittags, wahr S. Catharinentag (25. Nov.), zogen wir dennselbenn tag ihnn eine stadt, heissett Mola.³) funffzehenn Meil vonn Monopoli, liegett auch ann dem Meer. Sambstags (26. Nov.) riettenn wir auss zu Mola undt kamenn denselbenn Abendt ihnn eine grosse stadt, heisset Bari,⁴) die ist des hertzogenn vonn Meilandt, hatt Ihme der König von Neapolis gegebenn undt Etliche andere stedte mehr undt ist ihnn derselbigen stadt des Lieben S. Nicolai grab, dariennenn Er leibhafftig liegt undt darauss zu Aller zeit Olei riendt, dessenn M. G. F. undt H. undt wir ihnn Etlichenn Glessernn hattenn desselbenn olei; darzu ist es eine fast wol gemachtte Kierche undt under der Obernn Kierchenn ist die Glufft undt Kierchenn, da das grab S. Nicolai ist, da hangenn vor dem Altar bey zwantzig hubscher grosser Sielber Ampel undt ist nebenn derselbigen Kierchen nichtt weitt davohnn die Rechtte Kierche, das ist ein Ertzbisthumb; undt hatt die stadt ein fast schönn starck schloss, das besietzett der König undt liegtt am Meer. Sontags (27. Nov.), als wir gessenn hattenn, riettenn wir auss undt kamenn zu einer stadt, heisset Innertza,⁵) riettenn wir ihnn die vorstadt, liessenn die rechtte stadt auff der Rechtten handt liegenn. liegtt auch am Meer; drei Meil darvonn liegtt ein Ander stadt. heissett Malsela,⁶) da lagenn wir ihnn der vorstadt uber nachtt. ist eine starcke stadt mitt Maurenn undt liegtt ann dem Meer. Montags (28. Nov.) zogenn wir weg undt Sechs Meil vonn der stadt, da wir gelegenn wahrenn, kamen wir ihnn eine Andere, heissett Vasserio,⁷) liess der König fast starck bawenn, liegtt auch ann dem Meer, riettenn wir darann hienn. Nun aber sechss Meil vonn der stadt kamenn wir zu einer stadt, heissett Trunii,⁸) fast hubsch mitt

---

¹) Ostuni. ²) Monopoli. ³) Mola. ⁴) Bari. Dieselbe Route von Bari nach Neapel siehe bei B. von Hirschfeld 92—93. ⁵) Verschrieben für Giovenazzo. ⁶) Molfetta. ⁷) Bisaglio. ⁸) Trani.

haussernn undt starckenn Maurenn, riettenn wir vorauss undt vier
meil vonn der stadt liegtt aber eine grosse stadt am Meer, heissett
Barleta, da lagenn wir ubernachtt. Dienstags (29. Nov.) riettenn
wir auss zu Barleta, da kamenn wir vonn dem Meer, liessenn solches
auff der Rechttenn handt liegenn, riettenn auff der Lienckenn handt
fortt, da kamenn wir dieselbige nachtt ihnn eine Andere stadt,
heissett Cerignola,[1]) lagenn wir uber nachtt. Mittwochens frue
(30. Nov.) riettenn wir undt kamenn dieselbige nachtt ihnn ein
wierttshauss, so auff einem hohenn berge liegtt bey einer stadt,
heissett Candela.[2]) Donnerstages (1. Dec.) riettenn wir gleich
undenn am berge, da sahenn wir funff meile vonn der herberge auff
einem hohenn berge ein stedtlein, riettenn undenn am berge hienn,
drei Meil darvohnn liegtt aber ein stedtlein, riettenn wir gleich
darann. Nun sehs Meil darvonn riettenn wir ann eine stadt, heissett
Montelion,[3]) undt kamenn förder dieselbige nachtt ihnn eine stadt,
heissett Lograta,[4]) daselbstenn lagenn wir uber nachtt. (fol. 33) Freit-
tags (2. Dec.) riettenn wir auss denn gantzen tag durch Eittel Castanienn
baume wälde, also kamen wir auff einen bergk, zaltte Ich undt ein
Ander dreissig städte und schlösser, so Alle auff bergenn lagen,
undt kamenn dieselbige nachtt gehnn Trepalda,[5]) lagenn daselbstenn
uber nachtt. Sambstags (3. Dec.) riettenn wir denselbenn tag aber
durch Castenienn wälde undt haselnuss baume, wardt gesagtt, das
solche wälde alle Jahre dem Könige zaltenn Sechtzehenn tausentt
guldenn; darnach riettenn wir eine deutsche Meil durch einenn waldt,
da ein Iglicher baum seine weinrebenn hatt, ist mancher baum, der
ein halb fuder weins trägtt, wilches lustig zu sehenn ist, undt ka-
menn dieselbige nachtt ihnn eine grosse stadt, heissett Nola,[6])
daselbstenn wir bliebenn. Sontags ann Sanct Barbaren tag (4. Dec.)
riettenn wir nach Essens auss undt kamenn selbigenn Abendts gehnn
Neapolis, daselbstenn reitt M. G. F. undt H. ein mitt deroselbenn
dienernn hubsch undt wol bekleidett ihnn schwartzenn Schammelott,
undter denen S. F. G. dienernn wahr herr Albrecht vonn Mugk,

---

[1]) Cerignola. [2]) Candela. [3]) Montefalcione. [4]) Lo Grottaminarda.
[5]) Atrepalda. [6]) Nola.

S. Johannis Orndens Rietter undt Compthur zu Puchss, Item des Pabstes seiner Raht Einer, darzu ein wolgehalttener burger vonn Sanct Gallenn, Daniel Kauffmann, wilcher zu Jerusalem zu Rietter geschlagenn wordenn ist, so ist auch derselbe herr Daniel ihnn weittenn Landtenn der weltt gewessenn, ihnn Königreich Franckreich, Engelandt, Hiespanienn, Portugal, ihnn Catelonia, zu Neapolis, in Candia, in Cipren, das alle Königreich siendt, zu Jerusalem, zu Rom, zu S. Jacob, zweier zu S. Michael, darzu ihnn so viel hertzogthumb, Fürstenthumb, das davohon nichtt zu schreibenn ist. Nun hatt mir, Dietrichenn vonn Schachttenn, derselbige undt auch sein bruder, alss Ich einenn ungnedigenn herrenn hatte, mag Einer gedenckenn, wie mir was, darzu Ich zu Parentz funfftzig guldenn verlohr, die mir gestolenn wordenn, dessgleichenn zu Rodiss zwantzig ducattenn, da Ich nun keinn geltt mehr hatte, da hatt derselbige her Daniel mir Etwas vorgesatztt undt mitt mir geselschafft gehalttenn, bies das Ich wieder geltt bekam undt M. G. F. undt H. Gnaden erlangtte.

Nun vom Sontage bies ann Mittwochen frue gieng M. G. F. undt H. nichtt auss der herberge undt ann Mittwochenn (7. Dec.), wahr unsser Liebenn Frawenn Abendt, reidt Königliche Maytt. ann die Jagtt,[1]) da reitt M. G. F. undt H. mitt, also das S. F. G. grosse Ehrenn endtfieng vonn dem Könige undt andernn herrenn; da riettenn wir durch einenn berg hienn, dasselbige loch ist fienster, muss mann Kertzenn habenn, hienndurch zu reittenn; denselbenn gang durch gedachttenn berg hatt gemachtt Virgilius mitt seiner Kunst,[2]) dann Es ein grosser umbgang undt reittenn wehre, söltte Mann einenn grossenn berg gahr umb ziehenn, undt mittenn ihnn dem gange ist die figur unsser Liebenn Frawenn mitt Ihrem Liebenn Kiendtc auff einer seittenn undt auff der Anderrnn seittenn. Darzu

---

[1]) Die folgende Beschreibung einer Jagd hat von Wildungen im Taschenbuch für Forst- und Jagdfreunde, 1805—1806, S. 139—142, bereits veröffentlicht. [2]) Ueber diesen Tunnel des Posilippo, den Virgilius gemacht haben soll, vgl. die genauen Mitteilungen und Nachweise bei von Hagen, Gesammtabenteuer III, S. CXXIX—CXLVII.

hatt die tugentt ann Ihme, das Mann Niemandt darienn nichtt mordenn magk noch bestelenn, darzu nichtt raubenn, undt wer solche dienge darien handelt, der mag nichtt darauss kommenn, undt dasselbige ann zweienn Mördernn probiret ist, die Jemandt sein Lebenn namenn, mochttenn nichtt vonn dannenn hienn weg komenn, sondern Ihnenn wardt Ihr rechtt, wilches die bösenn bubenn verwiercktt, nach der Justitien mittgetheilet undt ann Ihnenn exequiret, undt ist solches Etwann zwei Armbrost schuesse lang. Als wir hienauss nun kamenn, da alle dienge zum Jagen zugerichtt wahrenn, hieltt der König stiell undt ordinirt Iglichenn, wo Er hienn soltte, Ihnngleichenn die hundte besahe Er Einenn nach dem Andernn undt theiltt sie auss, nach dem Ihnenn gutt dauchtte, das es notturfftig wehre zu dem gewieltt, die Andernn behieltt Er bey sich. Ihnn dem also Jedermann reitt, alss der König ordinirt hatte, gieng I. Kön. Maytt.[1]) ihnn ein klein thaal zu Essenn undt trienckenn undt daselbstenn ihnn dem ordinirt Er, das ein altter Rietter, ein Landtes herr, mitt M. G. F. undt H. stiell hieltt, (fol. 34) bis das der König hiennach kam undt der hertzog von Calabria undt hertzog Friederich, beide des Königs söhne, undt der Fürst vonn Capria, des hertzogenn vonn Calabria sohnn, das doch ein wolgeschicktter Man ist undt wolgebrauchtt ihnn allenn diengenn, wie dann einem Furstenn ziemett, mitt stechenn, rennenn, jagenn. Als die Königienn mitt Ihrer dochtter kam, reitt M. G. F. undt H. dar, I. Kön. Maytt. undt deroselbenn dochtter die hendte zu kuessenn, auch andernn Furstinnenn die handt zu bietenn, als dann herrenn löblichenn ist. Als nun das geschehenn was, sass M. G. F. undt H. mitt I. F. G. dienernn, die dann auch der Königienn undt dochtter die handt kuessettenn, wieder zu Ross undt hieltt also dar eine kleine zeitt, da kamen darnach zwene andere Landesherrenn undt nahmenn I. F. G. mitt seinenn dienernn, da wahr ein kostliches mall mitt mancherley köstlicher speisse ann zucker, gruenenn Ingwer, fisch, wilches Alles zum bestenn

---

[1]) Gemeint ist König Ferdinand I, dessen Gemahlin Johanna hiess; sein Sohn Friedrich war verheiratet mit Isabella, einer Tochter des Herzogs Pyrrhus von Altamurra; der Herzog von Calabrien hiess Ferdinand.

zugerichtt wahr, darzu mitt Sielber geschier, schuessel, schalenn. teller, leffeln fast lustiglichenn, da fuerttenn sie M. G. F. undt H. mitt I. F. G. dienernn undt assenn also zu fuess am waltte. Da nun I. F. G. gessenn hatte, sass dieselbe wieder zu Pferdte undt hieltt mitt denen Landtsherrenn, die dann S. F. G. zugegebenn wahrenn also stiell, bies der König kam, also hieltt alles volck mehr. dann eine halbe stundte nach dem Essenn, ihnn demselbenn kamenn die vonn der Jagtt zu dem Essenn mitt drei hierschenn, die da alle gejagtt wordenn vor der Königl. Maytt. undt dero Königiennenn. also was der Junge Furst vonn Capria, des hertzogenn sohnn, der hieltt under einem baum undt warttet ernstlichenn auff das gewieltt mitt seinem schweinspiess, so das kam, liess Er nichtt darvonn mitt seinem Pferdte, Er hatte dann mitt dem wieltte seinenn wollust volnnbrachtt; uber eine kleine weil darnach kamen aber sechs hiersche mitt Einander, die auch Alle sechs dodt bliebenn, wilches lustig zu sehenn was. Uber eine halbe stundte kamenn aber vier hiersche, wurdenn auch gefangenn, dann weil der waltt Allendthalbenn beschlossenn wahr mochtte nichtts endtlauffenn, war darzu also angerichtt, das Alle das gewieltt gleich vor dem Könige undt Königiennen hienn lauffenn muste undt mitt demselbenn, weil es spatt wahr, wardt die Jagtt beschlossenn undt brach Jeder mann auff undt riettenn nach Neapolis zu. Nun ihnn dem hienn reittenn was ihnn einem gar hubschenn thale abermal ein Jagenn bestaltt vonn wieldenn schweinenn, ihnn dem kam zum Erstenn ein klein wieltt schwein. dem woltte der hertzog vonn Calabria nachreittenn, da wahr Einer mitt einem welschen spiesslein, der dem schweine nachrennenn woltt, undt rendt auff denn hertzog undt fast Ihnenn uber das Pferdt, das Er da under lag, beschahe Ihme nichtt woll, nach dem alss Er ein schwerer Mann wahr; also reitt der König undt Königienne undt andere Furstenn hienzu, dan Mann besorgette, der schade wehre grösser, dann Er wahr, da sass der hertzog mitt seinem hoiff volcke wieder auff undt reitt vorann hienn gehnn Neapolis undt ihnn demselbigenn thale gleich darnach, als das erste schwein gestochenn wardt, hieltt der König mitt der Königienn undt dochtter, darzu andere herrenn, da jagette Mann zehenn schweine vor S. Kön. Maytt.,

wilche Alle gefangenn wordenn mitt schwertternn. degenn undt
andernn messernn. Da solches beschehenn, zog der König, weil
Es fiennster wardt, gehnn Neapolis zu. mustenn wir aber durch das
Loch: daselbstenn bey dem Loch sass die Königienne vonn Ihrem
Ross ab mitt Ihrer dochtter u..dt sassenn ihnn einenn behangenn
wagen undt fhur hienndurch vonn des grossenn gestancks wegenn.
der dariennenn ist. Also kamenn wir spatt ihnn die stadt, wahr
woll eine stundte ihnn der nachtt, da reitt M. G. F. undt H. mitt
dem Könige undt Königienne vor das schloss undt stundenn I. F. G.
vom Pferde ab undt kuessett der Könn. Maytt. die handt mitt einer
guttenn Nachtt.

Item am donnerstage (8. Dec.), wahr unsser liebenn Frawenn
tag, nach Essenn reitt der König mitt der Königiennen aber auss
undt reitt M. G. F. undt H. auch mitt. Also besahenn wir die
stadt, die fast hupsch undt gross ist, also reitt der König zu des
hertzogen schloss, denn zu besuchenn, nach dem Er sich nichtt fast
woll endtpfandt, (fol. 35) nachdem Er des vorigenn tages vom Pferde,
wie bereitts gesagtt, auff der Jagtt gefallenn wahr, undt was der
König also bey zweienn stundtenn ihnn des hertzogenn schloss bies
auff denn Abendt, reitt I. Könn. Maytt. mitt der Königiennen
wieder zu Ihrem schlosse. Also namb der Furst vonn Altomner,
des Königes sohnn, undt der Furst vonn Capria, des hertzogenn vonn
Calabrienn sohnn, M. G. F. undt H. ihnn die mitte undt bewiesenn
S. F. G. grosse Ehre; da Mann zu dem schlosse hienn zu kam,
wahr eine halbe stundte ihnn die nachtt, steig M. G. F. undt H.
vonn seinem Pferdte ab undt kuessett der Kön. Maytt. die handt
mitt einer guttenn nachtt. Also riettenn zwei landtes herrenn mitt
S. F. G. bies ihnn die herberge. Freittags nachmittage (9. Dec.)
kam deroselbenn herrenn Einer ihnn M. G. F. undt H. herberge,
I. F. G. auss befellich des Königs zu fuehrenn undt besehenn zu
lassenn die schönheitt der örtter, so ihnn Neapolis mancherlei siendt,
also fuerett Er M. G. F. undt H. zum Erstenn ihnn des Königes
garttenn, wilcher sehr schönn undt lustig was vonn Mancherlei
fruchttenn. Darnach furette uns derselbige an das Meer undt zeigtte
uns die Pforttenn des Meers, die doch mitt Bolwerckenn und thörnen

hubsch undt starck ist, sahenn auch daselbstenn viel schöner schieff;
darnach riettenn wir durch die stadt, da furette uns derselbige ausswendig der stadt ann der Riengmaurenn hienn undt zeigtte uns die,
als wir dann sabenn, undt hartt ein Turme ann dem Andernn, da
sahenn wir bey achtt undt zwantzig, Alle ihnn einer grösse undt
höhe undt ist je Einer Sechtzehenn Klaffter vonn dem Andernn;
dieselbige Maure ist gegenn dem Landt Puglia, so diesser König
hatt lassenn also vonn grundt auff machenn, undt ist die Maure achtzehenn schue dicke; dieselbige Maure fähett bey des hertzogen vonn
Calabria schlosse ann undt währett, so weitt wir dieselbige sahenn,
dann der baw auff derselbigenn seittenn noch nichtt volnnbrachtt
ist, also hatt derselbige hertzog Etliche gänge lassenn machen auff
der Maurenn, dessgleichenn under der Erdenn, darmitt Er nach
seinem wolgefallenn vonn einem thorme zu dem Andernn gehenn
undt spatzierenn magk. Ihnn demselbenn sahenn wir auch ein newe
thor, das Mann vonn grundt auff jetzundt newe machtt, mitt zwenn
hubschenn grossenn Thurmenn, das ist dieselbige Pfortt alles hubsche
Arbeitt mitt Marmelstein, dessgleichenn Ich nichtt gesehenn habe
vonn einer stadt Pforttenn. Also riettenn wir zu demselbigenn thore
ein zu des hertzogenn Marstall, reitt M. G. F. undt H. hienn ihnn
einenn Marstall mitt Ihrenn dienernn undt besahenn denennselbenn,
wilcher hubsch undt wolgezierett ist, darienenn wahrenn Andertt
halb hundertt hubscher Pferdte; deroselben stelle hatt der hertzog
drei oder viere, wahrenn ihnn denenn andernn nichtt; darbei fuerett
Mann uns ihnn des hertzogenn Garttenn, so doch uberauss schönn
undt lustig ist, sagtt derselbe herr, wilcher M. G. F. undt H. darienn herumb fuerette, das solcher gartte Sechtzig tausentt ducattenn
gekostett, undt darzu muss der hertzog alle Jahr Sechs hundertt
guldenn habenn denenn Arbeitternn, so denselbigen Garttenn ihnn
Ehrenn behalttenn. Gleich gegenn dem Garttenn uber hatt Er ein
köstlich hauss lassenn machen undt darzu einenn andernn garttenn,
aber kleiner, als der ander, da fuerette derselbige herr M. G. F.
undt H. umb zu demselbigen hausse undenn undt obenn, wilches
sehr hubsch wahr vonn Saal undt Kammernn. Nach dem wir alle
dienge, so uns gezeigett wordenn, besehenn hattenn, reitt M. G. F.

undt H. heim undt der uns zugegebenn Landes herr, dann es spätt was, also verliess derselbige mitt M. G. F. undt H. nach dem nachtt essenn, ihnn das schloss zu fuerenn vor die Königl. Maytt. Also kam derselbige undt noch ein ander Landes herr bey dreienn stundtenn nach dem nachtt essenn ihnn der nachtt undt fuerttenn M. G. F. undt H. also ihnn das schloss ihnn eine Kammer, darienn dann der König, Königienn undt Ihre dochtter, dessgleichenn des Königs sohnn undt auch der Furst vonn Capria, des hertzogenn sohnn, darzu Etliche andere herrenn wahrenn, darienn viel Kurtzweil mitt siengenn, als Mann dann pflegtt ann denenn grossenn höfenn undt sönderlichenn, wann ein frembtter herr dar ist, undt sungenn die herrenn selbstenn under ein Ander woll, Alles auff Ihre Artt; also wahr M. G. F. undt H. bey zweienn stundtenn bey der Könn. Maytt., kuessett deroselbenn die handt mitt gutter nachtt wunschunge undt wardt vonn denenn beidenn herrenn wieder ihnn S. F. G. herberge begleidett (fol. 36).

Darnach am Sambstage (10. Dec.) nach Essenn zu Mittage kam aber der vorgenandte herr, der dann seine gnade am Freittage umbfuehrette undt fuerette abermal S. F. G. mitt Andernn seinenn dienernn ihnn ein starckes vestes schlos, liegtt ihm Meer auff einem felssenn, reitt Mann uber eine starcke bruckenn hienein, zeigett Mann I. F. G. undt liess sie sehenn die stärcke vonn Kammernn, saalenn, so dann darienn wahrenn, undt am Abscheidt gab Mann S F. G. auch deroselbenn dienernn eine Collation mitt zucker, alss dann da woll ein siett ist. Dasselbige schloss habenn vor zeittenn die Frantzosenn ihnnenn gehabtt, als Mann aber uber die bruckenn herauss kömptt ann einem berge hienn auff einer guttenn höhe, ist ein ander starcker Thurm mitt seinenn Bolwerckenn undt Maurenn, das wieder das under schloss kreigette ihnn das Siebendte Jahr, das die stadt demselbenn schloss nichtts abgewihnnenn mochtte anders dann vonn demselbenn schlosse auff dem berge; also mustenn es die Frantzosenn auffgebenn. Reidt M. G. F. undt H., als Er das besehenn hatte, wieder ihnn S. F. G. herberge. Nun ihnn denennselbenn tagenn wardt M. G. F. undt H. kundt vonn Etlichenn herrenn gethan, wie der König S. F. G. denn Ordenn undt geselschafft

gebenn woltte. Also am Sontage (11. Dec.), da M. G. F. undt H.
gessenn hatte, schicktte der König zu I. F. G. Also kamenn die
zweue vorgenandte herrenn undt fuerttenn S. F. G. ihnn das schloss,
da hörette mitt der Könn. Maytt. dieselbige Meess. Da nun die
Meess beschehenn wass, kniett Mein gnediger Furst undt her mitt
seinenn gnadenn dienernn, herr Diedtrich vonn Schachten,
Cerstenn vonn Hannstein, Daniel Kauffmann vonn S. Gallen
für Seine Kön. Maytt. undt für die Königiennen, da gab der König
S. F. G. undt deroselbenn dienernn denn Ordenn, darzu ein hubsch
guldenn halssbandt, also namb der König eine weisse stolenn, als
dann solchenn der Orndtenn alle Sambstag pfleget zu tragenn, undt
greiff die ann einem ortt undt die Königienne am andernn ortt undt
thätten solche M. G. F. undt H. ann dem halss, also auch S. F. G.
dienernn.[1]) Ihm Abscheide kuessette der Königl. Maytt. wie auch

---

[1]) Es sind die Insignien der erloschenen spanischen Orden „vom Greif"
und der „Stola candida" gemeint (Perrot, Histor. Sammlung aller Ritterorden, Leipzig 1821, S. 163; vgl. S. Friedländer, Ostfriesisches Urkundenbuch
I, No. 863, S. 751 u. 820—821). In der Berliner Zeitschrift für Numismatik
VI, 1878, S. 252 ff. ist eine Münze mitgeteilt und besprochen, welche der
Landgraf Wilhelm zum Andenken an seine Pilgerfahrt 1492 oder 1493 schlagen liess; „neben dem Wappen ist einerseits das ihm vom Papste verliehene
Schwert und Barett, andererseits das Kreuz von Jerusalem, welches die
Ritter des heiligen Grabes führten. Den Schild umgiebt eine Kette, an
welcher ein Greif hängt". — Die Stola candida bestand in „dem Ordenskleid
der heiligen Stola, welche der heiligen Jungfrau zu Ehren an gewissen
Tagen getragen wurde, und einer goldenen Halskette". In den „Hessischen
Beiträgen zur Gelehrsamkeit und Kunst von U. F. Kopp", Frankfurt a. M.
1787, II, S. 629 wird in einem gleichzeitigen Auszuge aus der im Ziegenhainer Archive damals aufbewahrten Originalurkunde von 1491 über die
Ordensverleihung berichtet: „Anno 1491 hatt Herr Ferdinandt König Zw
Jerusalem unnd Sicilienn Lanndtgraff Wilhelm der elttern, den er Laticlauium Hassiae unnd Grafenn (630) Zw Zigenhain unnd Nidda nennett, vor
seinenn gutten Hertzlichenn Freundt und en statt seines sohnnes und getrewen Ratts uff unnd anngenommen, unnd Ime die Freiheit geben, Eine
Stolenn uff Feirtage zw tragenn und dieselbe freiheit den Andern auch
Zw confirmiren." Den Text der Verleihungsurkunde siehe oben S. 164. Auch
den Grafen Eberhard von Württemberg beschenkte der König von Neapel
mit „einer goldenen Halskette" (Crusius, Annal. Suev. II, 426) also auch
mit diesem Orden?

der Königiennenn M. G. F. undt H. die händte, I. F. G. diener aber dem Könige allein. Darnach namenn die vorgenandte zwene herrenn auss des Königs geheiss M. G. F. undt H. hiender dem schlosse ihnn einen schönenn wolgezierttenn garttenn, darienn S. F. G. liess sehenn eine weisse Rappenn, eine grawe, darzu hieng bey derselbenn eine schwartze, auch zeigtte mann S. F. G. eine weisse Mauss, auch eine grawe, dessgleichenn viel hubscher Turtteltaubenn, heidenisch, fuerttenn sie darnach S. F. G. einenn hoffe, darienn viel Kaninchenn, so der König halttenn lessett. Also da S. F. G. alle dienge gezeigtt wahrenn, reitt dieselbe wieder ihnn die herberge mitt denn vorgenandtenn herrenn. Am Montage (12. Dec.) reitt der König vonn Neapolis ihnn das Landt Puglia mitt seinem sohne undt andernn Landes herrenn, also ehe Er nun hienweg fuhr, schickett Er M. G. F. undt H. zwei hubsche grosse Pferdte, die woll gezierett mitt aller zugehör undt das gröste fast hubsch gedeckt, wie dann einem Furstenn gebuerlich ist zu reittenn.

Dienstags (13. Dec.), was S. Lucia tag, reitt M. G. F. undt H. mitt S. F. G. dienernn vonn Neapolis, hatt Ihme der König einenn gleidtsmann, einenn Rietter, zugegebenn, I. F. G. sicher durch des Königs Landt zu fuerenn. Item zu Neapolis wardt M. G. F. undt H. diener Arendt von Stammenn kranck, sagtt Er mir ihnnsonderheitt, wie Er die Kranckheitt erlangt hette ihnn dem schieffe auff dem wasser, da Er die nachtt nichtt schlaffenn mochtte, darzu vonn dem grossenn Kleffenn undt Lauffenn, so dann die schieffleutte thuenn, das Einem gar seltzamb ist, wilcher solches nichtt gewohnett ist, undt fast wehe thutt. Alss nun M. G. F. undt H. weg zog, liess Ihnn S. F. G. also schwach hiender sich, doch mitt fast gutter warttunge. Denselbenn tag riettenn wir durch einenn lustigenn waltt, sagette der Rietter, unsser zugegebener gleidtsmann, M. G. F. undt H., das ihnn demselbenn walde under zehenn tausentt hiersche ohne alle andere gewieldt, als wielde schweine, dero wir Etliche sahenn, niemmer wehrenn, wielches warlichenn eine grosse Menge ist. Denselbenn Abendt kamenn wir ihnn ein einiges wiertzhauss, lagenn daselbstenn ubernachtt. Mittwochens (14. Dec.) kamenn wir ann ein schloss, muss mann uber ein wasser fahrenn, lessett mann Niemandts mitt Pferden oder hundenn uberfahrenn, Er habe dann vonn dem Könige brieffe; dass geschichtt darumb, das die guttenn Pferdte ihm Landte bleiben. Fuhrenn denselbenn Abendt da uber undt kamenn ann ein schloss auch am wasser, bliebenn daselbstenn uber nachtt undt M. G. F. undt H. Koch sehr kranck. (fol. 37) Donnerstags frue (15. Dec.) fuhrenn wir uber das wasser, war aber der Koch vorhienn weg geriettenn, hattenn dennselbenn tag fast bösenn weg Regens halber, also kamenn wir am Meer zu einer stadt, heissett Mola,[1] riettenn wir dardurch; nichtt weitt vonn derselbenn stadt sahenn wir am Meer fast eine hubsche stadt auff einem berge, heissett Gajeta,[2] die liessenn wir zur Rechttenn handt liegen undt riettenn wir zu einer andernn stadt, heissett Litra,[3] riettenn wir dadurch, da lag M. G. F. undt H. Koch, das Er grosser kranckheitt halber nichtt mitt mochtte. Also liessenn I. F. G. Ihme da ein Knechtt undt geltt, der seiner warttenn soltte; wir aber riettenn sampttlichenn fortt zu einer stadt, heissett Fundi,[4] ist die beste stadt, so der König hatt, lagenn daselbstenn uber nachtt, also wardt M. G. F. undt H. hundt auss der herberge gestolenn, wilchenn wir mitt uns auss Ciprenn gefuerett hattenn, doch thatt unsser zugegebener Gleidtsmann, der Rietter, so viel dariennen befurderunge, das M. G. F. undt H. der hundt wieder wardt.

Freittags (16. December) kamenn wir ann des Pabstes Landt undt reitt der bey uus gewessene Rietter wieder zurück, riettenn ann einer stadt hienn, heissett Terrisena,[5] undt kamenn denselbenn Abendt ihnn ein wierttshauss, da wir ubernachtt lagenn. Sonnabents (17. Dec.) hattenn wir aber fast Regennwetter, kamenn denselbenn tag auch ihnn ein einiges wierttshauss, liegtt obenn auff dem berge eine stadt, heissett Salmonila,[6] da vohnn das wierttshauss denn Namenn hatt, lagenn daselbenn uber nachtt. Sonntags (18. Dec.) riettenn wir durch einenn greusslichenn waltt, dar vor Einer ermordett wass, dariennenn sahenn wir viel böser staudenn undt wienckel, riettenn wir dadurch undt kamenn dennselbenn Abendt ihnn eine stadt, heissett Baletra,[7] ist des Pabstes, lagenn da uber nachtt.

---

[1] Mola; dieselbe Route bis Rom siehe auch bei B. von Hirschfeld 97—99.
[2] Gaëta. [3] Itri. [4] Fondi. [5] Terracina. [6] Sermoneta. [7] Velletri.

Denselbenn Abendt kam M. G. F. undt H. zurück ihnn der stadt Litra bey dem kranckenn Koche vergangenenn donnerstags gelassene diener undt brachtte die zeittunge, wie der krancke Koch vergangenn Freittags umb Mittag verscheidenn wehre, der dann gebuerlichenn zur Erdenn als ein Christenn Mensch bestattet, undt brachte dessenn ein zeugnis vonn der Pristerschafft derselbenn stadt, dem Gott gnedig sein wöltte. Am Montage (19. Dec.) kamenn wir ihnn ein starckes städtlein, riettenn wir dadurch undt kamen denselbenn Abendt ihnn die heilige stadt Roma. Also kam M. G. F. undt H. endtgegen geriettenn herr Nagel, ist Johann Nagels sohnn, der ein droste ist der herschafft vonn Rauennspurgk, undt Meister Conradt Thone, der da burttig ist vonn Grebennstein, wilcher daselbstenn fast ehrlichenn undt woll gehalttenu ist, darzu viel Andere, die dann S. F. G. zu Ehrenn under augenn riettenn, undt riettenn mitt deroselbenn ein zu Roma.

Also was S. F. G. zu Roma bies auff denn Sontag, riettenn dieselbe mitt Ihrenn dienernn ihnn des Pabstes Pallast, unsserm heiligstenn vatter dem Pabste die Fuesse zu kuessenn, reitt S. F. G. darnach wieder ihnn Ihre herberge. Darnach ann dem heiligenn weinachttenn tage (24. Dec.) riettenn I. F. G. gehnn S. Peter zu des Pabstes Mess, undt da die Meess geschehenn was, schencktte unsser heiligster vatter der Pabst S. F. G. das schwertt undt ein hanckenn[1]) auff dem schwerdte, woll gearbeittet undt gestickett mitt

---

[1]) Von diesem Schwerte weiss auch die Congeries etlicher Geschichten etc. in Kuchenbeckers Annal. Hass. Coll. I, 25 zu erzählen; vgl. Schminke, Beschreibung von Kassel S. 155. Der zu diesem Schwerte gehörige Gürtel war von roter mit Gold durchwirkter Seide verfertigt und reich mit Perlen besetzt. Dieses merkwürdige Schwert wird noch jetzt im Museum zu Kassel aufbewahrt. Es ist 4 Fuss und 5½ Zoll lang und auf beiden Seiten mit dem päpstlichen Wappen verziert. Der Griff ist 1 Fuss lang. An der einen Seite der Parirstange steht: Innocen. Cibo Genuens. Papa VIII. Pontifica. Sui anno VIII, auf der andern: † Innocen. Cibo Genuen. Pont. Max. Anno MCCCCLXXXX. An dem einen Ende sieht man den Apostel Paulus, am andern Petrus. Die Klinge des Schwertes ist 3 Fuss 5½ Zoll lang. Auf der einen Seite derselben steht mit vergoldeten Buchstaben: Ecce † Gladium † Ad Defensionem † Christianam † Vere † Fidei † Innocen. Cibo Genuen. † P. R. † VIII † Pontifica. † Sui † Anno † VII. Dazwischen erblickt man

Perlenn, undt befal S. F. G. darmitt zu beschiermenn die heilige Christliche Kierche undt arme leutte mitt der gerechtigkeitt. Nun wahrenn zu Rom des Königs vonn Franckreich, ihnngleichenn des Königs auss Schottenn Bottschafftenn undt Gesandtenn, wilche hierab, das M. G. F. undt H. das schwertt erlangtte, grossenn verdriess hattenn, da doch dieselbige lange daselbstenn gelegenn wahrenn undt das schwertt Einer under Ihnen vermeintte zu habenn, wilches doch nichtt geschahe. Als M. G. F. undt H. nun nach S. F. G. herberge reitt, riettenn mitt deroselbenn funff Bischoffe ohne andere Praelatenn, darzu ein Margraff vonn Niedern Badenn, der dann unssers Aller gnedigstenn Keisers undt Königs Maximiliani orator ist, darzu andere herrenn, wilche S. F. G. zu Ehrenn ihnn die herberge riettenn. Als die Meess beschehenn was, liess Man das heilige duch der Veronica sehenn, wilches doch auffm selbigenn tag nicht pflegett gezeiget zu werden, sondter zu grossenn Ehrenn M. G. F. undt H. wahr da gross volck vonn Bielgernn.[1])

Item Rom begreifft umb sich, was einer ziemlichenn eines tages reittenn magk zu Rieng umb; vonn Rom wehre fast viel zu schreibenn, wer die Arbeitt darauff wendten woltt, Ich lasse solches aber wegenn Kurtze under wegenn. Item vonn Brundiss gehnn Rom ist drei hundertt undt achtzig Meil weges. Item zu Rom kam des Königes vonn Neapolis Pfeiffer, so ein Deutscher wahr, und thatt M. G. F. undt H. kundt, wie Arnoltt vonn Stammenn, so I. F. G. zu Neapolis kranck gelassenn, gleich desselbenn Freittags (14. Dec.), wie wir daselbstenn vonn Ihme gezogenn wahrenn, gestorbenn seye. Item am Montage nach dem Newenn Jarstage (2. Jan.)

---

noch einmal das päpstliche Wappen; auf der anderen Seite aber liest man: Iunoeen. Cibo Genuen. Pont. Max. Anno † Sal. MCCCCLXXXX. Ecce Gladium Ad Defensionem † Christianam † Vere Fidei. Die Scheide dieses Schwertes besteht aus übergoldetem Silber in durchbrochener Arbeit und mit rotem Sammet unterlegt. Vgl. Programm des evang.-lutherischen Waisenhauses zu Marburg, Marburg 1806, S. 14.

[1]) Es folgt in der Handschrift die Legende von der heiligen Veronica, darauf die Beschreibung der sieben Hauptkirchen Roms mit ihren Reliquien; beides weicht von den bekannten Darstellungen nicht ab und wird daher hier ausgelassen.

reitt M. G. F. undt H. mitt seinenn dienernn auss Rom, was Regennwetter, kamenn wir dieselbige nachtt ihnn ein einiges wierttshauss, sechss Meil vonn Rom. Am Dienstage (3. Jan.) darnach rietten wir undt kamenn denselbenn Abendt ihnn eine stadt, heissett Canita Castellana;[1]) dieselbige ist eines Cardinals, liegtt auff einem grossenn Felssenn, ist vor zeittenn fast starck gewessenn, aber jetzundt ubel erbawett, dennoch ist es doch ein starck dieng, da lagenn wir uber nachtt undt am Mittwochenn (4. Jan.) darnach riettenn wir durch ein kleines stedtlein, heissett Burgetto,[2]) darnach kamenn wir zu einer andernn stadt, heissett Tucoli,[3]) darnach aber sechs Meil vonn Narmi[4]) liegtt aber eine grosse stadt, heist Thurnn,[5]) ist auch des Pabstes, da lagenn wir uber nachtt. Darnach am Donnerstage (5. Jan.) kamenn wir Achtzehenn Meil von Turni aber ihnn eine grosse starcke stadt, so woll erbawett, heissett Spolitt,[6]) riettenn wir fur auss undt kamenn denselbigenn Abendt ihnn ein einiges wierttshauss, heissett Spina.[7]) Als wir eine stundte da wahrenn, fieng das hauss an zubrennen, das wir alle ausstragenn mustenn, was dann Nott was, undt darzu die Pferde auss dem stalle. Also wardt das feur gleschett, das kein schade ferner geschach, da lagenn wir denselbigenn Abendt dar. Freittags (6. Jan.) kamenn wir zu einer Klaussenn, heissett Soranelle,[8]) daselbst stöst ann des herrenn vonn Camerin[9]) landt, da lagen wir uber nachtt. Sambstags (7. Jan.) kamenn wir zu einer stadt, heissett Bolfortte,[10]) riettenn wir undenn hienn, darnach kamenn wir ihnn eine grosse stadt, heissett Talentino,[11]) daselbstenn fähett des Pabstes Landt wieder ann, da lagenn wir uber nachtt. (fol. 43) Nun am Sontage (8. Jan.) riettenn wir zehenn Meil weges nach einer stadt, heissett Masarata,[12]) undt desselbenn tages vorbass aber zehenn meil, kamenn denselbenn Abendt zu einer andernn stadt, liegtt hoch auff einem berge, die heissett Racanata[13]) undt ist drey meil weges lang, gehörett eines Cardinals. Da lagenn wir uber

---

[1]) Civita Castellana. [2]) Borghetto. [3]) Otricoli. [4]) Narni. [5]) Terni. [6]) Spoleto. [7]) ? [8]) Serravalle. [9]) Camerino. [10]) Belforte. [11]) Tolentino. [12]) Mucerata. [13]) Recanati.

nachtt undt auch denn andernn tag, Montags (9. Jan.) darnach, hies auff vesper zeitt, also riettenn wir spatt auss undt riettenn denselbenn Abendt nach unsser Lieben Frawenn gehnn Loretto.

Nun zu Loretto ist ein Capell, dariennenn dann rastet unsser liebe Frawe, undt diesse Capell ist gewehsenn das hauss, da Maria Ihnnenn sass ann Ihrem gebett, da der Engell Gabriell zu Ihr kam undt brachtte Ihr denn Gruss undt sprach zu Ihr: ‚Ave Maria, gratia plena' undt ihnn demselbigenn hausse hatt Maria endtpfangenn durch denn heiligenn geist, undt ist gewest das hauss, da Maria Ihnnenn bleib nach der hiemmelfartt unssers herren Jhesu Christi also lange, bies unsser herre Gott seine mutter zu Ihme namb. Als Maria nun zu hiemmel kam, wahrenn Eins die Jungernn beysammenn undt redett Einer zu dem Anderon, das Es bielich undt ehrlichenn wehre, auss demselbenn hausse ihnn der Ehrenn S. Mariae eine Kierchenn zu machenn, thättens auch also undt S. Petrus hatt das genandt hauss ihnn die Ehre S. Mariae geweihett undt das Amptt der Messe dariennenn gehalttenn. Also hatt S. Lucas ihnn gestaltt der Mariae ein bieldt geschniettzett ihnn die Capellenn, wilches bieltt noch stehett ihnn derselbigenn Capellenn bies auff diessen tag; auch hatt dasselbige hauss gestandtenn ihnn der stadt Nazareth Judeae genandt, ihnn demselbigen was lange die Kierche geehrett vonn Manchen frommenn Christenn, bies das die leutte vonn dem Christenn glaubenn ihnn derselbigenn stadt abtrattenn, da ehrtten sie die Capellenn nichtt mehr. Also durch schickunge Mariae wardt die Capelle getragenn von denen Engelnn auss der stadt Nazareth[1]) ihnn das Landt Schafflonien und satztte die genandte Capell ann denn

---

[1]) Die Legende berichtet, dass als 1291 das Land wieder in die Hände der Muselmänner gefallen war, die Casa de St. Maria durch die Lüfte von den Engeln nach Tersato in Dalmatien getragen, aber 1294 nach Italien bei Recanati niedergesetzt wurde und zwar in einem der Laureto gehörigen Walde; 1295 sei sie 1000 Schritt näher nach Recanati und später noch einen Pfeilschuss näher an die jetzige Stelle fortgeschoben worden. Vgl. Vergerius, De idolo Lauretano; Petr. Turniani Responsio apolog. ad capita Vergerii haeretici, Ingolstad. 1584; Hor. Tursellini Lauretana historia, Mogunt. 1599; ed. Venet. 1727; Matth. Berneggeri Hystobolimaea divae Mariae Deiparae Camera sive idolum Lauretanum, Argentor. 1619; Tobler, Nazareth 151 ff.

Floss, so Flummen genandt, undt daselbstenn wardt Maria noch viel weniger geehrett, also durch schickunge Mariae wardt die Capell vonn denenn heiligen Engelnn gefuertt zum andermal uber Meer auff einenn berg, genandt Rachanech, undt satztte die genandte Capell auff einenn Acker, wilcher Acker zweionn gebrudernn zustundt, also wardt eine grosse walfartt zu deroselbenn Capellenn. Als die zwei gebrueder nun dasselbige sahenn undt vernahmenn, da woltten sie theilenn mitt Ihrem Acker undt Iglicher begertte die Capellenn zu seinem theil, kamenn darüber mitt ein ander ihnn eine grosse zweitrachtt, das thättenn sie darumb, das Iglicher das gutt, so darienn gefeltt, vermeintte zu habenn, als woltte S. Maria nichtt verhengenn mitt Ihrem Gottes hausse schadenn zu schaffenn undt schickette, das genandte Capellen ihnn der nachtt von selbigenn Acker auff eine gemeine strassenn getragenn wardt, ann wilchem ortte genandte Capell noch stehett, da dann eine grosse walfartt wardt, undt geschehenn vonn S. Maria der Mutter Gottes viel undt mancherlei zeichenn, alss dann noch heuttiges tages geschichtt, undt verwunderttenn sich die Leutte gar sehre, wo eine solche Capelle doch her kome, undt kann Mann woll erkennenn, das solche Capell nichtt vonn Menschenn hendtenn, weil sie auff der gemeinenn strassenn am Fundament stehett, nichtt seye dar kommenn, undt verwunderttenn sich sehr also lang, das S. Maria erschein einem frommenn Manne ihnn der nachtt undt offenbarette demselbigen, wie solche Capell wehre dar kommenn uber Meer auss der stadt Nazareth ann die stadt, ann wilcher sie jetzundt stehett, undt Alle die frommenn Christenn Menschenn, wielche ihnn dasselbige Gottes hauss kamenn undt begerttenn gnade, sölttenn deroselbige gewährett sein undt solche habenn. Solches Alles offennbarette der heilige Mann des Morgens dem volcke, also wurdenn die Oberstenn Raths, sie wölttenn zur Erkundigunge der warheitt Sechtzehn Rathsmeister ihnn das heilige Landt schickenn undt ein Mass, wie gross undt lang die Capelle wehre, mitt gebenn. Als nun die Sechtzehnn Rathsmeister ihnn das heilige Landt kamenn, fragttenn sie, ob es nichtt Jemandt bewust, das vor Etlichenn Jahrenn eine Capell ihnn der Ehrenn S. Mariae ihnn der stadt Nazareth wehre gewest undt das dieselbige verlohrenn wehre wordenn. Da sie nun auff die stadt, da solche gestandtenn, gewiesenn wordenn, also namenn sie endtpfangenem befelliche nach Ihr Mass undt massenn auff der stadt, da die Capell gestandtenn hatte, undt fandt sich ihnn Allermassenn die breitte undt lenge, wie das mitt sich vonn der Capellenn genohmmene Maass aussweisette. (fol. 44.) Also kamenn die Sechttzehenn Abgeschickte Rathsmeistere wieder zu hauss undt offenbarttenn dem volcke die warheitt, auch fandt Mann ann der wandt geschriebenn, wie das die obgenandte Cappell wehre uber Meer kommenn undt wehre gewest das hauss, da unsser Liebe Frawe S. Maria Ihre wohnunge ihnnenn gehabtt hette; solche Cappell stehett noch auff heuttigenn tag zu Loretto undt geschehenn grosse mergkliche zeichenn daselbstenn alle stundte ihnn solchem Gottes hausse. Zum Erstenn habe Ich gesehenn ein zeichenn, das ein Mann mitt einem Ross ihnn dem Meere ist ihnn Nöttenn gewessenn, also hatt Er S. Mariam zu Loretto angeruffenn, hatt Ihme dieselbe geholffenn, das Er mitt seinem Rosse hundertt Meil uber Meer geschwemmett undt ist kommen nach Loreth. Auch ist gewossenn ein Christenn Mensch under denenn unglaubigenn, wilcher hartt denn Christenn glaubenn zu verlassenn ist angefochtenn wordenn, wilches Er aber nichtt thuenn wöllenn, darumb Ihnenn die ohdnglaubigenn endtlichenn habenn dödtenn lassenn, wilcher S. Mariam zu Loretto angeruffenn: der Oberste hatt Ihme sein hertz auss dem Leibe geschniettenn, ihnn seine handt gethann undt zu Ihme gesagtt ‚Nun lasse dir deine Mariam helffenn.' Also hatt der Christenn Mann sein hertz genohmmenn, hatt es nach Loretto brachtt, daselbstenn seine sundte gebeichtet undt bies ann denn vierdtenn tag gelebett. Ein solches ist vor kurtzer zeitt undt bey Menschenn gedechttnis undt Jahrenn geschehenn; sehr viel mehr zeichenn siendt ihnn derselbigenn Kierchen, wilche Ich nichtt Alle schreibenn mochtte.

Auff denn Mittwochenn (11. Jan.) reitt M. G. F. undt H. mitt seinenn dienernn vonn Loreth gehnn Ankron,[1]) das dann gar eine schöne stadt ist, undt liegtt hartt ann dem Meer. Auff denn Donners-

---

[1]) Ancona; dieselbe Route siehe bei v. Hirschfeld, S. 99—100.

tag (12. Jan.) riettenn wir vonn Ankron nach Schmogeya¹) undt auff denn Freittag (13. Jan.) gehnn Gennfay,²) vonn Gennfay gehnn Pissara,³) auff denn Sonnabendt (14. Jan.) riettenn wir vonn Pissara nach Kyma,⁴) das dann auch eine stadt ist, auff denn Sontag (15. Jan.) lagenn wir stiell zu Rimell,⁵) Montags (16. Jan.) vonn Rimel nach Zistinato,⁶) Dienstags (17. Jan.) vonn Zistinato nach Zerna.⁷) da sich dann der Venediger Landt annfengett, undt ist ann dem Meer, auff denn Mittwochenn (18. Jan.) gehnn Mangesack,⁸) da mustenn wir uber ein gross wasser fahrenn undt nichtt mehr, dann ein wierttshauss. Donnerstags (19. Jan.) vonn Mangesack gehnn Goro,⁹) ist auch ann dem Meer, mustenn wir auch uber ein gross wasser undt ist auch nichtt mehr, dann ein wierttshauss. Freittags (20. Jan.) vonn Goro nach Gossa,¹⁰) ist eine grosse stadt undt ligett ann dem Meere. Sonnabents lagenn wir stielle. Sontags (22. Jan.) sassenn wir auff das Meer zu Gossa undt fuhrenn mitt unssernn Rossenn bies gehnn Meisters.¹¹) Montags (23. Jan.) schicktenn wir die Ross gehnn Torniss¹²) undt zogenn wir auff dem wasser nach Venedig. Als nun M. G. F. undt H. zu Venedig was, beschach Ihme grosse Ehre von der herschafft zu Venedig undt vonn dem hertzogenn, der schickette auss dem Rathe undt liess M. G. F. undt H., das Er zu Ihme ihnn denn Pallast keme, hiess I. F. G. wilkommenn undt erbott sich sehr hoch, was Er deroselbenn dienernn möchtte, woltte Er willig sein undt förderlichenn, da Er Etwas mitt dem Patron vonn der Galleenn zu schaffenn hette, das Er solches kuenlichenn offennbarette, sie wölttenn Ihnenn, das I. F. G. sehenn söltte, straffenn, doch woltte M. G. F. undt H. nicht clagenn, sondernn woltte es ihnn seinem sienne behalttenn. Der hertzog undt herschafft schencktenn I. F. G. eine kostliche verehrunge vonn gruenem Inngwer, Zucker undt viel andere speisse; Sie liessenn auch M. G. F. undt H. auff eine zeitt denn grossenn Rath zu schawenn zu Venedig ladenn, also giengk I. F. G. mitt dem Graffenn vonn Hannaw undt dienernn dahienn, satztte der hertzog M. G. F. undt H.

---

¹) Sinigaglia. ²) Fano. ³) Pesaro. ⁴) Marano? ⁵) Rimini. ⁶) Cesenatico
⁷) Cervia. ⁸) Magnavacca. ⁹) Goro. ¹⁰) Chioggia. ¹¹) Mestre. ¹²) Treviso.

uber sich undt denn Graffenn vonn Hannaw neben sich; magk Ich
warlichenn sprechenn, das Ich köstlichers Raths vonn Ehrlichenn
undt Alttenn Personenn niemals gesehenn habe, vermeine Ihrer woll
bey funffhundertt gewessenn sein söllenn, muessenn dieselbe die
Amptter, wilche sie ihnn Ihrer herschafft habenn, lassenn umhgehenn,
dann sie solcher Amptter auss dermassenn viel habenn, wilches dann
nichtt Alle zuschreibenn ist, machenn sie Ihre Losse Jahre ohne
allenn betrug, habenn darzu hubsche kleine gemaltte seule vor dem
hertzogenn stehenn undt auff einer Iglichen seulenn einenn hubschenn
gemahlttenn disch, ist undenn weitt undt obenn engr, habenn sie
ihnn dem Erstenn bey tausentt ubersylbertt Körner ohngeferlichenn
undt der Anderun so viel der Amptter ist uberguldett, doch vonn
einer grösse, (fol. 45) lassenn Einenn nach dem Anderun ein-
zeichenenn, darein greiffenn undt Eins nebmenn, wilcher dann ein
guldenes kreigtt, der hatt ein hoffnunge zu einem Amptte, so muss
Er dann zu denen Anderun gehenn, dieselbige sindt halb guldenn,
halb sielbernn Einer als viel, als der Anderun, glugckts dann, das
Er derselbenn guldenenn auch Eins kreigtt, so hatt Er noch eine
grösser hoffnunge, darnach hatt Er dennoch noch zu lossenn, wehr
umb das Jahr seltzam wehr zugefallenn, um dieselbige auch so hatt
Er ein Amptt, habenn sie so viel, das sie einenn solchenn Rath alle
Sontage alle bey ein ander habenn, wehrett durch das gantze Jahr
undt wilcher ist zu dem dopffe gegangenn, der darff nichtt ruhenn,
es seye dann das Jahr umb. Möchtt Einer fragenn undt wunder
habenn, wie sie also viel Amptte hettenn, ist mir oder einem An-
dernn, wilcher solches gesehenn hatt, nichtt seltzamb, dann sie zwei
oder drei Königreiche under Ihnenn habenn, die sie alle mitt Amptter
mussenn besorgenn. Auch habenn sie viel Galeenn auff dem wasser
zu besorgenn, die ihnn alle Landte fahrenn, undt wilchem der Amptter
Eins gefellt, ist Ihme eine grosse Ehre, auch hatt Er einigenn
Nutzenn davohnn, ist auch keiner kein Haupttmann oder Patronn
lenger dann ein Jahr, muss auch keiner kein Amptt habenn oder
Haupttmann sein, Er sey dann ein Gentilhomo, das ist so viel, als
ein Edelmann. Nun will Ich dasselbige lassenn stehenn, dann es
viel zu schreibenn hette, undt will schreiben, wie viel schieffe zu

Venedig siendt, als Ich warlichenn berichtt bienn, dreissig tausentt Galleen, Naven, Carwelle. Subtille, Barkyn undt andere schieffe, wie die Namenn habenn, die Ich nichtt nennenn kann, will Ich lassenn beruhenn undt schreibenn, wie die Venediger ihnn der Fastnachtt umblauffenn ihnn köstlichenn Kleidernn, Etliche kostlichenn vonn Goltt und sielber gestickett, Etliche vonn Perlenn hosenn gestickett auff denn Ermelnn undt gemaltte Larvenn köpffe, der dann wunder viel ist, undt währett durch den gantzenn wientter undt wann sie sich ann aller scheusslichstenn vermachenn undt verstellenn wöllenn, so ziehenn sie, wie Deutsche tragenn, kurtze kleider ann undt Caplein mitt tradelnn, so meinenn sie, sie sinndt gantz verstallt.

Nun will Ich schreibenn, wie die wahlenn[1]) Ihrenn bulenn ihnn der Fastnachtt dienenn, wann sie Ihnenn wöllenn grosse Ehrenn anthuenn undt annlegenn, so kommenn sechs oder achtt zusammenn undt bescheidenn Ihre bulenn zusammenn auff einenn Platz ihnn ein hauss oder zwei, wo ein Iglicher die seine gerne hette, so kauffenn dieselbigenn oder vonn einem Ochssenn vonn einem fleischawer, wilchenn Er doch dödtenn will, umb ein gewiess geltt, wie sie solches mitt Ihme einig werdenn, je grösser derselbige ist, je lieber sie Ihnenn habenn: wann sie solchenn Ochssenn gekaufft undt geholett habenn, nemenn sie denselbigen ann einenn strick undt fuerenn Ihnenn durch die gassenn, ihnn wilche sie zu Fuesse kommenn könnenn, einer zu dem andernn und habenn hierzu köstliche Fastnachtskleider, wie Ihr gehörett habtt, hetzenn sie Sechss oder Achtte grosser böser hundte ohne underlass ann denn Ochssenn; wann es nun muede ist undt sehr Abendt wordenn, ziehenn sie auff denn Platz, da sie Ihrenn bulenn hienn bescheidtenn habenn, so kömptt dann Einer undt hawett dem Ochssenn denn Kopff ab, aber die Andernn halttenn Ihnenn ann einem seile, darmitt Er Ihnenn nichts thuenn magk, undt wilcher dem Ochssenn das hauptt hatt abgehawenn, vermeinett, Er habe ein grosses erjagtt, undt muss denn andernn gesellenn Jedem ein tag wieder dienenn, das Er auch undt ebennmässig seinem bulenn hoffiere.

---

[1]) Die Abschrift von 1726 liest: Wahtenn; vgl. über venetianisches Leben oben S. 15, Note 1 und 2.

Es ist mir ihnn warheitt gesagtt, das die Venediger ein schieff gebawett habenn, wilches bey funff undt zwantzig tausentt guldenn gekost hatt, wilches doch so gross ist gewessenn, das Mans nichtt hatt mögenn mitt ziehenn, undt ist nichtt förder kommenn, als zwo oder drei meil vonn Venedig, das Mans hatt mussenn darnach wieder zubrechenn, undt ein schmiett ihnn Venedig funfftzehenn tausentt guldenn vor Eisen undt Nägel bekommenn hatt. M. G. F. undt H. kaufft auch viel sammett undt seidenn stucke zu Venedig, kauffte 16 Ellenn guldenn stucke zu einem rocke, kostet eine Ellenn 25 ducattenn. I. F. G. liessenn auch machenn drei guldenn Kettenn undt einenn Ordenn, kost der Ortt 1000 ducattenn, die anndern drei kettenn bey 1000 f. ohngeferlichenn (fol. 46).

Nun will Ich dasselbige lassenn beruhenn undt schreibenn, wie M. G. F. undt H. ausfuhr vonn Venedig undt wahrenn I. F. G. gar nahe vier wochenn daselbstenn gewessenn, also fuhrenn dieselbige mitt Ihrenn bey sich habendtenn dienernn bies nach Demphis[1] undt bliebenn zwo nachtt darselbstenn, darnach riettenn wir gehnn Selterss,[2]) vonn Selterss gehnn Borckenn,[3]) vou Borckenn gehnn Treytt, vonn Treytt riettenn S. F. G. aber eine tagereise ihnn ein dorff, ist eine gutte herberge. Darnach riettenn wir gehnn Matran,[4]) da schickett M. G. F. undt H. Landtgraff Wilhelm der Mittler M. G. F. undt H. endtgegenn Curdtenn vonn Waldennstein. wilcher dann mitt I. F. G. bies nach Issbrugk[5]) reitt. Da wir nun bies auff eine Meil weges bey Issbrugk kamenn, kam Hertzog Hans zu Sachssenn, Hertzog Erich zu Braunschweig undt M.G.F. undt H. bruder, Landtgraff Wilhelm der Junger undt Andere viel Edelleutte M. G. F. under Augenn undt endtpfiengenn I. F. G. mitt grossenn freudenn, so riettenn die Furstenn mitt ein ander zu Issbrugk einn undt gleidtenn M. G. F. undt H. die drei Furstenn bies vor seine herberge. Denselbenn Abendt wardt M. G. F. undt H. gesagtt, das der Römische König mitt einem Graffenn vonn Salme denselbenn Abendt stechenn woltte, da giengenn I. F. G. so baldt auff die baane mitt S. F. G. brudernn, dem Jungernn Landtgraffenn

---

[1]) Treviso.   [2]) Feltre.   [3]) Borgo.   [4]) Matrey.   [5]) Innsbruck.

Wilhelmenn undt sahenn zu undt der König stach denn graffenn ihm erstenn stechenn allein abe, ihnn dem andernn stach der Graffe denn König wieder abe, sonstenn thättenn sie ein gutt treffenn oder zwei. Darnach ludt die Könn. Maytt. M. G. F. undt H. zu gaste undt hatte viel gutter Kurtzweile; mitt l. F. G. wahrenn auch sonstenn viel Furstenn undt herrenn da, viel Rietter undt Edelleutte, das Alle Ich nichtt schreibenn kann: sie ranttenn undt stachenn alle tage, dieweil M. G. F. undt H. da wahr, was nemblich Hertzog Hans zu Sachssenn, Hertzog Erich zu Braunschweigk, Landtgraff Wilhelm zu Hessenn der Junger, M. G. F. undt H. bruder, was auch ein grosser herr auss Welschlandtenn, da Mann viel vonn sagtte, wie gerade undt starck Er wehre. Als Er dann auff der baane vor dem Frawen ziemmer zweimal ohne einigenn stegreiff ihnn denn sattel sprang, wilches dann eine grosse geradtheitt ist, auch stach Er auff die welsche masse, das dann gar seltzamb ist, der es nichtt gesehenn hatt, wil Ich schreibenn, wie das eine gestalt hatt. stach Er mitt einem Rietter, sassenn sie sich ihnn hohe auffgeworffene settel, sonstenn hattenn sie helm gar nahe auff die deutsche masse, aber sie hattenn helmstangenn, wahrenn hiendenn dicke undt fornenn schmall, als baltt Einer denn Anderuu droffe, brachenn die, das doch nichtt viel geschach, sonst hatt Er bestaltt, das Mann ein Leinenn deck als lang die baane was, vonn einem ortt zu dem andernn gezogenn, gleich mittenn durch ann einenn starckenu Pfall gebundtenn, was eines Mans hoch; da Er nun mitt seinem gesellenn treffenn woltte, kam Er vonn einer seittenn des duchs undt der ander vonn der andernn seittenn, das die Ross nichtt mochttenn zusammenn lauffenn, so thätt Er ein treffenn oder zwei, das doch nichtt zu lobenn was, sie ranttenn, was die Pferdte lauffenn mochttenn, undt traffenn ubell undt ob sie sich woll zu zeittenn troffenn, so mochtte doch Keiner nichtt fallenn. Nun will Ich das lassenn bleibenn unndt vonn dem Römischen Könige schreibenn, das Ich warlichenn sprechenn mag, das es so ein zuchtiger feiner Furst ist, als Ich meine tage einenn gesehenn habe, mitt allenn seinenn geberdtenn, sönderlichenn ann dem tautze stehett S. Königl. Maytt. so furstlichenn ann, als Ich noch, wie gesagtt, einenn gesehenn habe. Auch

stehett Rennenn undt stechenn so furstlichenn, das solches einem
Jedenn wol gelustenn magk, als Ich gesehenn habe, sönderlichenn
darnach ihnn einem gesellenn stechenn, wahrenn Ihrer Achtt oder
Zehenn, darunder der König Einer, darnach Hertzog Hanss zu
Sachssenn, Einer vonn Anhaltt undt der Graff vonn Salme, sonstenn
wahrenn Andere gutte stecher dariennenn, stachenn gutt dieng, wilches nichtt zu straffenn was. Darnach folgendtenn tages randte
der König mitt dem graffenn vonn Salme, randte der König
denn Graffenn allein ab, M. G. F. undt H. Landtgraff Wilhelm der Mittler randte mitt einem Rietter, heissett herr Wickertt
vonn Bolheimb, thättenn gar ein gutt dreffenn undt fielenn Alle
beidte. Darnach randte S. F. G. mitt Curdtenn vonn Waldennstein,
wilchenn S. F. G. herab ranthe, sonstenn geschahe viel Rennens,
wilches zu weittleufftig Alles zu schreibenn währe. (fol. 47) Nun
will Ich schreibenn, was Mann allenn Abendt thatt, wann Mann gerandt hatte, gehett die Königl. Maytt. mitt denen vorgenandtenn
Furstenn, andernn Rietternn undt Edelleuttenn, der dann gar viel dar
ist, zum tantze, da dann Einer gar Mancherlei spieler, beides Deutsche
undt Frantzosenn, siehett. Der König kann auch Welsch undt
Frantzösisch; sonstenn sahe Mann auch viel Kurtzweil vonn denen
daselbstenn anwäsendtenn Furstenn, die sie mit Frawenn undt Jungfrawenn trieben, wilcher dann gar viel dar ist, ohne allein auff denn
Freittag nichtt, so giengenn die genandte Furstenn undt Herrenn zu
der Hertzogienne vonn Osterreich ihnn dero Frawenn Ziemmer, da
dann gar viele Kurtzweile ihnnenn geschach mitt siengenn, pfeiffenn,
lauttenn undt anderm seittenspiel, das Einenn Iglichenn woll gelustenn möchtte. Nun will Ich schreibenn vonn dem Tantze, wilchenn
Ich mein lebetage nichtt schöner vonn genandtenn Furstenn gesehenn
habe, möchtte Einer fragenn, wie sie dann getantzett hettenn. Es
liess Ihme der genandte hertzog Salme die hertzogiennenn briengenn
undt liess auff pfeiffenn; wie solches geschach, lieff Jedermann zu
undt namb Jedermann wunder, was Er machenn woltte, so liess Er
sich setzenn auff einenn stuell undt tragenn zu der hertzogiennenn,
das dann gar eine schöne Junge Furstiennenn ist, so muste die
sprießenn ann denn tanz; da das die Könn. Maytt. ihnnenn wardt,

namb Er hertzog Hanssenn zu Sachssenn bey der handt undt greiff zwo kertzenn undt sprungenn dem hertzogenn vor undt hertzog Erich zu Braunschweigk undt landtgraff Wilhelm zu Hessenn der Mittler sprungenn dem hertzogenn mitt zwo Kertzenn nach, sonstenn mustenn andere Rietter undt Edelleutte ann denn tantz. Als der tantz geschehenn was, kust der hertzog die hertzogiennenn auff beide backenn, aber Ich glaube, das solches Ihr nichtt bey dem bestenn schmacktte, dann Er wahr gar graw ihnn dem Nackenn.

Diedtrich von Schachttenn, wilcher mitt herrenn Wilhelmenn Landtgraffenn zu Hessenn dem Eltternn zum heiligenn grabe nach Jerusalem Ao. 1483[1]) Sontags nach Osternn gezogenn undt daselbstenn nebenn Anndernn zum Rietter geschlagenn wordenn, hatt diesses beschrieben.

---

[1]) oder vielmehr 1491; vgl. oben S. 163.

XI.

Peter Fassbender,
1492.

Peter Fassbender, ein Bürger aus Coblenz, auf dessen Reisebeschreibung Geisheim[1]) und darnach Tobler[2]) aufmerksam gemacht haben, unternahm im Jahre 1492 eine Betfahrt nach Jerusalem, traf am 31. Mai in Venedig ein, wo er dem Feste der Vermählung des Dogen mit dem Meere zusah, segelte mit dem Patron Augustin Contarini am 24. Juni ab und landete am 10. August in Jaffa; in Jerusalem wohnte er bei einem deutschen Juden (Carel). Wann er[3]) von Jaffa wieder abgesegelt, vergisst er zu bemerken; er sagt nur, die Pilger hätten von hier aus auf der Fahrt 17 Tage lang kein Land in Sicht gehabt, und dann sei am 9. October über sie ein

---

[1]) Die Hohenzollern am heil. Grabe, S. 55; ob er den von ihm gegebenen Namen von Molsberg, einem Hofgute im Pfarrdorfe Nochere bei St. Goarshausen, mit Recht führt, ist unsicher; Herr Dompropst Dr. Holzer in Trier hält es jedoch für wahrscheinlich nach gefälliger brieflicher Mitteilung. Derselbe schreibt uns auch: „Sein reiches peculium bezeugt die nach seiner Rückke: ' von Jerusalem in der Nähe von Coblenz von ihm erbaute heil. Grabeskirche, zu welcher ein Kreuzweg mit Stationsbildern in künstlerisch wertvoller Sculptur führte — Altertümer, die ich noch in meiner Jugend gesehen". (Berühmt ist der um 1490 in Nürnberg von Adam Kraft angelegte Kreuzweg, welcher vom Tiergärtnerthore nach dem Johanniskirchhof führte; Wolf, Nürnbergs Gedenkbuch, Taf. 81—88.) Ueber dergleichen Bauten und Anlagen, die meist Pilgern ihren Ursprung verdanken, wie Grabcapellen, heil. Gräber, Oelberge, heil. Stiegen etc. vgl. das vorzügliche Buch von Heinrich Otte, Handbuch der kirchl. Kunstarchäologie, 4. Aufl. 1868, S. 18, 247 ff. (ibid. auch S. 72 f. über die sogenannten „chemins de Jérusalem", S. 140 ff. über Reliquiarien, Capseln und Büchsen, S. 150 über Pilgertaschen, S. 158 f. orientalische Trinkhörner, S. 247 ff. über Agnus Dei, Kämme, Kreuze, Baldachine und Teppiche, welche an Pilgerfahrten erinnern; vgl. oben S. 35 f., 42). [2]) Bibliographia geogr. Pal. S. 60. [3]) Das königliche Staatsarchiv in Coblenz war nicht im Stande, über die Person unseres Pilgers Näheres mitzuteilen.

furchtbarer Sturm gekommen. Endlich landete man auf einer Insel, welche er Arcebelyen[1]) nannte, wo die Pilger von dem griechischen Herren derselben ausserordentlich freundlich aufgenommen und sogar zu Paten gebeten wurden. Von da, erzählt Fassbender, seien die Pilger nach Cerigo und Patmos(!) gekommen, wären dann gestrandet und nur mit dem nackten Leben an ein wüstes Gestade entkommen, auf dem sie 24 Tage durch Schnee und Eis gewandert seien, bis sie endlich Venedig erreicht (Januar 1493). Fassbender kam am 3. Februar 1493 glücklich wieder nach Coblenz und vollendete seine Reisebeschreibung am 25. Juli 1496.

Diese ist uns erhalten in einem Codex der Stadtbibliothek zu Trier (No. 33), der 59 Blätter in klein Folio (à 17 Zeilen) enthält, von denen das erste nur den Titel trägt. Die Schriftzüge gehören dem Anfange des sechszehnten Jahrhunderts an und sind gleichmässig ohne viel Abkürzungen. Die Initialen und Ablasskreuze sind rot, einzelne Worte rotunterstrichen, besonders Namen.

Ein unvollständiger Abdruck dieser Handschrift (mit vielen Ungenauigkeiten und Auslassungen innerhalb des Textes und ohne den Bericht über die Heimkehr) ist enthalten in: Triersche Kronik, herausgegeben von Joh. Anton Schröll. Trier 1821. S. 81—83; 99—102; 117—118; 137—139.

1492.

Peter Vassbenders Bedvartt nahe dem heilgen Grabe zu Jerusalem.
Eyn Bürger zu Covelentz.

(fol. 1). Hye heyfft sych an die bedevart nae dem heylichen lande und nahe dem heilichgen graffe zo Jherusalem (und das)[2]) zo love und eren gode van hyemelrych, Marien syner gebenedyder lieber moder und allen godes heyligen und myr armen sunder zo eyner besseronge und selicheyt myner syelen. Amen.

---

[1]) Eine Insel dieses Namens giebt es nicht; wahrscheinlich ist eine Verwechslung mit dem Namen des Meeres selbst, Arcibelago, anzunehmen.
[2]) Die eingeklammerten Worte sind von späterer Hand am Rande der Hs. nachgetragen.

In dem jair nahe Christus geboirt MCCCCLXXXXII byn ich uss getzoigen van Covelentz des drytten samsdach nahe oysteren, dat was des XII dages in dem Meye. (12. Mai) und syn komen zo Venedygen uff uns herren uperfartz dach (des) morgen (31. Mai) und wyr synt in synt Marx kirch gangen und haynt dae geseen sytzen den hertzoich van der stat in groesser herlycheit und majestaet und zo dem selven maill ys der hertzoich vorgegangen myt den oeversten van der stat in groissem staide zo dem mere in gulden cleyderen und man droich vur yem eyn gulden swert und hye voyre uss uff das mere und warff eynen gulden rynck dar yn, da myt hye dat mere truwede, want sy schriben sich herren des meres.[1]) In der stat haen wyr geseyn vyll koestlychs heyltomps und yn der selber stat lycht Sent Lucia, Sent Helena und Sent Pauwels eyn merteler. Dar nahe synt wyr gegangen zo dem patroen, (fol. 2) geheysschen Augustin Cotarin[2]) und haen myt eme gemaicht unsen contraict bys zo Jherusalem und her wieder vur L ducaten vur yeclichen man, da moist hye uns versein und geben die kost in der Galyleen und uns tzoll vry zo halden dar und her wiedder. Dar boven bestalten wir anders, dat uns noyt was in der Galeyen dar und her wieder, soe dat yt auch waill koste yecklichen man by X ducaten. Dar nahe synt wir gegangen uff Sent Marx thorn, der sere hoeghe is, und oever sagen die gantze stat van Venedygen, so (dat) man waill mach sprechen, dat der stat gelych nyet en ys in der werelt. Dar nahe voirten uns die heren van der stat yn eyn groys huyss, dae yr gbusschen yn waren und auch ander getzuich, dat da dyent mit zo stryden, so dat man waill II^c duysent stryther man mach uss rusten und tzugen. Dar nahe voyrten sy uns, dae sy yr schyff maichen, dae haynt sy alle doge by tzweyduysent man, die dae wircken und arbeiden, und da staint ouch so vyll uff geslainder schyff, wanne sy is doen wyllent, dat sy in hundert daigen hundert schyff uyss maichen, worum yt yen van noit ys. Dae synt ouch vyll vrauwen, die anders nyet en doent, dan dat sy segell negen. Item van der groisser (fol. 3) herlicheit und groisser koest-

---

[1]) Vgl. oben S. 15. [2]) Vgl. oben S. 12.

licheyt und van rychdom und mechticheit der stat ys nyet waill zo schriben.¹) Sy synt heren des meres byss an dat heillige lant und haynt auch macht in Griecken und Turckeyen und in heydenschaff.

Item uff den heylligen sacramentz dach (21. Juni) synt wir gegangen in Sent Marx kyrch und haen dae gesein den hertzoich sytzen in groissen staide und hye heysche geven eyme ycklychen pylgrym eyn schone wysse wayssen kertz waill van eyme punde und dae sagen wir vyll koestlycher cleynoit van perlen und koestlichem gesteyne. Item dae hedt man eyn schoin processie, da yn gyencken wail by tzwei duysent geistlycher personen waill gezirt myt koestlichem zerait, die alle gyngen vur dem heilligen sacramente. Myt syme staede gyngen nahe dem heilligen sacrament herschaff und dye burger ordenclich und zierlych, dar nahe gyngen die pylgerim myt yren kertzen. Item die koestliche zierait der frauwen und auch der stat ist nyet waill tzo schriben. Item uff Sent Johans avent (23. Juni) synt wir gevaren in die Galeye myt eyme froelichen gemoide und (fol. 4) hayn gehoefft uff goiden wynt und des nahe mytdages zo VI uren haen wir goiden wynt kreigen und haynt myt trompetten und groisser freuden den segell gestrychen und gesongen ‚Salve regina' und haen uns myt goeden wyllen gegeven in dat mere und alle bevoilen dem almechtyge gode, Marien syner gebenedyder moder und allen godes heilligen und syme heilliegen, dem eyn yecklycher hayt gedyent.²)

Und synt gevaren van Venedyen Iᶜ und X mylen zo eyner stat, genant Parens,³) und synt dar komen uff Sent Johans dach (24. Juni) zo tzwen uren und die selve stat ys gebuwet van eyme, was genant Paryss, der die schoynne Helena nam in Griecken, dar umb dat Troya wart verstoert, und die stat lyght in Slavanyen und is eyn mayl verstoert van den Romeren und is under dem gebiede der Venediger.

Item dae selffs synt vyll oleyven boume, van der frucht maichen olyven oley. Item dae by lyght eyn cloister und heyscht Sant

---

¹) Vgl. die Beschreibungen des Arsenals und der Werften bei Alexander 34—34a; Breitenbach 52a. ²) Vgl. oben S. 17. ³) Vgl. oben S. 21.

Iheronimus, da bleven wir die nacht und des morgens sin wir gevaren zo eyner stat, geheysschen Sara oder Gara, und ys II^c milen von Parens. (fol. 5) In der selver stat Sara lycht begraven Sent Symeon, der unsen herren in synen armen nam in dem tempel, den sycht man noch also bescheydelich, als were hye bynnen eyme jair gestorben und die pylgerim haent ir cleynoider bestrychen oever des heilligen gantzen lycham und da selffs ys ouch vyll anders heiltomps. In der stat Sara hatten wir boese boytschaeff, so wye das die Turcken myt groisser macht weren zo werre uff dem mere und zo lande entghen die Venediger, daer van der Patroin und der hertzzoych van Candyen, der ouch mit was in der Galyen, woirden sere erveirdt, also das sy wolden wieder kieren,¹) und etzliche pylgerim kierden wieder, warumbe der Patroin bleyff dae lygen IX dage myt groisser wieder moit der pylgerim und . e pylgerim en woulden in gheinre manyeren wieder kieren und ha.... tzway maill gegangen zo dem raidt und haent geclaget oeuver den Patroin, dat hey sy nyet en voyrt, als sy myt yem waren oeverkomen und gemaicht eyn contraict, sy zo voyren, also synt wir doch zo vreden worden und synt gevaren van Sara zo eyner stat, geheischen Lesina, und lyght I° (fol. 6) und XV mylen van der stat; van danen zo eyner stat, genant Turcula, und lyght van der stat L mylen. Dar nahe synt wir gevaren zo eyner stat, genant Rachusa, und lyght van Turcula II^c milen und qwamen dar uff die VI dach darnach und bleven dae V Tage und vernamen wir ouch, wie der Turcke were myt groisser macht zo lande und ouch zo wasser. Item die stat Rachusa is eyn cleyn stat vast und starck und lycht eyn bergh, dae sycht man yn Turckeyen und yt steyt eyn thorn uff dem berghe und ys ouch nyet verre van Turckeyen und die van der stat synt herren oever sych selver und synt nyemant underworffen, dan dat sy alle jair geben dem koenynck van Ungeren V^m ducaten zo eyme zeichen, dat sy haent gehoirt under den koenynck van Ungeren, und lycht ouch an Ungeren. Sy geven ouch dem Turcken XV^m ducaten alle jaire, uff

---

¹) Vgl. oben S. 20.

dat sy moigen gebruychen syn lant, want dae woynnent vyll rycher koufluyde, die yr kouffmanschaefft doent in Turckeyen.¹)

Item van dannen voyren wir eynen anderen wegh, dan man pleicht zo vaeren, umb zo schuwen den (fol. 7) Turcken und qwamen zo eyner stat, genant Modon, und lycht VI^c milen van Rachusa und is eyn starcke verstoerde stat und ys under dem gebiede der herren van Venedigen und bleven dae tzwene dage und die stat stoesiz sych an Griecken und dae beghynt Grieckssche spraich; die selve stat wirt dycke belestiget van den Turcken, sy synt ever waill dar vur versein, als man in eyner cleyner stat mach fynden myt bumbarden (und bussen), das ys mit geschutze. Item vur der stat an den muyren wonnent vyll heyden,²) dye gelich pleigent in unsse landt zo komen, und vernympt man nyet, wae sy me woynnen, dan dae, und leben in groissem armoyt und sy doynt anders nyet, dan smeden, dae van haynt sy eyn sunderlich wonderlich manyere. In der stat woynnent ouch Juden, die uss dyesem landen dar synt getzoigen. Item dae hatten wir tzydyger druven genoich und da weyst koestlyche Malvesyer Romanie und ist goitz kouffs wyn und frucht, want idt enhelt sich nyet boven eyn jair und ist sere boese waysser dae. In der vurge haynt sy tzwein busschaeff, (fol. 8) eynen Griecken und eynen Latyntzen.

Item dar nahe lycht eyn stat, genant Carona, und synt XX mylen van Modon, in der stat waren wir nyet; van der stat zo eyner ander stat, genant Amalwasia, und lycht van Modon I^c und XX mylen, dar waren wyr ouch nyet ynnen. Dae by lycht eyn Provincie oder lant, genant Terio,³) dae van wart genomen die schoine Helena, dar durch die mechtyge stat Troya wart verstoert, und ys I^c mylen van Modon. Item dar synt wyr komen des mayndachs nahe Sent Marien Magdalenen (23. Juli) und synt dae bleven byss uff doerstach (26. Juli). Item dar nahe synt wir komen zo Candien und syn dair bleven dry dage und lycht III^c mylen van

---

¹) Aehnlich Alexander 36; Wormbser 216a; Fabri III, 360 f. ²) Es sind die Zigeuner gemeint, deren Heimat man bei Modon suchte; vgl. oben S. 21.
³) Ueber den Raub der Helena in Cerigo vgl. oben S. 21.

Modon und dat lant van Candyen oder die stat hayt XIIII^m doerffer under yr und VI stede und dat lant ys VII^c milen lanck und ys eyn koestlych fruchtbar lant van Malveseye Romanye, von Korn und allerley frucht und ouch goit Muscatell und hoert den van Venedygen an. Item in der insulen hait gewoynt Menelaus eyn Grieck, dae woynnen (fol. 9) ouch noch vyll Griecken und ys Griecksche sprache. Item dae sagen wir eyn frauwen persone, die was gestorben, die droige man zo dem grave und vor der lychen gyngen vill geistlychen (vier) van den orden und vill Canonichen und ander priester, Griecken und Latyntzen, und songen in Latine und yn Grieckschen und gyngen ouch vyll frauwen, die schruwen, sloigen vur yr burst und tzoigen yr hair, die waren dar zo bestalt, und nahe der lychen gyngen ander frauwen, die ouch schruwen. Die persone oder lych was schoen getziert myt gulden syden cleyden un myt koestlychem gesteintz und also wart sy ouch begraben und anderen lichen begraven sy ouch also, eyn yecklych nahe syme rychdom, und wanne sy qwamen zo eyner kyrchen, so wart sy dry maill in die loefft gehaben, als recht off sy beuget yr kne. Sy was eyn van den Griecken gesleght, wer sy woulde sein also gezieret gantz under yr angesyght, der moight das waill doin. Item wanne dae eyne frauwe styrfft, die eynen elychen man hait gehait, die nympt gheynen anderen man und geit number (fol. 10) in die kirche.

Item yn der stat sagen wir, wie dat die Griecken priester yr mysse und ir vesper doynt und haynt eyn goide manere zo syngen und seyr seusse und yn yren myssen haynt sy eyn wonderlyche manyere, dat ouch wonderlych were zo sagen, und yre mysse is waill also lanck, als unsser tzwae. Item sy gebenedyent alle III broide und van eyme snyden sy eyn ront stuck, dae yn consacreren sy dat sacrament und myt eyme leffell nemen sy dat gantz sacrament uyss dem kelch und wanne die mysse uyss ist, so geben sy deme gemeynen volck ander broit und wir pylgerim namen ouch van dem selben broit.

Item by der stat is eyn bergh, dae uff Jupiter hayt gewoynt[1])

---

[1]) Vgl. oben S. 22.

und dair entghen ys eyn hoech bergh, dae uff steit eyn Capelle, dae Sent Pauwels in hayt gedain penitentie und geschrieben die Episteln zo den Corynthern.

Item van Candigen syn wyr gevaren zo der stat Rodis und qwamen dar den sondach nahe Sent Jacops dach (29. Juli) und bleben dae IV dage und is van Candigen III^c mylen (fol. 11) und allet, dat man dae keufft und verkeufft, ys duyre. Item die stat ys vast starck und suberlych und eyner van den Johannes herren der ys eyn Cardynaill und der regiert die gantze stat und dae synt vyll Johannyten ader duczsscher herren, die rytter und herren und edell synt, und stryden alle czyt entghen die Turcken zo wasser und zo lande. Item sy haint vyll Turcken gefangen, die gebonden synt in fesseren und drangen steyn und sant und anders, wat sy behoyben zo dem buwe der stat. Item die Griecken priester in der stat alle mayndachs moyssen sy gain eyne processie zo eyme tzeichen, dat sy woulden lieberen die stat dem Turcken. Item by der stat staint vyll wyndtmoellen ordenclich und die haint die Griecken gebuwet zo eyme tzeichen und in der stat by der muyren staynt noch XIII wyndtmoellen, die sy alleyn haynt moyssen maichen.

Item vur X jaren hayt der Turck belegen dye stat myt groisser macht und hayt allen synen flyss dartzo gedaen, dat hye sy woulde gewynnen und verstoeren (fol. 12) und hayt dar yn geschosschen by XII oder XIII duysent groisser stein, ain ander clein steyn ungezailt synt und hait uff eyn tzyt also ernstlich und herlychen begonnen die stat zo sturmen, also dat vyll Turken waren gestegen in die stat, mer die froymen cristen, besonder die duytzsschen haynt uff gereckt ir banner, dat crutze Christi, dar durch die Turcken haint geschoyssen und dar nahe also vyll blynt worden synt, dat eyn den anderen sloich und die Turcken schymbeirlichen haint geseyn, dat got almechtich halff stryden uff der muyren in eyn gestalt eyns alden mans myt eyme langhen barde und doe woirden der Turcken erslaigen by XXX duysent und der Turcke is dar nahe van dannen getzoigen mit schanden und myt groissem unwyllen und balde dar nahe ys hye gestorben; und die stat Rodis ys doe nyet starck geweist, hette sy got nyet sunderlychen behoidt und der heyllige Sent

Johan, so were ys unmoegelychen, dat sy die stat behalden hetten vur also groisser macht und gewalt.

Item van Rodis syn wir gevaren zo Cyperen, dat ys van Rodis IV^c milen und is eyn rych lant van golde und van allen dyngen in der werelt also zo sprechen und dae ys ever eyn sere boese loefft, als mach syn, also dat vyll dae van sterben, die der loefft nyet gewanne synt. Dat selve lant is auch sere verstoert van eyme koenynck van Engelant umb saichen wyllen.[1]) Item dae gescheynt alle jair ertbevonge also grois, dat kyrchen, sloisser, huysser vallen und verderffen. Item dae bestailten wir alle noyttorfft bys yn dat heyllige lant, want dat is die leste porte, dae man an koempt und dae bleven wir IV dage. Item yr sult wyssen, dat yr sult vynden in dyesem boechelgin tzweyerley crucer und dat eyn sall syn eyn dobbell crutz, dat selve dobbell crutz betzeicht afflais van allen sunden, dat ys van penen und van schoult, dat ander sall syn eyn eynueldich crutz, dat betzeichent afflais van seben jaren und seben karenen.

Item van Cyperen bys zo Japha oder Joppen ys III^c mylen und ys nyet verre van der stat, dae Sent Joergen den draighen stach und dae begynt dat heillige lant und also balde, als man dat suydt, (fol. 14) is vergyssenysse aller sunden ††. Dar qwamen wyr uff Sent Laurencius dach (10. Aug.) zo V uren nahe mytdaghe und daeden aff den sele myt groisser vreuden und woorffen uss den ancker in dat mere und heyssch uns der Patroin syngen ‚Te deum laudamus'[2]) und doe waeren wyr noch van dem lande in dem mere eyne myle und santen tzwein mynrebroder snellychen zo Jherusalem zo dem Pater Gardiayn van den observanten (van Sent Franciscus orden, als zo Coveleutz sint), die dae eyn cloyster haynt und dat heillige graeff bewaerent, dat hye uns sulde erwerben van dem oeversten der heyden vrye geleyde und uff den vunfften dach qwam der pater Gardiain myt tzwen broderen van Jherusalem zo uns in die Galeye und braicht uns goide boytschaefft, so wie der oeverste van Jherusalem sulde balde komen und uns geben geleyde, dat wir pylgerim sulden werden gefoyrt zo allen steden, die die pylgerim

---

[1]) Vgl. S. 214.   [2]) Vgl. oben S. 23.

plegent zo visiteren oder besuechen in dem heyligen lande. Des
IX. dages (19. Aug.) qwam der oeverste van den heyden[1]) myt vyl
volcks zo Japha und sloigen uff by XXXIII tenten; doe wir dat
sagen, doe gynge unse patroin (fol. 15) myt dem banneyr zo yem
und erwarff uns geleyde. Dar nahe lyes man komen die pylgerim
uff dat lant, do qwamen IV heyden und namen eynen pylgerim und
voyrten in die oeverste tente, dae schrieben sy synin namen und
doe sy hatten geschrieben syneu namen, doe quamen IV ander hey-
den und voyrten uns in eyn loch oder keller, dae bleven (wir alle)
byss uff den tzweyten dach, dae bynnen bestalten sy uns perde,
mule und essell, die voyr ryden moysten. Item an den enden, dae
dye pylgerim gewoenlich an dat lant treden, is der prophete Jonas
in dat schyff gegangen zo untwychen gotz gesychtz in Tarsis.

Item des morgens vroe saissen wir uff unse essell und das
vertzouch sych bys it dach wart, ee dat wir alle reyde waren und
by eyn ander qwamen, und doe reden wir vort eyn halve dach reyse
und qwamen zo Rama, dat ys eyn groisse stat und hatten myt uns
by XX Mameluken, dat synt verloynten Cristen, die uns geleyten.
It wart uff den selben dach also sere heyss, dat vyll pylgerim woir-
den sere amechtych. Doe wir zo Rama qwamen, doe gyngen wir in
dat hospitaill, (fol. 16) dat hertzoich Philips van Burgondien hayt
layssen machen oder buwen,[2]) dae yn synt kameren, dae dye pyl-
gerim in slaiffen und sych mocgen rasten und ouch fry syn van den
heyden, die die pylgerim plegen zo tribuleren und vexeren. In dem
hospitaill bleven wir dach und nacht, dar qwamen by uns die Cristen
und Griecken und braichten uns eyer und anders, wat uns dan noit
was. Des morgens vroe stoenden wir uff und der pater Gardiain
van Jherusalem lass uns mysse[3]) und dede eyne koestlyche predi-
cate und snicht uns, so wie dat wir uns halden sulden myt den
heyden und sunderlychen verboide hye uns, dat wyr nyet en sulden
gaen an der heyden graveren. Dar nahe reden wir tzwae mylen bys
in die stat Lydia und qwamen dar, dae Sent Joerys der rytter
wart unthoevfft. Dae steit noch eyn halff kyrch, die also verstoert

---

[1]) Vgl. oben S. 23. [2]) ibid. S. 26 f. [3]) ibid. S. 27—29.

ys van den heyden. It was eyn groisse kyrch und Sent Helena keysserynne, die keysser Constantinus moider was, hayt sy layssen buwen und dae ys grois afflais van penen und van schoult ††. Und von dannen reden wir wieder zo Rama in das hospitaill. Item Rama is eyn vaste (fol. 17) stat geweist und ys verstoert, dae bleven wir den avent und der Gardiain gaff eym yecklychen priester paest macht zo absolveren van synen sunden die pilgerim.

Item des nachtz zo XII uyren stoenden wyr uff und gyngin buyssen die stat Rama alle by eyn ander vergadert und dar qwamen zo uns die heyden myt yren essellen, da die pylgerim solden uff ryden zo Jherusalem, und dat wart sere lanck, ee dat wir uns konden vergaderen, und doe wir alle by eyn andern waren, reden myr bergh uff und bergh aff und qwamen by eyn cleyn doerffgin zo VIII uyren, dae leyssen uns die heyden rasten und dae moisten wir geben Curtesiain, dat ys dry off vyer albus,[1] dat is drynck gelt, und wer dat drynck gelt nyet en gyfft, der wirt also dycke geslaigen und getreden, als hie uff und aff sytzt. Item dae lyght dat doreff, dae der leproisse, dat ys der ussetzege mensche ryeff: ‚Son godis, erbarme dich myner‘ (als steet in dem evangelio Mathei). Item dae by ys dat graeff Samuwels des propheten, der Saul salvet zo eyme koenynck oever Israell (als man hat yn dem ersten buch der konige). Item dae by lycht eyn doreff, genant (fol. 18) Ramatha, da van was der prophete Samuell geboiren und Joseph van Aramatia, des dat heilige graeff was. Item dae by ys ouch dat doreff Emaus, dae Christus sych offenbairde synen tzwen jungeren uff den oyster mandach (noch dem evangelio Luce).

Item dar nahe synt wir uff gereden eynen bergh und doe wir qwamen uff die hoe des bergs, doe sagen wir den Olyveten bergh und in dem affryden sagen wyr die heillige stat Jherusalem und doe wir die stat sagen, worden wir pilgerim alle seyr erfrauwet und stegen van den essellen und vielen uff die knee und mit groisser andacht songen wir ‚Te deum laudamus‘. Dar nahe (myt) groisser freuden und begerlycheyt reden wir vur die stat, dae wir abe saissen,

---

[1] Der Albus oder Weisspfennig galt ungefähr 0,7 R.-Mark.

und gaben, wat wir hatten verreden uff den esselen; da ist vergyffenysse van pynen und van schoult ††. Dar nahe ordineirte der pater Gardiain die pylgerim in etzlyche huysser, da yn sy sycher waren, und zo dem yersten dye duytzen in eyns Joeden (Heyden) huys, dye konde duytze, des name was Carele.¹) Dae hatten wir kameren und dar qwamen III oder IV Joeden, die uns verkaufften, (fol. 19) was uns van noit was, die konden ouch goyt duytze.

Item van der stat Rama bys zo Jherusalem synt ys XXX welscher mylen, die synt neyt cleyn. Item des morgens synt wyr gegangen zo dem bergh Syon, dae geschach eyn herlyche getlyche dyenst, dye priester gemeynilich daeden dae mysse und die pylgerim untfiengen dat heyllige sacrament und giengen eyne schoene processie und deden yn eine schoen predicate.

Item dar nahe hain wyr geseyn die ander heyllige sted. In dem hoeghen altair is dye stat, dae Christus dat avent essen myt synen jungeren assz und yn satzt dat heilige sacrament ††. Item dae is ouch die stat, da Christus den jungheren ir voesse woysche, (als das beschriben alle heilgen evangelisten). Item dae by ys die stat, da die apostelen untfiengen den heyligen geist und sprach zo yn, ‚Pax vobis' myt besloyssen doeren ††.

Item dae is ouch die stat, dae Sent Thomas lacht syne hant in die wonden Christi (als man hait ym evangelio acht dage na oistern) †. Item dae ys ouch die stat, dae Jhesus plach zo predygen ††. Item dae ist ouch die stat, dae Maria plach zo beden †. Item dae is ouch die stat, dae (fol. 20) Maria ys gestoerben ††. Item als man geyt uys dem cloister Syon zo Jherusalem, ys eyn kyrch, dae dem groisse Sent Jacob dem apostell syn hoefft wart abe geslaigen van Herodes geheyssche, (als man leset in den geschichten der aposteln) †. Item nyet verre dae van uff die rechte hant steit die stat, dae der almechtyge got nahe syne ufferstenthenysse erschein den dryn Marien (nach inhalt des heyligen evangelij und sprach zo ene ‚Avete syt gegruetzt') †. Item den selben dach daiden die Broder und Gardiain den pylgerim eyne koestliche mailtzyt. Hie

---

¹) Vgl. oben S. 129.

possunt schribi plura loca. Item des aventz synt wir gegangen in den tempell und vur dem tempell ys eyn stein, dae ynne stoynden die voysstrappen Christi ingetreden als yn eynen deych, (alss her nyder sangk under deme stam dess heyligen creutz) †.

Item dae synt tzwae capellen vur dem tempell, in der eyner synt Jacobitin, in der ander Griecken. Item var dem tempell was der herren van Gasera schriber,[1]) der uns zailte in den tempell, und worden alle besloissen in dem tempell bys des morgens und dae was eyn yecklich in syme gebede und besoichte die heylige stede in dem tempell und besonder die heilige stat des graves Christi und dae is afflais van penen und van schoult ††. Item dat graff Christi is vyerkant (fol. 21) und III ellen breyt und III ellen lanck und IIII ellen hoeghe und ys umb und umb beschoidt myt marmolen steynen und hangen XXX lampen, dye bernnen vur dem graue.[2]) Do yt was nahe mytdernacht, doe giengen die priester und bereytten sych mysse zo lessen und eyner nahe dem anderen und die pilgerim entfiengen dat heilige Sacrament in deme tempell. Item yn dem tempell synt druytzienerley priesterschaeff, dye dae loeff doynt gode, eyn yecklicher nahe syner manyeren. Item die stat van Jherusalem ys geweist uff eyner ander stat und die stat, dae nu der tempell stait, is buyssen der stat geweist, aber nu ys yt bynnen der stat.

Item der bergh Calvarie is in dem tempell und is gantze zo ryssen van boven by nyeden eyn goydt span wydt (nach ynbalt der heiligen passien Cristi. Item thusschen dem berghe und dem heilligen graeff is die stat, dae Maria ir lieve kynt Jhesus uff yren schoys unfienck, als hey van dem crutze gedain wart, (da selbes gesalvet und von Joseph und anderen andechtighen zur vesper zyt zu dem grabe bestaet wart) ††. Item uff dem berghe Calvarie ys dat loch, de ynne dat wyrdyghe (fol. 22) heylige crutze gestanden hait, und is eynen voys wydt und ront und IIII voyss deyff[3]) und dae by (an der linckten syten) is der rysse, der durch den harden felss

---

[1]) Vgl. oben S. 28 f. Die Bezeichnung des Tempelaufsehers als Schreiber des Herrn von Gasera ist neu. [2]) Vgl. die ähnlichen und abweichenden Angaben bei Tobler, Golgatha 176—179. [3]) Vgl. Tobler, Golgatha 282 ff.

geyt bys unden an dat ende und dae unden is eyn capelle, dae suydt man den rytze gantz ††. Item dar nahe synt wir getzoigen zo dem Jordane und synt gegangen durch Bethanien und vort synt wir gegangen durch dye wuystennye, dae die moerder wonten den menschen (der absteig van Jherusalem zu Jhericho und den selben der priester und der levite sagen und lygen liessen), als yn dem evangelio steit, und der Samaritane bewyst barmhertzichait (mit em). Item dar nahe synt wir komen zo der stat Jherico und is die yerste stat, die die kynder van Israhel Josue und Caleph haint behalden und dae is ouch eyn cloister, dat ys verstoert, dat Sent Jheronimus leys buen. Dae nahe by is dat doide mere, dae die vunff stede synt versoncken, (als man leset yn dem buche der scheppunge), Sodoma und Gomora und ander dry, und dat mere is swartz und rucht oevell und wylche beiste dae van drinickt, dat styrfft dae van. Item uber dem mere steit Lothtz (fol. 23) huysfrauwe, die ys verwandelt in eynen saltz stein, darumb dat sy hynder sych sach, doe die V stede versoncken waren, want yt was verboiden, dat nyemant soilde umb sein. Item dar nahe qwamen wir by eyne kyrch, dae Sent Johannes Bapthista plach zo predygen (den dauff) der penitencien, (in welchem myr unss auch batten und daufften) †[1]). Item dar nahe synt wir komen zo dem Jordane, dae Sent Johannes doeuffde Christum unseren herren ††.

Item oever den Jordanen is die woustennye, dae Christus Moyses und den kynderen van Israhel dat hemelsche broyt sante (und in derselbin Martha und Maria Magdalene eme verkundent den doit iress bruder Lazari)[2]) †. Item dar nahe synt wir getzoigen durch Jherico und qwamen in die weustennye, da Christus vastde XL daige und XL nacht, (da noch alle tage viel andechtigher menschen vasten und anders nit nützen, dann wurtzellin und andere kruder) ††.

Item van dannen synt wir gegangen uff den hoeghen bergh, dae der vyant unsseren herren Jhesum Christum tempteirde; uff dem berghe suydt man alle die stede, als doe der vyant sprach zo

---

[1]) Vgl. oben S. 33 f. [2]) Diese Randbemerkung ist ohne Bezeichnung der Stelle, wo sie sich dem Texte einfügen soll.

unsserem lieben herren „Bedes du mych an, so wyll ich dyr geben alle rych dieser werelt", doe sprach Christus „Ganck Sathanas, idt steit also geschrieben: Eynen got salstu anbeden." ††.

Item dar nahe synt wir wieder (fol. 24) getzoigen (durch die wustinye und synt kommen in die stat, da Joachim by den schaeffen geenck, alss her uss deme tempel in syner opferhaid veracht wart, und gingen) zo Jherusalem in unsser herburgh. Item den anderen dach synt wir gegangen in den tempell zo dem drytten maill und haynt besoight die heilige stede in dem tempell und doe gaben sy uns heiltom van allen den heiligen steden.[1]) Item den anderen dach synt wir gegangen na Bethlem und qwamen yrst, dae der stern zo dem zweyten maill erscheyn den heiligen dryn koenyngen †.

Item dar nahe qwamen wir zo dem huysse Abacuck des propheten, den der engell voirt zo dem propheten Daniell, der dae was by den leven in der kuylen (zu Babilonien), und bracht eine spyse, (als man hait yn dem propheten Daniel) †.

Item dar nahe qwamen wyr yn des patriarchen Jacobs huys. Item dar nahe qwamen wir zo Effrata, dae lyght begraben Rachell, desselben Jacobs patriarchen huyssfrauwe.

Item dar nahe qwamen wir zo Bethlehem, dae is eyn schone groysse kyrche und by dem hoeghen altair steit eyn stern gemaicht, an dem selben ende hait Maria Jhesum iren lieben son geboren. Die stat sagen wir, dae Maria die jungfrauwe hayt geboren Jhesum dat zarte kyndelin; die selbe kyrche ys gewyet in die ere Marien (und durch sunderlich andacht und genoechde der stat entfengen mir da selvs dass heylge sacrament) ††. (fol. 25.) Item dae is ouch by die stat, dae dat kyndelin Jhesus in die krybbe wart gelaicht ††. Item dae by is ouch die stat, dae Jhesus wart besneden uff den achtden dach ††. Item dae is ouch eyn altair, dae sych die heylige dry koenynge bereyten myt dem offerhande zo geben dem kleynen geboren kyndelin Jhesus †.

Item dae is ouch die stat, dae sych der stern verloyr †. Item nahe dae by ys ouch eyne grove oder eyn speluncke, dae synt be-

---

[1]) Vgl. oben S. 35 f.

graben vyll van den cleynen kynderen, die Herodes leys doiden, dar yn lyest man nyet all man gain †. Item dae is eyne capelle, die ys genant Sent Iheronimus capelle, dae ys eyn graff, dae ynne syn heylige lycham lange tzyt gelegen hait, ye dan hye zo Rome qwam, hye hait ouch lange und vyll under der erden gewoint. Dae selbs hait hye ouch die Bibell uyss dem hebreisschen zo Latine und in Griecks gemaicht †. Item dae by ys ouch dat graff Sent Eusebius, der syn dyscipell was †. Item van Bethleem eyne myle ys eyn kyrche genant Sent (fol. 26) Nyclais, dae was Maria etzlich tzyt und seughet yr kynt Jhesum †. Item dae ys Sent Pauwels graff des cluyseners und Sent Eustbacius[1]) †. Item eyn halff myle dae by ys eyn kyrche, da der engell offenbairde sych Marien und saight, wylchen wegh sy soelde tzien zo Egypten †.

Item tzwae mylen van Bethleen ys eyn cloister, dae ys eyn kyrche, genant zo unser lieber frauwen, dae is die stat, dae die engellen den hyrden verkundicght die geboirt Christi und songen den froelychen sanck 'Gloria in excelsis deo' etc.[2]) †. Item dae by der kyrchen is das graff der XII propheten. Item dae by ys eyn bergh, dae David erlaicht Golyam und sloich zo doide. Item dar nahe gyngen wir (in dass gebirghe) in Zacharias huyss, in dat unse liebe frauwe gegangen ys, alss sy oever dat gebyrghte gynge zo Sent Elysabeth, dae Maria sprach den loeff sanck 'Magnificat anima mea dominum' ††. Item oeven an dem huysse hait Zacharias gemaicht den psalmen 'Benedictus dominus deus Israhel' ††. Item an dem selben ende hait (fol. 27) Zacharias yem heysschen brengen eyn schryffgetzuich und schreff dat syn son soilde Johannes werden genant oder 'Johannes ys syn name' †.

Item dae by uff eynem cleynen berghe hait gestanden eyne kyrche, in der selber kyrchen was Sent Johannes geboiren †. Item dae koempt man zo deme huysse Sent Symeon, der got uff synen armen hait gehalden, doe hye wart zo Jherusalem in den tempell geoffert (und sprach 'Nunc dimittis') †.

---

[1]) Vgl. Tobler, Bethlehem 197 ff. [2]) ibid. 238 Note 1; der Pilger trifft hier mit einer Angabe Tuchers zusammen.

Item dar nahe uff tzwae mylen by Jherusalem dae ys eyn cloister, genant zo dem heiligem Crutz, und dae synt ynnen Griecksche moenich van Sent Pauwels gelouven.¹) Dae hait gewaisschen eyn stock (ersprunghin uss deme zwighe, als myltlich zu gleuben stet, der von dem engel gottes Seth Adam soy gegeben wart uss deme paradise von deme holtz und bawm, daran Adam dass gebot gottes ubertreten hatt). Dae vam dem houltz ys gehauwen, dae uys dat heilige crutze unsers herren gotz ys worden gemaicht. Item dae ys ouch eyne hant van Sent Barbaren †.

Item dae by lyght eyn cloister, genant zo Sent Saba, der eyn heilich apt ys geweist. In das cloister mach komen, wer dar yn wylt und das begert, in dem cloister haynt gewoynt vur tzyden by XIV° moenich,²) an dem cloister is eyn kleyn afflais, darumb zyent die pylgerim (fol. 28) nyet dar hynne †.

Item van Jherusalem bys zo Bethanien synt idt by IV welscher mylen, dat de lyght hynder dem Olich berghe und dae koemp man in eyne kyrche, dar ynnen ys eyn graff, daer uys Christus erweckt Lazarus van dem doide (nach ynhalt des evangelium Johannis) ††. Item nyet verre dae van is dat huys Symonis des leproisen, in demselben huysse hait Maria Magdalena unseren herren Jhesum Christum syn viesse gesalvet und myt yrem hair gedruyght ††. Item dae by is ouch das huys Maria Magdalenen und ouch dat huys Marthe, yrer suster †. Item zo Jherusalem und an andern steden synt vyll heiliger plaitzen und stede, wilcheir dye pylgerim plegent zo suechen und den afflais zo hoilen, des vyll und vyll ys. Item als man wyll gain uss dem hospitaill zo dem berghe Syon, under wegen koempt man an die stat, dae die Joeden woilden nemen dem doiden licham Marien, den die XII apostelen droigen zo begraben in daill Josaphat ††.

Item dar nahe koempt man an die stat, dae Sent Peter syne sunden beschrey nahe der verleunnonge gotz, in Cayphas huys geschaich dat †. Item dar nahe by (fol. 29) ys eine kirche, genant zo den Engelen, dat is dat huys Annas, dae ynne Jhesus zo dem

---

¹) Vgl. Tobler, Jerusalem II, 727, 737 f. ²) Zur Zahl vgl. Tobler, Jerusalem II, 852.

yrsten wart gefoert und geslaygen an syn heyligen wangen ††. Item dar nabe zo dem huysse Caiphas, das ys eyn groyss orthuys und is nu genant zo Sent Salvatoir. In dem selben huysse was Jhesus die gantze nacht verspouwen und hart geslaigen (und gar smeelich und ubel gehandelt). Dae is ouch eyn cleyn kercker, dae ynne Christus gelegen hait, die wyle sy zo raide gyengen ††. Item dae by ys der stein, der uff den oysterdach van dem heyligen grave genomen wart, dat ys nu der altair steyn an dem hoeghen altair zo Sent Salvatoyr †. Item als man uys der kyrchen gavt, dat dan ys geweist Cayphas huys, dae by steit eyn boum, da haent die Joeden das fuyr gehait, dae sy sych by haent gewermdt und do Sent Peter den heren Christum verloynte †.

Item als man uys dem hoeve gayt an die strays zo der lyncker hant an dem orde, dae hait Maria gestanden und hait Sent Peter geseyn uys dem huysse gain und also sere geweynt, dat hye nyet Maria (fol. 30) moight an sein. (Dyss ist gescheen, als Maria die bedrufft moder wart und gern gesehen het dass Ende ires lieben son Christus und fragte Sanctum Petrum, her von leyde keyn antwort von weynen geben mocht, want her Jhesum verleunt hatte) †. Item Maria hayt an dem selben ende gestanden die gantze nacht und hedde gerne vernoymen, so wie yt yrem lieben kynde gynge, bys an den morgen, doe sach sy yr kynt Jhesum uys dem huysse weren gefangen und gebonden yemerlichen, doe voilget sy nahe bys zo Pylatus huysse ††. Item yn Pylatus huysse ys vergyffenysse aller sunden und dae ys die stat, dae Jhesus gecroent, gegeysselt und verspot wart, dae en komen die gemeynne pylgerim nyet ynne und ouch yn Herodes huys, want sy wieder uff gebuwet synt, und die oeversten van den heyden woynnent dae ynne und wyr schenckden yen waill X ducaten, dat sy uns heymlichen dar yn liessen[1]) †.

Item man sall wyssen, dat bynnen dem hoeffe die stat ys, dae got syn crutze wart uff geladen, doe hye verordelt was ††. Item van der vorigen stat bys uff die stat Calvaria, dar unsser lieber herre

---

[1]) Vgl. oben S. 29 f.

Jhesus syn crutze gedraigen hait, is XIV^c schrede ungevewlich ††. (fol. 31)[1])

Item an demselben orde nyet verre dae van stat eyn zobraichen kyrch, nu myt steynnen umblaicht, dae ys eyn huys by gestanden, dae Maria nahe yrs kyndes doyt XIII jaer hait gewoynt und in demselben huys ys sy gestoerben ††. Item by dem selben ende zo der lurtzer hant hait eyn capelle gestanden, dae ynn Sent Johannes Ewangelyst Marien hait mysse gelesen nahe Christus offvart, dae ys noch eyn deyll van dem altair stein †.

Item nahe dae by ys eyn roit stein, dat ys die stat, dae Sent Mathias wart zo eyme apostell gekoeren †. Item nyet verre dae van an der kyrchen Monte Syon hait Maria yre gebet gesproichen †. Item dae by synt tzwein steyn, der erste, dae uff hait Jhesus gesessen, doe hy predyget, uff dem anderen Maria und hoirt predygen, wanne dat Jhesus den apostelen predyget †. Item under der selber kyrchen in dem gewulfft synt die graeber der propheten, David und Salomon und ouch andern koennyngen †. Item nyet verre dae van ys die stat, dae Sent Stephen zo dem zweyten maill begraben wart †. (fol. 32).

Item dae by ys die stat, dae das oysterlamb gebraden wart und dat waisser gewermdt, dae mit Jhesus den jungheren woysch yre voesse †. Item nyet verre dae van ys eyn grove, da ynne David hait gemaicht die sieben psalmen[2]) †. Item wanne dat man in den tempell syne voesse setzt und dar ynn gait und den Cristen gelauben hait und eynen goiden uffsatzt, der hait verdyent verghenonge aller syner sunden van pynen und van schoult ††.

Item als man yn den tempell koempt und sleght dar ynne geit by X schrede, dar Christus gelaicht wart, doe hye van dem crutze genomen wart ††. Item dar nahe dat man van der selber stat gait in den tempell, dae steyt eyne wyde ronde kyrche, mydden in der kyrchen dae steyt daz heylige graeff ††. Item nyet verre dae van steit eyne capelle, die is gewyghet in unsser lieber frauwen ere, die

---

[1]) Zur Zahl vgl. die Zusammenstellung bei Tobler, Jerusalem I, 236 f.
[2]) Diese Stätte wird sonst wenig erwähnt (Tobler, Jerusal. II, S. 179 f.).

nu (och) ynne haint die observanten und alletzyt tzweyne off drye. die dae beneven synt und woynnen. In der capellen is die stat, dae der almechtiger got syner lieber moder zo dem (fol. 33) yrsten erschein nahe syner ufferstenthenysse, (alss man mildencllichin gleubt) ††. Item in der selber capellen steit eyn (gross) stuck van der suylen, dae an Christus wart gegeisselt in Pylatus huysse †. Item in der selber capellen ys eyn altair, dae hait das heilige crutz lange gestanden, dar nahe Sent Helena dat vant, und dae ys noch eyn stuck van dem heyligen crutze ††.

Item yn dem myddell der selber capellen ys die stat, dae Sent Helena versoicht dat heilige crutze nahe dem, als die dry crutzer funden worden und man nyet en wyst, wilch das crutze were, dae Jhesus an gestoerben was, bys dat man das crutze lacht uff den doiden lycham, der wart van dem doide uff erweckt. † Item dar nahe koempt man by eynen wyssen ronden stein, der ys van marmelen, dar uff erschein Christus Sent Maria Magdalena nahe syner ufferstenthenysse in gestalt eyns gerdeners[1]) †. Item dae by uff vunff schrede ys ouch eyn sulcher stein, dae uff stoinde Sent Maria Magdalena †. Item dar nahe ym tempell vurwartz stait eyne capelle in eyme fylssz, dar in staet eyn altair, uff der stat hayt Christus gefangen (fol. 34) geweist, die wyle sy dat crutze zo bereyten ††. Item by der capellen vurwartz ys eyn altair, dae haynt die Joeden des herren cleyder gedeilt und darumb gespylt †. Item dar nahe ys eyne capelle, genant Sent Helena, dae ynne hait sy degelichs gesproechen ir ynnych gebet †. Item by dem selben ende zo der rechter hant is eyne vynster, dae hait Sent Helena gestanden und hait nyederwartz gesein, doe sy graben lyes und dat heilige crutze vandt † Item in der selben capellen zo der rechter hant, dae ys eyn fylssz oder eyn loch, dat ys XXII voesse lanck,[2]) in dem selben loch wart funden das heilige crutze, dat sper, nagell und die doernen croyn nahe dem lyden Christi CCC und VII jair ††. Item nyet verre dae van yn dem tempell steit eyn altair und under dem altair steit eyn flecketich steyn als van eynrer suylen, dat is der

---

[1]) Vgl. Tobler, Golgatha 360—362. [2]) ibid. 303, Note 5.

steyn, dar uff Christus hait gesessen in Pylatus huys, doe yem Pilatus die doernen croyn in syn gebenedyt heufft lyes drucken und uff dem selben steyne wart hye ouch verspott und verspeigen. (fol. 35).[1])

Item dar nahe koemp man uff den bergh Calvarie, dae Christus gecrutziget und gestoerben ys, dae ys noch das loch, dae ynnen dat heilige crutze gestanden hait im fylssz und is by IV foys deyff und eynen voys wydt und ront[2]) ††. Item van dem loch des heyligen crutzes sieben spannen under dem loyrtzen armen, als Christus an dem stam des heiligen crutzes gehangen hait, dae ys eyn wydt langk reys oder bruich in dem fylssz, dat sych waill eyn man dar ynne leghte, der sych geryssen hait aff wartz durch den fylssz bis under das ertrych zo der tzyt des bytteren doytz Christi ††. Item unsse liebe frauwe und Sent Johannes, Sent Maria Magdalena myt anderen heiligen frauwen haynt enwenich beneven dem rytz gestanden aff wartz †. Item under dem berghe Calvaria, dae das heilige crutze gestanden hait, en wenich affwartz under eyner ander fylsszen gelich vur Christus des herren angesyght hayt die reyne maighet Maria und Sent Johan gestanden und sagen unssen lieben herren Jhesum Christum an dem heiligen crutze hangen ††. Item ouch is dae by eyne capelle, genant unsser lieben frauwen (fol. 36) capelle und Sent Johannes an der stat Golgatha also genant, an der selber stat der capellen wart Adams heufft funden und ys noch dae ynne †. Item die kyrche oever den heyligen grave und oever den bergh Calvarie und ouch oever die ander heilige stede hait Sancta Helena layssen bouwen zo dem yrsten, als die cristen Jherusalem haynt gewoynen. Item in dem tempell mydden in dem koyr steit eyn steyn in der erden, eyn wenich her aff, da is eyn rondt loch eyner spannen wydt, dae is idt mydder in der werelt, als Christus selber gesproichen hait[3]) †. Item in dem tempell lygen begraben koennynck Melchisedech und me anderen koenyngen in waill getzierten graberen, die dat heilige lant ynne haynt gehait LXXXVIII jaer nahe eyn ander. Item idt

---

[1]) Tobler, Golgatha 342. [2]) ibid. 287. [3]) Die verschiedenen Angaben über den Weltmittelpunkt siehe bei Tobler, Golgatha 329.

synt sebenerley gelouben in dem tempell, doch haben alleyn die mynrebroeder, van den observanten genant, dat heylige graeff ynne zo bewaren und nyemant en dar in dem heilige grave mysse doin sonder urloeff der selben broederen und der pater Gardiain sleyt und maicht dae, die (fol. 37) rytter sullen werden. Item idt byrnen steytzt in dem heiligen grave XVII lampen[1]) und tzwae dae vur, dae unden drye etc. Item vur dem tempell stain III capellen, die yrste heischt aller engelen capelle †, die ander heyscht Sent Johannes Baptist capelle †, die drytte heyscht Sent Maria Magdalena capelle †. Item buyssen an dem tempell hynden dem berghe Calvarien lyght eyn breyt steyn, dae uff Abraham synen son Ysaac woilde offeren und nyest dae by steyt eyn alt olyvein boum,[2]) dae an Abraham, doe hye sych umb sach, eynen hamell was dar an gebonden, dae hye nam und offerde gode den vur synen son Ysaac †. Item nyet verre van dem berghe hynder an der muyren steyt eyn altair vermuyret, dae uff hait geoffert Melchisedech gode eyn offer und dat is allet gescheit zo eyner figuren, dat Christus an dem selben ende woilde geoffert werden zo erloesen das menschlich gesleght[3]) †. Item buyssen dem tempell by X schrede is eyn stein, dae Christus van groisser amechticheit nyeder is gevallen, doe hye das crutze droige ††. (fol. 38.)

Item van dem tempell oever dem platz zo der lurtzer hant is eyne lange straisse und under dem gewulffe is der wech, den Christus van Pylatus huysse is gefoyrt worden zo dem berghe Calvarie ††. Item van dem tempell by VI^c schrede koemp man zo dem huysse, da Sent Veronica hait gewoynt und dae hait sy gestanden, da⋯ Christus syn heilige angesyght hait gedrucket in yren sleyer, doe hye syn sware crutze droige[4]) †.

Item dar nahe koemp man yn des rychen mans huys, der in der hellen begraben ys, der Lazarus die almoysse versacht. Item dar nahe koempt man an eyn wegescheyde van dryen gassen, an dem ende stoynden vyll andechtige frauwen, dye sere weynten und

---

[1]) Tobler, Golgatha 178. [2]) ibid. 382. [3]) ibid. 386. [4]) Tobler, Jerusalem I, 251 f.

mytlyden hatten myt Jhesum Christum, und dae Jhesus zo yn sprach ‚Ir doechter van Jherusalem, nyet weynet oever mych, sonder oever uch unde uyre kynder ††. Item dae by uff die luyrtze hant koemp man ever an eyne wegescheyde, das is die stat, dae Christus nyeder sanck van amechtycheyt und die joeden an dyeser wegescheyden tzwongen Symon, der dae qwam van dem doerff, dae hye Christus moist helffen syn crutze draigen zo der martelen ††. Item dar nahe vurwartz zo der rechter hant van dem vurgen orde der gassen koempt man, dae die moider gotz gestanden hait und hait geseyn ir lieff kynt dat sware crutze dragen by den tzwen scheckern, dae hayt sy in groissem lyden gestanden und ys erschrecket worden, also dat sy in gantze amacht gevallen yst ††. Item nahe by der selber gassen en wenig vorder in die hoeghde steit eyn swyboge uber die gasse, dae uff synt II wysse 'steyn und breyt, uff dem eynen hayt Christus gestanden, doe dat urdell des doides oever yn gienck, uff dem anderen hait Pylatus gestanden, doe hye das urdell oever Christum hait gegeven[1]) ††. Item dar nahe koemp man zo Pylatus huysse, in dem selben huysse is Christus gebonden (an die sule), gegeysselt, geslaigen und myt der scharper doernen kroynen gekroent (worden) und zo dem doide verurdelt und (da hait) Christus syn crutze uff genomen zo dragen zo dem berghe Calvarie. (Item man sall wyssen, das bynen uff dem hoiffe yn Pylatus huyss iss die stat, da Jhesus sin cruytz wart uff geladen, do er verortelt was. Item van der stat an bys uff die stat Calvaria, dar unsser herr Jhesus sin crutz droge, sint ungeverlich XIIII° schrede) und ydt is waill by XIII° schrede und dar yn qwamen unsser eyns deils und nyet alle ††. (fol. 40.)

Item van Pylatus huysse geyt man zo der luyrtzer hant eyne gasse uff, dae steit Herodes huyss, dae Christus ouch in gefoyrt wart und yem wart eyn wys cleit aengedayn und dae ynnen verspott, das huys is nu zo der zyt eyne schoile, dae die joeghen heyden inne leren[2]) †. Item dar (na koempt man) zo dem huysse, in dem got Marien Magdalenen ir sunden hait vergeben. Item dar

---

[1]) Vgl. Tobler, Jerusal. II, 244—246. [2]) ibid. I. 650.

nahe koemp man zo dem tempell Salomon, genant der tempell des herren, und is rondt, myt Grieckschen werck gemaicht, sere hoeghe und wydt myt blye gedecket und us groissen gehauwen und gepolenden steynen gebuwet und by diesem tempell, als man unden yn geyt zo der luyrtzer hant, steit eyne lange kyrghe, genant Porticus Salomonis, die hait ouch vurtzyden unsser lieber frauwen kyrghe geheysschen, die wyle dye cristen Jherusalem ynne hatten; dye heyden haynt das nu allet ynne. ††. Item vur dem tempell steit eyn waisser grove, das geheysschen hait Piscina Probatica, dae der sieche mensche so lange vur lach, das der engell plach zo bewegen, wie das ewangelium ynne helt †. (fol. 41.)

Item der tempell des herren halden sy yn groisser eren, buyssen und bynnen sere reyne und gaynt gemeynlichen barvoys dar yn und heysschen yn den heiligen fylss und nyet eyn tempell des herren und das dar umb: idt ys eyn clein fylss mydden in der kyrchen myt yseren trailligen (ader geremsse) umbmacht und idt dar gheyn heyde oder Sarracein dem fylss geneicken oder dar by gain, so als eyner van den verleunten cristen, Mamelucken genant, hait uns das vor wairheit gesaicht: etzliche froymen cristen is komen van verren landen[1]) die Sarraceren den fylss andechtenclich zo besoechen, want uff diesem stein oder fylss hait got vyll wonders und zeichen gedain, als das die bybell uys wyset. Item zo dem yrsten hait Melchisedech der yrste priester wyn und broit dae uff geoffert ††. Item by diesem fylss hait Jacob der patriarche[2]) geslaiffen und hait gesein eyne leyder stain uff dem fylss reicht zo dem hyemell und die engelen godes her aff sein stygen. Item uff dem fylss hait David gesein eynen engell, der yn syner hant hait gehadt eyn bloedich swert. (fol. 42.) Item uff den fylss haint die priesteren gelacht yren offer, den das fuyr hayt vertzert. Item Jheremias der prophete hayt dae ouch gar woenderlichen die Arche besloissen zo der tzyt der gevenckenys zo Babilonyen, doe hye also sprach „die stat en wirt nyet geoffenbairt, bys das der herre synnem volck genedich wirt' und also man meynt, so ys die Arche noch dae.

---

[1]) Hic est defectus. Anmerkung von späterer Hand. [2]) Tobler, Jerusalem I, 541 f.

Item uff den fylss ys Christus geoffert worden (von Symeon, alss her in den tempel geoffert wart) und entfangen in die armen des gerechten Symeon. Item dae ys Christus vonden worden, doe yn syn moider hatte verloeren, als hye XII jair alt was und myt den Joeden disputeirde. Item Jhesus Christus hait ouch dem volck dae gepredyget und uysgeworffen die keuffer und verkeuffer und vyll wonder tzeichen gedain.

Item der tempell des herren, als man liest, is van koenynck Salomon gebauwett, wie waill dat hye ys worden zo broichen, so ys hye doch allewege an die selbe stat wieder gebuwet worden in aller formen, wie hye zo voeren ye geweist yst. Item diesen tempell hait got (fol. 43) sere lieff gehait und geeyrt. Item Salomon hait ouch gesein in diesem tempell eynen rauch (ader nebel, was die clarheit ader schyne gots), uff gain uff dem wonende. Item idt hait ouch yn dem tempell gegroynet die royde Josephs. Item Maria die jungfrauwe ys ouch worden geoffert in den selben tempell. Item Christus is ouch van dem vyant gefoyrt worden uff den tempell und bekoyrt worden, als das ewangelium uys wyst. Item Jhesus hait ouch vill geleden in dem tempell umb unssen wyllen. Item der clein Sent Jacop, den man nent eyn broider Christi, is van dem oven her aff geworeffen und also gemartelt worden. Item in den tempell en dar ghein cristen gain, wae man des gewair wurde, das eyn cristen mensche dar yn gyenge, der moeste verleunen den cristen gelouben und moeste eynne heyde werden oder man beyff yn mydden van eyn ander, dar uff haint sy sere groisse achtunge, doch verdienen die pylgerim vollenkomlichen afflais, off sy dae ynnen geweist weren[1] ††.

Item dar nahe koemp man zo (fol. 44) Sent Stephans portz an der stat muyren, dae is hye worden gesteynnyget. Man suydt ouch da die stat, da Sent Pauwels gestanden hait, doe hye den Joeden die cloyder behoydt[2] †. Item nyet verren dae van is die gulden portz, dar durch Jhesus uff den palmen dach hait gereden, dartzo en liest man ghonnen cristen gain, sonder man wysset die pylgerin

---

[1] Tobler, Jerusalem I, 557 ff. [2] ibid. II, 186—188.

alleyn die portz und wer syn gebet dae vur spricht, verdyent afflais
aller sunden ††. Item geyt man affwartz in den daill van Josaphat
zo der bach (ader torrent) Cedron, dar oever ys eynne steynen bruck,
wie waill im sommer ghein dae enfluyscht, doch yn der vasten und
yn der selber tzyt des jairs, doe Christus synne martelie hait ge-
leden. dae is dan allewege eyn grois floss. Oever dem selben
ende, dae nu die kyrche steit, dae steit und hait gelegen das holtz,
dae man das heilige cruce van hait gemaicht, und das selbe hoiltz
hefft geweist eyn stege oever die bach, dar oever woilde die konyn-
gynne, was genant Sebilla,[1] want sy er kant (fol. 45) in dem geiste,
dat der erloesser der werelt dae an lyden soilde den bitteren doyt †.
Item dae man oever die bach geyt Torrens Cedron, dae suydt man
an dem tempell Salomonis, dae steit die selbe trappe und portze,
dae Maria die moider gotz uff gienck, doe sy gode dem herren ge-
offert wart van yren alderen in den tempell.

Item nyet verre van dannen koemp man zo der kyrchen, dar
ynne Maria begraben ys worden, und is eyn groisse gewulffde kyrche,
dae ynne steit das graff Marien, gemaicht myt schoynen wyssen
marmelsteynen; dat graff ys eyn wenich wyder, dan unssers herren
Christi graff,[2] und man mach ouch mysse dae uff leyssen und yn
dem graff synt tzwae dueren, eyne gait hynden zo der rechter hant
an dem orde yn und die ander duyre gait zo der luyrtzer hant uff
der syden wieder her uys. Also moegen die pylgerim myt eynan-
deren durch gain, den afflais zo verdyenen. In das graff wart Maria
van den XII apostelen begraben und an dem drytten dage, als wyr
dat waill mylldeclichen moegen geloeven, wart sy myt lyeff (fol. 46)
und myt selen in den hyemell der ewiger freuden gefoyrt ††. Item
myne geselschaeff unde ich wyr schenckden den heyden VI ducaten,
dat sy uns liessen eyne gantze nacht in dem daill van Josaphat in
unsser lieber frauwen graff und die priester dieden uns mysse des
nachtes und wir entphien gen das heylige sacrament †. Item uff

---

[1] Zu dieser Sage vgl. Tobler, Jerusalem II. S. 36 f.   [2] Vgl. Tobler,
Siloahquelle 156 ff., 163.

dem nyeder ganck als man geyt aff in unsser lieber frauwen graff,
is das begreffenysse der heyliger moider Sent Annen unde Joachyms ††.

Item buyssen an der bach Torrens Cedron worffen wir stein
eyn yecklich vur syn frunde zo eyme tzeichen, wanne das got unse
herre gerichte dae besytzen sall, das hye uns behoeden wille, nyet
zo hoeren die stymme: ‚Gait van myr yr vermaiendyden‘ etc, sonder myldenclich zo hoeren myt groisser freuden: ‚Kompt yr gebenedyden in myn rych‘ etc. Das gunne uns got alle[1]) ††. Item dar
nahe wanne das man gait uss der selber kyrchen uff die luyrtze hant
enwenich (fol. 47) uffwartz an dem heiligen oylich berghe unden an
dem anfanck des berghes, is die stat under eyner groisser steynrutzen, dae Christus syn gebet hait gedain und bloedlich sweys gesweysset, und man syt ouch noch dae den stein, uff dem der engell
godes erschein, Christus gebracht wart den kelch des lydens, (b)
deme eyn ieclich kristenmensche szu sunderlich andacht beweeght
wart) ††. Item dae by uff eyn steynworff unden an dem oylich
berghe is eyn breyt stein fylss und dae by hait Christus die dry
jungheren gelaissen, als hye zo der vurgenanter stat in syn gebet
gain woilde und zo dryn mailen zo yen sprach, doe (hey) sy slayffen
vant: ‚Moicht yr nyet eyne stonde gewaichen myt myr‘ ††. Item
noch ober wartz mydden yn dem berghe is die stat, dae Jhesus
Christus uff dem palmen dach qwam ryden uff dem essell und schrey
bytterlichen unde sprach: ‚Jherusalem, du bys yetzen in groisser
freuden, bekentestu, das oever dich komen sall, du suldes byllich
schryen myt myr‘ †. Item by dem selben berghe ys ouch die stat,
dae Sent Thomas den gurdell entfienck van (fol. 48) unsser lieber
frauwen, doe sy gestorben was und zo dem hyemell voyr †. Item
nyet verre dannen is die stat, dae Sent Peter in dem garten Malchus
syn oyr aff sloich und Christus yem an der (selben) stat wieder an
satzt und gesunt maicht †. Item nahe dae by ys die stat gezeichent
myt steynen in eyner muyren, dae Judas unserem herren Jhesu
Christo (gaff) den kuss und die joeden angryffen und fiengen,[2]) als
sy (och do zo) rugghe vielen, doe Christus sprach: ‚Wen sucht yr‘

---

[1]) Tobler, Jerusalem II, 26 f. [2]) Tobler, Siloahquelle 206 ff. [3]) ibid. 226.

und sy wurffen Jhesum zo der erden und bonden yen ††. Item dar nahe koemp man uffwartz entghen den olich berghe an die stat, dae Jhesus der engell gotz unsser lieben frauwen eyn palmen szwych braicht und gaff und yr do verkundyget den dach yrs doides †. Item dar nahe geyt man uff wartz an den oleych berghe zo der luyrtzer hant, dae hyfft an Galilea, an dem (selben) ende got nahe syner uffart erschein synen junghheren †. Item uff der hoeghde des olychs berghs is noch eyne kyrche (fol. 49) an dem ende, dae got zo hyemell gevaren ys und yn der selber kyrchen, nyet verre van der doerren, is eyn stein, uff dem got gestanden hait, doe hye zo hyemell gevaeren ist, und man syt noch bescheidencliche stayn syne heilighe voysse treyt in dem stein eygentlychen †¹). Item van der stat Jherusalem bys oeven an den olych berghe, dae Christus zo hyemell gevaren yst, synt III welscher mylen und nyet verre dae van syt man das doide mere, dae Sodoma und Gomora etc. haynt gestanden. Item wanne man den olych berghe wieder aff geit eynen anderen wech an dem selben wege steit eyne kyrche, dae noch ynne ys eyn graff der heilige Sent Pelagien und dae hait sy alle yre levedage boysse gedain †²). Item dar nahe koemp man zo Bethphage, dat ys an dem ende, dae Christus synen tzwen jungheren sprach: ‚Gait yn das castell, das ghen uch ys, dae wert yr fynden eynen jungen essell †. Item nyet verre dae van koempt man zo eyner kyrchen genant (fol. 50) zo Sent Marx Ewangelisten, an dem ende haint die XII apostelen die XII stuck des cristengelaubens gemacht †. Item dar nahe koempt man zo eyner zobroichen kyrchen, dae hayt got geleyrt die apostelen das heylige Pater noster †³). Item dae by ys ouch die stat, dae got verkundight synen jungheren das junenxste urdell und sprach: ‚Idt sulden tzeychen gescheyn in den sternen und in deme moende etc.' †. Item nahe dae by ys eyn stein, dae uff Maria hayt gerast, wanne sy die heylige stede hatte gesoicht (na deme doede unserss leven heren iress cynigen sonss Christi) †. Item dar nahe koempt man zo eyner kyrchen zo Sent Jacob der cleynen, an dem ende got erscheyn dem selben Sent Jacob uff den oyster

---

¹) Vgl. Tobler. Siloahquelle 106. ²) ibid. 125 ff. ³) ibid. 242 f.

dach nahe syner ufferstenthenysse, dae an dem selben ende lyght begraben der selbe Sent Jacob †. Item dar nahe koempt man zo eyner kyrchen. dae lyght begraben der prophete Zacharias †. Item dar nahe koemp man an das ende, dae das doreff Gethsemani gestanden hait, an dem selben doreff hait ͕ vyll wonders gedain †. Item dar nahe unden yn dem daill is eyne duyr, dae ys (fol. 51) Absolon begraben und yt lygen vyll stein vor der duyren, wannen das die heyden dae vur hyn gaynt, so werffen sy myt steynen dar in eyne tzorn zo eyme tzeychen, dat Absolon synem vaider David ungehoyrsam was.[1])

Item dar nahe koemp man yn den daill Syloen und nyet verre uff die luyrtze hant an dem berghe, dae is die stat, dae sych Judas erhangen hayt. Item an dem anfanck des dails Siloe steit eyn luyter born, in wylchem hait dyckmaill gewesschen Maria die moider Christi die doicher yrs lieben kyndes, ye sy den in den tempell hayt geoffert.[2]) †. Item dar nahe koemp man an eyn waisser, genant Natatorium Syloe, als eyn dyghe gemaicht, an dem selben ende machde got den blynden menschen seyn, dae van das Ewangelium spricht †. Item dar nahe koemp man an eyn ende, dae steit eyn grois baum, dae haynt die joeden den propheten Ysayas myt eyn hultzen segen van eynander geseght †. Item dar nahe koemp man zo vyll krufften und beheltenys, in welchem die heiligen (fol. 52) XII apostelen und me anderen heiligen personen verborgen synt geweist van vortten wegen der joeden †.

Item dar nahe koempt man an die stat, genant Acheldemach, dat ist der acker, dar umb die XXX pennynck gegolden wart, die Judas hait entphangen van den joeden, dat hye Christum synen meister verraden soilde und dar nahe (die) wieder gegeben hait, do wart darumb goilden der acker zo (eym) begreffenysse der pylgerim. Der pennynck eyner ys so goit an sylber, als eynen halben ducaten und der acker ist yn IIII muyren gevast und ys oeven gewulfft und oeven synt ouch VII locher da in und der acker Acheldemach light an eynem berghe, also das man an eyner syten gelichs voys dat uff

---

[1]) Tobler, Siloahquelle 277 f. [2]) ibid. 5 f. [3]) Tobler, Jerusalem II, 205.

geit, an der ander syten ys hye waill ander halff knee hyn aff und oeven L voesse breyt und LXXII voesse lanck. Man leght noch degelichs der cristen doyt lycham dar ynnen und Sent Helena hait den vorgeschreben acker also doyn muyren[1]) †.

Item dar nahe haynt wyr uns bereyt uff den wech zo Sent (fol. 53) Katherina und dar zo bestalt zo dem dat uns van noeden was, wie waill dat in VII jaren nyemantz den wech hait moegen tzien van unfreden der luyde und der deyr halffen, so wart doch sunderlichen unsser XII zo gesaicht van den oeversten herren der heyden, uns durch die wustennye zo brengen, darumb das wir yen schenckden vur und nahe waill II^c und XXV ducaten und yt en moight nochtant nyet gescheyn.[2])

Item dar nahe reyssden wir zo Japha wieder umb und zo Japha nahe dae by is die stat, dae Sent Peter und Sent Johan plaigen zo fysschen und liessen dae yr schyff und yr netze umb Christus wyllen (und en nafolgden), als das Ewangelium uys wyst. Item dae ys ouch die stat, dae Sent Peter nahe der tzyt eyn wedewersche van dem doide erweckt, geheisschen Thabita.

Item dar nahe voren wir in die Galye und hoyven unssen ancker und kryegen groissen wiedermoyt des wyndes halffen, so das wir yn XVII daigen zo gheyme lande en qwamen und leden groissen gebrech van provanden und waisser und besonderlichen (fol. 54) uff Sent Dyonisius dach zo avent (9. Octob.), do sagen wir VII Galyen und wir en wysten anders nyet, yt en weren die Turcken, so dat wyr it namen vur wyndt, uff dat wyr yen entwychen moechten, und qwamen in eyn unbekant land, so das wyr die nacht und dach alle aughenblyck lyffs und goitz in groissen (sorgen und) noeden waren (und van der gnade gotts worden wir erloist und qwamen an eyn insell, genant Arcebelyen, dae konden wir an gheyn lant komen, das wir provande moichten (sin) overkomen.

Item dar nahe traiden wir oever eynen fylss myt samen unsser XXV in groisser sorgen und anxsten der Turcken, dartzo betwanck

---

[1]) Vgl. Tobler, Jerusalem II, 263, 272. [2]) Vgl. oben S. 37 über die Reise nach dem S. Katharinenkloster.

uns der honger und qwamen in eyne stat, dae woynt eyn geboeren
hertzoich, der ys cristen und ys sycher vur den Turcken und der
vurgeschreben hertzoich, doe hye unsser gewar wart in der stat,
lyes hye uns zo gaste bydden und diede uns eyn koestlyche mail-
tzyt. Dar nahe heysche hye dye huys doechter und die jonfferen
tzieren und hye macht uns eynen dantze; an (fol. 55) dem selben
dantze waeren XXVIII jonffrauwen und meghde, so schoyne und
suberlichen van eygener natuyren, als man sy in der werelt fynden
mach, want dyt is in Griecken, dae die alre schoenste wyver synt
uff ertrych, dar nahe baeden sy uns zo gevaideren, myn geselsschaff
und mych, und ich hoyff dry kynder uff die manyere, idt were
wvnderlichen zo saigen, also mannich kynt, als man dae doevfft, so
segent man eyn nuwe doyffe und alle saichen gaynt zo uff griecksche
manyere, ouch moissen die patten drye 'werff das kynt umb den
douffe draigen und syngen dem priester nahe, wye hye synget. Item
dar nahe loiden uns unsser gevaideren¹) und daiden uns vyll eren
und reverencien, so dat idt doch unsser eynen koste dry ducaten.
Item der kynder eyns, das ich hoyff, was eyns alt eyn halff jair
und dat selbe heysche Katherina, das ander Johannes, das drytte
heysche Barbara und das was ander halff jairs alt. Item ydt ys
die gewoente dae, (fol. 56) dat sy eyn jair off tzwey beydent uff
dye pylgerim van Jherusalem, ye sy layssen deuffen yr kynder, doch
synt sy vur hyn gehee deufft, want sy sunderlyche lieffde (und be-
gerde) dar zo haynt.

Item dar nahe synt wyr uys gevaeren und synt an die insell
komen, dae die schoyne Helena uys genomen wart, dar umb Troya
verstoert wart,²) und dar nahe qwamen wyr zo der insulen, ge-
heysschen Padmos, dat ys dye insell, dae Sent Johannes schrieff dye
heymlycheyt gotz offenbaronge. Item so haynt wyr allyt gevaeren
in wyederwerdycheyt des meres und des wyndes, so dat vyll pylgerim
dae van kranck synt worden und mysmoedich und ouch etzelychen
dae van gestorben synt, dye dan so doit in das mere gewoerffen synt

---

¹) Dasselbe erzählt Rindfleisch (1496) von dem Fürsten der Insel Poma
(Pori?). ²) Cerigo, vgl. oben S. 21.

worden und besunderlichen uff Sent Thomas avent (21. Dec.) nahe vesper tzyt qwamen so groisse ungestymmicheyt des mers und des wyndtz, so dat yt den mast und segell und alle gezauwe zo brach, das wyr sonder alle wer voeren in (fol. 57) gotz gewalt und eyn aughen blyck anders nyet en saigen vur unsser augen, dan den doyt, ydt en was ouch nyemantz cleyn ader groyss, arm oder rych, dy geloyveden sych groysse mechtyche bedevarden zo doyn und eyn yecklych nahe synem vermoegen.

Item ydt verdarff ouch eyn groys mechtich schyff, myt goide und myt luyden nyet verre van uns, das doch nyet dae van en qwam, ever got der halff uns myt groysser noit an lant, so dat wyr allet dat ghen das wyr hatten bleyff in der Galeyen, und wir qwamen myt dem lyve dae van in eyn unbewoynt lant, dae ghein burghe noch stede gebouwet waeren, so dat wyr in groissem armoit moisten wandelen, das nye ghein dach en was. In XIIII daigen wyr en meisten alle daige VIII off X sneebech waden bys an unsse knee, an unssen gurtell off an unsse armen, und dar nahe qwamen wyr wieder in eyn ander lant, das eyn wenich besser was, und wandelden so lange, byss (fol. 58) wir qwamen zo Venedygen.

Item van Venedygen reyt ich alleyn bys heym in groisser sorgen myns lyffs, want idt in dem gebyrghte sere soerghlychen ys alleyn zo reysen und besunderlichen zo perde, want dae hayt uff eynen man uff seyn und ouch zo der selber zyt wart eyn wirdt uff eyn rad gesatzt in dem gebyrghte, der alleyn XLII gemoert hadde zo perde und zo voys.

Item byn ich wieder heym komen zo Covelentze uff unsser lieber frauwen dach licht wygunck (3. Februar 1493) nach dieser fart zo der ewiger selichger wailfart, dar uns wyll got geleyden, wanne wyr van hynnen scheyden sullen. Amen.

Anno domini 1496 umb Sent Jacob avent wart is geendet.

XII.
Felix Fabri.
1492.

Der Text der hier von uns ausgezogenen „geistlichen Pilgerfahrt" ist erhalten in einer Handschrift des Königl. Museums zu Berlin (279 Blätter), welche laut Unterschrift 1494 von „Soror Felicitas Lieberin zu Medlingen" geschrieben wurde. Als Verfasser wird ein Bruder des Prediger-Ordens zu Ulm, der „me denn ain mal in das heilige Land gezogen war" und 1492 sein Werk beendigte, genannt. Diese Angabe sowie die Thatsache, dass der ganze Text bis auf die von uns mitgeteilten Abschnitte nur ein verkürzender Auszug aus Felix Fabris Evagatorium ist, auf das auch mehrmal direct hingewiesen wird, machen es fast unwiderleglich sicher, dass Felix Fabri selbst der Verfasser unserer „geistlichen Pilgerfahrt" ist.

Die Veranlassung zur Abfassung gab, wie im Eingange bemerkt wird, der Wunsch schwäbischer Klosterfrauen des Dominikaner-Ordens, von dem glücklich heimgekehrten Ordensbruder Felix eine umständliche Beschreibung und Erzählung seiner Pilgerreise zu hören, um so im Geiste sie selbst gewissermassen mit machen zu können. Da dieser ihrem Wunsche willfährig sich zeigte, kamen aus Schwaben zahlreiche Schaaren von Nonnen nach Ulm und folgten mit Andacht den Worten des Erzählers, der wohl einem neuen Wunsche seiner Zuhörerinnen folgend dann seine Mitteilungen schriftlich fixirte; vielleicht fügte er dem Auszuge aus seiner Reisebeschreibung die darin nicht befindlichen Abschnitte über die Reise nach Loretto, Brindisi, Sicilien, Constantinopel, Santiago, S. Patricius, Cöln erst jetzt hinzu, um auf diese Weise den Lesern und Leserinnen ein vollständiges Bild über die wichtigsten Wallfahrten und heiligen Oerter zu geben, wie wir es allerdings in der Pilgerliteratur zum zweiten Male kaum finden. Wir beschränken uns natürlich nur auf einige Abschnitte, die nicht schon im Evagatorium ausführlich behandelt sind; jedenfalls bieten sie aber ebenso viel Neues und Interessantes, wie auch für die ganze Veranlassung der Abfassung einer solchen Pilgerschrift kein Beispiel von uns sonst nachgewiesen werden kann.

Ueberschriften der Capitel.

(1.) Hept an ain vor red des biechlins der gaistlichen pilgertfert gen Jerusalem .... fol. 1—2.
(2.) Regel und ordnung der gaistlich pilgerfert in guter bildung. 2—14.
(3.) Die hinfart der Syon pilgrin von Venedi uff das gross mer gegen den hailigen land. 15—23.
(4.) Dess hailigen lands arschinung. 23—27.
(5.) Der in gang der pilgrin in die hailig stat Jerusalem. 27—28.
(6.) Die hailigen stett im closter Syon mit dem ablas. 28—29.
(7.) Dier ingang der pilgrin in die kirch Anastass zu dem hailigen grab. 29—34.
(8.) Der eingang der pilgrin in daz hailig grab. 34—36.
(9.) Die hailigen stett uff dem berg Syon vor dem closter und in dem closter. 36—41.
(10.) Von der 8. pilgerfart in der hailigen stat Jerusalem. 41—51.
(11.) Besuchung der hailigen stett in dem tal Josaphat und an dem hailigen ölberg. 51—55.
(12.) Das ort der uffart Christi ze himel uff dem ölberg. 55—58.
(13.) Die pilgerfart gen Bethania und von Bethania wider her und in das tal Syloe und uff Syon. 59—65.

(14.) Von dem hailigen gotz acker Acheldemach. 65—66.
(15.) Von der pilgerfart in daz gebirg Juda zu Zacherias hauss, in daz Maria kam .. 66—70.
(16.) Die pilger raiss von Jerusalem gen Bethlem .. 70—73.
(17.) Den eingang der pilgrin in die statt Bethleem. 73—75.
(18.) Besuchung der statt, do Christus geboren ist. 75—84.
(19.) Ain andri pilgerfart uss Jerusalem an ettliche ort nach by der statt. 84—86.
(20.) Von der pilgerfart in der wiesti der fasten Christi und an den Jordan ... 86—97.
(21.) Die pilgerfart von Judea in Galilea von Jerusalem gen Nazareth ... 97—101.
(22.) Nazareth die hailigen statt besucht man also. 101—113.
(23.) Der pilgrin widerfart gen Jerusalem zu durch Nazareth. 113—116.
(24.) Die pilgerfart Marie der muter gotz .. 117—123.
(25.) Die pilgerfart der Syon pilgrin von Jerusalem gegen den hailigen berg Oreb Synai und zu Sant Katherina grab. 123—127.
(26.) Die pilgerfart durch die wiesti Synai Oreb. 127—141.
(27.) Der eingang zu dem berg Synai Oreb. 141—42.
(28.) Die pilgerfart uff den hailigen berg Synai und Oreb oder Oreb Synai. 142—152.
(29.) Wie S. Katherina ward funden uff dem berg .. 152—154.
(30.) Die procession in Sant Katherina kirchen .. 154—155.
(31.) Wie die orienteschen cristen die hailigen feiren. 155—158.
(32.) Also schaident sich die pilgrin von dem hailigen berg Synai Oreb und von S. Katherina. 158—165.
(33.) End der pilgerfart der wieste und anhab der pilgerfart in daz land Egypta .. 165—167.
(34.) Von dem balsam garten. 167—169.
(35.) Von der statt Chayr. 169—177.
(36.) Von dem abschaid der pilgrin uss der statt Chayr. 177—178.
(37.) Wie die pilgrin kumen gen Alexandria. 178.
(38.) Von den hailigen stetten in der statt Alexandria. 178—84.
(39.) Von dem hinschaid der pilgrin von Alexandria uff dem mer hain wertz. 184—86.

(40.) Von dem entlichen abschaid der pilgrin von Jerusalem. 186—195.
(41.) Wie die pilgrin kumen in den driten tail der welt uss Asia in Europa . . . 195—196.
(42.) Constantinopel. 196—204.
(43.) Wie die pilgrin sich schaiden von Venedi . . . 204—210.
(44.) Von der hailikait der dryen grosen pilgerferten Jerusalem, Rom und Sant Jacob und wie gaistlich junckfrowen Syon pilgrin gen Rom gand . . . 210—213.
(45.) Sancta Maria Loret. 213—221.
(46.) Von der statt Rom . . 221—231.
(47.) Von den samlungen Sant Dominicus penitentz. 231—243.
(48.) Die gaistlich pilgerfart der Syon pilgrin von Ulm gen Compostell zu feren Sant Jacob mit vil umwegs zu den hailigen. 243—252.
(49.) Der eingang der pilgrin zu Sant Jacob gen Compostell. 252—257.
(50.) Von Hybernia und S. Patricius fegfewr. 257—260.
(51.) Die pilgerfart in die hailigen statt Cölen . . 260—261.
(52.) Von den XI duset meiden, die Cölen ziern 261—265.
(53.) Von dem hailtam der junckfrowen 265—271.
(54.) Hinfart der pilgrin von Cölen. 271—279.

(fol. 1). **Hept an ain vorred des biechlins der gaistlichen pilgerfert gen Jerusalem, gen Rom und zum veren Sant Jacob, gebildet ab den leiplichen pilgerferten an die ort, Do ain closter mensch oder ain ander andechtig from still mensch underricht wirt, wie er die hailigen pilgerfert sol verbringen on leiplich aus schweifung.**

Ein jeglicher guter Cristen mensch hant von cristenlicher aigenschafft lieb die stett und Ort, da Christus sein herr, von dem er sein wesen, leben und den namen hant, ist in menschlicher natur gewonet und die er mit sinen hailigen fusstritten und mit seinem kostbarlichem blut hat geweicht und gehailiget. Dorum der gaistlich gut willig mensch ain hertzliche begird hat, das hailig land umb Jerusalem, do Christus gewonet hat, ze sehen und die hailigen fusstritt ze kussen, aber so es nit fug hat, das jederman mig uber mer zu denen hailigen stetten komen, so haben doch die guten kinder frag nach denen dingen und erfaren gelegenhait, des hailigen lands gestalt, der hailigen stetten grösi und vili des ablas et cetera, von denen dingen sy begirlich hören und redend.

Nun ist in denen nechsten V vergangnen jaren ain bruder prediger ordes dess conventz von Ulm mit edlen leuten in das hailig land gefaren me denn ain mal und hin und her, auss und ein gezogen und was Er gesehen hat und was im begegnet ist, das hant er beschriben. Der bruder wirt angelangt von den closter frowen in Schwaben dess selben Sant Dominicus ordes und von den samnung frowen und von clausnieren und andern andechtigen gut willigen kinden, das er sin leiplichen pilgerfart well setzen as ain bild ainer gaistlichen pilgerfart, ab der si möchtin nemen ain form der gaistlichen pilgerfart. Die fordrung der gaistlichen leuten ist dem bruder schwer gewesen, wenn si was ze hoch und ze gaistlich, und dorum hant die guten kinder geweisst uff den tractat Sant Bonaventura itinerarium mentis in deum, der wegfertikait dess gemietz in got, aber die closter leut haben von im wellen haben sein pilgerfart in dem usseren ruhen wandel, von ainer tagraiss zu der andern, on all in zug der hohen vernifftigen speculacion, mit bestimung der hailigen stetten, des hailtums und des ablas, so wellen sey in ir ruw und in irm closterleben stet beleiben und mit ettwaz iebungen tugentsamlich pilgrin des hailigen lands werden und die pilgerfart miess ina sein ain beraitschafft uff die wegfertigung des gemietz in got, von der Sant Bonaventura (fol. 2) redt. Darum ouch die leiplichen ritter pilgrin leiplich gen Jerusalem ziehen, ob sy in der weitschwaifen fart zu dem irdeschen Jerusalem migint finden ainen spur zu dem himelschen Jerusalem. Also wellen wir sprechen, die gaistlichen kind uss der leiplichen fart dess predigers von Ulm nemen ain geschicklikait zu dem gaistlichen weg ze gan mit dem gemiet in got.

Als die mainung vernumen hat der obgenant prediger, do hat er sich der arbait understanden und hat den guten kinden me ge-

macht, denn sy dorsten begern in der ordnung: Zum ersten hat er
yna geschriben XX regel, in denen der gaistlich riewig pilgrin vindt,
wie er ordnen sol sein pilgerfart und wie sy sein söll und was un-
derschaid der leiplich pilgerin hab von dem gaistlichen und was der
gaistlich me hab, denn der leiplich. Zum andren so hat der predi-
ger sein leiplichen pilgerfart uff die closterfrowen beschriben, as
werin sey selbs leiplich iber mer gezogen von Ulm gen Jerusalem
und wider her umb von aim tag zu dem andern. Zum dritten so
hat er ina vil weiter die pilgerfart gestreckt, den er selbs gezogen
syg, von der hailigen stett wegen, und wie er selbs leiplichen gern
wer in dem land umb gezogen, also fiert er die gaistlichen pilgrin
umb durch Orientesche land von aim ort zum andern. Er hat auch
beschriben die Rom fart von Ulm gen Rom und wider gen Ulm zum
feren Sant Jacobs fart von Ulm und von Sant Jacob wider gen Ulm;
wenn das sind die dry cristenlichen pilgerfert, in denen all ander
fert geschlossen sind: as geschriben ist am CLXVIII blat.

Die XX reglen hat der prediger von Ulm geschickt in die be-
schlossnen clöster der frowen prediger ordens in Swaben und as sy
die gelessen haben, do haben sy sich arhept ain grosse schar mit
prediger closter frowen und sind komen gen Ulm, von Sant Maria
Magdalena ze Phortzhain,[1]) von Maria tal ze Stainhain,[2]) von Ruti
under Wildberg,[3]) von Weiler by Esslingen,[4]) von Gnadenzell ze
Offenhausen,[5]) von Kirchen under Deck,[6]) von Gotzzell by Gmind,[7])
von Medlingen in der Guldin Ow,[8]) von Medingen under Witteslin-
gen,[9]) und haben mit ina vil gespilen bracht, jungfrowen und frowen,
gaistlich und weltlich, und as sy gen Ulm in die statt sind gangen,
do was ir erster zu ker in der prediger kirchen zu des seligen an-
dechtigen vatters grab bruder Amandus, den man nent Suss, da be-
graben,[10]) (fol. 8) der in seinen leben aller andechtigen junckfrowen

---

[1]) Pforzheim. [2]) Steinheim. [3]) Reuthin, direct südlich von Pforzheim.
[4]) Weil bei Esslingen. [5]) Offenhausen bei Münsingen. [6]) Kirchheim unter
Teck. [7]) Gotteszell bei Gmünd. [8]) Medlingen bei Lauingen. [9]) Maria Mö-
dingen bei Dillingen. [10]) Für die Worte: „Amandus — begraben" stand

ain trost was und rat geb. By des grab haben die Syon pilgrin ihren anschlag gehept mit dem prediger ritter pilgrin, wie sy ir pilgerfart söllen ordnen und haben under weissung von im genugsamlich der pilgerfart halb enpfangen. In dem komen die mer in die samnung, die nit weit von den predigern ist, an die das prediger gessli stosst, wie das vil closter frowen von den predigern clöstren in Swaben in der prediger kirch sigint zemen komen, und so das die gaistlichen ersamen samnung frowen hören, so hept sich die frow maistrin uff mit iren convent und gand zu den predigern und enphahent mit ersamhait und mit grossen fröden die closter frowen, wenn sy fyndent in der schar vil closter frowen, die ir frund sind. Etlich samnung frowen finden da ihr leiplich schwestern, ettlich ir basen und mumen, ettlich on die die fruntschafft finden da vil gespilen. Dorum ain grosse fröd da wirt, also nemen die samlung frowen die gantz pilgerschafft und fieren sy von den predigern in die samnung und geben ina herberg und tund in fast gietlich, wenn es ist ain wolhabende samnung, in der der besten burgren kind und frund sind, die in Ulm sind und könen und migen den luten zucht und er tun. Mit dem vergat der tag und die nacht.

In 21 Tagereisen gelangen die Pilger nach Venedig. Das Schiff steht ihnen bereit und

„so guter wind her weit, so stat der comet, das ist der öberst schiff knecht, der in ainer sydinen schur hat am halss hangen ain silbernes pfifli, da mit pfifft er. Und so bald daz die galeoten, die schiff knecht, hören, so wischen sie uff und fachen an das schiff zu richten zu der hinfart, uff das gross mie und swer arbait gat, und so daz schiff ledig ist, so lasst man dem wind die segel, der zuckt das schiff flux hoch uff das mer und so man also aufert, so blassen herlich uff die trometer der pilgerschafft und die pfifer und die pilgrin singen das mer gesang: ‚In gottes namen faren wir seiner gnaden‘ ..."[1])

---

ursprünglich im Text: „Heinrichen Siesen," welches ausgestrichen ward und wofür obige Worte von späterer Hand gesetzt wurden. Heinrich Suso starb in Ulm am 25. Januar 1365. [1]) Vgl. Fabri, Evagat. I, 82, 150 f.

Die Fahrt geht über Parentz, Rubigno, Pola in den Meerbusen Cornaro, von dort nach Jadra, Sebeniko, Lesina, Curzuola, Corfu, Ragusa, Modon, Coron, Creta, Rhodus, Cypern.

Nach der 55. Tagereise erblicken die Pilger das heilige Land

„und so bald sy das arsehen, so heben sy an ze singen mit hohen frölichen stimmen und mit jubel ain lied von lieblicher tagweiss und singen in tuischer sprach also:

Stand uff ir guter pilgrin, gend mir daz botten brot,
Das hailig land das sich ich, nach dem ir hond gross not,
Es schind der her mit claren glast,
Heller, denn das tagliecht,
Das schiff eylt Dar gar fast

et cetera, gehört mer dar zu."[1]

Die Beschreibung der heiligen Orte Jerusalems und der Umgebung bietet nicht das mindeste Neue; hingegen finden wir mehrere Angaben über die christlichen Kirchen in Cairo, welche wir hier folgen lassen, weder im Evagatorium noch sonst wo.

Von der statt Chayr.

Die CLI tagraiss ist von Achacia durch die lustigen garten, zu der statt Helyopolis, Die niw Babiloni ist, die man jetz nent Chayr oder Alkayr, und ist die gröst statt, von der wir wissent ze sagen, in der unzalbarlich (fol. 170) vil volcks ist, und da ist kings Soldans hoff. Und von alters her sind die king von Egypta da gesessen,[2] wie wol sy ir sitz ouch haben lang gehept ze Menphis und ze Thanis und ze Thebea. Doch sprechen ettlich, daz die namen all der statt sigint gewesen, in der statt sass Pharao der king und Puthifar, der Joseph koufft den Ysmaheliten ab, und Moyses tett in der statt so vil wunder zaichen, in die statt zog Joseph mit Maria

---

[1] Vgl. Fabri's gereimtes Pilgerbüchlein, v. 293 ff., wo der Text etwas anders lautet. Im Evagatorium III, 184, erzählt Fabri nur von der gemeinsamen Absingung des Te Deum laudamus durch die auf dem Verdeck versammelten christlichen Pilger. Jedenfalls sind die uns hier vorliegenden Verse der Rest eines alten deutschen Wallfahrtsliedes. [2] Evagat. III, 78 ff.

und mit irm kind Jhesus und bestunden da ain hussli, in dem sy wonten. Dorum so die Syon pilgrin in die statt kumen, so gand sy in daz hauss zu Joseph, do er ist mit seim gemahel Marie und mit dem kind Jhesus, do ietz ain kirch ist, und da enpfahen sy herberg und singen daz responsorium ‚Da michi domine sedium tuarum,‘ und haben †† ablas da. Die ritter pilgrin musen sich vil genieten in der statt mit herbergen und mit andren sachen, am abet singen die pilgrin ‚Salve, ave, und ‚alma‘.

Die CLII tagraiss ist: ffrie singen sy ain mess ‚Salve sancta parens,‘ nach der mess gand sy in der grossen statt umb und suchen cristenlich kirchen und gotz huser, aber sy vindent ir wenig da. Es seind kum VI kirchen Christi in der statt und seind by LX dauset haidnescher kirchen da,[1]) as man sagt, und ab dem nement die pilgrin ainen grosen unmut, daz der nam Christi so clain und unachbar da ist und der Machumet des duifels so gross da ist. Dorum haben die Syon pilgrin nit gross kurtz wil da, aber bald machen sy sich dar von.

Die erst kirch Christi ist uff der statt, do Joseph und Maria mit dem kind Jhesus wonten,[2]) do der Syon pilgrin herberg ist, und ist geweicht in der er Marie. Da gand die pilgrin ein und singen daz responsorium ‚Gaude Maria‘ mit der prosa purificacionis und haben da †† ablas. Die armut Joseph Marie mit dem kind Jhesu wirt da bey gemerckt, das sy die VII jar, die sy in Egypta waren, nit an ainen ort sind beliben, aber umb sind sy zogen, as arm leit, und ain zeit ze Buseris gewessen, dar nach ze Heliopoli, dar nach ze Hermapoli, dar nach ze Niw Babiloni, daz Chayr ist. Die ander kirch ist Sant Anna, in die kumen die pilgrin und singen daz responsorium ‚Anna cum regnat gloriosa‘ und haben da ablass †, den enpfahen sy.

Die dritt ist Sant Jergen kirch, in die gand die pilgrin und singen daz responsorium ‚Corona aurea super‘ etc. und haben da † ablas und in der kirchen schlecht man die ritter pilger in Sant Jergen ritter. (fol. 171.)

---

[1]) Evagat. III, 81. [2]) ibid. 49; über die Kirchen Cairos vgl. Wüstenfeld, Makrizi in d. Götting. Abh. III, 85 ff.

Die IIII`te` kirch ist Sant Anthonius, in die gand die pilgrin und singen daz responsorium ‚Iste sanctus digne in medio' und haben da † ablas.

Die V`te` ist Sant Joseph dess patriarchen, in der singen die pilgrin daz responsorium ‚Joseph dum intraret' und daz ‚Loquens Joseph' etc. und da ist † ablas.

Die VI`te` kirch ist zu Sant Moyses, der vil wunders hat in Egypta land gestifft. Da gand die pilgrin ein und singen das responsorium ‚Locutus est dominus' und daz responsorium ‚Stetit Moyses' und da ist † ablas.

Doch ist das da ze mercken, daz in denen zwayen kirchen gnedig sind ettlich orientesch hailigen, von denen die pilgrin nit konden arfaren, ob sy martires oder confessores waren, und fur die namen die pilgrin die hailigen Sant Joseph, der da umb unschuld gefangen lag und dar nach gewaltig ward, und Sant Moyses, der vil groser wunder da hat gewirckt, und on die VI kirchen sind noch vil clainer kirchli da, der die pilgrin nit achten, wenn sy sind all der orienteschen cristen, der gloub unss römschen crister argwenig ist und hessig und ist hoch ze arbarmen, daz in der grossen mechtigen statt nit ain capelli ist, in dem wir römschen cristen migin statt haben mit row ze betten.

Von der hailikait der dryen grosen pilgerferten Jerusalem, Rom und Sant Jacob und wie gaistlich junckfrowen Syon pilgrin gen Rom gand, as gen Jerusalem, von Ulm wider bys gen Ulm und von den hailigen stetten under wegs und von ander orten, do auch gross pilgerfert hin sind als zu Sant Maria de Loreto (fol. 210).

Dry sind gmainer beriemter hailiger pilgerfert von der hailigen muter der cristenhait also uff genomen und uff gesetzt und bestettiget, daz sy ewigklich söllen beleiben, und wer der aine gelobt zu tun, dem mag daz gelibt niemen ab nemen, denn der bapst, der es nit tut on gross nötlich ursach, und so der bapst ainen ablas und ain Romfart legt an ain ort und gewalt gipt alle sünd ze vergeben und alle gelüpt ze verwandlen, so werden uss genomen gmainlich in den bepstlichen bullen die dry pilgerfert gen Jerusalem, gen Rom, gen Compostell zu Sant Jacob, mit dem gelüpt der gaistlikait und der rainikait, die niemen ab mag nemen. So nun gaistlich closter-lüt verbunden sind mit denen hohen glipten der gaistlikait und der rainikait, die in niemen mag ab niemen, und merken, daz ina die band dienen zu der selikait, so haben sy ainen willen, auch uff sich ze nemen die dry gelipten der drie hohen pilgerferten Jerusalem, Rom, Sant Jacob, aber so sy die fert leiplich nit migen verbringen irs closters statz halb, so nemen sy die gaistlich fir sich in weiss und mass wie die XX reglen sagen am anfang des biechlins.

Von der gaistlich pilgerfart Jerusalem.

Jerusalem daz hailig grab ze suchen, ist ain hailige begirliche fart mit groser gnad und ablas, aber sy ist weit schwaif und voll sorgen leiplich ze tun, as die ritter pilgrin tund. Die Syon pilgrin sind andechtiger und migen me trostung enphahen in ir pilgerfart, denn die ritter pilgrin. Die pilgerfart der ritter pilgrin von Ulm und wider gen Ulm hat von Jerusalem CCXXXIX tagraissen,[1]) aber die Syon pilgrin haben CCVIII tagraisen und kumen dennocht vil weitter und an me stett, denn die ritter pilgrin, wenn die ritter pilgrin ligen offt still und ligt ina übel und haben vil hindernuss, daz die Syon pilgrin nit hindert; auch so tund die Syon pilgrin so gross tagraisen in ainem tag offt, daz ain ritter pilgrin nit mecht verbringen in X tagen, und daz gipt sich offt. Bessren fleiss hab ich getan ze ordnen die pilgerfart Jerusalem dess hailigen lands, denn gen Rom oder zu Sant Jacob von dess wegen, daz die stett des hailigen lands me arwecken den menschen zu andacht und sind hailiger......

---

[1]) Fabri, Evagat. III, 468 giebt als Zahl der Reisetage seiner ersten und zweiten Pilgerfahrt 215 und 289 an.

Die pilgerfart gen Rom ist die aller hailigest (fol. 211).

Rom die hailig statt hatt die aller hailigesten pilgerfart, wenn von Rom werden ander hailig stett begabet mit gnad und ablas, daz man nutz von ir hailikait trag, und wenn ain pilgrin gen Jerusalem und in daz hailig land wil, kumpt er an die hailigen stett on arlaubung des römschen gwaltz, so holet er nit ablas der sind, aber er nimpt beschwerung der sind und den fluch des bans. Ze Ulm kumen aber zemen die filie Syon pilgrin, wie vor statt am VI blat und gand also gen Rom.

Die erst tagraiss ist: also frie hörn die Syon pilgrin mess zu den predigern und nemen den pilger segen und gand zu Herbrugg tor auss iber die Dunow an der Iler, daz Iler tal uff gen Memingen,[1]) da beleiben sy by dem patronen in der pfarkirchen die nacht oder by dem hailigen im kalender gefallen uff den tag, in dem mag sich der pilgrin halten, wie es im aller bast zu andacht dienet.

Die ander tagraiss: von Memingen gen Kempten,[2]) da beleiben sy by Sant Hilgart.

Die III tagraiss ist von Kempten daz land ein gen Fils,[3]) da beleiben sy by Sant N.[4])

Die IIII tagraiss ist von Fils daz land uff durch Ruti[5]) und durch Erenstain[6]) iber den Ferren[7]) bis gen Nazareit[8]) und da ruwen sy by S. N. die Nacht.

Die V tagraiss ist von Nazareit vir Imst[9]) und Brutz[10]) in daz gebirg gen Landegg[11]) und da beleiben sy by S. N.

Die VI tagraiss von Landegg durch die Vinstrenmintz[12]) hin ein uff Sant Nicholaus berg und bis gen Unders in daz dorff, da beleiben sy by S. N. N.

---

[1]) Memmingen. [2]) Kempten. [3]) Vils. [4]) Die sich oft wiederholende Abkürzung Sant N. soll wohl nicht S. Nicolaus, sondern Sant N(omen) bedeuten, wobei N. als der gelegentlich genauer zu bezeichnende Name eines Heiligen und des ihm gewidmeten Stifts zu verstehen ist. [5]) Reuti. [6]) Ehrenstein. [7]) auf dem Fern. [8]) Nassereit. [9]) Imst. [10]) Prutz. [11]) Landegg. [12]) Finstermünz.

Die VII tagraiss ist von Unders iber die Malser haid,¹) daz ain weit unfruchtbar kalt feld ist, bys gen Mals²) in daz dorf, da sind by VII kirchen, in denen gnad und ablas ist. Da gand die pilgrin ein und haben †† ablas.

Die VIII tagraiss ist von Mals daz land ab der Etsch nach und so sy bald ze Meron³) sind, do ist ain prediger frowen closter an dem wasser, haisst Steinatt,⁴) in daz gand die filie Syon und sind da die nacht frölich mit den schwestren.

Die IX tagraiss ist von dem closter durch die statt Meron gen Botzen,⁵) da beleiben sy in der prediger kirchen by S. Dominicus.

Die X tagraiss ist von Botzen gen Trient⁶) in die statt in der Etsch, da beleiben sy by S. Vigilius dem hailigen bischoff und by S. Alexander und sy (sic!) Zirino und by S. Symon dem kindli, die all da ligen. Da beleiben sy iber nacht und singen die antiphona ‚Gaudent in celis'.

Die XI tagraiss ist von Trient gen Vallsciam,⁷) da beleiben sy die nacht by S. N.

Die XII tagraiss ist zu der Laitern⁸) hin uff (fol. 212) und daz tal ab uss dem gebirg gen Bassan,⁹) da der gut rot wein wechst, den man nent bassuner. Da beleiben die Syon pilgrin die nacht by S. N.

Die XIII tagraiss ist von Bassan in daz eben land durch Castell Franck¹⁰) gen Belun¹¹) und da beleiben sy die nacht by S. N.

Die XIIII tagraiss ist gen Padow¹²) in die grossen statt, da ist ain hohi schul, in der Albertus Magnus in seiner jugent lernet, und ward von Lauginen uss Schwaben dar geschickt von seinen frainden, die gut edel reich lüt waren, genent die von Bolstetten.¹³) In der statt verliess der selig jung die welt und gieng da in unsern prediger orden, as sein legend sagt, und ist nit war, daz er mit zübery sy umbgangen, as etlich sagen vil unitzer fablen von im. In der statt hatt sein und beschlossen der hailig vatter Sant An-

---

¹) Malserhaide. ²) Mals. ³) Meran. ⁴) Steinach. ⁵) Botzen. ⁶) Trient. ⁷) Val Sugana. ⁸) Campolongo? ⁹) Bassano. ¹⁰) Castelfranco. ¹¹) Belluno. ¹²) Padua. ¹³) Bollstädt; er starb am 15. November 1280.

thonius Sant Francissen orden, der da in seins ordens convent leit, und ist as ain kostliche kirch, as sy mag funden werden. Da ist Sant Justina closter, in dem vil hailtums ist: die hailig junckfrow Sancta Justina und Sant Lucas der ewangelist und Sant Mathyas der apostel on daz hopt und S. Felicitas der VII brieder muter und S. Maximus und ain tafel mit unser frowen bild, die S. Luças gemalt hatt, und vil der unschuldigen kindlin, daz ern die pilgrin, als mit responsorien und antiphonen dar zu dienet, und beleiben da die nacht by S. Anthonius.

Die XV tagraiss ist nach der frie mess gehört ze Padow an daz mer, da dingen die pilgrin ain schiff und faren uff dem mer by dem land hin gen Ravenna, daz gar ain alte hailige statt ist, in der vil cristes blut vergossen ist. Sant Peter der apostel schickt von Rom seinen junger Sant Appollinaris in die statt, daz er da bischoff wer, der bracht die statt zu glouben und erkickt uff von dem tod des hapt mans dochter, die beleib ain gaistliche junckfrow. Darnach ward Appollinaris da gemartret. Es ist auch da gemartret worden Sant Vitalis, der ritter S. Gervasius und Prothasius vatter und vil ander. Darin ist auch bischoff gewessen Sant Severus, der was ain schlechter armer ruher knapp, ain weber, und ward wunderbarlich arwelt und in der stund seiner arwellung gab im got kunst der geschrift, der macht sin haussfrowen Vincencia und sein dochter Innocencia gaistlich closterfrowen und wurden hailig leit druss, as denn Sant Severus legend seit. Darin sind vil clöster prediger und ander gaistlich leit, by denen beleiben die pilgrin die nacht.

Die XVI tagraiss ist frie und wider uff daz mer hin den tag mit guttem wind und kumen (fol. 213) gen Ancava,[1] ist auch ain uralte statt, darin beleiben sy die nacht by S. N.

Sancta Maria Loret.

Die XVII tagraiss ist uff dem mer an dem land hin und kumen zu der statt Racanata,[2] by der ist ain kapell, darin ist Maria

---

[1] Ancona. [2] Recanata.

die muter gotz in gnedig und haisst Sancta Maria de Loreto und beschehen vil und gross wunder zaichen da und fast gross gut falt darhin uss allen landen. Man sagt, die capell sy selbs durch gotz wirckung kumen iber mer dar hin von Nazareth[1]) und sy die zel Marie, in der sy enpfieng den engelschen gruss und daz ewig wort durch daz ‚ave grat'. Da ist ablas ††, nemen die pilgrin und beleiben da die nacht.

Die XVIII tagraiss ist: frie singen die Syon pilgrin in der capell die mess ‚Rorate" und machent sich uff daz mer und faren den tag ainen feren weg biss zu der statt Adria,[2]) von der daz weit mer den namen hatt Mare Adriaticum, und da beleiben sy uff dem mer die nacht mit wilden ungewitter in sorg und forcht.

Die XIX tagraiss ist uff dem mer hin und faren den tag fir die inselen Dyomedis,[3]) in der die fogel sind, die nach der poeto sag leut sind gewesen, Dyomedis gesellen, und wurden vogel drauss. Von denen insellen kumen sy in daz land Apulia zu der statt Sepontum.[4]) Da ist der berg Garganus, den Sant Michel im selbs geweicht hatt, da gand die pilgrin uff und nemen †† ablas und beleiben die nacht da. Von dem berg ist daz fest Apparicio Michaelis und ain hibschi legend, da singen die pilgrin antiphonen und responsorien von Sant Michel.

Die XX tagraiss ist, daz die Syon pilgrin ain mess frie singen von den englen uff dem berg und darnach gand sy her ab in ir schiff und faren dar von und kumen gen Barium[5]) in die statt, in der jetz Sant Nicholaus ist leiphafftig, wenn as die Tircken ein namen daz land Liciam mit der statt Mirrea,[6]) da Sant Nicholaus bischoff was gewesen und da lag, da kamen ettlich junger gesellen von Barium gefaren gen Mirrea und liffen in die kirchen und brachen Sant Nicholaus sarch uff und namen seine gebain uss dem öl, in dem sy schwebten, und brachten die gen Barium, do sy noch hüt sind. By dem hailtam singen die pilgrin antiphonen und respon-

---

[1]) Tobler, Nazareth 151 f. [2]) Atri. [3]) Tremiti-Inseln. [4]) Manfredonia. [5]) Bari. [6]) Myra in Lycien; vgl. Hagenmeyer, Ekkehardus, 374 ff; Atti Ligure, 1874, S. 483 ff; Wright, Reliquiae ant. II, 199 ff.

sorien ‚O Sancto Nicholao' und nemen † ablas und beleiben da die nacht.

Die XXI tagraiss ist von Barium uss Apulia uff dem mer mit starckem faren in daz land Calabria und kumen für Brundusium[1]) die statt gen Ydruntum,[2]) da lendent sy und beleiben da yber nacht. Da hörn die pilgrin wunderliche und grisamliche ding von den Tircken (fol. 214) sagen, wenn nach dem, as die Tircken von Rodes mit schanden und on sig zugen, do schlugen sy mit der class in Apulium gen Ydrunt und gwunent die statt und artaten die cristen, aber sy behuben sy nit lang, wenn unser volck nam sy wider ein.

Die XXII tagraiss ist in der nacht von Ydrunt uff dem mer Adriaticum hin und faren uff den tag uss dem obren mer in daz under mer, das sich streckt bys an daz end der welt, und am abet kumen sy an die insel Sicilia und faren in die port der statt Syracusa.[3]) Da beleiben sy die nacht by der hailigen junckfrowen S. Lucia, die da gemartret ist worden, as man in ir legend hat. By dem hailigen grab der lieben junckfrowen singen die pilgrin daz responsorium ‚Rogavi dominum meum Jhesum'.

Die XXIII tagraiss ist also: frie stand die pilgrin uff und singen von Sant Lucia mess ‚Dilexisti' und gand wider ze schiff und faren an der insel hin umb gen Catana[4]) in die statt, da lenden sy auss und gand in die kirchen zu der hailigen junckfrowen Sant Agatha grab, die an der statt gemartret und vergraben ist worden, und da singen die pilgrin daz responsorium ‚Beata Agatha' und die antiphona ‚Paganorum multi do . . .' Hinder der statt ist der grisamlich berg Ethna, der hat ze öbrest uff dem spitz zwen schlünd, zwai grosse löcher, uss denen ettwa zu zeiten gross feür und flamen stieben, doch wenn daz für wil angan, so wirt for ain gerimel und ain bochsslen in dem berg und denn so schlecht es uss dem berg und loufft as ain wasser ab dem berg und verderbt, waz es argrift. Man maint, die hell sy under dem berg und die löcher syind der hell roch löcher,[5]) aber die natirlichen maister sagent anders dar

---

[1]) Brindisi. [2]) Otranto. [3]) Siracusa. [4]) Catania. [5]) Vgl. Röhricht, Beiträge II, S. 396.

von, daz lass ich sin. Von denen feûr in bergen sagt S. Agatha legend. Die pilgrin beleiben die nacht by Sant Agatha grab und send frölich da.

Die XXIII tagraiss ist,[1]) daz die pilgrin frie ain mess singen von Sant Agatha ‚Gaudeamus' und nach der mess faren sy dar von und land zu der lingen hand ligen die wind inslen und die fewr inseln, uss denen wind weiend und feûr flamet, as cole und wlcani, und kumen wider an daz land Ytalia in die provintz Campania, da faren sy gen Neapolis[2]) zu der grossen statt und gand drin. Da ist ain gross prediger convent und gutt studium da. In dem convent ist unser hailiger doctor Sant Thomas de Aquino ein geschlösst worden in seiner bliegenden unschuldigen juget; in der kirchen ist daz critz hoch enbor, zu dem S. Thomas arhept ward; da er fragt, ob er die warhait hett clar in sinen stürhen geschriben, so antwurt im der crutzget ‚as clar hast du geschriben, as man mag verstan (fol. 215) in der zeit; darumb was wilt du zu lon haben'. Do antwurt Sant Thomas ‚Nichtz beger ich, denn dich selbs'. Dar nach bald starb er;[3]) und da beleiben die pilgrin iber nacht by Sant Thomas und singen ‚O Thoma, laus'.

Die XXIIII tagraiss ist von Neapolis in die statt Nola,[4]) in der Sant Erasmus der bischoff von Anthiochia gemartret ward und Sant Felix auch ain bischof gewessen ward, auch da gemartret. Da ist auch bischoff gewessen Sant Paulinus, der sich selbs in die haidenschafft verkaufft, daz gelösst wurd ainer wittwe sun. Die hailigen besuchen die pilgrin und rieffen sy an und gand firbas in die statt Capua, in der gemartret ist worden Sant Prisci, ainer von den LXXII junger Christi, und S. Ruffus und Sant Germanus; by denen hailigen beleiben die pilgrin die nacht.

Die XXV tagraiss ist von Capua in die statt Aquinum,[5]) von der ist unser hailiger doctor S. Thomas de Aquino, wenn die statt waz dess hoch gebornen graven herrn Landoffs; von Aquin was Sant Thomas vatter und von alters her haben die graven die statt ge-

---

[1]) Hier hat sich der Verfasser verzählt. [2]) Neapel. [3]) am 6. März 1274 zu Fossanuova bei Terracina. [4]) Nola. [5]) Aquino.

buwen und hatt den namen von den graven von Aquin. Von Aquin
kumen die pilgrin zu ainem berg, uff dem ligt ain schloss, haisst
Rocha sicca,¹) umb den berg ist ain wald, in dem brüder hüsly
sind gewesen. In dem schloss sass der Landolff graff von Aquin
mit seiner edlen hausfrowen Theodora von Neapolis; uff ain mal
gieng sy spaciren ab dem schloss mit iren megten, do kam uss dem
wald der selig bruder, uff den jederman vil hielt, und hiess frater
Bonus, bruder Gutt, der kam in treiben des hailigen gaistz her
louffen zu frow Theodora und sprach ‚frowen üch, edle frow, wenn
ir tragen ainen sun, der wirt ain liecht der welt werden prediger
orden'. Dar zu sagt die frow ‚gang ich mit aim kind, daz ist mir
noch unwiset, der will gotz bescheh.' Also grosset sy da her und
gebar uff dem schloss ain kind, daz nant sy Thomam. In dem schloss
fand man dem kind S. Thoman in seinen hendlin ain zedelin, an
dem daz ave Maria waz geschriben, und schlug ouch daz wetter
in daz schloss und kamen vil leit umb, aber Sant Thomas am mit
dem kind verschlieff die not. Da singen die pilgrin daz responsorium
‚Sancti viri verbum propheticum.' Von dem gand die pilgrin zu der
statt Fundorum²) und dar nach kumen sy gen Piperno³) zu dem
castell und nit weit von Piperno ist daz closter Fossa Nova⁴) Sant
Bernhartz orden, in dem Sant Thomas starb. Da waz ain fremder
stern ob dem closter, so lang Sant Thomas lept, und so bald er
verschied, do sach man in nit me. In daz closter gand die pilgrin
und besehen die zell, in (fol. 216) [der] Sant Thomas cantica can-
ticorum exponiert den minchen und do er in starb, und daz ort, da
er hin vergraben ward. Da singen sie das responsorium ‚Beati Thome
gloria' und beleiben iber nacht in der kirchen.

Die XXVI tagraiss ist von dem closter Fossa Nova durch ain
wildi, da kumen sy zu Sant Benedictus hol, in dem er lag, got
dient, daz niemen nichtz drum wisst denn Romanus der minch, der
im ettwen ze essen an ainem sail hin ab liess in daz hol. Da
singen die pilgrin daz responsorium ‚Justus ut palma'. Von dem

---

¹) Rocca sicca. ²) Fondi. ³) Piperno. ⁴) Fossa nuova.

hol kumen sy uff den berg Cassinum,¹) da Sant Benedictus closter ist gewessen, in dem er und Sancta Scolastica sein schwester leit, da vil wunders ist beschehen. In dem closter lernt Sant Thomas das abc, da er ain knebli waz, und da beleiben die pilgrin die nacht und singen by Sant Benedictus und Sant Scolastica grab daz responsorium ‚Preciosa in conspectu domini'.

---

¹) Monte Cassino bei Subiaco.

XIII.
Hans Schneider.
1493.

Die Wallfahrt des Herzog Christoph im Jahre 1493 wird von den Quellenschriftstellern der bayrischen Geschichte[1]) mit mehr oder weniger Ausführlichkeit behandelt. Der Grund der Reise soll gewesen sein, dass Christoph den Gemahl der Gräfin Maria von Abensberg bei Freising hatte ermorden lassen. Ein wunderbarer Zufall fügte es, dass der Herzog später auf Rhodus in den Armen des Bruders jener Maria, des Grossmeisters der Insel, starb. Christoph schloss sich dem Kurfürsten Friedrich von Sachsen, dem Sohn seiner Schwester, der damals grade eine Pilgerreise nach dem h. Lande antrat, an. In Landsberg trafen beide zusammen und gelangten am 29. April nach Venedig, am 27. Juni nach Jerusalem, von wo sie am 2. Juli ihren Rückweg wieder antraten. Uebereinstimmend wird berichtet, dass der Herzog Christoph durch die ungewohnte Kost bereits in Palästina erkrankte, in diesem Zustande zu Schiffe ging und Ende Juli in Rhodus ankam. Von dort fuhr der Herzog Friedrich nach Hause, während Christoph in der Pflege des Gross-

---

[1]) Adlzreiter, Boicae gentis annal. 1662. II. S. 213; Vitus Arnpekhius, Chron. lib. V in Pez, Thesaur. III. 3, S. 469; Oefele, Script. rer. Boic. II, 519; Aventinus, Annal. Boj. 1554, S. 107; vgl. Falckenstein, Gesch d. Kgrch. Bayern 1776. III. S. 491; Buchner, Gesch. v. Bayern, Buch 6, S. 478.

meisters Grafen von Werdenfels zurückblieb, jedoch immer kränker wurde und am 15. (8.) August starb[1]). Die Krankengeschichte, welche uns Hans Schneider erzählt, ist bei Spalatin (histor. Nachlass) ähnlich, aber kürzer überliefert; sie verdient um so mehr Glauben, als sie unser Dichter aus dem Munde des herzoglichen Kochs Johannes, welcher bis zum letzten Augenblicke seinem Herrn zur Seite stand, erfahren hat.

Ueber die Person Hans Schneider's vermögen wir zu dem, was Liliencron in seinen Volksliedern und Hofmann in den Sitzungsberichten der bayr. Acad. 1870, S. 500 mitteilt, nur wenig hinzuzufügen, wenn anders ihm nicht etwa das Gedicht bei Liliencron II, 167 zuzuschreiben ist. Das Lied „von dem kaiserlichen her, so sich im 1492 jare von Regensburg auf dem Lechveld gesamelt hat" (Liliencron II, 181), hat Schneider sicher im Dienste Herzog Christophs gedichtet; denn der Anlass zu diesem Gedicht war nicht, für Maximilian's Pläne in Betreff des Franzosen- und Türkenkrieges zu werben, sondern um denselben als den Vermittler zwischen den Brüdern für Christoph günstig zu stimmen. Desshalb sagt Schneider (v. 187), Maximilian solle die Brüder[2]) nicht in Nöten lassen, da er ja wisse, was er für treue Kriegsgefährten in ihnen habe. Die Entscheidung fiel zu Gunsten der Brüder aus, um so eher auch, da der Kaiser Friedrich III. mit Herzog Albrecht von Bayern verfeindet war. Damals also ist Hans Schneider noch in dem Dienst des Herzog Christoph gewesen; vielleicht erst, als dieser sich zu seiner Pilgerfahrt entschloss, und Schneider keine Lust fühlte, die Reise mit zu unternehmen, trennte er sich von ihm. Als der Tod seines Herrn bekannt wurde, trat er in den Dienst des Kaisers Maximilian über.

Von dem Drucke des Gedichtes über die Meerfahrt Herzog Christophs waren bis jetzt nur Fragmente in der Münchner Biblio-

---

[1]) Sein Begräbniss im Antoniuskloster erwähnen ausser Zedlitz und Rindfleisch besonders Harff 71, Alexander 44, B. v. Hirschfeld 102.

[2]) Christoph und Wolfgang. Die historischen Thatsachen werden aus Liliencron als bekannt vorausgesetzt. Christoph hatte Maximilian 1490 auf seinem Zuge gegen die Türken begleitet.

thek bekannt; dieselben enthalten den Titel vollständig, ferner Vers 81—92, 101—111, 241—250 unserer Ausgabe. Ein vollständiger Druck wurde durch einen der Herausgeber 1878 für die königl. Bibliothek in Berlin" erworben. Derselbe stammt aus der Bibliothek von Georg Kloss in Frankfurt a. M. und umfasst 8 Bll. kl. 8°. Quergeschrieben über das erste und letzte Blatt befindet sich der Name „Hugo de Prato florido he (sic!) sanct. ord. praedicato"; die Vorderseite des ersten Blattes enthält den Titel, die Rückseite, sowie die des letzten Blattes, ist leer. Auf jeder Seite der anderen Blätter befinden sich je 20 Zeilen, auf der Vorderseite des letzten deren 10. Das zweite und dritte Blatt trägt unten die Signatur a², resp. a³. Das 2., 4. und 5. Blatt ist am unteren Teile unvollständig, die übrigen Blätter haben durch Wurmstich sowohl, als durch Verwischen des Druckes sehr gelitten. — Im Drucke selbst sind Abkürzungen gebraucht; m und n sind durch Striche über dem vorhergehenden, seltener über dem nachfolgenden Buchstaben angedeutet; der I-Punkt ist öfter falsch gesetzt; ue und ü wechseln; statt der ist die Abkürzung d', statt daz (daneben: das!) dz gebraucht; die Interpunction fehlt gänzlich.

DES durchleichtigen hochgeporn fürsten und hern   fol. 1.
hertzog Cristofels von pairn mōr fart auf daz aller-
kurczest den rechten grund wie in Maister hans schnei-
der von Augspurg seiner genaden sprecher hat mügen
erfinden.

Wenn ich mich dichtens wil verwegen   fol. 2.
Und main, ich well sein minen[1]) pflegen,
So kumpt dan etwas auf die ban,
Das ich müss aber heben an.

---

[1]) Lies: nimer. Die Punkte über dem i sind mehrfach falsch gesetzt oder fehlen.

5. Nun yept¹) mich liebi²) sunderbar
   Zů dem dicht, alss me³) kain jar,
   Daz schaft, das ich die liebi han
   Zů allem adel wolgeton
   Und sunder ainss, daz ist mein klag,
10. Von wem ich schilt und wapen trag,⁴)
   Wa ich sein schaden nit mag wenden,
   Das ist mir laid an allen enden;
   Und wer den adel nit hat werd,⁵)
   Der hat die würdi nit gehert,
15. Dar mit sy got in diser zeit
   Begaubet⁶) hat für ander leit,
   Des sich nit alless zimpt zů sagen.
   Doch her ich yecz ain fürsten klagen,
   Der hat den adel nit gehindert,
20. Noch sein (g)radum nit gemindert,
   Was man zů eren sich er pot.   fol. 2 verso.
   Nun sagt man yecz, der fürst sei tot,
   Herczog cristof auss pairen land,
   Got die⁷) im sein hilf bekant
25. Und tail der sel genaden mit,
   Kain fürst yecz lept, der mer erlit,
   Daz ich doch alless las beleiben,
   Solt ich ain gancze kronick schreiben
   Von grosem lob, das er begieng,
30. Es deicht mich danocht als zů weng,
   Pei kaiser, kingen, fürsten, hern,

---

¹) Dieses Wort ist sonst nicht belegt; der Sinn ist: Nun treibt mich....
Oder ist zu lesen: hept? y für i ist sonst in der Orthographie Schneider's
gebräuchlich. ²) Formen auf -i sind alemannisch; sonst nicht bei Schn.
nachweisbar; vielleicht durch den (Strassburger?) Drucker hineingekommen.
³) Lies: nie. Doppelte Negation; vgl. Liliencron no. 181, v. 42. ⁴) Ueber
Wappendichter vgl. Suchenwirts Werke, herausgeg. v. Primisser. S. XIII.
⁵) Lob auf den Adel, vgl. Liliencron no. 181, v. 21. ⁶) au für a vgl. Weinhold, bair. Gramm. § 71. ⁷) thue.

Da hielt man jn grosen eren,
Das ist bescheben dick und vil,
Wolt man dan pflegen ritter spil
35. Mit lauffen, stechen oder rennen,
So det man für ain helden kennen,
Dar umb sein lob ich pillich sprich.
Nun horen zů, so sagen ich,
Wie er zum hailigen grab ist zogen
40. (Mit)¹) rechten grund und nit er(logen).
Sich fiegt also, als ichs vernam,   fol. 3.
Das herczog friederich von sachsen kam
Gen (landsperg) pat herczog (cristof);
Er sprach: (her vetter)²) main, ich hof,
45. Ir ziecht mit mir gen hailing grab;
Das pat er in und liess nit ab.
Die red ward so lang ge . . . . cht,
Das herczog cristof pillich daucht,
Wie er jms nit versagen kind;
50. Er nam mit jm ain klain gesind³),
Das er des pass wer schade ledig,
Und zugen hin bis gen venedig,
Da lagen si ain michel zeit,⁴)
Mein her gedacht, der weg ist weit,
55. Und wolt der fart sich han vermiten,⁵)
Da ward in herczog friderich piten:
Her vetter, last uns iber moer,
Ir seit gewesen in maenigem hoer
Und hapt vil maenig not erstanden;

---

¹) In der Hs. eine Lücke; das Eingeklammerte ist Mutmassung der Herausgeber. ²) Herzog Friedrich ist der Neffe Christoph's; die Anrede „Herr Vetter" ist unter Fürsten sehr üblich. Die Erzählung, dass Friedrich Christoph zu der Reise aufgefordert habe, kehrt sonst nicht wieder. ³) Ueber die Begleiter Christoph's vgl. hinten den Pilgerkatalog ad 1493. ⁴) In Venedig lagen die Pilger vom 29. April bis 21. Mai. ⁵) Dass Herzog Christoph in Venedig noch von der Reise abstehen wollte, ist sonst nicht überliefert.

60. Last unss hin zů den halgen landen,
    Da cristus hat sein marter geliten.　　　　　fol. 3 verso.
    Herczog cristof liess er pitten,
    Doch macht er vor ain testament,¹)
    Ob er . . . fart sein leben ent,
65. Daz sein arm leit nit dester minder
    Wurdend entricht und jre kinder
    Und das gescheft und der beschaid
    Ward hinder die von schongaw²) gelait,
    Erst sagt er die mörfart zů.
70. Da füren si mit gůter rů,
    Bis man daz hailig land erlanget
    Dar nach die fürsten pillich planget.
    Trei tag lag man am ancker still,
    Dar nach da was der fürsten will,
75. Das man hin zůg, alss ich vernem,
    Yber lant gen jerusalem.
    Da kamen vil glafi dar
    Juden, haiden grosse schar,
    Die gerten herczog cristof erkenen,
80. Wa man sein namen heret nennen,　　　　　fol. 4.
    Gancz niemand het sein kain³) vertries,
    Dar nach der edel fürst nit lies,
    Zů got het er ain gross verlangen
    Und hat das sacrament empfangen
85. Auf dem hailigen grab mit fleis,
    Dar umb ich herczog cristof preis.
    Wie sich die andern hand gehalden,
    Daz las ich stan, got well ir walden.
    Si taetten all nach grosen eren,

---

¹) Christoph machte sein Testament, ehe er aus Bayern hinwegzog. Vgl. Adlzreiter, Boic. gent. ann. 1662. II, S. 213; Buchner VI, S. 478. ²) Schongau in Oberbayern kam durch den Vertrag vom 12. Juni 1465 zwischen Albrecht und Christoph in den Besitz des letzteren; dort pflegte er auch zumeist Hof zu halten. ³) Lies: kom = kommen?

90. Doch sag ich nu von meinem hern,
Von dem mir tugent ist entsprossen;
Seiner gnad der hab ich vil genossen,
Wa ich jn vor den fürsten melt,
So genoss ich sein in aller welt,
95. Dar umb ich pillich von jm dicht.
Die edlen fürsten liessen nicht,
Sie sassen auf . . . .
. . . .
. . . .
(100). . . . .
Die wider fart begund si frowen, fol. 4 verso.
Daz weter want sich um und ward ween
Und fiel sölich sorklich wet an,
Das ich es nit vol sagen kan,
105. Dar von si heten sorg und pein;
Dar mit kamens gen rodis ein,
Da jn vil er beweist ist worden
Von hern sant johanser orden,
Die hand jn grose er bewisen
110. Den edlen fürsten und auch disen,
Da lagen si, alss ich ew sag,
Von mary madalene tag[1])
Vom aftermoentag pis hin umb
Auf sampstag hin nach jacobum,
115. Doch am freitag dar vor da het
Herczog cristofel eben spet
Mit herczog friderich daz nacht mal gesen
Und ander mer gar unvermesen
. . . .
(120). . . . .
Das herczog cristof wol getan fol. 5.
Ain grosen lust het zü milon,

---

[1]) 22. Juli.

Daz ist in teüsch erd eppfel genent,
Ain pot kam pald dar mit gerent,
125. Mein her as sein sucht dar an,
Des geleichen her marx adelman,¹)
Und druncken wasser auch dar zů;
Dar von so hettens nimer rů
Und wurden baid (sam) ains tags kranck
130. Von milon und vom wasser tranck.
Da nun die kranckhait sich ward mern,
Do schůf mein her mary zů eren
An ettlich (ort) pei seinen zeiten
Des geleichen sunder siechen leiten,
135. Wa dan sein genad het willen zů.
Das man solt mit gů(ter) rů
An yed ort zechen gu(lden . ge)ben,
Nach seinen tod schůf er pei leben
. . . .
(140). . . . .
Der sprach, her wen ichs derst jehen,   fol. 5. verso.
Ich riet, ir liest euch bass versehen
Gen got mit allen sacramenten.
Der fürst der det sich zů jm wenden,
145. Er sprach: zů got hab ich gedingen,
Und liess in den beicht vater pringen
Und ristet sich mit fleis zů got.
Ains er doch haben wolt,
Das sein gescheft und testament
150. Ward gar verpracht pis auf ain ent.
Und nun die ding also beschahen
Und si den fürsten wol versahen,
Er sprach, ainss das ficht mich an,
Mein trüer (d)iener adelman,
155. Das ich . . . en sehen sol;

---

¹) Melchior Adelman; vgl. Spalatin, hist. Nachlass, S. 87.

Der edel fürst ward kranckhait vol
Und sprach: mein meister hans¹), ich ger
. . . .
. . . .
(160). . . . .
Und sprich, ich hab um got erworben, fol. 6.
Das ich sei ritterlich gestorben,
Recht alss ain fürst von payren ye;
Nach meinem tod vergrab mich hie
165. Gen sant anthoni²) für die stat;
Dar. umb er also fleisig pat.
Nach dem an ainem morgen frie
Lag der edel fürst jn mie³)
Und heret mess in grossem we,
170. Seins lebens laider was nit me.
Ain stund dar nach es sich begab,
Das er an seiner kreft nam ab,
Mit noeten grif er in die zig,
Der tot bestrit und gwan den sig.
175. Güt zaichen gab er und urkund,
Biss jm die sel gieng von dem mund;
Die kerczen hüb er selb jn henden,
Biss sich sein leben selb det enden.
Der ewig got der wel jm geben
180. Nach diser zeit das ewig leben.
Dar nach det nit vermiten pleiben, fol. 6 verso.
Rodiser hern deten beschreiben,
Alss das mein her verlassen het,
Dar nach man in besingen tet

---

¹) Meister Hans, der Koch. Herzog Christoph übergab ihm ein „clenodium", um es seiner Gemahlin Kunigunde zu überbringen, wenn er selbst sterben sollte. Vgl. Arnpekhius, Chron. lib. in Pez, Thesaur. III, 3, 469.
²) Vgl. S. 298. ³) Diese Form auch sonst bei Schneider, vgl. Liliencron No. 181, v. 162. 194.

185. Mit grosem lob und grosen ern,
 Alss sollichen fürsten zu gehorn,
 Das lob mūs ich von jn sagen;
 Ain samat stuck ward dar getragen,
 Das legt man oben auf die par,
190. Daz pairisch wapen¹) hipsch und klar
 Ward rings weiss umb die par gemacht
 Und alle ding gar wol versacht.
 Acht ritter trūgen in zū grab,
 Dar nach man sechtzehen ritter gab,
195. Die die klag solten tieren
 Und alle ding mit grosen zieren;
 Da kamen kriechen und haiden glafi,
 Die alsam schrien mord und wafi
 Und wainten ser des fürsten tod,
200. Mang schwerer seufcz gen himel pot.   fol. 7.
 Zwen bischof²) und vil priester schaft,
 Die waren da gar tugenthaft,
 Die paten got und hetten mess,
 Das got der selen nit vergess.
205. Dar mit lass mir den fürsten ligen.
 Doch pleipt ew weiter unferschwigen,
 Ob ichs mit kürcz beschliesen kan,
 Von dem gestrengen adelman,
 Der lag noch in groser kranckhait
210. Und wist nit umb dises laid,
 Das jm sein her gestorben was,
 Doch maister hans der sagt im das,
 Daz gelaupt er kam und dacht im pitter,
 In dem da kam ain frumer ritter,
215. Der sprach: meinss hern gnad ist tot,
 Mein adelman, rist dich zū got.
 Da sprach der adelman on zorn:

---

¹) Vgl. Arnpekhius, Chron. b Pez III, 3, 469; Adlzreiter II, S. 213.
²) Arnpekhius n. Adlzreiter a. a. O. sagen: zwei Erzbischöfe.

Wolt got, ich wer nie geborn,
Got lass mich heüt sein huld erwerben,
220. Dan ich will willig gern sterben;
Got sei heüt selbs pei meinen end. fol. 7 verso.
Doch macht er vor ain testament
Und schůf sein gůt um gotes willen,
Doch knecht und wirt solt man stillen,
225. Das niemand hat kain klag ab jm.
Dar nach sprach er mit lauter stim:
Ich will pald pey meim hern sein.
Die hailigen oelung trůg man ein,
. . . . vollendet wart,
230. . . . . . . sich auf die fart,
. . . . drey pissen da jn lait,
Den ersten der heiligen trivaltikait,
Den andern pissen liess er schawen
Zů eren unser lieben frawen,
235. Den dritten pissen det er stellen
Zů eren allen gůten gesellen;
Dar nach gert er mit worten sůss,
Das man jn zů seins hern fůss
Vergraben woelt nach seinem leben.
240. Mit krankhait wart er fast umgeben
Und starb da hin der ritter streng, fol. 8.
Da laegt man in seins grabes leng,
Zů jm zwen ritter loblich schain:
Her wilhalm ainsidel[1]) was der ain,
245. Her ..ns grensum²), got sy im gnedig,
Und auch mein dichten gar unschedig,
Dan ich habs nach dem grund gesagt,
Alss maister hans der koch mir klagt,
Dem ist auch laid meins hern tod,
250. Da mit die red ain ende hat.

---

¹) Vgl. Spalatin a. a. O. S. 90. Müller, Annal. Saxon, S. 56.
²) Bei Spalatin u. Müller Grensing genannt.

XIV.

Wolf von Zülnhart.
1495.

Eine Handschrift der Königl. Kreisbibliothek zu Augsburg (32 Bl. in 4°) enthält die Reise des Priesters Wolf von Zülnhart (vgl. Tobler, Bibl. S. 61) nach Jerusalem und dem St. Katharinenkloster. Der wesentliche Inhalt derselben ist folgender:

Am 26. März 1495 bricht Wolf von Z. in Begleitung des Jörg von Augsburg auf, nachdem sie beide den Segen des Domdechanten Ulrich von Rechberg empfangen und Johannisminne getrunken.[1]) Der Bischof von Augsburg Friedrich von Zorn ladet die Pilger zu sich, liest ihnen selbst die Messe „de peregrinantibus"[2]) und giebt ihnen den Johannissegen mit auf den Weg. In Innsbruck erhalten sie vom Erzherzog Siegismund einen „bass brieff" und einen „fidernuss-brieff" an die königlichen Räte zu Venedig, die Herren Walter von Stadion, Leonhard Felsee und Dr. Keidnert, Domprobst von Brixen. Am 2. April verlassen die Pilger Innsbruck und gelangen über Sterzingen, Brixen, Trient, Feltre, Treviso nach Mestre, wo sie nach alter Pilgerweise ihre Pferde zurücklassen; in Venedig kehren sie bei Peter Bender[3]) ein und sehen die Feierlichkeiten mit an, welche zu Ehren des eben zwischen dem römischen König, dem Papste, Spanien, Venedig und Mailand geschlossenen Bündnisses begangen wurden,[4]) worüber unser Reisender in folgender Weise berichtet:

---

[1]) vgl. oben S. 10. [2]) vgl. S. 9. [3]) vgl. oben S. 11. [4]) vgl. Ranke, Geschichten der rom. und germ. Völker. Zweite Aufl. 1874, S. 50 f; Alexanders Meerfahrt in Feyrabends Reyssbuch 1584, S. 32a.

„Item ain bundnuss ist gemacht zu Venedig zwischen dem bapst, dem remischen king, dem land von Hyspania, den Venedigern und dem hertzog von Mayland und (fol. 2) ist der selbig frid oder buntnuss geeffnet worden zu Venedig auff den palmtag, was der XII tag des monats aprilis, und ward offenlich auff Sant Marx platz auss geriefft und da vast trumettet und auss der pichsen geschossen und ain grose process gehalten auff Sant Marx platz, wie her nach volgt. Item zu dem ersten send gangen fünff bruderschafft oder schulen, die haben all kertzen tragen, iegliche ir sundere farb, die erst hat tragen rotte kertzen und send ir gewesen fierhundert und acht und fiertzig brüder. Item die ander hat tragen gren kertzen und send ir gewesen bey den treuhundert und fiertzig bruder. Item die tritt hatt tragen graw kertzen und send ir gewesen fierhundert und fier und nüntzig bruder. Item die fiert hat tragen weyss kertzen und send ir gewesen sibenhundert und sechs und achtzig brüder. Item die fünfft hat tragen geel kertzen und send ir gewesen achthundert und fier und sechtzig bruder und send all in weyss kutten geklait gewesen und fornen auff der rechten prust ain crütz, geferbt nach den kertzen, und auff der lincken ain schiltlin der bedeutnuss irer bruderschafft und hat iegliche bruderschafft etlich knaben kostlich klait und ieder knab in seiner hand etwas kostlich von silberm oder vergulten klainetern in iren henden und in ietlicher pruderschafft singer lauttenschlager und geigen gangen, die das saittenspil getriben habend. Item es send mangerlay scheltzemer historien da gemacht, die hatt man auff fieregetten tafeln her um tragen und under ieglicher tafeln send gangen auff das minst VI, die sy getragen habend, und auff den tischen send gewesen historien oder bedeittnuss des bundts mit lebendigen menschen vast köstlich geklait von guldin und samatin tiechern und gar schone und kostliche clainet in iren henden und send der selben historien fil gewesen, alweg aine köstlicher, dan die ander, und send alweg fünff nach ain ander gangen. Item zum Ersten der hertzog von Mayland oder ain figur in seiner gestalt, darnach der hertzog von Venedig, darnach der künig von Hyspanien, darnach der Remisch künig und darnach zum letzsten der bapst als das oberst hawpt. Und ist ieglichen sein aygenschafft und wappen mit iren dienern zu gemacht, als sich gepürt, als ob sy selber da werend gewesen. Item darnach send gangen die orden und priesterschafft mit iren ornatten kostlich geklait und ieglicher etwas kostlichs von hailtum in seiner hand getragen, auch sunst vil hailtums von grossen stucken in grossen sarchen oder auff tischen her um getragen, och kostlich gross vanen und send der selben gewesen in der zal bey den fierzehenhunderten. Item darnach send gangen XXXII trumetter, III schalmier, vil lautten schlager, harpffer und gaiger, auch ettlich singer, die vast gutt send gewesen. Item nach den spil leytten send gangen die bottschafften der fürsten des bundts, zum ersten der hertzog von Venedig in aigner person und zu seiner rechten seytten der pabst bottschafft, uff die glincken sytten des remischen kings, darnach gieng der patriarch von Venedig in aigner person und auff seiner rechten des künigs von Hyspanie bottschafft, auff der glincken seytten des hertzogen von Maylands bottschafft (fol. 3). Darnach die ander signorr oder herschafft von Venedig, der was vil und all kostlich geclait, und die minst und schwechest klaidung was scharlach. Und die weyl man umb gieng, schoss mann vast auss der bichsen auff Sant Marxturen und was auss der massen vil leit auff dem platz von mannen und frawen, die kostlichen frawen lagen in den heysern an den laden, die wasen über die mass kostlich clait von berlin und edlen gestain, als dan die Venediger woll haben mügen, und man schetzet, das wol sechzig tausent menschen auff dem platz werent, etlich schetzten vil mer, dann zu Venedig nie kain söllich fest gesechen ist worden, da wolt jeder mann zu schawen. Item es ist auff Sant Marx platz allenthalben umb und umb, als weit der platz ist, überzogen gewesen mitt weyssen tiechern und dar under ist die process gangen. Item umb Sant Marx kirchen oben her umb, da der gang ist, als umb henckt mit guldin tiechern gar her umb. Es send auch da selbs oben gesteckt fünzechen grosser griener vanen, vast gross und besunder zwen, die send an zwen hochen stangen über sich gesteckt zu den zway ecken, die send vast gross gewesen und gantz guldin. Auch sunst ander fanen auff Sant Marx turen und der selben vil und ettlich über die mass lang, das sy weit über das halbtail des turnes herab hengen. Item ain stund in der nacht macht mann allenthalben in der statt gross feür und besunder auff Sant Marx platz zway grosee und was aber vast vil leitt da. Und umb Sant Marx kirchen wasen allenthalben vil bech pfannen auff gesteckt und die an gezintt und auss der bichsen geschossen und mit den glogen fred gelitten".

In St. Helena Kloster findet Z. auf einer Tafel folgende Inschrift (fol. 4): „In Cronice domini Andree Dandulo[1]) quondam ducis Venetiarum continetur qualiter anno domini Milesimo ducentessimo tercio duce Petro Gicine Aytardus canonicus regularis subtiliter abstulit corpus sancte Helene de Constantinopoli ex monasterio dedicato nomine suo, quod Venecias translatum in suo recondidit monasterio."

Am 10. Mai schliesst sich Z. dem **Herzog Alexander von Bayern**[2]) und dem **Grafen Hans Jacob von Nassau** an, um von dem päpstlichen Legaten, welcher grade in Venedig verweilte, die Erlaubnis, nach Jerusalem ziehen zu dürfen, zu erbitten (fol. 5); sie erhalten sie in einer besonderen Bulle.[3]) In Begleitung der bayrischen Edelleute **Gregorius von Paulstorff** und **Sigmund von Sattelbog** besuchen sie darauf Padua; mit einem **Wilhelm von Paulstorff** treffen sie später in Venedig noch zusammen. Am 25. Mai schliessen 17 Pilger mit dem Patron **Ludovico Barbe** in Peter Benders Haus den Ueberfahrtscontract ab und geben ihm für eine Person 50 Ducaten; am folgenden Tage lassen sie sich in das Stadtbuch schreiben und setzen auch die Artikel des Contracts im Einzelnen fest, wonach der Patron verpflichtet war, spätestens am 4. Juni abzufahren, was er in der Folge nicht hält. Am Pfingstmontag (8. Juni) gehn die Pilger auf das Schiff, welches den Namen „Warcete" führt und am 10. Juni absegelt (fol. 8). Zülnhart aber wird durch Krankheit in Venedig 2 Monate zurückgehalten, so dass er das dem Patron bereits gezahlte Geld, 25 Ducaten, und den An-

---

[1]) Muratori XII, S. 338 ad 1211; vgl. Riant, Exuviae Const. LVII, tom. II, 262, 264. [2]) Dessen Pilgerfahrt, Feyrabends Reyssbuch 1584, 30—47. [3]) „Auch begert er unser namen in geschrifft, wann er uns ain bul gab der erlaptnuss," vgl. oben S. 5.

teil an dem mit 6 Reisegenossen gekauften Proviant verliert. Erst am 3. August verlässt er auf der Galee des Patrons „Marcko Kautorto" in der Gesellschaft des Hochmeisters Grafen Rudolf von Werdenberg, Haintz von Schwagen und eines von Klingenberg Venedig. Bei Pola steigen sie an das Land und besichtigen das Haus Rolands,[1]) des Schwestersohnes Kaiser Karls, welcher daselbst gewohnt haben soll; die Grösse des Hauses wird mit der von Dietrich von Berns Burg in Verona und dem Colosseum in Rom verglichen (fol. 9). Am 17. August landen sie in Corfu, am 26. August in Rhodus, von wo Z. allein die Weiterreise antritt. Von Famagusta auf Cypern bis Jaffa fahren der Guardian von Jerusalem und der von Rhodus mit; der Fahrpreis beträgt 60 Ducaten.

Der Beschreibung der heiligen Stellen in Jerusalem schickt Z. ein Verzeichnis derselben (fol. 13) in lateinischer Sprache voraus, welches vielleicht die Abschrift eines Pilgerführers ist, der den Neuankommenden eingehändigt wurde. Die Aufzählung der einzelnen Heiligtümer geschieht durch das übliche „Item" und ist kurz gehalten, ohne Neues zu bringen; mehrfach wird dabei die lateinische Sprache angewandt. Das Haus des Pilatus (fol. 18), welches sonst gewöhnlich verschlossen war, finden sie offen und gehn hinein;[2]) die Capelle der Geisselung Christi daselbst dient den Heiden als Pferdestall.[3]) Zweimal besucht Z. Bethlehem, das zweite Mal an St. Hieronymus Tag (30. Sept.), an welchem bei dem Grabe dieses Heiligen[4]) ein Kirchenfest stattfindet. Nachdem unser Reisender noch zum Ritter des heiligen Grabes geschlagen worden ist, scheidet er am 6. October aus der heiligen Stadt, um als der einzige römische Christ unter der Reisegesellschaft St. Katharina zu besuchen (fol. 19). In Gaza beschliessen 6 der Reisegefährten, den Weg nicht, wie sie vorgehabt, über Cairo, sondern direct durch die Wüste nach St. Katharina zu nehmen, sie vertauschen desswegen ihre Maultiere mit Kamelen und machen sich am 22. October zur Weiterreise auf.

---

[1]) vgl. oben S. 21. [2]) vgl. Tobler, Topogr. I, 230. [3]) Diese Angabe ist neu; vgl. Tobler, Golgatha 344. [4]) vgl. Tobler, Bethleh. 192 ff., wo aber kein Fest erwähnt wird.

Keiner von den Sechsen verstand Deutsch, Wälsch oder Lateinisch und Z. hatte Grund, sich vor seinen Genossen, armenischen und griechischen Christen, mehr zu hüten, als vor den begleitenden Arabern, durch welche sie auch vor umherschweifenden Stammesgenossen derselben geschützt wurden. Am 30. October gelangen die Pilger nach ihrem Ziele, und als sich vor dem Kloster auf die Nachricht von der Ankunft Fremder eine Menge Araber versammelt, um von ihnen Geld zu erlangen, so entgeht Z. ihren Forderungen, indem ihn die Brüder in Mönchsgewand stecken.

Der Weg nach dem Sinai selbst wird nur kurz beschrieben. Am Fusse des Berges lassen sie in einem Hause ihr Gepäck zurück und klettern auf Händen und Füssen zu der Spitze hinauf, wo sie ausser dem Felsen, auf welchen die Engel St. Katharinen gelegt hatten, nichts Sehenswertes finden. Am 5. November brechen sie nach dem roten Meere auf und finden daselbst in einem Flecken Tor[1]) ein Kloster der St. Katharinen Brüder; am 21. November erreichen sie Cairo, wo Z. in dem Hause des Trutzelmanns, eines Mameluken, zu Herberge liegt,[2]) von welchem er über die Macht des Sultans und die Aemter an seinem Hofe Manches erfährt. Diesem Gewährsmanne zufolge hatten 20000 Mamelucken in dem Castell des Sultans Wohnung und über sie war ein Herr gesetzt, welcher den Namen „Armareys Legrand" (der grosse Emir) führt und an Macht gleich hinter dem Sultan steht; Armareys heissen auch die niederen Befehlshaber über 50 resp. 100 Lanzen. Der Schatzmeister hat den Titel Lediadar (Defterdar). In dem St. Georgenkloster[3]) in Cairo soll der Sage nach der Antichrist geboren werden(!). Am 7. December verlässt Z. die Stadt und fährt den Nil abwärts bis Rosette, von wo er bis nach Alexandria reitet. Am Thore daselbst wird sein Gepäck und seine Kleidung einer genauen Untersuchung unterzogen, und als sich bei ihm zwei Briefe finden, welche der Trutzelmann in Cairo ihm an venetianische Kaufleute in Alexandria übergeben hatte, so wird er vor den Emir geführt, welcher alle Briefe erbricht und liest. Nachdem dies geschehen,

---

[1]) Vgl. oben S. 38. [2]) vgl. Robinson I, 440. [3]) Joh. de Maund. 415a.

such Z. die Kaufleute in dem kleinen Fondaco der Venetianer auf und wird freundlich von ihnen aufgenommen. In der Stadt befinden sich ausser dem genannten noch drei Fondacos, wovon eins noch den Venetianern, ein anderes den Genuesen, das dritte den Katelaniern zugehört.

In Gesellschaft eines Venetianers und eines Neapolitaners segelt Z. von Alexandria ab und gelangt am 22. December nach Rhodus, wo er bis zum 10. Januar (1496) bleibt, dann nach Candia. Von da fährt er am 2. März mit einer Caravelle von „Schlavonia" nach Constantinopel zu und berührt auf dem Wege Paros und Nikia. Die erstere Insel bildet ein Erzbistum, welches jedoch wegen der geringen Einnahmen von einem Barfüssermönch verwaltet wird; Nikia ist ein Herzogtum, wo wegen der Minderjährigkeit des Herzogs ein venetianischer Statthalter seinen Sitz hat. Bei Tenedos liegt das Kloster Monte Santo, von griechischen Mönchen, Telogier,[1]) bewohnt, welche in ihren Kirchen Glocken haben, obwohl solche sonst in den Ländern des Sultans verboten sind. Die Sage führt dieses Privilegium darauf zurück, dass, als die Türken einst die Mönche nach Constantinopel gefangen wegführen wollten, das Gebet der letzteren das Schiff bei einem Ungewitter vom Verderben gerettet hat (fol. 28). Die Beschreibung der Sehenswürdigkeiten Constantinopels ist kurz gehalten. An eine eherne Säule, welche auf einem Platze nahe dem Meere steht, knüpft sich die Sage von dem Zauberer Virgilius, der sie verfertigt haben soll. Sie stellt drei Schlangen[2]) dar, welche aus ihren nach oben gekehrten Köpfen in früherer Zeit Wein, Oel und Milch ergossen haben sollen, deren Schwänze aber tief in die Erde hinein gingen, so dass man kein Ende derselben finden konnte; als dies durch Nachgrabungen versucht wurde, hörte das Fliessen auf (fol. 31). Am 27. April tritt Z. seine Rückreise von Constantinopel nach Venedig an, in dessen Beschreibung der Bericht plötzlich abbricht.

---

[1]) Καλόγηροι. [2]) Ohne Zweifel meint der Verfasser das bekannte Monument, welches zum Andenken an den Sieg bei Plataeae 479 von den Griechen dem delphischen Gotte geweiht wurde; das Piedestal zeigt drei in einander gewundene Schlangen.

XV.
Peter Rindfleisch.
1496.

Der fromme Pilger, dessen Wallfahrten nach Jerusalem und Santiago di Compostella wir hier veröffentlichen, stammte aus einer grossen und reichen Kaufmannsfamilie in Breslau.[1] Sein Bruder Johannes Rindfleisch auf Rosslawitz war 1481 Ritter des heiligen Grabes geworden und hatte in demselben Jahre (25. Aug.) von Catharina Cornaro das Privilegium erhalten, das Wappen des Königreichs Cypern zu führen.[2] Auch Peter empfing in Jerusalem den Ritterschlag und soll nach seiner glücklichen Heimkehr vor dem Nicolausthore in Breslau drei Kreuze aufgerichtet haben, welche die

---

[1] Bobertag in den Grenzboten 1877 II, S. 121: Ein Rechtshandel aus rechtloser Zeit (worauf uns Herr Stadtbibliothekar Dr. Markgraf in Breslau aufmerksam zu machen die Güte hatte) sagt: „Das Haus Rindfleisch am Ringe an der Ecke des Salzringes gelegen, war schon seit Jahrzehnten eins der bedeutendsten Handelshäuser Breslaus. Der Herr (Christoph R.) wie sein Diener waren wohl bekannt in England und Polen, in Danzig und Venedig, und seine Waarenzüge kamen von Nürnberg und Leipzig und gingen über Warschau hinaus und über Ofen bis an die Grenzen der Tataren und Türken." (Vergl. auch Klose, Breslau in Stenzel, Scriptt. rerum Siles. III, S. 138).

[2] Diese Urkunde, welche wir wegen ihrer Wichtigkeit hier abdrucken, giebt Chr. Kundmann, Silesii in nummis, Breslau und Leipzig 1738, S. 229 bis 232; dass Kundmann's Angabe, R. sei mit dem Herzoge von Liegnitz nach dem heiligen Lande gegangen (S. 229) auf einem Irrtum beruht, brauchen wir nur kurz zu erwähnen. Die Urkunde geben wir vollständig.

Entfernung Golgathas von der Stadtmauer Jerusalems bezeichneten.[1]) Als sein Todesjahr wird 1535 angegeben.[2])

P. Rindfleisch reiste am 5. April von Breslau ab und kam am 14. April nach Nürnberg, am 22. Mai nach Venedig, von wo er am 5. Juni absegelte und am 14. Juli Jaffa erreichte. Am 26. Juli verliess er wieder Jerusalem, am 31. Jaffa und landete den 7. September in Candia; hier starb einer seiner Mitpilger, ein Domherr aus Naumburg an der Saale. Hinter Candia legte das Schiff an einer Insel an, wo P. Rindfleisch, wie Fassbender (1492), von den Einwohnern als Gevatter eingeladen wurde; in Folge eines furchtbaren Sturmes gelobte er eine Wallfahrt nach Thorn zu St. Barbara, nach Breslau zu St. Nicolaus und nach Trebnitz zu St. Hedwig. Am 24. October traf er wieder glücklich in Venedig ein.

Im Jahre 1506 unternahm er von Antwerpen aus eine Wallfahrt nach Santiago di Compostella,[3]) wo er den Herzog Heinrich von Sachsen mit seinen Begleitern Herrn von Colditz und Hans Roch antraf (vgl. Mergenthal O 4).

Urkunde:

Katerina Dei Gratia Jherusalem, Cypri et Armenie Regina significamo a Cadauna persona la qvual vedera ô intendera, el tenor

---

[1]) Ebenso liess Joachim von Wuthenow auf Seegeletz, welcher gegen Ende des fünfzehnten Jahrhunderts nach dem heiligen Lande ging, nach seiner glücklichen Heimkehr vor dem Bechlinschen Hause in Neu-Ruppin aufstellen, deren Entfernung vom Rathause die vom Richthause des Pilatus bis zum Golgatha genau wiedergab (Riedel, Codex Brandenburg. A. IV, 266); vergl. oben S. 246, Note 1.

[2]) Kundmann 229. Peter hatte sein Testament bereits am 27. September 1494 auf dem Rathause zu Breslau niedergelegt (Klose, Breslau in Stenzel, Scriptt. rerum Siles. III, 64); über die Familie R. siehe auch Knothe, Gesch. des Oberlaus. Adels, S. 21.

[3]) Ueber Pässe dorthin vgl. oben S. 17, Note 3). Pilger, welche aus der Lombardei dorthin reisen wollten, waren in der Provence schweren Abgaben unterworfen (Guérard, Cartulaire de St. Victor de Marseille I, S. LXXXV); das Reisetagebuch eines 1439 nach Santiago pilgernden Augsburgers ist im Brit. Museum (No. 14326; vgl. Neues Archiv für ält. deutsche Geschichtswerke 1879, IV, 350).

del presente publico privilegio, come in questo Zorno essendo comparso al Cavalier Signore Ans Rentfles de Hurimberg (Nürnberg!), et domandandone lordine nostro consveto darsi per nui come Regina de Jherusalem; Attento, lui esser per qvel ne fu referito et certificato de nobel sangve, commandamo che in nostra presentia li fosse dato el dicto ordine cum le solemnita et modi consveti per la nostra Regal carte: Et ulterius per che elne e sta facta grande relation per persone fidedigne de le optime condiction soe ac etiam dela nobilita soa per qval merita ne ha parso auanti el suo partire de qvi honorarlo et dignificarlo de la insegna nostra in memoria dela reverentia lui ha mostrato haverne et affection al regno nostro per tanto per tenor del presente publico privilegio li hauemo concesso et libramente condonato dele qvatro Insegne nostre consvete la Insegna ouer Arma nostra del Regno de Cypri laqual è un leon rosso in campo doro, ouer in campo Zialo coronato, volendo che libramente in memoria nostra et dela sede mostrata ne el prefato Messire Joanne possi portarla in qvalumqve parte insieme cum la insegna et arma soa secondo come li parera: Comandando a tuti nostri subditi, che in ogni parte del regno doue hauera capitar el prefato Messire Joanne alui debi exhibir ogni debita Reverentia et prestarli ogni favor opportuno: Lassando lui passar andar et rittornar cum i suo famegii et robe senza alcuno impedimento ouer pagamento de qvalunque imposition datio ouer gabella: Pregando la Illustrissima Signoria (bedeutet die Republik Venedig) madre nostra clementissima et cadauno altro illustre Signor ouer communita, achi fusse presentato et presente nostro privilegio chel dicto Messire Joanne debino haver per ricommandato per respecto nostro offerendose nui per lor Signore et i subditi soi farne simel et magior demonstration inogni tempo.

Et in fede de le cose predicte hauemo facto far el presente nostro publico Privilegio munito del nostro regal sigillo impendenti et sotto scritto de nostra propria mano a maior corroboration et ferneza. Datum in civitate nostra Leucossie die vigesimo quinto Augusti millesimo quadringentesimo octuagesimo primo.

R. Caterina.

Die Königin von Cypern gab am 23. Juli 1495 einem anderen Ritter, Martin Vilain, welcher wahrscheinlich im Auftrage des Herzogs Philipp von Burgund nach dem heiligen Lande ging, die Insignien des Schwertordens und zwar mit dem Rechte, sie nach Belieben auch anderen Edelleuten zu erteilen (St. Genois, Voyageurs belges I, 23; vgl. Duchesne, Hist. générale des maisons des Guisnes d'Ardres et de Gand. Paris 1631, preuves S. 611 f.). Ueber die Verleihung der Ritterwürde durch den König von Cypern vgl. oben S. 23.

Wie uns Herr Dr. Ermisch, Archivar in Dresden, freundlichst mitteilte, enthält Th. Warnecke, Lucas Cranach der Aeltere, Görlitz 1879 (S. 51, 52) einen Wappenbrief Friedrich III (datirt Linz, 14. April 1485) für Hans Rindfleisch und N. seine ehelichen Brüder bezw. deren Erben, ferner einen Wappen- und Adelsbrief Maximilians (datirt Ulm, 19. April 1511) für Hans Rindfleisch und dessen Söhne Christoff und Peter, auch ihre Vettern und Erben.

Die Handschrift, welche wir benutzten, ist im Besitz der Milichschen Bibliothek in Görlitz und trägt die Signatur 8. 9. Sie umfasst 95 unpaginirte Blätter in 8°, von denen die ersten zwei und die letzten sieben unbeschrieben sind. Auf jeder Seite befinden sich durchschnittlich 12—16 Zeilen. Die Schriftzüge gehören der Mitte des 16. Jahrhunderts an; Abbreviaturen sind wenige, u. a. Item, die Endsilbe -der, floren. Der Titel „Walfartt zum Heiligen Grab . . ." ist von derselben Hand geschrieben, wie der Text; daraus wie aus der Bezeichnung P. R. „Sehligen" ergiebt sich, dass die Hs. nicht von Rindfleisch stammen kann, sondern eine nicht um vieles spätere Abschrift ist. Dafür sprechen auch die regelmässigen Schriftzüge, die sich anders darstellen müssten, sofern wir die Originalschrift R's, sein Tagebuch, in welches er während der Fahrt Bemerkungen eintrug, vor uns haben. Mit Bl. 81 beginnen die Aufzeichnungen über eine Reise R.'s nach Santiago di Compostella (s. Beilage 1). Auf der Rückseite des 88. Bl. stehen Notizen von kaum leserlicher Hand, welche in Beilage 2 mitgeteilt sind. Auf dem Einband quergeschrieben und in fast gänzlich erloschener Schrift befinden sich die Worte der Beilage 3.

Eine zweite Handschrift, auf welche uns Herr Dr. Ermisch,

ebenfalls aufmerksam machte, und die er uns freundlichst zur Collation überliess, befindet sich in der Bibliothek der St. Jacobskirche in Freiberg; sie stammt aus dem Anfange des achtzehnten Jahrhunderts und bietet, da sie nur eine Abschrift der Görlitzer ist, durchaus nichts Neues.

Walffartt zum heiligen Grab Peter Rindfleischs Sehligen. 1496.

Item[1]) 25 Pater noster lies Ich in dem Packen und nam Ir 6 mit mir auff den wegk. Die Pater noster seind hultzin, von Albin Holtz,[2]) seind Ir 19 und drey von Olebaum[hultz] und drey von der Erden, da Abraham begraben ligtt des Heiligen Landes, und gestehen alle $2^1/_2$ floren oder Ducaten. Item darinne 3 g. Samlat umb 4 floren, dem andern 2 Samlat umb 4 floren. Item noch vor 1 floren unnd 1 ortt[3]) Rodiser hortten oder girttel. Item noch 3 gestrickte girtl 1 Rotg., ein mit der farbe, kosten 1 floren. Item noch 2 par leiloch, 4 hemde, ein haupttuch. Item dar 4 grosse Zipressene laden und 6 kleine, kosten 2 floren, kaufft in Candien. Item dar 9 Rosen von Jericho, kosten 7 floren. Item noch 3 kemme und spillen umb 7 ducaten. Item ein gebund gestrickte schnurre umb 1 ortt floren, die seind kaufft zue Jerusalem und sind die lenge des Heiligen Grabes[4]) und die lenge von dem grabe unser lieben frauen und die gurttel seind gutt schwangern frawen, die mit grossem leibe gehen. Item 2 kleine bildlein in Zipressen holtz gesotten, kosten 7 ducaten und Ich han Sie auff allen heiligen stellen gehabt im tempel zue Jerusalem.

Item 3 Cypressene Corporal[5]) von Cypressen holtz, kosten 1 ortt von einem ducaten. Item noch dar 2 weisse bortten umb 1 Rott, die lenge von unser lieben frawen grab, und 1 mansgirtl, kost 1 ort

---

[1]) Der ganze Abschnitt bis: Item ich P. Rindfleisch folgt in der Freiberger Handschrift hinter der Reisebeschreibung. [2]) Eibenholz; vgl. oben S. 29. [3]) d. i. ¼ floren; über die Borten vgl. Kohl 147. [4]) Vgl. oben S. 29, 35 f. [5]) Crucifixe von Cypressenholz.

floren. Item das grosse hemde han Ich angehabt und mich im Jordan dorinne gebadt und habs darnach an der Sohnne getreugt und aus rheinem wasser dornach gewaschen.¹) Das hemde ist gutt frawen, die schwanger gehn, das Sie es anlegen. Item noch kauft ein Betbuchle zue Venedig umb 1 ortt floren, das han Ich mitt im Heilig Landt gehabt. Noch 1 buchl umb 1 ortt, da seind die heiligen stellen Inne verzeichnett.

Item noch habe Ich kaufft ein hemde zue Jerusalem, Carniffel Pater noster, und 3 Carnieffl Ring,²) kosten 2 floren. Item noch ein Pater noster von Mambrin³) gemacht, die bringt man aus Indien, hab ich darfur geben 1 ortt. Item noch kaufft 6 Jacint umb 3 ortt und 9 granat umb 1 ortt. Item Ich habe zue Jerusalem und zue Venedig vor 12 Ring 14 ducaten geben. Item vor 7 ducaten kreutze von Perles mutter, der sind 50. Item noch vor 7 ducaten kauft 9 Ringe, die sind gestrickt von getzogenem golde. Item noch kauft zue Jerusalem ein ehren becher, haben die heiden gemacht, ist gutt, das man dar trincket vor das fieber, Ist auch auf den H. stellen gelegen, kost 1 ortt floren. Item noch kaufft allerley Pater noster durcheinander und die mitt mir gefurt auff das Heilige Landt und auch silber zeichen, die sind vergoltt, alles zusamen gestehet 4 ducaten. Item noch lasse Ich in einem kleinen kestlin pulfer fur das har, kaufft zue Jerusalem umb 1 ortt. Item 4 kreutzle von Perles mutter und sindt in silber gefast und ubergolt und 4 hultzen, auch kaufft zue Rodiss, alles zue kauffen umb 3 ortt.

Item Ich Peter Rindfleisch bin ausgeritten von Breslaw am 3. Ostertage (5. April) nach Nurmbergk nach Christi geburt 1496. Item Ich bin gen Nurnberg kohmen am Donnerstage vor dem heiligthumb (14. April). Item Ich bin widerumb von Nurmberg nach Venedig geritten und bin dar kommen in die Julij Martyris, das ist am 22. may. Und sind zue Venedig gelegen bis auff den funften Tag Junij, das ist, in die Bonifacij (5. Juni), In der Herberg zue der Flötten.⁴) Item am freittag nach Corporis Christi (3. Juni),

---

¹) Vgl. oben S. 34f. ²) Carniffel ist Hornblatt. ³) Ob aus marbre (Marmor) verschrieben? ⁴) vgl. oben S. 11.

als man hat geschriben Im 1496, Seind wir ausgefahren von Venedig auff das hohe mehr, da sich dan ein Jeder Pilger nach seinem besten Vermögen notturftiglichen hat thun versorgen, und durch anweisunge der schiffleutte hatten wir gutten wind. Aber unser Patron in dem hat uns verseumet, so das wir von dem freytag bis auff den sontag (5. Juni) auff dem Meer stille haben müssen ligen, da wir dan etzliche mehrfische, welche man Delphin nennet, gesehen haben und von den schiffleutten seind in gros geschetzt, und bedeutt ungestümmickeit des meers.

1496.[1])

Item Ich Peter Rindfleisch hab geben zue Breslaw Hans Höltzl 200 floren ung. mir auszurichten zue Nurmberg.[2]) Item und bey mir zur zerung macht alles zusamen 30 floren ung. Item Ieronimus Behem hat mir gelihen zue Nurmberg 13 floren R., Ime zugeben zue Breslaw. Item Ich habe mein pferdt verkaufft zue Padua vor 12 ducaten. Item Ich hab mir kaufft ein bette und leiloch, kussen und decke umb 5 ducaten.[3]) Item Ich hab mir kaufft ein kasten umb 1 ducaten.

Item Ich hab mir kaufft 6 hemde, 1 handtuch, 5 facilleit, 1 haupttuch und marhelon, stehet alles 5 und 8 ducaten. Item Ich habe mir lassen machen 1 Recklein, stehet 2 ducaten 1 ortt. Item Ich hab mir lassen machen 1 rock, stehet mich 2 ducaten 8. Item kaufft 2 par Hosen und 1 par stiffeln und 2 par schuch, macht 2 ducaten 1 ortt. Item noch kaufft auffs Schiff Wein, brott und allerley speise, so auff das Schiff dienten, umb 12 ducaten. Item noch geben in die Apoteck für Syrup und andere Artzney und dem doctor Cirloff[4]) für seine mühe, alles zusammen 5 ducaten. Item zue Venedig haben wir gesehen die H. Fraw Sanct Helenam in einem Closter vor Venedig auff ein Virtel meil, und leidt in dem

---

[1]) Der folgende Abschnitt bis Item zue Venedig fehlt in der Freiberger Handschrift. [2]) vgl. oben S. 7. [3]) vgl. hinten Reiseinstruction. [4]) Offenbar hätte er Recepte geschrieben, wie Dr. Schädel (Reiseinstruction).

meer. Item in der Stadt in einer Kirchen haben wir gesehen die H. Jungfraw Sant Luciam. Item in einem Kloster, das leit im meer auff ¼ meil von Venedig, da haben wir gesehen S. Jorgen haupt und seinen Arm und das haupt von dem Heiligen Apostl des kleinen S. Jacob. Und da haben wir gesehen den leichnam gantz S. Cosma und der heilige S. Paul ligt auch da gantz, ist ein Hertzog gewest zue Constantinopel, und der leichnam des Heiligen S. Eustachius auch gantz, ist ein Bischoff gewest. So haben wir vil grosser heilthumb gesehen in dieser Kirchen, die geweihet ist in S. Jorgen Ehr. Item in der Stadt in einer Kirch da ligt die h. Jungfraw S. Barbara, sie sagen, dass es die rechte sol sein.

Jesus Maria hilff! Item wir seind eins geworden zue Venedig mit unserem Patron, der heist meister Barbo von der Nauffen und unser einer muss ime geben 48 ducaten.‘ Und wir seind in die Naffe gangen freittag nach Corporis Christi (3. Juni) und seind hinweg gefahren am Sontag (5. Juni) zue mittag von Venedig. Item wir seind kohmen am dinstags (7. Juni) in ein Landt, das heist Istria, und wir seindt zuegefaren an ein Stadt, die heist Ruigo[1]) und da haben wir gesehen die heilige Jungfraw S. Euphemia unnd in diesem Landt wechst der Reiffel, Baumöl und feig und ist gros gebirge, kein eben Landt, und sind wider hinweg gefahren am donnerstag (9. Juni) frue unnd ist 110 meile von Venedig.

Item wir seind kohmen am Sonabendt (11. Juni) auff den mittag 1 meil weges gen Sara[2]) und haben so grossen sturmwindt gehabt, das wir nit haben konnen darkohmen auff den tag und haben mussen anckern, und wir sein auff einer barrken auff das Land gefaren und seind zue fusse gen Zara gangen. Und am Sontag (12. Juni) frue haben wir gesehen den lieben hern S. Simon, der unsern herrn hat am Arme gehabt, da man Jesu hat sollen beschneiden in dem Tempel zue Jerusalem, und leidt alda die heilige Jungfraw S. Anesia auch in der kirch und seind von Istria 180 meilen. Und am Sontag (12. Juni) nach mittag haben wir wider wind gehabt und ist der Patron mit der Naüfen auch darkommen und sind

---

[1]) Rovigno. [2]) Zara.

zue der stundt mit ihme wider hinweg gefaren von Zara am Sontage nach mittag.

Item und wir seind von Zara kommen auf 2 deutsche meilen zwischen den bergen und man haists auff dem Göelff, da ist ein grosser windt kohmmen und ist gantz wider uns gewest, das der Patron hat musse anckern, unnd sinnd vom Sontag darbliben bis auff den dienstag frue, das ist der 14. tag Junij, sind wir wider hingefaren mit guettem windt.

Item und sind kohmen am 15. tage Junij gen Litzina¹) frue an eine stadt, die ligt in grossem gebirge, und sind gefaren 10 meilen.

Item von Litzina sind wir gefaren ungeanckert, allein der Patron ist auff einem schifflen in die Stadt gefaren nach notturfft des schiffs und hat uns in 2 stunden wider [lassen] faren. Dornoch seind wir mit dem grossen Segel widerumb hinweg gefaren.

Item wir seind kommen in ein Land, das heist Corsula²) und seind gefaren für eine Stadt, die heist auch nach dem land Corsula, und ist eine schöne kleine Stadt, ligt am meer und an grossem gebirge und ist von Lissina 55 meilen und seind darkommen gleich in der mittag stunden in die Viti (15. Juni) und sind fürweg gefarn mit guttem windt.

Item wir seint kommen gen Ragus³) am donnerstag auff die nacht. Das ist eine schöne Stat und ligt in Crabaten⁴) am ennde des gebirges von Venedig aus und ist eine statt auff ir selbst und sie leit an einem grossen berge und so balt, als man uber den berg kompt, so ist man in der Turkey, ist eine halbe deutsche meile, das sie mit dem Türcken grentzt. Item dise vorgeschriebene Stadtt und Land von Venedig bis gen Ragus alles durch einander, das wirt genandt Sclavonia, Dalmatia, Cröatia unnd stost alles an die Turkey bis gen Ragus, da kompt es gar an die Turkey, und die Turcken halten Ragus mit getreide aus, und halten alle märckte da. Item die von Ragus haben ein vorrichten gemacht mit dem Türcken, das er sie mit friden lest und das er sie lest in sein Land zihen, und die Turcken zihen wider gen Ragus und sie geben in

---

¹) Lesina. ²) Curzuola (Corcyra nigra). ³) Ragusa. ⁴) Croatien.

ein Jar dem Türcken 20000 ducaten. Item so halten die von Ragus den Konig von Ungern ... einen hern der Lands halben und geben im ein Jahr 6000 ducaten. Item zue Ragus da ligt der liebe herr Bischoff S. Blasius. Item in einem kloster haben wir gesehen zun gröen munchen gar vil schönes heilthumb, und leidt die Stadt Ragus von Corsula 45 meilen.

Item wir seind von Ragus gefaren am freittag nach Viti Modesti, den 17 tag Junij noch mittag. Item wir seind diese nacht gefaren 100 meilen unnd den Sambstag darnach (18. Juni) 500 meilen und am Sambstag auff die Nacht haben wir den wind verlohren und ist gantz stille worden und han gantz nicht fort kommen können. Item wir kammen an ein gebirge, das liessen wir liegen auff die lincke handt, das heist man Albania und liegt 100 meilen von Corfun. Item diese leutte auff dem Berg Albania, das ist ein Volck vor sich selbst und haben ein berg inne, der ist 100 meilen lang und ist ein hohes durres gebirge. Item vor diesem gebirge haben die Venediger grosse macht gehabt, noch haben sie es nicht können betzwingen mit keiner macht, so streithafftig seind sie und kan niemand zue ihnen kohmen für grossen Steinen und engen wegen, die sie im gebirge haben. Item der Türcke ist mitt gantzer macht an Sie gezogen, noch hat er Ihnen nichts können anhaben. Item aber Sie haben umb sich grosse Landt, das auch Albania wirdt genendt, die gehoren dem Turcken zu, auch etzliche gehören den Venedigern zue, denen mussen Sie tribut geben. Item wir .idt von den bergen Albania gefaren bis gen Corfun in 4 tagen und ist 100 meilen. Item wir seind kohmmen gen Corfun am Mittwoch gantz frue am 21. Junij unnd seind in die Stadt gangen und haben Sie beschauet und an der Stadt mitten Inne do ligen auff 2 Schlos unnd ein besondere Stadt ligt under dem Schlosse, die ist gantz verschlossen mit einer gutten maur. Aber die grosse Stadt ist unverschlossen und dise Stadt Corfun ligt in Grecken[1]) und ist 300 meilen von Ragus.

---

[1]) Graecien, Griechenland.

Item wir seind von Corfun gefaren am mitwuch zue mittag am 22. Junij mit gantz guttem wind und seind kohmmen gen Modon¹) am tage frue S. Joānnis Baptiste am 23. tag Junij. Und Modon ist eine grosse Stadt und in der furkirche da ligt S. Leo ein Bapst und die sproche ist Grekisch und seind das meiste theil S. Paulus glauben und leit 300 meile von Corfun. Item an S. Joānnis tage umb die Vesper seind wir von Modon gefaren den 24. tag Junij. Item wir seind kohmmen in Candia am Moutag frue am 27. Junij. Item Candia ist eine schöne Insel und die Stadt, da wir seind angefahren, heist auch Candia nach dem Landt oder Insel und in diser ist auch Grekische Sprache und sindt auch Grecken und Christen da. Item in Candia wechst der Malvasir und Muscateller uund andere schöne früchte. Item zue Candia macht man die schöneste Arbeit von Cypressen holtze und andere Arbeit mehr. Item wir seind von Candia gefaren an S. Petri Pauli tag am 29. Junij unnd Candia leit 300 meile von Modon.

Item wir seind gen Rodis kommen den 30., das ist den letzten tag Junij, mit guttem windt und Rodis leit von Candia 300 meile. Item Rodis ist eine schöne Insel und sind die Rhodiser Herrn da und man nennet Sie in Unseren Landt S. Johans Orden und derselbigen herrn seind da, die das weisse kreutze tragen, bey 400. Item wir sindt von Rhodis gefaren nach Visitationis Mariae den montag, das ist den 3. July. Item wir seind kommen gen Cipern den 6. tag July und seind eingefaren zu Salina²), ist ein dörfflein, ligt 6 meilen von Famagust, da S. Catharina geboren ist. Item eine halbe meile vom dorffe, da hat uns der Patron hingefuret, da haben wir gesehen, wie das Saltz wechst, wie ein eis. Item Cypern ligt 350 meile von Rhodis. Item wir seindt in Cypern gelegen, das wir keinen windt gehabt haben, bis an S. Margaretha abendt, das ist am 12. tag Julij, da ist uns windt kommen und sind gefaren mit 3 auffgethanen Segeln. Item wir seind aller des meisten teils sehr kranck gewest in Cypern,³) dan es ist die böseste lufft darin, so auff dem gantzen wege mag gesein. Item wir sindt kommen in

---

¹) Modon. ²) Salina. ³) Besonders war Baffa deswegen gefürchtet.

das heilige Landt gen Japha, am Donnerstage auff die nacht am 14. tag July.

Item am montag dornoch frue, den 15. tag July, sind wir erfreuet worden von den heiden, das sie uns geleitte hingaben, und sind aus dem schiffe gefaren auff das Landt gen Japha, da hat man uns gar eingeschrieben, ein itzlichen mit seinem namen, und man hat uns alle in ein loch gezeltt, da sindt wir blieben bis auff die nacht. Item und wir seind geritten die gantze nacht und sind kommen gen Rama in zwo stunden vor tag, da hat uns der Guardian in das Spittal gefuhret, da sindt wir Innen blieben.

Item das Spittal zue Rama hat gebauet ein Hertzog von Burgundia für die Pilgermanne und diser Hertzog hat viel guttes gethan in dem Kloster auff dem Berge Sion bey Jerusalem. Item Rhama ist eine schöne grosse Stadt und da ist eine kirche, die haben die heiden Inne, und 2 meile von Japha, da ist Jorgius gemartertt.

Item Am dinstag auff die nacht, das ist am 15. tag July, sindt wir von Rama geritten und sindt kohmen gen Jerusalem frue ein zwo stunden auff den tag, an S. Margareta tag (20. Juli), und da hat uns der Guardian gefuhret zue Jerusalem in Unser Spittal, das S. Elena gebauet hatt vor die Pilgermanne. Item am donnerstag frue (21. Juli) sind wir alle gangen aus der Stadt auff den Berg Sion in das Closter und haben do messe gehörtt. Item nach der messe ist der Guardian mit uns gangen und hat uns geweist die heiligen stellen auffm berg Sion.

Item Am ersten auff dem hohen Altar ist die stadt, da unser Herr hatt das Abendessen gessen mit seinen Jüngern. Item auff die rechte handt ist ein Altar, da hat unser Herr Gott seinen Jüngern die füsse gewaschen. Item unter der kirchen auff der Rechten handt beim fenster ist ein loch, do ist die krohn unsers herrn Inne funden. Item als man aus der kirchen gehet oben auff die lincke handt, do gehet man die stigen ab in dem winckel auff der rechten handt, da ist die stadt, da unser liebe fraw alle tage Ihr bethaus gehabtt. Item an dem ortt der kirche da ligen 2 steine, auff einem hat gesessen unser lieber Herr unnd auff dem anderen unsere liebe fraw, da hat er seinen Jüngern gepredigtt. Item hinder der zerbrochnen kirchen ist die stadt, do S. Steffan ist funden worden in eim sarch. Item widerumb als man gehett aus der kirchen auff die rechte handt, da ist die stelle, da S. Mathias ist erwelet zue einem Apostel. Item nit mehr, dan ein schrit oder 2, ist die stadt, da unsere liebe fraw ist gestorben. Item ein 20 schritt davon ist die stadt, da S. Johans Evangelist hat messe gehaltten unser lieben frauen. Item darbey ist Cayphas haus, darein unser herr gefurt ist zum ersten, und ist darinne gewesen die gantz nacht. Item [als] ein haus [oder] 2 [Schritt] mag sein, ist das haus Annae, dahin unser herr zum andern mal ist gefuhrett worden und da Petrus sein verleugnet, da ist ein kirche S. Angeli, haben die Grecken Inne.[1]) Item ein gutt Armbrust schus ist die stadt, da die Jünger unser liebe fraw truegen im thal Josaphat, da kamen die Juden und wolten Sie Ihn nehmen. Item ein Armbrust schus davon ist die stadt, da Petrus weinet, das er verleugnet hatt unsern herrn.

Item so wir gehen furt ein steinwurff under der Stadtmaur, da sihet man den Tempel, da unser fraw Inne geopffertt, den haben die heiden Inne. Item auff die rechte handt, als man reittet von dem Berge Sion an den Cedron, da ist das thal Siloē und in disem thal ist der gottesacker, der umb 30 Denare kaufft ist.

Item an der höhe dis bergs ist die stadt, da sich Jaudas selber erhangen hat[2]) ist kaum ein steinwurff von dem wege, da man reitet gen Bethania. Item am Freittag (22. Juli) sind wir gangen widerumb auff den Berg Sion und han da messe gehört unnd darnach ist der Guardian widerumb mit uns gangen auff den Oelberg. Item am ersten haben wir geseën den Cedron und wo das holtz hat gelegen uber den Cedron, da Gott an gekreutziget wardt, ist ein steg gewest uber den Cedron, Ist itzund eine steinene brücke.

Item neben der brücke am Cedron ist noch das grab, da Absolon Innen leit, Ist gemacht, wie ein thurm, und hart dar sind die löcher, da sich die Jünger hatten Inne behalten, da unser Herr Gott wartt geführet uber den Cedron. Item darnach sind wir

---

[1]) Tobler, Jerusal. I, 364—366. [2]) Tobler, Jerusal. II, 207 ff.

komen an die stadt, da unsere frawe hat geruhet, wan sie auff den Olberg ist gangen und hat besucht die heiligen stellen. Item darnach sind wir komen an die stelle, da unser herr die Jünger hat gelehret Pater noster. Item under dem Olberg ist ein loch, dorinne die Heilige Pelagia hat gebüssett.[1]) Item dornoch sind wir gange an öleberg, da ist eine schöne grosse kirche, die hat gebauet S. Helena. Item so man zue der ersten thüren eingehet, da sitzen die heiden uund lassen einen nach dem andern ein und ein ietzlicher muss in geben ein maydein, das ist ein halber marzel.[2]) Item so wir darinne sind, so kommen die heiden auch darein und in diser kirche ist ein besondere Capell, die stehet gantz frey mitten Inne, da schliessen sie uns auff und darinne auff der erden findet man den rechten fus unsers herrn in ein hartten stein getretten, da er ist gen himmel gefaren, und ist umb macht mit einem eisen, das niemandt kan darvon stehlen, noch abschlahen.[3]). Item da weisen sie uns das dorfflein Galilea, da unser Her seinen Jüngern ist erschinen nach der aufferstehunge. Item bey dem Oleberg ist die stadt, da der engel der Mutter Gottes hatt gebracht die palma unnd hat Ir verkündigt Ihre himmelfartt.

Item dornoch haben sie uns geführett oben von dem Oelberg, unnd sind komen an ein stein an dem wege, do unser herr ist geritten gen Jerusalem, da hat er da gehalten und Jerusalem angesehen und drueber geweinet. Item dar sint wir kommen an die stadt, da Petrus Malchie sein ohr abgehauen hatt.[4])

Item darbey ist die stadt, da unser herr zue den 3 Jüngern sprach: ‚Stehet auff und bettet mit mir.‘ Da unser Herr hat gebett, ist an einem tieffen fels gewesen, da sihet man den stein noch, darauff der Engel ist gesessen[5]) und hat in getröst, und für dem selben steine hat er †weis gelegen und ein klein steinwurf darvon ist er gefangen worden unnd ist zue Ihme gangen so ferne, als ein klein steinwurff. Item am freittag (22. Juli) auff die nacht sind wir mitt unserem Guardian gen dem Jordan geritten. Item am

---

[1]) Tobler, Siloaquelle 129 f; Geisheim 117.   [2]) vgl. oben S. 29.   [3]) vgl. oben S. 35.   [4]) Tobler, Siloahquelle 227.   [5]) ibid. 219.

ersten sind wir kommen zue dem Hause Joachim, unser lieben frauen Vatter, und da ist die stadt, da er aus dem tempel wart gestossen, und under den hirtten was. Item darnach sind wir kohmen an den berg, da unser herr hat gefastet 40 tage unnd 40 nacht, und auff der höhe des berges ist die stelle, da der Teuffel unsern Herr got auffurette und in versuchet, da sindt unser eines teils hinauff gestigen, und under der spitzen des bergs inne in dem berge sind Capellen und dorinne haben seitter Heremiten gewohnet[1]) unnd man findet noch menschen beine darin. Item unter dem berge mustn wir liegen hitze halben, da lagen wir unter den beumen an einem wasser, das ist vor alters gesaltzen gewesen, wie das meer, das hat Zacheus süsse gemacht durch den willen gottes.[2]) Item dornoch sind wir gerittn durch Jericho bey dem haus Zacheus, da unser Herr Inne geherberget wardt, und vor dem Hause stehet ein brun, da truncken die brüder aus, und da ist die stat, da er den blinden gesundt machet, der do schrie „Fili Dei miserere mei.“[3]) Item dornoch sind wir kohmen an den Jordan, da unser herr Inne getaufft ist worden. Item eine halbe deutsche meile dorvon ist das todte meer, do die 6 stedte ertruncken sind Sodoma, Gomorra etc. Hernach am .... blat findet man mehr davon.

Item wir sind vom Jordan kommen am Sonnabendt (23. Juli) auff die nacht und sind wider in unser Spittal kohmen und sind die nacht drinne blieben. Item am Sontag (24. Juli) frue sind wir alle auff den berg Sion gangen und han do messe gehöret und haben dornoch aller mit den münchen gessen und sind dornoch wider gen Jerusalem gangen, auff die nacht sind wir gen Betleēm geritten. Item wir sind von dem öleberg gangen durch die Stadt Jerusalem und sint komen für Pilatus haus, das ist ein eckhaus, und Herodes Haus ligt nur ein steinwurff davon und für Pilatus haus ist in der höhe ein bogen geschlossen von einem haus zue dem andern, da ligen auff 2 grosse stücke steine, auff einem hat gestanden Pilatus,

---

[1]) Vergl. Robinson, Palaestina III, 552; Tobler, Denkblätter 702 ff.
[2]) Ueber den Fons Elisaei vgl. Tobler, Jerusal. II, 558—563. [3]) Tobler, Jerusal. II, 657.

auff dem andern Jesus, da Pilatus sprach ‚Ecce homo'. Und seind kohmen, da Maria nider fiel, da sie sahe unsern herrn das kreutze tragn und forter, da er das erste mal fiel, darnach für der Francken haus, darnach für den berg Calvarie, da ist ein stein, da ehr das letzte mahl fiel.

Item am Montag (25. Juli) zue Mittag hat man uns in tempel gelassen. Item wird seind alle sampt miteinander auffgewest plotz in unserem Spittal und ein itzlicher hat mit Ihm genohmen ein teppicht und ein liedern küssen, als dan ein itzlicher hat im Spittal, darauff wir die nacht liegen, das nahmen wir mit uns und giugen für den tempel, da sassen die heiden und wartteten auff uns und da wir alle da waren, da schlossen Sie auff und zeletten uns hin mit unserem Guardian und schlossn widerumb zue nach uns. Item da fürette man uns in unser lieben frauen Capelle, die haben die groēn munche Innen unsers glaubens und haben Inne das heilige grab, und auff dem berg Calvariae ist zue der seitten ein Altar in dem winckel, da unter dem kreutz der berg ist zurissen, als man vor dem loch stehet, da das † Inne gestanden hat zur lincken handt, das altar haben sie auch, und da gaben Sie uns Pilgern das heilige Sacrament vorhin und lassen uns ein darauf. Item zum ersten huben sie an in unser frauen Capell ein Proces unnd der Guardian thet uns in Latein eine kleine predigt für. Item In diser Capellen ist erschinen unser Herr am ersten seiner lieben mutter Maria am Ostertage mitten in der Capelle. Item auff die rechte handt da ist ein fenster oder loch, das ist vergittert, dorinne stehet die seuhle, doran unser herr ist geschlagen worden und gebunden in Pilatus haus, ist als dicke, als ein zimlicher birnbaum.[1]) Item Aber auff die lincke handt ist ein altar und in der Maur ist ein loch unnd in disem loch hat das heilige kreutz lange Inne gestanden nach der Zeit, als es funden wartt. Item So gehen wir allesampt in einer proces den Munchen nach und ein jeglicher bruder oder pilgram hat ein licht in seiner hand. Item hieraussen vor der Capellen ist die stadt, da unser herr ist erschienen Marie Magdalene in dem garten,

---

[1]) Tobler, Golgatha 367 f.

und da ligen zweene grosse steine, die sind gantz kuglicht und weis, unnd der nehest zue der thuren hat in der mitten ein loch, da sagen Sie, unser Herr Gott ist auf einem gestanden und Maria Magdalena auff dem andern.[1]) Aber eigentlich weis man nicht, auff welchem unser herr Got ist gestanden oder Maria Magdalena. Item So gehen wir dan in ein Capelle, die ist ein wenig under der erden, das ist der kercker und gefengnus, da unser Herr Gott inne gelegen die nacht. Item darnach kommen wir in eine Capelle, da die Ritter unsers Herrn kleider Inne geteilt haben und umb gespillt. Item dornoch gehen wir In ein tieffe grufft, dorinne ist S. Helena Capelle, so gehet man den noch tieffer in ein loch, do ist die stadt, do das heilige kreutz funden wartt und geoffenbaret durch den Juden der Heiligen frawen S. Elena speer, krone, nägel, alles miteinander. Item dornoch gehen wir wider aus der grufft und kommen in eine Capelle zur Seule, da unser Herr ist angebunden und gekrönet und verspottet, die ist so dicke, als ein man in dem rücken.

Item dornoch seind wir gangen auff den berg Calvarie, Item ein treppen hinauff, und seindt kohmen für das loch, da das heilige kreutz ist Inne gestanden, das ist gantz kuglicht, gantz in Circkel, eines gewendes weit und einer elen tieff, in einem gantz harten steine.[2])

Item das loch ist oben umbleget mit kopffer, das man nichts dorfon kan stelen, noch verliehren, und ist noch gantz und zur lincken hand ist der berg auffgerissen einer elen weit oben und tieff es ist und brennen daruber vil lampen und ist ein gros kreutz gemohlet uber dem loch und Maria und Johannes auff ein schwartz tuch.

Item hierunten under dem Berg Calvariae, gleich gegen der thuren uber, als man in den tempel gehet, do brennen 6 oder 5 lampen uber der Erden, da ist die stadt, da unser Herr gelegen hatt, da man In von dem kreutz hat genohmmen, da Ihn unser fraw auff die schos legte zur vesper Zeitt.

Item bei dem Jordan ist eine kirche in S. Johannis ehr und an der selbigen stadt ist Elias auff dem feurigen wagen gen himmel

---

[1]) Tobler, Golgatha 359. [2]) Tobler, Golgatha 282 f.

gefaren.¹) Item hinder dem flus Jordan ist die wüstung Marie Egipti. Item bey dem todten meer die stadt und wüstung S. Jeronimi. Item Jericho ligt 3 meile von Jerusalem und von Jericho ist 2 meile bis an Jordan.

Item dornoch gehen wir zue dem heiligen grabe, das ist zugeschlossen, so knien wir alle do nieder und rueffen den Almechtigen Gott, So stehet der Guardian auff und schleust die thür auff vor dem grabe, So lest man unser drey und aber drey dorein, dornoch so ist die Process aus, so gehet ein jeglicher, wo er hin wil in dem Tempel und list im dar ein stellen aus mit den seinen, wo er ligen wil. Dieweil er dorinnen ist, do leget er seinen teppicht nieder und sein gerethe. Item darnach ist das heilige grab tag und nacht offen und alle heilige stellen seind unverschlossen im tempel, diweil wir dorinnen seindt. Item darnach kommen die ersten von der portten, die bringen uns essen, hünner gesotten und gebrotten, reis und obst etc., die lassen uns nicht, weil wir gelt haben, und gebens uns durch die thür hinein in den Tempel. Es sind 2 grosse löcher in der thür hinein in den Tempel, es kriche einer wol hinein, wan man sich nicht durffte besorgen für den haiden.

Item umb das grab seind XX Saulen und ein umbgang darauff und darauff stehet das dach, darunter das heilige grab stehet.

Item von Pilatus haus bis auff den Berg Calvarie sindt X hundert und funffzigk schritt.²)

Item das heilige grab stehet gantz under dem himmel frey, die kirche ist uber dem grabe gantz offen, ist ein keulicht loch. Item als man Ins grab gehet zur ersten thür, das ist dar sider darzu gebauet, Aber darinne gehet man erst ins grab und haussen vor dem grabe ist ein hoher stein, da hat der grosse stein auffgelegen für dem loche, den die Marien nicht kuntten hinweg thun, und so man in das grab gehet, mus man sich tucken, und inwendig uber der stellen brennen wol 40 lampen und ist so warm drinnen, das die Prister kaum Messe dorin lesen können, so starck schmeckt es

---

¹) Tobler, Jerusal. II, 711—712. ²) vgl. Tobler, Jerusal. I, 236.

von lampen.¹) Item so ein Prister messe drin list, so ist niemands dar, allein der Prister und der Ministrant, also enge ists dorinne und ist ein schöner weisser Marmelstein auff dem grab und ist in der mitten entzwey und das grab ist nicht hoch, Ich habe das mos darvon genohmmen. Item aussen uber dem grabe ist ein thurmlein gemacht, das hencket voller lampen und auch umb das grab. Item Innen uber dem grab under den Ampeln an der wandt ist gemahlet, wie man unsern herrn in das grab legt, ist ein gutter dafür von drott.²)

Item am freittag zue Mittag sein wir in dem kloster auff dem Berg Sion auff unsere Esel gesessen, unnd seindt geritten gen Bethleem, das ist zwo deutsche meile von Jerusalem. Item eine kleine meile von Jerusalem, da haben die heiligen 3 könige den stern verloren, da sie musten gen Jerusalem. Item neben diesem weg, als man gen Bethleem reit, auff die lincke handt ist das haus Elie des Propheten ein grossen steinwurff oder zwen von der stadt, da die heilige 3 konige den stern verlohren. Item ein klein weg darfen ist die stadt, da der Engel nam Abacuc und fuhret In gen Babilonia an die grube zue Daniele dem Propheten, der under den Lewen sas. Item bey Helias Haus stehett gar ein gutter brun, da truncken wir aus.³) Item dornoch kommen wir für das haus Jacob des patriarchen. Item dornoch reitten wir für das grab Rachaelis, der frawen Jacob, Im hinreitten ists auff die rechte handt. Item zu Bethleem reitten wir für die herberge, da die heiligen drey khonige seindt innen gelegen. Item so reitten wir bis für die Kirche und giengen durch die kirche in das kloster, da hat man uns auff die erden gelegt decken, da lagen wir die nacht auff. Item da brachten unsere brüder gutten wein genug und kalt wasser, so brachten uns die heiden hünner und eir zue kauffen. Item da wir eine meil geritten, da huben sie an einen Proces und gaben einem itzlichen ein brennende licht In seine handt und huben an die Proces. Item zum

---

¹) Tobler, Golgatha 172—174, 179. ²) Tobler, Golgatha S. 178. Note 3, das Drahtgitter wird nirgends erwähnt. ³) Dieser Brunnen wird selten erwähnt (Tobler, Jerusal. II, 548 f.)

ersten giengen wir in den kreutzgang under die erden und In ein loch, da weiseten Sie uns die stadt und stelle, da der liebe S. Ieronimus ist begraben gewest. Item dabey ist das grab seiner Jüngern. Item in diesem loch hat der liebe S. Ieronimus Ebreysch zue Latein gemacht und andere sprachen mehr die Bibel und hat lange zeit da gewohnet bis an sein ende. Item dornoch gehen wir in unser lieben frauen kirche und kommen zue unser frawen grufft, das under dem grossn Chor und ist auff itzlicher seitten ein thür, Im umbdren der sindt zwo. Item so man in das loch gehet an der stigen, ist die stelle und stadt, da unser fraw hat gebohren unsern herrn Jesum Christ, da ist ein Altar daruber gemacht, da helt man Messe auff, under dem Altar ist die stadt, da er ist geboren, und ligt da ein stein und ist in der mitten ein loch,[1]) den kussen die Pilgram. Item dargegen uber ist die stadt, da der Esell und Ochs haben gessen aus der krippen. Item dornoch hat unser fraw genohmmen unsern herrn und hat in gelegt für den Esel in die Crippen. Da sind die 3 konige kohmmen und haben Im bracht das opffer in der krippen. Item gen der krippen uber ist ein Altar, da helt man auch Messe. Item hinder der Crippen ist ein loch gantz in dem winckel, da ist der stern under gangen und haben Ihn da verlohren.

Item in dieser grufft brennen vil lampen. Hieruber auff der lincken handt in der kirchn ist ein Altar, da haben die heiligen drey konige sich beraten, dem heiligen newgebornen kindt das opffer zu thun. Item auff der ander seitten des Chores Ist ein altar und auff demselben stat und stellen ist unser herr Got beschnitten worden; under dem altar ist ein loch, das küssen die Pilgram Got zue lob und ehre. Item mitten in der kirchen ist die stadt und stelle, da die unschuldigen kinder begraben ligen, und ihr begrebnus dar ist.[3]) Item dornoch gingen wir wider ins kloster, und assen, was ein Itzlicher hatte mit seinen gesellen. Item dornoch giengen wir mit vir brudern des klosters ¼ meil von Bethleëm, da ist die stadt und stelle, da die Engel verkundigten den hirten die geburtt

---

[1]) Tobler, Bethlehem 142.   [2]) 174 ff.   [3]) 184 ff.

Christi, und sungen da ‚Gloria in excelsis'. Da ist noch ein zerbrochne kirche, Ist ein Jungfraw Closter gewest. Item die kirche zue Bethleëm hat 40 Seulen, dorauff die kirche stehett. Item ¼ meil davon ist ein berg, den weisetten uns die brüder, ligt gantz frey, da sind die 12 propheten beyeinand gewest.[1]) Item und an demselbigen gebirge ist der Berg, da David Goliat mit der schleuder warff,[2]) das weisetten uns die munche und ist das gebirge, das man heist in Montana Judeae, und ist das gebirge, da S. Maria empfing S. Elisabet und sprach ‚Magnificat anima'. Item und wir bliehen die nacht zue Bethleem, und hörtten Messe in der stadt, da unser Herr geboren ist. Darnach assen wir Im kloster und ritten wider gen Jerusalem und kamen hin am Montag (25. Juli) zue mittag und gingen zue der stunde aus unserem Spittal in den Tempel, als Ich vor geschrieben habe. Item zue Jerusalem wartt unser Patron geschetzt umb 300 floren oder ducaten uber alle seine gerechtigkeit, das er muste dem herrn geben, oder wullte uns nicht lassen aus der Stadt reitten, also lange wir Ihme solch gelt nicht geben. Item da kam der Patron zue uns und badt uns, das wir Ihme gelt lihen zue dar, er hett sein nicht bey Ihme, da woltten wir brueder nichts leihen. Aber da die bruder sahen, das der ernst darging, das man uns nicht woltte hinweg lassen und das der Patron kein gelt hatte, da lihe Ihm ein Itzlicher bruder 5 ducaten zur steur und unser prueder wahren 40, die Ihme zue 5 ducaten lihen, was den der Armen wahren, die Ihme zue floren und halben lihen. Darumb gab er einem Itzlichen seine handtschriefft und solch geldt auszurichten zue Venedig, so baldt uns Gott dar hulffe. Gebe Got, das er uns helt, und helffe uns dar mit gesundem leibe.

Item Am 26. July sind wir von Jerusalem geritten zue mittag aus dem Closter von dem Berge Sion unnd der Guardian reitt mit uns mit zweyen bruedern, da fülleten Sie uns unsere flaschen mitt guttem weine, da gab Ihnen ein Itzlicher pilgram einen ducaten fur Ibre muhe mitt uns. Item wir kommen noch disem tag gen Rama.

---

[1]) Tobler, Bethlehem 208. [2]) Tobler, Jerusalem II, 723 ff.

Da wir kommen zue halbem wege gen Rama, da verrithen Sie uns den weg zwischen zween grossen bergen und wolten uns schatzen auff 1 Marcell auff die person, da war der Patron da und reit zue ruck zue den hern, die uns zugegeben waren zu beleitten, die stache er mit einem geschencke heimlich, die kommen unnd hulffen uns darvon, da hatten wir gehalten bey einer gantzen stunden in der grossen sohnnen. Item da kommen wir noch disen tag ken Rama bey sohnnen schein und blieben dar die nacht und hetten gerne die heiligen stett alda besucht, da S. Georgius ist enthaupt worden, und sagten uns, das man noch die fustappe sihet von dem pferde, da S. Georgius aufreitt; das woltten uns die Herren nicht erlauben unnd wir musten in unserem Spittal bleiben. Item am mitwuch frue (28. Juli) zwo stunden auff den tagk da schickt der Herr von Jerusalem zue uns und lies uns sagen, das er uns nicht wolte lossen reitten, unser einer gebe Ihme dan 1 ducaten; den wolten Ihme die brueder nicht geben, Also lis man uns reitten denselbigen tag bis gen Japha, dahin kahmen wir zur vesper Zeitt. Item da wir gen Japha kahmen, da waren wir fro alle zue unserem grossen unglück, wir wahren fro, das wir wider von den haiden solten, Aber wir wustn nicht von dem heiden, das er zue Japha war. Item zue Japha lag der Herr auff dem berge, zwischen den zweyen bergen hatte ehr lassen bey den zwelff gezelt auffschlagen und da zelette Ich wol in 22 Camehl Thier, die in der weide giengen, und Er hatte uber 300 Man bey Ihme und wir wusten nicht, warumb Er da lag. Wir meinten nicht anderst, er lege da, umb der Galeen willen, das er sie auch geleitten wollt. Item die Galee lag auch fur Japha, die waren erst vor dreyen tagen kohmmen und warttet auff das geleit. Item da hatten Sie auffgeschlagen vil buden, da verkaufften Sie allerley, wie auff dem marckt. Item da wir absassen von den Eseln, da zalt man uns in ein loch unten am Berge unnd wolttne unsern keinen darauff lassen gehen unnd die heiden hütteten unser wol unnd kahmen zue uns und legten uns viel unglück ahn. Item in einer stunde schicket der Herr vom Berge unnd lis uns sagen, das wir Ihme solten geben 100 ducaten, So wolt er uns in das schiff lassen. Aber wo wir Ihme den tag nicht 100 geben, So mussen wir Ihme des morgens 200 geben. Da lassen wir Ime sagen, das wir arm wehren und hetten nicht so vil gelt. Item des morgens frue schicket er zue uns und lies uns sagen, wir hetten Ihme den Ersten tag nicht könt und wolt geben 100 ducaten, So lies er uns nue sagen, das er wolt 200, unnd soltens Ihme geben, oder woltte uns gar gefangen legen. Kurtzumb wir wolten Ihme nicht geben und liessen Ihme sagen, Er hette uns geleitte geben und wir hofften, Er wurde so erbar sein und wurde uns solche geleitte haltten und kurtz wir hetten nichts zu geben, Er soltte es mitt uns machen, als er wuste, und wir meinten uns nicht lassen zu erschrecken umb unser gelt. Wir hoffetten aber, Er würde uns lassen zihen, Er würde sein geleitte nicht an uns brechen. Item da wir Ihme die Antwurt sagten, wartt er erzurnet und schickt herab zue uns und lis uns sagen, das wir alle für Ihn soltten kohmen, da erschrocken wir, machten uns alle auff und gingen hinauf zue dem herren und da sas er auff einem teppicht auff der erden under einem schönen gezelt, das war underfuttert mit einem gulden stuck und Er ist ein kurtzr dicker man und hette einen langen grawen bartt und war ernst unnd seine herrn stunden auf beiden seittn bey Ihme fur dem gezelt und hatten alle weisse röcke an unnd under den weissen röcken hatten Sie scharlach unnd sammette Rocke und ander seiden gewandt. Item da hiessen Sie uns alle sampt in einen kreis stehen, das er möchte einen Itzlichen besonder ansehen nach dem andern; da er uns geschauet, da lis er ausnehmen zwelffe, die Ihme dar zue gefielen, und lis uns andere brueder wider hinab gehen in unser loch unnd behilt die andern zwelff brueder auff dem Berge und lies Sie gefangen legen mit den henden und auch am halse an ketten unnd musten do sitzen an der Sohnnen wol bey den vier stunden und drewette Ihn, Er wöltte Ihnen lassen ausschneiden und lies uns sagn hinab, das wir Ihme erstlich nicht hetten geben wollen 100 ducaten, So woltte Er nun haben 200 und wo wir es Ihme nit geben, woltte Er uns sampt den gefangenen widerumb gen Rama lassen fuhren unnd alda gefangen legen. Item da wir den ernst sahen, da erschrocken wir, und der Patron auch. Item da hub der Patron ahn und redet mit uns und der Guardian auch, das wir uns verwilligten, der man solde 5 ducaten geben, und unser waren bey den 40. Da gelobte uns der Patron solch gelt wider zugeben zue Venedig oder zue Candien halb einem Itzlichen unnd das macht 100 ducaten, das musten wir Ihme geben unnd wir wehren am ersten mit 40 ducaten darfon kohmmen. Da lies Er die gefangenen aus und nam das geltt unnd lies uns zihen widerumb in unser schiff und der Patron bleibt zue Japha. Item des morgens frue schickte der Patron zue uns unnd lies uns bitten, das wir so wol wolten thun und wolten Ihme ein Itzlicher leihen 1 ducaten, der Heide woltte Ihn nicht hinweg lassen, es sey den Sache, er gebe Ihme 40 ducaten. Da musten wir aber 40 ducaten leien; so wir anders hinweg wolten, musten wir vorhin unseren Patron haben. Da schickten wir Ihme 40 ducaten, das Er sich frey machte, darnach kam er zue uns in das schiff.

Item da blieben wir noch ligen bis auff den Sontag frue, da fuhren wir von dannen noch Cippern. Item als wir da von Japha aus gefahren sind an dem Sontage noch S. Anna (an dem 26. tag July), sindt wir komen gen Candia, (31 Juli) an unser lieben frawen Abendt Nativitatis Marie, am 7. tag Septembris. Item wir sind gar eine lange Zeit in Cippern gelegen, da wir keinen windt könten haben. Item wir seind gelegen Im meer vor Salin unnd seind ausgefaren zue landt uund sind gangen gen Salin, das ist ein halbe deutsche meile zue landt, und haben da kaufft hünner unnd eyr und was uns nott war, und seindt unser 6 beyeinander gewest unnd scind mitteinand zum schiffe gangen. Als wir seind an das meer kommen, ist das schiff hinweg gefahren mitt guttem windt und wir musten die nacht am meer schlaffen also bey dem wasser unnd des morgens frue sind wir gangen widerumb in ein dorff unnd haben da mussen pferde mitten bis gen Linnesin, das sindt 50 meilen von Salin auff dem Lande, und haben mussen stille ligen den gantzen tag der grossen hitze halben, die da ist in dem Lande, unnd auff die nacht seind wir aufgewest unnd sind geritten bis in die mitternacht, da sind wir kohmmen in ein dorff, da haben wir gefuttert eine stunde unnd die nacht war als warm, das wir ersticken woltten durstes halben. Da gab uns unser wirt ein gutt kalt wasser unnd ein gutten starcken wein, das truncken wir sehr in der hitzen unnd assen viel der frischen feigen unnd rieten dornoch wieder unsern weg und des morgens zue mittag kommen wir gen Limosin, da fandt Ich da unsere gesellen, die wartteten auff uns, da waren wir gantz fro, das wir die Naven wider sahen, und wir musten ein Itzlicher von einem pferde geben 1 ducaten und musten dem auch geben ein ducaten, der mit uns reit, unnd wir musten Im die Zerunge darzu geben und wir ritten die nacht und tag das meiste teil in welden von Johansbrott, die lustigsten welde von Seltzsamen beumen. Item da Ich in das schiff kam, da wart Ich auff die nacht also kranck, das mich meine gesellen vor todt handelttn, unnd lag gantzer 5 Tage, das Ich nicht auff das schiff kam, unnd Ich hatte mich des lebens gar verwegenn. Item Ich höre sagen von allen, die da gewest sindt, das Sie sagen, alle, die in Cippern sindt auff dem Lande ein tag oder zween, die können ohne kranckheit nicht wider hinweg kommen, so gar eine bose lufft ist in dieser Insel, das hab Ich wol versucht.

Item zue Rhodis haben wir gelegen drey tage, da han uns geweist die deu'schen brueder in des herrn Conters Schlos unnd In seiner Cappell ist ein dorn von der krohn Christi, der bluttet alle gutte freittag und ist also lang | . . . . | in einem kleinen Monstrantzen und da viel grosses heilthumb. Item da haben wir gesehen einen hundt,[1]) der ist von einem fogel kohmmen, der ist so gros, als ein zimlich windt, unnd hat eine farbe, als eine maus, unnd ist kahl, hat hindert kein har, allein fornen umb das maul, die sind lang, als einem andern hundt, und sein kloen sindt, wie ein fogel, unnd wen man Ime zue essen gibt, so nimpt ers in die klawen, als ein vogel. Item den hundt hat gesandt der Turckische keyser den Herrn zue Rhodis zue grossen ehrn unnd der Herre lest Ihnen auch alle nacht in seiner kammer ligen und ist wol verwahrett. Item der Turcke hat einen Vogel, der legt alle Jar drey

---

[1]) Von den Rhodiser Hunden wird viel erzählt; vgl. oben S. 22, aber die hier beschriebene Art finden wir nirgends erwähnt.

Eir unnd aus zweyen Eyrn werden Vogel, Aus dem dritten aber ein hundt und so baldt der fogel Innen wirdt des hundes, so frist er Ihn, So mus man da sein, wan die zeit kompt, so baldt der hundt heraussen kompt, so mus man In nehmen, das er nicht zureist, und mussen den hundt also zihen. Item da haben wir auch gesehen ein schaff, das Ist aus Indien ihnen gesandt, das hat einen Zal, als breit als zwo spannen, unnd seltzame klawen an den fuessen unnd breitte ohren unnd ist gar seltzam anzusehen. Item under dem Schlos ist ein graben, da sindt uber 1000 Canickel innen und dabey ist ein ander graben, da sind grosse strausse Innen unnd andere thier und darbey ist ein ander graben, da sind steinböcklen Inne unnd solcher seltzamer thir sind viel dar zue Rhodis. Item den tag vor uns, als wir dar kahmen, da wahren 16 Turcken auskommen, die lagen auff einer Galee gefangen, aller in ketten, unnd wir gingen auch auff die Galee, da sahen wir nach dorauff bey den 50, die lagen aller angeschmidt und musten auff dem meer arbeitten, wen die Rhodiser ausfuhren; die Galee lag bey S. Antonius Capelle, da Hertzog Christoff von Munchen mit viel edelleutt Inne begraben leit. D(em) Gott g(enade)! Item Am abend unser frawen, als wir gen Candien kamen, 3 tage vor uns, wardt ein Erdbeben da gewest und als Ich höre, so ist es gemeine dar, unnd ist so gros, das die heuser einfallen, und ist gar ein erschröcklich ding zu hören. Item wir lagen dar wol 15 tage, das wir keinen windt nicht hatten unnd hatten nichts zue trincken, dan allein starcken Malvasir unnd Muscateller, die dan in diser Insel wachsen, und wurden der brueder vil kranck aldo. Item wir führen von Candia am Sontag vor Michaëlis an dem 25. tag September gantz frue. Item in diser nacht starb uns ein bruder, der war ein Priester und war ein Thumherr zue der Nawburg bey Leipzig, und des morgens, da der tag anbrach, gingen wir aller hinauff auff das schiff, da nahm sein nehester bruder, was er bey Ihme hatte an gelt, unnd da lies in der Patron in ein kasten schlagen und schrib ein brief, das er ein Christ wehr, unnd bunden Ihme darbei einen ducaten in busem und verpichten den kasten, das kein meer darein ging, da wurffen ihn die Galeoten also in das meer unnd liessen Ihn fliessen;[1]) der Almechtige Gott helffe Ihme zue Landt und sey Ihme gnedig. Item an dem selbigen tage musten wir flihen unnd besorgten uns grosser Fortuna, als dan nicht geschah, unnd es wahren mit unseren Naven wol 5 Naven unnd fuhren also mit einander von Candien unnd die Naven wahren alle von Venedig und wolten mitt uns hinfahren unnd wahren alle geladen mit newen Malvasir unnd Muscateller. Item als wir kahmen von Candien auff 100 Meilen, da lieffen die schiff zue einer Insel, die heist Poma, die leit 150 meilen von Candia, dar kahmen wir bey der nacht, und des morgens giengen wir in die Stadt, die da leitt, und hetten gerne speise kaufft, die kuntten wir nicht finden und da kamen frauen zue uns, unnd die baten uns, das wir woltten gefatter werden; das thetten wir und was ein Sohn und eine tochter, der knabe hies Hans und die tochter Anna unnd sind gutte Christen; Gott schicke es zum besten, Es ist meine erste gefatterschaft, Gott gebe es Ihnen und mir zum besten glück. Item auff die nacht giengen wir widerumb in das schiff, das war an S. Michaelis Abendt, und an selbem tage frue fuhren wir von dannen unnd die andern Naven alle mitt uns und fuhren in grossen Sorgen. Item auff die nacht an S. Michaelistage, das ist am letzten tage Septembris, da kam eine grosse Fortuna, da furen wir die gantze nacht in diser Fortun und der wind kam so gros, das er die schiffe gar von einander Jagte, das wir keines mehr bey uns sahen, unnd in mitternacht wart der wint also gros, das der Patron alle Segel lies fallen, und das wasser flug uber das schieff hinweg und war oben im schiff so viel wasser, das die knechte stunden im wasser bis uber die knie, und musten die gantze nacht das wasser ausgiessenn und wahren in grossen nöten, als lange, bis der Patron zue uns schickett und lies uns sagen, das ein Itzlicher soltte Gott und seine Mutter Maria anruffen. Da war es also grausam, das wir uns alle des lebens hatten verwegen, und das wasser lieff mit macht zue uns hinab in das schiff, da waren wir in allen engsten, da rieff ein Jeder seinen nothelffer an, da gelobte Ich mich zue S. Barbara gen Thoren und zue

---

[1]) Vgl. oben S. 15.

S. Niclaus zue Breslaw vorm Thore¹) mit einer messe und wullen und barfus darzihen und gen Trebnitz zue S. Hedwig²) auch wullen und barfus zu gehen mit 2 kertzen 1 messe dar zu lesen. Item da halff uns der Almechtige Gott und seine Liebe mutter Maria und die lieben heiligen, das sich die Fortuna legte gegen tage, da waren wir also fro, als wehren wir new geboren, da gingen wir auff das schieff und sahen nach den andern schiffen, da war keines bey uns, dan umb den mittag, da kamen 3 fischer nachen, sonder die andere schiff waren hinweg, wir kuntten nicht wissen, ob sie der wind hette verschlagen oder ob sie vertorben weren, wir kuntten nicht wissen, wo sie hin sind kohmen. Item es fuhren mit uns vier groë munche S. Franciscen Orden, die sagten uns, das Sie gesehen hetten in der grossen Fortun ein licht brennen auff der Mer Sehen, sie sagten, das die mutter Gottes wehre gewesen,³) die hette uns geholffen aus unser nott, Gott der Almechtige helffe uns fort, und Ich unnd andere brueder habens auch gesehen und ist wol gewest umb mitternacht.

Item am Sontag nach Michaelis, das ist am andern tag Octobris, sind wir ausgefahren von Madon unnd sind kohmen denselben tag auff 60 meilen In das Meer unnd da ist uns der windt gantz wider gewest unnd hatt uns wider zue rucke gejagt an einen berg auff 15 meiln wider von Madon, da haben wir gelegen am Ancker vom Sontag bis an S. Franciscen tag (4. October), haben wir widerumb mussen gen Madon fahren, wan der Patron hatte sorge der ungestimmikeit im meer, das uns der wind nicht verschluge und das uns brott gebreche auff die letzte, und musten mehr brott lassen packen. Item am freittag den 7. tag Octobris sind wir widerumb von Madon ausgefahren und seind unser prueder nur 15 auff der Naven blieben bey unserm patron. Item die andern brueder sind eins worden zue Madon und haben eine grippe bestanden bis gen

---

¹) Diese Kirche lag vor dem Nicolausthore und ward 1806 von den Franzosen zerschossen. ²) Die Gemahlin Heinrich I von Breslau ward im Cistercienserkloster Trebnitz bei Breslau begraben. ³) Ueber das St. Elmsfeuer vgl. oben S. 19.

Venedig zuefuhren, und Sie müssen dem Patron von der Grippe geben 70 ducaten und der brueder sindt bein 24 und mussen sich darzue selbst bekosten, das haben Sie darumb gethan, das Sie eher wolten zue Venedig sein, den wir mit der Naven. Gott helffe uns auch fort und gebe uns gutten wind! Item Sie sindsen eins worden mit ihrem Patron. Das gelt mussen Sie Ihme geben zue Madon halb, die andere helffte zue Venedig. Item widerumb hat Ihn der Patron zugesagt, das er sie fuhren wil in 12 tagen von Madon bis gen Venedig, das sind 100 welsche meiln.

Item wir haben gelossen zue Rhodis unsern underkoch kranck; Es ist ein schieff hernach kommen und hatt uns gesagt, das er ist gestorben, Got sey im gnedig.

Item zue Modon ist unser Baron[1]) gestorben, das Ist ohne zwehne der Obristen einer, die das schiff Regiren, Got sey Ime gnedig. Item an dem 12. tag Octobris sind wir kohmmen gen Corfun, das ist an der Mitwuch vor Hedwigis und sind widerumb hinweg gefahren am Abend Hedwigis (14. October) mit guttem winde. Item auff dieselbige nacht am Abend S. Hedwigis, in Mitternacht ist kommen sogar ein grosser plotzer regen unnd grosser windt und so gar grosse ungestimmickeit des Meers, als sie in langer zeit ist gewest, und ist nichts zu rechnen gegen der vorigen fortun, so wir gehabt haben; Der windt hat uns das Segel gantz und gar genohmmen mit grosser macht unnd die Schiffleute sind der Naven nicht gewaltig gewesen.

Item da sind die knechte alle erschrocken und haben nit gewust, was Sie sollen thun, und jederman ist Im gantzen schiff an sein gebete gefallen unnd haben Gott mit allen seinen heiligen angerufft und ist gelubnus gescheen under den brudern, dan Sie hatten sich des lebens gar verwegen bis auff die letzte, da kam uns zue hulffe der Almechtige Gott mit seiner lieben mutter Maria unnd halff uns, das sich der wind legte und das des schiffes Sie widerumb geweltig waren, dannoch werette die Fortun darnach bis der tag

---

[1]) Muss für: Patron verschrieben sein: die ersten Posten in der Schiffsmannschaft nehmen der navicchiere und peloto ein.

anbrach, do lobetten wir alle Gott den herrn, das es also gerotten war und uns hatte geholffen aus solcher grosser Fortuna. Item von Corfun aus sind wir nun an bis 60 meilen unter Litzina¹) gefaren in ein hafft zwischen dem gebirge und auff dem da lag eine Kirche in der ehren S. Michael²) und ist eine kleine Insel und darinne war weinwachs genug unnd vihe von kuhen und ochsen.

Item darumb wir zue diser Insel fuhren, geschach aus der ursachen: es war uns ein brueder gestorben, den begruben wir alda, der war ein Doctor unnd Priester aus der Dennemarck, Gott gebe Ihme die ewige ruhe. Item der brueder starb an S. Lucas abendt (18. October) und begruben In noch an disem tage und führen auff die nacht widerumb auff das meer, es war sein glück, das wir so nahe dem Landt waren, sonst hetten Sie In in das Meer geworffen, die Insel ligt von Zara 50 meilen. Item wir kamen gen Zara am Abend spatte an S. Lucas tage (18. October) unnd wurffen das ancker bis in mitternacht, da kahme uns ein gutter windt und wir fuhren hinweg; da wir in das meer kamen auff 30 meilen, da kam ein ander wind und treibet uns zu rucke wiederumb, bis auff 10 meilen gen Zara, da kam wider ein ander wind, der war mit uns, Gott helff uns.

Item wir fuhren mit disem wind die nacht bis gen Parentz,³) da lagen wir von dem freittag bis auff den Sontag (21—23. Octob.), nach Mittag sassen wir aus der Naven auff ein barcken und fuhren die nacht, das wir des morgens frue zue Venedig waren, unnd musten dem schiffer geben 4 ducaten. Wir hatten Sorge, die Nave keme nicht baldt gen Venedig. Also kam sie als baldt hin an demselbigen tage auff die nacht, das war am montage nach S. Ursula, am 24. tag Octobris.

Item wir höretten noch nichts von der Grippen sagen mit den andern Pilgermannen, Gott helffe Ihnen auch hernach und gebe Ihnen guttn windt.

---

¹) Lesina. ²) Tucher 350a. ³) Parenzo.

Beilage 1.

† 1502 †.

Item Bin Ich Peter Rindfleisch ausgeritten von Antorff[1]) zue S. Jacob in Gallicien selb ander, unnd ein knecht mit mir genohmmen, mit nahmen Hans vom Bein, ist von Antorff, gott verley zur seelen seeligkeitt, unnd hab zue mir genohmen 22 Pfd. floren zur zerung und mus Ihme von hinnen geben und das er mit mir reit 30 floren unnd dor fur sol er mir dienen, wo fur Ich Ihn bedurffend werde sein. — Item wir sind ausgeritten den Sambstag (24. Sept.) fur S. Ieronimus tag bis gen Mecheln,[2]) sind 4 meiln. — Item von dar sind wir geritten bis gen Halle,[3]) sind 6 meiln. — Item dinstag (27. Sept.) gen Valetzin,[4]) sind 7 meiln. — Item mitwuch gen Camerer,[5]) sindt 9 meiln. — Item donnerstag (29. Sept.) gen S. Quintin,[6]) sindt 9 meiln. — Item Freittag (30. Sept.) gen Maioni,[7]) sindt 10 meiln. — Item Sambstag (1. Octob.) gen Campinj,[8]) 5 meiln. — Item Sontag (2. Octob.) gen S. Lois,[9]) sind 5 meiln. — Item am Montag (3. Octob.) gen S. Dionisi,[10]) sind 6 meiln, da ligen die konige von Franckreich. — Item den dienstag (4. Octob.) gen Paris in Franckreich, 2 meiln, Ist eine schöne Stadt, da bleib Ich ruen. — Item am donnerstage (6. Octob.) gen Montery,[11]) sind 7 meilen. — Item am freittag (7. Octob.) Estampes,[12]) sind 10 meilen. — Item am Samstag (8. Octob.) gen Touri,[13]) sind 10 m. — Item von dar am tage Calixti (14. Octob.) gen Orliens,[14]) sind 10 m. — Item von dar gen Clarri[15]) zue unser lieben frauen, 4 m. — Item von dar zue S. Laurentz,[16]) 6 m. — Item von dar gen Blois,[17]) sind 7 m. — Item von dar gen Ambrosi,[18]) sind 10 m. — Item von dar gen Tours[19]) in Torein, sind 7 m. Ist eine schöne grosse Stadt, da liegt S. Martin und andere vil heiliger leichnam begrabn. — Item von dar zue S. Moir,[20]) sind 7 m. — Item von

---

[1]) Antwerpen. [2]) Mecheln. [3]) Hal. [4]) Valenciennes. [5]) Cambray. [6]) St. Quentin. [7]) Noyon. [8]) Compiegne. [9]) S. Leu. [10]) St. Denis. [11]) Monthéry. [12]) Etampes. [13]) Toury. [14]) Orléans. [15]) Cléry. [16]) ? [17]) Blois. [18]) Amboise. [19]) Tours. [20]) St. Maure.

dar gen Cateleran,¹) sind 7 m. — Item von dar gen Lusignan, dar hat Melusina gewohnet und das gebauet, dar von man schreibt in der Historien, sind 5 m. — Item und von dar gen Mille,²) sind 7 m. — Item fortan gen S. Johan Evangelist,³) sind 5 m. — Item von dar gen Sanitasi,⁴) sind 5 m. — Item von dar gen Pont,⁵) sind 5 m. — Item von dar gen Blay,⁶) ligt an der See, sind 10 m. unnd fort feret man zue wasser bis gen Bordeaus,⁷) sind 7 m. — Item Bordeaus ist eine schöne Stadt und ist vor zeittn gewesen des konigs von Engellandt, nuen ist es Frantzösisch, da ligen viel heiligen und ist der meistl. Rueten und Ruelandes herrn. — Item von Bordeaus gen Belin,⁸) 7 m. — Item von dar gen Herbefomere,⁹) 10 m. — Item von dar gen Bavionj,¹⁰) 7 m. und das ist der weg von Bourdeous gen Baionj, den man nennet die Bourdeus heide, ist noch Franckreich. — Item yon Baionj gen Inorancho,¹¹) sind 2 m., und fortan uber ein klein wasser, ist die beste Stadt Piskein¹²) und gehöret zue dem könige von Hispanien unnd in disem Lande ist gar eine seltzame sprache unnd ein seltzame tracht von frawen, als man je finden mag. Den der Fürst Hertzog Heinrich von Sachsen war auch dar, reit auch nach S. Jacob mit 24 pferden, der lies die frawen conterfeien da. — Item von dar gen Hernani,¹³) 3 m. — Item von dar gen Donlofeto,¹⁴) 3 m. — Item von dar gen Sagorre,¹⁵) 4 m. — Item von dar sind auff S. Adrians Berg,¹⁶) der also hoch ist, das niemandt hat konnen darueber kommen vor der grossen hohe, hat lassen kayser Julius in der hohe durchhauen, seind dar 2 m. — Item gen Metorie,¹⁷) sind 5 m., ist die haupt stadt in Spanien. — Item von dar gen Miranda,¹⁸) 5 m. — Item von dar gen Vermeseck,¹⁹) 7 m. — Item von dar gen Borgus²⁰) in Hispanien, sind 5 m. und ist da ein schön Spittal vor die Pilgram, die gen S. Jacob giengen, und Borgus ist der schonesten Stette eine in Hispanien. — Item von dar gen Castra Ceres,²¹) 5 m. — Item von dar gen Carion,²²) 10 m. — Item von dar gen Sagon,²³) 5 m.

---

¹) Châtellerault. ²) Melle. ³) St. Jean d'Angely. ⁴) Saintes. ⁵) Pont.
⁶) Blaye. ⁷) Bordeaux. ⁸) Belin. ⁹) Pomarez. ¹⁰) Bayonne. ¹¹) Urrugne.
¹²) Los l'asages. ¹³) Hernani. ¹⁴) Tolosa. ¹⁵) Zummarrago. ¹⁶) P. de Arlaban.
¹⁷) Vittoria. ¹⁸) Miranda. ¹⁹) Bribiesca. ²⁰) Burgos. ²¹) Castrogerez.
²²) Carrion. ²³) Sahagun.

— Item von dar gen Lioni¹) in Hispanien, Ist ein besonder konigreich, sind 11 meiln. — Item von dar gen Ostorges,²) sind 9 m. — Item von dar auff den Ranavel,³) sind 5 m. Ist auch ein grosser berg. — Item von dar gen Ponterado,⁴) sind 6 m. — Item von dar gen Vitefrancka,⁵) 2 m., da wechst der beste wein. — Item unnd von dar mus man uber den Malefaber.⁶) Malefaber ist ein grosser berg und kompt dan in Gallicien, ist auch ein khönigreich, Ist auch des königs von Hispanien und sind dan noch 24 m. gen Compostell in die Stadt, do S. Jacobus der grosse Apostell ligt. Ist gar eine schöne kleine stadt unnd da war Ich bey meines herrn gnaden Hertzhog Heinrich von Sachsen 5 tage.

Item Ich Peter Rindfleisch bin wider khommen gen Antorff 5 tage vor Licht Messe (28. Januar 1507) unnd hobe noch zue mir genobmmen 5 Pfd. floren unnd habe vortzeret auff dem wege von Antorf hin und herwider unnd macht 20 Pfd. floren.

Gott verleihe zur seelen sehligkeit unnd Maria unnd S. Anna unnd der Heilige Apostel S. Jacob helffe uns allenn aus unser nott hie am leibe unnd dortt an der seelen sehligkeit. Amen.

Beilage 2.

A° 1461 Ist der Hertzog Wilhelm zu Sachssen zu Jerusalem gewesen.⁷)

A. 1298⁸) samlette ein Edelman auss Franckenlande Rindtfleisch genantt ein groses volck zusamen wider die Juden in Deutschlandt undt Er tottet ihr ... 100 mahl 1000 von jacobstag an bis auff

---

¹) Leon. ²) Astorga. ³) Auf den Montañas de Leon. ⁴) Ponteferrado.
⁵) Villafranca. ⁶) Nördlich von der Sª del Oribio. Dieselbe Route von Burgos bis Santiago ist ausführlich von Harff 229—233, dann von Santiago bis Cambray zurück (ibid.) S. 233—250 beschrieben; vgl. auch Leo von Rozmital in den Publicationen des Stuttg. literar. Vereins 1844, S. 55—85, 163—175.
⁷) Vgl. hinten Anhang I ad ann. 1461. Dieser Abschnitt, ebenso wie Beilage 3, fehlt in der Freiberger Handschrift. ⁸) Das Nähere darüber siehe in Annal. Elwac. in Mon. German. SS. X, 38.

S. Matthius tag von wegen dis h. Sacramenta, das sie solchs gern
. . . . . . hattn: Er hette ihre noch mehr getöttett, wen es ihm
nicht were von den . . . Albertus des 1. Auss Ostereich verbotten
und ihm deswegen inhibition gethan worden. Autor (?) promptorius.

Beilage 3.

Auf der Vorderseite des Einbanddeckels steht in fast völlig
verblichener Schrift:
    Dis ist ein buchlein . . . .
    lieben Ritters Sehligen da ·. . . im
    heiligen grabe . . . zu Sanct Jacob
    ist gewesenn . . . .

XVI.
Otto Heinrich, Pfalzgraf bei Rhein.
1521.

Die Pilgerfahrt des Pfalzgrafen Otto Heinrich, welcher in Folge der Einführung der Reformation in der Pfalz und seines Schlossbaus zu Heidelberg einen berühmten Namen hinterlassen hat, ist bis jetzt nicht veröffentlicht worden; man kannte nur kurze Notizen darüber.[1]) Gleichwohl beansprucht der Bericht ein ganz hervorragendes Interesse;

---

[1]) Das Andenken daran ist erhalten in einem Teppich, 36 Fuss breit und 14 Zoll hoch, der 1550 zu Lauingen auf seine Veranlassung gewirkt wurde und seinen Einzug in Jerusalem darstellt; er befindet sich im National-Museum zu München und ist abgebildet bei: von Aretin, Alterthümer und Kunstdenkmäler, Lieferung No. 4. Im Anschluss an diese Reminiscenz haben die Neuburger Provinzial-Blätter I, 123 u. 136, Förch, Neuburg und seine Fürsten 1860, 40 f, Finweg, Gesch. des Herzogthums Neuburg 1871, 28 f, Spruner, Characterbilder aus der bayr. Gesch. 1878, 265 von dieser Pilgerfahrt gehandelt. Eine wunderliche Anekdote, die Victor von Scheffel zu seinem Gedicht: „Der Enderle von Ketsch" benutzt hat, erzählt Merian, Palatinatus Rheni 37: „Pfalzgraf Otto Heinrich, nachmals Kurfürst, fuhr umb das Jahr 1530 in's gelobte Land nach Jerusalem. In seiner Zurück Reyse kam er über die Offenbahre See herauss, da ihme dann ein Schiff nach Nordwegen zu begegnete, darinn diss Geschrei gehört wurde: „Weichet, weichet, der dick Enderlein von Ketsch kommt!" Der Pfalzgraf und sein Kammermeister Mückenhäuser kannten den gottlosen Schultheiss allhie zu Ketsch (bei Heidelberg) und auch den Orth wol. Daher als sie heimkamen, sie nach dem dicken Enderle und umb die Zeit seines Todts gefragt und vermerkt haben, dass es mit der Zeit übereingestimmt, da sie das Geschrey auf dem Meer gehört hatten."

denn er bietet zwar nur wenige Details über die heiligen Stätten, die in einer besondern, uns nicht mehr erhaltenen, Niederschrift des Pfalzgrafen aufgezeichnet waren, ebenso wie der mit dem Rheder zu Venedig abgeschlossene Contract, dafür aber desto ausführlichere, in Pilgerschriften sonst nicht erwähnte, Mitteilungen über das Leben und die Einwohner von Rhodus und Cypern; ganz besonders wichtig sind die Angaben über die Einkünfte der Johanniter.

Die Handschrift, welche unsere Reisebeschreibung enthält, befindet sich, wie Rockinger in den Abhandlungen der Münchener Academie, Bd. 14, Abteilung 3, S. 81 zuerst bekannt machte, in dem königl. bayrischen Hausarchiv zu München. Das Ganze ist ein Tagebuch des Pfalzgrafen von 1521—1534 und enthält bis S. 50 unsern Text; dann beginnt auf S. 51 ein neuer Abschnitt mit der Ueberschrift: „Im Nahmen der Dreifaltigkeit, amen. J. R. A." Es folgt hierauf die Erzählung von seiner Erbhuldigungsreise, in der ihm und seinem Bruder von seinem Vetter Herzog Friedrich zur Regierung abgetretenen Landschaft (51—55), dann berichtet er von Jagden, Turnieren, Wettschiessen, Gastereien, Hochzeiten und anderen Festlichkeiten, sowie von seinem Zuge mit Pfalzgraf Ludwig und dem Landgrafen von Hessen, von seiner Fahrt zum Reichstag von Speier (1529) und Augsburg (1530); die Aufzeichnungen schliessen mit dem 5. October 1534 und bieten im Ganzen nur eine kurze, trockene Aufzählung.

Wir erhielten durch gütige Vermittelung des Herrn Freiherrn von Löher und Herrn Prof. Dr. Rockinger eine sorgfältig angefertigte Copie und bringen sie hier unter dem ergebensten Dank gegen jene Herren unverändert zum Abdruck; leider traf die Allerhöchste Bestätigung unserer Bitte um eine Copie zu spät ein, um die Verarbeitung einiger in der Reisebeschreibung gebotenen Details für die historische Einleitung zu ermöglichen, doch waren wir zufrieden, dass wir den Text noch der chronologischen Folge unserer übrigen Texte einfügen konnten.

1521 (fol. 1a).

Nota Zum Heyligen Landt.

Bin Ich Ott Heinrich aussgeritten zu Laugingen am Montag nach Misericordie Domini (15. April) biss gen Augspurg, dahin sein sechs meil, ist ein Reichsstatt, leidt im Schwobenlandt, unndt der weg ist bergicht dar, unndt bin über nacht do gelegen, D....[1]) leidt zwischen zweien wassern, die heissen der Lech unndt dass ander die Wertach. Item am F etag noch misericordie (16. April) bin Ich zu Augspurg ausgeritten biss gen Fürstenfeldt,[2]) dass ist ein Closter unndt ist Sanct Berharts Orden, unndt hotz gestifft Kaysser Ludtwig unndt Kaysser Ludwig Vatter, hot auch Ludwig geheissen, unndt Hertzog Albrecht, der sein weib erstochen, unndt die zween liegen do begraben, Kaysser Ludwig unndt Hertzog Albrecht bet Herren vonn Bayern, ist ein schön gross Closter unndt damer rindt darfür, sen 5 meil dar, bin übernacht do gelegen; der weg ist bergit, leit im Landt zu Bayern. Item am Mittwoch noch misericordie Domini (17. April) do bin Ich zu Fürstenfeldt aussgeritten bis gen Eberspurg[3]), dass ist ein Closter unndt Sant Sebastian ist sehr gnädig dor unndt Ist sein Hirnschal do unndt hab gesehen ein stück vonn dem schweistuch unsers Herren unndt ein stück vonn der Cron unndt ein eissen, do Sanct Sebastian mit gestossen ist worden, unndt sein 7 meil, dar bin über nacht do gelegen, eben weg, unndt leydt im Landt zu Bayern. Item am Pfinnstag noch misericordie Domini (18. April) do bin Ich zu Eberspurg aussgeritten biss gen Rossenhan,[4]) dass ist ein fleck, unndt ist ein sehr irriger weg dohin durch holtz unndt sein 5 meil[5]).. übernacht do gelegen, leidt im Lanndt zu Bayern.

---

[1]) Ist wegen des zerrissenen und geschwärzten Papiers des ersten Blattes nicht zu lesen; vielleicht hiess es: Die statt. [2]) bei Bruck. [3]) Ebersberg, östlich von München. [4]) Rosenheim. [5]) Von hier beginnt die Handschrift lückenhaft zu werden; ein aus dem folgenden Blatt herausgerissenes Stück hat sich mit dem ersten so fest verbunden, dass es nicht mehr abgelöst werden kann, doch lässt sich der Inhalt einigermassen aus dem Zusammenhang herstellen.

. . . . noch misericordie Domini bin Ich zu . . . .
biss gen Kopffstein¹), dohin sein 4 meil . . . . (is)t ein starck
Schloss unndt ist eben weg unndt . . . . uber nacht do gelegen
unndt leit Im Intal unndt . . . . . . .t dorfür, unndt auff der seiten
ist es bergit, dan dass birg hebt sich do an. Item am Sambstag
noch misericordie (20. April) do bin Ich zu Koppstein aussgeritten
biss gen Retenburg,²) dohin sen 4 meil, ist ein Statt, lyt im
Intal, hab do zu morgen gessen, dornoch bin Ich geritten biss gen
Schwotz,³) dohin sen 2 Meil, ist ein dorff unndt ist gar wohl
erbauwen unndt ist ein gross geberb da unndt ist ein reich Berg-
werg do (fol. 2), unndt hab do gessehen ein hübschen garten unndt
ein Ertz Hertzog von Oestereich hat zweymahlhundert taussentt
Rheinisch gülden darvon, leit in Intal, ist birgiter weg, unndt muss
durchs birg reiten, bin über nacht do gelegen unndt der In rindt darfür."
Item am Sontag Jubilate (21. April) do bin Ich zu Schwotz auss-
geritten biss gen Issbruck, dohin sin 3 meil, unndt zwischen Is-
bruck unndt Schwotz hab Ich gesehen ein gross geseydt vonn Saltz
zu⁴) . . . . ein Ertz Hertzog vonn Osterich . . . .
(ub)er nacht do gelegen unndt . . . . weg dar. Item am Mon-
tag (22. April) . . . zu Issbruck aussgeritten, unndt bin . . . .
geritten unndt bin geritten biss gen Ma . . . do hab Ich zu morgen
gessen, 3 meil dar; darnach bin Ich geritten übern Brenner, ist
ein hoher berg; darnach bin Ich geritten biss gen Stertzing⁵), dass
ist ein Statt, sen dohin 4 meil, bin über nacht do gelegen, unndt
leit Im Etzlandt unndt der Isack rindt dorfür.

Item am eredag nach Jubilate (23. April) bin Ich zu Stertzingen
aussgeritten biss gen Bryxen⁶), dohin sen 4 meil, ist ein Statt unndt
ist ein Bistumb, do hab do zu morgen gessen, unndt liegen 3 helgen
do, zwen sendt erhaben unndt einer nit, Sanct Geminus unndt Al-
binus, unndt der nit erhaben ist, der haist Sanct Hartmann; dornoch
bin Ich geritten biss gen der Klaussen,⁷) dass ist ein Statt, sen

---

¹) Kufstein. ²) Rattenberg. ³) Schwaz. ⁴) Hier beginnt die vorhin
genannte ausgerissene Stelle. ⁵) Sterzing. ⁶) Brixen. ⁷) Klausen.

2 meil dar, eben weg, unndt muss durchs birg reiten, bin übernacht
do gelegen, unndt leit im Etzlandt unndt der Isack rindt dafür.
Item am mittwoch nach Jubilate (24. April) bin Ich zu der . . . . . .
geritten biss gen Botzen¹), dohin sein . meil, ist eine statt, leit im
Etzlandt unndt der Isack unndt die Etz kummen unter der Statt
zusammen, . . . (u)ber nacht do gelegen, ebener weg. Item am
Pfinnstag nach Jubilate (25. April) bin Ich zu Botzen aussgeritten
biss gen Neuwen Mercklin,²) dohin sein 4 meil, ist ein stättlin,
hab do zu morgen gessen; dornach bin Ich geritten biss gen Drent,³)
dohin sen 4 meil, unndt der Bischoff ist mir do entgegen riten
unndt mich in dass Schloss gelegt unndt mir grosse ehr erbotten,
unndt bin am freitag, (fol. 3) do belieben unndt hab des Kayssers
geschütz do gesehen, wie hernach folgt, 14 singeren unndt scharpff
metzen, die mann auff denn rädern mag schiessen, 3 haubt stück,
die mann auff dem Leger scheust, 6 lang nothschlangen, 2 haubt-
stück, die mann in einander schraufft, 47 gemein schlangen unndt
falckinetel, 738 hakenbüchssen, 500 handtbüchssen, 2 haubtstuck,
do mann dass Feuwer ausscheust, 5 morsel, 61 eissen schlangen
on gefäss⁴) . . . . . . steinbüchssen auff redern, unndt . . . . . .
da(s) Kindelin vonn Drent, dass thu . . . . . unndt . . . ch un-
verwessen, unndt . . . . Peterskirchen, darnach hab ich gesehen ein
schön stifft, unndt in dem Stifft hab Ich gesehenn die heiltum:
Erstlich ein dorn vonn der Kron unsers Herren unndt Hailtum vonn
zweyen Stifftern desselbigen Stifft Virgilius et Innozencia, die liegen
do begraben; mehr hab Ich do gesehen zween finger, ein vonn Sant
Jacobus minor unndt ein vonn Sant Jacobus major unndt ein fuss
von Sant Ieronomus, unndt der Stifft heist (so?), unndt bin 1 tag do
still gelegen; ist ein Statt, die ist halb deutsch unndt halb welsch,
unndt die Etz rindt dorfür, unndt ist ein eben weg dar. Item am
Sambstag noch Jubilate (27. April) zu Trent aussgeritten biss gen
Burget,⁵) dass ist ein dorff, sen 5 Meil dar, leit an der Etz
unndt die Etz rindt darfür; bin übernacht do gelegen, eben weg, unndt

---

¹) Botzen. ²) Neumarkt. ³) Trient. ⁴) Hier beginnt wieder eine durch
ein Loch veranlasste Lücke. ⁵) Borgetto.

ist noch im birg. Item am Sontag Cantate (28. April) do bin Ich zu Burget aussgeritten biss gen **Bern**,[1]) dass ist ein sehr grosse Statt, leit in Italia, unndt rindt ein schiffreich wasser dordurch, dass heist die Etz, unndt hab do ge .... (e)in grosse caliss[2]), do der Berner In gewohnt hat, unndt hab ..... bnuss der Herren vonn der Lautern, die ist hüpfig ..... ff die alte manier, unndt die jetzigen herren V..... ern die kumen doher, unndt bin übernacht do gelegen, sen 5 meil dar, unndt hat ein schönen Palast, unndt zwo meil wegs sein wir vor Bern auss dem birg kummen. Item am Montag nach Cantate (29. April) bin Ich zu Bern aussgeritten biss gen **Muntabel**,[3]) dass ist ein Herberig, ist 4 meil dar, hab do zu morgen gessen; dornoch bin Ich geritten biss gen **Ficentz**,[4]) dohin sen 2 meil, ist ein statt, rindt (fol. 4) ein bach dardurch, der haist bach[5]), bin übernacht do gelegen; eben weg. Item am eredag (30. April) do bin Ich zu Vicentz aussgeritten biss gen **Loban**,[6]) dohin sen 3 meil, hab do zu morgen gessen, ist ein Herberig, darnach bin Ich geritten biss gen **Badua**,[7]) dass ist ein Statt, ist ein meil dar, leit in Italia, unndt am Mittwoch nach Cantate (1. Mai) hab Ich do gesehen ain geselensteck auff welsch unndt waren 7 paar, unndt am Pfinnstag nach Cantate (2. Mai) hab Ich zu Padua die neuwe bäuw gesehen, die Sie gemacht han, die sein gar starck unndt in dem ein graben gen Ficentz rindt ein schiffreich wasser, dass heist die Brendt[8]), unndt hab gesehen an dem Tag wieder ein welsch gestech, sieben paar, unndt hab gesehen, wie mann die Venedischen Glässer macht, dornach hab Ich gesehen ein Kloster, dass heist zu Sanct Antonj, unndt Sanct Antonj leit darinnen begraben unndt thut grosse zeichen unndt ist ein schöne Kirchen unndt hat ein schön gestül unndt hat ein schönen Leuchter darinnen, do hat mann fünff Jahr an gemacht, unndt die Capell, do Sanct Antonj In leit, ist ser ein schön gebeuw unndt leit Im Kreutzgang begraben Ein dochter Johannes Andree, unndt bin zwey Tag do still gelegen; Ist ein ebener weg. Item am Freytag nach Cantate (3. Mai) bin Ich zu

---

[1]) Verona. [2]) Colosseo; gemeint ist Dietrich von Bern. [3]) Montebello. [4]) Vicenza. [5]) Bachiglione. [6]) Rubano? [7]) Padua. [8]) Brenta.

Padua auff ein Schiff gesessen unndt bin auff der Brendt hinab gefahren biss gen Lucivisina,¹) dohin sein 4 meil, unndt bin do über lant in ein schiff gefahren, do seindt wir kummen in dass mer unndt sendt gefahren biss gen Venedig, dass ist ein wohl erbauwen Statt unndt die gassen sein der mehrer theil wasser, dass get mit der flut ab unndt an, unndt kann fast in die Häusser fahren unndt gehn, unndt am Sambstag (4. Mai) hob Ich Mess gehört zu Sanct Jacob, dass soll die erst Kirche sein, die do bauwt ist worden, dornach bin Ich auff die Schiff gefahren, die gen dem Heylgen Landt sin gefahren, unndt dieselbigen besehen, unndt am Sontag (5. Mai) vocem Jucunditatis do hab Ich in Sanct Marx Kirchen ein Mess gehört unndt Kaysser Friederichs dess Barbarussen Legent ein theil gesehen, erstlich ein wec, die ist auf stein gemacht, ein Leuchter mit viel Ampel zu einer (fol. 5) Ewigen gedächtnuss unndt vier Erender Ross fornen auff der Kirchen²), wie mann In Barbarussen Legent findt, der halber unndt mer, unndt am Montag (6. Mai) nach vocem Jucunditatis bin Ich gen Meren³) gefahren unndt hab gesehen, wie mann die fenedigische glässer macht, unndt ist ein welsche meil hienauss, ist ein Stättlein; dornoch bin Ich gefahren biss gen Sanct Helena, do hab Ich Sie leibhafftig gesehen, ein finger vonn Sanct Stephan, Bein vonn Sanct Jacob, ein stück vonn dem heiligen Creutz, ein dorn vonn unssers Herren, dass alls leit in eim Kloster, dass Kloster ist Sanct Benedicten Orden; am eredag (7. Mai) nach vocem Jucunditatis hab Ich dass heilig grab zu Venedig gesehen, dass soll geleichen dem zum Heylgen Landt. Am mittwoch (8. Mai) am auffart abendt do hab Ich Mess gehört In Sanct Johan Paul Kirchen unndt In Sanct Marx Kirchen gesehen Ihren schatz. Item am aufertag (9. Mai) do hab Ich Mess gehört zu Sanc. Peter unndt darnach hienaus gefahren biss for die zwey Schlösser, die vorm Hafen steen, dohinaus für dess Hertzogen Sun auch mit der andern Zenteloner⁴) unndt der Patriarch vonn Aglon⁵) der kam do zu Ihm unndt lass sein Collecten, unndt dess Hertzogs Sun der warff ein Ring in dass meer unndt vermehlts domit,⁶) dornach

---

¹) Fusina. ²) vgl. oben S. 173. ³) Murano. ⁴) gentiluomo? ⁵) ? ⁶) vgl. oben S. 15.

fuhren Sie in ein Kloster, dass heist zu Sanct Nicolaj, do horten Sie ein Ambt unndt gingen In einer process In die Kirchen, unndt waren Ihr ungefehrlich 200 Zentelenos unndt gingen ir 8 mit Sanct Marx fanen vornaussen unndt darnach 6 Trummeter mitt silbernen Trummeten unndt die Zentelenos dornoch; dornoch fuhren sie wieder gen Venedig unndt gingen in der process zu den Hertzogen in der process, wie ab geschrieben steet, unndt assen mit Ihm zu morgen unndt der Patriarch blieb daus. Item am Sambstag (11. Mai) do hab Ich zu Sanct Salvator unndt dornoch gefahrn zu Sanct Jorgen, dass ist ein Closter, unndt hab do gesehen dass haubt des mindern Sanct Jacob unndt denn lincken arm vonn Sanct Jörgen, ein arm vonn Sancta Lucia, 2 dorn vonn unssern Herren, 2 Hirnschal unndt ander Gebein eingemacht (fol. 6) vonn Sanct Kosman et Medicis, ein stück vonn unser frauwen vonn Betehen, ein Leichnamb vonn Sanct Eustachj, ist gewessen ein Prophet, ein Leichnahmb vonn Sanct Kosman, vonn Sanct Pauls ein Leichnamb; darnach bin Ich gefahren zu Sanct Maria Graciae, ist ein Gnädig Gottshauss unndt ist Sanct Ieronumus orden, darnach gefahren biss gen Sanct Spirit, auch Ieronumus orden, unndt dornach gefahren biss in ein Karteussen, die haist Crus et Dori —, dass sint alss Insuln unndt liegen ungefehrlich uff 3 welsche meil umb Venedig, unndt am Sontag exaudj (12. Mai) hab Ich Mess gehört zu Sanct Barbara unndt hab do gesehen Ihren Leichnamb wie hernoch folgt:

Crura Sancti Christophori martiris, Caput Sancti Alnfrachj et ossa ejus et filio, Caput Sancti Gregorij Nazareni, Poculum Sancti Blasij et ejus dens, Sanguis Sancti Sabini martyris et caput, Maxilla Sancti Thimothei discipuli Domini, Ossa Sancti Mathaei Apostoli, Ossa Sancti Maximi Episcopi, Ossa Sancti Laurentij Martyris, Ossa Sanctorum Cornelij et Cypriani, Ossa Sancti Johannis Chrisostomi, Reliquiae Innocentium.[1]) Unndt In Sanct Lucen Kirchen bin Ich auch gewest unndt hab Ihr Leichnamb gesehen biss an denn rechten arm unndt bin auch am Suntag Exaudj In Concilium gewessen unndt sein ob die Taussendt rotzherrn droben gewessen unndt der

---

[1]) Siehe oben S. 15.

Hertzog ist nicht selbst do gesessen aber er hot ein vicarei, der
sass vor Ihm do, dann er was gar alt unndt schwach, unndt hab
ander Ceremonia auch gesehen, wie sich in consilium halten. Item
am Mitwoch (15. Mai) do bin Ich zu Venedig aussge(fol. 7)fahren
auff der See biss gen Margera,[1]) dohin ist ein meil, ist ein dorff,
do bin Ich auff wägen gesessen unndt gefahren biss gen Dertis[2]),
dohin sein 3 meil, unndt hab do gesehen dass gebeuw, dass sie
haben gemacht, die sein sehr starck unndt wohl gemacht, unndt hab
gesehen ein wasser bauw, denn man auch Im Reich kaum findt; bin
über nacht do gelegen, ist ein Statt, leit in Italia; eben weg. Item
an Pfinstag (16. Mai) do hab Ich zu Dertis Mess gehört In unser
Frauwen Kirchen, dorinnen gross Heiligthumb sein, darnach bin Ich
gefahren biss gen Margera, dohin sein 3 meil, ist ein dorfi, do bin
Ich wieder auff das mer gesessen unndt gefahren biss wieder gen
Venedig, dohin ist ein meil, unndt hab do gesehen ein Crocodill,
der wass todt unndt wass 20 spannen lang, 10 spannen dick, der
halss 7 spannen dick, der Kopff ein spannen breidt, dass maul
2 spannen lang, die vorder füss 2 spannen lang unndt dick unndt
Klowen daran, die hinterfüss 3 spannen lang unndt dick, auch Klowen
daran, der Schwantz 5 spannen dick unndt ist grindt hiran. Item
am Samstag (18. Mai) do hab Ich In Sanct Marx Kirchen Mess
gehört unndt dornach der Venediger Zeughaus gesehen zw harrasch
Kamer unndt was darein gehört auf schiff, dornach die Püxsen,
dornach die Galleen, der sein 100. 30., wenn Sie bey einander sindt,
aber wie Ichs gesehen hab, so waren es 91. Item am Pfinstag
(19. Mai) do hab Ich ein Ambt zun Predigern gehört. Item am
Montag (20. Mai) nach dem Pfinstag do bin Ich zu Venedig auff
ein Schiff gesessen unndt gefahren biss gen Lucinisina.[3]) Dohin
ist ein meil, unndt sein do über gefahren, dornoch bin Ich gefahren biss
gen Padua, do bin Ich über nacht gelegen, unndt am eredag (21. Mai)
bin Ich (fol. 8) geritten zu unser lieben frauwen zu Menterton[4])
dass ist ein ser ein gnädig Gottshauss unndt dasselbig bildt, dass
do Zeichen tat, dass hat man in einem Brunnen funden, dornach

---

[1]) Malghera.   [2]) Treviso.   [3]) Fusina.   [4]) Montegrotto, südlich von Padua.

bin Ich geritten biss gen Muntertonn, dass ist ein wild badt, do
leit in ein berg In ein eben, dorrauss get dass wasser, dornoch bin
Ich wieder gebadet geritten, ist ein ebener weg, ist 2 teutsch meil
sendt auss unndt ein, bin über nacht do gelegen. Item am Mitwoch In
pfinstgfeyern (22. Mai) bin Ich wieder gen Venedig gefahren, dohin sein
5 Meil, unndt hab dieweil biss auff unssers Herren Frohnleichnams-
tag (30. Mai) do hab Ich gesehen den Umbgang. Item am Ersten
do hört Ich zu Sanct Salvator Mess, dornach sach Ich zu wie mann
umbging. Item am ersten ging die Schul vonn St. Jörgen mit ir
process, dor jnnen waren Irn viel unndt hot jeglicher ein Licht in
der handt, dornoch ging die Schul vonn St. Johan et Paul, der
wahren auch viel unndt hett auch jeglicher ein Kertzen In der
Handt; dornoch ging die Bruderschafft misericordie Domini, der
waren auch viel, dornoch Sant Rochius gesellschafft, dorinnen waren
auch viel unndt trug auch ein icklicher ein Kertzen in der Handt,
unndt die Bruderschafft heten ale weis an undt rote bustaben
darauff, aus was bruderschafft sie waren, unndt hetten die Bruder-
schafft vonn Sanct Jeorgen weis Kertzen, die vonn Sanct Johann
Paul grün Kertzen, die vonn Sanct misericordie roth Kertzen unndt
die vonn Sanct Rochius blendt Kertzen, unndt die vonn Sanct
Rochius hetten etlich hübschespiel unndt die schulen seint alle auss
Clöstern, dornoch gehen die Clöstern nacheinander, wie die schulen
geschrieben steen, dornoch gingen die Pfafen auss der statt, der do
viele wardt Pfaffen unndt Münch, dor gingen die Pfaffen (fol. 9)
von St. Marx vor dem Sacrament unndt sungen, unndt etliche
mitt Kertzen, dornoch kam dass Sacrament unndt nach dem Sa-
crament ging, der vice Hertzog von Venedig. Darumb dass der
Hertzog selber nit ging, das macht dass alter, dan er ist alt unndt
kann nit gen. Ich will mich nit sehen lassen. Unndt gen ihm uff der
rechten seiten des Papsts Bottschafft unndt auff der andern seiten
des Künigs vonn Franckreich, neben Ihm dor gingen etlich geistlich,
dornoch ging Reinhardt vonn Neuneck mein Hoff Meister unndt
der Hertzogen sein unndt ein Zentelono; dornoch gingen die andern
Bilgerumb, unndt jeglicher hat ein Zentelomon, unndt waren der
Centelomon unndt der Bilgeram 100. 50 paar unndt heten alle

Lichter unndt gin niemants in der proces, dann der Pilgeram, unndt
die Centlenen uundt die hüpschweibern die lagen all an den fenstern
unndt sahen zu.

In Anno Domini 1521

Sein diesse noch folgende Bilgern mitt Gottes Hülff zum
heyligen Landt Hyerusalem vonn Venedig aussgezogen. Nehmlich
vonn Hoch Teutschen:

Ich obgemelter Pfaltzgraff Ott Heinrich unndt mit mihr
Rainhart vonn Neuneck, mein Hoffmeister, darnach hab Ich
gehabt vom Adel Jörgen vonn Wending, Bert vonn Hirham,
Jeorg Wilhelm von Lenrodt, sambt einem Koch Stephan
genandt, der kundt welsch, ein balbier Gilg genant, und ein Dolmetz,
hiess Hensel, kundt welsch, dorzu het der obgenant mein Hoff-
meister ein Knecht gehabt, der hiess Ruprecht, der wass ein
Schneider unndt kundt viel sprachen, fürter da nam Ich ein Keller-
knecht zu Venedig in der Nauen, der wein zewarten, der wass dass
vorgenant Jahr auch zu dem Heilgen Landt gewessen unndt kundt
die Sprach. Zum andern zuge zum Heilgen Landt der wohl ge-
bohrne Herr Jeorg Graf vonn Zweienbrück Herr zu Bütz,
unndt (fol. 10) der gemelt Grave hett In seiner gesellschafft Pon-
cratzien, Monch vonn Wilsperg, sambt einem Diener Henssel ge-
nant, Kamen selbst zu unnss gen Venedig, dornoch hett er in seiner
gesellschafft Engelhardt vonn Hirsshorn, Philips Ulner
vonn Diepurg, Bonaventura vonn Braitenbach, ein Raysiger
Knecht genannt Schnal, die seindt von Hamant unndt nehmlich
vonn Steinberg aussgezogen, diesse nahmen in Ir gesellschafft ein
Edelman aus Dennemarck, nente sich Magnus Bildt, auch ein
Burger vonn Nürenberg, hiess Sebaldt Gratz; diesse geselschafft
des Graffen hat sich zu Venedig versamlet, vereinit eins gemein bursch,
wie hernoch stet, In Innammen unndt Ussgaben, unndt Schnalle Jr
Knecht unndt Koch gewessen auff wasser unndt Landt. Nehmlich
machten Sy A. Zum dritten hett Herr Berhardt Wurmser
Ritter In Gesellschafft Jacob Wurmbser sein Bruder, Herr Martin
Vollmar Chorherr zur Kleinen Sant Peter in Strospurg, Frantz

Apotecker vonn Strospurg (unndt denn Vicari vonn Metz mitt zweyen Priestern, unndt ein Gardien vonn Strossburg)[1]) mitt nahmen Bruder Peter Hochschildt. Zum Vierten heten die vonn Costnitz herab ein Gesellschafft nehmlich Herr Henrich vonn Landenberg ein geistliche befreunte perschon vom Adel Christof Plarer, Bastian Munprot, Rockius Munprot, sein Vetter Herr Walter Kapel Dumbherr zu Münden, die heten auch ein Kock unndt ein Dolmetzen unndt ein Knecht bei In, unndt heten ein stantzian gegen uns uber neben der Kuchen. Sunst waren auch viel Niederländer, Frantzossen unndt Hispanier, alle vonn guten leuten, unndt etlich Grecken auch, die mitt unuss zogen oder hienüber furen, darunter was ein Römischer Bischoff zu Dalmanen[2]), wallet für dem Babst Leonem den Zehenden. Es wass auch In unserm Schiff ein Junger Freyherr auss dem Landt zu Gülch, gehaissen Ruckelt vonn Mehrode, Her zu Frensen, der het bey Ihm ein gestanden Priester unndt ein eigen Stantzen im Schiff, darnach was In unser Naven der Probst vom Brücht, ein voller reicher Bruder, der zur fülle mit Schlemmen unndt prassen gnug zu thun (fol. 11) Tag unndt nacht ohne Unterlass, wann ers überkommen kundt (kein gelt sparet selb dritt)[3]) und auch in einer aignen Stantzen. Nota es waren auch Hanss Zetlitz zu Barchwitz dess Königs von Ungern diener am Hoff, unndt Cristof Kotlütz, zwen Schlesinger, unndt ein gestandener gesell auss Böheim vom Adel, Friderich Yssekra genandt. Also dass unsser Bilgern In nochbenanter orden zusammen uss allen nationen waren 1c unndt 30.10 oder mehr ohngefehrlich geacht, unnder diesser zahle der Bilger waren 19 wibsbildt, ein beginen oder nonnen vonn Rom, die andern warent Niederländer, under diesser zahl sindt ausgeschaiden die Grecen, auch der Patron mit sein Dolmetschen, Mariniern, Bechssenmeistern unndt andern, als Stalw Kochen unndt andern officiaten Ihme zugehörig.

Hierzu wer zu setzen, wie man sich zum heilgen Landt schicken solle.

---

[1]) Diese Stelle ist am Rande nachgetragen. [2]) Dalmatien? [3]) Zusatz am Rande.

Aber wir hochteutschen aller vorgeschrieben wir gesclschafft überkommen unndt verdagten unss einmutiglich zu dem Patron, wie in diesser nachfolgendt abcopirten Verschreibunge erleutert. Vor solcher Verschreibung ist zu mercken der form der gross unndt ander Bereitschafft des Pilgerschiffs Coresti genant.

Uff Mittwoch nach corporis Christi Sanct Bonifacius Tag (5. Juni), dess heiligen Bischoff, anno 1521 sein wir vor benante Bilgere sonder die hochteutschen zu Venedig nach dem nachtsessen ohngefehrlich zwischen fünff unndt VI annoch unser Teutschen unndt umb 21 Uhren noch der welschen stundt ussgefahren uff V welsche meil oder mehr in die Naven Coresti genant unter dem Patron Marco Anthonio Dandoloh[1]). Vonn diessem Mitwoch abens an muste der patron mit unnss bilgern alda am Ancker warten uff windt biss auff Donstag nach mitternacht, do sein wir mit Kleinem fenfften windt ausgefahren, unndt alss wir am Freytag (7. Juni) uff 25 welsch meil vonn Venedig kamen, lage unss uff der seiten ein (fol. 12) Paduaner gebirg umb 15 welsch meil Im meer ein Statt, ist der Venediger, haist Thosa[2]). Uff Sambstag nach Methardus tag (8. Juni) darnoch nochmittag erhub sich ein Ungestim windt gegen einander, der wert biss in die dritte stundt, unndt machten dem Piloten sambt denn Galioten gross arbeit, vonn solcher Ungestimkeit worffen denn grossen seegel gewaltig auff ein seiten, dass der seegel mit ein Zipfel Ins meer hing unndt sich die Naven vast hinget, also dass die ersten genanten schiffleut mit grosser hülffe unndt ihre grosse arbeit dem seegel zu hülff kamen, durch soliche Ungestümmigkeit wurden die Pilger gemeiniglich wohl vom Meer empfangen, also dass denselben abendt vonn unsser viel wenig oder gar nichts gessen wardt; alss diesser windt verging, do furen wir wieder mit kleinem windt fürter unndt quamen auff Sontag zu obent nach Methardi auff 12 welsch meil gen Bobingen[3]) zu, do warff man den ancker, unndt an dem montag darnach zu morgen biss der patron dass Schiff zu speissen, unndt auch wir birgeren Jeder auff sich selbst

---

[1]) Ueber venetianische Patrone siehe oben S. 12. [2]) Chioza? [3]) Rovigno.

einzukauffen. Vonn der naufen auff die Barcken fahren gen Robinga,
ist ein klein Stättlin oder Märktlin, leit in Histria, 110 welsch meil
vonn Venedig unndt leit am Meer, unndt hats Kayser Maximilian In
der Venediger Vehde gar zu schossen unndt bey 80 stück Viehs
dorauss gefühlt, hetten die armen Leut vom Landt hienein geflecht,
unndt noch dem solich stätlin nichts wähert vor kein gewalt unndt
unachbar ist, ist es vom Kaysser onbesetzt unndt alss ein ander
geplündert darff geachtet worden, also dass die Venediger es jetzt
wieder In haben, züschen diessem Stättlein unndt Thosa vorge-
schrieben ligt ein statt Marena¹) genant des Kayssers, uff dem
Meer von wythen wol sehlich, ist der Venediger gewessen, die Sie
Ihm in der rachtung übergeben haben; darnach Cita nova²),
l'arentz³) am Histrischen gebirg auch sehelich, alss nechst gemelt,
dess geleich an der meer stett unndt Flecken mir mangel halb eins
Dolmetzen zu nehmen unerfahrlich, die wir doch uss unsern nahmen
von ferren an (fol. 13) obbestümpt berg ligendt bescheidenlich
sehen mochten, unndt sin alle der Venediger, dass Vorberürt Parentz,
In der Insel Parentza⁴) gelegen, hat Paris König Priamus Sun von
Troja erbauwen unndt sich da erhalten, alss er Helenam Menelai
des Griechischen Königs dochter raubet unndt sie gen Trojam füret,
davonn Troja zehen Jahr lang belägert, bekriegt unndt zuletzt zer-
stört warde, dass alles unndt weiter haben die Venediger Inn. In
diessem Stättlein leit leibhaftig die Heilige Jungfraw Santa Efemia,
ein Schwester Sante Clare, unndt ist wunderbahrlich dar kommen
auf dem meer in eim grossen ohngesuchten marmolstein sarck, darin
sie noch leit, unndt het sie ein Kleins Kindtlin mit zweien Ochssen
in solchen grossen ohnmüglichen sarck vom meer In die Kirchen
auff dem Berglin zu Rosingo geführt, dass vonn stundt an niemantz
keinem Bischoff, sonder allein von dem Kindt hat mögen beschehen.
An diessem Histrigisen gebirg oder ertrich stöst Sclavonia, dass
ist wündisch, dessgleichen Dalmacia unndt Croacien des Kayssers
Landt, darnach Ungarn. Uff genants Montag nach Methardi zu obent
furen wir uss ansagen des patrono wieder in die naven der maynung,

---

¹) ? ²) Cittanuova. ³) Parenzo. ⁴) vgl. oben S. 21.

In der nacht fürter zu fahren, aber der windt war nit mit unss, also dass wir den eredag den gantzen Tag biss auff mit nacht am ancker lagen unndt auff windt warten, noch mitternacht diss tag kam unnss kleiner windt mit dem wieder gemach anfahren unndt sahen ein ertrich, als ein berg lang, züschen unser nauen, Histuria, sagten die wir fragten, solich ertrich hiess Campo de Pollo[1]) unndt lege frey Im meer, unndt dargegen über leg das Meer, an Histria, leg eine grosse Statt Pollo[2]) genant, wer der Venedigern, darzu dass feldt gehort, aber wir mochten auss der Naven die Statt vorgemelt Campo de Pollo nit sehen, dor affter mochten wir Histria nit viel mehr sehen, sagt man unss Bilgram Im Schiff, welch fragten, dass meer deyle fürther Histriam unndt Dalmacien hinder sich zuruck hienein (fol. 14). Mesina[3]) ein Statt In Dalmacia undern König zu Ungern geit denn Türckischen Kaysser Jars 30000 Ungerisch gulden Tribut, umbdess willen, dass die Kauffleuth dahin kommen unndt fürter auss der Türckey Kauffmanschafft sicher bringen unndt holen, auch geit diesse Statt 5000 Ungarisch gülden eim Kunig vonn Ungarn alss Irem Erbherren, unndt ist ein Porten dess Meers, der gegen über dass meer uff Aͨ Meil zur rechten seiten unser naven dass Amveisch gebirg, dornoch dass Raweisch gebirg ale aneinander stossen unndt leit unser frauw vonn Laretan ranconat[4]), dass wir von feren auss der naven bescheidentlich sehen mochten; über dass gebirg leit Rom, ferher stöst an dass Ranconet dass Landt Neapolis unndt Apulis, sein dess Kayssers Carolus unndt fast fruchtbahre Landt, allerley frücht nutzen dem Kaysser Jahrlich zehen wol hundert daussent ducaten unndt mehr, solche gebirg mochten wir vonn unsser Naven wo... sehen unndt etlich Tag sehen, dann wir windts halben gemach fuhren. Gegen über Neapolis sahen wir auss unser naufen zu der lincken seiten frey Im mer liegen ein Insel Lissl[5]) genant, ist der Venediger unndt 25 meil gross, vonn weinwachs unndt aller frucht uber die mass fruchtbahr, alss mann unns sagt. In den Landt Apulis zeigt man unns Pilgeramb uff der naufen

---

[1]) P. Compare di Pola. [2]) Pola. [3]) Lussin. [4]) Loretto - Recanata.
[5]) Lesina.

den engel Berg, da vonn der Sanct Michalstag herkombt, unndt davonn Sankt Michels legendt schreibt. Dernoch mochten wir ein grosse Statt In Apulis am Meer unnss zur rechten seiten sehen Prandra¹) gut führen in Apulis hienein, sagt man unnss Bilgern lege eine grosse Statt Torreitto²) genant, aber wir Bilger mochten dieselbig unndt ander viel mehr grosser unndt schöner stätt In Neapolis unndt Apulia sehen; dornoch stost an Apulio, alss man unnss sagt, denn wir mochetens nit sehen, Calabria unndt Cecilia, zwo fast fruchtbahr Insel, doraus alle anstossende landt biss gar in Rodis zum theil gespeist werdt, unndt sein dess Kayssers (fol. 15). Unndt alss dass Landt Apulio ein ende hat gegem meer, darauff wir fuhren, ist nichts dann meer, dass laufft, unndt die Landt unndt vorgeschriebene Inseln, undt alss unnss, die do fragten, gesagt wardte, so were fürther dass gross weit meer, darauff mann In Spania, Engelandt, Franckreich fehrt, diesses meer liessen wir auff die rechten seiten liegen unndt fuhren unsser Stross zu dem heyligen Landt zu, welsche genant wurt ein Kanal gegen den obgeschriben grossen hohen weiten meer, die weil man den mer theil uff unsser stross der meer zu denen seiten unndt gemäniglich auff einer Seiten umb die ander landt sicht, wiewohl selten zu beiden seiten, doch geschicht es etwan zu zeiten auch aber auff dem weiten grossen obbestimbten meer geschicht es weder zu einer oder beiden seiten selten dass Landt gesehen wirdt, darumb wirt es dass hohe meer genant. Vor vorgenanten Dienstag nach Methardi (11. Juni) fuhren wir alss mit kleinem windt, allein dass wir nicht gar still lagen, was unsser fahren nix auss mangel dess windts biss auff Montag nach Vity (17. Juni) zu nachts umb 6 oder 8 Uhr, nach dem Nacht Imbs kam unser nauf noch ein unversehlicher stupficher grosser windt, dass der gross segel mitt not kum mocht abgelossen werden, dan der windt ging so starck In segel unndt wegt dass Schiff gar auff ein seiten, dornoch uff die ander seiten, dass die Oberster regierer alss der notschir unndt pilot schier hetten verzagt, die Pilgrim umb hülff anrufften unndt ernstlich ermanten so lang, biss der seegel gefast unndt gestilt wart, dornach

---

¹) Fermo? ²) Tronto.

wart kein noth mehr, wiewohl dass Schiff die gantze nacht biss auff
denn Dienstag nochmittag mit grossem schocken vonn einer seit zu
der ander auff uundt nieder vonn denn Wellen des Meers, die denn
offt in dass Schiff schlugen, gewagt uundt dweil solcher sturm mit
unnss doran wass, fuhren wir ein Tag, alss weit wir darvor die acht
Tag gefahren warn, unndt kamen durch solchen windt gen Santi[1],
uff Pfinstag noch Vitj (19. Juni) warff mann denn ancker auss bey
einer kleinen meil bey Santa, dornach furen wir auff kleinen barcken
an der steten, dass unterm berg leit dor zwischen, sahen wir unser
nafen zu der linken seiten gegen Apulia über Im Meer ein Insul
Corfina[2], ist der Venediger, 800 Meil vonn (fol. 16) Venedig unndt
leit frey Im mer gelegen, diesser Insel über zur lincken seiten
unsserm fahrn nach über dass mer sahen ein grossen langen berg
hoch über die genant Insul fürgehn, der wurde unnss genandt
Cinera[3], unndt stost an die Türcken, dar mer Cinera gewessen
Grichisch sprach, do anne unndt laufft XL meil zwischen Cirren
unndt dem berg unndt Cirren ist etwann ein pforten, do die Pilgram
angefahren sindt, unndt hebt, die man sagt, Volck do In wohnen one
Obrigkeit, die haben albenesser sprach, aber die Türcken het sie
bezwungen, dass sie Ihn Jahrestribut geben. Santi ist ein Insul
80 Meil umb sich weit, hat einen vesten wall auff einem berg, ein
stetlein mit dorin ein zurbrochen Schloss, unndt am berg gegem meer
unser naufen zur rechten seiten ein marck oder dorff mit vielen . . . .[4]
der seiten ein marck oder dorff mit vielen . . . . an wein frucht
olpam unndt . . . . der wein romanie unndt malvosey . . . . halb mit
tranck . . . . unndt . . . . den wir mit unss ins schiff mit brochten,
alss viel wir kündten; auch liegen umb diesses Schloss unndt Stett-
lein, so weit diesse Insul geht, viel ander mehr dorff, alle fruchtbahre,
alle unter der Grichisen sprach unndt können gemeglich auch Italisch,
doch ein schlecht grob Volck, ist auch nit alweg ein Port gewessen,
daran mann mit den Birgern gefahren ist, ehe die Venedigern etlich
stett dorvon noch folgt verlohren haben, wiewohl alles dass den

---

[1] Zante. [2] Corfu. [3] Chimara. [4] Diese und die folgenden leer ge-
lassenen Stellen sind ebenso in der Handschrift.

Bilgern not ist, an wein grosser stärck halb, sonst ayer unndt hüner
ist viel unndt rechts kauffs da, alss man unnss sagt, so vermögen
die Insul Santj XV^c mann unndt geyt denn Venedigern Jors ein
grosse tribut, alss man unnss sagt, bey 1500 ducaten. Diesse Insul
Santj ist über alle geacht für 80 Meil In Ihrem begriff unndt ist
ein gross erschrockentlich ertbidem chumen, 7 Jor dorinnen gewessen
unndt fur ander schad . . . .

Im stetjin Santo an Thurnen heussern unndt . . . . zubrachen X . . .
Gegen diesser Insul Santo über mer ungefehrlich 10 welsch meil
oder mehr unndt unser nauen zur lincken seiten leit ein grosser laug,
ist der Türcken, darauff hatt der Türck ein gross schloss anzusehen
heist Turnes[1]) (fol. 17), dornoch hebt an dass Landt Merea unser
nauen zur lincken seiten am Thurneserberg, nest gemelt stossen
daran gegen mer unsschnlich, lyth ein Statt Sonico[2]), fürther eine
grosse feste Statt genant Madon,[3]) zwischen diessen zweien Stätten
geht ein fluss vom meer zwischen zweien bergen In die Türckey.
der fluss heist Sapientia;[4]) noch Madon sahen wir ein Statt Morea
am gebirg ligent, geheissent Duron,[5]) die drey Stätt sindt der
Venediger gewessen, aber der Dürck hat sie vor 20 Jahren Ihn ab-
gewunden, unndt ist Madon die haubt Statt darunter unndt andern
mehr stätt, die die Venediger noch Inn haben, die Ich, so viel Ich
erfahren, hie noch melden, Modon ist gewessen mächtig haubt Statt
der Venediger Im Landt Morea, ehe Sie der Dürck gewandt, unndt
ein port, do mann mit den Pilgrim an fuhr, ist auch in einnemung
der Dürcken gen Santi 1^c Meil hie vorgemelt worden wardt, zu
Mandon ist Grichisch sprach under Sant Pauls glauben, genant die
Christen vonn der girtel, unndt Sant Leo leibhafftig do begraben,
ab der Türck fur 21 Jahren nach datj dieses buchs gewont hat, er
alss mann unnss sagt drey Tag noch einander alles dass leben
gehabt hat lassen todt schlagen, mann undt weib, Jung unndt alt.
viehe unndt leut, alss mann sagt, hundt unndt Katzen, dornoch wer
kommen ist von Grichen hot er angenommen unndt die Statt wieder

---

[1]) Wohl das alte Thryum an der Mündung des Alpheios. [2]) Samia?
[3]) Modon. [4]) südlich von Modon liegt die Insel Sapienza. [5]) Coron.

besetzt, yderman Im seinen glauben gelossen, aber ein schone Kirch Barfüsser orden des rechten Christlichen Glaubens der heiligen Christlichen zu Rom hat der Türck zerbrochen ein bolwerck oder mächtig Vest darauf gemacht unndt die Statt uffs aller Vestes gebauwen, unndt ein Thurn sicht mann vom meer ein wenig vonn der Statt allein stehen, sagt man unss, der Dürck hette Ine zue gedächtnuss uss ytel Christen menschen bayn gemacht, weiter müssen diesse Inwohner der gemelt drey Stätt auch dürckischen Brauch jeder Christ dass dritt Kindt, etlich sagen, dass 7. Kindt, dem Türcken zu tribut geben, unndt mussen ein Bublin sein, dass wirt zu dürckischen glauben gewent unndt diss Kind wird genant Johaniter[1]). Nota: In diesser Madoner Vehde hat der Türck denn Venedigern die Insul Nigropont[2]) auch abgewonnen. In dem Landt More liegen auch ein schloss Neavasia[3]) unndt gross stat Napol Romanya[4]) noch curo sein noch (fol. 18) der Venediger, aber wir mochten Sie sehen unndt mann sagt uunss, die Statt Napol Romania vermor XV m mann. Ann diesses Landt stösst fürter den Berg Gamalia[5]), der Venediger Herrschafft unterworffen, dar von wych in der mer gegen unsser nauen zur lincken ein steiniger felss, heist Lavogo,[6]) dorfür sich die schiffleut sehr besorgen müssen, dass sie nicht dor widerfahren unndt gelehen oder naufen daran zerstossen, wie mann dann hort geschehen etwan sein, unndt alss wir mit kleinen windt fürfuhren logen zwo Insel noch einander an Gamalia, seindt auch der Venediger, heisset die eine Jericho,[7]) darinnen die schön Helena gebohren, der halb Troja zerstört ist worden, die ander Insel heist Citerigo,[8]) aller der Herrschafft unterworffen.

Fürter diessen Insuln über meer unser naufen zur rechten seiten hebt dass Candis oder Cretemsis birg oder Inseln ane, unter der herrschung der Venediger bey 700 meil weit unndt gross in allen dingen, über die moss fruchtbahr nehmlich Zucker, Melonien klein wilde Thier lydendt alss wolff, füchss, schlangen etc. oder ander schrickliche oder gifftige thir unndt man sagt unss so ein frauw

---

[1]) Am Rande steht: puto Janitzaren. [2]) Negroponte. [3]) Monemvasia.
[4]) Nauplia. [5]) Cap Malea. [6]) Elaphonisi. [7]) Cerigo. [8]) Cerigotto.

In diesser Imantz kratz oder beiss, muss er sterben.¹) Die Poeten schreiben Viel vonn der Insel Creta oder Candia, vonn solcher Insel in dass frey mer leit ein einige Insul, alss ob ein Berg Im meer leg, auch zu Candia gehörig, haist Grispa²), darin wohnt verloffen buben Volck, die In Candia gross verwirckt haben unndt nit bleiben mogen. In dieser Insel Candia heist die Haubtstatt Candia, sunst schöner stätt unndt dörffer, In solcher Insel ohn schadt der Venediger, alss mann sagt, bei 7000 Dörffern. Mann fährt etwan auch mitt denn Bilgern an Candie der Statt, In mitten ohngefehrlich diesser Insul an dass Meer stost an mit Pilgern, wie dann unser patron gantz willens ware, aber die Pilgern hetten nicht alle Lust darzu, so hat es auch ein bössen hafen, dan dass uns zu faren so man darein kumbt, muss mans guts windts erwarten, diesser sorg halb unser patron aldo nit ane sonder fer fahr gen Rodis.

Unndt zum ersten vass auff Pfinstag nach Johannis Paptistae (27. Juni) zu abendt, de die sunde nider, kam ein guter windt gantz mit doran ob wir vorgehabt dry unndt die nacht bey 100 welsche meil unndt wert die nacht biss (fol. 19) umb den mittag dess freitags, dornach wurt ein senffter unndt mildter, desshalb dass Schiff wieder gemach von statt ging. Von der Pforten Santo rechnet man biss in Candia oder Creta 400 welsche meil, uonndt sein also vonn Venedig biss gen Candia bey 1200 . 80 welsch meil unndt von Candia bis gen Rhodis 300 welsch meil. Diesse porten Candia liessen wir weit uff die rechte handt liegen unndt In an diesser Insel gegen Venedig zu liegen Rechenio³) unndt Laweya⁴) die 2 stet unndt viellicht ander mer, aber wir mochten uss unser nauen weder die zwey oder andere stätt diesser Insel sehen. An diesser unser naufen auch zur rechten seiten sahen wir ein Insul auch der Venedigern, genant Porcis⁵), ist eine wüste, dorgegen über unser naufen zur lincken seiten Im mer sahen wir ein Insel auch der Venediger Johannes sitrin⁶) genant, darauff ist ein Capellen dohin wolt

---

¹) Vgl. oben S. 22. ²) Grabusa? ³) Retimo. ⁴) Liano? ⁵) Standia? ⁶) Ovo?

man in Sant Johannes ere, ist sonst ein wüste unndt wohnt niemandts darauff, die Türcken erhalten sich auch etwan In der wünste. Ferer unser naven zur lincken seiten sahen wir zwey Inseln noch einander der Venediger, sein wüste unndt enthalten sich die Dürcken auch etwan dort In, unndt heist die ein Insel Insula Christiani¹) die ander Santa ranti²) unndt leyt bey 100 welsch meil oder mehr vonn Candie ohngefehrlich gen Rhodis zu. Dornoch fuhren wir in der gegendt Sanzapelico³) für unndt zur lincken seiten unser nave sahen wir ein Insel der Rodiser Longo⁴) genant, daruff die Rodiser ein starck Schloss sambt andern mehr stätt unndt Schlössern. In diesser Insel hat Ipocras⁵) gewont, auch gräbt man rebarbara dorinnen unndt Ist sunst auch ein fruchtbahr Insel. Die Rodiser haben gegen denn Dürcken zu vonn solicher Insel unser naven zu lincken seiten in der Türcken landt umb 100 welsch meil vonn Rodis ein Schloss Sant Peters Schloss genant,⁶) der sie hoch in acht haben, auch alss man sagt, sen hundt in diessen schloss, thun den Türcken grossen schaden, lauffen des tags auss uff die hut gegen Dürcken unndt wann mann In im schloss zu essen geben will, leut mann ein Glocken, so kummen sie dem Geleut nach In dass schloss, unndt so sie gessen, so lauffen sie wieder auss, wie vor, auff die hut. Man sagt auch, dass diese hundt, ob sie schon ein Christen nie gesehen hetten, Ihr keinem nichts thun, Kombt aber ein Türck, denn (fol. 20) kennen sie vonn stundt an unndt ist nichts sicher vor Ihnen. Mehr sagt mann, auff genanten Sanct Peters Schloss sey ein Vogel⁷), werde auss dem dritten ay, dass sie aussbrüten, ein Hundt, auss denn andern zweyen werdt ein Vogel, die fressen den Hundt. Aber weiter sahe man auss unser naven zu viel gedachter lincken seiten ein fruchtbahre Insel Nussero⁸) genandt unndt daruff 2 schloss legen, heissen auch Nussero noch der Insul, die seint mit sambt der Insel der Rodiser, auch sein sunst auch Dörffer dorin unndt die leuth In solcher Insel wonende, so sich etwas uffruhr oder sorg vonn Türcken erhebet, fliehen sie alle in die nechst gemelte

---

¹) Christiana. ²) Santorin. ³) Archipelagus. ⁴) Stankio. ⁵) Hippocrates. ⁶) vgl. oben S. 22. ⁷) Aehnliches erzählt Rindfleisch S. 339. ⁸) Nisyro.

Schlösser, dergleichen geschicht In allen Inseln der Rodiser. Dogegen über mer unser naven zur rechten seiten mocht man ein Insel uss unser naufen sehen, geheissen Lepistopia¹), daruf ein fast über die moss vest Schloss Dillis genant ligent, ist auch der Rodiser. Förther kamen wir denselben Suntag nach Petri et Pauli (30. Juni) auff dem mer, alss In ein Canal zwischen zwey gebirgen, auff der lincken seiten Türckey unndt dass gebirg, zur rechten Seiten unser naven ist Rodiser Insel, fuhren wir uff dem Canal denn Suntag obgeschrieben die nacht unndt sein kommen gen Rodis auff Montag zu Morgen unser lieben Frauwen obent visitationis (1. Juli).

Rodis ist ein grosse Insel 1500. 80 meil ohngefehrlich vonn Venedig, ist der Johanssern herrn Oberste Haubtstatt des Hochmaisters Sanct Johans Ordens, stattlich unndt bleiblich wohnung, hat vonn Riter brudern steitz bey Im Hispaniern, Frantzosen, Italienern unndt Teutschen, mit der Hülff unndt rot der Homeistern die gantze Insul unndt anders dem Orden dienende regieren unndt erhalten muss, sonst ist die Gemeinsprach diesser Insel oder landes Grekisch undt Nach dem vielerley sprachen, in diesser Insel sindt der Türcken unndt ander nation, also ist kein vollkommene sprach recht darin, sondern je eine durch die andere corrumpirt, die Histori, wie diesse Inseln den Johansern her worden, ist gemelt zu Rhodis (fol. 21) für Sanct Johans Kirchen ohngefehrlich, wie nachfolgt. Nach dem die Johanser Herrn vonn Jherusalem sein vonn den Ungläubigen vertrieben worden, hatt sich der Oberst der Zeit gen Constantinopel zum Römischen Kaysser gefügt mit seinen Ordens Brüdern, so viel er gehabt hot, unndt den Kayssern gebetten umb ein wieder enthaltung, dem noch In gewolt unndt durch sein dess Kayssers nit helffen vonn den Unglaubigen geschehen sey, dorauff Im der Kaysser gesagt, es sei ein Unglaubiger Kunig Im ungehorsame, den soll er fort treiben, dornach woll er dem Orden dasselbig Königreich Ingeben, dass alles geschehen, solich Kunigreich ist Rodi-

---

¹) Episcopia (Tilo).

sisch gewessen, in genanter Inseln Rodis ist ein Verfallen schloss Vilherma[1]) genant, sechs meil vonn Rodis auff eim hohen Berg, sagen etlich, die Statt Rodis unndt diess Schloss seien zwey Künigreich gewessen, etlich sagen, die Johansern Herrn haben Künig vort Rodis der Statt auff dass Schloss vertrieben, Ime sy wir Ime wol, die Bruder Sanct Johans Ordens hetten dass Schloss auch gern zur Statt gehabt, damit sie die Inseln allein heten, sein desshalben lang gegen einander In Krieg gestanden, biss uff ein Zeit hat ein Unglaubiger Kunig ein schöne Dochter gehabt, die hot ein Ritterbruder Sanct Johans Ordens fast heimlich lieb gehabt, die hot Ihnen den Brudern zu verstehen geben, er soll acht nehmen, wo dass Viehe Ins schloss gehörig am berg weide, do soll er den hirten erstechen unndt ein stück Viehs schinden, sich in der Haut verbergen unndt auff Händen unndt füssen unter dem andern Viech obents mitt In fahren, so wird mann sein nit acht nehmen, do mit sie am füglichsten zusammen kommen möchten. Solich Verstandt oder rath der Jungfrauwen folgt der Ritter Bruder, aber er nam sein Ritterbrüder mit Ihm, die sich alle in die Vieh heut verkleiten unndt zogenn mit dem Viehs obents In dass Schloss unndt nahmen es dem Orden In. Dem Kunig kam dass geschrey In sein gemach, die feindt weren Im schloss, der Kunig erschrack, nam ein Pferdt unndt setzt sein dochter hinter sich eilents zum Schloss hienauss unndt sprenget seine dochter unndt Ihm über ein hohen felssen beym schloss die hälss ab, ehe er wolt, dass er oder sein dochter den feinden zu Theil werde; also haben die Ritter (fol. 22) Brüder Sanct Johanns Ordens die gantze Insul noch Inne; unndt hab ein Kirchen In unser frawen Er auff dem berg nicht weit vonn dem Schloss Vilherna gebauwt unndt mitt Priestern besetzt, unndt Ich bin auch droben gewessen auff mittwoch nach Unser frauwen tag visitationis (3. Juli) unndt ist ein gnadigs Gottshauss, dohin die Pilgrim sehr hin walen vonn Rodis. Im Jahr 1480[2]) ist der Türck gewaltiglich 100000 starck in die Statt Rodis gefallen unndt etwas weit hieneinn kommen, aber der hohemeister sambt seinen brudern der Zeit zohe

---

[1]) Philermo. [2]) Vgl. S. 183.

den Turcken In der Statt mitt kleiner macht nit mehr, dann bey 800 starck, dorunter 100 Teutsch waren, do unter entgegen, schlugen der Türcken viel zu todt unndt sigten mitt hülff Gottes, durch unser lieben frauwen unndt Sanct Johannes fürbitt, alss dann die history In der Baarfüsser Kirchen zu Rodis an einer Taffel auff eim Altar gemolt bezaiget, stet ingefalen sey unndt ist die recht molstatt der Schlacht. Es geben auch alle ander nationen, so in Rodis ass Spannigen, Galiger, Italia gewessen sün, zuvor Gott, dornoch den hundert Teutzen den Preiss solichs siegs, unndt ist der Teutzen haubtman Betz vonn Liechtenberg genant Inn bemelter Schlacht umb kummen, zum zweiten mohl begraben worden unndt hat nie wollen verwessen, biss so lang mann Ine Zum dritten mahl auff die molstatt, da er ist umbkommen, begraben hatt, do ist er verwessen, desshalb diesser haubtmann vonn etlichen alss vor heylig geacht wirdt. Aber seither diss Kriegis haben die Johansern herrn die Statt Rodis dass endt, do der Türck Ingefallen ist, unndt furter umb die Statt alss vest mit dicken Mauwern, Turnen unndt Pasteien unndt gut gräben unndt auch verborgene wehren befestiget, unndt bauwen noch für unndt für, das sonders hungers noth oder Verrothenheit solche Statt kam muglich zu gewinnen geleiblich ist, sie sein auch mitt geschütz, haubtbüchssen, Cartaunen, schlangen unndt ander geschütz In der Statt auff denn mauwren, dürnen unndt wo In der gantzen Inseln not ist, dessgleichen auff drey Galeen unndt andern naufen unndt festen, die sie stets über Jahr halten musten wieder den Turcken, fast wohlversehen sein. Sie haben auch zu solchem Ihrem (fol. 23) geschütz uff Landt unndt wasser stets 200 Buchssenmaistern an allen enden, wo Ine not zu bruchen. Auch haben sie Itz by 3000 gefangen Türcken, die müssen stets Im graben mauwren, unndt wor zu man sie hart anricht, arbeiten unndt übel fressen, nehmlich ist ihr speiss vonn Bonen unndt wasser; under solchen Türcken sein Viel, die sich mit 3000 ducaten auss lössen, aber do ist kein genadt, biss so lang sie durch ire arbeit Ein jahr oder drey als hoch genadt werdt sich selbst auffs höchst zusetzen; dornach sich die Johansern Herrn bedunken sich einer nit hoher schätzen kunde, nemen sie die schätzung ane unndt lassen die Türcken wieder hinziehen.

Hie noch folgt der leuth Innamb unndt Ussgabe dess hohemeisters Sant Johansen Ordens zu Rodiss etc. Diesses ist Summaria aller renten unndt Inkommens, so der heylich orden zu Rodis Jährlich vonn allen enden uffgangs unndt niedergangs der sonnen hat, unndt auch alle aussgab, die der Orden zu erhaltunge alle ding den standt der Gaistlichkeit unndt zu beschirmen denn Christlichen glauben etc. Zum ersten zu erhaltung der Ritter stets wohnende zu Rodis, dess geleich dem Kirchlichen Gottesdhinst unndt zu Versehunge den Spitahl, darinnen allen Krancken scheinbahrlich mitt artzen unndt Artzeneyen gehalten werdt zu erhaltung Sanct Peters Schloss, dass ohn Underloss ist gegen den Hundenn, dass ist gegen den Türcken, sten für die weltliche soldern zu streit neben den ritern oder stipendaten, steen für die richter unndt Ambtleuth der Statt Büchsenmeister oder werckleuth unndt andern Ambtleuthen, darzumahlen, wie gemelt, zyt der Orden uss Summaria XXIX taussendt V hundert XLV ducaten etc. Dessgleichen helt die Herrschafft Sant Johansen drey Galeen stets gewapent uss genant unndt freyhem willen zu beschirmung dess Christelichenn glaubens unndt zu behaltung die schiff der Kauffleuth, so Ihr Kauffmanschafft werbunge gen Orient haben, unndt zu beschirmen die Rodiser Insel der sich die Christen gebrauchen, summarium (fol: 24) erhaltung diesser drey Galeen XXIIII tausendt ducaten. Item sie helt stets ein gross wyth strenglich gewapent naufe umb genanter Ursach willen, auch zu Inleitunge Irs Jährlichen Inkommens, ob sich begeb, dass irer jmantz etwas einzuführunge ires Inkommens oder welche sonst abbrechen wolt, sie uss diesser naien sich möchten retten, uff diesser Naven mögen Sie VI hundert streitbahr Männer unndt Ross jährlich zu halten, Summaria VII daussent ducaten. Die gemelt herrschafft hat auch ein ander naven, kleiner, denn die genant Gross naven, unndt ist doch gewapent, gleich die gross naufe zu ihrer gross zu beschirmung dess Christlichen Glaubens, unndt stet Jährlich sechs daussent Ducaten zu Underhaltung. Item die Herrschafft Sant Johans ein Zeug oder werg haus, dorinnen die Galehen naven (von) Gristen unndt Türcken gemacht werden, dass cost Jahrs zu halten 2^m ducaten. Item die Herrschafft hat ein hauss, dorinnen die Büchssen gemacht unndt die zerbrochen gebessert werdt, cost Jährlich ein daussent docaten. Item zu schicken den Christlichen fürsten unndt Herrn Falcke unndt Socker, domit sie Ihr Gunst haben, cost die Herrschafft II^c ducaten. Item auff Kundtschafft über die Türcken, wass geschehen sey unter In unndt wo sie Ihr schiff habendt, costet die Herrschafft II^c ducaten. Item des Türcken Bruders Sohne, dess Vatter ein recht naturlich Erb ist des Türckischen Kaysserthumbs, welcher sun der Orden Sant Johans In ein vest starck schloss wol bewart het unndt auff In Jerlich get V ducaten. Item dass sich dass Kriegs Volck zu Rodis stets übet mit schiessend scheffelin oder scheffelinlin, so mann Im streyt zu brauchen pflegt, solch spiel stet die Herrschafft Jährlich hundert LXXII ducaten. Item mit schissen mitt Buchssen auch den Bilgern unndt andere nottürftige essenspeiss, brott unndt wein, fleisch unndt fisch dornach sich fugt, was solichs denn Orden stet, ist ohnachbahr oder nit zu schetzen. Item der Orden hat noch ein nave, geheissen Maria (fol. 25) oder Marieta grösser, die ist etwas kleiner, vorgemelt klein nave wirdt auch umb dieselbig Ursach willen gehalten unndt gestet denn Orden Jährlich IIII^m ducaten. Item ein ander naufe, genant Parsito, cost denn orden Jährlich II^m V^c ducaten; der Orden hatt auch sonst viel schiff, alss griffen, auch ander dergleichen, unndt sunst viel Kleinschiff, der kein Zahl ist, wass die Jährlich zu erhaltung costen, ist ohnschätzlich unndt ungewiss zu achten. Item für Pechsser zun Büchssen In der statt, In schiff, uff denn Turen unndt Schlössern unndt Inseln gyt der orth uss Jährlich I taussent III^c unndt LXXXII docaten. Item der Bauw der Statt Mauwer zu Rodis unndt ander Schlösser costen Jährlich XII taussendt unndt V^c docaten. Item was der Grossmaister täglich mitt seinen dienern unndt alle notturfft zu erhaltung dess lebens mit XIIII armen leuten über Tisch, ist nit zu schätzen. Summa aller aussgabe dess Ordens Sanct Johans zu Rodis ist XCVII taussendt IX^c unndt LXXVII docaten. Unndt also geit der Orden zu Rhodis viel mehr auss, dann Sie einkummens haben, Unndt ist der schatz zu Rodis XLVII taussendt docaten Jährlich einkommens, dass überig müssen sie auff dem meer erholen an Ihren feinden, domit sie ausskummen mögen, ist es anders, wie mann unnss sagt.

Uff Denerstag zu nacht noch visitationis Mariae (4. Juli) sein wir Pilgerim zu Rodis uss wieder in die naven unndt noch mitternacht mit gutem windt gen Gaffat[1]) zu neben Cypern für gefahren, unndt kamen 100 welsch meil vonn Rodis uff sanct Helenas Golff,[2]) sahen wir uss der naven zur linken seiten landt, sagt man unnss, es wer Dürckey, dorane sagt man unnss der statt einer (mitt Sodoma Gomurra untergangen) ligen genant Cacua[3]), 130 meil vonn Rodis, dar vonn mann noch hausser unndt gebeue ubers meer furgehen sicht, aber wir haben es ferrehalb nit künnen sehen; mann sagt unnss auch, St. Helena sey über diessen Golff gefahren unndt hab heyltumb sachen unsers herrn Negel allda dor eingesenckt, die Ungestimmigkeit diesses Golffs zu stüren, olss dann geschehen, dor fer hat dieser Golff des mers so sehr gewüt, dass man nit oder kaum hat mit grossen sorgen mögen fahren, (fol. 26) es ist auch die sorgsamiste fahrt zwischen Venedig unndt Jaffa. Mitt solchem windt kamen wir über genanten Golff uff Suntag noch visitationis Marie (7. Juli) schier neben Surja, dass Landt ohngefehrlich 440 meil vonn Rodis, sahen wir denn Montag zu Morgen ein Stätlein am Meer liegent, genant Sageta[4]), haben etwann die Hayden denn Rodisern angewunnen, unndt nachfolgents der Türck denn Heyden, der hats noch Inn, dor noch den Pilgern thuen, do etwann die Pilger angefahren sindt, alss Unser naven zur linken seiten an Suria. Fürther fuhren wir mitt fast unstetem windt unndt sindt kummen uff Mitwoch zu morgen noch Kiliani 5 woche noch Bonefacij, alss wir zu Venedig ussgefahren sindt, gen Jafa an Landt Suria, do anckert man die naufen unndt musten am ancker warten biss auff 6 tag biss auff dhinstag nach Margreth (18. Juli), do kam dass geleit In Jaffet, vonn etlichen Jopen genant, unndt kamen wir in Bergken daselbst hin gegen Jaffet, diessen Tag III unndt die Türcken haben diesse gewohnheit, dass Sie kein In die Löcher lasen, dass Sie schreiben sein Namen vor uff,[5]) aber mann

---

[1]) Baffa. [2]) Golf von Attalia. [3]) Cacoba; S. 216. [4]) Sidon. [5]) Vgl. S. 23-25.

schrib mich nit auff, auss Ursach, der Patron nam mich für ein Knecht, do mit man mich nit kennen solt, unndt wolten genanten diessen tag auff den abent gen Rama geritten sein, do waren der esel nicht genug, so Verzögen wir Pilgern die nacht in den löchern, am mittwoch Morgens frue ritten wir zu Jopa aus unndt kamen Inn rechte Landt Jaffe, ist ein zerbrochen statt, dor noch kamen wir gen Sarue¹) genant, ist ein zerbrochen schloss, lage unnss auff der lincken seiten, darnach sahen wir Sanct Jörgen Kirch, do soll sein haubt liegen, dor nach kamen wir gen Rama, do hin sein 10 welsch meil, do lagen wir Bilger in dem Pilgerhauss, dass Hertzog Philips vonn Burgundi gestifft hat unndt denn Barrfüssern auff den Berg Sion zu Jerusalem viel guts gethan hat. Rama ist ein gross statt gewessen, aber sie ist gar zerstört worden, unndt bin mitt dem Patron zu denn Türcken Bottschafft gangen, denn er umbschickt, die landt zu besehen, die er gewunden hot, unndt einzunehmen, unndt zu besitzen; do der Patron zu Im kam, do küst er Im die füss, unndt setzt sich zu Ihm nieder, unndt der Türck sass auff einem Leder undt het nix an, dann ein Hembt unndt ein Rock, unndt waren bey Ihm In sein Zelt über zwey oder drey nit, unndt lag im feldt unndt hett ungefehrlich (fol. 27) bey 70 Zelt klein unndt gross, unndt hett bey 400 Cameel Tieren unndt sonst viel geül unndt Eseln. Uff Pfinstag noch Margrethe (18. Juli) zu Obendt sein wir zu Rama aussgeritten umb 12 welsche meil gen Jerusalem zu, do sein wir abgestanden, assen unndt truncken dassjenig, wass wir mitt unss brochten, unndt ruheten die nacht im feldt bey eim Schloss, genant Latron,²) nach mitternacht ritten wir gen Jerusalem zu auff 15 welsch meil, do sassen wir wieder ab Im feldt unter eim grossen alten verfallen gebeüwe Sylo,³) aldo leit der Prophet Samuel begraben, unndt zechten, was wir mitt unns brächten, dornoch zohen wir vollem noch 5 welsch meil gen Jerusalem, unndt do wir gen Jerusalem kamen, do zogen wir In das Closter auff dem Berg Sion, do gaben unnss die Mönch ein Collation, dornoch zogen wir in unser herberig. Item am sambstag nach Mar-

---

¹) Jazur. ²) Al-Latron. ³) St. Samuel; vgl. Tobler, Jerusalem, II. 874 ff.

grete (19. Juli) do sahen wir die helgen stätt, die Im Closter sin unndt die auff den berg Sion sin, unndt denn weg In Josaphat thal unndt In Josaphat thal auch dieselbigen stet auch unndt denn weg, wie unser Herr sein Creutz tragen hot, unndt die Statt do, do Pilatus unsern Herren hot gezeigit unndt gesagt hot „ecce homo", die helge stet suchten wir am sambstag, wie hernoch folgt Im Inliegenden Zettul, unndt gingen dieselbig nacht dass erstmohl in denn Tempel unndt blieben die nacht dorinnen unndt sah auch die helgen stet, die dorin sendt, wie Im noch geschrieben Zettel stet. Item uff Sanct Maria Magdalena Tag, war am Montag nach Margrethe (22. Juli), do gingen wir gen Betania unndt sahen die Helgen stet auff dem weg hinaus biss gen Betania unndt vonn Bitania biss auf denn Olberg, do unser Herr ist auffgefahren gen Himmel, unndt den Berg ab biss In die stet, wie man den Pilgrimb zeigt unndt wie es dann In dem Zettel stet. Item am eredag nach Margrethe (23. Juli) liess mann unnss wieder In denn Tempel, blieben aber do Innen. Item am Mitwoch (24. Juli) do sein wir zu nacht gen Betelheimb geritten, ist etwan sechss meil vonn Jerusalem, sein über nacht do blieben unndt die helgen stet do gesehen, wie hernach folgt Im Imliegenden Zettel. Item am Donnerstag am Sanct Jacobs tag (25. Juli) ritten morgen frühe zu Betelem auss unndt kamen zu einem brunnen, do Sanct Philips Enuchum Candacis regina hat taufft, unndt wir haben do zert, darnach sein wir geritten biss Inn Zacharias hauss, do unser frauw zu Elisabeth über dass birg ging unndt dass mannificat macht, über diessem hauss (fol. 28) hat Zacharias Sanct Johansen Patisten beschniten unndt ist reden worden unndt gemacht dass Benedictus Dominus Deus Israel; fürther sein wir geritten biss an ein statt, do Sanct Elisabeth Sanct Johanns Papistat gebohren hatt, dor noch sein wir geritten In ein Kirchen, do dass Heylig Creutz ist gewachssen unter den frohn Altar unndt die Syrien haben es Inn; Ist alss In monte Judeae. Item am Sambstag nach Jacobj (27. Juli) do sent wir zu. 1 mol In Tempel gelassen worden. Item am Suntag noch Jacobj (28. Juli) do seindt wir Bilgerimb genn Jordan geritten, dass ist sehr ein bösser weg zu reytten Im birg, unndt sein geritten biss gen Jericho, Ist ein

alt Schloss, da thaten wir ein Trunck unndt schliffen ein halb
stundt, unndt ist dass 32 meil; dor noch ritten wir Jenn Jordan.
ist eben weg, unndt kamen mit dem Tag dar, sein acht meil dar.
unndt ist ein Pilgrim Im Jordan ertrunckn,[1]) aber nicht auss unserm
schiff, aber auss dandern schiff, dass mann nent die Partzeten,
unndt auff dem weg zwischen dem Jordan unndt Jerusalem starb
auch ein Bilgeram auss dem andern schiff unndt waren auch etlich
kranck, unndt kamen am Montag (29. Juli), ehe es nacht wurdt, zu
eim alten zerbrochenen Gebeůw, do blieben wir ein stundt oder zwey,
dornach ritten wir gen Jerusalem. Item am Mittwoch nach Sanct
Jacobstag (31. Juli) do sein wir zum IIII nochmittag zwo stundt lang
Ungefehrlich Inn Tempel gelossen worden, doch must ein Iglicher
Birger, der hinein wolt, 4 market geben.

Item alle helgen stet zum Teil hievor gemelt unndt andern,
die Ich auff dem helgen Landt gesehen hab, werden genugsamb
mit gnot unndt ablass In einer ab Copirter doffel hiebey ~~legt
unndt auss der mapen des Verheisten gelobten Landts von Gott
denn Kindern vonn Israel bezaichnet.

Uff Sambstag nach vincula Petri denn dritten tag Augusti
sein wir Pilgrim zu Jerusalem wieder aussgeritten gen dem
meer zu unndt sein gen Rama kummen uff Suntag (4. Aug.)
zu Mittag alda, unndt die Unglaubigen behilten Im Bilgerim hauss
biss auff Dinstag (6. Aug.) zu morgen, do kamen wir den mittag wieder
gen Jope, alda schlugen die Türcken die Bilgern uber unser geleit In
die löcher, alss ob wir Hundt gewessen weren; wiewohl sie unnss
schlugen unndt genugsamb mutwill mitt unnss trieben, so schick-
ten wir unns doch, dass wir In unsser naven kamen, do waren
wir sicher, wie wohl zu Rama (fol. 29), do die Pilgerum auff warn
gesessen unndt wolten gen Jopa reiten, do schlugen die Türcken
die Pilgerumb wieder unter die essel unndt trieben unnss In dass
Bilgerumb hauss, dor noch liessen sie unnss Bilgerumb reiten, wie-
wohl sie behielten unssern Patron (alss er sagt) gewaltiglich, Ihn
etwas abzuschrecken, uff denn wir biss auff samstag Laurentij den

---

[1]) Vgl. oben S. 33.

10. tag Augusti In der Naufen an dem ancker warten musten, do fuhren wir gen Zipern zu 300 Meil unndt kamen mitt guten windt gen Zipern an die Salina[1]). da man dann Pflegt zu anckern, am Sambstag nach assumtionis Mariae den 17 Tag Augusti. Salina ist nit, dann ein Kirch, unndt 3 oder 4 häusser dabey, leit am meer, noch dabey leyt 2 welsch meil, ist ein dorff, heisst Larnich,[2]) do nahmen wir herberig unndt sein In Zipern umbgeritten, wie hernoch folgt.

Na. Do der Patron wieder In die naufen von Rama kam uff Sambstag Laurentij, fur ein Türckische grippen bey unser Naufen heer unndt landet zu Jopa, vonn denen kam dass geschrey In unser Naven dem Patron glaublich, dass diesse Gripp auss der Türckey so bösse mär solt bracht haben, dass wohl zu besorgen, wo wir noch alss viel alss 6 tag verharret, unnss hett kein geleit gehollfen, sondern alle weren wir gefangen worden. Item an dem obgemelten Sambstag nach assumptionis Mariae denn 15 Tag Augusti do bin Ich in der nacht zu Larnich aussgeritten, auss Ursach der hitze im Tag, gen Famagusta,[3]) ungefehrlich bey 12 Ziprischen Meilen, Famagusta dass ist alss ein veste Statt, dass niemandt meint, die wohl zu gewinnen sey, alss vest mitt Mauwren, Thurmen unndt Pasteien gegen landt unndt meer, gegen landt mit guten gräben unndt Schüten unndt bauwt noch stets daran, die Venediger haben auch diesse Statt stetz mit 7 fänlin soldaten, guts Kriegs Volcks vonn Teutschen unndt Italigern, wohl besetzt, unndt nehmen kein Grichen an In solt, dann sie trauwen nit, so balt ein soldat oder Kriegsknecht ein Grichin zu eim weib nimbt, so wirt Im der solt abkundt unndt mag nit mehr solt vonn In haben. Diese statt ist wohl versehen mitt geschütz, pulver, proviand, alss biscoten essig, uff dass so die belagert wurden, dass Sie auf Jar unndt tag versehen weren, auch muss es übel zugehn unndt ist geleich alss ohnmüglich, diesse statt ist zu retten mit proviand unndt ander notdurfft, dann (fol. 30) Sie ist auch ein Port dess Meers, diesse Statt wirdt nichtallein wieder denn Türcken befestiget, sondern auch unndt vielleicht mehr wieder ein König vonn Hispanien. Item auff

---

[1]) Salina. [2]) Larnaka. [3]) Famagusta.

diessen Suntag, do wir gen Famagusta kommen sindt, do seindt wir geritten gen Alta Famagusta, bey 4 Zyprische meil vonn Famagusta. unndt Sancta Catharina Vatter ist zu Alta Famagusta gesessen, aldo ist Sanct Catharina gefangen gelegt in ein Kärker oder Gefängnis, wir gingen in diesse gefängnuss, sieht mann ein Löchelin auss der erden unndt herauff dass wasser entspringen zu enthaltung unndt erquickung Sancta Catharina. Item in diessem Kercker Ist die Mutter Gottes mitt Ihrem Kindtlin der heyligen Jungfrauwen Sancta Catherina erschienen unndt hat dass Kindtlin der Allmächtig Gott die Jungfrauw Sanct Catharina mit einem Gulden ring zu einem gespons vermehelt. Item am wieder umbkehren gen Famagusta uff der seiten rechten hin sahen wir zwenn grosse stein In Löwen gestalt grosser, dann ein Ochss sein mag, sagt mann unnss, es weren also gross thierer gewessen unndt hetten den leuthen gross schaden thon unndt also viel leut verderbt, dass ein Heylig solch Tier zn diessen stein verflucht hott. Item am Montag nach assumptionis Mariae denn 19. Tag Augusti do sein wir zu in der nacht zu Famagusta aussgeritten biss in ein dorff dass heist Trapesa[1], sein 20 Cypern Meil dohin, do rugist Ich ein stundt oder zwey, dornoch ritten wir gen Nicosia, dahin sein 12 Meil eben weg; Nicosya[2] dass Ist die Haubtstatt In Cypern; aldo haben die Venediger Ein Vice Roy über die gantze Insel unndt verändern Sie allweg über dass dritte Johr, unndt ist allweg ein Vice Roy ein Zentelon vonn Venedig, unndt wass vom Adel oder andern treffenlichen Leuten In der gantzen Inseln sein, haben gemeinlich Ihre wohnung In diesser Statt Nicosya; diesse Statt Nicosya hat ein gross weit befestigt mitt grossen alten costlichen verfallen gemauerten gebäuwen, dorin die grossen Herrn bey Zeiten eines Künigs vonn Cypern gewohnt haben, es ist auch in diesser statt ein ehrliche Kirchgange, alss wir In zwischen Venedig unndt zu Jerusalem unndt dorumb uff dem heiligen Landt nit ehrlicher gesehen haben, nemlich ist in diesser statt ein stifft mitt weltlichen Priestern besetzt unter einem Ertzbischoff, der wohnt in diesser statt. In diesser schöne Kirchen stet in einer capellen

---

[1] Trapesa, westlich von Famagusta. [2] Nicosia.

ein schön ohnerhaben costlich (fol. 31) gross grab vonn dem köstlichen stein Jaspis, dass ist unsern Herr Gott, alss er auff diessen Jammerthal gangen, zu ehren gemacht worden, dann die Kirchen diesser Insel haben gehofft, Christus werdt zu Ine zu Zipern kummen unndt bey Ihnen sterben, so wolten sie Ine dorin begraben haben, die grab wird auch heudt zu tag hoch unndt gross geehrt unndt andächtlich besucht umb Christus willen vonn gemeinen Volck diesser Insel, alss vonn denn Grichen. Zu Nicosia sein auch 4 Klöster mit schönen antächtigen Kirchen, nemlich observantzer, Baarfüsser, am endt diesser statt dor Innen leit Beatus Johannes vonn Mentfort leibhafftig,[1] denn liess mann unnss sehen, wie wohl er nit noch canonisirt ist, so wirdt er doch hochgeehrt, besunder so er hat zu biten fur dass Fiber, do geben die Münch denn Leuten wasser oder baumwoll vonn diessem seligen Leichnamb Johannes, bewert fur dass Fieber zu brauchen; die ander Closter in diesser Statt sein Conventuales Baarfüsser unndt sendt elter zu Nicosia, dann die observantzer obgemelt, dass dritt Closter sein Carmeliten unndt dass vierdt sein Prediger, mit schönem begriff Kirchen unndt gärten vonn köstlichen Obst, Pommerantzen unndt Trauben, lustig unndt wohl gepflanzt. Item am Mitwoch nach assuptionis Mariae den 21. Tag Augusti do bin Ich zu nacht Nicosia aussgeritten biss gen Sanct Mama.[2] Dohin sein 18 Ziprisch meilen, leit ein Kirchen Im felut, doran wohnt ein Griechischer Priester unter dem Grichischen Bischoff auch zu Nicosia verordtnet, auch wohnt do ein Grichischer Bauer oder würth, der denn Leuthen, so dahin kommen, umb Ihr gelt zu essen unndt trincken git; In diesser Kirchen stet ein gross Marmolsteiner grab, sagt mann unnss, der Leichnamb Sanct Mama liege leibhafftig dorin, aber dass grab ist zu unndt nit offen zu tun, vom Landt Sucia über Meer dohin worden bracht, aldo besucht unndt geehrt zu werden, kam der Priester sagt unnss, wie die Moren oder Suriani solich grab heten wollen uffschlagen unndt brechen mit gewalt, alss dorin diesselben streych an der sytte wol süchtig sein, do hot sie der heylig gestraufft. Auch sagt unnss der Priester, ein

---

[1] Vgl. S. 23. [2] Aja Mama, südwestl. von Nicosia?

Kunig hab dass grab wollen versencken, oben auff dem Deckel ein Löchlein hinein gemacht, dor Innen wasser gefelt, vermeint mit dem wasser zu füllen unndt zu beschwehren, dormit dass es desto ehe untergehe, aber diesses gross steinen grab ist auff (fol. 32) dem Meer alss embor geschwummen unndt an Staden zu Zypern kummen, dass hot es aber niemandts hin kennen bringen, biss zu letzt Ist ein Pfaff, mit seinem sun dar an kommen, die haben solich schwer ohnmüglich stein Grab In diesse Kirchlin an das nechst gemelten endt, do es noch stet, bracht, unndt styg uff diessen auss dem Löchlin, dass der Künig darin geschlagen hat, schmaltzig Wasser, dass haben wir gesehen, unndt dass wasser mit unnss hienweg geführt, es soll auch zu vielen ohnheilsamen schaden heilsam sein unndt baldt helffen, wie wir dann auch kranck leut zu bössen schaden denn Crichischen Prister solich brüchen gesehen haben; do wir unsser Andacht auss hetten gericht, do ruheten wir ein weil, dornoch zogen wir wieder gen Nicosia unndt am Pfinstag nach assumptionis Mariae denn 22sten Tag Augusti zogen wir wieder gen Larnich unndt ist bey 20 Zyprische Meilen vonn Nicosia biss gen Larnich, macht bey sechs teutsch meil, unndt darzwischen zu halben weg sein wir ungefehrlich denn hechsten berg diesser Insel, genant der Creutzberg, darauff an dem höchsten ort steet ein Capell, ist etwann ein gross schön Kirch gewessen, ist durch Erdbodem zerstöret, In diesse Kirch hat Sanct Helena dess rechten Schächers Creutz sambt ein stücklin dess heyligen † bracht, dass wir sahen, unndt blieben in diesser Cappellen bey einer Grichischen unndt einer Lateinischen Römischen ordtnung Meess. Item am Montag noch Bartolomei den 26. tag Augusti do ritten wir nit ferr vonn Larnich ein spatzier weg, do kamen wir auff ein weite eben feldt bey 2 teutscher Meil oder mehr lang unndt braidt In die ronde, da wachst schon gut saltz, dass haut mann auss, wie gefrohrn eyssschemel, unndt tragt es uff hauffen, die löst man über Jahr liegen, so kumen die Venediger Naufen unndt führens hinweg gen Venedig, die Herrschafft die weiss dann, wass sie einem Jeden Patron solich saltz zu feren noch ein anzal mass dar zu gehörig gelieffert bezahlen soll, dornoch treibt die Herrschafft weiter Kauffmanuschafft mit In Ihrem bezwang unndt darff sunst niemandts dess Saltz sich gebrauchen oder verkauffen, dann die Herrschafft, die haben stets über Johr viel Volcks, ohngefehrlich bey 200 oder 300 Menschen, die solich saltz ausshauwen unndt zu hauffen machten; unsser Patron ludt sein naufen unter den Palast voll dess (fol. 33.) saltz mit gen Venedig zu führen der Herrschafft. Cypern ist ein Künigliche grosse Insel Griechischer sprach unndt In kurtzen Jaren an die Venediger kummen, alss mann sagt betruglich durch dass Venediger Geschlecht Corniss[1]) genant, zu dem sich der letzt Kunig Jacob genaut Ehlich verheurat unndt ein Ehelichen Sohn mit diesser frauwen gehabt, unndt ist zu letzt sambt seim Ehlichen sohn eines schnellen Todts gestorben, alss dess Vaters unndt Sohn In ein grab komen sein, dor In noch Sie zu Famagusta bey ein ander neben eran Altar zur lincken handt an der wandt In einen erlichen Marmolsteinen Grab liegend, unndt der Sohn leit dem Vatter zwischen Bein, dass mag man oben herab zu eim Löchlein sehen aigentlich, dornoch sich die Venediger villeicht mit hülff der Königin Bruder solich Insel Inn zu nehmen geschickt haben. Diese Insel ist fruchtbahr ahn wein, frucht unndt alle andenrn costlichen Obst, auch wächst viel Zucker In diesser Insel unndt werden ander Lande vonn diesser Insel Mitt frucht, baumöhl, Zucker unndt saltz gespeyset.

Die Venediger haben dem Soldan müssen Jors ein gross Summe ducaten für solche Insel geben, welche summe ducaten sein jetz dem Türcken antworten müssen, nehmlich unter 15000 oder 16000 ducaten nit, so sagt man unnss, die Soldaten unndt die gebeuw zu Famagusa gesteen sie jährlich zu Unterhaltung by 300000 ducaten, unndt sollen die Venediger bey 100000 Ducaten vonn solcher Insel Jährlich einkommens haben, alss Ich gehört hab, die vonn obgemelten Uncosten abgezogen wirt, dass überig wirt gen Venedig uss dem Landt geführt; Ein König sol bey 900000 ducaten Jährlich Inkommens gehabt haben, In summe es ist ein über die mass fruchtbahr lustig reich Insel besonder dar umb die Haubtstatt Nicosia unndt wo die Venediger nit besorgen, dass Sie noch hoher umb

---

[1]) Cornaro.

diesse Insel angefochten wirdt, hetten Sie längst Unterstanden bergwerck Golt, Silber unndt ander Metall In diesser Insel zu finden, uffzurichten, dann es Ihn ohnzweiffel nit fehlen wirt. In diesser Insel wachssen In den Aeckern viel würm, heissendt die Heuschrecken, thunt der frucht im feldt grossen schaden durch abbiss die wurzeln der frucht, darüber gross gelt In diesser Insel Jahrs denn weibern vertaglont unndt (fol. 34) sonst verlohnt wirdt, zu sommer zeiten solche wurtz zu verschützen unndt zu vertilgen, solche würm machen etwan Teuerung unndt ist der gross Unfall diesser Insel. Diesse Insel ist auch vorzeiten zerstört worden durch ein König vonn Engellandt[1]) unndt sollen derselben zeit zwey König In diesser Insel gewohnt haben, die haben dess Königs Schwester gewaltiglich beschlaffen, alss Sie hatt wollen zum heylgen Landt fahren, unndt hatt denn Ihr solicher schändtlichen gewalt gesehen, ist sie den nechsten wieder heimb zu ihrem Bruder mitt schwartzem seegel gantz trauwriglich unndt nit wollen zum heylgen Landt fahren, Ihrem bruder solche gewalt, so In Zypern vonn denn Küngen gewalt, geklagt, darauff Er sich gerüst unndt In Cypern gezogen, mitt Gewalt die gantz Insel zerstöret, verhört unndt Jedermann daraus trieben, also diesse Insel lange öde gestanden ist, solche Zerstörung sich Inn solcher Insel wol an Vielen alten Mauwren an allen enden diesser Insel erscheindt, dann allenthalben alt zerrissen Bäuw unndt mauwren In diesser Insel gesehen worden. Nota, In diesser Ist die Erndt im frühling unndt geht dass Viehe überwinter uff die weyde unndt wirdt der Sommer vonn Grosser hitz also durr, dass dass Vieh uff dem feldt kein weyde mag, darumb wie man in Unserm landt über winter dass Viehe In häussern der Kält unndt winde halb nähren muss, also muss man dass Vieh zu Sommerzeit dorhin unndt mangelhalb der weyd heimb nährn, dar zu ist auch die minste weberunge Im sommer bey nacht alss die hitz halb unndt brächt Ochssen unndt Büffel zur fuhr. In diesser Insel auch füllen, auch hübsch gross hengst, mechtig, unndt sunst Pferdt darinnen, wie wir dorten sie zu Nicosia gesehen haben, aber sie werden am maisten zu reiten unndt wenig zu führen gebraucht, alss mann unnss sagt.

---

[1]) Vgl. oben S. 214.

Vonn dem 15 Tag Augusti ane sein wir Bilgern In Zypern
auff dem Lanndt blieben biss auff denn 28 Tag Augusti, da hiess
der Patron die Pilgeramb bey fast bössem widder windt wieder zu
schiff gehn unndt musten am Ancker in der Pforten warten uff
guten windt biss auff denn 31sten; denn letzten Tag Augusti nach
der nacht gegen Morgen unterstunden wir doch mitt bössem wieder-
wertigen windt obbemelten uss der Pforten zu fahren, aber aller
morgen, wann wir uff stunden, (fol. 35) waren wir die nacht nichts
fürgefahren, unndt etwan erkanten wir unnss mehr hintersich dann
für sich gefahren zu sein, solich wert ungefehrlich 12 Tag oder
mehr, dass wir vonn der Zyprischen Insel uffs weit Meer kamen, do
liess unsser Patron gen Casselrodt[1]) zu segeln, denn windt vom
Landt zu empfahen. Nota vonn Castellrode sein noch ungefehrlich
bey 40 Meil gen der versenckten statt Cacuba, steht vorgeschrieben,
unndt ist Castelrode vonn einen cartschir[2]), dass ist ein Meer Reuther,
Sanct Johannes Orden von Rhodis Hispanischer gebuhrt, Ime zu
enthalten wieder Türcken unndt ander, erbauwen wardt, denn seiner
grossen raub unndt reutherey halb mocht er nit enthalten werden
zu Rhodis unndt, mann sagt, solch Castel noch sein eins Künigs
vonn Hispanien, aber niemandt wohnt da, wann die meer tauber
vonn Türcken Rodiesern unndt andern dergleichen, etwann die schiff,
so mangel haben, fahren aldo unndt ruder Cacuba ane, sich zu be-
holtzen unndt mit frischem wasser zu versehen, aber wir fuhren
nit do an, wiewohl uns an wasser gross mangel, dann es unnss all
stinckent worden war, unndt holtz unnss auch schier gebresten
wolt, dorumb etlich vermeinten, unss dar ane zu fahren, dann es
vor auch wohl mehr geschehen ware. Unndt uff denn 18. Tag
Septembris kamen wir wieder gen Rhodis 300 Meil vonn Cypern,
140 Meil vonn Castel de Rode unndt 100 Meil vonn Cacuba, unndt
waren 21 Tag auff dem Meer gewess In der Naufen unndt dorunter
18 Tag vom Ancker, welches wohl In 5 oder 6 tag hett mögen
fahren, wo wir etwa ein wenig windt gehabt hetten; es sturben

---

[1]) Castelloryzo.   [2]) Corsar.

auch auff unser Naufen 4 Pilger, nemblich ein Engelischen Herrn Knecht, den führt man uss der Naufen an Landt In Cypern, doss ander waren 2 Priester unndt der 4. war ein ehrlich treffenlich mann, genant Johanns vonn Aue, etwan ein Rentmeister zu Mechel, die wurden Inn Laden mitt stein beschwert geschlagen unndt In dass Meer versenkt. Gott sey den unndt allen glaubigen seelen gnädig unndt barmhertzig. Sunst wurden gemeinlich alle Bilgern kranck, mann sagt vom bösen Zyprischen Lufft, wann es gemänglich geschehe, so man wieder auss Cypern fur, aber vonn Gnoden Gotts irret mich unndt etlichen solcher Lufft nichts, Ich meins theils hielt mich auch, alss viel (fol. 36) Ich mocht, mit wein unndt wasser, dann in Zypern nit ytel wasser oder wein, sonder wein unndt wasser will wohl gemischt getruncken sein, dass gleich ist eim noch so überhitzig werk zu verhüten. Unndt alss wir den 18. Tag des Septembr. vorgemelt gen Rhodis fröhlich mit uffgestecktem fahnen Inn hafen kamen, schickt der Grossmaister zu Rodis, der dann In 8 oder 10 Tagen darvor erst auss Franckreich oder Marsilia, nach dem er kürtzlich diess Jahr nach absterben dess alten Grossmeisters gewält worden, kommen war, den Gran Prior auss Frankreich mit sambt seinem Marschalck unndt den Wallern, der ein castilan zu Rodis ist, sambt andern treffelichen unndt allen Deutschen des Ordens Mihr Otto Heinrichen entgegen In einer grossen Parcken, Mich mit Trumeten ehrlich uss der naufen zu hohlen; alssbaldt schickt Ich zu Graff Georgen vonn Zweyenbruck unndt Herr zu Bitz geslechthafft, dorinn waren Engelhardt vonn Hirschhorn, Philips Euler, Bonaventura vonn Preitenbach, unndt Magnus Bildt, uff Mich zu warten zu Rodis, dass Sie denn willig unndt gern thäten. Also empfing der Marschalck vonns Grossmaisters wegen Mich unndt führten Mich uss der Naven In diesser grossen Barcken, dor In der Marschalck mit andern Gesandten zu unnss Inn unser Naven kommen waren, ehrlichen mit Trumetern unndt ablössunge dess geschütz uf der Grossen unndt gemeinlich allen andern Naven unndt Schiffen, die in der Pforten stunden, Prachtlich unndt fürstlich an Landt unndt In eins reichen Mans hauss, genant der Centurion, schon geziehrt mitt köstlichen Tapecereyen noch Ihrer gewohnheit, aldo ware der Tisch gedeckt unndt alle ding wohl bereit, unndt alles, wass Ich bedörfft sambt meinen dienern, in wein, brodt, fisch, fleisch, eyer, Kraut unndt allem, dass liess der Gross Maister mihr alles überflüssig zu hauss tragen, also dass Ich sambt Meinen dienern alle genug hetten, dieweil wir zu Rodis wahren; der Gross Maister liess auch mihr sagen, dass Ich nichts solt sparen, auch entbott sich mein würth mihr zu dienen unndt zu thun, wass mihr gefiehl, unndt hauss unndt hoff wer mein, unndt thet mir ein eliche schenck unndt thet mir auch alle Ehr sunst Im hauss, dass Ich denn gnädiglich vonn (fol. 37) Im annahmb unndt mich auch recht geschaffen gegen Ihm hielt.

Ann dem 19. tag Septembr. Ging Ich zum Grossmaister, Ihn anzusprechen, unndt nach dem Ich Ihm anzeiget, etliche dess Ordens vom Adel gefangen sein, dofür Ich bat denn Gross Maister, dieselbigen gefangen zu ledigen, dess der Gross Maister williglich wardt, unndt wass Ich an denn Gross Maister begehrt, dess war alles Ja alss freundtlich unndt gutwilliglich hin sich der Gross Maister gegen Mihr in allen Dingen. An dem 20. tag Septembr. do wart Ich geführt zu einem ofen dorinnen honer unndt straussen ayer unndt ander ayer aussbrüt werden[1]), der uns allen, die myn sün zu waren, auch gezeigt werde, dessgleichen war mihr gezeigt straussen unndt hüner, die do aussgezogen warn, auch gezeigt, unndt fürt mich In die grosse Naven, die mitt köstlichem unndt vielem grossen Geschütz sambt einem Backofen darinn unndt ander Notturfft eines Kriegsschiffs wohl gestaffirt oder versehen gezeigt. Die Gröss unndt leng diesses schiffs Ist 58 spann weit überzwerg unndt 176 span lang, unndt wiewohl ein Kracke grosser ist, so verglichen Sie doch diesser naven ein Kracken. Der Mastbaum diess schiffs Ist an der läng 176 span unndt die runde vom Korb ist 58 span unndt ist 18 span dick. Dass geschütz diesser Naven. Diess schiff ist mitt geschütz versehen, nehmlich sein daruff 10 Cartaunen unndt Schlan-

---

[1]) Ueber die sonst nur in Aegypten gebräuchlichen Brutöfen vgl. oben S. 38 und Abdallatif, Relation de l'Egypte ed. Silvestre de Sacy, S. 135 f, 148 f, 154, 425 f.

gen, Item 100 hockenbüchssen, 466 hant Büchssen, dorzu sein 36 bestelter Buchssen Meister. Nota, diesse Nave oder schiff helt 1500 fass, unndt sunst ein Gemein nauf, alss unser Bilgere Nave, pflegt gemachelich 700 oder 800 fast zu halten; läst jetz ein Grösseres schiff machen, dass soll holten 500 fass mehr diesser grossen naufen unndt wirdt sechs Klofftern länger, dan die obgemelt gross schiff.

Auff Montag den 23. Tag Septembr. zu nacht haben dess Grossmeisters Marrschalck mitt denn Genanten Prior auss Franckreich sambt allen Teutschen Mich mitt Trummetern unndt allen ehren, wie (fol. 38) Ich auss der Naven den 18. Tag Septembr. empfangen wardt, wieder In die Naven begleit unndt geführt, dornoch wieder vonn unser Naven gefahren gen Rodis, alssbalt unser ancker geinhebt unndt die Naven mitt dem seegel unndt allen vonn dannen gen Santi uff Venedig zu fahren geordent warn, aber wir kunten windt halb die nacht nit weit vonn Rhodis fahren, dass unnss zu gutem kam, wiewohl wir die nacht über doruber zufrieden waren, dann wo wir guten windt gehabt heten, weren wir einer Turckischen Curschir, genandt Cartobale, mitt einer Grossen armaten In die handt gantz ohnversehen gefahren, der dann unnss vier auff unsser Naufen verkundtschafft waren, dieweiln es Ihnen gefehlet unndt umb sie ussgezogen waren, diesser Türkischer Curschier haben die Rodiser herrn und brüder auch nieder geworffen unndt denn ein geköpfft, denn andern sollen sie noch gefangen haben, dorumb diesser Curschier vermeint, seinen gefangen bruder zu ledigen, hatt darumb seinen anschlag den Naufen Gross Maisters, so er auss Franckreich genn Rodis fehr, nieder zu werffen geacht unndt do er solichs versaumbt, hot er seinen anschlag, die 3 galeen der Ordens nieder zu werffen, die ussgefahren waren holtz zu holen, aber do Ihnen solichs auch fehlt. In dess wurden wir Bilgere Innen, zu Rodis zu sein verkundtschafft, Also schickt dass Glück, dass by V Candischen schiff, gripen unndt Galeen vor unnd denn obendt vorgemelt vor unnss zu Rodis gen Candia zu fahren ussgesegelt, unndt kamen unter die obgemelt armata des Türckischen Curschiers, dass geschrey in der nacht dem Grossmaister kundt thun wurdt, der liess eilents auff den Thurnen zu Rodis in der Mitternacht, unnss zu warnen, Büchssen schiessen, aber unser Patron sambt wir Pilgerumb unndt Idermann In unser Naufen solche uffruhr gantz unverseblich uberhorten, vielleicht durch schlöff, solich warnung biss dinstag den 2. Septemb. Zu morgen gegen Tag werden In unser Nave vonn Bilgern unndt andern etlich gesellen jen 10 meil vonn unnss an türckischen birg gegen Rodis über dass meer unndt denn auch wurden gehört etlich schüss dovon, der rauch bescheidelich In unsser naven auch mocht gesehen werden, dass ging nun über die ander Candichen V Schiff (fol. 39.) obgeschrieben, alss unnss dornoch gesagt wart, also ye mehe der Pilot unndt wir alle uss unser Naven hienach sahen, je gewisser wir die Segel ersahen, unndt etlich, die wohl weit sehen mochten, zehlten bey 17 segeln der Türcken, die sie eigentlich sahen, denn sie zu unnss segelten, dass ietz unser Patron unns Pilgern unndt liess alle Büchssen In der Naven ordenieren, dass jeglich wir Bilgere unnss auch zu wehr schickten mitt unsern Büchssen unndt andern gewehren, so ein jeder in der naven hate. In dem sahen wir uss der Porten zu Rodis uss dem Hafen die grosse Naven mit einer Galehen unndt etlich ander Besten schiff, so diessmols in der Porten waren, denn nechsten gegen der Türkischen armade zu fahren, dess wir höchlich erfreiwet wurdten, unndt empfingen gleich ein Hoffnung unndt mit Hülff der Rodiser, die Türkisch arma zu schlagen. In dem kam ein Haubtman In einer grossen Fusten vom Homaister aussgeschickt zu Mihr, Mich wieder gen Rodis oder in die grosse Naven zu führen der ende eins, welches Ich wolt, dass es wer sicher, dann In der Pilger naven, dess Ich dann mich gegenn Grossmaister unndt dem Orden bedanckt unndt liess dem Grossmaister sagen, dieweil Ich In diesser Bilgere Nave bey anderen Bilgeren begriffen wer, so wolt Ich auch do In beleiben unndt sich aldo ob gott will finden lassen, wie eim Biedermann geziembt unndt wohl ansteht, do sagt der haubtmann, seyt dem mol mir des gemutz wer, so es dann darzu quem, wolt er sich auch bey mir finden lassen, unndt steyge domit uss unser Naven wieder In sein fusten unndt zog und unser Naven ein weil gen den Rodisern schiffen zu mit seiner fusten, dann es ware ein wenig bonatz, aber wir waren etwas weit vonn den Rodiser schiffen, desshalb der Obgemelt Haubtmann

vonn unnss liest unndt fuhr zu der Rodisern, dernoch fuhren wir
mit woltischieren unndt wie wir mochten alss denn Rodiesern schif-
fen zu, welche Rodisch Schiff auff woltisierten unndt eilten so fast
sie mochten der Türckischen armada zu, noch mit fürschickunge
einer galeen, die die Rodiser bey Ihn hatten, die Türckischen (fol. 40)
Armadj zu reitzen, biss die andern grosse Schiff auch herzu kommen
mochten, aber die Türcken flohen unndt eilten Irem Vortheil zu,
dass die grosse Schiff der Rodieser sie nicht ereilen kunten, doch
jaget die galeen unndt ein Bregantin ab den Türckischen armatis
vonn denn vorgeschrieben 5 Candianisch schiffen 2 Candisch schiff,
nehmlich ein gallion unndt ein grip, aber die Leut darin waren fast
alle erschossen oder zerhauwt worden, ussgescheiden etlich hetten
sich Im Palast in sandt verborgen, denn war nichts geschehen,
unndt do die Rodiesser schiff die Türckischen armaten ereilen moch-
ten, ehe sie wieder hinter sich in Ihren fortheil kamen, do segelten
die Rodiser wieder gen unnss, unndt schrien unnss zu, wir solten
mit Ihn wieder wenden gen Rodis, wir wurden sunst nit ohn schaden
durch den Canal kummen vor der Türckischen Armaden; do schrie
unsser Patron Ihn wieder zu unndt bath sie, dass Sie unnss wieder
wolten begleiten, do schrien sie wieder zu unnss, mann soll zu Ihnen
schicken, wolten Sie mit einander reden, dann Sie kunten also ein-
ander nit horen, do fuhr unser Patron zu Inen unndt Ich schickt
mein Hoffmaister Reinhardt vonn Neuneck mit Ihm, die wurden
mit den haubtleuten eins vonn Rodis, dass wir wieder mit Ihn gen
Rodis fahren solten, dann die Rodiser nicht sonders gestaffirt waren
mitt proviant unndt andern zur begleitunge notturfftig. Also segelten
die Rodiser unndt wir wieder gen Rodis zu, aber wir mochten mit unser
Naven schwachs windts halben die Porten denselbigen obent nit hie-
nein zu kummen erreichen, doch fuhren die gross Nave mitt etlichen
grossen schiffen dennselbigen abendt hienein, unndt alss die ritter
Bruder auss der grossen Naven die kleine schifflein auss der Porten
an Lande zu fahren eilten, ware der kleine schifflein eins mitt
etlichen umbgekehrt, darauss zwey Ritter Bruder erdruncken alss
denselben abendt; Auch blieben auch etlich diesser Naven unndt
schiff, unsser Naven zu hüten, die nacht bey unndt umb unnss, aber

In der nacht warff der windt unnss mitt unsser Naven uff 10 Meil vonn Ihnen wieder hinter sich gen Zypern zu, dass wir bey recht unndt unwetter (fol. 41) kaum denn Mitwoch denn 25. Tag Septembr. noch mittag die Porten zu Rodis erfahren mochten, do schickt der Gross Maister sein Marrschalck wieder mit der grossen Barcken zu Mihr, Mich zu hohlen mitt der Trummetern unndt allen eren, wie Ich vor empfangen unndt wieder In die Nave beleit, aber Ich wolt es nit haben unndt fuhr ohn allen Pracht mit Ihnen uss der Naufen an Landt, dornoch ging der Marrschalck unndt andere mit Mihr unndt begleiten mich wieder In Mein Herberg, dar In Ich vorgelegen bin, war Inn aller moss, wie am ersten mohl, do wir vonn Zypern genn Rhodis kamen, unndt alss wir Bilgeren genanten Tag Mitwoch den 25. Tag September wieder gen Rodis kommen sein' musten wir auff die drey Galeen, Naven unndt ander schiff, biss sie geschmirt, gestaffirt oder versehen unndt mitt aller Notturfft unndt gewaltiglich vor der obgemelte armata zu begleiten zu gericht wurden, dornach musten wir warten uff guten windt, dann wir drey Tag ehe wieder vonn Rodis gefahren weren, wo wir windt halb hetten mögen uss der Porten kommen. Die Zeit Ich sambt Meinen dienern wieder In dess Hoffmeisters Kosten, wie vorgemelt, ehrlich gehalten uss unndt auss bis auf sambstag noch Michaelis den 5. tag octobris warde, unndt alss wir Bilgern die obgenanten Zeit zu Rodis lagen, do erfuhren wir, dass die Türckische Armada hetten 17 segel, nehmlich 10 Galehen, 7 fusten unndt Gripen, die hielten sich alzeit uff unnss warten, alss mann unnss sagt, In der nahe umb Rodis, dieweil wir do waren, auch erfuhren wir, dass sich die Candischen schiff gen den Türckischen Armade vast wol unndt redtlich gewehrt hetten, doch waren sie übermächtigt gewessen, auch wass einer aus denn genanten Candischen schifflin einkumen, der hot 5 stundt an einander geschwummen unndt sich zur Mutter Gottes gen Vilerma verheissen, dem sie gnädiglich dor vonn geholffen hot, unndt darzwischen die weil wir zu Rodis waren, kaufften die Bilgerum Harnes unndt wass sie zu der wehr bekummen mochten, auch kam ein Rodischer Kurschir, brocht mit Ihmt ein guten raube, nehmlich by 100 Surianer, dass sein weyss Moren Jerusalemer Landtschafft, darunter waren etlich viel Jung schwartz Moren, unndt diesser Kurschir (fol. 42) woss bey sechs Monath uff obgemelten raub geroten, was der geachtet besser, dann zahent taussendt ducaten, das Inn das guth unndt die gefangene gut wahren. Nota, vonn denn gefangen aller Curschir, die gen Rodis komen, ist der zoger dess Gross Maisters unndt so der Gross Maister die andern gefangen unserhalb des Zehens haben unndt wolt Ir 25 ducaten den Kurschirn für ein jeden geben, die muss der Kurschir nemen unndt dem Gross Maister die gefangen folgen lassen, der mag denn die Gefangen erhencken. schetzen oder loften oder verkauffen zu schlaven nach seim gefallen. so aber der Gross Maister die Gefangen ausserhalb Zehens nit kauffen wolt, alssdann mag der Kurschir mit denn gefangen nach seinem gefallen leben, die schätzen oder alss hoch verkauffen, alss er kann, wo aber die drey Gallehen oder ander dess Ordens schiff Imandts vonn Türcken fangen, die müssen all gehenckt unndt ertödt werden. doch gemäglich erhenckt werden, obschon einer 6 taussendt ducaten geben wolt, hilfft Ihn nit, er muss sterben. Mann sagt unnss, In diesser Insel Rodis sein ein mahlestatt zwischen Rodis unndt Vilerno den schloss, ist jetz zu unser lieben frauwen genant Malapasson, dass ist zum bössen weg[1]), aldo vorzeiten ein gyftiger wurm oder Trach sich enthalten hat, unndt vonn Im sein viel Leuth In der Insel, so darvor gewebert, hoch beschädigt worden, dovon diesse molstatt uff diesen Tag Malapasson genant ist, desshalb ein Ritterbruder Frantzosischer nation gemeinen nutz gelibt, In gedacht diessen Tracken umbzubringen, denn Gross Maister gebeten, Ihm diessen wurm zu bestreiten zu vergünnen, dass Ihme der Gross Maister abschlug, diesser guten Meinung kein Ursach des Ritters thot gegen wurm zu sein. dann diesser wurm vonn einem Menschen umbracht oder vertilgt werdt ohnachbar wer; dieweil nun den Ritter solich Künheit zu vollbringen nit vergunt vom Gross Maister werden mocht, Zog er stillschweigent hin In Franckreich, bestelt Ihm ein

---

[1]) Mal passo; unser Bericht von der Heldenthat des Dieudonné de Gozon scheint der älteste zu sein; vgl. sonst Götzinger, Deutsche Dichter, 1877 II. S. 270 ff.

Pferdt unndt 2 starck hundt, die übet er taglich, liess ein Tracken haut molen, die legt er etwan dick uff ein Kalb oder ander lebendig Thier unndt hetzt die zwey hundt doran unndt reut mitt seim Pferdt solchen (fol. 43) gemachten Trachen zu stechen ane unndt liess solche hundt denn Trachen zureissen unndt fressen; dass trieb er stets ahn, domit dass er dass Pferdt wohl begegnen unndt die hundt freuwdig unndt begierig zu machen, dornoch er über lang gen Rodis zog mit seim obgemelten Pferdt unndt zwey hunden nicht sich annehment über ein Zeit denn Gross Maister wieder angesprochen umb erlaubnuss diessen wurm zu bestreiten, dass es Ihm aber vom Gross Maister abgeschlagen wardt, er trauwrig unndt über etlich Tag dornach rüst er sich heimlich mitt sein Pferdt, hundt unndt Harnasch sambt allem er zu solchem seinem fürnehmen vonnöthen ware, gantz stillschweigent, zu diessem wurm, do gerieth Ihm sein anschlag, die hundt fielen den Tracken freuwdig ahn unndt rissen sich mitt dem wurm, dass der Ritter zu einem guten stich kam, domit er denn wurm erdot, danoch schnitt er ein stück vonn seiner Zungen zu einem Wahrzeichen unndt thet sein harnasch wieder auss unndt saget niemandt nicht davon, ging er wieder heimb, legt sich nieder, wann er schwach wardt vonn Vergifftung des Trachens. Nach etlichen Tagen kam ohngefehrlich ein Grich auss der Statt Rodis auff diesse molstatt, fandt denn Todten wurm, der den Leuthen so viel schaden thon hett, unndt alss wieder in die Statt kam unndt höret in ein tag oder drey Kein Geschrey dovonn oder sich niemants dieser wolthat berümen, fuget er sich zum Gross Maister unndt berümbt sich, er hat den Trachen umbracht, begert desshalb einer ehrlichen Verehrung, vom Gross Maister verehrt wardt; als nun dieser Grich berümte den vorbemelten Ritter fürkam, fügt er sich zum Gross Maister, zaigt ihme ane, dass der Grich sein berühmen denn Trachen erdot ohnbillig thät, denn er hett es gethan, unndt der Grich nit, unndt dieweil er solches ohnerlaubt gethan hat, begehrt er ann Gross Maister des zu verzeihen, aber wolt dem Ritter nitt verzeihen, sondern nam Im das † unndt legt Ihn gefangen, Auch strofft er denn Grichen seiner falschen Berümens. Über etlich Zeit starb der Gross Maister, do wehlten die

Riterbrüder diessen gefangnen bruder, gaben Ihm sein † wieder umb dieser unndt andern wohlthat, so er by unndt Im Orden gethan hett; diesser gefangen Riterbruder zu Gross Maister erwehlt, hat fürther die Zeit (fol. 44) seines Lebens wohl regiert unndt ist der dritt oder virt Gross Meister gewessen, dieweil Rodis dies Ordens gewessen ist, Gott geb Ime unndt uunss seligkeit, Amen.

Uff samstag den 5. Tag Octobris sein wir Bilgerimb gemachlich des Vor dem Morgen essen In die Naven gefahren, alssbaldt haben die drey Galehen unser zwey Bilgerumb schiff je eines nach dem andern auss dem Haven oder Porten zogen unndt sein fürther mitt der Naven Mariet genant sambt einer andern Naven unndt einem Bregatin unnss zu begleiten bey unnss bleiben unndt mitt unnss drey Tag gefahrn, biss auff dienstag zu morgen den 8. Tag October namen sie urlob von unnss unndt sagten, es wurt windt kommen, desshalb wir Ihr nit mehr bedurfften; also do sie vonn unnss kamen, entstundt ein grosser windt unnss gantz wiederwertig, der wert bey zweien Tagen etwan schier gleich einem sturm, desshalb wir einer Pforten begehrten unndt unterstunden an der Insel Nyo¹) in Sarzapellico anzufahren, aber es fehlt unnss zum zweiten mahl, dann unsser Pilot die Porten nie gefahren, dazu ist es ein sehr sorgliche enge porten, der halb wir unnss vor der porten unterstunden zu enthalten, alss lang wir mochten. Inn dess wendet sich der windt, alss fast es wieder unnss gewessen, alss starck er mit unnss daran wart, desshalb es unnss gut was, dass wir nit In die porten kummen waren, dann wern wir In der porten gewest, hetten wir nit mehr daraus kundt bey diessem windt komen unndt den guten windt verliegen müssen, alss dann unnss zu Rodis auch gesagt; mit diessem guten windt für fuhren wir vonn dem Arzapelico unndt denn spitzen Caput angeli²), auch die Insel der Venediger Citerigo unndt Diterigo biss uff denn Golff gen Santj zu, dor noch stunden bonatze³) unndt wieder windt an, mitt dem wir unnss doch behulffen, wie wir mochten, dass wir vollen gen Santj kamen; umb

---

¹) Nisyro. ²) ? ³) bonaccia, Meeresstille.

diesse gegent sahen wir viel fisch, gleich einem häufflein spatzen, fliegent bey unsser Naven, balt wieder in dass Meer fallendt; alss die Rodiser galehen unndt Naven, die unnss begleiten, (fol. 45) dess windt halb vonn unnss fuhren obgemelt dienstag, sahen wir denn andern Tag vonn ferren ein gross schiff vonn Caput angeli unndt entgegen unser augen fahren, dass uusser patron unndt Pilot ein fründtschiff, alss ob er vonn Venedig kam, hielten unndt erkenten, stecken darum dass Bander auff denn seegelbaum zu einem Zeichen, dass wir sie nit forchten, aber uff den obent, do es etwas viel neher zu unnss seegelt, ketten die desselben schiffs Ihren fahnen auch auff dem segelbaum gesteckt, unndt erzeiget sich nit anders dann eilents uff unns segeln zu Ihrem vortheil unndt unserm nachtheil, gleich einen streit oder raubschiff unser Schiff anzugreiffen, do wuste der Patron sambt Piloten sich diesses schiff nit mehr zu verstehen unndt steckten denn Pilgern fahnen sandt über das schiff auss zu einem Zeichen des friedens; alss Sie nun zu unnss kamen, rechtfertigten unnss, ob unser Nave bilgerim führt, liess der Patron andtworten, Ja, do waren Sie zufrieden unndt liessen ein Buxssen abgen In dass Meer, alss wir auch thäten; diess Schiff erkanten wir vor ein Genueser schiff, alss es auch ware, unndt was einer grossen Kracken wohl staufirt zum raub unndt streyt mit Büchssen unndt ander notturff zu einem grossen schiff dinen wohl versehen unndt het Franckereichis wapen auff dem Mastbaum unndt neben zur seiten ein roth †, dass Jannesser wopen, stecken, unndt mann sagt, diess schiff fur in die Türcki mit gewalt alle verboten gewer alss eissen Metall unndt was zur wehr dient[1]) mehr dann kein ander schiff auff dem Meer ohne sorg oder furcht der Rodieser oder niemantz anders. Sarzapelico ist ein gegent Im oder auff dem Meer, dorin liegent 52 Inseln, ein theil der Venediger unndt ein Teil der Türcken, unndt diesses genant Sarzapelico lage unser naven an der wiederfahrt zur rechten handt. Unter diessen 52 Inseln mochten wir sehen die Insel Nyo unndt Mylo[2]) der Venediger, In die Insell Cypern ge-

---

[1]) Vgl. über das Verbot des Waffenhandels nach dem Orient oben S. 14.
[2]) Milo.

hörig, Unndt geht zwischen diessen Inseln ein Canal in die Türckey gen Constantinopel zu. In der Insel Nyo pflegen sich gemainiglich alle Curschir oder Meer rauber von Kristen unndt Türcken erwarten (fol. 46) raub oder schiff nieder zu werffen zu enthalten. Mylo ist ein schöne Insel, alss mann unnss sagt, vonn schönen frauwen bildt. alss sie ohngefehrlich zwischen Venedig unndt dem Heylgen Landt sein mogen, ist auch sunst ein fruchtbahr Insel an wein unndt früchten, der unndt der bauwt; auch sagten unnss etlich Johansern Herrn, die mit herüber fuhren, dessgleich ander, die diesse Inseln kanten, dass man in diesser Insel pflegt die wachteln Inzusaltzen. gen Roma, gen Rodis, in Neapolis zu schicken. Unter diessen 52 Inseln in Sarzapelico wurden unnss etlich Insel ligent genent, die wir nit sehen mochten, dann wir nit mehr, dann an eim orth oder spitz diesse gegent Sarzapelico gesehen haben, nemlich Paris ein Insel Troja, die vor der Zerstörung 100 meil weit, alss mann unnss sagt, umb mauert gewessen sein soll, dovonn die Histori sagt, Sie mit 10 Jährigen Krieg bekrigt, unndt doch zum letzt mit Verrätherey erobert unndt verstört worden sein; auch wart unnss in diesse gegent genant die Insel Myo[1]), Item die Insel Pathmus[2]), darin Sanctus Johannes Evangelist apocalypsin geschrieben hot, unndt Capud angeli war dass endt diesser Gegendt, dass wir sahen. Uff freytag Luce Evangeliste 18. Tag Octobris sein wir vor dem morgen essen mitt kleinem windt ankummen.

Zu Santi do hörten wir neuen mer vom Künig vonn Ungarn unndt dem Türcken zweyerley, ein Teil sagt, der Türck het dem Künig vonn Ungarn ein gute Statt angenommen, der ander theil sagt, der Türck het 2 schlachten gegen Künig vonn Ungern verlohrn, alss wir denn zu Rodis auch gehorten hetten, aber dass war war, dass die Venediger 208 Pferdt soldaten auss Santa der Inseln genummen unndt vonn Napolramania unndt uss der Insel Saffolonia[3]) haben sie vollen genommen zu diessen 200 Pferden, dass Sie zusammen 800 Pferdt soldaten auss diessen dreyen Inseln geholt haben unndt dem Kunig zu Franckreich wiedern Pabst zu hülff

---

[1]) Nio. [2]) Patmo. [3]) Kephalenia.

geschickt, alss mann unnss sagt, unndt der Hertzog von Ferar
solt der Venediger Oberster haubtman sein. Uff Sontag noch Luce
Evangel. denn 20. Tag Octobris sein wir gleich nach dem morgen
essen wieder in die nave gefarn unndt gleich mitt gutem windt uss
dem Haven unndt fur Saffalonia denn Sontag unndt denn Montag
bey 200 Meyln biss bey Circien gefarn, do hub den Dienstag an
sich der windt zu kleinern oder mindern, also dass Bonatzen oder
Calmen wart, dass wir (fol. 47) klein windt hetten biss uff Sontag,
zu morgen frübe vor Tag kam unnss der best windt, so wir in die
Puppen haben mochten; mit diessem windt forfuren wir mit gutem
windt mit freuwdt die Insel Cirnoe übern Golff biss am eredag denn
22. Tag Octobris, kam gegen morgen ein starcker windt gleich einem
sturm unndt auf die nacht wieder einer, dass die mariner denn segel
kaum mochten hienein bringen, darnoch kam ein guter windt, domit
wir gen Parentz, leit in Istria, die nacht unndt denn Mitwoch hundert
Meil furen unndt am 24. Tag Octobris oder allerheyligen abent
kamen noch 1° Meil vonn Venedig. Ich sah zu Parentz[1]) ein
Kirchlin, saget mann unnss, die Engel hetten sie in einer nacht ge-
bauwen etc.

Item an allerseelen Tag der 2te Tag November sass Ich mitt
meiner Gesellschafft auff einer Barcken unndt fuhr vor Tags zu
Parentz auss auf Trist[2]) zu unndt sahen die statt auff der rechten
handt, wie her nach folgt; Erstlich kamen wir zu einer Statt, haist
Cita nova[3]), 10 Meil vonn Parentz; dornach kamen wir neben
Imago[4]), ist 9 meil vonn Citanova, darnach kamen wir neben ein
grosse Statt, heist Peron[5]), leit 10 Meil vonn Imago, unndt kamen
auff die nacht gen Isola[6]), ist ein stättlein, ist 5 meil vonn Peron,
unndt blieben die nacht in der porten uff der Barcken unndt den
dritten Tag Novembris morgens vor Tags fuhren wir hinweg, kamen
neben ein starcke Statt, heist Caput Istria[7]), leit V Meil vonn
Isola unndt ist ein saltz pfann do, leit im meer, hat ein bruch vonn
landt hienein; darnach kamen wir neben ein Statt Muga[8]), leit

---

[1]) Parenzo. [2]) Triest. [3]) Cittanuova. [4]) Umago. [5]) Pirano. [6]) Isola.
[7]) Capo d'Istria. [8]) Muggia.

8 Meil vonn Capud Istria unndt die stätt liegendt alle in Istrich unndt sein alle der Venediger; dornoch kamen wir gen Trist, leit 7 Meil vonn Muga, unndt sein den dritten Tag Novembris dohin kummen, Ist unsern herrns des Kayssers, leit auff dem Karst. Unndt am 6 Tag Novembris bin Ich wieder zu Trist aussgeritten unndt hab fast ein Bössen Birgichten weg gehabt, unndt sein denselbigen Tag gen Adelsperg¹), dahin sein 5 Meil, leit auff dem Karst, ist dess Kayssers ein fleck. Unndt am 7. Tag Novembris bin Ich zu Adelsperg aussgeritten unndt hab auch bössen weg unndt birg gehabt biss gen Ober-Labach²). Dahin sein 3 Meil, leit auff dem Kars³), ist dess Kayssers, ist ein fleck. Item an dem 8. Tag Novembris bin Ich auff zwo Zillen gesessen zu Oberlabach auff die Labach unndt bin gen Labach⁴) kummen, dohin sein 4 Meil unndt (fol. 43) ist die Haubtstatt In Krein, ist des Fernandus. Item an dem 9. Tag Novembris bin Ich zu Labach hinweg geritten biss gen Bischofflack⁵), dahin sein 3 Meil, ist guter weg, leit im Landt zu Krein, ist des Bischoffs vonn Freysing, unndt ein Meil vonn Lock, sein wir über die Sau geritten unndt bin 5 Tag zu Bischoffslack gelegen, unndt sein Räth haben mich aussgelöst. Item den 14. Tag Novembris bin Ich zu Bischoffslack ausgeritten biss gen Ratmansdorf⁶), ist 3 Meil vonn Lack, ist ein stättlein, leit Im Landt zu Krein, unndt zu Kraineburg bin Ich uber die Sau geritten, ist 2 meil von Ratmanssdorff, löst mich auss Freysing. Item den 15. Tag Novembris: Ratmassdorff ausgeritten biss gen der Wurtz⁷), dohin sein 4 Meil, ist ein Dorff, leit Im Landt zu Krein, gut weg, aussgelöst Freysing. Item den 16. Tag Novembris bin Ich zu der Wurtz aussgeritten unndt bin über den Kraidberg⁸) geritten bis gen Villach⁹) ist ein statt, leit In Kerten, sein zwey meil dorthin gar ein wüster weg. Item 17. Tag Novembris bin Ich geritten vonn Villach biss zu dem Spitelin⁴), dahin sein 4 Meil, ist ein stättlin, leit in Kerten, eben weg, trog. Item 18. Tag Novembris Spital bin Ich geritten

---

¹) Adelsberg. ²) Ober-Laibach. ³) Karst. ⁴) Laibach. ⁵) Altenlaack. ⁶) Radmannsdorf. ⁷) Wurzen. ⁸) Wurzener Berg; hier ist das Papier zerrissen, deshalb schwer das Richtige herauszufinden. ⁹) Villach. ¹⁰) Spittal.

biss gen Greiffenburg¹), ist ein fleck, leit in Kerten, sein 4 Meil. Item 19. Tag Novembris bin Ich zu Greiffenburgk aussgeritten biss gen Lengburg²), 3 Meil, ist ein Schloss, ist des Langetreiners, eben weg, leit in Kerten. Item 20. Tag Novembris bin Ich zu Lengburg aussgeritten biss gen Inching³), ist ein fleck, leit In Bustertal, ist des bischoffs von Freysing, doch in 5 Meil unndt die Trog erspringt, do aussgelöst. Item 21. Tag Novembris bin Ich zu Inchin aussgeritten biss gen Brunech⁴), sein dohin 4 Meil, leit im Bustertal, Bischoff aussgelöst, eben weg. Item 22. tag Novembris bin Ich zu Brannecken aussgeritten bis gen Mülbach⁵), dahin sein 3 meil, eben weg, ist ein fleck, leit in der Graffschafft Tirol. Item 23. tag Novembr. bin Ich zu Mülbach biss gen Stertzing⁶), dohin sein 4 Meil, ist ein Statt, leit in Tirol, eben weg. Item 24. Tag Novembris bin Ich zu Stertzing aussgeritten biss gen Laug⁷), sein dritthalb meil, böse weg, ist ein hauss, leit in Tirol. Item 25. Tag Novembris bin Ich zu Laug ausgeritten biss gen Ispruck⁸) dohin sein fünfthalb meil, ist ein statt, leit In der graffschafft Tirol, birgiter weg, wasser heist (fol. 49) der Inn, bin ein Tag do still gelegen. Item denn 26. Tag Novemb. bin Ich zu Ispruck aussgeritten biss gen Runenspurg⁹) (?), dohin sein 7 meil, gut weg, ist ein Schloss unndt ein Klaussen, Tirol. Item den 27. Tag Novemb. bin Ich geritten biss gen Reuten¹⁰), ist ein fleck, leit In Tirol, sein 4 meil dor, eben weg, bin übernacht do gelegen. Item dem 28. Tag Novembris bin Ich gen Fiessen¹¹) geritten, ist ein statt, hab da zu morgen gessen, leit In Schwaben, sein 1 meil; dornoch bin Ich geritten biss gen Bertzelhofen¹²), sen 2 dar, ist ein torf, gut weg, leit Im landt zu Schwoben, bin ubernacht do gelegen. Item den 29. Tag Novembris bin Ich geritten biss gen Haselbach¹³), dohin sein 4 Meil gut weg, ist ein Torff, leit Im landt zu Schwaben, übernacht do gelegen. Item den Ersten Tag Decembris bin Ich gen Uting¹⁴), do hab Ich zu morgen gessen, dornoch an Laugingen¹⁵) geritten, dohin sein

---

¹) Greiffenburg. ²) Lienz. ³) Innichen. ⁴) Brunecken. ⁵) Mühlbach.
⁶) Sterzing. ⁷) ? ⁸) Innsbruck. ⁹) Siegmundsburg. ¹⁰) Reutte. ¹¹) Füssen.
¹²) Bertholdshofen. ¹³) Hasselbach. ¹⁴) Offing. ¹⁵) Lauingen.

sechs Meil gut weg bin ein Tag do still gelegen. Item den 2ten Tag Decembr. bin Ich geritten biss gen Dilingen[1]), dohin ist eine halbe meil, ist der Bischoff zu Augspurg, Er hilt Mich do aus, bin über nacht do gelegen. Item den 3. tag Decembr. bin Ich geritten biss gen Hestet[2]), dahin ist ein halbe meil, ein statt, leit In Schwoben, Bin über nacht do gelegen. Item den 4. Tag Decembr. bin Ich gen Greispach[3]) geritten, ist ein Schloss, sein 3 Meil dar, leit In Schwoben, bin über nacht do gelegen. Item den 5. Tag Decembr. bin Ich gen Neuburg[4]) geritten, sein 3 Meil, dass leit In Bayern, ist ein stättlin, bin 3 tog do gelegen, gut weg. Item den 10. tag Decembr. bin Ich zu Neuburg auff die Dunauw gesessen unndt gefahren, biss gen Kälan[5]), dohin sein 9 meil, leit auff dem Norcau[6]) (?), ist ein statt, bin über nacht do gelegen. Item den 11. Tag Decembr. bin Ich gen Lenvelt[7]) geritten, dohin sen 5 Meil, gut weg. Item den 14. Tag Decembr. bin Ich zu Lenvelt auss geritten biss gen Feldorff[8]), dohin sen 4 meil ziemlich guter weg, ist ein fleck. Item den 15. tag Decembr. bin Ich gen Neuemarck[9]) geritten, dohin sein 2 Meil, ist ein statt, eben weg. Item den 16. tag Decembr. bin Ich gen Nürnberg geritten, dohin sein 5 Meil, guter weg, ist ein Reichsstatt. Item den 18. Tag Decembr. bin Ich gen Halssbrun[10]), dohin sein 3 Meil, guter weg, ist ein reich Kroster unndt (fol. 50) die Marggraffen vonn Brannenburg haben Ihr gräbnuss do. Item denn 19. Tag Decembr. bin Ich wieder gen Nürnberg geritten, dohin sein 3 Meil.

Nota weinacht 1522.

Item den Tag Decembr. an Sanct Stephans tag bin Ich gen Neuenmargt geritten, dohin sein 5 Meil, gut weg, ist ein statt. Item denn 28. Tag Decembr. bin Ich wieder gen Nürnberg kummen, dohin sein 5 meil, gut weg, ist ein Reichsstatt. Item den 2. Tag Januarij vorgemelten 22. Jahrs bin Ich zu Nürenberg aussgeritten mitt Meim

---

[1]) Dillingen. [2]) Höchstedt. [3]) Greiselbach in Mittelfranken, Ldgr. Dinkelsbühl. [4]) Neuburg. [5]) Kelheim. [6]) Nordgau. [7]) Burg Lengenfeld. [8]) Welburg. [9]) Neumarkt. [10]) Heilbronn.

Vettern H. F. biss gen Anolspach¹), dohin sein 5 Meil, unndt am dritten Tag Januarij ist der Pfaltzgraffe gen Anolspach kommen unndt am 4. dag Januarij dobliben unndt der Marggrave viel Ehr an ton, unndt ist der Pfaltzgraffe unndt wir am 5. Tag Januarij zu Anolspach aussgeritten biss gen Nürnberg, dohin sein 5 meil guter weg, ist ein Reichsstatt, unndt bin do blieben, wie hernach folgt. Item auff den Tag hat sich dass rennen unndt (fol. 50) stechen angefangen, wie hernach folgt In der Inliegenden Zettel. Item an dem freitag, 14. Tag noch Ostern, hatt mann dass heylthumb zeigt auff den 9. Tag Majus, wie hernach folgt, In dem Inliegenden Zettel mit eim A̅ bezeichnet. Item am 10. tag Majus ist Mein Vetter H. F. unndt Ich gen Neuemargt geritten, dohin sein 5 Meil, guter weg, ist bein Statt, über nacht do gelegen. Item am 11. Tag Majus ist Mein Vetter H. F. wieder gen Nurberg geritten unndt Ich mitt Ihm, dohin sein 5 Meil, ist ein Reichsstatt.

¹) Onolzbach.

XVII.
Gabriel von Rattenberg.
1527.

Die Reise Gabriels von Rattenberg ist uns in einer Münchener Hs. (Cod. germ. 1274 fol. saec. XVI) erhalten. Auf dem Einband findet sich in alter Schrift die Bezeichnung: „Merfarht zue dem H. Grab unsers Herren Jesu Christi geb'n Hierusalem" und auf dem ersten Blatt: „Dass Buch gehert inn dass wirdig Gotshauss Tegerns(ee) dem heilig martern unnd hopt hern Sant Quirein 1527". Auf fol. 2 beginnt der Tractat: „De diversis Nacionibus habitantibus in terra sancta: et earum moribus et ritu" mit den Worten: „Primo de Saracenis. Saracenorum triplex est differentia, quidam vocantur Turcomani . . .", handelt dann: „de Surianis, Jacobis, Nestorianis, Armeniis, Georgianis et de Maronitis." Fol. 8 verso und fol. 9 sind leer, auf fol. 10 beginnt Gabriels von Rattenberg Bericht, welcher von verschiedenen Händen (fol. 10—12, 13—57, 58—60, 60—89) geschrieben ist; fol. 91—93 nimmt ein arabisches, ca. 200 Wörter enthaltendes Vocabularium ein. Auf fol. 95—112 steht eine lateinische Anweisung zum Besuch der heiligen Stätten, welche auch sonst schon bekannt ist. Sie beginnt: „Incipiunt peregrinaciones totius terre sancte que a modernis peregrinis visitantur. Et est sciendum, quod in illis locis . . ." —

Nach einer Einleitung (fol. 10—12), worin der Nutzen der Pilgerfahrten besprochen und der Grund angegeben wird, weshalb dieser Bericht niedergeschrieben sei, — um nämlich auch denjenigen, welche nicht nach dem heiligen Lande wallfahrten können, ein Bild der Herrlichkeit daselbst zu geben, — und worin am Schluss bemerkt worden ist, dass diese Aufzeichnung im Jahre 1531 geschah, beginnt der erste Teil der Beschreibung (fol. 13—24), die Fahrt bis Venedig.

Die Franziskaner Brüder Gabriel von Rattenberg und Primus von Stain, von denen der erstere unsern Bericht verfasst hat, ziehen 1527 am Montag in den Osterfeiertagen (29. April) von Fridau (in Steiermark) aus und gelangen am 16. Mai nach Venedig. Dort aufgehalten, weil kein Schiff abgeht, besichtigen sie die Kirchen etc., worüber eine genaue Beschreibung folgt, und machen, im Ganzen 60 Pilger (sehr wenig wegen der Kriege in Wälschland und wegen der „Luttrischen weys",[1] da sonst 1—200 sind), die Procession am Frohnleichnamstage (20. Juni) mit.[2] Wenig Deutsche waren darunter, vorwiegend Niederländer, die in der Absicht, sich zu Rittern des heiligen Grabes schlagen zu lassen, nach Jerusalem ziehen wollten; denn wer von ihnen nicht beim heiligen Grabe gewesen sei, der werde überhaupt für keinen Edelmann gehalten (fol. 20).[3] Neben den Niederländern waren einige aus Frankreich, ein mächtiger Herr aus Portugal und ein Priester aus Spanien, ein ebensolcher aus England, ein Edelmann aus Schottland, wenig Italiener. Aus Ober(Hoch)-Deutschland waren nur unsere beiden oben genannten Pilger, aus Ungar- und Wendenland nur wenige.

Der Patron fordert für die Hin- und Rückfahrt von Jerusalem incl. zweimaliges Essen täglich von jedem 45 Ducaten, und wer eine eigene Kammer wollte, musste noch 5 Ducaten geben.[4] Obwohl es sonst Gewohnheit ist, dass Barfüsser-Brüder nur die Hälfte des Ueberfahrtspreises anderer bezahlen, verlangt der Patron doch 60 Ducaten für beide, weil überhaupt so wenig Pilger zur Ueberfahrt sich gemeldet hatten. Sie wenden sich deshalb an einen andern, wobei sich ihnen noch 3 Barfüsser-Brüder aus Frankreich anschliessen. Der neue Patron verlangt monatlich 3 Ducaten für die Fahrt bis Cypern und 4 für Speise und Trank; deshalb wollen sich die 5 Pilgerbrüder selbst verproviantiren, weil sie unter sich einen Bruder haben, der ein guter Koch ist. Der Patron geht nach langem Drängen darauf ein, lässt auch noch 1 Ducaten von dem Ueberfahrtsgelde herunter. Im Ganzen waren 16 Pilger auf diesem Schiffe. Die 5 Brüder nehmen folgenden Proviant mit: 8 Legel Wein, einen Sack mit Zwieback, Parmesankäse, Wurst und Schweinefleisch, eine Flasche Oel, einen Krug Schmalz, Reis, Zwiebeln, Knoblauch und Salz. Nachdem sie sich noch Polsterkissen, Decken und Winterkleidung angeschafft, segeln sie 10 Wochen nach ihrer Ankunft in Venedig ab.[5]

Der zweite Teil des Berichtes (fol. 24—34) enthält die Beschreibung der Reise von Venedig bis zum heiligen Lande. Die Abfahrt erfolgt am 16. Juli; eine „Fortuna" schädigt die „Näffe". Dabei nimmt Gabriel von Rattenberg Gelegenheit über den Unterschied von „Näffe" und „Galee" und ihre beiderseitigen Vorteile zu sprechen.[6] Wenn die Näffe nahe am Lande ist, so ist sie bei Sturm in grösserer Gefahr als die Galee, denn erstere hat einen Tiefgang von 5—6, letztere nur von 2—3 Klaftern. Dazu kommt, dass

---

[1] Vgl. oben S. 5. [2] Vgl. oben S. 15. [3] Vgl. oben S. 33. [4] Vgl. oben S. 13. [5] Vgl. oben S. 16, 120 f. [6] Vgl. oben S. 17, 18, 145.

die Galee ein- bis zweihundert Ruder bei sich führt, also auch deswegen besser überall landen kann. Die Näffe hat dafür 5—7 Segel, so dass bei günstigem Winde viel angenehmer und schneller auf ihr zu fahren ist; auf ihr hat auch jeder seine Kammer, dazu viel Bequemlichkeit, als einen Koch, Schneider, Zimmermann, Barbier, Arzt.

Am 28. Juli werfen sie bei der Insel Zante Anker, wo sie Wasser und Lebensmittel einnehmen. Vor Rhodus kommt ihnen durch vorübersegelnde Schiffe die Nachricht zu, dass der türkische Befehlshaber dieser Insel und der von Alexandria mit 16 Galeen in der Nähe sei; im Hafen von Rhodus selbst werden sie von diesen angehalten, und nachdem sich auf Befehl des Statthalters von Rhodus die türkischen Galeen aus dem Hafen wieder entfernt, und die Pilger darauf in Ruhe die Stadt besichtigt haben, werden sie von den Juden der Stadt als Spione verdächtigt und müssen sich durch ein Lösegeld von 80—100 Ducaten loskaufen.[1]) Um der türkischen Flotte zu entgehen, beschliessen die 16 Pilger, von Rhodus aus auf einer kleinen Barke nach Jaffa zu fahren; sie dingen dazu einen Griechen, der 48 Ducaten dafür fordert und sie auch glücklich am 15. August nach Jaffa bringt. Von der Seefahrt, während welcher sie 5—6 Tage lang nichts Warmes genossen, ermattet, senden die Pilger, da sie selbst noch nicht an das Land dürfen, ihren Dolmetscher zu dem Statthalter der zwei Türme, die allein noch in Jaffa stehen, um ihn um Speise zu bitten.[2]) Sie erhalten Hühner in Reis gekocht, und nachdem sie sich so gestärkt, kommt auch der Dragoman mit Geleit und Eseln. Diese haben nur einen Sattel und einen Strick um den Hals; die hölzernen Steigebügel muss jeder sich selbst anschaffen. In Ramla werden die Pilger 8 Tage aufgehalten, weil der Statthalter daselbst ihnen kein Geleit geben will, da, wie er ihnen erzählte, viele Araber grade um Jerusalem wären, welche Todfeinde der Türken seien; der Grund dieser Feindschaft sei folgender: Als der Türke das heilige Land eingenommen, hat er mit eigener Hand den Sultan der Araber an einem Baume aufgehängt. Der lange Aufenthalt in Ramla bewirkt, dass den Pilgern ihr Weinvorrat ausgeht; neuen giebt es nicht zu kaufen, und der Genuss des Wassers erzeugt bei ihnen Durchfall. Endlich, nachdem die Pilger dem Statthalter 12 Ducaten gegeben, lässt er sie ziehen. Als die Esel gebracht werden, besteigt Gabriel einen beliebigen, ohne darauf zu achten, dass es Sitte ist, den, auf welchem man vorher schon geritten, zu nehmen;[3]) da ziehen ihn die Türken wieder herab; doch gelingt es ihm schliesslich, an Stelle seines früheren störrischen Esels einen andern zu bekommen, dessen Führer er sich besonders durch das Geschenk von roten Hosennesteln[4]) verbindet. Durch ein Geschenk roter Hosennesteln erlangt G. in Jerusalem auch Eintritt in das Haus, in welchem Maria geboren ist, das sonst für die Pilger

---

[1]) Ueber Verrätereien der Juden gegen Pilger siehe hinten unsern Catalog ad 1497, 1499 u. 1597 [2]) Vgl. oben S. 25. [3]) Vgl. oben S. 26. [4]) Ueber den Wert derselben vgl. oben S. 25.

verschlossen bleibt (fol. 60). Hinter Ramla führt ihr Weg durch Kariat jearim,[1]) welche Stadt nicht weit von Jaspolim[2]) liege, durch Masphat,[3]) Achis,[4]) alles zerstörte Städte, Emaus, jetzt (zu G.'s Zeit) Nicopolis genannt, über den Berg Silo, von wo man Jerusalem und besonders das castrum Pisanum[5]) sieht. Am 25. August kommen sie in Jerusalem an und finden auf dem Berge Syon bei den Barfüsser-Mönchen Unterkommen.

In dem Bericht des Gabriel von Rattenberg folgt nun eine kurze Beschreibung Jerusalems nach Jacobus de Vitriaco und Josephus (fol. 42a—44a) und darauf der Bericht über die heiligen Stellen, welche er selbst besucht hat.

Die Grabeskapelle schildert er (fol. 49a) folgendermassen:

„Die kirchen ist rottünd oder scheyblig und hat uber zweech zwischen den seüln drey und sibentzig schuech und die abseytten dy haben zu ring umb von den seüln oder pfeylern bis zu der auswendigen maürrn der kirchen zechen schüech. Aber ob dem grab, in dem unser herr Jesus (fol. 50) Christus gelegen ist, ob welchem in mittel der selbigen kirchen ist ein scheyblige oder rotünd offne, also das das heylig grab undter dem hymel stet blös. Aber di kirch Golgatha, welches der perg Calvarie genent wirt, ist daran gepawt und verfasset an stat und in form aines kors an di kirch des heyligen grabs und ist gewelbet, doch ein wenig nidrer, und seind bayde under ainem tach. Die Cappelln, in der das heylig grab, ist gehawet in ainem stainen velss, hat in der leng inwendig acht schüech, an der prayt auch acht schüech, aber in ring umb auswendig ist es mit mermel bedeckt[7]) und umbgeben, wan es ist auswendig geformiert worden und gemacht von den Christen gleich ainer Cappelln, aber in wendig ist es noch in aller gestallt und weys, als es was in der zeyt, als unser herr dar ein gelegt ward. In die Cappelln des heyligen grabs get ein thür von orient, ist vast nider und klain, ein wenig höcher, dann ein ofenloch sein mag, und so man darein kumpt, ist das heylig grab oder stain, auf den man Christum gelegt hat, zu der recht handt, der wardt gegen mitter-

---

[1]) Nach Robinson, Pal. II, 589 wohl identisch mit Kiriat el-'Anab.
[2]) Verschrieben für Diospolis (Lydda). [3]) Mizpa (N. Samwil). [4]) B. Iksa?
[5]) Der Turm Davids; vgl. Ritter, Asien XVI, 365; Tobler, Jerusalem I, 180 ff.
[6]) Vgl. Tobler, Golgatha 41. [7]) ibid. 175 ff.

nacht mit schönen mărmelstain uberlegt graber weyss farbe, drey
spann hoch von der erden, oder paviment, acht schűech langkh, als
di cappelln oder höl ist, und ist zu allen ortten verschlossen, also
das kain venster oder liecht darein get von äussen, sűnder IIC ampl
oder lamppen¹) seind oben dem heyligen grab, dy geben liecht in-
wendig. Ein andre Cappelln ist vor dyser Cappeln oder spelunca
des heyligen grabs, gleicher leng und prayt, und geschickt von innen
und aűssen und wer sy ansicht auswendig, so wănet ainer, es sey
ain Cappell, so aber ainer inwendig ist, so sicht er sy von einander
durch ein mittl wandt geschayden . . . ."

Ueber die Porticus Salomonis, von welcher sonst im Ganzen wenig Nach-
richten von Pilgern gegeben sind, berichtet er (fol. 61) Folgendes:

„Item bey dem selbygen tempel (Salomonis) ist ein lange schone
kirch, auch ein bleyen tach habend, vor zeytten porticus Salomonis
genandt, aber yetz wirt er genent der tempel der Junckhfrawen
Maria, in den sy geopffert wart von Sand Anna etc. Die Saracen
und Turckhen haben noch auf den heütigen tag in dem selbigen
tempel 1000 lampeln brynnen, aber in dem vorgenanten templ
Salomonis sybendhundert lampeln brynnen.²) Item zu nägst bein
dem selbigen tempel haben dy hayden ein andere Muschen gepawet
oder tempel, wan wo dy hayden und turckhen Muschen oder templ
haben, do sy Ir gepet aus richten, oder auf Iren turnen, auf den
sy alle tag das gesetzt Machumeti aussrueffen mit lauter stym
ainer auss yren briester, do selbst brinnen albegen etlich lampel etc.
Item untter der obgenantten kirchen oder tempel unnser frawen, die
auch porticus Salomonis haist, ist gar ein wunderbarlich und weydt
gepaw under der erden, alles gewelbt mit grossen werckhstuckhen
und pfeyllern, und ist etwan dy stellung Salomonis gewessen, also
das sechs hundert pfärdt geruenglich mugen darinnen stellung
haben,³) wunderlich zu sechen, in dem Ich auch gewessen durch
gunst aines hayden etc. . . . .

---

¹) Zur Zahl vgl. Tobler, Golgatha 178.   ²) Vgl. Tobler, Jerusalem I, 556.
³) ibid. 487—489.

In 14—18 Tagen haben die Pilger alle heiligen Stätten besichtigt und rüsten sich zur Rückreise. Gabriel von Rattenberg bleibt ungefähr zehn Wochen, vom 15. Aug. bis 12. October, in dem heiligen Lande (fol. 78). Als Grund des längeren Aufenthaltes giebt er Krankheit an und den Wunsch, den Jordan zu sehen, den aber die 16 Pilger, mit denen Gabriel von Rhodus auf einer kleinen Barke in Jaffa gelandet war, nicht erreichten. Erst als ein grosses Pilgerschiff, welches 50—60 Reisende mit sich brachte, angekommen war, findet Gabriel Gesellschaft und Gelegenheit, den Jordan und das jüdische Gebirge zu besuchen.

Am 12. October scheiden die Pilger von Jerusalem, einige von ihnen so voll getrunken, dass sie zum Spott der Ungläubigen von den Eseln herabfielen. Am St. Ursulatage (17. October) fahren sie von Jaffa ab und kommen am 21. October nach Limissol auf Cypern, wo sie 10 Tage auf das grosse Schiff warten müssen, das indess in Salinis Ladung von Getreide, Wein, Zucker, Baumöl und Salz einnimmt.

Am 2. November segeln sie von hier ab und nach glücklich überstandenem Sturme gelangen sie vor die Stadt Rhodus, wo sie aus Furcht an einem heimlichen Ort landen. Dort schickt der Patron seinen Schreiber zu allen Pilgern im Schiff und lässt sie einzeln schwören, dass sie kein Jordanwasser bei sich führten; denn es war der Aberglaube damals allgemein, dass sie im entgegengesetzten Falle keinen günstigen Wind erlangen könnten.[1]) Sie kommen auf ihrer Weiterreise nach Creta, wo dem Gabriel das Gerücht, dass ein Biss oder das Kratzen der dortigen Frauen giftig sei, so dass man sterben müsse, auch zu Ohren kommt. Noch andere wunderliche Sachen erzählt er von der Insel: Dort soll die Buchstabenschrift, die Gesangkunst und das Saitenspiel erfunden worden sein, ebenso der Gebrauch von Handbogen, Schutzwaffen und Ruder. Am 8. December segeln sie von dort ab, wol versehen mit Malvasier, von dem ein Eimer ei... haben Ducaten kostet, mit Früchten und Zwieback. In Rubigno v... ... e Pilger die „Naffe" und fahren auf einem kleinen Fahrzeuge nach Ve... g, wo sie am 31. Dec. ankommen.

---

[1]) Vgl. oben S. 18 u. 34.

XVIII.
Friedrich Rehlinger.
1550.

Der Cod. german. No. 1273 der Münchener Bibliothek enthält auf fol. 1—17 den Bericht von der Pilgerreise des Friedrich Rehlinger oder Rechlinger aus Augsburg, welche er am 18. Juni 1550 von Venedig nach Jerusalem antrat. Dieser Bericht ist von dessen Vetter nach dem Tode des Reisenden in der Zeit vom 11. bis 26. April 1561 abgeschrieben worden und trug zu Urkund dessen das Wappen des Schreibers, welches jedoch jetzt herausgeschnitten ist, so dass nur noch die Umschrift da steht: „Hans Jacob Artzett von Augsburg Anno Tausent fünff Hundert ain und sechzig." Der nun unserer Handschrift zu Grunde liegende Text ist von Fr. Rehlinger zum grössten Teil auf der Reise selbst niedergeschrieben worden; die ersten Aufzeichnungen datiren aus Venedig, wohin er von Padua aus am 10. Juni ohne Wissen seines Vaters, Bruders und Präceptors gekommen war, und beginnen mit dem lateinischen Contracte, den die Pilger mit dem Patron gemacht hatten.

Am 18. Juni lichten sie die Anker, aber werden mit Entsetzen gewahr, dass das Schiff undicht ist und fortwährend eine Pumpe im Gange sein muss, um das eindringende Wasser zu entfernen. Ein mitreisender Pilger Wilhelm Verdeitsch aus Utrecht, den seine Frau begleitete, fordert vom Patron sofortige Landung und genaue Untersuchung des Schiffes, aber da der Patron versichert, an der nächsten Küste sei Niemand zu finden, der Abhülfe schaffen könne, wird die Fahrt fortgesetzt; am 29. Juni erreichen die Pilger Corfu, am 1. Juli Zante, wo sie im Barfüsser-Kloster das Grabmal Cicero's besuchen. Die Inschrift desselben soll gelautet haben (fol. 5 verso):

Hic iacet Arpinas manibus tumulatus amici,
Qui fuit Orator summus et eximius.
Quem nece crudeli mactavit civis et hostis,
Nil agis Anthoni, scripta diserta manent.
Vulnere nempe uno Ciceronem conficis: At te
Tullius aeternis vulneribus laceret.
Corpus in hoc tumulo magni Ciceronis humatum
Contegitur, claro qui fuit ingenio.
Ille malis gravis extiterat tutorque bonorum
Quo pene indigne Consule Roma perit:
Sed vigili cura detectis hostibus urbi
Supplicioque datis praestitit incolumis.
Eloquiis princeps magnis mirabilis actis
Tullius indigna caede peremptus obit.
Sed terras omnes implevit nomine claro,
Ingenium caeso corpore morte caret.
Vivit et ingenii pollet virtute per orbem,
Civis et hoc tumulo membra sepulta iacent.[1])

In demselben Kloster zeigt man auch drei Stücke von dem h. Kreuz und giebt von denselben einem jeglichen der Pilger in einem Kelche zu trinken. Am 6. Juli erreichen sie Candia, werden aber darauf durch einen Sturm verschlagen; kurz vorher sahen sie eine Menge fliegender Fische, welche die Matrosen als Vorboten eines Sturmes bezeichnet hatten. Am 13. Juli landen die Pilger in Limissol, welches die Türken 1536 gänzlich zerstört hatten, wobei nur ein Marienbild wunderbarerweise unversehrt geblieben war. Dann erlitt 1545 die Stadt eine neue Plünderung durch die Türken.[2]) Hier hören sie, dass es in dem heiligen Lande „sier sturbe (= stürmte)", besonders in Damascus und Cairo; nur in Jerusalem „were gutter frid", der Strand selbst aber an den Hafenplätzen würde von berittenen Soldaten bewacht, welche die Schiffe recognoscirten, ob sie feindlich oder freundlich seien. Am 21. Juli ankern die Pilger vor Jaffa (fol. 7) und schicken „zu dem hauptman umb sicher gelait gen Jherusalem, genannt S. Jacquert."[3]) Nach 5 Tagen kommt der Guardian aus Jerusalem auf das Schiff und hält den Pilgern eine Predigt, aus welcher Rehlinger folgende Stelle mitteilt:[4])

---

[1]) Ueber das Grab Cicero's vgl. oben S. 21. [2]) Diese Angaben finden sich sonst nirgends in Pilgerschriften. [3]) Gemeint ist der Sandjak. [4]) Vgl. oben S. 26 ff.

„Obsecro vos fratres, cavete vobis a viciis carnalibus. Hanc propositionem amplificavit ex S. Joanne in sua Canonica, ubi inquit: Omne, quod est in mundo, consistit aut in concupiscentia carnis aut oculorum aut superbia vitae. ... exit deinde exclamationem cum repetitione propositionis. O quanta sunt haec vitia, à quibus cavendum esse nobis D. Paulus admonet. 'Επίλογον esse voluit adhortationem, ut nos huius modi vicia fugiamus, qui sanctissima loca cupimus visitare, in quibus Christus nostram salutem est operatus. Loco Epiphonematis adiunxit huiusmodi verba: Qui vult ire Hierosolimam, tres thesauros habere debet 1. obedientiae 2. fidei 3. pecuniae. Absolutio. Si quidam sunt vestrum (scio autem esse quamplurimos), qui sine licentia summi pontificis ad haec loca venerint et eam ob causam in paenam excommunicationis incurrerint, Ego pontificia qua fungor auctoritate terra sancta, vos absolvo in nomine patris et filii et spiritus sancti. Amen."

Der Hauptmann von Ramla kommt selbst auf das Schiff und verhandelt mit dem Patron wegen des Geleitgeldes. Nachdem er den vorgesetzten Wein verschmäht, lässt er sich erst durch Geschenke von Tuch, Malvasier, Muscatel, verzuckerten Coriander und anderes Confect, Käse, Gläser, hölzerner Schüsseln und Damast zur Einwilligung bewegen.[1]) Nun werden die Pilger einzeln in die Barke, die sie an das Land führen sollte, eingezählt; zuerst diejenigen, welche 50 Kronen bezahlt hatten und denen der Patron Kost gegeben hatte, darauf die, welche sich selbst auf dem Schiffe verpflegt hatten, endlich die Armen, welche der Patron unentgeltlich mit übergeführt hatte in dem Glauben, sie hätten wenigstens so viel Mittel, dass sie in dem heil. Lande sich weiter helfen könnten. Als sich aber herausstellt, dass dies nicht der Fall ist, wird der Patron zornig und will sie nicht vom Schiffe herunter lassen. Schliesslich giebt er jedoch dies nach, und die Pilger gelangen alle an das Land, wo ihre und ihrer Väter Namen aufgeschrieben werden (fol. 8).[2]) Darauf nächtigen sie in den bekannten drei Gewölben, wohin ihnen die Türken für Geld oder Hosennesteln[3]) Speisen und Wasser bringen; in früherer Zeit war der Genuss des letzteren oft den Pilgern unmöglich gemacht worden, indem die Türken vor ihren Augen in dem Brunnen „die gemäch und den hindern" sich wuschen. Auch durften die Pilger damals keine Stiefeln oder andere Dinge von Leder mit in das heilige Land bringen. Am andern Morgen kommen die Eseltreiber an und sobald sich einer der Pilger das Tier, auf welchem er reiten will, ausgesucht hat, erhält

---

[1]) Vgl. oben S. 24. [2]) vgl. oben S. 25. [3]) vgl. oben S. 25.

er von dem Führer desselben dessen Ring zur Bestätigung des Contractes.[1]) Die Karawane setzt sich, 400 Köpfe stark, am 27. Juli nach Jerusalem in Bewegung, wohin sie zwei Tage später gelangt und in dem Barfüsser-Kloster Herberge findet, doch kündigt ihnen der Guardian an, dass es nicht möglich sei, eine so grosse Menge zu speisen, zumal vorher Niederländer dagewesen seien, welche trotz der guten Aufnahme sich sehr undankbar gezeigt hätten; deshalb müssten die Pilger sich selbst ihre Speisen kaufen.

Der Besuch des h. Grabes (fol. 10) kostet jedem 9 Zechinen,[2]) weshalb nur 76 hineingehn, während die 30 Armen, welche das Geld nicht zahlen konnten, wieder zurück in das Kloster geführt werden und erst später in den Tempel gelangen. In Unser Lieben Frauen Capelle machen die Pilger ihre Wappen auf.[3])

Von dem heiligen Grabe befand sich in dem Original von Rehlingers Reiseberichte eine Abbildung, für welche in der uns vorliegenden Abschrift ein leerer Raum gelassen ist.

Die Secten, welche in dem Grabestempel ihren Gottesdienst verrichten, sind nach R.'s Aufzählung folgende sieben:

„Die Barfusser, die darinn wonen, die Griechen, die den Chor inhaben, die Armenier sein in ainer klainen Capellen gegen dem hailigen grab hinuber auf die glinckhe handt, die singen ire Psalmen gar lecherlich unnd wainen tag unnd nacht; dise (drei) haben wir gesechen, die Indianer, die Arabier, die Moriscaven, alias Ismaelittae, die Chaldeer, dise (vier) sein zu unserer zeit nit gegenwörtig gewest."

Von den heiligen Stätten in und um Jerusalem wird keine erwähnt, welche nicht sonst schon bekannt ist. Als Sehenswürdigkeit im Thal Siloe an dem Brunnen, in welchem Maria die Windeln Jesu wusch,[4]) wird den Pilgern ein Stein gezeigt, auf welchem die Türken Gericht halten; wenn sie einen darauf stehn sehn, so müsse er ihren Glauben annehmen (fol. 13)[5]) Ein ebensolcher Ort befindet sich in der Capelle der Himmelfahrt Christi gegenüber dem Steine, auf welchem dieser gestanden hat; kein Christ darf auf dem daselbst eingemauerten Stuhle sich niederlassen, bei Todesstrafe oder bei der Abschwörung seines Glaubens[6]) (fol. 14). Auf der Fahrt nach Bethlehem sehen sie das von Gürtelchristen bewohnte Dorf Viciella, in welchem alle Heiden, die dahin kommen, nach drei Tagen sterben.[7]) Bei

---

[1]) Dies wird sonst nicht erwähnt. [2]) vgl. oben S. 30. [3]) vgl. oben S. 32. [4]) vgl. Tobler, Siloahquelle, S. 4 und 5. [5]) Eine solche Angabe ist nirgends weiter nachzuweisen; der Verfasser hat wohl den bei Tobler, Siloahquelle, S. 3 beschriebenen Stein im Sinne. [6]) Auch diese Mitteilung ist sonst nicht zu belegen; über die in eine Moschee umgewandelte Himmelfahrtskirche siehe Tobler, Siloahquelle, S. 115 f. [7]) Boticella (Bait-Djâla); vgl. Tobler, Topographie II, 406, 410.

der Rückkehr nach Jerusalem gelangen sie durch Vermittelung des Guardians des Nachts in das Coenaculum, wohin sonst weder Jude noch Christ zugelassen wird. Bei dem Eintritt daselbst durch eine kleine Thür legen die Pilger die Schuhe ab, weil der Ort von den Saracenen sehr heilig gehalten wird, und gelangen durch eine Kirche aufwärts in den Saal, in welchem Christus das Abendmahl einsetzte, ein Raum, welcher unten und oben mit „Tappecerey" geziert ist.[1]) Rechts davon ist der Ort, wo der Herr das Osterlamm ass, links, wo er seinen Jüngern die Füsse wusch. Daneben durch eine Thür nach rechts getrennt ist die Stelle der Ausgiessung des heil. Geistes; darunter aber nach links liegen die Gräber Davids und Salomos. Bevor die Pilger zum zweiten Male in den Tempel gelassen werden, müssen sie nochmals Namen und Vaterland angeben, weil bei den Türken die Kunde sich verbreitet hat, es sei eines Kaisers oder Königs Sohn unter ihnen (fol. 15 verso). Rehlinger erhält mit acht andern Pilgern den Ritterschlag in dem Grabestempel; die Namen von vier derselben werden in unserer Handschrift mitgeteilt und zwar nur ungenau; sie lauten: Sigismundt Rauch von Raitt, Otto von Arnberg, Herr zu (sic!), Petter Carion von Brugg, Kay. Mt. Hauptman, Christophorus de Cocquiel von Antwerpen. Es folgen in lateinischer und deutscher Sprache die bereits bekannten Artikel, welche der neue Ritter beschwören muss (fol. 16). Der Schluss der Aufzeichnungen Rehlingers, welcher einiges Bemerkenswerte bietet, lautet nach der Hs. folgendermassen:

Auff den abent, wie wir Pilgerum noch zu tisch sassen, kamen die Minch unnd machten die Rechnung, was wir verzert hetten, also traff es ainem (fol. 17) jetzlichen armen unnd reichen ain marcel ubers mal, den armen aber thet man gnad unnd mochte ain jedlicher schenckhen den Minch, die gedient hetten, was er wöllte, darvon aber muest man ain gutte verehrung thon, die in den kamern dientten. Also sein wir in der hailigen statt Jherusalem 5 tag gewesen unnd die hailige ortter besichtiget. Zum Jordan aber,[2]) zum Ebren unnd zun anderen hailigen ortterrn darinn ligent sein wir nicht khommen aus forcht der Arabier unnd der hefftigen pestilentz, die zu derselbigen zeit daselbs regiert. Ich aber hab allain die hailigen ortter auffgeschriben, was ich gesechen hab, dann es nicht anderst kann sein, das ainer mer sicht oder merckt, dann der ander.

---

[1]) Vgl. Tobler, Topographie II, 120—122. [2]) Von der Reise nach dem Jordan hatte der Guardian selbst den Pilgern abgeraten, wie einige freilich meinten, auf des Patrons Anstiften, damit er die Kosten für das Geleit dahin ersparte (fol. 9 vers.).

Wann ich anderer pilgerum bucher gesechen hab, hat kains mit dem andern accordiort, hat alweg ainer mer gehapt, der ander minder, darumb hab ich ainem gewisen buchlin nachgestelt, darinn alle hailige ortter auffgeschriben steen, die man von alter den Pilgerum gepflegt hatt zu zaigen, die ich nit gesechen hab. Ettzliche aber kann ich mit der warhait wol sagen unnd mich beriemen, das ichs gesechen hab mit meinen aignen augen, wie dann oben geschriben steet, das buchlin aber lauttet also, wie volget, welches ich von ainem Minch hab abgeschriben, der in dem Kloster etzliche Zeit lang gewest ist zu Jherusalem.

XIX.
Sigmund Thunger.
1551.

Die Aufzeichnungen Thungers über seine Reise nach dem heiligen Lande sind in einer Münchener Hs. (Cod. germ. 954) erhalten. Dieselbe, von der Hand mehrerer geschrieben, gehört dem XVI. Jahrhundert an und hat ein wenig durch Nässe gelitten, so dass einzelne Wörter am Rande bis zur Unlesbarkeit verblasst sind. Die Blattzählung der Hs. ist ungenau, Bl. 9 ist ausgelassen, Bl. 17 und 50 sind leer, so dass die Hs. im Ganzen 48 beschriebene Blätter hat. Der Bericht Th.'s ist mit grosser Lebhaftigkeit und mit einer oft in die kleinsten Einzelheiten gehenden Genauigkeit geschrieben, dabei erzählt er mit viel Behagen spasshafte Vorkommnisse; hie und da tritt auch die Neigung zur Reflexion hervor.

Am 28. April 1551 zieht Sigmundt Thunger, Doctor der Rechte und Chorherr zu St. Johann zum Neuenmünster in Würzburg, mit den beiden Domherren Johann Fuchs von Bimbach zu Gersshoffen und Herr Michel von Lichtenstein von Würzburg aus, um das heilige Land zu besuchen. In Ochsenfurt, ihrem ersten Nachtquartier, versammeln sich Caspar von Wurtzburg, Georg Fuchs, Joseph Andreas Fuchs, alle Domherren, der Deutchherren-Commendator Balthasar Visch, Junckh Hanns Zobel, Bastian Diemer, Hiob Fuchs, Georg Mottschel, der Stadtschreiber von Ochsenfurt, um den Scheidenden Lebewohl zu sagen; Hiob Fuchs schliesst sich dort den Reisenden bis nach Venedig an. In Windelsbach kehren sie bei Hanns Megl, in Herring bei dem Castner, zu Guntzhausen in der Herberge zum Wurm ein. In Eichstädt wird Thunger von dem Probst auf St. Wilbolts-Berg aufgenommen, wo er den Probst von Neumünster, Daniel Stieber, ferner Wilhelm von Hutten, Kilian Fuchs, Doctor Velmuller aus Ingolstadt, Doctor Jacobstatt zu Eichstedt, Hans von Selwitz und Lorenz Shereutter trifft, und wechselt auch einen Teil seines Geldes bei Hans Hegbucher, den andern aber erst in Augsburg bei Jheronimus Craffter, der ihm auch Empfehlungen nach Venedig mitgiebt. In Augsburg liegen sie in der Herberge zum Hertzlein und sind am Abende bei Marquart vom Stein in seiner Domprobstei zu Gaste; in Landsberg finden sie bei der Ursel Faberin gute Herberge, nachdem sich ihnen ein Bote aus Augsburg, Lienhart Saurgrein oder Aurgrein und ein „Engelleser", Jorg genannt, angeschlossen hatten. Ueber Innsbruck, Sterzzing, Brixen kommt T. nach Trient und wird von dem Cardinal daselbst aufgenommen. Durch den Zöllner Wilhelm Eysenreich sendet er Briefe nach Eichstädt, findet auch einen aus dieser Stadt gebürtigen Goldschmidt Wilbolt daselbst Am 16. Mai erreichen die Pilger Venedig und nehmen dort „bei der flotteun zu Sanct Georg herberg bey Asimus dem schreienten wirt", wo sie Balthasar Kulwein und Jheronimus Geyss treffen. Diesen, welche mit Hiob Fuchs nach Deutschland reisen, geben sie bis Tarvis das Geleit und halten dort bei Ambrosi von Cöln in der Rose „ein froliche letze". Als sie nach Venedig zurückgekehrt, gesellen sich der Johanniter Georg Schilling, Lorentz Schlehenwiet und Friedrich von Redwitz, Domherr zu Bamberg und Würzburg zu ihnen (fol. 5). Sie besichtigten darauf in Malamocco, vier Meilen von Venedig, zunächst ein Schiff der Prioli, Priola genannt, welches zur Ueberfahrt für die Pilger bereit war, doch hörten sie, dass die Prioli zwar viel versprachen, aber wenig hielten, und gingen deswegen zu den Veneuri, welche ihnen auf ihrem Schiff Terrabotto ein grossartiges Mahl geben. Die vereidigten „Beschauer" sagen, dass beide Schiffe für die Reise tauglich seien, und nun entbrennt zwischen den beiden Schiffsherrn ein Streit, da beide die Pilger gern übersetzen wollten. Die Veneuri verlangen für die Fahrt von jedem Mitreisenden 50 Kronen, die Prioli nur 46. Thunger, ein Doctor Campinus (oder Campignius) und die deutschen Pilger sind alle für die Fahrt auf dem Schiffe der Veneuri, werden aber von den Franzosen u. a. überstimmt. Nochmals lässt der älteste Veneuri durch Meister Conrad von Nürnberg die deutschen Pilger zu Tische einladen, und als am andern Tage die Herren vom „Officium der Cattavere"[1]) erklären, den Pilgern stände frei, auf dem Schiff zu fahren, auf dem sie wollten, so wählen ihrer 40 das der Veneuri. Diese setzen einen Griechen aus Candia, Andreas Curmelissi, zum Patron und Angelo de Nicolais zum Capitain der Terrabotto ein und versprechen ausserdem, dass ein anderes Schiff von ihnen, Veneura, welches Soldaten nach Cypern überführen sollte, zum Schutz der Pilger an demselben Tage abfahren würde. Als Dolmetscher dingen sie „Hansen Hedstickhel" (?) um 30 Kronen und verkaufen ihre Pferde, Thunger und Hans Fuchs zusammen für 31 Ducaten, Lichtenstein für 20 Floren. Der Contract mit dem Patron, von welchem sich Thunger für 8 Batzen eine Copie „mit der signora secret versigelt" anfertigen lässt, lautet nach der deutschen Uebersetzung desselben, wie folgt:

---

¹) Vgl. oben S. 14, Note 1.

Die 9. Juny 1551.¹)

(fol. 7). Im Namen der heilig unnd unzertailbernn Triainheit, des vatters, Sons unnd heilig geists unnd auch der heiligsten Junckfrau Marie unnd gantzer himlischer hofer Im Jar vom geburt des herrn 1551 komen zuiss zall Neune den 9. tag obbenants Juny zu Venedig In dem officio oder Cantzlei der herrn richter des namens Cattavern In beisein Priamo Balantzono quondam de Allessandri Gassar oder Cantzlers diss ambts Cattaver herrn Alleysio Allberegno q. d. Christofali unnd herrn Latino Cavenary q. d. Johan Marie, Venediger gebettenn.

Daselbst Innen der grossmechtigs Peter Veneuri, Mitgenoss der schiffe Terrabotte, fur sich selbst unnd dan Im namen und an statt herrn Andreas Curmelissi, patron genants schiffs, fur welcher versproch hand zu haben unnd das er handt haben unnd halten unnd guet machen will die unten geschribenen Capitel unnd verbindungen, welche schiff Terrabotta verordnet zum heiligen grab, fur ein teil unnd dan der hieher nach verzeichneten uffgeschribnen herrn pilgramen anderstheils In berurter Cantzlei ein helligklich unnd sambtlich synd sie verglichen uff hernachgeschribene pact unnd geding zu volstreckhung der ergangnen urtel der herrn richter de Cathavere obbestumbts tags unnd monats geschehen.

Unnd demnacher herr Andres Curmelissi, patron des schiffs Terabotte, verheissen hat unnd sich verbunden und verspricht In genantem schiff die herrn bilgram von diss Statt Venedig In den port oder hafen Jaffe und von dan herwiderumb hin unnd herfueren oder an der widerfart von Parentz auss uff der pilgram wilkure In kleinen schifflein gein Venedig sambt allen Iren geredtlein unnd truchen uff sein selbst eigen kosten on alle widerrede unnd will uff negst kunfftigen Sambstag, welcher wurt der 13. diss monats, abfaren.

Auch so ist genanter Curmelissi verbunden ein ander schiff zu seinem mit 300 soltaden, die herrn pilgramen zu vergleiten, mitfuhren oder mit zu ziehen lassen bis zu Zippern, welches schiff patronisiert herr Frantz Nicolay.

---

¹) Vgl. über Confracte oben 13 f.

Item genanter patron ist schuldig zu haben Notturftige genugsame unnd tugliche gewehr fur die herrn pilgramen uff dem schiff, dergleichen mit geschutz unnd andernn das Schiff genugsamlich nach notturfft zu versehen, das es sambt die pilgramen genugsamlich beschutzt und sich beschirmen mog vor der Turcken anfal unnd aller feindt.

Item genanter patron sol uber 2 tag In einem hafen oder porten nach dem tag, als er darein kombt, nit stillig, es Ire (sic!) In den gross ungewitter oder sei Im proviandt fur die pilgram ein zu kauffen von notten In das schiff, Aussgenomen Zipern, daselbst wurt Ime eine gratia vergont an der widerfart 15 wert tag sein schifi mit kauffguettern zu beladen stillig, unnd so er uber die 15 tag stil laeg, ist er schuldig die pilgram uff sein costen uff dem schiff zu erhalten bei peen 50 ducaten on ablessig bei ieglich gericht, richter und herschaft einzufenden.

Item der herr patron ist schuldig zugeben Inen den herrn pilgramen und einem yeden auss Innen sein ort oder geligerstatt lm schiffe, wie dan der gebrauch ist, und welche auch tuglich sei; er sol auch dieselben weder am hin oder herreisen macht haben zu verendernn oder die bilgram bekumernn mit gueternn oder kauffmanschafften, sondern die stet gantz unbelestig lassen bei peen 25 ducaten on ablessig einzufenden bei ieglichen ort oder herschafft unnd statt durch iegliche richter unnd Obrigkeit allerlei orten der herschafft Venedig oder andern, wo sie hin khommen, zu gethon einzubringen; er sol auch zwirnt In der wuchen under den truhen unndt orten, da die pilgram wonen, keren lassen und auffegen machen, auff das sie sauber beleiben on allen Ir der herrn pilgram Costen unnd nachteil.

Item er soll auch verbunden sein, der pilgram gereit unnd truhen In das schiff einzunemen unnd auch ausfueren an der pilgram costen. Item er der patron soll mit dem Schiff an keinem ort anfaren, da argwein ist kranckheit oder eins sterben, aussgenomen rechtmessiger verhinderung bei pen 600 ducaten und widerlegung aller unchostens. Item die pilgram sollen nit macht haben bei nacht uff dem schiff liecht, kortzen oder laternn zu haben, es wer den sehr von notten kranckheit halben, unnd sollen zu rechter zeit schlaffen gehn.

Item der patron ist schuldig, den pilgramen guete wirtsschafft zu hallten uff dem Schiff, sie erlich tractirn an hin unnd herfarenn, ydem alle tag morgens ein becherlein vol Malvasiers sambt (fol. 8) ein gezuckerts brotlein geben, bei 20 ducaten lauters golts.

Item er ist auch schuldig, teglich den herrn pilgramen uff dem schiff zwo mahlzeit zu geben, nemlich morgens unnd nachtmal, an fleischtag frischgesotten unnd gebraten fleisch gebent und sie erlich halten, auch mag er in der not gesaltzen fleisch gebenn, wan man das frisch nit gehaben mag, er sol auch gutte undergericht von gemuess unnd zemer von Reyss, grutz, bonen, erbens, aber kein faseln. Item vest tag, vigilien, freitag unnd Sambstag soll er geben frisch visch uffs besst, so er bekommen, wo man die nit gehaben, so gebe er eyer, butternn unnd gesaltzen visch In spetzerei eingemacht. Item er sol auch teglich morgens unnd nachtmal gueten frischen suessen parmesan kess geben am hin unnd herreisen, bei 20 Ducaten bues, unnd sol sie mit solchem kess vor seiner abfart zu Venedig versehen, uff das er kein ausszug gehaben mag.

Item so einer auss den pilgramen, da Gott vor sei, kranck wurde, sol er der patron Im geburliche speiss geben von hunernn unnd ayrn, auch frisch brot, so ers best gehaben mag. Item er ist auch schuldig gueten wein uber tisch am hin und aufs wenigst bis wider am herreisen bis genn Zipern zu geben und sonderlich etlich zu vorrath behalten, roten unnd weisen, ob etwa ein pilgram kranck wure, bei 40 ducaten buess on nachlessich. Item er ist auch schuldig guet frisch brott zu geben die ersten 6 oder 7 tag von Venedig auss unnd soll auch guet suess weiss zwigebacken brott unnd dessen genug mit sich nemen, dan man findts underwegen nit, bei verlierung des schifflohns.

Item so der pilgramen einer auss ursachen nit zu tisch wer zu morgens oder nachts wolt gehn, so verspricht der patron Im gekochte oder ungekochte speiss In sein ort oder kamern zu geben nach des pilgrams willen. Item er ist auch schuldig, guet frisch wasser den pilgramen zu geben uff Ir wolgefallen tag unnd nacht unnd das suess sei, oder sol auch an allen orten; da man aussteigt, frisch wasser und dessen genueg laden, uff das den pilgramen suess wasser nit mangl, als offt unnd wan sie wollen. Item so ein pilgram sues wasser zu waschen oder zu anderm von nötten hett unnd wolt geren zu land faren, Ist Im der patron uss sein schaden uund Costen das klein schifflein unnd schiffknecht zu leihen schuldig, die den pilgram zu land unnd von dannen wider In das schiff fueren.

Item der patron ist auch schuldig, den pilgramen alle Suntag und ein mahl In der wuchen frisch neugewaschene tisch unnd handtuecher fur zu legen, auch wasser In das handbecken, wie der gebrauch. Item der patron sol die pilgram Im heilig land uff dem schiff und allenthalben beschirmen, es sei vor bosen worten oder wercken unnd auch vor sein knechten, also das sie kein pilgram derffen schlagen oder ungemach anthun, sye oder Ire guet bekommen, bei buess aller expenss. Item der patron verbind sie auch, das er nit wol gestatten, das seine embt und schiff diener unnd knecht Im schiff herumb umb die tafel und tisch gein dring gelt von pilgramen zusamen, wie dan etwa gross unnd klein knecht pflegen zu thun, als schreiber, koch, dischdiener, keller, Scalco und balbirer, Es wer dan, das ein balbirer einem balwirte oder scheden verbunde frisch oder alt, als dan ist man In den lohn unnd den Costen fur die salben oder ertzney schuldig. Item der patron sol schuldig sein den pilgramen ein erfarnen unnd guten windarzet zu halten mit aller zugehorung, wo man dess von noten wur haben werde. Item den herrn pilgramen sol erlaubt sein, am hin unnd herreisen allenthalben Im schiff umb zu wandeln, ongeyrt von meniglich. Item wo man an ein halstadt oder porten kumbt, sol In der patron schifflein unnd knecht vergonnen auss unnd wider In das schiff zu faren ohn einichen der pilgramen costen. Item Im fall einer ungestumbe oder ungewitters, das das schiff zu land muest unnd gedihe an ein ort, da nit lueferung were, sol der patron den pilgramen schuldig sein, die Atzung, al weren sye uff dem schiff, zu geben am hin unnd herreysen.

Item das so die pilgram einer oder mehr dermassen hielt, das durch Ire unfleterey ein unruehe oder unglück, es were gegen den unglaubigen oder schiffleuten, entstunde, aller der schad, so darauss entsprunge, sol uf·dem ursach ligen, hingegen so der pilgram einer ettwass, es were von unglaubigen oder schiffsknechten von des patrons wegen erlitten, soll der patron die widerkere sollichs erleiden schuldig sein. Item so die pilgram zu Jaffa kriegss oder andrer ursach halben nit zu landt aussteigen mochten unnd muesten also ungeschaffter ding wider gein Venedig faren, so beleibt In sollichem fall dem schiff patron sein gantzer schifflohn, auss genomen der unkosten, so In der unglaubigen land beschicht, den pflegt man den pilgramen wider zu erstaten.

Item der patron ist auch schuldig, zu rechter geburlicher zeit die pilgram machen zu vergleiten uff dem heiligen land und her widerumb In das schiff, Er sol auch gleitsleuts bestellen, so mit Inen die heiligen ort zu besichtigen reyten, nemlich zum Jordan, gehn Hebron, Emauss unnd an alle gewonliche (fol. 10) und gebreuliche ort, dahin man die pilgram zu fueren pflicht, sie auch wider In das Schiff fueren lassen sicherlich unnd froncklich halten, Innen auch ein thulmetsch, der getreu, gewertig und der sprach verstendig sein, zu geben, der sy auch getreulich herumb fuer unnd diser aller sambt zoll, meut unnd aussgaben uff des patrons costen am hin und wider reisen, es sey fur esel zu reiten oder anders, aussgenomen dringgelt, so die pilgram den Eseltreibern unnd Turcken pflegen zu geben. Item so ein pilgram ehe unnd ehr alhie zu Venedig In das schiff stige, mit tod verschiede, so ist der patron schuldig, den gantzen Schifflohn wider zu geben, so er empfangen, so aber einer uff dem schiff kranck wure unnd sturbe, ehe man zu Jaffa ankeme, so gibt der patron halben schifflohn wider, also auch für die, so nach der besichtigung verschaiden. Item die pilgram sollen auch macht haben Inner unnd ausser Venedig das schiff besichtigen zu lassen, ob Ime ettwas mangelt, es were, was es weltte, an dem corpus des schiffs oder der regenten oder schiffknechten darinnen, unnd was untuglich erfunden wurt, sol der patron uff sein costen andernn verbessernn und guet machen, also das weder dem schiff noch den pilgramen einicher schade wider faren moge.

Fur welche beschwernussen, Burden, unchosten unnd verbindungen haben die hernachbenannten, herrn pilgramen verhaissen unnd Ir ieglich fur sich hat versprochen, dem patron oder seinen mitgenossen (doch mit sein wille) 50 venedische goltchronen In golt, die (?) 50 chronen guets golts unnd gewichts, ehe unnd das schiff abfart und das er der patron mog auch das schiffs mit notturfft versehen und die zal bezallen, wie der gebrauch. Item der patron ist schuldig umb aller unnd yder obgeschribner artickel haltung ein genugsame burgschafft uff 3000 ducaten und das ob geschribenes also gehalten sol werden unnd Im fall, so ettwas das den pilgramen zu gutem von nöten were hierzuzusetzen, das wil der patron ietzt fur zuegesagt haben und halten aussdruckenlich on alle schaden ongeverde und soll auch also fur hieher zugesetzt gehalten und verstanden werden, die pilgram mogen auch den patron umb nithaltung ohn allen der herschafft Venediger ortten und andernn, woe Im beleibt, ansprechen und In sambt sein schiff durch gericht unnd rechtlich zu haltung dahin bringen unnd halten, welches alles etc. Item der patron ist den pilgramen schuldig zu halten ein geschickten und tuglichen tulmetschen, der die sprach konne, der mit den pilgramen reyss unnd sy Im heilig land wiss umbzufuren unnd der Innen treulich dien unnd vor sei In allem. Diss ist alles uffgericht In obbemeltem officio de Cathaver In beisein oben unnd hiernach beschribnen zeugen, nemblich herrn Priamo Ballantzano, Massario officii, herrn Alexandernn Alberegno, Burgernn zu Venedig, und herrn Ludavico Caverayy Causidico etc. darzu erbetten als gezeugen. Joseph de Georgys, Coadjutor des officii Cattavero, hats auss dem pilgram buech von wort zu wort herraussgezogen Im officio zu Venedig, wie obenn.

Volgen die namen der herren pilgramen, So das Jar 1551 gen Jerusalem dem heiligen land gereiset sein: Rudolfus Frisius Campiginius, doctor, Thumbherr zu Utrecht[1]); Joan Fuchs von Bimbach zu Gersshofen; Michael von Lichtenstein zu Hoenstein; Fridericus de Redwitz ex Redwitz, (die letzten drei) zu Wurtzburg und Bamberg Thumbherren; Sigimundus Thunger, doctor, Chorherr zum Newenmunster zu Wurtzburg; Joannes Musica, Nicolaus de Bruxella (beide) zu Anttorff Thumbherren; Joannes Grueter, Christianus

---

[1]) Aus Groningen gebürtig.

Winter, Jacob Triest, Philips Triest, (alle vier) von Gent; Laurentius de Vogt dictus de Reinfeldt; Heinericus Groets von Lüttich; Guillermus de Breda, qui seipsum in mare praecipitavit 5. July[1]); Frater Martinus de Brouweer ex Zelandia; Andrianus Hansen de Apenbruck; Hugo Jansens; Maria Hugonis filia virgo; Joan Jansens de Langdeck; Theodericus Arienson von Falckenburg; Adrianus Peterson von Almare; Cornelius Fert von Amsterdam; Cornelius Conck de Herme; Heinericus Dierrichson von Ambsterdam; Cornelius Braunerson de Horne, is qui Limissoni in Zipro a fratre occisus 9. Julii; Bernardus Cormelissoen de Grecken; Albertus Colff de Grecken; Walterius Jansens de Bömele; Andrianus Wentzl der Dortrecht, das ist das truncken faciens[2]); Cornelius Ubel von Dordrecht; Heinrich Amelen von Gonfort; Wilhelm Guilhelm von Utrecht; Hilarius Beck von Trier in Geldren; Gerhart Jansen von.. (?) Richardus Gleuch von Englland; Marcus Gerlini von Brussel; Joannes Barrendonck a Anttorf; Antonius Cornelius, so von Willenmers grave; Magister Egidius; Meister Gillius, windartzet Ardenardensis; Eustachius de Cartaria alias Falas, qui interfecit Cornelium Bruderson[3]) Limiss die 9. Julii 1551; Joannes den Renen von Gesont, sol ein Geran sein, ist zu Jerusalem belibenn.

Am 16. Juni fahren Lichtenstein, Redwitz und Thunger, nachdem sie vorher noch Hausen Jegen, Hans Eissfogl und Aumbecken zu Gaste gehabt, zu ihrem Schiff hinaus; es geben ihnen dahin das Geleit der Arzt Jheronimus, Lorenz Schlehenwiedt, der Augsburger Bote Lienhard Aurgrein und Zacharias, der Vetter und Kellner ihres Herbergswirtes; am 17. Juni segeln sie ab. Nachdem den Deutschen, hauptsächlich durch die beständige Trunkenheit und Zänkerei der Niederländer, die Fahrt sehr verleidet worden ist, landen sie am 8. Juli in Limissol an Sanct Kilians Tag, an dem sie „der Wurtzburgischen mess urnd kressen wein" gedenken. Ein Schiff mit Barfüsser-Mönchen, welche von Candia nach Jerusalem wollen, kommt an; diese erzählen, dass die Türken ihnen in Jerusalem die Hälfte ihres Klosters auf dem Berge Sion weggenommen hätten, so dass die Pilger dort nicht

---

[1]) Er fiel in der Trunkenheit aus Versehen in das Meer, wie Th. fol. 13 erzählt, [2]) Auf fol. 13, wo Th. sehr über die Unmässigkeit der Niederländer klagt, sagt er auch, dass man Wentzel nur das „trunck faciens" nannte, weil er nie nüchtern war. [3]) Die That geschah, wie Th. fol. 13 berichtet, in der Trunkenheit.

mehr wohnen könnten. Jaffa wird am 15. Juli, Jerusalem am 21. Juli erreicht (fol. 15). Der Guardian des Klosters auf dem Berge Sion will die Pilger nicht in Herberge nehmen, weil kurz vorher daselbst 15 Mönche an der Pest gestorben waren, und bringt sie in dem armenischen Kloster „in Kaiphas' Hause" unter.

Ueber die Heiligtümer im Grabestempel, in Bethlehem etc. referirt Th. nur kurz, indem er auf Johann Tuchers Beschreibung verweist (fol. 19).[1]) Zu Rittern des h. Grabes werden geschlagen: Campignius, Fuchs von Bimbach, Lichtenstein, Musica, Thunger, Philipp Triest, Johann de Grueter, Jacob Triest, Christian de Winter, Nicolaus de Bruxella, Lorenz Vogt de Reynfeldt und Heinricus Groets. Bei dem Besuche in dem Kloster auf dem Berge Sion geben die Pilger so kärgliche Almosen, dass die Brüder daselbst sie ihnen zurückerstatten und eine neue Sammlung veranstalten, bei welcher die Gabe eines jeden aufgeschrieben wird. Am wenigsten, nur ein paar Batzen, hatten die Niederländer, welche auf dem Schiffe mehr als hundert Gulden verspielen konnten, gegeben, während die Deutschen nicht unter einem Gulden eingelegt hatten. Am 30. Juli verlassen die Pilger Jerusalem; als sie in Jaffa ankommen, treffen sie die Gesellschaft, welche mit den Prioli gefahren war, und gehen den 4. August an Bord. Nach einem längeren Aufenthalt auf Cypern, über welchen Th. (fol. 25—33) ausführliche Aufzeichnungen hat, ohne indess unter den täglichen Erlebnissen und gewöhnlichen Ausflügen etwas Neues zu bringen, verlassen sie am 5. October die Insel wieder. Auf der Weiterfahrt leidet das Schiff sehr, weil es durch eine Fracht von 200 Säcken Baumwolle, deren jeder 6—8 Centner wiegt, überladen ist. Gegen den aufbrausenden Zorn des Capitains, der sich besonders in roher Behandlung der Matrosen kundgiebt, tritt der Patron Andreas Curmelissy auf als der „alt treu Eckhart" (fol. 37). Nach mancher Irrfahrt erreichen sie am 26. December Venedig. Mit der Erzählung von der Ankunft daselbst bricht unsere Hs. ab.

---

[1]) „wie sie .... Johan Tucher von Nurmberg, der vor 60 Jahren an disen Orten gewesen, beschriben hatt unnd noch allenthalben im truck vorhanden ist".

XX.

Alexander von Pappenheim.
1563—64.

Die Giessener Hs. No. 164 fol. enthält auf den ersten 72 Blättern eine Pilgerreise unter dem Titel:

Peregrination unnd Raissbuech Des Edlen Alexannders zue Bappenhaim des H. R. R. Erbmarschalckh, zue Grönnenbach, welliche er durch gnad unnd hilff Gott des Allmechtigen von dem 26. tag an Marty dess verlofenen 1563 Jars biss uff den 30. January Anno 64 Erstlich durch ganntz Italien, von dannen vollendts biss zue dem Heyligen Lanndt unnd Jherusalem . . . vollbracht hat.

Am 26. März bricht Pappenhaim von Grönenbach auf und erreicht über Lindau am Bodensee, Vaduz, den Comer See und die Stadt Como, wo er bei einem Danziger, Namens Jobst, zu Herberge liegt. In Mailand trifft er in der Herberge zum Falken den Hauptmann Benedict Habenstreyt, unter dem er vor 8 Jahren in dem Heere Lazarus von Schwendys vor Philippstadt in den Niederlanden gedient hatte. Er besucht darauf Pavia, Genua, Parma, Bologna, Florenz, Rom, Neapel. Dort findet er in der Kirche St. Jacob das Grabmal Hans Walthers von Hirnhaim (fol. 12) und wird von Wolf

Mager, Seufridt Weltzer und Hans Ulstetter, dem Factor des Hauses Fugger in Neapel, in der Stadt umhergeführt. Ueber Ancona und Ravenna gelangt P. am 2. Juni nach Venedig, wo er im Weissen Löwen (fol. 17) Herberge nimmt, den damals Petter Roth besass. Am 10. Juli macht er mit seinem Reisegenossen Hannibal Rietter die Fronleichnamsprocession mit und unterhandelt darauf mit einem Rheder wegen der Ueberfahrt nach Jaffa und zurück. Dafür muss er für sich und seinen Diener 80 venetianische Kronen geben und wenn er an des Patrons Tafel speisen wollte, monatlich noch 6 Kronen. Unter den Deutschen, mit denen er in Venedig zusammentraf, hebt er folgende Namen vor: (fol. 19) Alexander von der Schulenburg, dessen Bruder Jacob; Dietrich von Hardenberg (oder Hartenbach), ein Braunschweiger; Heinrich von der Lyhe, ein Mecklenburger; Caspar von Munckhwitz auf Trena, der Jüngere, ein Meissner; Hans Bronschweig; Andreas Haller von Hallerstein, ein Nürnberger; Melchior Pfister von Augsburg; Georg Bommer von Nürnberg; Dietrich von Schwerin, ein Pommer; Parcifall Zennger aus Baiern; Meister Jann Robin, ein Niederländischer Doctor u. a. Die beiden Diener von Alexander von Pappenheim und Hannibal Rietter, welche die Fahrt nach dem heiligen Lande mitmachten, waren Peter Hertzog von Valv bei Güntzburg und Jacob Soliner von Metz; die „Nave", darauf die Ueberfahrt erfolgte, gehörte dem Edelmann Francisco Cornaro, als Patron begleitete dieselbe Misser Nicola Sant Marite, welcher auf Cypern starb, so dass auf dem Rückwege der erste Schreiber, Misser Iheronimo Filiol de Politerribile, seine Stelle einnahm; der Hauptmann der Schiffssoldaten führte den Namen Francisco Padella, der Fähnrich derselben war Antonio Nicola de Synaya. Unter den Mitreisenden befanden sich Signore Fantin Cornaro, Vincentz Dieto, Zacharia Bembo, Malatesta, welche auf Cypern blieben, wo der erstere starb, Magnifico Angelo de Camerin, der die Pilgerfahrt nach Jerusalem mitmachte, ferner der venetianische Statthalter von Famagusta auf Cypern, Signore Magnifico Nicolas Gabriel, ein fröhlicher alter Herr, der mit seiner Frau und seinen 3 Kindern nach seinem Bestimmungsorte übersiedelte; auch ein niederländischer Edelmann aus Gent, Monseur de Plasere, fuhr mit bis Jerusalem.

Am 26 Juli segelt das Schiff von Venedig ab. Die Reisegesellschaft muss eine heitere gewesen sein; denn P. erzählt von manchem Scherz, den sie begangen, und von Liedern, die sie gesungen, worunter er das eine erwähnt: „Es rit ein Reitter zu Braunnschweig auss." In Candia wird nicht angelegt; von den Frauen der Insel erzählt unser Reisender (fol. 24), dass, wenn eine Jemanden blutig beisst, er dadurch so vergiftet ist, dass er sterben muss. Am 11. August erreichen sie Salinis auf Cypern, wo Nicolas Gabriel mit den Soldaten das Schiff verlässt, so dass nur noch 84 Personen auf demselben bleiben. Auch A. von Pappenheim und Rieter gehn an's Land und kehren bei dem Capitain Marinus Gradigigo, einem Venetianer, ein, von wo sie sich nach dem heiligen Kreuzberge begeben. Am 14. August kamen andere 3 Schiffe aus Venedig an, welche die Namen führten: La Cornaro Muto, La Nave de Gardingo und La Nave de Polo et Moresino. Nachdem sich die Reisenden von ihrem alten Patron verabschiedet, gegen den sie keine Klage gehabt, begeben sie sich auf ihr „Navile", welches sie nach Jaffa führen soll, und fahren am 15. Aug. von Salinis ab. Widrige Winde treiben das Schiff nach Limissol, wo P. mit seinem Gefährten Rieter und dem Schiffsschreiber an das Land geht und mit dem Douanen-Capitain Signor Sebastian Contarini einen starken Schlaftrunk thut; erst am 19. Aug. können sie Cypern verlassen und gelangen am 21. vor Jaffa (fol. 30).

Nachdem sie in der Höhle daselbst einige Tage zugebracht, kommt der Guardian aus Jerusalem, der den Pilgern zunächst Verhaltungsmassregeln giebt,[1]) worunter die eine, dass sie Sambstag, Mittwoch und Freitag kein Fleisch essen sollten, was aber nachträglich nicht gehalten wird. Ein Araber schneidet unserm Reisenden auf den linken Schenkel ein Kreuz ein, wofür dieser einen Medin zahlen muss(!). Der gewöhnliche Weg über Ramla führt sie nach Jerusalem. In erstgenannter Stadt, wo sie einen Tag liegen bleiben müssen, weil sich die Janitscharen, welche sie begleiten, an dem

---

[1]) Vgl. oben S. 27.

mitgebrachten cyprischen Weine betrunken haben, findet P. in der Herberge Wappen und Namen seiner Vettern Christof Marschalcks und Christof von Laubenbergs[1]) an der Wand aufgezeichnet. Am 30. Aug. treffen sie in Jerusalem (fol. 34) ein und nehmen in dem Kloster auf dem Berge Sion Herberge, wo nur Mönche wohnen, während der Guardian mit dem Convent in der Stadt selbst in dem Kloster St. Salvator untergebracht sind, wohin auch P. und Rieter übersiedeln. Elf Tage werden durch die Besichtigung der heiligen Stellen in und um Jerusalem in Anspruch genommen. Bei Bethlehem kommen die Pilger durch Dörfer, welche nur von Christen bewohnt sind. Am 5. Sept. (fol. 41) schlägt der Guardian 9 Niederländer zu Rittern des heiligen Grabes, P. selbst lässt sich nicht aufnehmen, vielleicht weil, wie er an einer andern Stelle seines Berichtes sagt, „unter den Rittern Pfaffen und Cantores, ja Schuhmacher und Schneider sich befinden".

Die Rückreise von Jerusalem (fol. 43) treten die Pilger am 11. Sept. an; in ihrer Gesellschaft befinden sich die Barfüsser-Mönche Nicolaus de Tross (oder Torss), aus Ryssel in Flandern gebürtig, Peter von Douyn in Artois, der Guardian in Bethlehem gewesen war, Petter Ludel von Ham in der Picardie, Jacob von Hickh von Oudenarde in Flandern, ein Edelmann von Valenciennes im Hennegau, Namens Petrus de Lieure, der unterwegs als der letzte seines Geschlechtes starb; ferner Jacob de Metter, ein Bäcker aus Utrecht, und Molin aus Valenciennes, welche ebenfalls auf der Rückreise starben.

Cypern durchstreift P. mit seinem Diener zu Pferde; in Salinis nimmt er bei Andrea de Schinasci, in Famagusta bei einem alten Büchsenmeister aus den Niederlanden, Namens Martin, Herberge; in Nicosia übernachtet er bei einer Wittwe Joanna Gatziella, in einer damals viel benutzten Pilgerwohnung; an den beiden letzten Orten findet er Wappen und Namen von Christoph von Laubenberg, Hermann Milchling, Kiffenhüller, Merode, Schönberger,

---

[1]) Vgl. hinten unser Pilgerregister ad 1561.

Nothaft u. a.¹). Am 2. November (fol. 56) segelt das Schiff mit den Pilgern von Cypern ab; auf dem Meere durch ungünstigen Wind und durch ein gespenstisches Wolkengebilde, gegen welches alle Geschütze abgefeuert und Beschwörungen gebraucht wurden, beunruhigt, wirft es am 4. Dec. vor Chioggia Anker, von wo P. und Rieter sich auf einer Barke in Gemeinschaft mit zwei Edelleuten de Blasere und de Payure nach Venedig begeben. Dort besucht P. den Gesandten des deutschen Kaisers, Franz von Thurn; in Padua trifft er Ernst von Borgstorf und Wernher von der Schulenburg, welche dort studirten, ferner Heinrich von der Lyhe, Friedrich von Limburg, Eberhardt von Solneck, Jörg Bömer von Nürnberg, drei Herren von Hermerstein, Friedrich von Stubenberg, Philip Prayner, Christoph und Gall, Freiherrn von Nocknitz. Nach dem Besuche der oberitalienischen Städte kehrt P. (fol. 68) am 13. Januar 1564 „mit dem Curir oder Post-Potten" von Ferrara nach Venedig zurück und tritt darauf den Heimweg nach Deutschland an. Von Venedig nimmt er einen Führer mit, Namens Lienhardt Mauck von Ulm; in dem Passe von Cofell trifft er einen kaiserlichen Hauptmann Veitler, der dort zur Besatzung liegt; bei Burg ist ein Schloss der Herren von Welssperg, in Trient gesellt sich ein Kriegsmann Elias Graz zu ihm; Saloren gehört Herrn Caspar von Fels, Stertzingen und Payrweiss Herrn Georg von Freundsperg, dort findet er in einem Langenmandel und einem von Spaur Gefährten. In Innspruk, wo er Pilger wiedertrifft, die mit ihm in Jerusalem gewesen, verkehrt er mit Augustin Frölich, Burckhart Reischach, dem Stallmeister der jungen Königin, ferner mit Christoph von Wolkenstein, dem Statthalteramtsverweser. In Kempten nimmt er Herberge bei dem Bürgermeister Martin Schmeltzen und als er mit Veit Deber, Steffan Rot, einem Bürger Namens Dorn und seinem Wirte bei dem Frühmal sitzt, kommt sein Pfarrer Hans Heberlein zu Altusried und einige seiner Unterthanen zum Empfange entgegen. Vor Dietmanssried erwarten ihn seine Mutter mit seinen beiden Basen, Waltpurga Marschälckin, und seiner Schwester Tochter Dorothea von Schellenberg mit seinem ganzen

---

¹) Vgl. unser Pilgerregister ad 1561.

Gesinde und den Schützen von Grönenbach, ferner der Pfarrer des Ortes Hans Wassermann und P.'s Vettern Wolf, Christoph und Philipp zu Pappenheim und Vetter Bernhard von Ellerbach zu Laupheim.

Am Schlusse der Reisebeschreibung (fol. 71—72) stehen Notizen über die Benennung der Winde, Schiffsteile etc.

XXI.

Ludwig von Rauter.
1567—1571.

Der Reisende, aus dessen Bericht wir den Syrien und Palästina betreffenden Abschnitt hier mitteilen, ist Ludwig von Rauter, der Sprössling eines im fünfzehnten Jahrhundert aus Oesterreich ob der Enns eingewanderten Geschlechts und als Sohn des Vogtes von Fischhausen Hans von Rauter am 13. November 1542 daselbst geboren. Er wurde am Hofe des Herzogs Albrecht, bei dem sein Vater in Gunst gestanden hatte, mit dem jungen Albrecht Friedrich erzogen und viel in Staatsgeschäften, besonders zu Gesandtschaftsreisen nach Polen gebraucht. Hier am Hofe sah er oft Türken und Tataren und bekam Lust, einmal nach Stambul zu reisen, wohin zu Siegismunds II Zeit oft Gesandte gingen, wie von da nach Krakau, Wilna und Grodno kamen. Er reiste 1567 mit dem Woiwoden von Krakau Sborewski nach Constantinopel und entschloss sich hier, auch Jerusalem und den Sinai zu besuchen. Von Aegypten aus trat der Reisende seine Rückfahrt an, erlitt aber an der Küste Cyperns Schiffbruch; endlich im Jahre 1571 ging er über Candia, Malta, Sicilien, Neapel, Rom und Venedig auf den Reichstag zu Speier, zum Beilager Maximilians, nach Paris, dann nach London und über den Haag nach Hause, wo er am 20. Juli 1571 anlangte. Hier teilte er mit seinen beiden älteren Brüdern die ererbten Güter, übernahm seinen sehr bedeutenden Anteil, die Wolfsdorfer Güter im Rastenburger Kreise, und ward vom Herzog Albrecht Friedrich 1572 als Brautwerber nach Jülich gesandt; Marie Eleonore verheiratete ihn hierauf mit ihrer Kammerjungfrau Marie von Roelshausen aus Montjoie. Im Jahre 1577 ward er Hauptmann auf Neuhausen und Waldau, 1581 auf Brandenburg, 1605 Landhofmeister, also oberster der vier zur Regierung des Landes eingesetzten Räte und blieb in dieser Würde bis an seinen Tod (15. Octob. 1615).[1]

Die Originalhandschrift, welche die ganze höchst interessante Reise enthält, ist sicher im Archive zu Döhnhofstedt bei Rastenburg aufbewahrt, aus der bereits der Pfarrer Zwicker 1718 in seinen Wolfsdorfer Annalen ausführliche Auszüge gemacht hat, die aber nicht weiter bekannt wurden; über diese nun wieder hat, wie Herr Dr. Reike, Director der Wallenrodtschen Bibliothek, mit dankenswerter Liberalität uns mitteilte, Bujak in einem Sitzungsberichte der Alterthumsgesellschaft Prussia (vgl. Altpreuss. Monatsschrift 1877 XIV, S. 669 f.) Mitteilungen gemacht, nachdem bereits Hasse im Preussischen Archiv Königsberg 1793, S. 391—412 und in seinen biblisch-orientalischen Aufsätzen Königsberg 1793 unsere Reisebeschreibung flüchtig excerpirt hatte. Die Benutzung der Originalhandschrift schien nach den von uns über die Verhältnisse des Archivs eingezogenen Erkundigungen nicht möglich; wir mussten uns daher auf zwei andere beschränken, eine Abschrift in der Wallenrodtschen Bibliothek (Mscr. No. 56 fol.), und eine unvollständige, in der Namenschreibung aber, wie es scheint, genauere, welche sich in der Bibliothek des königl. Joachimsthalschen Gymnasiums zu Berlin (Sectio Oelrichs Mscr. fol. No. 115) befindet und mit dem 20. October abbricht.

---

[1] Diese Angaben verdanken wir der Güte des Herrn Archivrath Dr. Philippi in Königsberg, der uns als Hauptquelle für das Leben des R. auch die von Nicolas Rhodius, Pfarrer zu Wolfsdorf, auf L. von Rauter gehaltene Leichenpredigt (Königsberg 1615, 4°) nannte.

Der Wert dieser Reisebeschreibung ist nicht gering; wir finden darin eine genaue Route von Scutari quer durch Kleinasien bis Antiochien, ferner eine Menge neuer und ausführlicher Angaben über Antiochien, Damascus, Safed, sowie über die Samaritaner, welche alle dem Palästinographen wie dem Orientalisten von Interesse sein werden. Leider waren wir nicht im Stande, da uns die Originalhandschrift fehlte, alle geographischen Namen zu identificiren, doch werden die gegebenen Erklärungen und Nachweise hinreichen, den Text verständlicher zu machen; ebenso wird ein vollständiger Abdruck der ganzen Handschrift, den wir schon wegen der interessanten Details über seine weiten Reisen und Erlebnisse in Europa dringend wünschen, über Syrien und Palästina nichts Wichtiges mehr zu Tage führen, was wir nicht in unsern Auszügen bereits aufgenommen.

Die Reisebeschreibung beginnt mit einem genauen Itinerar von Soldan-Mlawa[1]) bis Constantinopel, wo Rauter am 1. Mai 1568 in diplomatischen Geschäften eintraf. Hierauf giebt der Berichterstatter eine eingehende Schilderung des Hoflebens, der militärischen und politischen Verhältnisse[2]) und beschreibt seine Landreise von Scutari über Iconium nach Antiochien, wo die kleine Carawane am 11. Juli anlangte; wir geben hier nur eine kurze Uebersicht.

Am 8. Juni bricht R. von Constantinopel auf und gelangt nach Scutari, in dessen Nähe er ein zerstörtes griechisches Kloster nennt,[3]) wo man, freilich vergeblich, oft nach verborgenen Schätzen gesucht habe. Von da geht er über Kartal,[4]) das von Griechen bewohnt wurde und einen Caravanserai besass, nach Pendek,[5]) passirt am 10. Juni eine vom Sultan erbaute Steinbrücke und erreicht auf beschwerlichem Wege Gebize,[6]) welches von Christen bewohnt war und einen schönen Caravanserai, auch eine prächtige Moschee besass, die Mustapha Pascha hatte bauen lassen. Hierauf

---

[1]) Soldau liegt in Ostpreussen, dicht an der russisch-polnischen Grenze an der Eisenbahn von Danzig nach Warschau; Mlawa ist die erste grössere russische Station auf dieser Tour. [2]) Dergleichen Berichte sind überaus häufig; vgl. Purchas II, 1354 ff.; Hakluyt II, 303 ff.; die werthvollsten verdanken wir venetianischen Gesandten, wie solche in Eug. Alberi, Relazioni degli ambasciatori Veneti al Senato Firenze, 1840, Serie III, Bd. 1, ausführlich enthalten sind. Sonst vgl. auch Arm. Baschat: La diplomatie Vénetienne, Paris 1872, S. 213—229 u. Belin im Journ. asiat. 1876 Nov. 381 ff. [3]) Die Handschriften geben: „Clangia, Confia", ob Kadiköi (Chalcedon) gemeint ist? [4]) „Chartaluci." [5]) „Paydig" und „Paradyg" geschrieben. [6]) „Gewisch."

ziehen die Reisenden nach einem am Meere gelegenen „Warmbad") und erreichen zu Schiffe Nicomedien.²) Rauter erzählt, diese Stadt habe früher 300 Türme gehabt, von denen noch Trümmer „drittehalb Landsknechtspiess hoch" zu sehen seien; einer sei noch 125 Schuh hoch und die Mauer sei 2 Klaftern stark. Die Einwohner seien teils Türken, teils Griechen, von denen die ersteren namentlich schöner Geschirr und Thonwaaren herstellten, die letzteren eine schöne Kirche besässen; ausserdem könne man dort 8 schöne Eingänge in die Erde sehen, welche einst ein griechischer Kaiser habe machen lassen „wegen der hitze". Der in der Nähe liegende See bedecke zwei untergegangene Städte, von denen die eine Crabara oder Crahara geheissen habe und bei klarem Wetter im Grunde sich noch Spuren deutlich erkennen liessen; ein Jude habe kurze Zeit vorher versucht, den See abzuleiten, aber ohne Erfolg. Nachdem der Sandjak-Beg, welcher die Reisenden von hier aus nach Aleppo geleiten sollte, eingetroffen (13. Juni). ziehen die Reisenden über ein Gebirge³) nach Jenischehr, von da nach Basardjik, am 17. durch einen Flecken Garcige nach Eskischehr und und am folgenden Tage nach Sidi Ghazi,⁴) das von einem Riesen benannt sein solle, der um 1350 die von den Christen bisher bewohnte und reiche Stadt eroberte und in einem kostbaren Grabmal beigesetzt war, das man den Reisenden zeigt. Der Sarg war 12 Schritt lang und mit einem kostbaren golddurchwirkten grünen Tuche überdeckt; ausserdem sah man einen steinernen Löwen dicht dabei aufgestellt und einen grossen Leuchter von Messing. Zur Rechten des „Riesen" liegt seine Gemahlin begraben, die Tochter eines vornehmen Christen, welche er nach der Eroberung der Stadt wegen ihrer Schönheit zur Ehe zwang. Nachdem sich die Reisenden noch vielerlei Fabeln von den Mönchen, in deren Obhut jene Gräber sich befanden, hatten erzählen lassen, zogen sie am 19. weiter durch ein Dorf „Wardagh", dann am 20. durch eine „alte zerstörte Christenstadt, an welcher altes gemäuer noch viel wapen undt griechische schrift zu sehen ist", und durch einen Wald mit schönen grossen Bäumen, an dessen Ausgange ein gewaltiger Baumriese („ein Kadigbaum") stand, der von abergläubischen Einwohnern, die ihre Krankheiten los werden wollten, mit Tüchern behängt war. Sie erreichten hierauf das Dorf Beyad, am folgenden Tage (21. Juni) Bulwadin, dessen Einwohner gefürchtete Räuber waren, und zogen am 22sten den Sultandagh entlang durch Ishakla. Dann kamen

---

¹) „Glossy" genannt bei den Griechen, „Merzod resp. Herzoduto" bei den Türken. ²) In der Nähe soll ein Flecken Nersche und ein Dorf „Schubahr resp. Scubaso" (offenbar Sabandsche) liegen und ein Flüsschen „Gutsche" oder „Bürtzsche." Ueber die Ruinen von Nicomedien siehe Pococke III, 143 ff. ³) „Eremdagh" oder „Ecemedaga" genannt. ⁴) Ueber diese Stadt vgl. Kinneir, Journey through Asia minor, London 1818, S. 42 f.; Petermann, Mitteil., Ergänzungsheft I, S. 88—89; über den „Heiligen" selbst vgl. von Hammer, Osman. Gesch. III, 147.

sie nach Akschehr (23. Juni), über dem auf einen Berge ein griechisches Kloster lag;[1]) am 25. nach Ilgun,[2]) dann am 27.[3]) nach Kunia, wo sie sofort Gelegenheit fanden, einen Derwischtanz beobachten zu können.

R. erzählt, die Stadt hätte 312 Türme, an deren mächtigen Quadersteinen sich häufig griechische Schriftzeichen sowie „alte Bilder" befänden;[4]) die Entfernung der einzelnen Türme betrüge 40 Schritt. Ausserdem hat die Stadt fünf Thore; innerhalb der Stadt waren noch die Trümmer von zwei alten Schlössern zu sehn. Am 28. Juni verliess die Caravane Kunia[5]) und zog südlich vom Karadjadagh an einem alten zerstörten Schlosse[6]) vorüber nach Eregli, wo man am 1. Juli Ruhetag hielt. Am folgenden Tage ging der Marsch weiter[7]) über den Bulgardagh[8]), wo die Einwohner von Adana ihren Sommeraufenthalt zu nehmen pflegten, später durch ein Thal an einem halb verfallenen griechischen Schlosse[9]) vorüber und durch eine grosse Ebene[10]) nach Adana, wo sie am 6. Juli ankamen und den Kisil Irmak(?) auf einer steinernen Brücke von 20 Bogen überschritten, die 36 Schuh breit und 40 Schritt lang war. Ebenso passirten sie den Saihun; am 8. Juli kamen sie am Ilan-kalessi oder „Natternschloss"[11]) vorüber, dann nach dem Schlosse Kurd Kulak („Wolfsohr"),[12]) schliesslich über Ajas nach Massisa.[13]) Am 10. überschritt man den Amanus;[14]) am 11. erfolgte die Ankunft in Antiochien.

Die Reisenden besuchten hier die griechische St. Johanneskirche,[15]) die in den lebendigen Felsen hinein gebaut war; zu deren rechter Seite wurde

---

[1]) „Ulubner" genannt. [2]) Am See Jagigal vorüber, in dessen Nähe ein „Warmbad Sligumluge und die Stadt Sligum" erwähnt wird. [3]) Vorher passirte man am 26. das Dorf „Jangy", am folgenden Tage ein anderes Namens „Ingemersch." [4]) Dasselbe erwähnt v. Moltke, Briefe über die Türkei (dritte Ausgabe), S. 318. [5]) Ueber das alte Iconium vgl. Forbiger, Handbuch d. alten Geogr. II, 316 (dort auch die neuere Literatur). [6]) „Duresendery". [7]) Ueber „Poschtzeschy" durch ein Thal „Athabie" oder „Weissenburg", vom gleichnamigen Flusse durchströmt; vielleicht ist der Fluss Kotschaf-Tschai gemeint (siehe Tschichatscheffs Karte). [8]) Soldandagh in der Handschrift genannt. [9]) „Steck" oder „Stack". [10]) „Scheitgürtner, ist auf deutsch so viel als eine ecke von der wiesen." [11]) Langlois, Voyage en Cilicie 468, identificirt es mit dem in mittelalterlichen Pilgerschriften genannten Til; vgl. auch Ritter XVII. 1188, 1837. Die Handschrift giebt: „Schlanhossa". [12]) „Cortenlactg"; vgl. Langlois 470. [13]) „Merges Galles" (vgl. Ritter XVII, 1779) d. i. wohl Massisa oder Mopsuestia. [14]) „Sasseras, das ist: Kessel"; diese Benennung können wir anderweitig nicht belegen. [15]) Ueber diese siehe Wilbrand in Laurent, Quattuor peregr. medii aevi 173; Pococke II, 280 f.; Ritter, Asien XVII A, 1188, sonst auch Cotovicus 499. Eine gute Uebersicht der christlichen Kirchen in Antiochien giebt Odofred. Müller, Antiquit. Antiochenae, Götting. 1839, S. 120, Note 4, am Schluss

ein Brunnen gezeigt, aus dem St. Johannes getauft haben soll und Türken wie Christen als Heilmittel gegen das Fieber Wasser holten. Ausserdem sahen die Pilger sich den unterirdischen Gang an, der durch den Felsen nach dem Schlosse geführt haben soll, sowie eine kleine Kapelle, die ebenfalls in Felsen eingebaut war, in deren Wand ein schmaler Ritz sich zeigte, woraus nach der Aussage der Griechen alle Ostern 15 Tage lang Wasser flösse; übrigens sei darin kein Altar zu finden, „sondern sie haben einen Hauffen zusammengeleget, darauf sie den Gottesdienst halten." Von da führte man die Reisenden durch Weingärten nach dem früheren Wohnorte der Apostel, wo noch schöne Gewölbe zu sehen waren, auch die Säule, hinter welcher der vorige Sandjak einen Schatz von 7 Tonnen Goldes hervorgeholt haben sollte. Ebenso zeigte man den Brunnen vor einem Thore, 14 Klaftern breit und 9 lang, aus dem die Apostel getrunken haben sollen;[1] ein anderer als heilkräftig gegen das Fieber gepriesener Brunnen wurde im Kloster gezeigt. Dann ging man auf den Berg Meinudega,[2] auf dem einst ein Schloss gestanden hätte, von dem noch manche Trümmer übrig waren, und zu dem alten Königsbau des „Asverus", der seine eigene Tochter beschlafen haben soll, aber dafür durch Feuer vom Himmel mit ihr verbrannt worden sei. In einer türkischen Moschee soll sich die Stelle befinden, wo St. Johannes in Oel gesotten worden sei, ohne Schaden zu nehmen.)

Am 13. verliessen die Pilger Antiochien, dessen Sandjak ihnen viel Freundschaft erwiesen hatte, überschritten den Orontes und kamen bei Tisin[4] an einem griechischen Kloster vorüber,[5] am 14. zogen sie in Aleppo ein, wo sie beim venetianischen Gesandten Wohnung erhielten.

Eine Reise nach Babylon ward durch die Krankheit des Reisegefährten Bartel Breiden unmöglich, und Rauter musste sich damit begnügen, von den Türken sich über jene Gegend mancherlei vorerzählen und vorlügen zu lassen. Als Breiden wieder gesund geworden, verliess Rauter am 31. August Aleppo[6] und erreichte Damascus; über den Aufenthalt daselbst schreibt er:

---

auch einen sorgfältigen Stadtplan; weniger übersichtlich ist der bei Pococke II, S. 277. Andere Quellen über die Topographie der Stadt sind nachgewiesen bei Röhricht, Beiträge II, 50, Note 47.

[1]) Offenbar die Daphnisquelle, die auch Wilhelm von Tyrus IV, 10 erwähnt. [2]) Der Name ist aus Montagne d'aqua, sonst auch Montagne noire genannt, entstanden, worüber Ritter XVII A, 1184. [3]) Zu dieser Sage vgl. Tertullian, Praescr. haer. 36; Hieron. in Matth. XX, 23 und Lorenz v. Mosheim, Dissert. hist. eccl. I, 497 ff. [4]) „Thisin". [5]) „Hulliga"; es kann nur das Kloster Sanktalana (St Helena) gemeint sein: vgl. Ritter XVII. 1580. (6) Als Stationen werden genannt: „Garatsen" (Kinnisrin?), „Bargkhan", (offenbar Berkun; vgl. Ritter XVII, 1598 f), „Almora" (Maarrat-an-Noman) „Sehkon" oder „Sepphon" (Khan-Scheichun), Hamah, Hims, „Turrentz" Bureidsch), „Carela" (Kara), „Feidische" (Kuteifah?).

Den 9ten gingen wir zu dem Griechen Patriarchen daselbst, welcher uns etliche Griechen zugab und liess uns einige heil. Oerter zeigen[1]), als das Loch, über welches die Jünger Paulum über die Mawer haben gelassen[2]). Darnach sind wir gangen zu einem Ort vor der Stadt, ist fast ein kleiner Garten, 100 Schritt Umbfanges, auf welchem Orth eine steinerne viereckichte Säule steht, eines Kniees hoch, und haben uns angezeiget, da soll die Stelle und Stein sein, darauf der Ritter St. Georgius ist auffgesessen und hingeritten, da er den Lindwurm soll umgebracht haben[3]), dieselbe heisst Baruthy und ist zwo Tagreis von Damasco, die Christen, die auff dies mal da wohnen, halten dieselbe Stelle gar heilig, und wenn Jemand krank wird, so tragen sie ihn auf die Stelle, räuchern und haben ihre Ceremonien dabei, sprechen, dass es vielen Leuten helfen soll. Ungefehr 400 Schritt von diesem Orte hat man uns eine Stelle gezeiget, daselbst soll St. Paulo, nachdem er über die Mawer hinabgelassen gewest und gen Jerusalem gehen wollte, ein Engel begegnet sein und ihn getröstet, dass er sich nicht fürchten sollte, undt sagen die Griechen, dass man noch alle Sonntage auf der selben Stelle ein brennend Licht sehen sollte, welches vom Himmel fallen soll. Auff diesem Orth soll auch die Erde liegen, damit das Kreuz Christi ist verschüttet gewesen, undt wie es die heilige Helena gefunden, hatt sie die Erde auf diesen Orth bringen lassen. Es ist vor Zeiten eine Kirche auf diesem Orth gestanden, undt ist da noch ein Gewelbe unter der Erden zu sehen, in welchem die Griechen die verstorbenen Körper geworfen haben, auch ihre Begräbniss dabey. Denn das soll auch der Orth sein, da St. Paulus aus Gottes Gewalt nieder geschlagen und bekehrt worden[4]). Ist ausserhalb der Stadt bei einer Meile Weges, und daselbsten begräbt man die Christen, die

---

[1]) Ueber diese vgl. im Allgemeinen Ludolf von Sudheim 97 f.; Sepp, Jerusalem II, 366 ff. [2]) Vgl. Tucher 360a. Ueber die ältesten Kirchen von Damascus zur Zeit, da die Muslimen es eroberten, vgl. v. Kremer, Mittelsyrien, S. 21 f. [3]) Dasselbe erzählt Gumpenberg, 242 f. [4]) Zum Teil mit denselben Worten wird dasselbe berichtet bei Ecklin 402, Tucher 360a, Maundeville 416a. Die Stelle wird genauer beschrieben bei Thietmar 9; Willibald 25; Joh. von Würzburg 184 f.

in gemeldter Stadt sterben, wie obgemelt. Darnach sind wir wieder in die Stadt gegangen und in das Hauss, da Paulus blind gelegen ist, da der Jünger Ananias durch des Herrn befehligt zu ihm gegangen und ihn wieder sehend gemacht hat und getauffet hat. Ess haben uns auch die Griechen berichtet, dass die Türken dies vorgemelte Haus vor drei Jahren haben eingenommen und haben gesagt, Ananias sei ein Muselmann gewesen, darumb gehöre das Haus ihnen zu, und haben eine Kirche daraus gemacht; wenn dieselben ihrem Gebrauch nach bei der Nacht hinein kommen beten, ist alle wege ein Christ in der Gestalt eines alten Mannes kommen und sie wieder mit einem Prügel daraus getrieben; und haben ein frawencloster daraus gemacht, so hat es gleicher Gestalt die Weiber herausser geschlagen, auch etzliche erwürget, haben dero wegen die Türken den Orth gar verlassen. Also haben die Christen ihn wieder einbekommen und verrichten jetzt ihren Gottesdienst friedlich darin.

In dieser Stadt hatt es überhaupt schöne Kirchen mit schönen Vorhöfen, welche noch die Christen gebawet haben. Die Türken haben sie auf ihre Weise zugerichtet und nennen sie Mocheen, lassen aber jetzo keinen Christen auch keinen Juden darein gehen, undt in der Hauptkirchen, die in der Mitten unbedeckt und offen, aber gewelbt ist, hatt man den Leichnam des Propheten Zachariae, so alda begraben, in grossen Ehren, dabei sie viele brennende und leichtende Lampen haben. Undt vor der Stadt auff einem hohen Berge ist eine Kapel zu stehen, da sagt man, soll Caïn seinen Bruder Abel erschlagen haben[1]), daher auch die Stadt des Namens haben soll, dass sie heisset Damasko, das ist Beutsack[2]). In dieser Stadt sollen 40000 Christen sein, mit Weib und Kind, undt es muss ein jedes Häupt, das 17 Jahr alt ist, 50 Maidin dem Kaiser Zins zahlen.

Den 15ten sind wir von Damasko nach Saffet verrücket undt über ein schön weit Feld bei drei Meil Weges gezogen undt dar-

---

[1]) Vgl. Ecklin 402. [2]) Offenbar verschrieben für Blutsack, da der Verfasser ohne Zweifel die durch Philo, Opp. I, S. 480 aufgebrachte Erklärung (wegen Kain's Brudermord!) Dam-sak (Blutsack) anspielt, die R. durch Juden mag kennen gelernt haben.

nach auff steinigt Oerter gekommen zu einem Fluss, welcher von Untergang nach Mitternacht fliesst, Asa genandt¹), undt sindt in einer Caravanserei gelegen, die hatt den Namen nach diesem Fluss; es müssen alle Christen undt alle, die nach Jerusalem ziehen wollen, von einem jeden 3 Maidin geben: dies Geld kommt den Arabern zu nütze, damit die Strassen desto sicherer sein sollen. Den Tag gereiset 5 Meil. Den 16ten zogen wir einen sehr steinigten Weg, darnach vor zwo Caravanes vorüber, das letzte ist ein neu Gebäude, Areneta genandt²), welches der Mustaffa Bascha hatt bawen lassen wegen der Strassenräuber, dasselbst ist auch eine mautte oder Zoll, wie oben gemelt, undt wir sindt fort über eine schöne Gelegenheit gezogen, ist aber gar wenig gebawet, hatt auch an demselben Ort viel Obstbäume, die tragen gar kleine Aepfel undt sindt schön von Farben, auch eines schönen Geschmaks.

Am 17. brachen die Reisenden wieder auf, passirten die Jacobsbrücke, wo alle Juden und Christen Zoll zahlen müssen, und erreichten Safed, das nächste Ziel ihrer Reise.

Von der obengemelten Brücken sindt wir ein steinigt Gebirge auf Saffet gezogen. Das Schloss von Saffet liegt auf einem lustigen Orte, auf einen hohen Berge, ist aber gar zerstöret, sonsten ist noch wohl zu sehen, dass es vor zeiten ein herlich gebäwde muss gewesen sein, denn es noch zwee schöne ausgefütterte graben umb sich hatt, sindt aber sehr zerfallen; die stadt liegt an dem gebirge, in welcher stadt in die 2000 Juden wohnen, undt es hatt alda meist alte Leuthe: denn sie lassen sich aus allen landen, wenn sie alt sein, beydes mann undt weib, hierher führen, daz sie alda sterben wollen im heyligen lande³). In dieser stadt haben die juden 8 Synagogen oder schulen, darunter auch eine teutsche, undt auch sonsten von aller Nation; sie haben auch einen Rabbi hier, welcher der oberste Rabbi: (der) türkische Kaiser hatt jährlich von jedem häupte 50 meidin einkommens, gleichwie auch von den christen ausserhalb die Kaufmann-

---

¹) Gemeint ist Sasa, 8 Stunden von Damascus, am Sabarani; vgl. v. Kremer, Mittelsyrien u. Damaskus, S. 176. ²) Kuneitirah; vgl. v. Kremer, Mittelsyrien 179; Burckhardt Reisen, ed. Gesenius II, 550 f. ³) Vgl. Robinson, Palaestina III, 579 ff., 593 ff.; Carmoly, Itinéraires 261.

schafft undt handel undt was noch mehr von andern zugängen. Unter dieser stadt untergang haben sie ihre Begräbnuss undt darunter auch des propheten Hoseae begräbnuss[1]), ist fast gebawet, wie ein Kapel, darin sie alle sabath lampen breunen undt ihre ceremonien halten; nicht weit von der stadt gegen mitternacht stehet ein buchsbaum, welcher hol ist, undt es sagen die hiesigen Christen, dass sich Christuss soll damals verborgen haben, wie ihn die Juden haben fangen wollen; sie wissen aber keinen grund davon, wie oder wenn es geschehen sein soll. Ess soll vor etlichen jahren allhier ein Beg gewohnt haben, der selbe soll den baum mit einem kleinen mäuerlein umpfangen haben undt auch ein Kapelen dabei bawen lassen, es ist aber alles eingefallen, die steine sind noch davon zu sehen; gegenüber ist ein berg, darauff ein morisch dorff, da vor zeiten eine grosse stadt gewesen sein soll, mit nahmen Meorana[2]), darin ein könig soll gewohnt haben, ist jetzund nichts davon zu sehen, denn nur ein alt Thor undt dabey auch zwee aufgemäuerte graben, in dem einen soll Joell liegen, in dem andern Lacarus[3]). An diesem Wege werden runde steine gefunden, gleichwie ein granatapfel, undt wenn man sie von einander schlägt, so sind sie schön weiss inwendig wie ein zucker, und mitten hattss kleine spitzge steinlein, gleichwie ein Demand, der mit fleiss geschnitten ist, undt sein auch so hart, daz sie daz glas schneiden, brechen aber leichtlich; aber die juden sprechen, daz derselben viele vor demand verkauft werden.

Nicht weit von hier auff einem Dorfe Berem[4]) genandt ist der königin Ester begräbnuss zu sehen in einen steinfelss gehawen, als da ist auch zu sehen an seulen undt gemäuer, dass vor Zeiten eine grosse stadt alda gestanden haben soll.

Hier in Safed muss die Carawane wegen der zu grossen Unsicherheit der Wege bis zum 29. September liegen bleiben.

---

[1]) Vgl. Carmoly 381, 447. [2]) Gemeint ist Meron, worüber Robinson, Palaestina III, 597; Sepp II, 297 ff. [3]) Nach dem jüdischen Reisenden Rabbi Simeon ben Jochai (vgl. Carmoly 133, 261, 381, 451). [4]) Kafer Bar'am: sonst vgl. Carmoly 380, 398, Note 86; Robinson, Palaestina III, 587; Freytag, Selecta ex historia Halebi 44, annot. 4.

Den 29. sind wir mit einer gesellschaft von Türken und Juden ungefehr 3 stunden vor Tage verrücket undt sindt in einem dorfe kommen Backiuk¹): unterwegs zu allernächst am dorffe unter einem Oelbaum ligt ein prophet Abacuc in einer kleinen Kapelen begraben. Darnach sind wir in ein morisch dorff kommen mit nahmen Lendeschars, darinnen gar ein schöner pomeranzen garten, in welchem wir geruht haben; in diesem morischen dorffe hat es eine morische kirche²), in welcher des Moses schwäher Jetro liegt.

Am Fusse des Tabor entgehen die Reisenden mit vieler Mühe räuberischen Horden, passieren Nain und ziehen durch das Thal Jesreel.

Darnach kamen wir zum arabischen dorffe, da muss man maute geben, was christen sein, einen halben Ducaten; wie sie uns nun gesehen ankommen, sindt sie alle herzugelauffen undt mauten begehrt, weil wir aber wie die Türken herritten mit weissen binden, hiessen sie unss reiten undt nahmen die mauten von den Juden.

Davor auch etzliche von ihnen unter die rosse geschlagen würden, die nicht bald gaben, waz sie begehrten, undt wie wir so fortte ritten, hatt ein Jude gesagt, daz wir christen weren, da huben sie ein ˜eschrey an undt lieffen hinter uns her und fielen unss den eseln in die Zäume undt wollten unss nicht reiten lassen, wir sollten auch maute geben; ich weiss nicht, wie mein gefährte den einen Möhren im Rumor stösset, da sind sie alle auff ihn hinein mit basigan steinen und prügeln gefallen, daz unzer jenitscher und wir anderen genugsam zu stillen hatten: denn es war bald ein grosser lerm darauss geworden, daz wir bald alle hatten umb die hälser kommen müssen. Nicht weit davon kamen wir in ein Corwaser, daz heisst Schnum.³) Da haben wir solches dem cadi angezeiget, derselbe hat uns zu gesaget, sie sollten nicht ungestrafft bleiben. Undt diess soll der Orth sein, da Christus die 10 aussssätzigen soll gereinigt haben.

---

¹) Gemeint ist Jakûk; vergl. Carmoly 131, 185, 385. ²) Sonst Kabr Schuaib genannt, bei Kafer Hattin (vgl. Robinson III, 483; Carmoly 131, 185, 259. 385, 455). Auf dieses K. Schuaib bezieht sich die Nachricht, dass Saladin auf der Wahlstatt von Hattin eine Capelle hätte bauen lassen (Röhricht, Beiträge I, 174, Note 65). ³) Sunem.

Am 1. October kamen die Pilger zum Josephbrunnen,¹) in den Joseph von seinen Brüdern geworfen worden sein soll; in Entfernung eines Büchsenschusses zeigte man einen schönen Brunnen mit weissem Marmor eingefasst, welcher noch aus der Römerzeit herstammen soll; hier wurde nach der Tradition Joseph verkauft.

In der Stadt Sichem ist der ohrt unnd hauss an der rechten handt neben dem berge gegen Mitternacht zusehn, da des Jacobs Tochter Dina zu Sichem von des Jemors Sohn des Jevites, der des landes herr war, genothzoget und geschwängert wart;²) ausserhalb vor der Stadt eines Rosslauffes weit ist ein schöner Röhrbrunn und Rosstruncke von weissem Marmelstein gebauet, daselbst haben die Türcken Ire wonneplatz, bey dem brunnen ist ein rosssprung mit 2 seülen gemacht und ist 42 schuh weit, welches Ross alhier den Schanschack bey zugehöret hat;³) für bass an dem ende des vorgemeldten berges von der Stadt ohngefehr einer welschen Meile lieget ein alt Christen dorff Walata⁴) genandt, dabey an der lincken seiten eines bogenschosses weit in einem Acker ist Josephs, des Jacobs Sohn, sein gebein, welches die Kinder Israel auss Aegypten geführet haben, alda in demselben Acker begraben.⁵) In dieser Stadt sindt etzlicherley Völcker, alss nemblich Türcken, Moren, Morischen, Juden, welche auch andere mehr sprach können, alss Morisch, haben auch mit der Religion der andern Juden einen Unterscheidt, tragen hüte von rothem rauhen filtze und bunte schleyer darumb,⁶) alda wohnen auch viele Christen, desgleichen auch auff den umbliegenden Dörffern herumb, welche für schwartze filtze spitzige hüte tragen und dorumb stainige (?) Schleyer, ist fast ein trew redlich Volck, warten auch Ihres Gottesdienstes fleissig. Die Samariter wohnen in der Stadt, man saget, dass diese Völcker nimmer über 1000 kommen, sie dörffen auch nicht nach Jerusalem kommen und halten sich zu Drosa (?), Alkhier, Damasco und hier den meisten theil, sie halten die beschneidung, wie die Juden, desgleichen auch den Sabbath, aber

---

¹) Nicht Khan Djub Jusuf am Nordufer des Sees Genezareth, sondern der Josephbrunnen bei Samaria (Robinson III, 329 ff.; Sepp II, 56). ²) Robinson III, 336. ³) Ueber den Brunnen der Samariterin siehe Robinson III, 329 ff. ⁴) el-Belata, vgl. Carmoly 386, 445. ⁵) Vgl. Carmoly 251. ⁶) Vgl. Robinson III, 353.

in der Religion sindt sie unterschiedlich, sie tragen bunte und rothe Schleyer . . .

Die Reisenden kommen hierauf über el-Bireh am 5. October glücklich nach Jerusalem. Da inzwischen ein venetianisches Schiff mit Pilgern in Jaffa gelandet, so warten die Reisenden auf die Ankunft derselben in Jerusalem; am 14. endlich treffen 26 Pilger, darunter Deutsche und zwar aus Schlesien Georg v. Zedlitz und Hanss Kekwitz ein. Die Pilger müssen pro Kopf 9 Ducaten[1]) Einlassgeld vor der heil. Grabeskirche zahlen, während die einheimischen Christen nur die Hälfte zu zahlen brauchen; nachdem alle Pilger das Geld an die muslimischen Beamten gezahlt haben, wird das Siegel von der Thüre entfernt[2]) und die Thür aufgeschlossen.[3])

Die Pilger sehen zuerst „den Ort, da Maria Jesum soll gesalbet haben, undt ist derselbige Orth mit einem schönen weissem Marmelstein belegt, gleich einem Grabstein, undt auch mit einem eysern Gatter umbpfangen, damit man nicht auff den orth mit Füssen treten solle".[4]) — Ein wenig vorwärts nach links steht das heilige Grab, 25 Schuh lang, 20 Schuh breit und 2½ Manushöhe hoch; das Grab selbst ist 8 Spannen lang.[5]) Dann sehen die Pilger die Geisselungssäule („ungefehr drey span lang, undt die farbe des steins ist graw und weiss")[6]), steigen bald darauf auf einer Treppe von 29 Stufen in die Kreuzerfindungscapelle hinunter, dann wieder 19 Stufen in die Höhe[7]) nach der Kapelle der Kreuzaufrichtung. „Aller nächst dabey ist der Orth, da Christus ans Kreuz ist geschlagen worden; dieser orth ist von schönem schwarzem undt weissem marmelstein schichtlichen eingelegt".

Die Länge der Grabeskirche beträgt 129 Schritt, die Breite 93 Schuh.[8])

Am 18. berühren die Pilger auf einem Zuge nach Bethlehem auch das Bad der Bathseba,[9]) das 226 Schritt lang und 80 breit war, den Marienbrunnen, die Cisterne der drei Könige, den Ort Habacucs, die Ruhebank des Jesaias, sowie das Grab Rahels („daneben steht ein Baum, den nennen sie Derepnito,[10]) darunter Maria offtmahl soll geruhet haben").

In Bethlehem sehen die Pilger die Geburtsstätte Christi (7 Spannen lang und 4½ breit)[11]) und die Krippe (4 Spannen lang und 3 Spannen breit)[12]). Vom Kloster 180 Schritt entfernt wird ihnen das Felsloch gezeigt, wo Maria mit dem Jesusknaben sich verborgen.[13])

---

[1]) Vgl. oben S. 30. [2]) Eine Versiegelung der Thür wird sonst selten überliefert; siehe oben S. 30. [3]) Man erzählt, dass der Sultan aus diesen Abgaben der Christen jährlich 60000 Ducaten einnehme. [4]) Tobler, Golgatha 357 f. [5]) Tobler 176. [6]) Tobler, 342 f. [7]) Tobler 258 u. 300. [8]) Tobler 28. [9]) Tobler, Topogr. II, 70 f. [10]) In der Wallenrodter Handschrift steht: „ein Boxhorn baum"; gemeint ist der Feigenbaum beim Grabe Rahels, über den Sepp I, 534 f. handelt. Der Name ist aus Dirpe verdreht. [11]) Tobler, Bethlehem 141. [12]) ibid. 162. [13]) ibid. 227 f.

Sie kehren am 19. wieder nach Jerusalem zurück und besehen am 20. den Oelberg. Auf dem Wege dahin kommen sie an einem Steine vorüber, auf welchem Maria bei der Steinigung des Stephanus gesessen und zugesehen haben soll; die Stelle, wo Jesus seinen Jüngern vom jüngsten Gericht predigte, ist durch eine 5 Spannen hohe steinerne Säule bezeichnet.¹) Ein altes Gemäuer ist der Ueberrest des Hauses, in welchem Salomo seine Kebsweiber gehalten haben soll. Die türkische Kapelle auf dem Ort der Himmelfahrt Christi ist 19 Schuh lang und ebenso breit.²)

Am 24. October erhält R. die Nachricht, dass der Sandjak von Babylon nach Kairo ziehn würde, und reist deshalb zunächst mit den Pilgern nach Revila,³) von wo diese nach Jaffa weiter gehn, während er in Revila bleibt, um sich einer Gesellschaft anzuschliessen, welche nach Gaza aufbrechen wollte. Am 30. Oct. kommt in Jaffa ein Schiff mit 17 Mönchen aus Venedig an, die nach Jerusalem pilgern und Revila berühren. Den 3. Nov. verlässt R. diesen Ort und gelangt über Ebeuna,⁴) woher der Eselskinnbacken stammen soll, mit welchem Simson die Philister schlug, an 13 arabischen Dörfern vorüber, worin die Hütten aus grünem Tuch gemacht sind, nach Gaza, der Proviantstation für die Caravanen, welche nach Kairo ziehn. Am 24. Nov. kommt der Pascha daselbst an, dessen Sohn Sanjakbeg zu Jerusalem geworden war. R. übergiebt ihm seine Mandatsdocumente und erhält die Erlaubniss, in seiner Begleitung weiter zu reisen. Für jedes Kameel, welches nach Kairo zieht, muss ein Zoll von ½ Ducaten entrichtet werden; ein Jude hat diesen Zoll gepachtet und giebt dafür jährlich dem Sultan 20,000 Ducaten. Als die Reisenden am 6. Dec. nach Salachijeh⁵) kommen, erwartet sie ein Sanjak-Beg, welcher von Kairo aus dem Pascha entgegen gezogen ist. Auf der Weiterreise wird Catara⁶) und Caslersy⁷) berührt. m 9. treffen sie in Kairo ein, wo der Pascha mit 3000 Mann feierlich inzieht. Am 17. setzt er seine Reise nach Arabien fort, während R. in der Stadt bleibt. Unter den Sehenswürdigkeiten erwähnt er die Krokodile, deren Fleisch gegessen wird, etwa wie das des Störes schmeckt und bei Frauen Fruchtbarkeit hervorbringen soll, ferner die Bereitung des Zuckers aus dem

---

¹) Tobler, Siloahquelle 230. ²) ibid. 100. ³) d. i. Wely Rubin, dicht bei belin, worüber Robinson III, 230; Ritter XVI, 126. ⁴) Ebeneh am Nahrubin; vgl. Ritter XVI, 127; über die Geschichte vom Eselskinnbacken gl. auch Robinson II, 687 ff., 694. ⁵) So liest die Wallenrodt'sche Handchrift richtig; dieselbe Station berührte auch Helffrich 386 u. Wormbser 223. Muss nach Helffrich und Wormbser zwischen Salachijeh und Bilbais egen; das westlich von der gewöhnlichen Route, nördlich von Kairo, gegene Dorf Al-Katarah (siehe die Jacotinsche Karte, Nr. 28), das auch bdallatif, Description de l'Egypte, ed. Silv. de Sacy 604 nennt, kann hier cht gemeint sein. ⁷) Offenbar verschrieben für das von Wormbser 223 chtig genannte Canoca oder Kankha, das am Nordufer des Birket el-hajj egt.

Zuckerrohre, die Weberei von Seidenstoff, von dem die Elle Teppich um 7, die beste Sorte um 30 Ducaten verkauft wird, endlich die Provianthäuser des Sultans, viereckige oben offene Gemäuer, in welche man von oben das Getreide hineinschüttet, bis sie voll sind.[1])

Am 5. Jan. 1569 unternimmt Rauter einen Ausflug nach Memphis und als er des Nachts in einem Dorfe Rast hält und kein Brennholz zum Feueranmachen hat, rät ihm ein Araber, er solle doch eine der dort sich vorfindenden Mumien zerschlagen und verbrennen; dies gebe einen sehr guten Brennstoff. Die Reisenden besuchen auch die 3 Pyramiden, in deren grössste ein Gang von 175 Schritt Länge führt.

Bei den Pyramiden

„stehet auch ein Weibeskopff auss einem felse gehauen, so gantz mit einem tuch benähet, darauf war gemahlet, wie eine heydnische tracht, dass Maahlwerck war wol schön von farbe, unter einem grossen tuch lag der Cörper und war mit schmallen tüchern eine handbreit gantz und gar umbwunden, so woll auch die arme, beine und finger, ein jedes besonders, die tücher waren gar gelbe, alss wann sie gesoffert wären, unverrollet, die hände lagen ihr beyde auff der brust unter dem kinn, und dass fleisch an dem Cörper war gar hart und schwartz, wie ein pech, das marck in den beinen sahe, als wann man geschmaltzen pech darin gegossen hätte und es wieder hart geworden wäre . . . ."

(fol. 63) Am 27. Jan. tritt R. die Reise nach dem Sinai von Kairo aus an, kommt an einem 1000 Ellen tiefen Brunnen, welchen Alexander der Grosse soll haben graben lassen, vorüber nach dem Schlosse Asserut[2]) und an das rote Meer; in einem Kloster finden die Reisenden Aufnahme und sehen dort eine wolgedeckte Tafel stehn, doch liegt auf jedem Teller nur eine Zwiebel, ein Apfel und ein Biscot, womit sie sich begnügen müssen. Nach ihrer Rückkehr vom Sinai wird in demselben Kloster eine Vesper abgehalten, wobei jeder ein Brot und ein brennendes Licht empfängt, „über welchem sie viel Ceremonien gehalten haben." Am 8. Febr. gelangt R. nach Tor am roten Meere, darauf nach Suez, an demselben Meere gelegen, wo sich ein grosses Schiffs-Arsenal befindet. Die Rückkehr nach Kairo wird nicht erwähnt; am 24. Febr. verlässt er diese Stadt und begiebt sich nach Alexandria, wo er von Venetianischen Herren, besonders von „Signor Grosse von Delphino", gut aufgenommen wird. Unter den Sehenswürdigkeiten des Ortes zählt R. einen Predigtstuhl von Marmor auf, in welchem

---

[1]) Dasselbe berichten Wormbser 228 und Helffrich 391. [2]) Kalat Ajrûd; vgl. Robinson II, 72 f.

Marcus gepredigt haben soll,[1]) ferner St. Catharinae Gefängniss, die Pompejussäule u. a. (fol. 67). Sein Aufenthalt auf Cypern währt circa vier Wochen, doch berichtet er über diese Insel nur oberflächlich. Es werden auf ihr 1000 albanesische Reiter gehalten und die Bauern zum Kriegsdienst in der Weise eingeübt, dass alle Sonntage hundert, und alle drei Wochen das ganze Fähnlein von je 300 Mann gemustert wird; die Befehlshaber dieser Abteilungen selbst sind in die Dörfer rings verteilt, so dass bei dem Herannahn feindlicher Schiffe ein Jeder weiss, wo er hin soll. Am 25. April verlässt R. Cypern und erreicht am 5. Mai Candia, am 1. Juni Cerigo. So oft auf die letztere Insel ein neuer Venetianischer Statthalter kommt, so ist es Brauch, ihm das schönste Mädchen anzubieten; wenn er nach der abgelaufenen zweijährigen Amtsperiode die Insel wieder verlässt, verheiratet er sie an einen Mann, und sie gilt fortan als eine edle Frau. Weiter führt der Rückweg über Corfu,[2]) St. Nicolao de Flemisch,[3]) Copodilachi,[4]) Dulcina,[5]) Antiviri,[6]) Budina,[7]), Nove Castelle,[8]) Catura,[9]) wo die Venediger eine Poststation für Briefe nach Constantinopel errichtet haben, ferner über Ragusa, wo es Kaufleute giebt, welche von goldenen Tischen speisen, Lesina, Zara nach Venedig, wo R. am 10. Aug. anlangt (fol. 76). Auf seine Reisen durch Italien, Deutschland, Frankreich, England, die Niederlande etc., über welche meist kurze, aber dennoch oft interessante Notizen aufgezeichnet sind, kann hier im Weiteren nicht eingegangen werden.

Am 30. Juli 1571 gelangt R. wieder nach Preussen zurück, nachdem er 4 Jahr 8 Monat unterwegs gewesen war, 3210 Meilen zurückgelegt und eine Summe von fünftehalbtausend Mark verbraucht hatte.

---

[1]) Derselbe wird auch von Helffrich 397a erwähnt. [2]) Corfu. [3]) ? [4]) Capo di Laghi. [5]) Dulcigno. [6]) Antivari. [7]) Budua. [8]) Castelnova. [9]) Cattaro.

XXII.

Johann von Hirnheim.
1569.

Die Reisebeschreibung des Ritters Johannes von Hirnheim ist uns erhalten in einer Handschrift der Giessener Universitätsbibliothek welche den Titel führt:

Raissbuch zum heilligen Grabe, So Hanns Johan von Hirnhaim zu Hochhaltinng und Wölnstain und Othainrich von Membdingen zu Oetting und Fünf Stat Mit Iren Knechten sambt mein Wolffgangen Gebharten von Pruckh aus Bayrnn alss Ir aller Capplon und Thulmetsch im Sibentzigsten Jar mit der genaden des gecreitzigtenn glicklichen verricht haben. Got lob Amenn.

Unterzeichnet ist: S. Bichler, Schuelhalter, welcher 1580 unsere vorliegende Abschrift anfertigte.

Eine dankenswerte Ergänzung dazu bieten 2 Münchener Handschriften, von denen die älteste, wohl das Original, vom Jahre 1570 (Cod. Monac. germ. No. 3004 4° 153 Bll.), die jüngere vom Jahre 1580 (der Catalog giebt 1380) datirt (Cod. Monac. germ. No. 3003 4° 135 Bll.) und unvollständig ist. Dagegen bietet letztere allein den Titel: Wolfgang Gebhardt von Pruckh aus Bayrn Beschreibung seines und des Hans Joh. von Hirnheim und Ottheinrichs von Wembdingen Reise nach Jerusalem. Dieser Bericht des Caplans Gebhardt giebt nur wenig Abweichendes von dem des Johannes von Hirnheim, doch ist er in Bezug auf die Unterhandlungen mit dem Rheder in Venedig etwas ausführlicher; dagegen schweigt er von den zwischen ihm und seinem Herrrn oft ausbrechenden Misshelligkeiten, von denen dieser allein erzählt. Im Ganzen stimmen beide Relationen (von uns mit G. und H. bezeichnet) bis in die Einzelheiten genau überein, so dass man als Grundlage derselben ein gemeinsames Tagebuch annehmen kann.

Peregrination oder Raysbüech
Anno 1569.

Am 17. März 1569 (H. fol. 73) verabschiedet sich Hanns Johann von Hirnheim zu Hochholding[1]) von seiner Base Maria von Wembdingen, geborenen von Hirnheim, seiner Tochter Cordula, seinem Vetter Eberhardt von Hirnheim und dessen Frau Anna von Wolf Seefridt und dessen Schwager Lienhardt Schmidt, von der Frau von Geyern und ihren Töchtern und der Ursel Lochninger und trifft mit seinem Schwager Otth Heinrich (von Wembdingen zu Oetting und Fünfstat)[2]) mit seinem Caplan Wolfgang Gebhardt[3]) und seinem Knechte Michael Blanckh am 21. März in Donauwörth ein (G. 2a), wohin ihn Conrad von Eschenheim und Lienhardt Schmidt begleiten. Von dort gehen sie nach Augsburg (22. März), wo sie bei Hans Schnek Herberge nehmen und Conrad von Riedheim treffen; hier besorgt man sich auch Creditbriefe nach Venedig (G. 2b). Auf ihrem weiteren Wege kommen sie zunächst nach Grönenbach; hier besucht Hirnheim seinen Vetter Alexander Marschalck von Pappenheim, welcher erst vor 5 Jahren in dem heiligen Lande gewesen war. Gebhardt (4a.) berichtet über diesen Besuch Folgendes:

Auf die nacht khamenn wier geen Grennabach, ritten in das Schloss, welliches Allexander Marschalkh vonn Pappenhaim gehörig, das auch zimlich vesst, belibenn dorth uber nacht. Dan wier bericht von Ime namenn (fol. 7), die weill er erst vor fuuf jarn davor inn dem heilligen landt gewost ware, darzue er und sein gesell Hanibal Rietterich glükchlich khomen waren, doch was Pilger sonnst gewest, ist nit der sechst thaill mit dem lebenn darvonn

---

[1]) Südlich von Ansbach. [2]) Nach Hundt, Stammbuch II, 365 wäre Ottheinrich erst 1570 Ritter des heiligen Grabes geworden. [3]) Derselbe war am 20. März daheim aufgebrochen, nachdem er sich auf der Kanzel der Fürbitte der Gemeinde empfohlen, und hatte in Hochholdingen vom Decan den Segen „pro peregrinantibus" erhalten (G. 1).

khomenn. Denn 29. (März 1569) wolt er uns vor dem morgen essen nit weckh lassenn; da wier im weckhziechen waren, giennge er mit unns fur das Schloss, theten noch ain seegen Trunckh, er saget auch zu unns, er wisste, das unnser khainer aussbelibe unnd verhaist mir bei Schelmen schelttenn, das ir wider khomenn welt, gaben wier ime die Anntwort, wier werenn solliches urpittig, doch so unsser ainer inn disser Raiss oder villeicht alle belibenn, welten wier mit Schelmenn sein, dann es nit unser will sein wurde, also wann es unns zu wasser unnd lanndt ubl giennge, das Got unns bei dem Leben erhielte. dann er unns sonst zu wichtigen leithen machen wurde, bei sollichem alss ain Gerechter Gott er uns erhalten hate. Da solliches vollenndt, luess er alles geschutz abgaunngen, es ward auch ain grosser auflauff vonn der Gemain, dann sy etwas Anders vermainten. Verrer zogen wier zu der khirchen, es gieng unns Allexander vor mitten uunder dem weg. da es auff dem Tieffesten wardt. hete auch nider schuech. Da wier in das Torff khamen, muesste der Messmer mit allen Glogkhen leithen, gienngen in die khirchen, sachen der von Pappenhaim Grabnussen und wappen, darnach schickht er nach dem Pfarrherrn, der unns muesst denn Actum halten, alss wie vorgemelt unns dahaim inn dem auszug Lschache. Diser Allexaunder vor Seiner Ihcrosolanitanischen Raiss Calvinisch zum maissten gewesen, so jetz guet Crisstisch. Also riten wier von Grienebach.

Am folgenden Tage gelangt H. über Leukirch[1]), wo er mit dem Lieutenant Conrad Hardt zusammen zecht, nach Lindau. (In Augsburg hatte sich ihnen ein Knabe angeschlossen, der nach Genua ziehen wollte, wo sein Vater in der deutschen Wache als „Befehlsmann" diente). In Veldtkirch[2]) (H. fol. 75) führt sie ein Bürger, Ezechiel Lapitel, in der Stadt umher; ihr Weg führt sie über Chur, die Via mala, Como (7. April) von wo sie glücklich nach Mailand gelangen (G. 10a—12b). Hier nehmen sie im Falken Herberge und werden dort von einem deutschen Soldaten Friedrich Peckh (Boeckh) aus Kulmbach in der Stadt umhergeführt (G. 15b.) Auch der Lieutenant der deutschen Soldaten, Paul von Ach, und ein Kaufmannsknecht Jacob Kurtz nehmen sich ihrer an, welchem letzteren sie für Besorgung von Briefen nach Augsburg 2 Kronen geben.

---

[1]) Leutkirch, südwestlich von Memmingen.   [2]) Feldkirch.

Von Mailand ziehen sie über Pavia, wo sie das Schlachtfeld von 1526 besichtigen (G. 18), nach Genua (14. April), und treffen dort unter den 500 deutschen Söldnern Caspar Schallemayer, dem sie Briefe überbringen (G. 20), Matthes Kratzmaier, den Hauptmann Christoph Schleiffer und den Caplan des Obristen, Herrn Lorenz; in Bologna ist ein Schweizer Soldat, Melchior Deck, ihr Führer. Hinter der Stadt schliessen sich ihnen Deutsche aus dem Gefolge des Cardinals von Trient an, darunter ein bayrischer Edelmann, Kutzer von Resenheim. Nach dem Besuche von Florenz (H. 84) begeben sie sich nach Siena, wo P.'s Vettern Hanns Otth von Gemingen und Hildebrand vom Stein, Hanns Georg von Frundsberg und Meister Joseph von Augsburg, ferner der böhmische Edelmann Christoph von Lockwitz und Bernhard Creitwein studiren (G. 28). In Montefiascone (6. April) wird ihnen die Geschichte von „Est, est, est" erzählt (G. 29—30). Am 8. April gelangen die Pilger nach Rom (H. fol. 87 a), wo sie Hans Christoph von Jahrsdorf treffen. Gebhart begiebt sich zu dem Cardinal Otto von Augsburg und bittet ihn um Briefe an den Guard an von Jerusalem; wie jener vernimmt, dass Gebhart (31) der Pfarrer des Grafen Wolfgang v. Oettingen sei, bewirtet er ihn gut. Ueber Loretto treffen sie am 24. Mai in Venedig ein (H. 92), und nehmen im weissen Löwen Herberge[1]), wo sie Rudolph von Prassberg einen Domherrn aus Eichstätt, Andreas von Wilhardt aus Strassburg, Petter Sturm von Haysfeldt in Böhmen und Wolf Herden von Halle in Sachsen treffen. Nachdem sie 50 Ellen groben Tuches zu Pilgerkleidern, 5 breite schwarze Hüte, weisse Leinwand zu Unterkleidern und wollenes Tuch zu Winterkleidern gekauft hatten, finden sie in ihrer Herberge einen niederländischen Doctor, Johann Rubino[2]), welcher im Dienste des Herzogs von Venedig steht, um die ankommenden Pilger durch Rat und That zu unterstützen. Unter seiner Vermittlung überreichen sie die Empfehlungsbriefe an den Herzog und an die Herren Johann Marini und Johann de Gavali, von welchen der erstere ihnen Briefe an seinen Sohn nach Cypern mitgiebt, „da er Bischoff in Baffa ist", der andere an den Obristen von Famagusta[3]). Sie verhandeln darauf mit dem Patron Iherouimus Teribile, der ihnen als zuverlässig empfohlen war, wegen der Ueberfahrt, doch ehe sie abschliessen, gehen sie erst in „Dacio", die Schreibstube in des Herzogs Haus auf dem Marcusplatz[4]), „darin man alle handlungen der Stat einschreibt." Dort schliessen sich ihnen andere Pilger an, die mit ihnen fahren wollen, so dass 17 Deutsche zusammenkommen. Das Schiff, auf dem die Ueberfahrt stattfinden soll, heisst Trincovello, der Capitain desselben S. Nicolao. Am Schlusse nennt H. den vollständigen Namen des Schiffes: „Nava Drinckabella nominata S. Mariae Miser Nicolaus" (fol. 151). Auch den Contract, welchen die Pilger mit dem Patron schlossen, teilt Gebhart (fol. 55—56) ausführlich mit.[5])

---

[1]) Vgl. oben S. 11. [2]) vgl. oben S. 451. [3]) vgl. oben S. 16. [4]) vgl. oben S. 14 f. [5]) vgl. oben S. 13—15.

„Erstlich welle er unns eingeben das pupa unnsere Casten unnd Truchen darein lassenn. Zum andern Niemandes zu unns hinein ganngen soll uber unsernn Willen, aussgenomen wan das Möhr ungestuem, das man zu der Barcha sechen muess, auch khain khoufmanschafft zu unns legen. Zum dritten, das wier vonn Jedmann, so im Schif an angefochten sein sollenn, dann die Monari oder khnecht denn frembten vil Laides beweissen. Zum viertten welt er unns versorgen mit wasser, wein und prot, soll unns auch das nit abgeschlagen werdenn, es were bei tage oder nacht, wann es unnsser notturft erfordert, were es anderst muglich oder daz Möhr unns so weit verwurffe, das Jedermann ain Abbruch gedultenn muesste. Zum fünfften wolte er unns mit holtz versehen unnd zum wenigisten uber denn dritten tag ain warmbe speiss oder minestra geben lassenn. Zum sechsten wolt er sich versechen mit frischem und tignen vlesch und einkhauffen, so wir an land khomen und mangel hetten. Zum sibennten an vasttag auch freidtag unnd Sambstag er mit unngesaltznen unnd tiginen vischenn versechenn, aber doch vill macaroni es ann disenn tagenn gebe, ain speiss vonn Taig gesoten inn wasser, darnach Oell daruber gegossenn. Zum Achten und Neinten wolt er unns ann der Tafel nit Anderst halten, als inn unnd seine Räth. Zum Zecheten, wo wier an Landt annschifften, wolt er uns aus unnd ein lassen fueren ann unnsere Costenn. Zum Ainlifften wolt er unns vonn Allenn Darien und zollen frey machen, aussgenomen dar vur Got sein welle, wann uns im Möhr Rauber anntreffenn, musste mann sechen, ob es gelt oder das Lebenn costete. Zum Zwelfften wann menigclich im Schif erachtenn mecht, das etliche Raubschif unns zusetzten unnd wier durch die Hülff Gottes, so ain gueter beistanndt mit innen zu streitenn, welt er alles sein Guett daran setzen und nit khain, wie laider etwo geschicht, das man die leith aus denn Schiffenn gibt und nimermer khainer gesechen wierdt, wiewoll es nit die schuld des patron, wann ain gewalt khombt. Zum dreitzechenden, wan an dem hinein ziechen biss in Zipro ainer mit Todt abgienge, solle er zu Venedig wider annzaigt, in was gestalt ainer gestorbenn sei, damit seine gesellen oder lanndtssleith, so zu Vennedig nach ainem fragten und sy von ainem khundtschafft haben mugenn, damit dasselbige was Nation inn iren landen khundbar wierdt. Zum vierzechenten, wan wir in Cipro begertenn, dann wier guette furschrifft dahin sonst hettenn, sull er unns ain gethreuenn patron zu aignenn, der unns gar in das heilig lanndt genn Joppen in denn Port fueret unnd auf unns wartet, so lange wier dann mit im verdingten. Dagegen sollen wier uns auch bilgerisch haltenn, denn patron fur ainen Oberherrn erkhennenn, dann grosse Justitia inn denn Schiffenn gehalten werdenn soll, unnd biss in Cipro zu farenn, soll ain person geben 5 Cronenn, mann fare khurtz oder lang. Darnach uber die Tafel ain Person ain monat 6 Cronnenn. . . . ."

In der Apotheke versorgen sich die Pilger auf Anraten des Doctor Rubin mit allerlei Heilmitteln, welche zusammen 15 Kronen kosten. Sie kaufen ferner Pisgoto (Schiffszwieback), ein Viertel eines Schweines, gedörrte Würste, 40 Pfd. Parmesankäse, etliche Stücke von „Walfischen". Granaten und Pomeranzen und sieben Barillen mit Rotwein (zwei Barillen halten drei Nördlinger Eimer)[1]. Alles dieses verbrauchen sie auf der Hinreise, obgleich sie an des Patrons Tafel speisen. Ehe sie von Venedig wegziehen, geben sie einem Verwandten Hirnheims, einem Herrn von Hirschhorn, der nach Deutschland zurückkehrte, das Geleit bis Tervis, später einigen Braunschweigern bis Padua.

Am 24. Juni fahren die Pilger hinaus auf die Naffe; das Geleit zum Schiffe geben ihnen (H. 97): Johann Rubin, die Gebrüder Rigler und Albertus Brunner aus München, Andreas Willhardt, aus der Nähe von Strassburg gebürtig. Als Reisegefährten schliessen am 26. Juni sich an ausser Hirnheims Schwager Oth Heinrich: Peter Sturm von Hurssfeldt, ein böhmischer Edelmann, welcher zugleich das Venetianische Geleit und die Verschreibung des Patrons mitbringt, wofür er eine Krone erhält, und Wolfgang Herden aus Sachsen, welchen ein Bruder Jörge und Carl Bardt aus Halle begleiten. Es kommt auch eine Barke mit Juden an, welche „aus der Romania" (Romagna?) ausgewiesen worden waren und nach Judaea ziehen wollen, ferner ein Capitain mit Soldaten, welche nach Cypern als Besatzung gehn. Am 28. Juni endlich werden die Anker gelichtet; in Zante fährt Hirnheim mit dem Schreiber des Schiffes und mit Gebhardt an das Land; da er aber kein Pilgergewand (H. 103) und einen roten Galeotenhut auf dem Kopfe trägt, wird er für einen Juden gehalten; „denn in Italien müssen alle Juden rote Parrets tragen." Auf der Insel wird den Pilgern vom Frater Johannes Garatianus conventus S. Mariae de Gratia das Grabmal des Cicero gezeigt (H. 103)[2].

---

[1] Nach Tucher 362a 3 Quart; vgl. oben S. 143, Note 3.   [2] Vgl. oben S. 21.

Am 20. Juli bekommen sie (H. 107) Candia zu Gesicht, und der Patron teilt ihnen die damals verbreitete Sage mit, dass daselbst an dem Gebirge Capicornu Weiber seien, durch deren Küsse[1]) und Bisse man vergiftet würde. Sie fahren an dieser Insel, an Rhodus und an dem Lande „Caramia" vorüber, in welch letzterem grausames Volk wohnen soll, auf welches das Sprichwort der Türken sich beziehe, wenn einer böse und widersetzlich ist: man müsse ihn nach „Caramia" schicken, wo er seines Gleichen finden würde[2]) (H. 108, G. 101). In Famagusta landen sie, wo sie von dem Capitain gut aufgenommen werden; sie unterhandeln durch drei Bevollmächtigte ihrer Gesellschaft, Egidius Porlund (oder Porlud) aus Gent, Peter Sturm und Hieronymus Santasta (o?) aus Spanien mit einem neuen Patron wegen der Ueberfahrt nach dem heiligen Lande (H. 112, G. 117). Es wird ausgemacht, dass der Patron 24 Tage im Hafen von Jaffa warten solle; für jeden Tag darüber werde er eine Zechine (= 27 oder 26½ Batzen) erhalten.

Auf die Person Gebhart's wirft der Umstand ein wenig günstiges Licht, dass er sich öfter mit Schiffsgenossen prügelt, wie Hirnheim (fol. 110 und öfter) berichtet. „Das eine Mal war er so unflätig gewesen, dass er von uns wol abgeschmiert worden, wie wol ich auch von Ime ein gute Maultasch empfangen", erzählt Hirnheim (fol. 112). Er entlässt ihn auch in Folge dessen aus seinem Dienste, nachdem er sich hatte die 100 Zechinen, die er ihm in Venedig gegeben, zurückzahlen lassen.

Bei Salines ankern sie zunächst wieder und haben dort trotz des Soldaten Mauritz Hardiplanck, der ihnen aus Famagusta als Schutz mitgegeben war und trotz des venetianischen Geleits eine genaue Revision ihres Gepäcks durchzumachen (H. 113). In Limissol ist Hirnheim bei einer Wittwe zu Herberge und wird von dem griechischen Edelmann Piro de Nicosia, der mit ihm von Venedig aus bis hierher gefahren ist, zum Abendtrunk eingeladen.

Unter der Schiffsgesellschaft von Cypern nach Jaffa zählt Hirnheim (fol. 115) auf: Siverus Mom Heldronsis, Justus Porlut, Egidius Porlut, Petrus Sturm, Wolfgang Herden, Jacobus de Amerongan aus Utrecht, Georgius Spickermann aus Friesland, Georgius Risbne aus England, Petrus Puck, dazu noch Hirnheim's Schwager Othheinrich, sein Knecht und Wolfgang Gebhart; im Ganzen sind 38 Männer und drei Weiber als Pilger auf dem Schiffe.

Am 31. August steigen sie bei Jaffa an das Land, müssen für das Geleit nach Jerusalem viel Geld und „Nesteln" zahlen, „gleich als wie man pfleget in der Christenhait vonn denn Judenn wirfft zu vordern", setzt Gebhardt hinzu (fol. 125).

In Ramla müssen die Pilger jeder 1 Zechine (27 Batzen) und 4 Soldi(n) (= 33 Batzen 10 d. in deutscher Münze) dem Pascha und später noch acht

---

[1]) Vgl. oben S. 407; und Breitenbach 55 a. [2]) Wird sonst nicht erwähnt.

Zechinen geben, den türkischen Geleitsleuten aber Kleider kaufen, von denen eins 15 venetianische Ducaten kostet. Hirnheim zählt unter den Wappen, die er daselbst im Spitale gesehen, folgende auf: Pappenheim. Neuwik, **Hirnheim, Hirschhorn, Velberg, Stainhausen, Knörning, Welmersshausen, Freyberg, Rechberg, Bantznaw, Wernaw, Westersteten, Seckendorf**[1]), **Rosenberg** (H. 114); Gebhart berichtet dazu, dass er in einem alten Gewölbe einen Stein mit den Wappen der von **Oettingen** und von **Hirnheim** gefunden habe (fol. 103). Am 7. September kommen sie in Jerusalem an und finden in dem Barfüsser-Kloster Herberge, wo ihnen der Guardian darüber Vorwürfe macht, dass sie nicht von Jaffa aus nach ihm geschickt hätten, da doch Niemand ohne Absolution das h. Land betreten solle. Deutsche Juden kommen an die Pilger heran und bestürmen sie mit vielen Fragen über deutsche Verhältnisse; sie suchen ihnen durch die Antwort auszuweichen, dass sie nicht Deutsche, sondern Burgundier seien (H. 121). Ein Türke in einem grünen (H. 121) oder blauen Turban fällt ihnen auf; auf ihr Befragen wird ihnen mitgeteilt, dass jeder Türke, welcher auf einer Meccafahrt geboren wird, einen solchen Turban tragen darf; sein Zeugniss gilt nach türkischem Recht mehr, als das von 700 (G. 5 bis 6) Anderen. Die Pilger besuchen zunächst Bethlehem, in dessen Nähe Dörfer sein sollen, in denen nur Christen leben; komme ein Ungläubiger dahin, so sterbe er in kurzer Zeit (G. 120). Am 13. Sept. gehen sie in den Tempel des heiligen Grabes, dessen Thür vor ihnen entsiegelt und wo jeder zahlende Pilger in ein Buch geschrieben wird, wofür er 9 Zechinen den Heiden geben muss (G. 126a). Sieben Pilger werden zu Rittern des h. Grabes geschlagen, nämlich: „**Egidius Brolut, Carolus Magnus** und **Romunlio Roseti**, baide vonn Venedig, **Hanuss Johann von Hirnhaim, Justus Prolut, Georgius Rissbie** unnd **Reichhardus Lexton**, baide aus Engenlandt" (H. 126). Sowohl Hirnheim (a. a. O.) als Gebhart (131—133) teilen den „Modus ordinandi milites S. Sepulchri" mit, welcher von den bekannten Versionen nicht abweicht. Hirnheim (fol. 131) bricht in Folge der häufigen, durch Christen und Türken erlittenen Unbilden klagend in die Worte aus:

„In Summa, wir arme Pilger sendt dermassen so schändlich von Christen und Türcken umb unser gelt betrogen worden, das ess zu erbarmen ist. Mehr wil Ich nicht davon schreiben, allein ein Jeder guter gesell hutte sich vor der Raiss undt so einer je lust dazu het, ziehe er nicht pilger-, sonder kaufmannssweiss, dann unter ettlichen Pilgerssröcken unnd Münchskutten grosse schälck steckhen."

Nachdem die Pilger am 20. September sich Bescheinigungen[2]) über ihre Pilgerfahrt haben ausstellen lassen (G. 152), reiten sie am 23. in Beglei-

---

[1]) Vgl. unsern Catalog ad 1486. [2]) Vgl. oben S. 35 und van Kemp 92

tung von 15 Mönchen und des Guardians von Jerusalem aus, mit Zurücklassung derer, die noch Zahlung zu leisten haben. In Ramla fordert der dortige Pascha 25 Meidine als Tribut; wer sie nicht giebt, erhält die „Bastenata." Am 29. September verlassen sie zu Schiff Jaffa (fol. 134). Ungünstiger Wind treibt dasselbe an die Küste von Galiläa, wo sie bei einem zerstörten Pilgerschloss, nicht weit von Chaifa, wo früher die Pilger zu landen pflegten, (Athlit) Anker werfen. Am 4. Oct. gelangen sie nach Salines, von wo sich Hirnheim und Justus Prolut nach Limissol begeben, da sie gehört haben, dass dort die Naffe Trinckwella zur Abfahrt nach Venedig bereit liege, dasselbe Schiff, welches sie von da nach Cypern gebracht hat. Auf ihm verlassen die beiden obigen Pilger, denen sich noch andere aus der alten Gesellschaft anschliessen, am 16. October Cypern, werden jedoch durch Unwetter in den Hafen von Baffa zurückgeschlagen, von wo aus sie nach der zerstörten Stadt Paphos gehen. Dort führt sie ein Deutscher, Namens Walther Bach, umher, welcher in Gemeinschaft mit einem Malteser Ritter, Rosier von Westerhaim, Abends bei ihnen zu Gaste ist, die beide nachher mit nach Venedig fahren. Von Paphos aus besuchen sie die zerstörte Stadt Retima, wo der Bischof von Baffa seine Residenz hat; diesem übergiebt H. einen Brief des Cardinals von Augsburg, und sie finden in Folge dessen bei ihm freundliche Aufnahme (fol. 140). Am 24. October fahren sie von Cypern wiederum ab, mit ihnen zugleich das Schiff Justiniana, sowie noch drei Navilen und segeln an Inseln vorüber, welche früher einen eigenen Herzog, den Herzog von Nikia, gehabt haben, jetzt aber seit 3 Jahren von den Türken einem spanischen Juden übergeben worden sind. Am 31. October gelangen sie nach Candia: in Zante trifft ihr Gefährte Wolf Herden, der in Nicosia zurückgeblieben war, wieder bei ihnen ein (fol. 145). In Umago in Istrien trennt sich H. von seinem Schwager Ottheinrich und fährt mit dem von Westerhaim und seinem Knecht allein über Triest nach Venedig, wo sie am 15. December ankommen. Dort schickt H. seinen Caplan, mit welchem er sich also wieder ausgesöhnt haben muss, „mit einem Augspurgischen Potten" nach Deutschland voraus, um seine glückliche Wiederkehr zu melden, H. selbst liegt in Venedig bei Peter Roth aus Ulm im Weissen Löwen bis zum 23. December zur Herberge. Am 3. Januar 1570 ziehen sie in Augsburg ein (fol. 149), von wo Ottheinrich nach Wemding reitet. Am 11. trifft H. selbst in Hochholtingen wieder ein.

Als Anhang (fol. 151—152) teilt H. die Namen der Schiffsämter, Schiffsteile, Winde etc. mit; ebenso Gebhardt (52).

XXIII.
Ernst von Bueseck.
1587—88.

Die Reise Buesecks ist in derselben Giessener Hs. enthalten, in welcher auch Pappenheims und Hirnheims Pilgerfahrten stehen, und zwar fol. 154—239. Sie ist von verschiedenen Händen sehr ungenau aufgezeichnet, so dass öfter, besonders bei Namen und gegen das Ende hin, Lücken sich finden.

Am 12. April 1587 feiert Ernst Bueseckh, genannt Münich, zu Ellingen mit Ulrich von Cronbergkh, Hans Philipp Schutzen von Holtzhausenn, Christoff Mörle, genannt Behem, ferner dem Doctor, der Frau Secritarien und ihrem „geliebten Beselein Catherina, dem Gerichtsschreiber, Jäger, Organisten u. a." seinen Abschied und nachdem er von dem Landcomthur Volpert von Schwalbach Urlaub genommen und von dem Caplan Johann Kochner von Wembding sich hatte Messe lesen lassen, bricht er mit seinem Jungen Ferdinand Zulfleisch zur Fahrt auf. Von Augsburg aus schliesst er sich einem venetianischen Boten, Jonas Duringer, an. In Innsbruck ist ein Soldat Symon Alazer ihr Führer durch die Stadt; in Botzen kehren sie im schwarzen Adler bei Mathes Geniger ein. Den Weg bis Mestre macht B. mit zwei Bauern, Thomas Mirtz und Michel Wassermann, zusammen. In Bersa trifft er den Postboten aus Augsburg, Hans Lutz, der auch bis Mestre mit reitet. Einen andern Boten, Namens Michel, hatten Räuber in der Nähe von Bassano kurz vorher ausgeplündert. In Mestre trifft B. einen dritten, Namens Bastian Offinger; in Bassano nächtigt er im goldnen Stern bei Bartholomaeus Federlein, in Mestre im „Kupferigen Huedt" bei Hans Schaidackher. Am 25. April kommt B. in Venedig an, wo er das schlechte Wirtshaus zum weissen Löwen mit dem zum schwarzen Adler,

dessen Wirt Lienhardt Egger ist, vertauscht. Bis zum 17. Mai muss er in
Venedig still liegen, in welcher Zeit er von (Dr.?) Zintolinus für die Pilgerreise
Anweisungen empfängt und mit einem Frankfurter Kaufmanne, Namens
Philipp Rigel, einen Ausflug nach Padua unternimmt (fol. 159). Dort trifft er
einen Herrn Wolf Sigmund von Haunsperg, welcher bereits Spanien und
Portugal bereist hat (vgl. fol. 201), und einen Herrn Carl Ferdinand von
Rechberg,[1]) die beide die Pilgerfahrt unternehmen wollen, und wird mit
einem berühmten Portraitmaler Franciscus bekannt. Nachdem er bei einem
deutschen Schneider sich sein Pilgergewand hatte anfertigen lassen, begiebt
er sich im Verein mit den oben genannten beiden Reisegesellen zu einem
Patron, Charissimus Nane, dessen Schreiber Piro de la Moneto ist. Für die
Ueberfahrt soll jeder der Herren 8, jeder der Diener 6 Ducaten zahlen,
für die Kost Herr und Diener zusammen monatlich 15 Ducaten; jedoch
wird das Fahrgeld auf 4 Ducaten herabgesetzt. Das Geleit zum Schiff
geben ihnen drei deutsche Edelleute, darunter Joan Vederban von Cöln.
Noch vor der Abfahrt schliesst sich ihnen Haunspergs Vetter Senfridt von
Moschaimb an, welcher am Hofe des Erzherzogs Karl von Oesterreich ge-
wesen war; ausserdem befanden sich in ihrer Gesellschaft: Philipp von
Adelshausen, Georg Hechstetter, Philipp von Spechbach aus der
Nähe von Strassburg und Bernhardt Walther.[2])

Am 20. Mai verlässt das Schiff Venedig, geht am 12. Juni bei der Insel
Zante vor Anker, am 15. an Candia vorüber. Von den Frauen daselbst wird
ihnen die damals sehr verbreitete Sage berichtet, dass ihr Biss giftig und
tödtlich sei.[3])

Ueber die Sittenlosigkeit der Schiffsknechte, über die Unreinigkeit auf
dem Schiffe und die schlechte Kost führt B. grosse Klage; die Schüsseln
werden mit dem Kehrbesen gereinigt, die Speisen kann man nur sehr scharf
gewürzt oder mit Essig angemacht geniessen (fol. 176). Wie sie am 20. Juni
vor Salines ankommen, hören sie, dass die Türken alle Mönche aus Jerusa-
lem vertrieben, die Kirchen in Beschlag genommen hätten und keinen Christen
in das heilige Land ziehen liessen; der Guardian selbst befinde sich in Tri-
polis. Da der Patron unter 3—4 Wochen Cypern, wo er Waaren ablud und
neue aufnahm, nicht verlassen kann, so beschliessen die Pilger, auf einer
Barke von Famagusta nach Tripolis zu fahren (fol. 185). Am 29. Juni kom-
men sie daselbst an und finden in dem Kloster der Franciskaner freundliche

---

[1]) Von diesem erzählt Walter v. Walterswyl S. 2, dass ihm, obgleich er
noch nicht über 16 Jahr alt gewesen, „durch die Viehischen Türcken offter-
mahls nachgestellt worden, unnd hette er sich, nach dessen Vermerckung am
Gesicht nicht geschwärtzt, unnd mit Fleiss unsauber auch jederzeit inmitten
der Gesellschaft gehalten, so were es ihme vielleicht ubel ergangen". [2]) Of-
fenbar ist dies der österreichische Kämmerer Bernhard Walter von Walters-
weil, dessen Reisebeschreibung 1609 erschien (vgl. Tobler, Topogr. S. 87).
[3]) Vgl. oben S. 452.

Aufnahme. Diese werden von venetianischen Kaufleuten erhalten, dürfen aber in der Stadt nicht predigen, und wenn sie einen gestorbenen Christen beerdigen wollen, so müssen sie vom Pascha für 10 Zechinen die Erlaubniss dazu erkaufen. Ein Janitschar führt die Pilger in der Stadt umher. Oben auf der Burg, von der sie einen herrlichen Blick über die Stadt haben, befinden sich einige Brunnen, welche das Schneewasser des Libanon aufnehmen, der das ganze Jahr hindurch mit Eis bedeckt ist. Dasselbe wird in der Stadt Tripolis verkauft, so dass B. seinen Wein darin kühlen kann. Auf Eseln unternehmen sie einen Ausflug nach dem eine halbe deutsche Meile entfernten Fischteiche, der dem Türkischen Kaiser gehört und eine zahllose Menge von Fischen birgt. Auf dem Wege dorthin werden sie von türkischen Männern, Weibern und Kindern arg beschimpft und geschlagen. Ein venetianischer Kaufmann in Tripolis, an welchen Haunsperg Empfehlungen hatte, rät ihnen, vorläufig noch von der Reise nach Jerusalem abzustehen, da er noch nicht wisse, ob der Guardian schon wieder in Jerusalem sei, und verschafft ihnen zu dem Ausflug nach dem Libanon sicheres Geleit und einen Dolmetscher, Namens Zergies, aus Jerusalem, welcher schon oft Pilger im heiligen Lande begleitet hatte. Am 5. Juli brechen sie nach dem Gebirge auf mit zwei griechischen Soldaten, drei Eseltreibern und dem Dolmetscher, im Ganzen 13 Personen. Sie übernachten in einem griechischen Nonnenkloster, welches nur 8 Bewohner hat und früher 30.000 Ducaten jährlichen Einkommens, jetzt aber kaum 40 besass. Sie liegen in dem Kloster des Nachts unter freiem Himmel und müssen ihre Decken noch mit den Begleitsmannschaften teilen, zu denen sich noch 8 andere griechische Soldaten gesellt hatten. Am andern Morgen brechen sie nach dem Kloster Canobin auf,[1]) in dem zwei Patriarchen oder Erzbischöfe sich befinden. Die Mönche daselbst tragen blaue Röcke, essen selten Fleisch, ebensowenig Eier, Oel und Butter, sind übrigens „ein grob volkh", schreien bei dem Gottesdienst durcheinander und reichen das h. Sacrament in einem Löffel. Am 7. Juli kehren die Pilger, ohne den Libanon erreicht zu haben, nach Tripolis zurück. Dort war die Nachricht angekommen (fol. 192), dass die Mönche in Jerusalem wieder in Kloster und Kirche zurückgekehrt seien, und deshalb rüsten die Pilger sich zur Fahrt nach Jaffa, für welche sie pro Person eine halbe Zechine zahlen müssen; der Dragoman fordert für seine Begleitung dahin und nach Jerusalem 8 Zechinen. Am 9. Juli brechen sie nach dem Dorfe Aneffo (Enfeh), wo ihr Schiff liegt, auf und gelangen am 13. wieder nach Salina auf Cypern, am 18. aber erst nach Jaffa. Da sich Niemand ihrer in dieser Stadt annimmt, machen sie sich allein, 27 Mann stark, nach Ramla auf, wo sie in dem Hospital Arimathia[2]) die Namen der Grafen von Vernperg, Manderscheidt, Mansfeld und Helffenstain an der Wand lesen.

---

[1]) Ueber das Maronitenkloster Kanobin siehe Robinson, Palaestina III. 745 und 750. [2]) Dieser Name für das lateinische Hospiz ist sonst selten nachzuweisen (Tobler, Jerusalem II, 814 ff., auch S. 802 f. Note 4).

Auf der Weiterreise nach Jerusalem werden sie in dem Thale Latrûn von Arabern angegriffen,[1]) deren Capitain auf dem Castel „Sua"[2]) wohnte. Am 21. Juli ziehen die Pilger in Jerusalem ein (fol. 195), nachdem ihr Gepäck am Thore von dem Supascha untersucht worden ist. Von den Barfüsser - Mönchen gut aufgenommen, welche ihnen am Abende die Füsse waschen, unternehmen sie bereits am folgenden Tage einen Ausflug nach Bethanien; dort findet B. in der Kapelle, wo Lazarus von dem Tode erweckt worden war,[3]) den Namen Stephan Braun angeschrieben, und später auf dem Berge Sion, wo alle gestorbenen Pilger beerdigt werden, das Grab eines Gefährten desselben. Am 23. Juli Abends besuchen die Pilger den Tempel des h. Grabes. Sie hören das Schreien der Gefangenen, welche in dem Kerker rechts vom Eingange liegen, und treten dann durch die von 7 Türken bewachte Thür. Im Innern des Tempels übernimmt der Pater Reichardus von den Barfüssern, von denen immer 4 Brüder neben der Capelle der Erscheinung Marias Wohnung haben, die Erklärung der einzelnen h. Stellen in italienischer Sprache, ebenso später bei dem Besuche von Bethlehem (fol. 202). Bueseck wird mit Moshaim, Haunsperg, Rechberg, einem Niederländer und einem Franzosen zum Ritter des h. Grabes geschlagen, von denen dem letzteren später, als er bereits auf der Rückreise in Tripolis sich befand, der Guardian, welcher dahin nachkam, den Ritterbrief wieder nahm, weil er nicht alle Ritterpflichten erfüllt und besonders Geld zu Wucherzinsen ausgeliehen hatte. Da die Pest grade in Jerusalem wütet, so wollen die Pilger ihren Aufenthalt daselbst abkürzen und bitten den Pascha um sicheres Rückgeleit. Dieser fordert zunächst als Geschenk von jedem 1 Zechine und droht säumigen Zahlern ohne Weiteres mit der Bastonade. Nachdem die Pilger sich der Zahlung gefügt, verlassen sie am 30. Juli Jerusalem. Unter denen, die sich ihnen auf dieser Reise anschliessen, nennt B. einen Herrn Steno von Bildt aus Dänemark und einen Herrn von Brandenstein aus Sachsen, beide Lutheraner, die bereits in Constantinopel gewesen waren. In Ramla erwarten sie neue Ausgaben, indem der türkische Capitain von jedem 1 Zechine, ausserdem insgesammt noch 10 Meidine, einen neuen Rock für 2 Zechinen, eine Henne und Brot sowie später auf der Reise 60 Meidin, der Pascha dagegen von jedem 30 Meidin fordert. Bei ihrer Ankunft in Jaffa (fol. 205) treffen sie den neuen Guardian von Jerusalem, welcher mit ihnen auf der Nave „Nana" von Venedig nach Cypern gekommen, dort aber gefangen gehalten worden war. Ein Geschenk von 20 Meidinen für Jeden befreit die Pilger von der Durchsuchung ihres Gepäcks und verschafft ihnen die Erlaubniss, am 3. August abzusegeln. Zwei Tage später lassen sie sich in der Nähe des Dorfes Anepho (Enfeh) an das Land setzen und reiten von da nach Tripolis. Sehr lobend spricht sich B. über den englischen Fondaco daselbst aus, welcher

---

[1]) Dergleichen Ueberfälle erfolgten dort im sechszehnten Jahrhundert häufig (Tobler, Jerusalem II, 756). [2]) Sura (Zora) westlich von Jerusalem. [3]) Tobler, Jerusalem II, 446.

zwar kleiner, als der der Venetianer und Franzosen, aber hübscher gebaut
sei, desgleichen über eine englische Nave, dessen Patron sie sehr freundlich
aufnahm und auf dem Schiffe umherführt, welches mit 36 Geschützen,
von denen einige hart über dem Meeresspiegel liegen, armirt ist. Mit dem
Janitscharen aus dem englischen Kaufhause, welcher sie auf dieser Aus-
fahrt begleitet und mit anderen Streit bekommen hatte, gehen die Pilger
vor den Hauptmann der Janitscharen, wo ein alter Jude ihre Sache führt,
und vor den obersten Pascha, der ihnen in freundlichster Weise Genug-
thuung zusichert. Um den Belästigungen von Seiten der Türken in Zukunft
zu entgehen, kleiden sich die Pilger „kriegrisch und kauffmenisch", da die
Kaufleute in Tripolis grosse Ehre geniessen. Bei einem geborenen Deut-
schen, „Hansen Apoteckher", kauft B. zwei Schachteln mit „Türckischer
Rossfarben" u. a., in einem andern Kaufhause einen türkischen Säbel für
51 Meidine, einen Papagei für 7 Ducaten und „ein Oell" für 9 Meidine, von
dem er alle Morgen als Medizin etwas geniessen muss. Von dem Drago-
man erhält er 3 blaue Frauenarmbänder geschenkt „so vom Hailigen hauss
Ebron welsche meil 10 hinter Bethlehem gemacht". Inzwischen unterhandeln
die Pilger mit dem Patron der Nava „Priula," einem ganz neuen Schiffe,
welches soeben seine erste Reise nach der Türkei gemacht hat und nun nach
Venedig abfahren soll; von der Nava „Gratoriola" stirbt im welschen Kauf-
mannshause der Schreiber. Ohne Streitigkeiten der „Pfeffersäcke" geht es
auch in Tripolis nicht ab; ein vornehmer Kaufmann, Namens Josepho, ist
Schuld daran. Ueber die Sitten der türkischen Bevölkerung in Tripolis
berichtet B. einzelne Züge. Bei dem Tode eines 120 Jahre alten, ehemals
gefeierten Kriegers laufen Türkische Weiber klagend in der ganzen Stadt
umher, bis sie vor Ermattung niederfallen; zu Ehren Mohamed's führt ein
Mann, ein Weib und ein Kameel unter Trommeln und Pfeifen einen Tanz
auf u. a. m. Die türkischen Bäder in der Stadt lobt B. sehr; sie sind
schön mit Marmor ausgelegt, in jedem „Stüblein" befindet sich kaltes und
warmes Wasser, der Bader „bewegt dem menschen alle seine Glider am
leib" und behandelt besonders Christen gut, weil sie gut zahlen. Die
Männer baden Vormittags, die Frauen Nachmittags. Ueber die Behandlung
der Christen von der türkischen Obrigkeit giebt B. in folgendem Bericht
Auskunft. Am 29. März 1587 lässt der Sandjak von Jerusalem und Beth-
lehem einen Patriarchen oder Bischof spiessen, weil er ihm einige Tausend
Kronen, die jener unrechtmässig verlangte, nicht auszahlte. Von den
Franciskanern fordert er die Summe von 6000 Zechinen, widrigenfalls er
alle umbringen würde. Trotzdem sie das Geld zahlen, lässt er ihnen den-
noch einige Stuben einreissen und ihre Betten wegnehmen. Von den ein-
zelnen Nationen fordert er 10000 Zechinen; wer das Geld nicht zahlen
kann oder will, den lässt er vor Gericht fordern, so dass Viele das Land
verlassen. Der Guardian meldet diese Bedrückungen an die Könige von
Spanien und Frankreich, sowie an den Dogen von Venedig, auf deren Ver-
anlassung dem Sandjak, welcher zuerst Katholik gewesen, dann Lutheraner,
Jude und endlich Mohamedaner geworden war, vom türkischen Pascha in

Damascus der Prozess gemacht wurde, dessen Ausgang man gerade, als B. in Tripolis war, erwartete. Durch Bestechungen wusste der Sandjak bald die Richter für sich zu gewinnen, so dass er weder das Geld zurückzahlen durfte, noch seines Amtes verlustig ging (fol. 212). In den Tagen, welche B. in Tripolis zubrachte, wurde der dortige Guardian zum venetianischen Viceconsul ernannt, wofür er jährlich 300 venetianische Ducaten und von jedem Schiff aus Venedig, welches in Tripolis landete, 10 Ducaten bekam.

Von einem Mönch aus Jerusalem erhält B. ein Reisebüchlein geliehen, welches der Barfussermönch Noè Bianco in italienischer Sprache verfasst hat, als er 1527 von Venedig nach Jerusalem gereist war[1]) (fol. 215). Auch macht B. die Bekanntschaft eines Türken, welcher lange in Deutschland gewesen war und bald wieder nach Wien und Prag reisen will. Die Herren von Rechberg und Moschaim, sowie Bueseck's Diener schiffen sich auf der Nave „Priula" am 16. Sept. nach Venedig ein, während Bueseck erst am 20. Sept. Tripolis verlässt, um auf einem französischen Schiffe über Malta, Sicilien nach Marsilia zu fahren. Diese Reise wird eben so ausführlich beschrieben (fol. 217—239). Der Ueberfahrtspreis stellt sich auf 10 venetianische Zechinen (= 21 Floren und 5 Batzen) bis nach Malta, resp. Sicilien. Unter den Mitreisenden befindet sich Reinholdt Brinckh aus Pommern. Das Schiff hat als Besatzung 25 Mann und führt Waaren, welche aus Damascus und Aleppo durch Caravanen nach Tripolis geführt worden waren. Einen interessanten Beitrag zur orientalischen Sagenbildung gewährt uns eine Mythe, welche sich an den Golf von Attalia, zwischen Cypern und Candia, anknüpft und von Bueseck folgendermaassen erzählt wird:

Ich wardt auch glaubhafftig bericht, wie vor altten Jaren ein seltzam wunderzaichen unnd Miracul zegetragen, darauss diesser Golf unnd böss wasser worden, wie nach einander volget. Zwischen Cippern unnd Candia ist diesser Golf sehr böss, welches vor altten Jaren Landt gewessen, darauf ein Jüngling gewonth unnd sich mit einer Junckhfrawen verlobet, sich dermassen (fol. 219) also in sie verliebt, also dass er nach ires tödtlich abgangs auss grosser Lieb dass grab, da sie begraben wortten, uf grüeb unnd mit ihr alss mit dem tödten Cörper zethun hette, wie mit einer Lebendigen Personen. Alss er nun sein Wollust unnd Willen seines gefallen wol volbracht hette, grub er obgedachtes grab widerumb zue, hat hiemit seinen willen erfiehlet. Alss 9. Monat verschinen unnd herumer waren unnd er Jüngling oberzeltten alles vergessen het,

---

[1]) Vgl. Tobler, Bibliogr. S. 70.

kham ein Stim von Gott zue im, redtendte unnd sprach, er soltte hingehn zue dem grab unnd besehen, wass er für ein frucht mit seiner Lieb gezeügt hette. Alss nun dass grab uf grueb, sache er ein Haupt, dem die Haar gehn Berg stundten, greülich unnd erschröckhlich ausssache, daran er sich den hochlich entsetzen thett, den alles, wass obgedachtes Haupt ubersehn thet, gieng alles zue grundt unnd wurdt alles wasser, welches den dermassen sehr wildt und böss gewessen, dass khain Schiff weder gross noch khlain hatt khönnen uber dass wasser khommen, sonder alles zue grundt gangen unnd versunckhen. . . . . ."

Es folgt darauf die aus Joh. von Maundeville bekannte Erzählung, wie die Kaiserin Helena durch einen Nagel vom heiligen Kreuze das Meer beschwichtigte.

Am 19. Octbr. gelangen die Pilger nach Trapani auf der Insel Sicilien, von wo B. gern über Neapel nach Rom reisen will; allein es wird ihm von dem Rat der Stadt aus Furcht vor Einschleppung der Pest nicht gestattet, zu landen. Am 25. October kommt B. vor Marsala an, von wo er mit Hans Folckhaimer aus Nürnberg nach Rom reisen will (fol. 226), die Fahrt aber wegen der Pest aufgiebt; er gelangt über Nizza, wo er Quarantaine aushalten muss, durch die oberitalischen Städte am 11. Februar nach Ellingen zurück.

C.

Verzeichniss der wichtigsten deutschen Pilger, welche nachweislich sicher oder höchst wahrscheinlich in der Zeit von 1300 — 1600 in das heilige Land gegangen sind.

In den Jahren 1301—1305 kehrte aus Palästina der Magister Felix (praepositus Lozwicensis) wieder heim (Mecklenb. Urkundenbuch V, No. 2766).

Im Jahre 1308 soll der Mönch Wilhelm von Saftingen, nachdem er seinen Prior erschlagen, auf der Flucht vor seinen Verfolgern nach dem heiligen Lande gekommen und — Sultan von Egypten (!) geworden sein (St. Genois, Les voyageurs Belges I. 19).

Im Jahre 1309, wo eine grosse Menge von Pilgern zusammenlief, um nach dem heiligen Lande zu ziehen (vgl. darüber Röhricht, Die Eroberung 'Akkâs durch die Muslimen (1291) in den Forschungen für Deutsche Geschichte 1880, S. 118) wird auch ein mecklenburgischer Pilger Nicolaus, Sohn des Ploten, genannt (Mecklenb. Urkundenb. V, No. 3280).

Der Markgraf Waldemar von Brandenburg soll 1319 nicht gestorben, sondern nach dem heiligen Lande gepilgert sein (v. Klöden, Diplom. Geschichte des Markgrafen Waldemar, Berlin 1845, IV, 336 ff.)

Um dieselbe Zeit (vielleicht 1320?) soll ein Graf Friedrich von Hohenzollern nach dem heiligen Lande gepilgert, aber auf der Heimkehr gestorben sein (Zimmersche Chronik I, 253).

1333. Wilhelm von Boldensele (Otto von Neuhaus) reiste mit einem Priester und einer zahlreichen Dienerschaft auf Veranlassung des Bischofs von Limoges und späteren Cardinals Helias von Talleyrand-Périgord nach Jerusalem, wo er am 5. Mai 1333 eintraf (Grotefend in der Zeitschrift des historischen Vereins für

Niedersachsen 1855, S. 209—226, 231 f.; vgl. Mielot in: Le chevalier au cygne ed. Baron von Reiffenberg I, S. 277), nachdem er eigenmächtig das Dominikanerkloster St. Paul in Minden 1331 verlassen und, in Rom absolvirt, in den Johanniterorden eingetreten war. Er berührte Troja (S. 239) Athen, Chios, Ephesus (S. 240), Rhodus, Cypern (S. 241, das dort genannte Schloss Gedamor ist Dieu d'amour), ging über Jaffa nach Tyrus (S. 242), dann über 'Akkâ, Gaza, Cairo (S. 244 ff.) nach dem Sinai mit einem Geleitsschein des Sultans (S. 252 —256), endlich auch nach Damascus (S. 283 f.); von den Maroniten im Libanon erzählt er, dass sie auf den nächsten Kreuzzug der Christen warteten, um mit ihnen gegen die Muselmänner sich zu erheben (S. 286). Ueber seine Reise siehe auch im Johanniterblatt der Ordensballey Brandenburg 1861, No. 34, S. 149—151.

1336—1341. Ludolf, Pfarrer von Sudheim, weiss von seiner Orientreise über viele Deutsche zu berichten. In Cypern starb, als er dort war, ein comes de Vianden, ein **Graf von Schwarzburg** (über den **Grafen Heinrich von Schwarzburg**, welcher 1337 nach dem heiligen Lande ging, vgl. auch Chron. Sampetr. bei Menken III, 336; Hesse, Arnstadts Vorzeit S. 152, Note 36), ein **dominus de Steyde, nobilis de Lichtensteyn** (S. 35); Caesarea, welches er fälschlich mit Dor identificirt, sollte damals einem westfälischen Adligen, **von Horn** (aus der Gegend von Detmold) gehören, („cuius generis adhuc temporis meis vixit vidua, quam saepius bene vidi et de hac materia tractavi" S. 49; sollte dieser ein Renegat gewesen sein?); in Hebron trifft er drei Renegaten aus der **Diöcese Minden** stammend, welche früher den Wilhelm von Boldensele auf seiner Orientreise begleitet hatten (S. 71), in den Balsamgärten von Matharia allein **vier Deutsche**, ferner noch **einen aus Schwarzburg** und einen gewissen **Nicolaus**, welche wahrscheinlich alle 1291 bei der Eroberung 'Akkâ's gefangen worden waren (S. 54). Am toten Meere lernt er ebenfalls zu jener Zeit gefangene Templer (der eine war aus Burgund, der andere aus Toulouse) kennen („qui ligna soldani servabant"), welche nach einem Jahre ihre Freiheit durch Vermittlung erhielten (S. 89). Am Fusse des Tabor (!) will der Reisende die Burg

Blanchegarde (Tell as-safie bei Askalon) besucht haben, nach der sich noch viele christliche Familien dort nannten, welche ihn fragten, ob er nicht in der Heimat adlige Familien gleichen Wappens kenne (S. 95 f.) In Safed findet er bei einer jüdischen Familie aus Westfalen Aufnahme (S. 97); den Tabor vergleicht er mit dem Dresenberg bei Paderborn (S. 95), den Libanon mit dem Osning (S. 37).

Seine Reisebeschreibung, die das Meiste aus Wilhelm von Boldensele entlehnt, ist herausgegeben von Deycks (Bibliothek des literarischen Vereins von Stuttgart 1851).

Im Jahre 1340 pilgerte auch Herzog Heinrich der Eiserne von Sagan und Glogau nach Jerusalem (Silesiographiae Henelii renov. II, S. 307). In demselben Jahre (1340) starb in Retimo auf Candia der heimkehrende Pilger Johannes Cirol aus Marburg in Steiermark (Libri Comm. II B, No. 503, 531, 537; gef. Mitteilung des Herrn Prof. Dr. Martin Thomas in München).

Zwischen 1337 und 1341 ist die Wallfahrt des Hohenzollernschen Burggrafen Albrecht des Schönen zu setzen, worüber die Nachweise bei Geisheim S. 15—17.

1342. Im Jahre 1342 starb Graf Ludwig von Oettingen, Domherr zu Mainz, in Cairo (J. P. Lang, Materialien zur Oetting. Gesch. Wallerstein 1774, IV, S. 133).

c. 1353 war Friedrich Chreuzpeck (Krebsbach, Kroisbach) im h. Lande. Vgl. Hormayr, Taschenbuch für die vaterl. Gesch. IX, 1828, S. 13.

Ludolf von Sudheim, S. 39, erzählt, zu seine Zeit (1336—1341) sei Herzog Heinrich von Braunschweig Marschall des Königreichs Jerusalem und Herr von Ramlah gewesen: offenbar ist Herzog Heinrich II. von B.-Grubenhagen (de Graecia) gemeint, der Gemahl der Heloise und Schwiegersohn des Philipp von Ibelin (Du Cange, Les familles ed. E. Rey, S. 578; vgl. Havemann, Gesch. von Braunschweig I, 422—423), welcher am 5. Januar 1351 für Kloster Walkenried urkundet, dem er Reliquien vom Sinai übergab (Walkenrieder Urkundenb. N. 921, S. 197 f.) Neben ihm werden noch erwähnt: 1366 als Connétable des Königreichs Jerusalem Philipp von

Braunschweig (Du Cange, 148, 624; Machaut, La prise d'Alexandrie
ed. De Mas Latrie 138, 284; Recueil arménien S. 715 f.) und 1371
Otto von Braunschweig (Du Cange, 149, 151; Recueil arm. 718;
vgl. Walschow, C. v. Braunschw., Breslau 1874). Ein Johannes
von Braunschweig wird in der Pilgerfahrt des Nicolo da Este
(Collezione di opere inedite o rare Torino 1861, 131 ff.) im Jahre
1413 als Admiral des Königs von Cypern erwähnt. (Vgl. auch Jahrb.
d. Görres-Gesellsch. ed. Hüffer 1880, I, 305—307).

1345—1347 pilgerte der Augustinermönch Jacob von Bern,
über dessen Fahrt oben das Nähere aus der Beschreibung selbst
mitgeteilt ist. (S. 45—64).

Im Jahre 1346 brach (am 14. März) Ludolf von Frameyns-
berg aus Landshut auf und besuchte Jerusalem und den Sinai
(Canisius, Lectiones antiquae ed. Basnage IV, 358—360); die Be-
schreibung ist ohne bemerkenswerte Details.

Im Jahre 1354 am 22. Mai ward in einer hanseatischen Ur-
kunde bestimmt, dass die Mörder des Knappen Marquard von Westen-
see für sich zur Busse je einen Pilger nach Aachen, Rom, Santiago
und Jerusalem schicken sollten (Lübecker Urkundenbuch III. S.
199—201).

Nach von Vanotti, Gesch. d. Grafen von Montfort u. Werden-
berg 1845, S. 87 ward 1372 Graf Rudolf von Montfort mit
Ulrich Hartzer aus Constanz zum Ritter des heil. Grabes in Je-
rusalem geschlagen.

Im Jahre 1376 pilgerte Dietbelm Schilter aus Constanz
(Vierordt, Geschichte Badens, S. 410).

1385. Peter Sparnau und Ulrich von Tennstädt (Con-
stat nach M., welcher beide aus Erfurt stammen lässt) brechen mit
einem Knecht Claus Frybate am 31. Juli von Plaue bei Arnstadt
auf, schliessen in Venedig mit Nicolao Paulo wegen der Ueberfahrt
ab; ihre Reisegefährten sind Reinhold Spendener (Splender;
M.) und Johannes Wickersheim (von Weigerssheim; M.)

aus Strassburg, Lorenz Egen (Pregen: W.) aus Augsburg, Hans Mettler aus Lübeck, der Koch Hans (M. nennt noch: Johannes von der Swemming und „Hanns Kothin von Elsass"). Sie segeln am 20. August nach Alexandria, von wo sie über St. Catharinen das heilige Land besuchen, segeln von Bairut ab, treffen in Rhodus „Espetis von Besnek (oder Besnik?)", Conrad von Weitra aus Oesterreich und Johannes Wiltperge und kehren über Constantinopel, Tirnowa, Hermannstadt, Ofen, Wien, Prag zurück.

Die Reisebeschreibung (aus der Hand des Lorenz Egen) ist nach einem Münchener Codex (M.) veröffentlicht im Ausland 1865, 917—919; Herr Prof. Dr. Köhler in Weimar machte uns nach dem Druck unserer Texte noch auf eine umfangreichere und vollständigere Handschrift (von Peter Sparnau verfasst) aus Weimar (W.) aufmerksam, durch deren Angaben wir die Mitteilungen des M. oben ergänzt haben. Wir besorgten für die Pariser Société de l'Orient latin eine Copie der Weimarschen Handschrift.

1389. **Heinrich Ketzel** aus Nürnberg pilgerte nach dem heiligen Grabe und ward zum Ritter desselben geschlagen. Vgl. oben S. 96; Will, Münzbelustigungen IV, 183 nennt ausser ihm von dem Geschlechte der Ketzel noch folgende Pilger: Georg (1453), Ulrich (1462), Martin (1468 und 1476), Wolf (1493), Georg, Sebald und Michael (1498) als Jerusalempilger: vgl. diesen Catalog unter den betreffenden Jahren.

Nach Knothe, Geschichte des oberlausitzischen Adels 1879, S. 417 soll **1396 Czaslaus IV. von Penzig** auf Niederbrela nach dem heiligen Lande gezogen sein, und 1401 wird ein „Herrn Czaslaus Sohn" in Görlitzer Stadtrechnungen als Ritter des heiligen Grabes erwähnt. Auch soll zwischen 1377 und 1423 Graf **Hugo von Montfort** das heilige Grab in Jerusalem besucht haben (Stälin, Wirtemb. Geschichte III, 686). Nach Caesar, Staats- und Kirchengeschichte von Steiermark VI A, 33 war Herzog **Albrecht von Oesterreich 1398** oder **1400** nach dem heiligen Lande gepilgert; vgl. Ebendorffer in Pez, Ann. Austriae II, 823 f. und unten zu **1436** (S. 475) die Notiz aus Todicini.

Im Jahre **1401** erlaubt Papst Bonifaz dem Grafen Friedrich von Oettingen die Fahrt nach dem heil. Lande durch eine Bulle (J. P. Laug, Materialien 1774 IV, 133); über die päpstliche Erlaubniss zur Pilgerfahrt siehe oben S. 5; sie musste gegen Ende des fünfzehnten Jahrhunderts mit 16 gr. erkauft werden (Woker. Das kirchl. Finanzwesen, S. 91 f.), doch liess das Gelübde sich auch commutiren gegen 18 gr. oder 3 Den. (Woker 195, 205). Wer ohne Erlaubniss pilgerte, gab 8 gr. (S. 103), ein Fürst zahlte für Absolution 20 gr. (S. 104).

1410. Johannes Schiltberger (Reisen des J. Sch., herausg. v. K. F. Neumann, München 1859) aus München ward in der Schlacht bei Nicopolis 1394 gefangen (§ 1), wegen seiner Jugend (da er erst 16 Jahre alt war) geschont und Sklave des Sultans Bajazith, dem er 12 Jahre diente, dann Sklave des Sultans Tamerlan, darauf dessen Sohnes Abu Bekr (§ 24); er besuchte, freigeworden, das St. Catharinenkloster (§ 38), Hebron (§ 39) und Jerusalem (§ 40) und kehrte nach 32jähriger Gefangenschaft wieder glücklich heim (§ 67); ähnliche Abenteuer des Capitain Smith (1596) sind erzählt in Purchas, His pilgrimes II, 1361—1376.

In diese Zeit, jedenfalls bald nach **1400**, fällt die Pilgerfahrt des Ritters Ludwig von Kamer, der auf seiner Heimkehr starb (Hundt, Stammbuch d. bayr. Adels I, 239).

Im Jahre **1412** war Hartprecht Harskircher zu Zangenberg mit seinem Diener N. Reigckher und Hans Trenbeckh nach Palästina gegangen (Niederbayrisches Archiv VI, 352).

Nach Schultes, Diplomat. Gesch. des gräfl. Hauses Henneberg 1788 I, S. 341 f. pilgerte **1413** Graf Wilhelm I. von Henneberg mit Hermann und Friedrich von H. Römhild nach dem heiligen Lande, und kam auf einer zweiten Reise **1426** um (Schultes I, 260; vgl. Glaser, Gesch. von Henneberg 556).

1414. Herzog Ernst von Oesterreich trat gegen Mitte Juli seine Wallfahrt an, von welcher er in der zweiten Hälfte des November bereits wieder heimkehrte (vgl. darüber die genauen Nachweise von Arth. Steinwentner, Beiträge zur Gesch. der Leopoldiner im Arch. für österreich. Gesch. 1879 LVIII Bd., 2, S. 457—474). Mit ihm wurden nach dem Diarium Frederici ed. Chmel S. 584 in Jerusalem zu Rittern des heiligen Grabes geschlagen: Graf Paul von Fortenstein, Leopold von Kreig, Rudolf von Lichtenstein, Albrecht von Neiperg, Ulrich von Stubenberg, Heinrich von Potendorf, Wolfgang Drauner, Wilhelm von Zelking, Hans von Ebersdorf, Ulrich Wilhelmus maurer, Ulrich Velber, Hans Steinbarter, Hans von Spaur, Ulrich Starkenberger, Franz Strassauer, Georg Fürstenvelder, Hans Laun, Wolfgang Jorger, Coloman Windischgrätzer, Hans Zink, Ulrich Wurffel, Wolfgang Jorger, Chainrat Nempsi, Hans Steinpekch, Caspar Tellendarffer, Ulrich der Laun.

1418—19. Hans Porner aus Braunschweig trat mit Lippold Fabri und Arndt Porner am 27. December 1418 seine Pilgerfahrt an; er ging über Magdeburg, Nürnberg, Partenkirchen, Innsbruck, Padua nach Venedig (S. 130) und kehrte im September 1419 glücklich wieder heim.

Seine Reisebeschreibung hat Hänselmann in der Zeitschrift des historischen Vereins von Niedersachsen 1875, S. 113—156 herausgegeben; vgl. auch Chronik von Braunschweig (in der Sammlung deutscher Städtechroniken) I, S. 229.

Im Jahre **1422** reiste Johannes Poloner, dessen Reisebeschreibung Tobler (Descriptiones 225—281; vgl. 499—500) herausgegeben hat; im Jahre **1426** ging der Herzog Ludwig III. von der Pfalz[1]) mit dem Grafen Johann V. von Sponheim und Ludwig von Flersheim nach dem heiligen Lande (Häuser, Geschichte der Pfalz I, 294; Waltz, Flersheimer Chronik S. 6 und 111; ob

---

[1]) Herzog Ludwig soll in Folge eines Gelübdes den Bart nach seiner Rückkehr nicht abgeschnitten und davon den Beinamen „der Bärtige" erhalten haben; er ward, wie man glaubte, in Folge der Reisestrapazen, bald nach der Heimkehr blind (v. Spruner, Charakterbilder aus d. bayr. Gesch., 1878, S. 264 f.)

mit ihm oder in seinem Gefolge Johannes Passerhammer? vgl. hinten unsere bibliographischen Nachträge ad 1426), im Jahre 1429 pilgerte Landgraf **Ludwig der Friedsame von Hessen** (Rommel, Geschichte von Hessen II, 302, 382), im Jahre **1430** Herzog **Wilhelm der Sieghafte von Braunschweig** (Engelhusen in Leibnitz, Scriptt. rerum Brunswic. II, 86; Havemann I, 750).

1433—1434. Graf **Philipp von Katzenellenbogen**, der letzte seines Geschlechtes, unternahm **1433** eine Pilgerreise, welche **Erhard Wauschafft** (S. 45—49) in Versen geschildert hat (251 Strophen, à 10 gereimte achtsilbige Zeilen). Der Graf verliess am 7. Juli Darmstadt und traf am 30. in Venedig ein; als Begleiter desselben werden genannt: **Bernhard Kreys**, ein Ritter, die Edelknechte **Gaudenz** und **Albrecht von Rechberg**, **Daniel von Mudersbach**, **Conrad von Frankenstein** (S. 54). Er erreichte am 11. September Alexandria (S. 55), am 15. Cairo (S. 56—59), empfing vor dem St. Georgsaltar auf St. Katharinenberg den Ritterschlag (S. 60) von **Bernhard Kreyss**, wie auch seine 4 Begleiter, und kam am 10. November nach Bethlehem (S. 62), endlich nach Jerusalem (S. 62—65). Am 23. November segelte er von Jaffa ab (S. 65), musste aber wegen eines heftigen Sturmes bei ʿAkkâ zurück an das Land und pilgerte noch über Bairût nach Damascus, von wo er am 21. December ʿAkkâ wieder erreichte (S. 66); am Tage der heiligen drei Könige 1434 segelte er ab (S. 67), kam am 7. März in Venedig (S. 69), am 24. Mai zu Hause wieder an (S. 71).

Einen Auszug aus der metrischen Bearbeitung der Pilgerfahrt hat J. v. Arnoldi: Die Vorzeit, von Justi 1821, S. 43—74 gegeben.

In demselben Jahre **1433** bezeugte Graf **Heinrich v. Montfort**, Herr von Tettnang, dass er die dem Herzog Heinrich v. Bayern zur Busse auferlegte Meerfahrt nach Jerusalem in dessen Namen angetreten (5. Nov.) und glücklich vollendet habe (Reg. Boic. XIII 251; vgl. Buchner, Gesch. von Bayern VI, 268 f.; von Lang, Geschichte Ludwigs d. Bärtig. 1821, S. 157 f.).

1435. Die Markgrafen **Johann** und **Albrecht von Franken Brandenburg** brachen am 31. März von Nürnberg auf, trafen am 8. April in Venedig ein (S. 207 f.), segelten am 22. April ab und betraten am 26. Mai die syrische Küste; der Ritterschlag in der heiligen Grabeskirche erfolgte am 31. Mai (S. 238). Die Pilger reisten von Jaffa ab am 8. Juni, landeten am 13. Juli in Venedig (S. 250 f.) und kamen nach Nürnberg am 25. Sept. (S. 253). Als Begleiter werden genannt (S. 251—53; vgl. 191 ff): Eberhard Förtsch, Hans von Rothenhahn, Dr. Hans Lochner (der Verfasser der Reisebeschreibung), Darius von Hessberg, Hans von Lichtenstein, Hans von Egloffstein, Franz Rumel, Albrecht von Gich, Hans Schenk von Geyern, Friedrich von Künsberg, Conrad von Eyb, Hans von Absberg, Martin von Wallenfels, Jordan Marschall von Lindenberg, Heinz Kracht, Kraft von Lenkersheim, Heinz Thanndorfer, Sebastian Volckamer, Hans Stromer, Nicolaus Roder, Hans, Harnischknecht, Bernhard Michel und Niclas, beide Dolmetscher, Pulsinger, Schneider, Cunz, Barbier, Leckerhennslein, ferner 2 Franziskaner und elf andere Pilger. Ausserdem werden genannt: Graf Heinrich von Gera,[1] „die Poltguss", Marschall Conrad von Pappenheim, Wilhelm Preussinger, Bertholdt, Hans und Siegmund von Stein, Hermann von Hirschberg, Ulrich Sackh, Hans Kinsberg, Georg Knöringer, Heinz von Kozau, Conrad und Niclaus von Zebitz oder Zedwitz, Sebald Pfintzig (vgl. oben S. 66), Dietrich, Poster, Hans Tepen, dann drei Brüder aus der Mark und fünf Knechte.

Die Reisebeschreibung ist von Geisheim, Die Hohenzollern am heiligen Grabe, Berlin 1858 in mustergültiger Weise herausgegeben (daraus wiederholt in Riedels Cod. Brandenburg. C. I, S. 197—217). Vielleicht nahm an der Reise Teil Jacob Truchsess von Waldenburg. Vgl. Matth. von Pappenheim, Chronik der Truchsessen von Waldburg, Memmingen 1777, S. 75: „(Er) fannd fünff und dreyssig tausent Guldin an barem Gellt hinder ime, die nam er zue seinen Hannden, füret darmit ainen kostlichen Pracht, zoch über Lannd

---

[1] Vgl. Geisheim, S. 9.

zum hailigen Grab und zue Sannct Katherinenberg, darumb er von meniclichen der guldin Ritter genempt ward —".

1436a. Herzog Friedrich von Oesterreich, der spätere Kaiser Friedrich III, dessen Vater, Herzog Ernst bereits 1414 (vgl. oben S. 470 f.) das heilige Land besucht hatte (vgl. Caesar, Staats- und Kirchengeschichte v. Steiermark VI A, 33;) trat, nachdem er vom venetianischen Dogen Foscari einen Sicherheits- und Geleitsbrief erhalten (S. 277) und viel Geld durch Anleihen und Pfandgabe aufgenommen hatte (S. 278—279) am 9. Aug. von Triest seine Pilgerfahrt an, ward am 9. Sept. mit Albrecht von Neiperg (S. 279) zum Ritter des heiligen Grabes geschlagen und kehrte, nachdem er in Cypern auch die St. Georgsritterschaft erlangt und in Venedig kostbare Geschenke (für 2799 Goldgulden!) gekauft (S. 280), gegen Ende des Jahres wieder heim. Als seine Begleiter werden genannt (S. 581): Bischof Marinus von Triest, Graf Eberhard von Kirchberg jun., Graf Bernhard v. Schaunberg, Albrecht u. Hans von Neiperg, Georg und Hans von Puchaim (Buchheim), Sigmund von Eberstorf, Leutold und Otto von Stubenberg, Paul von Potendorf, Bertholdt von Losenstain, Wilhelm von Perneck, Hans von Stahrenberg, Ludwig von Eckartsau, Ulrich von Polhaim, Wolfgang von Winden, Hans Ungnad (von Weissenwolf), Hofmarschall, Wolfart Fuchs von Fuchsberg, Burchard von Ellerbach, Gamaret Silberberger, Heinrich Enczastorffer, Ulrich Saurär sen. (Saurau; vgl. v. Hormayr, Taschenbuch f. d. vaterl. Gesch. 1827, S. 63), Georg Fuchs von Fuchsberg, Ludbeig von Ratenstein, Andreas Holenecker, Nicolaus von Pollencz, Tristan Teufenpechk (Teufenbach), Veit Wolkensteiner, Leopold Taumar, Georg Apphalterer, Lienhard Harracher, Friedrich Tunner, Bernhard Tehenstainer (Dachensteiner), Ulrich Fledenniczer, Hans Waldstainer, Georg Scharnomel (Tschernembl), Hans Saurer, Pancraz Rinkschchad, Heidenreich, Czebinger, Wilhelm von der Alben, Sigmund Windischgrätzer, Wilhelm Reisberger, Anton Holeneker, Friedrich Lugaster, Georg Steinreuter, Hans Lampoltiner, Lienhard Vilsekker, Sigmund Kirperger,

Hans Greisseneker. Vgl. Jos. Chmel, Gesch. Kaiser Friedrichs IV. und **Maximilians** I., Hamburg 1840 I, S. 277—280, 581 ff. Joseph Grünbeck, Lebensbeschreibung Kayser Friedrichs III., Tübingen 1721, 24 erzählt, dass Herzog Friedrich auf seiner Ausfahrt seine Begleiter wegen ihrer Seekrankheit und öfteren Ohnmachten verspottet, aber bei seiner Rückreise von Jerusalem (S. 25) nach Jaffa, wahrscheinlich durch „etliche bekhandte Juden und die heidnischen Kaufleuth", von denen er Perlen und Edelsteine gekauft hatte, verraten wurde, aber dass er, trotz aller ihm nachgesandten Schüsse, glücklich das Schiff noch erreichte und bald darauf in Venedig landete.

Die von Chmel im Diarium Friderici aufgeführten Begleiter des Herzogs Friedrich sind auch genannt in: Historie Ducum Styriae Graecii 1728, II, S. 77—78 (ibid. II, S 73—74 die Begleiter des Herzogs Ernst von Oesterreich resp. Steiermark); der Verfasser dieser Historia hat jenes Diarium einfach ausgeschrieben. Vgl. auch Koller, Annal. monum. Vindob. II, 669; v. Muchar, Gesch. von Steiermark VII. 255—257. Hormayr, Taschenbuch für d. vaterländ. Gesch. IX 1828, S. 24 giebt als Teilnehmer der Fahrt noch an: Traun, Abfattern und Conrad Beck, welcher 1440 nochmals nach dem h. Lande zog. In dem Werke des Teodoro Todicini: Ceremoniali e festo in occasione di passagi di Duchi, archiduci ed Imperatori di casa d'Austria per lo stato Veneto dal 1361 al 1797, Venezia 1857, wird als Jahr für die Pilgerfahrt Friedrichs 1440, für die des Herzogs Albrecht statt 1398: 1390 angegeben (gütige Mitteilung des Herrn Cam. Soranzo in Venedig).

Nach Döderlein, Histor. Nachrichten von dem Hauss der Marschallen v. Calatin-Pappenheim, Schwabach 1739, S. 128 u. 146, gingen **1436** auch Burchard und Johannes, die Söhne des Marschalls Wilhelm von Biberbach nach dem heiligen Lande.

1436b. Georg Pfinzing brach am 25. August mit Hans Bart, Bertholdt Deichsler, Gabriel Tetzel, Peter Rieter, Peter Harsdorfer, Gabriel Füterer, Sebald Rinlach aus Nürnberg auf und ging über Innsbruck, Pirano, Triest nach Parenzo, von wo er am 22. November 'Akkâ und am 28. Jerusalem erreichte.

Am 24. Januar 1437 kam er wieder nach Venedig. Er wiederholte 1440 seine Wallfahrt; vgl. darüber oben S. 65—96.

Nach einem zweiten Berichte jener Reise in einer Handschrift der Ansbachischen Gymnasialbibliothek, auf welche uns Herr Pfarrer Medicus aufmerksam machte, und die uns Herr Studiendirector Dr. Schiller gütigst zusandte, verbrauchten die Pilger zusammen 300 Ducaten. Uebrigens hatte Peter Rieter 1428, nur von einem Knechte begleitet, eine Reise nach Santiago unternommen, wozu er 250 Ducaten gebraucht, von da über Monteserrato etc. nach Rom. Im Jahre 1432 begab er sich mit dem älteren Baumgartner und Gabriel Tetzel „des Sterbens wegen" nach Mailand und Pavia, dann nach Basel zum Concil, ferner nach Wien und kehrte erst zurück, nachdem das Sterben nachgelassen; 1450 zog Peter Rieter mit seiner Ehefrau Barbara, geb. von Seckendorf, nach Rom; in ihrer Gesellschaft war ein Priester, eine Jungfrau und ein Knecht. (Hs. zu Ansbach fol. 2).

Im Jahre **1437** am 29. März reiste Christoph, Vogt von Mehringen, und Johann von Klingenberg von Twiel ab, um nach dem heiligen Lande zu ziehen (Gütige Mitteilung des Herrn Bibliothekar Dr. Laubmann zu München aus d. Cod. Monac. lat. No. 24819 fol. 206 b).

Ueber die im Jahre **1440** erfolgte Wallfahrt des Girnand von Schwalbach siehe oben S. 97—99 unsere Auszüge.

1441. Sivert I von Oertzen, Vasall des mecklenburgischen Gutes Roggow bei Neu-Buckow, ging, nachdem er von seiner ersten Wallfahrt (**1432—1436**) glücklich heimgekehrt war, **1441** zum zweiten Mal nach dem heiligen Lande, starb aber 1. Juli 1449 dort und ward auf dem Berge Zion begraben. Er hatte beide Male in der Cistercienserabtei Doberan sein Testament zu dessen Gunsten gemacht, wofür zum Dank das Kloster auf dem Erbbegräbniss der Familie eine Denktafel mit darauf bezüglicher, heute noch erhaltener, Inschrift stiftete.

Darüber handelt ausführlich. Lisch, Geschichte des Geschlechts von Oertzen, Schwerin 1860, II, 16—22; wir verdanken diese Mitteilung dem Herrn Verfasser des Buchs.

Im Jahre **1443** pilgerte Graf Friedrich von Hohenzollern-Oettingen (Barth, Hohenzollersche Chronik, Sigmaringen 1862, S. 131; Geisheim, S. 33 f.; Grässe. Preuss. Sagen II. 662—664).

1444. Anonymus von St. Ulrich in Augsburg, ein Benedictinermönch, traf mit **Wilhelm von Jochem** aus Westfalen, **Diepold von Hasberg, Heinrich Spiegel** und einem Knecht in Rhodus ein, wo er von deutschen Johannitern „ain Schiling und ain Schenk von Abach und ein Salland und ain Tirelar" nennt (S. 302). Nach langem Unterhandeln gab der Grossmeister, welcher jeden Tag einen Angriff der türkischen Flotte befürchtete, den Pilgern und dem Patron Erlaubniss, in See zu gehen (S. 303); am 12. Juli erreichten sie über 'Akkā, Nazareth, Nāblus Jerusalem (S. 305 f.). Von da brachen sie wieder auf (25. Juli) nach 'Akkā und fuhren mit einem Kauffahrteischiffe, das besonders viel Wolle geladen hatte, über Bairût (S. 318) nach Tripolis, wo das Schiff wieder Waaren an Bord nahm (S. 319), von da über Cypern nach Venedig; auf der Fahrt dahin wurden die Pilger durch allerlei Kriegsgerüchte beunruhigt (S. 321—322).

Die für die Handelsgeschichte des Orients besonders interessante Handschrift ist (leider ohne sachlichen Commentar) veröffentlicht von Birlinger in Herrig's Archiv für neuere Sprachen, Berlin 1867, Bd. XL, S. 301—322.

Im Jahre **1447** zog **Otto von Ziegler** nach dem heiligen Lande und empfing dort den Ritterschlag am heiligen Grabe. Er brachte von da ein Stück Wurzel von einer Weinrebe mit (1449), aus welcher ein Becher gearbeitet wurde, dessen Abbildung und Geschichte Vulpius (Curiositäten, 1816, Bd. V, S. 501, Tafel 19) giebt. Da der Pilger 1451 in seiner Vaterstadt Erfurt in der Futtergasse ein Haus bauen liess, in dessen Fundamente Späne von jener Rebenwurzel versenkt wurden, habe, so wird berichtet, jenes Haus selbst den Namen „zum Rebenstock" erhalten.

Vor **1449** hatte sich **Claus**, Kaufmann zu Saarburg, „um Gotz willen" mehrere Jahre zu Jerusalem und Constantinopel aufgehalten und sich so ehrbar betragen, dass Herren, Ritter und Gelehrte ihn „zuleste grosslichen mit costbarem heiltum gnediclichen begobt hoben", das er der Kapelle Bruderbach zu Westhofen schenkte, wozu er zugleich eine ewige Messe stiften wollte. Graf Ludwig V von Lichtenberg gab daher den Sammlern von Beiträgen für die letztere Stiftung einen Empfehlungsbrief mit, in dem er als jene Reliquien ein Stück von der Geisselungssäule, vom heiligen Kreuz, vom Balsambaum „do unser lieber Here von gesalbt und gebalsamt wart zu der zytt siner begrebniss", ein Stück vom Mosesstabe, ein Stück von den zwölf Steinen, die er von Gott bei der Erscheinung im flammenden Busch empfangen, und von St. Anastasia bezeichnet. Die Urkunde berichtet, dass Claus über die Aechtheit der Reliquien „uns erber versigelte kuntschaft furbrocht, gewiset und gezouget". (J. G. Lehmann, Gesch. d. Grafschaft Hanau-Lichtenberg I, S. 262 f.) Ueber solche Reliquienschenkungen vgl. oben S. 35, Note 6.

1449—1450. Stephan von Gumppenberg verliess mit Friedrich von Wolfskel, Hans von Kamerau, Hans Striegel, Nicolaus Magerer, dem Caplan Johannes Eyselhaner und einem Diener am 11. August Würzburg (S. 235a), erreichte in 13 Tagen Venedig, am 1. October Jaffa (S. 237a); Stephan starb am 14. November in Jerusalem und ward auf dem Zion begraben (S. 239). Am 3. Januar 1450 trafen die Pilger einen Deutschen, der von Damascus aus 10 Tage ohne Geleitsmann umhergelaufen war (S. 241), in Nicosia am 17. Februar einen anderen Deutschen, Wolf Striegel (S. 244); hier landeten am 14. März auch viele polnische, preussische, niederländische Pilger (S. 245). Am 10. April fuhren die Pilger in den Hafen von Venedig und zogen mit dem dort angetroffenen Nürnberger Kaufmann Lorentz von Boln nach Hause (S. 246); am heiligen Pfingsttag 1450 (24. Mai) trafen sie in Würzburg wieder ein (S. 247).

Seine Reisebeschreibung erschien im Reyssbuch, 1584, S. 235a —250. In der Geschichte der Familie von Gumppenberg herausgegeb. von L. Alb. Freiherr von Gumppenberg, Würzburg 1856, S. 115—116 wird als Jahr dieser Pilgerreise fälschlich 1417—1418 angegeben; ibid. Nachrichten über sein Testament; siehe auch oben S. 115 f.

Im Jahre **1451** starb Graf Philipp von Erbach, nachdem

er kurz vorher als Ritter des heiligen Grabes von Jerusalem heimgekehrt war (Barack, Zimmersche Chronik II, 241).

1450. Herzog Johann von Cleve brach am 7. April 1450 von Brüssel auf mit Johann van Alpen, Goswin Ketteler, Johann von Brockhuysen, Herr von Loë (Fahne, Kölnische Geschlechter II, 19), Friederich von Palandt, Herr von Wyttem, Matthias von Eyll, Helmich Bentingk, Bernt van Beecke, „Dorwairder", Hendrik, Caplan, Johann Reynier, Kammerdiener, Albert Kock, Trommelschläger; in Venedig traf er Godert und Otto von Wyiacken (v. Spaen 85). Hier schlossen sich ihm auch an: der Graf von Horn, ein Junker Dietrich von Battenberg, Herr zu Anholt, Anton van Eger, Wilhelm van Vloderop, Vogt von Roermonde, Wilhelm van Ghoor, Adrian van Herlaer und Johann van Hernert (S. 86). Auf Candia, wo der Vater des Johann van Alpen, der mit dem Bischof Johann von Lüttich nach dem heiligen Lande gegangen (nach Gallia christ. ed. Piolin III, 903, brach der Bischof von Lüttich 1444 auf, kam aber nicht nach dem heiligen Lande), aber gestorben war, liess Herzog Johann ein feierliches Seelenamt celebriren (S. 88). In Jerusalem, wo der Herzog auch Arnulf von Crecy traf (S. 87; vgl. Publications de la société histor. de Limb. IX, 213; O'Kelly de Galway, Mém. sur l'ordre de St. Sépulchre 82), erlangte er und der grösste Teil seiner Begleitung die Ritterwürde des heiligen Grabes. Auf der Rückreise trennten sich von ihm in Ancona der Graf von Horn und D. von Battenberg, welche nach Rom gingen (S. 88), wo Herzog Johann bald darauf den Herzog Arnold von Geldern und Graf Heinrich von Schwarzenberg, welche ebenfalls nach dem heiligen Grabe reisen wollten, antraf (S. 90); am 1. April 1451 war Johann wieder daheim (Publicat. 216).

Seine Reisebeschreibung ist veröffentlicht durch van Spaen, Proeven van Historie, 1808, S. 85—91, und in den Publications de la société historique de Limbourg IX, 1872, S. 204—216; vgl. van der Kempin: Studiën en Bijdragen, Amsterdam, 1878, IV, Heft 1, S. 4i—43 und hinten unseren bibliographischen Anhang ad annum. Vielleicht ist unser Herzog in der Notiz des Marino Sanudo (Cronaca

Veneta Cl. VII. Cod. S. Marc. No. CXXV) gemeint, welche wir der Güte des Herrn Camillo Soranzo in Venedig verdanken: „1450 (more Veneto) Adi 23 fevrer vene in questa terra il fratello del Re di Roscia (sic) stato in peregrinago; fo honorato assai."

Im Jahre 1453 ist Kurfürst Friedrich II. von Brandenburg nach dem heiligen Lande gezogen (vgl. Geisheim S. 19—20); dass er bereits 1452 dahin pilgern wollte, ist sicher (Angelus, Appendix confessionis Frideric* II ad 1453), doch soll er den Entschluss nicht ausgeführt haben. In demselben Jahre pilgerte Graf Gebhard von Mansfeld (Spangenberg, Mannsfeldische Chronik, cap. 332, S. 388a) und Georg Ketzel aus Nürnberg: vgl. oben S. 96.

1454. Georg von Ehingen segelte von Venedig nach Rhodus, um gegen die Türken zu kämpfen, ward hier nach elfmonatlichem Warten auf das türkische Belagerungsheer abgedankt und ging mit einem Mönch aus Basel nach Jerusalem, von da nach Damascus, ward hier gefangen, aber gegen Zahlung von 30 Ducaten frei. Er zog hierauf nach Alexandria und Cairo; auf dem Heimwege nach Cypern starb sein Begleiter. Auf Cypern ward er vom Könige freundlich aufgenommen, worauf er nach Rhodus segelte und von da nach Venedig zurück. In späteren Jahren kämpfte Georg vor Ceuta mit den Portugiesen gegen die Mauren und erschlug im Zweikampf einen starken Gegner.

Die Beschreibung seiner Fahrten („Reise nach der Ritterschaft") ist in der Bibliothek des literarischen Vereins, Bd. I, erschienen aus dem: Itinerarium, das ist: Historische Beschreibung weyland Herrn Georgen von Ehingen Reisens nach der Ritterschaft, Augsburg 1600 bei Dominicus Custos, fol.; vgl. auch Crusius Annal. Suev. II, 422—424. Für die Geographie Palästinas ist nichts darin enthalten.

In demselben Jahre 1454 trat Friedrich Greifenclau vom Volraths seine Pilgerfahrt an, aber auf der Heimkehr in Ragusa in den Franziskanerorden, worüber die interessanten Briefe an seinen Schwager Friedrich von Flersheim zu vergleichen sind in: Waltz, Die Flersheimer Chronik, S. 9—13. Im J. 1458 wird Anton Pelchinger aus Tegernsee gewallfahrt sein, über dessen Pilgerschrift Tobler, Bibliogr. S. 49 handelt.

1460. Hans von Eptingen ging als Begleiter des Herzogs Otto II. von Pfalz-Neuburg nach dem heiligen Lande. An dieser Fahrt nahmen auch noch Teil: der Hofmeister des letzteren Philipp von Gemmingen, Ludwig von Wildenstein (S. 395), ferner ein Priester Hans Goldschmidt aus St. Urban (S. 393). Herzog Otto empfängt in Jerusalem durch einen burgundischen Ritter Arthur von Wadern die Ritterwürde des heil. Grabes (S. 380). In Nicosia treffen die Pilger einen Ritter aus Meissen Georg von Riedeburg (S. 395), und erhalten den Ritterschlag des St. Georg, ebenso wie zwei andere mitreisende Ritter Thüring von Büttikon und Nicolaus von Scharrenthal (S. 396).

Die Reisebeschreibung des H. von Eptingen erschien im Schweizerischen Geschichtsforscher, Bern 1828, Bd. VII, S. 313—402.

1461a. Der Herzog Wilhelm von Thüringen brach, nachdem er sein Testament gemacht hatte (Kohl, Die Pilgerfahrt des Landgrafen Wilhelm des Tapferen von Thüringen, Bremen 1868, S. 14—16) am 26. März 1461 von Weimar auf, traf am 31. in Baiersdorf mit dem Markgrafen Albrecht Achilles von Brandenburg, der bereits 1435 im heiligen Lande gewesen war, zusammen, ging über Nürnberg, München nach Venedig, wo er am 29. April ankam. Am 1. Mai segelte die Reisegesellschaft, im Ganzen 91 Personen, ab; in Modon begegnete man dem Herzog Adolf von Geldern, welcher mit 5 grossen Schiffen ausgefahren war (S. 92; Jacobs S. 200; vgl. Pontanus, Histor. Gelric. 1639, S. 520, und Knippenberg, Histor. eccl. ducatus Gelriae 124), auf Rhodus der Königin Charlotte von Cypern (S. 97); im Golfe von Attalia, berichtet der anonyme Begleiter des Herzogs Wilhelm (Cod. germ. Monac. No. 337, fol. 245) hätte früher ein Herzog von Braunschweig (welcher?) Schiffbruch gelitten. Am 14. Juni landeten die Pilger in Jaffa, am 2. Juli segelten sie wieder ab (126) und kamen am 24. Aug. in Venedig an (S. 131), von wo Herzog Wilhelm am 8. October Weimar wieder erreichte (S. 132). Als seine Reisebegleiter werden genannt (S. 69): Graf Ludwig von Gleichen, Graf Heinrich der ältere von Stolberg, Graf

Günther von Schwarzburg (S. 70), Graf Erwin von Gleichen, Graf Hans von Honstein, Burggraf Albrecht von Kirchberg, Heinrich Reuss von Plauen (über ihn siehe Longolius: Vorrath allerlei brauchbarer Nachrichten erstes Fach, Schwabach. 1765, S. 74; Geisheim S. 9), Veit von Schönburg, Herr zu Glauchau, Otto Schenk von Landsberg, Herr zu Tubitz und Sidau, Hans und Georg Schenk, Herren zu Tautenberg, Wolf von Seusheim, Herr zum Schwarzenberge, Eucharius zu Pappenheim, Erbmarschall, ferner die Ritter: der junge (Georg) Vitztum zu Apolda, Apel von Ebeleben (S. 71), Hans von Wangenheim, Heinrich von Bünau zu Skölen, Heinrich von Bünau zu Dinsek, Bastian von Kochberg, Melchior Vitztum zu Tanrode, Heinrich von Witzleben zum Stein, Rudolf Marschalk. Friedrich Thune (sonst von Dan genannt), Heinrich von Wolffendorff (alle Thüringer); ausserdem aus Franken, Bayern und Oesterreich folgende Ritter: Otto von Lichtenstein. Wipprecht Wolfiskele, Christoph Hornfelder, Ulrich von Ansburg (Arnsberg?), Heinrich Tandorffer, Conrad Hartinstein (bei Jacobs: Hertnitstein), aus Meissen: Georg von Schleinitz, Caspar von Schönberg, Dietrich von Schönberg, aus Hessen: Tile von Kirstinrode (Kostenrode?), Bade von Badenhausen; ferner die Stolbergischen und Schwarzburgischen Ritter: Hans Kunth (Knuth?), Curt von Germar, Christoph von Rode, Georg von Schlottheim (S. 72), Kirsten von Schlottheim, Heinrich von Ruhleben (al. Ruxleuben, bei Jacobs; Rüxleben), Caspar Schulze. Als geistliche Personen werden genannt: Hunolt von Plattenberg, Dr. med., Domherr, Heinrich, Lesemeister, Beichtvater, Henning, Caplan, Johann Bodenhausen, Diener, Kirsten von Nordhausen, Dr., Caplan des Grafen Heinrich von Stolberg, Hermann Holzapfel, ein Barfüsser, Heinrich Jacobi, Caplan des Grafen von Schwarzburg. Knechte der Grafen und Ritter: Friedrich von Kisbode, Knecht des Apel von Ebeleben, Georg von Wildeborn, des Schenken von Tautenberg Knecht, Henning von Berckau, Knecht des Grafen von Stolberg, Hans von Selmenitz, Knecht des Heinrich von Plauen, Hermann Gans, Knecht des Grafen L. von Gleichen, Hans Schinstet, Knecht des Schenken von Sidau, ferner Hermann Hennig, Heinrich Mulich, Curt Flans, Knechte des Grafen Hans und Ernst, Hans Schildung, Hans von Borau, Knecht des Georg von Schleinitz, Hans von Ulsin, Knecht des Hans Kunth. Von den Knechten und Dienern des Herzogs Wilhelm werden genannt: Paul Narbe, Schenke, Hans Brun, Bürger zu Weimar und Küchenmeister (der mit Jacob Uffland in Venedig Instructionen für die Ausrüstung der Reise holte; diese sind von Tucher 373—374a seiner Reisebeschreibung eingefügt), Apel Steinhausen, Kammerschreiber, Jacob Oppelant (Ufflande?), Dolmetscher (S. 73), Hans Compau, Kammerdiener, Caspar, Stallknecht, Hans, Koch (vielleicht derselbe wie der Hans Koch, der 1476 Herzog Albrecht nach Jerusalem begleitete), Heinze, Koch. Strenzel, Aufträger in der Küche, ferner als gemeine Knechte: Hans Frinsberg, Graf Günthers Knecht, Peter Prense (Brenss?), des Burggrafen Albrechts Knecht, Hans Sneider (Snyder?), Graf Erwins von Gleichen Knecht, Clauss, Knecht des Senheimers, Kirsten, Heinrich von Witzlebens Knecht, Ule, des Tandorffers Knecht, Georg, Otto von Lichtensteins Knecht, Kilian, Caspars und Dietrichs von Schönberg Knecht, Otto von Hongede, Hans von Wangenheims Knecht, Hans, Koch der Stolberger, Jacob, ein gemeiner Knecht. Endlich nehmen noch folgende Bürger Theil an der Wallfahrt: aus Erfurt Rudolf Ziegler und Hans Hottemann, aus Nürnberg Nicolaus Muffel und Hans Magenhoffer, aus Mühlhausen Hermann Kulstett, aus Nordhausen Berlt Spiring, aus Stolberg Dietrich Wirtener (Wertern?); (S. 73) Berlt Spiring von Nordhausen blieb krank auf dem Heimwege und starb in Rhodus. Wilhelm Schatt und Reinhard von Nebra kehrten von Parenzo aus Furcht vor der Seekrankheit wieder heim (S. 83, 141). Vgl. noch Kronfeld, Landeskunde des Grossherzogthums Sachsen-Weimar 1878 I, 240 f.

1461 b. Graf Heinrich der ältere von Stolberg brach mit seinem Vetter, dem Grafen Günther von Schwarzburg

(S. 178, 201), Hans Brun, Conrad Hertnitstein, Heinrich Rüxleben (S. 202; vgl. Kohl 71, 138), Jacob Lantferer (S. 200; ob der bei Kohl 72 genannte Oppelant?), nachdem er am 21. März 1461 sein Testament gemacht hatte (S. 185), auf; vielleicht waren unter seinen Begleitern auch Hans Knuth und Georg Wurm (Zeitschrift des Harzvereins 1870, S. 1013) und Busso von Bertingsleben. Am 16. Juni landete er in Jaffa (S. 205); die Rückreise erfolgte am 26. Juni. Am 10. October war Graf H. wieder daheim.

Seine Pilgerfahrt ist herausgegeben von Jacobs in der Zeitschrift des Harzvereins 1868 I, S. 173—220; vgl. auch die darauf bezüglichen Bemerkungen ebenda 1870, S. 1013, 1020.

1461c. reiste Hans Coplär von Salzburg nach dem heiligen Lande (vgl. Hoffmann von Fallersleben, Altd. Handschriften, S. 220)

Im Jahre 1462 pilgerte Ulrich Ketzel aus Nürnberg (vgl. oben S. 96.

1464. Am 5. April, Donnerstag nach Ostern, brechen Sebald Rieter sen., Sigismund und Georg von Egloffstein und Andreas Zobel von Nürnberg auf, segeln am 14. Mai von Venedig ab und treffen in Rhodus die Königin von Cypern, welche sich sehr freundlich gegen sie erweist. Nach der Landung in Jaffa werden die Pilger bei Ramlah verhaftet, weil sie im Verdachte stehen, zwei Catalonier in ihrer Gesellschaft zu haben, welche erklärte Feinde der Türken seien; sie lösen sich jedoch durch ein Geschenk von 100 Ducaten. Auf dem Rückwege von Jerusalem nehmen die Türken wieder vier Pilger gefangen, aber diese rächen sich dadurch, dass sie auf ihrem Schiffe vier Muselmänner zurückbehalten und mit Büchsen unter ihre Verfolger feuern, so dass jene die gefangenen Christen herauszugeben sich entschliessen.

Die Gesammtsumme, welche Rieter und Egloffstein auf dieser Reise verbrauchten, wird auf 300 Gulden angegeben.

Derselbe Sebald Rieter hatte bereits im Jahre 1450 eine Reise nach Rom unternommen mit seinem Oheim Ruprecht Haller und Johannes Tucher; sie trafen unterwegs den Vater Sebalds Peter Rieter. Ferner unternahm 1462 Sebald mit seinem Schwager Axel von Lichtenstein eine Reise nach Santiago, wozu beide von Herzog Ludwig in Landshut und vom Herzog von Mailand einen Geleitsbrief empfingen. In Genf schlossen sich ihnen Hans Ortolff, Ulrich Haller, Sebalds Oheim, und Erhard Pessler an. In Santiago befestigten die Pilger ihr Wappen am Chore, und Sebald liess ein von seinem Vater Peter Rieter früher daselbst gestiftetes grosses Gemälde auffrischen. Diese letztere Reise kostete Sebald 4000 Gulden.[1]

Diese Auszüge stammen aus der bereits oben S. 476 erwähnten Handschrift der Ansbachischen Gymnasialbibliothek; den Text werden wir vollständig in der Zeitschrift des Deutschen Palästina-Vereins veröffentlichen.

In demselben Jahre (1464) sollen Siegmund und Alexius Haller aus Nürnberg nach Jerusalem gepilgert sein (vgl. oben S. 96).

1465. Georg Emmerich, Bürgermeister von Görlitz, ging mit zwei Dienern, einem Architekten und der als Mönch verkleideten Wittwe Finger nach Jerusalem, ward am 11. Juli daselbst zum Ritter des heiligen Grabes geschlagen und baute zum Dank für seine glückliche Heimkehr die Kapelle des heiligen Grabes zu Görlitz (Christoph Manlius in: Hoffmann, Scriptt. rerum Lusat. I, 372, 379–381; Meister, Annal. Gorlic. ibid. II, 16—17, 122 ff.; Lausitzer Magazin 1824, 385 fg.; 1859, 333; Neumann, Gesch. von Görlitz 663—667; Knothe, Gesch. d. oberlaus. Adels 176; Grässe, Preuss. Sagen II, 377; vgl. Johanniterblatt 1863, No. 20). Er ging im Jahre **1476** (nicht **1478**, wie Tobler, Golgatha 251 schreibt) mit dem Herzog von Sachsen zum zweiten Male nach dem heiligen Lande (Müller, Annal. Saxon. 42—46; Sinapius, Schles. Curiositäten II, 1045; Vulpius, Curiositäten III, 1813, S. 488; vgl. unten S. 492.

1467. Hans von Redwitz ging am 3. April von Bamberg über Nürnberg nach München und traf am 19. April in Venedig ein, von wo er am 11. Mai absegelte (S. 7) und am 21. Juni Jaffa

---

[1] Zur Geschichte des Geschlechts der Rieter s. oben S. 111 und das Rieter'sche Wappenbuch, herausgeg. von Karl zu Hohenlohe-Waldenburg in den Schriften des Vereins für die Gesch. der Baar, 1880, Heft 3.

erreichte; am 24. kam er nach Jerusalem (S. 8 und 9), das er am 5. Juli schon wieder verliess (S. 15). Von Jaffa segelte er am 7. Juli ab und traf am 7. September in Rom ein (S. 16—17).

Seine Pilgerfahrt ist im Auszuge veröffentlicht im Archiv für Oberfranken I, Heft 2, S. 6—21.

Im Jahre 1467 zog auch **Nicolaus Muffel** sen. aus Nürnberg mit seinen beiden Söhnen **Nicolaus** und **Gabriel** nach dem heiligen Lande. Vgl. oben S. 96.

1468. Graf **Eberhard von Würtemberg im Bart** übergab, nachdem er sein Testament gemacht, an sieben seiner Räte die Verwaltung des Landes und brach am 10. Mai 1468 von Herrenalb, dessen Abt Johannes ihn mit dem göttlichen Segen zur Reise stärkte, auf (Steinhofer, Neue Wirtemberg. Chronik, Stuttg. 1752, S. 158 —168; Crusius, Annal. Suev. II, 424—426, woraus Zeller, Merkwürdigkeiten der Universität u. Stadt Tübingen, Tübing. 1743. S. 263—267 und Stälin, Wirtemb. Gesch. III, 552—555 schöpfte); aus seiner Begleitung werden genannt (vgl. unten die Namen auf Candia ad ann. 1561): **Georg Bombast von Hohenheim**, Johannitercomthur zu Rohrdorf, **Veit von Rechberg zu Hohenrechberg, Stephan Hess, Hermann von Sachsenheim, Hans Spät, Hans Nothafft, Hans Truchsess von Bichishausen, Conrad Schenk von Winterstetten, Wilhelm** und **Hans von Stadion, Hans von Neuneck, Hans Truchsess von Stetten, Conrad von Ahelfingen, Ulrich von Rechberg zu Hohenrechberg, Ulrich von Winterstetten, Wilhelm von Münchingen, Wilhelm von Zülnhart, Wilhelm von Wernow, Jacob Schenk von Stauffenberg, Eginolf von Rietheim, Anselm von Eib, David von Stein, Rennwart von Wellwart, Christoph von Bischoffenrod**, ferner die Capläne **Christoph Reuss** und **Niclaus**, der Dr. med. **Hans Münsinger**, welcher die Reisebeschreibung verfasste, der Barbier **Veit**, zwei Kammerdiener, ein Seidensticker, drei Trompeter, zwei Köche und zwei Schützen (Steinhofer 164—165). Auch **Martin Ketzel** soll diesem Zuge sich angeschlossen haben (vergl. oben S. 96). Eberhard kam am

20. Mai nach Venedig, segelte am 4. Juni von da ab und landete am 2. Juli in Jaffa, wurde mit allen seinen adligen Begleitern am 12. Juli zum Ritter des heiligen Grabes geschlagen (S. 161), trat am 17. die Heimreise an und gelangte am 22. September nach Otranto mit dem Grafen Kraft von Hohenlohe, den er am 19. September in Corfu getroffen hatte (Crusius II, 425), während Veit von Rechberg, H. von Sachsenheim, Ulrich von Westerstetten, zwei Johanniter Halfinger und Melchior de Rhin, Joh. Münsinger, der Capellan Christoph, Georg Surus, Veit Scherer, Joh. Wessler, Joh. König direct nach Venedig weiter segelten (Crusius II, 426). Am 5. October kam Eberhard nach Neapel, wo der König ihm eine goldene Kette schenkte (S. 426), am 15. nach Rom, am 25. nach Venedig, am 4. November war er wieder in Urach (S. 426). Die Ehrenbezeugungen und reichen Geschenke, mit denen der heimkehrende Graf von seinem Volke geehrt wurde, zählt ausführlich Steinhofer III, 165—168 auf. Ueber die von Uhland poetisch behandelte Sage von „Graf Eberhards Weissdorn" siehe Zeller, Denkwürdigkeiten 267 (wo übrigens auch erzählt wird, Eberhard sei durch Zigeuner im heiligen Lande verraten, aber wieder losgelassen worden[1]), Stälin III, 555, Meier, Schwäbische Sagen 348; Eichholtz im Programm des Gymnasiums zum grauen Kloster, Berlin 1873, S. 4 ff.

1470. Herzog Ulrich II. von Mecklenburg-Stargard unternahm, um männliche Nachkommenschaft zu erbitten, eine Pilgerfahrt, auf welcher ihn ausser vielen Adligen auch Herzog Magnus II. von Mecklenburg-Schwerin und dessen Bruder Balthasar begleiteten (Franck, Das alte und neue Mecklenburg, VIII. Buch, S. 139; ebenda steht sein Testament vom 11. März 1470). Da die Türken gerade Negroponte belagerten, so hielten die Venezianer, um diesen wichtigen Posten zu entsetzen, alle Pilgerschiffe an, um die Pilger zum Kampfe zu verwenden, so dass Ulrich bei Corfu längere Zeit liegen und schliesslich mit seinen Begleitern zehn

---

[1] Vgl. unten ad ann. 1498 einen ähnlichen Fall.

Meilen vor Neproponte die venetianische Flotte mit verstärken musste. Endlich liess man sie hier los, und sie segelten nach Candia, dessen Herzog sie aus Furcht vor den Türken wieder 18 Tage zurückhielt, bis sie schliesslich Jaffa am 15. August erreichten und 8 Tage später Jerusalem. Hier trennte sich Ulrich von seinen Begleitern und ging nach dem Sinai, kehrte dann zu ihnen zurück und trat mit ihnen den Rückweg in die Heimat an, wo sie alle vor dem Ende Februar 1471 glücklich wieder eintrafen.

Vgl. Boll, Geschichte des Landes Stargard, Neustrelitz 1847, II, S. 186—190; Lisch in d. Mecklenb. Jahrbb. 1874, XXXIX, S. 49 —58, wo auch die seine Pilgerfahrt erwähnende Grabschrift sich findet (Gütige Mitteilung des Herrn Archivdirectors Dr. Wiggers).

In demselben Jahre **1470** brach auch **Ulrich Brunner** aus dem Haugstift zu Würzburg am 8. März auf mit **Eberhard von Grumbach** und dem **Kanzler Friedrich**; er kam am 5. April nach Rom, wo er bis zum 23. April blieb, am 21. Mai nach Venedig, wo sich als Pilger **Wilhelm von Rechberg**, **Georg Marschall** und **Albrecht von Wolfstein** ihm anschlossen. Am 3. Juni segelten sie ab, erreichten am 24. Juli Jaffa, blieben bis zum 14. August in Jerusalem und trafen am 21. October wieder in Venedig ein (Serapeum 1853, S. 189—192).

Der Bericht stimmt in vielen Punkten wörtlich mit dem des Mergenthal, und es ist daher höchst wahrscheinlich, dass letzterer ihn vielfach benutzt hat. (S. 190.)

1476a. Herzog **Albrecht von Sachsen** segelte von Venedig aus mit vielen Begleitern nach dem heiligen Lande ab[1]), von denen Mergenthal folgende nennt: **Graf Wilhelm III. von Henneberg**[2]) (welcher nach Weinrich, Kirchen- und Schulen-Staat von Henneberg, Leipzig 1720, S. 188, zwei Tage vor seinem Aufbruch

---

[1]) Die in Klammern mit K. bezeichneten Namen und Zusätze sind aus Ketzel's Reisebeschreibung entnommen.

[2]) Eck, De itineribus religiosis com. Hennebergensium ad ann. citirt fälschlich aus Guethes Poligraphia Meiningensis, Gotha 1676, 193 einen in Versen von Georg Dothanius abgefassten Bericht dieser Reise; bei Guethe ist nichts davon erwähnt.

den Grundstein zu einer Kirche auf der Insel im Hermannsfelder
Teiche gelegt), Graf Siegismund von Anhalt, welcher krank in
Rhodus zurückblieb, Graf Ernst von Mansfeld, Graf Günther
von Schwarzburg, Herr zu Arnstadt und Sondershausen, Ernst
von Schönburg, Herr zu Glauchau (vgl. Grässe, Sächsische Sagen
I, 501 f.), Wenzel Schlick, Herr zu Weisskirchen, Freiherr
Brig (Georg K.) von Eitzingen, Bernhard von Schönberg,
Marschall und Landvogt von Sachsen (er starb auf dem Heimwege
zu Rhodus und ward dort im Augustinerkloster begraben; Bernhard
von Hirschfeld 102, der sein Grab besuchte, las auf dem Leichen-
steine als Todestag den 5. September; vgl. sonst Fraustadt, Ge-
schichte des Geschlechtes von Schönberg, Leipzig 1869, 117), Hans
von Mergenthal, Landrentmeister, welcher diese Reise beschrieben
hat, Otto von Schittingen (Schidingen K.), der auf dem Heim-
wege zwischen Jaffa und Cypern starb und im Meere bestattet
wurde, Dr. juris Heinrich Mellerstatt, Dr. med. Valentin
Schmiedeberg, Leibarzt des Herzogs, Heinrich von Star-
schedel (Storstadell K.), Georg von Miltitz, Heinrich
Pflug zu Zabercke, Rudolf von Bünau, Gerhard Mar-
schalk, Dietrich von Schleinitz, Hans von Minckwitz,
Heinrich von Ettmannsdorf (Ertmansdorf K.), Hans von
Bernstein (der auf dem Heimwege zu Salines auf Cypern starb
und in einer früheren Moschee am Meere, die damals als Pferdestall
benutzt wurde, begraben ward, K.), Hans von Haugwitz, Otto
Pflug zu Strehlen, Junker Heinrich Löser (Lesser K.),
Heite von Ettmannsdorf (Heide von Ertm. K.), Heinrich
und Hans von Maltitz, Georg von Köckeritz, Heinrich und
Götz vom Ende (von Mende K.), Conrad von Ammendorf,
der auf Rhodus starb und begraben wurde (Bernhard von Hirchfeld
102, las auf dem Leichensteine als Todestag den 28. August),
Dietrich von Freiberg, Götz von Wolframsdorf (Wölfstorff
nach K., der hier noch Hans von Wolfstorf nennt), Hans von
der Planitz (der zwischen Cypern und Rhodus starb K.), Bal-
thasar Grensing, Küchenmeister, Dietrich von Ziegelheim,
(der Marschall K.), Friedrich von Trotha (vom Drath K.),

Caspar Sack, Heinz von Feilitzsch (Faihch oder Faihth K.), Dietrich von Staupitz (Steynczsch K.), Caspar von Rechenberg (der auf der Ausfahrt in Innsbruck starb). Als Begleiter des Grafen von Henneberg werden genannt: Eberhard von Brandenstein (der auf der Heimfahrt in Corfu krank zurückblieb), Hans Marschalk (Jorg Marschalck K.), Hans Caspar von Laubenberg, Hans von Frundsberg, Ludwig von Halsberg (Habsberg K.), Seifried vom Stein, Caspar von Westenberg (Festenberg K.), Wilhelm von Wolffstein; die Begleiter des Grafen von Mansfeld waren: Albrecht von Heim, Cuntz von Harmstadt (Hermstatt K.), Alexander, „ein ehrbarer Knecht". die Begleiter des Grafen von Schwarzburg: Caspar von Ruxleben, Christoph von Ebeleben, Bernhard Wolfrath, Stephan. sein Schreiber (sin ausgeber K.). Als die Mannen und Diener des Herzogs Albrecht werden genannt: Martin Römer, Hauptmann in Zwickau, Lamprecht von Kronenberg („den man nent Lemiche K.), Bürger aus Leipzig, Lorenz Glatza (Glacz K.), Hans Müntzer (Manczer K.), zum Löwenstein, Peter Welser von Augsburg, Jacob Salomon von Magdeburg, Peter Folva (Föle K.) aus Leipzig, Ludwig Geilenkofer (Gewlenhoffer K.) aus Zwickau, (hier folgt bei K. Siegmund Haller von Nürnberg) Stephan Gülden, Capellan, Heinrich Bussmann (Bussen K., der zu Rhodus starb), welcher in Modon begraben wurde, Georg Buller, Schreiber, Fritz Cares, Schenk (Fricz wappenknecht Schenk K.), Wigand von Rackwitz, Page, Haus Prun, Schaffner (Praun K.), Matthias Forberg, Schaffner, Heinrich (Reinhard), Sattelknecht, Peter, Barbier, Nicolaus, Dolmetscher („ain burger von Leipzig" K.), Andreas Pannnewitz, Koch, Hans, Koch, Stutigel (Staudigell K.), Hühnervogt, Mathes, „Wedthaw", (Kuchenschreiber K.) Von andern Dienern und Knechten werden genannt: Hans Wolrath, Hans Schneider (er starb zwischen Cypern und Rhodus auf dem Meere), Knechte, Heintz und Georg, Köche des Grafen Wilhelm, Andreas Bobithcher, Knecht des Grafen Siegismund von Anhalt, Otto von Tzschöpritzsch, Knecht des E. von Schönberg, Johann Burgau (Jörg Jenysch K.), Knecht des Herrn von Eitzing, Caspar von Mergenthal, Knecht des Rentmeisters von Mergenthal, Heinrich Groloch, Knecht des Dietrich von Schleinitz, Nickel Rottitzsch, Knecht des Starnschedel und H. Pflug (als Diener des Heinrich Pflug nennt K: Nickel Kring [?]), Hans Schartts, Knecht des G. von Miltitz und G. Marschalk, Valentin von Streitberg, Knecht des H. von Ettmannsdorf und Bernstein, Heinrich, Knecht des v. Minckwitz, Jacob Waltzig, Knecht des J. von Haugwitz und O. Pflug, Hans Sachsse (Schram K.), Heinrich Lösers und H. von Ettmannsdorfs Knecht, Hans von Raden (Kaden K.), Knecht des Hein. und Hans von Maltitz, Jobst Plauen, Knecht des von Ammendorf und Ziegelheim, Hans Kratzber, Knecht des Martin Römer, Hans Schwabe, Knecht des Frundsbergers, Stephan, ein Priester, des Laubenbergers Knecht, Hans Triebel, Knecht der Doctoren, Hans Daumagen, Knecht des Glantz, Bernhard Stempel, Hans Müntzers Knecht. Diesen Begleitern schlossen sich in Folge eines Zwistes mit ihrem Patron noch folgende mit an: Haug von Parsberg, Heinrich Nothafft mit dem Mal, Hans Stauffer (K. nennt hier noch Herr Johann Mirasch von Wachen aus Böhmen), Hans Gradener, Jacob Windischgrätzer, ein Edelmann aus Kärnthen, Georg von Schamberg (Schomburg zu Muckburg K.), Ludwig von Eyb, Veit von Githa (Geth K.), Oswald von Rosenau (nach diesem nennt K. sich selbst), Heinrich von Bilen (Pila), Hans Gottacker (Goldacker K., der hier auch Heinrich Sewbold nennt), Eberhard von Alberbach (Ambach K.), Thibolt vom Stein, der auf dem Heimwege starb, Berthold vom Stein, Bruder des vorigen (der zwischen Cypern und Rhodus starb), Jacob von Landau, Siegmund von Walden (Waldau K.), Hans von Pintzenau (Benzenau K., der hier noch nennt: Konrad Fittell, Jorg Weigelin, Jorg, des Benzenauers Knecht, Kuntz, Koch, sowie Missier Guido de Anthonyo Anczinboldo und Missier Czuom Franzesco de Bisgunti), „und sein sonsten bei 9 Herren und Edelleute darauf gewesen, Niederländer, und von diesen allen sein die meisten auf der Galeere blieben. Es seien auch vier Weiber mit uns auf dem h. Landen gewesen, zwo aus Cypern, eine aus Olmütz mit ihrem Manne und sonsten eine Deutsche aus der Schlesien von Görlitz mit ihrem Manne (Emmerich, Bürgermeister; vgl. oben S. 485, ferner v. Langenn. Albrecht, der Beherzte, S. 111 ff.; Müller, Annal. Saxon. 42—46; Sinapius, Schlesische Curiositäten II, 1045.) Im Ganzen waren im Jahre 1476 nach Ketzel 202 Pilger und 36 Mönche in Jerusalem.

Herzog Albrecht brach am 5. März in Dresden auf und traf in Koburg den Markgrafen Albrecht von Brandenburg; hier schloss sich der Graf von Henneberg (15. März) dem Zuge an, in Bamberg Graf Hans von Wertheim. In Nürnberg nahm ihn Herzog Otto von Bayern, in München Herzog Albrecht gut auf, ebenso in Innsbruck Herzog Christoph von Bayern. In Mantua wurde er durch die Markgräfin von M., eine geborene bayrische Prinzessin, ehrenvoll empfangen; am 21. April traf er in Rom ein, wo der Dechant von Bamberg, Waldemar, ein geborener Graf von Anhalt, Dr. Mellerstadt und andere Herrn, die im Interesse des Magdeburger Bistums in Rom waren, ausserdem die Botschafter des Kaisers, des Pfalzgrafen und des Papstes in feierlichem Zuge mit 500 Pferden ihn empfingen (er logirte im Deutschen Hause). Am 31. Mai verliess der Herzog Venedig; auf Rhodus quartierte er bei einem Deutschen, Hermann aus Weimar, am 11. Juli landete er in Jaffa. Am 1. August schlug Albrecht 70 zu Rittern des heil. Grabes und trat dann die Rückreise von Jaffa am 11. August an (an diesem Tage starb Otto von Schittingen, bald darauf in Cypern Hans von Bernstein). Auf Rhodus starben: Bernhard von Schönberg und Conrad von Ammendorf; hier ward für alle verstorbenen Pilger ein Seelenamt gefeiert. Am 7. September Nachts starb des Herzogs Diener Heinrich Bussmann (er ward in Modon begraben); am 19. September blieb auf Corfu Eberhard von Brandenstein krank zurück. Der Herzog landete am 5. October in Venedig, entging bei seinem Heimwege durch das Ampezzothal mit Mühe den herumschweifenden Türken; am 31. October empfing ihn Maximilian in Wien Neustadt; am 5. December kam er in Dresden wieder an.

Offenbar auf die erste Pilgerfahrt des Herzogs bezieht sich, was Marino Sanuto (Cronaca Veneta o vita dei Dogi in Biblioth. S. Marci Ital. class. VII, cod. No. 801), freilich mit falschem Datum, meldet:

„1480. adi 26. Aprile fu preso attento è ritornà de qui stato in peregrinazo in Hierusalem l'illustrissimo Duca .. di Saxonia e atento nella sua venuta non volse esser honorato, al presente li vadi incontro il Doge col bucintoro e fatoli presenti al zorno per vivir ec. 148. di si, 11. di no, 1 non sincere." Wir erhielten diese Mitteilung von Herrn Camillo Soranzo.

Beifolgende interessanten Actenstücke, welche die Pilgerfahrt des Herzogs Albrecht von Sachsen betreffen, verdanken wir der Güte des königl. sächsischen Hauptstaatsarchiv zu Dresden.

1. Wittenberger Archiv, Cap. Reisen, Blt. 21. Allerheiligister vater Ernwirdigister herre, wir haben vorstanden, das der Irluchte Albrecht Herzcog zcu Sachssenn unsir furst unnd libester ohem zcu vorbrengung seyner ynnickeit geyn gote unnd uwir heilickeit ym vorgenomen habe, Sent Peters unnd Sent Pauels heiligen stete zcu besuchen, dem selbigen fursten wir umbe des bandes der nahen mageschafft unnd fruntschafft willen in sunderlichir gutwilligkeit unnd gunst geneigt sint. Bitten wir uwir heiligkeit mit vlisse, das ir uch den selbigen unsirn ohmenn in seyn geschefften, die er vor uwir heiligkeit vorbrengen unnd in sulchir vorgenomer reisse seyn begir volenden unnd sulch unsir entpfelung ym genossen zcu ersprissen erkennen moge, gutiglich befolen zcu seyn lassen, geruche, Dorynne irzceiget uns uwir heiligkeit gar dangknem gefall, das wir widerumbe gein uwir heiligkeit zcuvordinen geflissen seyn, die der allerhochste zcu seliger regirung seyner heiligen kirchen lange zceit gesunt geruche zcuenthalden geben etc.

     Ffriderich von gotlicher gutigkeit
       Romisschir Keysser etc.
        ff. Ro. K. etc.

2. Wittenb. Arch. Reisen, Blt. 22. Durchluchtiger hochgeborner furst, meyn undirthenige gar willige dinst sint ewirn furstlichin gnadin alczeit zu gehorsam bereyt, gnedigir here, als ich am

nestin zcu Leibczigk gewest bin, hat mich Heynrich Loessir der
alde lantfoyt bericht, daz her Hansse seynen sonn mit ewirn gnadin
off dy reysse nicht schickin konne, umbe eczlichir orsach willin, dy
her erczalt hat, do nicht not von zcu schribin ist, alse ist off dy
zceyt Heynrich von Stoncz sonn zcu mir komen, mich mit
betlichin wortin ersucht, ewir gnad vor en zcu bitten, en mit uch
off sulch ewir gnadin reysse zcu nemen, so denne Hans Loessir
abgangin ist, hab ich dem Jungin von Stoncz zcugesaget, bey ewirn
gnadin fleis vor zcu wendin, daz her mit komen moge, her ist war-
lich gar eyn geschicket Junck man, bitte ich ewir gnad als meyn
gnedigin hern, den genantin Ditterich von Stoncz an Lessers
stat mit zcu nemen wil ich mit sampt Im gar willigk umbe ewir
gnad vor dynnen, gnedigir here, Ditterich von Freybergk ist
ouch zcu Leipczigk zcu mir komen, mich gebetin, an ewirn gnadin
zcu erlernen, ob ewir gnad In leydin wolt mitte zcu czihin, her wolt
mit ewirn gnadin zcyhin, des her doch sust nicht geneyget were; Ich
hab Im zcu gesaget, seyn meynunge an ewir gnad zcu gelangin
lossin, und waz ewirn gnadin synlich seyn, wolt ich Im daz widir
schreybin, so ich denne bedenck daz noch fast perschon ab gehen.
die von fremden landin an gezeichent sint, ouch der von Barbey.
bedunckt mich, y (2) ewir gnad konne en der zcal halbin wol leydin.
her hat mich ouch verstehin lossin, so ym ewir gnad dy gnade be-
czeuget und mit uch nemet, her hette noch eczlich tausent guldin,
dy weylle her dy nicht anleget, sult ewir gnad seyns geldes zcu
allin zceytin mechtigk zcu leben seyn, waz ewirn gnadin dorynne
gelibet, wolle mir ewir gnad bey dessem botin schreybin. Gnediger
here, graff Jacoff von Repppin, der mit dem konige von Dennen-
margk am Reyne waz, hat mir ouch geschrebin, mich gebetin, ewir
gnad zcu bitten, ynn mit zcu nemen, mit erbittunge sulch gnad
umb ewir gnad und underthan getrawlich zcu vordynnen, daz alles gebe
ich ewirn gnadin zcu erkennen, waz denne mir von ewirn gnadin be-
folin wirt widir zcu antwertin, dornoch richte ich mich In gehorsam
gerune. Gnedigir lieber here, ich finde so vil und manych gescheffte
hy zcu Sachsin, dy meyn ampt beruren, dodurch ich vorhindert werde,
vor fasnacht zcu ewirn gnadin zcu komen, yn der fasnacht wil

ich ab got wil bey ewirn gnadin seyn, ewir gnad wolle Jo allin, dy
mit zcu reytin vorzceichent seyn, schreibin lossin, wenne und wohynn
sy zcu ewirn gnadin komen sullin, sy wartin alle doroff und daz
dyselbigin botin mit ernstem befel geheyssin wurdin, dy briffe an
iczlich stat, do sy hynn gehörin, zcu antworten, gnedigir here, ewir
gnad wolle mir ouch schreybin, wenn ewir gnad widir von Leipczigk
zcwcht und welchin tagk keyn Dresdin komet, besundern wolt ich
gern wissin, so ewir gnad von Dresdin ausreyt, welchin wegk ewir
gnad nemen wirt, und wo dy erstin III nachtlagir seyn sullin, mich
mit eczlichin meynen sachin dornoch zcu richtin hette; waz ewir
gnadin dorynne fuget, wolle mich ewir gnad gnediglich wissin lossin,
denn womit ich ewirn gnad gehorsam und willige dinst erczeigin
sal, byn ich mit trawin gehorsam und gancz willigk. Datum Witen-
berg am sonabint noch Valentyni.
LXXVI°.
Bernhard von Schonberg, lanfoyt.

(Adresse:)
Durchluchtigin hochgeborn furstin hern
hern Albrecht herczog Sachssin etc. meym
gnedigen libin hern.

3. Wittenberger Archiv. Bergwerks-Sachen. Kapsel VI.
Schneeberg II., C. Streitigkeiten verschiedener Zechen unter ein-
ander. Blt. 83. Schreiben der verw. Churfürstin Magarethe an
Chf. Ernst, worin sie in Betreff der in Gemässheit des Leipziger
Abschieds vorzunehmenden Markscheidung zwischen der Fundgrube
und U. L. Frauen Zeche und der zu bestimmenden Weise, wie der
Pflock gesteckt werden solle, von dem bisherigen Vorgange Nachricht
giebt und diese Sache bis zur Rückkehr des Herzog Albrecht,
welcher Mitgewerke sei, anstehen zu lassen bittet. Altenburg, Frei-
tag Omn. Sanct. (1. Nov.) 1476.
Es heisst darin u. a.:
Und wann die gebrechen zcwuschen unser zceche und der alden
untgruben wienot auch sider mehir mit den gewercken zcu Sant
Jorgen, als ewr liebe vorstanden had, entstanden sint etc. wulten wir

zcumale gerne, So wir uns vorsehen, das der hochgebornne furste unser lieber Sone herczog Albrecht ewr Bruder abgotwil kurczlich wider Inheyme komen sulle, solange anstehen bliben, den wir also unsern mitgewercken, den sulchs sowol also uns betrifft, dobei haben wulten.

Ein diesem Schreiben beiliegender Zettel lautet:

Auch, lieber Sone, So bitten wir ewr liebe, ob ir sint der botschafft, die ir uns nehist von unnserm lieben Sone herczog Albrecht vorkundet habt, mehir vornomen hette, wie es siner liebe und den sinen czustunde, Ir wullet uns das zcuwissen tun und ob ir siner liebe entgegen botschafft wurdet tun, das gebt uns zcuirkennen, So wullen wir siner liebe auch dobey schriben vordinen wir umb ewr liebe gerne. dat. uts.

4. Wittenb. Arch. Bergwerks-Sachen. Kapsel VI. Schneeberg II, C. Streitigkeiten verschiedener Zechen unter einander. Blt. 87.

Antwortschreiben Kf. Ernsts an die verw. Churfürstin Margarethe, dass diese Sachen (vgl. das obige Regest. vom Freitag Omn. Sanct. 1476) nicht füglich Aufschub leiden könnten und daher bald versprochen werden sollten, auch der unbeträchtliche Anteil des Hz. Albrecht keinen Unterschied mache. Leipzig, Mittwoch nach Omn. Sanct. 1476.

Am Schlusse dieses Schreibens heisst es:

Unnd als uns uwer liebe In eyner zcedeln schribet, So wir eyniche Botschafft von unnserm lieben Bruder, wie es siner liebe und den sinen zcustunde und ap wir siner liebe Botschafft entkegenn tun wurden, das allis wir uwer liebe zcuirkennen geben wulten. Doruff lassen wir uwer liebe wissen, das uns ne͞ten spat, als wir hie her komen, ein brife von siner liebe nach inhalt dieser ingelegten Copien behendet, dis uwir liebe wol vernemen, unnd sint nach nicht bedacht eyniche Botschafft an sin liebe zcu tun, nachdem wir sin liebe mit unnsir Botschafft nicht gewiss zcutreffen wissen, Sundern In hoffnung, das sin liebe nu alle tage uff dem wege sin Sich zcu uwer liebe siner Gemahil und Kindern uns und unser beider lande fugen werde.

5. Wittenb. Arch., Beschenkungen, Blatt 8.

Bruderliche liebe mit ganczenn trewen allezceit zcuvor. Hochgeborne furstin, liebe Swester, uwer schreiben wie ir unser gluckseligen widderkumfft hochlich erfrewet unnd uns zcu unser ritterschafft nicht mynner gelucks gewunschet, denn ir selbis gerne hettet, und do bey eyn bynden und federn mit eym hefftlyn, ouch eyn messer, uwir do bey zcugedenkenn, und dorzcu eyn Mewsser habicht uns des zcu ergeczlıchkeit unsers weydebergks zcugebruchen mittegesant, haben wir von uwir libe noch ungezcwifeltem vortruwen, das ir unser ere und bestes allezceit zcu erfaren irfrawet seyt, zcu sunderlichir fruntschafft uffgenomen und entpfangen und dancken uwir libe des uss fruntlichem gemute gar gutlich, wollen uns ouch dess uwir libe zcu gefallen frolichen gebruchen unnd umb uwir libe geflissen sein in bruderlichir getruwer libe zcuvordinen und alsso wir ouch syder unser widderkumfft, gote sey lob, nichts uwir libe widderwertiges vornomenn. Sindt wir uwirs gluckseligen standes, den wir also widerfunden haben nicht mynner erfrewet und allezceit willig, uwir libe behegelich danckbarkeit ungesparts vleiss fruntlich zcuerzceigen. Geben zcu Dresden am Mittwochen Circumcisionis domini Anno zc. LXXVII.

Albrecht, von gots gnaden herzcog zcu Sachssen, lantgraff In Doringen und Marggraff zcu Missen.

(Adresse:)
Der hochgebornne furstin ffrawen Annan Marggraffynne zcu Brandenburg zcu Stetin Pomern etc. herzcogyn Burggreffyn zcu Nurmberg und furstin zcu Rugen etc. unser libenn Swester.

6. Schreiben Herzog Albrechts zu Sachsen an Markgraf Johann zu Brandenburg, worin für bezeugte Teilnahme an der Rückkehr des Herzogs, sowie für 2 übersandte Reiherfalken gedankt wird. Dresden, Sonnabend nach circumcis. domini 1477. (Concept.)

Wittenberger Arch. Brandenburg etc. S. Kapsel I, Blt. 120.

Der Anfang dieses Schreibens lautet:

Unsern etc. Liber ohm unnd Swager, wir haben uwer libe schryben iczt an uns gelanget, das ir unser wedderkunft gesunt unnd frolich zcu unsern landen, als ir das erst zcu Franckfurt irfaren, hoch irfreuwet seyt unnd uns vyl glucks unnd seligkeyt wunschet, mit weytern Inhalde forder irbytunge etc.

1476 b. Martin Ketzel aus Augsburg kam am 7. Mai nach Venedig (S. 33), wo er den Herzog Albrecht von Sachsen traf, dem sich 140 Pilger im Ganzen anschlossen (S. 52), während Ketzel mit den übrigen, im Ganzen 70, absegelte (S. 52); er nennt unter seinen Reisebegleitern besonders Hans von Goldacker und Heinrich von Bila (S. 46), den Grafen Wilhelm von Henneberg und den Italiener Marco Malipiero (S. 48). Auf Candia wohnte Ketzel bei einem Griechen Constantin Soreta, an den er von Venedig aus durch Lucas Postara einen Empfehlungsbrief mit hatte (S. 38). Nachdem der Herzog Albrecht bereits am 9. Juli (Mergenthal: am 11. Juli) in Jaffa gelandet, kam Ketzel am 17. Juli (S. 45) dorthin; am 27. Juli ritten die Pilger nach Jerusalem (S. 52 f.), wo sie am 30. ankamen (S. 60). Am 1. (S. 80) und 4. August (S. 85) schlugen Herzog Albrecht und der Guardian viele (ersterer 72, letzterer 31; S. 83) zu Rittern des heiligen Grabes. Ein mit dem Grafen Siegmund von Anhalt geplanter Besuch des Jordan unterblieb (S. 85), aber Ketzel besuchte dafür Hebron, Nazareth, Damascus (S. 95 f.), Bairut (S. 96 f.), Cairo (S. 98 f.) und Alexandria (S. 99-100).

Die Beschreibung dieser Reise ist publicirt worden von Friedrich Rhenanus in Bothe und Vogler, Altes und Neues für Geschichte und Dichtkunst. Potsdam 1832 I, S. 28—103. Die Herausgeber benutzten auch die Originalhandschrift, welche Wilken im Catalog der Heidelberger altdeutschen Manuscripte S. 349 sub No. 117 beschreibt, aber fälschlich mit Mone, Anzeiger 1835, 273 ff. in's Jahr 1446 setzt; die daraus entlehnten Angaben sind oben 488—492 mit K. bezeichnet.

Im Jahre **1477** wurde Georg von Puchberg zum Ritter des heiligen Grabes in Jerusalem geschlagen (Hundt, Stammbuch des bayrischen Adels II, 258).

1479 reiste **Johannes Tucher** (seit 1472 mit Peter Mendels Tochter verheiratet; vgl. Lochner I, 241) aus Nürnberg mit **Sebald Rieter** (welcher sich bei der Belagerung von Neuss ausgezeichnet hatte), **Dr. Otto Spiegel,** Kanzler des Herzogs Albrecht von Sachsen, und dessen Diener **Peter Pyres,** sowie von einem **Nürnberger Lesemeister** und einem Breslauer Bürger Namens **Valentin Scheurl** begleitet am 6. Mai von Hause ab (sonst werden noch als seine Begleiter **Eustachius Rieter, Sebald Pfinzig** und **Martin Löffelholz** aus Nürnberg genannt; vgl. oben S. 96) und erreichte in 13 Tagen Venedig, von wo er am 10. Juni absegelte (S. 349a—350) und am 23. Juli nach Jaffa kam (S. 352); hier starb und ward begraben **Arnold,** der Caplan des mitreisenden Herzogs **Balthasar von Mecklenburg** (S. 352; vgl. Rudloff, Mecklenburg. Geschichte II, 876). Am 6. August schlug der Guardian Johannes von Preussen den Herzog zum Ritter des heil. Grabes und dieser wieder acht andere (S. 358). Tucher ging dann mit Dr. Spiegel und S. Rieter nach dem Sinai über Gaza (S. 362a—368), von da nach Cairo, von wo er am 4. November nach Alexandrien aufbrach (S. 369). Hier wurden die Pilger gefangen, aber wieder frei (S. 370a—371); am 9. Februar 1480 segelten sie ab (S. 371) und landeten am 17. März wieder in Venedig (S. 372).

Seine Reisebeschreibung erschien im Reyssbuch von Feyrabend 1584, S. 349a—375: vgl. auch oben S. 111—114 unsere Auszüge. Lochner, Zeugnisse des Mittelalters I, 243, hat uns folgenden Brief Tuchers aufbewahrt, den er von Jerusalem nach Hause gerichtet:

„In nomine Jesu Christi anno 1479 den 8. augusto Suntag zu Jerusalem. Meinen freuntlichen grus zuvor. Wiss, liber Vetter anton das ich und der Rieter frisch und gesunt her gen Jerusalem den 2. ditto früe kumen sein, God hab lob, und richten uns zu hie auf die Reis gen Sant Katrein, sein unser 5 mit unsern knechten und wern 3 oder 4 parfüsser münch mit uns, doch ich hoff, es soll uns richtig zu sten, ob got will. So bitt ich dich, du lost dir mein weib und gesind befolhen sein und unsern handel, wenn ich ein besunder vertrauen zu dir hab, du thust an mir, als ich an euch gethan hab. So hab ich deines vatters seligen meines guten freunts und euer aller auch gedacht an den heiligen stetten hie mit meinem slechten einfeltigen klein gebet, wo das gott genem wer, und noch gedenken will, die weil ich leb, in allem guten. Der patron will noch heint oder morgen früe mit den pilgern wider zu der galein zihen und wir haben dise Tag her wenig Rue gehabt, sein 3 nacht im tempel gewest und sust auch von hinnen gen pettlehem an vil enden do man riten und hin gen muss, dann so die Pillgram von hinen kumen, wollen wir uns ain weil wider ansten, ich mein das wir umb egidy von hinen unsern weg zihn wern und, ob gott will, mit den galein von alexandria gen venedig kumen. Damit spar uns god gesunt (S. 244), amen. Geschrieben in Eilen. Grüss mir dein mutter und eur gesind als fleissig."

Hans Tucher Senior.

Dem ersamen weisen Anthoni Tucher
zu Nürnberg.

Im Jahre **1480** pilgerte **Christian von Kamer** mit dem Sohn des **Wolfgang von Münchdorf** (Hundt, Stammb. d. bayr. Adels I, 244).

Im Jahre **1482** pilgerte der Sohn des Kurfürsten Albrecht Achilles, **Markgraf Friedrich der ältere von Bayreuth**, über dessen Pilgerfahrt jedoch nichts weiter bekannt ist, als dass er mit zweien seiner Begleiter, **Apel von Seckendorf** und **Eberhard von Streitberg** im Spiel sich zankte und überwarf; als ein dritter Begleiter wird noch genannt **Ulrich von Weispriach**, Herr zu **Kobelsdorf**; vgl. Geisheim S. 31—33.

1483a. Felix Fabri, Lesemeister des Dominikanerklosters zu Ulm, trat am 9. April **1480** mit **Georg von Stein** als dessen Kaplan seine erste Pilgerfahrt an (Evag. I, 28—30, 58 f.), blieb aber, da G. von Stein nur die Ritterwürde des heiligen Grabes in Jerusalem erlangen wollte, bloss 9 Tage dort (Evag. I. 41), wo er übrigens auch mit den Bischöfen von Genf und Le Mans zusammentraf (I, 31); von Rhodus fuhr mit ihm ein aus türkischer Gefangenschaft frei gekommener **Edelmann aus Oesterreich** nach Venedig (I, 47), wo Fabri krank wurde, bis er, wieder genesen, durch Tirol am 16. November 1480 seine Heimat wieder erreichte. (I, 70 ff.)

Der Bericht von dieser ersten Reise ist von Joh. Dillinger metrisch bearbeitet und von Birlinger (München 1864) herausgegeben worden, in welchem als Reisebegleiter Georgs von Stein ausser Felix Fabri auch Adrian von Bubenberg und dessen Kaplan Benedict (S. 27) genannt werden; in Rhodus traf Georg seinen Vetter, den Rhodiserritter Friedrich von Stein (S. 27). Da diese schnelle Reise ihn unbefriedigt liess, so unternahm er 1483 eine zweite und zwar als Kaplan des Truchsess Johannes von Waldburg (Evag. I, 63; M. v. Pappenheim, Chronik d. Truchsessen von Waldburg, 1777, S. 163—168), dem sich noch Johannes Werner von Zimmern, Freiherr Heinrich von Stoeffeln, Bär von Hohenrechberg, mit ihren 4 Dienern: Balthasar, Büchler, Artur (Barbier und Lautenschläger), Joh. Schmidthanns, Harnischknecht, Conrad Beck aus Memmingen, Peter aus Waldsee, Koch, Ulrich Kra'mer aus Ravensburg, früher Galiot, jetzt Dolmetscher, Schulmeister Johannes aus Bebenhausen, zusammen 12 Köpfe, anschlossen (I. 63, 69, 82; Barack, Zimmersche Chronik I, 472—474; nach Birlinger, Aus Schwaben, S. 7 f., ging mit Joh. von Zimmern auch ein Freiherr von Tengen und ein Graf von Kirchberg; auf Cypern erscheint auch ein gewisser Rudolf aus Zürich; vgl. I, 171 f.). Sie segelten am 1. Juni von Venedig ab und betraten am 5. Juli die Küste des heiligen Landes. Am 17. Juli (Breitenbach 62a am 16.) wurde durch Joh. v. Preussen der Graf Joh. von Solms, von diesem Joh. Werner von Zimmern (Z. Chronik I, 557; IV, 17, 86), von diesem H. von Stöffeln, u. s. w. zu Rittern geschlagen, dann Joh. Truchsess, Bär von Hohenrechberg, Maximin von Rappolstein, Ferdinand von Mernau, zwei Edelleute von Breitenstein, Burckhardt von Nussdorf, Georg von Gemenberg (Gumppenberg), Caspar Schnelin; dann aus Franken: Heinrich von Schauenburg, Siegmund von Mosbach, Philipp von Bicken, ein Herr von Brandenstein aus dem Elsass, Caspar von Bulach, Peter Velsch aus Strassburg und Georg Mart (Fabri II, 4; Zimmersche Chronik I, 478; ibid. findet sich S. 201 die Erzählung, Werner von Zimmern habe von einem Emir in Jerusalem einen steinernen Daumring zum

Geschenk erhalten, der noch lange in Herrenzimmern gezeigt worden
sei.) Darauf machten sich 1) Graf Joh. von Solms, B. von Breitenbach, Ph. von Bicken, Erhard, der Harnischknecht, Joh.
Hentgi, Koch, Joh. Knuss, Dolmetscher, 2) M. von Rappolstein, F. von Mernau, C. von Bulach, G. Marx, N. Inkrut,
Conrad Artus, Pater Guglinger, Frater Thomas, 3) Heinrich von Schauenburg, Casp. de Siculi, Sigismund von
Mosbach, P. Velsch, Joh. Lazinus aus Siebenbürgen und
F. Felix auf den Weg nach dem Sinaikloster (24. August; vgl.
Evagat. II, 102 f., 330, 461). In Gaza ward B. von Breitenbach
krank und wollte umkehren (Evag. II, 373); am 23. Sept. kamen
sie am Sinai an (II, 473), brachen am 28. aber wieder auf (II, 510)
nach Cairo, von da am 20. October nach Alexandria (III, 108), wo
am 31. October Graf Joh. von Solms an der Ruhr starb und in
der St. Michaelskirche begraben ward (III, 162, 199, 201). Am
5. November segelten die Pilger ab (III, 213); am 9. Januar 1484
(Breitenbach 114a: 8.) landete Felix Fabri in Venedig (III, 387),
brach von da mit dem Ulmer Kaufmann Johannes Müller am 17.
auf (III, 437 ff.) und erreichte durch das Ampezzo-Thal (dieselbe
Route siehe bei Leo von Rozmital 131—135; 194 f.; Siegmund
Herberstein ed. Karajan in: Fontes rerum Austr. Abth. I, S. 172 f.
und in der Reisebeschreibung des Ritters von Zedlitz, unten ad 1493,
sowie auch ad 1507a; über Alpenstrassen vgl. oben S. 10 Note 3
und Ficker in den Mitteilungen des österr. Vereins für Geschichtsforschung, Innsbruck 1880 I, S. 298 ff.) am 29. Januar glücklich
wieder seine Heimat (III, 464).

Seine Reisebeschreibung (F. Fabri Evagatorium) ist herausgegeben in der Bibliothek des lit. Vereins, Stuttgart 1843—49 von
Hassler, 3 Bde.

1483b. Bernhard von Breitenbach, Dom-Dechant von
Mainz, (Evagat. I, 347, 353) schloss sich dem Grafen Johannes
von Solms (Evagat. I, 189) und Philipp von Bicken (dessen
Itinerarium Terrae Sanctae, Spirae 1494 erschien) an; sie trafen Mitte
Mai in Venedig ein und fanden da Reisegefährten an: Max von
Rappolstein, Ferdinand von Mernau, Caspar von Bulach,

Georg Marx und Nicolaus Mayor Inkrüt (Breitenbach 50a; Zimmersche Chronik I, 475); sie alle schlossen sich wieder der Reisegesellschaft des Felix Fabri an.

Die Reisebeschreibung erschien im Reyssbuch von Feyrabend 1584, S. 50—122, an derem Schlusse Bernhard nach schweren Klagen über den Zustand des heiligen Landes den Kaiser zu einem Kreuzzuge auffordert. (S. 95a ff.)

1483c. Georg von Gumppenberg und Sebastian von Seyboltsdorf (Hundt, Stammbuch d. bayr. Adels II, 297, wonach letzterer ebenfalls eine Reisebeschreibung hinterlassen haben soll) trafen mit vielen Edelleuten aus Bayern in Venedig zu der Reisegesellschaft des F. Fabri, kamen am 1. Juli nach Jaffa, am 12. nach Jerusalem, kehrten aber, nachdem sie am 18. den Ritterschlag erhalten, sofort über Jaffa wieder nach Venedig zurück, wo sie am 15. Oct. landeten, während die übrigen Reisegefährten nach dem Sinai zogen. Von Mitpilgern nennt unser oben S. 115–120 veröffentlichter Text: Zimmern, Ulrich von Breitenstein (Hundt II, 55), Haimarus von Nothafft (Hundt II, 189), Truchsess, Rechberg, Freyberg, Schaumberg, Mathes Wigules und Lucas von Aheim, zwei Brüder, Egloffstein, Hans von Haslang (Hundt II, 124), Brandenstein, Schenk Burchard von Nussdorf, Mosbach, Gilg von Münchau, Niederer (Hundt II, 297: Michael Niederer von Parr), Helrit, Puchler, Sunler, Zeller. Das Wappen eines Bernhard von Seyboltsdorff sah in Rhodus B. von Hirschfeld 102 und auf Candia Albrecht 192; vgl. Hundt II, 294 f.

1483d. Just Artus von Bebenhausen, Barbier und Lautenschläger (Just Artus Reise in's heil. Land in Karl Seifarts, Erheiterungen, Stuttgardt 1868, S. 144—148, wo leider nichts über den Ursprung der Handschrift bemerkt ist) lernt in Venedig einen leichtsinnigen Nürnberger Kaufmann kennen, der ihn in schlechte Gesellschaft bringt (S. 145). Unter den Mitreisenden, von denen nur Felix Fabri und Johannes Truchsess im Eingange kurz erwähnt werden, lernt Artus auch einen Pilger Franz von Brünn aus

Mähren kennen (S. 146), der ihn im Italienischen unterrichtet und auf Cypern zurückbleibt (S. 146). Das Johannisfest begehen die Pilger bei Rhodus durch Illumination des Schiffes unter betäubendem Jubel (S. 146); auf Cypern besuchen sie „das Heiligthum und den Ritter Johannes von Montfort, der da liegt in grossen Ehren in einem dicken starken Sarge aus dem edlen Stein Jaspis; den Sarg aber hatten die aus Cypern machen lassen" (S. 146 vgl.; oben S. 23). Auf der Heimkehr sucht Artus den in Cypern zurückgebliebenen Franz von Brünn wieder auf und entdeckt mit Erstaunen, dass es ein schönes Mädchen war, die ihn auf ihre Kosten mit nach Venedig nahm, wo sie plötzlich von ihm schied; Artus ging von Liebesgram verzehrt von da heim nach Ulm (S. 148).

Ueber die Geographie und Traditionen der heiligen Orte findet sich in diesem Bericht natürlich nichts, der sonst für die Kenntniss der Zustände keinen geringen Wert besitzt.

1483e. Hans Raininger von Buchhorn (Friedrichshafen) kam am 25. März mit Felix Mühlinger, einem Bader aus Giengen, und vielen anderen Pilgern in Mailand an, ging dann über Verona, wo er den in der Nähe wohnenden Pater Severo besuchte (S. 326—327), nach Padua. Von hier schlossen sich den Pilgern zwei niedliche Kammermädchen der Fürstin Gonzaga als Wallfahrerinnen für ihre Herrin zu einer nur einige Tagereisen entfernten Capelle an; Hans und Felix machten intimere Freundschaft mit ihnen, kosten und scherzten (S. 330—332), bis Laurentia, die Gefährtin des Hans, plötzlich sich bei der betreffenden Capelle verabschiedete, aber ihn einlud, bei der Heimkehr in Padua nach ihr zu fragen und in traulichen Küssen das „Brot der Liebe" weiter zu geniessen (S. 332). Die Pilger wohnten, wie wir wissen, bei Peter Ugelheimer in Venedig und segelten am 1. Juni von da ab; unter den Reisegefährten wird nur Graf Johannes von Solms genannt (S. 333).

Leider bricht die von Vulpius, Curiositäten, Weimar 1818, VI, 323—334 nach einem alten Manuscript gegebene Erzählung hier ab; ebenso fehlt dort jede Auskunft über die benutzte Handschrift.

1484. Graf Ludwig von Hanau-Lichtenberg, jüngerer Sohn des Grafen Philipp von Hanau, brach am 27. April 1484 auf;

ihm schloss sich Graf Emmerich von Nassau an (S. 79—81). Er starb auf der Rückreise am 30. December 1484 in Trient.

Eine kurze Zusammenstellung seiner Ausgaben für Fährlohn, Trinkgelder, Spielverlust und Waarenkäufe ist von Th. Märcker veröffentlicht in dem Anzeiger des german. Museums 1862, S. 79—82.

Im Jahre **1486** verliess Ritter Conrad Grünemberg aus Constanz mit Caspar Gaisperg am 22. April seine Vaterstadt und segelte am 31. Mai von Venedig ab; er nennt ausser dem letzteren noch folgende Reisegefährten aus Deutschland: Herzog Johannes von Bayern (er starb am 4. Octob. in Jerusalem nach Leonh. Pauholz addit. ad Andr. Presbyt. Chron. duc. Bavar. S. 68), Graf Wilhelm von Werdenberg, Diepold von Haspberg (er starb in Ramla), Ludwig von Rechberg (vgl. Wormbser 200), Ambrosius Gugelberg, Georg von Rottendon, Johann von Milsan, Erbmarschall von Stettin, Johann Seiden von Würgen, Johann Fries, Dr., Johann von Liden, Dr., Guido von Bloss, Michael von Leigen, Jost Etter von Zug, Johann Pranborken aus Pommern (er starb in Ramla), Heinrich von Pless (Pless?) und Michael von Taschenhusen, Johanniter. in Rhodus den Deutschherren Joh. von Hussen, in Famagusta auf Cypern einen deutschen Hauptmann Conrad Bader und landeten in Jaffa am 8. August, wo zu gleicher Zeit auch folgende deutschen Pilger mit eintrafen: Graf Heinrich VII von Fürstenberg (vgl. Albrecht 192[a] und Riezler, Fürstenb. Urkundenbuch IV, 273 f.), Graf Siegmund von Lüpfen, Lamprecht von Seckendorf, Christoph, Marschall von Ostheim, Dietz, Truchsess von Wetzhusen (vgl. Albrecht 192), Gottschalk von Sternberg, Moritz von Schaunburg, Kuntz von Helmstadt, Friedrich von Stockau, genannt Holub, Sixt Trausun von Brechenstein, Bolaig von Rischach, Ritter Johann Lopbrak, Siegmund List. Am 27. August verlassen die Pilger wieder die heilige Stadt, am 30. das heilige Land und landen am 16. November zu Venedig.

Vgl. unsere oben S. 146—161 gegebenen Auszüge.

1486. Der Ritter Nicolaus von Popplau aus Schlesien ging, nachdem er England, Spanien, Frankreich durchreist hatte, auch nach der Levante (S. 28 f.); er starb auf der Heimkehr in Alexandrien.

Seine Reisebeschreibung (bei Oelsner und Reiche, Schlesien ehedem und jetzt, Breslau 1866 I, S. 27—45, 91—109, 184—200, 264—280, 357—372, 446—460, 530—535) enthält nichts von seinen Erlebnissen im Orient.

Um dieselbe Zeit, vielleicht **1486**, war **Herzog Erich I.** von **Braunschweig** (Havemann, Geschichte von Braunschweig II, 750) im heiligen Lande gewesen.

Im Jahre **1487** pilgerte **Graf Philipp von Ysenburg** (Simon. Geschichte des Grafen von Ysenburg I, 97).

1491a. Der **Landgraf Wilhelm der ältere von Hessen** verliess am 10. April Cassel, um seine Pilgerfahrt anzutreten, auf der als Begleiter genannt werden: **Wolf von Netra, Elger von Dalwigk, Raben (oder besser Jahn) von Herda, Arndt von Stein, Dietrich von Schachten,** später Vogt von Grebenstein. Verfasser der Reisebeschreibung, **Hermann von Wartensleben, Kersten von Hanstein** und **Leonhard Wetter.** In Venedig schloss sich ihm noch **Graf Philipp von Hanau** (siehe oben S. 170) an; in Rhodus starb Hermann von Wartensleben (S. 216). Von hier aus segelte mit ihm Arndt von Stammen (Stein?), der bald darauf starb (S. 234), Albrecht von Mugk, Johannitercomthur zu Puchss, ein päpstlicher Rat und Daniel Kauffmann aus St. Gallen nach Otranto und begleiteten ihn von da nach Neapel (S. 230 ff.). In Rom traf er Johannes Nagel und Conrad Thone von Grebenstein (S. 233); die Heimkehr wird Mitte oder Ende Februar erfolgt sein (1492).

Den Text der Reisebeschreibung siehe oben S. 162—245.

1491 b. Im Jahre 1491 reiste nach dem heiligen Lande auch **Stephan** (oben Seite 230 Daniel genannt) **Kapfmann** aus St. Gallen, Bürger zu Freiburg im Uechtland (Cod. S. Gallens. No. 610, S. 4—11; vgl. Scherrers Catalog, S. 196; Tobler 60): leider giebt, wie uns durch gütige Vermittlung des Herrn Professor Dr. Goergens Herr Dr. Scherrer freundlichst mitteilt, die betreffende Handschrift nur eine kurze Beschreibung der

heiligen Orte Jerusalem, Bethphage, Bethanien, Bethlehem und des
Gebirges Juda, ohne alle Nachweise über Stationen, Begleiter etc.
Jener Text ist jedenfalls nur ein kurzer Auszug aus dem Original.

Im Jahre **1492** am Montage nach Judica (9. März) trat Herzog
Balthasar von Mecklenburg, welcher bereits 1479 (siehe oben
S. 499) zum Ritter des heiligen Grabes in Jerusalem geschlagen
worden war, seine zweite Pilgerfahrt an und zwar in Begleitung des
Bürgermeisters Moritz Glinecke aus Neubrandenburg. (Vgl. Franck,
Altes und Neues Mecklenburg VIII, S. 249; E. Boll, Mecklenb.
Geschichte II, S. 145 Anm. 2).

In dasselbe Jahr **1492** fällt die Pilgerfahrt des Peter Fassbender aus Trier, worüber das Nähere oben S. 245—278.

1493 a. Der Churfürst Friedrich der Weise von Sachsen
(dessen Pilgerfahrt in Georg Spalatins Historischem Nachlass, herausgegeben von Neudecker und Preller 1851 I, Beilage 1, S. 76—91;
sein vor der Reise niedergelegtes Testament siehe in Seckendorf,
Historia Lutheranismi II, S. 33) ging, nachdem er kurz vorher zu
der Kirche des heiligen Kreuzes zu Torgau den Grundstein gelegt
hatte (Grulich, Denkwürdigkeiten von Torgau ed. Bürger, Torgau 1855,
S. 13) mit folgenden Herren und Dienern am 19. März (Glafey,
Kern der Geschichte Sachsens 129) nach dem heiligen Lande
(S. 90f): Der Herzog Christoph von Bayern (siehe Hans
Schneider oben S. 297—307), Graf Philipp von Anhalt, Graf Heinrich von Stolberg, Graf Adam von Beichlingen, Balthasar
von Schwarzburg, Heinrich von Gera, Anarg von Schwarzburg. Aus Schwaben, Bayern und Franken zogen noch mit:
Melchior Adelmann, Caspar Spät, Ritter, Bastian von
Misselbach, N. von Hessberg, Jacob von Frohnhofen, Kunz
von Rosenberg, Heinrich von Schaumberg, Degenhardt
Pfeffinger, Ruprecht Hundt; aus Sachsen: Marquardt von
Weissenbach, zwei Herren von Hayn, N. Crossigk, Ritter,
Marquard von Ammendorf, Conrad Metsch, Ritter, Anselm
von Tettau, Rudolf von der Planitz, Lippold von Hermannsgrün, Hans Sack, Caspar und Georg von Zedewitz (oder
Zebitz), Jobst und Hans von Feilitzsch, Hans Münch, Ritter,

Utz von Ende, Nickel von Wiedersperg, Veit von Kospoth.
Aus Meissen und Thüringen schlossen sich an: Caspar Pflug,
Ritter, Haubold Pflug, Siegmund von Maltitz, Hans Grensing, Wilhelm von Einsiedel, Conrad von Maltitz, Georg
Wurm, Hans von Meissbach, Georg von Hopffgarten,
Philipp von Eberstein, Heinrich von Bünau, genannt Stelzner.
Als Prälaten und Gelehrte werden erwähnt: Der Abt von Kemnitz,
einer von Schleinitz, Siegmund Pflugk, Domherr zu Meissen,
Jacob Veit, Guardian zu Torgau, N. Schoppinitz, ein Laienbruder, der Pfarrer von Kemnitz, ein anderer Priester, Dr.
Matthias Stoltz, Dr. Martin Pollich von Mellrichstadt, Hans
Winkelbauer, Georg (oben S. 96 Wolf und Sebald) Ketzel
aus Nürnberg (Lucas Kranach wird nicht genannt, obgleich einige
neuere Schriftsteller z. B Glafey 129 ihn als Begleiter des Kurfürsten
nennen); ausserdem waren noch Köche, Barbiere, Stallmeister und
andere Diener in Friedrichs Umgebung. Diese alle kamen am
29. April nach Venedig, segelten am 23. Mai ab (S. 76 f.); Friedrich
ward in Jerusalem durch Heinrich von Schaumburg zum Ritter
des heiligen Grabes geschlagen (S. 84). Auf der Heimkehr wurden
auf Rhodus krank und starben: Herzog Christoph von Bayern,
Wilhelm von Einsiedel, Hans Grensing, bei welchem letzteren
Lippold von Hermannsgrün zurückblieb (S. 87), Melchior Adelmann (nach Zedlitz); Bernhard von Hirschfeld 102 besuchte später
das Grab des Wilhelm von Einsiedel, las aber dort nicht, wie unsere
Quelle sagt, den 29. Juli sondern den 7. August als Todestag auf
dem Leichensteine. Am 3. August blieben auf Candia krank:
Rudolf von der Planitz und Caspar von Zedewitz, mit
letzteren auch Georg von Zedewitz und Georg Wurm (S. 88);
auf Corfu trennten sich Hans von Schwarzenberg, Kunz von
Rosenberg und Jacob von Frohnhofen, die nach Neapel gingen
(S. 88). Der Kurfürst kehrte Ende Septbr. wieder heim (Glafey 129);
über die von ihm mitgebrachten reichen Reliquienschätze (gegen
20000 Nummern!) siehe Seckendorf, Hist. Luth. (deutsche Ausgabe),
Leipzig 1714, 536—538; über die in der Kirche des heil. Kreuzes zu
Torgau von ihm erbaute Nachbildung des heiligen Grabes vgl. Chron.

Torgov. in Mencken, Script. rerum Germ. II, 570. Auf die Pilgerfahrt des Churfürsten beziehen sich folgende zwei interessante Abschnitte aus der Cronaca Veneta des Marino Sanudo (Biblioth. S. Marci No. 801), welche wir der Güte des Herrn Camillo Soranzo verdanken:

1493. 11. Aprile. Havendo il Duca di Sassonia Elector dell' Imperio terminato andar in peregrinazo in Hierusalem, mandò ducati 10000 a dispositarli nel banco di Garzoni, e mandò a richiedire una galia a la Signoria qual lui vol armar a sue spexe. Aveva 300 pelligrini in sua compagnia, e cusi li fo concesso, il qual per amor di Ser Andrea di Garzoni dal Banco fu per li soi electo Patron di la ditta galia Ser Piero Foscolo 9^m Ser Hieronymo suo parente. Et cussi ditto Duca vienne da pelligrin, senza pompa, monto in galia, e ando al suo viazo.

1493. a di 3 Septembrio vine in quista terra con la galia patron Ser Piero Foscolo el Duca — di Saxonia stato in peregrinazo a Jerusalem. Il Principe li andò contra con il Bucintoro fino a S. Nicolo di Lio, e lo misse di fora per esser Elector del Imperio. Era vestito di beretin (grau!) da peligrin. Alozò alla casa dil Marchixe et non andò a la Signoria, perchè venne nova di la morte a Linz dil Imperator et delibero partirle presto et andare in Alemagna. Si vestite di negro et stato tre zorni, si parti senza tuor cambiato da la Signoria, andò a Marghera dovi erano li sue cavalcaturi, et se intese lassò ammalato in Rhodi il Conte Zorzi qual poi li moriti" (offenbar ist damit Herzog Christoph von Bayern gemeint).

Einen ganz kurzen Auszug aus diesem Bericht des Marino Sanudo gab bereits Malipiero in Annali Veneti (Archivio storico italiano, Firenze 1843, S. 313 und 315).

Im Verzeichniss der Kunst- und Altertümer-Sammlung des Germanischen Museums zu Nürnberg 1856, S. 1 ist eine zur Stammtafel des Ketzelschen Geschlechts gehörige Silhouette mitgeteilt: „Wolf Ketzels Zug zum heiligen Grabe mit Herzog Friedrich von Sachsen Churfürsten und Herzog Christophen von Bayern" (vgl. Geisheim S. 10).

1493 b. Hans von Zedlitz brach am 1. April von Buchwald auf mit seinem Diener Christoph List und ging über Trautenau, Brünn, Wien, Conegliano, wo er den Churfürsten Friedrich von Sachsen, Herzog Christoph von Bayern und den Pfalzgrafen vom Rhein antraf, nach Venedig, wo ihn Albrecht Hingel umherführte. Er schloss sich jener grossen Reisegesellschaft an, die im Ganzen 185 Köpfe, darunter auch Engländer und Franzosen, gezählt haben soll, und nennt viele neue Namen. Ausser der Gesellschaft des Churfürsten Friedrich werden noch fünf andere genannt. Zu der ersten oder böhmischen Gesellschaft gehörten: Johannes von (Lobkowitz und) Hassenstein (von ihm existirt eine besondere Beschreibung dieser Reise nach Tobler Bibliogr. S. 60). Graf Wolf von Ortenberg, Getrzich (= Dietrich; er war der Gefährte von Joh. von Lobkowitz, vgl. Dobrowsky, Gesch. der böhm. Spr. 1818, S. 277) von Güttenstein, Hans Lentil Obernizke, Jan Wmlade, Nickel Geys, Friedrich von Reitzenstein, Heinz von Rebiz, Caspar Caplar, Rudolf von Planitz, Georg von Czebitz, Christoph List und Hans von Zedlitz. Zur zweiten Gesellschaft gehörten: Graf Philipp von Waldeck, Erzschenk Friedrich von Simpach, Georg von Folbergk, Wolff von Guttenstein, Johann von Hobistet, Siegmund von Tungen, Georg Troyzes, Hans Georg von Abrssberger, Heinrich Teichaussir, Wilhelm Wassilir. Die dritte Gesellschaft zählte folgende Teilnehmer: Graf Both von Stolberg (vgl. Jacobs in der Zeitschrift für die Geschichte des Harzes 1868, S. 175, wonach Graf Botho der Glückselige am 16. April von Stolberg abreiste und 1494 am letzten Sonntage vor Fastnacht heimkehrte (9. Febr.); Botho ging also — was bis jetzt noch unbekannt war — mit dem Churfürsten Friedrich nach dem heil. Lande vgl. Jacobs, S. 192 f. u. Hübner in d. Zeitschr. d. Harzver. 1870, S. 1016–1019), Hans von Stadia, Siegmund Fuchs und Georg Wurm. Aus der vierten und fünften Gesellschaft werden uns noch genannt Christoph von Hornfeld, Rudolf von Hornfeld, Friedrich Mantener, Ritter, Dietrich von Sparnöcke, sowie Wilhelm von Aferbach, Christoph Polenz, Ritter, Thomas Schwann

Der Inhalt der Pilgerschrift bietet sonst auch manches Neue: sie ist handschriftlich, leider nur in einer sehr späten Copie, vorhanden in der Fürstlich Plessischen Bibliothek zu Fürstenstein (Mscr. 8°8°) aus welcher die Herausgeber der Société pour l'histoire de l'orient latin in Paris eine Abschrift besorgten.

Im folgenden Jahre (**1494** pilgerte **Johann Freitag** aus Düsseldorf, Prior der Karmeliter in Strassburg, dessen Pilgerfahrt in einem (1870 bei der Belagerung untergegangenen) Manuscript in Strassburg (4° 506 Blätter) erhalten war (Tobler, Bibliogr. S. 51 und 63 citirt 2 von ihm erhaltene Palästinaschriften ad 1474 und 1500), wie die Analyse d'un pélerinage à Jérusalem entrepris par Seb. Schach, Colmar 1846 S. 29 (vgl. sonst auch Strobel, Gesch. des Elsasses III, 410) erwähnt. In welche Zeit aber die von Strobel IV, 255 erwähnte zweimalige Pilgerfahrt des **Heinrich Vagius** aus Strassburg fällt, ist nicht zu ermitteln.

1495 a. Herzog **Alexander**, Pfalzgraf bei Rhein, in dessen Gefolge **Schweighard von Sickingen** (vgl. Ullmann, Franz von Sickingen, S. 10 f.), **Stephan von Veningen**, **Heinrich von Schwarzenberg** und **Junker Carl Boss** aus Waldeck genannt werden (S. 43a u. 44a), brach mit seinem Schwager, dem Grafen **Johannes Ludwig von Nassau** am 31. März 1495 von Saarbrücken auf; sie erreichten über Nancy, wo Hans Krantz und der Graf Oswald von Leiningen im Namen des Königs beider Sicilien sie bewillkommnete, Basel, Feldkirch, Meran, Venedig am 24. April (S. 30a—32a). Die Zahl der Pilger betrug 45, unter ihnen war auch der Bischof von Terouanne (34a—35). Am 3. Juli segelten sie ab, erreichten am 3. August Rhodus, wo **Nicolaus Stultz**, Statthalter der grossen Balley, und viele deutsche Ritter, unter denen **Conrad von Schwalbach** genannt wird (S. 37—38), sie begrüssten, und landeten am 20. August in Jaffa, von wo sie am 27. in Jerusalem ankamen (S. 38). Durch einen deutschen Juden, der von Modon bis Jaffa auf dem Pilgerschiff mitgefahren war, seines Incognitos beraubt und verraten, musste Alexander und in Folge dessen auch seine Begleitung starken Tribut bezahlen (S. 42a). Am 17. September trat er die Heimfahrt an, während der am 21. der

Bischoff von Terouanne starb und in Salamis in der St. Lazaruskirche beigesetzt ward (S. 42a—43a). Auf Rhodus wurde Alexander durch den Grossprior des Ordens in Deutschland, Graf Rudolf von Werdenberg (vgl. von Vanotti, Die Grafen von Montfort und Werdenberg S. 422), die Grosspriuren von England und Navarra (6. October) ehrenvoll aufgenommen (S. 43a f.), übernahm Pathenstelle bei der Taufe einer Mohrin, welche der dortige Büchsenmeister Paul getauft hatte (S. 44). Auf Candia schlossen sich dem Herzog Hans von Thüngen, Siegmund von Sattelberg, Wilhelm von Paulsdorf, Poppo von Engeritze und zwei Rhodiser an (S. 45a); am 18. December kam er nach Venedig (S. 46a), am 16. Januar 1496 in die Heimat (S. 47), wo er zum Andenken an seine glückliche Heimkehr die Alexanderkirche zu Zweibrücken erbaute (G. Lehmann, Geschichte des Herzogthums Zweibrücken, München 1867, S. 222).

Seine Reisebeschreibung ist veröffentlicht im Reyssbuch von Feyrabend 1584, S. 30a—47; sonst vgl. über seine Wallfahrt J. M. Kremer, Originum Nassoicarum II, S. 427 f.; Waltz, Die Flersheimer Chronik, Leipzig 1874, S. XI und 81.

1495b. Wolf von Zülnhart aus Augsburg bricht mit Georg von Augsburg am 26. März auf und trifft in Venedig mit Herzog Alexander, dem Grafen Johannes von Nassau, Gregor von Paulsdorf und Siegmund von Sattelberg zusammen, muss aber wegen Krankheit, während die übrigen Pilger absegeln, zwei Monate in Venedig zurückbleiben. Erst am 3. August folgt er mit dem Grossmeister der Johanniter, dem Grafen Rudolf von Werdenberg, Heinz von Schwagen und einem Herrn von Klingenberg. Nachdem W. zum Ritter des heiligen Grabes geschlagen worden, verlässt er am 6. October Jerusalem, besucht den Sinai und Cairo, von wo er am 7. December wieder absegelt und über Alexandria und Rhodus Constantinopel erreicht und von dort am 27. April 1496 seine Rückreise nach Venedig antritt.

Einen ausführlicheren Auszug seiner Reisebeschreibung siehe oben S. 308—314.

1496. Peter Rindfleisch aus Breslau, dessen Bruder Johannes bereits **1481** Ritter des heiligen Grabes geworden war, brach am 5. April von Hause auf und erreichte über Nürnberg am 22. Mai Venedig, am 14. Juli Jaffa. Auf der Rückreise starb aus der Reisegesellschaft in Candia ein Domherr aus Namburg a. S.; am 24. October kam R. wieder glücklich nach Venedig. Im Jahre 1506 unternahm er von Antwerpen aus eine zweite grössere Pilgerfahrt nach Santiago.

Den Text der Reisebeschreibung siehe oben S. 315—348.

1496—1499. Arnold von Harff (aus dem Jülichschen Lande) brach, 24 Jahr alt, am 7. November 1496 auf und ging in Begleitung von 2 Kölner Kaufleuten über Meran, Verona nach Florenz (S. 4—11 genaues, aber unzuverlässiges Itinerar), von Florenz (Beschreibung der Stadt S. 11) über Siena nach Rom (dessen Beschreibung S. 14—35; über Papst Alexander VI vgl. S. 35 f.), wo er einen guten Freund, Dr. Joh. Payll, Propst zu Wassenberg, fand (S. 14), durch dessen Vermittlung er der Feier des grünen Donnerstags im St. Peter (S. 31) und der Fusswaschung beiwohnen durfte (S. 32), auch mit dem Junker von Mörs und dem Herrn von Croy päpstliche Geleitsbriefe erhielt (S. 32). Von Rom ging er über Spoleto, Foligno, wo ihm „der Venusberg" gezeigt wurde (S. 37), nach Ravenna, wo er von einem Aachener freundlich aufgenommen ward, und Venedig. Von da segelte er am 5. Februar 1497 ab nach der Levante (S. 59), traf auf Candia Peter von Ulm, einen deutschen Büchsenmeister (S. 67). Von Cairo brach er nach dem St. Katharinenkloster auf (S. 114—128), von da nach Berenice und weiter mit genuesischen Kaufleuten nach Mekka, wo der Ritter in der Kaaba Eintritt gefunden haben will (S. 133). Er erzählt dann weiter von dem fabelhaften Königreich Saba (S. 135) und der Seefahrt bis Kangera, in der Nähe des „Magnetberges" (S. 135) und des Amazonenlandes (vgl. Strabo XI, 5); er handelt von den Thomaschristen, (S. 138 f.), dem Priester Johannes (S. 140 f.) der Handelsstadt Kangera an der Küste Malabar (S. 140) und dem Königreich Lack (S. 144). Von Indien gelangte der Pilger nach Madagaskar (S. 145—147), in dessen Nähe er eine Meeresströmung fand (S. 148), dann nach Phasagar, Gamma, besteigt das Mondgebirge bei Kobalhar (S. 149) und findet die Nilquellen!! (S. 150). Von da sei er über Leuma, Hiere, Gargisa, Poro nach Aschnachua gekommen, dann zu Schiffe nach Zabarach in Aethiopien (S. 151), das er durchreiste (Itinerare 152—155); dann zurück nach Cairo. Von da ging er nach Jerusalem, wo er einen deutschen Mönch aus St. Trond traf (S. 165) und zum Ritter des heiligen Grabes geschlagen wurde (S. 172), dann über Damascus (195—197) und durch Kleinasien (S. 198—203) nach Constantinopel (203—204), Pesth, Venedig (210—214), von da über Mailand, Turin, Südfrankreich (S. 216 bis 224) nach Santiago, von da nach Paris (S. 224—244), wo er den Herzog Engelbert von Cleve traf und vom Könige zum Ritter geschlagen wurde (S. 245); von Paris kehrte er über Cambray am 10. November 1499 wieder heim nach Cöln (S. 250).

Seine Reisebeschreibung (ed. von Groote, Cöln 1860) widmete er dem Herzog Wilhelm von Jülich und Berg und dessen Gemahlin Sibylle, einer geborenen Markgräfin von Brandenburg zu Schloss Heinsberg (S. 1; vgl. die Uebersicht der Routen S. 2 f. u. 250—251).

1497a. Herzog Bogislaus X. von Pommern trat mit einem starken Gefolge (Dalmar in Kantzows Pommerania 1817, II, S. 226 ff.) von Stettin aus 1496 seine Pilgerfahrt an, ging über Nürnberg, Worms, von wo er den grössten Teil seiner Begleitung nach Hause schickte (S. 229), nach Innsbruck, wo sich noch mehrere Edelleute anschlossen (Kantzow 229); er kam hier am 6. April 1497 an. Unter andern trafen auch die Herzöge Friedrich und Johann von Sachsen sowie der Herzog Erich von Braunschweig hier ein (Klempin, Diplomatische Beiträge zur Geschichte Pommerns aus der Zeit Bogislaus X., Berlin 1859, S. 539, wo bis Seite 541 die Briefe des Herzogs von seiner Wallfahrt an seine Gemahlin abgedruckt sind). Am 25. April in Venedig angelangt (Kantzow 229), schloss er am folgenden Tage mit dem Rheder einen Contract, unter welchem unterschrieben sind (Klempin 544—45): Frater **Georgius Boguslaus** (d. h. der Herzog), **Christoph Palentzig, Degener Bugenhagen, Martin Caritt** (Dompropst von Kolberg; vgl. Kantzow 225), **Doringer Ramele, Peter Podewils, Michael Podewils, Joachim Jordan**, Sigismund Barfus, Arndt Ramele, Valentin Doerknecht (Medicus), Ewald von der Osten, Curt Flemming, Otto von Wedel, Achim von Dewitz, Dietrich von Mandelsloh, Wolfbrand Buck, Christoph Palentzki, Hans Mcy (?), Peter Sachsenburg (aus Stettin, der bei Ramlah starb und begraben ward; Kantzow 242), Paridam Brunschwik, Hans Molre, Christoph von Wolkenstein, Hans Schutt (oder Stutt), Ewert Farwer, Reinhold Feltstede, Peter Bonis, Curth Manth, Antonius Hap, Johannes Moller, Fritz Jacob von oder am Weiler, Ludwig von Helmsdorf, Thomas de Zcoch, Stanislaus de Alberti, Andreas Lanyntily, Johannes Lanx, Georg von Guttenstein, Johannes Raubiol, Balthasar Pezinger, Johannes de Bruna (unter einem anderen Contracte sind die deutschen Pilger genannt: **Johannes Turff, Johannes Nogner, Johannes Medten**; S. 545). Der Herzog erhält die geistl. Erlaubniss zu seiner Pilgerfahrt in Padua (Kantzow 230; vgl. oben S. 5 u. 470), nimmt als Arzt den Laurentius Pascasii mit sich und segelt am 14. Mai ab (S. 230); am 30. Juni trifft er in Modon ein (S. 231). Dicht dabei wird das Pilgerschiff von Corsaren angegriffen, weil der Patron vor dem unbekannten Hauptschiff, dessen Capitain trotz wiederholter Aufforderung seinen Namen nicht sagen will, die Segel nicht einzieht (Kantzow 231; Schürpf 195—197 in: Der Geschichtsfreund, Einsiedeln 1852; Hans Sch. befand sich mit auf dem Schiffe des Herzogs und hat über den Kampf als Augenzeuge berichtet; Julius Müller, Venetianische Actenstücke zur Reise des Herzogs Bog. nach Jerusalem in den Balt. Studien XXIX, 1879, Separatabdruck S. 44 ff, 72—74). In einem wütenden Kampfe verteidigt sich der Herzog mit einem Bratspiesse, durch Christoph Polintzki (welcher fällt, und dem zu Ehren auf der Heimkehr in Venedig ein Seelenamt gehalten wird; Jul. Müller 58), Peter Podewils und Valentin von Nürnberg gedeckt (Kantzow 232—235); zurückgetrieben schiessen die Türken das Schiff in Brand, lassen aber in Folge einer Unterhandlung mit dem Patron (und einer Bestechung durch pommersches Geld? vgl. Jul. Müller, 93—97) von dem weiteren Kampfe ab und zwingen den Patron zu einer schriftlichen Erklärung, dass die Schuld am Kampfe der Patron in Folge verweigerter Segeleinziehung und unterbliebener Deklaration des Schiffes als Pilgerschiff habe (Schürpf 197), und schleppen die stark beschädigte Galee bis in die Nähe von Candia (1. Juli; vgl. Kantzow 235—239; Jul. Müller, S. 43), wo Christoph Polintzki, Hans Knut von Danzig und ein Steuermann mit vier andern Gefallenen am 2. Juli begraben werden (Kantzow 240 f).

Am 25. Juli trafen die Pilger in Cypern ein, am 3. August in Jaffa (Kantzow 241; in Ramla starb Antonius, ein Priester aus Mainz). In der Nacht des 25. August schlug Johannes von Preussen, der Guardian vom Berge Zion, den Herzog Bogislaus zum Ritter des heil. Grabes (Schürpf 229; Kantzow 242) und dieser dann die meisten seines Gefolges (26, nach Schürpf 229), ferner auch: Christopf Wallestein, Fritz Jacob von und aus Weiler, Ludwig von Helmsdorf, alle aus Oesterreich, Georg von Guttenstein, Balthasar Petzinger aus Böhmen, Thomas de Zcoch (oder Zecha), Stanislaus de Ablent aus Ungarn, Dietrich von Mandelsloh, Wolfrund Buck aus Braunschweig zu Rittern (Kantzow 243). Nachdem er das Kloster vom Berge Zion mit 100 Ducaten beschenkt und alle Jahre 10 Ducaten regelmässig zu senden versprochen, brach er schnell von Jerusalem auf (30. Aug.) aus Furcht, dass ihn ein aus Pommern vertriebener Jude aus Rache an den Emir von Nâblus verrathen werde, was er auch wirklich, wenn auch vergeblich, versuchte (Kantzow 244-245; vgl. oben S. 13, 25), und gelangte glücklich nach Cypern, wo sein Caplan Lorenz Buchholz starb und auf dem St. Petrikirchhof beerdigt wurde (Kantzow 245). In Rhodus fand er seine verwundet zurückgelassenen Reisegefährten wieder; ein reicher Bürger gab ihm seinen Sohn Constantin mit, der auch wirklich nach Pommern den Herzog begleitete uud dort unter dem Namen der Greck in Wolgast lebte (Kantzow 246). In Modon bewirtete er seine Mitpilger, darunter sich auch viele aus Danzig befanden, aufs prächtigste (S. 247); am 18. November kam er nach Venedig, wo er mit grossen Ehren empfangen und auch sein Kampf mit den Corsaren dargestellt wurde (Kantzow 248 ff; Jul. Müller, S. 58—60; Ludwig Tschudi, S. 67, hörte noch 1519 von jenem Kampfe auf seiner Fahrt erzählen). Von Venedig ging er nach Rom, wo ihm Herzog Erich von Grubenhagen, der deutsche Gesandte, mit vielen deutschen Herren das Ehrengeleit gaben (31. December 1497; vgl. Klempin 541); auch der Papst empfing ihn und beschenkte ihn reich (Kantzow 252—257). Dann ging er über Siena, Florenz, Bologna, wo ihm die Studenten feierlich entgegen zogen, und Verona nach Innsbruck (Kantzow 257—260), wo er turnirte; am 11. April 1498 kam er nach Gartz, wo ihn alles in feierlichem Pompe empfing (Kantzow 265).

Zum Andenken an seine glücklich vollendete Pilgerfahrt schaffte er in Folge eines Gelübdes das Strandrecht ab (Kantzow 243 f.), schenkte den Herzogshut und das goldene Schwert, welches ihm vom Papste geschenkt war (und das in der königl. Kunstkammer in Berlin aufbewahrt wird), sowie auch das goldene Gewand, das ihm der Kaiser geschenkt, mit vielen Heiligtümern der Ottenkirche in Stettin, wo er auch seinen Kampf mit den Corsaren abmalen liess (Kantzow 268). An Stelle dieser Kirche, welche 1575 abgerissen wurde, erhob sich die neue Schlosskirche, aber jenes Andenken soll dort wieder aufgefrischt sein, wie man auch im Schlosse zu Wolgast Tapeten mit bezüglichen Bildern zeigt. Der Herzog liess übrigens auch in Wolgast noch die Gertrudkirche gleich nach seiner Heimkehr erbauen (Anonymus, Des Herzogs Bogislaus X. von Pommern Pilgerreise nach dem gelobten Lande, Berlin 1859, S. 16, 18, 19).

1497 b. Hans Schürpff, Rat zu Luzern, reiste von Hause am 1. April mit Hans Wagner Vennrich aus Schwyz und Johannes von Meggen aus Luzern ab (S. 184) und segelte auf dem Schiffe des Herzogs Bogislaus nach dem heiligen Lande (S. 195 ff.) In Candia starb Joh. von Meggen (S. 199), in Ramlah ein Domherr aus Mainz (S. 207); in Jerusalem ward er zum Ritter geschlagen (S. 229). Auf der Heimkehr blieben zu Rhodus ein Herr von Wolkenstein ob der Etsch, zwei andere Ritter und ein Priester aus Mainz (S. 240) krank zurück. Hans traf am 19. Januar 1498 zu Hause ein (S. 248).

Seine Reisebeschreibung erschien in: „Der Geschichtsfreund", Einsiedeln 1852, VIII, S. 182—249).

1498. In diesem Jahre pilgerte Herzog Heinrich von Sachsen, dessen Reise einer seiner Begleiter, Stefan Baumgartner (über dessen Familie vgl. Schweiz. Geschichtsfreund XXIX. 138 ff.), beschrieben hat (Handschr. des German. Museums zu Nürnberg No. 369, 4°, 38 Blätter, davon 27 Bl. Text, 8 Bl. mit Abbildungen; auf dem Titelblatte befinden sich 3 Wappen mit dem fünffachen Kreuz von Jerusalem); einige aber nur unbedeutende Notizen finden sich darüber auch in: Glafey, Kern der Geschichte Sachsens, 4. Auflage, Nürnberg 1753, S. 107—109, aus dem Tagebuch des Bernhard Freydinger; vgl. auch Mencius, Itin. sex a diversis Saxon. ducibus — facta, Witeberg.1612, No. V, S. 78—101; Mergenthal O. 4 setzt fälschlich die Wallfahrt in das Jahr 1506, in welchem der Herzog nach Santiago ging.

Nachdem der Fürst für den Auszug sich hatte das Horoscop stellen lassen, bricht er Sonnabend nach Lätare (31. März) auf (Glafey 108) und erreicht glücklich Venedig, das er und seine Begleiter am 21. Juni verlassen. In der Nähe von Modon erhalten sie die Nachricht, dass ein türkisches Geschwader von 16 Schiffen in der Nähe kreuze, aber unter dem Schutze von 3 venetianischen Begleitschiffen fahren sie ruhig weiter. Am 6. Juli kommen sie in die Gegend, wo man vor einem Jahre den Herzog Bogislaus von Pommern überfallen und ihm viel Schaden zugefügt hatte (vergl. S. 516). In der Nähe von Rhodus segeln sie an einer Stadt vorüber, (Langossa ?), welche vor 4 Jahren durch das Meer zum grössten Teil unterspült und untergegangen war. Am 21. Juli gelangen sie nach Rhodus, am 28. nach Cypern, am 31. nach Jaffa, wo sie 14 Tage auf das Geleit warten müssen, so dass sie erst am 18. August in Jerusalem ankommen, wo folgende Pilger zu Rittern des heiligen Grabes geschlagen werden: Tittrich von Schleywitz, Ando Galia zu Walana, Steffan von Gundelfingen, Ganian Mansiedeo, Johann von Freuaho, Ratzloff Herr Berssgossgi, Johann Jorin (p?) von Maylanndt, Heinrich von Jonima, Paul Boess vonn Waldeckh, Claudi vonn Darnaho, Jeorg vonn Andila, Seufriedt vonn Luttich, Lorentz Piellsse, Augustin von Grabendo, Conrath Zullhartt, Andress

Pfhlueg, Caspar Wintzerer, Rudolff vonn Buna (Birna ?) Sebastian von Ipenburg (?), Georg von Schleinitz, Caspar Boess, Johann von Leuendal, Cestir de Wochy, Ottho Pfhlueg, Hans Serenteiner, Gunther von Bünau (Glafey 107), Kersten von Weydenbach, Johann Torantt, Hanns Löesser, Michel Unger, Hisickh Khassel, Hirsickh Zanisy, Christoff von Bernstein (Glafey 108, wo noch ein Grensing genannt wird, der auf der Reise gestorben sei), Thoma Pfhlug, Georg Ketzel, Sebald Ketzel (vergl. oben S. 96), Steffan Baumgartner, Martin Khress, Ulrich Schütz, Christoff Löffelholtz, Eustachius Rietter. Der Aufbruch erfolgt am 23. August. In Jaffa lassen die Türken nur die Mönche und alten Pilger in das zur Abfahrt bereit liegende Schiff anfangs einsteigen und treiben die übrigen 60 Pilger, darunter den Herzog, in den alten Pilgerchan zurück (wahrscheinlich weil der Herzog durch Zigeuner seines Incognitos beraubt worden war, worauf sich Freydinger bei Glafey, 108, deutlich bezieht, und man ihm einen starken Tribut abpressen wollte), bis sie diese nach 2 Stunden in Folge reichlicher Geschenke endlich auch freilassen. Die Rückreise erfolgt ohne Störung; am 19. October landeten die Pilger wieder in Venedig.

Ueber die Anwesenheit des Herzogs Heinrich von Sachsen in Venedig teilt uns Herr Camillo Soranzo aus den Diarii des Marino Sanudo (I, Teil 2, S. 52) Nachstehendes mit: „12. mai 1498. Vene in quista terra alcuni Signori Alemanni tra li qual un nepote dil Duca di Saxonia et Domino Zorzi da Torre (Thurn!) et altri pelegrini per andar in Jerusalem, et perchè Alvise Zorzi dil qual era la galia dil Zaffo erra rimasto Providitor a Gradischa ne voleva far quel viazo questo anno, dicti peligrini li volevano far bel partido arciò andasse, siché sta su queste pratiche. Loro volevano dar ducati 70 per testa, lui voleva 80 et andoria et non andarve al Rezimento quello sarà serivico."

Auf die Pilgerfahrt des Herzogs Heinrich von Sachsen beziehen sich auch noch folgende Actenstücke, welche uns die Direction des Kgl. Sächsischen Hauptarchivs zu Dresden gütigst in Abschrift übersandte: dieselben gehen der von Bernhard Freydiger verfassten Reise- und Lebensbeschreibung des Herzogs (Loc. 10289) voraus.

(Blatt 1): Electio peregrinationis et Itineris.

Auff den tag Sancti Ambrosii confessoris, das ist an der nechsten Mitwochenn nach dem Sontag Judica (4. April) sal man auss der wonung als auss dem Slosse ausszcyhen, So es XII stehet an eynem rechten horologium ad der eynem Compass das wist zun mittag gerade adder eyn firtel stunde davor seyn und furt dye Reysse mit gots hulffe volenden. Gnediger herre ap ewer gnade adder ewer gnaden bruder auff Missen wunde zcyhen wolt ich mit ewer gnaden etwas des handels heymlich reden.

(Blatt 2): Zcw wissen, das eyn Ausszcugk auff Sonnabent nach letare (31. März) zwischen XI und XII stunde ist geschehen zcwm heilgen lande und nach Zcwneigung dae doch nicht gewiss ist zcw halden ist disse bedawtung. Von der behawsung biss auff mittelwege gein Jherusalem von der behawssung nehme ich abe das mag sey zigen von venedige inn eyner innseln als dye wissen dye diss derfarung haben darnach nicht weyt von dem mittelmecht eyn besorgniss kommen adder eyn cleyne swachung des leybes adder susten ungefelle diss wirt doch nicht schaden adder villeicht gewit.ers halben eyn forcht. In der Stadt zcw Jherusalem wirt ess wol gnugk stehen sunder besorgen ist, das eyn widderwill adder affiure mocht werden von den dyener und den heyden, darumb hab man diss in achtung ... widder aussczwzcyhen von dem heilgen lande biss auff mittelwege er ˆyner inn seyn landt mocht ym. Ere adder etwas guts widderfaren von Etzlichen herren adder steten und darnach glugkseliglichen widder ynn seyn landt zcw kommen und von freunden Ere er kompt yn seyn behawssung geschehen. Das Ende disser reysse wirt gut und zcw eren gedeyen darumb sey der herre und furst wol getrost und an besorgniss. Am tage ambrosii were besser zcwneigung gewest, doch ist gar gut dann sye verlengen wirt und nicht alzbalde zcw ende kommen.

(Blatt 3): Durchlawchter hochgeborner furst, Gnediger herre, meyn undterdenige gehorsame dinst und inniges gebethe gein got sint ewern furstlichen gnaden allezcyt zcuvor. Gnediger herre, ewer gnade bitte ich wissen, Nachdem e. g. sampt mit dem hochgeborenen fursten e. g. bruder von mir begert eyn Electionem aufs auszcyhen zcwm heiligen lande zcw machen und angezceyget warde der zcwkunfftig Sonnabet (sic), habe ich beyden ewern gnaden zcw gefallen wye ich sollich gancz ungerne thue dann ich sollichem dingen nicht gewisset und not zi kenne zcw, dann ein zcwneigung zcw geben, So sein ouch mancherley fertigkeit, inn der forgenommen Reisse, woe dann etwas ungemach, an leibe adder gut zcw queme, diss got vorhwte, do gebe mann dye schult mir wye dem allen dye liebe, dye ich zcwm haüsse zcw Sachssen drage kan ich nicht gelassen, und schikg e. g. hiemit horam Electionis dann inn kurtzen zceit mir angezceyget. kan ich nach meynem vorstentnüss keyn andere finden, woe ich aber vor fihr wochen sollichs gewist hett, wollt ich mit gots hulffe eyn andere dye vor zceit adder nach der zceit bequemer nach meyns g. h. ewers g. bruder natiuitet were gewest und was ich e. g. beyden zcw dinst kont geseyn thet ich gerne dieselbigen e. g. behute gote zun glugseligkeit und gesuntheit lannge jare. dat. an der mitwochen letare anno MCCCCXCVIII. Ewer gnadenn demutiger Capplan Johannes Kongssberg.

Dem durchlawchtenn hochgeborenen fursten und herrn herrn Georgen hertzogen zcw Sachssen Lantgrauen in doringen und Marggrauen zcw Missen meynem gnedigen herren ad manus proprias.

Wie wir wissen (vgl. oben S. 518 und Mencius, No. IV, S. 95 f.), ging Herzog Heinrich 1506 auch nach Santiago und zwar wie Freydinger (bei Glafey 109) berichtet, mit Emerich Löfel und Andreas Ritereysen; doch wussten die letzteren wenig davon zu erzählen, „denn Schlemmen war auf solcher Reise, wie ich von ihnen verstanden, die beste Andacht und Ablass gewesen."

Nach Eck, De itineribus religiosis comitum Hennebergensium ad annum soll **1503 Graf Hermann VIII. von Henneberg-Römhild** nach dem heiligen Lande gepilgert sein und seine Reise Georg von Boineburg in Versen geschildert haben, aber weder Spangenberg (162) noch Schultes wissen darüber etwas zu berichten.

Im Jahre **1503** pilgerte auch **Michael Ketzel aus Nürnberg** nach dem heiligen Lande; vgl. oben S. 96.

1507. Herzog Friedrich II. von Liegnitz und Brieg, dessen Ahn Herzog Ludwig II. mit dem Junker von Stiwitz

1404 auf seiner Pilgerfahrt von Türken gefangen und durch die
Liegnitzer Bürger losgekauft worden war (Sammter, Chronik von
Liegnitz I, 305), brach am 22. März 1507 zu einer Wallfahrt auf
mit dem Pfarrer Martin Wanner aus Schönau, Christoph
Wachsmuth, Altarherr zu Schweidnitz, Lorenz von Hubrigk
und dessen Sohn Christoph, Otto von Parchwitz, Hans und
Lorenz von Seidlitz, Hans Schenke, Christoph Schkoppe,
Hans Wagruss (S. 101 u. 107), ging über Brünn, Wien, Villach,
Conegliano nach Venedig (vergl. S. 108—111 und oben Seite 502).
Der Reisegesellschaft, im Ganzen 132 Personen, schlossen sich
noch an: Graf Günther IV. von Mansfeld (Niemann, Gesch.
der Grafen von Mansfeld, 1834, Seite 132; Spangenberg, Mans-
felder Chron., 403b) mit 4 Knechten (S. 115) und Georg von
Auss aus Mähren mit seinem Koch, Meister Michael (S. 127); sie
segelten ab am 4. Juni (S. 116), trafen in Ragusa einen deutschen
Büchsenmeister Hans (S. 117) und landeten in Jaffa am 24. Juli
(S. 125), von wo sie am 18. August (S. 201) wieder absegelten und
am 12. November Venedig erreichten (S. 209).

Die Reisebeschreibung gaben Meisner u. Röhricht in der Zeit-
schrift des deutsch. Palästinavereins heraus 1878 I, S. 101—131,
177—215.

1507—1508. Martin Baumgarten in Breitenbach brach,
obschon er bereits Ritter des heiligen Grabes geworden war, im
April 1507 von neuem zu einer Pilgerreise auf mit einem Priester
Vincenz und Gregor von Gaming (S. 7); am 25. Juli verliess
er Venedig (S. 18), ging über Alexandria nach Cairo, von da am
5. October nach dem Sinaikloster (S. 51 ff.) brach dann am 20. Octo-
ber wieder auf (S. 64) und kam am 14. November nach Gaza (S. 74).
Er ging über Jerusalem nach Damascus, wo er am 8. Januar 1508
eintraf (S. 105, 110), von da durch die Bikâa nach Bairut (S. 113 f.),
segelte dann am 29. Januar nach Tripolis (S. 127; über die dort
gefundenen und von Martin beschriebenen arabischen Münzen siehe
Stickel in d. Zeitschrift d. Deutsch. morgenl. Gesellschaft VI, 521 ff.)
und landete am 1. April in Rhodus (S. 141); am 8. Juli war er
wieder in Venedig (S. 163).

Seine Reisebeschreibung gab lateinisch Christoph Donauer Norimb. 1594 heraus.

Im Jahre 1510 pilgerte der Franziskaner Nicolaus Wanckel. über desen Pilgerfahrt Tobler, Bibliogr. Pal. 66, die nötigen literarischen Nachweise giebt.

• 1517. Bernhard von Hirschfeld (seine Reisebeschreibung ist herausgegeben von A. von Minckwitz in den Mitteilungen der Deutschen Gesellschaft in Leipzig 1856 I, S. 31—106). Ritter zu Kamitz und Kämmerer des Kurfürsten Friedrichs des Weisen von Sachsen, brach mit folgenden Herren und Dienern zusammen auf (S. 45 ff.), aus Sachsen: Graf Heinrich von Schwarzburg, Hans von der Planitz, Hauptmann zu Grimma, Ritter (S. 33), Dr. Martin, Domherr von St. Severin in Erfurt, Hans von Minckwitz, Georg von Minckwitz auf Sonnenwalde, Conrad (oder Cuntz) von Wolffersdorff zu Bornsdorff, Rudolf von der Planitz und sein Sohn Georg, Heinrich von Bünau zu Teuchern, Hans von Weissenbach zu Torna, Christoph von Taubenheim, Hans von Dolzig, Dietrich von Meckau, Hans Schott zu Oberlindt, Andreas von Rosenau, Hermann von Neustadt, welche letzteren zwei auf der Heimkehr starben, ferner Hans von Schwarzenberg, Caspar von Wallenfeld, Georg von Schaumburg, (S. 33) sowie Christoph von Wartenberg, Wilhelm von Messeritzsch, Jon Suff von Falkenstein, Jacob Pomphj aus Ungarn, Michael von Senssheim, Domherr zu Würzburg, Froben von Hutten, Mainzischer Domherr (vgl. Zimm. Chronik II, 376), Eberhard von Hessenstein, Hofmeister des Landgrafen von Hessen, Ludwig von Hutten, Herrn Ludwigs Sohn, Philipp Kemrer von Dalberg, Georg Vitzthum zu Neuschonbergk, Christoph von Taubenhein der Jüngere, Wolf und Benedix von Koterisch, zwei Brüder aus Holstein, Georg Schurtzbecher zu Ochsen, Johann Horstadt, Vicarius zu Würzburg, Bernhard Graf, Vicarius zu Naumburg, Wolf Tangel, des Domherrn Martins Knecht, Oswald von der Mussel, der Knecht des Hans von Dolzig und Weyssenbach, Siegmund Manewitz von Brüx, Johann Nymonitz, ein Schlitzger (ein Schlesier), Wilhelm

Domscherr aus St. Annenberg, der Diener des ungarischen Herrn, die zwei Diener des W. von Messeritzsch, Christ. von Wartenberg, Christoph Fogen, Diener des Herrn von Falkenstein, die sechs Knechte des von Hutten, Dalberg, Hans Schott, Bernh. von Hirschfeld, ferner der Koch des H. von Schwarzenberg und des von Hutten, ein Barfüssermönch, Christoph Hemmerlin, Dolmetscher des H. von Schwarzenberg, auch zwei Spanier, 2 Franzosen. 4 „Praebendare", 1 von „Borgenn" — „diese nachbenannten sind biss Rodiss mit uns gefahren und sind desselben ordens; Ehr Jorge von Haus, Comthur zu Ruditum (Rüdigheim bei Hanau), Ehr Merten Hertwitz, Comthur zu Sitten (Schweiz), Ehr Jorge Schilling, Merten von Eyle, ein Seydelitz" (S. 46).

B. von Hirschfeld brach am 24. März auf (S. 32) und erreichte über Innsbruck, Sterzing, Toblach, Spilimbergo am 9. April Venedig (S. 35), ging von da über Loretto (S. 35—37) nach Rom (S. 37 f.) und von da zurück nach Venedig, von wo er am 17. Juni absegelte (S. 39 f.); am 16. Juli landete er in Jaffa (S. 56). Auf dem Heimwege von Jerusalem nach Jaffa wurden der Mainzische Marschall, Froben von Hutten und einer von Brur Siegmund Manewitz krank (S. 83), ebenso in Nicosia auf Cypern: H. und G. von Minckwitz, Christoph von Taubenheim, G. von der Planitz, Benedix Bowiss, H. von Neustadt, drei Knechte, endlich auch B. von Hirschfeld, der jedoch wieder gesund wurde und mit dem Grafen H. von Schwarzenberg, Phil. Kemrer von Dalberg, H. von Dolzig, H. von Weissenbach, Hans Schott, Georg Vitzthum, Andr. von Rosenau und Wilhelm Domscherr nach Famagusta ritt (S. 87), von da nach Salines (S. 88). Am 25. September segelte die Gesellschaft ab nach Rhodus, wo am 6 Octob. Hessli Marten aus Friesland starb und in der Marienkirche begraben wurde; am 7. October fuhren Graf Heinrich von Schwarzenberg, H. von Dolzig, Phil. K. von Dalberg, G. Vitzthum, Andr. von Rosenau und B. von Hirschfeld von Rhodus ab, mussten aber wieder zurückkehren und verliessen abermals Rhodus am 12. October; sie landeten in Tarent (S. 89 f.), von da gingen sie nach Neapel, wo eben die Hochzeitsfeier des Königs begangen wurde (S. 90 f.). Von Neapel reisten Wilhelm von Canstatt, ein Herr in Mähren, ein Dr., des Bischofs von Olmütz Kanzler, David Gefugener, des Herzogs Georg von Liegnitz Diener, Johann von Hawlitz, Georg Brinitz, zwei Knechte und ein Koch mit ab nach Rom; ausserdem kamen noch Christoph von Wartenberg, Wilhelm von Meseritz (S. 97—98). Von Rom reiste die Gesellschaft am 30. December 1517 ab (S. 98); am 16. Februar 1518 war B. von Hirschfeld wieder in Altenburg (S. 101).

Die Reisebeschreibung mit recht interessanten Zugaben namentlich über einen päpstlichen Ablassbrief und die Geschichte des Bernhard von Hirschfeld wurde im Auszuge von neuem mitgeteilt von einem seiner Nachkommen im Johanniter-Blatt 1879, No. 38 ff.

Um dieselbe Zeit, jedenfalls vor 1519, ging Hans von Flersheim nach Jerusalem, um Ritter des heiligen Grabes zu werden, „wiewol derselbig zu vilmalen in ehrlichen thatten zu ritter geschlagen" (Waltz, Flersheimer Chronik S. 2).

1519. Ludwig Tschudi aus Glarus brach am 20. Mai von Hause auf und traf am 20. Juni in Venedig ein; mit ihm schifften sich hier ein, aus Luzern: Melchior zu Gilgen, Landvogt im Thurgau (er starb am 4. October [S. 353 f; Stockar 40—42] und ward mit Peter Falk auf Rhodus begraben; vgl. Schweiz. Geschichtsfreund 1856, XII, 205, 213), Nicolaus von Meggen, Werner Buchholzer, Chorherr in Luzern, aus Schwyz: Martin Richmudt, aus Unterwalden: Heinrich Stoltz, Conventherr zu Engelberg, aus Zug: Werner Stein, Priester, Thomas Stockar, Siegmund Schwartzmurer, Hans Brandenburg, aus Freyburg: Peter Falk, Ritter und Schultheiss, Antonius Pauillart, Wilhelm und Petermann Argent, aus Schaffhausen: Johann Stockar, ferner ein Conventherr aus Neufchâtel, einer von Peterlingen und aus dem Engadin (S. 2f, Stockar 65), denen sich noch Marco Antonio de Landriano, Joh. Angelo de Maino und Joh. Baptista de Cusano anschlossen (S. 12). Auf Rhodus trafen sie die schweizerischen Johanniter: Hans von Engelberg aus Freyburg, Gottfried von Landenberg (S. 85) aus dem Thurgau, Walter von Hallwyl aus dem Aargau. Am 1. August wurden sie vor Jaffa ausgeschifft (S. 99). Am 14. August um Mitternacht wurden Melchior zu Gilgen, Anton Pauillart, Ludwig Tschudi zu Rittern des heiligen Grabes geschlagen, ebenso noch 4 Polen, 6 Niederländer und Engländer, 3 Spanier, 1 Mailänder, 2 Franzosen, ein Schottländer, 2 aus Köln, 2 aus dem Elsass und Breisgau und ein Graf von Nassau (S. 308). Am 21. August segelten die Pilger von Jaffa ab (Stockar 21). In Famagusta auf Cypern trafen sie (28. Aug.) drei Landsleute unter dem dortigen Kriegsvolk: Heinrich Bruner von Jestetten, Hans Schumacher von Basel, Melchior Kürsner von Rotweil (Stockar 25; Tschudi 339 f.), sowie einen deutschen Hauptmann Georg Seltzlin aus Salzburg (Stockar 27); die Pilger baten um die Entlassung dieser 3 Landsleute, die auch gewährt ward, worauf sie mit nach Venedig absegelten (S. 28 f.); auf Rhodus beschenkten sie die Ritter Wolf Bernhuser aus Schwaben, Hans Bischof Roth aus Hessen, Christoph aus der Pfalz (Stockar S. 45). Während Nicolaus von Meggen, Martin Richmudt in Rhodus zurückblieben, segelten Thomas Stockar und Siegmund Schwartzmurer nur bis Apulien mit, um nach Rom zu gehen; die andern landeten am 14. November in Venedig (Stockar 44; Tschudi 354), wo Stockar (54) seine Herberge bei Peter Schneider von Bern nahm. J. Stockar kaufte in Treviso ein Pferd zur Rückreise (S 56), traf in Trient mit dem von Jerusalem ebenfalls heimkehrenden Grafen von Nassau zusammen (58) und am 7. December in Schaffhausen glücklich ein (64), wo er höchst ehrenvoll empfangen ward (65).

Die Pilgerfahrt des L. Tschudi (Reiss- und Bilgerfahrt zum Heiligen Grab St. Gallen 1606), ward herausgegeben von Melchior Tschudi, die des Stockar (Hans Stockar von Schaffhausen, Heimfahrt 1839) in Schaffhausen, von Maurer-Constant. Tschudi beschrieb die ganze Fahrt unter starker Benutzung des Felix Fabri und Brocardus (S. 355 f), Stockar nur die Heimkehr.

1521. Pfalzgraf Ottheinrich bei Rhein brach am 15. April von Lauingen auf, langte am 3. Mai in Venedig an, wo sich vier verschiedene Pilgergesellschaften vereinigten: 1) Reinhard von Neuneck (oder Richard von Rieneck?), Georg von Wemding, Wilhelm von Leonrod, Bero von Hirnheim mit einem Koch Stephan, einem Dolmetscher Hensel, einem Knecht Ruprecht, ferner 2) Graf Georg von Zweibrücken-Bitsch[1]) mit dem Mönch Pancratius von Wilsberg, einem Diener Hensel, sowie Engelhardt von Hirschhorn, Philipp Ulner von Dieburg, Bonaventura von Breitenbach, ein reisiger Knecht Schnal, ein Edelmann aus Dänemark Magnus Bildt und ein Nürnberger Bürger Sebald Gratz, 3) Bernhard und Jacob Wurmbser, Martin Vollmer, Domherr aus Strassburg, Apotheker Franz und ein Guardian, ebenfalls daher, ein Vicarius aus Metz und Peter Hochschild, endlich 4) Heinrich von Landenberg, Christoph Plarer, Bastian und Walter Mumprat, Vettern, Walter Kuppel, Domherr aus Minden, Freiherr Kuckelt von Merode aus Jülich, ein Propst aus Brücht, Hans Zedlitz von Parchwitz und Christoph Kotlütz (Kittlitz?), beide aus Schlesien, und Friedrich Issekra aus Böhmen. Der Pfalzgraf verliess auf einem Schiffe des Marco Antonio Dandolo Namens Carestia am 5. Juni Venedig, kam am 18. Juli nach Jerusalem, von wo er am 3. August wieder aufbrach und Triest am 3. November erreichte; von da ging er über Adelsberg, Innsbruck, Lauingen nach Nürnberg und langte am 16. December daselbst an.

Nach Spruner, Characterbilder aus der Bayrischen Geschichte 1878, S. 265 wären von den in der ersten und zweiten Pilgergruppe genannten Mitreisenden des Pfalzgrafen alle bis auf ihn, den siebenzehnjährigen Grafen Georg, Reinhard von Neuneck und Georg von Wemding auf der Reise gestorben, wovon jedoch unser Bericht nichts erzählt.

---

[1]) Er bestimmte noch am 2. Mai 1521 daheim (wohl am Tage seines Aufbruchs) durch seinen Amtmann in Reichshofen, Wolf von Wickersheim, die Ueberreichung von 50 rheinischen Gulden an den Präceptor, Prior und Convent des heil. Geist-Spitals zu Stephansfelde, jährlich am Donnerstag nach Cantate ein „Jargezeyt und gedechtnuss" zu begehen; vgl. J. G. Lehmann, Geschichte der Grafen Hanau-Lichtenberg II, S. 324 f.

Die Pilgerreise ist zum ersten Male von uns oben S. 349—401 veröffentlicht worden.

1523. Der Glockengiesser Peter Füessli, Ratsherr von Zürich, ging mit Heinrich Ziegler aus Zürich, nachdem er sich bei Ludwig Tschudi in Werdenberg Rat geholt (S. 210), nach dem heiligen Lande.

Die Beschreibung seiner Reise ist im Anhange zu Heinrich Mirikes Reise nach Constantinopel und Jerusalem, Augsburg 1789, veröffentlicht (S. 207—224).

In den Jahren 1526—1528 unternahm der Franciscaner Angelus von Chrembs eine Reise nach dem heiligen Lande. Er ging von Laibach über Görz nach Venedig. Sein uns in einer Wiener Hs. erhaltener Bericht ist eine genaue Beschreibung der heiligen Stellen.

1527. Gabriel von Rattenberg und Primus von Stein brachen am 29. April daheim auf und erreichten am 25. August Jerusalem; ersterer blieb krank 10 Wochen daselbst. Am 17. October segelte er von Jaffa ab und erreichte am 31. December Venedig.

Das Nähere siehe oben S. 402—407, wo die Pilgerfahrt im Auszuge mitgeteilt ist.

1542. Jodocus von Meggen aus Lucern ging über Venedig (S. 19—26), wo er die Gesandten des Kaisers, des Sultans, des französischen Königs und Herzogs von Ferrara antraf, nach Loretto und von da zurück nach Venedig, wo er am 23. Juni absegelte. Auf Creta besuchte er das Grab seines Oheims Joh. von Meggen, der 1497 auf seiner Pilgerfahrt mit Schürpff gestorben und begraben war (S. 56; vgl. oben S. 517; in Cypern besuchte er das Grab des Grafen Johannes von Montfort (S. 66). Kurz vor der Landung in Jaffa starb Johannes von Lamboy aus Utrecht (S. 82), in Jaffa Thomas Janseos aus Gent und bald darauf Jacob Bavende Varmen aus Holland (S. 85 f.). Nachdem er Aegypten und den Sinai besucht hatte (S. 164—200), kehrte er über Rom und Florenz nach Hause zurück.

Seine Reisebeschreibung erschien Dillingen 1580. In dieselbe

Zeit soll die Pilgerfahrt des Grafen Wolf von Eberstein fallen (Zimmersche Chronik ed. Barack I, 166).

1546. Wolf Holzwirth aus Halle an der Saale ging am 30. August 1544 von Halle nach Leipzig in Begleitung des Wittenberger Professors Andreas Aurifaber, dann über Nürnberg, Augsburg, Innsbruck nach Venedig, blieb dann 2 Jahre in Italien, diente einige Zeit in der päpstlichen Garde in Rom und als Trabant bei dem Herzog von Salerno. In Rom lernte er in einer Apotheke den böhmischen Studenten Ulrich Prefat von Wilkanau aus Prag kennen (dessen Reisebeschreibung 1547, 1563 und 1567 gedruckt erschien; vgl. Tobler Bibliogr. S. 72), und beide beschlossen, nach dem heiligen Lande zu pilgern. Am 7. Juli 1546 segelten sie mit Junker Jacob von Hundtsbiss (Waltemiss), dessen Schwager Hans von Rechberg, Friedrich von Antwerpen und Hans von Berge oder Mecheln, welcher schon 3 Jahre vorher in Syrien gewesen war, ab. Sie landeten am 15. August in Jaffa und trafen am 17. in Jerusalem ein; auf der Heimreise starb Jacob von Hundtsbiss. Am 20. December waren sie wieder in Venedig.

(Gütige Mitteilung aus der betreffenden Handschrift durch den inzwischen verstorbenen Herrn Prof. Dr. Irmisch in Sondershausen; die Handschrift ist in der Ministerialbibliothek zu Sondershausen).

1549 reiste Josua von Beroldingen zum heiligen Grabe. Vgl. Geschichtsfreund XXI, 1866, S. 12.

1550. Friedrich Rechlinger aus Augsburg bricht von Venedig am 18. Juni auf und wird mit Siegmund Rauch von Raitt, Otto von Arnberg, Peter Carion von Brugg zum Ritter des heiligen Grabes geschlagen; das Nähere siehe oben S. 408—413.

1551. Sigmund Thunger, Dr. jur. und Chorherr zu St. Johann in Würzburg, bricht mit den beiden Domherren Johann Fuchs von Bimbach und Michael von Lichtenstein von Würzburg am 28. April auf und erreicht am 16. Mai Venedig, wo sich ausser anderen, besonders niederländischen, Pilgern noch der Chorherr Friedrich von Redwitz von Stamberg anschliesst. Am 16. Juni segeln die Pilger ab, erreichen am 21. Juli Jerusalem, wo Thunger,

Fuchs und Michael den Ritterschlag empfangen, und treffen am 26. December wieder glücklich in Venedig ein.

Das Nähere siehe oben S. 414—423.

Hieronymus Beck von Leopoldsdorf, ein Nachkomme des als Begleiter Friedrichs III. oben S. 475 genannten Conrad Beck, reiste c. 1552 nach dem Orient und war, wie sein Grabstein bezeugt, auch in Jerusalem. Vgl. v. Hormayr, Taschenbuch f. d. vaterl. Gesch. IX, 1828, S. 25.

1553. Daniel Ecklin von Aarau ging zuerst nach Venedig, um dort in einer Apotheke Stellung zu finden, dann aber mit Franciscus Dominicus de Fontenella nach dem heiligen Lande (S. 399 a), reiste später ohne Geleitsmann, wie gewöhnlich mit einer Karavane christlicher Kaufleute, über Tripolis, Haleb nach Damascus (S. 401 a), wo er gefangen und bastonirt, dann aber wieder glücklich befreit wurde (S. 402), ging über Jerusalem nach dem Sinaikloster (S. 402 a), nachdem man ihn vergeblich zu bereden versucht, den Islam anzunehmen, und diente heimgekehrt (S. 404 a) in Padua den Söhnen des Grafen von Hardeck.

Seine Pilgerfahrt ist ausser in vielen anderen Drucken auch im Reyssbuch Feyrabends 1584, 399—404, erschienen.

1556. Johann von Ehrenberg brach am 6. Juni von Venedig auf und landete am 15. September in Jaffa (S. 273 a); am 4. October segelte er wieder von da ab und langte am 26. December wieder in Venedig an (S. 275 a).

Seine Reisebeschreibung im Reyssbuch 1584, S. 273 a — 276.

1556—1559. Melchior von Seydlitz auf Niclausdorf und Wirben in Schlesien, brach mit Wolf von Oppersdorf, Nicolaus von Reidburg (dieser ward am 6. Februar 1557 im Streit um eine Pfanne von dem Niederländer Hugdurn von Thorney erstochen; S. 260) und Moritz von Altmannshausen von Mailand am 7. Mai 1556 auf (S. 250 a). Die Pilger wurden auf die falsche Nachricht hin, dass sie an einem von den Maltesern verübten Ueberfalle Schuld hätten, gefangen genommen (S. 257 a—258) und in Ramlah eingekerkert, wo sie am 15. September durch einige eben gelandete Pilger, wie Johann von Ehrenberg, der in seiner Reisebeschreibung S. 275ᵃ noch Wolf Müntzer von Babenberg (welcher am 26. Juli zum Ritter des heiligen Grabes geschlagen worden war; Jaeck, S. 222) als Gefangenen nennt, und einem Domherrn aus Mainz besucht wurden (S. 258ᵃ); der als sehr hochmütig geschilderte Guardian erklärte auf ihr Bittgesuch ihr Schicksal für die Strafe dafür, dass lutherische Ketzer unter ihnen seien (S. 259). Am 1. Mai wurden die Gefangenen nach Damascus gebracht (S. 262), wo sie durch den venetianischen Consul freundliche Unterstützung fanden (S. 262 ᵃ), dann über Baalbeck, Haleb (S. 262ᵃ—265) nach Constantinopel, wo sie am 5. August ankamen, in den Turm von Galata geworfen wurden und zwei Jahre auf Entscheidung warten mussten. Nach langem Bemühen beim kaiserlichen Gesandten Georg von Busbek, der sie auch zweimal von der Galeere loskaufte (S. 266 ᵃ) und bei der französischen Gesandtschaft, deren Hülfe besonders ein Mitgefangener, Franz Wolfwocher aus Geldern, nachsuchte (S. 267), wurden sie endlich definitiv, dreizehn im Ganzen, darunter zwei Mönche, durch die französische Gesandtschaft befreit (11. Juni 1559), wobei Oppersdorf, der früher sich einen falschen, aber ihm inzwischen wieder entfallenen, Namen beigelegt hatte, beinahe wieder seine Freiheit verloren hätte (S. 268), und durch Georg von Busbek sowie den französischen Gesandten mit Geld und Ratschlägen (z. B. sie sollten durchaus ihre lumpige, schmutzige Kleidung bei der Heimreise nicht ablegen) unterstützt (S. 268ᵃ). Am 22. Juni verliessen sie Constantinopel, erreichten am 7. Juli Novibazar (S. 269ᵃ—270ᵃ), gingen dann über Ragusa (Beschreibung der Stadt S. 271ᵃ—272), wo Moritz von Altmannshausen krank wurde, nach Venedig, wo sie am 28. Juli ankamen, und das Schreiben G. von Busbeks dem kaiserlichen Gesandten, dem Grafen Franz von Thurn überreichten (S. 272ᵃ). Melchior von Seydlitz kam am 7. September 1559 wieder glücklich heim (S. 273; ibid. —273 ᵃ ein Itinerar von Breslau über Mailand, Jerusalem, Constantinopel und zurück).

Die Reisebeschreibung ist in Feyrabends Reyssbuch 1584, S. 250ᵃ —274 gedruckt; fast ganz dasselbe erzählt die in Jaecks Taschenbibliothek der wichtigsten und interessantesten See- und Landreisen,

Nürnberg 1822, (45stes Bändchen) herausgegebene Reise des Wolfgang Müntzer von Bamberg (S. 219—232).

1561. Emanuel Oerttel von Augsburg begleitet den venetianischen Gesandten Aloise Mocenigo auf seiner Reise nach Constantinopel, über dessen Hof und Sitten er (fol. 8—15) ausführlich berichtet. Nach dreijährigem Aufenthalt daselbst, reist Mocenigo mit Oerttel nach dem heiligen Lande, wo er fünf Wochen sich aufhält. Unter den dasselbe betreffenden historischen Angaben heben wir hervor, dass die Georgiten bereits seit 1474 (sonst wird immer das Jahr 1479 angegeben; vgl. Tobler, Golgatha 292) den Calvarienberg inne hätten (fol. 26). Die Reisenden besuchen dann Damascus und den Sinai (fol. 40; der dort angeführte Contract mit dem Caravanenführer stimmt wörtlich mit dem bei F. Fabri; vgl. oben S. 36—37). Die Route von Jerusalem nach Jaffa ist dieselbe, die F. Fabri II, 338 und Tucher 363 (vgl. Ritter, Asien XVI, 136 u. 151) beschreiben; Oerttel bedient sich häufig sogar derselben Worte. Ebenso stimmt die Beschreibung der Route von Gaza nach dem Sinai und Cairo (fol. 59—64) genau mit der Tucherschen (363 a) überein (vgl. Robinson Pal. I, 441). In Cairo bleiben die Reisenden drei Wochen, dann ziehen sie nach Mekka, wo sie während ihres achttägigen Aufenthalts die Kaaba, welche mit dem Colosseum in Rom Aehnlichkeit haben solle, ungehindert besuchen (fol. 71); von da kehren sie über Cairo, Alexandria nach Constantinopel, dann zu Lande nach Venedig zurück.

Wir benutzten den Münchener Codex germ. N. 3001, s. XVI, welcher die Ueberschrift trägt: „Warhaftige und grundtliche Beschreibung derenn Venedigischenn Legacion aines Wayli oder Ambasciatoren an den Türckischenn Kayser. — Durch den Legatten selbst, in welscher Zungen Beschribenn, nun aber auf das treulichst verttieret unnd verteutscht 1587," (vgl. Tobler, Bibliogr. 77 und 83 ad 1561 und 1583). Ein anderer Codex Nr. 1286 ist vom Jahre 1585; ausserdem besitzt die Münchener Bibliothek noch 6 andere; die von Tobler citirte Augsburger Handschrift giebt als Jahr der Reise 1561, doch kennen wir eine Gesandtschaft der Venetianer unter Mocenigo vom Jahre 1561 nicht; wenigstens weiss Arm. Baschet, La diplomatie

Vénetienne, Paris 1872, 229, welcher eine Liste von Gesandten an
den Hof nach Stambul aufführt, nichts davon, und es wird weiterer
Nachforschungen darüber noch bedürfen. Sicher ist unser Bericht
nicht bloss eine Uebersetzung der Mocenigoschen Reisebeschreibung,
da Oerttel in seiner Erzählung sorgfältig unterscheidet, was er und
was sein Herr erlebt hat.

1561. Graf Albrecht zu Löwenstein bricht von Hause
auf am 30. März 1561; unterwegs, in Mündelsheim, schliessen sich
Christoph von Laubenberg, und in Augsburg Christoph zu
Pappenheim, Erbmarschall des römischen Reiches, Meinhard
von Schönberg, Heinrich Hermann Schützper, genannt
Milchling, Caspar Nothaft von Hohenburg an; ferner befinden sich in seiner Reisegesellschaft: Jacob Wormbser senior
(vgl. dessen Pilgerfahrt im Reyssbuch 213—235 a), David Furtenbach aus Feldkirch (er starb und ward am 27. Decbr. 1561 im Katharinenkloster am Sinai begraben), Georg Kühn, genannt Jazky,
aus Danzig und der Diener Friedrich Dürr (S. 189—189 a).
Zu gleicher Zeit segelten mit ihnen von Venedig ab: Franz Khevenhiller zum Eichelberg aus Kärnthen (er starb auf der Fahrt
zwischen Cypern und Candia und ward im Meere begraben), sein
Vetter Bartholomaeus Khevenhiller, jeder mit einem Diener,
Georg Sundauer und der Praeceptor Fabian Stösser aus
Danzig (er starb in Tripolis), Adam von Thüngen zum Stein (aus
Bayern) mit seinem Diener Wolf Huber, Siegmund Rumpff
zum Waolross aus Kärnthen und sein Diener Andreas Schwinghammer, Psemeck von Witzgana, genannt Prossnossky aus
Böhmen, Reinpert von Gleinitz zu Gleinitzstetten aus
Steiermark, Werner von Merode, genannt Schlossberg, Caspar
Hain (Albrecht 189a; Wormbser 215a), ferner folgende Pilger:
Marx Friedrich v. Thüngen aus Franken (er starb in Bairût),
Bernhard v. Thüngen, sein Vetter (dessen Diener war ein Lediger
von Thüngen), Eberhard von Bellersheim, Eberhard von
Brambach, Johannes Brendel aus Homburg, Christoph Veit
von Rieneck aus Franken (Albrecht 189), endlich folgende Niederländer: Williken Entten von Camp aus Friesland, Degen von

Ball, seine Frau, Joh. de Lou aus Gent, Elisabeth, Lesanders Frau, Adrian von Bosch aus Delft, Haug von Rugk aus Delft, Dirk Jans von Pourmereyt, Meister Heinrich Jans von Pourmereyt, Ulhe Heynis bey Werden in Friesland, Jonus Lymus von Amsterdam, Peter Avienis Tromper von Rotterdam, Jan von den Boess von Brüssel, Hans Voynens von Tiel in Geldern (Albrecht 189). Albrecht traf am 20. April in Mantua ein, als eben die Hochzeit des Herzogs von Mantua mit Leonore, der Tochter des Kaisers Ferdinand, gefeiert wurde (S. 190), am 8. Mai in Venedig, wo er Christoph von Wolkenstein begegnete (S. 190), von wo aus die Gesellschaft, 60 Pilger im Ganzen, darunter ein armer Schweizer, für den die Uebrigen das Schiffsgeld entrichteten (S. 189 b), am 4. Juli absegelte (S. 191 a). Im Antoniuskloster zu Candia fand man (S. 192) folgende Wappen von deutschen Pilgern: Hohenlohe, Königseck, Truchsess v. Waldburg, Rechberg, Pappenheim, Ramstein, Alfingen, Welwardt, Giessen, Redern, Talacker, Frankenstein, Ehingen, Wernau, Riedheim, Langeneck, Hirschhorn, Seibolsdorf, Mülwetzhausen (vgl. oben ad 1468, S. 486 f.), Schönberg, Starnberg, Weichss, Köntzberg, und dabei stand die Zahl 1468. In Ramlah fand man die Wappen: Hans Wilhelm v. Zimmern, Montfort, Fürstenberg, Lüpffen (vgl. oben ad 1486, S. 505), Stolberg, Mörspurg, Zollern und Hanau (S. 192 a). Am 23. August gingen sie in Jaffa an das Land (S. 192 a). Am 4. September wurden zu Rittern des heiligen Grabes geschlagen: Franz Khevenhiller, Psemek von Witzkova, Joh. de Lau, A. de Bosch, R. von Gleinitz, Siegm. Rumpff (S. 194 a), am 5.: Adam von Thüngen, Jacob Wormbser sen., Willeken von Enten, Herm. Schutzsper, Bernhard von Thüngen, Christoph Veit von Rieneck (S. 194 a; Wormbser 221; sie alle waren evangelischen Glaubens), ausserdem auch: Christoph von Pappenheim, Christoph von Laubenberg, Eberhardt von Bellersheim, Meinhard von Schönberg, Joh. Brendel, Wolf Huber, Hieronymus Thünger (Wormbser 218 a). Am 9. Septbr. trennen sich die Pilger; ein Teil kehrt nach Jaffa zurück, während Rumpff,

J. Wormbser, G. Jazky und Graf Albrecht in Jerusalem
zurückbleiben, um nach Cairo zu gehen (Albrecht 195 a); hier finden
sie einen Sklaven aus Deutschland: Paul Reuter aus Feldkirch,
der mit dem Herrn von Madrutz einst gefangen worden, und einen
Franken aus Markschönfeld (S. 195). Am 13. November treffen
Adam von Thüngen (Thöningen) und Reinpert von Gleinitz,
welche von Jerusalem direct nach Hause hatten fahren wollen, in
Cairo ein (Albrecht 198); am 14. November schliessen sich hier
auch noch Siegmund Gysser, ein böhmischer Kaufmann, und ein
Vertreter der Ulstetter, Georg Kolnitz, als Dolmetscher, an
(Albrecht 198 a); am 17. November brechen sie nach dem Katharinen-
kloster auf, das sie am 29. erreichen (S 198 a — 199), wo David
Furtenbach an der Ruhr stirbt (S. 199 b — 200 a; Wormbser 226 a).
Wormbser 225 a liest hier die Namen: Nicolaus Wormbser und
Caspar Böcklein; Albrecht 199 findet mit dem Jahre 1468 die Namen
und Wappen von: Wertheim, Pollheim (Ludwig von), Rech-
berg, dann ohne Datum: Lichtenstein, Königsberg (Otto von),
Zedlitz, Klöbel, Wurmbser, Rheyn, Meissner, Wolwarth
(Albrecht, Wenzel, Ludwig von), Rechberg (S. 200), ferner Hans
von Hössberg. Sie kommen am 21. December wieder zurück nach
Cairo (201; Wormbser 227), wo sie der Factor der Ulsteter Jacob
Beyer besucht (S. 201); am 4. Januar 1562 segeln die Pilger
ab nach Rosette (S. 201) und Alexandria, wo sie am 11. Januar
durch einen ihrer Reisebegleiter, den Renegaten Cirfus Schaber
aus Eisenstaedt in Oesterreich, falsch denuncirt werden: durch
Vermittlung des französischen Consuls freigelassen (18. Januar),
werden sie wieder gefangen und nach Cairo zurückgeschafft (S. 202
bis 203), wo Georg Kolnitz und ein Augsburger Uhrmacher
Martin Marquardt (6. Februar) ihre definitive Befreiung be-
wirken (S. 203 b — 204 b); am 17. Februar segeln die meisten mit
einem Schiff des Angelo Pico von Ancona aus Alexandrien ab. In
Ancona kommen sie am 2. Mai an (S. 208; Wormbser 233), von wo
Wormbser direct nach Venedig geht (S. 234). Albrecht aber nach
Rom, wo er bei Friedrich Fugger freundlich aufgenommen wird
(S. 209). In Venedig holt er seine Rüstung bei David Otto, empfängt

Briefe aus der Heimat und war am 16. August wieder zu Hause (S. 209—210).

Die Reisebeschreibung erschien im Reissbuch 1584, 188a—212a; ferner ist aus einer leider nicht näher bezeichneten lateinischen Handschrift das Ritual bei der Aufnahme der Ritter in den Orden des heil. Grabes (im Reyssbuch S. 194a—195) abgedruckt bei Vulpius, Curiositäten, Weimar 1818, VI, S. 518—526, wo sich auch nähere Personalnotizen über Albrecht von Löwenstein finden. Vgl. auch Chrph. Jak. Kremer, Abhandlung von den Grafen von Löwenstein, ältern und mittlern Geschlechts. Aus Urkunden. München 1765.

1563a. Alexander von Pappenheim, ein später convertirter Protestant, bricht am 26. März von Grönenbach auf mit Hannibal Rieter, Peter Herzog aus Valo bei Günzburg, Jacob Soliner aus Metz, verlässt am 26. Juli Venedig und landet am 21. August in Jaffa; in Ramlah findet er die Wappen seiner Vettern Christoph Marschall und Christoph von Laubenberg (vgl. 533). Auf seiner Rückreise findet er in Nicosia auf Cypern des letzteren Namen, ferner Hermann Milchling, Khevenhiller, Merode, Schönberg, Nothaft (vgl. 534) und andere in einem Fremdenbuche; am 4. December treffen die Pilger wieder in Venedig ein. Seine Pilgerfahrt ohne genauere Angaben wird auch erwähnt bei Döderlein, Geschichte des Hauses Calatin-Pappenheim, S. 247. Das Nähere siehe oben S. 424—429.

1563b. Hans von Godern reiste mit dem Grafen Heinrich von Alba, der damals als Gesandter nach Constantinopel abging, über Venedig dahin und besuchte dann das heilige Land.

Seine Reisebeschreibung, der auf S. 1-72 die des Jacob Wormbser vorangeht, ist ohne alle Chronologie und fast wertlos; die Handschrift (XVIII saec. fol. 72—97) befindet sich in der Lyzealbibliothek zu Dillingen (XV, 13 fol.), deren Bibliothekar Herr Prof. Dr. Xaver Pfeifer sie bereitwillig zur Einsicht den Herausgebern übersandte.

1565a. Fürer von Haimendorf aus Nürnberg (vgl. oben S. 96) reiste mit seinem Diener Georg Beck und Alexander von Schulenburg am 21. Juli 1565 von Venedig ab, landete in

Alexandria, wo er das Grab des am 1. Nov. 1483 verstorbenen Grafen Johann von Solms besuchte (S. 22; vgl. oben S. 502), segelte von da nach Cairo, wo er dem Sandjak Mustapha Bey einen Empfehlungsbrief des französischen Consuls zu Alexandrien übergab (11. Sept.) und über Christentum und Islam mit ihm disputirte (S. 39—40). Er traf hier den von seinem Herrn aus der Sklaverei entlassenen Paul Reuter aus Feldkirch, der dicht bei Cairo seinen Wohnort hatte (S. 53, 138), und reiste mit Alexander von Schulenburg, Hans Beyer aus Kaufbeuern, dessen Bruder Jacob Beyer, welcher als Dolmetscher diente, Johann Beck, Hans Helffrich aus Leipzig, Zacharias von Schoten aus den Niederlanden, Stephan Bonnett mit seinem Diener Carl, Nicolaus Ventimiglia mit seinem Diener Elias, im Ganzen 11 Personen, unter Begleitung eines Janitschars Jusuf nach dem Sinai ab (S. 99; Helffrich 386a), wo sie am 11. November ankamen (S. 111). Von da traten sie die Rückreise an den 16. November (S. 120); am 27. November gingen Fürer und Alexander von Schulenburg mit Stephan Bonnet nach Suez (S. 129) und trafen am 30. November in Cairo ein (S. 132) Fürer hörte hier von einem Deutschen, Justus Steffen, aus Hameln den Helffrich und Schulenburg von der Leipziger Universität her kannten (S. 136; Helffrich 389a), dass er den christlichen Glauben verleugnet habe. Während Helffrich und Georg Beck zurückblieben, reiste Fürer und Schulenburg am 5. December von Cairo ab nach Alexandrien (S. 138). Hier trafen sie Hannibal von Castelalto, Freiherrn v. Grünenberg, bei Trient (S. 145), der später am 30. April 1566 nach Venedig zurücksegelte (S. 311). Fürer und Schulenburg kauften hier Wilhelm Schott, eines Kaufmanns Sohn, der in Regensburg Freunde hatte, aus der Sklaverei; ein anderer deutscher Sklave, Andreas Schott von Narnsdorf, war um dieselbe Zeit auf dem Schiffe gestorben (S. 143). Nachdem sie in Syrien die heiligen Stätten besucht, (in Jaffa sah er die Wappen von: (Ruprecht von) Mansfeld, Merode, Thüngen, Truchsess, Ebener, Ketzel; S. 177), reisten Fürer, Schulenburg und Jacob Beyer über Tiberias und Baalbek (S. 284 ff.) nach Tripolis, von da segelte Fürer, da ein Eseltreiber ihn für einen Malteser ausgegeben hatte und er in

Folge dessen für seine Freiheit fürchtete, nicht, wie er ursprünglich vor hatte, nach Constantinopel (S. 296), sondern nach Cypern, von wo er am 7. Juli 1566 Venedig erreichte, wo er Hans von Braunschweig und Hans Helffrich antraf (S. 340). Von hier ging er nach Wien (S. 342 f.), diente im Kaiserlichen Heere vor Raab und Comorn und kehrte, da Frieden geschlossen worden war, 1567 nach Nürnberg wieder heim (S. 346 f.)

Seine Reisebeschreibung erschien Nürnberg 1621.

1565b. Petrus Villinger, Pfarrer zu Arth, segelte mit Jacob Böckle von Schwyz (welcher in Jerusalem starb; S. 80), Gallus Heinrich von Ageri (er starb 19. Aug. 1567 in Nicomedien; S. 146), Gregor Landolt von Glarus, Petrus Asson von Freiburg im Uchtland, Johannes Helffrich aus Leipzig, Thomas Lecho aus Nürnberg (S. 15; er ertrinkt auf der Heimreise; S. 106), denen sich viele Niederländer und Belgier (S. 16), auch einige Italiener und Ordensleute, wie Carl von Vicule aus Dornach, Franciscus Marschall, Heinrich von Thurn (S. 17), anschlossen (im Ganzen waren es 60 Pilger), am 2. Juli von Venedig ab (S. 19); sie landeten am 9. August (S. 31) und erreichten am 13. Jerusalem (S. 41). Sie segelten am 31. August wieder ab (S. 99), scheiterten aber an der Küste Ciliciens in der Nähe von Attalia, wurden gefangen, nach Rhodus zum türkischen Bey geschafft und 1566 und 1567 in Ketten gehalten (S. 111—122), mussten auf der Galeere rudern und wurden schliesslich nach Constantinopel geschafft. Nachdem die meisten gestorben waren, wurden Petrus Villinger und Gregor Landolt um 480 Kronen am 1. Mai 1568 frei (S. 156) und landeten am 26. October in Venedig (S. 183).

Die Reisebeschreibung erschien Constanz 1603.

1565c. Johann Helffrich aus Leipzig segelte am 1. Juli von Venedig mit vielen Pilgern aus den Niederlanden, Frankreich und der Schweiz ab (S. 375) und kam am 9. August in Jaffa an (S. 378); am 20. August starb und ward in Jerusalem begraben der Schweizer Pilger Jacob Böcklein (S. 383[a]) Mit Zacharias von Schoten aus den Niederlanden ging er über Gaza (S. 384[a]) nach Cairo, wo er am 22. September anlangte (S. 385a—386) und Fürer von Haimendorf, Alexander von Schulenburg, Georg Beck von Nürnberg und Jacob Beyer von Kaufbeuren antraf (S. 386). Nach dem Besuch des Sinai brach er mit Georg Beck und Zacharias von Schoten am 10. Februar 1566 auf (S. 398) und traf am 19. März in Venedig glücklich wieder ein (S. 399).

Seine Reisebeschreibung ist in Feyrabends Reyssbuch 1584, S. 375—400 gedruckt.

1567—1571. Ludwig von Rauter, brandenburgischer Landhofmeister im Herzogthum Preussen, brach am 29. October 1567 in diplomatischen Geschäften von Hause nach Constantinopel auf, von da am 8. Juni 1568 über Iconium nach Aleppo, das er am 14. Juli erreichte. Durch die Krankheit seines Reisegefährten Bartel Breiden an einem Ausfluge nach Babylon gehindert, ging er über Damascus nach Jerusalem, wo bald nachher aus Schlesien Georg von Zedlitz und Hans Kreckwitz eintrafen. Rauter reiste hierauf nach Cairo und dem Sinai und landete am 10. August wieder glücklich in Venedig.

Ueber seine Reise vgl. unsere oben S. 430—445 gegebenen Auszüge.

1569. Johann von Hirnheim verliess am 17. März seine Heimat mit seinem Schwager Ottheinrich von Wembding, seinem Caplan Gebhardt und seinem Knecht Michael Blanckh und kam am 24. Mai nach Venedig, wo sich ein böhmischer Edelmann Peter Sturm von Hursfeldt und Wolfgang Herden aus Sachsen noch anschlossen. Am 31. August erreichten sie Jaffa und fanden in Ramlah die Wappen derer: von Pappenheim, Neuwick, Hirnheim, Hirschhorn, Velberg, Steinhausen, Knörning, Welmershausen, Freiberg, Rechberg, Rantzau, Wernau, Westersteten, Seckendorf, Rosenberg, ferner Oettingen und Hirnheim. Am 15. December waren sie wieder in Venedig, am 3. Januar 1570 in Augsburg.

Das Nähere siehe oben S. 446—454.

1573a. Ulrich Krafft, ein junger Kaufmann aus Augsburg, der in Folge der Erzählungen von Jacob Böckh aus Nürnberg und

Hans Beyer aus Augsburg, welche die Levante bereist hatten, ein sehnliches Verlangen nach dem Orient verspürte (S. 3), trat in die Dienste des Augsburger Grosshändlers Melchior Manlich, welcher mit 7 eigenen Schiffen von Tripolis und Constantinopel nach Spanien und England Handel trieb (S. 19). Krafft verliess am 1. Mai Augsburg und traf am 18. in Marseille ein, wo ein Bruder seines Principals, Anton Manlich, die Geschäfte des Hauses führte (S. 6). Nach Tripolis waren Ludwig Lutz von Kaufbeuren, Georg Rauchwolff, der Bruder des Dr. Leonhard Rauchwolff (er starb in Famagusta und ward in der St. Georgskirche begraben; S. 40 u. 83), und Wilhelm Salvanca aus Marseille bestimmt, ebenso Ulrich Krafft; er fand sie und Elias Manhofer in Cypern und landete am 28. September in Tripolis (S. 49). Während L. Rauchwolff seine Reise nach Babylon unternahm, wurde Manlich 1574 bankerott (S. 168 ff.), und dessen Gläubiger vergriffen sich an Kraffts Privateigentum, ja letzterer wurde, weil er ohne Erlaubniss des Bey ein Pferd gehalten, gefangen gesetzt (S. 174), ebenso Ludwig Lutz, der 1575 im Gefängniss starb (S. 181). Alle Bemühungen, ihn zu befreien, blieben vergeblich (S. 200 ff.); Krafft empfing hier den Besuch eines Deutschen aus der Gegend von Diessen (185), disputirte mit Muselmännern vielfach über Glaubenssachen (S. 239 ff.) und gab sich einem Griechen als Lutheraner zu erkennen (S. 295). Endlich ward er am 24. August 1577 frei gelassen (S. 336—353) und erreichte am 9. Octbr. Marseille (S. 382); in Genua traf er zwei deutsche Studenten: aus Berlin und Meissen, welche nach Mailand reisen wollten (S. 427).

Seine Reisebeschreibung erschien in der Bibliothek des liter. Vereins zu Stuttgart (von Hassler) und in neudeutscher Bearbeitung von Ad. Cohn, Ulr. Kraffts Denkwürdigkeiten, Göttingen 1862 (wir citiren diese letztere Ausgabe).

1573b. Leonhard Rauchwolff, Dr. med. aus Augsburg, brach am 18. Mai 1573 auf mit Friedrich Lentz aus Feldkirch (S. 276), ging über Chur, Como nach Mailand (26. Mai), von da über Asti nach Marseille, wo er Anfang Juni Ullrich Kraft traf, welchen er auf seiner Handelsreise nach dem Orient begleiten sollte (S. 277). Am 1. September verliessen beide Marseille (S. 277a) und segelten nach Tripolis, über dessen Umgebung, Flora und Fauna, Handel und Wandel R. ausführlich berichtet (S. 279—282). Auf einer Reise nach Babylon ward R. als Spion in Anah verhaftet (S. 304—306) und musste sich durch eine hohe Summe loskaufen; in Haleb, wo er ärztliche Praxis übte (S. 316), ward er von Neuem verhaftet, aber ebenfalls wieder frei (S. 317). Am 7. September 1575 verliess er Tripolis (Krafft 193) und landete am 13. in Jaffa (S. 321a —323a), kehrte von da am 1. October wieder nach Tripolis zurück (S. 346a) und segelte am 6. November nach Hause (S. 347a); am 12. Februar 1576 traf er wieder in Augsburg ein (S. 349).

Seine für die Culturgeschichte des Orients höchst wertvolle Reisebeschreibung erschien in Feyrabends Reyssbuch 1584, S. 276 —349.

1578. Leopold von Wedel reiste mit Eustach Flemming, der in Padua studiren wollte, von Venedig ab; in seiner Begleitung fanden sich noch: Johannes von Hatstein, Hans Richard von Schönberg, Sebalt von Gemmingen, Jodocus Foglin aus der Schweiz, Hans von Arnim, ein Bremer Student und ein Arzt Bernhardus Paludanus. (Dieselben Teilnehmer nennt Jacob Bräuning S. 1). In Ramlah schloss sich ihnen noch Christoph von Vitzthum an, der mit den Rittern von Hofkirchen und von Lichtenstein in Aegypten gewesen war und heimkehren wollte (Wochenblatt der Johanniter-Balley Brandenburg 1862, No. 14, S. 65—66; Bräuning S. 189).

Das Manuscript befindet sich im Besitz des Herrn Majors z. D. von Kessel im Schloss Bellevue zu Berlin.

1579. Jacob Bräuning von und zu Buochenbach (Orientalische Reyss des Edlen Hanss J. Br., Strassburg 1612, S. 2) segelte mit Jean Charlier de Pinon von Venedig am 30. April 1579 ab (S. 9), erreichte am 9. Juni Athen (S. 36 f.), am 22. Juni Constantinopel (S. 44), wo er vom kaiserlichen Gesandten Joachim von Zinzendorf gut aufgenommen wurde (S. 76). Von da fuhr er am 22. Juli ab (S. 103), kam am 3. August nach Alexandria (S. 117), am 9. nach Cairo (S. 140), von da am 19. nach St. Katharinen-Kloster (S. 178). Am 15. September waren sie wieder in Cairo

(S. 206) und fuhren nach Jaffa; in Ramlah sah unser Pilger die Namen und Wappen vieler deutschen Pilger, z. B. des Grafen Albrecht von Löwenstein (S. 217). Am 16. October brach er von Jerusalem auf nach Jaffa (S. 264 f.), landete am 22. October in Tripolis (S. 270), wo er den in Jerusalem zum Ritter geschlagenen bayrischen Edelmann Stephan Giesser von Junghen traf (S. 274, 281; vgl. 237). Am 1. November segelte er ab (S. 283), landete am 8. December in Marseille (S. 296) und erreichte von da am 2. Februar 1580 Venedig (S. 303; ibid. 299—302 ein genaues Itinerarium).

1581. Salomon Schweigger reiste als evangelischer Prediger in Begleitung des kaiserlichen Gesandten Joachim von Zinzendorf am 10. Mai 1577 von Wien nach Constantinopel ab (S. 2—20 das genaue Itinerar; S. 3 Aufzählung aller mitreisenden Herren und Diener; vgl. Bräuning 76). In Constantinopel verteilte er unter die Gefangenen lutherische Katechismen (S. 40). Am 3. März 1581 segelte er mit dem Freiherrn Bernhard von Herberstein, dem churfürstlich brandenburgischen Rath Adam von Schlieben, Wolfgang Pachelbel aus Wunsiedel, welcher des B. von Herberstein Präceptor gewesen war, mit türkischen Geleitsbriefen versehen nach Alexandria (S. 90, 92); am 29. April landeten sie in Jaffa (S. 112), wo Adam von Schlieben durch einen Mameluken überfallen, aber gerettet wurde. Von Jerusalem reisten die Pilger nach Damascus, wo sie am 22. Mai ankamen (S. 127), von da nach Tripolis, wo Herberstein und Pachelbel krank wurden, und Candia, wo auch Adam von Schlieben erkrankte (S. 130). Am 23. August segelten sie ab und erreichten am 20. October Venedig (S. 133); am 10. November war Salomon Schweigger in Pfullingen (S. 134).

Seine Reisebeschreibung erschien in Roths Ausgabe des Feyrabendschen Reyssbuches II, 1—37.

1583a. Melchior Lussy, Landammann von Unterwalden unterhalb des Kernwaldes, brach am 11. Mai von Hause auf (S. 2), ging über Mailand nach Venedig und von da (S. 5) mit Joh. Müller von Luzern, Rudolf und Moritz Pfeiffer (letzterer starb auf der Heimreise bei Cypern), Christoph Frey, Joh. von Lauffen (alle aus Luzern), Petrus Räbor, Caplan in Sursee, Balthasar Büchlin aus Malters, Michael Labengyr aus Russweil, ferner aus Uri: Peter Gessler, Nicolaus von Bühl, Nicolaus Mugiaschga, Chorherr zu Bellentz (S. 6), über Tripolis nach Jerusalem (S. 8), wo sie am 25. Juli eintrafen; Lussy ward zum Ritter des heil. Grabes geschlagen. Auf der Heimfahrt segelte Lussy von Cypern aus mit Michael von Kommersyn aus Preussen, sowie Joh. von Lauffen (S. 87—92); in Rom empfingen sie Empfehlungsbriefe durch den Cardinal Claudius Aquaviva (S. 98), aber Joh. von Lauffen blieb krank zurück, während Lussy über Loretto (S. 100) nach Hause reiste, wo er am 28. Januar 1584 wieder eintraf (S. 102).

Seine Reisebeschreibung erschien 1590 zu Freiburg im Uechtland.

1583 b. Rudolf Pfeiffer von Luzern reiste am 11. Mai von Hause ab und zwar mit einer Bescheinigung des Rates, dass zur Zeit keine Pest oder Seuche in der Schweiz grassire; er fuhr am 3. Juni von Venedig aus und erreichte am 25. Juli Jerusalem (Schweizerischer Geschichtsfreund 1845 II, S. 213), wo die meisten der oben genannten Reisegefährten mit ihm (2. August) den Ritterschlag empfingen (vgl. S. 215, und T. Tobler, Bibliographia S. 82—83).

1583 c. Ebenso pilgerte Fürst Nicolaus von Radziwill, welcher in seiner Reisebeschreibung (ed. Thom. Treter, Antwerp. 1614, S. 65) erwähnt, dass am 29. Juni auch folgende deutsche Pilger zu Rittern geschlagen wurden: Freiherr Abraham von Dohna, Georg Cos und Michael Konarski aus Preussen, Andreas Skorulski aus Litthauen, (Petrus Bylina aus Polen), Leonhardus Pacificus, ein Jesuit, Johannes Scholtz, ein Breslauer Chirurg, Jeremias Giermeck, ein Koch aus Litthauen.

Im Jahre 1585 pilgerte auch Martin Schweicker aus Nürnberg; vgl. oben S. 96.

1586 a. Johannes Zuallart, Schultheiss zu Ath und Amtmann von Silly, reiste am 29. Juni im Gefolge des Freiherrn von Frentz, Philipp von Merode, mit Georg Pent aus Innsbruck und vielen niederländischen Pilgern (S. 258 u. 264) von Venedig nach Tripolis ab, wo er am 28. Juli landete (S. 273). Er ging von da nach Jaffa und Jerusalem, das er am 9. September wieder verliess; am 1. December kam er zurück nach Venedig (S. 333).

Seine Reisebeschreibung erschien deutsch in Roths Ausgabe von Feyrabends Reyssbuch 1609 II, S. 245—334.

1586 b. Michael Herberer, welcher im Orient längere Zeit zugleich mit Georg Koepke aus Pommern als Sklave gefangen war, traf im Frühling 1586 in Alexandria deutsche Pilger, die nach Jerusalem reisen wollten, darunter Heinrich Graf zu Thurn aus Mähren, Hector Arnauer aus Oesterreich, Ambrosius Tesmar aus Pommern, Karl Nützel aus Nürnberg (später Ratsherr daselbst; vgl. S. 96) und Christoph Wexius (Vater des berühmten Juristen Joh. Christoph W.) aus Thüringen; zu gleicher Zeit kamen zwei Büchsenmeister, aus Bremen gebürtig, daselbst an. (Vulpius, Curiositäten IX, 1821 S. 165; v. Hormayr, Taschenbuch f. d. vaterl. Gesch. 1849, S. 265).

1587 a. Samuel Kiechel aus Ulm reiste mit Maximilian von Dietrichstein, der nach Loretto pilgerte, von Wien nach Venedig (S. 152; vgl. die Route oben S. 25), besuchte Rom, wo er im Schwerte seine Herberge nahm (S. 165), dann Neapel, wo er im schwarzen Adler unter vielen Deutschen 24 Adelige traf z. B. Teuffel, Freiherr zu Gondersdorf (S. 178), segelte von da mit einem Schneider aus Meissen (S. 179) nach Malta (S. 192 f.) und traf unter den dortigen Rittern die deutschen Herren: Hans Sebastian von Hohanödt aus Baden, Abraham von Hornöckh aus Schlesien (S. 196), ferner: Augustin, Freiherr zu Meersburg und Belfort, Commandant zu Dorlesheim, Matthaeus Leopold Poppel von Lobkowitz, ein Freiherr aus Böhmen, Walter von Oersbach, Hans Wilhelm von Bellersheim, Peter von Aschenberg, Johann Friedrich Hundt von Salheim, Eberhardt von Gäelenn, Georg Christoph von Weytting, Dietrich von Dattenberg (S. 199); der Kellermeister Ulrich Hummel war auch ein Deutscher (S. 200). Er reiste von Venedig nach Tripolis, wo er am 11. December ankam und im französischen Consulate wohnte; hier traf er die aus Jerusalem angekommenen deutschen Herren: Christoph Simon von Hendorf aus Tyrol

mit einem Diener aus Trient, Hans Kokors von Kamenz aus
Schlesien und Johann Rattich, einen Goldschmied aus Stolp in
Pommern (S. 253). Er ging hierauf über Aleppo (S. 259 ff.) nach
Damascus, wo er im Februar 1588 anlangte und beim venetianischen
Consul Wohnung nahm (S. 278), besuchte den Sinai, Cairo, Alexandria und segelte nach Constantinopel, wo er mehrere aus Venedig
eingetroffene deutsche Jerusalempilger antraf: einen Grafen von
Hardeck mit seinem Diener, die Freiherrn von Thun, von
Seebach, von Cretzheim, Fuchs (alle aus Franken), einen
Ritter von Bernico, Uhlfeldt, einen Dänen, Bartholdt
und Jacob Schachmann aus Danzig, sowie deren Dolmetscher
Bertholdt Rösslin, der bereits früher einmal in der Levante gewesen war (S. 414). Kiechel wohnte in Galata bei dem dort ansässigen ihm von Tripolis aus bekannten Johannes Rattich aus
Stolp (S. 421). Als er von Constantinopel nach Venedig absegelte,
stahl sich ein Sklave, Conrad Meckle aus St. Gallen, mit auf das
Schiff und entfloh; er wurde bei Rovigno an's Land gesetzt (S. 426,
461). Von Venedig trat Kiechel mit den Kaufleuten Caspar Kron,
Peter Berner, Anton Platz aus Augsburg und Nättel aus Nürnberg
den Heimweg an (S. 463).

Seine Reisebeschreibung erschien in der Bibliothek des literar.
Vereins zu Stuttgardt 1867, herausgegeben von Hassler.

1585 b. Ernst Buseck, genannt Mönch, verliess am
12. April mit Ferdinand Zulfleisch Ellingen und kam am
25. April in Venedig an, wo sich ihm als Reisegefährten Sigmund
von Haunsperg und dessen Vetter Siegfried von Moshaimb,
Carl Ferdinand von Rechberg, Philipp von Adelshausen,
Georg Hochstetter, Philipp von Spechbach bei Strassburg und Bernhard Walter von Walterweil anschlossen.
Am 20. Mai segelten die Pilger ab und erreichten am 29. Juni
Jerusalem. In Ramlah lasen sie die Namen der Grafen von Vernperg, Manderscheid, Mansfeld und Helfenstein, in Bethanien
in der Lazaruscapelle fanden sie den Namen Stephan Braun. In
Jerusalem schloss sich ihnen ein Herr von Brandenstein aus
Sachsen an, in Tripolis Reinhold Brinckh aus Pommern. Die

Pilger mussten von hier, weil man in Venedig die Einschleppung der Pest fürchtete, über Trapani und Marsala nach Nizza segeln, von wo Ernst nach glücklich bestandener Quarantaine durch Ober-Italien am 11. Februar 1588 Ellingen wieder erreichte.

Das Nähere über diese Pilgerfahrt siehe oben S. 455—461.

1587 c. Frh. Hanns Christoph von Teufel zu Gondersdorf, Herr auf Pütten, reiste mit seinem Diener Sebastian Stahn in den Orient und kam nach dem Sinai etc. Vgl. Hormayr, Taschenbuch f. d. vaterl. Gesch. IX, 1828, S. 28.

D.
Bibliographie.

Vorbemerkung.

Die nachfolgende Bibliographie giebt mit Ausschluss der Kartenwerke und der arabischen Geopraphen Ergänzungen und Nachträge zu Tobler, Bibliographia geographica Palaestinae 1867, bis zum Jahre 1877; auf dieses Buch ist durch das der vorangehenden Jahreszahl folgende T hingewiesen; die hinter diesem stehende Zahl giebt die Seite bei Tobler an. TP deutet auf die Bibliographia geographica Palaestinae ab anno CCCXXXIII usque ad annum M, welche Tobler als Separatabdruck aus Petzholdt's Neuem Anzeiger für Bibliographie 1875, Fasc. 6—9, veröffentlichte. Die Mitteilungen aus der jüdischen Litteratur verdanken wir dem ausgezeichneten Kenner derselben, Herrn Dr. M. Steinschneider in Berlin. Die Angaben über Reisebeschreibungen in russischer Sprache sind sämmtlich aus folgenden beiden Werken entnommen:

W. N. Chitrowo, Palaestina und Sinai, Th. 1, Lief. 1. Bibliographisches Verzeichniss russischer Bücher und Aufsätze über die heiligen Stätten des Morgenlandes, vorzüglich Palaestina's und des Sinai. St. Petersburg 1876.

S. Ponomarew, Jerusalem und Palaestina in der russischen Litteratur, Wissenschaft und Kunst (Materialien für Bibliographie). Beilage zum 30. Bande der Schriften der kais. Akademie der Wissenschaften, No. 1. St. Petersburg 1877.

Beide Werke erschienen in russischer Sprache. Zur Erklärung abgekürzter Citate stellen wir hier noch die ausführlichen Titel einiger Werke voran:

Fr. Bonifacius Stephanus, Liber de perenni cultu Terrae Sanctae. Venetiis 1875. 8°. Der Herausgeber Fr. Cyprianus de Tarvisio giebt im Anhang eine, freilich sehr ungenaue, Bibliographie.

Carlo Castellani, Catalogo ragionato delle più rare o più importanti opere geografiche a stampa che si conservano nella biblioteca del Collegio Romano. Roma 1876.

Richard Hakluyt, The principal navigations, voiages, traffiques and discoveries of the English nation. London 1598—1600. 3 voll.

Marcellino da Civezza, Saggio di bibliografia geografica, storica, etnografica Sanfrancescana. Prato 1879.

Sam. Purchas, Pilgrimes contayning a history of the world in sea-voyages and land-travels by Englishmen and others. London 1625, 4 voll.

Pietro Amat di San Filippo, Bibliografia dei viaggiatori italiani. Roma 1874.

Gottlieb Heinr. Stuck, Verzeichniss von alten und neueren Land- und Reisebeschreibungen. Halle 1784, 1787. 2 voll.

Studj bibliografici biografici sulla storia della geografia in Italia pubblicati per cura delle ... Società Geografica Italiana. Roma 1875. Parte I. Biografia dei viaggiatori italiani e bibliografia delle loro opere per cura di Pietro Amat di **S. Filippo**. Parte III. Opere geografiche esistenti nelle principali biblioteche governative dell' Italia per cura di **Enrico Narducci.**

Robert Watt, Bibliotheca Brittanica; or general index to british and foreign literature. In two parts. Edinburgh 1824.

1. C. 333. (T 5. TP 3). **Itinerarium a Bordigala Hierusalem**, herausgegeben von Tobler in: Itinera et Descriptiones Terrae Sanctae lingua latina saec. IV—XI exarata. Genevae 1877, I, S. 1—26 (vgl. I, S. XII—XV). — Vgl. Clermont-Ganneau, Observations sur quelques points des côtes de la Phénicie et de la Paléstine d'après l'itinéraire du Pélerin de Bordeaux, in: Bulletin de la soc. de géogr. Série VI, 10, S, 43—54. P. Wesseling, Diss. de itiner. et peregrin. Hieros., S. 537—547.

2. C. 339 (T 6). **Eusebios, Bischof von Cäsarea.** Onomasticon urbium et locorum Sacrae Scripturae: seu Liber de locis Hebraicis ab Eusebio Graece primum, deinde ab Hieronymo Latine scriptus. In commodiorem nunc ordinem redactus, et variis additamentis auctus opera Jacobi Bonfrerii Societatis Jesu. Parisiis, sumptibus Sebastiani Cramoisy, 1631, fol. Vgl. Castellani, Opere geografiche 1876, S. 15. Journal des Sav. Nov. 1707, S. 219. Le Clerc, Bibl. choisie, T. 13, S. 1.

3. C. 370. **Gregor, Bischof von Nyssa.** Epistola de euntibus Jerosolymas. Gr. Lat. cum notis per P. Molinaeum. Han. 1607. 8°. Epitre touchant ceux qui vont à Jérusalem. Watt 878n. De peregrinatione Hierosolymitana. Gr. Lat. 8°.

4. 386. **Paula et Eustochium,** De locis sanctis, in Tobler, Itinera I, 41—47; vgl. XVII.

5. 404. (TP 9). **S. Hieronymi** Peregrinatio S. Paulae, in Tobler, Itinera I, S. 27—40 (vgl. S. XVII). Auszug im Johanniterblatt der Ordensballey, Brandenburg 1864, no. 38 und 39. Die Reise des h. Hieronymus mit Paula und ihren Reisegefährtinnen nach den h. Orten im Jahre 385—388. In russische Sprache übersetzt von M. A. Ternowski in den Arbeiten der Kiewer geistl. Akademie 1869, I, S. 22—51; III, S. 23—44.

6. C. 440. (TP 10). **Eucherius,** De locis aliquibus sanctis, in Tobler, Itinera I, S. 49—59; vgl. S. XVII—XIX.

7. C. 460. Descriptio parrochiae Jerusalem in Itin. I, 321—327.

8. C. VI. Saec. Notitia Antiochiae et Hierosolym. patriarchatuum in Itin. I. 327—343; vgl. XLII—LII.

9. C. 530. (T 7. TP 11) **Theodosius**, De terra sancta, in Tobler. Itinera I. S. 61—89; vgl. XX—XXV, S. 353—360.**** Gilbertus Tilberiensis, Otia imperialia (Leibnitz, SS. rerum Brunsv. I, 948—955; II, 757-760) enthält eine Descriptio Terrae Sanctae secundum Theodosium.

10. C. 530. Breviarius de Hierosolyma in: Tobler, Itinera I. 55—59; vgl. XIX—XX.

11. C. 570. (T 8. TP 13). Eine neue Ausgabe des **Antoninus Martyr** in: Tobler, Itinera I. S. 89—138; vgl. XXV—XXX und S. 360****—391. Vgl. Ausland 1864, S. 72. — Hss. auf der königlichen Bibliothek zu Berlin (nicht, wie T. angiebt, auf der Universitätsbibliothek), ferner im Brit. Museum no. 15219, membr. s. XII 4°. (Neues Archiv f. ält. d. Geschichte IV. 1879. S. 351). Ueber d. Leben des A. vgl. Labbei Biblioth. mss. nova I. S. 686.

12. C. 670. (T 8. TP 15). Eine neue Ausgabe von **Arculf**, Relatio de locis sanctis, in Tobler, Itinera I. S. 139—202; vgl. XXX—XXXIV u. 392—418; ferner in Martial Delpit, Essai sur les anciens pélerinages à Jérusalem suivi du texte du pélerinage d'Arculphe. Paris 1870, 305—361. 8°. Eine Hs. d. 14. Jahrh. 130 Bll. 4°. fol. 44a—49 in der Wiener Staatsbibliothek (Tabulae I, no. 1712). — E. Charton, Voyageurs anciens et modernes II in: Nouv. Annales des Voyages 1855, II, S. 75. Legrand d'Aussy in: Mémoires de l'Institut. Sciences morales. V. S. 425.

13. C. 720. (T 10. TP 18). **Beda Venerabilis**, De locis sanctis, in Tobler, Itinera I, S. 211—240; vgl. XXXIV—XXXVIII. Ueber Hss. des Brit. Museum (no. 15219, membr. s. XII 4° und no. 22635 s. XIII—XIV) s. Neues Archiv f. ältere d. Gesch. IV, 1879. S. 351 und 366. In der Münchener Hs. (cod. lat. no. 629, 4°. s. XIII) folgt auf Beda (fol. 19—21): Itinerarium ad Hierosolymam per Hungariam etc., auf fol. 84: De locis sanctis, fol. 86: Bedae relatio de sepulchro Domini. Ein Auszug: De situ terre Hierosolumitatice (secundum) Bedam, Pergamenths. in 12° b. J. J. Smith, A catalogue of the manuscripts in the library of Gonville and Caius College, Cambridge 1849. no. 225.

14. C. 728. (T 10. TP 20). **Sancti Willibaldi** Vita sive hodoeporicon, in Tobler, Descriptiones Terrae Sanctae. Leipzig 1874. S. 1—56, 282—353. Itin. I, 241—299; vgl. XXXIX—XLIII. Vgl. Charton, Voyageurs anciens et modernes, in: Nouv. Annales des Voyages 1855. II. S. 76.

15. C. 808. (TP 24). Commemoratorium de casis Dei vel monasteriis, in: Tobler, Descriptiones. S. 77—85, 355—364, Itin. I, 299—305; vgl. XLIII—XLIV.

16. C. 865. (T 11. TP 24). **Bernardus Monachus**, Itinerarium, in Tobler, Descriptiones. S. 85—100, 393—403; Itin. I, 307—320; vgl. XLIV

—XLVII. Vgl. Mémoires de l'Institut. Sciences morales. V. S. 428. Eine Hs.: Descriptio locorum quae vidit Bernaidus sapiens, quando ivit in Jerusalem et rediit et de ipsa Jerusalem et de locis circa eam, in d. Bibl. Cotton. (Vitellius E, II, 1).

17. 1045—1065. Ein persischer Bericht über Jerusalem und seine Umgebung von **Nasir ad-din Khusru** ist im Journal of the Asiatic Royal Society 1873, S. 142—164 von Fuller übersetzt und herausgegeben. Am 30. October 1879 las Schefer in der Académie des inscriptions über diesen Bericht.

18. 1064. (T 12). **Ingulphus**, Abbas Monast. Croyland. Eine Beschreibung der Reise, welche er 1064 nach Jerusalem unternahm, ist kurz geschildert von ihm selbst in seiner Descriptio compilata (Fell, Rerum Anglicarum scriptores, I, S. 73 und 74); vgl. Röhricht, Beitr. II, S. 3—5.

19. C. 1095. Qualiter sita est Jerusalem in: Itinera I, 345—349; vgl. XLII—XLIV.

20. 1095—1120. (T 13). **Albert von Aachen** (nicht v. Aix); über die wichtigsten Handschriften vgl. die Nachweise in Hagenmeyer, Peter d. Eremite, Leipzig 1879, S. 332 f., auch 356 ff., wo überhaupt über alle Kreuzzugsschriftsteller des ersten Kreuzzuges wichtige kritische Bemerkungen sich finden und Rec. des hist. des croisad. Aut. occid. IV, 265—689. Ueber Albert vgl. auch Lersch im Niederrhein. Archiv 1843. — Ueber die Hs. des Brit. Mus. no. 25 440 näheres im Neuen Archiv f. ält. d. Gesch. IV. 1879. S. 372.

21. 1095. (T 12). **Fulcherius**, De expeditione Hierosolimitana usque ad captationem Hierusalem. Hs. in der Bibl. de l'Arsenal in Paris, vgl. Robert, Inventaire des Mss. S. 126; in Cambridge, Univers. no. 1801 (= 1786): De captione Jerusalem, mit Vorrede: Placet equidem vivis, prodest etiam mortuis — verba historica que secuntur declarabunt; ebendaselbst no. 2095 (= 2079): Historia Jerusalem, am Schluss unvollständig, saec. XII. Vgl. Neues Archiv f. ält. d. Gesch. IV, 1879. S. 390, 391. Die neueste Ausgabe erschien im Recueil des historiens des croisades, Auteurs occidentaux III, 311—487, wo auch Raymund, Tudebode, Gesta Francorum, Robertus Monachus sich abgedruckt finden (in Bd. IV, Baldricus, Guibert).

22. 1095—1099. (T 12). Passagium **Godefridi** . . . in Terram Sanctam auctore Roberto Rhemensi. Defecte Hs. des 15. Jahrh. in der Dombibl. zu Trier (no. 76 olim 81). — Narratio profectionis Godefridi ducis ad Jerusalem Anno ab inc. d. n. J. Chr. 1096 in mense Marcio post concilium Alverninum cum luctu plurimorum. Hs. zu Oxford, Laud. 633 (olim G. 85) fol. 98—107, hinter d. Annales Palidenses. Vgl. Neues Archiv f. ält. d. Gesch. 1878. IV. S. 29. — Itinerarium Ierosolimitanum seu narratio historica expeditionis per Godefridum et Balduinum Bullonis etc. susceptae. Hs. im Escurial: d. III.

11. Pergament, 13. Jahrh. — Historia Hierosolimitana. „Hie hebt sich an gar ain schöne und warlicke hystory von den Türcken und wie man zu dem hailligen grabe zogen" etc. Hs. no 22622 vom Jahre 1471 im Brit. Museum; vgl. Neues Archiv f. ält. d. Gesch. IV. 1879. S. 366.

23. 1095—1099. (T 12). **Peter Tudebode.** Ausgabe im Recueil d. hist. des croisades. Hist. occid. III, 1—119. Mit einem Plan von Jerusalem. Mémoires de l'historien Pierre Tudebode sur son pélerinage à Jerusalem. Traduits du latin. Avec notes, table des noms ... par Stephen de Guy. Quimper 1878. 8°.

24. C. 1096. **De via Hierosolimitana.** Hs. d. 12. Jahrh. in Cheltenham (Bibl. von Sir Thomas Philipps, no. 21562). Incipit: Anno ab inc. D. n. 1096 Henrico imp. regnante in Alemannia, Philippo rege in Francia, Alexi in Gretia etc. Darin Folioblatt mit dem Plan von Jerusalem und nächster Umgegend. Vgl. Neues Archiv f. ält. d. Gesch. IV. 1879. S. 607.

25. 1102. The voyage of **Hardine** an Englishman, and one of the principall commaunders of 200 sayles of Christians ships, which arrived at Joppa 1102. Hakluyt II. 12.

26. 1103—c. 1180. (T 14). Das Urkundenbuch der heiligen Grabeskirche, ed. de Rozière, hat an einzelnen Stellen Erklärungen gefunden (Johanniterblatt der Ordensballey Brandenburg 1864. S. 312 ff; Sepp, Jerusalem u. d. heilige Land. 2. Aufl. II, 197 ff.). Ausser dem Codice diplomatico von Paoli nennen wir als wichtige exegetische Materialien für die Identificirung der betreffenden geographischen Orte besonders Strehlke, Tabulae ordinis Teutonici. Berlin 1869. 1—129 (vgl. Prutz: Die Besitzungen des deutschen Ordens im heil. Lande 1877, und G. Rey, Recherches géographiques et historiques sur la domination des Latins en Orient. Paris 1877). Endlich verdienen auch die auf das heilige Land bezüglichen Urkundensammlungen der venetianischen (ed. Tafel u. Thomas in: Fontes rerum Austr. XII—XIV) und genuesischen Geschichte (Mon. histor. patriae) wohl auch der Erwähnung.

27. 1107. A voyage by sea of Englishmen, Danes, and Flemings, who arrived at Joppa in the holy land, the seventh yeere of Balwine the second. Hackluyt II. 13—15.

28. 1113—1115. (T 14). **Abt Daniel.** Andere Ausgaben der Reisebeschreibung D.'s in den Erzählungen des russ. Volkes, II, Buch 8, St. Petersb. 1849; bei N. Subbotin, Geschichten von alten russischen Pilgern, in der russischen Zeitschrift „Der Schneemann" 1858, no. 7; 1859, no. 2, 4, 6; Einzelausgabe, Moskau 1863, 212 SS.; ferner durch Norow für die archeographische Commission 1864. Mehr als 40 Hss. sind vorhanden. Vgl. noch Moskauer Journal der Volksbelehrung XXIII. 1839. Makarius. Gesch. d. russ. Kirche II. S. 132—138.

29. C. 1137. **Petrus Casinensis** diaconus, Liber de locis sanctis. Hss. zu Monte Casino und Neapel. Ausgaben bei Martène, Ampl. coll. VI,

789—791, bei Tosti, Storia della badia di Monte Cassino Napoli 1842, II, 121—129, in Migne, Patrologia 173, S. 1115—1134 und von Comte Paul Riant Neapoli 1870. Vgl. auch Bibl. de l'école des chartes 1870, S. 370. P. schreibt meist wörtlich Beda aus.

30. C. 1145. **Innominatus VII**, Descriptio Terrae Sanctae, in Tobler, Descriptiones S. 100—108, 409—415.

31. C. 1150. (T 14). **Innominatus VI** (Pseudo Beda) von Neumann herausgegeben in der Oesterreich. kathol. Vierteljahrsschrift 1868, S. 397—438.

32. C. 1150. Abt **Euphrosinius** († 1173); seine Reise nach Palaestina etc. in russischer Sprache enthalten in Sacharows Reisen der Russen 1839 und Erzählungen des russischen Volkes 1849. Weitere Berichte im Legendenbuch des Makarius und in den Denkmälern der alten russischen Literatur. IV. 172—179.

33. C. 1150. (T 16). Ein Wiener Codex saec. XIII, 45, 8°. (Histor. eccl. 154, S. 8a—18 b) des **Fretellus-Eugesippus** enthält auch: Descriptio urbis Hierosolymorum (Tabulae I, S. 105—106, no. 609). Daran schliesst sich eine Descriptio Palaestinae (incipit: „In superiore libro de situ sancte, — explicit: post veram penicenciam potuit." Sonst vgl. über Fretellus noch Laurents Nachträge in Naumanns Serapeum 1867, S. 300 und Thomas in den Sitzungsberichten d. bayr. Acad. 1865, II, S. 142.

34. 1160—1173. (T 17). Von **Benjamin von Tudela** giebt es auch eine Ausgabe Antwerpen (Plantin) 1575 (vgl. W. Schmidt, Antiquar. Catalog no. 394, Halle 1878, S. 19); der Titel der Ausgabe von 1774 lautet genau: Benj. Tudelensis itinerarium ex versione R. A. Montani; subjectae sunt descriptiones Meckae et Medinae Alnabi, ex itineribus L. Vartomanni et Job. Wildii praem. nonnullae notae Constantini. Eine französische Ausgabe, Amsterdam 1734, 8°, bei Bonifacius Stephanus, S. 289. Die holländ. Uebersetzung von Keijzer erschien (nach Harassowitz, Antiquar. Catalog, no. 56, 1879, S. 22) 1846. Sonst siehe über ihn Zunz, Geograph. Literatur der Juden, no. 39. Rabbi Benj. Reise nach der Oase in J. Ch. von Montbron, Essais sur la litterature des Hébreux, Paris 1819, ist eine unschuldige Fiction; vgl. Zeitung des Judenthums 1841, no. 19. Ausgaben seines Reisewerks siehe bei Steinschneider, Catalog. Bodlej., S. 793; Benjacob, Thesaur. libr. Hebr., S. 346, no. 1620—1627; Hebr. Bibliogr. III, 45.

35. 1165. (T 17). **Johannis Wirziburgensis** descriptio Terrae Sanctae, neu herausgegeben von Tobler, Descriptiones, S. 108—190; vgl. S. 415—426.

36. 1165. **Mose ben Maimon** (Ibn Abd Allah Musa), bekannt unter dem Namen Maimonides, zog um 1165 von Maghrib über Palaestina nach Aegypten; vgl. Zunz, no. 42; Steinschneider, Catalog. Bodlej., S. 1861 ff. Ein eigentlicher Reisebericht liegt nicht vor; sein bekanntes Gesetzwerk und sein Commentar zur Mischnah behandeln aber die das Land, den Tempel etc. betreffenden Gesetze.

37. C. 1170. (T 17). **Epiphanius,** *διήγησις* ist nach dem Cod. Vat. membr. S. XIV, no. 443 herausgegeben in Alb. Dressel, Epiphanii Monachi et Presbyteri Edita et Inedita. Paris und Leipzig 1843, S. 1—12. Neu publicirt von Paul de Lagarde in s. Symmicta, Bd. 2. Vgl. noch Philaret, Journal d. russ. geistl. Literatur, I, 121.

38. C. 1170. **Johannes,** Erzbischof von Nowgorod († 1186), Reise nach Jerusalem in russischer Sprache. Vgl. Legendenbuch des Makarius und des Miljutin, ferner Philaret, Russische Heilige 1865, S. 1520.

39. C..1172. (T 18). Zu **Theodericus** ed. Tobler, vgl. Ausland 1865, S. 357.

40. C. 1175—1180. (T 19). **Petachia.** Vgl. Zunz, Geography of Palestine in Asher, Benjamin of Tudela, II, S. 393 und Zunz, Gesamm. Schriften, II, S. 265. Nouv. Annales des Voyages, Ser. III, 1839, Tome 1, S. 350—354. Steinschneider. Catalog. Bodlej., S. 2095. Seine Reisenotizen wurden von R. Jehuda b. Samuel in Regensburg aufgezeichnet. Eine jüdisch - deutsche Uebersetzung erschien Wilmersdorf 1736; neuere Ausgaben (Benjacob, Thesaurus, S. 407, no. 3—8): Zolkiew 1772, 1792, Sklow 1817, Lemberg 1859 (mit deutscher Uebersetzung von Ottensosser, Fürth 1844). Sonst werden auch Ausgaben: Altona 1770 und Livorno 1856 genannt.

41. C. 1180. **Gilion de Trasegnies,** reiste nach Jerusalem, wo er 1187 starb. Ueber ihn existirt ein Ritterroman: Histoire veritable de Gilion de Trasignies, Brux. 1703. Vgl. über ihn: Le livre de Baudoyn, comte de Flandre, suivi de fragments de Trasignyes, publié par MM. Serrure et Voisin. Brux. 1836. Le Mayeur, Gloire belgique II, S. 357. St. Genois, Voyageurs belges I, S. 19; Röhricht, Beiträge II, S. 395.

42. C. 1184—1185. (T 20). **Wilhelm, Erzbischof von Tyrus.** Guilelmi Archiep. Tyrensis de Expeditionibus . . . Palaestinis ex recensione Bongarsii: auf der Zeitzer Stiftsbibliothek mit der handschriftlichen Bemerkung: Caspar Barthius id opus ad vetus Ms. exemplar exegit et animadversionum libro illustravit adjecto glossario. Additae aliquot machinarum figurae. — Die Ausgabe Basel (1549): opera Philiberti Poyssenoti. Ebendaselbst: una cum continuatione totius de bello sacro historiae. Cum praefac. Henrici Pantaleonis atque ipsius Authoris vita 1564. Die Ausgabe im Recueil des histor. erschien 1844, eine Fortsetzung in sechs Büchern von Basil. Jo. Herold, Basil. 1560, fol. Französisch: Histoire de facts et gestes dans les régions d'outre mer. Trad. en langue fr., publ. par Guizot (in dessen Memoirensammlung, T. 16—18), Paris 1824. Eine Fortsetzung (in derselben Memoirensammlung) von Bernard le Trésorier. En vieux français avec la traduction en français moderne. Publ. par Guizot, Paris 1824. Chronique d'Ernoul et de Bernard le Trésorier, publiée pour la première fois d'après les manuscrits de Bruxelles, de Paris et de Berne, avec un essai de classification des continuateurs de Guillaume de Tyr par M. L. de Mas-Latrie. Paris 1871, 8°. Guillaume de Tyr et ses continuateurs. Texte français du XIIIe siècle, revu et annoté par Paulin Paris, Tome I, Paris 1879, 4°.

Italienisch: **Guglielmo de Tiro**, Historia della Guerra sacra . . . tradotta in lingua italiana da Gioseppe Horologgi. Venetia 1562, 4⁰. L. Streit, De rerum transmarinarum qui Guilelmum Tyrium excepisse fertur gallico auctore specimen. Gryphiae 1861, 8⁰.

43. C. 1185. (T. 20). **Innominatus VIII**, De terra ultra maria in Tobler, Descriptiones, S. 193—197, 449—451.

44. C. 1187. (T 21). **La citez de Jherusalem**, in Tobler, Descriptiones, S. 197—223, 452—462.

45. C. 1187. (T 22f). Der am besten von Thomas herausgegebene **Tractatus de locis et statu terrae sancte** ist die Quelle für viele spätere Darstellungen der Geschichte des Königreichs Jerusalem geworden (z. B. Tucher 360—361a; Felix Fabri II, 262 ff (wo jedoch noch andere Nachrichten mit verwertet sind), Gumpenberg (siehe oben S. 118—119, wo die Geschichte über 1189 hinaus vervollständigt ist), Rauchwolff, S. 335—336 (vgl. Hoffmann Scriptt. rerum Lusat. I, 372, 379; II, 16, 122), Purchas, His pilgrimes in five books. London 1625, S. 1189 ff., wo Matthaeus Paris allerdings mehr in den Vordergrund tritt).

46. 1191. **De recessu Philippi regis Franciae de Accon et de itinere suo**, ein sehr genaues und wertvolles Itinerar von Akkâ bis Paris bei Benedict von Peterborough II, 192 ff, auch bei Roger de Hovedene III, S. 155—165.

47. 1191. (T 23). Das **Itinerarium Peregrinorum et Gesta regis Ricardi** auctore, ut videtur, **Ricardo**, canonico Sanctae Trinitatis Londoniensis (von Tobler s. voce Walther Vinsauf citirt) erschien als erster Band der: Chronicles and memorials of the reign of Richard I, vol. I, herausgegeben von Will. Stubbs. London 1864.

48. 1210. (T 23). **Samuel ben Simson**, ein kurzer hebräischer Bericht über eine Pilgerfahrt zu den Gräbern in Palaestina aus dem Codex de Rossi no. 563, abgedruckt in: „Ozar tob', herausgeg. von Berliner und Hoffmann 1878, S. 35—38. Der Verfasser war nach der Ueberschrift ein Begleiter, nicht, wie Zunz (Geogr. Literatur der Juden no. 44) meint, ein Vorläufer, des Jonatan Kohen aus Lunel; Steinschneider, Catalog. Bodlej. S. 2480 und 2641 möchte fast vermuten, dass Samuel ein Sohn des Simson ben Abraham aus Sens war, der zu derselben Zeit nach Palaestina wanderte. Zum Texte vgl. die Noten im Magazin ed. Berliner III, S. 157—159 und S. 218; in Ugolini Thesaurus antiquit. sacrarum VII, S. 250 steht Samuelis Sancti Itinerarium hebraicum et latinum (ob mit dem unsrigen identisch?).

49. C. 1210. (T 23). **Jacobus de Vitriaco**, Historia Ierosolimitana abbreviata. Hs. des Brit. Mus. no. 22 800, chart et membr. a. 1448, früher S. Jacobi Leod. Fol. 83: Historia facta per magistrum Thadeum civem Neapolitanum de desolacione et conculcacione civitatis Acconensis et tocius Terre Sancte (dieses letztere Werk gab Comte P. Riant, Genevae 1878, heraus). Andere Hss. in Oxford, Maria Magdalen. no. 43, in Cambridge,

Univers. no. 17, Fol. 184—236 und no. 1774. Vgl. Neues Archiv f. ält. d.
Gesch. IV. 1879. S. 367, 387, 388, 390. — Französisch in Guizots Memoirensar lung T. 22. Paris 1825. Einige Briefe des J. gab St. Genois in d.
No.. Mém. de l'acad. de Bruxelles XXIII, 29—42; dass das dritte Buch der
Historia orientalis des Pseudo-Jacobus mit der Historia Damiat. identisch
ist, haben Comte Riant, Haymarus Monachus 63, Note 2, und Zarncke, Der
Presbyter Johannes, in d. Sitzungsberichten der Königl. Sächs. Gesellsch. d.
Wissenschaften 1875, 138—148 gezeigt. Ueber die Person und Geschichte
des J. vgl. Histoire litteraire de France XVIII, 209—246; Matzner, De Jacobi Vitriac. vita Monasterii 1863.

50. C. 1212. **Hillel** aus Palaestina verfasste eine Reisebeschreibung, von
welcher sich nur ein hebr. Citat von 4 Zeilen erhalten hat (Zunz, Geogr.
Lit. der Jud. no. 43). Derselbe ist vielleicht identisch mit Hillel ben Eljakim, der in Griechenland oder Unteritalien lebte (Steinschneider in Geigers
jüd. Zeitschr. X, 316 und dessen Hebr. Bibliogr. XVIII, 131).

51. 1215. Der an den Papst Innocenz über die politischen Zustände
des Orients von den Templern erstattete Bericht (Hopf, Chroniques Gréco-Romanes, S. 29—34; vgl. Comte Riant, Haymarus Monachus ed. 1866, S. 63;
Röhricht, Beiträge II, 258, Note 20) enthält manches über die Geographie
des heiligen Landes und Aegyptens.

52. 1216. **Jehuda al-Charisi b. Salomo** verweilte auf seinen Reisen
1216 einen Monat in Jerusalem (Zunz, no. 45; vgl. Steinschneider, Catalog.
Bodlej. S. 1307 ff. u. Addenda). Aus seinen später compilirten Makamen:
,Tahkemoni' 4°, Const. 1578, Amstelod. 1729, 8°, Wien 1854 siehe einzelne
Mitteilungen in Steinschn., Hebr. Bibliographie XIII, 88 ff.; in Cap. 28.
„Vom Lobe Zions und Jerusalems" wird das Jahr 1216 genannt.

53. 1217. (T 14). Zu Magister **Thietmar** vgl. Forschungen zur
deutschen Geschichte 1874, S. 153—156; Hänselmann in der Zeitschrift für
Niedersachsen 1875, S. 127, Note. Aus dem bisher noch unbekannten Oosterwycker holländischen Codex des Thietmar, welcher im Allgemeinen kürzer,
an einzelnen Stellen aber weit ausführlicher ist, als die von Laurent besorgte Ausgabe, hat Hezenmans in: De Dietsche Waranda, Amsterd. 1875,
S. 360—368 einige Auszüge gegeben.

54. 13. Jahrh. Der h. **Sawwa**, der erste serbische Bischof, († 1237)
reiste im 13. Jahrh. in das h. Land. Ueber seine Reise vgl. das grosse in
russischer Sprache geschriebene Legendenbuch der h. Märtyrer, 14. Jan. und
P. Kasansky, Leben des h. Sawwa, in russischer Sprache in der Beilage zu
den Werken des h. Väter. Mosk. 1849. VIII, 252.

55. C. 1220. (Ob mit der von Tobl. 25 citirten Hist. Hier. verwandt?)
Historia Hierosolymitana abbreviata in qua etiam agitur de Arabibus, Mahomede ejus origine vita, doctrina et morte, de Turcomanis, de Assassinis, de
diversis arboribus, animalibus et lapidibus pretiosis in partibus Orientalibus,
de Scriptura Dyndami ad Alexandrum Regem, de Bragmanis, multisque

aliis ad Orientem et Aegyptum spectantibus: Capitulis XCVIII: in der Biblioth. Cotton. Galba E. XI, 2.

56. 1226. (T 25). **Jean de Joinville**, Histoire de S. Loys. Nouvellement mise en lumière, avec diverses pièces ~1 mesme temps . . par Claude Menard. Paris 1617. Mit 2 K. 4°. Memoires de Jean Sire seigneur de Jonville, sous le règne de St. Louys. Avec la généalogie de la maison de Bourbon. Paris 1666. 8°. Dass. Augmentés d'un recit de la sepulture de S. Louys, et de l'abrégé de la vie . . de la reine Marguerite. s. l. 1667. 12°. Histoire de S. Louys. Enrichie de nouvelles observations et dissertations hist. Avec les Etablissemens de S. Louys, le conseil de Pierre de Fontaines, et plus autres pièces concernant ce règne, tirées des mss. Par Charles Du Fresne, sieur du Cange. Paris 1668. fol. — Histoire etc. Les annales de son règne, par Guillaume de Nangis. Sa vie et ses miracles, par le confesseur de la reine Marguerite. Le tout publié d'après les mss. de la bibl. du Roi, et accomp. d'un glossaire. (Edition préparée par Anicet Melot, publiée enfin par Jean Capperonnier. Paris 1761. fol. Memoires Paris 1785 in der Collection universelle des mémoires relatifs à l'hist. de France. T. 1. 2; ferner herausgegeben von Petitot in s. Collection des memoires T. 2. Paris 1819; von Michaud und Poujoulat. Nouvelle collection des mémoires T. 1. Paris 1836; von Francisque Michel. Paris 1858. Précédés de dissertations par Ambr. Firmin Didot et d'une notice sur les mss. par Paulin Paris. — Oeuvres, comprenant l'histoire de St. Louis, Le Credo et la lettre à Louis X . . publ. par Natalis de Wailly, Paris 1867 8° und 1868 8°. Histoire . . Text et traduction par Nat. de Wailly. Paris 1874. 4°. — Uebersetzungen: Cronica de San Luis . . traducida al castellano por Jacques Ledel. impresa 1567 y ahora nuevamente publicada por D. Jos. Cornide de Saavedra. Madrid 1794. 4°. La sesta crociata ovvero l'istoria della santa vita e delle grandi cavallerie di re Luigi IX . . scritta già da Giov. di Gionville . . ed ora recata . . nel volgare di si. Bologna 1872. 8°. Denkwürdigkeiten in Schillers Memoirensammlung I. 4. Jena 1790. Geschichte Ludwig des Heiligen. Deutsch von N. Driesch. Trier 1853. 8°.

57. 1240. **Roberto o Guido di Pugli**. Itinerarium factum per Patriarcham Jerosolimitanum de mandato Domini Innocentii Pape tercii tunc volentis expugnare Saracenos pro liberatione terre sancte nec non vita et mores ac civitates saracenorum ipsorum. Hs. des XIV. Jahrh. in Mailand. De situ civitatum Egypti regalium, de caeteris urbibus ac locis Judeae de Patriarchatu Jerusalem et Yconia etc. Hs. des XV. Jahrh. in Padua. Vgl. Studi bibliografici I, S. 9, III, no. 84, und oben no 51.

58. C. 1244. (T 25). **Matthaeus Paris**. Historia major, Ausgaben: London 1571, 1640, 1684. Chronica majora, von Luard herausgegeben, London 1872 ff.

59. C. 1250. **Vincentius Bellovacensis**, Speculum historiale (edit. Duaci 1624) handelt in Lib. XXXI, Cap. 59—66 über Palaestina.

60. C. 1250. **Martinus Polonus** schrieb eine Descriptio terrae sanctae.

Vgl. Fabricius, Bibliotheca latina V, 43. Ueber Hss. vgl. Neues Archiv f. ält. d. Gesch. 1879, S. 33 und 393.

61. 1258. (T 26) **Jacob** (aus Paris?). Zu seinem Reisebericht (über dessen verschiedene Ueberschriften in den Handschriften, Paris 312, Sorbonne 222; siehe Hist. litt. de la France XXI, 507, Carmoly 243b, 272b); vgl. Tour du monde, Paris 1831, S. 57, 96, 110; Rélation d'Eldad ibid, 1838. S. 9; über die Person des Verfassers Zunz Geogr. Literat. no. 47; Steinschn. Catalog. Bodlej. S. 1246 und 2694; Hebr. Bibliogr. XVI, 107.

62. 1263—1291. (T 26). **Philippus**, Descriptio terrae sanctae, herausgegeben von Neumann in: Oesterr. kathol. Vierteljahrsschrift 1872. S. 1—79. 165—209.

63. C. 1268? **Mose b. Nachman Gerondi** (aus Gerona in Palaestina), bekannt unter dem Namen Nachmanides, giebt in seinem Pentateuch-Commentar Nachrichten von Jerusalem, von Rahels Grab, Kutha und hebr. Münzen; vergl. Zunz no. 48; Steinschneider, Catalog. bibl. Bodlei.. S. 1950.

64. C 1283. (T 27). Zu **Burchardus de Monte Sion** vgl. Junkmann in der Zeitschrift für kathol. Theol. Münster 1852, S. 167—170; Histoire litt. de France XXI, S. 295 und 838. Eine bisher unbekannte und unbenutzte Handschrift des XIV. Jahrh. enthält der Codex no. 17 der Bibliothek des Gymnasium Josephin. zu Hildesheim. Eine andere Hs. in gespaltenen Columnen, auf Pergament und Papier geschrieben, bewahrt die Kirche zu St. Marien in Danzig: Burchardus, Liber de terra sancta, quam ipse perambulavit et vidit. Eine Collation der Baseler Hs. ist mitgeteilt von Laurent im Intelligenzblatt zum Serapeum 1868, no. 1—3. Ueber die Brüsseler Hs. vgl. Catalogue des manuscr. de la bibl. des ducs de Bourgogne. T. II, 1. Brux. 1842, S. 80. Eine der von Tobler citirten Breslauer gleiche oder ähnliche Hs. bewahrt die Wiener Staatsbibliothek no. 9530 (Tab. VI, S. 55), Papier, 16. Jahrh. 68 Bll., 1a—61a. Incipit: Cum in veteribus historiis —, explicit: — bona fide et charitate perfecta. Vielleicht ist die S. 62a—65b stehende „Brevis descriptio T. Sanctae" damit verwandt; incipit: Si quis de Joppe in Jerusalem —, explicit: — exhibent Sarracenis. Vgl. auch Hs. no. 1628 (membr. saec. XIV, 1a—21b) und no. 4739 (chart. saec. XV, 104a—123b, 124—127 vacant) derselben Bibliothek. Eine Hs. aus dem Ende d. 15. Jahrh. Pergam., Fol. in der Bibl. Libri: Descriptio seu declaracio Terre Sancte et civitatum vicinarum et remotarum et regnorum quasi tocius orbis. Ego frater Brocardus Theutonicus ordinis Predicatorum . . . . : vgl. Neues Archiv f. ält. d. Gesch. IV, S. 619. Ueber eine Hs. in Padua vgl. Narducci, Studj bibliografici III, no. 153.

Ausgaben: 1537 Antwerpen (Tobler hat 1536); 1587 herausgegeben von H. Meibom, Magdeburg b. Paul Donatus; 1717 mit Fr. Halmae Dictionar. geograph. super terra Canaan. Leovard. fol. Uebersetzungen: Nürnberg 1583 und Frankfurt 1629. Verbesserungen und Notizen zu Toblers Ausgabe sind von

Laurent im Serapeum 1867, S. 300 ff. mitgeteilt; dazu Ausland 1865, S. 85; vgl. noch Quetif. SS. Ord. Praedicatorum I, S. 391 ff.; Voss. de hist. latin. II, 6, S. 446; Oudin, Epist. de vita et scriptis Burcardi Argentin., bei Canisius. Antiquae lectiones IV. Struve, Acta litt. I, 6, S. 67. Grässe, Literärgeschichte III, S. 768. Castellani, Opere geografiche, S. 13.

65. 1283. (T 29). Das von Tobler citirte Advis directif pour faire le passage d'oultre mer, welches **Brocard** 1332 dem König Philipp von Frankreich überreichte, ist, französisch von Miélot übersetzt, vollständig herausgegeben von Baron von Reiffenberg in Le chevalier au cygne I, 227—312 (Monum. pour servir à l'hist. des provinces de Namur etc. Brux. 1846, IV.). Brocardus, Liber de Terra Sancta: Hs. im Brit. Mus. no. 18929, membr. s. XIV, früher S. Petri Erford., hier dem Hermanus Macre zugeschrieben; vgl. Neues Archiv f. ält. d. Gesch. IV, 1879, S. 359.

66. C. 1294. (T 50). Zu **Ricoldus de Monte Crucis** vgl. Steinschneider, Polemische Literatur der Juden in: Abhandlungen für die Kunde des Morgenlandes, Leipzig 1877, S. 226, und die altfranzösische Ausgabe bei Louis de Backer, L'extrême Orient, Paris 1877, S. 256—333. Studj bibliografici I, S. 26.

67. C. 1300. (T 31). **Haithon**, Historia orientalis in altfranzösischem Text veröffentlicht in Louis de Backer, L'extrême Orient, S. 125—253. Eine ital. Uebersetzung in Ramusio Navigationi 1583, Tom. 2. Flos Historiarum Partium Orientis Haithoni Armeni et alia. Papierhs. aus der Mitte des 15. Jahrb. in der Bibliotheca Rehdigeriana in Breslau, no. 60 in Fol. (Darin auch enthalten: Situs et descriptio Terrae Hierosolymitanae und Descriptio Terrae Sanctae). — Andere Hss. von Haithon, Orientis flos historiarum auf der Wiener Hofbibliothek X, 102 und DCCXX. 77; in Cambridge, Univers. no. 17, Fol. 421 und no. 1429, Gg. I, 34, membr. s. XIV; vgl. Neues Archiv f. ält. d. Gesch. IV, 1879, S. 388 und 389. — Haithonus ord. S. August., Historia terrae et partium Orientis dictata primum gallico sermone translata postea per Nicol. Falconi in Latinum 1307. Papierhs. des 14. Jahrb. im Escurial Q. II, 21. — Ramo de flores en el qual se contienen varias autorid. de la Escritura y Santos Padr. para gobernar bien los reynos y comun. Flor de las historias de Oriente en que habla de su situation, reyes, costumbres etc. en fra*·*es pr. Ayton hermano del rey de Armenia por mandado del Papa Clemente V mandado escribir por D. Fr. Joan Fernandos de Redia, trad. al cast. por Nic. Falcon de Coll; con pinturas, comprende ... el pasaje a la tierra santa. Pergamenths. d. 14. Jahrb. im Escurial (Z. I, 1). Eine französ. Hs. in der Bibl. nationale zu Paris; vgl. L. Pannier in d. Biblioth. de l'école des chartes, 1874, S. 93—98; eine andere im Brit. Museum no. 17971: Le livre de la fleur des hystoires de la terre d'Orient 1307; vgl. Neues Archiv f. ält. d. Gesch. IV, 1879, S. 357. Zwei Wiener Hss. no. 2620 (Tab. II, S. 107) des XV. Jahrh., 76 Bll. Le livre de la fleur ... und no. 2623 (Tab. II, S. 108) des XIV. Jahrh., 80 Bll. 4" mit colorirten Abbildungen: Le livre de la fleur des histoires ... — Vgl. Me-

moires de l'Institut. Sciences morales V. S. 443. Castellani, Opere geografiche, S. 187.

68. C. 1300. (T 31) Der unter dem Namen **Dimashki** bekannte arabische Geograph heisst ursprünglich **Schems ed-dîn Abu Abdallah Muhamed**, wie Mehren in seiner Studie angiebt.

69. C. 1310. (T 32). **Marinus Sanutus**, Liber secretorum. Hss. nennt Narducci, Studj bibliografici III, no. 46 in der Bibl. Mediceo-Laurenziana in Florenz, no. 106 in der Bibl. Nazionale in Neapel, no. 233 und 241 in der Marciana in Venedig.

70. 1314. (T 33). **Esthori b. Mose ha-Parchi**. Ueber seine Person vgl. Zunz no. 52. Die erste Ausgabe erschien um 1547—49 (Steinschn. Catalog. Bodlej. 973 und Additam. 2859). Auszüge gab Zunz auch in Gesamm. Schriften II, 265.

71. C. 1320. (T 34). **Odoricus**, De mirabilibus mundi, in französischer Ausgabe aus dem Pariser Codex 2810 bei Louis de Backer. L'extrème Orient. S. 1—123. — Handschriften des O. zu Nürnberg (Ms. Norimb. publ. no. 4 Fol.), Donaueschingen (no. 482) und Nicolsburg (Archiv f. österr. Gesch. XXXIX, S. 492). Die Angabe Dudiks ebendaselbst (S. 516), dass in Kremsmünster noch eine andere Hs. liege, hat sich nach directer Erkundigung der Herausgeber als unrichtig herausgestellt. — Ueber Hss. in Italien (eine in Mailand, zwei in Venedig, zwei in Rom, eine in Florenz, zwei in Lucca) vgl. Amat di S. Filippo in Studj bibliografici I, S. 34, Narducci ebendas. III, no. 60, 77, 200, 201, 234, 244, sonst noch Neumann in der Oesterr. kathol. Vierteljahrsschrift 1872, S. 6 ff; Jahrbücher f. deutsche Theologie 1877. Vita e viaggi del beato Oderico da Udine per Basile Asquini. Udine 1737, 8°. Elogio storico alle gesta del beato Odorico dell' ordine de' Minori conventuali con la storia da lui dettata de' suoi viaggi asiatici illustrata da un religioso dell' ordine stesso (Giuseppe Venni). Venezia 1761, 4°. Odericus de rebus incognitis, tradotto per opera di Pontico Virunnio. Pesaro 1513, 4°.

72. 1320. (T 33). **Franciscus Pipinus**, De locis terrae sanctae per ipsum visitatis. Hs. in München cod. lat. no. 249 s. XV, fol. 191—195.

73. 1322. **Symeon Symeonis**, Itinerarium, ed. Jacob Nasmith Cantabrig. 1778, schildert die Reise von London über Alexandria nach Cairo (S. 1—67), von da über Gaza nach Hebron und Jerusalem (S. 67—73), bricht aber leider mitten in der Schilderung der heiligen Stätten plötzlich ab.

74. 1324. **Fr. Francesco Giorgi** da Venezia (alias Paolini), Libro della Terra Santa scritto nel 1324 (inedito). Bonifacius Stephanus, S. 298.

75. 1324. (T 35). Viagens extensas e dilatadas do celebre Arabe Abu Abdallah, mais conhecido pelo nome de **Ben-Batuta**, traduzidas por José de Santo Antonio Moura. 2 voll. Lisboa 1840. 1855. — Herman Almquist. Ibn Batûtahs Resa genom Maghrib. Akademisk Afhandling. Upsala 1866.

76. 1332. (T 35). **Wilhelm von Boldensele**; zur Geschichte des Textes vgl. Reiffenberg, Le chevalier au cygne (Monuments pour servir à l'histoire de Namur) I, S. 277, Note. Ueber das Geschlecht der Boldensel , vgl. Lüneburger Urkundenbuch XV. A (Urkundenbuch von Walesrode), S. 52, Note: Calenberg. Urkundenbuch I, S. 26, 35, 41. Die Hs. in Giessen no. 159, cod. chart. saec. XV, foll. 142 enthält auf Bl. 2—12: Guilielmi Bolen · Celei. Equitis aurati Hierosolymitani, De partibus ultramarinis et de Terra Sancta. Eine Hs. in d. Bibl. Cotton. (Otho D. II, no. 4): Traicté de l'estat de Terre Sainte . . . fait par Guill. de Bondeselle anno 1336 et translaté par le mesme. Vgl. Canisius, Thes. monum. ed. Basn. IV, S. 331—357. Vivien de St. Martin in: Nouv. Annales des Voyages 1853, I, S. 38. (Darnach reiste W. v. B. 1334 und schrieb 1336 sein Buch).

77. 1335. Viaggi in Terrassanta descritti da un Anonimo trecentista e non mai fin qui stampato. Napoli, stamperia del Fibreno 1862, 8°. Nach einer Hs. in Bologna. Amat di S. Filippo, Studj I, S. 37. Vgl. unter Pogibonsi.

78. C. 1336. (T 36). **Joh. von Maundeville**. Latein. Hss. zu Bonn: Itinerarium domini Jo. de Mandevilla . . . cum libello, qui dicitur ymago mundi; zu Coblenz unter den Mss. Görresianis der Gymnasialbibliothek, 4°. Papier, 71 Bl., aus dem 15. Jahrh.: Itinerarius a terra Anglie in partes Iherosolimit. . . . editus primo in lingua Gallicana a Milite suo autore anno .. millesimo trecentesimo quinquagesimo quinto in civitate Leodiensi et paulo post hec in eadem civitate translatus in hanc formam latinam; zu Düsseldorf: Itinerarius magistri Joh. de Mandevelt ad Iherosolimitanas et ulteriores partes transmarinas, qui obiit Leodii anno d. MCCCLXXXII; in der Bibl. Harleian. no 175 in 12°: Itinerarium D. Johannis de Maundeville de Mirabilibus Mundi; in der Biblioteca Nazionale in Neapel, vgl. Narducci, Studj bibliografici III, no. 128. Deutsche Hss. in Halle, Coblenz (no. 33 der Mss. Görresian.), Idstein (vom Jahre 1322; Cod. chart. B 25, Fol. 1—73). Lübeck (Fol. no. 63 b), Prag (Lobkowitzische Bibliothek, vergl. Serapeum 1867, S. 321—323). Niederdeutsch in Soest. Spanische Hs. im Escurial, Cod. membr. saec. XIV. M III. 7: Viaje del mundo . . . . Italienische Hss. (2) in der Biblioteca Riccardiana in Florenz, in Lucca, Mantua und Parma (Narducci a. a. O. no. 55. 59. 81. 82. 157). Hss. der Uebersetzung durch Magister Laurentius (Wawrinec) in boehmischer Sprache befinden sich in der Neubergischen (Papier, Fol. vom Jahre 1445), in der fürstlichen Bibliothek zu Nikolsburg (Papier, 4°), bei den Minoriten zu Prag (Papier, Fol.) und zu Ossek, welche letztere Balbin in Boh. Doct. III, S. 203 beschreibt. Vgl. J. Dobrowsky, Gesch. d. Böhm. Sprache und älteren Literatur. Prag 1818. S. 165. Noch: Itinerarium a terra Angliae in partes Iherosolimitanas et ulteriores transmarinas. Codice cartaceo in fog. di cart. 60 con buon margine e di buon carattere del Secolo XV comincia con una introduzione, che forma il primo capitolo dell' opera, in questo modo — Cum terra iherosolimitana terra promissionis Filiorum

Dei -- e termina colle seguenti parole — Explicit itinerarium a terra Anglie in
partes iherosolimitanas et in ulteriores transmarinas, editus primo in lingua
gallicana a Dno. Johe. de Mandeville milite suo auctore anno incarnationis
Dni. M⁰ CCC⁰ LV⁰ in civitate Leodij et paulo post in eadem civitate trans-
lata in dicta forma latina. Vgl. La biblioteca publica di Siena. T. 6, 1817.
S. 54.

Ausgaben: Lyon, Barnabe Chaussart o. Jahr in 4⁰. s. Catalogue des
livres de M. J. L. A. Coste. Paris 1854, S. 171. I viaggi di Gio. da
Mandavilla volgarizzamento antico toscano ora ridotto a buona lezione coll'
ajuto di due testi a penna per cura di Francesco Zambrini. 2 voll. 8⁰.
Bologna, Romagnoli 1870. (Scelta di curiosità letterarie). Eine Ausgabe,
welche Hain nicht und Brunet nur ganz allgemein citirt, besitzt die kgl. Bibl.
in Berlin: Johannis de monte villa Itinerarius in partes Iherosolimitanas.
Et in ulteriores transmarinas. 48 Bl. 4⁰. Mit roten und blauen Initialen.
Auf der Rückseite des 1. Bl. beginnt die Tabula capitulorum; die Rückseite
von Bl. 2 leer. Auf Bl. 3: Incipit Itinerarius Johannis de Montevilla...
Auf Bl. 48: Explicit itinerarius domini Johannis de Montevilla militis.
Rückseite leer. 37 Zeilen auf jeder Seite. Die deutsche Ausgabe von
1600 erschien: Cölln bey Wilhelm Lützenkirchen. Eine fast gänzlich un-
bekannt gebliebene, philologisch sorgfältige Ausgabe in: Mätzner, Alt-
engl. Sprachproben I, S. 152—222. — Nicht 1619, wie T. angiebt, son
dern 1610 (Prag, bei Walda) erschien eine böhmische Uebersetzung. —
Vergl. die im Katalog der Hss. von Donaueschingen zu no. 483,
Giessen zu no. CLX und von Gotha (Leipzig 1835) I, S. 419 gegebenen
Nachweise. Vivien de St. Martin in: Nouv. Annales de Voyages 1853, I.
S. 40—43. St. Genois, Voyageurs belges I, 20. Morelli, Dissertazione in-
torno ad alcuni viaggiatori eruditi Veneziani .. Venezia 1803. Haliwell,
The voyage and travels of Sir John Maundeville. London 1839. Ferner:
Fabricius, Bibl. med. aevi XI, S. 849; Jacobs und Uckert, Beiträge zur ält.
Literatur aus den Merkwürdigkeiten d. Bibliothek zu Gotha. Leipzig 1835,
I, 419; Freytag, Analecta lit. 562; Görres, Volksbücher, S. 53—70; Hagen,
Minnesänger I, 246; Deycks, ältere Pilgerfahrten, Nachtrag; Hoffmann
v. Fallersleben, Wiener Handschriften I, 141, 142; Zeitschrift f. d. Archive
Deutschlands I, 73; Stälin, Büchersammlung, S. 24, 61. Sinner, Catalog.
Bernensis II, S. 415 ff: Petzholdt, Anzeiger 1861, S. 280; Mémoires de
l'Institut, Sciences morales V, S. 445; Pedro Salva y Mallen, Catalogo de
la biblioteca de Salva Valencia II, 1872, S. 741 ff. no. 3782. Wynkyn
de Worde, A lytell Treatyse or Booke named Johan Maundevyll, knyght,
born in Englande ... and speketh of the Wayes of the Holy Land towards
Jherusalem .... London 1499 und 1503. Watt 982j. Ein poetisches Ge-
spräch zwischen Maundeville und dem Sultan von Aegypten siehe bei
Th. Wright und Halliwell, Reliquiae antiquae. London 1841, II, S. 113
—115.

79. 1336—41. (T 39). **Ludolf von Suchem.** Eine Handschrift
(stark beschädigt) besitzt die Bibliothek des Domgymnasiums in Halberstadt

(no. 86 saec. XIV); andere in Donaueschingen (no. 180 saec. XV), in Wernigerode (Zb 22), in der Cathedralbibliothek zu Trier (no. 76 saec. XV) Fragmente in der Bibliothek des Gymnasiums zu Hildesheim (no. 16 (21)), endlich ein sehr umfangreicher Text in der Marienbibliothek zu Danzig fol. no. 11 h. und in der Bibl. Cotton. Titus A XXV, 3 zu London. Ueber die Person des Reisenden siehe Zeitschr. für vaterl. Gesch. und Alterthumskunde Westfalens XX no. 1, sowie Correspondenzblatt d. deutsch. Archive II, 1879. S. 258, sonst auch Fabricius, Biblioth. med. latin. IV, 286; Panzer. Annal. typogr. V, 290; God. Freytag, Analecta literaria, Lipsiae 1750, S. 918. Anton. Noss. Apparatus sac. II, 357; Gerhard. Joh. Vossius, De historicis latinis 729; Siegm. Baumgarten, Vorrede zur allgem. Weltgeschichte III, S. 10. Eine von den bei Panzer angeführten Drucken verschiedene Ausgabe in der kgl. Bibliothek zu Berlin: fol. 1a. Ein register über das buch von dem weg zu dem heyligen grab ... fol. 3a hie hebet an das buch von dem weg oder zu dem heyligen grab oder gelobten land und wandern da bey vast kurtzweilig begriffen .. Dem hochw. in gott vatter und herrn baldewins von steinfurt der kirchen hadebornen byschoff sag ich Petrus pfarrer zu Suchen schuldig dienst ... 48 Bll. ohne Sign., Cust. u. Pagin. kl. fol. Auszüge im Ausland 1857, S. 622, 646 und 669 und bei De Mas Latrie, Histoire de l'ile de Chypre II, S. 210–217; ferner in einer Hs. der Kirchenbibliothek zu St. Bernhardin in Breslau (B. 1752): Excerpta descriptionis terrae sanctae per quendam clericum Osnaburgensem Gothfrido Osnabr. Episcopo transmissa a. MCCCXLVIII, in einem Miscellanbande, 1 Pergamentbl. und 5½ Bll. Papier aus dem Ende des 14. Jahrh.

80. C. 1342. (T 207). Relacion verdadera y copiosa de los Sagrados Lugares de Jerusalem y Tierra Santa de la misericordias divinas que en ellos resplendecen de las muchos trabajos y afficiones que por conservallos en piudad christiana padecen los Religiosos del Seraphico Padre San Francisco .... ordenado por el P. Fray Blas de Buysa. Madrid, Alonso Martin 1622; 1 vol. 122 SS.; vgl. Marcellino 73 f. (Tobler kennt nur die Ausgabe von 1624), Castellani, Opere geografiche 1876, S. 199.

81. 1345. **Jacob von Bern** (Verona), Pilgerreise. Vgl. unten unsere Auszüge auf S. 45 ff.; Herr Graf Riant teilt uns mit, dass in der Bibliothek Cheltenham von Jacobus auch ein Liber peregrin. Terrae Sanctae handschriftlich existirt.

82. 1345. (T 41). Ueber die Handschriften des **Nicolo di Poggibonsi** vgl. Marcellino di Civezza S. 467; Bonifacius Stephanus S. 307; Narducci in Studi bibliografici III. no. 13. 15. 17. 57. 58. Ebendaselbst 1, S. 42 giebt Amat di S. Filippo, der die Reise in die Jahre 1384—85 setzt, als Ausgaben an: Viaggio in Terra Santa descritto da un Anonimo trecentista. Bologna 1867. 8°; und: Viaggio da Venezia a Gerusalemme, testo inedito del secolo XIV. Imola, Galeati 1872. 8°.

83. 1346. (T 42). **Rudolf von Frameynsberg**, Itinerarium. Vgl. Hormayr, Taschenbuch f. d. vaterl. Gesch. 1832. S. 119.

84. C. 1350. Descriptio quorundam terrae sanctae memorabilium. Saec. XIV. Fol. membr. fasc. A. Magn. N. 736. Abgedruckt in Werlauff. Symbolae ad geograph. medii aevi. Hauniae 1821.

85. C. 1350(?). **Anonymi Itinerarium.** Hs. zu Mühlhausen, Pergam. 8°. 103 Bll. 14. Jahrhundert. Incipit: Et visitavi in terra sacra explicit: — leucas est locus ubi beatus Georgius dicitur esse natus." Enthält eine kurze Angabe der h. Stellen in Palaestina und der verschiedenen christlichen Secten daselbst. Voran geht: Tractatus de XII articulis fici, Passio Nicodemi u. a.

86. C. 1378. **Joseph b. Elieser** schrieb „Zofnat Paneach", welches verkürzt unter dem neuen Titel ‚Ohel Joseph' in Amsterdam 1721 erschien und wichtige Notizen über Palaestina enthält; vgl. Zunz no. 53, sonst auch über den Verfasser Steinschn., Hebr. Bibliogr. XVII, 119.

87. 1377. (T 42). **Philippi** liber de terra sancta oder Hertels von Liechtenstein Pilgerbüchlein, deutsch von Leupolt Augustiner Lesemeister, herausgegeben von Josef Haupt. Wien 1872. 8°.

88. 1379. **Itinerarium terrae sanctae germanicum.** Hs. der Wiener Bibliothek no. 4578 (Tab. III, S. 321), 332 Bll. auf Papier. Bl. 197b.—210b. Incipit: Sand Ieronimus spricht, es haben ettlich lewt —, explicit: — auf erd volpracht haben, des helf uns der vater etc.

89. C. 1380. Liber terre sancte. Hs. des XIV. Jahrh. in der Bibl. Naz. in Neapel. Vgl. Narducci, Studj bibliogr. III. no. 121.

90. 1384. (T 43). **Simone Sigoli,** Viaggio. Ueber die Hss. vgl. Narducci in Studi bibliografici III, no. 14. 17. 61. Ausgaben nach Amat di S. Filippo ebendas. I, S. 44: Neapel 1831, 8°, herausgegeben von Basil. Puoti, ebendas. 1839 und 1855, Parma 1865, 16°. Bonifacius Stephanus, S. 311, führt noch Ausgaben an: Parma 1853 mit Anmerkungen von Puoti, ebendas. 1865 zugleich mit Mariano da Siena; Firenze 1862, edizione diamante 64°.

91. 1384. (T 42). **Lionardo di Niccolo Frescobaldi,** Viaggio. Ueber eine Hs. in Venedig vgl. Narducci in Studj bibliografici III, no. 250. Eine Ausgabe: Parma, Pietro Fiaccadori 1845, 12°. Vgl. San Filippo, Viaggiatori, S. 19; Studj bibliogr. I, S. 43.

92. 1384. (T 43). **Giorgio Gucci,** Viaggio. Hss. in der Biblioteca Nationale in Florenz, zugleich mit Sigoli und Frescobaldi, und in der Marciana in Venedig; vgl. Narducci, Studj bibliogr. III, no. 14 und 250.

93. 1385. (T 43). **Lorenz von Egen.** Hs. in München: Cod. Monac. germ. no. 267, fol. 256—262; eine andere Handschrift in Weimar enthält den Bericht seines Begleiters Peter Sparnau, worüber oben S. 468.

94. 1389—91. (T 43). **Ignatius.** Sein Reisebericht auch in der Nikowskischen Chronik IV, 158—184 und in der ersten Pskowschen Chronik. Ferner in N, Subbotin, Geschichten von alten russischen Pilgern; im „Schneemann" 1858, no. 7; 1859, no. 2, 4 und 6. Einzelausgabe Moskau

1863, 212 SS. Von Leonid herausgegeben in den Vorträgen der Gesellschaft für Geschichte und Altertümer. Bd. 1, 1871.

95. 1389. (T 43). Der Titel der Ausgabe von 1504 lautet: Itinerarius **Joannis de Hese** presbyteri a Hierusalem describens dispositiones terrarum insularum moutium et aquarum ac etiam quedam mirabilia et pericula per diversas partes mundi contingentia lucidissime enarrans. Am Schluss: . . impressi Daventrie per me Jacobum de Breda. Anno domini CCCCIIII in profesto Conuersionis sancti pauli. 19 Bll. kl. 4°. — Stuck, Verzeichn. der Reisebeschreibungen I, 144 giebt eine Ausgabe: Daventr. 1505, 4°, an. — Vgl. sonst Barante, Hist. des ducs de Bourgogne ed. Reiffenberg V, S. 425—437.

96. 1392. **Thomae Brygg** itinerarium versus Sanctum Sepulchrum, A. D. 1392, in comitiva d. Thomae de Swynborne. Fol. Hs. vgl. J. J. Smith, A catalogue of the manuscripts in the library of Gonville and Caius College, Cambridge 1849, no. 449, 13.

97. 1395. (T 44). **Simon de Sarebruche, Baron von Anglure.** Der auf Cypern bezügliche Abschnitt der Reisebeschreibung ist abgedruckt bei Mas Latrie, Histoire de l'île de Chypre II, S. 430—434.

98. (13—15. Saec.?) **Jakob b. Natan'el ha-Kohen**, Ueber Gräber in Palaestina, ein hebr. Codex Cambridge, 40 f., 139b, 140a (Catalog von Schiller-Szinessi 89, 247: vgl. Hebr. Bibliogr. XVI, 107.

99. C. 1400. Eine unedirte Reise aus dem Ende des 14. oder Anfang des 15. Jahrh. von einem Anonymus in holländ. Sprache im Besitz von M. A. de Bruyn in Malines. Vgl. St.-Genois, Voyageurs Belges II, 205.

100. 1401. (T 46). **Guillebert de Lannoy** unternahm 1401 seine Fahrt nach Jerusalem, 1420 war er zum zweiten Male daselbst. Vgl. Saint-Genois, Les Voyageurs Belges I, S. 128—153. Nouv. Annales des Voyages 1853, I, S. 43—51. Oeuvres de Ghillebert de Lannoy, voyageur, diplomate, moraliste, recueillies et publiées par Ch. Potvin, avec des notes géographiques et une carte par J.-C. Houzeau. Louvain 1878. 8°. (S. 73—162).

101. C. 1410. (T 44). **Johannes Schildtberger.** Hs. in Donaueschingen no. 481, 34 foll. (vgl. die im Katalog dazu gegebenen Nachweise), in Heidelberg no. 216, 96 foll. und Catalog. Norimb. publ. no. 66. Ausgaben: 1) Zusammen herausgegeben mit Herzog Ernst; ein Druck, der bei Panzer (Zusätze, S. 16, no. 75) und Hain fehlt; 2) Druck, vgl. Hain, no. 6675. 3) Schildtberger. Eine wunderbarliche, unnd kurtzweilige Histori . . . gedrückt zu Nürmberg, durch Johann vom Berg, Und Ulrich Newber; 4) Gedruckt zu Franckfurdt am Mayn, durch Herman Gülfferichen. 1549. 5) Dgl. Franckfurdt a. M. 1553. 6) Dgl. Franckfurdt a. M. o. J. (ca 1554) mit anderem Titelbild. — The Bondage and Travels of Johann Schiltberger... translated, from the Heidelberg MS. edited ... by K. Fr. Neumann, by Commander J. Buchan Telfer; with Notes by Prof. B. Bruun, and a Preface, Introduction, and Notes by the Translator and Editor. Hakluyt Society. 1879. Russische Ausgabe von Ph. Bruun, Odessa 1866. 4°. Vgl. noch Hormayr,

Taschenbuch f. d. vaterländ. Gesch. VIII. 1827, S. 150—166. Neue Folge, III, 1832, S. 105—111.

102. 1415. **Louis III. de Chálon-Arlay.** Ueber seine Reise nach dem heil. Lande vgl. Emile Travers in der Revue nobiliaire. Nouv. Sér. V., S. 253—256.

103. 1416. **Jacopo da Sanseverino.** Viaggio fatto da Sanseverino con altri gentiluomini e da esso descritto. Testo inedito del secolo XV. Lucca 1868. 8°. Nur in 100 Exemplaren gedruckt; vgl. Amat di S. Filippo. Studj bibliogr. I, S. 52.

104. C. 1417. Descriptio terrae sanctae. Am Schluss: Christophorus prespiter 1417 in Monte Syon. Hs. in München (Cod. ms. lat. no. 721, fol. 70—96) aus den Jahren 1454—57.

105. 1418. **Hans Porners** Meerfahrt, herausgegeben von L. Hänselmann in der Zeitschrift des hist. Vereins für Niedersachsen 1875, S. 113—156. Ueber die Person vgl. Chronik von Braunschweig (Deutsche Staedtechroniken) I, S. 229.

106. 1419. (T 45). **Nomper II. von Caumont.** Kritische Anzeige von Défrémery in: Nouv. Annales des Voyages 1860. Bd. 4, S. 352—363. Revue catholique d'Alsace 1861, S. 252 ff. Das heilige Land IV. 1860, S. 18—21, 43—48. Bibliothèque de l'école des chartes D. IV. 377.

107. 1420. **Emmanuel Piloti** schrieb einen Tractat: De modo progressu ordine ac diligenti providentia habendis in passagio christianorum pro conquesta Terrae Sanctae, welchen er 1441 in das Französische übersetzte und dem Papst Eugen IV. überreichte. Diese Uebersetzung ist abgedruckt in Baron v. Reiffenberg, Le chevalier au cygne (Monum. pour servir à l'hist. des provinces de Namur, de Hainaut et de Luxemb. Brux. 1846, IV.) I, 312—419. Der Inhalt betrifft zumeist Aegypten.

108. 1420. **Xenos,** ein syrischer Pilger, und **Sossim,** ein Diacon und Mönch des Sergei-Klosters. Die Bücher ihrer Reise in russischer Sprache sind herausgegeben von P. M. Strojew im Russ. Zuschauer 1828, II. Ebenso abgedruckt in den Werken Sacharows 1849, II, desgleichen durch Philaret im Journal d. Russ. Geistl. Literatur I. Eine Hs. aus dem XVI. Jahrh. befindet sich in der kais. öffentl. Bibliothek.

109. C. 1420. Brevier eines Palästinapilgers. Hs. aus dem Anfange des 15. Jahrh. in Freiburg i. Br. 12°. Anfang und Schluss unleserlich, enthält ausser den gewöhnlichen Gebeten zwei mhd. Glossenlieder über die Antiphone „Salve regina" und den englischen Gruss, mehrere Wundsegen und Exorcismen und eine detaillirte Beschreibung von Jerusalem, Bethlehem und Bethanien. Vgl. Chrn. W. Fröhner in Haupts Zeitschrift f. deutsches Alterthum XI, 1859, S. 34.

110. C. 1422. **Joh. Poloner,** Descriptio Terrae Sanctae in Tobler, Descriptiones, S. 225—278, 497—523. Ein Wolfenbüttler Codex (C. Helmst.

saec. XV., no. 354, S. 289b—290b) enthält ebenfalls den Text und nennt den Reisenden Johannes Polance aus Regensburg a. 1420.

111. 1426. **Joh. Bassenhanner** (Passenhanner) Pilgerführer. In einer Dresdener Hs. (M. 65). Mitgeteilt von Herschel im Anzeiger f. K. d. d. Vorzeit 1863. S. 319—22. Ueber Bassenhanner vgl. Serapeum 1854. S. 232 und 1854, S. 13.

112. 1426. A poem in old English Verse, containing directions for a pilgrimage to Jerusalem written in French by a Monk of Calis and translated into English about the year 1426: Qui peregrinaris, per hunc librum docearis, Quae bona vel dubia sit fugienda vita. (Biblioth. Cotton. Vitellius CXIII in London).

113. 1431. (T 46). **Mariano da Siena.** Hs. in Siena: Viaggio in Hierusalemme da Siena fatto nel 1431. Copia del sec. XVI, vgl. La biblioteca pubblica di Siena, T. 6, 1847, S. 46; in Florenz: Viaggio a Gerusalemme. Cod. membr. saec. XV; vgl. Studj bibliogr. I, S. 57, III, no. 22. Andere Ausgaben: Parma P. Fiaccadori 1845, 12° und Firenze, Barbèra 1862, Editione diamante. Vgl. Amat di San Filippo, Viagiatori, S. 23, Studj a. a. O. Eine Ausgabe 1865; zugleich mit Simone Sigoli wird bei Bonifacius Stephanus, S. 311, angeführt.

114. 1432. (T 46). **Bertrandon de la Brocquière.** Vgl. Nouv. Annales des Voyages 1853, I, S. 51—55. Den auf Cypern bezüglichen Abschnitt hat De Mas Latrie, Histoire de l'ile de Chypre II, S. 3 - 10 mit Noten neu herausgegeben.

115. 1433. (T 47). **Philipp, Graf zu Katzenellenbogen,** Pilgerreise nach Aegypten und Palaestina im Jahr 1433 und 34. Im Auszuge edirt von J. von Arnoldi in: Die Vorzeit. Ein Taschenbuch für das Jahr 1821. (Herausgegeben v. K. W. Justi) Marburg, S. 43—74. — Hs. no. 161 in Giessen: Hodoeporicon sive itineris ab illustr. Cattimelibocensi Philippo III ultimo facti Versus. Ein Auszug in Prosa: Hs. no. 116, 4°, Bl. 64—79 der Kasseler Bibl. hinter einer hessischen Chronik: Extract auss dem in Teutschen reimen durch Erhardum Wameshafften verfasseten und in anno 1477 publicireten Hodopoerico oder Weg- und Reisebeschreibung Graven Philippi zu Catzenelenbogen und Dietz Jahrs 1433 in Egypten, zum berge Synai undt heiligen Grabe zu Jerusalem sampt Candia, Creta, Bolag, S. Paul, Gaffera, S. Abraham undt Bethlehem.

116. 1435—39. Andanças é viajes de **Pero Tafur** por diversas partes del mundo avidos. Madrid 1874. (Coleccion de libros españoles raros ó curiosos Tom. VIII). Der Reisende besuchte auch Jerusalem und das heilige Land.

117. 1435. (T 47). **Hans Lochner,** Pilgerfahrt der Markgrafen Johann und Albrecht von Brandenburg war vor Geisheims Ausgabe bereits im Anzeiger des german. Museums 1853, I, S. 264—267; 298—300 von Lochner, und in den Märkischen Forschungen 1857, S. 100—108 von Schneider auszugsweise mitgeteilt worden. Ferner noch in Riedels Codex diplomat. Brandenb. III, C. 1, S. 197—217 und im Fränkischen Archive II, 780. Das Original

der Reisebeschreibung, welches Geisheim nicht kennt, liegt auf dem Kreisarchiv zu Nürnberg (44 Bll. 4º); vgl. Correspondenzbl. d. d. Archive III. 1879, S. 257. Herr Dr. Kamann wird, wie er uns freundlich mitteilt, eine Specialstudie über die Nürnberger am heiligen Grabe veröffentlichen.

118. 1438. (T 47). **Elia aus Ferrara** „Iggeret", hebr. Brief aus Jerusalem an seine Söhne gedruckt in: Dibre Chachamim ed. Elieser Aschkenasi, 8º, Frankf. a/M. 1849, französisch bei Carmoly. Ueber grobe geographische Verstösse darin siehe Steinschneider, Catalog. Bodlej. 929; vgl. Munk, Palestine 643 u. Mose Rieti ed. Wien, fol. 106.

119. 1440. **Conrad Beck** aus Oestreich hat von seiner Reise nach dem h. Lande, welche er mit französischen und Rhodiserrittern unternahm, Aufzeichnungen hinterlassen. Vgl. Hormayr, Taschenbuch für die vaterl. Gesch. IX, 1828, S. 24. Ueber seine Reise 1436 s. S. 475.

120. 1440. Walfarth des **von Schwalbach**. Vgl. oben S. 97.

121. 1441. Beschreibung einer Reise in das heilige Land, unternommen im Herbst d. J. 1441, Hs. d. 15. Jahrh., 23 Bll., 4º, in Donaueschingen (Barack, no. 484). Vgl. S. 100 unseres Buches.

122. 1441. **Isah ibn al-Ferra**(?) aus Malaga; ein hebräischer Reisebericht an Simon Duran und dessen Sohn Salomo im Jahre 1441, woraus Excerpte in: Liber Juchasin ... R. Abr. Zacuti etc. London 1857, S. 228.

123. Vor 1443. **Anonymus**, „Buch der Tradition der Frommen," woraus Salomo Duran in Algier eine Stelle über Gräber in Palaestina excerpirte (Liber Juchasin ... R. Abr. Zacuti, London 1857, S. 228, col. 2).

124. 1444. **Reise eines Anonymus von Venedig nach Jerusalem**, nach einer Münchener Hs. (no. 736, fol. 70—85) von Birlinger in Herrigs Archiv für neuere Sprachen, Bd. XL, 1867, S. 301—322 herausgegeben.

125. C. 1450. **Josef ha-Levi**, Sohn des Nachman, Bericht über die Gräber in Palaestina excerpirt im Liber Juchasin ed. London, S. 229.

126. 1450. Eene Pelgrimsreis naar het Heilig Land. Veröffentlicht von Jos. Habets in: Publications de la Société historique de Limbourg, IX, 1872, S. 205—216. Teilnehmer der Fahrt waren der Herzog Johann von Cleve, Jacob von Hornes u. a. Vgl. W. A. van Spaen, Proeven van Historie en Oudheidkunde, Cleve 1808, S. 85—95; Publications de la Soc. hist. de Limbourg XII, 1875, S. 59; Gerts van der Schüren, Chronik von Cleve und Mark, herausgegeben von Ludw. Tross, Hamm 1824, S. 294—306; Teschenmacher, Annal. Cliviae., Francof. 1721, II, S. 302 f.

127. 1453. **Guillaume de Châlons**, Comte de Tonnere, Sire d'Arguel, de Bouclans et de Montfaucon, plus tard Prince d'Orange. Ueber seine Pilgerreise vgl. Emile Travers in der Revue nobiliaire 1869, V, S. 257—259.

128. 1455—91. **Nicolas Schouteet**, Terre Sainte-Egypte 1455—1491. Vgl. Saint-Genois, Voyageurs Belges I, S. 193—197. Beaucourt de Noortvelde, Description histor. de l'église de Notre-Dame à Bruges. Schotet, Letter en oudheitkundige avondstonden, Dordrecht 1841, S. 185—216. — Die

Anfzeichnungen über die Reise Sch.'s stammen von dem Mönche Peter von Schoenhoven.

129. C. 1455. **Itinerarium, Das ist: Historische Beschreibung**, weyland Herrn **Georgen von Ehingen** reisens nach der Ritterschafft, vor 150 Jaren, in X underschidliche Königreich verbracht... Neben beygefügten Contrafacturen, deren Potentaten... Auss dess Wolgebornen Herrn, Herrn Reimund Fuggern.. Museo Colligirt und von Dominico Custode.. in Kupffer gestochen, und in Truck verfertiget Anno MDC. Am Schluss: Gedruckt zu Augspurg bey Joh. Schultes, in verlegung Dom. Custodis. 10 Bl. Text und 10 Kupferstiche. — Ein Auszug in Hormayr, Taschenbuch f. d. vaterl. Gesch. VIII, 1827, S. 150—166 und b. Vulpius, Vorzeit I, 167. — Des schwäbischen Ritters Georg von Ehingen Reisen nach der Ritterschaft. Herausgegeben von Franz Pfeiffer (Stuttg. lit. Ver. Bd. 1). Stuttg. 1842. Notice d'un Manuscrit souabe de la biblioth. royale de Stuttgard, contenant la Relation des voyages faits de 1453 à 1457 en Europe. en Asie et en Afrique, par Georges d'Ehingen, chevalier, accompagnée de neuf portraits.. dessinés sur les originaux par A. Vallet de Viriville, Paris 1855, 4°.

130. 1458. (T 48). **Roberto dei Sanseverino**, Itinerario da Gerusalemme. Ueber die Hs. in Parma vgl. Studj bibliogr. I, S. 69 und III, no. 156.

131. 1459. **Notula geographica de terra sancta.** Hs. in Wien, no. 4739 (Tab. III, S. 370), auf Papier, aus dem 15. Jahrh., 289 Bll. 4°.

132. 1461. (T 49). **Wilhelm III. Herzog zu Sachsen.** Sein Reisebericht im Auszug mitgeteilt von Joh. Falke im Archiv für sächsische Geschichte 1865, IV, S. 283—321; vgl. auch Spangenberg, Mansfeld. Chronik Bl. 390b—391a. Ausgabe: Pilgerfahrt des Landgrafen Wilhelm des Tapferen von Thüringen zum heiligen Lande im Jahre 1461. Herausgegeben von J. G. Kohl. Bremen 1868. Dazu vgl. die Reisebeschreibung eines ungenannten Begleiters des Herzog Wilhelm von Sachsen (Cod. Monac. germ. no. 337. Fol. 239—245) oben S. 481.

133. **Graf Heinrich des Aelteren zu Stolberg** Meerfahrt nach Jerusalem und ins gelobte Land 21.—26. März bis 10. October 1461. Von Ed. Jacobs. In d. Zeitschrift d. Harzvereins I, 1868, S. 173—192.

134. 1461. **Hans Coplär** von Salzburg, Reise in das h. Land. Papierhs. d. XV. Jahrh. $\frac{3080}{no.563}$ der Wiener Hofbibliothek, Bl. 1—6. Vgl. Hoffmann v. Fallersleben, Altdeutsche Handschriften, S. 220.

135. 1462—67. **Benedetto Dei.** Ein Auszug über seine Reisen aus einer Hs. in Monaco s. in Studj bibliografici I, S. 70—71.

136. 1463. (T 49). (Il Padre **Gabriele Mezzavacca** di Bologna, Custode di Terra Santa nel 1461) Descrizione di Terra Santa. Vgl. Bonifacius Stephanus, S. 286.

137. 1464. **Seb. Rieter.** Eine Anweisung zum Besuch der heiligen Stätten von dem Vater des Sebald Rieter mit Zusätzen des Sohnes: in des letzteren Reisebeschreibung. Vgl. oben S. 113.

138. 1465. **Gabriel Muffels** Reisen von Venedig nach Palaestina und Aegypten 1465. Hs. in der Bibl. Egerton, no. 1900, in der Granville-library ohne Namen. Italienisch Bologna 1500 gedruckt. Vgl. Neues Archiv f. ält. d. Gesch. IV, 1879, S. 377. Ueber den Reisenden vgl. Schmellers Einleitung zur Reise des Leo de Rozmital, S. XII.

139. 1465—66. **Zwienek Lew von Rozmital** (Rosenthal), Tagebuch einer Reise in böhmischer Sprache von einem aus seinem Gefolge, der den Hofnarren (Ssassek) machte, aufgesetzt. Vgl. Dobrowsky, Gesch. der Böhm. Sprache. Prag 1818, S. 275. Nach dem böhmischen Original ist folgende Uebersetzung angefertigt: (Leo baro de) Rosmital, Commentarius brevis et jucundus itineris atque peregrinationis pietatis et religionis causa susceptae, ante centum annos bohemice conscriptus et nunc primum in latinam linguam translatus et editus (a Stanislav Pawlowski a Pawlowicz) Olmutz. Frid. Millichtaler 1577. 12°. Des Böhmischen Freiherrn Löw von Rozmital und Blatna Denkwürdigkeiten und Reisen. Ein Beitrag zur Zeit- und Sittengeschichte des 15. Jahrhunderts von Jos. Edm. Horky. 2 voll. Brünn 1824. Des böhmischen Herrn Leos von Rozmital Ritter-, Hof- und Pilger-Reise durch die Abendlande 1465—1467. Itineris a Leone de Rosmital . . . . . per Germaniam etc. Stuttg. 1844. (Herausgeg. von J. A. Schmeller in d. Bibl. d. lit. Vereins VII.)

140. 1466. Ein Itinerar von Europa nach Jerusalem befindet sich in der Universitätsbibliothek zu Breslau (IV Fol. 105). Diss ist der wege zw schiffen uber mere von Venedige kenn Jherusalem. Aus d. Latein. übersetzt. Vgl. Markgraf, Jubiläumsprogramm des Friedrichs-Gymnasium zu Breslau 1865.

141. 1466. (T 49). **Basilius**, Reise, in russischer Sprache im Auszuge herausgegeben in Buslajew. Historische Chrestomathie. Moskau 1861.

142. 1467. Beschreibung der Wallfahrt des **Hans von Redwitz** von Bamberg nach Jerusalem ist nach einer jetzt in der königl. Bibliothek zu Berlin befindlichen Handschrift auszugsweise mitgeteilt im Archiv für die Geschichte und Altertumskunde von Oberfranken I, 2, S. 6—21.

143. 1470. (T 50). **Anselmi Adournes** Itinerarium in Asiam et Africam descriptum a filio ejusdem Johanne de Brugis per annum 1470. Fol. Hs. des 15. Jahrh., 163 SS., in Lille. Der Redacteur der Reisebeschreibung war Jean Adournes, welcher seinen Vater begleitete und nachher Cononicus in Lille war.

144. C. 1471 (?) Iter a Venetiis in terram sanctam. Cod. lat. Monac. 7488, fol. 97—99. („Scripsit Conrad Ohnesorg").

145. 1472. Ein interessanter und umfangreicher Pilgerführer (Incipit: Dit synt die heilige stede des heiligen lants —; explicit: — twe duc. VII, XXVII g. maecht eynen duc.), welcher im Besitz des Herrn Jacqueré in Mainz sich befindet, wird von Herrn Pfarrer Dr. Conrady in Miltenburg, wie dieser uns gütigst mitteilte, nächstens herausgegeben werden.

146. 1473. **Anonymus aus Candia**. Ein kurzer Bericht über Gräber im heiligen Lande aus Cod. de Rossi (Parma) 402 durch den

Bibliothekar Herrn Abbé Perreau für Steinschneider copirt, wird von letzterem demnächst herausgegeben; über den Verfasser vgl. Zunz Geogr. Literatur no. 61, Steinschneider Catalog. Bodlej. 1778 und in Il Mosé, Antologia etc. Corfu 1880.

147. 1476. (T 51). **Hans von Mergenthal.** Zu seiner Reise vgl. Vogel, Leipz. Annal., S. 42. Birken, Sächs. Heldensaal, Th. 2, S. 92. Mencken, SS. II, no. 29. Vulpius, Curiositäten III, 1813 v. Langenn, Herzog Albrecht von Sachsen, S. 110—113, der ganz auf Mergenthal beruht.

148. 1476. (T 49). **Georg Emmerich aus Görlitz.** T. giebt seine erste Reise 1465 an, er reiste wiederum mit Mergenthal, wie aus dessen Reisebeschreibung hervorgeht. Vgl. Vulpius, Curiositäten III, 1813, S. 488. — Des h. Grabes Beschreibung zu Görlitz, wie solches von Georg Emmrichen erbauet worden, nebst Meldung seiner Reise nach Jerusalem und seines Ritterschlags daselbst. Budissin 1721; vgl. sonst unsern Pilgercatalog S. 485.

149. 1476. (T 52). **Fr. Alexander Ariostus** Ord. Min., Topographia Terrae promissae scripta saec. XV, Romae 1863. Enthalten in dem 5. Teile der Storia delle Missioni Francescane del P. da Civezza. Vgl. Bonifacius Stephanus, S. 288. Marcellino di Civezza, S. 24. Viaggio nella Siria nella Palestina e nell' Egitto fatto del 1475 al 1478 da fra **Alessandro Ariosto** ed. Feraro. Ferrara 1878, 136 SS. — Vgl. Bolletino della soc. geogr. italiana, Roma 1876. Vol. XIII. S. 657—660.

150. 1477. R. V. Lanzone, Viaggio in Palestina e Soria di **Kaid Ba** XVIII Sultano della II dinastia Mamelucca fatto nel 1477. Testo arabo. Torino 1878, 8°

151. 1479. **Sebald Rieter**, Beschreibung seiner mit Tucher gemachten Reise. Vgl. oben S. 111.

152. 1479. (T 52). Hss. der Pilgerfahrt des **Johannes Tucher** befinden sich in der Bibliothek des Gymnasium Casimirianum in Coburg, in München (Cod. Mon. germ. 24); im Brit. Museum no. 18386 chart. saec. XV; vgl. Neues Archiv f. ält. d. Gesch. IV, 1879, S. 359. Vgl. Chroniken der deutschen Städte X (Nürnberg IV), S. 357 und 472; über das Geschlecht der Tucher ibd., S. 27—34. Ein Autograph Tuchers in d. Collection of Manuscripts of the British Museum 1850. Tuchers Reisebeschreibung erschien auch in: Heinrich Küntzels Drei Bücher deutscher Prosa. Frankfurt a. M. 1838, S. 104—196 zum Teil, bei Gervinus II, 249 ff. ganz aus dem Reyssbuch abgedruckt; über die Person unseres Reisenden siehe oben unsern Pilgercatalog S. 499 f. und Semler in: Vulpius Curiositäten V, 1816, S. 303 —311; ferner Chr. Scheurl, Genealogie der Familie Tucher 1542, fortges. bis 1573, Hs. no. 19475 saec. XVI im Brit. Mus., vgl. Neues Archiv f. ält. d. Gesch. IV, 1879, S. 360. O. Lorenz, Deutsche Geschichtsquellen I, S. 138 ff.

153. 1480. (T 53). **Felix Fabri.** Eine englische Uebersetzung bereitet die Hakluyt Society vor. Ueber eine Meersburger Hs. vgl. Germania

(ed. Bartsch) 23, S. 383. Diese Hs. führt den Titel: Reise zweier Pilger nach
Palaestina und ist ein deutscher Auszug aus dem Evagatorium. Anfang
Nachdem und ich mit grousser arbait besucht, besechen und erfaren die land
ennenthalb Mörs ... Schluss auf S. 293: Alleluja! Zu dem welle uns der
verhelffen, der uns das am crutz zu Jerusalem durch sein Sterben hat ver
dient. Amen. Guido Görres in der Zeitschrift: Das heilige Land VI. 1862.
S. 159—162, 170—187 giebt eine Schilderung der Reise F's von Jerusalem
nach Bethlehem; einzelne Stellen aus F's deutscher Bearbeitung in M. v.
Pappenheim, Chronik der Truchsessen von Waldburg, 1777, S. 162 ff. —
O. Lorenz, Geschichtsquellen I, S. 91. — Vgl. oben S. 278.

154. 1480. (T 53). **Santo Brascha.** Hs. in der Marciana in
Venedig. Ausgaben: Viaggio del Sepulchro .. Impressum Mediolani per
magistrum Leonardum Pachel anno MCCCCL XXXVII die XXVII mensis
Ianuarii 4°. Viaggio del Sepulcro con le sue antichità et oratione de loco
in loco. Mediolani, Ric. de Gorgonzola, 1519, 4°. Vergl. Amat de San
Filippo, Viaggiatori, S. 27; Studj bibliogr. I, S. 81, III, no. 232.

155. 1483. (T 55). **Bernhard von Breydenbach.** Hs. aus d. Ende
d. 15. Jahrh. s. in: Hunter, Catalogue of Mss. in the library of the Hon.
Soc. of Lincolns-Inn. Die: Indicatio milliariorum, quibus singuli loci et
civitates a Venetiis usque ad Hierosolymam distant, in einer Wiener Hs.
no. 3505 aus d. 14. Jahrh., 36 Bll. in 4° (Tabulae III, S. 2—3). — Die erste
Ausgabe des latein. Breydenbach wurde nicht, wie man aus dem Titel (s.
Tobler) vermuten dürfte, von Reuwich gedruckt, sondern von Peter Schöffer
mit denselben Typen, wie dessen Herbarium 1485 u. Chronik der Sassen 1492.
Reuwich war nur der Maler und liess das Buch auf seine Kosten drucken.
Vgl. Catalogue de la bibl. Enschedé. Amsterd. 1867, S. 141. Die latein.
Ausgabe von 1490 (Hain 3957) enthält einen Titelholzschnitt mit den Wappen
und Namen von: Bernhardus de breidenbach, Johannes comes in Solms et
dominus in Mintzenberg, Philippus de bicken miles, welcher sich auch in
der deutschen Ausgabe (Hain 3959) findet. Die bei Hain 3958, Panzer I,
S. 162 no. 232, Ebert no. 2974 genannte deutsche Ausgabe, deren Titel
übrigens länger ist, als Hain angiebt, enthält unter diesem den Holzschnitt
der Grabeskirche, welcher auch auf Bl. B 5 sich befindet. Die Ausgabe
Speyer 1502 ist bei Peter Drach „die 24. Novemb." in fol. gedruckt. Wols-
born im Serapeum 1869, Intelligenzbltt S. 52 nennt auch eine deutsche
Ausgabe auf der Elbinger Stadtbibliothek, die ohne Druckort, Jahres-
zahl und Paginirung 122 Bll. in fol. enthält mit in den Text gemalten
bunten Bildern nach dem Mitreisenden Erhard Rewich, deren Titel umfang-
reicher ist, als ihn Tobler aus Hains Repertorium anführt. Eine fran-
zösische Ausgabe Lyon, Michelet de Pymont et Heremberck, 1488, fol. s. in:
Catalogue de la bibl. d'Amiens I, 1856, S. 54. Brunet, Manuel I, 459.
Ferner: Le saint voiage et pelerinage de la cite saincte de hierusalem
(traduit par Jean de Hersin) o. O. und Angabe des Druckers 1489 fol.

Wahrscheinlich in Deutschland gedruckt, wie Yéméniz (s. s. Katalog no. 2690) bemerkt. Zu dem Auszuge, welchen Le Huen gab, vgl. Nic. Le Huen, Pérégrination de outre-mer en Terre-Saincte. Lyon, Topie 1488 kl. fol., mit dem Nebentitel: Le voyage d'outre-mer ... avec le pourtraict des villes au naturel. Ferner: Seconde peregrination de Jherusalem, en allant par desers au mont de Sinaï pour visiter Saincte-Catherine en Égypte et à Venise (écrite par Breydenbach, abrégé par Le Huen); Catalogue des livres du départ de la marine III, Paris 1840, S. 336. Spanische Ausgabe: La viaje de la Tierra Sancta que hizo Bern. de Breidenbac, con lo acresentamiento de Martin Martinez Dampies. Caragoça Mil. CCCCXCVIII. fol.; s. Catalogue de la bibl. de M. Raetzel, Paris 1836, S. 47. Eine englische Ausgabe bereitet die Hakluyt Society vor. Holländisch: Die heylighe bevarden tot dat heylighe grafit in Jherusalem, ende van daen totten berch Synai tot die heilighe maghet ende martelarisse snute Katherin. (In fine:) Ghedruct doir meister Eerhaert Rewich van Utrecht in die stadt van Mentzs In iaer ons Heeren MCCCC acht ende tachtich opten XXIIII dach in Meye; vgl. Catalogue des livres de M. Borluut de Noortdonck. T. II. Gand (1858), S. 22. ! ist die einzige holländ. Ausgabe (Hain 3963), die andern von Hain citir- (no. 3962, 3964) sind ein ganz anderes Werk („Dat boeck van den pelgherim); vgl. M. van der Willigen in: De Nederl. Spectator 1867, no. 20. Catalogue de la bibl. Enschedé, Amsterd. 1867, S. 142. — Ueber Breydenbach selbst vgl. Nouv. Annales des Voyages 1853, I, S. 55—58 und oben S. 120.

156. 1483. Die Wallfahrt des Bartscherers **Johann Artus** (die freilich für die Geographie d. heiligen Landes nichts bietet), ist geschildert in: Vulpius, Curiositäten der physisch-artistisch-histor. Vor- und Mitwelt, Bd. II, 1812, S. 405—422; auch in Karl Seifarts Erheiterungen. Stuttgardt 1868, S. 144—148; vgl. auch unsern Pilger-Catalog S. 503.

157. 1483. **Hans Raininger** aus Buchhorn und seine Bedefahrt. Nach gleichzeitigen Nachrichten in Vulpius, Curiositäten, Bd. 6. 1817. S. 323—334. Leider fehlt daselbst die Fortsetzung und jegliche Nachricht über die Quellen dieser interessanten Fahrt; vgl. unsern Catalog, S. 504.

158. 1484. Reisebeschreibung eines Ritters **Aerts**, Handschrift. Vgl. Van der Kemp, De Bedevaarten onzer Landgenooten, in: Studien en bijdragen op't gebied der historische theologie verzameld door W. Moll en J. G. de Hoop Scheffer. Deel 4, Stuk 1, S. 36—40.

159. 1484. **Paolo Trevisano**. Ueber seine Reisen in Syrien, Aegypten und Palaestina vgl. Zurla, Marco Polo II, S. 288. Morelli, Dissertazione intorno ad alcuni viaggiatori Veneziani 1803, S. 8. Magasin Encyclopédique. Novemb. 1805.

160. 1485. (T 57). Ueber die Reise des Grafen **Gabr. Capodilista** giebt es eine Handschrift im Brit. Museum (Addit. no. 17 481), welche den Titel führt: Tracto del Viagio ouero Itinerario composto per Misere Gabriele

Capo de Lista: fu peregrino et ando ad Jerusalem nel' anno de la Natuita del nostro Signore MCCCCLXVIII fol. 4. Et sanctissimo Viaggio de la gloriosa Virgine et Martyre' Sancta Katherina cum alcune altre devotione de Egypto (von demselben fol. 76, 12⁰). In Morelli, Bibliotheca Pinelliana IV, Venezia 1787, S. 107—110 wird als Jahr seiner Reise 1458 angegeben vgl. San Filippo, S 25. Studj bibliogr. I, S. 69. Nach Brunet soll 1472 in Perugia der Druck erschienen sein. De Mas Latrie hat in seiner Histoire de l'ile de Chypre II, S. 76—78 die auf Cypern bezüglichen Abschnitte von C.'s Reise mit Noten herausgegeben.

161. 1485. (T 58). **Francesco Suriano**. Die Hs. befindet sich im Archivio del Convento di S. Isidoro in Rom. Vgl. Bonifacius Stephanus, S 311

162. 1485. (T 57). Joos van **Ghistele**. Ueber ihn vgl. M. Schayes in Messager des sciences et arts 1836, S. 1—30. Die Ausgabe von 1563 erschien: Ghendt, H. v. d. Keere. 4°.

163. 1485. (T 58). Voyage de Georges **Lengherand** (auch Languerand oder Lengueraud geschrieben) . . . . Ein Druck 1489 o. O. fol. Eine Hs. in Valenciennes. Vgl. Le Glay, Catalogue des manuscrits de Lille 1848, S. 110.

164. C. 1485. (T 58). Verwandt mit den oft genannten. Peregrinationes totius terrae sanctae" scheinen die Peregrinationes terrae sanctae im Wiener Codex no. 3763 (Tabulae III, S. 81), chart. XIV, 254 f., S. 249b—253a; incipit: Nota quod infra scripte sunt peregrinationes — explicit: item rex de wozzen. Ebenso ist wohl ein sehr verwandter Text in der Handschrift der königl. Bibliothek zu Berlin (Sectio Diez C. 4°, 70, 4 Blätter) enthalten vielleicht steht ihnen auch die Münchener Handschrift (Peregrin. tot. terrae Sanctae no. 1274, 95—112) nahe. Sonst mag wohl auch hierher zu rechnen sein die Beschreibung des Landweges nach Jerusalem in einer Nürnberger Handschrift no. 81, fol. 105 (Correspondenzblatt d. deutsch. Arch. 1879, II. S. 258), der Codex Bruxell. no. 7580. De peregrinatione ad Terram sanctam und das Itinerarium Ierosolimitanorum cum missa in veneratione S. Sepulchri. 4°, 30 SS. incipit: Cum jam appropinquasset ille terminus, quem Dominus Jesus, explicit: hec linea (IV unc.) novies ducta latitudinem monstrat ejusdem sepulcri (daran schliesst sich: Terre sancte descriptio, 53 SS.), worüber J. J. Smith, A catalogue of the manuscripts in the library of Gonville and Caius College, Cambridge. Cambr. 1849, no. 162, 6 und 7. Vgl. noch die Anonymi unter 1450.

165. 1486. Der Peregrinatie van iherusalem (T 49) scheint verwandt zu sein: (G. de Guilleville) Boeck van den pelgherijm. Harlem, Jacob Bellaert, 1486, 84 fol. Vgl. unter Breydenbach.

166. 1486. **Girolamo Castelione**, Fiore di Terra Santa . . . Impressit Messanae Georgius Richer Landau Allamanus. 4°. Unicum. Vgl. Amat di San Filippo, Bibliografia, S. 28.

167. 1488. **R. Obadja** aus Bertinoro in Italien kam 1488 nach Jerusalem (Zunz, no. 66; Steinschneider, Catalog. Bodlej. 2073). Zwei Briefe von ihm sind incorrect von S. Sachs im Jahrbuch für d. Gesch. der Juden, Band III, 1863 herausgegeben, wozu Berichtigungen in Steinschneiders Hebr.

Bibliographie 1863, S. 131; ibid. XIII, 124 über die Fehler einer englischen Uebersetzung. Steinschneider schickte seine Verbesserungen sowie die Collation einer dritten unedirten Handschrift an Jellinek nach Wien.

168. 1488. Saintes Pérégrinations de Jérusalem et autres saints lieux. Lyon. Michelet 1488, fol.; vgl. Catalogue des livres de Madame de Pompadour, Paris 1775, S. 267. Vielleicht verwandt mit den Peregrinationes (T. 58; s. oben).

169. 1489—90. Relatione del Viaggio fatto in Terrasanta da un religioso anonimo di Figline in Valdarno di Sopra di 16 Maggio 1489, fino al 13 Gennajo 1490. Hs. der Biblioteca Nazionale in Florenz. Vgl. Studj bibliogr. I, S. 83. Vielleicht ähnlich der bei T. 39 zum Jahre 1489 angeführten Reiseskizze.

170. 1489. **Zanobi dalla Vacchia**, Viaggio ai luoghi Santi. Hs. in der Bibl. Riccardiana in Florenz. Vgl. Studj bibliografici I, S. 83, III, no. 62.

171. C. 1490. Ein Pilgerführer durch das heil. Land wird nach dem Cod. Miltenburgensis von Herrn Pfarrer Conrady in Miltenburg in der Zeitschrift für Palaestinakunde veröffentlicht werden. (Gütige Mitteilung von Herrn Conrady selbst.)

172. 1491. (T 60). **Martin Kabatnik**, Reise nach Jerusalem. Nach Dobrowsky, Gesch. der Boehm. Sprache 1818, S. 276. ist die von Adam Baccalaureus 1542 besorgte Ausgabe die erste; statt 1518 (bei Kandid. Boh. docta) ist vielleicht 1578 zu lesen. Von Niklas Bakalařs Reise sagt Dobrowsky (a. a. O., S. 277): Die Beschreibung .... beträgt nur etwa 2 Bogen und ist als Uebersetzung von viel geringerem Werte, als Kabatniks Reise. Vgl. noch Nouv. Annales des voyages 1854, I. S. 29—33.

173. 1492. (T 60). **Peter Fassbenders** Wallfahrt erschien bis auf die Erzählung von seiner Heimkehr vollständig bereits in: Triersche Kronik, Jahrgang VI, 1821, S. 81, 99, 117, 137; vgl. unseren Abdruck auf S. 246—277.

174. 1492. (T 60). **Bernardino di Noli** ist der richtige Name des Reisenden, welchen T. B. di Nali nennt. Vgl. Studj bibliogr. I, S. 100, III, no. 80.

175. 1493. (T 60). **Johann v. Lobkowitz und Hassenstein**. Vgl. Nouv. Annales des Voyages 1854, I, S. 33; dort Johann v. Loberwig genannt. Die Reisebeschreibung ist um das Jahr 1505 verfasst. Eine Abschrift vom Jahre 1515 in 4° kam aus dem Augustinerkloster bei St. Wenzel in die öffentliche Bibliothek, woraus die ganz neue Copie in der fürstl. Lobkowitzischen Bibliothek abgeschrieben ward. Vgl. Dobrowsky, Gesch. d. böhm. Sprache 1818, S. 277.

176. 1493. Pilgerfahrt des Ritters **Hans von Zedlitz**, von dessen Sohne Heinrich Zedlitz von Siebencichen 1555 aus dem Tagebuche seines Vaters niedergeschrieben. Eine spätere Abschrift des Originals liegt in der Fürstlich Plessischen Bibliothek zu Fürstenstein (Ms. oct. 8c, 7 + 53 + 4 Bll.). Davon besitzt die Société pour l'histoire de l'orient latin in Paris durch die Herausgeber eine Copie. Eine Abschrift von der Hand des Sam. Ben. Klose († 1798) befindet sich laut gütiger Mitteilung des Herrn Stadtbiblio-

thekars Dr. **Markgraf** auf der Stadtbibliothek zu Breslau. K.'s Vorlage, ein Ms. von alter Hand, aus dem Nachlasse des Pastor Chr. Ezechiel, umfasste 89 SS. in 8°, seine Abschrift, worin mancherlei Auslassungen sind, 34½ SS. in 4°.

177. 1493. Die Pilgerfahrt des Churfürsten **Friedrich des Weisen von Sachsen**; im Auszug bei Balth. Mencius, Itinera, S. 37—48. Herausgegeben im Klotzsch und Grundtvig, Sammlung zur sächs. Geschichte, Chemnitz 1770, V, S. 169—194; besser in: Georg Spalatins histor. Nachlass, herausgegeben von Nondecker und Preller, Jena 1851, I, Beilage 1, S. 76—91.

178. 1493. (T 60). Ueber die Meerfahrt Graf **Bothos des Glückseligen zu Stolberg** in's gelobte Land (16. April 1493 bis 9. Febr. 1494). Von Ed. Jacobs. In der Zeitschrift des Harzvereins I, 1868, S. 192—220.

179. 1494. (T 61). Hier begint de heylige pelgreinage ende reyse van Jherusalem ende voorts van sinte Kattelynen, gelyck ick, **Jan Van Borchem**, begost ende gedaen hebbe ... Papierhs. in Fol. Vgl. Notice sur la collection de manuscrits de M. le comte de Ribaucourt, par M. Gachard in: Compte-rendu des séances de la commiss. royale d'histoire. Bruxelles 1842, T. V, S. 376. O'Kelly de Galway, Mémoire sur l'ordre de St. Sépulchre, Brux. 1873, S. 148.

180. 1495. (T 61). Einen Auszug der Geschichte Jerusalems und Hebrons von **Mudschir ed-din** besorgte in französischer Uebersetzung Sauvaire, Description de Jérusalem et de Hébron. Paris 1876.

181. 1495. **Anonymus aus Venedig**. Reisebrief aus einer Handschrift, herausgegeben von S. Sachs, deutsch von A. Neubauer im: Jahrbuch für die Gesch. der Juden, III, Leipzig 1863, S. 271—302.

182. 1496. **Peter Rindfleisch**, Pilgerfahrt nach Jerusalem und Santiago. Vgl. S. 315—348.

183. 1497. (T 61). Zu des Herzogs **Bogislaus von Pommern** Pilgerfahrt vgl. einen Auszug in der Zeitschrift „Das heilige Land" X, 1866, S. 175 —181, im Johanniterblatt der Ordensballey Brandenburg 1872, no. 10; Julius Müller, Venetianische Actenstücke zur Reise des Herzogs nach Jerusalem, in den Baltischen Studien XXIX, 1879.

184. 1498. (T 62). **Arnold von Harff**. Hss: auf Schloss Neuhaus, an der fränkischen Saale in Bayern, aus d. 15. Jahrh. mit colorirten Zeichnungen; in Bonn; in Darmstadt (Abschrift aus dem 17. Jahrh., no. 16, fol.; vgl. Walther, Beiträge z. Kenntn. d. Hofbibl. zu Darmstadt, S. 132); in Giessen, Cod. chart. CLXIII, saec. XVI, 243 Bll., fol. 2—152 b, von denen 1, 2 b, 3, 152 b und 226—243 leer sind, mit der Mehrzahl der Zeichnungen, welche Grotes Ausgabe enthält. Senkenberg kaufte diese Hs. 1764 aus der Wickeburgischen Bibliothek.

185. 1499. **Gerolamo da Santa Stefano**, Lettera scritta da Tripoli di Soria il 1 Febbrajo 1499, bei Ramusio I; vgl. Studj bibliogr. I, S. 106.

Aus dem 15. Jahrhunderte sind noch folgende Reisen anzuführen, deren Zeitpunkt sich nicht genauer bestimmen lässt:

186. **Marco Lusardi**, Del viaggio di Gerusalemme descrittione. Hs. der Biblioteca Universitaria in Genua, vgl. Studj bibliogr. III. no. 76.

187. **Voyaiges de Jérusalem et de Ste.-Katherine, de Claude de Mirebel** de Besançon. Papierhs. d. 15. Jahrh., 4⁰, vgl. Catalogue descriptif des manuscrits de la bibliothèque de Lille par Le Glay. Lille 1848, S. 107.

188. **Petrus Blesensis**, Tractatus de Ierosolimitana peregrinatione. Hs. in Cambridge, Univers. no. 1906, Ji. VI, 27; vgl. Neues Archiv f. ält. d. Gesch. IV, 1879, S. 391 (ob nicht c. 1200 anzusetzen?)

189. **Abt Gretenj** (oder Gregentij), Reisebericht. Ein Hs. in der Bibliothek Philarets von Tschernigew. Vgl. Tschernigewsche Eparchie-Nachrichten 1875, no. 6. Professor Petrow bereitet eine Ausgabe vor.

190. **Jacob Sikilli** (aus Sicilien), „Angabe der Oerter und Gräber in Palaestina" wird erwähnt im Liber Juchasin ... R. Abr. Zacuti Lond. 1857, S. 228; über die Person vgl. Hebr. Bibliogr. XVI, 107; Catalog der Hamburg. Hebr. Handschr. no. 56.

191. **Meschullam b. Menachem aus Volterra**. Die Beschreibung seiner Reise von Neapel nach Jerusalem und über Damascus zurück nach Venedig findet sich in einer Florentiner Handschrift (Biscioni, Catalog. Medic. in fol. S. 128, in 8⁰, S. 402; Steinschneider, Jewish Literature, London 1857, S. 201; Zunz, no. 64).

192. **Anonymus**. Zwei Briefe über die zehn Stämme; einer ist in Jerusalem geschrieben (Cod. de Rossi no. 402; vgl. Zunz no. 63, auch oben ad 1473 u. Steinschn. Hebr. Bibliogr. 1862, S. 20; 1869, S. 62).

193. **Hy hebt sich an daz heilig land**. Eine ganz kurze oberflächliche Aufzählung der Stationen von Venedig nach Jaffa und der Stätten im heil. Lande (Cod. germ. Zb 10, 14 SS. 4⁰ der Gräflich Stolbergschen Bibliothek zu Wernigerode).

194. **Van den gestant ende gelegentheit des heiligen landes, van der heiliger stadt Jherusalem** ... Ende dit heeft wtgesat ende bescreuen een groet geleert doctoer ende priester di sinen properen naem van oetmoedicheit hier niet noemen wil, ende dit met sinen oghen seluer gesien heuet .. doe hi inden iaer o. h. 1450 mit ossen .. hertoch Aernt heer van Gelre (vergl. oben S. 479) ... daer selver mede gereiset ende tegenwoerdich was. Ms. auf Papier 15. Jahrh., 49 Bl., Titel und Initialen rot, 12⁰. s. Catalogue de la biblioth. Enschedé. Amsterd. 1867, S. 141.

195. **Von den heiligen Orten in Palaestina — von verschiedenen nicht oder nicht ächt-christlichen Völkern des Morgenlandes**. Cod. Monac. German. no. 4886. — Von der gelegenheit und aygenschaft des heyligen landes und anderer lande und stet enhalb meres. Cod. Monac. germ. no. 317, fol. 131—140. — De locis Palaestinae. Cod. Monac. lat. 5362, fol. 151—153.

196. **De introitu peregrinorum in terram sanctam**. Cod. ms. lat. Monac. no. 569, 4⁰, fol. 182—183. Von Hartm. Schedel geschrieben.

197. **Rotulus tabulam Terrae Sanctae exhibens**. Ms. membr. no. 389 in Oxford, Fr. Douce. Vgl. Neues Archiv f. ält. d. Gesch. IV, 1879, S. 385.

198. **Peregrinatio** ad Terram Sanctam; de civitate Hierusalem et locis ultra-marinis. Pap. Hs. 2357 in Brüssel aus d. 15. Jahrh. Incipit: „Civitas Hierusalem." Vgl. Catalogue des manuscrits de la bibl. royale des ducs de Bourgogne, Tome II. 1. Bruxelles 1842, S. 79.

199. **Arenga** super passagio generali. (Reiseinstruction f. d. heil. Land.) Incipit: Moyses vir Dei, beatissime pater. Hs. d. 15. Jahrh. in Brüssel, Bibl. royale, no. 226.

200. **Isak Latif ben Meir**, ein hebr. Brief aus Jerusalem über dortige Zustände, Gräber etc. aus Cod. de Rossi 402 abgedruckt in „Ozar tob" von Berliner und Hoffmann 1878, S. 33—35. Ueber andere Personen aus der Familie Latif siehe Zunz no. 62 und Magazin ed. Berliner und Hoffmann III, 157, ferner Verzeichn. der Berliner Hebr. Handschr. S. log. auch Cod. Carmoly 281; Carmoly, Revue Orient. I, 66; Hebr. Bibliogr. XVII, 65. Der Verfasser erzählt, Jerusalem sei doppelt so gross, als Ancona (S. 35), ferner, dass in einem Hause des Tempels zwei Araber zu schlafen pflegten, die man eines Morgens erschlagen gefunden hätte etc.

201. C. 1500. (T 63). Viaggio da Venetia al Sancto Sepulchro et al monte Sinai, stampato per Nicolò detto Zopino et Vincentio Compagno 1521; ferner 1536, 1538 Nicolò d'Aristotele.detto Zopino, 1546 Venturino Roffinello, (1587) Valvassori e Micheli. Vgl. Amat di San Filippo, Viaggiatori, S. 51, Studj bibliografici I, S. 145 und 182.

202. C. 1500. (T 63). Mit Les passaiges d'oultremer ist wohl verwandt der Text des Cod. Harleian. Mus. Britann. no. 2253, § 38, fol. 68b: ces sunt les pelerinages communes que chrestiens fount en le Seinte Terre, § 39, fol. 70: ces sunt les **Pardouns de Acres**; sowie: Les pelerinages d'oultremer et a savoir demander en langage sarrazin les necessitez pour vivre (Mallet, Inventaire ou catalogue des livres de l'ancienne bibliothèque de Louvre, Paris 1836, S. 111, no. 655).

203. C. 1500. Viaggio d' Oltremare. Hs. no. 2257, fol., 15. Jahrh. in der Bibl. Riccardiana in Florenz. Incipit: Qui apresso faremo menzione dell' andata d' oltra a mare . . .; explicit: Soprastemo a Vinezia alquanti di poi ci tornamo affirenze per la via di bologna. Vgl. Studj bibliogr. I, S. 117, III, no. 65.

204. 1500. Viaggio d'oltremare di frat. **Pietro Pagolo Rucellai** dell' osservanza di San Francesco (Mser. auf der Bibliot. nazionale in Florenz XIII, no. 75, woraus Marcellino da Civezza 507—515 mehreres mitgeteilt hat).

205. 1500. **Joanne Cola**, Viazo da Venesia al sancto Jherusalem et al monte Sinai sepolcro de sancta Chaterina . . . Bologna, Justiano da Rubiera 1500, fol.

206. 1507. (T 65). Der Prior **Georg** stammte nicht aus Chemnitz, sondern Gaming: darüber, sowie über das kritische Verhältniss seines Berichts zu dem des Martin v. Baumgarten siehe Heyd in Petzholdts Anzeiger 1873, S. 4—9.

207. 1507. (T 65). **Martin Baumgarten**, Beschreibung der h. Orte oder Wanderung in Aegypten, Arabien, Palaestina und Rückkehr nach

Deutschland. Aus dem Lateinischen in russischer Sprache übersetzt von W. Ruban, St. Petersb. 1794, 280 SS., 4⁰.

208. 1507. Die Pilgerfahrt des Herzogs Friedrich II. von Liegnitz und Brieg nach dem heiligen Lande von **Martin Wanner** beschrieben, nach der in der Gymnasialbibliothek zu Brieg aufbewahrten Hs. veröffentlicht von den Herausgebern in Guthes Zeitschrift für Palaestinakunde, I, 101—131, 177—215. Eine andere Hs. befindet sich in der Stadtbibliothek zu Breslau (R. 408, 8⁰, 16. Jahrh.).

209. 1507. Voyage à Jérusalem fait en 1507 par **Pierre Mesenge**, Chanoine de Rouen, Jehan Masselin, Jaques de la Chesnaie, Jean Chaumin, presbitres, et Nicolas Masselin, Jean Loymarc, Jean Wihat, Roger Guenet, marchands de Rouen, et Guill. de la Haye, marchand de Caen, écrit par le susdit Pierre Mesenge. Hs. in fol. Vgl. Catalogue raisonné de la collection de livres de M. Pierre Antoine Crevenna à Amsterdam 1775, T. V, S. 37.

210. 1512. **Urbano Valeriano Bolzani**. Ueber seine Reisen vgl. Gianpierio Valeriano Bolzani in: Antichità bellunesi. Studj bibliografici I, S. 132.

211. 1513. (T 66). Zu **Johannes Thenaud** vgl. Marcellino da Civezza, S. 589.

212. 1514. **Barbone Morosini**, Viaggio in Terrasanta nel 1514. Hs. des 16. Jahrh. in der Bibl. Marciana in Venedig. Vgl. Studj bibliografici I, S. 134, III, no. 239.

213. 1515. **Wynkyn de Worde**, The Waye to the Holy Land. London (1515) 4⁰. Instruction for Pilgrims to the Holy Land. London 1524. 4⁰. Vgl. Watt 983 b, 982 u.

214. C. 1517. **Allessandro da Modena**, Viazo de andare in Jerusalem. In Salò 1517. 16⁰.

215. 1517. (T 67). Ritter **Bernhard von Hirschfeld** und seine Wallfahrt nach dem heiligen Grabe ... Nach handschriftlichen und anderen Quellen dargestellt vom Reg.-Rath v. Hirschfeld in Marienwerder, im Wochenblatt d. Johanniter-Ordens-Balley Brandenburg 1879, no. 38 ff. Eine Hs. (Fol. 219) in Weimar.

216. 1517. Syr **Richard Torkyngton**, Reise, zum Teil gedruckt in Gentleman's Magazine 1812 und Fosbrooke, British Monachism, S. 447 ff.

217. 1518. Chy sensuyvent les gistes repaistres et depens: que moy **Jasques le Saige** marchant de draps de soye demourant a Douay ay faict de Douay a Hierusalem, Venise, Rhodes, Rome, ... et aultres passaiges, que moy .... ay faict lan mil chincq cens XVIII avec mon retour. Imprimé nouvellement à Cambray, par Bonaventure Brassart, au dépens du dict Jacques, 4⁰.

218. C. 1519. Viagio del sepulchro, con oratione de loco in loco. Mediolani 1519, 4⁰. (Catalogue de la biblioth. de M. Raetzel. Paris 1836, S. 47.)

219. C. 1519. (**Frater Nicolaus de Farnad**), Compendiosa quedam: nec minus lectu iocunda descriptio urbis Hierusalem: atque diligens olim

locorum terre sancte in Hierosolymis adnotatio per quendam devotum in Christo fratrem divi Francisci ordinis. O. O. u. J. Vor 1519 wahrscheinlich in Wien durch Winterburg gedruckt; vgl. Denis, Wiens Buchdruckergeschichte, S. 313.

220. 1519. Ritter **Melchior zur Gilgen** von Luzern oder geschichtliche Laute aus dessen Leben 1474—1519. Von Aurel Jos. zur Gilgen. Im Schweiz. Geschichtsfreund XII, S. 204—215.

221. 1519. (T 68). **Heinrich Stulz**, Priester in Staus, Pilgerfahrt. Vgl. Catalog der Bürgerbibl. von Luzern 1841, S. 515, no. 144.

222. C. 1520. (T 69). Viaggio del sepolcro di G. Cristo, scritto da un valente uomo. Eine Ausgabe Venetia 1534, 8⁰. Vgl. San Filippo, Viaggiatori, S. 51. Studj bibliografici I, S. 146.

223. C. 1520. Im Wiener Codex no. 2992 (Tabulae II, S. 269), chart. XVI, 18, 4⁰, S. 16b—18a stehen: Notitiae geographicae cum miliariorum indice et enumeratione hospitiorum peregrinantium per Europam; incipit: Carmania civitas in Carmania —; explicit: Von Damascus gen Jerusalem bey 6 tagrays. Nur Entfernungsangaben ohne Wert.

224. 1521. Herzog **Otto Heinrich von Bayern**, Tagebuch 1521—1534, handschriftlich 109 Bll. fol. in einer Abschrift des 17. Jahrh. Vgl. Rockinger, Ueber ältere Arbeiten zur bayrischen und pfälzischen Geschichte, in den Abhandlungen der Münchener Academie Classe III, Bd. 14, Abth. 3; Correspondenzblatt der deutschen Archive 1879 no. 20, S. 317. Oben S. 349—401.

225. 1521—1522. **Anonymus** (vielleicht **Baruch**?) bereiste 1521—1522 die Grabstätten der Frommen im h. Lande. Die Reisebeschreibung („Paraschat elle Mussaë") ist herausgegeben in den Miscellen von Jacob Baruch 1785; vgl. Zunz no. 72; Steinschneider, Catalog. Bodlej. 772; S. 634 no. 4019 ist 1522 unrichtig nach Literaturbl. des Orients II, 457.

226. 1522—1523. **David Reubeni**, angeblich ein Sohn Salomo's, des Königs über die dritthalb Stämme Reuben, Gad und Manasse, zog über Südafrica nach Palaestina, später (1525—6) nach Portugal u. s. w. Dieser Schwärmer, der zuletzt in Spanien als Gefangener starb, verfasste einen interessanten Reisebericht, wovon nur eine einzige Handschrift bisher bekannt geworden, welche aber in Oxford bald nach der Erwerbung verloren gegangen zu sein scheint. Steinschn. hat sie dort nicht mehr gesehen. Eine gedrängte Inhaltsangabe bei Zunz no. 73.

227. 1522. (T 69). **Barthélémi de Salignac**, Itinerarium. Vgl. Louis Audiat, Pélerinages en Terre-Sainte au XVᵉ siècle, in der Revue nobiliaire, Nouv. Serie VI, 1870, S. 49—61.

228. C. 1524. (T 208). Opera nuova chiamata itinerario de Hierusalem ouero parte orientale 1524, 8⁰, vgl. San Filippo, Viaggiatori, S. 52.

229. 1526—1528. Im Wiener Codex no. 12893 (Tab. VII, 161) chart. XVI, 4 + 79 Bll. 8⁰ steht: **Angelus de Ohrembs** O. S. Francisci Descriptio itineris sui in Jerusalem a. 1526—1528 cum aliquibus notabilibus de fertilitate terrae sanctae, de insula Cypro, de sancto sepulchro etc. Die Hs., ein Autograph des Reisenden, zeigt auf dem ersten Bl. die Ab-

bildung der Wunde Christi. Auf Bl. 2 in deutscher Sprache beginnen ganz kurze Notizen über die Reise von Venedig nach Jaffa, daran anschliessend lateinisch einige Maasse und Entfernungen; auf Bl. 4 beginnt der eigentliche Bericht: „Incipit compendiosa quedam nec minus lecta jocundaque descripsio vrbis Jerusalem ..", in welchem die heiligen Stellen ausführlich beschrieben und mit ihren Grösseverhältnissen und gegenseitigen Entfernungen verzeichnet werden. Den Sinai und Aegypten besuchte der Reisende nicht, doch giebt er (Bll. 57 ff.) eine kurze Schilderung der Heiligtümer daselbst. Bl. 61 beginnt eine Beschreibung des h. Grabes in deutscher Sprache, Bl. 64 lateinisch: de diversis nacionibus, Bl. 80: de fertilitate terre sancte.

230. 1527. (T 70). **Noe Bianco**. Ausgaben: Venezia 1684 und Bassano 1697, 12⁰. Vgl. San Filippo, Viaggiatori S. 53 und Studj bibliografici I, S. 150. Marcellino da Civezza, S. 428.

231. 1527. (T 70). Ueber **Gabriel von Rattenbergs** Reisebeschreibung siehe Aretin, Beiträge IX, 1252 und oben S. 402 unserer Auszüge.

232. 1530. (T 70). Das Werk des **Antonio de Aranda** erschien unter dem Titel: Comienza un tractado el qual contiene muy particular y verdadera informacion de la ciudad santa de Hierusalem y de todos los lugares Sanctos — en el año 1530. Compuesto por el muy Rever. P. Fr. Antonio de Aranda Guardian de San Francisco de Alcala de Henares 1 vol. 4⁰, 115 SS. Signese una relacion o segundo tractado que contiene en particular la disposicion de las Provincias de Samaria y Galilea — Compuesto assi mesmo por el Autor del precedente. Alcalà de Henares (Miguel de Eguya) 1533. Bei Tobler ist dieser genaue Titel nicht abgegeben.

233. 1532. (T 208). **Ziegler**, Syriae, Palestinae, Arabiae, Aegypti, Schondiae Tubulae Geographicae. Argentor. 1532. Fol. Vgl. Watt 992 ˣ.

234. 1533. (T 71). **Bonaventura Brochard**, Répresentation et description de Jérusalem et de la Terre Sainte. Paris 1544. Itinéraire des Lieux Saints de la Paléstine et du Mont Sinäi en Arabie. Paris 1533 und Cologne 1624. Vgl. Bonifacius Stephanus, S. 291.

235. 1535. (T 71). Von **Guillaume Postel** existirt auch: De universitate liber, in quo Astronomiae doctrinaeve coelestis compendium, terrae aptatum, exponitur. Sed ante omnes alias orbis partes Terra Sancta summo, hoc est amplissimo compendio describitur. Ex typographia I. Gueullartii a regione collegii Remensis M. D. LII, 4⁰ (ohne Jahreszahl). Sonst vgl. über ihn: Nouv. Annales des voyages 1853, III, S. 38—39, u. G. Vogel in Naumanns Serapeum 1853, S. 49—58. Die von Tobler citirte Description führt den vollständigen Titel: D. et charte de la Terre Sainte qui est la propriété de Jesus Christ pour y revoir sa perigrination et pour inciter ses Treschretiens ministres à la reconner pour y replanter son Empire. Paincte et descripte par G. Postel. A Treschretienne princesse Cathérine de Médicis de sang Etrusque, Reyne de la Gaule (Paris 1553) 16⁰.

236. 1537. **Anonymus**, welcher 1537 eine kleine Abhandlung „Iggeret', eine Beschreibung der Gräber der Frommen, verfasste, die Uri ben Simeon 1564 copirte (Zunz no. 74), aber nicht, wie Beck bei Wolf, Bibl. hebr.

III, 84, und darauf sich beziehend Delitzsch, zur Gesch. der jüdischen Poesie, Leipzig 1836, 170 meinte, aus dem Arabischen übersetzte (Steinschneider, Catalog. Bodlej., S. 269).

237. 1539. **Matth. Aurogalli.** De Hebraeis urbium, regionum et aliorum locorum nominibus. Basil. 1539, 8⁰. (Catalog. biblioth. Thuanae Lauenb. 1704, S. 103).

138. 1540. Der Wiener Codex no. 9528 (Tab. VI, 55) chart. XVI 10 f. enthält: **Georgius Hwz Rascynius**, Peregrinatio Hierosolymitana a. 1540 peracta praeviis epistola ad Michaelem de Rawen d. d. Poson. 10. Nou. 1548 et praefatione ad lectorem. Incipit: Cum scriberetur ab incarnatione —; explicit: et unum adoravit.

239. 1546. Reyse Wolffen **Holtzwirdts** nach Jherusalem sambt allem, wass sich zugetragenn. Papierhs. d. Bibl. des Fürstl. Ministeriums zu Sondershausen. 86 Bll. Fol. Vgl. die Notiz darüber von Th. Irmisch in dem Regierungs- und Nachrichtsblatt für das Fürstentum Schwarzburg-Sondershausen, 1875, 5. Januar oben S. 529.

240. 1547. (T 72). **Belon.** Ausgaben: Paris 1555, Cavellat 4⁰ (Catal. de la bibl. d'Amiens, histoire I, 1856, S. 50) Anvers 1555, Christofle Plantin (Catal. de livres du départ. de la marine III, Paris 1840, S. 324), Paris 1585 (Stuck I, 24). — Vgl. Nouv. Annales des voyages 1853, III. S. 40—49.

241. C. 1550. (T 73). Specchio de' lochi sacri di Terra Santa, che comprende quattro libretti, si come leggendo questo seguente foglio potrai intendere. **Bartolomeo Georgievics** Despotino, detto il Pellegrino di Gierusalem, Auttore. Poma, appresso Giulio Bolano de gli Accolti 1566, 8⁰. Vgl. Castellani, Opere geografiche 1876, S. 190.

242. C. 1550. **Ant. de Guevara,** La prima parte del libro chiamato monte Calvario, dove si trattano tutti i Sacratissimi Ministerij avenuti in questo monte insino alla morte di Christo. Tradotto di lingua Hisp. nell' Ital. dal S. Alf. di Ugloà Hispano. Di nuovo corretto, et ristampato. Pesaro 1557. 8⁰. Wann das Original erschienen ist, liess sich nicht ermitteln.

243. C. 1550 (?). Informatio et directio cuiusdam viri eloquentissimi, missa ad quemdam nobilem, volentem peregrinationem ad Terram Sanctam facere et excusa .... Incipit: Faro admodum spei. Hs. in fol. 16. Jahrh. in d. Kgl. Bibl. zu Brüssel, no. 14489. Catalogue des manuscrits de la bibliothèque royale des ducs de Bourgogne. II, 1842, S. 81.

244. C. 1550 (?). **Anonymus.** Beschreibung des Weges von London nach Santiago, Rom und Jerusalem in altenglischen Reimen in Purchas, His pilgrimes II, S. 1230—1235. Der Anon. ging mit Walter Meddeford (S. 1235) nach Venedig, von da aus mit dem Prior von St. Johann in London nach dem heil. Lande, dessen heilige Stätten mit Damascus und dem St. Catharinenkloster genau beschrieben werden.

245. 1550. **Friedrich Rehlinger** von Augsburg, Reise von Padua nach Jerusalem, aus dem Cod. Monac. germ. no. 1273, oben S. 408 im Auszuge mitgeteilt.

246. 1550. Ueber den Reisenden **Pierre Gilles** (Gyllius) vgl. Vivien de St. Martin in Nouv. Annales des voyages 1853, III, S. 39—40.

247. 1551. **Johann Fuchs von Bimbach** und **Michel von Lichtenstein**, Domherrn zu Bamberg und Würzburg. Reise. Hs. Fol. 318 (Bl. 157 ff.) in Weimar. Vgl. S. 414—423.

248. 1552 ff. (T 73). Die Ausgabe des **Stephani** von 1573 hat die Signatur ex typographia Giurraea (nicht Guerraea); vgl. La biblioteca publ. di Siena V, 1847, S. 53. Neu herausgegeben von Fr. Cyprianus de Tarvisio. Venetius 1875. 8°.

249. 1552. **Wassilij Posdnjakow**, ein Kaufmann, Reise nach Jerusalem. Hss. in der Bibliothek d. hist. Gesellschaft, in der kaiserlichen und in der Undolskischen Bibliothek zu St. Petersburg. Philaret, Journal d. russ. geistl. Literatur I, 226, setzt die Reise in das Jahr 1552, sonst wird auch 1588 angenommen.

250. 1552. (T 74). **Aveyro**, Itinerario. Ausgaben: Lisboa 1603, 1688, 1720 und 1732.

251. 1553. (T 75). Von **Ecklins** Reise giebt es auch eine Ausgabe: Strassburg 1579, 8°. (Biblioth. Rinckiana, Lipsiae 1747, S. 240), sowie Nürnberg 1646. Ein Auszug in d. Zeitschrift: Das heilige Land XIX, 1875 S. 80—88. Vgl. Petzholdts Anzeiger 1876, S. 8.

252. 1553. **Mariano Gradenigo**. Itinerarium clarissimi D. Marini Gradonici praefecti et cap. Salinarum in Insula Cypro ex praedicta insula in Suriam et terram sanctam .... 1553. Hs. im Museo Civico in Venedig. Vgl. Studj bibliografici I, S. 160. Zurla, Di Marco Polo II, 293.

253. 1554. **Phil. Melanthon**, Aliquot insignium locorum terrae sanctae explicatio et historiae, enthalten in Caspar Peucer, De dimensione terrae. Witeberg 1554, 1579, 1587.

254. 1556. Eigentliche Beschreibung der hin- und wider Farth zu dem Heil. Landt gen Jerusalem 1556 und 1557. 4°. (Catalogus biblioth. Schadeloock, Norimb. 1775, II, S. 79).

255. 1556. (T 76). **Wolfg. Müntzers von Babenberg** Reisebeschreibung steht im Codex no. 1645 (202 SS., vgl. d. Catalog von Irmischer 1852, S. 285) der Erlanger Universitätsbibliothek.

256. Vor 1560. **Mose Basola**, Rabbiner zu Ancona, ging im hohen Alter nach Palaestina, wo er 1560 starb. Vgl. Zunz no. 77. M. Basola ist nicht zu verwechseln mit Mose Basula de la Rocca († 1585); vgl. Steinschneider, Addenda zu Catalog. Bodlej. S. 1353 und 2826, no. 7720.

257. 1561. (T 77). **Gerson ben Ascher** (aus?) Scarmela, „Jichus ha-zaddikim" ein Gräberverzeichniss. 8°. Mantua 1561, Venet. Kislew 5359 (1598, nicht 1599, für 1599 bei Zunz no. 77, wo alle jüngeren Ausgaben nicht hierher gehören, s. unter Anonym. 1626 und Catalog. Bodlej., S. 1009). Französche Auszüge gab Carmoly 1843 in Revue Orientale III, S. 406.

258. 1561. **Anonymi Itinerarium** in Cod. ms. Giess. CLXIII, fol. 153—226. Vorher geht, von derselben Hand geschrieben, Arnold von Harff.

262. 1561. **Giambattista Perotto**, Memoria del viaggio fatto da Cipro in Gerusalemme e del ritorno in patria. Hs. im Museo Civico in Venedig. Vgl. Studj bibliografici I, S. 162.

264. 1561. (T 77). **Jacob Wurmbsers** Reisebeschreibung findet sich auch im Codex no. 485 (L. 152, 117 Bll. in 4º) in Donaueschingen.

265. 1561. (T 77). Ueber **Em. Oertls** Reise vergleiche unsere Mitteilungen aus dem Münchener Codex germ. no. 1286 (cf. Cgm. 3001) unter d. Namen im Pilgercatalog S. 532. Die Jahreszahl 1561, nicht 1583, wird richtig sein, da Aloise Mocenigo, in dessen Begleitung Oertl ging, 1570 Doge wurde und 1577 starb (Romanin VI, 283 ff., 352).

266. 1561. (T 77). Die Reisebeschreibung des **Grafen von Löwenstein** ist enthalten in einem vorzüglichen Stuttgarter, einem Münchener Codex (C. germ. no. 3002; vgl. Aretin, Beitr. IX, 1232) und in zwei Hss. in Weimar (Fol. 318 und Quart 318); sonst vgl. über das Geschlecht und besonders unseren Reisenden auch Vulpius, Curiositäten Bd. VI, u. Kremer, Acta Palatina I, 322 ff.; oben S. 536.

267. 1563. Peregrination und Raissbuch des Edlen **Alexander** zue **Pappenheim**, des H. R. R. Erbmarschàlckh etc., welche er 1563 und 1564 durch Italien in das gelobte Land gemacht hat. Cod. Giessensis chart. saec. XVI no. 164 fol. 2—72a, woraus unsere Auszüge oben S. 424 gegeben sind.

268. C. 1563. Vera e nuova descritione di tutta Terra Santa e Peregrinaggio del sacro monte Sinai, compilata da verissimi autori dal venerabile Padre Frate **Luigi Vulcano** della Padula dell' ordine Minore Osservante di San Francesco. Napoli, Mario Scotto 1563, 1 vol. 8º; vgl. unten ad 1656.

269. 1563. **Elia von Pesaro**, Schreiben nach seiner Heimat d. d. Famagusta 18. Oct. 1563. Deutsch im Auszuge von J. M. Jost im Jahrbuch für die Gesch. der Juden II, 1861. Hs. der Bibl. nat. in Paris, ancien fond no. 124. Hebräisch herausgegeben Paris 1879. Elia wollte nach Palaestina auswandern, blieb aber auf die Nachricht, dass in Syrien die Pest wütete. in Famagusta; vgl. oben S. 145, Note 4.

270. 1563. **Joannes Heiden**, Jerusalem vetustissima etc. descripta. Francofurti 1563 fol. Bonifacius Stephanus, S. 299.

271. 1564. (T 71). **Uri ben Simeon** (siehe unter 1537 Anon.). „Jichus ha-Abot" ist wahrscheinlich von Hottinger (Cippi hebr. 1659 und 1662) aus einem Manuscr. edirt; was Zunz no. 79 von einer 2. Ausgabe 1599 berichtet, beruht auf Verwechslung mit Jichus ha-zaddikim von Gerson (siehe 1561); vgl. Steinschneider, Catalog. Bodlej. 2694 u. Hebr. Bibliogr. 1878, S. 67.

272. 1565. (T 78). Eine Ausgabe von **Helffrich** erschien auch Leipzig 1578 bei Johann Breyer 4º. Eine Hs. befindet sich auf der Stadtbibliothek zu Breslau.

273. 1565. (T 78). Von **Dirkz Boekenberch** nennt der Catal. de la biblioth. de Mr. Meulmann, Amsterd. 1869, S. 145 eine Ausgabe: Pelgerimsche reyse nac de H. Stadt Jerusalem. Antwerpen 1619, 8º.

274. 1565. (T 78). **Petrus Villingers** Reisebeschreibung ist enthalten im Luzerner Codex no. 158, 156 Bll. (vgl. Catalog der Luzerner Stadtbibl. S. 534).

275. 1567—1571. Ueber die Reisebeschreibung des **Ludwig Rauter** vgl. oben S. 430 unsere ausführlicheren Mitteilungen.

276. 1569 f. Ueber **Hans von Hirnheims** Pilgerfahrt siehe unsere Auszüge aus dem Giessener Codex chart. saec. XVI no. 164, S. 73—152 a oben S. 446 ff.

277. 1570. (T 79). Ueber **Wolfg. von Pruckhs** Reisebeschreibung siehe oben S. 446 ff. unsere Auszüge aus dem von Tobler genannten Münchener Codex.

278. 1573. **Ulrich Krafft**, Reisen und Gefangenschaft Ulrich Kraffts herausgegeben von K. D. Hassler, Stuttg. 1861, im Auszuge in's Neuhochdeutsche übertragen von Ad. Cohn, Ein deutscher Kaufmann des sechszehnten Jahrhunderts. Hans Ulr. Kr. Denkwürdigkeiten. Göttingen 1862. Der Bericht dient zur Erläuterung der Rauwolfschen Pilgerreise (T. 79—81).

279. 1575. **Filippo Pigafetta** di Vicenza (1533—1603), Viaggio dal Cairo al Monte Sinai. Venezia, Alvisopoli, 1837. 16⁰. Vgl. Amat di San Filippo, Viaggiatori S. 58, Studj bibliografici I, S. 169.

280. 1575. (T 79—81). Die Reisebeschreibung **Rauwolfs** ist enthalten in dem Münchener Codex germ. no. 3005. Eine Hs. befindet sich auf der Stadtbibliothek zu Breslau. Die erste Ausgabe erschien Augsburg 1581 4⁰ (Stuck I 249; vgl. Rohr, Physikal. Bibl. S. 268, Baumgarten, Nachrichten IX, 221). Eine englische Uebersetzung von Stapherst, London 1693, 8⁰ bei Watt 792 e. Sonst siehe über ihn Nouv. Annales des voyages 1853, III, S. 49 —58; Hormayr, Taschenbuch f. d. vaterl. Gesch. 1832, S. 120.

281. C. 1576. Zwo Reise zum heiligen Grab. Basel 1576 4⁰ (Catalog. bibl. Schadeloock, Norimb. 1775 II, S. 79).

282. 1578. Ueber die Pilgerfahrt der portugiesischen Tertiarierin **Maria** vgl. Marcellino da Civezza z. Jahre 1640 unserer Bibliographie.

281. 1578. **Pater Antonius ab Angelis**, Topographia S. Civitatis Jerusalem. Romae 1578. T 81 erwähnt nur gelegentlich den Namen.

284. 1578. Voyages et Exploits de **Charles Magius**, Noble Vénitien, qui fut envoyé par la République pour visiter les Places etc. les faire réparer et munir avec les dessins et plans des dites Places, Ports et lieux, où il a passé, qu'il a fait reduire en petit, et peindre en miniature sur velin, en 1578. fol. Vgl. darüber Guil. Franç. de Bure, Bibliographie instructive. Paris 1768. Histoire I, S. 203—212. Derselbe, Catalogue des livres du cabinet de feu Mr. Gaignat 1769, II, 16. San Filippo, S. 125, giebt den Titel mit Abweichungen an: Les voyages et avantures Charles **Magius** noble vénitien, depuis que les Turcs attaquèrent et prirent l'isle de Chypre, jusqu'après la fameuse bataille de Lépanthe donnée en 1571.

283. 1578 — 1582. **John Newberie**, Reisebeschreibung enthalten in

Purchas. His pilgrimes II, S. 1410—1421 (ibid. 1642—1646 seine Briefe aus Babylon, Balsora, Bagdad etc.).

282. 1579. Joann. Dubliulius, Hierosolymitanae peregrinationis hodoeporicum F. J. Dubl. authore. Coloniae, Grevenbruck 1599 in 4°, 16mo in 8°, sowie München 1661, 4° (Stuck I, 404), Bonifacius Stephanus, S. 295, giebt das Jahr 1579 an.

283. 1581. (T 209). Von Bünting's Itinerarium Sacrae Scripturae giebt es noch folgende Ausgaben: Magdeburg 1583, 1591, 1594, 1616 und 1718 (letztere Ausgabe ist von Joh. Georg Leuckfeld besorgt; alle erschienen in 2 Bänden 4°), Helmstädt 1581 fol., 1582 (auffs new mit fleiss ubersehen und gemehret mit einem Büchlein De Monetis et Mensuris . . . mit einer Vorrede Martini Chemnitz) 2 Teile fol. (1. fac. Lucius Siebenbürger. 2. fasc. titulo: Itinerarium novi testamenti), Wittenberg 1587 (aber nur der erste Teil; der zweite dazu gehörige erschien in Magdeburg), 1608 fol., Braunschweig 1648, fol., Amsterdam 1648, 4°, Erfurt 1754, 4° (herausgegeben von Aug. Bened. Thauer; vgl. Biblioth. Richteriana Götting. 1774, II, S. 26 und 80). Eine holländische Uebersetzung erschien auch Utrecht 1596, 4° und eine dänische Kopenhagen 1615, 4°.

284. 1583. (T 82). Triphon Korobeinikow. Ausgaben: von W. Ruban St. Petersb. 1783, 1786; von Iw. Michailow, Moscau 1798, 1803, 1826, 1830; von Nowinskij 1833, 1837; von Sacharow 1846, 1847, 1851, 1852, 1853, 1854, zwei Ausgaben von 1859; ferner die Ausgaben von der Gesellschaft für billige Bücher, Moscau 1866, 1869; von P. Gluschkow, Moscau 1870 und 1874. Früher als Daniels Reise gedruckt. — 1593 eine andere Gesandtschaftsreise K.'s mit Michael Ogarkow im Auftrage des Czar Theodor; s. Alte russ. Bibliothek Th. XII, S. 425—449.

285. 1583. (T 82). Melchior Lussy's Reisebeschreibung enthält ein Luzerner Codex (Catalog d. Luzerner Stadtbibliothek 1840, S. 526; die Nummer ist dort nicht angegeben).

286. 1583. (T 83). Von Radzivill's Reisebeschreibung erschien auch eine polnische Ausgabe. Pielgrzymowánie Do Ziemie Swientey . . . Nikolaia Chrisztofa Radziwila . . . Przez II. M. X. Thomasza Tretera . . . iezykiem Lácinskim nápisána y wydána: A przez X. Andrzeia Wargoikiego na Polski przetozono. W. Krákowie 1617, 4°. Russische Ausgabe von P. Bogdanowitsch, St. Petersb. 1787. 8°.

287. 1583. (T 83). Rud. Pfyffer's Wallfahrt enthält der Luzerner Codex no. 19 (Catalog, S. 17—18; vgl. Haller, Schweizerische Bibliothek, 4. Teil, no. 410; Schweiz. Geschichtsfreund II, 1845, S. 213—217).

288. 1583. (T 209). Marcellino da Civezza, S. 642 nennt auch eine Ausgabe des Rodrigo de Yepes, Venezia (Zialteri) 1600.

289. C. 1584. Pellegrinaggio di tre figliuoli del Re di Serendippo, per opera di M. Cristoforo Armeno dalla Persiana nell' Italiana lingua trasportato. Venezia 1584. 8°. Bonifacius Stephanus, S. 305.

290. 1585. (T 83). Samuel Kiechel, Reisen, herausgegeben von

K. D. Hassler in d. Biblioth. des Stuttg. lit. Vereins 1866. Vgl. dazu Ausland 1867, S. 1238.

291. 1586. **Michael Herberer's** Reisen, Gefangenschaften, Meerfahrten und allerlei andere Abentheuer in Vulpius, Curiositäten IX, 1821, S. 152—171 (aus einem Heidelberger Drucke 1610, 4°, wiederholt); sonst siehe auch Sattler, Neue Sammlungen der Schicksale merkwürdiger Personen, Teil I.

292. 1586 (T 33 f.). Ueber **Zuallart** siehe auch Biographie du royaume des Pays-Bas II, S. 610. Ein Auszug in der Zeitschrift „Das heilige Land" XIV, 1870, S. 18—25.

293. 1587 (T 85). **Bernhard Walter von Waltersweil.** Hormayr, Taschenbuch für d. vaterl. Gesch. Neue Folge XI, 1840, S. 286 nennt wohl fälschlich den Namen des Reisenden Bernhard Walterskirchen.

294. 1587 f. Die Reisebeschreibung des **Ernst von Buseck** ist oben S. 455 ff. aus dem Giessener Codex chartac. Saec. XVI, no. 164, fol. 154—239a von uns ausgezogen worden.

295. 1587. Fr. **Diego de Bergara** de los Premonstr., Descripcion del templo de Jerusalem y noticia de Salomon (Papierhandschrift von 1587 im Escurial J. II, 13).

296. C. 1587. **Pedro de Escobar,** Luzero de la Tierra Santa, y Grandezas de Egypto y Monte Sinay. Vallad. 1587. 8°. Watt 342p.

297. 1588. (T 85). **Francesco Alcarotti.** Amat di S. Filippo, Studj bibliografici I, S. 154 giebt als Jahr der Reise 1537 an.

298. 1588. (T 209). **Christian van Adrichom.** Ausgaben: 1588 Urbis Hierosolymae quemadmodum ea Christi tempore floruit Descriptio. Adjuncta est topographica delineatio ad vivum aeneis formis expressa, cui numeri toto libro notati exacte respondent ... Editio altera ab auctore aucta et emendata ... Coloniae Agrippinae, in officina Birckmannica . MDLXXXVIII, 8°. Vgl. Castellani, Opere geografiche 1876, S. 14; 1597: Colon. Agr. in Officina Birckmannica 8°; 1590. Breve descrizione di Gerusalemme ... Verona 8°, 1592; 1594 dss. Firenze, Giorgio Marescotti 8°, 1657 fol.; Theatrum 1582 und 1619, Colon. Agr., fol. Ausserdem giebt es auch eine Ausgabe mit dem Titel: Breve descripcion de la ciudad de Jerusalem por C. Adricomio trad. por V. Gomez. Va agregado el viage de Jerusalem que hizo y escribo Francisco Guerrero. Madrid 1828, 8°.

299. 1588. (T 89). Ueber **Balaurdet** vgl. genauere Nachrichten von Comte de Marsy in der Revue de Champagne 1878.

300. 1588. **Laur. Joh. Laellus,** Itinerarium Sacrae Scripturae, Thet är: Eefn Reesebook öffver then heligbe Schrifft. Deel 1, 2. Stockholm 1588, fol.

301. 1588. (T 86). Ausgaben des **Guerrero:** Sev. 1592, 1694, 8° (Watt 448y) Granada 1612, 8° (Catalog. de la biblioth. de M. Chardin, Paris 1823, S. 205) Vgl. auch unter Adrichom; oben no. 298.

302. 1588. (T 85). Von **Villamonts** Voyages citirt die dernière édition Lyon, Claude Larjot 1607 8° der Catalogue des livres d. M. Armand Cicongne, Paris 1861, S. 419.

303. 1590. Der Archimandrit **Daniel** aus dem Korssunskischen Kloster in Weissrussland. Eine Hs. seiner Jerusalemreise aus dem Jahre 1747 befindet sich im Troizko-Sergei Kloster. Vgl. N. Tichonrawow, Denkmäler der russ. Lit. Mosc. 1813, II.

304. 1592. **Antonio Palazzolo**, Breve Descrittione della Città di Gierusalemme. Veron. 1592, 12⁰. Watt 727ᵃ.

305. C. 1593. (T 86; vgl. 112). Die Reisebeschreibung des englischen Kaufmanns **John Sanderson** siehe auch in Purchas, His pilgrimes II, 1629—1640; ibid. 1640—1642 die Reisebeschreibung des Henry Timberley.

306. 1595. **Thomas Timme** (s. Tymme), A briefe Description of Hiernsalem, and of the Suburbs thereof, as it florished in the time of Christ. wherto is annexed a short Commentarie concerning those places which were made famous by the Passion of Christ ... hereunto also is appertaining a lively and beautifull Mappe of Hierusalem ... translated out of Latin. London 1595, 4⁰. Watt 908ᵛ.

307. 1596. Der Admiral Sir **Sidney Smith** und seine Ritterfahrt zum heiligen Grabe in Vulpius, Curiositäten der physisch. lit. artist. hist. Vor und Mitwelt. Bd. 5, 1816, S. 41—58, abgedruckt aus d. Fränkischen Merkur 1815 no. 315. Vgl. Purchas II, 1361—1376.

308. 1596. (T 87). Von **Dandini** giebt es auch zwei Pariser Ausgaben, Paris, Louis Billaine u. R. Pepie 1685, beide in 12⁰ (vgl. Catal. des livres de M. Armand Cicongne Paris 1861 S. 419; Catalogue de la biblioth. d'Amiens, Hist. I, 1836, S. 50; Harassowitz, antiqu. Catal. no. 56, 1879, S. 22).

309. 1596. (T 87). Ueber die erste Auflage des B. **Amico** Roma, 1609, Antonio Tempesta, siehe auch Morelli, Bibl. Pinelli IV, Venezia 1787, S. 107.

310. 1596. (T 87). Von **Joh. von Köotwycks** Itinerarium erschienen nach d. Catalogue des livres du département de la marine III, Paris 1840, S. 337, 1619 in Antwerpen zwei Ausgaben bei Verdussen; sonst siehe über den Reisenden Nouvelles Annales des voyages 1853, III, S. 59—63.

311. C. 1597—1607. Reise von galizisch-russischen Pilgern zwischen 1597 und 1607. In russischer Sprache herausgegeben von A. S. Petruschewitsch. Lemberg 1872. 28 SS.

312. C. 1598. Guiseppe **Rosaccio**, Viaggio da Venetia a Constantinopoli per mare e per terra, e insieme quello di Terra Santa, con brevità descritto, nel quale, oltre à settantadui disegni di geografia e corografia si discorre, quanto in esso viaggio si ritrova ... Venetia, Giacomo Franco 1598 4⁰, 1604 4⁰, 1606 4⁰. Vgl. San Filippo, Viaggiatori S. 65, Studj bibliografici I, S. 186.

313. 1598. (T 88). Ueber **Harant** vgl. Malte-Brun, Nouv. Annales des voyages. Tome 2, 1819, S. 87—96.

314. XVI Saec. **Arsenij Selunskij**, Reise nach Palaestina, in russischer Sprache in Sacharow, Erzählungen des russ. Volkes. T. II, Buch 8, S. 75. Die Historicität der Reise wird angezweifelt.

315. C. 1600. **Alvise Contarini**, Viaggi in Terrasanta. Hs. des 16. Jahrh. in der Marciana in Venedig. Vgl. Studj bibliografici I, S. 189, III, no. 249.

316. C. 1600 (?). Viaggio dall' Egitto per la Giudea, Galilea, Samaria e Siria per il Padre **Giuseppe da San Remo** dell' osservante Provincia Romana, wird von Marcellino da Civezza 549 ohne nähere Angaben citirt.

317. C. 1600. **Heinrich Vagius**. Hs. einer zweimaligen Reise nach Jerusalem, wird von Strobel, Gesch. des Elsasses IV, 255 erwähnt, der auf die für uns unfindbare Kunstkammer von Künast, S. 306 verweist.

318. C. 1600. Beschreibung des h. Grabes und einer Reise des Assnoer **Schimmelpenninck van der Oye** ed Baron Schimmelpenninck van der Oye, in Kroniek van h. hist. Gen. te Utrecht XXVI. 1870, S. 566 ff.

319. C. 1600. **Thomas Coryate**, Travels to and Observations in Constantinople, and other places in the way thither, and in his Journey thence to Aleppo, Damascus, and Jerusalem. Ohne Ort und Jahr. – C. lebte 1577–1617; seine Werke erschienen London 1776, 3 voll. 8°. Watt 260q.

320. 1600. **Jerome Bignon**, Chorographie ou description de la Terre Sainte. Paris 1600. Watt 113k.

321. 1600. (T 89). Die Briefe des **William Biddulph** aus Aleppo sind zum Teil auch gedruckt in Purchas, His pilgrimes II, 1334–1354.

322. 1601. **Donato Antonio Martucci**, Relatione del viaggio in Terrasanta. Hs. in der Bibl. Nazionale in Neapel. Vgl. Studj bibliografici I, S. 192, III, no. 139.

323. 1601. (T 90). Die erste Ausgabe von **Mantegazza's** Reisewerk erschien Milano presso l'erede del qu. Pacifico Pontio e Giov. Battista Piccaglia 1601, 4°, unter d. Titel: Relatione del santo viaggio di Gerusalemme e delle cose occorse in quello descritta dal R. P. F. Stef. Mantegazza milanese e dell' ordine dei Predicatori in quel modo che egli lo scorse et caminò gli anni del Signore MDC e MDCI. Vgl. auch Studj bibliografici I, S. 192.

324. 1601. (T 89). **Henry Timberlake's** Reisebeschreibung siehe auch in: Two journeys to Jerusalem, containing the travels of two English pilgrims some years since and the travels of fourteen Englishmen in 1669. Collected by R. Burton. London, 12 th. edition 1792 (Catalogue of the books belonging to the Library Company of Philadelphia vol. II, 1835, S. 688).

325. 1603. (T 90). Von **Bemmelberg's** Reisebeschreibung ist eine Handschrift in Giessen (Cod. saec. XVI, no. 165).

326. 1603. **Michele Zapullo**, Istoria di quattro principali cittadi del mondo, Gierusaleme, Roma, Napoli e Venezia. Venetia 1603. 4°. (Stuck I, 322).

327. 1604. (T 90). Die Ausgabe **Savary's** 1630, 4°, erschien in Paris; vgl. Rocollet, Catalogue de la bibliothèque d'Amiens, Histoire I, 1856, S. 51; ausserdem giebt es auch eine Ausgabe Paris 1628. 4°. (Stuck I, 66).

328. 1604. **Sebastian Schach**. Analyse de la rélation manuscrite d'un pélerinage à Jérusalem et au mont Sinai, Entrepris en 1604 par Sébastien Schach de Strassbourg (unterzeichnet X. M.), Colmar 1846, 8°, 31 SS.

329. C. 1605. (T 90). Vom Itinerario des **Gasp. de Bernardino** er-schien nach Marcellino da Civezza 563 eine neue Auflage Lisbon 1842.

330. 1606. **Cyprianus Eichovius**, Liber insignium aliquot itinerum. Ursellis 1606 enthält S. 196—216: Iter Cairo Gazaram, Ramam, Hierosolymam, Nazareth, Damascum etc.

331. 1606 u. 1609. **Salomo** (Schlimel vulgo: Meisterl) ben Chajim aus Lautenburg giebt in seinen aus Safed geschriebenen Briefen einige statistische Nachrichten über Palaestina (Zunz no. 88). Diese sind unter dem Titel „Kitbe Schebach" oder „Schibche ha-ARI" (Apologie Isak Loria's) oft gedruckt, zuerst in den Werken des Jos. Sal. del Medigo ed. Sam. Aschkenasi 4° Basel 1629, I, 37, dann mit Isak Lorias Kawuanot Constant. 1720 (vgl. Steinschneider, Catalog. Bodlej., S. 2288), auch separat Karez (in Russland) 1785, Livorno 1790, Warschau 1849, Lemberg 1858 (vgl. Hebr. Bibliogr. II, 65), ferner ausführlicher spanisch mit hebräischen Lettern, Smyrna 1865, 76 Bll.; vgl. Hebr. Bibliogr. X, 124.]

332. C. 1606. **Jean Paterne**, Pélerinage en Egypte, Arabie, Terre Sainte, Syrie, Natolie, Grèce et les Iles. Lyon 1606, 12°. Bonifacius Stephanus, S. 305.

333. 1607. A particular of my journey, with those meaue observations I have collected (an account by an Englishman of his travels to Jerusalem overland by Venice and through Egypt with description of Jerusalem 1607). Die Papierhandschrift in 4° befindet sich s. Addenda no. 17374 im brit. Museum (Catalogue of additions to the manuscripts in the British Museum 1848—53, S. 10).

334. 1608. (T 91). Von **Wilds** Reisebeschreibung giebt es auch eine Ausgabe Nürnberg, Ludwig Lochner 1623. 4°, 262 SS.

335. 1610. (T 91 f). **Sandys**. Eine holländische Ausgabe mit gleichem Titel, wie die von 1653, erschien Amsterdam, Jacob Benjamin 1654. 292 SS., eine andere ebenda 1659. 4°. (Leopold van Alstein, Catalogue, Gand 1863, I, S. 292), und 1665, 4°, (Catalog. Meulman, Amsterd. 1869, S. 156; Stuck II, 50), eine englische (7.) Auflage in London, John Williams jun. 1673, kl. fol. Dem Titelblatt dieser Auflage geht ein anderes vorher mit dem Titel: A Relation of a Journey begun an. dom. 1610: four books containing a description of the Turkish empire etc. 6th. edition Lond. Phil. Chatwin 1670 (vgl. Catalogue des livres du départ. de la marine III, Paris 1840, S. 341). Uebrigens findet sich Sandys' Reisebericht auch bei Purchas II, 1274—1334. Eine neue Ausgabe erschien London 1864.

336. 1610 f. (T 92) Von **Boucher** sind noch zwei Ausgaben, freilich ohne Jahreszahl, nachzutragen: Lyon (A. Molin) 12° und ebenda: dernière édition donnée par Louis Cavalli 12°; ausserdem giebt es noch folgende Ausgaben: Paris 1626, Est Socié 8°, Rouen 1845 (Catalogue . . . . de la bibl. de M. le Comte de N . . 1679 Paris, S. 196), ibid. G. Machuel 1671, kl. 8°, 1692 (Bonifacius Stephanus, S. 290), 1700, 8°, 1735 Oursel 12°, Behourt 1752, 12°; P. Seyer 1752, 12°.

337. 1612. (T 93). Von **Mocquet's** Reisebeschreibung erschien die zweite holländische Ausgabe te Leeuwarden. Jan Klasen, 1717.

338. 1612. **Jacques de Fauquemberg** von Lille. Ein Auszug aus seiner Reise bei Hody, Description des tombeaux de Godefr. de Bouillon.

339. 1612. **Frid. Helbachii** Itinerarium Hierosolymitanum. Altenburg 1612, 8⁰. (Bibliotheca Breitenaviana III, Lubecae 1747, S. 643.)

340. 1614. (T 94). **Hieron. Scheidt.** Eine Ausgabe Helmstadt 1670, 4⁰ nennt Beck 142, 96.

341. 1614. (T 94). Tagebuch der Reise des bayrischen Rhodiserritters **Conrad von Parsperg** nach dem heil. Lande. Hs. der k. Hof- und Staatsbibl. in München, no. 4030 und 3006.

342. 1614—1615. **Mordechai b. Jesaia Littes** aus Rausnitz in Mähren beschreibt in dem jüdisch-deutschen Büchlein: Die Zugänge zum Lande Israel (Tozaot Erez Jisrael) Amsterdam 1649, 4⁰, die Wege dahin; vgl. Zunz no. 100; Steinschneider, Catalog. Bodl. 1668.

343. 1614. (T 94). Zu **Josef de Brunis** vgl. nähere Angaben bei Marcellino da Civezza, S. 70.

344. 1615. Le pélerin véritable de la Terre Sainte auquel soubs le discours figuré de la Jérusalem antique et moderne de la Palestine est enseigné le chemin de la céleste au très-chrétien roy Louis XIII. Paris, P. Louis **Feburier** 1615, 4⁰ (Catalogue des livres du départ. de la marine III. Paris 1840, S. 337; Catalogue de la bibl. d'Amiens, Histoire III, 1856, S. 55).

345. 1616. (T 95). **Pietro della Valle.** Die Ausgabe Roma, Dragondelli 1662, 2 voll. erschien: con la vita dell' autore scritta da Pietro Bellori e con ritratto; eine andere in Bologna (Longhi) 1677 3 voll. 12⁰; ferner Torino, Fontana 1843, 12⁰. Vgl. San Filippo, Viaggiatori S. 69, Studj bibliografici 1, S. 198. Die Holländische Uebersetzung führt den Titel: Vortreffelyke reyzen in veel voorname gewestes der werelts setert 1614: namelik in Turkyen, Egypten, Palestina, Persien... overgheset door (Mart.) Schipanius, Amst. 1664 f. 4⁰; ebendas. 1666 in 4⁰ (nicht in 12⁰) erschien eine andere (Catalogue de la biblioth. Enschedé, Amsterd. 1867, S. 140). Sonst vgl. über ihn Ign. Ciampi in: Nuova Antologia di scienze Ann. XIV, 1879, serie 2, vol. 17, fasc. 9; vol. 18, fasc. 23.

346. 1618—1620. **Lelio Loschi.** Ueber seine Reise nach Jerusalem vgl. eine kurze Notiz in Studj bibliografici I, S. 200.

347. 1618 f. Die Pilgerreise des Landgrafen **Ludwig V. von Hessen-Darmstadt** nach dem heiligen Grabe und sein Besuch bei dem Papste Paul V. zu Rom im Jahre 1618 und 1619, herausgegeben von Baur im Archiv für hessische Geschichte 1845, Heft 2 und 3 no. 5.

348. 1619. **Francisco da Jesse,** Cosmographia universal del mondo — viage de Tierra Santa, Saragossa 1619, 4⁰, Bonifacius Stephanus S. 300. Vielleicht gleich Josepe de Sesse (T 210).

349. C. 1620. Im Wiener Codex no. 6750 (Tab. V, 62) chart. XVII, 461, 4⁰, S. 71a—79a steht: Breue descritione in dichiaratione delli disegni del tempio di Salomone, della città di Jerusalem et della prouincia di Terra

Santa; incipit: **Essendomi capitati alcuni disegni da persone giudiciose** —; explicit: — **le loro descrittioni con li suoi ritratti.**

350. C. 1620. **Jacobi Bonfrerii** Adnotationes in chorographicam tabulam Terrae promissae, in Ugolini Thesaurus antiquit. sacrar. V, S. 380.

351. C. 1620. **Elia Afida Begi**, ein Karait, wahrscheinlich in Constantinopel, dessen „Reisebeschreibung" nach Neubauer (Aus der Petersb. Bibliothek, Leipzig 1866) von Samuel ben David (s. unten unter 1641) citirt wird. Die Stelle ist in Gurlands Ausg. S. 24 citirt, Elia hat Reime über Ereignisse unter den Sultanen Achmet etc. (1617—23) verfasst (Hebr. Bibliogr. XI, 11), worin das Citat vorkommen könnte.

352. C. 1620. Reise des **Balthasar von Seidlitz** über Jerusalem, Damascus, Constantinopel (fol. 147—162a); derselbe bereiste auch Persien, Babylonien, Vorder- und Hinterindien, doch ist sein Bericht nur ein trockenes Itinerar ohne alle Chronologie. Der Text ist erhalten in einer Handschrift des königl. Joachimsthal. Gymnasiums in Berlin (Biblioth. Oelrichsiana no. 65 in 4°).

353. 1621. Le voyage de Hiérusalem et autres lieux de la Terre Sainte fait par le sieur **Bernard**. Paris 1621 8° (Catalogue de la bibliothèque de Rosny, Paris 1837, S. 114); ob zu c. 865 (T 11) gehörig?

354. 1623. (T 98). **Heinrich Rantzow** erscheint unter dem Namen Johann v. Rantzow bei Stuck I, 248; Gundling, Historie der Gelahr. II, 2347.

355. 1624 f. **Domenico Magri**, maltese, Breve racconto del viaggio al Monte Libano, Roma 1655, 4°, vgl. San Filippo, Viaggiatori, S. 69; Studj bibliogr. I, S. 202; la bibliot. publ. di Siena VI, 1847, S. 54.

356. 1625. **Anonymus**. „Chorbot Jeruschalaim" (Ruinen Jerusalems) 4° Venet. 1636, im wesentlichen excerpirt von Steinschneider in Sippurim (ed. Pascheles IV, Prag 1856): „Statthalterwirtschaft in Jerusalem im Jahre 1625"; vgl. auch Steinschneider, Polem. und apolog. Literatur d. Juden in arab. Sprache, Leipzig 1877 (in Abhandl. für die Kunde des Morgenl.) S. 384.

357. 1626. **Anonymus**. „Iggeret mesapperet Jichusta di Erez Jisrael" (Verzeichnis der von den Pilgern besuchten Gräber) herausgegeben von den Sendboten der Armen in Jerusalem. Zuerst auf einem fliegenden Blatte, fol. Ven et 1626, dann mit dem Columnentitel: „Jichus ha-zaddikim" (woraus sich die Verwechslung mit Gersons gleichnamigem Buche erklärt; siehe ad 1561), mit Abbildungen herausgegeben von Jehiel Teschuba 8°, Verona 1646, von Joseph Schalit Richetti, 4°, Mant. 1676, dann wi¹er auf einem fliegenden Blatte fol. Frankfurt a. M. bei Jo. Wust (um 1693—1707), ferner in den anon. Sikkaron (siehe ad 1743), in d. Miscellen d. Jacob Baruch (siehe ad 1785), deutsch 1691 hinter Gerson ben Elieser (siehe ad 1635) u. Simcha ben Pesach (saec. XVIII). Die Confusion der verschiedenen Ausgaben und Schriften (vgl. Zunz no. 78, 109, 123) ward zuerst gelichtet in Steinschneiders Catalog. Bodlej., S. 516, no. 3379—86 u. Addenda.

358. 1627. (T 98). **Antonio del Castillo.** Ausgaben: Toledo 1654. 8°. Madrid 1684 und 1705. 4°, ferner: Il devoto Peregrino y viage de la Tierra Santa compuesto por el R. Padre Frat. Ant. del C. Barcelona, Arroque 1755 8°; und Madrid 1806. 8°. Vgl. sonst Marcellino da Civezza, S. 89—90.

359. 1627. Description of the Turkish, of Aegypt, of the Holy Land etc. London 1627 fol. (Biblioth. Hillensbergiana Amstelod. 1683, S. 51).

360. C. 1628. **Bartolo Fontana,** Peregrinaggio di Gerusalemme. Brescia presso Fontana. 1628. 8°. Vgl. Studj bibliografici I, S. 238.

361. C. 1628. **Meletij Smotrizkij,** Apologie meiner Reise nach Jerusalem. Eine Ausgabe in russ. Sprache 1628. Uebersetzung in das heutige Russisch von Martynow, Leipzig 1863. Vgl. Peplowskij im Kiewer Eparchie-Anzeiger 1875, no. 17.

362. 1629 ff. **Ludwig Helmlin,** Chorherr, und seine Jerusalem-Fahrt mitgeteilt vom Chorherrn Ig. V. Herzog im Schweizerischen Geschichtsfreund XXXI, S. 336. Helmlin reiste von 1629—1632 und 1639 zum zweiten Male; er starb 1640.

363. 1629. **Jacques d'Anzoles la Peyre,** La sainte géographie, demonstration du Paradis Terrestre. Paris, Etienne, 1629 fol. (Catalog. bibl. Thuanae, Lauenb. 1704, S. 103).

364. C. 1630. **Morosini,** Spedizione dei Crociati venuti in Levante. Venezia 1630. 4°. Bonifacius Stephanus, S. 303.

365. 1630—1638. Relazione delle cose che ha potuto vedere Fr. **Arcangiolo Carrodori** da Pistoia Minore osservante Missionario nell' Alto Egitto dal 1630—1638, bei Marcellino da Civezza, S. 83—88 berichtet höchst interessant über Aegypten und den Sinai.

366. C. 1630. **Nicol. Joann. Visscherus,** Sechs Karten mit erklärendem holländischen Texte: 1. Werelt van Noah, 2. Paradys, 3. Tocht der Isralîten, 4. Joodsche Land etc., 5. Wandeling der Apostelen, 6. Jerusalem. fol. (s. l. et ann.).

367. 1631. (T 99 f.). Die Originalhandschrift des Reiseberichts von **Vincent Stochove** war im Besitz des M. L. van Nieuwenhuyse, in Brügge befindet sich eine Copie. Eine Ausgabe erschien Ronen 1670. Observations curieuses sur le voyage du Levant fait en 1630 par M. M. Jermanel, Fauvel, Baudouin de Lannoy et de Stochove Rouen, 1688, 4° enthalten die Reisebeschreibung des letzteren nicht; über dessen Person vgl. Biographie des hommes remarquables de la Flandre occidentale. Bruges 1844, tome 2; Val. Andreas, Bibliotheca belgica, S. 1150; Biogr. universelle X, S. 462; Archives du nord et du midi de la Belgique, Nouv. Série III, S. 405—408.

368. 1631—1633. (T 234). **Jacob Justus ben Abraham** (aus Palaestina? vgl. Wolf Bibl. hebr. I, 612, no. 1097) gab eine Karte Palaestinas mit Angaben geschichtlicher Daten heraus, welche Hottinger, Cippi S. 52 ed. 1662 (vgl. Histor. Orient. S. 192) erwähnt; sie erschien Amstelod. 1621 nach Bartolocci, 1631 nach Sabbatai Bass. Zunz no. 91 nimmt an, dass diese Karte zugleich mit einer Chorographie erschien, allein bei Wolf l. c. heisst es: „additis etiam proeliis aliisque rebus gestis, quae deinceps libello

singulari Latino, notis numerorum Latinis in tabula, quam diximus, expressis, respondenti fusius explicantur." Im Catal. libr. impr. in Bibl. Bodlej. 1813, II, 451 findet sich unter Jac. Justus: Descriptio terrae sanctae secundum ordinem alphabet. fol. Hamb. 1633 (ob Karte oder Buch oder Beides?) De Rossi, Dizion. stor. degli aut. ebr. s. v. — Der Name Justus scheint allerdings eine Uebersetzung von Zaddik, welcher als Vor- und Familienname vorkommt (Steinschn. Catalog. Bodlej., S. 2743, 2921 unter dem Prosel.

369. C. 1632. Peregrinaggio di Terra Santa di Fr. **Agostino Siciliano**. Palermo 1632, 1 vol. 8°.

370. 1632. **Prospero dello. Spirito Santo** Carmelit. scalzo, Relazione d'un suo viaggio in Levante ed al Monte Carmelo fatto l'anno 1632 ed estratto d'altro viaggio in Siria del medesimo. Vgl. La bibl. pub. di Siena VI, S. 54.

371. 1633. **de Vergoncey**, Le Nouveau et dernier Voyage de Jerusalem faict par le commandement du Roy par M. d. V. Paris, S. Feburier 1633, 4°.

372. 1633. (T 101). **Van der Linden**; die vierte Ausgabe erschien Antwerpen, G. Verhulst. 1645, 2 voll. 4°. (Catalog. Meulmann, Amsterd. 1869, S. 145).

373. C. 1634. Eine Beschreibung Jerusalems enthält der Cod. Monac. germ. Ana 14, no. 32 (190) aus dem Nachlasse des Frh. von Moll.

374. 1634—1635. **Gerson ben Elieser Levi** aus Prag, „Gelilot Erez Jisrael", eine Reise nach Palaestina, jüdisch-deutsch gedruckt 1634 oder 1635 in Lublin, aber auf Veranlassung der Jesuiten in Warschau verbrannt; (vgl. die Stellen bei Manasse ben Israel in verschiedenen Uebersetzungen, bei Steinschneider, Catalog. Bodlej., S. 1011, wonach Zunz, no. 92, zu ergänzen ist), 2. Aufl. mit Anfügung einer deutschen Uebersetzung des Anonymus, Gräberverzeichniss (siehe sub 1626) 8°. Fürth 1691, Amst. 1705, Prag 1824. Unter dem Titel: Kurze Beschreibung von Erez Jisrael hinter dem „Maasebuch" 4°, Amst. 1723; hebr. übersetzt unter dem Titel: „Iggeret ha-kodesch", 16°, Amst. bei Hirz Levi u. Kosman 1749, angeblich aus einem Druck Amst. 1635. Aus dieser seltenen Ausgabe, von Steinschneider aus Catalog. Rubens 202 erworben, stammt der Auszug in Mose Edrei oder Edrehi's „Maase Nissim", hebr. und deutsch Amst. 1818, 5—9; vgl. Steinschneider, Catalog. Bodl., S. 1799 u. Addenda. Selbstständig, 8°, Sklow 1795 (nach Benjacob), Grodno 1796, vgl. Catalog Bodl. unter Jacob b. Abrah. no. 8284; Zadic bei Kayserling, Gesch. d. Juden in Spanien I, 159; ferner Steinschneider, Hebr. Bibliogr. IV, 65. Das Buch scheint höchst selten zu sein; in Hambergers Deutscher Uebersetzung des Buchs von De Rossi (Dizionario) Leipzig 1839, S. 333 wird es bezeichnet als „chronologische Tabellen." Vgl. noch D. Cassel in Ersch und Gruber s. v.

375. C. 1634. **Pierre Bergeron**, Relation des Voyages de fr. Guillaume de Rubriquis et de fr. Jean de Plan Carpin, avec un abrégé de l'histoire de Serrasins et Mohametans. Paris 1634. Vgl. Bonifacius Stephanus, S. 289.

376. C. 1638. Le transport du Mont Calvaire de Hierusalem en France par la piété d'un catholique Dauphinois publié par le P. **Archange de Clairmont**. Recollect. Lion, Didier 1638, 1 vol. 8°.

377. C. 1639 (gest.) **Josef de Trani ben Mose** hinterliess eine Abhandlung über den Tempel etc., s. unter 1696.

378. 1639. **Francesco Secli**, Viaggo di Gerusalemme. Lecce 1639. Bonifacius Stephanus, S. 310.

379. 1640. Terra Santa. Serafich Jardi, ein Manuscr. in fol., welches in catalonischem Dialect abgefasst ist und ursprünglich der Bibliothek von Barcelona angehörte, aber jetzt in den Besitz der dortigen Bibliotheca Mariana der Franziskaner übergegangen ist, in welchem die chronologische Reihe der Guardiane bis 1640, sowie die Pilgerfahrt einer portugiesischen Tertiarierin Maria (1578) mitgeteilt ist; einen kleinen Auszug giebt Marcellino da Civezza, S. 588.

380. 1641. (T 211). **Carolus a S. Paulo**, Abbas primum Fuliensis, deinde Episcopus Abrincensis. Die erste Ausgabe erschien 1641 in Paris. Zu dem Titel der Ausgabe von 1704 ist hinzuzufügen: ... Accesserunt in hac editione Notae et Animadversiones Lucae Holstenii; et Parergon notitias aliquot Ecclesiasticas et civiles, diversis temporibus editas, complectens ex MSS. Codicibus Graece et Latine, cum X tabulis geographicis ... aeri incisis. Die Annotationes Holstenii erschienen 1666 in Rom unter d. Titel: Annotationes in Geographiam Sacram Caroli a S. Paulo, Italiam Cluverii, et Thesaurum Geographicum Ortelii. Vgl. Castellani, Opere geografiche. 1876, S. 16.

381. 1641. (T 102). **Samuel ben David**, fälschlich „Jemsel" genannt. Der Verfasser bricht nicht, wie Tobler S. 102 nach Carmoly sagt, in Aegypten ab. Eine vollständige Ausgabe von Gurland, worin auch Palaestina behandelt wird, erschien Lyck 1865 (siehe unten 1865). Deutsche Auszüge aus der Petersburger Hs. bei Ad. Neubauer, Aus der Petersburger Bibliothek. Leipzig 1866. Sonst vgl. Steinschneider, Catalog. Bodlej. 2417 und 2695; Polem. und apolog. Literatur, S. 303, 311; Zunz no. 97.

382. 1644—50. (T 104: 1649). **Andriesz**. Watt, Bibliotheca brit. 29° nennt Georg Anderson, Deutsche Ausgabe, Schleswig 1669, fol.

383. 1644—47. (T 103). **Surius**. Der vollständige Titel der holländischen Uebersetzung Brüssel 1661, 8°, ist: Den Godtvurchtighen Pelgrim of te Jerusalemsche Reyse in drey boeken bedeylt ... door den E. P. Bernardinus Surius, Minderbroeder, Recollect, eertydts Commissaris van het H. Landt, unde President van't H. Graf ons Heeren. Eine andere 4. niederländische Auflage erschien Antwerpen 1705, 8° (Catal. Meulman. Amst. 1869, S. 146).

384. 1646. (T 211). **Sam. Bochardus**. Geographia sacra .. Cui accedunt variae dissertationes philologicae, geographicae, theologicae, antehac ineditae, ut et Tabulae geographicae et Indices ..., Inditio quarta, prioribus multo correctior et splendidior. Procuravit Petrus de Villemandy; Lugduni Batavorum, apud Corn. Bautesteyn et Jord. Luchtmans; Trajecti

ad Rhenum, apud Guil. van de Water, 1707. Fol. Vgl. Castellani, Opere geografiche, S. 16.

385. 1645. Relazione del SS. Sepolcro e Sancto Monte Calvario datarmi in scriptis in S. **Francesco di Travestere** sotto li 23. Aprile 1645 (in Catalogo di Mss. della Biblioteca di Camillo Minieri, Riccio I, Napoli 1868, 8". S. 61—62 abgedruckt).

386. 1647. (T 103). Ueber **Monconys** siehe Mensel, Biblioth. histor. 1, S. 1681.

387. 1647—1649. (T 103f.). Das Hauptmanuscript der **Schauwenburghischen** Reisebeschreibung ist nicht in der Universitäts-, sondern königl. Bibliothek zu Berlin (Mscr. lat. no. 58 4º). Einen Auszug aus diesem interessanten Reisebericht zu geben, behalten sich die Herausgeber vor.

388. 1648. **Naftali Hirz b. Jacob Elchanan** aus Frankfurt a. Main giebt in „Emek ha-melech", Amsterdam 1648, f. 13 und 14, Nachrichten über Damascus, Sichem und die Ruinen Jerusalems; Zunz no. 99; vgl. Steinschneider, Catalog. Bodlej. 2024: „auctor suspectus apud ipsos Kabbalistas."

389. 1649. (T 104). **Arsenius Suchanow**, Reise ist in Sacharows Erzählungen des russ. Volkes, T. II, abgedruckt. Vgl. N. Iwanowskij im „Rechtgläubigen Gesellschafter" 1870, no. 5 und 9; 1871 no. 2 und 3.

390. 1650. **Thomas Fuller**, A Pisgah-Sight of Palestine, and the confines thereof, with the History of the Old and New Testament, acted thereon. Embellished with copper-plates. London 1650, 1662. Fol. New edit. with facsim. of all the quaint maps and illustr. London 1869, 8º.

391. C. 1650. Bruchstücke aus den Bemerkungen über Palaestina des polnischen Predigers Jesuiten **Thomas Mlodsianowski** († 1686), in russ. Sprache in den Arbeiten der Kiewer geistlichen Akademie 1871 no. 4, S. 141—144.

392. 1650. (T 104). Ueber **La Vergne de Tressan** siehe Journal des Savants 1688, S. 204.

393. 1650—1651. **Mose b. Israel Naftali Hirsch Porges** aus Prag (auch Mose Praeger), „Darke Zion" (Die Wege Zions) 4º Amsterd. oder Prag? 1650 in jüdisch-deutscher Mundart in 4 Teilen, giebt eine Beschreibung des Weges nach Jerusalem etc. (Zunz, no. 101; Tychsenscher Catalog 1817, Abth. 2 no. 36; Steinschneider, Catalog. Bodlej. S. 1827; Addenda zu S. 487).

394. 1651. **Jonas**, Prior des Troizkischen Klosters. Seine Reise in russ. Sprache herausgegeben von Korkunow. Moscau 1836. Hs. des 17. Jahrh. in d. Kais. öffentl. Bibl.

395. C. 1652. J. **van der Does**, Verscheyde Voyagien ofte Reysen gedaan door Joris van der D. na Constantinopelen, Adriaen de Vlaming na Hierusalem etc. Dordrecht, V. Caeymax 1652 in 12º.

396. 1653. Beskrifing om en Resa genom Asia, Africa och manga andra hedna Laender, som ar giord of **Nils Mathsson Köping** för detta kongl. Majts. Skeps-Lieutenant. Foerbaetterad och fierde gaengen uplagd. Wae-

steraes 1759 8⁰, 158 SS. Die erste Ausgabe erschien 1667, Wisingsborg 4⁰, 136 SS., die zweite ibid. 1674, die dritte 1743, Stockholm; vgl. Beckmann, Literat. der ält. Reisebeschreib. I, 61.

397. C. 1653. **La Boullaye-Le-Gonz.** Les voyages et observations du sieur de la Boullaye-le-Gouz, gentilhomme angevin, où sont décrites les gouvernements d'Italie, Grèce, Palestine, Indes, Arabie, Egypte, Hollande, Grande-Bretagne, Danemarck, Pologne etc. Paris 1653 4⁰; es erschienen auch Ausgaben Paris 1657 4⁰ u. Troyes 1657 4⁰.

398. 1654 f. **Mose ben Elia ha Levi**, Karait, genannt Jeruschalmi, Reisebericht abgedruckt von J. Gurland (siehe unter 1865). Gurland Vorr. S. VII identificirt diesen Reisenden aus Kaffa (Feodosia) mit einem Mose b. Elia in einer Grabschrift Ende des J. 1677, nicht 1678, wie Firkowitz, Abne Sikharon Wilna 1872, S. 96 no. 363, Gurland l. c. und Fürst, Gesch. d. Kar. III, 101, der die Identität mit Recht bezweifelt, — diese Grabschrift nennt Mose nicht „ha-Levi", hingegen ist ein Gelehrter Mose Levi ben Elia im Jahre 1667 gestorben, vgl. Firkowitz l. c., S. 91 u. 349.

399. 1654. **Henr. Jessey**, Description and Explanation of 268 Places in Jerusalem. London 1654, 4⁰. Watt 547 ᵏ.

400. 1655. Artificia hominum miranda naturae in Sina et Europa, Francof. 1655 gr. 8⁰ (enthält auch mehrere Capitel über Jerusalem, die Türken und den Islam).

401. 1656. **Car. Ortlob**, De Monte Olivarum. Witeb. 1656.

402. 1656. (T 106). **Ign. von Rheinfelden**. Eine Ausgabe erschien auch Augsburg 1699, 4⁰.

403. 1656. (T 211). **Aloys Vulcain**. Die italienische Ausgabe, Napoli 1656, 8⁰, führt den Titel: Nova descrizione di Terra santa (vgl. San Filippo, Viaggiatori, S. 123); wahrscheinlich ist sie nur eine Auflage des unter c. 1563 genannten Werkes.

404. 1658. (T 103 f.). **Jean de Thévenot**. Eine Ausgabe erschien Paris 1665, Billaine 4⁰ (Catalogue de la bibl. d'Amiens, Histoire I, 1856, S. 52) und ebenda 1674, C. Angol. 4⁰ unter dem Titel: Suite du voyage de Levant; dans laquelle après plusieurs remarques très singulières sur les particularitez de l'Egypte, de la Syrie, de la Mésopotamie, de l'Euphrate et du Tygre . . . par M. de Thevenot. Ein deutscher Auszug erschien in: Sammlung d. besten und neuesten Reisebeschreibungen III, S. 261. Berlin 1765, 8⁰.

405. 1658. (T 211). **Welsch**. Ausgaben erschienen auch Nürnberg 1658, 4⁰ und Stuttgardt 1664, 4⁰.

406. 1660. (T 108). **d'Arvieux**. Es giebt auch eine Ausgabe Amsterdam 1718, 8⁰, ferner eine deutsche Uebersetzung: Reise nach Pal. zu d. grossen Emir, Leipzig 1740, 8⁰ (Beck, Antiquar. Catal. no. 142, S. 91); die in Leipzig-Kopenhagen 1753—1756 erschienene deutsche Uebersetzung ward eingehend besprochen in d. Gött. Gel. Anzeigen 1755, S. 356. Ein Auszug erschien in: Sammlung d. besten u. neuesten Reisebeschreibungen, Berlin 1765, III, 8⁰, S. 463 u. 1766, IV, S. 1 ff. Der vollständige Titel der holländischen Uebersetzung lautet: Reis naar de Laagerplats, en Beschryving van de Zeeden

en gewoonten der Woysten bewoonende Arabiern uit de Fransch vertaald en met aantekeningen vermeered door G. Kuipers, Utrecht 1780, 8° (Stuck I, 13). Der Recensent Hadgi-Mehemet-Effendi wai Al. Louis Marie Pétis de la Croix (Catalogue de la bibl. de M. Boulard. Paris 1830. III, S. 19).

407. 1660. (T 108). Die Pariser Ausgabe 1671, von **Helena Cheron**, Conferences erschien bei Aug. Besogne. (Catalogue de la biblioth. d'Amiens, Histoire I, 1856, S. 56).

408. 1660. Joh. **Blomius**, Hierosolymae veteris Descriptio. Hamb. 1660. 8°. Watt 122m.

409. 1661. Le Voyage de la Terre sainte contenant une description de lieux les plus considérables que nôtre seigneur a sanctifié de la présence. Paris 1661. 4° (Stuck II, 65).

410. 1665. (T 212). Von Chr. **Heidmanns** Palaestina sive Terra Sancta erschienen Ausgaben: 1639 Helmstaedt 12°, 1645 u. 1680 in Wolfenbüttel. 4°. Die Wolfenbüttler Ausgabe von 1689 enthielt Addenda von Heinrich Ernst und Spanheim.

411. 1665—1674. (T 110 f.). Von **Nau's** Voyage nouveau erschienen Ausgaben Paris, Pralard 1726, 12° (vgl. Catalogue des livres du départ. de la marine III. Paris 1840, S. 338), ebendas. 1741 (Bonifacius Stephanus, S. 304).

412. 1665. **Sanson**. (T 212). Vgl. Journal des Savants Octob. 1707, S. 56. Von einem Nicol. Sanson findet sich eine Descriptio Judaeae in Ugolini Thesaurus antiq. sacr. V, S. 722. sowie ibid. 446 Aminadversiones in duas tabulas geographicas ex Veteri et Novo Testamento desumptas.

413. 1665. Itinerario ovvero Descrizione dei viaggi principali d'Italia di **Fr. Scoto**: aggiuntovi le Descrizioni di Udine ... Palestina, ovvero Terra Santa. Venetia, Brigonoi, 1665 2 voll. 12°.

414. 1667. **Savinien d'Aliquié**, Le voyage de Galilée. Paris Florentin Lambert, 1670 in 12°.

415. 1668. Voyage en Terre Sainte par le P. **Domenique Borrely** Mscr. in Aix; vgl. Robert, Inventaire des manuscrits des biblioth. de France 1879, S. 7; Catalogo dos manusciiptos da Bibliotteca publ. Eborense. Lisboa 1870, III, S. 6.

416. 1668. (T 111). **Goujon**; es erschienen zu Lyon zwei Ausgaben i 4° 1671 (bei Tobler: 1761) u. 1672 (vgl. Biblioth. selectissima, Amsterd. Pet Mortier 1743, I, S. 294).

417. 1669. Terra Santa nuovamente illustrata del Padre Fr. **Marciano da Maleo** de' Minori Osservanti, già Commissario Apostolico nell' oriente Custode della medesmia Terra Santa e Guardiano del Monte Sion. Piacenza Giovanni Bazachi 1669, 2 voll. 4°. Marcellino da Civezza 368: „È opera d molto pregio per la storia della Palestina e rarissima."

418. 7671. **Giannantonio Soderini**; vgl. Morelli, Dissertazione in torno ad alcuni viaggiatori Veneziani 1803, S. 80; Magasin encyclopédiqu 1805 Nov.

419. 1671—1673. (T 112). **Alberto Jouvin de Rochefort,** Voyage de Turquie, qui contient la Terre Sainte et l'Egypte (avec un dialogue français-turc), Paris, Billaine 1676, 12⁰; vgl. Catal. des livres du départ. de la marine III, Paris 1840, S. 342.

420. 1672. **Rupert, A. D.** Bischofswerd. Misn., Brevis templi Salomonis descriptio; incipit: Quemadmodum auditores —; explicit: — satius visum est silentiis involvere. Cod. chart. de anno 1672 fol. Miscell. var. gen. no. 3, S. 450 der Milichschen Bibliothek zu Görlitz.

421. 1672—1677. Viaggio di Gerusalemme fatto dal Padre **Egidio da Perugia** Minore Osservante l'anno 1672 fino al 1677 (von Marcellino 452 aus: Biografia degli scrittori Perugini del Vermigliuoli, Perugia 1828, ohne weitere Angaben citirt).

422. 1673. (T 112). **Angelo Legrenzi,** Il Pellegrino in Asia. Venezia 1712, 12⁰. Bonifacius Stephanus, S. 302. Nach San Filippo, Studj bibliografici I, S. 219, wo auch Angaben über das Leben des Reisenden zu finden sind, fällt die Reise in die Jahre 1671—94.

423. 1674. (T 113). **Corn. Magni.** Eine Ausgabe erschien auch Parma, Galeazzo Rosati 1679, 16⁰.

424. 1675. (T 113). Ueber O. F. v. der **Gröben** siehe auch Gött. G. Anzeig. 1781, Stück 20.

425. 1676. **Joseph Schalit Richetti** b. **Elieser** aus Safet, ed. Mantua 1676, zugleich mit einer eigenen Schrift über das Tabernakel, das anonyme „Jggeret" etc., siehe unter 1626 (Zunz no. 109 zu berichtigen nach Steinschneider, Catalog. Bodlej, S. 1526), vielleicht auch eine Karte von Palaestina in Amsterdam (zu einer Pesah-Haggada?). Ein Buch: „Zurat Erez Jisrael" bei Ghirondi, Toledot etc., S. 214 u. Benjacob 508, no. 89, 91 ist zu streichen.

426. 1677. (T 212). **Dappers** Naaukeurige beschryving van Asien erschien auch Amsterdam 1677 fol. und 1680, ebenda übersetzt durch (Jacob von) Meursen 1681 und Nürnberg 1681 fol., übersetzt von J. C. Beern. (Stuck I, 87).

427. 1677. Vier löblicher Stadt Zürich verbürgterter Reisebeschreibung in das gelobte Land, die Insel Jamaica, die Caraibes Inseln und die Landschaft Fetu in Africa. Zürich 1677, 8⁰ (Stuck II, 59).

428. 1678. Der weit versuchte Cavalier, oder Reisen in das heilige Land. Nürnberg 1678, 4⁰ (Stuck II, 65).

429. C. 1679. **Arsenij Kalludi.** kretensischer Prior, Die Stiftshütte. Reise zum h. Lande. Russische Uebersetzung vom Priester E. Ewthimij im Jahre 1686, nach der griechischen Ausgabe von 1679.

430. 1679. Viaggio fatto per Terrasanta dall' Eccel. **Marino Michiel** capitano delle navi della Seren. repubblica di Venetia. Hs. im Museo civico in Venedig. Vgl. Studj bibliografici I, S. 228.

431. 1679. Frid. **Spanhemii** Introductio ad Geographiam Sacram Patriarchalem, Israëliticam et Christianam hancque cum per Romanum omne imderium ante et post Constantinum M. Tuin per Provincias Barbaricas. Lugd. Batav. 1679 8⁰, die zweite Ausgabe 1696.

432. C. 1680. Viaggi in Cipro, Egitto, Hyerusalem etc. del N. U. **Gio. Antonio Soderini** scritti da Fermo Carrara suo cameriere raccolti e preservati dal N. U. Ruggieri Soderini suo figlio. Hs. im Museo civico in Venedig. Vgl. Studj bibliografici I, S. 229.

433. C. 1680. **Pietro Castellani.** Ueber seine Reise nach Palaestina findet sich eine Notiz in Studj bibliografici I, S. 237.

434. 1681. (T 113). Der Verfasser des von Tobler citirten italienischen Anonymus ist **Girolamo Giacometti** Zaratino; vgl. San Filippo, Viaggiatori, S. 78, Studj bibliogr. I, S. 227.

435. 1681. **Paul Heigelius**, De Portis veteris Jerusalem ad Nehem. III et XII. Helmst. 1681, 4°.

436. 1681. (T 114). **C. de Bruyn.** Eine Ausgabe der Voyages au Levant erschien Rouen-Paris, Claude-Bauche 1728, 5 voll., 4° (Catalogue de livres du dép. de la marine III, 1840 Paris, S. 328); die russische, persische und indische Reise erschien nicht 1714, sondern 1711, Amsterdam, Goerree, besonders; eine holländ. Uebersetzung: Delf und Amsterd. 1698—1714 fol.; eine englische Uebersetzung: A voyage to the Levant, or travels in the principal parts of Asia Minor .... and an account of the most considerable cities of Egypt, Syria and the Holy Land translated by I. W. erschien London 1702.

437. 1684. (T 114). Von **Heinrich Myrikes** Reisebeschreibung erschien auch eine Ausgabe Itzstein 1789, 8°; vgl. Allgem. Lit. Zeitung 1790, Januar.

438. 1685. **Robert** (oder) **Richard Burton**, Two Journies to Jerusalem. 1685. Watt 176g.

439. 1686. Relation des voyages faits dans la Turquie, la Thebaide, et la Barbarie, contenant des avis politiques qui peuvent servir de lumieres aux Rois et aux Souverains de la Chretienté pour garentir leurs Etats des incursions des Turcs, et reprendre ceux qu'ils ont usurpé sur eux. Par le R. P. J. **Coppin**, Consul des François à Damiette ... A Lyon, chez les Frères Bruyset 1720. 4°; vgl. Castellani, S. 219.

440. 1688. Voyage de Terre Sainte 1688, citirt von Le Clerc, Bibl. universelle X, S. 537.

441. 1688. Relation nouvelle et exacte d'un voyage de la Terre Sainte ou description de l'Etat presant des lieux ou se sont passées les principales actions de la vie de Jésus Christ. Paris 1688. 8°.

442. 1688 ff. (T 114 f.). **La Roque.** Eine Ausgabe erschien Paris, Andr. Cailleau 1717, 12° (Catalogue de la biblioth. d'Amiens, Histoire I, 1856, S. 52; Catalogue d'une collection de livres de feu J. van Campenhout. Brux. 1830, S. 162); zu den Auflagen von 1722 u. 1723 vgl. Struvii bibl. histor. 178; Rohr, Phys. Bibl. 608; Stuck I, 260: Leipziger Zeit. 1722, 894.

443. 1693. (T 115). Relazione dei Padre Fr. **Giacomo Albani** e Fr. **Giuseppe Maria** di Gerusalemme Oss. Rif. Francescani e Missionarii dei cio che videro nel loro viaggio in: Francesco Gemelli, Del Giro del Mondo. Napoli 1699—1700, VI.

444. 1694—1695. **Abd al-Schanîj an-Nablusi,** Reise durch Syrien, Aegypten und Hedjaz, herausgegeben von Alfr. von Kremer in den Wiener Sitzungsberichten, phil. histor. Classe, 1850, V, 313—356, 823—841; 1851, VI, 101—140.

445. C. 1695. (T 116.) Die Ausgabe der Reise des Archimandriten **Simeon Simonowitsch** Wien 1748, 4°, enthält einen Plan des Tempels der Auferstehung und 71 Bilder. Spätere Ausgaben, Moskau 1771, 1854 und 1857.

446. 1695. **Abraham b. Jacob Abinu,** vormals christlicher Prediger, gab 1695 in Amsterdam eine Karte von Palaestina mit hebräischer Ortsbezeichnung und Abbildung des Tempels, unter dem Titel: „Luu'h ha-Massaot u. Tabnit Bet ha mikdasch" heraus, als Beilage zur „Pesach Haggada"; mit derselben auch 1712 gedruckt. Sonst vgl. Zunz no. 115; Steinschneider, Catalog. Bodlej. 695; S. 2921, no. 8284.

447. 1696. Chajjim **Alfandari** ben Isak Rafael, „Derech ha-Kodesch" über die Heiligkeit Palaestinas, mit Benutzung einer Abhandlung über den Tempel etc. von **Josef de Trani** (gest. 1639 in Const.). Beigabe „Maggid Mereschit" des Grossvaters Ch. b. Jakob (gest. 1640), Constant. 1710, fol. (Catal. Bodlej. 821 u. 1635. Zed. 40, 177, Titel fehlt im Index S. 840, weshalb wohl H. Brüll (Jahrb. IV, 96) auf falsche Conjectur geriet. Das Jahr der Abfassung giebt Benjacob, S. 291 u. (407).

448. 1697. (T 116 f.). **Maundrell.** Ausgaben: Oxford 1699, 8° (Stuck 1, 194) ibd. 1732 (Watt 657c), ein Auszug französisch in: (De Puisiaux), Les voyageurs modernes ou abregé de plusieurs voyages faits en Europe, Asie et Afrique, traduit de l'Anglois. Paris 1768, kl. 8°; deutsch in: Sammlung d. besten u. neuesten Reisebeschreibungen ... aus d. englischen übersetzt. Bd. I, zweite Auflage, Berlin 1765, 8°. Sonst siehe auch Journal des Savants 1706, S 306.

449. 1697. (T 118). **A. Morison.** Ein Auszug erschien in Mémoires de Trévoux 1705, I, S. 187 (vgl. Bibl. di Siena VI, 54).

450. 1697. (T 116). **J. B. Metzger.** Eine Ausgabe erschien Amsterdam 1711, 12° (Stnck II, 39).

451. 1698. (T 119). **Giovanni Benedetti,** Ragguaglio della Terra Santa. Hs. in der Marciana in Venedig; vgl. Narducci, Studj bibliogr. III, no. 256.

452. 1699. (T 122). **Paul Lucas.** Es erschienen auch zwei Pariser Ausgaben 1712 und 1714, Simart, 2 voll. 12°, von denen die erste Fourmont, die zweite Beaudelet Dairval redigirte (Catalogue de la biblioth. d'Amiens. Histoire I, 1856, S. 53). Ausgabe von: Voyage en Grèce .. 1714 Amsterd., 2 voll., 12°; von: Voyages .... la Turquie ibid. 1720, 2 voll., 8°. (Watt 620x). Eine deutsche Uebe.... von Joh. Mart. Luyders und Ludw. Friedr. Vischer erschien Hamba.... f. (Biblioth. Platneriana Lipsiae 1748, S. 296) und eine andere ebenda 1739, 5 Teile (Versuch einer Literatur deutscher Reisebeschr. 1793).

453. 1699. Die Bibliothek des Halleschen Weisenhauses (D. 71) enthält: Die Reise des **Heinrich Wilhelm Ludolph,** bestehend in einem Convolut

von Briefen an Aug. Hermann Francke von 1698—1699, die aus Smyrna, Constantinopel, Cypern, Jerusalem und Cairo datirt sind. (Gütige Mitteilung des Herrn Prof. Dr. Weiske in Halle).

454. XVII. saec. **Anonymus**, Beer ha-Gola. Archaeologisches, insbesondere über den Tempel etc., aus einer Leipziger Handschrift copirt von Jacob Toprower mit Noten von Reuben Rapoport ed. Jechiel Bril, 8º, Mainz 1877, XVI, 176 SS. Das Buch ist excerpirt aus Abr. Portaleone; Hypothesen über den Verfasser siehe in Steinschneider's Hebr. Bibliogr. XVII, 25.

455. XVII—XVIII saec. **Simcha b. Pesach** aus Brzesc, „Sibbub kibre ha-Zaddikim", eine jüdisch-deutsche Uebersetzung des anonym. „Iggeret" (s. unter 1626) über Wallfahrten zu den jüd. Gräbern; vgl. Zunz no. 115; Steinschneider, Catalog. bibl. Bodlej. 2598.

456. XVII—XVIII saec. Chroniche, ovvero Annali di Terra Santa quali contengono li prosperi et adversi avenimenti sucressi in spatio di trecenti e più anni col martirio di alcuni Frati Minori della Famiglia di Terra Santa. Quando e da chivi furono li Frati Minori introdotti. Li travagli, vessationi e perse..ationi che giornalmente patiscono traquella barbara gente per la confessione :ella nostra Santa Fede e custodia de Santi Luoghi. Le gratie, indulgenze e privilegi concessi a Terra Santa con la loro dihiaratione. Nomi, cognomi, patrie e nationi della convertiti alla nostra Fede per industria di detti Frati: li speal che ciascuo auno di sono fatte euna succinta descritione di tutta la terra di promisione e della santa citta di Jerusalem e molte altre cose degne di Memoria. Opera nuova-composta e radunata del M. R. P. Fra **Pietro Verniero** Guardiano del Sacro Monte Sion, Custode di Terra Santa e Commissario apostolico nelle parti Orientali. Marcellino da Civezza 631 f. hat keine nähere Angabe darüber.

457. 1700. Chronica de la custodia de Syria y Tierra Santa de Jerusalem. Escrita por el Padre Fr. **Andres de Montooya**, hijo de la Santa Provincia de S. Miguel en la Estremadura. Mscr. in Torre del Tombo zu Lissabon nach Marcellino da Civezza, S. 411.

458. 1700—1709. (T 119 f.) Ueber **J. Heymann** vgl. Goett. Gel. Anzeig. 1759, S. 986.

459. C. 1700. **Gerassim**. Patriarch von Alexandrien, Beschreibung des heiligen Berges Sinai. Russische Uebersetzung aus dem Griechischen von Gabr. Smirwow. Moskau 1783, 8º, 170 SS.

460. 1700—1709. (T 119). Voyages of Messrs. **V. Nyenburg** and **T. W. Heyman** trough a part of Europe, Asia Minor, and many of the Islands of the Archipelago, Syria, Palestine, Egypt, Mount Sinai etc.; digested in their proper order, and published in the form of Letters. London 1758. 4º. Watt 7131. Vgl. no. 458.

461. 1701. Wahrer Entwurf der Beschauung der von Christo selbst mit seiner heiligen Gegenwart beglückseligten Orthen in Palaestina 1701. 4º.

462. 1702. Nouveau Voyage de l'Egypte, de la Terre Sainte, du Mont Liban, de Constantinople et des Echelles du Levant. Lisbonne. P. Fonseca 1702, 12°.
463. 1704. Briefe aus Jerusalem nach Prag und Worms. Hs. Carmoly no. 20 (vgl. Katalog Frankf. a. M. 1875).
464. 1704. **Hieronymi Dicelii** Smalcaldensis Geographia Sacra oder Ecclesiastica, das ist, H. Beschreibung der Welt. Leipzig 1704, 8°.
465. 1704. **Haraldi Vallerii** Exercitium philosophicum de mari mortuo. Upsal. 1704. 8°.
466. 1704. (T 120). **Makarius** und **Silvester**, Reise, ist von Leonnid in den Vorträgen der Gesellsch. für Gesch. u. Altertümer in Petersburg 1873 T. 3 herausgegeben.
467. C. 1704 **Pezron**. Dissertation sur les anciennes et véritables bornes de la Terre promise; vgl. Mémoires de Trév. 1704, S. 1214; 1705, tome 2, S. 1017.
468. 1706. Relacam summaria e noticiosa dos Lugares Santos de Jerusalem et dos mais de que na Terra Santa et Palestina está ue posse emque tem muytos conventos et hospicios a Religião dos Frades Menores da Regular Observancia do grande Patriarca dos Pobres o Serafico Padre São Francisco; sobre o direyto comque a dita Religião os possue, Sos grandes tributos que alli se pagão, Sos muytos e intoleraveis frabalhos, que seos Religiosos alli padecem, não sodos infieis Turcos et de outras novas noticias, que hum Religioso fide digno o anno passado de 1706 trouxe de Terra santa. Nesta breve copia que para edifiçam e compayxam dos fieis manda imprimir para gloria de Deos o M. R. P. Fr. **Francisco de Santiago**, Diffinidor actuae de Santa Prosimia de Portugal, e Commissario Geral da mesma Terra Santa nestes reynos de Portugal. Lisboa (Miguel Manescal) 1709, 1 vol. 8°, 16 SS. (Marcellino di Civezza, S. 489).
469. 1707. (T 122). **Andreas Ignatjew**, Reise von Konstantinopel nach Jerusalem, ist nach der Hs. der Tolstoy'schen Bibliothek (V, no. 29) von Leonnid 1873 herausgegeben.
470. 1707. **Giuseppe Sorio**, Lettera sopra i luoghi di Terra Santa 1707. Vicenza 1863. 8°. Bonifacius Stephanus, S. 311.
471. 1707. **Moses Chagis**, „Sefat Emet", über den Zustand der Juden in Palaestina, 8°. Amst. 1707. Steinschn. Catal. Bodl., S. 1791. — „Paraschat elle Massäë", Aufforderung zu Stipendien, sucht die Aechtheit der Tempelwestmauer zu beweisen, 8°. (Altona 1738), sehr selten; Steinschneider Catal. Bodl., S. 1790, no. 14; Inhaltsübersicht und Einzelheiten in Zeitschr. der Deutschen Morgenl. Gesellschaft. V, 380 (vergl. Polem. und apol. Lit. 311).
472. 1708. Terra Sancta, Africa e Bulgaria (Mscrpt. der Bibliot. Fabroniano in Pistoja enthält nach dem Auszuge bei Marcellino da Civezza, S. 587 über die Missionsthätigkeit der Franziskaner im Orient manches.
473. 1708. (T 213). Die deutsche Ausgabe von **Ed. Wells** erschien nicht 1764, sondern 1765 in Nürnberg.

474. 1709. (T 121). **Briemle.** Eine Ausgabe Frankfurt a. M. 1727 und Notizen über B.'s Leben b. Vulpius, Curiositäten Bd. 7, 1818, S. 79.
475. 1709. (T 213). Zu **Relands** Palaestina vgl. Journal des Savants 1716, janvier, S. 64 u. févr., S. 123.
476. 1710—11. **Joann Lukjanow,** Reise zu den heiligen Orten im Jahre 1710—11. In der Hs. ist der erste Teil mit Joann, der andere mit Leontij unterzeichnet (vgl. dazu Tobler 120). Herausgegeben von Leonnid im Kalugaer Eparchie-Boten 1862, no. 20; ferner im Russischen Archiv 1863, no. 1—6; Moskau 1864.
477. 1711. **Chr. Conr. Clodius,** Iter Hierosolymitanum. Helmst. 1711. 4°.
478. 1711. (T 214). Von **Joh. Christoph. Wichmannshausen** erschien auch: De Galilaea Vitemberg. 1711, 4° und Aramaea Sacra Vitemb. 1711, 4°.
479. C. 1712. **Eugenio de S. Francisco,** Itinerario, y segunda Peregrinacion de Jerusalem. Sevilla 1712. Bonifacius Stephanus, S. 296.
480. 1712. (T 121). Eine Ausgabe von **Barlaams** Reise durch Leonnid 1873.
481. 1712. **Le Roux,** curé d'Andreville, Concordance des quatre Evangélistes avec une carte de la Terre Sainte. Paris 1712 in 8°.
482. 1712. **Joh. Oldermann** praes., **Andr. G. Wachner** resp., Dissert. philologica de Mari asphaltite pro illustratione loci Exod. XXIII, 31. Helmstad. 1712. 4°.
483. 1716. Vera descrizione della Terra Santa, di Gerusalemme e della Palestina. Venezia 1716. 8° (San Filippo, Viaggiatori 82).
484. 1716. **Gedalja** aus Semiecz in Litthauen, „Scha'lu Schelom Jeruschalajim", 16 Bll. Berlin 1716, ist eine Beschreibung der Schicksale und Trümmer Jerusalems. Vgl. Zunz no. 121; Steinschneider, Catalog. Bodlej. 1003 Der Verfasser beginnt mit der Erzählung, dass im Cheschwan 461 (Herbst 1700) Rabbi Jehuda nach Jerusalem kam; die Angaben Carmolys im Orient ed Fürst XII, 297, wo auf Schudt, Jüd. Merkwürdigk. II, 58, 59, 62 hingewiesen wird, sind nicht sachgemäss.
485. 1716. Darstellung (Kupferstich) des heiligen gelobten Landes sowohl zur Zeit des Moses, 14 Jahrhunderte vorher, als zur Zeit Christi Auf Befehl des Grossfürsten Kaiserlicher Hoheit aus der alten lateinischen Abbildung und Darstellung in Moskau herausgegeben unter der Leitung des General-Lieutnant **Ja. W. Brjuss,** im Jahre 1716.
486. 1719. (T 122). Eine deutsche Ausgabe von **Robert Leob** erschie Dresden 1746, 8° (Stuck I, 255; Versuch ein. Literat. deutch. Reisebeschreibungen 1793, S. 273).
487. (T 124). 1719. **Francisco Diaz.** Lucerna hierosolymitana ardens per quinque integra saecula in manibus Fr. Minorum a Francisc Diaz a. s. Bonaventura, Patrum ejusdem ordini Decano ac T. sanctæ per hos ultimos viginti sex annos Romae Procuratore. — Et novissima pe B. Fr. Bernardum de Caleso T. Sanctae Comm. General. in Curia ho anno 1719 ultimo quinti saeculi ab eodem Patrum ingressu in eam Redem

toris patriam S. Sedi reverenter praesentati. Typis de Comitibus 1719, 1 vol. fol.

488. 1719. (T 122). Von **Marcel Lädoire** erschien auch eine Ausgabe, Paris 1730, 12⁰ (vgl. Catalogue de la biblioth. de Mr. Boulard III. Paris 1830, S. 53).

489. 1719. **Alexander b. Mose Etthausen**, „Bet Jisrael" das jüd. Stammhaus, jüdisch-teutsche Geschichte der Israeliten und Antiquitäten Jerusalems (auch Topogr. Jerusalems). Offenbach 1719, 4° (80) Bll.), Amst. 1724. 4⁰ (64 Bll.), Fürth 1771 (Catal. Bodl., S. 730 u. Add., Zedner, S. 243, vgl. Brüll, Jahrb. IV, 96).

490. 1719—20. **Matwej Gawrilow Netschajew**, Reise in den Jahren 1719—1720. Herausgegeben von N. P. Barschow. Warschau 1875. In russischer Sprache.

491. 1719. (T 213). **Biagio Terzi** Vollst. Titel: Siria sacra descritione historico-geografica cronologico-topografica delle due Chiese Patriarcali Antiochia, e Gerusalemme . . . . Roma 1719 fol.

492. 1722. Verdadeira e individua releção de que se tem obrado em Costantinople sobre a reedifição do templo do santo Sepulcho de Jesu Christo situado na santa cidade de Jerusalem. Frat. **João das Chagas** Jez imprimir Lisboa Occidental na officina de José Manescal 1722. (Sono 43 pagine in 4⁰ tradotto dall' italiano; vgl. Marcellino da Civezza s. voce).

493. 1723. Eines Ungenannten Reise nach Jerusalem. Hs. in München, Cod. germ., no. 3007.

494. 1723. M. **Schmid**, Verfasste und aussgeführte Reis-Beschreibung in das gantze gelobt- und heilige Land. Ulm 1723. 8⁰. Mit Kupfern.

495. 1724—47. (T 124). **Basilius Barsky**. Ausgaben: von W. Rubanow, St. Petersb. 1718; 1785, 1793, 1800, 1819. Auszüge: Moscau 1847, 1849, 1851, 1864. Hss. in der Bibl. d. Grafen A. S. Uwarow, in Kasan, Moscau, Kiew. Vgl. A. Artemjew im Journal für Volksbelehrung 1856 und J. Subbotin in den Vaterländ. Schriften 1826. Th. 25.

496. 1726. (T 126). Von **Stanislaus Wolski** erschien eine Ausgabe. Leopoli 1737, 8⁰ (Stuck I, 312),

497. 1727. Bullarium peculiare Terrae Sanctae ex quattuor supra sexaginta Bullis Apostolicis nonnullisque aliis litteris a Sancta Sede et Sacra de Propaganda Fide Congregatione . . . . a moderno Commissaris Generali T. Sanctae in Romana Curia coordinatum. Romae 1727, typis camerae Apostolicae, 1 vol. fol., 178 SS.

498. 1780. (T 126). **Bartolomeo Angeli**, Viaggio de Terrasanta. Venezia, Modesto Fenzo 1737. 8⁰. Vgl. Studj bibliogr. I, S. 245.

499. 1730. (T 214). Die von Tobler s. v. J. von der Hardt angeführte Schrift erschien nicht 1738, sondern 1730.

500. 1731. Jérusalem et les lieux saints. Extrait du voyage de **La Condamine** en Orient in: Revue de l'Orient 1854, XV, S. 241—260; mit einer Ausgabe beschäftigte sich seiner Zeit Victor Langlois.

501. 1733. Relazione del viaggio fatto in Soria da **Moisè Caputo**. l'anno 1733. (Travels to the Holy-Land etc., from Florence, Sept. 1733—March 1735). Papierhs. in 4°. British Museum Add. 19311; vgl. Catalogue of additions to the manuscripts in the British Museum 1848—53, S. 219.

502. 1734. (T 127). **Charles Thomson**, Travels; containing Observations on France, Italy, Turkey, in Europe, the Holy Land, Arabia, Egypt, and many other parts of the World. 1752. 3 voll. 8°. Watt 904w. London, Newbery 1754. 2 voll. 8°.

503. 1735. **F. M. Lufft**. Bibl. Erläut. aus d. Morgenländ. u. andern Reiss-Beschreibungen. Nürnberg 1735. 8°.

504. 1735—1749. Le frère **Luc de Boulogne**, Voiage de Paris à Constantinople, de Constantinople à Jérusalem, et de tous les lieux saints. Retour de Jérusalem à Constantinople, description de cette ville et du sérail. de la réligion mahométane, et du retour de Constantinople à Paris. Manuscript in 4° auf der Bibliothèque du départ. de la marine in Paris (D. 4853; vgl. Catalogue III, 1840, S. 343).

505. 1738. **Ch. Portmann's** Curiose Reisebeschreibung in das heilige Land und dessen umliegende Gegenden. Dresden-Neustadt 1738, 8°, enthält nicht, was der Titel besagt, sondern 3 Predigten über Bethlehem, Nazareth und Capernaum (Stuck II, 46).

506. 1738. Curiöse Reisebeschreibung in das gelobte Land. Dresden 1738, 8° (Stuck I, S. 380).

507. 1738. (T 127). Von **Pococke's** Reisebeschreibung erschien eine holländische Uebersetzung: Beschryving van het Oosten etc. int het Engelsch overgezet en met aantekeningen voorzien door (E. W.) Cramerus t'Utrecht 1780, 4°, ferner ein französischer Auszug in: Abrégé de l'histoire générale des voyages, tome XXVII (troisième volume du supplément) Paris, Moutardier, an VIII. Zur englischen Ausgabe vgl. noch Leipziger Zeitung 1743, S. 793 und 1746, S. 137, Götting. Zeitung 1747, S. 282 (Stuck I, 236), zur deutschen Uebersetzung A. D. Biblioth. 2 Anh., S 1249, Götting. Anz. 1754, S. 886, 1258 A. 1755, S. 987, 1771, S. 776, 1312, zur französischen Uebersetzung Altenb. Betr. 4 Teil, S. 310.

508. 1738. **Salmon**, Stato presente della Turchia, della Caldea, dell' Assiria, Mesopotamia, Siria, Palestina, Georgia, isole di Cipro, Rodi. Venezia 1738, 8°, ed. 2., mit 3 Karten und 14 Kupfern.

509. 1739. **Alp. Des Vignoles**, Chrono... de la Terre Sainte et des histoires étrangères qui la concernent, par A. D. Vign. Berlin, Haude, 1738, 2 voll. in 4°.

510. 1739. (T 214). Von **Joh. Matth. Hases** Regnum Davidicum erschien eine zweite Ausgabe Norimberg. 1754, fol.

511. 1742. Testimonia itineris et incolatus terrae sanctae Fr. Philippi **Arms**. Einige Briefe u. Zeugnisse aus den Jahren 1742—46. Hs. 8° der Kölner Gym. Bibl. no. 52.

512. 1743. **Anonymus**, „Sikkaron bi-Iruschalajim", über Graeber in Palaestina, bestehend aus dem anon.: „Iggeret" (s. unter 1626) und

Gebeten aus „Et le-Chanena" (ersch. Ven. 1708, s. Cat. Bodl., S. 498, no. 3271) 8° „mit Constantinopler Buchstaben." Die Typen lassen (nach N. Brüll, Jahrb. IV, 95) auf Sulzbach schliessen. 1743; 2. Ausg. vermehrt von Jakob Babani, Amst. 1759. (Die Ausg. Constant. 1740 „durch Rafael Troyes" bei Carmoly, Itin. 487, ist wahrscheinlich irgend eine Confusion; Benjacob. Thesaur. I 158, no. 152, hat Const. 1743; ausser der genannten vgl. Zunz no. 123, zu berichtigen nach Zedner, Catal. S. 322.

513. 1744. Voyage d'**Alexandre Drummond**, Ecuyer, Consul Anglois d'Alep, en Chypre et en Syrie, im Auszuge in: (de Pusieux), Les voyageurs modernes IV, Paris 1760, und deutsch in: Sammlung d. besten u. neuesten Reisen, Berlin 1765, I.

514. 1745. (T 214). **Ludwig Eskuches** Erläuterungen, 1—3 Versuch, erschienen Lemgo 1745, 8° (Bibliotheca Richteriana, Gotting. 1774, II, 89).

515. 1746. (T 129). Zu **Leandro (Cottalorda)**, Palestina primo viaggio de fra Leandro di santa Cecilia in Oriente. Roma 1753. 4° vgl. Studj bibliografici I, S. 274.

516. 1747. Observationes philol. ac geographicae, sive topographiae sacrae specimen primum, quo urbes et regiones, quarum in sacris literis fit mentio, breviter describuntur. Amstelodami 1747. 8°.

517. 1747. (T 214). Zu **Robert** vgl. Journal des Savants 1748, février, S. 170.

518. 1747. (T 214). **D'Anville**, Dissertation sur l'étendue de l'ancienne Jérusalem, erschien in armenischer Uebersetzung von Johannes Karapetean aus Brussa, Jerusalem 1855, 8°, IV + 125 SS.

519. 1748—52. (T 130: 1752). **Ladislaus Mayr** trat seine Reise 1748 an und verliess den 15. Jan. 1752 Jerusalem wieder. Die Beschreibung der Reise verfasste er dreimal von neuem, zuerst 1759, darauf, als das Ms. abgenützt und zerrissen war, 1777—1779, endlich, nachdem das zweite Exemplar an das Ursuliner Nonnenkloster zu Landshut verschenkt worden, 1779—1782. Vgl. Hormayr, Taschenbuch f. d. vaterl. Gesch. 1833, S. 24.

520. 1749. **Serapion.** Mönch des Motroninskischen Klosters in Kiew, reiste 1749—1751. Darüber Leonid in den Berichten der Gesellschaft für Gesch. und Altertümer in St. Petersburg 1873, Buch 3.

521. C. 1750. Jerusalem. Aufriss und Entwurf der Hauptstadt in Palaestina Jerusalem, in Kupfer gestochen von **Dan. Herz** in Augsburg. Mit erklärendem Text.

522. C. 1750. Der Wiener Codex no. 12894 (Tab. VII, S. 161) ch. XVIII, 3, 8° enthält: „Itinerarium in usum peregrinantium e Vienna Hierosolymam et a Hierosolymis Viennam redeuntium."

523. 1750. Fiel copia sas relaçãos que a Santa costodia de Terra Santa mandou a Roma, huma da origem, progesso e fim da sublevação que fizerão os santoes, ministros de justiça e o povo de Jerusalem contra os Religiosos da Terra Santa em o anno de 1746 e o utra da cruelissima perseguição ordida e fornentade pelos gregos seismaticos na dita cidade de Jerusalem e em Damasco no anno de 1748 contra os mesmos Religiosos Observantes —. Man-

dados imprimir pelo Reverendo Padre Fr. **Joao dos Prazeres** Pegador
Jubilado, Padre da Provincia de Portugal e Commissario Gerae da Terra
santa nestes reinos e sus conquistas. Lisboa (Miguel Marescal da Costa)
1750, 1 vol., 8⁰, 52 SS.

524. 1751. **David Falconer**, A Journey from Joppa to Jerusalem,
in May 1751; with occasional notes. London 1754, 4⁰. Pamphlet, Watt 355b.

525. 1751. (T 130). Zu **Hasselquists** Iter Palaestinum vgl. Goetting.
Gel. Anzeig. 1758, S. 810. Eine englische Ausgabe erschien 1767 8⁰, eine
französische 1759, 2 part. 12⁰ (Catal. de livres du départ. de la marine III.
Paris 1840, S. 331) und 1769, 2 voll. in 12⁰ (Stuck I, 138, Watt 473h), ein
italienischer Auszug (Estratto dei suoi viaggi per la Palestina) in: Giorn. di
Berna 1762 tom. III, S. 155; vgl. La biblioteca publica di Siena 1847, V. S. 53.

526. 1751. **Henr. Aug. Zeibich**, Delo Bethleemum comparatum, Vitemberg. 1751, 4⁰, 16 SS.

527. 1753. (T 131). Zu **Salvator Lusignans** Reise siehe auch
Allg. deutsche Bibl. B. 100, St. 1, S. 203. Ein deutscher Auszug erschien
in: Neue Sammlung von Reisebeschreibungen X, S. 131 (Hamburg bei
Bohn 1790).

528. 1754. (T 131). Ueber **Stephan Schultz** vgl. auch Götting.
Gel. Anzeig. 1776, Stück 18, Zugabe.

529. 1755. Clamores feitos ao cêo dados na Terra Santa d. Jerusalem,
lagrimas e tormentos comque em Palestina acabão as vidas os filhos do Serafico P. S. Francisco que residem na quellos santos Lugaros — ed. Fr. **Miguel
das Almas Santas** Religioso do N. P. S. Francisco da Provincia do
Portugal. Lisboa (Miguel Manescal) 1755, 1 vol., 8⁰.

530. 1756. (T 136). Von **Alexander Russels** 1756 in London zuerst
erschienenen Naturgeschichte von Aleppo ist ein französischer Auszug in
(De Puisieux), Les voyageurs modernes IV, Paris 1760, 8⁰ und ein
deutscher in: Samml. d. besten u. neuesten Reisebeschreibungen. Berlin
1765, 8⁰, 1 bekannt geworden.

531. 1758. Viagem santa e peregrimação devota que aos santos Lugares
de Jerusalem, em que se obrou a nossa Redempção, fez nos annos de mil
setecentos e trinta nove e quarenta Fr. **Antonio do Sacramento** Lisboa
(Miguel Manescal da Costa) 1758, 2 voll. 4⁰ (Marcellino da Civezza
S. 519—520).

532. 1758. **Joseph Sofer** reiste von Brody 1758 nach Safet und
beschrieb seine Reise in einem zu Frankfurt a. O. 1765 hebräisch und 1767
jüdisch-deutsch erschienenen Buche „Edut be-Josef" und „Iggeret Josef", welches höchst selten ist. Vgl. Zunz, no. 125; Tychsenscher Catalog, S. 181;
Bützowische Nebenstunden III, S. 41 ff. Deutsch m. d. Tit. „Iggeret ha-Kodesch", Frankf. a. M. 1809, nach N. Brüll (Jahrb. IV, 95) wahrscheinlich
gekürzt.

533. 1760. Rélation fidèle du voyage de la Terre Sainte, dans laquelle
se voit tout ce qu'il y a de remarcable par terre, depuis le départ de Marseille jusqu'au retour de ce saint voyage par un Religieux de S. François

Observantin qui a fait le voyage trois fois. Paris 1760 chez Gabriel Valleyre 1 vol. in 12º, 248 SS.

534. 1760—80. **Anonymus** (vielleicht Benjamin Espinosa?) um 1760—80, über den Tempelbau (Mscr. in Reggio 20 f. 68b—95b), beginnend mit dem Index der 20 Capitel (über den Tempelberg, Mauern etc.); über Benj. Espinosa siehe Steinschneider, Hebr. Bibliogr. XVII, 120.

535. 1762. Relació de la peregrikació a Jerusalem 1762 por el P. Fr. **Juan Lopez** Franciscano. (Mscr. in catalonischer Sprache in Barcellona, 4º, 306 SS., woraus Marcellino, S. 337—338, einige Auszüge gegeben hat.

536. 1764. **Simcha ben Josua** ben Salomo Haas, geb. in Dobrowitz 1710, gest. zu Brailow 1765 oder 1768, verf. um 1764 einen Bericht über seine Reise nach Pal., dessen Titel Carmoly (Revue Orient I, 1841, S. 184) angebl. aus Salomo Dubno's (Schwiegersohn's des Verf.) Catalog vom Jahre 1771 angiebt: „Sippure Erez Jisrael"; hingegen für das letzte Wort: „ha-Galil" in Benjacob's Thesaurus I, 18 n. 358 voce Ahabat Zion, unter welchem Titel das Buch 8º, Grodno s. a. erschien. Fehlt bei Zunz.

537. 1764. J. **Eurenius** Atlantica orientalis sive Νῆσος Atlantis id est Palaestina. E suecana lingua latine versa. Berolini 1764, 8º.

538. 1765. **A. Chr. Dittmann**, Grundrisse des gelobten Landes, auf 8 illumin. Landkarten, nach verschiedenen Zeitpunkten vorgestellt. Thorn 1765. 4º.

539. 1765. E. **Well**, Historische Geographie des alten und neuen Testamentes. Aus dem Engl. Nürnberg 1765. 4 Tle. 8º mit Karten.

540. 1766. (T 214). A. Fr. **Büsching**, Beschreibung des todten Meeres in Palaestina. Hamburg 1766, 8º. Vgl. auch Mémoire sur le Lac Asphaltite ou la Mer Morte par Buesching, Traduit pour la première fois de l'Allemand, augmenté et accompagné de Notes par M. Malte-Brun, in dessen Annales des voyages (1808) 5. S. 5—48.

541. (T 132). 1767. Zu **Maritis** Viaggi per l'Isolà di Cipro etc. vgl. auch Götting. Anzeigen 1770, 1211, 1308; 1771, 466; 1772, 1096; 1779, Zugabe S. 80, zu seiner Istoria del Tempio del S. Sepolcro vgl. Antichità cristiane articol. 2 (La biblioteca publ. di Siena VI, 1847, S. 54). Eine deutsche Uebersetzung erschien Leipzig 1789, 2 Teile gr. 8º.

542. 1769. **Mose Jeruschalmi**, eine Beschreibung von Palaestina, auch aller Orte, Städte und Gräber, jüdisch-deutsch, 1769, 8º, 18 Bll. (Catalog von Hebraica etc. aus der L. Rosenthal'schen Bibliothek, Amsterd. 1875, Teil 2, S. 884).

543. 1769. Joh. Dav. **Michaelis**, Spicilegium Geographiae Hebraeorum exterae post Bochartum (vgl. Tobler, S. 311) 2 partt. Götting. 1769, 80 SS., 4º, wozu als Ergänzung gehört Joh. **Reinoldi Forsteri** Epistolae ad Joh. Dav. Michaelis hujus spicilegium geographiae Hebraeorum exterae jam confirmantes jam castigantes. Goetting. 1772, 4º. — Ueber die Gewölber des Tempelberges in Jerusalem. Goetting. Magazin III, St. 6, S. 801 ff. — **Michaelis** und **Lichtenberg**, War der Tempel Salomos mit Blitzableitern

versehen? ibid. III, St. 5, S. 735 ff. Deutsches Museum, Jahrg. 84. Mai, S. 445, August, S. 136.

544. (T 133). **Sergij Pleschtschejew**, Reise erschien in russischer Sprache St. Petersburg 1773. 16°. Vgl. noch Büsching Nachrichten 1774, ferner A. D. Bibl. 26. B, S. 563: Goetting. Anzeig. 1775, Zugabe S. 23; Hallesche Beitr. II. S. 268 (Stuck I, 235).

545. 1772. **Perez** ben Mose, „Schebach u-Tehilla le-Erez Jisrael", über die Vorzüge des heil. Landes. Metz 1772 (4 Bll.) — (Brüll, Jahrb. IV, 96, scheint sonst unbekannt, fehlt unter den Drucken in Metz, bei Carmoly, Rev. or. II, 214 und bei allen Bibliographen.)

546. 1772. **Chajim Josua Feibel** b. **Israel** aus Tarnigrod, „Kazwe Erez", über Palaestina und dessen Einteilung 4° Zolkiew 1772; mit einer Karte von Arje Loeb ben Isak, 4° Grodnow 1813. Benjacob S. 531 no. 432, Zunz no. 126 und zu bericht. und ergänzen nach Zedner, Catal. 359.

547. 1775. De Galilaea, opportuno Servatoris miraculorum theatro, disputatio brevis. Goettingen 1775, 4°. Acad. Georg. August. Prorector cum Senatu Natales Christi pie celebrandos indicunt). 12 SS.

548. 1776. (T 134). **Johann Andreas Jakob Rotthier**, Voyage en Terre Sainte dans les années 1776—77. Anvers 1780. Bonifacius Stephanus, S. 309.

549. Vor 1777. **Salomo** b. **Mose**, Chelm. starb in Salonichi 1777, verfasste eine ungedruckt gebliebene Schrift über die Gebietsbestimmung im h. Lande: „Chug ha-Arez", Zunz 124. Vgl. Steinschneider, Catal. Bodl., S. 2376.

550. 1777. **C. Fr. Cramer**, Scythische Denkmähler in Palaestina. Kiel und Hamburg 1777. 8°.

551. 1778. (T 134). Reise des Abt **Binos**, in russischer Uebersetzung nach dem Deutschen. St. Petersburg 1793.

552. 1778. H. Ehrenfr. **Warnekros**, Commentatio philol.-historica de Palaestinae fertilitate praecipuisque illius dotibus cum Aegypto comparatis. Gryphiae 1778. 4°.

553. 1779. (T 134). **Bscheider**. In dem Versuch einer Lit. deutsch. Reisebeschr. 1793, S. 274 findet sich folg. Titel: Bscheider (F. G.), Neues Palästina mit biblisch-historisch und sittlichen Anmerkungen, in 3 Theilen geschildert. Augsburg, Bullmann 1788. Der Verfasser hielt sich 10 Jahre in P. auf, giebt aber nicht zu reiche Nachricht darüber.

554. 1780. **Marino Guebels**, Voyage à Jérusalem et au Sinaï, 1780. 12°. Bonifacius Stephanus, S. 298. (?)

555. 178C. Abbé **Guénée**, Deux mémoires sur la fertilité de la Palestine. London 1780, Watt 448t. Vgl. L'Acad. R. des Incriptions, T. 50, S. 142.

556. 1782—89. Mémoires historiques, politiques et géographiques des voyages du Comte de **Ferrières-Sauveboeuf**, faits en Turquie, en Perse et en Arabie, depuis 1782, jusqu'en 1789 . . . 2 voll. 8°., Paris, Buisson 1790 (auch Maestricht, Roux 1790). Im 2. Bde. (Cap. 24 ff.) steht eine Beschrei-

bung Palaestinas. Eine deutsche Ausgabe erschien unter dem Titel: Des Grafen von Ferrières Sauveboeuf Reisen in der Turkei . . . Aus dem Französischen übersetzt. Leipzig 1790.

557. 1784. (T 135). **Volney**, Reise nach Syrien u. Aegypt. Jena 1787. Daraus ein Auszug in: Auserlesene Aufsätze zur . . . . Länder u. Völkerkunde. Quartalschrift, Jahrg. 4, 1789, Berlin, Stuck I, S. 1, III, S. 116, IV, S. 49. Eine andere Ausgabe führt den Titel: C. F. Volney's Reise nach Syrien und Aegypten in den Jahren 1783, 1784, 1785. Aus dem Französ. übersetzt 3 Thle. Jena 1788—1800. Der 3te Teil enthält die Zusätze der 3ten französ. Originalausgabe von Prof. Paulus zu Jena. Aus dem Deutschen in das russische übersetzt von Nik. Markow. Zwei Teile mit Kupfern. Mosk. 1791, 93. 8°.

558. 1785. **Jacob Baruch** ben Mose Chajjim edirte: „Schabbechi" (Ps. 147 [12]) oder „Schibche Jeruschalajim", Miscellen über Jerusalem, 8°. Livorno 1785 (schon selten), 47 Bll., (Vorrede des Herausg. zuletzt zu finden); zuletzt gekürzt herausg. von Ahron Buchauer ben Jacob Kohen, Lemberg 1799 (fehlt bei Zunz no. 123); Wilna 1817 durch Isak ben Jacob, Warschau 1840; Zitomir 1860 (Benjacob 564. no. 218); s. l. 1862 (Hebr. Bibliogr. VI, 4). Enthält teilweise dasselbe, wie „Sikaron Jeruschalajim" (s. unter 1743); Steinschneider, Catal. Bodleian. S. 643, no. 4659 (vgl. S. 1192) zählt folgende Bestandteile auf: 1) Iggeret . . . . (s. unter 1626); 2) Pilgerordnung nach Chajjim Vital, 3) Paraschat etc. (von einem Baruch? s. unter 1522), 4) Takkanot . . . . Statuten (scheint Anhang zu 3, da die J. 1518—1521 vorkommen), 5) Ueber 10 Stämme aus Isak Akrisch, 6) Grenzen Palaestinas u. Babylons nach Benjamin Tudelensis, 7) Gebete).

559. 1785 — 86. **Benjamin ben Elia**, gen. Jeruschalmi (vgl. unter 1654—5), Reisebericht, herausg. v. Gurland 1865.

560. 1785. **Wassilij Baranschtschikow**, ein Bürger aus Nischnij Nowgorod, Unglückliche Erlebnisse auf einer Reise von 1780—1787. In russischer Sprache, St. Petersburg 1787, 1793. B. war 1785 in Jerusalem.

561. 1790. **L. Theodorowitsch Ljudogowskij**, Geographisches Wörterbuch des N. Testaments. St. Petersburg 1790, 102 SS. In russischer Sprache. Mit einem Plan von Jerusalem und einer Karte des gelobten Landes.

562. 1790. (T 2). J. J. **Bellermann**, biblische Geographie. 2. Aufl. Erfurt 1804.

563. 1793. (T 136). Einen Auszug aus **Meletius** mit dessen Nekrolog gab in russischer Sprache Epiphan. Matteos. St. Petersb. 1868.

564. Vor 1797. **Elia Wilna b. Salman**. „Zurat ha-Arez", über Topogr. zu Josua, Sklow 1802, abgedruckt in d. hebr. Bibel, Wilna 1820, teils in ed. Proph. u. Hagiogr. 1780, giebt kurze Erläuterungen über d. Geogr. Palaestinas. Vgl. Zunz no. 127, Steinschneider, Catal. bibl. Bodleian. 963.

565. C. 1797—1798. S. **van Emdre**, Reizen door Palestina, in eenige aangenaame briven, met eene op nieuw gemaakte aftekenning van de stad Jerusalem door S. v. E. Utrecht 1797—1798, 2 voll. 8°.

566. 1798. Voyage Pittoresque de la Syrie, de la Phénicie, de la Pales-

tine, et de la Basse-Egypte, par divers Savans, Paris 1798 fol. (Bibliotheca Sandifortiana, Lugduni Batav. 1816, S. 28).

567. XVIII—XIX saec. Documents originaux, copies et pièces imprimés rélatifs à la Terre sainte et aux Commissaires chargés de l'administration des Saints Lieux. (Eine Sammlung früher im Besitz des Escalopier und in Paris verkauft, welche nach Marcellino 450 Bullen von Päpsten, Briefe französischer Könige und andere Urkunden bis gegen Ende des achtzehnten Jahrhunderts enthält, welche auf die Pflege der heiligen Stätten in Jerusalem sich beziehen).

568. 1801. (T 137). **Edw. Dan. Clarke**, Travels. Die erste Auflage erschien 1810—1823 in Cambridge.

569. 1801—1804. **Fréd. Jean Laurent Meyer**, Views in Egypt and Palestine. London 1801—4. 2 voll. fol. Watt 6671.

570. 1802. **Richard Brothers**, A description of Jerusalem with the Garden of Eden 1802. Watt 155x.

571. 1803. (T 236). **Charles Paultre**. Ueber dessen: „Estratto d'una sua lettera sul Saronas, o Selva, incantata del Tasso" siehe Annali di Statistica I, S. 140.

572. 1804. (T 137). Die Reise der Brüder Iwan und Wassilij **Weschniakow** und des Mich. **Nowikow**, Moscau 1813, ist mit Anmerkungen des Abtes Theophilakt herausgegeben.

573. 1806. (T 137—139). Von **Chateaubriands** Werke erschien auch eine englische Ausgabe: translated from the French by Frederick Shoberl, 2 voll., Lond. 1812, eine andere Philadelphia 1815, auch eine deutsche Uebersetzung im Journal für d. neuesten Land- und Seereisen XII, S. 165—190; 265—331; XIII, S. 97—118; 217—241. Ueber die 1811 erschienene 2. Original-Ausgabe siehe auch Malte-Brun, Annales des voyages XVII, S. 110—127. Uebersetzungen in russischer Sprache von Grazianskij, St. Petersburg 1815—17, von Pet. Schalikow, Moskau 1815-16, von A. Kornelius, Moskau 1816.

574. C. 1807. **G. A. Olivier**, Voyage dans l'Empire Ottoman, l'Egypte, et la Perse. Paris 1807.

575. 1808. Versuch einer Geographie des heiligen Landes von P. **Wigiljanskij**, SPb. 1808, 4°, 84 SS. mit Karten. In russischer Sprache.

576. C. 1809. Kurze geschichtliche Beschreibung der heiligen Stadt Jerusalem mit einem Plane. Russische Uebersetzung aus dem Holländischen. Moskau 1809, 4°. 22 SS. mit 11 Abbildungen.

577. 1810. (T 141). Ueber **Burckhardt** siehe auch Verneux, Journal des voyages XVI, 342; XVII, 58.

578. 1810. Die heilige Geographie, gesammelt aus den glaubwürdigen Schriftstellern von Iw. **Todorskij**, mit Karten. Mosk. 1810, 8°, In russischer Sprache.

579. 1812. (T 141—142). Einen Auszug der Reisebeschreibung von Joh. Heinr. **Mayr** findet man im Journal für die neuesten Land- und Seereisen XXI, S. 91—135, 239—279; XXV, 66—88, 93-127, 218—253; XXVI, 50 ff.

580. 1812. Dilucidazione della carta topografica dell' antica città di Gerusalemme data alla luce dal P. Fr. **Tomasso Rodriguez di Lisbona**, Lettore Giubilato della Provincia di S. Antonio di Portogallo ed al presente alcuno e commissario delegato della custodia di Terra Santa alla Fidelissima Corte del Rio de Janeiro nel Brasile. Messina (Giovanni de Nabolo) 1812. 12⁰. 312 SS.

581. 1814. **Eljakim** (Götzel) **Altschul** ben Seeb, „Erez Chemda", über die Grenzen Palaestina's als Erläuterung zu Josua 14,6—10,9. Angehängt dem Werke „Sebed tob", über den Tempel Ezechiels von seinem Vater (welches zuerst Sklow 1793 ohne diese Beigabe erschien). Warschau 1814, 4⁰. (Zedner 120, Benjacob 151, no. 17; Confusion bei Fürst, Bibl. Jud. I, 44. — Brüll, Jahrb. IV, 96 giebt d. J. 1798 an[?]).

582. 1814. (T 142). Ein Auszug von **Henry Lights** Travels erschien auch im Journal für die neuesten Land- und Seereisen XXXI, 272 ff.; XXXII, 33 ff.

583. 1815. (T 142). Von O. Fr. v. **Richters** Wallfahrten erschien ein französischer Auszug in: Nouv. Annales des Voyages par Eyriès et Malte Brun 1824, 342—384; 1825, 5—55, 289—333.

584. 1815. **Pehr Tollesson**, Geographiskt hand-lexikon öfver gamla testaments helige skrifter. Met ett Företal af Sam Oedmann. Upsala 1815. 8⁰.

585. 1815. (T 142). Von **Turners** Reisebeschreibung erschienen auch Auszüge im Journal für die neuesten Land- und Seereisen XL—XLIII.

586. 1816. (T 216). Von **Röhrs** Palaestina erschien die erste Ausgabe 1816, die vierte 1826, die fünfte 1829, die sechste 1831, die siebente 1835. Nach der sechsten Auflage in das Russische übersetzt von Th. Nadeshin. St. Petersburg 1849, 175 SS. 8⁰.

587. 1816. (T 143). Ueber **Buckingham** siehe auch Bulletin de la société de géographie 1825, IV, S. 7; 1827, VII, 163—175.

588. 1817. **Jacob Auspitz** aus Ofen, „Beer ha-Luchot", Erklärung zweier Karten (die er aus dem Lat. übersetzen liess) über die alte Welt, mit besonderer Rücksicht auf Bibel und Talmud bearbeitet. Wien 1817. 2. Ausg. das. Holzinger 1818 (8 Bll. u. 2 Karten). — Fehlt bei Zunz.

589. 1817. (T 144). Die Souvenirs des **Abbé Desmazure** erschienen auch im Auszuge in der Revue de l'Orient 1846, X, 311 ff. Von demselben: Lettre sur son voyage à la Terre Sainte. Rouen 1817. 8⁰.

590. 1817. (T 144). Die Reise des **Grafen Aug. de Forbin** erschien im Auszuge im Journal für die neuesten Land- und Seereisen XXXIV, S. 1 ff.; sonst vgl. auch Verneux, Journal des voyages 1821, I, S. 444; III, S. 40 u. 159. Bruchstücke in russische Sprache übersetzt von P. Gwosdew in der Zeitschrift: Vaterlands-Sohn 1817. Tom. 57, S. 122 und 145.

591. 1817. (T. 145). Terra Santa ou Perigrinação a Jerusalem e outros lugares santos da Escriptura sagrada notaveis pelos Patriarchas, Prophetas e Apostolos etc. per Fr. **João de Jesus Christo**, Rio de Janeiro 1851 (Catalogo dos livros da Bibliot. Flumineuse, Rio de Janeiro 1852, S. 219). Dies ist der Titel der fünften Ausgabe des von Tobler 145 citirten Werkes,

dessen erste 1819 und vierte 1835 dort auch nicht angeführt sind (Marcellino da Civezza, S. 250).

592. 1817. (T 145). Von **Irby und Mangles** erschien auch eine Ausgabe London, Murray 1852 und ein französischer Auszug im Journal des voyages XXV, 331—364; XXVI, 61—91.

593. 1817 (nicht 1821). **Salomo Löwinsohn** aus Moor in Ungarn, schrieb 1817 die erste biblische Geographie in hebr. Sprache u. d.T. „Mechkere Erez" 8°. Wien 1819, deutsch u. d. T. Bibl. Geogr. mit Karte 1821. Zunz no. 139, Steinschneider, Catal. Bodleian. 1630. Vgl. auch Jacob Kaplan unter 1839. — Eine Biographie des Verf. in der Zeitung ha-Maggid, Lyck 1875.

594. 1818. **Georg Pimenow**, Reise. Vgl. Verhandlungen der Gesellsch. für Gesch. und Altertümer in St. Petersburg 1862, Buch 2.

595. 1818. (T 145). Von **Richardsons** Reise stehen einige Auszüge in russischer Sprache im Asiatischen Boten 1825, 1, S. 422.

596. 1818. (T 216). Eine englische Uebersetzung von **Ritters** Palaestina durch W. L. Gage erschien 1867 in Edinburgh. Vgl. die Recensionen im Athenäum vom 26. Jan. 1867, no. 2018 und dagegen im Globus XI, S. 155. — Ein Blick auf Palaestina. Berlin 1852.

597. 1818. (T 145). Von **F. W. Siebers** Reise erschien ein Auszug im Journal für die neuesten Land- und Seereisen XLVIII, S. 231 ff., sowie in Verneur, Journal des voyages V, 251 ff.; VI, 29 ff.

598. 1819. **Crouzet.** Les regards d'un chrétien tourné vers le St. Sépulchre de Jérusalem ou invitation aux rois de l'Europe de prendre des mesures pour garantir le Tombeau de N. S. des insultes des infidèles par C. A. C. Cordelier, dit le Père Lacombe. Paris, Delespinasse 1819, 8°, 22 SS.

599. 1819. **Mendel Breslauer b. Chajim Jehuda**, „Gelilot Erez Jisrael", Geogr. Pal. teils nach Talmud etc., mit Einleit. hebr. u. deutsch. 8°. Breslau 1819. Zunz no. 140, vgl. Steinschneider, Catal. bibl. Bodleian. 1743.

600. C. 1820. **Isaac Samuel Reggio** schrieb über Sambatjon, Ofir, Tiberias im Jahrbuch „Biccure haittim" Jahrg. VIII, S. 49—55; X, S. 4—7; XI, S. 18—21. Zunz no. 146, vgl. Steinschneider, Catal. Bodleian. 2135.

601. 1820. **Kir Bronnikow**, Lehrer im Dorfe Pawlow; seine Reise in russ. Sprache herausgegeben. Moscau 1824. 8°.

602. 1820. (T 147). Das Werk von **Damoiseau** wurde kritisch analysirt in Nouvelles Annales des voyages Série III, 1839, tom. 3, S. 89—102.

603. 1820. (T 147). Von **Hennikers** Werk erschien ein Auszug in Verneur, Journal des voyages XXII, S. 111 ff.

604. 1820—28. **Marcus Jost** giebt in s. Gesch. d. Israeliten (Berlin 1820—28) eine Beschreibung von Palaestina, Nachrichten von Reisen, Erläuterungen von Ortsnamen u. Besprechungen geogr. Schriften. Vgl. Zunz no. 141.

605. 1821. Diary of a tour through southern India, Egypt and Palestine in the years 1821 and 1822. London 1822, 8°. (Der Verfasser, welcher

sich nicht nennt, war Cavallerieofficier; vgl. Nouv. Annal. des voyages Série III, 1838, tom. 4, S. 346).

606. 1821, (T 147). Die Reise des **Aug. Scholz** erschien im Auszuge im Journal für die neuesten Land- und Seereisen XLIII, S. 269 ff. XLIV, S. 64 ff; eine englische Ausgabe erschien London, Richard Philipps and Comp. 1822, 8⁰ (vgl. Catalogue de livres du départem. de la Marine. Paris 1840, III, S. 332).

607. 1822—28. **Simson Bloch Halevi** b. **Isaac** aus Brody schrieb die erste systemat. Geogr. eines neueren Juden u. d. T. „Schebile Olam" 8⁰. Zolkiew 1822—28, Asien u. Africa umfassend, worin Palaestina nur auf 6 Bll. behandelt wird. 2 Aufl. mit Biogr. des Verf. von A. Dornzweig, 2 Teile, 8⁰. Lemberg 1870 (76 u. 78 SS.), Hebr. Bibl. X, 65 n. Berichtig. S. 113.

608. 1822. (T 216). Von **Gessert** erschien die erste Auflage mit Karte von A. W. Müller. Essen 1822.

609. 1823. (T 149). Ein Auszug aus dem Werke von **Parsons**: Description de Jérusalem et de ses environs, erschien in Verneur, Journal des voyages XIX, S. 294—298.

610. 1824. Beschreibung des jüdischen Landes zur Zeit Jesu Christi. Mit einer Karte des Landes und einem Plan von Jerusalem. St. Petersb. 1824. In russischer Sprache.

611. 1825. (T 237). A. H. **Dufour**, Géographie sacrée faisant connaître l'état de la Palestine depuis le temps des patriarches jusqu'à l'époque des voyages des apôtres et renfermant des notices historiques sur tous les lieux célèbres mentionnés dans la Sainte Bible. Paris 1842, 4⁰ (mit 7 Tafeln).

612. 1826—1828. (T 150). Zu de Laborde vgl. Journal des voyages XXXVIII, S. 199—220; Annales des voyages XXXVIII, S. 218.

613. 1827. **Joseph Schwarz** (Tobler schreibt S. 242: Jakob). Seine Karte erschien 1827, nicht (wie T. angiebt) 1847. Vgl. Zunz no. 147. Steinschneider, Catal. bibl. Bodleian. 2575. Zedner, Catalogue of the hebrew books of British Museum, S. 686.

614. 1828—1831. H. **Gaucheraud**, Pélerinage d'une jeune fille du canton d'Unterwalden à Jérusalem dans les années 1828—1831 publié par H. G. Paris 1836, 2 voll. 8⁰.

615. (T 218). 1828. Die erste Auflage von K. M. **Ernst**, Hist. geogr. Beschreibung erschien Breslau 1828.

616. C. 1829. Reise eines russischen Officiers nach Palaestina; vgl. Journal für die neuesten Land- und Seereisen 1838, LXXXIX, S. 221.

617. 1829. **Angelo Cagnola**, Esposizione topografica del Viaggio Israelitico nel deserto (mit 2 Karten). Lodi 1829, 8⁰.

618. C. 1830. **Mussinan**, Palaestina, Würzburg, o. Jahr (Katalog d. Biblioth. des Joh. von Geissel, Köln 1865, S. 143).

619. 1830. Rélations de voyages en Orient de 1830 à 1838 par **Aucher-Eloy**, revues et annotées par M. le Comte Jaubert, accompagnées d'une carte géographique. Paris 1843, 2 voll. 8⁰; vgl. auch Nouvelles Annales des voyages Série IV, 1843, tome 4, S. 67—101.

620. C. 1830. The tour of the Holy Land in a series of conversations with an appendix containing extracts from a M. S. journal of travels in Syria. By the Rev. **Robert Morehead**. Edinburgh 1831, 8⁰.

621. 1830. (T 151). Von **A. M. Murawieffs** Reise 1830 erschien 1832 in St. Petersburg die zweite Ausgabe; spätere Ausgaben 1833, 1835, 1848. Die vierte Auflage ist verbessert und benutzt die Schriften Suchanows und des Jerusalemer Mönches Anoim. Seine Reise 1849—50 erschien St. Petersb. 1851. Vgl. Bibliothek der Lectüre 1851, T. 106, Abt. 6 und Journal des Ministeriums d. Aufklärung 1850, T. 68.

622. 1830. (T 151). Ueber **George Robinsons** Travels siehe Bulletin de la Société de géogr. 1840, XIII, S. 156—161 und Nouvelles Annales des voyages, Série III. 1839, tome 2, S. 225—244.

623. 1831. (T 152). Eine Ausgabe von **Joseph von Gérambs** Reise erschien Aachen Cremer, 1837 (kleine wohlfeile katholische Bibliothek zur Unterhaltung, Belehrung und Erbauung, Jahrgang I, 8⁰, wo am Schlusse auch eine kurze Biographie des Autors steht); ferner eine deutsche Uebersetzung von F. K. Spitz, Strassburg 1837, 2 Bände, 8⁰ (mit 2 Illustrationen), eine englische London 1840, 2 voll. 8. ' Ein Auszug und zwar aus dem Abschnitte über den Jordan und das tote Meer findet sich im: Journal für die neuesten Land- und Seereisen LXXXVI, S. 218.

624. C. 1831. **Richard Palmer**, The Bible Atlas or Sacred Geography delineated in a complete series of scriptural maps, London 1831, 8⁰ (26 Karten).

625. 1831. (T 151). Aus **Michauds** und **Poujoulats** Werken über Palaestina sind Bruchstücke in russische Sprache übersetzt von A. Timophajew. St. Petersb. 1837, 273 SS. mit 8 Abbildungen.

626. 1832—36. Prior **Anikita** (Fürst S. A. Schirinsky-Schichmatow), Reise nach Palaestina, enthalten in seiner Lebensbeschreibung. St. Petersburg 1838 und 1853. Vgl. „Geistliche Lectüre" 1869, no. 4, S. 102—106.

627. C. 1832. P. **Dawydow** und K. P. **Bryllow**, Reise, erschien St. Petersburg 1840.

628. 1832. (T 153). Der Récit d'une voyage von **Bové** erschien im Bulletin de la société géogr. Paris 1835, III, (nicht: 380—382), 324—333, 380—395.

629. 1832. (T 238). **Camille Callier**, Voyages en Asie Mineure, en Syrie, en Palestine et en Arabie-Petrée. Note lue à la Société de géographie, im Bulletin de la Société 1835, III, 5—22, 239—262. Ferner die Berichte in Nouvelles Annales des voyages 1835, I, S. 280—322, 1) Rapport fait à l'académie des Inscriptions par M. M. Hase, Raoul-Rochette, Letronne, Walkenaer, 2) Sur les voyages récens des Français en Asie Mineure, en Mésopotamie, en Syrie et en Arabie Petrée par M. le baron Walckenaer, 3) Observations jointes au rapport par le baron de W., 4) Lettre de Camille Callier à M. le baron de W.). Note sur quelques explorations à faire en Syrie, en Palestine et dans l'Arabie-Petrée par C. Callier et Polain de Bossay, im Bulletin de la société de géogr. Série II, tome 9, S. 40—47. Mémoire

sur la dépression de la Mer Morte et de la vallée du Jourdain. Nouv. Annales des voyages Sér. III, 1839, 1, S. 5—38.

630. 1832—43. **Manew**. **Aulich**, Dziennik dwunastole*niéj misyi apostolskiéj na Wschodzie. Cześć 1—3. Krakow 1850, 8⁰ (behandelt im zweiten Bande cap. 7 Palaestina).

631. 1832. J. **Einerling**, Kurze Beschreibung Palaestinas oder des gelobten Landes, mit einer Karte. St. Petersb. 1832, 25 SS. In russischer Sprache.

632. 1832. (T 153 f.). Eine kritische Analyse des Buches von **Ed. Hogg** erschien in: Nouvelles Annales des voyages. Série III, 1836, tome 3, S. 93—107.

633. 1832. (T 153). Eine kritische Analyse der Souvenirs von **Alphons de Lamartine** siehe in Nouvelles Annales des voyages. Série III, 1839, T. 2, S. 207—222.

634. 1832. (T 241). Von **Weilands** Bibel-Atlas, erläutert von C. Ackermann erschien die erste Ausgabe Weimar 1832. 4⁰.

635. 1832. (T 152). Von **Henri Cornille**, Souvenirs d'Orient erschien eine russische Uebersetzung. Moskau 1837—38.

636. 1832. (T 153). Le comte **Joseph d'Estourmel**, Paléstine, Jéricho, Le Jourdain, La Mer Morte in: Revue de l'Orient 1849, VI, S. 80—90.

637. C. 1833. D. W. **Daschkow**. Die heiligen Stätten. In der russischen Chrestomathie von Iw. Peninski. St. Petersb. 1833.

638. C. 1833. **Ch.-Ed. Guys**, Ex-consul de France à Tripoli en Syrie. Ueber sein ungedrucktes Werk über Syrien, dessen dritter Teil von Palaestina handelt, vgl. Bulletin de la société de géographie, Ser. I, 20, 1833, S. 5—7. Daselbst ist aus dem Werke ein Aufsatz über den Libanon und Antilibanon abgedruckt.

639. 183C. (T 218). M **Russel**, Palestine. New Edition, with a continuation to the present time. London 1860.

640. 1834. (T 155). Die Reise des **Duc de Raguse** wird besprochen in Nouvelles Annales des voyages, Série III, 1836, tome 2, S. 173—183.

641. C. 1834. W. C. **Fitzmaurice**, Cruise to Egypt, Palestine and Greece during Five Months Absence. (Privately printed). London 1834. 4⁰.

642. 1834. (T 219). Von **Andr. Bräm** erschien die erste Auflage 1834; sonst vgl. auch Bibliot. univers. de Genève, tome X, S. 112.

643. 1834. (T 218). K. **von Raumer**, Der Zug der Israeliten aus Aegypten nach Canaan. Ein Versuch. Beilage zu des Verfassers „Palaestina". Mit einer Karte. Leipzig 1837, 8⁰. Von demselben: Beitraege zur biblischen Geographie. Nebst einem Höhendurchschnitte. Beilage zu des Verfassers „Palaestina" (Tobl. 245). Leipzig 1843, 8⁰.

644. 1835 und 1861. (T 157). A. **von Norows** Reise erschien in zweiter Auflage mit 12 Stahlstichen und neuer Abbildung des h. Grabes 1844 in St. Petersburg. Die letzte Reise 1861 wurde von N. selbst zur Ausgabe vorbereitet und nach seinem Tode von P. I. Sawwaitow unter dem Titel:

Jerusalem und Sinai im Jahre 1861—62, zweite Reise nach dem Osten von
A. Norow herausgegeben. Ein Abriss von N.'s Leben im Journal der kais.
Acad. der Wissensch., Abt. II. T. 7, no. 9.

645. 1835. (T 157). **Titus Tobler**, Dritte Wanderung nach Palaestina. Vgl. dazu Ausland 1860, S. 1169 und Nouv. Annales des voyages 1860, II, S. 77—92. — Das heilige Land und die Italiener: Ausland 1861, S. 6. — Nazareth. Berlin 1868. Letters in: Palestine Exploration Fund 1875, 1876.

646. 1835. (T 203). **Ch. T. Beke**, On the localities of Horeb, Mount Sinai and Midian (Brit. Magaz.). London 1835. Notes on an excursion to Harran, in Padan-Aram, and thence over Mount Gilead and the Jordan to Shechem. London 1862.

647. 1836. **Ahron ben Chajim**, Zug der Israeliten, Einteilung d. Landes. Gedruckt Grodno 1836. (Benjacob, Thesaurus I, 309, no. 786).

648. 1836. (T 158). Das Werk von J. L. **Stephens** erschien auch London 1838. 2 voll., 12° (siehe Catalogue of the Library of Parliament, Canada 1857, S. 549).

649. 1836. L. **Traub**, Palaestina oder alte Geographie des h. Landes. Augsburg 1836 (nach Jost u. Raumer für Schulgebrauch).

650. 1837. (T 159). Ueber Joh. **Roth** vgl. auch Nouvelles Annales des voyages 1857, II, S. 374.

651. 1837—39. (T 161). Ueber die Reise des **Eusèbe de Salle** vgl. auch Nouvelles Annales des voyages, Série III, 1839, tome 3, S. 239—241, auch 1841, II, S. 49—71.

652. 1837. (T 159). Ueber **Salzbacher** siehe auch Bulletin de la Société de géographie 1843, XIX, S. 475—477.

653. 1837. Compendio cronologico delle cose memorabile accadute in Terra Santa incominciando dall' anno 1785 per mandamento del Reverendo Padre Francesco Saverino di Malta Minore Osservante, Custode di Terra Santa, raccolte fedelmente dal M. R. P. **Francesco di Stazzema** dell' osservante Riformata Provincia di Toscano 1837, 1 vol. fol.

654. 1837. (T 159). Ueber H. **von Schuberts** Reise vgl. auch Journal für die neuesten Land- und Seereisen LXXXVIII, S. 52 u. 161.

655. 1837. (T 160). Ueber die Reise des griech. Feldkaplans **Visino** vgl. einen Aufsatz in der Zeitschrift: Das heilige Land XV, 1871, S. 49—56.

656. 1837—1840. L. **Löwe**, reiste zweimal 1837 u. 1840 nach Palaestina. Seine Reisebriefe in d. Allgem. Zeitsch. des Judenthums 1839 no. 18 ff. Vgl. Zunz, no. 156. Einiges in Biogr. Löwe's in der Zeitschrift „ha-Maggid" 1878/79.

657. 1837. La Terra Santa ed i luoghi illustrati dagli Apostoli. Torino 1837. Bonifacius Stephanus, S. 286.

658. 1837. (T 224). Von **Gros und A. Egrons** La Terre Sainte erschien die erste Ausgabe Paris 1837, 4° (vgl. auch Nouv. Annales des voyages, Série III, 1838, tome 4, S. 340—356) und Paris 1847, 8°; eine italienische Uebersetzung von G. Pomba. Torino 1837. In russische

Sprache übersetzt von N. Bobylew. Mit 48 Abbildungen. Moskau 1838. 4 Teile.

659. 1838. Note sur la Mer Morte et sur quelques positions en Syrie in: Nouv. Annales des voyages, Série III, 1838, II, S. 116.

660. 1838. (T 161). Ueber das Itinéraire des Grafen **Jules de Bertou** siehe auch Journal of the Royal Geogr. Society of London 1839, IX, S. 277—294, und Bulletin de la société de géogr., Serie II, T 10, S. 18—32, 84—100, 240—246.

661. 1838. Le Comte **A. de Caraman**, Aperçus généraux sur la Syrie (Extraits d'un voyage fait en 1838) im: Bulletin de la société de Géographie 1841, XV, S. 5—26.

662. 1838. (T 162). Von D. **Halthaus**, Wanderungen erschien eine 3. Auflage. Barmen 1843.

663. 1838. **Montfort**, Promenade à la Mer Morte in: Revue de l'Orient I, 1843, S. 416—431.

664. 1838. (T 162 f.). Ueber **Robinson** und **Smith** Reisen vgl. Journal für die neuesten Land- und Seereisen LXXXIX, S. 231; sonst siehe auch: Journal of the Royal Geogr. Society of London IX, 1839, S. 295—308. Extracts from a Journal of Travels in Palestine .. undertaken by the Rev. E. Robinson and the Rev. E. Smith (ibid. 308—310 ein Brief von Berghaus); ferner 1848, Bd. XVIII, S. 77 u. 89 (Edw. Robinson: Depression of the Dead Sea). Bemerkungen über seine Reisen enthalten die Nouvelles Annales des voyages 1851, I, 77, 170, 320; II, 67; 1854, IV, S. 310. Uebrigens erschienen seine Biblical Researches und Latter biblical R. in zweiter Ausgabe, Boston 1860 und 1857, 8°. Zu seiner physischen Geographie d. h. L. vgl. Ausland 1866. S. 335.

665. 1839. (T 164). Die Reisebeschreibung von **Gaupil Fresquet** erschien zuerst Paris (Challamel) 1839, 8°.

666. 1839. **Jacob Kaplan b. Salomo Kohen** aus Minsk, schrieb: „Erez Kedumim", 2 Bde., Wilna 1839, eine Bearbeitung von Löwisohns bibl. Geographie (s. no. 593) Zunz, no. 158.

667. 1839. **Letronne**, Sur la séparation primitive des bassins de la Mer Morte et de la Mer Rouge in: Nouv. Annales des voyages, Série III, 1839, tome 3, S. 257—309.

668. 1839. **Mendel (Menachem) ben Ahron** aus Caminiez in Litthauen, „Alijjat ha-Arez", Zeitereignisse in Palaest. und Beschreibung seiner Reise (1833), 8°, Wilna 1839. Siehe Gurland, Einleit. zu Ginse etc. 1865, S. XXII.

669. 1840. (T 167). **Turner, Harding** ed altri celebri artisti, La Terra Santa ... Vol. 1, Napoli 1840, Vol. 2. Venezia 1842. pubbl. dal Mini. Bonifacius Stephanus 313.

670. 1840. (T 177). **Eugène Boré**, Correspondance et mémoires d'un voyageurs en Orient, Paris 1840, 1 Bd.; derselbe schrieb auch: Tableau général des races et des cultes dans l'empire ottoman. Constantinople 1849.

Von: La question sur les saintes lieux erschien eine italienische Uebersetzung. Malta 1860. 8°. Vgl. Bonifacius Stephanus, S. 490.

671. 1840. **M. S. Freystadt**, in Königsberg, gab 1840 einen Prospect mit 6 Artikeln einer bibl. Geogr. heraus (Zunz no. 159), wovon jedoch unseres Wissens nichts erschienen ist.

672. 1840. **Leopold Zunz**, Essay on the geographical literature of the Jews from the remotest times to the year 1841 in der Asher'schen Ausgabe d. Benjamin von Tudela, Berlin 1840, 41. Bd. II, S. 230 ff. Das deutsche Original in s. Gesamm. Schriften. Bd. I. Berlin 1875, S. 146—216; vgl. unter Esthori 1314.

673. 1840. (T 239). Von H. **Kieperts** Bibelatlas erschien eine zweite Ausgabe 1858, ein zweiter Abzug der Karten mit von A. Lionnet umgearbeitetem Texte. Berlin 1861, 4°.

674. C. 1840. **Ephimow**, Reise. Vgl. den Bericht in der russischen Zeitschrift „Leuchtturm" 1840, no. 5.

675. 1840. A. **Sertscheninow**, Untersuchung über Reisen der Christen nach den heiligen Stätten. In russischer Sprache. Moskau 1840. 8°.

676. 1840—1841. (T 165). **Hackländer**: Daguerreotypen, aufgenommen während einer Reise in den Orient in den Jahren 1840 und 1841. 2 Bde., Stuttgardt 1842. 8°.

677. C. 1841. **Konstantin Paulowitsch**, Reise nach Palaestina. Vgl. die Berichte in der russischen Zeitschrift „Leuchtturm" 1841. Th. 1, 20.

678. 1841—1846. (T 171). Von der Reise des Mönchs **Parthenios** erschien die zweite Auflage. Moskau 1856. Meine nochmalige Wanderung nach der h. Stadt Jerusalem und dem Berg Athos im Jahre 1870—71. In russischer Sprache in „Geistliche Lectüre" 1872, no. 5 und 6.

679. 1841. J. A. **Wylie**, The modern Judea, compared with ancient prophecy. With notes illustr. of bibl. subjects. New edit. Glasgow 1850. 8°. Aufl. 1: 1841.

680. 1841. **Eljakim Carmoly**, Reiserouten in Palaestina, hebr. angeblich aus einer aus Marokko stammenden Handschrift, zuerst herausgegeben (Brüssel?) 1841, 32 SS. Carm. vermutet, dass der unbekannte Verfasser in der ersten Hälfte des XIII. Jahrhunderts gelebt, weil er Maimonides († 1204), aber nicht den Nachmanides erwähne, und dass er die Quelle späterer Schriften sei (Steinschneider, Polem. Literatur 311). Ueber Carmolys († 1875) Fälschungen, Erfindungen, Plagiate etc. siehe Zunz no. 151, Steinschneider, Catal. Bodlej. introd., S. LI; Hebr. Bibliogr. XV, 105; sonst auch ibid. XIX, 62.

681. 1841. (T 220). Von **Munk**, Palestine erschien auch eine Ausgabe, Paris 1845 (764 SS.); eine deutsche Uebersetzung von M. A. Levy blieb unvollendet (Leipzig 1871 f.) 8°. Eine italienische Uebersetzung Venezia 1853.

682. 1841. (**Pabon**), The modern Syrians or Native Society in Damascus, Aleppo and the mountains of the Druses; from notes made in those parts during the years 1841—43. By an oriental student. London 1844. 8°.

Eine Uebersetzung davon erschien unter dem Titel: Die heutigen Syrier oder gesellschaftliche und politische Zustände. Stuttgart und Tübingen 1845, 8°.

683. 1842. Graf **Suworow**, Reise eines Offiziers 1842. In russischer Sprache im „Moskowit" 1843, no. 11 und im „Journal für Erziehungslectüre" 1844, T. 47. Ausgabe Moskau 1844. 8°.

684. C. 1842. La necessità e l'eccellenza dell' opera di Terra Santa esposta dal M R. P. Fr. **Giuseppe Arcangelo** da Fratte Maggiore, Minore Osservante. Terza editione per cura del P. Cherubino da Forio, Commissario della Terra Santa in Napoli. Napoli (tipografia Flautina) 1842 1 vol., 12°, 122 SS.

685. 1842. **Colonel Churchill**, Mount Lebanon, a ten years' residence from 1842—52 describing the manners, customs, and religion of its inhabitants with a full and correct account of the Druse religion ...., 4 voll. London 1853, 1862. 8°.

686. 1842. W. **Dittel**, Aperçu sommaire de trois années de voyages dans l'Asie Occidentale, traduit de l'allemand, worüber zu vergleichen ist. Nouvelles Annales des voyages 1849, tome 3, S. 141—162; Archiv für wissenschaftliche Kunde von Russland VII, 1849. Finnischer Bote 1847, XX.

687. 1842 u. 1843. (T 166). F. C. **Ewald**. Die erste Ausgabe erschien London 1845.

688. 1842. **Takkanot**. Statuten, Einrichtungen und Gebräuche der Juden in Jerusalem hebr. mit Vorwort herausgegeben von C. A. Gagin. 8°. Jerusalem 1842. Vgl. Zedner, Catalog. 322.

689. 1842. **Lysing** Landsins Helga ò Krists dögum gefin út af enu islenzka bòkmentafèlagi. Med Steinprentadri landsmynd. Kaupmannahöfn 1842, 8° (Erläuterung des heiligen Landes zu Christi Zeit, herausgegeben von einer isländischen Bücher-Gelehrten-Gesellschaft. Mit einer lithograph. Landkarte).

690. 1842. (T 167). Der Titel der englischen Originalausgabe von **Bartlett** ist: Syria, the Holy Land and Asia Minor illustrated in a series of 120 fine engravings on steel .... with descriptions by J. Carne. London 1840, 3 voll. 4°.

691. 1842. (T 165). **Ida Pfeiffer**. Die erste Auflage erschien Wien 1844, 8°. Die zweite Wien 1845. 2 Teile, 8° (mit einem colorirten Kupfer); ein Auszug in: Tour du monde 1861, II, S. 289 ff.

692. 1842. (T 229). **Roberts**, The Holy Land. New York (1855), 4°. 6 voll. with 250 fine plates (die Tafeln der Folioausgabe in verkleinertem Format enthaltend). Die Ausgabe London 1842—49 mit Text von George Croly.

693. 1842—1844. **Jacob Samuel**, Journal of a missionary .... Edinburgh 1844.

694. 1843. E. **Garnier**, Jérusalem et la Judée, description de la Palestine ou Terre sainte. Tours 1843, 12° mit 4 Bildern. 5. Aufl. Tours 1853.

695. 1843. A. H. Terre Sainte, Couvent-hospice du Mont Carmel.

Quête pour sa restauration in: Revue de l'Orient II, 1843, S. 187—190 (nur ein Aufruf).

696. 1843. (T 168). Gräfin **Ida Hahn-Hahn**, Von Babylon nach Jerusalem. Mainz 1851.

697. 1843. (T 179: 1849). A. U—z **(Umanez)**, Reise von Jerusalem nach dem Kloster des heil. Sawwa, zum toten Meere und zum Jordan im Juli 1843. Moskau 1844, 8°. In russischer Sprache. Abdruck aus dem Moskwitjanin 1844, no. 3—5. Spätere Ausgabe St. Petersburg 1850.

698. 1843. Lettre sur un point d'archéologie et de géographie ancienne de la Syrie par M. **Sapeto**, missionaire Lazariste, in Nouvelles Annales des voyages. Série V, 1845, tome 3, S. 154—168.

699. 1843. (T 170). Einen Auszug: Notes on the Physical Geography of Palestine. Extracted from the Lettres of Colonel **von Wildenbruch** adressed to A. Petermann, von Wildenbruchs Schriften siehe im Journal of the Royal Geogr. Society of London 1850, XX, S. 227—234. Ein Blick auf den Libanon. Berlin 1860. 8°.

700. 1844. **Quétin**, Guide en Orient. Paris 1844.

701. 1844. (T. 241). Von **Did. de Bruyns** Palaestina erschien die erste Ausgabe Amstelodami 1844; vgl. darüber auch Poulain de Bossay im Bulletin de la société de géogr. Série IV, tome 5, S. 306.

702. 1844. (T 171). Von **Konstantin Tischendorfs** Reise im Jahre 1859 befindet sich eine Uebersetzung in russischer Sprache in der „Illustrirten Zeitung" 1863, no. 1—25. Aufsätze darüber von K. P. Pobiädonosszew in der russischen Zeitschrift: „Der russische Bote" 1863, S. 489 —548.

703. 1844. **Chajjim Hurwitz ha-Levi**, „Hibbat Jeruschalajim", Geographie Palaestinas. Jerusalem 1844, anonym Königsberg 1855; nähere Nachweise siehe bei Steinschneider Hebr. Bibl. 1858, S. 28.

704. 1844. Abbé **André Depuis**, Introduction au Plan de Jérusalem, et de ses Faubourgs aux temps de Jésus-Christ. Brüxelles 1844. Bonifacius Stephanus, S. 294.

705. 1844. **Alphons Dénis**: Études sur le Liban in: Revue de l'Orient 1844. XIII, S. 345—365; 1845, XIV, S. 52—76, 186—190, 305—340.

706. 1844 J. W. **Johns**, The Anglican cathedral church of Saint James, Mount Sion, Jerusalem. London 1844, fol. (6 Tafeln, Ansichten, Grundriss etc. enthaltend mit Text).

707. 1844—1847. N. **Sst-n**, Reisenotizen über Syrien und Palaestina. In russischer Sprache in der Bibliothek für Erziehungs-Lectüre 1850, T. 102.

708. 1845. (T 222). Le Comte R. **de Malherbe**, Le Liban et les Maronites in: Revue de l'Orient 1847, I, S. 169—182; vgl. auch S. 339.

709. 1845. Notes d'un voyage archéologique en Orient. Extraits de rapports par M. L. **de Mas Latrie** chargé d'une mission scientifique; vgl. Archives des missions scientifiques et litt. I, S. 94 ff., sowie Journal général de l'instruction publique, vom 4. Juillet 1846 u. 6. Janvier 1847 und Bibliothèque de l'école des chartes 1846 (juillet-août). — Lettre à M. Beugnot

sur les sceaux de l'ordre du Temple et sur le temple de Jérusalem, au temps des croisades. Bibl. de l'école des chartes 1848, S. 385—404. — La terre au delà du Jourdain et ses premiers seigneurs, ebenda. 1878, S. 416 und 588.

710. 1845. (T 171 f.). F. A. Strauss, Sinai und Golgatha, 8. Auflage, Berlin 1865.

711. 1845. (T 222). Von Westhaus erschien die erste Ausgabe Soest 1845.

712. 1845. (T 173). Sepp, Jüngste Palaestinafahrt: Ausland 1875, S. 385 ff. — Ueber sein Jerusalem vgl. ibd. 1864, S. 454. — Doctor Sepp bei den Bewohnern von Samaria. In russischer Sprache in den Arbeiten der kaiserl. geistlichen Academie 1875, October, S. 90—107.

713. 1846. Rappo:t adressé à M. le Ministre de l'instruction publique par M. L. Batissier, chargé d'une mission scientifique en Orient pendant l'année 1846 (Archives des missions scientifiques II, 198—211).

714. 1846. (T 223). Von Bässler erschien auch eine Ausgabe, Merseburg 1846, 12°, und eine holländische Uebersetzung von G. C. Montyn.

715. 1846. N. J. Nadeshdin, Russische Reisende zu den h. Orten. (Besonders über Daniel und W. G. Barsskow). In russischer Sprache in den „Gemälden russischer Künstler", herausg. von Kukoljnik. St. Petersburg 1846, S. 219—272.

716. 1846. Die heilige Geographie, Auseinandersetzung der Herkunft der Völker, Zustand Palaestinas von Abraham an bis zur Unterwerfung durch die Römer, mit geschichtl. und geograph. Anmerkungen, mit alphabetischem Sachregister, 15 Karten, Plan von Jerusalem, verfasst von W. P. P. (Poljakow?) SPb. 1846, 8°, IV u. 125 SS. — Ausg. 2, 1848, 8°, XIV u. 296 SS. In russischer Sprache.

717. 1846 ff. (T 175). Von Benjamins Reisebeschreibung erschien eine französische Uebersetzung: Cinq années de Voyages en Orient 1846—1851. Paris, Levy 1856, 8°.

718. 1846. (T 223). Artaud de Montor, Considerazioni sopra Gerusalemme „Traduzione italiana del M. R. P. Antonio da Rignano arricchita di note ed aggiunte importantissime (rara) Parigi 1847", bei Boñifacius Stephanus S. 288.

719. 1846. Abbé Bousquet Eléments de Géographie Sacrée. Paris 1846.

720. 1846—1847. (T 174). K. M. Wassilij, russ. Generalconsul in Syrien, Syrien und Palaestina unter türkischer Verwaltung. Odessa 1861. 62. In russischer Sprache. Die Schrift entstand im Jahre 1848.

721. 1847. (T 176). Elis. Mich. Bagréef-Speransky: zweite Auflage mit Zusätzen aus Merimé und Fiquelmont, Brüssel und Leipzig 1857. Vgl. Revue des Deux Mondes, Août 1857.

722. 1847. H. Guys, Rélation d'un séjour de plusieurs années à Beyrout et dans le Libanon. 2 voll. Paris 1847.

723. 1847. (T 175 f.). Von Bassis Pellegrinaggio erschien Torino der erste Band 1857, der zweite 1856; eine andere Ausgabe Genova 1858.

8⁰. Von der Abhandlung: L'ancienne Église de Sainte-Anne erschien nach Bonifacius Stephanus. S. 289, eine Ausgabe Paris 1864.

724. 1847. (T 242). Ueber **Jean van de Cotte** vgl. den Rapport des Poulain de Bossay im Bulletin de la société de géogr. Série IV, tome 5, S. 306.

725. 1847. **St. Ed** (mé?), Le Mont Liban. Sa description géographique, sa population par district et ses rapports agricoles et industriels in: Revue de l'Orient 1847, II, S. 446—469.

726. 1847. (T 223). Die erste Ausgabe von H. v. **Gerstenbergks** Palaestina erschien Eisenberg 1840, 8⁰.

727. 1847. (T 223). Le livre d'or ist herausgegeben von J. A. **Lauters** Bruxelles 1847. 8⁰ (Tobler lässt den Namen unausgeschrieben).

728. 1847. (T 226). Von **W. Mᶜ-Leod**, Geogr. of Palestine or the Holy Land, erschien die zweite Ausgabe, London 1847, 8⁰.

729. 1847—1848. **Edward P. Montagne**, Narrative of the late expedition to the Dead Sea. From a diary by one of the party. Philadelphia 1849. 8⁰.

730. 1847. (T 176). **A. A. Raphaïowitsch**, Reise erschien zuerst in russischer Sprache im Geographischen Anzeiger 1848. Lief. 4. Ausflug von Kairo nach Palaestina, russisch im Journal des Minist. d. Innern 1847, XX, no. 10.

731. 1847. (T 175). Von **Phil. Wolffs** Jerusalem erschien die „dritte ganz umgearbeitete Auflage" Leipzig 1872. 8⁰. (mit 23 Tafeln). Vgl. sonst Ausland 1862, S. 1061 und 1872, S. 308. Sieben Artikel über Jerusalem aus den Jahren 1859—1869. Stuttg. 1869. Flugblätter aus Jerusalem vom November und December 1869. Stuttg. 1870. Aus Wolffs zweiter Palästinafahrt (1869—70) sind Abschnitte im Ausland 1870.

732. 1848. Darstellung der Ortschaften und Städte, welche im alten und neuen Testament erwähnt sind. Holzschn. quer gr.-fol. Leipzig 1848.

733. 1848. (T 178). Zu **Mislin**, Die heiligen Orte, Wien 1860, vgl. in der Zeitschrift „Das heilige Land" IV, 1860, S. 113—126.

734. 1848. 1852. 1857. **Antonij (Botschkow)**, Abt des Tscheremenskischen Klosters, Russische Pilger in Jerusalem. Bericht in russischer Sprache in den Verhandlungen für Geschichte und Altertümer 1874, Buch 4. Besonderer Abdruck Moskau 1875, 8⁰, 99 SS.

735. 1848. Das heilige Land aus der Vogelschau. Darstellung der Ortschaften und Städte, welche im alten und neuen Testament erwähnt sind. Holzschn. quer-fol. Leipzig, Weber 1848. 2. Aufl. 1849. Vgl. no. 732.

736. 1848. **N. W. Gogol**, Reise, in russischer Sprache in seinen Schriften herausgegeben von P. Kulisch. St. Petersburg 1857. T. VI.

737. 1848. (T 177). Zu **Areso** vgl. Marcellino da Civezza, S. 22—23. Bonifacius Stephanus, S. 287, führt eine Ausgabe Bayonne 185. 16⁰ an.

738. 1848. **O Mac Carthy**, De la depression du bassin de la Mer Morte. Histoire des explorations qui ont conduit à la reconnaître in: Revue de l'orient 1848, III, S. 362—370.

739. 1848. L'Univers pittoresque. Syrie ancienne et moderne par J. Yanosky et J. David. Paris 1848, 8⁰. 56 Tafeln.
740. 1848. (T 176). Von Lynchs Werke erschien die dritte Ausgabe Boston 1850; vgl. darüber auch Bulletin de la société de géogr. Série IV, tome 6, S. 198. Russisch in den Geographischen Berichten III, S. 126 und in dem Anzeiger der geographischen Gesellschaft 1851, III 5, S. 1—19. — Narrative of the United States expedition to the river Jordan and the Dead Sea. 9th. ed. Philad. 1853.
741. 1849. Reise des Erzbischofs Porphyrius, in russ. Sprache im Journal des Minist. der Aufklärung 1845, no. 7. Lit. Beilage no. 3.
742. 1849. Der Eremit von Sabina. Münster und Warendorf 1849—59. (Populäre Darstellung einer Pilgerfahrt.)
743. 1849. (T 179). Ueber Pardieu vergl. Bulletin de la société de géogr. Série 1V, tome 3, 1852, S. 71.
744. 1849. (T 179). Von Berton giebt es auch eine Ausgabe Paris 1854 in 8⁰.
745. 1850. Das heilige Land. Lithographirt und colorirt in fol. Elberfeld 1850, Hassel.
746. 1850. (T 180). Ueber Allen vgl. Nouvelles Annal. des voyages 1855, IV, S. 230—232 und Journal of the Royal Geogr. Society of London 1853, XXIII, S. 163—166.
747. 1850. Hallipurton, Aus dem Osten enthaltend Reisebeschreibung über Klein-Asien. Syrien, Palaestina etc. Grimma u. Leipzig 1850 (vgl. H. W. Schmidt, Antiquarischer Catalog, no. 394. Halle 1878, S. 30).
748. 1850 f. (T 180 f.). Saulcy. Zu seinem Werke: Voyage autour de la Mer Morte, siehe Revue de l'Orient 1851, X, S. 218—234, ferner die Recension Isamberts im Bulletin de la société de géogr. Série IV. tome 6, S. 198 (u. tome 2, 1851, 50) und die Gegenkritik in der Revue de l'Orient 1854, XVI, S. 161—185, 237—266, 333—347, 413—431. Eine kritische Analyse findet sich auch in Nouvelles Annales des voyages 1851, III, 312—334; 1854, I, S. 68—74. Note sur la géographie ancienne de la côte de Syrie de Beyrout à Akka von Saulcy in: Nouv. Annal. des voyages 1852, II, 249 —272; Briefe von ihm nach Jerusalem in: Archives des missions scientif. II. S. 52. 211. Ueber sein Voyage en Terre Sainte vgl. Guérin im Bulletin de la société de géogr. Série V, tome 11, S. 289 (siehe ebenda auch tome 7, S. 126). E. Quatremère, Mémoire sur le monument qui, à Jérusalem est appelé des tombeaux des rois: Revue archéol IX, 1852, S. 92—113. Darauf: Réponse au dernier mémoire de M. Etienne Quatremère . . . . par F. de Saulcy: ibd. S. 229—240. Raoul Rochette, Courtes observations sur les tombeaux des rois à Jérusalem: ibd. S. 22—37. Vgl. noch Ausland 1864, S. 167 und unter Clermont-Ganneau, no. 940.
749. 1850. Erzpriester Sophonios, Bischof von Taschkent, Reise nach Palaestina. In russischer Sprache, in der Zeitschrift „Christliche Lectüre" 1851, T. 1. Reise aus Jerusalem nach dem Jordan im „Geistlichen Gesellschafter" 1864, no. 15—25, 1865, no. 6 und in den Cherson. Eparchie-

Nachrichten 1864, no. 9—14; eine besondere Ausgabe Odessa 1865, 109 SS. Anwesenheit in Jerusalem, in: Christl. Lectüre 1865. Der erste Tag in Jerusalem im „Geistlichen Gesellschafter" 1867, T. 1 und in den Chersoneser Eparchie-Nachrichten 1867, no. 7, 8, 14. Aus dem Tagebuche, während einer Verehrung Gottes im Osten und Westen. St. Petersb. 1874. In russischer Sprache.

750. 1850. Ueber die Reise des Fürsten P. A. **Wjasemskij** vgl. Moskowit 1850, VI, 5.

751. 1850. A. **Sutozkij**. Ueber seine Reise sind Aufsätze in russischer Sprache im „Moskowit" 1853, T. VI, no. 21 und im „Pilger" 1862. Sept. V, S. 136.

752. 1851. (T 180). W. K. **Kaminskij**, Erinnerungen eines Pilgers im heil. Lande, (im Jahre 1851), St. Petersburg 1855. In russischer Sprache. Zweite Ausgabe 1856. Vermehrte Ausgabe, 699 SS. mit Karte, 1859. Vgl. im Journal des Minist. für Volksaufklärung T. 104, 1859 einen Aufsatz von J. Beresin; ferner Russ. Invalide 1859, no. 219, Tschernig. Eparchie-Bote 1861, no. 3.

753. 1851. (T 183). Eine Analyse der Reisebeschreibung der Fürstin Tr. di **Belgiojoso** erschien in Nouv. Annal. des voyages. Série VI, 1858, tome 3, S. 102—108.

754. 1851. (T 184). Von **Fliedners** Reisebeschreibung erschien der erste Teil auch Düsseldorf 1858.

755. C. 1851. M. **Schtsch. M.**, Kurze Beschreibung einer Reise nach Palaestina. Moscau 1851. 8⁰. In russischer Sprache.

756. 1851. (T 183). Fr. **Liebetrut**. Eine Ausgabe erschien Hamburg 1858. 2 Teile.

757; 1851. (T 183). E. W. **Schulz**. Die erste Auflage erschien 1852.

758. 1851 f. (T 184). **Van de Velde**. Ueber seine Reisebeschreibung vgl. Nouv. Annales des Voyages 1852, III, 233—240 und de Saulcy's Bemerkungen in der Revue de l'Orient 1855, I, S. 5, 91, 218, 278; II, 39; Ausland 1866, S. 719. Ueber seine Karte (T 243) vgl. Bulletin de la Société de Géogr. Série IV, Tome 17, S. 198—204; Nouvelles Annales des voyages Série VI, 1858, tome 4, S. 313—322; 1859, tome 2, S. 353—365.

759. 1852. J. **Sewastjanow**, ein Mineraloge. Ueber seine Reise s. Bericht der Akademie der Wissenschaften in St. Petersburg, Abt. II, T. 7, Lief. 5.

760. 1852. E. **d'Eschavannes**, Possessions des Français dans la Terre Sainte d'après les divers traités passés entre la France et la Sublime Porte (Revue de l'Orient 1852, XI, S. 180—184). Derselbe schrieb auch: Prérogatives des pères de Terre Sainte, résultant de tous les traités passés entre la France et la Porte-Ottomane (ebendas. 273—275).

761. 1852. (T 185). Ed. **Ohnesorge**. Eine Ausgabe mit Vorwort von W. Hoffmann erschien Berlin 1858.

762. 1852. (T 185). F. **Zimpel**, Die Israeliten in Jerusalem. Stuttgart 1852, 1 Bd. 8⁰. Zu seinem Werke über Strassenverbindungen des Mittelländ. mit dem Todten Meere vgl. Globus VIII, 127. 1865 erschien in

Frankfurt a. M. von ihm: Mahnruf au die ganze Christenheit und nicht minder an die Juden zur Befreiung Jerusalems; zugleich ebendaselbst und in demselben Jahre eine französische Uebersetzung davon.

763. 1852. **Georges Darboy**, depuis archevêque de Paris. Jérusalem et la Terre sainte. Notes de voyage, recueillies et mises en ordre par l'abbé G. D. Illustrations de M. Rouargue. Paris 1852, 8°. ibid. 1864, 8°.

764. 1853. Reise nach dem Osten. In russischer Sprache in der „Nordischen Biene" 1853, no. 221 und 223.

765. 1853. W. B., Reise zu den heiligen Orten. In russischer Sprache in: Zeitgenossen 1853, T. XCI, no. 9, S. 1—20.

766. 1853. (T 186). Ueber L. J. **Bargès** vgl. Revue de l'Orient 1855 I, S. 81—90.

767. 1853. (T 186). Ueber **Énault** vgl. Nouvelles Annales des voyages 1855 IV, 62—77.

768. 1853. (T 224). **Rathgeber**. Die zweite Auflage erschien Langensalza 1856, die dritte ebendas. 1859, die vierte 1861.

769. 1853. **F. A. W. Steglich**, Biblische Geographie und hebräische Alterthumskunde Leipzig 1853, 8° (mit 2 Karten).

770. 1853. (T 187). **Comte de Vogüé**, Note sur le temple de Jérusalem. Bibliothèque de l'école des chartes. Nouv. Ser. VII, 1863, S. 281—292. A. B., Le temple de Jérusalem. Opinion de M. de Vogüé. Revue archéol. Nouv. Ser. IX, 1864, S. 428—433. Guérin im Polybiblion 1868, S. 233. Syrie, Paléstine, Mont Athos. Voyage aux pays du passé. Paris 1876. 8°.

771. 1853. (T 169). **Carl Zimmermann**, Karten und Pläne zur Topographie des alten Jerusalems. Karten und Begleitschrift. Basel 1876, fol. und 8°. Vgl. Ausland 1876, S. 719.

772. 1854. (T 190). De Sebastopol à Jérusalem et à Malte par Le R. P. **de Damas**, Aumônier de l'armée d'Orient in: Collection de précis historiques par Terwecoren. Bruxelles 1856, 1857, 1858.

773. C. 1854. **S. J. Prime**, Travels in Europe and the East, a year in England, Scotland, Ireland, Wales, Belgium, Holland, Germany, Austria, Italy, Greece, Turkey, Syria, Palestine and Egypt. New-York 1855, 2 voll. 8°.

774. 1854. **A. Tomilin**, Die heiligen Orte im Morgenlande. In russischer Sprache in den „historischen Arbeiten". St. Petersburg 1854. S. 1—9.

775. 1854 ff. (T 190). **Victor Guérin**, Rapport sur les travaux de la commission scientifique anglaise en Paléstine (Bulletin de la Société de Géogr. Série V, tome 19, S. 51—58. Rapport sur une mission scientifique en Paléstine (Archives des miss. scientif. Série II, 1, 1864, S. 373; vgl. Nouv. Annal. des voyages 1864, 2, S. 101; 4, S. 5 u. 165). Le Mont Thabor im: Bulletin de la société de géogr. Série V, tome 9, S. 497—508. Eine eingehende Besprechung seiner Description géogr. de Paléstine 1869 im: Bulletin de la société de géogr. Série V, tome 20, S. 32—46, in: Nouv. Annales des

voyages 1869, 4, S. 336. Seine Exploration de la Samarie et de la Galilée wurde besprochen in Nouv. Annales des voyages 1870, 4, S. 120—137; seine Rapports sur une mission en Paléstine erschienen in: Archives des miss. scientifiques 1872, S. 381—430; seine Description géographique, historique et archéologique de la Paléstine. Judée Tome 1, 2, 3; Paris 1868 f.; Samarie 1, 2 ibid. 1874—75 (vgl. Bulletin de la Société de Géogr. Série VI, tome 12, S. 388; Boletin de la sociedad geografica de Madrid II, 1877, S. 238). Entdeckung des Grabmals der Makkabäer zu Khörbet el Medieh; aus dem Bulletin de l'oeuvre des pélerinages en Terre Sainte no. 56 in der Zeitschrift: Das heilige Land, XV, 1871, S. 153—160. Besteigung des grossen Hermon, ebendas. XX, 1876, S. 69—71.

776. 1854. Narrative of a Journey from Cairo to Jerusalem viâ Mount Sinai. By the late Dr. G. A. Wallin, translated and communicated by Dr. Shaw (Journal of the Roy. Geogr. Society of London 1855, XXV, S. 260—290).

777. 1854. Al. Strojew, Alte russische Pilger. Aufsätze in russischer Sprache in den Moskauer Nachrichten 1854.

778. C. 1854. Virgilio, Viaggio ai Santi Luoghi di Palestina. Benevento 1854. Bonifacius Stephanus, S. 313.

779. 1854. (T 189). Ermete Pierotti, Otto anni a Gerusalemme; notizie intorno alla attuale ed antica città. Torino 1865, 8⁰. Rivista generale della Palestina antica e moderna. Firenze 1866. Une caravane pour la Syrie, la Phénicie et la Paléstine. Lausanne 1869, 8⁰. Macpela ou tombeaux des Patriarches à Hébron. Avec un appendice concernant M. le comte de Vogüé et M. Ernest Renan. Ebendas. 1869.

780. 1854. Iginio Martorelli, La Terra Santa. Vercelli 1854 e 1865. Bonifacius Stephanus, S. 302. San Filippo, Viaggiatori, S. 106, Studj bibliogr. I, S. 268.

781. C. 1854. Reise nach den Ufern des toten Meeres. In russischer Sprache im Journal für Kinder 1854, no. 13—15, dann in A. Rasinas Reisen nach verschiedenen Ländern der Welt, St. Petersburg 1860, S. 145—198.

782. 1854. (T 189). Memoir on the Map of Damascus, Hauran and the Lebanon Mountains. Constructed from personal survey by the Rev. J. L. Porter, communicated by John Hogg (Journal of the Royal Geogr. Society of London 1856, XXVI, S. 43—55).

783. 1854. Impression de Voyage d'un campagnard à Jérusalem, Bethléem et autres lieux saints. Auxonnes 1854. Bonifacius Stephanus, S. 300.

784. 1854. A Lasarew, Mitteilungen eines Russen aus Palaestina und Kleinasien. In russischer Sprache im Russischen Invaliden 1854, no. 134. 230. 253. 264.

785. 1854. (T 188). Der vollständige Titel des Werkes von J. A. Rambaux ist: Jerusalem, Erinnerungen an die heiligen Stätten des gelobten Landes. Aus dem Skizzenbuch R's, Theilnehmer an der Pilgerfahrt 1854. 4 Teile mit 280 mit Thonplatten gedruckten Tafeln. Köln 1858, 4⁰ (Katalog der Biblioth. d. Joh. von Geissel. Cöln 1865, S. 143).

786. 1855. (T 191—192). Von **Becq** giebt es auch eine Ausgabe. Tours, Mame 1859 in 8⁰.

787. 1855. **Geographie** von Palaestina, verfasst für die heilige neutestamentliche Geschichte, mit Beifügung einer Beschreibung der heiligen Orte, einer geograph. Karte von Palaestina und Plan des alten Jerusalems und des jerusalemischen Tempe.s, von A. **Rudakow**, SPb. 1855, Ausg. 10, SPb. 1868. Ebenso eine Bearbeitung unter dem Titel: Geographischer und topographischer Abriss Palaestinas zur Zeit Jesu Christi, Beilage zur Heiligen Geschichte des Neuen Testaments. SPb. 13. Ausg., 1871, 8⁰. In russischer Sprache.

788. 1855. (T 191). **Stephan Braun**, Das heilige Land nach Natur und Geschichte geschildert. Freiburg i. Br. 1867. 272 SS.

789. 1855. **Baron de Hody**, Description des tombeaux de Godefroid de Bouillon et des rois latins de Jérusalem, jadis existant dans l'église du Saint Sépulcre ou de la résurrection. Bruxelles 1855, 1 vol., 8⁰.

790. 1855. (**Graham**), Damascus und Libanon oder Briefe eines Engländers aus dem Orient an das deutsche Volk. Elberfeld 1855, 8⁰. Explorations in the Desert East of the Hauran and in the Ancient Land of Bashan by Cyril C. Graham (Journal of the Royal Geogr. Society of London 1858, XXVIII, S. 226—263).

791. 1855. **Francesco da Perinaldo**, La Terra Santa descritta. Genova 1855, 3 voll., 8⁰. Derselbe: Epistole e colloquii su la Terra Santa. Genova (Instituto de' Sordo muti) 1856, 1 vol., 8⁰, und: Un viaggio in Terra Santa colla descrizione di tutte le peregrinazioni che soglionsi praticare infra l'anno dai Padri Francescani. Genova, (Instituto de' Sordo-muti) 1864, 1 vol. 8⁰, 572 SS.

792. 1855. **Henry Poole**, Report of a Journey in Palestine, communicated by the Earl of Clarendon (Journal of the Royal Geogr. Society of London 1856, XXVI, S. 55—70).

793. 1856—1859. Voyages en Palestine. Quinze jours à Jérusalem. Notes au crayon par **Bida** 1856. Excursion en Terre Sainte 1859 in: Tour du monde 1860, I, S. 386—416.

794. 1856. **Rud. Hofmann**, Ueber den Berg Galilea. Abdruck aus dem Programm zur Stiftungsfeier der Landesschule zu Meissen. Leipzig 1856, 4⁰.

795. 1856. **Andriveau**, Carte de la Palestine, Paris 1856 (Bulletin de la Société de Géogr. Série IV, 12, 383; Nouv. Annales des voyages 1856, 4, 217).

796. 1856. Rapport par M. L. de **Castelnau**, chargé d'une mission en Orient (Archives des miss. scientifiques V, S. 229—233).

797. 1856. **Gregory M. Wortabet**, Syria and the Syrians, or Turkey in the Dependencies, 2 voll. London 1856, 8⁰.

798. 1856. **Kalman Schulmann**, Ariel. Ueber Inschriften auf dem Sinai, zehn Stämme und Sambation, die Rechabiten, Geschichte Palaestinas seit dem Exil, besonders Hebron, Zafat und Tiberias, neuere Ent-

deckungen in Assyrien und dergl. In hebr. Sprache. Wilna 1856, 12°, 158 SS.

799. 1856. (T 194). **L. A. Frankl.** Aus seiner Reise nach Jerusalem ein Aufsatz: „Das Gestade von Palaestina. Beirut" in „Tagesanbruch', Organ russischer Hebräer. 1860, no. 27. 28.

800. 1856. J. **Jachontow**, Kurze Beschreibung des heiligen Landes zum Nutzen der Jugend. St. Petersb. 1856, 46 SS. In russ. Sprache.

801. 1856. **Giuseppe Tiragallo**, Geografia storico-sacra della Palestina. Alessandria della Paglia 1856. Bonifacius Stephanus, S. 312.

802. 1856 ff. **Ed. Hoffmann** u. **Fried. A. Strauss** (T 171), Neueste Nachrichten aus dem Morgenlande. Berlin 1856 ff.

803. 1856. (T 196). Note de M. Cortambert sur le plan de Jérusalem et la notice qui l'accompagne offerts par lui au nom de M. **Gérardy-Saintine** (Bulletin de la Société de la Géogr. Série IV, 1860, XIX, S. 431).

804. 1857. **Gabalde**, Jerusalem et la Terre Sainte devant l'Europe. Paris 1857. Bonifacius Stephanus, S. 297.

805. 1857. (T 224). Von **L. N. Boisen** kennt man eine Ausgabe, Haderslev 1854 (Danske Folkeskrifter X); Tobler giebt 1858 u. XIX.

806. 1857 ff. **Teod. Dalfi**, Viaggio biblico in Oriente (Egitto, Arabia, Petrea, Palestina, Siria, Asia Minore, Constantinopoli ed Isole) fatto negli anni 1857, 1865, 1868, 4 voll. Torino 1869—75. gr. 8°.

807. 1857. **A. D. Satin**, Ausflug nach Palaestina im Jahre 1857. In russischer Sprache, im Russischen Boten 1873, no. 8.

808. 1857, 1858. **Jerothej** (Hierotheus), Tagebücher in der Zeit einer Reise zu den heiligen Orten im Jahre 1857, 1858. Kiew 1863. 8°. In russischer Sprache.

809. 1857. (T 196 f). Eine Analyse des Reisewerkes (Voyage dans le Haouran) von **E. Rey** siehe in Nouvelles Annales des voyages 1861, I, S. 346. Vgl. dazu Ausland 1863, S. 321, 347. — Étude sur la topographie de la ville d'Acre au XIIIe siècle: Mémoires des Antiquaires de France, Ser. IV. Tome 9, 1878, S. 115—145.

810. 1858. **K. T.**, Von den heiligen Orten Palaestinas. In russischer Sprache mit neun Bildern. Aus dem Journal „Lektüre für Soldaten", St. Petersb. 1858. 8°, 39 SS., zweite Ausgabe 1859, vierte Ausgabe mit 32 Bildern 1873.

811. C. 1858. (T 193). Das alte Jerusalem und seine Umgebung. Aus den Notizen eines Pilgermönches (**Abt Leonidas**). Moskau 1873. 8°. In russischer Sprache. Das Buch giebt auch eine Beschreibung von Judäa und Galiläa. — Das grosse Fasten in Jerusalem. Briefe eines Pilgermönches. In russischer Sprache, in der Geistlichen Lectüre 1863, no. 2—4; eine Ausgabe davon Moskau 1867. Jerusalem, Palaestina und Athos. Ueber russische Pilger des 14.—16. Jahrhunderts: in den Vorträgen der Moskauer Gesellsch. f. Gesch. und Altert. Russlands 1871, I, 2, S. 1—122, auch besonders abgedruckt. Ueber Pilger aus der Zeit Peters d. Gr. ebendas. 1873, III; besonders abgedruckt 1874, 129 SS. Auch späte e Ausgaben davon vorhanden.

Reise nach Nazareth, dem See Tiberias und dem Thabor: in der Zeitschrift: Geistliche Lectüre 1873, no. 1.

812. 1858. J. H. Ingraham, Der Fürst aus Davids Stamme oder drei Jahre in der heiligen Stadt. Sammlung von Briefen einer Jüdin Adina an ihren Vater. Aus dem Englischen übersetzt von Henze. Braunschweig 1858. 8°.

813. C. 1858. Notice sur Henry Affre de Saint Rome, suivie de sa correspondance pendant son pélerinage en Terre Sainte et son voyage en Orient. Saint Cloud 1858 in 8°.

814. 1858. Alexandrow, Von einer Reise aus Constantinopel nach Palaestina. In russischer Sprache. St. Petersburg 1858. 8°.

815. 1858. Die Salomonischen Gärten bei Jerusalem. (Nach dem Moniteur) im „Auslande" 1858, S. 163.

816. 1858. (T 197). Von Bovet erschien die 4te Auflage, Paris 1864. 8°. Ein Auszug in russischer Sprache in „Geistliche Lectüre" 1874, no. 6 und 7. Die niederländ. Uebersetzung erschien 1862.

817. C. 1858. Nardi, Viaggio al Giordano e al Mar Morto, pubbl. da Dom. Lucheschi. Pad. 1858. 4°.

818. 1858. W. A. Lewisson, Vier Briefe aus Jerusalem vom Jahre 1858. In russischer Sprache, in dem Geistlichen Gesellschafter 1866, II. Reise nach Naplus. Jerusalem 1860; lithographirt, 37 SS. in russ. Sprache.

819. 1859. C. Sandreczki, Der gegenwärtige Zustand von Palaestina: Ausland 1859, S. 226. Account of a Survey of the City of Jerusalem, veröffentlicht in den Notes zu Capt. Wilsons Ordnance Survey of Jerusalem 1865. Warrens Ausgrabungen in Jerusalem: Petermanns Mittheilungen 1868, S. 290. Anonym: Die Anwesenheit Sr. Kön. Hoheit des Kronprinzen von Preussen in Palaestina. Von einem Süddeutschen. Berlin 1870. Briefe aus Palaestina: Ausland 1871. Thekoa und Umgebung: Petermanns Mittheilungen 1871, S. 206. Zur alten Geographie Palaestinas: Ausland 1872, S. 73—78, 97—103. Wozu uns Deutsche der „Palestine Exploration Fund" ermahnt: Ausland 1874, S. 113. Zu Warrens List of Names im Palestine Exploration Fund July 1872, S. 123—150 lieferte S. die Transliteration.

820. 1859. (T 200). W. H. Dixon, Das heilige Land, aus dem Englischen von J. E. A. Martin. Jena 1870, 1 vol. 8°. Vgl. Ausland 1870, S. 516. In das Russische übersetzt von Kuteinikow, 337 SS. St. Petersburg 1869. Vgl. die Recension in den russ. Vaterländischen Schriften 1869, no. 4, 5.

821. 1859. (T 171). Zu der Reise des Grossfürsten Konstantin Nikolajewitsch vgl. Odessaer Bote 1859, no. 12. Ein „Brief von der Flotte des mittelländischen Meeres", unterzeichnet A. G., im St. Petersburger Boten 1859, no. 180 soll den Grossfürsten zum Verfasser haben.

822. 1859. Gregor Schirjajew, Bericht über eine Reise zur heiligen Stadt Jerusalem. In russischer Sprache. St. Petersburg 1859 und 1865, 8°. Mit 3 Kupfern.

823. 1859. **Barbara Bryn de St. Hippolyt**, Das Osterfest in Jerusalem im Jahre 1859. In russischer Sprache im „Pilger" 1860, no. 4, Abt. 1, S. 107—116.

824. 1859. (T 199). N. **Berg**, Jerusalem, Palaestina, Grab des Herrn, Grabeskirche. Briefe in russischer Sprache in der Zeitschrift „Unsere Zeit" 1861, no. 12—16. Aus Jerusalem nach Kaipha, ebendas. 1861, no. 27. 31. 32. 33. Jerusalem zu unserer Zeit, im „St. Peterburger Boten" 1863, no. 9, im „Zeitgenossen" 1863, no. 1. 2. 6. und 10. Sein Führer durch Jerusalem erschien anonym, enthält einige Textbilder und einen Plan. Vgl. darüber: „Geistlichen Gesellschafter" 1864, no. 13, „Pilger" 1864, April. Meine Wanderung zum hellen Licht, im „St. Petersburger Boten" 1868, T. 74, no. 3.

825. 1859. **Felix Blumstein**, Les pèlerinages en Terre Sainte in: Revue catholique d'Alsace 1859, S. 330—334, 445—462; 1861, 208—218, 252—260; ebendas. S. 347, 420, 545: Le Liban ou Druses et Maronites.

826. 1859. **Filippo Cardona**, Mio viaggio in Palestina in: Nuova Antologia italiana (Febr.—April) 1867.

827. 1859. **A. D.**, Jerusalem im Jahr 1859 und die russischen Pilger. In russischer Sprache in der Zeitschrift: Zeitgenossen 1859, T. 78, no. 12.

828. 1859. M. E. A. **Spoll**, Souvenirs d'un voyage au Liban. 1859 in: Tour du monde 1861, I, S. 2.

829. 1859. **Fisch**, Gymnasialreligionslehrer in Trier, Reise von Bethlehem nach Hebron im Jahr 1859 in: Das heilige Land VI, 1862, S. 84—92.

830. C. 1860. **Mönch Selewski**. Erzählungen aus seinem Leben und Wanderungen nach dem heil. Lande. St. Petersburg 1860. In russischer Sprache.

831. 1860. (T 172?). (**Graf N. W. Adlerberg**), En Orient. Impressions et réminiscences. St. Petersb. 1867.

832. 1860. R. **Doergens**, Consul Wetzsteins und R. Doergens Reise in das Ostjordan-Land (Zeitschr. für allgem. Erdkunde 1860, S. 402—420).

833. 1860. **David Urquhart**, The Lebanon, a history and a diary. 2 voll. Lond. 1860.

834. C. 1860. Cérémonies de la semaine sainte à Jérusalem. Notes d'un voyageur. Texte et dessins inédits, in: Tour du monde 1862. S. 225—240.

835. 1860. (T 225). **Gustav Unruh**, Der Zug der Israeliten aus Aegypten nach Canaan. Ein Beitrag zur biblischen Länder- und Völkerkunde, Langensalza 1860, 8°.

836. C. 1861. **Fred. Will. Faber**, Bethlehem, aus dem Englischen bearbeitet von Carl Beiching. Regensburg 1861, 8°.

837. 1861. (T 200: 1860). L'Abbé **Gendry**, Les Stations de la voie douloureuse à Jérusalem. Paris 1861. Bonifacius Stephanus, S. 297.

838. 1861. (T 203). L'abbé **Laurent de Saint-Aignan**. Er unternahm 1861 eine Reise nach Palaestina und veröffentlichte seitdem: La Terre-Sainte, description topographique, historique et archéologique; avec carte, plans et gravure. Paris 1864. La Syrie, l'Égypte et l'Isthme de Suez, avec carte, plans . . . Paris 1868. Von kleineren Arbeiten sind u. a. zu nennen:

Le tombeau d'Adam et d'Eve, Le temple de Salomon, Le temple de Jérusalem reconstruit par Hérode, Une inscription du temple de Jérusalem, Le sépulcre d'Abraham et celui de Josué, Decouvertes récentes en Palestine, La topographie ancienne de Jérusalem; endlich eine Uebersetzung: La vraie forme primitive et actuelle du Saint Sépulcre de N.-S. Jesus-Christ par le Rév. Père Cyprien, Franciscain, Commissaire de la Terre Sainte à Venise. Paris 1879.

839. 1861. Ein Rundgang um Jerusalem: Ausland 1861, S. 763. Ein Besuch des Judenquartiers zu Jerusalem: ibd. 1862, S. 19. Zwei Ausflüge in die nähere Landschaft bei Jerusalem: ibd. 1862, S. 57. Besuch einiger alten Todesstätten von Jerusalem: ibd. 1862, S. 527. Alle vier Aufsätze vielleicht von demselben Verfasser.

840. C. 1861. **Ippol. A. Terlezki**, Aufzeichnungen aus der zweiten Pilgerreise von Rom nach Jerusalem und den h. Orten des Morgenlandes. Lemberg 1861, 8°, 2 Bde. In russischer Sprache.

841. 1861. Viaggio in Siria e Palestina nel 1861 del Padre **Perpetuo Damonte** Minore Osservante, professore de lingua italiana nell' Collegio-Convitto di Terra Santa in Aleppo (Cronaca delle Missioni Francescane vol. III u. IV, Roma 1863—1864, 8°).

842. 1861. **Henrik Scharling**, En Pilgrimsfaerd i det Hellige Land. Med et kort over Jerusalem og 31 Afbildninger. Kjöbenhavn 1876.

843. 1861. **Waldemar Schmidt**, Reise i Graekenland, Aegypten og det hellige Land. Kjöbenh. 1863 (er reiste mit Scharling).

844. 1862. Notice historique sur le célèbre Sanctuaire d'Emmaus à 60 stades de Jérusalem par un pèlerin de Terre Sainte. Paris 1862. Auch in holländ. Uebersetzung. Bonifacius Stephanus, S. 304.

845. 1862. **John Wortabet**, The Hermon and the Physical Features of Syria and Northern Palestine; vgl. Journal of the Royal Geograph. Society of London XXXII, 1862, S. 100—108.

846. 1862. **W. Netschajew**, Von dem Reisen nach den heiligen Orten. In russischer Sprache in: Geistliche Lecture 1862, II, no. 7, S. 246.

847. C. 1862. **N. A. Blagowjeschtschenskij**, Aus den Erinnerungen eines in Jerusalem Gewesenen. In russischer Sprache in der Zeitschrift „Zeit" 1862, II, S. 494—523. Abgedruckt in dem Buche „Unter Pilgern", zweite Ausgabe St. Petersburg 1872, S. 257—298.

848. 1862. Reise zu den heil. Orten, zum heil. Lande, zum heil. Athosberg und nach Palaestina im Jahre 1862 in 2 Teilen, mit 11 Bildern und einer Tafel mit dem Bilde des alten Jerusalems. Von Paul **Wertogradow**, Prior im Neu-Jerusalemischen Auferstehungs-Kloster. Moskau 1866, 8°.

849. 1862. Prior **Pachomij**, Der Führer für die Stadt Jerusalem und im Allgemeinen zu den heiligen Orten des Ostens. Odessa 1862. Zweite vermehrte Ausgabe mit 23 Kupfern und 3 Plänen. St. Petersb. 1864. In russischer Sprache.

850. 1862. Excursion au Mont Sinai par deux voyageurs français. Texte et dessins inédits in: Tour du monde 1864, I, S. 1—16.

851. C. 1862. E. A. **Beaufort**, Egyptian sepulchres and Syrian shrines including some stay in the Lebanon, at Palmyra and in Western Turkey by E. A. B. London 1862, 2 voll. 8⁰. Vgl. Ausland 1862, S. 452—455, 473—475.

852. 1862. E. **van Koetsveld**, Een pascha te Jeruzalem en aan de Roode Zee . . . naar de reisindruken van F. Nippold, s'Gravenhage 1867, 8⁰.

853. 1863. P. **de Damas**, Ein Besuch im Collegium zu Ghazir. In der Zeitschrift: Das heilige Land VIII. 1864, S. 16—23, 33—41.

854. 1863. Biblischer Atlas, mit Anmerkungen von **Petrow**, St. Pb. 1863, 17 SS. und 9 Karten und Pläne. In russischer Sprache. Neue Auflage mit 14 Karten. 1872.

855. 1863. Reise des Herrn **Klein** von Jerusalem nach Gaza und zurück: Ausland 1863, S. 732—734.

856. 1863 ff. **Ha-Lebanon**, Journal für die Angelegenheiten der Juden in Palaestina ed. H. J. Bril und A. Klein. Fol. (Steinschneider, Hebr. Bibliographie VI, 57). Die Fortsetzungen erschienen in Paris und Frankfurt a. Main.

857. 1863. A. **de Macedo**, Pélerinage aux lieux saints suivie d'une excursion dans la basse Egypte, en Syrie etc. Paris 1867, 8⁰.

858. 1863. (T 203). Die zweite Ausgabe von **Tristram** erschien London 1866. Vgl. noch Ausland 1864, S. 1007. — The land of Moab. Travels and discoveries on the east side of Dead Sea and the Jordan. London 1873.

859. 1863. **Bumba**, Die deutsche Pilgerfahrt im Jahre 1863. Nach den Berichten im österreich. Volksfreunde in der Zeitschrift: Das heilige Land VII, 1863, S. 64—72.

860. 1863. **Giuseppe Regaldi**, Il Libano. Memorie. Torino 1863. 8⁰. Sidone e Tiro. Memorie. Nuova Antologia, Firenze 1873. Vgl. Studj bibliografici I, S. 277.

861. 1863. Fr. **Tuch**, Masada, die Herodianische Felsenfeste. Leipzig 1863. 4⁰.

862. C. 1864. **Simcha Pinsker** (gest. 17. Nov. 1864), hinterliess 2 grosse Karten von Palaestina, in der einen die Namen der Städte nach Bibel, Talmud und in anderen Sprachen angegeben und erklärt, in hebr. Lettern, in der andern nur durch verschiedene Farben angedeutet, s. Maskir Libne Reschep (sic). Superstitum post ill. S. P. manuscriptor. hebr. etc. Catal. Vindob. 1869, S. 52, no. 99. (Pinsker's Nachlass erwarb das Beth ha-Midrasch in Wien).

863. 1864. (T 205). **Carlo Guarmani**, Il Santuario dei Pastori, Beirut 1859. Bonifacius Stephanus, S. 298. Il Neged settentrionale. Itinerario da Gerusalemme a Aneizeh nel Cassim, Gerusalemme 1866. 8⁰. Deutsch von R. sen in der Zeitschrift für allgem. Erdkunde, Berlin 1865, und Petermanns Mittheilungen 1866, no. 11; übrigens erschien sein Itinéraire im Bulletin de la Soc. de Géogr. (nicht Nov. sondern Septemb.) Sér. V, T. 10, S. 241, 365 und 486. Sedici anni di studi in Siria, in Palestina, in Egitto

e nei deserti dell' Arabia. Bologna 1864. Vgl. Studj bibliogr. I. S 267

864. 1864. L'Abbé **Ducret**, Souvenirs d'un Pélerinage aux S. Lieux. Paris 1864.

865. C. 1864. **Rich. Cortambert**, Aventures d'un artiste dans le Liban. Paris 1864. 8⁰.

866. 1864. **Jusephowitsch**, Ausflug nach dem Jordan und' dem toten Meere. In russischer Sprache, in der Zeitschrift „Frauen-Bote" 1867. no. 4, S. 76—93.

867. 1864. **Gustave Saige**, De l'ancienneté de l'Hôpital S. Jean de Jérusalem: Bibliothèque de l'école des chartes 1864, S. 552—560.

868. 1864. Reise in den Libanon und Anti-Libanon. In der Zeitschrift: Das heilige Land IX, 1865, S. 82—90, 111—116.

869. 1864. Reiseberichte des Priôrs **Neophit** über seine Reise nach Jerusalem im J. 1864. Twer 1866. 8⁰, 27 SS.

870. 1864. **Johannes Boegehold**, Jerusalem und die heiligen Stätten. Berlin 1867. 8⁰.

871. 1864. (T 204). **Ludwig** heisst auf dem Umschlage H, auf dem Titelblatte G. Ludwig.

872. 1864. (T 203). **Duc de Luynes**. Die Note sur le passage en Pal. erschien im Bulletin de la Société de Géogr. 1864, 4, S. 370—372; dann vgl. Sur le premier mémoire rélatif à l'exploration de M. le duc de Luynes en Syrie, en Paléstine . . . publié par M. Vignes (Bulletin 1866, 4, S. 259), ferner: Voyage d'exploration à la Mer Morte à Petra et sur la rive gauche du Jourdain par M. le Duc de Luynes. Oeuvre posthume publiée par le Comte de Vogüé. Paris 1874, 3 voll. — Globus XI, 157. Ausland 1865, S. 322.

873. 1864. (T 205). **Conrad Schick**, Die Gewölbe unter dem Gerichthaus (Mechkeme) in Jerusalem: Ausland 1865, S. 886. Die Gihonquelle zu Jerusalem ibd., S. 908. Die Goliathsburg ibd. 1866, S. 158. Die makkabäische Stadt Modin ibd. S. 309. Der Wady und die Quelle Farah bei Anathoth ibd. 1867, S. 572. Das Audscheh-Thal und die Sümpfe bei Jaffa ibd. S. 977. Das Damascusthor in Jerusalem ibd. S. 1098. Der Felsencanal zwischen dem Marienbrunnen und dem Teich Siloah, neu untersucht von Lieutenant Warren ibd. 1869, S. 407.

874. 1864. (T 205). Zu **Zschokke**, Emmaus vgl. Das neutestamentliche Emmaus: Ausland 1866, S. 270. — Der Heerdenthurm, in der Zeitschrift: Das heilige Land XVI, 1872, S. 5—13. — Ein Blick in das Jordanthal, ebendas. XVII, 1873, S. 17—24.

875. 1865. **Faillon**, Monuments inédits sur l'apostolat de Sainte Marie Madelaine en Provence publiés par Migne, Paris 1865, II, 227 enthält einen Plan der Grabcapelle.

876. C. 1865. Das heilige Land zur Zeit des heiligen Lebens unseres Herrn Jesu Christi. Zweite Ausgabe, St. Petersb. 1865, 68 SS. In russischer Sprache.

877. 1865. **Jonas Gurland**, „Ginse Jisrael be-Sant Peterburg" (Neue Denkmäler der jüd. Literatur in St. Petersburg) Lyck 1866, enthält 3 Reisen von Karaïten nach Palaestina: 1) Samuel b. David 1641, 2) S. 31: Mose ben Elia ha-Levi, 1654—1655, 3) S. 44: Benjamin Jeruschalmi ben Elia 1785—1786. In der Einleitung zählt Gurland 20 hebräische Reisebeschreiber auf.

878. 1865. **Vollrath Vogt**, Reise i det hellige Land og Syrien. Kjobenh. 1865, 8°.

879. 1865. **Tomasino Christ**, Reminiscenze del mio Pellegrinaggio di Gerusalemme. Undine 1865, 8°. (Vgl. auch Placereani.) Bonifacius Stephanus, S. 293.

880. 1865. **Fr. Remigio Buselli**, Sulla proprietà dei Latini nella grotta del latte presso Betlemme. Gerusalemme 1865. Risposta ad un Armeno ibid. Relazione sul modo di condurre a Gerusalemme l'acqua del fonte signato. ibid. eod. Vgl. Bonifacius Stephanus, S. 292.

881. 1865. (T 226). Zu **Hergt**, Palaestina vgl. Ausland 1865, S. 335.

882. C. 1866. A. A. (Archimandrit **Antonin**), Fünf Tage in Jerusalem, in russischer Sprache in „Geistliche Lectüre" 1866, no. 1—4. Ausgabe Moskau 1866, 8°, mit Abbildung des Auferstehungstempels.

883. 1866. **Paul Gorsskij**, Beschreibung des heiligen Landes in russischer Sprache. a) Das Gebirge Libanon, in: Geistliche Lectüre 1866, T. III, no. 12, S. 319—332. b) Gebirge westlich vom Jordan, ebendas. 1867, T. I, no. 1, S. 42—69; 1869, T. II, no. 6, S. 97—112. Nachträge von einem andern Verfasser: J. E., Das Gebirge Libanon 1876, no. 2; die Berge westlich vom Jordan no. 3 und 7.

884. 1866. Ein Besuch von der Fregatte Peresswiät in Japha, Jerusalem, Port-Saïd, in russischer Sprache aus den Rapporten des Commandeurs in der „Nordischen Post" 1866, Juni, no. 138.

885. C. 1866. Reise nach Jerusalem zur Verehrung der heilig. Orte oder Bemerkungen von einer Reise (von einem ehemaligen Mönche M., in russischer Sprache) SPb. 1866, 8°. Vgl. im „Pilger" 1866, no. 7, Abteilung 3, den Aufsatz von P. Matwiäjewskij.

886. C. 1866. **P. F. Coulomb**, Le calvaire et Jérusalem d'après la Bible et Josèphe par l'abbé C. Paris 1866, 8°. Vgl. dazu Anatole de Barthélemy, Jérusalem et le Golgatha: Revue des questions histor. II, 1867, S. 106. Darauf Coulomb, Réponse à M. An. de Barthélemy ibid. III, 1867, S. 239 und Barthélemy ibid. S. 247; ferner Revue du monde catholique 1867, 10. mai.

887. 1866. V. A. **Malte-Brun**, Voyage en Russie, au Caucase et en Perse, dans la Mésopotamie, le Kurdistan, la Syrie, la Palestine et la Turquie par V. le chevalier Lycklama à Nijeholt (Bulletin de la Société de Géographie de Paris 1876, XII, S. 59—71).

888. 1866. **S. S. Hill**, Travels in Egypt and Syria. London 1866, 8°.

889. 1866. **Mose Reischer ben Menachem**, Scha 'are Jeruschalaim,

eine Compilation über Palaestina. Lemberg 1866, 8°, 48 Bll. Der Verfasser ist aus Palaestina gewandert (Steinschneider, Hebr. Bibliogr. IX, 99).

890. 1866—67. Reise durch das gelobte Land. Ein ausführliches Tagebuch über eine in den Jahren 1866 und 1867 unternommene Reise von England nach St. Helena und dem Cap der guten Hoffnung und die Rückreise von Natal über Mauritius, Egypten und Palaestina, herausgegeben von T. Wangemann. Berlin 1869, 8°.

891. 1866. d'Acquin aus Louisana, pilgerte 1866 nach Jerusalem. Von seinem Reisebericht sind Auszüge in der Zeitschrift: Das heilige Land. X, 1867, S. 133.

892. 1866. A. Ludwig Wrede. Ueber das todte Meer. Eine geographische und geologische Abhandlung nebst Wasseranalyse. Berlin 1866.67, 4°.

893. C. 1867. Le Báron van Ertborn, Souvenirs et impressions d'un Voyage en Orient. Anvers 1867, 8°. Im zweiten Bande wird Syrien behandelt. Bonifacius Stephanus, S. 295.

894. 1867. James Creagh, A scamper to Sebastopol and Jerusalem in 1867. London 1873. 8°.

895. 1867. O. Fraas, Das todte Meer. Ein Vortrag. Stuttgardt. 1867, 8°. Aus dem Orient. Geologische Beobachtungen am Nil, auf der Sinai-Halbinsel und in Syrien. Stuttgart 1867, 8°. T. II. Geologische Beobachtungen am Libanon ibd. 1878. Drei Monate im Libanon. 2. Aufl. Stuttg. 1876, 8°. Vgl. Ausland 1876, S. 609 und 1878, S. 977.

896. C. 1867. Aus den Reisebemerkungen eines Einwohners von Perm. Palaestina. Von Dr. Smyschliajew in den „Schriften zur Lectüre", in dem Anhang zum Birshewer Anzeiger 1867, Febr. März von K. Trubnikow herausgegeben. In russischer Sprache.

897. 1867. Beschreibung der Reise des Caplans der Podolschen Eparchie Joann Ryshanowskij nach Jerusalem, seiner Umgebung und Athos im Jahre 1867. In russischer Sprache im Podolschen Eparchie-Boten 1868, no. 5, 6, 7, 10, 13, 17, 22 und 23.

898. 1867. N. Dokutschajew, Altrussische Pilgerfahrten, in russischer Sprache in der Beilage zum Tschernigewer Eparchie-Boten 1867, no. 1—4 und 7; 1869 no. 13, 14 und 16.

899. 1867. Pater Bourquenoud Soc. Jes., Nachforschungen in der Niederung des Stammes Juda. In der Zeitschrift „Das heilige Land" XI, 1867, XII, 1868 und XIII, 1869.

900. 1867. Journal de voyage par la comtesse Julliette de Robersart, 2 voll. Paris 1867; vgl. Annales des voyages 1867, 4, S. 238.

901. 1867. (T 206). Peter Schegg, Die Bauten Constantins über dem heiligen Grabe. Freising 1867. 8°.

902. 1867. N. Saïzew, Zustand des gelobten Landes und Beschreibungen desselben. In russischer Sprache in dem Journal „Sonntags-Lectüre", Jahrg. XXXI, 1867—68. Einzelausgabe Kiew 1869.

903. 1867. Benjamin Joannides, Τὸ Θαβὼρ ἤτοι περιγραφὴ τοπο-

γραφική τοῦ Θαβωρίου ὄρους. ἐν Ἱεροσολύμοις 1867. 8⁰. Pilgerreise nach dem heil. Bethlehem und dessen Umgegend, anfänglich griechisch abgefasst, in das Russische übersetzt von Iw. Gaschinskij. Jerusalem u. Leipzig 1868. 30 SS. 8⁰. Mit Ansichten der heiligen Höhlen zu Bethlehem und des Gartens Salomos.

904. 1867. **Caspar Hornung**, Ein Ausflug nach Bersabee. In der Zeitschrift „Das heilige Land" XI, 1867. Die Tradition über den Anfang der Via dolorosa und eine neuerliche Hypothese: ebendas. XIII, 1869 und XIV, 1870.

905. 1867. **J. W.** Eine Reise im Libanon. Globus XII, 1867, S. 311 —313, 329—331.

906. 1868. (T 173 ?). **Hermann Dalton**, Reisebilder aus dem Orient. St. Petersburg 1871, 8⁰.

907. 1868. **D. Karioth**, Geographie von Palaestina. Freiburg 1868. 8⁰; die zweite Auflage erschien ebenda 1874. gr. 8⁰.

908. C. 1868. **M. P. Pogodin**, Jerusalem. Reisebemerkungen, zwölf Abhandlungen in russischer Sprache, abgedruckt im Russkij 1868, 1—18; später auch in des Verfassers Anleitung für den Unterricht in der Kirchengeschichte.

909. 1868. Modellirter Plan von Jerusalem mit Umgegend, mit der Verteilung von 400 Fuss auf den Zoll. St. Petersb. 1868. Mit einem Netz nach Quadrat - Ruten. Mit Zugabe eines Reiseführers in Jerusalem, geschrieben für die Rechtgläubigen. Ausgabe von Jul. Iw. Simaschko (Pseudonym: Ja. Phoss). In russischer Sprache.

910. 1868. **E. Arnaud**, La Palestine ancienne et moderne ou Géographie historique et physique de la Terre Sainte par E. A. Paris, 1868 in 8⁰.

911. 1868. **J. R. Macduff**, Memoirs of Olivet. London 1868. 8⁰.

912. 1868. Die Neubauten Jerusalems: Ausland 1868, S. 852.

913. 1868. **Fr. Valentiner**, Das heilige Land „wie es war" und „wie es ist". Kiel 1868, 8⁰.

914. 1868. **L. Noack**, Von Eden nach Golgatha. Bibl. geschichtliche Forschungen. 2 Bde. Leipzig 1868. 8⁰. Eine kritische Revision der biblischen Geographie: Zeitschrift der Gesellsch. für Erdkunde in Berlin 1869, S. 289—311. Der galiläische Landschaftsrahmen der evangelischen Geschichte: Ausland 1872, S. 1009, 1060, 1117, 1157.

915. 1868. **Neh. Brüll** (jetzt Rabbiner in Frankfurt a. M.), Notizen zur Geographie Palaestinas, in Frankel-Grätz's Monatsschr. für Gesch. u. Wissensch. d. Judenth., Bd. 17 (Breslau oder Krotoschin). Der Verf. giebt auch einige Berichtigungen und Nachträge zu Zunz's Geogr. Lit. in seinen „Jahrbüchern für jüd. Gesch. und Lit." IV, Frankfurt a. M. 1879, S. 95 ff.

916. 1868. Le Baron de **Maricourt**, Saint-Cyr et Jérusalem. Souvenirs intimes. Paris 1868.

917. 1869. **Alfonso Garovaglio e Giuseppe Vigoni**, Una corsa al di là del Giordano. Im Bulletino della Soc. Geogr. 1870, V, S. 61—106.

918. 1869. Un Pélerinage en Terre Sainte par un des pèlerins de la Caravane d'Aout 1869. Marseille 1870.

919. 1869. H. S. Palmer. Briefe von ihm nach d. Athenäum im „Auslande" 1869, S. 341 und 498.

920. C. 1869. M Legkij, Aus Jerusalem. In russischer Sprache, im „Golos" 1869, no. 355.

921. 1869. A. H., Bilder vom todten Meere. In der Zeitschrift „Das heilige Land" XIII, 1869 und XIV, 1870.

922. 1869. S. J. N. (Prior Nikiphor), Karmel, Berg in Palaestina. In russischer Sprache, in den Moskauer Eparchie-Nachrichten 1869, no. 29.

923. 1869. M Ewsstignjäjew, Beschreibung Jerusalems und der merkwürdigen Umgebungen. In russischer Sprache mit 11 Textbildern herausgegeben von Manuchin. Mosk. 1869. 4°, 30 SS.

924. 1869. Grigorij Diukow, Notizen und Erinnerungen eines Anbetenden an den heil. Orten, auf dem Athos und in Palaestina im Jahre 1869. Charkow 1872. In russischer Sprache. Vgl. Blatt für geistliche Bibliographie 1872, no. 9; Moscauer Bote 1872, no. 272; Charkower Gouvernements-Anzeiger 1872, no. 128—140.

925. C. 1869. Erzählung eines Pilgers von dem heil. Lande, Aufsatz von B. S—w. In russischer Sprache, im Mirsker Anzeiger 1869, no. 7.

926. 1869. Christoph Hoffmann, Vorsteher des Tempels in Jerusalem, Topographisches aus Palaestina über Adasa und Gederah in Petermanns Mittheilungen 1869, S. 379; dasselbe übersetzt von J. Gapp in: Nouvelles Annales des voyages 1870, II, S. 126—150. Orient und Occident. Eine kulturgeschichtliche Betrachtung vom Standpunkt der Tempelgemeinden in Palaestina. Stuttgart 1875. 8°.

927. 1869. Ath. Coquerel fils, La Galilée. Feuillets détachés d'un carnet de voyage. Avec un portrait. Paris 1878. 8°.

928. 1869. Liévin de Hamme, Guide indicateur des sanctuaires et lieux historiques de la Terre-Sainte. Jérusalem 1869, 8°; die zweite Ausgabe in 3 Teilen erschien Louvain 1876, 8°. Ein Auszug in der Zeitschrift: Das heilige Land, XV, 1871, S. 56—59.

929. 1869. Paul Petrowitsch Melnikow, Tagebuch einer Reise zum Morgenlande. Handschrift in russischer Sprache (wo?) mit einem Album photographischer Abbildungen.

930. 1869. M. Letteris, Ein Blatt Geschichte. Bilder aus dem biblischen Morgenlande. Leipzig 1869. 8°.

931. C. 1869. Baert, Reizen naar het Helige Land en Rome. Gent 1869. Vgl. Bonifacius Stephanus, S. 288.

932. 1870. Il Pellegrino in Terra Santa. Foglio periodico del Comitato italiano per le carovane in Palestina. Firenze 1870, 1873, 1874. Bonifacius Stephanus, S. 305.

933. C. 1870. Salvatore Lanza, Reminiscenze di una escursione in Oriente (estrat. dall' Ape Iblea), Palermo 1870. Bonifacius Stephanus, S. 301.

934. 1870. **Giovanni Maria Gelmi**, Sacerdote di Bergamo, Pellegrinaggio della prima Carovana Italiana ai Luoghi Santi nel 1870. Bergamo 1870. Bonifacius Stephanus, S. 297.

935. 1870. **Die Pilgerfahrt eines schlesischen Bauernsohnes.** In der Zeitschrift: Das heilige Land, XV, 1871, S. 92—96.

936. 1870. **P. A. Gluschkow**, Kurze Beschreibung der heiligen Stadt Jerusalem und ihrer Umgegend. Moskau 1870 und 1873. Mit Abbildungen. In russischer Sprache.

937. 1870. **Aus der Pilgerfahrt eines rheinischen Landsmannes.** In der Zeitschrift: Das heilige Land, XVI, 1872, S. 18—22.

938. 1870. **N. Mossolow** aus Cairo nach Jerusalem. Fünf Tage aus dem Tagebuche. In russischer Sprache, im „Invaliden" 1870, no. 3 und 4.

939. C. 1870. **S., Der Pilger.** Reise nach der heiligen Stadt Jerusalem, zu dem Grabe des Herrn und den anderen heiligen Gegenden des Morgenlandes und dem Sinai. In russischer Sprache. Kiew 1872, 206 SS. Zweite Ausgabe 1873, 240 SS.

940. 1870. **Ch. Clermont-Ganneau**, Lettre à M. de Saulcy sur la pierre de Bohan et la limite des territoires de Benjamin et de Juda: Revue archéol. Nouv. Sér. XXII, 1870—71, S. 116—123. Découverte de la ville royale chananéenne de Gezer: Bulletin de la Soc. de Géogr., Sér. VI. 5. S. 94. De Jérusalem à Bir El-Maîn. Fragment du journal d'une excursion faite en juin 1874: ibid. Sér. VI, 13, S. 492—515. Letters 1873: Palestine Exploration Fund, London 1874, 1875, 1877.

941. C. 1870. **P. Gio. Batt. Zanoni** de' Ministri degl' infermi, Un pellegrinaggio in Terra Santa. Lettere ad un amico. Padova 1870. 8°. Bonifacius Stephanus, S. 314.

942. 1870. **Anonymus**, „Keduschat ha-Arez". Ueber die Heiligkeit Palaestinas, aus allen Quellen gesammelt. Jerusalem 1870, 40 Bll. Vgl. Steinschneider, Hebr. Bibliogr. XI, 30.

943. 1870. **August Dächsel**, Bibel-Atlas in 8 lithograph. und colorirten Karten und 7 Tafeln. Nebst einem biblisch-geograph. Register. Breslau 1870, 8°.

944. 1870. **Franz Delitzsch**, Ein Tag in Capernaum. Zweite Auflage. Leipzig 1873, 8°.

945. 1870. **Alfred Flinsch**, Minder fra Osterland. 1870.

946. 1870. **W. L. Gage**, Studies in Bible lands. Boston 1870. 8°.

947. 1870. **Levés en Palestine par M. M. Mieulet et Derrien** capitains d'Etat-Major (Bulletin de la Société de Géogr. Série VI, 3, S. 84.)

948. 1870. **Kurze Beschreibung der h. Stadt Jerusalem und ihrer Umgebung.** Mit Bildern. Moscau 1870 und 1873. 32 SS. In russischer Sprache.

949. 1870. **Chr. Richard**, Det hellige Land. Kjöbenh. 1870. 8°.

950. 1870. **Martial Delpit**, Essai sur les anciens pèlerinages à Jérusalem suivi du texte du pèlerinage d'Arculphe. Paris 1870, 8°.

951. 1871. Recent Surveys in Sinai und Palestine by Major C. W. Wilson (Journal of the Roy. Geogr. Society of London XLIII, 1873, S. 206—240). Wilson and Warren, The recovery of Jerusalem. A narrative of exploration and discovery in the city and the Holy Land edited by Walter Morrison, London 1871; dasselbe Newyork 1871. Einzelnes in: Palestine Exploration Fund 1875. Vgl. Warren no. 996.

952. 1871 ff. Habazelet. Eine Zeitschrift herausgegeben von J. B. Frumkin, fol., Jerusalem 1871 bis 1879; Vgl. Hebr. Bibliogr. XIX, 25.

953. 1871. Kotelmann, Palaestina nebst dem Gebiet des Libanon mit Rücksicht auf die Heilige Schrift, besonders das neue Testament. Demmin 1871. 4⁰.

954. 1871. Untersuchung über die heiligen Orte. Von dem Patriarchen von Jerusalem Erzbischof Esayi (Jesaias); in armenischer Sprache. Jerusalem 1871, 292 SS. 8⁰.

955. 1871. Richard F. Burton and Charles F. Tyrrwhitt Drake, Unexplored Syria. Visits to the Libanus, the Talûl el Safâ, the Anti-Libanus. 2 voll. London 1872. Drake, Reports: Palestine Exploration Fund 1874, 1875.

956. 1871. P. J. van Ham, Nachforschungen in der Niederung des Stammes Juda. — Die Stätte, wo das Pontificat des Petrus seinen Ursprung nahm etc. — Studien über das alte Sanctuarium von Cavesus zu Deir el Kal a'hah. Aufsätze in der Zeitschrift: Das heilige Land, XI—XX.

957. 1871. Wassilij Nikolajewitsch Chitrowo, Eine Woche in Palaestina. In russischer Sprache. St. Petersburg 1876, 92 SS. Mit Abbildungen und Plänen.

958. 1872. Reise des Grossfürsten Nicolai Nikolajewitsch des Aelteren nach der Türkei, Syrien, Palaestina und Aegypten. In russischer Sprache, im Golos 1872, no. 193, 216, 217, 241; 1873, no. 4, 20, 24. Einzelausgabe u. d. T. W. Scipjagin, Reise des Grossfürsten N. N. St. Petersb. 1873. 8⁰. Dazu: D. A. Skalon, Reise nach dem Osten und dem h. Lande im Gefolge des Grossfürsten N. N. im Jahre 1872; in russischer Sprache, im Russischen Boten 1876, no. 6—8. Ferner: Notizen über Pferde zur Zeit einer Reise (des Grossfürsten N. N.) nach der Türkei .... in russischer Sprache, im Journal für Pferdekunde 1873, no. 1.

959. 1872. Der Erzpriester Nikanor Karaschewitsch. Notizen aus einer Reise zu den h. Orten des Ostens. In russischer Sprache, in den Bolynsk. Eparchie-Nachrichten 1874, no. 20—23.

960. C. 1872. Nicolas Pardo, Impresiones de Viaje de Italia a la Palestina y Egipto. Paris 1872. 8⁰. Bonifacius Stephanus, S. 305.

961. C. 1872. Leonardo Placereani, Un Viaggio in Terra Santa raccontato al suo popolo. Modena 1872. Bonifacius Stephanus, S. 306.

962. 1872. Abt Innokentij, Reiseeindrücke während Anbetung und Pilgerfahrt an die heiligen Orte Palaestinas im Jahre 1872. In russischer Sprache, in den Jaroslawer Eparchie-Nachrichten 1874, no. 24—26, 33—35, 37 und 42.

963. 1872. **Theod. Bischoff**, Aleppo, die Königin des Orients: Ausland 1872, S. 1053—1055.
964. 1872. (Prior **Arssenij**), Führer für die heil. Stadt Jerusalem, zum Grab des Herrn und für andere heil. Orte des Ostens und den Sinai. In russischer Sprache. Mit Abbildungen. Kiew 1872. Zweite Ausgabe St. Petersb. 1872. Neue Auflage 1875. 8°.
965. 1872. **W. Pläwzow**, Vom heiligen Lande. Zwölf Lesewerke für das Volk. 293 SS. mit Bildern. St. Petersburg 1872. In russischer Sprache.
966. 1872. **William Charles Maughan**, The Alps of Arabia, Travels in Egypt, Sinai, Arabia and the Holy Land. London 1873, 8°.
967. 1872. **Chajjim Palagi**, „Arzot ha-chajjim", Gesetze das heilige Land betreffend und zehn Trauerreden, 4°, Jerusalem 1872, 2, 100, 2 Bll.; vgl. Hebr. Bibliogr. XVIII, 2.
968. 1872. **Chr. Joh. Riggenbach**, Eine Reise nach Palaestina, Basel 1873, 8°.
969. 1872. Archimandrit **Antonin**, Weg von Jerusalem nach Jaffa. Aufzeichnungen eines Sinaipilgers. In russischer Sprache. Kiew 1872.
970. 1872. Das heilige Land. Aufsätze in russischer Sprache in: Sonntags-Lectüre 1872, T. I, no. 3—49. T. II, S. 13 ff.
971. 1872. Abt **Mark**, Handbuch für die Reise zu den Heiligtümern der Christen. In russischer Sprache. Moskau 1872.
972. 1872. **Hermann Wedewer**, Eine Reise nach dem Orient. Mit einem Stahlstiche, einer Karte des heiligen Landes und 58 Holzschnitten. Regensburg 1877. 8°.
973. C. 1873. **Edw. W. Blyden**, From West Africa to Palestine. Freetown, Manchester, London 1873.
974. 1873. **Claude R. Conder**, Reports in: Palestine Exploration Fund. 1873 und folg.
975. 1873. Die Stadt Nazareth. Aufsatz in russischer Sprache im Mirsker Boten 1873, no. 7; in der „Lectüre für Soldaten" 1873, no. 17, S. 8—13, mit Abbildungen.
976. 1873. **F. Adler**, Die heilige Grabeskirche zu Jerusalem. Berlin 1873, 8° mit 2 Tafeln.
977. 1873. **N. Polowzew**, Die heiligen Orte Palaestinas. St. Petersb. 1873, 8°. In russischer Sprache.
978. 1873. **G. Gatt**, Bemerkungen über die Ortslage von Bethphage. — Bemerkungen über die zweite Mauer des alten Jerusalem. — Bemerkungen bezüglich der gegenseitigen Höhe der Berge Sion und Moria. — Bemerkungen bezüglich der Lage des Palastes der Könige von Juda in Jerusalem. — Anwendung einer neuen Sions-Hypothese an Ort und Stelle. — Die Acra-Hypothese des Herrn Coulomb. Aufsätze in der Zeitschrift: Das heilige Land, XVII, 1873; XVIII, 1874; XIX, 1875.
979. C. 1873. **Wassil. Logwinowitsch**, Reise nach dem h. Lande und anderen Orten des Ostens. Aus dem Pilgertagebuch. Kiew 1873. 8°.

980. 1873. **Kasarinow**, Jaffa und Jerusalem. Blätter aus dem Reisetagebuche. In russischer Sprache im Tifliser Boten 1874, no. 117.

981. 1873. **W. Elgner**, Jerusalem und seine Umgebung mit Beziehung auf das heilige Land, Leipzig 1873, 4° (mit einem Plan, einer Karte und 8 Holzschnitten.

982. 1873. Apuntes de una visita a Tierra Santa por el R. Padre Fr. **Rafael Sans**, Missionario Apostolico, ex-Guardian y ex-Prefecto del Collegio y missiones da la Paz en Bolivia, Barcelona (Tipograf. catolico 1873. 1 vol. 12°, 238 SS.

983. 1873. Voyage en Orient par **Roger de Scitivaux** précédé d'une notice biographique par le comte de Ludre, orné de vingt-cinq lithographies d'après les dessins de l'auteur par Jules Laurens Paris, Morel. 1873 fol.

984. C. 1874. D. D. **Fayna**, Breve viaggio pei luoghi santi della Palestina. Palermo 1874. 16°. Studj bibliogr. I, S. 272.

985. 1874. Arje (Loeb) **Frumkin**, „Eben Schemuel", Biographien von jüd. Gelehrten in Jerusalem.... und Grabschriften vom Oelberg, nach gedruckten und handschriftlichen Quellen. Teil 1, 8°. Wilna 1874; vgl. Hebr. Bibliographie XV, 25.

986. 1874. Beschreibung einer Reise, welche **Nachlah Salih** im Jahre 1874 von Cairo über Alexandrien durch Syrien und nach Cairo zurück machte. Cairo 1291. 63 SS., kl. 8°. In arabischer Sprache. Vgl. Perthes, Verzeichniss der aus dem Orient eingeführten Bücher. Catalog no. 10. Gotha 1878.

987. 1874. Jos. **Chavanne**, Die neuen Forschungen im Moabiterlande: Ausland 1874, S. 921.

988. 1874. **Oswald Dykes**, From Jerusalem to Antioch, sketches of the primitive church. London 1874.

989. C. 1874. **W. N.**, Meine erste Bekanntschaft mit Jerusalem. In russischer Sprache, in der „Sonntag-Lectüre" 1874, no. 13.

990. 1874. **Elia Hassan** (Cantor) aus Jerusalem, „Sichron Jeruschalajim", Gespräch über die Bedeutung des heiligen Landes, 4°. Livorno 1874; vgl. Hebr. Bibliographie XV, 73.

991. 1875 ff. „Schaare-Zion", Die Thore Zions, eine hebräische Wochenschrift, herausgegeben von Jsah **Goscinni** 4°, Jerusalem 1875 ff; vgl. Hebr. Bibliographie XIX, S. 26.

992. 1875. **H. H. Kitchener**; einzelne Berichte in: Palestine Exploration Fund. 1875, 1877.

993. 1875. **Albert Socin**, Palaestina und Syrien. Handbuch für Reisende. Herausgegeben von K. Baedeker. Mit 17 Karten, 41 Plänen etc. Leipzig 1875. Zweite verbesserte und vermehrte Auflage. Mit 18 Karten etc. Leipzig 1880. Auch in französischer und englischer Sprache.

994. C. 1876. **A. H.**, Die fünf Philister-Städte. In der Zeitschrift: Das heilige Land, XX, 1876 und XXI, 1877.

995. 1876. -Israel **Frumkin**, „Le-Haramat Keren Jeruschalajim we-

Joschbeha." 8⁰. Jerusalem 1876; siehe Hamaggid 1876, S. 105. Vielleicht derselbe J. B. Frumkin s. no. 952.

996. 1876. **Charles Warren**, Underground Jerusalem: an account of some of the principal difficulties encountered in its explorations and the results obtained. London 1876 (mit 10 Tafeln). 8⁰. Vgl. unter no. 819 und 951; Vorberichte üb. s. Ausgrabungen: Ausland 1868, S. 259.

997. 1376. **Abrah. Mose Luncz**: „Netibot Zion wi-Iruschalaim", auch mit dem deutschen Titel: Zion und Jerusalem', eine Topographie von Jerusalem und dessen Umgebungen sammt vielen Ansichten und artistischen Beilagen. I. Jerusalem, bei Israel Dob Frumkin 1876 (28 u. 21 SS. mit einer Abbildung); vgl. Hebr. Bibliogr. XVI, 98.

998. 1876. **J. L. Porter**, The Giart Cities of Bashan and Syrias Holy Places. London 1876, 8⁰.

999. 1876. **Thomas Chaplin**; einzelne Berichte über seine Ausgrabungen etc. in: Palestine Exploration Fund 1876.

Unbestimmt.

1000. In der Bibliothek des Arsenals zu Paris befindet sich Palaestinae descriptio (v. Robert, Inventaire des manuscrits S. 123). 1001. In der Biblioth. Cotton. Galba A, VIII, no. 3 eine Brevis terrae sanctae descriptio. 1002. (ibid. Tiberius D, IV, 24) eine **Figurata** delineatio Jerosolymorum locorumque adjacentium. 1003. Eine Descriptio situs civitatis S. Jerusalem enthält der Cod. biblioth. univers. Erlang. (Catal. ed. Irmischer 1852) no. 515f. 1004. eine Description de Hierusalem et des Saints lieux qui sont dans la ville et aux environs fol. 549—551 enthält der Cod. Harleian. no. 4520 fol. 174. 1005. Aehnlich scheint die Handschrift: Hec est descriptio Jehrusalem eorumque que circa eam sunt, 4⁰, pergam., welche J. J. Smith, A catalogue of the manuscripts in the library of Gonville and Caius College Cambridge, Cambr. 1849, no. 151, 3 citirt; sowie die im Chron. Nicolai Gloucestriae (—838) enthaltene 1006. Descriptio Hierosolymorum in d. Bibliotheca Cottoniana, Caligula A, III, no. 1; ibid. Claudius A, IV, 4. 1007: De locis sacris civitatis Jerusalem et de reliquiis, quae illic in ecclesiis servantur. 1008. Die königl. Bibliothek zu Berlin (saec. XV, 3 Bll., 4⁰, Mscr. Diez C quart. 70) enthält eine Descriptio Hierosolymae; incipit: Civitas Hierusalem in duobus collibus omnibus aliis in circuitu eminentioribus sita fuit—; explicit: Ascendimus Hierosolymam, quae sita est in loco altiori, qui est in terra illa. 1009. Eine Handschrift der Breslauer Biblioth. Rhedigerana 4⁰, no. 89, 2 ist betitelt: Bethel sive declaratio Hierusalem, welches die früheren Thaten Gottes zu Jerusalem in leoninischen Versen schildert. 1010. Ferner ist noch der Cod. Harleiam. no. 2333 in 12⁰ zu nennen, dessen Inhalt der Catalog in folgender Weise schildert: 1) of that most blessed Viage to the hooli Citee of Hierusalem fol. 1, 2) Peregrinacions of the holi citee of Hierusalem, fol. 10 b, 3) Peregrinacions of Bethlehem, fol. 21 b, 4) Peregrinacions that beth in the Montaynes of Jude fol. 23 b, 5) Peregrinacions of Hume Jordan fol. 24 b, 6) other blessed Peregrinagis within the Holi Lande and there about fol. 26 b und fol. 7 b, 7) Peregrinationes in Ecclesia S. Mariе Bethlehem, fol. 37, 8) Preces et recitandae in sacratissimo Monte Sion et in Circuitu Hierusalem 40 b und 35 b, 9) Processio Peregrinorum in Ecclesia S. Sepulchri Domini Jesu Christi cum precibus fol. 59, 10) Preces, Hymni et recitandi ad diversas Peregrinationes in Hierosolymis, Palaestina et Syria, fol. 62 b, 11) of the Buildings et Destructions of Jerusalem, the Riches of the First Temple and Miracles wrought by the Croce of our Savior. 1011. Eine Hs. in Neapel, Cod. ms. regiae bibl. Borbonicae no. 251, S. 174—179 enthält: Μερική διήγησις έκ των αγίων τόπων της Ιερουσαλήμ διά τά πάθη του Κυρίου ημών Ιησού Χριστου ... (Cyrillus, Codd. mss. bibl. II, 1832). 1012. Ein „Plan du Saint Sepulchre présenté au Roy par le Commissaire Général de la Terre Sainte" wird aus dem Catalog des Grafen Escalopier von Marcellino da Civezza 464 ohne nähere Angaben citirt. 1013. Watt nennt (12m) Sir Robert Ainslie, Views in Egypt, Palestine, and the Ottoman Empire, from original drawings in his possession, by Mayer, with historical observations etc. London ohne Jahr. 2 voll. fol.

Nachträge.

Zu 12. 670. **Arculf.** Eine Hs. in der Fürstl. Metternichschen Bibliothek. Vgl. Neues Archiv für ält. d. Gesch. V, 459.

Zu 60. 1250. **Martinus Polonus.** Eine Hs. (Ms. lat. 4°, 291) der kgl. Bibliothek in Berlin enthält: Martini Poloni Chronicon nebst der Geschichte der Juden und des gelobten Landes bis 1219 in zwei Büchern. daran anschliessend kleinere Abhandlungen: de distinctione balsami et confectione, juramentum Soldani, de profectione Machometi, da pessima doctrina Machometi, de Pilato, Veronica, Nerone etc. Das Ganze wird eingeleitet durch eine kurze Uebersicht der jüdischen Geschichte bis zur Zerstörung der Stadt, von Conradinus dominus Damasci. Buch 1 endet mit dem ersten Kreuzzuge 1096, den Anfang des 2. Buches bildet die Series episcoporum qui sederunt in Jerusalem, bis auf Wilhelmus Ulcheritus, cuius tempore capta est Aschalona. Bl. 61—66 enthält einen Brief des Ruobertus Fretellus, archidiaconus Antiochenus, an Heribertus Coloniensis episcopus. dazu von demselben Verfasser eine Beschreibung des h. Landes, die mit jenem Briefe an Heribert gesandt ward. Bl. 66—77 Ereignisse in Palaestina bis 1219; Bl. 77—78 Aufzählung christlicher Sekten in Asien etc.

Zu 69. 1310. Zu **Marinus Sanutus** ist nachzutragen: Tafel und Thomas, Urkunden zur venetianischen Handelsgeschichte (Fontes rerum Austriac. XII, XIII, XIV); Kunstmann in den Münchener akadem. Abhandlungen 1855, S. 695—818.

Zu 79. 1336. **Ludolf von Suchem.** Eine Hs. des 15. Jahrh. auf der Rostocker Univ. Bibliothek (IV, 1 no. 28), 52 Bll. 12°, am Anfange unvollständig, enthält eine Beschreibung des h. Landes, welche kürzer und objectiv, als die bei Suchem, sich dieser jedoch anschliesst und sie in einzelnen Daten ergänzt. Fol. 53—65 folgt eine Beschreibung der sieben Hauptkirchen Roms. (Gefällige Mitteilung des Herrn Dr. Seelmann in Berlin).

96a. 1392/93. R. Pauli, über ein Rechnungsbuch zur zweiten Kreuzfahrt des Grafen Heinrich von Derby, nachmaligen Königs **Heinrich IV.** von England, aus den Jahren 1392/93. In den Nachrichten der k. Gesellschaft der Wissenschaften zu Göttingen 1880, no. 8, 9.

124a. 1449. **Jörg Mülich** von Augsburg, Reise nach Palaestina 1449. Papierhs. des 15. Jahrh. Vgl. Bibliotheca Foeringeriana. München 1880, no. 3223.

Zu 151. 1479. **Sebald Rieter.** Hs. der Gymnasialbibliothek in Ansbach ohne Signatur in 4°. Auf der inneren Seite des Einbandes in der Mitte die Wappen von Hans Rieter d. jüng. und seiner Frau Maria Im Hoff (ca. 1594), oben die seiner Eltern Hans Rieter und Catharina Gösswein, unten die von Vaters Mutter, Katharina Koburgerin, und Mutters Mutter, Katharina Tucherin. Auf Bl. 1 befindet sich folgende Notiz von der Hand des jüngeren Hans Rieter: Anno Domini 1594 im Monat Decembris hab ich Hanss Rieter von Kornburg auss dem Alten Rieter Buech mit den Silberen Spangen Peter Rieters dess Eltern, dessgleichen auch seines Sohns Sebalden Rieters dess Eltern, beeder volbrachte Raisen sovil ich derselben schrifftwürdig darinnen gefunden, dieselben zu ihres Enickleins und Söhns auch Sebalden Rieters des Jungern Aller seeligen gedechtnus zu und von seiner haudt uffgezaichneten und volbrachten Raisen hierein damit Sy beysammen zubefinden, den Nachkomen in welmainung zu guetem zu verzaichnen nicht umbgang haben wöllen. Actum ut supra. Hanss Rieter von Kornburg." Auf der Rückseite von Blatt 1 das Wappen von Peter Rieter, Clara Grundtherin und Barbara von Seckhendorff. Auf Blatt 2 beginnen die Reisen Peter Rieters nach Sanjago, Mailand, Jerusalem und Rom. Bl. 3 ff. enthalten die Reisen des älteren Sebald Rieter, an welche sich Bl. 8—23 die Beschreibung der heiligen Stellen anschliesst. Darauf folgen 19 leere Blätter. Bl. 43 beginnt die Erzählung Sebald Rieter d. jüng., welche Bl. 157 schliesst; dort befindet sich aufgeklebt ein Pergamentstreifen, offenbar von älterer Hand: „Item so Peter Rietter mit tod abging, so sol man das püchlein Katherina Caspar Kressyn, Sewolten Rietters selbigen tochter geben, so sy anders noch in leben wer."

239a. 1546. Le grand tremblement et espouvantable ruine qui est advenue en la cité de Jerusalem, et par toute la province d'icelle. On les vend à l'enseigne St.-Sébastien, près la porte St.-Marcel, à Paris s. d. 8°. 1 Bll. Vgl. Mémoires de l'Academie impériale des Sciences . . . de Dijon. Sér. II, Tome XIII, 1865, S. 96.

334a. 1608. **Heinrich Urss Byss** und **Ludwig Bieller** von Solothurn, Reise nach Jerusalem. Hs. im Besitz von O. Ziegler; vgl. dessen Aufsatz über Schweizerische Jerusalemfahrten im XVI. Jahrhunderte, in Buri und Kelterborn, Jahrbuch für die Schweizerische Jugend, Bern 1879, S. 89—128.

Glossar.

aber oder, abermals.
abercz abwärts.
abkundt aufgekündigt.
abrellen April.
aerwss Erbse.
aescher in der Asche gebacken.
affter nach.
aibe ob.
aiber oder s. *aber*.
aidelich adlig.
aiger Eier.
albegen 83. s. *alwäg*.
als also.
altfäntsch altertümlich.
alwäg, alweg alle Zeit, immer.
am Amme.
ame ohne.
amelauffer Ueberläufer, Mameluk 129.
anlangen mit Bitten anliegen.
ansprengen angehn.
antlas Erlass, Sündenvergebung.
antwerch Handwerk.
archa Erker 206; Bundeslade 269; Arche 56.
artaten (sie) ertöteten.
ausrichten auszahlen.
auswarten austeilen.

bächt von mhd. bachen, festmachen, festwerden 152.
balet Valet, in Form eines Trinkgeldes.
barille Maass für Flüssigkeiten = 64,39 Liter 143.

barmit pyramidalis (?); oder von mhd. barmen = erbarmen; oder lies: barnut = brennend 218.
basig balastig, onerosus (?) 440.
bedreigen bedrängen.
berahen befehlen.
begine Beguine.
begriff Begräbniss (?) 381.
behoyben gebrauchen.
beiste bestia.
bemigen bemühen.
benant berühmt.
bescheidenliche genau.
bescheringswyse lies: beschermswise, in beschirmender Weise (?) 133.
beschlütz Verschluss.
beschoidt beschützt.
beyden, piten warten.
pillich gerechtermassen.
birgeren begehren.
birnen, bernen, byrnen, prinnen brennen.
biscoten, bistoitten Zwieback.
bisem Bisam.
bleiff (das) Bleiben.
bleinen, bligin bleiern.
blendt blau (?) 358.
bliegent blühend.
blig, blye Blei.
bochsseln Getöse.
boren oben, über.
boitter bitter.
bonatz Windstille 389. 394.
boram Born, Brunnen.
bort Rand.

bot von bieten, ausstrecken, erheben (?) 306.
bottig, boutique, Kaufladen.
boyss böse.
braunmerbel brauner Marmor 116.
presten Gebrechen.
brust Brustlatz.
bülle Zwiebel.
bunden mit Reifen versehen, gebunden.
bursch Genossenschaft.
buyssen aussen.

c siehe *k.*

dail Thal.
darien viell. = dazio, Abgabe?
darr s. *tarr.*
denkh links.
deyr Tier.
dich Tisch.
dick oft.
draighe Drache.
drangen tragen.
driax, dyriak Teriak 143. 250.
droste Hauptmann, Landvogt.
drube, druve Traube.
dutzerman s. *truzelman.*
dwyll während dessen.
dyckmaill oftmals.
dygho Teich.

ebenschlecht auf gleicher Ebene.
ee Gesetz, Religion.
eigentlich genau.
eingent eingehend.
elig ehrlich, ehrhaft.
erberg ehrbar.
erbrochen zerstört.
erdtbiedunge, erlbiden Erdbeben.
erveirdt erschreckt.
ergurten v. ergern, reizen 160.
eritag, eretag Dienstag.
erkucken, erquicken erwecken.

erzihen zurichten.
ever aber.
eynich alleinstehend.
fäch Vieh.
fasel Fleisch von nicht ausgewachsenen Tieren; dann wohl überhaupt schlechte Nahrung, Plunder 418.
fatzillet, fatzület, facilleit fazzoletto Taschentuch 131. 149. 321.
verbart verwahrt.
verborgen verbürgen.
verdedungen verteidigen.
verdingen durch Vertrag binden.
verdragen verschonen.
vervangen sich verpflichten zu etwas.
vergadern vereinigen.
vergyffenenysse Vergebung.
verhalten zurückbehalten.
verhengen zulassen.
vercheren wechseln, vertauschen.
verloynen verleugnen.
verr fern.
verreden verabreden.
versein versehen.
verscheden verschieden, tot.
verspart, verspert versperrt.
versteinen steinigen.
vertigen abfertigen.
vertragen übereinkommen.
verwegen sich einer Sache begeben, verzichten.
fierung Viereck.
figur Beispiel.
vingerlin Ring.
firtigk fertig, fest.
flachsugen, flechsschen Fläschchen.
voeren zuvor.
vordrort Vorderort.
vorgewelbtt ausgemauert.
forhsine vorhin, voraus.
vortten fürchten.
fortun, fortuna Seesturm 68. 70. 341.
voystrappe Fusstapfe.
fräffel reissend 159.

frohn heilig.
fünst Faust.
fürzüg Feuerzeug.
fug passende Gelegenheit.
vugenlich nach Recht, Ordnung.
vurge Burg 251; sonst: vorige.
fuste kleines leichtes Schiff.
fwan ?) viell. = *frouwan*, Frauen 383.
vyant Feind, Teufel.
vyerkant viereckig.
vyolsirup Veilchensyrup 150.

gaban, gabbano Regenrock 149.
gätrin Gitter.
gallee, goleo navis longa, Galere.
gallion grosses Kriegsschiff.
gardine Sack, den die Mönche tragen 132.
gbusschen Büchsen.
gedingen Gedanken.
gedrungen bedrängt.
gedurchelt durchlöchert.
gefiert viereckig.
gefisser Ungeziefer.
gehee jäh, schnell.
gehert hochgeachtet.
geloeven glauben.
gemain allgemein.
gemehelt vermählt.
gemoide Gemüt.
geneicken sich verbeugen (mit d. Accus.) 269.
genieten eifrig beschäftigen.
genoechde Geeignetheit.
gepolend poliert.
geradtheit Gewandtheit.
geremse Geländer.
gerimel Geräusch.
gerubt = *geruht* unbesorgt, nach Wunsch 147.
geruenglich geringstens oder ringsum (?) 406.
gesedenn sieden, kochen.
gesidt Siederei.
geselensteck Gesellenstechen.

geschmeltz gebrannt.
geschworen verpflichtet.
geslaindet aufgeschlagen, aufgetakelt.
gesoffert safrangelb 444.
gestaffelt mit Stufen versehen.
gestaig Aufsteigen, Berg.
gestechthaft, lies: *geslekthaft* aus dem Geschlecht 386.
gewoente Gewohnheit.
gewulffde Gewölbe, gewölbt.
gezauwe Gerät, Ausrüstung.
glaß Haufen von Reisigen 302. 306.
glast Glanz.
glinck links.
glipte Gelübde.
glii Ufer (?) 92.
gluffe Nadel 147.
glugsam glücklich, günstig.
gnaben schwanken.
golter, gulterlin, kolter Betttuch 139. 147.
grab, graw, gro grau.
greuschlich grässlich.
grindt grün (?) 357.
grippe, griffe, grüpera grippo, Schiff.
grisamlich Grausen erregend.
grove Grube.
grossen schwanger gehn.
gschginael Schinco marino, Meerstint.
gubel Gugel, Kappe.

halg heilig.
handtzwell, handzwächel Handtuch 140. 178.
harnoch, harnes Harnisch.
haup Hauptpunkt.
hauw Heu.
heymelfleiss Hammelfleisch.
hawe Haube.
heint heute.
herwar Herberge.
heude Häute.
heufft Haupt.
hofer (himmlische) Heerscharen.
hoffieren aufwarten.

koltzen Holz hauen, holen.
honer Hühner.
hossenn aussen.
hung Honig.
hunts hinzu.
hüpfig ? 354.
huwen hauen.

isht etwa.
yendert irgendwo.
imber Ingwer.
imbiss-essenn Mahlzeit zwischen dem Nachtisch und dem Abendbrot.
isrin eisern.
ytel nichts als.
jacint Hyacinth.
jehen sagen.
jenhalb jenseits.
jnegh jung.

kach Koch.
kalin Befehlshaber der Wache.
calme Windstille 397.
kalt halt, hält.
carbe Carfunkelstein 172.
karungo Schadenersatz.
carwelle grosses Kauffarteischiff 241.
carniffel Hornblatt, ceratophyllum 320.
keffy Käfig.
cete, κῆτος, Monstrum 55.
keulicht kugelrund.
chämel Kamel.
chalberg Calvarienberg.
chawen schauen.
chetel kleine Kette.
chitz, kitz junge Ziege.
chriphe crypta, Kirche 50.
chullf, culphus, kulpf Golf.
kilch Kirche.
kleffen schreien.
kloë, klowe Klaue.
koke breites Schiff 49.
collacze collatio, Imbiss.
collecte Gebet.
kolt we kaltes Fieber 109

kolter s. *golter*.
comet, komitter Steuermann 98. 284.
complet zeit Zeit nach Sonnenuntergang, Abendmesse 90.
corporal Crucifix.
kortasye, kortesy, kurttesig, karthazien, curtesiain Trinkgeld.
kortze Kerze.
kotz kurz.
kracke Seeuntier 387.
krünsse Schlucht.
kurtzstuck Schmucksache 172.
kussy, Kissen.
curo? 367.
kuyle Grube.

labe Laub.
lägell Weinmaass, gleich einem Quart.
laüfsa vielleicht = läusig, pediculosus, sordidus 63.
ledrer Gerber.
leiloch, leinlach, linlach Leinwand.
lemon Limone.
lendt (sie) landeten.
lengerung Auseinandersetzung.
leuge Länge.
lieberes überliefern.
loeff Liebe.
loirtz, lurs, lutz links.
lucerne Lampe.
lude Wortlaut.
lutzel wenig.

madin, maidin, maydein Münze s. S. 16.
märte Märkte.
maist hoch.
mambre Ambra (?) 320.
map Karte.
maranier, mariner, monarer, morner Matrose.
margette, market Münze, s. S. 16.
markellen, ital. marella, Strähne (?) 321
martzele, marcel Münze; s. S. 16.
maute, meute Zoll.
merbelstein, mermelstein Marmor.

merer grösser.
metze Art grosser Geschütze.
michel viel, gross.
milon Melone.
minder kleiner.
minestra ital. Suppe 450.
mintz nichts.
mithigk dienstbar.
mörter Mörtel.
monari s. *maranier*.
muller Maultiere.
musmel Speisemehl.
mynrebroder Minoritenbrnder.

nächner früher.
nave, naffe, nauve navis, Schiff.
nasserdyn s. S. 24.
negen nähen.
newumb Neuigkeit, Erzählung.
nis Genist.
nochtant noch dann, adhuc.
nohent nahe.
non Vesper.
notschier Matrose.
number, numer nimmermehr.
nuntz, nutz nichts.

of oder.
ohngeschaffen hässlich.
or Stunde.
ort Ecke, Grenze, kleine Münze.

paest päbstlich (?) 256.
palast Ballast.
pattele Schiffsboot.
pene Strafe.
petrise bettlägrig.
pfintztag Dienstag.
pfortte Hafen.
piten warten.
plan Ebene.
plangen verlangen.
pleigen, pleicht, plach pflegen, pflegt, pflegte.
pol Bühel.

porte s. *pforte*.
profande Proviant.
prume Pflaume.
puchel, pühelein s. pol.

rachtung Beilegung eines Streites.
rappe Rabe.
refirre Revier.
reiffel, reinval Art Wein.
ridden reden.
riewig reuig.
roch, röch Räucherwerk.
rode rote Ruhr.
rossat zucker Rosenzucker.
rousprung, vielleicht = rosch sprung, frischer Springquell 441.
royde Rute, Stecken.
rücken vielleicht von *ruch*, rauh, struppig 193.
rüweklich ruhig.
ruochen erlauben.
rutzig maculentus.

salm Psalm.
samlat, schamblat, schamolet, chamolet, Seidenstoff.
samlung, samnung Verein, geistl. Corporation.
seitter seither.
semlein Gebackenes von Weizenmehl 52.
sentteria, sinttergen Dyssenterie.
sider seit, seither.
sigint seien.
singer Art Geschütz.
sinwel, sinbel, simpel, synwel, walzenförmig rund.
schalmier Schalmeienbläser.
schenk Schenkung.
schetzen Zahlung, Lösegeld auflegen.
schiebling, scheiblacht, scheibicht, scheplich, scheublich, schewelich rund.
schmaltzig fliessend.
schmecken riechen.
schock Schaukeln.
schreins schräg.

schroffe Abhang.
schruwen schreien.
schube Schaube, Kopfbedeckung.
schüte Schutzwehr, Damm.
schum Schaum.
schymbeirlich augenscheinlich.
smeden schmieden.
soptil, suptil fein.
speis Spiessglas.
stal Gestell.
stancia, stantze Kajüte.
staude Hecke.
stör Klotz, Fels.
stole herunterhängendes breites Band.
stromatze Strohsack.
stül Stuhlgang.
stupfich stossweise.
subtille Art Schiff 241.
sümen Säumniss.
sucht Krankheit.
sunde Sonne.
sundersich unheilbar krank, aussätzig.
swar schwarz.
swuss süss.

tail Thal.
tarr, turrent darf, dürfen.
tente Zelt.
thättieng Vertrag.
thain thun.
tigen infumatus 450.
träsit, tresenye, trisanie eine mit Zucker überzogene Arzenei 139. 144.
tradel Troddel.
traid Getreide.
traillige Gitter.
tribuleren beunruhigen.
trucke Truhe.
truzelman, drutzman, dutzerman Dolmetscher 99. 144.
tüffine Tiefe im Meer zur Ebbezeit 152.
tum Daumen.
tunne Gischt, Schaum.
turn, dorn Turm.
tzydyg zeitig, frühreif.

ubberfaren übertreten.
uberzwerg s. *zwerg.*
uberdrang Ueberwältigung.
uberkomen überwältigen.
ufgeslaint aufgehoben.
umadum um und um.
umpfig unterst ? 117.
ungeverde, ungeverlich ungefähr.
ungewerlich unvorsichtig; = ungeverlich 145.
unruoblend vielleicht = unruowend, wimmelnd 160.
unsturmmässig unerstürmbar.
unthosofft enthauptet.
urbaring subito.
urhabig fermentatus 52.
urlaub Erlaubniss.
urpittig erbötig.
urstend Auferstehung.
usgescheydenn ausgeschlossen.
usrahten ausrichten.

wafi wehe.
waill wohl.
wachsen wechseln 124.
wandel Schadenersatz, Busse.
webern wachsen 392. Weberunge 384.
wedewersch vidua 275.
weissag Prophet.
wend (sie) wollen.
wen(n) denn.
went Wind, flatus.
werf Wurf, Mal.
werlich wehrhaft.
wernt Welt.
weyst wächst.
windt Windspiel.
wischen eilend sich erheben.
wolgerekeht richtig ausgespannt.
woltischieren umwenden.
wonende? 270.
wonten (sie) verwundeten.

y s. *i.*

zächernd weinend.
zal Schwanz.
zeitig frühreif.
zeka Zechine.
zemer Zugemüse?
zenenn zinnern.
zerait Zierat.
zig Bettüberzug 305.
zimer Gebälk.

zockel Holzschuh.
zoger zehnte Teil (?) 392.
zoiber Zuber, Wasserbehältnis.
zotten herabhängende Haare.
zuhant jetzt.
zwächel s. ha— :well.
zweech, zwerg quer.
zwirnt zweimal.

Register.

A. A. 638.
A. D. 634.
A. H. 623. 641.
Aachen 468. 513. Albert von 553.
Aarau 530.
Aargau 526.
Abach, Schenk von 477.
Abd al-Schanij an-Nablusi 603.
Abd el-Hai Hindi 156.
Abel 106, 437.
Abensberg, Gräfin Maria von 297.
Abfattern 475.
Abiera s. Bîrah.
Abraham 84. 105. 107. 267. 319.
Abraham b. Jacob Abime 603.
Abrssberger, Hans Georg von 510.
Abruzzen 47.
Absalom 158. 274. 327.
Absberg, Hans von 473.
Abu Abdallah 562.
Acca, Accon s. Akka.
Acei s. Akka.
Ach, Paul von 448.
Achacia 285.
Ache, die faule 126.
Acheldemach 71. 78. 158. 274. 280. 327.
Acquien, d' 639.
Acri s. Akka.
Adaleph s. Aleppo.
Adalia s. Attalia.
Adam 84. 106. 173. 204. 262. 266.
Adana 434.

Adelmann, Melchior 304. 306. 507. 508.
Adelsberg 398. 527.
Adelshausen, Philipp von 456. 545.
Adler, F. 644.
Adlerberg, Graf N. W. 634.
Adournes, Anselm, Jean 572.
Adria s. Atri.
Adrians Berg, Sanct. 346.
Adriatisches Meer 292. 293.
Adrichom, Chr. von 589.
Adromadiss s. Andromeda.
Adulteratum s. Loretto.
Aegidius, Meister 422.
Aegypten 38. 57. 58. 60. 61. 62. 107. 108. 135. 143. 261. 280. 285. 286. 287. 387. 441. Sultan von 46.
Aenon 59.
Aerts, Ritter 575.
Aethiopien 514.
Aetna 293.
Afferbach, Wilhelm von 510.
Affre, Henry 633.
Africa 143.
Agathe, Sanct. 293. 294.
Ageri, Gallus Heinrich von 538.
Aglon, Patriarch von 355.
Agostino Siciliano 596.
Ahasverus 435.
Aheim, Herren von 503. Aheim Egloffstein, Wappen 119.
Ahelfingen, Conrad von 486.
Ahron ben Chajim 620.

Ajas 434.
Aignan, St., Laurent de 634.
Ainslie, Sir Robert 647.
Akjerman s. Akkerman.
Akka 3. 41. 52. 58. 60. 62. 63. 64. 65. 69. 70. 71. 72. 119. 468. 472. 477. 478. 501.
Akkerman 113.
Akrisch, Isaak 613.
Akschehr 434.
Alazer, Simon 455.
Alba, Graf Heinrich von 536.
Albani, Giac. 602.
Albanien 47. 48. 134. 324. Sprache 365. Reiter 445.
Alben, Wilhelm v. d. (Elbe?) 474.
Alberbach (Ambach) Eberhard von ..51.
Alberegno, Alexander 421.
Alleysio 416.
Albert I, Kaiser 348.
Albert von Aachen 553.
Alberti, Stanislaus von 515.
Albertus Magnus 290.
Albinus, Sanct. 352.
Albira s. Birah.
Albrecht der Schöne, Burggraf von Nürnberg 467.
Albrecht, Markgraf von Brandenburg 569.
Albrecht, Herzog von Bayern 298. 302. 351.
Albrecht Friedrich, Herzog von Preussen 430. 431.
Alcarotti, Francesco 589.
Alchairo s. Cairo.
Aleph s. Aleppo.
Aleppo 7. 41. 59. 61. 63. 113. 433. 435. 460. 530. 539. 541. 545.
Alessandro da Modena 581.
Alexander, Sanct. 290.
Alexander d. Grosse 444.
Alexander, Herzog von Bayern 311.
Alexander, Knecht 490.

Alexandria 7. 39. 58. 60. 61. 104. 109. 114. 187. 280. 313. 324. 404. 444. 469. 472. 480. 498—500. 506. 512. 522. 532. 535. 537. 541. 542. 545.
Alexandrow 633.
Alfandri, Chajim 603.
Alfingen, Geschlecht 534.
Aliquié, Savinien d' 600.
Alkair s. Kairo.
Allegetta s. Sidon.
Allen, W. 627.
Alltranti s. Otranto.
Almare, Adrianus Peterson von 422.
Almas Santas, Miguel das 610.
Alnfrachus, Sanct. 356.
Alpen 122.
Alpen, Johann von 479.
Altamura 225.
Altenjaak 398.
Altmannshausen, Moritz von 530.
Altomner (Altamura?), Fürst von 227.
Altschul, Eljakim 615.
Altusried 428.
Amalfi 28.
Amalvasia s. Monembasia.
Amandus, Bruder, genannt Suss (Suso?) 283.
Amanus 59. 434.
Ambach s. Alberbach.
Amboise 345.
Ambrosi, Herbergswirt 415.
Amelen, Heinrich 422.
Amerongs n, Jacob von 452.
Amico, Bern. 590.
Amisso s. Limissol.
Ammendorf, Conrad von 489. 492. Marquard von 507.
Ammergau 168.
Ammon (Ammonitis) 61.
Amorree s. Morea.
Ampezzo 68. 126. 492. 502.
Amsterdam 422. 534.
Anah 541.
Ananias 437.

Anastasia, Sanct. 178.
Anastasius, Sanct. 135.
Ancona 7. 47. 238. 291. 425. 479. 535.
Anczinboldo, Guido de Antonio 491.
Anderadum s. Tortosa.
Andila, Georg von 518.
Andre, ein Ungar 152.
Andreas, Sanct., Turm in Rhodus 154.
Andree, Johannes 354.
Andriesz 597.
Andriveau 631.
Andromeda 138.
Anesia. Sanct. 322.
Angeli, Bart. 607.
Angelus, Sanct., Kirche in Jerusalem 327.
Angelus de Chrembs 582.
Anglure, Simon von 567.
Anhalt 163. 244. 489. Graf Philipp von 507; Graf Siegmund von 489. 498.
Anholt 479.
Anikita, Prior 618.
Anna, Sanct., Mutter der Maria 272. 406. Kirche in Jerusalem 76; Kirche in Kairo 286.
Anna, ein Patenkind von Rindfleisch 341.
Annaberg 524.
Annas 79. 95. 181. 262. 327.
Anonyme:
 a. Handschriften:
Barcelona 597.
Berlin 576. 646.
Breslau 572. 646.
Brüssel 576. 580. 584.
Cambridge 646.
Carmoly 605.
Cheltenham 554.
Donaueschingen 570.
Enschedé 579.
Erlangen 646.
Florenz 577. 580.
Giessen 585.
London 558. 569. 576. 580. 592. 646.

Mainz 572.
Malines 567.
Miltenburg 577.
Mühlhausen 566.
München 570. 572. 576. 579. 596. 607.
Neapel 566. 647.
Nürnberg 576.
Oxford 579.
Paris 646.
Pistoja 605.
Reggio 611.
Rossi 579.
Wernigerode 579.
Wien 566. 571. 576. 582. 593. 609.
 b. Drucke:
Artificia hominum 599.
Ausflüge, zwei 635.
Beer ha-Gola 604.
Bekanntschaft, Meine erste 645.
Bericht der Templer 558.
Beschreibung des jüd. Landes 617.
Beschreibung, Eigentliche 585.
Beschreibung, Kurze 642.
Beschreibung, Kurze geschichtliche 614.
Besuch, Ein — des Judenquartiers 635.
Besuch einiger Todesstätten 635.
Besuch der Fregatte Peresswiät 638.
Bilder vom todten Meere 641.
Boek van d. pelgherijm 576.
Breviarius 552.
Brevier 568.
Buch der Tradition 570.
Bullarium peculiare 607.
Cavalier, Der weit versuchte 601.
Cérémonies de la sem. sainte 634.
Chorbot Jeruschalaim 594.
Cjtez de Jherusal., La 557.
Commemoratorium 552.
Damascus und Libanon 631.
Darstellung der Ortschaften 626.
Descriptio parochiae 551.
Descriptio quorundam 566.
Descriptio terrae s. (Innom. VI) 555.

Description of the Turkish 595.
Descrizione, Vera 606.
Diary of a tour 616.
Documents originaux 614.
Entwurf, Wahrer 604.
Eremit, Der — von Sabina 627.
Erzählung eines Pilgers 641.
Excursion an M. Sinai 635.
Führer für d. h. Stadt 644.
Galilaea, De — opportun. theatro 612.
Gärten, Die Salomonischen 633.
Gesta Francorum 553.
Gräber im h. Lande 572.
Habazelet 643.
Ha-Lebanon 636.
Jerusalem, Das alte 632.
Iggeret 583. 594.
Impression de Voyage 630.
Itinerario de Hierus. 582.
Itinerarium a Bordigala 551.
Itinerarium Jerosol. 576.
Karmel, Berg 641.
Keduschat ha-Arez 642.
Land, Das heilige 626. 627. 637. 644.
Livre d'or 626.
Lysing Landsins Helga 623.
Nazareth, Die Stadt 644.
Neubauten, Die — Jerusalems 640.
Note sur la Mer Morte 621.
Notice historique 635.
Notitia Antiochiae 552.
Observationes philol. et geogr. 609.
Orient, En 634.
Paraschat 582.
Passaiges doultremer 580.
Pèlerin veritable 593.
Pèlerinage, Un 641.
Pèlerinages d'oultremer 580.
Pelgrimreis 570.
Pellegrinaggio 588.
Pellegrino, Il 641.
Péregrinations 577.
Philister-Städte, Die 645.
Pilger, Der 642.
Pilgerfahrt e. rhein. Landsmannes 642.

Pilgerfahrt e. schles. Bauernsohnes 642.
Plan du Saint Sepulchre 647.
Qualiter sita 553.
Recessus Philippi 557.
Reise eines russ. Offiziers 617.
Reise in den Libanon 637. 640.
Reise nach dem Osten 629.
Reise nach den Ufern d. todten Meeres 630.
Reise nach Jerusalem 638.
Reise zu d. h. Orten 629.
Reise von galiz. Pilg. 590.
Reise, Zwo 587.
Reisebeschreibung, Curiense 608.
Reisebeschreibung. Vier löbl. Stadt Zürich 601.
Reisebrief 578.
Relation fidèle 610.
Relation nouvelle 602.
Rundgang, Ein, um Jerusalem 635.
Schaare-Zion 645.
Sikkaron 608.
Situs urbis (Innom. VII) 555.
Syrians, The modern 622.
Takkanot 623.
Terra ultra maria (Innom. VIII) 557
Terra Santa, La 620.
Terre Sainte, Couvent 623.
Tractatus de locis 557.
Urkundenb. d. h. Grabesk. 554.
Viaggi in Terrasanta 563.
Viaggio da Venetia 580.
Viaggio del sepolcro 582.
Viagio del Sepulchre 581.
Voyage de Terre Sainte 602.
Voyage by sea, A 554.
Voyage de la Terre S., Le 600.
Voyage de l Egypte, Nouveau 605.
Voyage pittoresque 613.
Ansburg (Arnsburg?) Ulrich von 482.
Antiochia 58. 60. 61. 294. 432—435.
Antipater, Vater des Herodes 54.
Antipatrida (Antipatris) 54.
Antivari 445.

42*

Antonij, Abt 626.
Antoninus, Archimandrit 638. 644. Martyr 552.
Antonius Sanct. 291. 354. Kapelle in Jerusalem 197; Kloster in Rhodus 154. 217. 298. 305. 340. Kirche in Kairo 287.
Antonius, Priester 516.
Antonius ab Angelis 587.
Antonius aus Freiburg 23.
Antwerpen 316. 345. 347. 412. 421. 422. 513. 529.
A.iville, d' 609.
Anzoles, Jacques d' 595.
Apenbruck, Andrianus Hans von 422.
Aperrhae 72.
Apolda 482.
Apollinaris, Sanct. 291.
Apphalterer, Georg 474.
Apri s. Aperrhae.
Apulien 47. 73. 104. 134. 220. 228. 231. 292. 293. 363. 364.
Aquaviva, Claudius 543.
Aquino 294. 295.
Arabien 59—63. 143. 443. Christen 411. Dörfer 440. 443. Sprache 52. 112. 402. Wüste 61. 62. Araber 62. 90. 104. 156. 193. 194. 313. 404. 412. 426. 438. 444. 458.
Aranda, Antonio de 583.
Arcangelo, Guis. 623.
Arcebelyen (Archipelagus?) 275.
Archange de Clairmont 597.
Archipelagus 218. 369. 394—396.
Arculf 552. 647.
Areso, J. 626.
Argent, Wilhelm, Peterman 525.
Arguel, Guillaume d' 570.
Arienson, Theodor 422.
Arimathia s. Ramla.
Ariostus, Alex. 573.
Arlaban 346.
Armenien 51. 59. 60. 61. 63. 316.

Gesandte von 46. 64. Christen 52. 92. 118. 313. 402. 411. Kloster 423.
Arms, Ph. 608.
Arnaud, E. 640.
Arnauer, Hector 544.
Arnberg, Otto von 412. 529.
Arnim, Hans von 541.
Arnold, Caplan 499.
Arnsberg 482.
Arsenij, Prior 644.
Arnstadt 468.
Arsuf 54.
Arth 538.
Artois 427.
Artus, Conrad 502. Johann 575. Just. 501—504.
Arvieux, d' 599.
As, Felsen 48.
Asages Los l' 346.
Aschachua 514.
Ascalon 54. 58—61. 467.
Aschenberg, Peter von 544.
Asien 281. Klein — 432.
Asimus, Herbergswirt 415.
Assernt 444.
Assyrien 58—63 s. a. Syrien.
Asti 540.
Astorga 347.
Asuf s. Arsuf.
Asyan s. Herodium.
Ath 543.
Athabie, Thal 434.
Athen 41. 416. 541.
Athlith, Castell 70. 454.
Atrepalda 228.
Atri 292.
Attalia, Golf 49. 103. 375. 460.
Aucher-Eloy 617.
Aue, Johann von 386.
Augsburg 167. 68. 299. 308. 351. 400. 408. 415. 425. 447—449. 454. 455. 469. 477. 490. 512. 529. 532. 533. 535. 539—541. 545. Bote aus — 454. Bürger aus — 498. Cardinal von —

454. Georg von — 512. Reichstag zu — 350. Augsburger 316.
Augustinus, Jacobus 12.
Aulich, Mansw. 619.
Aumbeck 422.
Aurgrein, Lienhard 415. 422.
Aurifaber, Andreas 529.
Aurogalli, Matth. 584.
Auspitz, Jac. 615.
Auss, Georg von 522.
Avelona 134.
Aversa, Philippus de 39.
Aveyro, Pantal. von 585.
Aytardus Canonicus 311.
Azanto s. Zante.

B. S—w. 641.
Baalbek 531. 537.
Babenberg, Wolf Müntzer von 530—532.
Babylon 61. 206. 260. 269. 333. 435. 443. 541. Neu — s. Cairo.
Bach, Walther 454.
Bacchiglione 354.
Baden 544. Nieder — 234.
Badenhausen 482.
Bader, Conrad 115. 505.
Baert 641.
Bässler, F. 625.
Baffa 50. 69. 137. 215. 325. 375. 449. 454.
Bagréef-Speransky, E. M. 625.
Bajazith 470.
Baireuth, Markgraf Friedrich der ältere von 500.
Bakular, Niklas 577.
Baldricus 553.
Balduin, König v. Jerusalem 59. 118. 204.
Baletra s. Velletri.
Ball, Degen von 533. 534.
Ballantzano, Priamo 416. 421.
Balourdet, Louis 589.
Balthasar, Diener 501.
Bamberg 415. 421. 485. 492.

Bantzlaw, Geschlecht 453.
Barach 60.
Baranschtschikow, Wass. 613.
Barbara, Sanct. 262. 322. Kirche zu Thorn 316. 341. Kirche zu Venedig 356.
Barbara, ein Patenkind Fassbenders 276.
Barbaria s. Berberei.
Barbo, Patron 12. 311. 322.
Barby, Geschlecht 494.
Barchwitz, Ort 360.
Bardt, Carl 451.
Bardauy, Nahr 105.
Barfus, Siegmund 514 f.
Barfüsser 80. 90. 91. 101. 103. 104. 112. 116. 118. 157. 175. 178. 183. 184. 188. 189. 195. 196. 205. 254. 291. 311. 342. 376. 381. 403. 405. 411. 422. 427. 456. 458—460. Kloster in Corfu 153. Kloster in Jerusalem 411. 453. Kirche auf Rhodus 372. Kloster auf Zante 408.
Bargès, L. J. 629.
Bari 222. 292. 293.
Barlaam, Mönch 606.
Barletta 223.
Barrendonck, Joh. 122.
Barsky, Bas. 607.
Bart, Hans 475.
Bartlett, W. H. 623.
Baruch 582.
Baruch, Jacob 613.
Baruth s. Beirut.
Basardjik 433.
Basel 39. 97. 476. 480. 511. 526.
Basilius 572.
Basola, Mose 585.
Bassano 290. 455.
Bassenhauner 472. 569.
Bassi, A. 625.
Bastian, Harnischmeister 486.
Bathseba 442.
Batissier, M. L. 625.
Battenberg, Dietrich von 479. 544.

Baumgarten, Martin 522. 580.
Baumgartner sen. 476. Stephan 96. 518. 519.
Bayern 67. 127. 351. 400. 425. 446. 449. 482. 507. Ober- 115. Wappen von 306. Turm auf Rhodus 154. Herzog von 192. Herzog Albrecht von, 298. 351. 492. Herzog Alexander von, 311. Herzog Christoph von, 297. 298. 302. 303. 340. 492. 507—510. Herzog Friedrich von, 350. Herzog Heinrich von, 472. Herzog Johann von, 151. 153. 505. Herzog Ludwig von, 485. Herzog Otto II von, 492. Otto Heinrich 349 ff. 526. 582.
Bayonne 346.
Beaufort, E. A. 636.
Bebenhausen, Artus von 501. 503. Johannes von 501.
Beck, Conrad 475. 501. 530. 570. Georg 536. 539. 540. Hieronymus 536. Hilarius 422.
Becq, Abbé 631.
Beda 552. Pseudo-B. 555.
Beecke, Bernt von 479.
Begi, Elia Alfida 594.
Behem, Hieronymus 321. s. auch Mörle.
Beichlingen, Graf Adam von 507.
Bein, Hans vom 345.
Beirut 41. 58. 62. 64. 69. 72. 104. 105. 109. 119. 155. 436. 469. 472. 477. 498. 522.
Beit-Anneba 92.
Beke, Chr. T. 620.
Belata, El- 441.
Belfort 544.
Belforte 235.
Belgiojoso, Tr. di 628.
Belin 346.
Belinas 58
Bellenz (Bellinzona) 543.
Bellermann, J. J. 613.
Belliersheim, Eberhard von 533 f. Wilhelm von 544.

Belluno 290.
Bellyo 135.
Belon, P. 5. 584.
Bembo, Zacharia 425.
Bemmelberg, Reinh. von 501.
Ben-Batuta 562.
Bender, Peter 308. 311.
Bene, Fransi 109.
Benedetti, Giov. 603.
Benedict, Caplan 501.
Benedictiner 296. 355.
Benedictus, Sanct., Höhle bei Fossa nuova 295.
Benjamin ben Elia 613.
Benjamin Jeruschalmi 638.
Benjamin von Tudela 555. 613.
Benjamin, J. J. 625.
Bensheim 167.
Beutingk, Helmich 479.
Benzenau s. Pintzenau.
Berberei 49.
Berchem, Jan von 578.
Berckau, Henning von 483.
Berenice 513.
Berg, N. 634.
Bergara, Diego de 589.
Berge, Hans von 529.
Bergeron, Pierre 596.
Berkun 435.
Berlin 540.
Bern 45. 47. s. auch Verona.
Bernard 594.
Bernardino, Gasp. de 592.
Bernardus Monachus 552.
Berner, Peter 545.
Bernhardiner 295. 351.
Bernhuser, Wolf 526.
Bernico, Geschlecht 545.
Bernstein, Christoph von 519. Hans von 489. 492.
Beroardus 54.
Beroldingen, Josua von 529.
Bersa 455.
Berssgossgi, Ratzloff 518.
Bertholdtshofen 399.

Bertingsleben, Busso von 484.
Bertou 627.
Berton, Jules de 621.
Bertran, Johann 110.
Besnek, Espetis von 469.
Betanova s. Beit-Annoba.
Bethanien 65. 71. 88. 259. 262. 279. 327. 377. 458.
Beth-Haccerem 159.
Bethlehem 37. 58. 60 65. 71. 85. 87. 98. 99. 102—104. 158. 206—208. 260. 261. 290. 312. 329. 333—335. 356. 377. 411. 423. 427. 442. 453. 458. 459. 472.
Bethoron 60. 62.
Bethphage 88. 273.
Bet Tamar 159.
Beyad 433.
Beyer, Jacob 535. 537 539.
Bianco, Noë 460. 583.
Biberbach, Burchard. Johannes. Wilhelm von 475.
Biblesworth, Walter b.
Biblium s. Zibeleth.
Bichishausen, Hans Truchsess von 486.
Bichler, S. 446.
Bicken, Philipp von 501. 502.
Bida 631.
Biddulph, William 591.
Bieller, H. U. B. L. 648.
Bignon, Jerome 591.
Bila, Heinrich von 491. 498.
Bildt, Magnus 359. 386. 527. Steno von 458.
Bimbach, Joh. Fuchs von 414. 421. 423. 529. 585.
Binos, Abt 612.
Birah 70. 71. 442.
Bireh = Birah 442.
Birket el-hajj 443.
Bisaglio 222.
Bischoff, Th. 644.
Bischoffenrod, Christoph von 486.
Bischofslack s. Altenlaack.

Bitz (Bitsch) 359. 386.
Blagowjeschtschenskij, N. A 635.
Blait s. Boita.
Blanchegarde (Tell es-safie) 467
Blanckh, Michael 447. 539.
Blasere, de, Edelmann s. Plasere.
Blasius, Sanct 324. 356.
Blaye 346.
Bless (Pless?), Heinrich von 505.
Bloch, Simson 617.
Blois 345.
Blomius, Joh. 630.
Bloss, Guido von 151. 505.
Blumstein, Felix 634.
Blyden, E. W. 641.
Bobitbcher, Andreas 490.
Bochardus, Sam. 597.
Bodenhausen, Joh. 182.
Bodensee 424.
Boeckh, Friedrich 448.
Boecklein, Caspar 535.
Boeckler, Jac. 538. 539.
Boegehold, Joh. 637.
Boeheim, Lucas Friedr. 96.
Boehmen 152. 360. 449. 451. 491. 516. 527. 533. 535. 539. 544.
Boekenborch, Dirkz 586.
Bömele, Walter Jansens de 422.
Bömer, Jörg 428.
Boerssi, Thal 105.
Boess, Jan von dem 534. Kaspar 519.
Bofada, Stephan 113.
Bogislaus, Herzog von Pommern 511 ff. 578.
Bojana, Fluss 134.
Boineburg, Georg von 521.
Boisen, L. N. 632.
Boita, Fluss 127.
Boldensele, Wilhelm von 16. 465. 466. 563.
Bolheim, Wickert von 244.
Bollstädt 290.
Bolu, Lorenz von 478.
Bologna 424. 449. 517.

Bolzani, Urbano Valeriano 581.
Bommer, Georg 425.
Bonaventura, Sanct. 262.
Bonfrerius 594.
Bonifacius, Sanct. 6.
Bonifacius, Stephanus 580.
Bonix, Peter 515.
Bonnett, Stephan 597.
Bonus, Frater 235.
Borau, Hans von 463.
Bordeaux 346.
Boré, Eugène 624.
Borgetto 235. 353. 354.
Borgo 242.
Borgo Faloano 169.
Borken 166.
Bornsdorf 523.
Borrely, Domenique 600.
Borrum 58.
Bosch, Adrian von 534.
Bossna (Posen) 112.
Botschkow, Ant. 526.
Botzen 162. 169. 290. 353. 455.
Boucher, Jean 592.
Bouclaus, Guillaume de 570.
Bouillon, Herzog Gottfried von 118. 204.
Boulogne, Luc de 608.
Bourquenoud, Pater 689.
Bousquet, Abbé 625.
Bové 618.
Bovet, F. 633.
Bowiss, Benedict 524.
Braem, Andr. 619.
Brambach, Eberhard von 553.
Brandenburg 431. Markgrafen von — 65. 400. Albrecht Achilles von — 472. 481. 492. 500. 569. Friedrich II von — 480. Johann von — 472. 497. 525. 569. Waldemar von — 465. Markgräfin Anna von — 497.
Brandenburg, Neu- 507.
Brandenstein, Geschlecht 119. 458. 501. 503. 545. Eberhard von 190. 492.

Branbork s. Pranbork.
Brasberg 39.
Braschu, Sauto 574.
Braun, Stephan 458. 545. 631.
Braunorson, Cornel. 422.
Braunschweig 426. 471. 516. Herzöge: Emil 169; Erich 242. 243. 245. 506. 514. 517; Heinrich II 467; Johannes 468; Otto 468. Philipp 467; Wilhelm 472. Ein Herzog von — 481. Haus von — 538. Braunschweiger 425. 451.
Brechenstein, Sixt Trausun von 156. 546.
Breda 422.
Broiden, Barthel 435. 539.
Breisgau 526.
Breitenbach 522. Bernhard von s. 120. 502. 574. Bonaventura von 359. 386. 527.
Breitenstein, Geschlecht 119. 501. Ulrich von 503.
Bremen 541. 544.
Brendel, Johannes 533 f.
Brenner, Pass 352.
Brenta 354. 355.
Breslau 112. 315. 316. 320. 321. 342. 499. 513. 531. 543. Herzog Heinrich I. von 342.
Breslauer, Mendel 616.
Bretten 125.
Bribiesca 346.
Briemle, Vinc. 606.
Bril, H. J. 636.
Brinckh, Reinhold 469. 545
Brindisi 221 f. 234. 279. 293.
Brinitz, Georg 525.
Brjuss, Ja. W. 606.
Brixen 126. 308. 352. 415.
Brocardus s. 561.
Brochard, Bonaventura 589.
Brockhuysen, Joh. von 479.
Bronnikow, Kir 616.
Bronweer, Frater Martinus de 422.
Brothers, Rich. 614.

Brotzell s. Bruchsal.
Bruchsal 125.
Bruckh 446.
Bruderson, Cornel. 122.
Brücht 390. 527.
Brüll, N. 640.
Brünn 503. 510.
Brüssel 422. 423. 479. 531.
Brüx, Siegm. Manewitz von 523.
Brugg 412. 529.
Brun, Hans 481.
Bruna, Joh. de 515.
Brunecken 526.
Brunis, J. de 593.
Brunner, Albert 454. Ulrich 488.
Brunschwiec, Paridam 515.
Bruyn, C. de 602.
Bruyn, D. de 624.
Brygg, Thomas 567.
Bryllow, K. P. 618.
Bryn, Barbara 634.
Bscheider, F. G. 612.
Bubenberg, Adrian von 501.
Buchenbach, Jacob Bräuning von 544.
Buchholz, Lorenz 546.
Buchholzer, Werner 525.
Buchhorn (Friedrichshafen) 504.
Buck, Wolfbrand 515.
Buckingham, J. S. 645 f.
Buckow, Neu- 476.
Budua 134. 179. 445.
Büchelbach 126.
Büchler 591.
Büchlin, Balthasar 543.
Bühl, Nicol. von 543.
Bünau-Dinsek, Heinrich von 482.
B.-Skölen, Heinrich von 482. (Steltzner), B., Heinrich von 508. 523.
Rudolf von 489. 519.
Bünting, Heinrich 588.
Bürtzsche, Fluss 433.
Büsching, A. Fr. 611.
Bueseck, Ernst von 455 ff. 545. 589.
Büttikon, Thüring von 481.

Bütz s. Bitz.
Bugenhagen, Degener 544.
Bulach, Caspar von 501. 502.
Bulgardagh 434.
Buller, Georg 490.
Bulwadin 433.
Bumba 636.
Buna, (Bünau) Rudolf von 519.
Burchardus de Monte Sion 560.
Burchhard, J. L. 611.
Bureidsch 435.
Burg 428.
Burgau, Johann 491.
Burgos 416.
Burgsdorf, Ernst von 128.
Burgund 110. 453. 460. 484. Herzog Philipp von 4. 26. 30. 103. 110. 192. 318. 326. 376.
Burton, R. 602.
Burton, R. F. 643.
Busbeck, Georg von 531.
Buseck s. Bueseck.
Buselli, R. 638.
Busiris 286.
Bussmann, Heinrich 490. 492.
Butticon, Thüring von 481.
Butzbach 167.
Buysa, Blas de 565.
Bylina, Petrus 543.

Cacoba 216. 375. 385.
Caesarea 54. 58. 60. 61. 70. 119. 466.
Cagnola, Angelo 617.
Caiphas, s. Kaiphas.
Cairo 36. 40. 466. 472. 498. 502. 512. 513. 522. 532. 535. 537. 541. 542.
Calabrien 283. 364. Herzog von 227. 228. Herzog Ferdinand von 225. 226.
Callier, Camille 618.
Calvarienberg 84. 85. 91. 95. 117. 118. 203. 205. 258. 263. 266—268. 330—332. 405.
Calvinisten 448.
Cambray 345.

Camerin, Magnifico Angelo de 425.
Camerino 235.
Camp, Williken Epten von 533 f.
Campana 219.
Campanien 294.
Campen 193.
Campignius (Campinus) 115. 421. 423.
Campolongo 290.
Cana 62. 101.
Candace 377.
Candela 223.
Candia 22. 49. 51. 104. 135. 142. 143.
   153. 181. 182. 224. 251. 253. 285. 314.
   316. 319. 325. 338. 340. 341. 367—369.
   407. 409. 415. 422. 426. 445. 452. 454.
   456. 460. 478. 498. 508. Herzog von
   250. Schiffe aus 388—391.
Canea 49.
Canita Castellana 235.
Canustadt 125. 468. Wilhelm von
   525.
Canoca 443.
Capernaum 62. 101.
Capicornu 452.
Caplar, Caspar 510.
Capodilista, Gabr. 575.
Capo d'Istria 397. 398.
Capria 225—227. 229.
Capua 294.
Caput Angeli 394—396.
Caput Insulae 72.
Caputo, Moise 608.
Caramia 452.
Caraman, A. de 621.
Cardona, F. 634.
Carel, ein Jude 246. 257.
Cares, Fritz 490.
Carion, Peter 412. 529.
Caritt, Martin 514.
Carl, Diener 537.
Carmel 69. 70. Carmeliter 381.
Carmoly, Eljakim 622.
Carrara, Fermo 602.
Carrion 346.
Carrodori, Arcangelo 595.

Cartari Eustachius de 422.
Carthy, O Mac 626.
Cartobale, Corsar 388.
Caspar von Würzburg 414. Knecht 483.
Cassapoli 134.
Cassel 163. 166. 233. 506.
Cassino s. Monte Cassino.
Castantza s. Constantia (Salines).
Castelalto, Hannibal von 537.
Castelfranco 290.
Castelione, Girolamo 576.
Castellani, Carlo 550.
Castellani, Pietro 602.
Castelloryzo 385.
Castelnau, L. de 631.
Castelnova 445.
Castillo, Antonio del 595.
Castrogerez 346.
Catania 293.
Catara 443.
Cathelonia 49.
Cattaro 134. 445.
Caumont, Nomper von 568.
Cavenarij, Latino 416.
Caveray, Ludovico 421.
Caymoth s. Kaimun.
Cedron s. Kidron.
Cephalonia 48. 134. 180. 220. 314.
   396. 397.
Cerignola 223.
Cerigo 21. 48. 135. 180. 181. 219.
   247. 251. 367. 394. 445.
Cerigotto 48. 367.
Cervia 239.
Cesenatico 239.
Ceuta 480.
Chagas, J. 607.
Chagis, Moses 605.
Chaifa 58. 454.
Chalcedon 432.
Chaldaeer 411.
Chalons Guillaume de 570,
           Louis de 568.
Chamilo 219.
Chaplin, Th. 646.

Charisi, Jehuda-ben Salomo 558.
Charki 72.
Chartaluci 432.
Chateaubriand 151. 614.
Chatellerault 316.
Chaumin, Jean 581.
Chavanne, J. 645.
Cheron, Helena 600.
Chimara, Gebirge 365.
Chioggia 239. 428.
Chios 466.
Chioza 361.
Chitrowo W. N. 549. 643.
Chotin 113.
Chrat s. Schobek.
Chrembs, Angelus von 528.
Chreuzpeck, F. 467.
Christ, T. 638.
Christiana, Insel 369.
Christoph von Bayern 297—303. 340.
Christoph, Caplan 487.
Christoph, Johanniter 726.
Christophorus, Sanct. 221. 356. 568.
Christophorus Armenus 588.
Chur 448. 540.
Churchil 623.
Cicero 21. 408.
Cigispa 119.
Cilicia 186.
Cipri s. Cypern.
Circien (Zrnagora?) 397.
Cirloff, Doctor 321.
Cirnoë (Zirona) 397.
Cirol, Johannes 467.
Cirren s. Chimara.
Citerigo s. Cerigo.
Cittanuova 362. 397.
Clara, Sanct. 362.
Clarensa 48.
Clarke, Edw. Dan. 614.
Claus, Knecht 483.
Clermont-Ganneau, Ch. 642.
Cléry 345.
Cleve, Herzog Engelbert von — 514.
   Herzog Johann von — 479. 570.

Clodius, Chr. Conr. 606.
Coarle 68.
Coblenz 246—248. 254. 277.
Coburg 147.
Cocquiel, Christoph de 412.
Coeller, Benedict 96.
Coeln 279. 281. 415. 456. 513. 526.
Cofell 428.
Cola, Joanne 580.
Colberg 514.
Colditz 161. Herr von 316.
Colff, Albertus 422.
Colossae 22. 136. 154.
Colsess s. Rhodus.
Como 424. 418. 540.
Compan, Hans 483.
Compiègne 345.
Compostella s. Santiago.
Conaro 12.
Conck, Cornelius 422.
Conder, Cl. R. 644.
Conegliano 68. 127. 510. 522.
Conrad, Meister 415.
Conrad aus Basel 39.
Conradin Damasc. (El-Muazzam)647.
Constantia s. Salines.
Constantin der Greck 516.
Constantinus, Kaiser 134. 256.
Constantinopel 7. 17. 103. 134. 136.
   217. 279. 281. 311. 314. 322. 370.
   396. 432. 445. 458. 469. 477. 512. 514.
   531. 532. 536. 538—542. 545.
Constanz 146. 360. 468. 505.
Contarini, Alvise 591. Andreas 12.
   103. Antonio 12. Augustino 12.
   112. 127. 144. 151. 246. 248. Bernardo
   12. Sebastiano 12. 426.
Coplär, Hans 484. 571.
Coppin, J. 602.
Coquerel, A. 611.
Corcyra nigra 323.
Coresti, Schiff 361.
Corfu 48. 69. 73. 134. 135. 153. 179.
   180. 220. 285. 312. 324. 325. 343.
   344. 365. 408. 445. 487. 490. 492. 508.

Corinth 253.
Cormelissocu, Bernardus 422.
Cornaro, Geschlecht 383. Fantin 425. Francisco 425. Katharina 315—317. 383.
Cornaro, Meerbusen 285.
Cornaro Muto, Schiff 426.
Cornelius, Sanct. 356.
Cornille, H. 619.
Cortambert, R. 637.
Coryate, Thomas 591.
Cos, Georg 543.
Cosmas, Sanct. 322.
Costus 155. 161.
Cotte, J. v. d. 626.
Cottalorda, Leandro 609.
Coulomb, P. F. 638.
Crabara 433.
Craffter, Hieronymus 415.
Cramer, C. Fr. 612.
Cranach, Lucas 508.
Creagh, J. 639.
Crecy, Arnulf von 479.
Creitwein, Bernhard 449.
Creta s. Candia.
Cretzheim, Geschlecht 545.
Croatien 133. 153. 323. 362.
Croce, Sauta 126.
Crossigk, Geschlecht 507.
Crouzet 616.
Cunz, Barbier 473.
Curmelissi, Andreas 12. 415. 416. 432.
Currigo s. Cerigo.
Curzuola 21. 153. 178. 285. 323. 324.
Cusano, Joh. Baptista de 525.
Cypern 4. 20. 22. 23. 33. 49. 50. 53. 65. 69. 92. 103.—105. 108. 128. 136. 137. 142. 143. 152. 155. 161. 164. 186. 189. 209. 214. 215. 224. 232. 254. 285. 312. 315—318. 325. 338. 339. 350. 375. 379—386. 391. 395. 403. 407. 416—418. 422. 423. 425 —428. 445. 449. 450—452. 454. 456. 458. 460. 466. 474. 477. 480. 484. 501. 504. 516. 526.

Cypern, König Hugo IV von 46. 51. Jacob II 104. Königin Charlotte 481.
Cyprianus, Sanct. 356.
Cyrene 205.
Czaslaus 469.
Czebinger 474.
Czebitz, Georg von 510.
Czuom Francesco de Birgunti 491.

Dächsel, A. 642.
Dänemark 344. 359. 458.
Dalberg, Philipp von 523.
Dalfi, T. 632.
Dalmatien 73. 133. 143. 153. 177. 236. 323. 360. 362. 363.
Dalton, H. 640.
Dalwig, Elger von 166. 506.
Damas, P. de 629. 636.
Damascus 40. 46. 59. 61—64. 104— 107. 112. 113. 119. 409. 432. 435. 436. 441. 460. 466. 472. 478. 480. 498. 514. 522. 530—532. 542. 545.
Damasius 107.
Damiette 40. 61. 63.
Damoiseau 616.
Damonte, P. 635.
Dandini, H. 590.
Dandulo, Andreas 311. Marco Antonio 361. 527.
Daniel 206. 260. 333.
Daniel, Abt 554.
Daniel, Archimandrit 590.
Danzig 39. 315. 424. 516. 533. 545.
Daphnisquelle 435.
Dapper, O. 601.
Darboy, G. 629.
Darmstadt 472.
Darnaho, Claudi von 518.
Daschkow, D. W. 619.
D(B?)attenberg, Dietrich von 544.
Daumagen, Hans 491.
David 80. 158. 261. 264. 269. 274. 335. 412.
David, J. 627.

Dawydow, P. 618.
Deber, Veit 428.
Deck, Melchior 449.
Dei, B. 571.
Delft 534.
Delitzsch, F. 642.
Delphin, Schiff 49.
Delphino, Ludovico 12. 19.
Delpit, M. 642.
Demphis s. Treviso.
Denis, A. 624.
Denis, St. 315.
Depuis, A. 624.
Derrion 642.
Desmazere 615.
Detmold 466.
Deutschland 112. 171. 182. 186. 347. 428. 445. 454. Deutsche 174. 183. 195. 237. 244. 253. 257. 361. 370. 372. 379. 388. 403. 422. 423. 442. 449. 453. 454. 456. 459. Kaiser s. unter d. betr. Namen. Sprache 157. 159. 161. 313. 412.
Dewitz, Achim von 515.
Deyssler, Berthold 66. 67. 96. 475.
Diaz, F. 606.
Dicelius, H. 605.
Djebeleh 58.
Dieburg, Philipp Ulner von 359. 527.
Diemer, Bastian 414.
Dierrichson, Heinrich 422.
Diessen 540.
Dietmannsried 428.
Dieto, Vincnez 425.
Dietrich von Bern (Verona) 312.
Dietrich 473.
Dietrichstein, Maxim. 544.
Dieu d'amour 466.
Djinnin 70.
Dillingen 283. 400.
Dillis 370.
Dimassbki, el- 562.
Dina 441.
Diomedes, Inseln des 292.

Diospolis s. Lydda.
Dirpe 442.
Diterigo s. Cerigotto.
Dittel, W. 623.
Dittmann, A. Chr. 611.
Djub Jusuf, Khan 441.
Diukow, G. 641.
Dixon, W. H. 633.
Doa 48.
Doberan 476.
Dönhofstädt 431.
Doergens, R. 634.
Doerknecht, Valentin 515.
Does, J. v. d. 598.
Dohna, Abraham von 543.
Dokutschajew, N. 639.
Dolzig, Hans von 523.
Domastus 107.
Dominicus, Sanct. 281. 280.
Dominikaner 278. 282.
Domscher 524.
Donatus, Sanct. 177.
Donau 289. 400.
Donaueschingen 100. 101.
Donauwörth 67. 447.
Dorffelden, Friedrich von 122.
Dorlesheim 543.
Dormans 151.
Dormoino, Franciscus 151.
Dorn 428.
Dornach 538.
Dortrecht 422.
Douman s. Amanus.
Douyn, Peter von 427.
Drake, Ch. F. T. 643.
Drauner, Wolfgang 471.
Dresden 492.
Dresenberg 467.
Drosa 441.
Drummond, A. 609.
Dubliulius, J. 588.
Ducret, Abbé 637.
Dürr, Friedrich 523.
Düsseldorf 511.
Dufour, A. H. 617.

Dulcigno 445.
Duran, S. 570.
Durazzo 134.
Durentess s. Tarantaise.
Duresendery 434.
Duringer, Jonas 455.
Dykes, O. 645.

Ebeadim 119.
Ebeleben, Apel von 482; Christoph von 490.
Ebeneh 443.
Ebener, Geschlecht 537.
Eberhard 170.
Ebersberg 351.
Ebersdorf, Hans von 471, Siegmund von 474.
Eberstein, Graf Wolf von 529. Philipp von 508.
Ebron s. Hebron.
Echavannes, E. d' 628.
Eckartsau, Ludwig von 474.
Ecklin, Daniel 530. 585.
Edmé, St. 626.
Egen, Lorenz 469. 566.
Eger, Anton van 479.
Egger, Lienhard 456.
Egidio da Perugio 601.
Egloffstein, Geschlecht 119. 503. Georg von 484; Hans von 473; Siegmund von 484; s. auch Aheim.
Egron, A. 620.
Ebingen, Geschlecht 534; Georg von 480. 571.
Ehrenberg, Johann von 530.
Ehrenstein 289.
Eichelberg 533.
Eichovius, C. 592.
Eichstädt 119. 414. 415. 449.
Einerling, J. 619.
Einsiedel, Wilhelm von 307. 508.
Eisack 126. 352. 353.
Eisenstaedt 535.
Eissfogl, Hans 422.

Eitzingen, Brig (Georg) von 489.
Elaphonisi 367.
Eleutherius, Sanct. 133.
Elgner, W. 645.
Elia aus Ferrara 570.
Elia aus Pesaro 586.
Elias 206. 331. 333.
Elias, Diener 537.
Elias, ein Gürtelchrist 157.
Elieser 107.
Elim 60.
Elisa 71. 89.
Elisabeth, Sanct., Gemahlin Ludwigs von Thüringen 221.
Elisabeth, Mutter Johannis des Täufers 87. 88. 208. 261. 335. 377.
Ellerbach, Bernhard von 429. Burchard von 474.
Ellingen 455. 461. 545. 546.
Elsass 469. 501. 526.
Emaus 98. 141. 156. 256. 405. 420.
Emdre, S. van 613.
Emil, Herzog von Braunschweig 163. 506.
Emmerich, Georg 485. 492. 573.
Enault, L. 629.
Enczastorffer, Heinrich 474.
Ende, Götz vom 489. Utz von 508.
Endua s. Budua.
Enfeh 458.
Engadin 525.
Engelberg, Hans von 525.
Engelsberg 525.
Engeritze, Poppo von 512.
England 90. 119. 137. 214. 215. 224. 254. 315. 346. 364. 384. 403. 422. 445. 452. 453. König Heinrich V von 4. Johanniterprior aus 512. Engländer 386. 526. Englischer Fondaco 458. Schiffe aus — 459.
Ephesus 466.
Ephimow 622.
Ephrata 260.
Epiphanius 556.
Episcopia 73. 370.

Eptingen, Hans von 481.
Erasmus, Sanct. 294.
Erbach, Graf Albrecht von 20.
Philipp von 478.
Eregli 434.
Eremdagh 433.
Erfurt 7. 468. 477. 483. 523.
Erhard, Knecht 502.
Erich, Herzog zu Braunschweig 242. 243. 245.
Ernst, K. M. 617.
Ertborn, B. von 639.
Esayi, Erzbischof 643.
Eschenheim, Conrad von 447.
Eschwegen, Jobst und Olcke von 163.
Escobar, P. de 589.
Eskischehr 433.
Eskuche, L. 609.
Espinosa, B. 611.
Esslingen 125. 283.
Esther 439.
Esthori ben Mose 562.
Estourmel, J. d' 619.
Esysey 89.
Etampes 345.
Etsch 290. 352—354.
Etter, Joss 151.
Etthausen, A. ben Mose 607.
Ettmannsdorf, Heinrich von 489.
Heite von 489.
Eucherius 551.
Eugesippus 555.
Euler, Philipp 386.
Euphemia, Sanct. 133. 322. 362.
Euphrosinius, Abt. 555.
Eurenius, J. 611.
Europa 281. 432.
Eusebius 261. 551.
Eustachius, Sanct. 261. 322. 356.
Ewald, F. C. 623.
Ewstignjäjew, M. 641.
Eyb, Geschlecht von 35; Anselm von 486; Conrad von 473; Ludwig von 491.

Eyle, Merten von 524.
Eyll, Mathias von 479.
Eyselhauer, Johannes 478.
Eysenreich, Wilhelm 415.

Faber, F. W. 634.
Faberin, Ursel 415.
Fabri, Felix 115. 122. 278. 500—503. 573. Lippold 471. Magister 465.
Faillon 637.
Falas, Eustachius 422.
Falcke, Johanniter 374.
Falckenburg 422.
Falconer, D. 610.
Falk, Peter 525.
Falkenstein, Jon Soft von 523.
Famagusta 50. 51. 52. 54. 104. 155. 209. 210. 212. 213. 216. 312. 325. 379. 380. 383. 425. 427. 449. 452. 456. Kreuzberg bei 53.
Fano 239.
Farnad, N. de 581.
Farwer, Ewert 515.
Fassbender, Peter 246 ff. 316. 507. 577.
Fauquemberg, J. de 593.
Fayna, D. D. 645.
Fayngen s. Vaihingen.
Federlein, Barthol 155.
Feibel, Ch. J. 612.
Feilitzsch (Faihch, Faihth), Jobst und Hans von 507. Heinz von 499.
Feldkirch 39. 448. 533. 535. 537. 540.
Felicitas, Sanct. 291.
Felicitas, Schwester 278.
Felix, Sanct. 294.
Fels, Caspar von 428.
Felsee, Leonhard 308.
Feltre 147. 170. 242. 308.
Feltstede, Reinhold 515.
Ferdinand I, Kaiser 398. 534.
Ferdinand I, König von Neapel 230. 231.

Ferdinand Herzog von Calabrien 225.
Fermo 364.
Fern, auf dem — 126. 289.
Ferrara 397. 428. 528.
Ferrières-Sauveboenf. Comte de 612.
Fert. Cornelius 422.
Festenberg s. Westenberg.
Fetzer, Jacob 96.
Filiol de Politerribile 425.
Filippo. P. A. di San 550.
Finger. Wittwe 485.
Finstermünz 289.
Fisch 634.
Fischhausen 430.
Fitell, Conrad 491.
Fitzmaure, W. F. 619.
Fiume 73.
Flandern 427.
Flans, Curt 483.
Fledenniczer, Ulrich 474.
Flemming. Curt 515.
Flersheim, Friedrich von 480. Ludwig von 471. Wilhelm von 525.
Fliedner, Th. 628.
Flinsch, A. 642.
Florenz 110. 424. 449. 513. 517. 528.
Foertsch, Eberhard 473.
Fogen. Christoph 524.
Foglin, Jodocus 531.
Folberg, Georg von 510.
Folckhaimer, Hans 461.
Foligno 513.
Folva (Föle), Peter 490.
Fondi 232. 295.
Fontaine amoureuse 214.
Fontana, B. 595.
Fontenella, Francisc. Domin. de 530.
Forberg, Matthias 490.
Forbin, A. de 615.
Forster, J. R. 611.
Fortenstein, Graf Paul von 471.
Foscari, Doge 474.
Foscolo, Peter 12.
Fossanuova 295.

Fraas, O. 639.
Frameynsberg, Ludolf (Rudolf) von 468. 565.
Francisco de Santiago 605.
Francesco di Travestere 598.
Francisco, Eugenio de S. 606.
Franciscus, Sanct. 137.
Franciscus, Maler 456.
Franciskaner s. Barfüsser.
Franken, Haus der — in Jerusalem 330.
Frankenberg s. Herodium.
Frankenland 347. 482. 507. 533. 545.
Frankenstein, Geschlecht 534. Conrad von 472.
Frankfurt a. M. 11. 127. 162. 167. 456.
Frankl, L. A. 632.
Frankreich (s. a. Frankenland) 119. 345. 346. 364. 372. 386. 388. 392. 395. 396. 403. 445. 459. König von — 90. Philipp II. von — 1. 561; Franz I von — 5; Ludwig IX von — 119. Gesandte des Königs von — 234. Abt aus — 157. Franzosen 124. 212. 229. 244. 360. 370. 392. 415. 458. 459. 524. 526. 570. Turm der — auf Rhodus 154. Sprache 52. 157. Schiffe 460.
Franz, Apotheker 527.
Freiberg 319. Geschlecht 119. 503. 539. Wappen 453. Dietrich von 489. 494.
Freiburg 23. 525.
Freising 297. 398. 399.
Freitag, Johann 511.
Frenz 360.
Frentz, Freiherr von 543.
Frescobaldi, L. di Nic. 566.
Fresquet, G. 621.
Fretellus 555. 647.
Freuaho, Johann von 518.
Frey, Christoph 542.
Freystadt, M. S. 622.
Friaul 142.

Friedau in Steiermark 403.
Friedrich Barbarossa 119. 173. 174. 355.
Friedrich II. Kaiser 119.
Friedrich III. Kaiser 243. 298. 318. 474. 493.
Friedrich, Herzog von Bayern 350.
Friedrich, Herzog von Liegnitz 581.
Friedrich, Herzog von Sachsen 301. 303.
Friedrich, Kurfürst von Sachsen 297. 578.
Friedrich der Aeltere, Markgraf von Baireuth 500.
Friedrich von Antwerpen 529.
Friesland 452. 524. 533. 534.
Friess, Joh. 151. 505.
Frigg, Nicol. 11.
Frinsberg, Hans 483.
Froelich, Augustin 428.
Frohnhausen 126.
Frohnhofen, Jacob von 507. 508.
Frotze 126.
Frumkin, A. 645.
Frumkin, J. 645.
Frumkin, J. B. 643
Frundsberg, Georg von 428. 449. Hans von — 490 f.
Frybate, Ulrich 468.
Fuchs von Bimbach, Georg 414. 474. Hiob 414. 415. Joh. 414. 415. 421. 423. 529. 585. Joh. Andreas 414. Kilian 415. Siegmund 510. Wolfhart 475. Geschlecht 545.
Fuchsberg s. Fuchs.
Füerer, Christoph 96.
Füessli, Peter 528.
Fünfstadt 446. 447.
Fürstenberg, Geschlecht 530. Graf Heinrich VII von — 156. 505.
Fürstenfeld 351.
Fürstenfelder, Georg 471.
Füssen 399.
Fütterer, Gabriel 66. 67. 96. 475.

Fugger, Geschlecht 425. Friedrich 7. 535.
Fulcherius 553.
Fuller, Th. 598.
Furtenbach, David 533. 535.
Fusina 355. 357.

Gabalde 632.
Gabriel, Engel 158. 200. 236.
Gabriel, Nicolas 425. 426.
Gabrielis, Bened. 12.
Gadram Almacie 73 s. Zara.
Gäelenu, Eberhard von 544.
Gaerittum s. Cerigotto.
Gaëta 232.
Gaffa s. Jaffa.
Gage, W. L. 642.
Gaggobus s. Cacoba.
Gagin, C. A. 623.
Gaisberger, Caspar 151.
Gaissberg, Caspar 147. 505.
Galata 22. 531. 545.
Galilaea 62. 70. 143. 199. 209. 273. 280. 328. 454. Berg 77. 158. Meer 59. 62.
Galizien 198. 345. 347.
Gallen, Sanct. 102. 110. 224. 230. 506. 545.
Gallien s. Frankreich.
Gaming, Gregor von 522. 580.
Gamma 513.
Gamoulin 26.
Gans, Hermann 483.
Gaphe s. Jaffa.
Gardingo 426.
Gareige 433.
Garganus, Mons 292.
Gargisa 513.
Garmier, E. 623.
Garovaglio, A. 640.
Garzoni 7.
Gasara s. Jazur.
Gatt, G. 644.
Gatziella, Joanna 427.
Gaucheraud, H. 617.

Röhricht-Meisner. 43

Gavali, Joh. de 449.
Gaza 24. 36. 59. 60. 312. 443. 449. 466. 538.
Gebhardt, Wolfgang 446. 451. 452. 539.
Gedalja 606.
Gedamour s. Dieu d'amour.
Gefelt 67.
Gefugener, David 525.
Geilenkofer (Gewlenhoffer), Ludwig 490.
Geislingen 125.
Geldern 422. 531. 534. Herzog Adolf von 481. Herzog Arnold von 479. 579.
Gelmi, G. M. 642.
Gemenberg, Georg von 501; s. auch Gumppenberg.
Gemingen, Hans Otth von 449.
Geminus, Sanct. 352.
Gemmingen, Philipp von 481. Sebald von 541.
Gendry, Abbé 634.
Genero 12.
Genezareth 441.
Genf 485. 500.
Genie s. Djinnîn.
Geniger, Mathes 455.
Gennfay s. Fano.
Gent 422. 425. 452. 528. 534.
Genua 50. 103. 104. 424. 448. 449.
Genuesen 136. 154. 314. 395.
Georg, Sanct. 56. 69. 104. 109. 119. 156. 192. 221. 254. 255. 286. 313. 326. 336. 356. 358. 376. 436. Ritterschaft 286. 472. 474. 481. 482.
Georg, Herbergswirt 125.
Georg, Knecht 483.
Georg, Koch 490.
Georgievics, B. 584.
Georgiten 52. 57. 92. 402.
Georgys, Joseph de 421.
Gera, Graf Heinrich von 473. 507.
Géramb, J. v. 618.
Geran, Geschlecht 422.

Gérardy-Saintine, M. 632.
Gerassim 604.
Gerlenhofen 125.
Germanus, Sanct. 294.
Germar, Curt von 482.
Gershofen 414. 421.
Gerson ben Ascher 585.
Gerstenbergk, H. von 626.
Gertini, Marcus 422.
Gervasius, Sanct. 291.
Gesont 422.
Gessert, F. F. 617.
Gessler, Peter 543.
Gethia 49.
Gethsemane 76. 274.
Gewisch 432.
Geyern, Frau von 447. Hans Schenk von 473.
Geyss, Hieronym. 415. Nickel 510.
Ghistele, J. van 576.
Ghoor, Wilh. van 479.
Giacometti, Girol. 602.
Gich, Albrecht von 473.
Giengen 504.
Giermeck, Jeremias 543.
Giessen 534.
Gilg 359.
Gilgen, Melchior zur 525. 526. 582.
Gilies, Pierre 585.
Gillius 422.
Giorgi, Fr. 562.
Giovenazzo 222.
Githa (Geth), Veit von 491.
Guistiniani, Francesco 104.
Glarus 525. 538.
Glatza (Glacz), Lorenz 490.
Glauchau 482. 489.
Gleichen, Graf Erwin von 482, Ludwig von 488.
Gleinitz (Gleinitzstetten), Reinpert von 533 ff.
Gleuch, Rich. 422.
Glinecke, Moritz 507.
Glogau s. Sagan.
Glossy 433.

Gluschkow, P. A. 642.
Gmünd 283.
Gnadenzell 283.
Goarshausen, St. 246.
Godefridus 553.
Godern, Hans von 536.
Göppingen 125.
Görlitz 318. 319. 485. 492.
Görz 528.
Gogol, N. W. 626.
Goldene Aue 283.
Golgatha 56. 94. 266. 316. 405.
Goliath 261. 335.
Goldacker, Hans 491. 498.
Goldschmidt, Hans 481.
Gomorrha 89. 259. 273. 329. 375.
Gondersdorf, Freiherr Teufel von 544. 546.
Gonfort, Heinrich Amelen von 422.
Gonia 49.
Gonzaga, Fürstin von 504.
Goro 239.
Gorsskij, P. 638.
Goscinni, J. 645.
Gossa s. Chioggia.
Gotha 147.
Gottacker, Hans 491; s. auch Goldacker.
Gotteszell 283.
Goujon 606.
Gozon, Dieudonné de 392.
Grab, heil. 30. 33. 36. 56. 57. 60. 71. 82. 85. 112.
Grabendo, Augustin von 518.
Grabusa 368.
Gradener, Hans 491.
Gradenigo, Mariano 585.
Gradigigo, Marinus 426.
Graham, C. C. 631.
Gratianus, Joh. 451.
Gratoriola, Schiff 459.
Gratz, Seb. 359. 527.
Graz, Elias 428.
Grebenstein 233. Conrad Thone von 506.

Grecia, Grecken s. Griechenland.
Gregor von Nyssa 551.
Gregorius Nazarenus, Sanct. 356.
Greiffenburg 399.
Greiselbach 400.
Greissenecker, Hans 475.
Grensing, Geschlecht 519. Balthasar 489. Hans 307. 508.
Gretenj, Abt 579.
Griechenland 69. 109. 134. 143. 210. 249. 251. 258. 276. 324. 366. 422. Griechen 92. 135. 149. 179. 252 f. 313. 360. 379. 381. 382. 404. 415. 432. 433. 436. 437. 452. Bauart 269. Christen 52. 105. 327. 411. Kaiser 433. Kirchen 154. 179. 198. 210. 251. 253. Klöster 435. 457. Mönche 56. 59. 159. 262. 314. Soldaten 457. Sprache 52. 135. 251. 252. 261. 325. 365. 366. 370. Turm auf Rhodus 154.
Grimma 523.
Grinlach, Sebald 67. 475.
Grispa 368.
Groeben, O. F. v. d. 601.
Grönenbach 424. 429. 447. 448. 536.
Groets, Heinrich 422. 423.
Groloch, Heinrich 491.
Groningen 421.
Gros, Abbé 620.
Grosse, Signor 444.
Grottaminarda 223.
Grünemberg, Conrad 146. 505. Freiherr von 537.
Grneter, Joh. de 421. 423.
Grumbach, Eberh. von 488.
Guarmani, C. 636.
Gucci, G. 566.
Guebels, M. 612.
Gülden, Stephan 490.
Guénée, Abt 612.
Guénet, R. 581.
Günzburg 425. 536.
Guérin, V. 629.
Guerrero, F. 589.
Guevara, A. de 584.

43*

Gugelberg, Ambrosius 151. 505.
Guglinger, Pater 502.
Guibert 553.
Guido, König v. Jerusalem 119.
Guido di Puglia 559.
Guilhelm 422.
Guillermus de Breda 422.
Guilleville, G. de 576.
Gumppenberg, Geschlecht 119. Georg von 115. 503. Stephan von 8. 478.
Gundelfingen, Stephan von 518.
Guntzhausen 414.
Gurland, J. 638.
Gutenstein, Georg von 516. Getzrich von 510. Gregor von 515. Wolf von 510.
Gutsche 433.
Guys, Ch. E. 619.
Guys, H. 625.
Gyllius, P. 585.
Gyon 59.

Haag 431.
Habakuk 206. 260. 333. 440. 442.
Habenstreyt, Benedict 424.
Habsberg s. Halsberg.
Hadhur 89.
Hahn-Hahn, Ida Gräfin 624.
Haiden 126.
Haimendorf, Fürer von 536—539.
Hain, Caspar 533.
Haithon 561.
Hakluyt, R. 550.
Hal 345.
Halep s. Aleppo.
Halfinger 487.
Halle 449. 451. 529.
Haller, Alexius 485. Conrad 96. Erhard 96. Paul 96. Ruprecht 484 f. Siegmund 96. 485. 490. Ulrich 485.
Hallerstein, Andreas Haller von 425.
Hallipurton 627.

Halloville, Alan von 151.
Hallwyl, Walter von 525.
Halsberg, Ludwig von 490.
Halthaus, D. 621.
Ham 427.
Ham, P. J. van 643.
Hamah 435.
Hamant 359.
Hameln 537.
Hammâm asch-schefa 159.
Hanau 120. 195. 239 f. 524. 534. Graf Philipp von H.-Lichtenberg 170. 186. 208. 209. 212. 506
Hans Jacob, Graf v. Nassau 311.
Hans, Apotheker 459.
Hans, Bruder 208.
Hans, Büchsenmeister 522.
Hans, Knecht 473. 483.
Hans, Koch 298. 305—307. 469. 483. 490.
Hans, ein Patenkind von Peter Rindfleisch 341.
Hansen, Andrian 422.
Hanstein, Kersten von 166. 230. 506.
Hap, Antonius 515.
Harant, Chr. 590.
Hardeck, Graf von 530. 545.
Hardenberg, Dietrich von 425.
Hardine 554.
Harding 621.
Hardiplanck, Moritz 452.
Hardt, Conrad 448.
Hardt. J. v. d. 607.
Harff, Arnold von 513. 578.
Harmstadt, Cuntz von 490.
Harracher, Lienhard 474.
Harsdorfer, Peter 97. 96. 475.
Harskircher, Hartprecht 470.
Hartenbach, Dietrich von 425.
Hartinstein, Conrad 482. 484.
Hartmann, Sanct. 352.
Hartzer, Ulrich 468.
Hasberg, Diepold von 151. 157. 477. 505.
Hase, J. M. 608.

Haslang, Geschlecht 119. Hans von 503.
Hassan, Elia 645.
Hasselbach 163. 399.
Hasselquist 610.
Hatstein, Joh. von 541.
Haugwitz, Hans von 489.
Haunsberg, Wolf Siegmund von 456—458. 545.
Haus, Georg von 524.
Hausen 125.
Hawlitz, Joh. von 525.
Haylon s. Aenon.
Hayn, Geschlecht 507.
Haysfeidt 449.
Heberlein, Hans 428.
Hebraeisch 207. 261. 334.
Hebron 37. 61. 64. 109. 420. 459. 466. 470. 498.
Hechstetter, Georg 456.
Hedstickhel, Hans 415.
Hedwig, Sanct. 316. 342.
Hegbucher, Hans 415.
Heidelsheim 125. 162. 167. 349.
Heiden, J. 586.
Heidenreich 474.
Heidmann, Chr. 600.
Heigel, P. 602.
Heilbronn 400.
Heim, Albrecht von 490.
Heinrich IV, König von England 648.
Heinrich I, Herzog von Breslau 342.
Heinrich, Knecht 490. 491.
Heinz, Koch 483. 490.
Heinrich, Lesemeister 482.
Helbach, F. 593.
Helena, die schöne 133. 135. 181. 249. 251. 276. 362.
Helena, Sanct. 21. 70. 83. 84. 93. 116. 158. 192. 202. 207. 248. 256. 265. 275. 311. 326. 328. 375. 382. 436. 461. Golf 375. Kapelle 83. 203. 331. Kloster 147. 175. 311. 355. 435. Stein 57.
Helffenstein, Geschlecht 457. 545.

Helffrich, Hans 537—539. 586.
Heliopolis 60. 285. 286.
Helmlin, L. 595.
Helmsdorf, Ludw. von 515. 516.
Helmstadt, Conrad von 157. Kunz von 155. 156. 505.
Heloise, Gemahlin Herzog Heinrichs von Braunschweig 467.
Helrit 119. 503.
Hemmerlin, Christoph 524.
Hendorf, Chr. S. von 541.
Hendrik 479.
Henneberg, Graf Hermann und Friedrich von H. Römhild 470. 521. Graf Wilhelm I von 470. 498. Graf Wilhelm III von 488. 492.
Hennegau 427.
Hennig, Hermann 485. Kaplan 482.
Henniker 616.
Hensel, Diener 359.
Hensel, Dolmetscher 359. 527.
Hentgi, Joh. 502.
Herberer, Michael 554. 589.
Herberstein, Bernh. von 542.
Herda, Raben von 166. 506.
Herden, Jörg 451. Wolf 449. 451. 454.
Hergt, C. 638.
Herlaer, Adrian von 479.
Hermann 492.
Hermannsfeld 489.
Hermannsgrün, Lippold von 507. 508.
Hermannsstadt 469.
Herme, Cornel. Conck de 422.
Hermerstein 428.
Hermopolis 286.
Hermstatt s. Harmstadt.
Hernani 346.
Hernert, Joh. von 479.
Herodes, König 75. 86. 87. 202. 206. 257. 261. 263. 268. 329.
Herodium 159.
Herrenalb 486.
Herrenzimmern 502.

Herring 414.
Hertel von Lichtenstein 566.
Hertnitstein s. Hartinstein.
Hertwitz, Merten 524.
Hertzog, Peter 425. 536.
Herz, D. 609.
Herzoduto 433.
Hese, J. von 567.
Hess, Stephan 486.
Hessberg, Darius von 473. N. von 507.
Hessen 350. 482. 523. 526. Ludwig der Friedsame 162. 221. Ludwig V von H.-Darmstadt 593. Wilhelm der ältere 162—166. 174. 186. 194. 208. 230. Wilhelm der mittlere 166. Wilhelm der jüngere 163. 176. 243.
Hessenstein, Eberhard von 523.
Hewlon s. Aenon.
Heyden 68.
Heymann, J. 604.
Heymann, T. W. 604.
Hibernia 281.
Hickh, Jac. von 427.
Hiere 513.
Hieronymus, Sanct. 86. 207. 208. 250. 259. 261. 312. 334. 353. 356. 551.
Hieronymus, Arzt 422.
Hierotheus 632.
Hildegard, Sanct. 289.
Hill, S. S. 638.
Hillel 558.
Hims 435.
Hingel, Albrecht 510.
Hippolyt, B. Bryn de St.- 634.
Hippocrates 369.
Hirnheim, Geschlecht 453. 539. Anna von 447. Bero von 359. 527. Cordula von 447. Eberhard von 447. Hans von 446 ff. 455. 539. 587. Hans Walther von 424.
Hirsch Porges 598.
Hirschberg, Hermann von 473.

Hirschfeld, Bernh. von 120. 523—525. 581.
Hirschhorn, Geschlecht 451. 534. 539. Wappen 453. Engelhard von 359. 386. 527.
Hirz ben Jacob Elchanan 598.
Hobistet, Joh. von 510.
Hochgesang, Pancratius 11.
Hochhalting 446. 447. 454.
Hochschild, Peter 360. 527.
Hochstetter, Georg 545.
Hody, B. de 631.
Höchstädt 400.
Höltzl, Hans 321.
Hössberg, Hans von 535.
Hoff, Peter im 112.
Hoffmann, Christoph 641.
Hoffmann, Eduard 632.
Hofkirchen, Geschlecht 541.
Hofmann, Rud. 631.
Hogg, Ed. 619.
Hohanödt, Seb. von 544.
Hohenburg, Casp. Nothaft von 533.
Hohenheim, Georg Bombast von 486.
Hohenlohe, Geschlecht 487. 534.
Hohenrechberg, Bär von 501—503; s. auch Rechberg.
Hohenstein 421. Phil. von 137.
Hohenzollern s. Zollern.
Holenecker, Andreas, Anton 474.
Holland s. Niederlande.
Holstein 523.
Holtzhausen 455.
Holup, Friedrich 155. 156.
Holzapfel, Hermann 482.
Holzwirth, Wolf 529.
Homburg 533.
Hongede, Otto von 483.
Honstein, Graf Hans von 482.
Hopffgarten, Georg von 508.
Horeb 280.
Horn, Geschlecht 460. 479.
Horne, Corn. Braunerson de 422.
Hornes, Jac. von 570.

Hornfeld, Christoph von 482. 510.
Rudolf von 510.
Hornoeckh, Abraham von 544.
Hornung, Casp. 640.
Horstadt, Johann 523.
Hosea 439.
Hottemann, Hans 483.
Huber, Wolf 533.
Hubrigk, Christoph u. Lorenz von 522.
Hugo IV, König von Cypern 51.
Hugo de Prato florido 299.
Hummel, Ulrich 544.
Hundeshausen, Joh. von 163.
Hundt, Ruprecht 507.
Hundtbiss, Jacob von 529.
Hurnheim s. Hirnheim.
Hurssfeldt, Peter Sturm von 451. 539.
Hurwitz, Chajim 624.
Hussen, Johann von 153. 505.
Hutten, Froben von 523. Ludwig von 523. Wilhelm von 415.

J. W. 640.
Jachja 157.
Jachontow, J. 632.
Jacob, Patriarch 207. 260. 269. 333. 441. Jacobsbrücke über den Jordan 438.
Jacob, Sanct., der grössere 46. 47. 198. 257. 347. 353. 355; der kleinere 200. 270. 273. 274. 322. 353. 356. Kirchen 78. 79. 355. 424.
Jacob, König von Cypern 383.
Jacob (aus Paris?) 560.
Jacob von Bern 45—64. 565.
Jacob b. Nataniel 567.
Jacob, Knecht 483.
Jacob Sikilli 579.
Jacobi, Heinrich 482.
Jacobis, Augustino, Petrus de 12.
Jacobiten 52. 92. 158. 258. 402.
Jacobstatt, Doctor 415.
Jacobus de Vitriaco 557..

Jadera s. Zara.
Jaffa 20. 23—27. 45. 54. 55. 60. 61. 63. 69. 70. 98. 99. 103. 119. 130. 132. 137—141. 151. 155. 156. 161. 162. 176. 187. 189. 190. 192. 209. 246. 254. 255. 275. 312. 316. 326. 336. 338. 375. 376. 378. 379. 404. 407. 409. 416. 420. 423. 425. 426. 442. 443. 452. 453. 454. 457. 458. 466. 472. 477. 481. 484. 498. 511. 522.
Jagigal, See 434.
Jahrsdorf, Hans Chr. von 449.
Jakûk 440.
Jangy 434.
Janitscharen 367. 426. 457. 459.
Jansen, Gerh. 422.
Jansens, Hugo, Johann, Maria, Walter 422.
Janseos, Thomas 528.
Japhson 55.
Jazur 24. 58. 60. 61. 64. 98. 187—189. 258. 376.
Ibelin, Philipp von 467.
Iconium 432. 434. 539.
Jean d'Acre, St. s. 'Akka.
Jean d'Angely, St. 346.
Jeg, Hans 422.
Jemor 441.
Jemsel 597.
Jenischehr 433.
Jenysch, Jörg 491.
Jeremias 269.
Jericho 33. 62. 71. 90. 99. 161. 259. 319. 329. 332. 377.
Jerothej 632.
Jerusalem 23. 24. 28 ff. 45. 46. 54. 56. 58. 59. 61. 64. 65. 70. 71. 73. 76. 77. 81. 83. 85. 88—93. 95. 98. 99. 101—103. 106. 108. 109. 112. 113. 116. 119. 123. 128—132. 138. 155—159. 161. 164. 175. 184. 188. 189. 192. 195. 201. 208. 214. 224. 230. 245—247. 254—257. 259—261. 266. 269. 276. 279. 280. 282. 283. 285. 287—289. 297

302. 303. 311. 312. 315—317. 319.
320. 322. 326. 328. 329. 332. 333.
335. 336. 347. 349. 359. 370. 376
—380. 391. 403. 404. 405. 407—
409. 411—413. 421—428. 436. 438.
441—443. 449. 452—454. 456—460.
467. 468. 470. 472. 477. 480. 484.
487. 498. 508. 522.
Jeruschalmi, Benjam. 613. Mose 599. 611.
Jesaias 78. 158. 274. 442.
Jesaias, Erzbischof 643.
Jesse, Franc. da 593.
Jessey, Henr. 599.
Jestetten 526.
Jesreel 440.
Jesus Christo, João de 315.
Jethro 440.
Jeviter 441.
Ignatjew, Andr. 605.
Ignatius 566.
Iksa, B. 405.
Ilan-Kalessi 434.
Ilgun 434.
Iller 289.
Imst 289.
Indien 61. 107. 320. 340. 513. Indische Christen s. Thomaschristen.
Indisches Meer 62.
Ingemersch 434.
Ingolstadt 415.
Ingraham, J. H. 633.
Ingulphus 553.
Inkrut, Nic. 502.
Inn 126. 352.
Innertza s. Giovenazzo.
Innichen 399.
Innocentia, Sanct. 291. 353.
Innocentius VIII, Papst 233.
Innokentij, Abt 643.
Innsbruck 67. 97. 126. 162. 163. 168. 169. 242. 308. 352. 399. 415. 428. 455. 471. 474. 490. 492. 514. 517. 524. 527. 543.

Joachim. Vater der Maria 89. 260. 272. 329.
Joannides, Benj. 639.
Jobst von Danzig 424.
Jochem, Wilhelm von 477.
Joël 133. 439.
Jörg von Augsburg 308.
Johann, Herzog von Bayern 151. 153.
Johann, Markgraf von Brandenburg 569; s. auch Brandenburg.
Johann von Cleve 570.
Johannes, der Evangelist 76. 79. 94. 117. 158. 179. 183. 198. 200. 205. 254. 264. 266. 275. 276. 331. 372, 396. 410.
Johannes, der Täufer 69. 71. 82. 87 —90. 98. 208. 261. 377. 435.
Johannes, der Priester 513.
Johannes, Bischof von Lüttich 479.
Johannes, Chrysostomus 356.
Johannes, Damascenus 108.
Johannes, von Nowgorod 556.
Johannes, Wirciburgensis 555.
Johannes, ein Patenkind P. Fassbenders 276.
Johannes, Koch 298. 305—307. 469. 483. 490.
Johannes, Schulmeister 501.
Johannes, Wirt 11.
Johannes Sitrin, Insel 368.
Johannisfest 504.
Johanniskirchen 158. 331. 355. 358. 369. 370. 414. 434.
Johannisland 57. 104.
Johannisminne 17. 92. 166.
Johannisturm auf Rhodus 154.
Johanniter 50. 54. 100. 182. 184— 186. 217. 224. 253. 303. 305. 325. 350. 369—375. 385. 388—390. 395. 396. 466. 477. 486. 487. 506. 512. 524. 526. 544. 570.
Johns, J. W. 621.
Joinville, J. de 559.
Jonas, Prophet 55. 140. 255.

Jonas, Prior 598.
Jonima, Heinrich von 518.
Joppe s. Jaffa.
Jordan 18. 33—35. 57—59. 62. 71. 89. 90. 99. 103. 116. 129. 161. 259. 280. 320. 328. 331. 332. 377. 378. 407. 412. 420.
Jordan, Joachim 514.
Jorg, ein Engländer 415.
Jorg, Knecht 491.
Jorger, Wolfgang 471.
Jorin, Johann 518.
Josaphat, Thal 70. 75. 79. 91. 98. 158. 198. 200. 262. 271. 279. 327. 377.
Joseph, Jacobs Sohn 285. 287. 441.
Joseph, Gemahl der Maria 75. 285. 286.
Joseph von Arimathia 256.
Joseph ben Elieser 566.
Joseph ha Levi 570.
Joseph, Meister 449.
Joseph de Trani 597.
Josepho, Kaufmann 459.
Josephsbrunnen 441.
Josephskirche 287.
Josephsturm 158.
Josephus, der jüd. Historiker 405.
Jost, Marcus 616.
Josua 259.
Jouvin, Alb. 601.
Ipenburg, Seb. von 519.
Irby, L. 616.
Isaak 105. 267.
Isabella von Altamura 225.
Isah ibn al-Ferra 570.
Isena s. Lussin.
Ishakla 433.
Ismaëliten 411.
Isola 397.
Israël 56. 62. 256. 259. 441.
Issu 134.
Istrien 47. 68. 133. 143. 322. 361—363. 397. 398. 454.
Italien 122. 164. 294. 354. 372. 445.
461. Ober- 174. 428. Italiener 370. 379. 403. Ital. Sprache 157. 177. 365. 458. 460.
Itri 232.
Juda, Gebirge 87. 280. 335. 377. 407.
Judaea 143. 236. 280. 451.
Judas Ischarioth 16. 78. 88. 104. 199. 200. 272. 274. 327.
Judas Maccabaeus 204.
Juden 13. 25. 29. 48. 56. 58. 112. 158. 159. 161. 167. 169. 172. 179. 181. 183. 221. 246. 251. 257. 347. 404. 412. 433. 437. 438. 440. 441. 443. 451. 453. 454. 459. 467. 475. 511. 516.
Jülich 360. 431. 527. Herzog Wilhelm von 514. Sibylle, seine Gemahlin 514.
Julius, Kaiser 346.
Junghen, Stephan Giesser von 542.
Jupiter 252.
Jusephowitsch 637.
Justina, Sanct. 291.
Justiniana, Name eines Schiffes 454.
Justinianus 60.
Justus ben Abraham, Jac. 595.
K. T. 632.
Kabatnik, Martin 577.
Kabr Schueib 440.
Kaden, Hans von 491.
Kadikoeï 432.
Kärnthen 398. 399. 491. 533.
Kafer Bar'am 439.
Kaid Ba, Sultan 573.
Kain 106. 437.
Kaiphas 57. 79. 95. 118. 198. 262. 263. 327. 423.
Kairo 36—40. 58. 60. 61. 63. 108. 113. 114. 119. 189. 280. 285. 286. 312. 313. 409. 441. 443. 444. 466. 472. 498. 502. 512. 513. 522. 532. 535. 537. 541. 542.
Kaisarîja s. Caesarea.
Kalat-Ajrûd 444.

Kalckhoff, Joh. Christoph 164.
Kaleb 259.
Kalludi, Ars. 601.
Kalogeroi *(Καλόγηροι)* 314.
Kamenz 545.
Kamer, Christian von 500. Ludwig von 470.
Kamerau, Hans von 478.
Kaminskij, W. K. 628.
Kangera 513.
Kankha 443.
Kanobin 457.
Kapel, Walther 360.
Kapfarlach 68.
Kapfmann, Stephan 164. 224. 506.
Kaplan, Jacob 621.
Kara 435.
Karadjadagh 434.
Karaschewitsch, Nic. 643.
Karioth, D. 640.
Karl d. Gr. 21. 312. 363.
Karl, Erzherzog von Oesterreich 456.
Karpatho 49.
Karst 398.
Kasarinow 645.
Kasiun, Dschebel 106.
Kassau, Franz 39.
Kassel, Hisickh 519.
Kastelbrigant (Châteaubriand) 151.
Katalonien 224. Katalonier 109. 110. 314.
Katarah, Al- 443.
Katharina, Base Ernsts von Bueseck 455.
Katharina, ein Patenkind Fassbenders 276.
Katharina, Sanct. 155. 210. 213. 280. 313. 445. Berg (vgl. auch Sinai) 59. 469. 472. 474. 502. Kloster 59. 62. 104. 129. 142. 143. 275. 308. 312. 313. 325. 380. Turm auf Rhodus 154.
Kathedra s. Cattaro.
Katzenellenbogen, Graf Philipp von 472. 569.

Kaufbeuren 536—540.
Kaufmann, Daniel 224. 230. 506.
Kautorto, Marco 312.
Keidnert, Doctor 308.
Kelheim 400.
Kemnitz 508.
Kempten 125. 289. 428.
Keniset es-Sittah 107.
Ketsch, Enderlein von 349.
Ketteler 479.
Ketzel, Geschlecht 537. Georg 96. 469. 480. 508. 519. Heinrich 96. 469. Martin 96. 469. 498. Michael 96. 469. 521. Sebald 96. 469. 508. 519. Ulrich 96. 469. 484. Wolf 96. 469. 508. 509.
Khevenhiller, Geschlecht 427. 536. Barthol. von 533. Franz von 533.
Khress, Martin 519.
Kidron 75. 271. 272. 327.
Kiechel, Samuel 544. 588.
Kiepert, H. 622.
Kilian, Knecht 483.
Kinnisrin 435.
Kinsberg, Hans 473.
Kirchberg, Geschlecht 501. Graf Albrecht von 482. Graf Eberhard von 474.
Kirchheim 283.
Kiriat el-'Anab 405.
Kirperger, Siegmund 474.
Kirsten, Knecht 483.
Kirstinrode, Tile von 482.
Kisbode, Friedrich von 482.
Kisil Irmak 434.
Kitchener, H. H. 645.
Kittlitz, Christoph von 360. 527.
Klausen 352.
Kleberg 97.
Klein 636.
Klein, A. 636.
Kleophas 156.
Klingenberg, Geschlecht 312. 512. Johann von 476.
Klöbel, Geschlecht 535.

Knewsel, Hans 112.
Knöringer, Georg 473.
Knörning, Geschlecht von 453. 539.
Knuss, Joh. 502.
Knuth, Hans 484. 516.
Kobalhar 514.
Kobelsdorf, Ulrich von 500.
Kochberg, Bastian von 482.
Kochner, Johann 455.
Kock, Albert 479.
Koeckeritz, Georg von 489.
Koenig. Johannes 487.
Königsberg, Otto von 535; = Köntzberg 534.
Königseck, Geschlecht von 534.
Köntzberg s. Königsberg.
Koeping, Nils Mathsson 598.
Koepke, Georg 544.
Koetsveld, E. van 636.
Kolnitz, Georg 535.
Kommersyn, Michael von 543.
Komorn 538.
Konarski, Michael 543.
Kongsberg, Joh. 521.
Konstantin Nikolajewitsch, Grossfürst 633.
Kootwyck, Joh. von 590.
Korobeinikow, Tr. 588.
Koron 48. 251. 285. 366.
Kosman, Sanct. 356.
Kostenrode s. Kirstinrode.
Kotelmann 643.
Koterisch, Benedix und Wolf von 523.
Kothin, Hans 469.
Kotschaf-Tschai 434.
Kozau, Heinz von 473.
Kracht, Heinz 473.
Kraft, Adam 246. Ulrich 539—541. 587.
Krain 398.
Kraineburg 398.
Kramer, Ulrich 501.
Krat s. Chrat.
Krantz, Hans 511.

Kratzler, Hans 491.
Kratzmaier, Matthes 449.
Kreckwitz (Keckwitz) Hans 442. 539.
Kreess, Martin 96.
Kreig, Leopold von 471.
Kreys, Bernh. 472.
Kring (?), Nickel 491.
Kron, Caspar 545.
Kronberg, Ulrich von 455.
Kronenberg, Lamprecht von 490.
Kroppichte, Bach 126.
Krumbsdorf, Karl von 170.
Kühn (Jazky), Georg 533. 535.
Künsberg, Friedrich von 473.
Kufstein 352.
Kulmbach 448.
Kulstett, Hermann 483.
Kulwein, Balth. 415.
Kuneitirah 438.
Kunia s. Iconium.
Kunigunde, Gemahlin Herzog Christophs von Bayern 305.
Kunth (Knuth?), Hans 482.
Kunz, Koch 491.
Kuppel, Walter 527.
Kurd Kulak 434.
Kurgy s. Georgiten 92.
Kuteifah 435.
Kurtz, Jacob 448.
Kutzer von Resenheim 449.
Kyma 239.

Labengyr, Mich. 543.
Laborde, de 617.
La Boullaye Le Gonz 599.
La Brocquière, B. de 569.
La Chesnaie, J. de 581.
Lack 513.
La Condamine 607.
Lacy, Heinrich von 5.
Ladoire, M. 607.
Laelius, L. J. 589.
Laghi, Capo di 445.
La Haye, G. de 581.
Lajazzo 46. 51.

Laibach 398. 528.
Laiter 290.
Lamadro, Jann. 152.
Lamartine, A. de 619.
Lamboy, J. von 528.
Lamech s. Mekka.
Lamparten (Lombarden) 174.
Lampoltiner, Hans 474.
Landau, Jac. von 491.
Landeck 289.
Landenberg, Gottfried von 525. Heinrich von 360. 527.
Landeshut 468. 485.
Lando, Joh. 104. Petrus 12. 127. 155. 156.
Landolf von Aquino 294. 295.
Landolt, Georg 538.
Landrino, Marco Anton. de 525.
Landesberg 291. 301. 415. Otto, Schenk von 482.
Langdeck, Joh. Jansens de 422.
Langeneck, Geschlecht von 534.
Langenmandel 428.
Lango 182. 369.
Langossa 518.
Languerand, G. 576.
Lannoy, G. de 567.
Lanscin, Alessandro 12.
Lantferer, Jac. 484.
Lanx, Joh. 515.
Lanytily, Andreas 515.
Lanza, S. 641.
Laodicea 58. 60.
La Peyre, J. d'Anzoles 595.
Lapitel, Ezechiel 441.
Larnaka 379. 382.
Laroque 602.
Lasarew, A. 630.
Latana 50.
Lateiner, lateinische Christen 92. 251. 252. 382. Lateinische Sprache 157. 252. 261. 313. 330. 334. 412.
Latif ben Meir, J. 580.
Latore Mercorum, Bertrand. de 12.
Latron, Al- 28. 376. 458.

Laubenberg, Christoph von 427. 534. 536. Hans Caspar von 490.
Laubheim 429.
Lauffen, Joh. von 542.
Laug 399.
Lauingen 283. 290. 349. 351. 399. 526.
Laun, Hans 471. Ulrich 471.
Lauredano, Andreas 12.
Laurentia, Kammermädchen 504.
Laurentius, Sanct. 345. 356.
Lautern, Geschlecht von 354.
Lauters, J. A. 626.
La Vergne de Tressan 598.
Laweya 368.
Lazarus 73. 88. 205. 259. 262. 267. 439. 458.
Lazinus, Joh. 502.
Leandro Cottalorda 609.
Lecce 221.
Lech 351.
Leckerhennslein 473.
Leeder 168.
Legkij 641.
Le Gonz, La Boullaye 599.
Legrenzi, A. 601.
Leigen, Mich. von 151. 505.
Leiningen 511.
Leipzig 7. 315. 340. 490. 529. 537 —539.
Leman, Ulrich 102.
Le Mans 500.
Lemberg 113.
Lendeschars 440.
Lengenfeld 400.
Lengherand, George 576.
Lenkersheim, Kraft von 473.
Lentz, Friedrich 540.
Leo X, Papst 21. 135. 325. 360. 366.
Leob, Rob. 606.
Leod, W. Mac. 626.
Leomadro, Jann. 152.
Leon 347.
Leonidas, Abt 632.
Leonore, Tochter Ferdinands I. 534.

Leonrod, Wilhelm von 359. 527.
Leopoldsdorf 536.
Le Roux 606.
Lesander 534.
Lesina 68. 133. 153. 177. 178. 250. 285. 323. 344. 363.
Letronne 621.
Letteris, M. 641.
Leu, Sanct. 345.
Leucosia 317.
Leuendal, Johann von 519.
Leuma 513.
Leutkirch 448.
Levi, Gerson b. Elieser 596.
Lewisson, W. A. 633.
Lexton, Reichh. 453.
Leyden, Johann von 151. 505.
Liano 368.
Libanon 41. 64. 457. 466. 467.
Lichtenberg 611. Graf Ludwig V von Hanau- 478. 504. Betz von 372.
Lichtenstein, Geschlecht 466. 535. 541. Axel von 484 f. Hans von 473. Hertel von 566. Michael von 414. 415. 421—423. 529 f. 585. Otto von 482. Rudolf von 471.
Liebetrut, F. 628.
Liegnitz 315. Herzog Friedrich II von 521 f. 581. Herzog Georg von 525. Herzog Ludwig II von 521 f.
Lienz 399.
Lieure, Petrus de 427.
Liévin de Hamme 641.
Light, H. 615.
Limburg, Friedrich von 428.
Limissol 53. 92. 104. 137. 155. 187. 213. 215. 338. 339. 407. 409. 422. 426. 452. 454.
Lina 445.
Lindau 424. 448.
Linden, van der 596.
Lindenberg, Jordan von 473.
Linz 318.
Lissa 133.

List, Christoph 510. Siegmund 156. 505.
Lithostratus 93.
Litra s. Itri.
Littes, Mordechai b. Jesaia 593.
Litthauen 543.
Ljudogowskij, L. Th. 613.
Loban s. Rubano.
Lobkowitz, Leopold, Matthaeus, Popel von 544. Johannes von L. und Hassenstein 510. 577.
Lochner, Hans 473. 569.
Lochninger, Ursel 447.
Lockwitz, Christoph 449.
Loë 479.
Löfel, Emmerich 521.
Löffelholz, Christoph 96. 519. Martin 96. 499. Thomas 96.
Löhner, Geo. Hofmann 147.
Löser, Hans 519. Heinrich 489. 494.
Löwe, L. 620.
Löwenstein, Graf Albrecht zu 533—536. 541. 586. Hans Müntzer zum 490.
Löwinsohn, Salomo 616.
Logrota 223.
Logwinowitsch, W. 644.
Lombardei 174. 316. Lombarden Turm in Rhodus 154.
Longarone 68.
London 431.
Longinus 84.
Lopbrack, Joh. 156. 505.
Lopez, Juan 611.
Lorenz, Kaplan 449.
Loretto 41. 47. 163. 219. 236 ff. 279. 281. 287. 291 ff. 363. 449. 524. 528. 543.
Loschi, L. 593.
Losenstein, Berthold von 474.
Losnie, Petrus de 12.
Lot, Frau des 259.
Lothringen, Herzog Gottfried von s. Bouillon.
Lou, Johann de 534.

Loymare, Jean 581.
Luarna 50.
Lublin 112.
Lucas, Sanct. 105. 236. 291.
Lucas, Paul 608.
Lucia, Sanct. 248. 293. 322. 356.
Ludel, Peter 427.
Ludolph, H. W. 603.
Ludwig IV, König 351.
Ludwig, Herzog von Bayern 351.
Ludwig V, von Hessen-Darmstadt 593.
Ludwig, G. 637.
Lübeck 469.
Lüpfen, Geschlecht 534. Graf Siegmund von 155. 156. 159. 505.
Lüttich, 422. Bischof Johannes von 479. Seufried von 518.
Lufft, F. M. 608.
Lugaster, Friedrich 474.
Lukjanow, J. 606.
Luncz, A. M. 646.
Lusardi, M, 579.
Lusignan, S. 346. 610.
Lussin s. Lesina.
Lussy, Melchior 542. 588.
Lutheraner 403. 458. 459.
Lutz, Hans 455. Ludwig 540.
Luynes, P. J. de 637.
Luzern 517. 525. 542 f.
Lycien 292.
Lydda 55. 98. 141. 156. 192. 255. 405.
Lyhe, Heinrich v. d. 425. 428.
Lymlea 134.
Lymus, Jonus 534.
Lynch, W. F. 627.

M Mönch 638.
M. Schtsch. M. 628.
Maarrat an-Numan 435.
Macduff, J. R. 640.
Macedo, A. de 636.
Machaerus 59.
Madagaskar 513.
Madrutz, Geschlecht von 535.

Mähren 522. 525.
Magdeburg 471. 492.
Magenhoffer, Hans 483.
Mager, Wolf 425.
Magerer, Nic. 478.
Magius, Charles 587.
Magnavacca 239.
Magni, Corn. 601.
Magnus, Carolus, Pilger 453.
Magri, D. 594.
Mailand 222. 308. 309. 310. 424. 448. 449. 476. 504. 514. 518. 530. 540. 542. Mailänder 526; s. auch Lamparten.
Maimonides 555.
Maino, Joh. Angelo de 525.
Mainz 97. 122. 124. 516. 517. 523. 531.
Makarius 605.
Malabar 513.
Malaga 570.
Malamocco 415.
Malatesta 425.
Malchus 76. 272. 328.
Malea 367.
Malefaber 347.
Malghera 127. 357.
Malherbe, R. de 624.
Malipiero, Marco 498.
Malleopulus, Bartlme 50.
Malorca 110.
Mal passo 392.
Mals 290.
Malsela s. Molfetta.
Malserheide 290.
Malta 460. 541, Malteser 454.
Malte-Brun, V. A. 638.
Malters 543.
Maltitz, Conrad von 508. Hans von 489. Heinrich von 489. Siegmund von 508.
Mama, Sanct. 381.
Mameluken 189. 190. 192. 194. 195. 208. 255. 313.
Mamre 109.
Mandelsloh, Dietrich von 515. 516.

Manderscheid, Geschlecht 457. 545.
Mandracky 136.
Manewitz, Siegmund 524.
Manfredonia 292.
Mangles, J. 616.
Manhofer, Elias 540.
Manlich, Anton, Melchior 540.
Mansfeld, Geschlecht 457. 545.
 Graf Ernst von 489. Gebhard von 480. Günther IV von 522.
Mansiedeo, Ganian 518.
Mantegazza, St. 591.
Mantener, Friedrich 510.
Manth, Curt 515.
Mantua, Herzog von 534. Markgräfin von 492.
Marano s. Murano.
Marburg in Hessen 166, in Steiermark 467.
Marcellino da Civezza 550.
Marco, Knecht 67.
Marcus, Sanct. 151. 174. 181. 196. 273. 356. 445. Kirche 77. 152. 173. 248. 249. 310. 311. 355. 357. 358. Platz 309—311. 449.
Mardochaeus 142.
Marena 362.
Margaretha, Herbergswirtin 127.
Margatum (Markab) 59. 63.
Marghero 147.
Maria, Mutter Gottes 50. 70. 74 ff. 79 ff. 82—87. 93. 94. 105. 116. 117. 196. 200. 206. 207. 208. 236. 257. 260—266. 270—274. 280. 285. 286. 291. 330—335. 311—343. 356. 404. 406. 411. 442. 443. 451. 458.
Maria Magdalena 74. 79. 82. 83. 88. 118. 158. 202. 259. 262. 265— 268. 283.
Maria Eleonora, Herzogin von Preussen 431.
Maria, Giuseppe 602.
Maria, Schiffsname 374.
Maria, Tertiarierin 587. 597.
Mariathal 283.

Maria Vilerma 136.
Mariano da Siena 569.
Maricourt, de 640.
Mariet, Schiffsname 394.
Marini, Joh. 449.
Mariti 611.
Mark 473.
Mark, Abt 644.
Marmont, A. F. V. de 619.
Maroniten 52. 92. 402. 457. 466.
Marquardt, Martin 535.
Marsala 461. 546.
Marschalk, Christoph 427. Waldburga 428.
Marschall, Franz 538. Georg 488. Gerhard 489. Hans 490. Rudolf 482.
Marseille 110. 386. 460. 540. 542.
Mart, Georg 501.
Marten, Hersli 524.
Martha, Schwester der Maria Magdalena 88. 259. 262.
Martin, Sanct. 345.
Martin, Büchsenmeister 427.
Martinus Polonus 559. 647.
Martorelli, Ign. 630.
Martucci, D. A. 591.
Marx, Georg 502. 503.
Mas Latrie, L. de 624.
Masselin, J. 581.
Masselin, N. 581.
Massisa 434.
Matapan 219.
Matharia 466.
Matrei 126. 196. 242.
Matthaeus, Apostel 356.
Matthes, Küchenmeister 490.
Matthias, Apostel 80. 158. 261. 291. 327.
Mauck, Lienhard 428.
Maughan, W. Ch. 644.
Maulbronn 125. 167. 168.
Maundeville, J. de 461. 563.
Maundrell, H. 603.
Maura, Sanct. 134. 220. 345.

Maurus, Sanct. 133.
Maximilian I, Kaiser 234. 298. 318. 362. 431. 492.
Maximilian, Erzherzog von Oesterreich 163.
Maximus, Sanct. 291. 356.
Maynet 126.
Mayr, Joh. H. 614.
Mayr, Ladisl. 609.
Mcy, Hans 515.
Mecheln 345. 386. 529.
Meckau, Dietrich von 523.
Meckle, Conrad 545.
Mecklenburg - Schwerin, Herzog Balthasar 488. 499. 507. Herzog Magnus II 488. M.-Stargard, Herzog Ulrich 488. Mecklenburger 425. 465.
Meddeford, W. 584.
Medici 356.
Medlingen 278. 283.
Medten, Johannes 515.
Meersburg, Augustin Frh. zu 514.
Meggen, Jodocus von 517. 528. Johannes von 517. 528. Nicolaus von 525 ff.
Megl, Hans 414.
Mehringen, Christoph von 476.
Meinudega (Montagne d'aqua) 435.
Meissbach, Hans von 508.
Meissen 425. 481. 482. 508.
Meissner 535.
Meisterl, Salomo 592.
Mekka 41. 59—62. 104. 513. 532.
Melantben, Phil. 585.
Melchisedech 266. 267. 269.
Meletius 613.
Mellach 126.
Melle 346.
Mellerstadt, Dr. 489. 492.
Mellrichstadt 489. 492. 508.
Melnikow, P. P. 641.
Melos 218. 219. 395. 396.
Melusina 346.
Memmingen 125. 289. 501.

Memphis 285. 444.
Mende, von s. Ende, vom.
Mendel ben Ahron 621.
Menelaus 180. 252. 362.
Meran 290. 511. 513.
Mercy 151.
Mergenthal, Caspar von 491. Hans von 121. 489. 573.
Mergunt s. Margatum.
Mernau, Ferdinand von 501. 502.
Merode, Geschlecht 427. 536 f. Kuckelt von 360. 527. Philipp von 543. Werner von 533.
Meron 439.
Merzod 433.
Meschullam ben Menachem 579.
Mesenge, Pierre 581.
Messeritzsch, Wilhelm von 523. 525.
Messina 110.
Mestre 127. 147. 170. 239. 308. 455.
Metsch, Conrad 507.
Metter, Jacob de 427.
Mettler, Hans 469.
Metz 360. 425. 527. 536.
Metzger, J. B. 603.
Meyer, F. J. L. 614.
Mezzavacca, G. 571.
Michael, Sanct. 56. 224. 292. 364. Berg 133. 153. Kirche 344.
Michael, Bernhard 473.
Michaelis, Jacobus 12.
Michaelis, J. D. 611.
Michaud 618.
Michel, Bote 455.
Michel, Koch 522.
Michiel, M. 601.
Mieulet 642.
Milchling, Hermann 427. 536.
Millebrughe (Millobrig) 151.
Milo s. Melos.
Milsau, Joh. von 151. 505.
Minden 466. 527.
Mirtz, Thomas 455.
Misericordia-Brüderschaft 358.
Misselbach, Bastian von 507.

Miltitz, Georg von 489. Hans von 533 f.
Minckwitz, Hans von 489.
Mirabel, Cl. de 579.
Miranda 346.
Mislin, J. 626.
Mittenwald 67. 168.
Mizpa 405.
Mlawa 432.
Mlodsianowski, Th. 598.
Moab 61.
Moawijah 154.
Mocenigo, Aloise 532. 586.
Mocquet, J. 593.
Modon 21. 48. 69. 73. 135. 153. 180. 181. 218—220. 251. 252. 285. 325. 342. 366. 367. 481. 490. 511. 516. 518.
Mödingen 283.
Mörle, Christoph 455.
Mörs 513.
Mörspurg 534.
Mohren 209. 381. 391. 392. 441.
Mola 222. 232.
Moleo, Marc. da 600.
Molfetta 222.
Molin 427.
Molre 515.
Molsberg 246.
Mom, Severus 452.
Monconys 598.
Mondgebirge 514.
Monembasia 251. 367.
Moneto, Piro de la 456.
Mongolium 104.
Monopoli 222.
Montagne d'aqua 435.
Montagne, Edw. P. 626.
Montcoya, A. de 604.
Montebello 354.
Monte Cassino 296.
Montefalcione 223.
Montefiascone 449.
Montegrotto 357. 358.
Monte Santo 314.

Monte Serrato 476.
Montjoie 431.
Montfaucon, G. 570.
Montfort, Geschlecht 534. 621. Graf Heinrich von 472. Hugo von 469. Johann von 23. 104. 381. 504. 528. Rudolf von 468. Ulrich von 217.
Monthéry 345.
Montor, A. de 625.
Mopsuestia 434.
Morea 48. 135. 143. 153. 180. 220. 366.
Morehead, R. 618.
Moresino 426.
Morgad s. Margatum.
Moriscaven s. Ismaëliten.
Morison, A. 603.
Morosini 595.
Morosini, Andreas 12.
Morosini, Barbone 581.
Mosbach, Geschlecht 119. 503. Siegmund von 501. 502.
Mose ben Elia 599. 638.
Moses 259. 285. 287. 440.
Mosheim, Seufrid von 456. 458. 460. 545.
Mossolow, N. 642.
Motta 68.
Mottschel, Georg 414.
Mucerata 235.
Mudersbach, Daniel von 472.
Mudschir ed-din 578.
Mückenhäuser 349.
Mühlbach 126. 399.
Mühlhausen 483.
Mühlinger, Felix 504.
Mülich, Jörg 648.
Müller, Joh. 502.
Mülwetzhausen 534.
Münch, Hans 507.
Münchau, Geschlecht 119. (Gilg von 503.
Münchdorf, Wolfgang von 500.
München 45. 340. 349. 350. 451. 470. 481. 485. 492.
Münchingen, Wilhelm von 486.
Mündelsheim 533.

Münden 360.
Münsingen 283.
Münsinger, Hans 486. 487.
Münster 30.
Müntzer, Wolfgang 585.
Muffel, Gabriel 96. 485. 572. Nicolaus 96. 483. 486.
Muffo, Polo 112.
Muggia 397. 398.
Mugiaschga, Nicol. 543.
Mugk, Albrecht von 223. 506.
Muhammed 55. 61. 64. 110. 406. 459.
Mulich, Heinrich 483.
Mumprot, Bastian 360. 527. Rockius 360. Walter 527.
Mu(i)nckwitz, Caspar von 425.
Munk, S. 622.
Murano 355.
Murawieff, A. M. 618.
Musa, Ibn Abd-Allah 555.
Musica, Joh. 421. 423.
Mussel, Oswald v. d. 523.
Mussinan 617.
Mustapha Pascha 432. 438. 537.
Myra 292.
Myrike, H. 602.

Nâblus 62. 72. 101. 161. 477.
Nachmann 560. 570.
Nadeshdin, N. J. 625.
Nättel 545.
Nagel, Johann 233. 506.
Naïn 101. 440.
Nali, Bern. di s. Noli.
Nana, Schiffsname 458.
Nancy 511.
Nane, Car. 456.
Napolramania s. Nauplia.
Napols, Napulia s. Apulien.
Nappoltz s. Nâblus.
Narbe, Paul 483.
Nardi 633.
Narducci, Enrico 550.
Narui 235.
Narnsdorf 537.

Nasir ad-din Khusru 553.
Nassau, Geschlecht des Grafen von 526. Emmerich von 505. Hans Jacob von 311. Johann von 512. Ludwig von 511.
Nassereit 126. 289.
Nau, M. 600.
Naumburg 316. 340. 513. 523.
Nauplia 367. 396.
Nautilus-Felsen 48.
Navarra 512.
Naxos 218.
Nazareth 62. 64. 65. 70. 72. 101. 109. 119. 236. 237. 280. 292. 477. 498.
Neapel 103. 110. 134. 153. 162. 164. 165. 179. 221—224. 226. 227. 231. 294. 295. 363. 364. 396. 424. 425. 461. 487. 524. 544. Könige von 230. 231. 234. Neapolitaner 314.
Neapolis s. Nâblus, vgl. auch Sichem.
Nebra, Reinhard von 483.
Negroponte 20. 367. 488.
Neipperg, Albrecht, Hans von 474.
Nempsi, Chainrat 471.
Neocastro 135.
Neophit, Prior 637.
Nersche 433.
Nesselwang 125. 126.
Nestorianer 53. 92. 402.
Netra, Wolf von 166. 506.
Netschajew, M. G. 607.
Netschajew, W. 635.
Neuburg 400.
Neuchâtel 525.
Neuhaus, Otto von s. Boldensele.
Neuhausen 431.
Neumarkt 353. 400. 401.
Neumünster 415.
Neuneck, Hans von 486. Reinhard von 358. 359. 390. 527.
Neuss, Johannes 17.
Neustadt, Hermann von 523 f.
Newberie, John 539. 587.

Neuwik, Geschlecht 453.
Niclas 473.
Niclaus 486.
Niclausdorf 530.
Nicola 156.
Nicolais, Angelo de 415.
Nicolao 449. 468.
Nicolao, St., Ort 445.
Nicolaus, Sanct. 222. 292. Berg 289. Kirchen 155. 261. Kloster 356. Hafenthor in Venedig 47. 92. 154. Thor in Breslau 315. 316. 342. Turm in Rhodus 100. 103. 185.
Nicolaus 466.
Nicolaus Nikolajewitsch, Grossfürst 643.
Nicolaus, Dolmetscher 490.
Nicolaus, Sohn des Ploten 465.
Nicolaus de Bruxella 421. 423.
Nicolay, Franz 416.
Nicomedien 433. 538.
Nicopolis s. Emaus.
Nicosia 51. 53. 69. 128. 211—213. 380—383. 452. 454. 478. 536. Vgl. auch Naxos.
Nidan s. Modon.
Nidda, Graf von 230. Wilhelm der Aeltere 164.
Niederbrela 469.
Niderndorf 126.
Niederer, Geschlecht 503.
Niederlande 424. 445. Niederländer 12. 18. 19. 29. 155. 213. 360. 403. 411. 422. 423. 425. 427. 449. 458. 478. 526. 528. 533 f. 537—539. 543.
Nikia 136. 314. 454.
Nikiphor, Prior 641
Nil 40. 57. 60. 313.
Nio 396.
Nisyro 136. 369. 394.
Nizza 461. 546.
Noack, L. 640.
Noah 56. 105. 137. 138.
Nochere 246.

Nocknitz, Christoph von, Gall von 428.
Nogner, Johannes 515.
Nola 223. 294.
Noli, Bernardino di 577.
Nordgau 400.
Nordhausen 482. 483.
Norow, A. v. 619.
Nothaft, Geschlecht 119. 428. 536. (vgl. Hohenburg). Haimarus von 503. Hans von 486. Heinrich von 491.
Novibazar 531.
Nowikow, M. 614.
Noyon 345.
Nubien 57.
Nürnberg 7. 30. 39. 65—67. 95. 96. 111. 112. 114. 168. 246. 315—317. 320. 321. 400. 401. 428. 461. 469. 471—475. 478. 483—486. 490. 492. 499. 500. 513. 514. 527. 529. 536 —539. 543. 545. Nürnberger 425. 515. Albrecht d. Schöne. Burggraf von 467.
Nützell, Carl 96. 544.
Nussdorf, Geschlecht 119. Burckhardt von 501. 503.
Nyenburg, V. 604.
Nymonitz, Johann 523.

Obadja R. 576.
Oberlindt 523.
Obernizke, Hans Lentil 510.
Ochsen, Georg Schurtzbecher zu 523.
Ochsenfurt 414.
Odoricus 562.
Oelberg 70. 71. 76—78. 91. 98. 158. 199. 200. 256. 262. 272. 273. 327. 328. 377. 443.
Oersbach, Walter von 544.
Oertel, Emmanuel 532 f. 586.
Oertzen, Sievert von 476.
Oesterreich 348. 430. 469. 482. 516. 544. 570. Ein Erzherzog aus 352; Erzherzog Karl 456. Herzog Al-

brecht 469, Ernst 470. 474. 475,
Friedrich 474. Leopold 119. Herzogin von 244. Edelmann aus 500.
Oetting 446. 447.
Oettingen, Geschlecht 453. 539. Graf Friedrich von 470, Ludwig von 467, Wolfgang von 449.
Ofen 67. 315. 469.
Offenhausen 283.
Offing 399.
Offinger, Bastian 455.
Ogarkow, M. 588.
Ohnesorg, Conrad 572.
Ohnesorge, Ed. 628.
Oldermann, Joh. 606.
Oliver 114.
Olivier, G. A. 614.
Olmütz 492. 525.
Onolzbach 401.
Oppelant, Jacob 483.
Oppersdorf, Wolf von 530 f.
Orange, Guill. Prince d' 570.
Oribio, Sierra del 347.
Orient 111. 288. Sagen aus dem 460.
Orléans 345.
Orontes 435.
Ortenberg, Graf Wolf von 510.
Orthemo s. Retimo.
Ortlob, C. 599.
Ortolff, Hans 485.
Osning 467.
Ospedale 126.
Osten, Ewald v. d. 515.
Ostheim, Christoph von 156. 505.
Ostuni 222.
Otranto 48. 162. 221. 293. 487.
Otricoli 235.
Otto, Cardinal 449.
Otto, David 535.
Otto Heinrich, Pfalzgraf 349 ff. 526—528. 582.
Otto Heinrich von Wembdingen 446. 447.
Ou e 422. 427.
Ovo 368.

Pabon 622.
Pachelbel, Wolfgang 542.
Pachomij, Prior 635.
Pacificus, Leonhardus 543.
Padella, Francisco 425.
Paderborn 467.
Padua 47. 290. 291. 311. 321. 354. 355. 357. 361. 408. 428. 451. 456. 471. 515. 530.
Palästina 58—63. 103. 111. 297. 430. 432.
Palagi, Chajim 644.
Palazzolo, A. 590.
Pallandt, Friedrich von 479.
Palmer, H. S. 641.
Palmer, R. 618.
Paludanus, Bernhardus 541.
Pancratius, Mönch 359.
Pannewitz, Andreas 490.
Pantaleon 28.
Papho 187. 213.
Paphos s. Baffa.
Pappenheim, Geschlecht 453. 534. 539. Alexander von 424 ff. 447. 448. 455. 536. 586. Christoph von 429. 533—536. Conrad von 473. Eucharius von 482. Philipp von 429. Wolf von 429.
Parchwitz, Hans Zedlitz von 527. Otto von 522.
Pardieu, Ch. de 627.
Pardo, N. 643.
Parenzo 21. 68. 133. 153. 177. 178. 224. 249. 285. 344. 362. 397. 416. 483.
Paris, Stadt 345. 431. 514.
Paris, aus Troja 133. 135. 181. 249. 362.
Paris, Matthaeus 559.
Parma 424.
Paros 218. 314. 396.
Parr, Michael Niederer von 503.
Parsberg, Conrad von 593. Haug von 491.
Parsito, Schiff 374.

Parsons 617.
Part, Hans 67.
Partenkirchen 471.
Partmann, Ch. 608.
Partzete, Schiff 378.
Pascasii, Laurentius 515.
Passau 142.
Passerhammer 472. 569.
Paterne, J. 592.
Patmos 247. 276. 396.
Patricius, Sanct. 279. 281.
Pauillart, Anton 525 f.
Paul, Büchsenmeister 512.
Paula, Sanct. 551.
Pauli, R. 648.
Paulinus, Sanct. 294.
Paulo, Carolus a S. 597.
Paulowitsch, Konst. 622.
Paulsdorf, Gregor, Wilhelm von 311.
Paultre, Ch. 614.
Paulus, Sanct. 49. 75. 106. 136. 233. 248. 253. 261. 270. 356. 410. 436. 437. Secte 135. 262. 325. 366.
Paulus, Herzog von Constantinopel 322.
Paulus, Nicolaus 12.
Pavia 424. 449. 476.
Payll, Joh. 514.
Payrweiss 428.
Payure, de 428.
Pelagia, Sanct. 77. 273. 328.
Pelchinger, Anton 480.
Pendek 432.
Pendel, Conrad 97.
Pent, Georg 543.
Penzig, Czaslaus IV von 469.
Perez ben Mose 612.
Perinaldo, Fr. da 631.
Perneck, Wilhelm von 474.
Perotto, G. 586.
Perpignan 109.
Pesaro 239.
Pessler, Erhard 485.
Pesth 514.
Petachia 556.

Peter. Barbier 490.
Peterlingen 525.
Peterson, A. 422.
Petrow 636.
Petrus, Sanct. 54. 56. 76. 79. 190 198. 200. 233. 236. 261. 272. 275 291. 327. 328. Kirche in Rom 233 Kirche in Venedig 355. Schloss auf Piscopia 182. Schloss auf Stankio 136. 186. 369. 373.
Petrus Blesensis 579.
Petrus Casinensis 554.
Pezinger, Balth. 515. 516.
Pezron 605.
Pfalz 349. 526. Herzog Ludwig 350 471. Herzog Otto II von Pfalz-Neuburg 481.
Pfeffinger, Degenhard 507.
Pfeiffer, Ida 623.
Pfeiffer, Moritz, Rudolf 542.
Pfeiffer, Rudolf 588.
Pfinzing, Georg 65 ff. 96. 475. Sebald 66. 96. 473. 499.
Pfister, Melchior 425.
Pflug, Andreas 518. Caspar 508. Haubold 508. Otto 519. Sigmund 508. Thomas 518.
Pforzheim 283.
Pharao 285.
Philerm 371. 391. 392.
Philipp, König von Frankreich 561.
Philipp, Herzog von Burgund 4. 26. 30. 103. 140. 192. 255. 318. 326. 376.
Philippus, Sanct. 377. 566. Kirche 78.
Philippus 560. 566.
Philippus de Aversa 39.
Philippus Jacobus Abbas 147.
Philippstadt 424.
Phoss, J. 640.
Piäwzow, W. 644.
Picardie 427.
Pico, Angelo 535.
Piellsse, Lorenz 518.
Pierotti, E. 630.
Pigafetta, F. 587.

Pilatus 57. 73. 74. 83. 84. 93. 116. 202. 206. 263—268. 312. 316. 330. 332. 377.
Pilo (Tilo) 370.
Piloti, E. 568.
Pimenow, G. 616.
Pinon, Charlier de 541.
Pinsker, S. 636.
Pintzenau, Hans von 491.
Piperno 295.
Pipinus, Franciscus 562.
Pirano 68. 397. 475.
Piro 452.
Pisa 110.
Piscopia 182.
Pizziolle, Ciriaco 5.
Placereani, L. 643.
Planitz, Hans v. d. 489. 523. Rudolf v. d. 507. 508. 510. 523.
Plarer, Christoph 360. 527.
Plasere, de 425. 428.
Plataeae 314.
Plattenberg, Hunolt von 482.
Platz, Anton 545.
Plaue 468.
Plauen, Heinrich Reuss von 482. Jobst von 491.
Pleschtschejew, S. 612.
Pless 152.
Pococke 608.
Podewils, Michael 514. Peter 514. 515.
Pöttmes 115. 116.
Poggibonsi, N. di 565.
Pogodin, M. P. 640.
Pola 21. 68. 69. 285. 312. 363. 543.
Polance s. Poloner.
Polen 112. 315. 472. 526.
Polenz, Christoph 510. Nicolaus von 474.
Polhaim, Ludwig von 535. Ulrich von 474.
Poljakow, W. P. 625.
Polintzki, Christoph 514—516.
Politerribile, J. F. de 425.

Pollich, Martin 492. 508
Polo, Schiffsname 426.
Poloner, Joh. 471. 568.
Polowzew, N. 644.
Poma 276. 341.
Pomarez 346.
Pommern 425. 460. 505. 543—545. Herzog Bogislaus X. von 15. 514 —518. 578.
Pompejussäule 445.
Pomphj, Jacob 523.
Ponomarew, S. 549.
Pont 346.
Ponteferrado 347.
Poole, Henry 631.
Popplau, Nicolaus von 505.
Porcis 368.
Porges, Hirsch 598.
Pori 48. 181. 276.
Porlunt, Aegidius, Justus 452—454.
Porner, Arndt 471. Hans 471. 568.
Poro 514.
Porphyrius, Erzbischof 627.
Porter, J. L. 630. 646.
Portogruaro 68.
Portugal 220. 224. 403. 456.
Poschtzeschy 434.
Posdnjakow, W. 585.
Posen 112.
Posilippo 224.
Postara, Lucas 498.
Postel, Wilhelm b. 583.
Poster 473.
Potendorf, Heinrich von 471. Paul von 474.
Potiphar 285.
Poujoulat 618.
Pourmereyt, Dirk Jans van, Heinrich Jans van 534.
Poussereau 151.
Prag 460. 469. 529.
Pranborken, Joh. 152. 157. 505.
Prandra 364.
Prassberg, Rud. von 449.
Prauneck s. Brunneck.

Prayner, Philio 428.
Prazeres, João dos 610.
Pregen s. Egen.
Preuse (Breuss?) Peter 483.
Preussen 95. 445. 478. 539. 543.
  Johann von 159. 499. 501. 516.
Preussinger, Wilhelm 473.
Priamus 181. 362.
Prime, S. J. 629.
Priscus, Sanct. 294.
Priola, Schiffsname 415. 459. 460.
Prioli 12. 415. 423.
Prolut s. Porlunt.
Promontore 133.
Prospero dello Spirito Santo 596.
Prothasius, Sanct. 291.
Provence 316.
Pruckh, Wolfg. von 587.
Prun, Hans 490.
Prutz 289.
Ptolemaida s. Akka.
Puchberg, Georg von 498.
Puchhaim, Georg, Hans von 474.
Puchler, Geschlecht 119. 503.
Puchs 224.
Puck, Petrus 452.
Pütten 546.
Puglia s. Apulien.
Pulsinger 473.
Purchas, S. 550.
Pushart, Guido von 151.
Pusmagium s. Umago.
Pussery 151.
Pusterthal 399.
Pyramiden 444.
Pyres, Peter 111. 499.
Pyrrhus, Herzog von Altamura 225.

Quarnero 133.
Quentin, St. 345.
Quétin 624.
Quirinus, Sanct. 402.

Raab 538.
Rackwitz, Wigand von 490.

Raden, Hans von 491.
Radmannsdorf 398.
Radzivill, Fürst von 543. Christoph von 588.
Rábor, Petrus 543.
Ragusa 21. 68. 73. 133. 134. 148. 153. 178. 179. 251. 285. 323. 324. 445. 480. 522. 531.
Raguse, le duc de 619.
Rahel 159. 207. 260. 333. 442.
Raininger, Hans 504. 575.
Raitt, Sigismund Rauch von 412. 529.
Rama (Er-Ram) 56. 98. 376.
Rama (Ramla) 58. 99. 138—141. 156. 187. 191—193. 209. 255—257. 326. 335—337. 376—379.
Ramatha (Ramla) 156. 256.
Rambaux, J. A. 630.
Ramele, Arndt 515. Doringer 514.
Ramla (vgl. Arimathia u. Rama) 24 ff. 37. 45. 55. 56. 256. 404. 405. 410. 426. 452. 454. 457. 458.
Ramnat (Damiette) 119.
Ramstein, Wappen 534.
Ranavel, Berg 347.
Rantzau, Geschlecht 539.
Rantzow, Heinrich 594.
Raphalowitsch, A. A. 626.
Rappolstein, Maximin von 501. 502.
Rascynius, Georg Hwz. 584.
Rastenbrrg 431.
Ratens.. a, Ludbeig von 474.
Rathgeber, A. 629.
Rattenberg 352.
Rattenberg, Gabriel von 402. 528. 583.
Rattich, Johannes 545.
Raubiol, Johannes 515.
Rauch, Sigismund von Raitt 412. 529.
Rauchwolff, Georg 540. Leonhard 5. 540. 541. 587.
Raumer, K. von 619,

Rauter, Hans von 430. Ludwig von 430 ff. 539. 587.
Ravenna 291. 425.
Ravensburg 233. 501.
Raymund 553.
Rebiz, Heinz von 510.
Recanati 235—237. 291.
Rechberg, Familie von (vgl. auch Hohenrechberg) 199. 453. 534.535. 539. Albrecht von 472. 535. Ferdinand von 456. 458. 460. 545. Gaudenz von 472. Hans von 529. Ludwig von 151. 505. 535. Ulrich von 308. 486. Veit von 486. 487. Wenzel von 535. Wilhelm von 488.
Rechenberg, Caspar von 490.
Redern, Geschlecht von 534.
Redwitz, Friedrich von 415. 421. 422. 529. Hans von 485. 511.
Regaldi, Gius. 636.
Regensburg 501.
Reggio, Isaac Sam. 616.
Rehlinger, Friedrich 17. 408. 529. 584.
Reichardus, Pater 458.
Reidburg, (Riedburg?) Nicolaus von 530.
Reigkher 470.
Reinhard, Wappenknecht 490.
Reischach, Burckhard 428.
M. Reischer ben Menachem 638.
Reissberger, Wilhelm 474.
Reitzenstein, Friedrich von 510.
Reland, Ad. 606.
Reliquien 35. 45. 57. 66. 467. 478. 508.
San Remo, Giuseppe da 591.
Renen, Johannes den 422.
Reppin, Jacob von 494.
Resenheim, Kutzer von 449.
Retimo 49. 368. 454. 467.
Reubeni, David 582.
Reuss, Christoph 486.
Reuter, Paul 39. 537.
Reuti 289.
Reutin 283.
Reutte 399.

Revila (Wely Rubin) 443. 574.
Rewich 152. 153. 155—158.
Rey, Emman. 632.
Reynier, Johannes 479.
Rhein (vgl. auch Bayern), Pfalzgraf Alexander bei 511 f. Pfalzgr. Ottheinrich bei 349 ff. 510. 526—528. 582.
Rhein 124.
Rheinfeld, Vogt Lorenz von 422 f.
Rheinfelden, Ignatius von 599.
Rheinfels 164.
Rheyn, Geschlecht von 535.
Rhin, Melchior de 487.
Rhodiserritter s. Johanniter.
Rhodiser Gürtel 319.
Rhodus 50. 69. 72. 95. 100. 101. 103—105. 109. 110. 131. 135. 136. 154. 155. 162. 164. 182—186. 213. 215—218. 220. 224.) 285. 293. 297. 312. 314. 320. 325. 339. 340. 343. 350. 364. 368—375. 385—387. 389 —394. 396. 401. 407. 452. 466. 477. 480. 483. 484. 489. 492. 500. 511. 512. 522. 524—526. 538.
Ricardus 557.
Richard Löwenherz, König von England 214. 254. 384.
Richard, Chr. 642.
Richardson, R. 616.
Richetti ben Elieser 601.
Richmundt, Martin 525. 526.
Richter, O. Fr. von 615.
Ricoldus de Monte Crucis 561.
Riedeburg, Georg von 481.
Riederer, Wappen der 119.
Riedheim, Conrad von 447 s. Rieth.
Riegel, Philipp 456.
Riegler, Gebrüder 451.
Rieneck, Christoph von 533 f. Richard von 527.
Rienz 126.
Rieter, Familie 648. Barbara 476. Eustachius 96. 499. 519. Hannibal 96. 425—428. 447. 536. Joachim 96. Peter 66. 67. 96. 475. 476. 484. 485.

Sebald sen. 8. 96. 111 ff. 484 f. 499. 571. 648. Sebald jun. 8. 96. 573.
Rimini 239.
Rischach (vgl. Reischach), Bolaig von 155. 156. 505.
Rietheim (vgl. Riedheim), Geschlecht 534. Eginolf von 486.
Riggenbach, Chr. F. 644.
Rindfleisch, Geschlecht 315. 347. Christoph 315. 318. Hans 315. 317. 318. 513. Peter 315. 318. 513. 578.
Rinkschchad, Pancraz 474.
Rissbie, Georg 452. 453.
Ritereysen, Andreas 521.
Ritter, Karl 616.
Robersart, Juliette de 639.
Robert, 609.
Roberto di Puglia 559.
Roberts, David 623.
Robertus, Monachus 553.
Robin, Magister Johannes 425.
Robinson, E. 621.
Robinson, G. 618.
Rocca sicca 295.
Roch, Hans 316.
Rochefort, Jouin de 601.
St. Rochus-Orden 358.
Rocka (siehe Lecce) 221.
Rode, Christoph von 482.
Roder, Nicolaus 473.
Rodriguez, Tom. 615.
Röhr, J. F. 615.
Roelshausen, Marie von 431.
Römer 116. 249.
Römer, Martin 490.
Roermonde 479.
Roesslin, Berthold 545.
Roggow 476.
Rogusa (Neocastro?) 135.
Rohrdorf 476.
Roland 21. 68. 312. 346.
Rom 41. 104. 110. 112. 141. 162. 164. 201. 224. 233—235. 261. 281. 283. 287—291. 312. 360. 363. 367. 396. 424. 449. 461. 468. 476. 486. 487. 513. 517. 528. 529. 535. 543. 544.
Romagna 451.
Romain (Ramla) 92.
Romandiola (Romagna) 47.
Romania 49.
Romanus, Mönch 295.
Rome, Henry Affre de St. 633.
Rossaccio, Giuseppe 590.
Rosenau, Andreas von 523 f. Oswald von 491.
Rosenberg, Geschlecht von 539. Wappen derer von 453. Kunz von 507. 508.
Rosenheim 351.
Rosenthal, Leo von 572.
Roseti, Romunlio 453.
Rosette 39. 313. 535.
Rosmital (siehe Rozmital) 572.
Rossel, Wappen der Familie 119.
Rosslawitz 315.
Rot, Stefan 428.
Rotes Meer 313. 444.
Roth, Hans Bischof 526.
Roth, Peter, Wirt in Venedig 425. 454.
Roth, Johannes 620.
Rothenburg 164.
Rothenhahn, Hans von 473.
Rottendom (Rotterdam?), Georg von 151. 505.
Rotterdam 534.
Rotthier, Joh. Andr. Jac. 612.
Rottitzsch, Nickel 491.
Rottweil 526.
Rovigno 21. 133. 285. 322. 361. 362. 407. 545.
Rozmital, Leo von 572.
Rubano 354.
Rubino, Johannes 449. 451.
Rucellai, Pietro Pagolo 580.
Rudawow, A. 631.
Rüdigheim 524.
Rüxleben (siehe Ruhleben).
Rufus, Sanct. 294.
Rugk, Haug von 534.

Ruhleben, Caspar von 490. Heinrich von 482. 484.
Ruma (Fiume) 73.
Rumel, Franc 473.
Rumff (zum Waolross), Sigmund 533f.
Runenspurg (siehe Reutte) 399.
Rupert 601.
Ruppin (Neu-) 316.
Rupprecht, Knecht 359. 527.
Russel, M. 619.
Russen-Leder (Juchten) 131.
Russweil 543.
Rutte (faule Ache?) 126.
Ryshanowski, J. 639.
Ryssel (Lille) 427.

S. 642.
Saarbrücken 511.
Saarburg 477.
Saarburg, Claus aus 477.
Saba, Sanct. 262.
Saba (Südarabien) 513.
Sabandsche 433.
Sabarani-Thal 438.
Sabinus, Sanct. 356.
Sacharja 78.
Sachsen, Herzog Albrecht von 7. 111. 121. 483—485. 488—499. Friedrich von 301. 514. Heinrich von 316. 346. 347. 518—521. Johann von 163. 242—245. 514. Wilhelm von 120. 347. (siehe auch Thüringen) 571. Kurfürst Ernst von 111. 163. 495f. Friedrich von 297. 507. 510. 578. Kurfürstin Margaretha von 495 f.
Sachsen (Land) 449. 451. 458. 507. 539. 545.
Sachsenburg, Peter 515.
Sack, Caspar 490. Hans 507. Ulrich 473.
Sachse, Hans 491.
Sachsenheim, Hermann von 486. 487.
Sacramento, Antonio da 610.
Safed (Saphet) 432. 467.
Saffet (Safed) 437—439.

Safflonia (Kephalenia) 180. 236.
Saftingen, Wilhelm von 465.
Sagan, Herzog Heinrich d. Eiserne von 467.
Sageta (Sidon) 375.
Sahagun 346.
Saige, Gustave 637.
Saige, Jacques de 581.
Saihun 434.
Saintes 346.
Saïzew, N. 639.
Salachijeh 143.
Salamis (Salines) 511.
Salerno, Herzog von 529.
Salette 152.
Salheim, Hundt von 544.
Salignac, Barth. de 582.
Salih, Nachtab 645.
Salines (Constantia) auf Cypern 69. 103. 155. 213—215. 325. 338. 379. 407. 426. 427. 452. 454. 456.
Salland, ein 477.
Salle, Eusèbe de 620.
Salm, ein Graf von 163. 242. 244.
Salmon 608.
Salmonila (Salmoneta) 232.
Salomo 270.
Salomo, Grab des 80. 158. 264. 412.
Salomo, Haus des 443.
Salomo, Mauer des 95.
Salomo, Portikus des 269. 406.
Salomo, Tempel des 75. 157. 161. 206. 269. 271. 406.
Salomo ben Chajim 592.
Salomo ben Mose 612.
Saloren 428.
Salvanca, Wilhelm 540.
Salvator-Kirche in Venedig 356. 358.
Salvator-Kloster in Jerusalem 262. 427.
Salzbacher, J. 620.
Salzburg 485. 526.
Samaria 70. 72 (vgl. auch Náblus, Sichem).
Samariter 432. 441.

Samia 366.
Samsun 113.
Samuel, der Prophet 55. 256. 376.
Samuel, Sanct. Ort 56. 156. 405.
Samuel ben David 597. 638.
Samuel ben Samuel 556.
Samuel, Jacob 623.
Sanderson, John 590.
Sandreczki, C. 633.
Sandys, Georg 592.
Sanktalana (St. Helena) - Kloster 435.
Sans, Raf. 645.
Sanseverino, Jac. da 568.
Sanseverino, Rob. da 571.
Sanson, N. 600.
Santasta, Hieronymus 452.
Santiago di Compostella 17. 66. 95. 198. 224. 279. 281. 283. 287. 288. 315. 316. 318. 345. 346. 348. 468. 476. 485. 513. 521.
Sant-Marite, Nicola 425.
Santorin 369.
Santtamar (Bet T'amar) 159.
Sanutus, Marinus 562. 647.
Sapeto, M. 624.
Saphet 59. 62. 63 (vgl. Safed).
Sapienza (Fluss) 180. 366.
Sara, Nostra donna della 50.
Saracenen 54—61. 63. 64. 69. 70. 72. 92. 119. 151. 156. 402. 406. 412.
Sarah 64.
Sardenai, bei Damascus 64. 105.
Sardinachier, Sultan 154.
Sarebruche, Simon de 567.
Sasa 438.
Satellia (Attalia) 49.
Satin, A. D. 632.
Sattelbog, Sigmund von 311. 512.
Sau (Fluss) 398.
Saul 256.
Saulcy, F. de 627.
Saurär (Saurau), Hans 474. Ulrich 474.
Saurgrein, Lienhard 415.

Savary, Franç. 591.
Sawwa 558.
Sayeto (Sidon) 62.
Schaber, Cirfus 535.
Schach, Sebast. 591.
Schachmann, Barthold 545. Jacob 545.
Schachten, Dietrich von 162 ff. 230. 235. 506.
Schädel, Dr. med. 321.
Schaffhausen 525 f.
Schafflonien siehe Safflonia.
Schaidackher, Hans 455.
Schallemeyer, Caspar 449.
Schamberg, Georg von 491.
Scharling, H. 635.
Scharnomel (Tschernembl), Georg 474.
Scharrenthal, Nicolaus von 481.
Schartta, Hans 491.
Schatt, Wilhelm 483.
Schattibryant (Chateaubriand) 151.
Schauenburg, Heinrich von 501. 502. Moritz von 505.
Schaumberg, Geschlecht 119. 503. Heinrich von 507.
Schaumburg, Georg von 523. Heinrich von 508.
Schaunberg, Graf Bernhard von 474. Moritz von 156.
Schauwenburgh 598.
Schegg, P. 639.
Scheichun, Chan 435.
Scheidt, Hieron. 593.
Scheitgürtner, Ebene 434.
Schellenberg, Dorothea von 428.
Schems ed-din Abu Abdallah 562.
Schenk, Wappenknecht 490.
Schenke, Hans 522.
Schenkh, Wappen der Familie 119.
Scherer, Veit 487.
Scheurl, Valentin 112. 499.
Schick, Conrad 637.
Schildung, Hans 483.
„Schiling, ain" 477.

Schilling, Georg 415. 524.
Schiltberger, Johannes 470. 567.
Schilter, Diethelm 468.
Schimmelpenninck, Assneer 591.
Schinstet, Hans, Knecht 483.
Schirjagew, Greg. 633.
Schirinsky, S. A. 618.
Schisnasci, Andrea de 427.
Schittingen (Schidingen), Otto von 489. 492.
Schkoppe, Christoph 522.
Schlehenwiet, Lorenz 415. 422.
Schleiffer, Christoph 449.
Schleinitz, Geschlecht 508. Georg von 482.
Schlesien 492. 505. 523. 527. 530. 544. 545. Schlesier 360. 442.
Schleywitz, Dietrich von 489. 518.
Schlick, Wenzel 489.
Schlieben, Adam von 542.
Schlimel, Salomo 592.
Schlottheim, Kirsten von 482.
Schmelin, Caspar 501.
Schmeltz, Martin 428.
Schmid, M. 607.
Schmidt, Lienhard 447. Wald. 635.
Schmidthausen, Johann 501.
Schmiedeberg, Dr. med. Valentin 489
Schmogeya (Sinigaglia) 239.
Schnal, Knecht 359. 527.
Schneider, Hans 297. 483. Hans, Knecht 490. Peter 112. Peter, Wirt in Venedig 526.
Schnek, Hans 447.
Schobek (Schaubek: s. auch Chrat, Kerak), 69. 60.
Schoenhoven, Peter von 571.
Schönau 522.
Schönberg, Geschlecht 534. 536. Wappen 427. Bernhard von 489. 492. 495. Caspar von 482. Dietrich von 482. Hans von 541. Meinhard von 533 f.
Schönburg, Ernst von 489. Veit von 482.

Scholastica, Sanct. 296.
Scholtz, Johannes 543.
Scholz, August 617.
Schomburg (zu Muckburg), Georg von 491.
Schongau (Oberbayern) 302.
Schoppinitz, N. ein Laienbruder 508.
Schoten, Zacharias von 527—539.
Schott, Andreas 537. Hans 523 f. Wilhelm 537.
Schottland 234. 403.
Schaouteet, Nicolaus 570.
Schram, Hans 491.
Schubert, H. von 620.
Schürpff 515—517. 528.
Schütz, Ulrich 96. 529.
Schützper, Hermann 533 f.
Schulenburg, Alexander von 425. 536—539. Jacob von 425. Werner von 428.
Schulmann, Kalman 631.
Schultz, Stephan 610.
Schulz, E. W. 628.
Schulze, Caspar 482.
Schumacher, Hans 526.
Schurtzbescher, Georg 523.
Schutt (Stutt), Hans 515.
Schutz, Philipp 455.
Schwabe, Hans 491.
Schwaben 127. 278. 282—284. 290. 351. 399. 400. 507. 526.
Schwagen, Heinz von 312. 512.
Schwalbach, Conrad von 511. Girnand von 97 ff. 476. 570. Volpert von 455.
Schwann, Thomas 510.
Schwartzmurer, Sigmund 525 f.
Schwarz, Jos. Jacob 617.
Schwarzburg, Anarg von 507. Graf Balthasar von 507. Günther von 482—484. 489. Heinrich von 466. 523 f.
Schwarzburg, Pilger aus 466.
Schwarzenberg, Hans von 508. 523 f. Graf Heinrich von 511. 524.

Schwarzenberg 482.
Schwaz 352.
Schweicker, Martin 96. 543.
Schweidnitz 522.
Schweigger, Salomo 8. 542.
Schweiz, Pilger aus der 534. 541; ein Renegat aus der 40.
Schwendy, Lazarus von 424.
Schwerin, Dietrich von 425.
Schwinghammer, Andreas 533.
Schwyz 517. 525. 538.
Scipjagin, T. W. 643.
Scitivaux, R. de 645.
Scorpati (Karpatho) 49.
Scoto, Fr. 600.
Scubaso 433.
Scutari 134. 432.
Sebaste (Samaria) 72. 101.
Sebastian, Sanct. 351.
Sebenico 153. 285.
Seckendorf, Geschlecht derer von 539. Wappen derer von 453. Apel von 500. Lamprecht von 156. 505.
Secli, Francesco 597.
Seebach, Geschlecht 545.
Seefried, Wolf 447.
Seegeletz 316.
Seeland (in Holland) 422.
Seelcers (Feltre) 170.
Seeräuber 49. 50.
Segna, Lucas de 12.
Seiboltsdorf, Geschlecht 119. 534. Bernhard von 503. Sebastian von 503.
Seiden (von Würgen), Jann 151.
Seidlitz, Geschlecht 524. Balthasar von 594. Hans von 522. Lorenz von 522. Melchior von 530 f.
Selbitz (Selwitz), Hans von 415.
Selewsky 634.
Selmenitz, Hans von 483.
Selunsky, Arsenij 590.
Sensheim, Michael von 523. Wolf von 482.
Se(i)pontum (Manfredonia) 292.

Sepp. J. N. 625.
Serapion 609.
Serenteiner, Hans 519.
Sermoneta 232.
Serravalle 68. 127. 235.
Sertscheninow, A. 622.
Seth, Adams Sohn 262.
Settalıa (Attalia), Golf 215.
Seufried von Lüttich 518.
Severus, Sanct. 291.
Sewastjanow, J. 628.
Sewbold, Heinrich 491.
Seyr (Seïr) 62.
Shereutter, Lorenz 415.
Sichem 62. 72. 101. 279. 293. 441.
Sicilien 109. 110. 220. 364. 460. 461. König Ferdinand I von 162. 164. 165. 225. 230. Königin Johanna von 225. Sohn der letzteren 225.
Sickingen, Hans von 167. Schweighardt von 511.
Siculi, Caspar 6. 502.
Sidau 482.
Sidi Ghazi 433.
Sidon s. Sydon.
Siena 449. 517.
Siebeneck (Sebenico) 153.
Siebenbü.... 502.
Sieber.... 516.
Sigism.... herzog 126. 308.
Sigoli, Sim..e 566. 569.
Sikilli, Jacob 570.
Silberberger, Gamaret 474.
Silermo (Philermus) 217.
Silly 543.
Silo, Berg 405.
Siloë 158. 411; s. auch Syloë.
Siloh 56. 376.
Silvester 605.
Simanschko, J. J. 640.
Simcha ben Josua 611.
Simcha ben Pesach 604.
Simeon, Sanct. 133. 177. 178. 250. 270. 290. 322. Grab des 80. Haus des 133. 261. Kirche des, zu Zara 153.

Simon (von Cyrene) 74. 94. 201. 205.
  268. 291.
Simon, der Gerber 54.
Simon, leprosus 74. 262.
Simonowitsch, Simeon 603. S. J.
  N. 641.
Simp(b)ach, Erzschenk Friedrich von
  510.
Simson 443.
Simson, Samuel ben 557.
Sinai 36—38. 60. 104. 114. 280.
  313. 444. 466—468. 488. 499. 502.
  503. 522. 528. 530. 532—539. 541.
  546.
Sinigaglia 239.
Sinope 113.
Siph 159.
Siracusa 293.
Sirenen 103.
Sitten (i. d. Schweiz) 524.
Siwas (i. Kappadocien) 113.
Skalon, D. A. 643.
Skorulski, Andreas 543.
Slavonien 47. 48. 133. 134. 143. 249.
  323. 362.
Sligum 434.
Smerre (Serres) 125.
Smith, E. 621.
Smith, Sidney 590.
Smotrizkij, Meletij 595.
Smyschliajew, Dr. 639.
Socker, ein Johanniter (?) 374.
Socin, A. 645.
Soderini, Antonio 602. Giann. 600.
Sodom 89. 259. 273. 329. 375.
Sofer, Joseph 610.
Soldandagh 434.
Soldau 432.
Soliner, Jacob 425. 536.
Solms, Graf Johannes von 501. 502.
  504. 537.
Solneck, Eberhard von 428.
Sondershausen 483.
Sonico (Samia?) 366.
Sonnenwalde 523.

Sophienkirche in Cypern 211.
Sophim (Ramatha) 55.
Sophronios 627.
Soreta, Constantin 498.
Sorio, Giust. 605.
Sossim 568.
Spät, Caspar 507. Haus 486.
Spanheim, Friedrich 601.
Spanien 155. 224. 346. 364. 372. 403.
  452. 456. 459. 540. Könige von
  308—310. 379. 385. Spanier 360.
  370. 385. 454. 524. 526.
Sparnau, Peter 468.
Sparnöcke, Dietrich von 510.
Spaur, Geschlecht von 428. Hans
  von 471.
Spechbach, Philipp von 456. 545.
Speier, 97. 124. 350. Reichstag von
  1529 zu 350.
Spendener (Splender), Reinhold
  468.
Spervall (Serravalle) 68.
Spickermann, Georg 452.
Spiegel, Heinrich 477. Dr. Otto 111.
  499.
Spilimbergo 524.
Spina (Wirtshaus) 235.
Spirfaile (Serravalle) 127.
Spiring, Berlt 483.
Spiritus-Kirche, Sanct. 356.
Spittal 398.
Spittale (Ospedale) 126.
Splender siehe Spendener.
Spoleto 235. 513.
Spoll, E. A. 634.
Sponheim, Graf Johannes V von 471.
St—n, N. 624.
Stadia, Hans von 510.
Stadion, Hans von 486. Walter
  von 308. Wilhelm von 486.
Stammen (siehe Stein), Arndt von
  231. 234.
Standia (Insel) 368.
Stankio 369.
Starkenberger, Ulrich 471.

Starnberg, Geschlecht 534. Hans von 474.
Starschedel (Storstadell), Heinrich von 489.
Stauffenberg, Jakob Schenk von 486.
Stauffer, Hans 491.
Staupitz (Steynczsch), Dietrich von 490.
Stazzema, Francesco da 620.
Steck (Burgruine) 434.
S. Stefano, Girolamo da 578.
Steffen, Justus 537.
Steglich, F. A. W. 629.
Steiermark 533.
Stein, Arndt von 176. 506. Bertholdt von 473. 491. David von 486. Friedrich von 501. Georg von 500. 501. Hans von 473. Hildebrand von 449. Marquard von 415. Primus von 403. 521. Siegfried von 490. Siegmund von 473. Theobald von 491.
Steinach 126. 290.
Steinbartner, Hans 471.
Steinberg 359.
Steinberg, Olcke von 163.
Steinhausen, Geschlecht 539. Wappen 453. Apel von 483.
Steinheim 283.
Steinpeckh, Hans 471.
Steinreuter, Georg 474.
Steinschneider, Dr. 549.
Stella, Nicolaus de 12.
Stelzlin, Georg 526.
Stempel, Bernhard 491.
Stephani, Bonifacio 585.
Stephanis, Antonio de 12.
St. Stephanus 75. 158. 198. 201. 327. 355. 443. Grab 80. 264. Thor 75. 270.
Stephan, Koch 359. 527. Priester 491. Schreiber 490.
Stephens, J. L. 620.
Sternberg, Gottschalk von 155. 156. 505.
Sterzing 67. 126. 169. 308. 352. 399. 415. 428. 524.
Stetten, Truchsess Hans von 486.
Stettin 505. 515—517.
Steyde, dominus de 466.
Stieber, Daniel, Propst 415.
Stiwitz, Junker von 521.
Stochove, Vincent. 595.
Stockar, Hans 525 f. Thomas 526.
Stockau 155.
Stockau, Friedrich von 156. 505.
Stödl-Bach 126.
Stöffeln, Freiherr Heinrich von 501f.
Stösser, Fabian 533.
Stolberg (i. Harz) 483.
Stolberg, Geschlecht 534. Graf Botho von 510. 578. Heinrich von 388. 483. 507. 571.
Stolp 545.
Stolte, Heinrich 525. Dr. Matthias 502.
Stolpz, Dietrich von 494. Heinrich von 494.
Stone (Ostuni) 222.
Stopfenheim 67.
Stoy (Issa) 134.
Strassauer, Franz 471.
Strassburg 359. 360. 449. 451. 456. 501. 527. 545. Bürger aus 39. 469. St. Peterskirche in 359.
Strauss, A. 625. 632.
Strehlen, Otto Pflug zu 489.
Streitberg, Eberhard von 500. Valentin von 491.
Striegel, Hans 478. Wolf 478.
Strentzel. Diener 483.
Strojew, A. 630.
Stromer, Hans 66. 473.
Stubenberg, Friedrich von 428. Leutholdt und Otto von 474. Ulrich von 471.
Stuck, Gottl. Heinr. 550.
Stultz, Nicolaus 511.
Stulz, Heinrich 582.
Sturm, Peter 449. 451. 452.

Stutigel (Staudigell) 490.
Stuttgart 162. 168.
Suanus 60.
Suchanow, Arsen. 598.
Sudheim, Ludolf Pfarrer von 46. 466. 564. 647.
Süssen, Ort 425.
Suez 444. 587.
Sultandagh (s. Soldandagh) 433.
Suudauer, Georg 533.
Sunem 440.
Sunler, Geschlecht der 119. 503.
Sur (Tyrus) 58. 62. 63. 72.
Sura 458.
Suriani (syrische Christen) 92. 377. 381. 391. 402.
Suriano, Francesco 576.
Surius 597.
Sursee 543.
Surus, Georg 487.
Suso, Heinrich 284.
Sutozkij, A. 628.
Suworow, Graf 623.
Swemming, Johann von der 469.
Swewischenwerd (Donauwörth) 67.
Sybilla 201. 271.
Sydon (Sidon) 58. 60. 64. 65. 72.
Syloë (Siloë) 70. 78. 88. 206. 274. 279. 327.
Symeon Symeonis 562.
Synaya, Antonio Nicolao de 425.
Syrien 58—63. 107. 112. 375. 381. 430. 432.

Tabor 440. 466. 467.
Tafur 569.
Tagierus Baptista 12.
Talacker, Einer von 534.
Talleyrand-Périgord, Elias von, Bischof von Limoges 465.
Tamerlan, Sultan 470.
Tandorfer, Heinrich 482. Heinz 473.
Tangel, Wolf, Knecht 523.

Tannrode, Vizthum Melchior von 482.
Tapnis (Tanis) 60.
Tarantaise, Guido von 151.
Tarent 524.
Tarsia (Tarsus) 140.
Tarsus 55. 255.
Tarvis 415.
Taschenhusen, Michael von 505.
Tatarei 59. 61. 63.
Tataren 107. 315.
Taubenheim, Christoph von 523 f.
Taumar, Leopold 474.
Tautenberg 482.
Teck 283.
Tegernsee 402. 481.
Tehensteiner, Bernhard 474.
Teichaussir, Heinrich 510.
Tellendarffer, Caspar 471.
Tell es-safie (Blanchegarde) 467.
Tenedos 314.
Tenellus, Justus 5.
Tengen, Freih. von 501; s. Thüngen.
Tennstaedt, Ulrich von 468.
Tepen, Hans 473.
Teribile, Hieronymus 12. 449.
Terio 251.
Terni 251.
Terlezki, J. A. 635.
Terouanne, Bischof N. von 511.
Terrabotto, Schiffsname 415. 416.
Terracina 232.
Terrile (Teribile), Hieronymus 12.
Tersato 236.
Tervis (Tarvis) 451.
Tervis (Treviso) 68.
Terzi, Biagio 607.
Tesmar, Ambrosius 544.
Tettau, Anselm von 507.
Tetzel, Gabriel 66. 67. 96. 475 f.
Teuchern 523.
Teufel, Freiherr Christoph von 544 ff.
Teufenbach (Teufenbechk), Tristan 474.
Tharsus (Tarsus) 55.

Thabita 54. 275.
Thanis (Tanis) 285.
Theben (Aegypten 285.
Thekoa 159.
Thenand, Johannes 581.
Theodericus 556.
Theodora, Sanct. 179.
Theodora von Neapel 295.
Theodorus, Sanct. 174.
Theodosius 552
Theonas 60.
Théonot, Jean de 599.
Thiaki (Ithaka) 134.
Thietmar 558. 712.
Thomas, Sanct. 76. 197. 257. 272.
Thomas, Sanct. (von Aquino) 294 ff.
Thomas, päpstlicher Legat 6.
Thomas, Frater 502.
Thomas, Matrose 143.
Thomas-Christen 57. 92. 117. 411. 513.
Thomson, Ch. 608.
Thor, goldenes 57. 75.
Thorn 316. 341.
Thorney, Hugdurn von 530.
Thosa (Chioza?) 361.
Thryum 366.
Thüngen, Hieronymus 534.
Thüngen (zum Stein), Geschlecht 537. Adam von 533—535. Bernhard von 533. 534. Friedrich von 533. Hans von 512. Ein Lediger von 533.
Thüringen 508.
Thüringen (und Sachsen), Herzog Wilhelm von 7. 481.
Thun, ein Freiherr von 545.
Thune, Friedrich 482.
Thungen, Sigmund von 510.
Thunger, Sigmund 414. 529.
Thurgau 525.
Thurn, Graf Franz von 428. 531. Heinrich von 538. 544. Ein Graf von 519.
Tiberias 62. 537.

Tiel, Hans Voynens 534.
Til (am Genezareth) 434.
Tilo 73.
Timberlake, Henry 591.
Timberley, Henry 590.
Timme, Thomas 590.
Timotheus, Sanct. 356.
Tiragallo, Giuseppe 632.
„Tirelar, ain" 477.
Tirnova 469.
Tischendorf, Constantin 624.
Tisin 435.
Toblach 507. 508.
Tobler, Titus 65. 549. 620.
Todorskij, Iw. 614.
Tokat 113.
Tolentino 235.
Tollesson, Pehr 615.
Tolosa 346.
Tomassius 12.
Tomilin, A. 629.
Tonnere, Comte Guillaume de 570.
Tor (am roten Meere) 313. 414.
Torantt, Johannes 519.
Torgau 507. 508.
Torkyngton, Richard 581.
Torna 523.
Tornis (Treviso) 170. 230.
Torss, Nicolaus de 427.
Tortosa (Antaradus) 58. 60. 63.
Totes Meer 273.
Toulouse 466.
Touraine 345.
Tours 345.
Toury 345.
Trachten 48. 52.
Trani 222.
Trapani 461. 546.
Trapesa 380.
Trasigny 556.
Tratyo 107.
Traub, L. 620.
Traun 475.
Trautenau 510.
Trebnitz 316. 342.

Tredo 49.
Tremiti-Inseln 292.
Trena 425.
Trenbeckh, Hans 470.
Tressan, La Vergne de 598.
Trevisano, Paolo 575.
Treviso 68. 127. 142. 147. 162. 170. 239. 242. 308. 357. 526 (vgl. Tarvis, Tornis).
Treyt 242.
Triebel, Hans 491,
Trient 147. 169. 290. 308. 415. 428. 449. 505. 526. 545.
Trier 247. 422.
Triest 68. 353. 397. 398. 454. 474. 475. 527.
Triest, Bischof Mariaus von 474.
Triest, Jacob u. Philipp 422. 423.
Tricovello, Schiffsname 449. 454.
Tripolis 20. 41. 58. 60 62. 63. 104. 456—460. 477. 522. 530. 533. 537. 540—543.
Tristram, H. B. 636.
Trog (Drau) 399.
Troja 41. 133. 135. 136. 181. 249. 251. 276. 362. 396. 466.
Tromper, Peter Avienis 534.
Trond, St., ein Mönch aus 514.
Tronto 364.
Tross, Nicolaus de 427.
Trotha (Drath), Friedrich von 489.
Troyzes, Georg 510.
Trynne (Inn) 126.
Tschernembl siehe Scharnomel.
Tschudi, Ludwig 525 f.
Tubitz 482.
Tuch, Fr. 636.
Tucher, Johannes 96. 111. 120. 423. 483. 499—500. 573.
Tucoli (Otricoli) 235.
Tudebode 553. 554.
Türkei 107. 113. 134. 135. 182. 249 —251. 323. 363. 366. 370. 375. 395. 396. 459. Türken 133—136. 155. 161. 178—185. 189. 194. 206. 210.

217. 218. 250—253. 275. 276. 292. 293. 314. 315. 324. 363. 365. 367. 369—376. 383. 385. 388—392. 395. 396. 402. 404. 406. 409—412. 417. 420. 422. 433. 435—437. 440. 441. 453. 454. 456—460. Glossar 161. Kaiser 457. Kriege 298. Recht 453. Schiffe 379. 404. Sitten 161. Trachten 153.
Tunner, Friedrich 474.
Turcula (Curzuola) 250.
Turff, Johannes 515.
Turin 514.
Turner 20. 615.
Turner, W. 621.
Turnes (Thryum?) 366.
Twiel 476.
Tymme, Thomas 590.
Tyrol 399. 544.
Tyrol, Herzog Sigmund von 169.
Tyrus (Sur) 58. 60—65. 72. 466.
Tzcköpritzsch, Otto von 490.

Ubc' Cornelius 422.
Uffl..ule (Oppelant) 483.
Ugelh..:mer, Peter, aus Frankfurt 11. 127. 504.
Uhlfeldt 545.
Ule, Knecht 483.
Ulm 125. 168. 278. 281—284. 287 —289. 318. 423. 454. 500. 502. 504. 544. 545.
Ulm, Peter von 513.
Ulner (von Dieburg), Philipp 359.
Ulrich, St., ein Benediktiner von 477.
Ulsin, Hans von 483.
Ulstetter, Hans 7. 425. 535.
Umago 397. 454.
Umanez, A. 624.
Unders 289. 290.
Ungarn 68. 103. 133. 152. 153. 174. 178. 250. 324. 362. 396. 403. 523. Gulden 963. Könige von 360. 363.
Ungnad (von Weissenwolf), Hans 474.

Unruh, Gustav 684.
Unterwalden 542.
Urach 168. 487.
Urban, Sanct. 481.
Uri ben Simeon ?83. 586.
Uri 543.
Urquhart, David 634.
Urrugne 346.
Uting (Offing) 399.
Utrecht 408. 421. 422, 427. 452. 528.
U—z, A. (Umanez) 624.

Vacchia, Zanobi dalla 577.
Vaduz 424.
Vagius, Heinrich 511. 591.
Vaihingen 126.
Valanea (Belinas) 60. 63.
Valenciennes 345. 427.
Valentiner, Fr. 640.
Valle, Pietro della 593.
Vallerius, Har. 605.
Valv 425. 536.
Val Sugana 290.
Varmen, Jacob 528.
Vassario (Bisaglio) 222.
Vederhan, Johannes 456.
Veittler, Hauptmann 428.
Velberg, Geschlecht von 453. 539.
Velde, C. W. M. van de 628.
Velletri 232.
Velmuller, Dr. 415.
Venas 126.
Venedig 7. 10 ff. 47. 49. 51. 57. 65. 67. 69. 73. 92. 97. 100. 103. 111—115. 121. 127—135. 142—153. 161—164. 169—177. 189. 192. 209. 210. 239 ff. 247. 248. 251. 252. 277—281. 284. 297. 301. 308—312. 314—317. 320—323. 335. 338. 343. 344. 350. 355—362. 368. 370. 375. 380. 382. 383. 395—397. 402. 403. 407. 408. 414—417. 420. 421. 423. 425. 428. 443. 445. 447—460. 468. 471—478. 481. 485. 487. 492. 499—501. 504. 511 f. 522. 525.

Venetianer 134. 135. 155. 173. 174. 178—181. 211. 216. 218—220. 249. 250. 314. 324. 362—369. 382. 383. 394—398. 416. 421. 425. 426. 444. 457. 459. Besitzungen auf Creta 49. Boten 455. Consuln 460. Hauptleute 153. 155. Herzog 449. Geld 16. 453. 460. Geleit 451. 452. Gesandte (in Aleppo) 435. Glaswaaren 354. 355. Rheder 11. Schiffe 442.
Veneuri, Geschlecht der 415. Peter 11. 416.
Veredeitsch, Wilhelm 408.
de Vergoncey 596.
Vernberg, Grafen von 457. 545.
Verniero, Pietro 604.
Verona 513. Dietrich von (Bern) 312. 354. Jakob von (Bern) 45 ff. 468.
Veronica, Haus der 74. 201. 205. 267.
Veit, Barbier 486. Guardian 508.
Velber, Ulrich 471.
Velsch, Peter 501. 502.
Venningen, Stephan von 511.
Vennrich, Hans Wagener 517.
Ventimiglia, Nicolaus 537.
Vesalius, Anatom 21.
Vespasianus, Kaiser 192.
Via Mala 448.
Vianden, comes de 466.
Vicenza 47. 354.
Viciella 411.
Vicule, Carl von 538.
Vigilius, Sanct. 290.
Vignoles, Alpes des 608.
Vigoni, Giuseppe 640.
Vilain, Martin 318.
Vilerma siehe Philermo.
Villach 398. 522.
Villafranca 347.
Villamont 589.
Villanova 136.
Villinger, Peter 587.
Vils 126. 289.

Vilsecker, Lienhard 474.
Vincentia 291.
Vincentius Bellovacensis 559.
Vinceaz, ein Priester 522.
Vinsauf, Walter 557.
Virgilio 630.
Virgilius 224. 853.
Visch, Balthasar 414.
Visino, J. N. 620.
Visscherus, Nicolaus Joannes 595.
Vital, Chajim 613.
Vitalis Sanct. 291.
Vitriaco, Jacobus de 405.
Vittoria 346.
Vivianus, Rheder 12.
Vizthum, Christoph von 541. Georg zu Neuschonbergk 482. 523 f.
Vloderop, Wilhelm von 479.
Vogt, Lorenz von Rheinfelden 422. 423.
Vogt, Vollrath 638.
Vogüé, Comte M. de 629.
Volckamer, Sebastian 473.
Vollmar, Martin 359.
Vollmer, Martin 523.
Vollraths, Friedrich Greifenklau von 480.
Volney, Fr. 613.
Vulcan, Aloys 599.
Vulcano, Luigi 586.

W. B. 629.
W. N. 645.
Wachen, Johann Mirasch von 491.
Wachner, A. G. 606.
Wachsmuth, Christoph 522.
Wadern, Arthur von 481.
Wälsch 177. 313.
Wälschland 142. 243. 403.
Waffo (Baffa) 69.
Wagnuss, Hans 522.
Walachei 113.
Walana, Ando Galia zu 518.
Waldau 431.
Waldau, Sigmund von 491.

Waldburg, Johannes Truchsess von 478. 501—503. 584. 587. Wappen der Familie 119.
Waldeck, Graf Philipp von 510. Paul Bones von 511. 518.
Waldemar, Domdechant 492.
Waldemar, Markgraf von Brandenburg 465.
Walden, Sigmund von 491.
Waldenstein, Kurt von 242. 244.
Waldsee, Peter aus 501.
Waldsteiner, Hans 474.
Walkenried 467.
Wallenfeld, Caspar von 523.
Wallenfels, Martin von 475.
Wallestein, Christoph 516.
Wallin, G. A. 630.
Waltersweil, Walter von 456. 545. 589.
Waltzig, Jakob 491.
Wanckel, Nicolaus 523.
Wangemann, T. 639.
Wangenheim, Hans von 482.
Wanner, Martin 522. 581.
Wanneschafft, Erhard 472. 569.
Warcete, Schiffsname 311.
Wardagh 433.
Warnekros, Ehrenfried 612.
Warren, Ch. 643. 646.
Warschau 315.
Wartenberg, Christoph von 523—525. Hermann von 506.
Wartensleben, Hermann von 216. 506.
Wasschall, Hans, Rheder 12.
Wasserberg 513.
Wassermann, Hans 429. Michael 455.
Wassilij, K. M. 625.
Wassilir, Wilhelm 510.
Watt, Robert 550.
Wedel, Leopold von 541. Otto von 515.
Wedewer, Hermann 644.
Weichss, Einer von 584.
Weigelin, Georg 491.

Weigersheim s. Wickersheim.
Weil 283.
Weiland, C. F. 619.
Weiler, Fritz Jakob von und am 515. 516.
Weilheim 67.
Weimar 481. 492.
Weissenbach, Hans von 523. Marquard von 507.
Weissenwolf s. Ungnad.
Weisskirchen 489.
Weisspriach, Ulrich von 500.
Weitra, Conrad von 469.
Welburg s. Velburg.
Well, E. 611.
Wells, Ed. 605.
Wellwart, Rennwart von 486. Einer von 534.
Welmershausen, Wappen derer von 453. 539.
Welsberg, die Herren von 428.
Welsch 599.
Welser, Peter 490.
Weltzer, Seufried 425.
Wely Rubin 443.
Wembding 446. 447. 455. 467.
Wembding, Georg von 359. 527. Ottheinrich von 451. 452. 454. 539. Maria von 447.
Wendenland 403.
Wentzel, Andrian 422.
Werden, Ubbe Heynis bey 534.
Werdenberg, Graf Rudolf von 312. 512. Wilhelm von 151. 505.
Werdenfels, Graf von 298.
Wernau, Geschlecht von 534. 539. Wappen derer von 453. Wilhelm von 486.
Wertach 351.
Werthaus, Th. 625.
Wertheim, Graf Hans von 492. Geschlecht derer von 535.
Wertogradow, P. 635.
Weruth (Beirut) 72.
Weschniakov, Iwan u. Wass. 614.

Wessler, Johannes 487.
Westenberg (Festenberg), Caspar von 490.
Westensee, Marquard von 468.
Westerheim, Rosier von 454.
Westerstetten, Geschlecht von 539. Ulrich von 487. Wappen derer von 453
Westfalen 29. 466. 467. 477.
Westhofen 478.
Wetter, Leonhard 176. 506.
Wetzhausen, Truchsess Dietz von 155. 156. 505.
Wetzstein 634.
Wexius, Christoph 544.
Weyda, Stephan 113.
„Weydan" 55.
Weydenbach, Kersten von 519.
Weydenheim (Weilheim) 67.
Weyssenburg (Akjerman) 113.
Weytting, Christoph von 544.
Wjasemskij, P. A. 628.
Wibolts-Berg 414.
Wichmannshausen, J. C. 606.
Wickersheim, Johannes 468.
Wiedersperg, Nickel von 508.
Wien 460. 469. 476. 510. 522.
Wiener-Neustadt 492.
Wigiljanskij, P. 614.
Wigules, Mathes 503.
Wihat, Jean 581.
Wilbot 415.
Wild, Johannes 592.
Wildberg 283.
Wildebron, Georg von 482.
Wildenbruch, von 624.
Wildenstein, Ludwig von 481.
Wildungen, Philipp von 166.
Wilhardt, Andreas von 449. 451.
Wilhelm, der ältere, Landgraf von Hessen 245. Der mittlere, Landgraf von Hessen 242. 244. 245. Der jüngere, Landgraf von Hessen 242. 243. Der Tapfere, Graf von Thüringen 120. 317. 571.

Wilhelm, Erzbischof von Tyrus 556.
Wilhelmus Maurer, Ulrich 471.
Wilkanau, Ulrich Prefat von 529.
Willenmers, Antonius Cornelius, Graf von 422.
Willibald, Sanct. 552.
Wilna, Elia, ben Salman 613.
Wilsberg 359.
Wilsberg, Pancraz, Mönch aus 527.
Wilsnack 66. 95.
Wilson, C. W. 648.
Wiltperge, Johannes 469.
Windelsbach 414.
Winden, Wolfgang von 474.
Wirdisch-Land 177. 178.
Windischgrätzer, Coloman 471. Jacob 491. Sigmund 474.
Winkelbauer, Hans 508.
Winter, Christ. 422. 423.
Winterstetten, Schenk Conrad von 486. Ulrich von 486.
Wintzerer, Caspar 519.
Wirben 530.
Wirtener (Wertern?), Dietrich 483.
Witteslingen 283.
Witzgana (Prosanosskij), Psemek von 533. 534.
Witzleben (zum Stein), Heinrich von 482.
Wmlade, Jac. 510.
Wochy, Cestir von 519.
Wölnstein 446.
Wolfendorf, Heinrich von 482.
Wolfenstein, Albrecht von 488. Wilhelm von 490.
Wolfersdorf, Conrad (Cunz) von 523.
Wolff, Philipp 626.
Wolfgang, Herzog von Bayern 298.
Wolfiskele, Friedrich von 478. Wipprecht von 482.
Wolframsdorf (Wölfstorff), Götz von 489.
Wolfrath, Bernhard von 490. Hans von 490.
Wolfsdorf 431.

Wolfsdorf, Hans von 489.
Wolfwocher, Franz 531.
Wolgast 516. 517.
Wolkenstein, Christoph von 428. 515. 534.
Wolkenstein ob der Etsch, Einer von 517.
Wolkensteiner, Veit 474.
Wolski, Stanislaus 607.
Wolwarth, Einer von 535.
Worde, Wynkyn de 581.
Worms 124. 514.
Wortabet, Gregorij M. 631. John 635.
Wrede, A. L. 639.
Würgen, Johann Seiden von 151. 505.
Würtemberg, Graf Eberhard von 8. 168. 176. 230. 486.
Würtemberger Geld 125.
Würzburg 414. 415. 421. 422. 478. 488. 523. 529.
Wunsiedel 542.
Wurffel, Ulrich 471.
Wurm, Georg 484. 508. 510.
Wurmser, Geschlecht 535. Bernhard 359. Jacob 359. 527. 533—535. 586. Nicolaus 535.
Wurzen 398.
Wurzener Berg 398.
Wuthenow, Joachim von 316.
Wylacker, Gotthard von 479. Otto von 479.
Wylie, J. A. 622.
Wyttem 479.

Xenos 568.

Yanosky, J. 627.
Ydruntum (Otranto) 293.
Yepes, Rodrigo de 588.
Yssekra, Friedrich 360. 527.

Zabarach 514.
Zaberke, Heinrich Pflug zu 489.
Zachaeus 90. 261. 329.
Zacharias, der Prophet 274. 437.

Zacharias 71. 78. 87. 377. Grab des 198. Haus des 159. 280.
Zacharias, Kellner 422.
Zaddik, Jacob 596.
Zageti (Sidon) 58.
Zahleh, in Galiläa 105.
Zangenberg 470.
Zanisy, Hirsickh 519.
Zanoni, G. B. 642.
Zante 21. 134. 135. 365. 366. 368. 394. 396. 404. 408. 451. 454. 456.
Zapullo, Michele 591.
Zara 21. 101. 133. 148. 153. 177. 178. 250. 322. 323. 344. 445.
Zardenal (Sardenai) 64.
Zcoch, Thomas de 515.
Zebitz (Zedwitz), Caspar von 507. 508. Conrad von 473. Georg von 507. 508. Nicolaus von 473.
Zedlitz, Geschlecht 535. Georg von 442. 539. Hans von 360. 510. 527. 577. Heinrich von 577.
Zeibich, Heinrich Aug. 610.
Zelking, Wilhelm von 471.
Zeller, Geschlecht 119. 503.
Zennger, Parcival 425.
Zephalonia siehe Kephalonia.
Zergies, Dolmetscher 457.
Zerna (Cervia) 239.
Zibeleth (Djebeleh) 60. 62 (siehe auch Biblium).
Ziegelheim, Dietrich von 489.
Ziegenhain, Graf von 164. 230.
Ziegler, Heinrich 528. Jacob 583.
Ziegler, Otto von 477. Rudolf von 483.
Zigeuner 21. 135. 153. 180. 251. 487. 519.
Zimmermann, Karl 629.

Zimmern (Herrenzimmern), Werner von 501—503. Wilhelm von 119. 534.
Zimpel, F. 628.
Zink, Hans 471.
Zintolinus 456.
Zinzendorf, Graf Joachim von 541. 542.
Zion (Kloster auf d.) 11. 59. 71. 79—81. 90. 91. 103. 112. 140. 158. 196—198. 257. 262. 264. 279. 329. 335. 376. 377. 405. 422. 423. 427. 476. 478.
Zirl 126.
Zirinus (Quirinus), Sanct. 290.
Zirona (Cirnoë) 397.
Zistinato (Cesenatico) 239.
Zobel, Andreas von 484. Hans 414.
Zollern, Graf Friedrich von 465. 477. Ein Graf von 534.
Zora 458.
Zorn, Friedrich von 308.
Zorzi, Alois 12. 21.
Zschocke, H. 637.
Zschomschonn (Samsun) 113.
Zuallart, Johannes 543. 589.
Zülnhart, Wilhelm von 486. Wolf von 308. 512.
Zürich 97. 528.
Zürich, Rudolf aus 501.
Zug 151.
Zug, Jost Egger aus 505.
Zulfleisch, Ferdinand 455. 545.
Zullhart, Conrad 518.
Zurmarrago 346.
Zunz, Leopold 622.
Zweibrücken 512.
Zweibrücken-Bitsch (s. a. Pfalz), Graf Georg von 359. 386. 527.
Zwickau 490.

Berichtigungen und Zusätze.

S. 7. Ueber den venetianischen Geldverkehr zu jener Zeit vgl. Nasse in Conrads Jahrbb. für Nationalökonomie 1880, Heft 5.

S. 42. Unter den vielen Stiftungen, welche die Pilger nach glücklicher Heimkehr in's Leben riefen und zum Teil mit Namen aus dem heiligen Lande selbst benannten (Röhricht, Die Pilgerfahrten vor den

Kreuzzüges, S. 366; Beiträge II, 358, 397 f.) ist auch das Kloster Galilaea bei Meschede zu nennen, welches 1483 gegründet ward (Evelt in der Zeitschr. für westfäl. Gesch. XXXVI, 2, 129).

S. 45—64. Die von uns veröffentlichte Reisebeschreibung gehört, wie wir bereits sofort nach dem Drucke in Erfahrung brachten, nicht einem deutschen Pilger aus Bern, sondern dem Augustiner Jacob von Verona (vgl. S. 565), doch ist das Original bis jetzt nicht bekannt.

S. 65—96. Der Bericht des Georg Pfinzing liegt jetzt auch in einem neuen Abdruck vor, den Herr J. Kamann in seiner sorgfältigen Studie: Die Pilgerfahrten Nürnberger Bürger nach Jerusalem (Sep.-Abdruck aus dem zweiten Hefte der Mitteilungen des Ver. für Gesch. der Stadt Nürnberg) 1880, S. 40—87 besorgt hat. Ebenda S. 35—40 giebt der Autor aus der Geisheim unbekannt gebliebenen Originalhandschrift der Lochnerschen Reisebeschreibung der Markgrafen von Brandenburg kritische Nachträge und ergänzt auf S. 1—16 unsere Angaben über Nürnberger Pilger durch interessante Details und bibliographische Nachträge; auf S. 16—35 wird eine Jerusalemfahrt nach Nürnberger Pilgerberichten geschildert. Dort wird auch nachgewiesen, dass Pfinzing den Lochnerschen Bericht stark ausschrieb.

S. 572, No. 142. Zur Geschichte des Geschlechts der Redwitz gab Freiherr von Reitzenstein in den Verhandlungen des historischen Vereins der Oberpfalz 1878 reiche Beiträge.

S. 647 Nachtr. zu 69. Die aus Marinus Sanutus (Secreta fidelium crucis III, pars XIV, pag. 244) auf Palaestina bezüglichen Abschnitte sind gründlich erörtert von Tafel und Thomas in den Fontes rerum Austr. XIII, p. 399—416.

Endlich erwähnen wir noch einige interessante Angaben aus dem soeben erschienenen Catalog der Bibliothek des Magdeburger Domgymnasiums. Der Codex 129, Papierhandschr., XV. saec., Bl. 165a—169b, 2 coll. enthält einen unvollständigen Text des Thietmar (siehe oben S. 558, No. 53). Derselbe giebt auf Blatt 273b, 2 coll.: Brevis descriptio Jherusalem vicinorumque locorum. Darin heisst es: Anno d. 1267 cruce signati sunt in subsidium terre sancte. Ein anderer Codex (No. 178, Pergam. Blatt 73a—77b, 1 col.) enthält: Notae de situ terre sancte saec XII; incipit: Volentes audire noticiam terre iherosolimitane sumant inicium a chebron, quod est hebron. hebron metropolis olim philistorum.

Die Voyage d'outre mer du comte Ponthieu (vgl. Histoire d'Abbeville et du comté de Ponthieu ed. Louandre, Paris 1844 I, p. 143 f.) ist 1856 herausgegeben worden von Moland et C. d'Héricault: Istoire d'outre mer in: Nouvelles françoises en prose du treizième siècle (Bibliothèque elzévirienne); vgl. dazu die Bemerkungen Defrémerys im Constitutionel 8. April 1857.

Sehr gründliche: Observations sur quelques villes de la Palestine et de la Syrie finden sich in: Makrizi, Histoire des Sultans Mamlouks de l'Egypte ed. Quatremère, Paris 1845 I B, p. 228—268 (ibid. I, A. 207 f., Note 91 finden sich Bemerkungen über den oben S. 24 erwähnten Namen Kulaguz).

www.ingramcontent.com/pod-product-compliance
Lightning Source LLC
Chambersburg PA
CBHW061949300426
44117CB00010B/1266